Wirtschaftsrecht für Bankberufe

Gesetze – Verordnungen – Vereinbarungen

Ausgewählt und bearbeitet von
Viktor Lüpertz, Heinz K. Ott, Hubert Reip, Herbert Rozynski

Stand der Gesetzgebung:
Bundesgesetzblatt Nr. 61 vom 10. September 1998
mit Änderungen, die zum 1. Januar 1999 in Kraft treten.

VERLAG EUROPA-LEHRMITTEL · Nourney, Vollmer GmbH & Co.
Düsselberger Straße 23 · 42781 Haan-Gruiten

Europa-Nr.: 7531X

Mitarbeiter des Arbeitskreises

Auswahl und Bearbeitung des speziellen Bankrechts (Rechtsgebiete 1–5):

Heinz K. Ott, Professor, Ludwigsburg
Herbert Rozynski, Oberstudienrat, Düsseldorf

Auswahl und Bearbeitung des allgemeinen Wirtschaftsrechts (Rechtsgebiete 6–8):

Dr. Viktor Lüpertz, Studiendirektor, Freiburg
Hubert Reip, Professor, Weinstadt

Redaktion: Herbert Rozynski

Hinweise:

Die Gesetzessammlung ist unkommentiert und kann damit bei Prüfungen als Hilfsmittel zugelassen werden.

Der Übersicht wegen ist allen Rechtsnormen (Paragraphen, Einzelpunkten von Bedingungen und Vereinbarungen) eine Überschrift vorangestellt, die den Inhalt in Kurzfassung angibt. Soweit der Gesetzgeber diese Überschrift nicht vorgesehen hat, steht die Überschrift in eckiger Klammer.

Bei den einzelnen Rechtsnormen (Gesetze, Verordnungen, Vereinbarungen, Bedingungen) wird mit dem Vermerk „mit Änderungen bis zum ..." gekennzeichnet, unter welchem Datum die letzte Änderung speziell dieser Rechtsnorm erfolgte.

3. Auflage 1998
Druck 5 4 3 2 1
Alle Drucke derselben Auflage sind parallel einsetzbar, da sie bis auf die Behebung von Druckfehlern untereinander unverändert sind.

ISBN 3-8085-7533-6

Satz und Druck: IMO-Großdruckerei, 42279 Wuppertal

VORWORT zur 1. Auflage

Das bankwirtschaftliche Handeln und die Rechtsbeziehungen zwischen den Kreditinstituten und ihren Kunden werden in hohem Maße durch Gesetze, Rechtsverordnungen, Abkommen, Vereinbarungen, Richtlinien, normierende Grundsätze, Bekanntmachungen und durch Geschäftsbedingungen geregelt. Für die Mitarbeiter in Kreditinstituten ist es unabdingbar, die für ihre Arbeitsbereiche grundlegenden rechtlichen Regelungen zu kennen und bei Bedarf – fallbezogen – die sich ständig ändernden Rechtsvorschriften nachzulesen.

Die vorliegende Textsammlung WIRTSCHAFTSRECHT FÜR BANKBERUFE enthält einen Abdruck bankrechtlicher Vorschriften, die Sachbearbeiter im Kreditwesen häufig benötigen, darüber hinaus jedoch auch für Bankkaufleute wichtige zivilrechtliche, arbeits- und sozialrechtliche sowie steuerrechtliche Vorschriften. Die an Sachgebieten orientierte Ordnung der Vorschriften und das ausführliche Sachwortverzeichnis ermöglichen es dem Benutzer, die gesuchten rechtlichen Regelungen sicher und rasch zu finden.

Damit ist diese Textsammlung in besonderem Maße für die Ausbildung von Bankkaufleuten geeignet. Sie unterstützt eine handlungsorientierte Erarbeitung bankrechtlicher Fälle ebenso wie die systematische Einführung in geltendes Recht.

Wenn eine Einführung in das Recht jedoch kein „Verwelkwissen" hervorbringen soll, dann kann sie sich nicht damit begnügen, wesentliche Regelungen des Rechts zu systematisieren, damit sie sich der Lernende als reproduzierbare Kenntnisse aneignet. Selbst die Fähigkeit, das gegenwärtig geltende Recht anzuwenden, kann noch kein zufriedenstellendes Ergebnis sein. Vielmehr muß eine Einführung in das Recht als Ziel die Qualifikation anstreben, daß der Lernende sich mit Hilfe der Rechtsvorschriften in einem problemorientierten Suchvorgang selbständig über die Rechtslage informieren und an den rechtlichen Normen seine Handlungen orientieren kann. Dabei kann es bei einer Einführung für Nichtjuristen nicht darum gehen, daß vor Gericht Prozesse geführt und gewonnen werden können, sondern eher darum, Prozesse zu vermeiden.

Dieser Zielsetzung soll die Textsammlung WIRTSCHAFTSRECHT FÜR BANKBERUFE dienen. Um Suchvorgänge nach rechtlichen Regelungen selbständig zielstrebig durchführen zu können, ist vor allem ein Eindringen in die Systematik der rechtlichen Ordnung Voraussetzung. In der Textsammlung WIRTSCHAFTSRECHT FÜR BANKBERUFE sind deshalb die einzelnen rechtlichen Vorschriften systematisch nach Sachgebieten geordnet. Diese Ordnung ist in einer Übersicht zusammengefaßt, die als Grundorientierung Ausgangspunkt für alle Suchvorgänge sein kann. Innerhalb der einzelnen rechtlichen Vorschriften ist jeweils die von dem Norm-Geber vorgegebene Gliederung in anschaulicher Weise dargestellt und damit durchsichtig gemacht. Wird die Textsammlung als Informationsquelle bei der Lösung rechtlicher Probleme immer wieder herangezogen, dann kann durch die wiederholten systematischen Suchvorgänge die Fähigkeit zur selbständigen Information im Bereich des Rechts entwickelt werden. Die Qualifikation setzt sich zusammen aus einer Kenntnis der relativ beständigen Systematik des Rechts und der Fähigkeit, in dem Rechtssystem zur Problemlösung benötigte Informationen aufzufinden und anzuwenden. Der Lernende soll befähigt werden, ohne fremde Hilfe nicht nur den heutigen, sondern auch den künftigen in Arbeitswelt und Alltag auf ihn zukommenden Anforderungen auch bei den ständigen Änderungen rechtlicher Regelungen gewachsen zu sein.

Bearbeiter und Redaktion sind für kritische Anmerkungen, die sich aus der Arbeit mit der Gesetzessammlung ergeben, sehr dankbar.

Weinstadt, im Januar 1995 — Redaktion und Bearbeiter

Systematische Übersicht 1–4

	Rechtsgebiete	Rechtsquellen
1	**Grundlegendes Bankrecht**	1.1 KWG – 1.2 BBankG – 1.3 AGB Banken – 1.4 GwG – 1.5 HypBankG – 1.6 BundesdatenschutzG – 1.7 ESZB-Satzung
2	**Zahlungsverkehr**	
	Kassengeschäfte	2.1 Tag- und Nachttresor
	Bargeldloser Zahlungsverkehr	2.2 Überweisungsabkommen – 2.3 frei – 2.4 Mustertext Einzugsermächtigungsverfahren/ Abbuchungsverfahren – 2.5 Lastschriftabkommen – 2.6 frei – 2.7 ec-KartenBed – 2.8 S-Card-Bedingungen – 2.8a Kundenkartenbedingungen der Deutschen Bank – 2.8b GeldkartenBed DB – 2.9 Eurocard-Kundenbedingungen – 2.10a electronic-cash-System – 2.10b POZ-System – 2.11 frei – 2.12 Magnetband/Disketten-Clearing-Verfahren – 2.13 Bedingungen DFÜ
	Scheckrecht	2.14 ScheckG – 2.15 Scheckabkommen – 2.16 Scheckbedingungen – 2.17 frei – 2.18 frei
	Wechselrecht	2.19 WG
3	**Mittelbeschaffung und Kreditgeschäft**	
	Einlagen	3.1 RechKredV – 3.2a SparverkehrBed (Spark.) – 3.2b SparkontenBed (Kreditbanken) – 3.3 AnderkontenBed
	Sparförderung und Vermögensbildung	3.4a BausparkG – 3.4b BausparkV – 3.5a Fünftes VermBG – 3.5b VermBDV – 3.6 WoPG
	Kreditgeschäft	3.7 Grundsätze über Eigenmittel u. Liquidität – 3.8 Beleihungsgrundsätze – 3.9 VerbrKrG
	Refinanzierung	3.10 Avalbedingungen – 3.11 Bundesbankbedingungen Wertpapierpensionsgeschäfte – 3.12 Emissionsbedingungen des Bundes – 3.13 Tenderregeln
4	**Effektengeschäft**	
	Effektenhandel	4.1 WpHG – 4.2 BörsG – 4.3 Bedingungen Frankfurter Wertpapierbörse – 4.3a Sonderbedingungen für Wertpapiergeschäfte – 4.4 Sonderbedingungen Börsentermingeschäfte – 4.4a Verlustrisiken bei Börsentermingeschäften
	Depotgeschäft	4.5 DepotG – 4.6 Bedingungen für Schrankfächer – 4.7 Bedingungen für Verwahrstücke
	Investmentgeschäfte	4.8 KAGG

	Rechtsgebiete	Rechtsquellen
5	**Außenhandels-Geschäfte**	5.1 Einheitliche Richtlinien Inkassi (ERI) – 5.2 Einheitliche Richtlinien Dokumenten-akkreditive (ERA) 5.3 Incoterms
6	**Zivilrecht**	
	Bürgerliches Recht und Zivilprozeßrecht	6.1 BGB – 6.2 AGBGes. – 6.3 HaustürWG – 6.4 ZPO
	Allgemeines Handelsrecht	6.5 HGB – 6.6 ProdHaftG
	Kapitalgesellschaften und Genossenschaften	6.7 AktG – 6.8 GmbHG – 6.9 GenG – 6.9a PartnerschaftsgesellschaftsG
	Notleidende Unternehmung	6.10 InsO
7	**Arbeits- und Sozialrecht**	
	Regelungen zum Arbeits-verhältnis, einschl. allgemeiner Arbeitsschutzgesetze	7.1 TVG – 7.2 BBiG – 7.2a Nachweisgesetz – 7.3 KSchG – 7.4 EntgeltFZG – 7.5 ArbZG – 7.6 BUrlG – 7.7 SchwarbG – 7.8 ArbGG
	Betriebsverfassung und Mitbestimmung	7.9 BetrVG – 7.9a BetrVG 1952 – 7.10 MitbestG
	Arbeitsschutz besonderer Personenkreise	7.11 JArbSchG – 7.12 MuSchG – 7.13 SchwbG
8	**Steuerrecht**	8.1 AO – 8.2 BewG – 8.3 EStG – 8.3a EigZulG – 8.4 SolZG – 8.5 KStG – 8.6 ErbStG – 8.7 ErbStDV

Gesetz über das Kreditwesen

In der Neufassung vom 22. Oktober 1997, mit Änderungen bis zum 27. März 1998

Erster Abschnitt. Allgemeine Vorschriften

Kreditinstitute, Finanzdienstleistungsinstitute, Finanzholding-Gesellschaften und Finanzunternehmen

§ 1. Begriffsbestimmungen. (1) Kreditinstitute sind Unternehmen, die Bankgeschäfte gewerbsmäßig oder in einem Umfang betreiben, der einen in kaufmännischer Weise eingerichteten Geschäftsbetrieb erfordert. Bankgeschäfte sind

1. die Annahme fremder Gelder als Einlagen oder anderer rückzahlbarer Gelder des Publikums, sofern der Rückzahlungsanspruch nicht in Inhaber- oder Orderschuldverschreibungen verbrieft wird, ohne Rücksicht darauf, ob Zinsen vergütet werden (Einlagengeschäft),
2. die Gewährung von Gelddarlehen und Akzeptkrediten (Kreditgeschäft),
3. der Ankauf von Wechseln und Schecks (Diskontgeschäft),
4. die Anschaffung und die Veräußerung von Finanzinstrumenten im eigenen Namen für fremde Rechnung (Finanzkommissionsgeschäft),
5. die Verwahrung und die Verwaltung von Wertpapieren für andere (Depotgeschäft),
6. die in § 1 des Gesetzes über Kapitalanlagegesellschaften bezeichneten Geschäfte (Investmentgeschäft),
7. die Eingehung der Verpflichtung, Darlehensforderungen vor Fälligkeit zu erwerben, Revolvinggeschäft
8. die Übernahme von Bürgschaften, Garantien und sonstigen Gewährleistungen für andere (Garantiegeschäft),
9. die Durchführung des bargeldlosen Zahlungsverkehrs und des Abrechnungsverkehrs (Girogeschäft),
10. die Übernahme von Finanzinstrumenten für eigenes Risiko zur Plazierung oder die Übernahme gleichwertiger Garantien (Emissionsgeschäft),
11. die Ausgabe vorausbezahlter Karten zu Zahlungszwecken, es sei denn, der Kartenemittent ist auch der Leistungserbringer, der die Zahlung aus der Karte erhält (Geldkartengeschäft), und
12. die Schaffung und die Verwaltung von Zahlungseinheiten in Rechnernetzen (Netzgeldgeschäft).

(1a) Finanzdienstleistungsinstitute sind Unternehmen, die Finanzdienstleistungen für andere gewerbsmäßig oder in einem Umfang erbringen, der einen in kaufmännischer Weise eingerichteten Geschäftsbetrieb erfordert, und die keine Kreditinstitute sind. Finanzdienstleistungen sind

1. die Vermittlung von Geschäften über die Anschaffung und die Veräußerung von Finanzinstrumenten oder deren Nachweis (Anlagevermittlung),
2. die Anschaffung und die Veräußerung von Finanzinstrumenten im fremden Namen für fremde Rechnung (Abschlußvermittlung),
3. die Verwaltung einzelner in Finanzinstrumenten angelegter Vermögen für andere mit Entscheidungsspielraum (Finanzportfolioverwaltung),
4. die Anschaffung und die Veräußerung von Finanzinstrumenten im Wege des Eigenhandels für andere (Eigenhandel),
5. die Vermittlung von Einlagengeschäften mit Unternehmen mit Sitz außerhalb des Europäischen Wirtschaftsraums (Drittstaateneinlagenvermittlung),
6. die Besorgung von Zahlungsaufträgen (Finanztransfergeschäft) und
7. der Handel mit Sorten (Sortengeschäft).

(1b) Institute im Sinne dieses Gesetzes sind Kreditinstitute und Finanzdienstleistungsinstitute.

(2) Geschäftsleiter im Sinne dieses Gesetzes sind diejenigen natürlichen Personen, die nach Gesetz, Satzung oder Gesellschaftsvertrag zur Führung der Geschäfte und zur Vertretung eines Instituts in der Rechtsform einer juristischen Person oder einer Personenhandelsgesellschaft berufen sind. In Ausnahmefällen kann das Bundesaufsichtsamt für das Kreditwesen (Bundesaufsichtsamt) auch eine andere mit der Führung der Geschäfte betraute und zur Vertretung ermächtigte Person widerruflich als Geschäftsleiter bezeichnen, wenn sie zuverlässig ist und die erforderliche fachliche Eignung hat; § 33 Abs. 2 ist anzuwenden. Wird das Institut von einem Einzelkaufmann betrieben, so kann in Ausnahmefällen unter den Voraussetzungen des Satzes 2 eine von dem Inhaber mit der Führung der Geschäfte betraute und zur Vertretung ermächtigte Person widerruflich als Geschäftsleiter bezeichnet werden. Beruht die Bezeichnung einer Person als Geschäftsleiter auf einem Antrag des Instituts, so ist sie auf Antrag des Instituts oder des Geschäftsleiters zu widerrufen.

(3) Finanzunternehmen sind Unternehmen, die keine Institute sind und deren Haupttätigkeit darin besteht,
1. Beteiligungen zu erwerben,
2. Geldforderungen entgeltlich zu erwerben,
3. Leasingverträge abzuschließen,
4. Kreditkarten oder Reiseschecks auszugeben oder zu verwalten,
5. mit Finanzinstrumenten für eigene Rechnung zu handeln,
6. andere bei der Anlage in Finanzinstrumenten zu beraten (Anlageberatung),
7. Unternehmen über die Kapitalstruktur, die industrielle Strategie und die damit verbundenen Fragen zu beraten sowie bei Zusammenschlüssen und Übernahmen von Unternehmen diese zu beraten und ihnen Dienstleistungen anzubieten oder
8. Darlehen zwischen Kreditinstituten zu vermitteln (Geldmaklergeschäfte).

Das Bundesministerium der Finanzen kann nach Anhörung der Deutschen Bundesbank durch Rechtsverordnung weitere Unternehmen als Finanzunternehmen bezeichnen, um welche die Liste im Anhang der Richtlinie 89/646/EWG vom 15. Dezember 1989 zur Koordinierung der Rechts- und Verwaltungsvorschriften über die Aufnahme und Ausübung der Tätigkeit der Kreditinstitute und zur Änderung der Richtlinie 77/780/EWG – ABl. EG Nr. L 386 S. 1 – (Zweite Bankrechtskoordinierungsrichtlinie) erweitert wird.

(3a) Finanzholding-Gesellschaften sind Finanzunternehmen, deren Tochterunternehmen ausschließlich oder hauptsächlich Institute oder Finanzunternehmen sind und die mindestens ein Einlagenkreditinstitut oder ein Wertpapierhandelsunternehmen zum Tochterunternehmen haben.

(3b) Gemischte Unternehmen sind Unternehmen, die keine Finanzholding-Gesellschaften oder Institute sind und die mindestens ein Einlagenkreditinstitut oder ein Wertpapierhandelsunternehmen zum Tochterunternehmen haben.

(3c) Unternehmen mit bankbezogenen Hilfsdiensten sind Unternehmen, die keine Institute oder Finanzunternehmen sind und deren Haupttätigkeit darin besteht, Immobilien zu verwalten, Rechenzentren zu betreiben oder andere Tätigkeiten auszuführen, die Hilfstätigkeiten im Verhältnis zur Haupttätigkeit eines oder mehrerer Institute sind.

(3d) Einlagenkreditinstitute sind Kreditinstitute, die Einlagen oder andere rückzahlbare Gelder des Publikums entgegennehmen und das Kreditgeschäft betreiben. Wertpapierhandelsunternehmen sind Institute, die keine Einlagenkreditinstitute sind und die Bankgeschäfte im Sinne des Absatzes 1 Satz 2 Nr. 4 oder 10 betreiben oder Finanzdienstleistungen im Sinne des Absatzes 1a Satz 2 Nr. 1 bis 4 erbringen, es sei denn, die Bankgeschäfte oder Finanzdienstleistungen beschränken sich auf Devisen, Rechnungseinheiten oder Derivate im Sinne des Absatzes 11 Satz 4 Nr. 5. Wertpapierhandelsbanken sind Kreditinstitute, die keine Einlagenkreditinstitute sind und die Bankgeschäfte im Sinne des Absatzes 1 Satz 2 Nr. 4 oder 10 betreiben oder Finanzdienstleistungen im Sinne des Absatzes 1a Satz 2 Nr. 1 bis 4 erbringen.

(3e) Wertpapier- oder Terminbörsen im Sinne dieses Gesetzes sind Wertpapier- oder Terminmärkte, die von staatlich anerkannten Stellen geregelt und überwacht werden, regelmäßig stattfinden und für das Publikum unmittelbar oder mittelbar zugänglich sind, einschließlich ihrer Systeme zur Sicherung der Erfüllung der Geschäfte an diesen Märkten (Clearingstellen), die von staatlich anerkannten Stellen geregelt und überwacht werden.

(4) Herkunftsstaat ist der Staat, in dem die Hauptniederlassung eines Institutes zugelassen ist.

(5) Aufnahmestaat ist der Staat, in dem ein Institut außerhalb seines Herkunftsstaats eine Zweigniederlassung unterhält oder im Wege des grenzüberschreitenden Dienstleistungsverkehrs tätig wird.

(5a) Der Europäische Wirtschaftsraum im Sinne dieses Gesetzes umfaßt die Staaten der Europäischen Gemeinschaften sowie die Staaten des Abkommens über den Europäischen Wirtschaftsraum. Drittstaaten im Sinne dieses Gesetzes sind alle anderen Staaten.

(5b) Zone A umfaßt die Staaten des Europäischen Wirtschaftsraums, die Vollmitgliedstaaten der Organisation für wirtschaftliche Zusammenarbeit und Entwicklung, sofern sie nicht innerhalb der letzten fünf Jahre ihre Auslandsschulden umgeschuldet oder vor vergleichbaren Zahlungsschwierigkeiten gestanden haben, sowie die Staaten, die mit dem Internationalen Währungsfonds besondere Kreditabkommen im Zusammenhang mit dessen Allgemeinen Kreditvereinbarungen getroffen haben. Zone B umfaßt alle anderen Staaten.

(6) Mutterunternehmen sind Unternehmen, die als Mutterunternehmen im Sinne von § 290 des Handelsgesetzbuchs gelten oder die einen beherrschenden Einfluß ausüben können, ohne daß es auf die Rechtsform und den Sitz ankommt.

(7) Tochterunternehmen sind Unternehmen, die als Tochterunternehmen im Sinne des § 290 des Handelsgesetzbuchs gelten oder auf die ein beherrschender Einfluß ausgeübt werden kann, ohne daß es auf die Rechtsform und den Sitz ankommt. Schwesterunternehmen sind Unternehmen, die ein gemeinsames Mutterunternehmen haben.

(8) Eine Kontrolle besteht, wenn ein Unternehmen im Verhältnis zu einem anderen Unternehmen als Mutterunternehmen gilt oder wenn zwischen einer natürlichen oder einer juristischen Person und einem Unternehmen ein gleichartiges Verhältnis besteht.

(9) Eine bedeutende Beteiligung besteht, wenn unmittelbar oder mittelbar über ein oder mehrere Tochterunternehmen oder ein gleichartiges Verhältnis oder durch Zusammenwirken mit anderen Personen oder Unternehmen mindestens 10 vom Hundert des Kapitals oder der Stimmrechte eines Unternehmens gehalten werden oder wenn auf die Geschäftsführung des Unternehmens, an dem eine Beteiligung besteht, ein maßgeblicher Einfluß ausgeübt werden kann. Für die Berechnung des Anteils der Stimmrechte gilt § 22 Abs. 1 und 3 des Wertpapierhandelsgesetzes. Die mittelbar gehaltenen Beteiligungen sind den mittelbar beteiligten Personen und Unternehmen in vollem Umfang zuzurechnen.

(10) Eine enge Verbindung besteht, wenn ein Institut und eine andere natürliche Person oder ein anderes Unternehmen verbunden sind

1. durch das unmittelbare oder mittelbare Halten von mindestens 20 vom Hundert des Kapitals oder der Stimmrechte oder
2. als Mutter- und Tochterunternehmen, mittels eines gleichartigen Verhältnisses oder als Schwesterunternehmen.

(11) Finanzinstrumente im Sinne dieses Gesetzes sind Wertpapiere, Geldmarktinstrumente, Devisen oder Rechnungseinheiten sowie Derivate. Wertpapiere sind, auch wenn keine Urkunden über sie ausgestellt sind,

1. Aktien, Zertifikate, die Aktien vertreten, Schuldverschreibungen, Genußscheine, Optionsscheine und
2. andere Wertpapiere, die mit Aktien oder Schuldverschreibungen vergleichbar sind,

wenn sie an einem Markt gehandelt werden können; Wertpapiere sind auch Anteilscheine, die von einer Kapitalanlagegesellschaft oder einer ausländischen Investmentgesellschaft ausgegeben werden. Geldmarktinstrumente sind Forderungen, die nicht unter Satz 2 fallen und üblicherweise auf dem Geldmarkt gehandelt werden. Derivate sind als Festgeschäfte oder Optionsgeschäfte ausgestaltete Termingeschäfte, deren Preis unmittelbar oder mittelbar abhängt von

1. dem Börsen- oder Marktpreis von Wertpapieren,
2. dem Börsen- oder Marktpreis von Geldmarktinstrumenten,
3. dem Kurs von Devisen oder Rechnungseinheiten,
4. Zinssätzen oder anderen Erträgen oder
5. dem Börsen- oder Marktpreis von Waren oder Edelmetallen.

(12) Dem Handelsbuch im Sinne dieses Gesetzes sind zum Zweck der Ermittlung und der Anrechnung von Handelsbuch-Risikopositionen zuzurechnen.

1. Finanzinstrumente, handelbare Forderungen und Anteile, die das Institut zum Zweck des Wiederverkaufs im Eigenbestand hält oder von dem Institut übernommen werden, um bestehende oder erwartete Unterschiede zwischen den Kauf- und Verkaufspreisen oder Preis- und Zinsschwankungen kurzfristig zu nutzen, damit ein Eigenhandelserfolg erzielt wird,
2. Bestände und Geschäfte zur Absicherung von Marktrisiken des Handelsbuchs und damit im Zusammenhang stehende Refinanzierungsgeschäfte,
3. Aufgabegeschäfte sowie
4. Forderungen in Form von Gebühren, Provisionen, Zinsen, Dividenden und Einschüssen, die mit den Positionen des Handelsbuchs unmittelbar verknüpft sind.

Dem Handelsbuch sind auch Pensions-, Darlehns- sowie vergleichbare Geschäfte auf Positionen des Handelsbuchs zuzurechnen. Ihm sind nicht Devisen, Rechnungseinheiten und Derivate im Sinne des Absatzes 11 Satz 4 Nr. 5 zuzurechnen. Das Anlagebuch bilden alle Geschäfte eines Instituts, die nicht dem Handelsbuch zuzurechnen sind. Die Einbeziehung in das Handelsbuch hat nach institutsintern festgelegten nachprüfbaren Kriterien zu erfolgen, die dem Bundesaufsichtsamt und der Deutschen Bundesbank mitzuteilen sind; Änderungen der Kriterien sind dem Bundesaufsichtsamt und der Deutschen Bundesbank unverzüglich unter Darlegung der Gründe anzuzeigen. Die Umwidmung von Positionen in das Handelsbuch oder Anlagebuch ist in den Unterlagen des Instituts nachvollziehbar zu dokumentieren und zu begründen. Die Einhaltung der institutsintern festgelegten Kriterien hat der Abschlußprüfer im Rahmen der Jahresabschlußprüfung zu überprüfen und zu bestätigen.

§ 2. Ausnahmen. (1) Als Kreditinstitut gelten vorbehaltlich der Absätze 2 und 3 nicht

1. die Deutsche Bundesbank;
2. die Kreditanstalt für Wiederaufbau;
3. die Sozialversicherungsträger und die Bundesanstalt für Arbeit;
4. private und öffentlich-rechtliche Versicherungsunternehmen;
5. Unternehmen des Pfandleihgewerbes, soweit sie dieses durch Gewährung von Darlehen gegen Faustpfand betreiben;

6. Unternehmen, die auf Grund des Gesetzes über Unternehmensbeteiligungsgesellschaften als Unternehmensbeteiligungsgesellschaften anerkannt sind;
7. Unternehmen, die Bankgeschäfte ausschließlich mit ihrem Mutterunternehmen oder ihren Tochter- oder Schwesterunternehmen betreiben;
8. Unternehmen, die das Finanzkommissionsgeschäft ausschließlich an einer Börse, an der ausschließlich Derivate gehandelt werden, für andere Mitglieder dieser Börse betreiben und deren Verbindlichkeiten durch ein System zur Sicherung der Erfüllung der Geschäfte an dieser Börse abgedeckt sind.

(2) Für die Kreditanstalt für Wiederaufbau gelten § 14 und die auf Grund von § 47 Abs. 1 Nr. 2 und § 48 getroffenen Regelungen; für die Sozialversicherungsträger, für die Bundesanstalt für Arbeit, für Versicherungsunternehmen sowie für Unternehmensbeteiligungsgesellschaften gilt § 14.

(3) Für Unternehmen der in Absatz 1 Nr. 4 bis 6 bezeichneten Art gelten die Vorschriften dieses Gesetzes insoweit, als sie Bankgeschäfte betreiben, die nicht zu den ihnen eigentümlichen Geschäften gehören.

(4) Das Bundesaufsichtsamt kann im Einzelfall bestimmen, daß auf ein Institut die §§ 10 bis 18, 24 bis 38, 45, 46 bis 46c und 51 Abs. 1 dieses Gesetzes sowie § 112 Abs. 2 der Vergleichsordnung insgesamt nicht anzuwenden sind, solange das Unternehmen wegen der Art der von ihm betriebenen Geschäfte insoweit nicht der Aufsicht bedarf. Die Entscheidung ist im Bundesanzeiger bekanntzumachen.

(5) Das Bundesaufsichtsamt kann im Einzelfall im Benehmen mit der Deutschen Bundesbank bestimmen, daß auf ein Unternehmen, das nur das Geldkartengeschäft betreibt, die §§ 10 bis 18, 24, 32 bis 38, 45, 46 bis 46c und 51 Abs. 1 dieses Gesetzes sowie § 112 Abs. 2 der Vergleichsordnung insgesamt nicht anzuwenden sind, sofern im Hinblick auf die begrenzte Nutzung und Verbreitung der vorausbezahlten Karten eine Gefährdung des Zahlungsverkehrs nicht zu erwarten ist. Die Entscheidung ist im Bundesanzeiger bekanntzumachen. Das Bundesministerium der Finanzen kann durch eine im Benehmen mit der Deutschen Bundesbank zu erlassende Rechtsverordnung nähere Bestimmungen für die Freistellung nach Satz 1 erlassen. Das Bundesministerium der Finanzen kann diese Ermächtigung durch Rechtsverordnung auf das Bundesaufsichtsamt mit der Maßgabe übertragen, daß die Rechtsverordnung im Einvernehmen mit der Deutschen Bundesbank ergeht.

(6) Als Finanzdienstleistungsinstitute gelten nicht
1. die Deutsche Bundesbank;
2. die Kreditanstalt für Wiederaufbau;
3. die öffentliche Schuldenverwaltung des Bundes, eines seiner Sondervermögen, eines Landes oder eines anderen Staates des Europäischen Wirtschaftsraums und deren Zentralbanken;
4. private und öffentlich-rechtliche Versicherungsunternehmen;
5. Unternehmen, die Finanzdienstleistungen ausschließlich für ihr Mutterunternehmen oder ihre Tochter- oder Schwesterunternehmen erbringen;
6. Unternehmen, deren Finanzdienstleistung ausschließlich in der Verwaltung eines Systems von Arbeitnehmerbeteiligungen an den eigenen oder an mit ihnen verbundenen Unternehmen besteht;
7. Unternehmen, die ausschließlich Finanzdienstleistungen im Sinne sowohl der Nummer 5 als auch der Nummer 6 erbringen;
8. Unternehmen, die als Finanzdienstleistungen im Sinne des § 1 Abs. 1a Satz 2 Nr. 1 bis 4 ausschließlich die Anlage- und Abschlußvermittlung zwischen Kunden und
   a) einem Institut,
   b) einem nach § 53b Abs. 1 Satz 1 oder Abs. 7 tätigen Unternehmen,
   c) einem Unternehmen, das auf Grund einer Rechtsverordnung nach § 53c gleichgestellt oder freigestellt ist, oder
   d) einer ausländischen Investmentgesellschaft

   betreiben, sofern sich diese Finanzdienstleistungen auf Anteilscheine von Kapitalanlagegesellschaften oder aus ausländische Investmentanteile, die nach dem Auslandinvestment-Gesetz vertrieben werden dürfen, beschränken und die Unternehmen nicht befugt sind, sich bei der Erbringung dieser Finanzdienstleistungen Eigentum oder Besitz an Geldern, Anteilscheinen oder Anteilen von Kunden zu verschaffen;
9. Unternehmen, die Finanzdienstleistungen ausschließlich an einer Börse, an der ausschließlich Derivate gehandelt werden, für andere Mitglieder dieser Börse erbringen und deren Verbindlichkeiten durch ein System zur Sicherung der Erfüllung der Geschäfte an dieser Börse abgedeckt sind;
10. Angehörige freier Berufe, die Finanzdienstleistungen nur gelegentlich im Rahmen ihrer Berufstätigkeit erbringen und einer Berufskammer in der Form der Körperschaft des öffentlichen Rechts angehören, deren Berufsrecht die Erbringung von Finanzdienstleistungen nicht ausschließt;

11. Unternehmen, deren Haupttätigkeit darin besteht, Geschäfte über Rohwaren mit gleichartigen Unternehmen, mit den Erzeugern oder den gewerblichen Verwendern der Rohwaren zu tätigen, und die Finanzdienstleistungen nur für diese Personen und nur insoweit erbringen, als es für ihre Haupttätigkeit erforderlich ist;
12. Unternehmen, deren einzige Finanzdienstleistung der Handel mit Sorten ist, sofern ihre Haupttätigkeit nicht im Sortengeschäft besteht.

Für Einrichtungen und Unternehmen im Sinne des Satzes 1 Nr. 3 und 4 gelten die Vorschriften dieses Gesetzes insoweit, als sie Finanzdienstleistungen erbringen, die nicht zu den ihnen eigentümlichen Geschäften gehören.

(7) Die Vorschriften des § 2a Abs. 2, der §§ 10 bis 18 und 24 Abs. 1 Nr. 10, der §§ 24a und 33 Abs. 1 Satz 1 Nr. 1, des § 35 Abs. 2 Nr. 5 und der §§ 45 und 46 bis 46c sind nicht anzuwenden auf Finanzdienstleistungsinstitute, die außer der Drittstaateneinlagenvermittlung, dem Finanztransfergeschäft und dem Sortengeschäft keine weitere Finanzdienstleistung erbringen.

(8) Die Vorschriften des § 2a Abs. 2, der §§ 10, 11 und 12 Abs. 1, der §§ 13, 13a, 14 bis 18 und 24 Abs. 1 Nr. 10 und der §§ 45 und 46 bis 46c sind nicht anzuwenden auf Anlagevermittler und Abschlußvermittler, die nicht befugt sind, sich bei der Erbringung von Finanzdienstleistungen Eigentum oder Besitz an Geldern oder Wertpapieren von Kunden zu verschaffen, und die nicht auf eigene Rechnung mit Finanzinstrumenten handeln.

(9) Auf Anlagevermittler und Abschlußvermittler, die anstelle des Anfangskapitals den Abschluß einer geeigneten Versicherung gemäß § 33 Abs. 1 Satz 2 nachweisen, finden die Vorschriften des § 24a über die Errichtung einer Zweigniederlassung und den grenzüberschreitenden Dienstleistungsverkehr keine Anwendung.

(10) Ein Unternehmen gilt nicht als Finanzdienstleistungsinstitut, wenn es die Anlage- oder Abschlußvermittlung ausschließlich für Rechnung und unter der Haftung eines Einlagenkreditinstituts oder Wertpapierhandelsunternehmens mit Sitz im Inland oder eines nach § 53b Abs. 1 Satz 1 oder Abs. 7 tätigen Unternehmens oder unter der gesamtschuldnerischen Haftung solcher Institute oder Unternehmen ausübt, ohne andere Finanzdienstleistungen zu erbringen, und wenn dies dem Bundesaufsichtsamt von einem dieser haftenden Institute oder Unternehmen angezeigt wird. Seine Tätigkeit wird den Instituten oder Unternehmen zugerechnet, für deren Rechnung und unter deren Haftung es tätig wird. Ändern sich die von den haftenden Instituten oder Unternehmen angezeigten Verhältnisse, sind die neuen Verhältnisse unverzüglich dem Bundesaufsichtsamt anzuzeigen. Das Bundesaufsichtsamt übermittelt die Anzeigen nach den Sätzen 1 und 3 der Deutschen Bundesbank und dem Bundesaufsichtsamt für den Wertpapierhandel.

(11) Ein Institut braucht die Vorschriften dieses Gesetzes über das Handelsbuch nicht anzuwenden, sofern

1. der Anteil des Handelsbuchs des Instituts in der Regel 5 vom Hundert der Gesamtsumme der bilanz- und außerbilanzmäßigen Geschäfte nicht überschreitet,
2. die Gesamtsumme der einzelnen Positionen des Handelsbuchs in der Regel den Gegenwert von 15 Millionen ECU nicht überschreitet und
3. der Anteil des Handelsbuchs zu keiner Zeit 6 vom Hundert der Gesamtsumme der bilanz- und außerbilanzmäßigen Geschäfte und die Gesamtsumme der Positionen des Handelsbuchs zu keiner Zeit den Gegenwert von 20 Millionen ECU überschreiten.

Zur Bestimmung des Anteils des Handelsbuchs werden Derivate entsprechend dem Nominalwert oder dem Marktpreis der ihnen zugrundeliegenden Instrumente, die anderen Finanzinstrumente mit ihrem Nennwert oder Marktpreis angesetzt; Kauf und Verkaufspositionen werden ungeachtet ihres Vorzeichens addiert. Näheres wird durch Rechtsverordnung nach § 22 geregelt. Das Institut hat dem Bundesaufsichtsamt und der Deutschen Bundesbank unverzüglich anzuzeigen, wenn es von der Möglichkeit nach Satz 1 Gebrauch macht, eine Grenze nach Satz 1 Nr. 3 überschritten hat oder die Vorschriften über das Handelsbuch anwendet, obwohl die Voraussetzung des Satzes 1 vorliegen.

§ 2a. Rechtsform. (1) Kreditinstitute, die eine Erlaubnis nach § 32 Abs. 1 benötigen, dürfen nicht in der Rechtsform des Einzelkaufmanns betrieben werden.

(2) Bei Wertpapierhandelsunternehmen in der Rechtsform des Einzelkaufmanns oder der Personenhandelsgesellschaft sind die Risikoaktiva des Inhabers oder der persönlich haftenden Gesellschafter in die Beurteilung der Solvenz des Instituts gemäß § 10 Abs. 1 einzubeziehen; das freie Vermögen des Inhabers oder der Gesellschafter bleibt jedoch bei der Berechnung der Eigenmittel des Instituts unberücksichtigt. Wird ein solches Institut in der Rechtsform eines Einzelkaufmanns betrieben, hat der Inhaber angemessene Vorkehrungen für den Schutz seiner Kunden für den Fall zu treffen, daß auf Grund seines Todes, seiner Geschäftsunfähigkeit oder aus anderen Gründen das Institut seine Geschäftstätigkeit einstellt.

§ 2b. Inhaber bedeutender Beteiligungen.

(1) Wer beabsichtigt, eine bedeutende Beteiligung an einem Institut zu erwerben, hat dem Bundesaufsichtsamt und der Deutschen Bundesbank die Höhe der beabsichtigten Beteiligung nach Maßgabe der Sätze 2 und 4 unverzüglich anzuzeigen. In der Anzeige nach Satz 1 hat er die für die Beurteilung seiner Zuverlässigkeit wesentlichen Tatsachen, die durch Rechtsverordnung nach § 24 Abs. 4 Satz 1 näher zu bestimmen sind, sowie die Personen oder Unternehmen anzugeben, von denen er die entsprechenden Anteile erwerben will. Auf Verlangen des Bundesaufsichtsamtes hat er die in § 32 Abs. 1 Satz 3 Nr. 6 Buchstabe d und e genannten Unterlagen einzureichen. Ist der Erwerber eine juristische Person oder Personenhandelsgesellschaft, hat er in der Anzeige nach Satz 1 die für die Beurteilung der Zuverlässigkeit der gesetzlichen Vertreter oder persönlich haftenden Gesellschafter wesentlichen Tatsachen anzugeben. Solange die bedeutende Beteiligung besteht, hat er jeden neu bestellten gesetzlichen Vertreter oder neuen persönlich haftenden Gesellschafter mit den für die Beurteilung von dessen Zuverlässigkeit wesentlichen Tatsachen dem Bundesaufsichtsamt und der Deutschen Bundesbank unverzüglich anzuzeigen. Der Inhaber einer bedeutenden Beteiligung hat dem Bundesaufsichtsamt und der Deutschen Bundesbank ferner unverzüglich anzuzeigen, wenn er beabsichtigt, den Betrag der bedeutenden Beteiligung so zu erhöhen, daß die Schwellen von 20 vom Hundert, 33 vom Hundert oder 50 vom Hundert der Stimmrechte oder des Kapitals erreicht oder überschritten werden oder daß das Institut unter seine Kontrolle kommt. Das Bundesaufsichtsamt übermittelt jeweils eine Ausfertigung der Anzeigen nach den Sätzen 1 und 6 an das Bundesaufsichtsamt für den Wertpapierhandel.

(1a) Das Bundesaufsichtsamt kann innerhalb von drei Monaten nach Eingang der vollständigen Anzeige nach Absatz 1 Satz 1 oder 6 den beabsichtigten Erwerb der bedeutenden Beteiligung oder ihre Erhöhung untersagen, wenn Tatsachen die Annahme rechtfertigen, daß

1. der Anzeigende oder, wenn er eine juristische Person ist, ein gesetzlicher Vertreter, wenn er eine Personenhandelsgesellschaft ist, ein Gesellschafter, nicht zuverlässig ist oder aus anderen Gründen nicht den im Interesse einer soliden und umsichtigen Führung des Instituts zu stellenden Ansprüchen genügt,
2. das Institut durch die Begründung oder Erhöhung der bedeutenden Beteiligung mit dem Inhaber der bedeutenden Beteiligung in einen Unternehmensverbund eingebunden würde, der eine wirksame Aufsicht über das Institut beeinträchtigt, oder
3. das Institut durch die Begründung oder Erhöhung der bedeutenden Beteiligung Tochterunternehmen eines Instituts mit Sitz im Ausland würde, das im Staat seines Sitzes oder seiner Hauptverwaltung nicht wirksam beaufsichtigt wird oder dessen zuständige Aufsichtsstelle zu einer befriedigenden Zusammenarbeit mit dem Bundesaufsichtsamt nicht bereit ist.

Wird der Erwerb nicht untersagt, kann das Bundesaufsichtsamt eine Frist festsetzen, nach deren Ablauf die Person oder Personenhandelsgesellschaft, welche die Anzeige nach Absatz 1 Satz 1 oder 6 erstattet hat, den Vollzug oder den Nichtvollzug des beabsichtigten Erwerbs dem Bundesaufsichtsamt anzuzeigen hat. Nach Ablauf der Frist hat diese Person oder Personenhandelsgesellschaft die Anzeige unverzüglich beim Bundesaufsichtsamt einzureichen.

(2) Das Bundesaufsichtsamt kann dem Inhaber einer bedeutenden Beteiligung sowie den von ihm kontrollierten Unternehmen die Ausübung der Stimmrechte untersagen und anordnen, daß über die Anteile nur mit seiner Zustimmung verfügt werden darf, wenn

1. die Voraussetzungen für eine Untersagungsverfügung nach Absatz 1a Satz 1 vorliegen,
2. der Inhaber der bedeutenden Beteiligung seiner Pflicht nach Absatz 1 zur vorherigen Unterrichtung des Bundesaufsichtsamtes und der Deutschen Bundesbank nicht nachgekommen ist und diese Unterrichtung innerhalb einer vom Bundesaufsichtsamt gesetzten Frist nicht nachgeholt hat oder
3. die Beteiligung entgegen einer vollziehbaren Untersagung nach Absatz 1a Satz 1 erworben oder erhöht worden ist.

In den Fällen des Satzes 1 kann die Ausübung der Stimmrechte auf einen Treuhänder übertragen werden, er hat bei der Ausübung der Stimmrechte den Interessen einer soliden und umsichtigen Führung des Instituts Rechnung zu tragen. In den Fällen des Satzes 1 Nr. 1 und 3 kann das Bundesaufsichtsamt über die Maßnahmen nach Satz 1 hinaus einen Treuhänder mit der Veräußerung der Anteile, soweit sie eine bedeutende Beteiligung begründen, beauftragen, wenn der Inhaber der bedeutenden Beteiligung dem Bundesaufsichtsamt nicht innerhalb einer von diesem bestimmten angemessenen Frist einen zuverlässigen Erwerber nachweist; die Inhaber der Anteile haben bei der Veräußerung in dem erforderlichen Umfang mitzuwirken. Der Treuhänder wird auf Antrag des Instituts, eines an ihm Beteiligten oder des Bundesaufsichtsamtes vom Gericht des Sitzes des Instituts bestellt. Sind die Voraussetzungen des Satzes 1 entfallen, hat das Bundesaufsichtsamt den Widerruf der Bestellung des Treuhänders zu beantragen. Der Treuhänder hat Anspruch auf Ersatz angemessener Auslagen und auf Vergütung für seine Tätigkeit. Das Gericht setzt auf Antrag des Treuhänders die Auslagen und die Vergütung fest; die weitere Beschwerde ist ausgeschlossen. Der Bund schießt die Auslagen und die Vergütung vor; für seine Aufwendungen haften dem Bund der betroffene Inhaber der bedeutenden Beteiligung und das Institut gesamtschuldnerisch.

(3) Vor Maßnahmen nach Absatz 1a Satz 1 hat das Bundesaufsichtsamt die zuständigen Stellen des anderen Staates des Europäischen Wirtschaftsraums anzuhören, wenn es sich bei dem Erwerber der bedeutenden Beteiligung um ein in dem anderen Staat zugelassenes Einlagenkreditinstitut oder Wertpapierhandelsunternehmen, um ein Mutterunternehmen eines in dem anderen Staat zugelassenen Einlagenkreditinstituts oder Wertpapierhandelsunternehmens oder um eine Person handelt, die ein in dem anderen Staat zugelassenes Einlagenkreditinstitut oder Wertpapierhandelsunternehmen kontrolliert, und wenn das Institut, an dem der Erwerber eine Beteiligung zu halten beabsichtigt, durch den Erwerb unter dessen Kontrolle käme. Von Maßnahmen nach Absatz 2 Satz 1 gegenüber Erwerbern im Sinne des Satzes 1 hat das Bundesaufsichtsamt die zuständigen Stellen des anderen Staates zu unterrichten; es soll sie vorher anhören, wenn nicht zu befürchten ist, daß durch die Verzögerung die Wirksamkeit der Maßnahme vereitelt oder wesentlich beeinträchtigt wird.

(4) Wer beabsichtigt, eine bedeutende Beteiligung an einem Institut aufzugeben oder den Betrag seiner bedeutenden Beteiligung unter die Schwellen von 20 vom Hundert, 33 vom Hundert oder 50 vom Hundert der Stimmrechte oder des Kapitals abzusenken oder die Beteiligung so zu verändern, daß das Institut nicht mehr kontrolliertes Unternehmen ist, hat dies dem Bundesaufsichtsamt und der Deutschen Bundesbank unverzüglich anzuzeigen. Dabei hat es die beabsichtigte verbleibende Höhe der Beteiligung anzugeben. Das Bundesaufsichtsamt kann eine Frist festsetzen, nach deren Ablauf die Person oder Personenhandelsgesellschaft, welche die Anzeige nach Satz 1 erstattet hat, den Vollzug oder den Nichtvollzug der beabsichtigten Absenkung oder Veränderung an das Bundesaufsichtsamt anzuzeigen hat. Nach Ablauf der Frist hat die Person oder Personenhandelsgesellschaft, welche die Anzeige nach Satz 1 erstattet hat, die Anzeige unverzüglich beim Bundesaufsichtsamt einzureichen.

(5) Das Bundesaufsichtsamt hat den Erwerb einer unmittelbaren oder mittelbaren Beteiligung an einem Institut, durch den das Institut zu einem Tochterunternehmen eines Unternehmens mit Sitz außerhalb der Europäischen Gemeinschaften würde, vorläufig zu untersagen oder zu beschränken, wenn ein entsprechender Beschluß der Kommission oder des Rates der Europäischen Gemeinschaften vorliegt, der nach Artikel 22 Abs. 2 der Zweiten Bankrechtskoordinierungsrichtlinie oder Artikel 7 Abs. 5 der Richtlinie 93/22/EWG des Rates vom 10. Mai 1993 über Wertpapierdienstleistungen – ABl. EG Nr. L 141 S. 27 – (Wertpapierdienstleistungsrichtlinie) zustande gekommen ist. Die vorläufige Untersagung oder Beschränkung darf drei Monate vom Zeitpunkt des Beschlusses an nicht überschreiten. Beschließt der Rat die Verlängerung der Frist nach Satz 2, hat das Bundesaufsichtsamt die Fristverlängerung zu beachten und die vorläufige Untersagung oder Beschränkung entsprechend zu verlängern.

§ 3. Verbotene Geschäfte. Verboten sind

1. der Betrieb des Einlagengeschäftes, wenn der Kreis der Einleger überwiegend aus Betriebsangehörigen des Unternehmens besteht (Werksparkassen) und nicht sonstige Bankgeschäfte betrieben werden, die den Umfang dieses Einlagengeschäftes übersteigen;
2. die Annahme von Geldbeträgen, wenn der überwiegende Teil der Geldgeber einen Rechtsanspruch darauf hat, daß ihnen aus diesen Geldbeträgen Darlehen gewährt oder Gegenstände auf Kredit verschafft werden (Zwecksparunternehmen); dies gilt nicht für Bausparkassen;
3. der Betrieb des Kreditgeschäftes oder des Einlagengeschäftes, wenn es durch Vereinbarung oder geschäftliche Gepflogenheit ausgeschlossen oder erheblich erschwert ist, über den Kreditbetrag oder die Einlagen durch Barabhebung zu verfügen.

§ 4. Entscheidung des Bundesaufsichtsamtes für das Kreditwesen. Das Bundesaufsichtsamt entscheidet in Zweifelsfällen, ob ein Unternehmen den Vorschriften dieses Gesetzes unterliegt. Seine Entscheidungen binden die Verwaltungsbehörden.

Bundesaufsichtsamt für das Kreditwesen

§ 5. Organisation. (1) Das Bundesaufsichtsamt ist eine selbständige Bundesoberbehörde. Es hat seinen Sitz in Bonn.

(2) Der Präsident des Bundesaufsichtsamtes wird auf Vorschlag der Bundesregierung durch den Bundespräsidenten ernannt; die Bundesregierung hat bei ihrem Vorschlag die Deutsche Bundesbank anzuhören.

§ 6. Aufgaben. (1) Das Bundesaufsichtsamt übt die Aufsicht über die Institute nach den Vorschriften dieses Gesetzes aus.

(2) Das Bundesaufsichtsamt hat Mißständen im Kredit- und Finanzdienstleistungswesen entgegenzuwirken, welche die Sicherheit der den Instituten anvertrauten Vermögenswerte gefährden, die ordnungsmäßige Durchführung der Bankgeschäfte oder Finanzdienstleistungen beeinträchtigen oder erhebliche Nachteile für die Gesamtwirtschaft herbeiführen können, soweit nicht das Bundesaufsichtsamt für den Wertpapierhandel nach dem Wertpapierhandelsgesetz zuständig ist.

(3) Das Bundesaufsichtsamt kann im Rahmen der ihm zugewiesenen Aufgaben gegenüber dem Institut und seinen Geschäftsleitern Anordnungen treffen, die geeignet und erforderlich sind, Mißstände in dem Institut zu verhindern oder zu beseitigen, welche die Sicherheit der dem Institut anvertrauten Vermögenswerte gefährden können oder die ordnungsmäßige Durchführung der Bankgeschäfte oder Finanzdienstleistungen beeinträchtigen.

(4) Das Bundesaufsichtsamt nimmt die ihm nach diesem Gesetz und nach anderen Gesetzen zugewiesenen Aufgaben nur im öffentlichen Interesse wahr.

§ 7. Zusammenarbeit mit der Deutschen Bundesbank. (1) Das Bundesaufsichtsamt und die Deutsche Bundesbank arbeiten nach Maßgabe dieses Gesetzes zusammen. Die Deutsche Bundesbank und das Bundesaufsichtsamt haben einander Beobachtungen und Feststellungen mitzuteilen, die für die Erfüllung ihrer Aufgaben erforderlich sind. Die Deutsche Bundesbank hat insoweit dem Bundesaufsichtsamt auch die Angaben zur Verfügung zu stellen, die sie auf Grund statistischer Erhebungen nach § 18 des Gesetzes über die Deutsche Bundesbank erlangt. Sie hat vor Anordnung einer solchen Erhebung das Bundesaufsichtsamt zu hören; § 18 Satz 5 des Gesetzes über die Deutsche Bundesbank gilt entsprechend.

(2) Die Zusammenarbeit und die Mitteilungen nach Absatz 1 schließen die Übermittlung personenbezogener Daten ein. Das Bundesaufsichtsamt und die Deutsche Bundesbank dürfen gegenseitig die bei der anderen Stelle zur Erfüllung ihrer Aufgaben nach diesem Gesetz jeweils gespeicherten Daten im automatisierten Verfahren abrufen. Werden bei der Deutschen Bundesbank vom Bundesaufsichtsamt Daten abgerufen, hat sie bei jedem zehnten Abruf für Zwecke der Datenschutzkontrolle den Zeitpunkt, die Angaben, welche die Feststellung der aufgerufenen Datensätze ermöglichen, sowie die für den Abruf verantwortliche Person zu protokollieren. Die protokollierten Daten dürfen nur für Zwecke der Datenschutzkontrolle, der Datensicherung oder zur Sicherstellung eines ordnungsmäßigen Betriebs der Datenverarbeitungsanlage verwendet werden. Die Protokolldaten sind am Ende des auf die Speicherung folgenden Kalenderjahres zu löschen. Die Sätze 3 bis 5 gelten entsprechend für den Datenabruf der Deutschen Bundesbank beim Bundesaufsichtsamt.

(3) Der Präsident des Bundesaufsichtsamtes, im Falle der Verhinderung sein Stellvertreter, hat das Recht, an den Beratungen des Zentralbankrates der Deutschen Bundesbank teilzunehmen, soweit bei diesen Gegenstände seines Aufgabenbereichs behandelt werden. Er hat kein Stimmrecht, kann aber Anträge stellen.

§ 8. Zusammenarbeit mit anderen Stellen. (1) Das Bundesaufsichtsamt kann sich bei der Durchführung seiner Aufgaben anderer Personen und Einrichtungen bedienen.

(2) Werden gegen Inhaber oder Geschäftsleiter von Instituten Steuerstrafverfahren eingeleitet, so steht § 30 der Abgabenordnung Mitteilungen an das Bundesaufsichtsamt über die Verfahren und über die zugrunde liegenden Sachverhalt nicht entgegen; das gleiche gilt, wenn sich das Verfahren gegen Personen richtet, die das Vergehen als Bedienstete eines Instituts begangen haben.

(3) Bei der Aufsicht über Institute, die in einem anderen Staat des Europäischen Wirtschaftsraums Bankgeschäfte betreiben oder Finanzdienstleistungen erbringen, sowie bei der Aufsicht nach Maßgabe der Richtlinie 92/30/EWG des Rates vom 6. April 1992 über die Beaufsichtigung von Kreditinstituten auf konsolidierter Basis – ABl. EG Nr. L 110 S. 52 – (Konsolidierungsrichtlinie) arbeiten das Bundesaufsichtsamt und, soweit sie im Rahmen dieses Gesetzes tätig wird, die Deutsche Bundesbank mit den zuständigen Stellen des betreffenden Staates zusammen. Mitteilungen der zuständigen Stellen des anderen Staates dürfen nur für folgende Zwecke verwendet werden:

1. zur Prüfung der Zulassung zum Geschäftsbetrieb eines Instituts,
2. zur Überwachung der Tätigkeit der Institute auf Einzelbasis oder auf zusammengefaßter Basis,
3. für Anordnungen des Bundesaufsichtsamtes sowie zur Verfolgung und Ahndung von Ordnungswidrigkeiten durch das Bundesaufsichtsamt,
4. im Rahmen eines Verwaltungsverfahrens über Rechtsbehelfe gegen eine Entscheidung des Bundesaufsichtsamtes oder

5. im Rahmen von Verfahren vor Verwaltungsgerichten, Insolvenzgerichten, Staatsanwaltschaften oder für Straf- und Bußgeldsachen zuständigen Gerichten.

Wird die Erlaubnis eines Instituts zum Betreiben von Bankgeschäften oder Erbringen von Finanzdienstleistungen aufgehoben, unterrichtet das Bundesaufsichtsamt die zuständigen Stellen der anderen Staaten des Europäischen Wirtschaftsraums, in denen das Institut Zweigniederlassungen errichtet hat oder im Wege des grenzüberschreitenden Dienstleistungsverkehrs tätig gewesen ist.

(4) Das Bundesaufsichtsamt teilt den zuständigen Stellen des Aufnahmestaats Maßnahmen mit, die es ergreifen wird, um Verstöße eines Instituts gegen Rechtsvorschriften des Aufnahmestaats zu beenden, über die das Bundesaufsichtsamt durch die zuständigen Stellen des Aufnahmestaats unterrichtet worden ist.

§ 8a. Zuständigkeit für die Beaufsichtigung auf zusammengefaßter Basis. (1) Das Bundesaufsichtsamt kann von der Beaufsichtigung einer Institutsgruppe oder Finanzholding-Gruppe im Sinne des § 10a Abs. 2 bis 5 absehen und das übergeordnete Unternehmen von den Vorschriften dieses Gesetzes über die Beaufsichtigung auf zusammengefaßter Basis widerruflich freistellen, wenn

1. bei Institutsgruppen das übergeordnete Unternehmen Tochterunternehmen eines Einlagenkreditinstituts oder eines Wertpapierhandelsunternehmens mit Sitz in einem anderen Staat des Europäischen Wirtschaftsraums ist und dort in die Beaufsichtigung auf zusammengefaßter Basis gemäß der Konsolidierungsrichtlinie einbezogen ist, oder
2. bei Finanzholding-Gruppen diese von den zuständigen Stellen eines anderen Staates des Europäischen Wirtschaftsraums auf zusammengefaßter Basis gemäß der Konsolidierungsrichtlinie beaufsichtigt werden.

Die Freistellung setzt eine Übereinkunft des Bundesaufsichtsamtes mit den zuständigen Stellen des anderen Staates voraus. Die Kommission der Europäischen Gemeinschaften ist über das Bestehen und den Inhalt derartiger Übereinkünfte zu unterrichten.

(2) Das Bundesaufsichtsamt kann über die Fälle des § 10a Abs. 3 hinaus nach Maßgabe des Artikels 4 Abs. 2 bis 4 der Konsolidierungsrichtlinie eine Gruppe von Unternehmen als Finanzholding-Gruppe und ein Institut der Gruppe als übergeordnetes Unternehmen bestimmen; die Vorschriften dieses Gesetzes über die Beaufsichtigung auf zusammengefaßter Basis sind in diesem Fall entsprechend anzuwenden.

§ 9. Verschwiegenheitspflicht. (1) Die beim Bundesaufsichtsamt beschäftigten und die nach § 8 Abs. 1 beauftragten Personen, die nach § 46 Abs. 1 Satz 2 Nr. 4 bestellten Aufsichtspersonen, die nach § 37 Satz 2 und § 38 Abs. 2 Satz 2 und 4 bestellten Abwickler sowie die im Dienst der Deutschen Bundesbank stehenden Personen, soweit sie zur Durchführung dieses Gesetzes tätig werden, dürfen die ihnen bei ihrer Tätigkeit bekanntgewordenen Tatsachen, deren Geheimhaltung im Interesse des Instituts oder eines Dritten liegt, insbesondere Geschäfts- und Betriebsgeheimnisse, nicht unbefugt offenbaren oder verwerten, auch wenn sie nicht mehr im Dienst sind oder ihre Tätigkeit beendet ist. Dies gilt auch für andere Personen, die durch dienstliche Berichterstattung Kenntnis von den in Satz 1 bezeichneten Tatsachen erhalten. Ein unbefugtes Offenbaren oder Verwerten im Sinne des Satzes 1 liegt insbesondere nicht vor, wenn Tatsachen weitergegeben werden an

1. Strafverfolgungsbehörden oder für Straf- und Bußgeldsachen zuständige Gerichte,
2. kraft Gesetzes oder im öffentlichen Auftrag mit der Überwachung von Instituten, Investmentgesellschaften, Finanzunternehmen, Versicherungsunternehmen, der Finanzmärkte oder des Zahlungsverkehrs betraute Stellen sowie von diesen beauftragte Personen,
3. mit der Liquidation oder dem Insolvenzverfahren über das Vermögen eines Instituts befaßte Stellen,
4. mit der gesetzlichen Prüfung der Rechnungslegung von Instituten oder Finanzunternehmen betraute Personen sowie Stellen, welche die vorgenannten Personen beaufsichtigen,
5. eine Einlagensicherungseinrichtung oder Anlegerentschädigungseinrichtung oder
6. Wertpapier- oder Terminbörsen,

soweit diese Stellen die Informationen zur Erfüllung ihrer Aufgaben benötigen. Für die bei diesen Stellen beschäftigten Personen gilt die Verschwiegenheitspflicht nach Satz 1 entsprechend. Befindet sich die Stelle in einem anderen Staat, so dürfen die Tatsachen nur weitergegeben werden, wenn diese Stelle und die von ihr beauftragten Personen einer dem Satz 1 entsprechenden Verschwiegenheitspflicht unterliegen. Die ausländische Stelle ist darauf hinzuweisen, daß sie Informationen nur zu dem Zweck verwenden darf, zu deren Erfüllung sie ihr übermittelt werden. Die in Satz 3 Nr. 3 bis 6 genannten Stellen, die direkt oder indirekt Informationen von zuständigen Stellen anderer Staaten erhalten, dürfen diese nur mit ausdrücklicher Zustimmung der übermittelnden Stellen weiterübermitteln.

(2) Die §§ 93, 97, 105 Abs. 1, § 111 Abs. 5 in Verbindung mit § 105 Abs. 1 sowie § 116 Abs. 1 der Abgabenordnung gelten nicht für die in Absatz 1 bezeichneten Personen, soweit sie zur

Durchführung dieses Gesetzes tätig werden. Dies gilt nicht, soweit die Finanzbehörden die Kenntnisse für die Durchführung eines Verfahrens wegen einer Steuerstraftat sowie eines damit zusammenhängenden Besteuerungsverfahrens benötigen, an deren Verfolgung ein zwingendes öffentliches Interesse besteht, oder soweit es sich um vorsätzlich falsche Angaben des Auskunftspflichtigen oder der für ihn tätigen Personen handelt. Satz 2 ist nicht anzuwenden, soweit Tatsachen betroffen sind, die den in Absatz 1 Satz 1 oder 2 bezeichneten Personen durch die zuständige Aufsichtsstelle eines anderen Staates oder durch von dieser Stelle beauftragte Personen mitgeteilt worden sind.

Zweiter Abschnitt. Vorschriften für die Institute

Eigenmittel und Liquidität

§ 10. Eigenmittelausstattung. (1) Die Institute müssen im Interesse der Erfüllung ihrer Verpflichtungen gegenüber ihren Gläubigern, insbesondere zur Sicherheit der ihnen anvertrauten Vermögenswerte, angemessene Eigenmittel haben. Das Bundesaufsichtsamt stellt im Einvernehmen mit der Deutschen Bundesbank Grundsätze auf, nach denen es für den Regelfall beurteilt, ob die Anforderungen des Satzes 1 erfüllt sind; die Spitzenverbände der Institute sind vorher anzuhören. Die Grundsätze sind im Bundesanzeiger zu veröffentlichen. Die Institute haben dem Bundesaufsichtsamt und der Deutschen Bundesbank monatlich die nach den Grundsätzen für die Überprüfung der angemessenen Eigenmittelausstattung erforderlichen Angaben einzureichen. Sie haben zur Sicherstellung der ordnungsgemäßen Aufbereitung und Weiterleitung der gemäß Satz 4 erforderlichen Angaben eine ordnungsgemäße Organisation und angemessene interne Kontrollverfahren einzurichten. Ist nach den Vorschriften dieses Gesetzes eine Position mit haftendem Eigenkapital oder Drittrangmitteln zu unterlegen, stehen die Eigenmittel in diesem Umfang für die Unterlegung anderer Positionen nicht zur Verfügung; insbesondere dürfen die Eigenmittel insoweit nicht bei den Grundsätzen nach § 10 Abs. 1 Satz 2 und § 10a Abs. 1 Satz 2 über die Angemessenheit der Eigenmittel berücksichtigt werden. Die von Dritten zur Verfügung gestellten Eigenmittel können nur berücksichtigt werden, wenn sie dem Institut tatsächlich zugeflossen sind. Der Erwerb von Eigenmitteln des Instituts durch einen für Rechnung des Instituts handelnden Dritten, durch ein Tochterunternehmen des Instituts oder durch einen Dritten, der für Rechnung eines Tochterunternehmens des Instituts handelt, steht für ihre Berücksichtigung einem Erwerb durch das Institut gleich, es sei denn, das Institut weist nach, daß ihm die Eigenmittel tatsächlich zugeflossen sind; diese Regelung gilt für die Inpfandnahme entsprechend.

(1a) Bei der Beurteilung der Angemessenheit der Eigenmittel nach § 10 Abs. 1 und § 10a Abs. 1 kann Krediten, deren Erfüllung von

1. einer Zentralregierung, Zentralnotenbank, Regionalregierung oder örtlichen Gebietskörperschaft in einem anderen Staat des Europäischen Wirtschaftsraums oder
2. einer Zentralregierung oder Zentralnotenbank in einem Drittstaat, soweit Unternehmen mit Sitz in diesem Drittstaat auf Grund einer Rechtsverordnung nach § 53c vollständig oder teilweise von den Vorschriften des § 53 freigestellt sind,

geschuldet oder ausdrücklich gewährleistet wird, ein adressenbezogenes Bonitätsgewicht von Null vom Hundert beigemessen werden, sofern das Bundesaufsichtsamt keinen anderen Gewichtungssatz bekanntgegeben hat und die Kredite von der zuständigen Behörde des anderen Staates oder Drittstaates mit Null vom Hundert gewichtet werden. Vor der Bekanntgabe eines anderen Gewichtungssatzes gewährte Kredite können bis zum Ende der Kreditlaufzeit weiterhin mit Null vom Hundert gewichtet werden.

(2) Die Eigenmittel bestehen aus dem haftenden Eigenkapital und den Drittrangmitteln. Das haftende Eigenkapital ist die Summe aus Kernkapital und Ergänzungskapital abzüglich der Positionen des Absatzes 6 Satz 1.

(2a) Als Kernkapital gelten abzüglich der Positionen des Satzes 2

1. bei Einzelkaufleuten, offenen Handelsgesellschaften und Kommanditgesellschaften das eingezahlte Geschäftskapital und die Rücklagen nach Abzug der Entnahmen des Inhabers oder der persönlich haftenden Gesellschafter und der diesen gewährten Kredite sowie eines Schuldenüberhanges beim freien Vermögen des Inhabers;
2. bei Aktiengesellschaften, Kommanditgesellschaften auf Aktien und Gesellschaften mit beschränkter Haftung das eingezahlte Grund- oder Stammkapital ohne die Aktien, die mit einem nachzuzahlenden Vorzug bei der Verteilung des Gewinns ausgestattet sind

(Vorzugsaktien), und die Rücklagen; bei Kommanditgesellschaften auf Aktien ferner Vermögenseinlagen der persönlich haftenden Gesellschafter, die nicht auf das Grundkapital geleistet worden sind, unter Abzug der Entnahmen der persönlich haftenden Gesellschafter und der diesen gewährten Kredite;
3. bei eingetragenen Genossenschaften die Geschäftsguthaben und die Rücklagen; Geschäftsguthaben von Genossen, die zum Schluß des Geschäftsjahres ausscheiden, und ihre Ansprüche auf Auszahlung eines Anteils an der in der Bilanz nach § 73 Abs. 3 des Gesetzes betreffend die Erwerbs- und Wirtschaftsgenossenschaften von eingetragenen Genossenschaften gesondert ausgewiesenen Ergebnisrücklage der Genossenschaft sind abzusetzen;
4. bei öffentlich-rechtlichen Sparkassen sowie bei Sparkassen des privaten Rechts, die als öffentliche Sparkassen anerkannt sind, die Rücklagen;
5. bei Kreditinstituten des öffentlichen Rechts, die nicht unter Nummer 4 fallen, das eingezahlte Dotationskapital und die Rücklagen;
6. bei Kreditinstituten in einer anderen Rechtsform das eingezahlte Kapital und die Rücklagen;
7. die Sonderposten für allgemeine Bankrisiken nach § 340g des Handelsgesetzbuchs;
8. die Vermögenseinlagen stiller Gesellschafter im Sinne des Absatzes 4.

Abzugspositionen im Sinne des Satzes 1 sind
1. der Bilanzverlust,
2. die immateriellen Vermögensgegenstände,
3. der Korrekturposten gemäß Absatz 3b,
4. Kredite an den Kommanditisten, den Gesellschafter einer Gesellschaft mit beschränkter Haftung, den Aktionär, den Kommanditaktionär oder den Anteilseigner an einem Institut des öffentlichen Rechts, dem mehr als 25 vom Hundert des Kapitals (Nennkapital, Summe der Kapitalanteile) des Instituts gehören oder dem mehr als 25 vom Hundert der Stimmrechte zustehen, wenn sie zu nicht marktmäßigen Bedingungen gewährt werden oder soweit sie nicht banküblich gesichert sind, und
5. Kredite an stille Gesellschafter im Sinnes des Absatzes 4, deren Vermögenseinlage mehr als 25 vom Hundert des Kernkapitals ohne Berücksichtigung der Vermögenseinlagen stiller Gesellschafter beträgt, wenn sie zu nicht marktmäßigen Bedingungen gewährt werden oder soweit sie nicht banküblich gesichert sind.

Für die Berechnung der Vomhundertsätze nach Satz 2 Nr. 4 und 5 gilt § 16 Abs. 2 bis 4 des Aktiengesetzes entsprechend.

(2b) Das Ergänzungskapital besteht abzüglich der Korrekturposten gemäß Absatz 3b aus
1. Vorsorgereserven nach § 340f des Handelsgesetzbuchs,
2. Vorzugsaktien,
3. Rücklagen nach § 6b des Einkommensteuergesetzes in Höhe von 45 vom Hundert, soweit diese Rücklagen durch die Einstellung von Gewinnen aus der Veräußerung von Grundstücken, grundstücksgleichen Rechten und Gebäuden entstanden sind,
4. Genußrechtsverbindlichkeiten im Sinne des Absatzes 5,
5. längerfristigen, nachrangigen Verbindlichkeiten im Sinne des Absatzes 5a,
6. den im Anhang des letzten festgestellten Jahresabschlusses ausgewiesenen nicht realisierten Reserven nach Maßgabe der Absätze 4a und 4b bei Grundstücken, grundstücksgleichen Rechten und Gebäuden in Höhe von 45 vom Hundert des Unterschiedsbetrags zwischen dem Buchwert und dem Beleihungswert,
7. den im Anhang des letzten festgestellten Jahresabschlusses ausgewiesenen nicht realisierten Reserven nach Maßgabe der Absätze 4a und 4c bei Anlagebuchpositionen in Höhe von 35 vom Hundert des Unterschiedsbetrags zwischen dem Buchwert zuzüglich Vorsorgereserven und
   a) dem Kurswert bei Wertpapieren, die an einer Wertpapierbörse zum Handel zugelassen sind,
   b) dem nach § 11 Abs. 2 Satz 2 bis 5 des Bewertungsgesetzes festzustellenden Wert bei nicht notierten Wertpapieren, die Anteile an zum Verbund der Kreditgenossenschaften oder der Sparkassen gehörenden Kapitalgesellschaften mit einer Bilanzsumme von mindestens 20 Millionen Deutsche Mark verbriefen oder
   c) dem veröffentlichten Rücknahmepreis von Anteilen an einem Sondervermögen im Sinne des Gesetzes über Kapitalanlagegesellschaften oder von Anteilen an einem Wertpapier-Sondervermögen, die von einer Investmentgesellschaft mit Sitz in einem anderen Staat des Europäischen Wirtschaftsraums nach den Bestimmungen der Richtlinie 85/611/EWG vom 20. Dezember 1985 zur Koordinierung der Rechts- und Verwaltungsvorschriften betreffend bestimmte Organismen für gemeinsame Anlagen in Wertpapieren – ABl. EG Nr. L 375 S. 3 – (Investmentrichtlinie) ausgegeben werden, und
8. dem bei eingetragenen Genossenschaften vom Bundesministerium der Finanzen nach Anhörung der Deutschen Bundesbank durch

Rechtsverordnung festzusetzenden Zuschlag, welcher der Haftsummenverpflichtung der Genossen Rechnung trägt (Haftsummenzuschlag).

Bei der Berechnung des haftenden Eigenkapitals kann Ergänzungskapital nur bis zur Höhe des Kernkapitals berücksichtigt werden. Dabei darf das berücksichtigte Ergänzungskapital nur bis zu 50 vom Hundert des Kernkapitals aus längerfristigen nachrangigen Verbindlichkeiten und dem Haftsummenzuschlag bestehen. Das Bundesministerium der Finanzen kann die Ermächtigung nach Satz 1 Nr. 8 durch Rechtsverordnung auf das Bundesaufsichtsamt übertragen.

(2c) Drittrangmittel sind

1. der anteilige Gewinn der bei einer Glattstellung aller Handelsbuchpositionen entstünde, abzüglich aller vorhersehbaren Aufwendungen und Ausschüttungen sowie der bei einer Liquidation des Unternehmens voraussichtlich entstehenden Verluste aus dem Anlagebuch, soweit diese nicht bereits in den Korrekturposten gemäß Absatz 3b berücksichtigt sind (Nettogewinn), und
2. die kurzfristigen nachrangigen Verbindlichkeiten im Sinne des Absatzes 7.

Der Nettogewinn und die kurzfristigen nachrangigen Verbindlichkeiten können nur bis zu einem Betrag als Drittrangmittel berücksichtigt werden, der zusammen mit dem Ergänzungskapital, das nicht zur Unterlegung der Risiken aus dem Anlagebuch nach den Vorgaben dieses Gesetzes benötigt wird (freies Ergänzungskapital), 250 vom Hundert des Kernkapitals, das nicht zur Unterlegung der Risiken aus dem Anlagebuch nach den Vorgaben dieses Gesetzes benötigt wird (freies Kernkapital), nicht übersteigt. Soweit das Institut die Grenze von 250 vom Hundert nicht durch kurzfristige nachrangige Verbindlichkeiten ausschöpft, kann es diese durch Positionen, die allein wegen einer Kappung nach Absatz 2b Satz 2 und 3 nicht als Ergänzungskapital berücksichtigt werden können, ersetzen. Bei Wertpapierhandelsunternehmen beträgt die in Satz 2 bezeichnete Grenze 200 vom Hundert des freien Kernkapitals, es sei denn, von den Drittrangmitteln werden die schwer realisierbaren Aktiva im Sinne des Satzes 5, soweit diese nicht nach Absatz 6 Satz 1 Nr. 1 vom haftenden Eigenkapital abgezogen werden, sowie die Verluste ihrer Tochterunternehmen abgezogen. Schwer realisierbare Aktiva sind

1. Sachanlagen,
2. Anteile sowie Forderungen aus Vermögenseinlagen als stiller Gesellschafter, Genußrechten oder nachrangigen Verbindlichkeiten, soweit sie nicht in Wertpapieren, die zum Handel an einer Wertpapierbörse zugelassen sind, verbrieft und nicht Teil des Handelsbuchs sind,
3. Darlehen und nicht marktgängige Schuldtitel mit einer Restlaufzeit von mehr als 90 Tagen und
4. Bestände in Rohwaren, soweit diese nicht gemäß den Grundsätzen nach Absatz 1 Satz 2 und § 10a Abs. 1 Satz 2 mit Eigenmitteln zu unterlegen sind;

Einschüsse auf Termingeschäfte, die an einer Wertpapier- oder Terminbörse abgeschlossen werden, gelten nicht als schwer realisierbare Aktiva.

(3) Erstellt ein Institut Zwischenabschlüsse, die den für den Jahresabschluß geltenden Anforderungen entsprechen, gilt für die Bemessung der Eigenmittel der Zwischenabschluß als Jahresabschluß, wobei Zwischengewinne dem Kernkapital zugerechnet werden, soweit sie nicht für voraussichtliche Gewinnausschüttungen oder Steueraufwendungen gebunden sind. Verluste, die sich aus Zwischenabschlüssen ergeben, sind vom Kernkapital abzuziehen. Ein Institut, das Zwischengewinne dem Kernkapital zurechnet, muß Zwischenabschlüsse mindestens fünf Jahre hintereinander erstellen. Gibt ein Institut das Verfahren auf, Zwischenabschlüsse zu erstellen, dürfen Zwischengewinne dem Kernkapital frühestens wieder nach fünf Jahren zugerechnet werden. Das Institut hat den Zwischenabschluß dem Bundesaufsichtsamt und der Deutschen Bundesbank jeweils unverzüglich einzureichen. Der Abschlußprüfer hat den Bericht über die Prüfung des Zwischenabschlusses (Zwischenprüfungsbericht) unverzüglich nach Beendigung der Prüfung dem Bundesaufsichtsamt und der Deutschen Bundesbank einzureichen. Ein im Zuge einer Verschmelzung erstellter unterjähriger Jahresabschluß gilt nicht als Zwischenabschluß im Sinne dieses Absatzes.

(3a) Als Rücklagen im Sinne des Absatzes 2a Satz 1 gelten nur für die in der letzten für den Schluß eines Geschäftsjahres festgestellten Bilanz als Rücklagen ausgewiesenen Beträge mit Ausnahme solcher Passivposten, die erst bei ihrer Auflösung zu versteuern sind. Als Rücklagen ausgewiesene Beträge, die aus Erträgen gebildet worden sind, auf die erst bei Eintritt eines zukünftigen Ereignisses Steuern zu entrichten sind, können nur in Höhe von 45 vom Hundert berücksichtigt werden. Rücklagen, die auf Grund eines bei der Emission von Anteilen erzielten Aufgeldes oder anderweitig durch den Zufluß extremer Mittel gebildet werden, können vom Zeitpunkt des Zuflusses an berücksichtigt werden.

(3b) Das Bundesaufsichtsamt kann auf das haftende Eigenkapital einen Korrekturposten festsetzen, insbesondere um noch nicht bilanzwirksam gewordene Verluste zu berücksichtigen. Die Festsetzung wird mit der Feststellung der nächsten für den Schluß eines Geschäftsjahres aufgestellten Bilanz gegenstandslos. Das Bundesaufsichtsamt hat die Festsetzung auf Antrag des Instituts aufzuheben, soweit die Voraussetzung für die Festsetzung wegfällt.

(4) Vermögenseinlagen stiller Gesellschafter sind dem haftenden Eigenkapital zuzurechnen, wenn
1. sie bis zur vollen Höhe am Verlust teilnehmen und das Institut berechtigt ist, im Falle eines Verlustes Zinszahlungen aufzuschieben,
2. vereinbart ist, daß sie im Falle des Insolvenzverfahrens über das Vermögen des Instituts erst nach Befriedigung aller Gläubiger zurückzuzahlen sind,
3. sie dem Institut für mindestens fünf Jahre zur Verfügung gestellt worden sind,
4. der Rückzahlungsanspruch nicht in weniger als zwei Jahren fällig wird oder auf Grund des Gesellschaftsvertrags fällig werden kann,
5. der Gesellschaftsvertrag keine Besserungsabreden enthält, nach denen der durch Verluste während der Laufzeit der Einlage ermäßigte Rückzahlungsanspruch durch Gewinne, die nach mehr als vier Jahren nach der Fälligkeit des Rückzahlungsanspruchs entstehen, wieder aufgefüllt wird, und
6. das Institut bei der Begründung der stillen Gesellschaft auf die in den Sätzen 2 und 3 genannten Rechtsfolgen ausdrücklich und schriftlich hingewiesen hat.

Nachträglich können die Teilnahme am Verlust nicht zum Nachteil des Instituts geändert, der Nachrang nicht beschränkt sowie die Laufzeit und die Kündigungsfrist nicht verkürzt werden. Eine vorzeitige Rückzahlung ist dem Institut ohne Rücksicht auf entgegenstehende Vereinbarungen zurückzugewähren, sofern nicht das Kapital durch die Einzahlung anderen, zumindest gleichwertigen haftenden Eigenkapitals ersetzt worden ist oder das Bundesaufsichtsamt der vorzeitigen Rückzahlung zustimmt.

(4a) Nicht realisierte Reserven können dem haftenden Eigenkapital nur zugerechnet werden, wenn das Kernkapital mindestens 4,4 vom Hundert der entsprechend den Grundsätzen nach Absatz 1 Satz 2 des Bundesaufsichtsamtes nach ihrem Risiko gewichteten Aktiva des Instituts beträgt; die nicht realisierten Reserven können dem haftenden Eigenkapital nur bis zu 1,4 vom Hundert dieser nach ihrem Risiko gewichteten Aktiva zugerechnet werden. Für diese Berechnungen dürfen Positionen des Handelsbuchs als Positionen des Anlagebuchs berücksichtigt werden. Nicht realisierte Reserven können nur berücksichtigt werden, wenn in die Berechnung des Unterschiedsbetrags jeweils sämtliche Aktiva nach Absatz 2b Satz 1 Nr. 6 oder 7 einbezogen werden. Die Berechnung der nicht realisierten Reserven ist dem Bundesaufsichtsamt und der Deutschen Bundesbank unverzüglich nach ihrem Abschluß unter Angabe der maßgeblichen Wertansätze offenzulegen.

(4b) Für die Ermittlung des Beleihungswertes von Grundstücken, grundstücksgleichen Rechten und Gebäuden gilt § 12 Abs. 1 und 2 des Hypothekenbankgesetzes entsprechend. Diese Werte sind mindestens alle drei Jahre durch Bewertungsgutachten zu ermitteln. Für die Ermittlung des Beleihungswertes hat das Institut einen aus mindestens drei Mitgliedern bestehenden Sachverständigenausschuß zu bestellen. § 32 Abs. 2 und 3 des Gesetzes über Kapitalanlagegesellschaften gilt entsprechend. Liegt der Beleihungswert unter dem Buchwert, sind die nicht realisierten Reserven um diesen negativen Unterschiedsbetrag zu ermäßigen.

(4c) Der Kurswert der Wertpapiere nach Absatz 2b Satz 1 Nr. 7 Buchstabe a bestimmt sich nach dem Kurs am Bilanzstichtag. Liegt der Durchschnitt aus diesem Kurs und den Kursen, die an den vorher vergangenen drei Bilanzstichtagen festgestellt wurden, unterhalb dieses Kurses, so gilt der Durchschnittskurs. Liegt an einem Bilanzstichtag kein Kurs vor, so ist der letzte innerhalb von 30 Tagen vor dem Bilanzstichtag festgestellte Kurs maßgebend. Wird von der Behandlung von Wertpapieren nach den Grundsätzen für das Anlagevermögen Gebrauch gemacht, sind die nicht realisierten Reserven um den Unterschiedsbetrag zwischen dem maßgeblichen Kurswert und dem höheren Buchwert zu ermäßigen. Auf die Ermittlung des Wertes der Wertpapiere nach Absatz 2b Satz 1 Nr. 7 Buchstabe b nach § 11 Abs. 2 des Bewertungsgesetzes und des Rücknahmepreises von Anteilen an einem Sondervermögen ist das Verfahren der Sätze 1, 2 und 4 entsprechend anzuwenden.

(5) Kapital, das gegen Gewährung von Genußrechten eingezahlt ist (Genußrechtsverbindlichkeiten), ist dem haftenden Eigenkapital zuzurechnen, wenn
1. es bis zur vollen Höhe am Verlust teilnimmt und das Institut berechtigt ist, im Falle eines Verlustes Zinszahlungen aufzuschieben,
2. vereinbart ist, daß es im Falle des Insolvenzverfahrens über das Vermögen des Kreditinstituts oder der Liquidation des Instituts erst nach Befriedigung aller nicht nachrangigen Gläubiger zurückgezahlt wird,
3. es dem Institut für mindestens fünf Jahre zur Verfügung gestellt worden ist,
4. der Rückzahlungsanspruch nicht in weniger

als zwei Jahren fällig wird oder auf Grund des Vertrages fällig werden kann,
5. der Vertrag über die Einlage keine Besserungsabreden enthält, nach denen der durch Verluste während der Laufzeit der Einlage ermäßigte Rückzahlungsanspruch durch Gewinne, die nach mehr als vier Jahren nach der Fälligkeit des Rückzahlungsanspruchs entstehen, wieder aufgefüllt wird, und
6. das Institut bei Abschluß des Vertrags auf die in den Sätzen 3 und 4 genannten Rechtsfolgen ausdrücklich und schriftlich hingewiesen hat.

Das Institut darf sich die fristlose Kündigung der Verbindlichkeit für den Fall vorbehalten, daß eine Änderung der Besteuerung zu Zusatzzahlungen an den Erwerber der Genußrechte führt. Nachträglich können die Teilnahme am Verlust nicht zum Nachteil des Instituts geändert, der Nachrang nicht beschränkt sowie die Laufzeit und die Kündigungsfrist nicht verkürzt werden. Ein vorzeitiger Rückerwerb oder eine anderweitige Rückzahlung ist außer in den Fällen des Satzes 6 dem Institut ohne Rücksicht auf entgegenstehende Vereinbarungen zurückzugewähren, sofern nicht das Kapital durch die Einzahlung anderen, zumindest gleichwertigen haftenden Eigenkapitals ersetzt worden ist oder das Bundesaufsichtsamt der vorzeitigen Rückzahlung zustimmt; das Institut kann sich ein entsprechendes Recht vertraglich vorbehalten. Werden Wertpapiere auf die Genußrechte begeben, ist nur in den Zeichnungs- und Ausgabebedingungen auf die in den Sätzen 3 und 4 genannten Rechtsfolgen hinzuweisen. Ein Institut darf in Wertpapieren verbriefte eigene Genußrechte im Rahmen der Marktpflege bis zu 3 vom Hundert ihres Gesamtnennbetrags oder im Rahmen einer Einkaufskommission erwerben. Ein Institut hat die Absicht, von der Möglichkeit der Marktpflege nach Satz 6 Gebrauch zu machen, dem Bundesaufsichtsamt und der Deutschen Bundesbank unverzüglich anzuzeigen.

(5a) Kapital, das auf Grund der Eingehung nachrangiger Verbindlichkeiten eingezahlt ist, ist dem haftenden Eigenkapital als längerfristige nachrangige Verbindlichkeit zuzurechnen, wenn
1. vereinbart ist, daß es im Falle des Konkurses oder der Liquidation des Instituts erst nach Befriedigung aller nicht nachrangigen Gläubiger zurückgezahlt wird,
2. es dem Institut mindestens fünf Jahre zur Verfügung gestellt worden ist und
3. die Aufrechnung des Rückzahlungsanspruchs gegen Forderungen des Instituts ausgeschlossen ist und für die Verbindlichkeiten in den Vertragsbedingungen keine Sicherheiten durch das Institut oder durch Dritte gestellt werden.

Wenn der Rückzahlungsanspruch in weniger als zwei Jahren fällig wird oder auf Grund des Vertrages fällig werden kann, werden die Verbindlichkeiten nur noch zu zwei Fünfteln dem haftenden Eigenkapital angerechnet. Das Institut darf sich die fristlose Kündigung der Verbindlichkeit für den Fall vorbehalten, daß eine Änderung der Besteuerung zu Zusatzzahlungen an den Erwerber der nachrangigen Forderungen führt. Nachträglich können der Nachrang nicht beschränkt sowie die Laufzeit und die Kündigungsfrist nicht verkürzt werden. Ein vorzeitiger Rückerwerb oder eine anderweitige Rückzahlung ist außer in den Fällen des Satzes 6 dem Institut ohne Rücksicht auf entgegenstehende Vereinbarungen zurückzugewähren, sofern nicht das Kapital durch die Einzahlung anderen, zumindest gleichwertigen haftenden Eigenkapitals ersetzt worden ist oder das Bundesaufsichtsamt der vorzeitigen Rückzahlung zustimmt; das Institut kann sich ein entsprechendes Recht vertraglich vorbehalten. Ein Institut darf in Wertpapieren verbriefte eigene nachrangige Verbindlichkeiten im Rahmen der Marktpflege bis zu 3 vom Hundert ihres Gesamtnennbetrags oder im Rahmen einer Einkaufskommission erwerben. Ein Institut hat die Absicht, von der Möglichkeit der Marktpflege nach Satz 6 Gebrauch zu machen, dem Bundesaufsichtsamt und der Deutschen Bundesbank unverzüglich anzuzeigen. Das Institut hat bei Abschluß des Vertrags auf die in den Sätzen 4 und 5 genannten Rechtsfolgen ausdrücklich und schriftlich hinzuweisen; werden Wertpapiere über die nachrangigen Verbindlichkeiten begeben, ist nur in den Zeichnungs- und Ausgabebedingungen auf die genannten Rechtsfolgen hinzuweisen. § 11 Nr. 3 des Gesetzes zur Regelung des Rechts der Allgemeinen Geschäftsbedingungen über das Aufrechnungsverbot findet keine Anwendung auf Forderungen aus nachrangigen Verbindlichkeiten des Instituts. Für nachrangige Verbindlichkeiten darf keine Bezeichnung verwendet und mit keiner Bezeichnung geworben werden, die den Wortanteil „Spar" enthält oder sonst geeignet ist, über den Nachrang im Fall des Insolvenzverfahrens oder der Liquidation zu täuschen; dies gilt jedoch nicht, soweit ein Kreditinstitut seinen in § 40 geschützten Firmennamen benutzt. Abweichend von Satz 1 Nr. 3 darf ein Institut nachrangige Sicherheiten für nachrangige Verbindlichkeiten stellen, die ein ausschließlich für den Zweck der Kapitalaufnahme gegründetes Tochterunternehmen des Instituts eingegangen ist.

(6) Von der Summe des Kern- und Ergänzungskapitals sind abzuziehen:

1. Beteiligungen an Instituten, ausgenommen Kapitalanlagegesellschaften und Finanzunternehmen in Höhe von mehr als 10 vom Hundert des Kapitals dieser Unternehmen; das Bundesaufsichtsamt kann auf Antrag des Instituts Ausnahmen zulassen, wenn das Institut Beteiligungen eines anderen Instituts oder eines Finanzunternehmens vorübergehend besitzt, um dieses Unternehmen finanziell zu stützen;
2. Forderungen aus nachrangigen Verbindlichkeiten im Sinne des Absatzes 5a an Institute, ausgenommen Kapitalanlagegesellschaften und Finanzunternehmen, an denen das Institut zu mehr als 10 vom Hundert beteiligt ist;
3. Forderungen aus Genußrechten an Unternehmen nach Nummer 2;
4. Vermögenseinlagen als stiller Gesellschafter bei Unternehmen nach Nummer 2;
5. der Gesamtbetrag der folgenden Beteiligungen und Forderungen, soweit er 10 vom Hundert des haftenden Eigenkapitals des Instituts vor Abzug der Beträge nach Nummer 1 bis 4 und nach dieser Nummer übersteigt:
   a) Beteiligungen an Instituten, ausgenommen Kapitalanlagegesellschaften und Finanzunternehmen bis zu höchstens 10 vom Hundert des Kapitals dieser Unternehmen;
   b) Forderungen aus nachrangigen Verbindlichkeiten an Instituten, ausgenommen Kapitalanlagegesellschaften und Finanzunternehmen, an denen das Institut nicht oder bis zu höchstens 10 vom Hundert des Kapitals dieser Unternehmen beteiligt ist;
   c) Forderungen aus Genußrechten an Unternehmen nach Buchstabe b;
   d) Vermögenseinlagen als stiller Gesellschafter bei Unternehmen nach Buchstabe b.

Ein Institut braucht Beteiligungen, die es oder das ihm übergeordnete Unternehmen pflichtweise in die Zusammenfassung nach § 10a, nach § 13b Abs. 3 Satz 1 und, für den Beteiligungsaltbestand am 1. Januar 1993 vorbehaltlich des § 64a, nach § 12 Abs. 2 Satz 1 und 2 einbezieht, nicht von seinem haftenden Eigenkapital abzuziehen. Die Regelung gilt entsprechend für Beteiligungen, die es oder das ihm übergeordnete Unternehmen freiwillig in die Zusammenfassung nach § 10a, nach § 13b Abs. 3 Satz 1 und, für den Beteiligungsaltbestand am 1. Januar 1993 vorbehaltlich des § 64a, nach § 12 Abs. 2 Satz 1 und 2 einbezieht oder die es freiwillig nach diesen Bestimmungen konsolidiert.

(7) Kapital, das auf Grund der Eingehung nachrangiger Verbindlichkeiten eingezahlt ist, ist den Drittrangmitteln als kurzfristige nachrangige Verbindlichkeiten zuzurechnen, wenn

1. vereinbart ist, daß es im Falle des Konkurses oder der Liquidation des Instituts erst nach Befriedigung aller nicht nachrangigen Gläubiger zurückerstattet wird,
2. es dem Institut für mindestens zwei Jahre zur Verfügung gestellt worden ist,
3. die Aufrechnung des Rückzahlungsanspruchs gegen Forderungen des Instituts ausdrücklich ausgeschlossen ist und für die Verbindlichkeiten in den Vertragsbedingungen ausdrücklich keine Sicherheiten durch das Institut oder durch Dritte gestellt werden und
4. in den Vertragsbedingungen ausdrücklich festgelegt ist, daß
   a) auf die Verbindlichkeit weder Tilgungs- noch Zinszahlungen geleistet werden müssen, wenn dies zur Folge hätte, daß die Eigenmittel des Instituts die gesetzlichen Anforderungen nicht mehr erfüllen, und
   b) vorzeitige Tilgungs- oder Zinszahlungen dem Institut unbeschadet entgegenstehender Vereinbarungen zurückzuerstatten sind.

Nachträglich können der Nachrang nicht beschränkt sowie die Laufzeit und die Kündigungsfrist nicht verkürzt werden. Ein vorzeitiger Rückerwerb oder eine anderweitige Rückzahlung ist außer in den Fällen des Satzes 5 dem Institut ohne Rücksicht auf entgegenstehende Vereinbarungen zurückzugewähren, sofern nicht das Kapital durch die Einzahlung anderer, zumindest gleichwertiger Eigenmittel ersetzt worden ist oder das Bundesaufsichtsamt der vorzeitigen Rückzahlung zugestimmt hat; das Institut kann sich ein entsprechendes Recht vertraglich vorbehalten. Das Institut hat bei Abschluß des Vertrags auf die in den Sätzen 2 und 3 genannten Rechtsfolgen ausdrücklich und schriftlich hinzuweisen; werden Wertpapiere über die nachrangigen Verbindlichkeiten begeben, ist nur in den Zeichnungs- und Ausgabebdingungen auf die genannten Rechtsfolgen hinzuweisen. Ein Institut darf in Wertpapieren verbriefte eigene nachrangige Verbindlichkeiten im Rahmen der Marktpflege bis zu 3 vom Hundert ihres Gesamtnennbetrags oder im Rahmen einer Einkaufskommission erwerben. Ein Institut hat die Absicht, von der Möglichkeit der Marktpflege nach Satz 5 Gebrauch zu machen, dem Bundesaufsichtsamt und der Deutschen Bundesbank unverzüglich anzuzeigen. Ein Institut hat das Bundesaufsichtsamt und die Deutsche Bundesbank unverzüglich zu unterrichten, wenn seine Eigenmittel durch Tilgungs- oder Zinszahlungen auf die kurzfristigen nachrangigen Verbindlichkeiten unter 120 vom Hundert des Gesamtbetrags der nach Absatz 1 Satz 1 angemessenen Eigenmittel absinken.

(8) Ein Institut hat dem Bundesaufsichtsamt und der Deutschen Bundesbank unverzüglich nach Maßgabe des Satzes 2 einen Kredit anzuzeigen, der nach Absatz 2a Satz 2 Nr. 4 oder 5 abzuziehen ist. Dabei hat es die gestellten Sicherheiten und die Kreditbedingungen anzugeben. Es hat einen Kredit, den es nach Satz 1 angezeigt hat, unverzüglich erneut dem Bundesaufsichtsamt und der Deutschen Bundesbank anzuzeigen, wenn die gestellten Sicherheiten oder die Kreditbedingungen rechtsgeschäftlich geändert werden, und die entsprechenden Änderungen anzugeben. Das Bundesaufsichtsamt kann von den Instituten fordern, ihm und der Deutschen Bundesbank alle fünf Jahre einmal eine Sammelanzeige der nach Satz 1 anzuzeigenden Kedite einzureichen.

(9) Ein Wertpapierhandelsunternehmen muß Eigenmittel aufweisen, die mindestens einem Viertel seiner Kosten entsprechen, die in der Gewinn- und Verlustrechnung des letzten Jahresabschlusses unter den allgemeinen Verwaltungsaufwendungen, den Abschreibungen und Wertberichtigungen auf immaterielle Anlagewerte und Sachanlagen ausgewiesen sind. Bei Fehlen eines Jahresabschlusses für das erste volle Geschäftsjahr sind die im Geschäftsplan für das laufende Jahr für die entsprechenden Posten vorgesehenen Aufwendungen auszuweisen. Das Bundesaufsichtsamt kann die Anforderungen nach den Sätzen 1 und 2 heraufsetzen, wenn dies durch eine Ausweitung der Geschäftstätigkeit des Instituts angezeigt ist.

§ 10a. Eigenmittelausstattung von Institutsgruppen und Finanzholding-Gruppen. (1) Eine Institutsgruppe oder eine Finanzholding-Gruppe (Gruppe) insgesamt muß angemessene Eigenmittel haben. § 10 über die Eigenmittelausstattung einzelner Institute gilt entsprechend.

(2) Eine Institutsgruppe im Sinne dieser Vorschrift besteht aus dem übergeordneten Unternehmen mit Sitz im Inland und den nachgeordneten Unternehmen (gruppenangehörige Unternehmen). Nachgeordnete Unternehmen im Sinne dieser Vorschrift sind die Tochterunternehmen eines Instituts, die selbst Institute, Finanzunternehmen oder Unternehmen mit bankbezogenen Hilfsdiensten sind. Das übergeordnete Unternehmen der Gruppe ist das Institut, das keinem anderen Institut mit Sitz im Inland nachgeordnet ist. Erfüllt bei wechselseitigen Beteiligungen kein Institut der Gruppe diese Voraussetzung, bestimmt das Bundesaufsichtsamt das übergeordnete Unternehmen der Gruppe. Sind einem Institut ausschließlich Unternehmen mit bankbezogenen Hilfsdiensten nachgeordnet, besteht keine Institutsgruppe.

(3) Eine Finanzholding-Gruppe im Sinne dieser Vorschrift besteht, wenn einer Finanzholding-Gesellschaft mit Sitz im Inland Unternehmen im Sinne des Absatzes 2 Satz 2 nachgeordnet sind, von denen mindestens ein Einlagenkreditinstitut oder ein Wertpapierhandelsunternehmen mit Sitz im Inland der Finanzholding-Gesellschaft als Tochterunternehmen nachgeordnet ist, es sei denn, die Finanzholding-Gesellschaft ist ihrerseits

1. einem Einlagenkreditinstitut, einem Wertpapierhandelsunternehmen oder einer Finanzholding-Gesellschaft mit Sitz im Inland als Tochterunternehmen oder
2. einem Einlagenkreditinstitut oder einem Wertpapierhandelsunternehmen mit Sitz in einem anderen Staat des Europäischen Wirtschaftsraums als Tochterunternehmen

nachgeordnet.

Hat die Finanzholding-Gesellschaft ihren Sitz in einem anderen Staat des Europäischen Wirtschaftsraums, besteht vorbehaltlich des Satzes 1 Nr. 1 und 2 eine Finanzholding-Gruppe, wenn

1. der Finanzholding-Gesellschaft mindestens ein Einlagenkreditinstitut oder ein Wertpapierhandelsunternehmen mit Sitz im Inland und weder ein Einlagenkreditinstitut noch ein Wertpapierhandelsunternehmen mit Sitz in ihrem Sitzstaat als Tochterunternehmen nachgeordnet ist und
2. das Einlagenkreditinstitut oder das Wertpapierhandelsunternehmen mit Sitz im Inland eine höhere Bilanzsumme hat als jedes andere der Finanzholding-Gesellschaft als Tochterunternehmen nachgeordnete Einlagenkreditinstitut und jedes andere als Tochterunternehmen nachgeordnete Wertpapierhandelsunternehmen mit Sitz in einem anderen Staat des Europäischen Wirtschaftsraums; bei gleich hoher Bilanzsumme ist der frühere Zulassungszeitpunkt maßgeblich.

Bei einer Finanzholding-Gruppe gilt als übergeordnetes Unternehmen dasjenige gruppenangehörige Einlagenkreditinstitut oder Wertpapierhandelsunternehmen mit Sitz im Inland, das selbst keinem anderen gruppenangehörigen Institut mit Sitz im Inland nachgeordnet ist. Erfüllen mehrere Einlagenkreditinstitute oder Wertpapierhandelsunternehmen mit Sitz im Inland oder bei wechselseitigen Beteiligungen kein Institut mit Sitz im Inland diese Voraussetzungen, bestimmt das Bundesaufsichtsamt das übergeordnete Unternehmen.

(4) Als nachgeordnete Unternehmen gelten auch Institute, Finanzunternehmen oder Unternehmen mit bankbezogenen Hilfsdiensten mit Sitz im Inland oder Ausland, wenn ein gruppen-

angehöriges Unternehmen mindestens 20 vom Hundert der Kapitalanteile unmittelbar oder mittelbar hält, die Institute oder Unternehmen gemeinsam mit anderen Unternehmen leitet und für die Verbindlichkeiten dieser Institute oder Unternehmen auf ihre Kapitalanteile beschränkt haftet. Unmittelbar oder mittelbar gehaltene Kapitalanteile sowie Kapitalanteile, die von einem anderen für Rechnung eines gruppenangehörigen Unternehmens gehalten werden, sind zusammenzurechnen. Mittelbar gehaltene Kapitalanteile sind nicht zu berücksichtigen, wenn sie durch ein Unternehmen vermittelt werden, das nicht Tochterunternehmen des übergeordneten Instituts oder der Finanzholding-Gesellschaft ist. Dies gilt entsprechend für mittelbar gehaltene Kapitalanteile, die durch mehr als ein Unternehmen vermittelt werden. Kapitalanteilen stehen Stimmrechte gleich. § 16 Abs. 2 und 3 des Aktiengesetzes gilt entsprechend.

(5) Kapitalanlagegesellschaften gelten nicht als nachgeordnete Unternehmen.

(6) Ob gruppenangehörige Unternehmen insgesamt angemessene Eigenmittel haben, ist anhand einer Zusammenfassung ihrer Eigenmittel einschließlich der Anteil anderer Gesellschafter und der weiteren im Rahmen der Grundsätze nach Absatz 1 Satz 2 in Verbindung mit § 10 Abs. 1 Satz 2 maßgeblichen Positionen zu beurteilen; bei gruppenangehörigen Unternehmen gelten als Eigenmittel die Bestandteile, die den nach § 10 anerkannten Bestandteilen entsprechen. Für die Zusammenfassung hat das übergeordnete Unternehmen seine maßgeblichen Positionen mit denen der anderen gruppenangehörigen Unternehmen zusammenzufassen. Von den gemäß Satz 2 zusammenzufassenden Eigenmitteln sind abzuziehen

1. die bei dem übergeordneten Unternehmen und den anderen Unternehmen der Gruppe ausgewiesenen, auf die gruppenangehörigen Unternehmen entfallenden Buchwerte
   a) der Kapitalanteile,
   b) der Vermögenseinlagen als stiller Gesellschafter nach § 10 Abs. 4 Satz 1,
   c) der Genußrechte nach § 10 Abs. 5 Satz 1,
   d) der längerfristigen nachrangigen Verbindlichkeiten nach § 10 Abs. 5a Satz 1 und
   e) der kurzfristigen nachrangigen Verbindlichkeiten nach § 10 Abs. 7 Satz 1 sowie
2. die bei dem übergeordneten Unternehmen oder einem anderen Unternehmen der Gruppe berücksichtigten nicht realisierten Reserven nach § 10 Abs. 2b Satz 1 Nr. 6 und 7, soweit sie auf gruppenangehörige Unternehmen entfallen.

Abzuziehen sind die Kapitalanteile, jedoch nur vorbehaltlich der Regelung für den aktivischen Unterschiedsbetrag nach den Sätzen 6 und 7 und Vermögeneinlagen stiller Gesellschafter vom Kernkapital, die längerfristigen nachrangigen Verbindlichkeiten von den Bestandteilen des Ergänzungskapitals gemäß § 10 Abs. 2b Satz 3, die Genußrechtsverbindlichkeiten und die nicht realisierten Reserven vom Ergänzungskapital insgesamt, jeweils vor der in § 10 Abs. 2b Satz 2 und 3 vorgesehenen Kappung, und die kurzfristigen nachrangigen Verbindlichkeiten von den Drittrangmitteln gemäß § 10 Abs. 2c Satz 1 vor der in § 10 Abs. 2c Satz 2 und 4 vorgesehenen Kappung. Bei Beteiligungen, die über nicht gruppenangehörige Unternehmen vermittelt werden, sind solche Buchwerte und nicht realisierte Reserven jeweils quotal in Höhe desjenigen Anteils abzuziehen, welcher der durchgerechneten Kapitalbeteiligung entspricht. Ist der Buchwert einer Beteiligung höher als der nach Satz 2 zusammenzufassende Teil des Kapitals und der Rücklagen des nachgeordneten Unternehmens, hat das übergeordnete Unternehmen den Unterschiedsbetrag zu gleichen Teilen vom Kern- und Ergänzungskapital der Gruppe abzuziehen. Dabei kann der aktivische Unterschiedsbetrag mit einem jährlich um mindestens ein Zehntel abnehmenden Betrag wie eine Beteiligung an einem gruppenfremden Unternehmen behandelt werden. Die Positionen, die sich aus Rechtsverhältnissen zwischen gruppenangehörigen Unternehmen ergeben, sind nicht zu berücksichtigen. Marktrisikobehaftete Positionen verschiedener gruppenangehöriger Unternehmen können nicht miteinander verrechnet werden, es sei denn, die Unternehmen sind in die zentrale Risikosteuerung des übergeordneten Unternehmens einbezogen, die Eigenmittel sind in der Gruppe angemessen verteilt und es ist bei nachgeordneten Unternehmen mit Sitz in Drittstaaten gewährleistet, daß die örtlichen Rechts- und Verwaltungsvorschriften den freien Kapitaltransfer zu anderen gruppenangehörigen Unternehmen nicht behindern. Das Bundesministerium der Finanzen kann im Benehmen mit der Deutschen Bundesbank durch Rechtsverordnung ergänzende Vorschriften erlassen, insbesondere auch um die Anwendung von Vorschriften über das Handelsbuch in der Gruppe, die Anforderungen an die zentrale Risikosteuerung des übergeordneten Unternehmens und die Angemessenheit der Verteilung der Eigenmittel in der Gruppe zu konkretisieren sowie die Verrechnung marktrisikobehafteter Positionen näher zu regeln. Das Bundesministerium der Finanzen kann die Ermächtigung durch Rechtsverordnung auf das Bundesaufsichtsamt mit der Maßgabe übertragen, daß die Rechtsverordnung im Einvernehmen mit der

Deutschen Bundesbank ergeht. Vor Erlaß der Rechtsverordnung sind die Spitzenverbände der Institute anzuhören.

(7) Bei nachgeordneten Unternehmen, die keine Tochterunternehmen sind, hat das übergeordnete Unternehmen seine Eigenmittel und die weiteren im Rahmen der Grundsätze nach Absatz 1 Satz 2 in Verbindung mit § 10 Abs. 1 Satz 2 maßgeblichen Positionen mit den Eigenmitteln und den weiteren maßgeblichen Positionen der nachgeordneten Unternehmen jeweils quotal in Höhe desjenigen Anteils zusammenzufassen, der seiner Kapitalbeteiligung an dem nachgeordneten Unternehmen entspricht. Im übrigen gilt Absatz 6.

(8) Das übergeordnete Unternehmen ist für eine angemessene Eigenmittelausstattung der Gruppe verantwortlich. Es darf jedoch zur Erfüllung seiner Verpflichtungen nach Satz 1 auf die gruppenangehörigen Unternehmen nur einwirken, soweit dem das allgemein geltende Gesellschaftsrecht nicht entgegensteht. § 10 Abs. 1 Satz 4 gilt entsprechend.

(9) Die gruppenangehörigen Unternehmen haben zur Sicherstellung der ordnungsgemäßen Aufbereitung und Weiterleitung der für die Zusammenfassung gemäß Absätzen 6 und 7 erforderlichen Angaben eine ordnungsgemäße Organisation und angemessene interne Kontrollverfahren einzurichten. Sie sind verpflichtet, dem übergeordneten Unternehmen die für die Zusammenfassung erforderlichen Angaben zu übermitteln. Kann ein übergeordnetes Unternehmen für einzelne gruppenangehörige Unternehmen die erforderlichen Angaben nicht beschaffen, sind die auf das gruppenangehörige Unternehmen entfallenden, in Absatz 6 Satz 3 genannten Buchwerte von den Eigenmitteln des übergeordneten Unternehmens abzuziehen.

(10) Die Absätze 1 und 6 bis 8 gelten nicht für ein übergeordnetes Unternehmen, das selbst einem Institut mit Sitz im Inland nachgeordnet ist, für das die Absätze 1 und 6 bis 8 gelten.

§ 11. Liquidität. Die Institute müssen ihre Mittel so anlegen, daß jederzeit eine ausreichende Zahlungsbereitschaft gewährleistet ist. Das Bundesaufsichtsamt stellt im Einvernehmen mit der Deutschen Bundesbank Grundsätze auf, nach denen es für den Regelfall beurteilt, ob die Liquidität eines Instituts ausreicht; die Spitzenverbände der Institute sind vorher anzuhören. Die Grundsätze sind im Bundesanzeiger zu veröffentlichen. In den Grundsätzen ist an die Definition der Spareinlagen, insbesondere des Sparbuches, in der Verordnung über die Rechnungslegung der Institute, die insoweit der Zustimmung des Deutschen Bundestages bedarf, anzuknüpfen. Die Institute haben dem Bundesaufsichtsamt und der Deutschen Bundesbank monatlich die nach den Grundsätzen für die Überprüfung der Liquiditätsausstattung erforderlichen Angaben einzureichen.

§ 12. Begrenzung von bedeutenden Beteiligungen. (1) Ein Einlagenkreditinstitut darf an einem Unternehmen, das weder Institut, Finanzunternehmen oder Versicherungsunternehmen noch Unternehmen mit bankbezogenen Hilfsdiensten ist, keine bedeutende Beteiligung halten, deren Nennbetrag 15 vom Hundert des haftenden Eigenkapitals des Einlagenkreditinstituts übersteigt. Ein Einlagenkreditinstitut darf an Unternehmen im Sinne des Satzes 1 bedeutende Beteiligungen nicht halten, deren Nennbetrag zusammen 60 vom Hundert des haftenden Eigenkapitals des Einlagenkreditinstituts übersteigt. Anteile, die nicht dazu bestimmt sind, durch die Herstellung einer dauernden Verbindung dem eigenen Geschäftsbetrieb zu dienen, sind in die Berechnung der Höhe der bedeutenden Beteiligung nicht einzubeziehen. Das Einlagenkreditinstitut darf die in Satz 1 oder 2 festgelegten Grenzen mit Zustimmung des Bundesaufsichtsamtes überschreiten. Das Bundesaufsichtsamt darf die Zustimmung nur erteilen, wenn das Einlagenkreditinstitut die über die Grenze hinausgehenden Beteiligungen, bei Überschreitung beider Grenzen den höheren Betrag mit haftendem Eigenkapital unterlegt.

(2) Ein Institut hat als übergeordnetes Unternehmen einer Gruppe (§ 10a Abs. 2 oder 3), zu der mindestens ein Einlagenkreditinstitut gehört, sicherzustellen, daß die Gruppe an einem Unternehmen im Sinne des Absatzes 1 Satz 1 bedeutende Beteiligungen nicht hält, deren Nennbetrag 15 vom Hundert des haftenden Eigenkapitals der Gruppe übersteigt. Es hat außerdem sicherzustellen, daß die Gruppe insgesamt an Unternehmen im Sinne des Absatzes 1 Satz 1 bedeutende Beteiligungen nicht hält, deren Nennbetrag zusammen 60 vom Hundert des haftenden Eigenkapitals der Gruppe übersteigt. Absatz 1 Satz 3 ist anzuwenden. Mit Zustimmung des Bundesaufsichtsamtes darf das Institut zulassen, daß die Gruppe die in Satz 1 oder 2 festgelegten Grenzen überschreitet. Das Bundesaufsichtsamt darf die Zustimmung nur erteilen, wenn das Institut die über die Grenze hinausgehenden Beteiligungen bei Überschreitung beider Grenzen den höheren Betrag, mit haftendem Eigenkapital der Gruppe unterlegt.

§ 12a. Begründung von Unternehmensbeziehungen. (1) Ein Institut oder eine Finanzholding-Gesellschaft hat bei dem Erwerb einer Beteiligung an einem Unternehmen mit Sitz im Ausland oder der Begründung einer Unternehmensbeziehung mit einem solchen Unternehmen, wodurch das Unternehmen zu einem nachgeordneten Unternehmen im Sinne des § 10a Abs. 2 bis 5 oder § 13b Abs. 2 wird, sicherzustellen, daß es, im Falle einer Finanzholding-Gesellschaft das für die Zusammenfassung verantwortliche übergeordnete Unternehmen, die für die Erfüllung der jeweiligen Pflichten nach den §§ 10a, 13b und 25 Abs. 2, erforderlichen Angaben erhält. Satz 1 ist hinsichtlich der für die Erfüllung der Pflichten nach den §§ 10a und 13b erforderlichen Angaben nicht anzuwenden, wenn durch den gemäß § 10a Abs. 9 Satz 3 vorzunehmenden Abzug der Buchwerte in einer der Zusammenfassung nach § 10a Abs. 6 oder 7 und § 13b Abs. 3 vergleichbaren Weise dem Risiko aus der Begründung der Beteiligung oder der Unternehmensbeziehung Rechnung getragen und es dem Bundesaufsichtsamt ermöglicht wird, die Einhaltung dieser Voraussetzung zu überprüfen. Das Institut oder die Finanzholding-Gesellschaft hat die Begründung, die Veränderung oder die Aufgabe einer in Satz 1 genannten Beteiligung oder Unternehmensbeziehung unverzüglich dem Bundesaufsichtsamt und der Deutschen Bundesbank anzuzeigen.

(2) Das Bundesaufsichtsamt kann die Fortführung der Beteiligung oder der Unternehmensbeziehung untersagen, wenn das übergeordnete Unternehmen die für die Erfüllung der Pflichten nach den §§ 10a, 13b oder 25 Abs. 2 erforderlichen Angaben nicht erhält. Die Ausnahme nach Absatz 1 Satz 2 gilt entsprechend für die Untersagungsermächtigung nach Satz 1.

Kreditgeschäft

§ 13. Großkredite von Nichthandelsbuchinstituten. (1) Ein Institut, das nach § 2 Abs. 11 von den Vorschriften über das Handelsbuch freigestellt ist (Nichthandelsbuchinstitut), hat der Deutschen Bundesbank unverzüglich anzuzeigen, wenn seine Kredite an einen Kreditnehmer insgesamt 10 vom Hundert seines haftenden Eigenkapitals erreichen oder übersteigen (Großkredit). Die Rechtsverordnung nach § 24 Abs. 4 Satz 1 kann statt der unverzüglichen Anzeige nach Satz 1 regelmäßige Sammelanzeigen vorsehen. Die Deutsche Bundesbank leitet die Anzeigen mit ihrer Stellungnahme an das Bundesaufsichtsamt weiter; dieses kann auf die Weiterleitung bestimmter Anzeigen verzichten.

(2) Ein Nichthandelsbuchinstitut in der Rechtsform einer juristischen Person oder einer Personenhandelsgesellschaft darf unbeschadet der Wirksamkeit der Rechtsgeschäfte einen Großkredit nur auf Grund eines einstimmigen Beschlusses sämtlicher Geschäftsleiter gewähren. Der Beschluß soll vor der Kreditgewährung gefaßt werden. Ist dies im Einzelfall wegen der Eilbedürftigkeit des Geschäftes nicht möglich, ist der Beschluß unverzüglich nachzuholen. Der Beschluß ist aktenkundig zu machen. Ist der Großkredit ohne vorherigen einstimmigen Beschluß sämtlicher Geschäftsleiter gewährt worden und wird die Beschlußfassung nicht innerhalb eines Monats nach Gewährung des Kredits nachgeholt, hat das Nichthandelsbuchinstitut dies dem Bundesaufsichtsamt und der Deutschen Bundesbank anzuzeigen. Wird ein bereits gewährter Kredit durch Verringerung des haftenden Eigenkapitals zu einem Großkredit, darf das Nichthandelsbuchinstitut diesen Großkredit unbeschadet der Wirksamkeit des Rechtsgeschäftes nur auf Grund eines unverzüglich nachzuholenden einstimmigen Beschlusses sämtlicher Geschäftsleiter weitergewähren. Der Beschluß ist aktenkundig zu machen. Wird der Beschluß nicht innerhalb eines Monats, gerechnet von dem Zeitpunkt an, zu dem der Kredit zu einem Großkredit geworden ist, nachgeholt, hat das Nichthandelsbuchinstitut dies dem Bundesaufsichtsamt und der Deutschen Bundesbank anzuzeigen.

(3) Unbeschadet der Wirksamkeit der Rechtsgeschäfte darf ein Nichthandelsbuchinstitut ohne Zustimmung des Bundesaufsichtsamtes an einen Kreditnehmer nicht Kredite gewähren, die insgesamt 25 vom Hundert des haftenden Eigenkapitals des Nichthandelsbuchinstituts (Großkrediteinzelobergrenze) überschreiten. Unabhängig davon, ob das Bundesaufsichtsamt die Zustimmung erteilt, hat das Nichthandelsbuchinstitut das Überschreiten der Großkrediteinzelobergrenze unverzüglich dem Bundesaufsichtsamt und der Deutschen Bundesbank anzuzeigen und den Betrag, um den der Großkredit die Großkrediteinzelobergrenze überschreitet, mit haftendem Eigenkapital zu unterlegen. Die Kredite an ein verbundenes Unternehmen, das weder einer Gruppe im Sinne des § 13b Abs. 2 angehört noch durch die zuständigen Stellen eines anderen Staates des Europäischen Wirtschaftsraums zu einer Gruppe nach Maßgabe der Richtlinie 92/121/EWG des Rates vom 21. Dezember 1992 über die Überwachung und Kontrolle der Großkredite von Kreditinstituten – ABl. EG 1993 Nr. L 29 S. 1 – (Großkreditrichtlinie) zusammengefaßt wird, dürfen ohne Zustimmung des Bundesaufsichtsamtes 20 vom Hundert des haftenden Eigenkapitals des Nichthandelsbuchinstituts

nicht überschreiten. Satz 2 gilt entsprechend. Das Nichthandelsbuchinstitut hat sicherzustellen, daß alle Großkredite zusammen ohne Zustimmung des Bundesaufsichtsamtes nicht das Achtfache seines haftenden Eigenkapitals (Großkreditgesamtobergrenze) überschreiten. Unabhängig davon, ob das Bundesaufsichtsamt die Zustimmung erteilt, hat das Nichthandelsbuchinstitut das Überschreiten der Großkreditgesamtobergrenze unverzüglich dem Bundesaufsichtsamt und der Deutschen Bundesbank anzuzeigen und den Betrag, um den die Großkredite zusammen die Großkreditgesamtobergrenze überschreiten, mit haftendem Eigenkapital zu unterlegen. Ein Nichthandelsbuchinstitut, das sowohl die Großkrediteinzelobergrenze gegenüber einem oder mehreren Kreditnehmern als auch die Großkreditgesamtobergrenze überschreitet, hat nur den jeweils höheren Überschreitungsbetrag mit haftendem Eigenkapital zu unterlegen. Die Zustimmung nach den Sätzen 1, 3 und 5 steht im pflichtgemäßen Ermessen des Bundesaufsichtsamtes. Das Bundesaufsichtsamt kann ein Nichthandelsbuchinstitut in besonders gelagerten Fällen vorübergehend von der Unterlegungspflicht nach Satz 2, auch in Verbindung mit Satz 4, befreien, wenn die Überschreitung der Grenze durch die Verschmelzung von Kreditnehmern oder vergleichbare Ereignisse eingetreten ist und für das Nichthandelsbuchinstitut nicht vorhersehbar war.

(4) Die Absätze 1 und 2 gelten auch für Zusagen von Kreditrahmenkontingenten mit der Maßgabe, daß die Anzeigen nach Absatz 1 an Stichtagen zu erstatten sind, die durch Rechtsverordnung nach § 24 Abs. 4 Satz 1 bestimmt werden.

§ 13a. Großkredite von Handelsbuchinstituten.

(1) Ein Institut, das nicht nach § 2 Abs. 11 von den Vorschriften über das Handelsbuch freigestellt ist (Handelsbuchinstitut), hat Großkredite gemäß Satz 3 der Deutschen Bundesbank anzuzeigen. § 13 Abs. 1 Satz 3 gilt entsprechend. Für ein Handelsbuchinstitut besteht ein Gesamtbuch-Großkredit, wenn die Gesamtheit der Kredite an einen Kreditnehmer (kreditnehmerbezogene Gesamtposition) 10 vom Hundert der Eigenmittel erreicht oder überschreitet; für das Handelsbuchinstitut besteht ein Anlagebuch-Großkredit, wenn die Gesamtheit der Kredite an einen Kreditnehmer ohne Berücksichtigung der kreditnehmerbezogenen Handelsbuchgesamtposition (kreditnehmerbezogene Anlagebuch-Gesamtposition) 10 vom Hundert des haftenden Eigenkapitals des Instituts erreicht oder überschreitet. Die kreditnehmerbezogene Handelsbuchgesamtposition bilden die Gesamtheit der Kredite an einen Kreditnehmer, die dem Handelsbuch zugeordnet werden.

(2) § 13 Abs. 2 über die Beschlußfassung über Großkredite von Nichthandelsbuchinstituten gilt für Handelsbuchinstitute entsprechend.

(3) Unbeschadet der Wirksamkeit der Rechtsgeschäfte hat ein Handelsbuchinstitut sicherzustellen, daß die kreditnehmerbezogene Anlagebuch-Gesamtposition nicht ohne Zustimmung des Bundesaufsichtsamtes 25 vom Hundert seines haftenden Eigenkapitals (Anlagebuch-Großkrediteinzelobergrenze) überschreitet. Unabhängig davon, ob das Bundesaufsichtsamt die Zustimmung erteilt, hat das Handelsbuchinstitut das Überschreiten der Anlagebuch-Großkrediteinzelobergrenze dem Bundesaufsichtsamt und der Deutschen Bundesbank anzuzeigen und den Überschreitungsbetrag mit haftendem Eigenkapital zu unterlegen. Gegenüber einem verbundenen Unternehmen im Sinne des § 13 Abs. 3 Satz 3 darf die kreditnehmerbezogene Anlagebuch-Gesamtposition nicht ohne Zustimmung des Bundesaufsichtsamtes 20 vom Hundert des haftenden Eigenkapitals überschreiten. Satz 2 gilt entsprechend. Das Handelsbuchinstitut hat sicherzustellen, daß alle Anlagebuch-Großkredite zusammen nicht ohne Zustimmung des Bundesaufsichtsamtes das Achtfache seines haftenden Eigenkapitals (Anlagebuch-Großkreditgesamtobergrenze) überschreiten. Unabhängig davon, ob das Bundesaufsichtsamt die Zustimmung erteilt, hat das Handelsbuchinstitut das Überschreiten der Anlagebuch-Großkreditgesamtobergrenze dem Bundesaufsichtsamt und der Deutschen Bundesbank anzuzeigen und den Überschreitungsbetrag mit haftendem Eigenkapital zu unterlegen. § 13 Abs. 3 Satz 7 gilt entsprechend. Die Zustimmung nach den Sätzen 1, 3 und 5 steht im pflichtgemäßen Ermessen des Bundesaufsichtsamtes. § 13 Abs. 3 Satz 9 gilt entsprechend.

(4) Das Handelsbuchinstitut hat sicherzustellen, daß die kreditnehmerbezogene Gesamtposition nicht ohne Zustimmung des Bundesaufsichtsamtes 25 vom Hundert seiner Eigenmittel überschreitet (Gesamtbuch-Großkrediteinzelobergrenze). Unabhängig davon, ob das Bundesaufsichtsamt die Zustimmung erteilt, hat das Handelsbuchinstitut eine Überschreitung der Gesamtbuch-Großkrediteinzelobergrenze dem Bundesaufsichtsamt und der Deutschen Bundesbank anzuzeigen und den Überschreitungsbetrag nach Maßgabe der Rechtsverordnung nach § 22 Satz 1 mit Eigenmitteln zu unterlegen. Gegenüber einem verbundenen Unternehmen im Sinne des § 13 Abs. 3 Satz 3 darf die kreditnehmerbezogene Gesamtposition

20 vom Hundert der Eigenmittel nicht überschreiten. Satz 2 gilt entsprechend. Das Handelsbuchinstitut hat sicherzustellen, daß die Gesamtbuch-Großkredite zusammen nicht ohne Zustimmung des Bundesaufsichtsamtes das Achtfache seiner Eigenmittel (Gesamtbuch-Großkreditgesamtobergrenze) überschreiten. Unabhängig davon, ob das Bundesaufsichtsamt die Zustimmung erteilt, hat das Handelsbuchinstitut das Überschreiten der Gesamtbuch-Großkreditgesamtobergrenze dem Bundesaufsichtsamt und der Deutschen Bundesbank anzuzeigen und den Überschreitungsbetrag nach Maßgabe der Rechtsverordnung nach § 22 Satz 1 mit Eigenmitteln zu unterlegen. § 13 Abs. 3 Satz 7 gilt entsprechend. Die Zustimmung nach den Sätzen 1, 3 und 5 steht im pflichtgemäßen Ermessen des Bundesaufsichtsamtes; die Zustimmung nach Satz 1 oder 3 gilt als nicht erteilt, wenn die kreditnehmerbezogene Anlagebuch-Gesamtposition die jeweils maßgebliche Obergrenze nach Absatz 3 Satz 1 oder 3 überschreitet.

(5) Auch mit der Zustimmung des Bundesaufsichtsamtes darf im Fall einer Überschreitung der Obergrenze nach Absatz 4 Satz 1 oder 3 die kreditnehmerbezogene Handelsbuch-Gesamtposition eines Handelsbuchinstituts höchstens das Fünffache der Eigenmittel des Handelsbuchinstituts, die nicht zur Unterlegung von Risiken des Anlagebuchs benötigt werden, betragen. Eine Überschreitung dieser Grenze hat das Handelsbuchinstitut unverzüglich dem Bundesaufsichtsamt und der Deutschen Bundesbank anzuzeigen und den Überschreitungsbetrag nach Maßgabe der Rechtsverordnung nach § 22 Satz 1 mit Eigenmitteln zu unterlegen. Alle kreditnehmerbezogenen Gesamtpositionen, welche die Obergrenze nach Absatz 4 Satz 1 oder 3 länger als zehn Tage überschreiten, dürfen nach Abzug der Beträge, die diese Obergrenzen nicht überschreiten (Gesamt-Überschreitungsposition), zusammen nicht das Sechsfache der Eigenmittel des Handelsbuchinstituts, die nicht zur Unterlegung von Risiken des Anlagebuchs benötigt werden, übersteigen. Eine Überschreitung dieser Grenze hat das Handelsbuchinstitut unverzüglich dem Bundesaufsichtsamt und der Deutschen Bundesbank anzuzeigen und den Überschreitungsbetrag nach Maßgabe der Rechtsverordnung nach § 22 Satz 1 mit Eigenmitteln zu unterlegen.

(6) Die Absätze 1 und 2 gelten auch für Zusagen von Kreditrahmenkontingenten mit der Maßgabe, daß die Anzeigen nach Absatz 1 an Stichtagen zu erstatten sind, die durch Rechtsverordnung nach § 24 Abs. 4 Satz 1 bestimmt werden.

§ 13b. Großkredite von Institutsgruppen und Finanzholding-Gruppen. (1) Für die von den Unternehmen einer Institutsgruppe oder Finanzholding-Gruppe insgesamt gewährten Kredite gelten § 13 Abs. 1, 3 und 4 sowie § 13a Abs. 1 und 3 bis 6 über Großkredite einzelner Institute entsprechend.

(2) Für die Bestimmung einer Gruppe im Sinne dieser Vorschrift gilt § 10a Abs. 2 bis 5 entsprechend.

(3) Ob Unternehmen, die einer Gruppe angehören, insgesamt einen Großkredit gewährt haben und die Obergrenzen nach den §§ 13 und 13a einhalten, ist anhand einer Zusammenfassung ihrer Eigenmittel einschließlich der Anteile anderer Gesellschafter und der Kredite an einen Kreditnehmer festzustellen, wenn für eines der gruppenangehörigen Unternehmen die kreditnehmerbezogene Gesamtposition 5 vom Hundert seines haftenden Eigenkapitals beträgt oder übersteigt. § 10a Abs. 6 Satz 2 bis 15 und Abs. 7 gilt entsprechend.

(4) Das übergeordnete Unternehmen hat die Anzeigepflichten nach Absatz 1 in Verbindung mit den §§ 13 und 13a zu erfüllen. Es ist dafür verantwortlich, daß die gruppenangehörigen Unternehmen insgesamt die Obergrenzen nach den §§ 13 und 13a einhalten. Es darf jedoch zur Erfüllung seiner Verpflichtungen nach Satz 2 auf gruppenangehörige Unternehmen nur einwirken, soweit dem das allgemein geltende Gesellschaftsrecht nicht entgegensteht.

(5) § 10a Abs. 9 und 10 gilt entsprechend.

§ 14. Millionenkredite. (1) Ein Kreditinstitut, ein Finanzdienstleistungsinstitut im Sinne des § 1 Abs. 1a Satz 2 Nr. 4 und ein Finanzunternehmen im Sinne des § 1 Abs. 3 Satz 1 Nr. 2 haben der Deutschen Bundesbank bis zum 15. der Monate Januar, April, Juli und Oktober diejenigen Kreditnehmer anzuzeigen, deren Verschuldung bei ihnen zu einem Zeitpunkt während der dem Meldetermin vorhergehenden drei Kalendermonate drei Millionen Deutsche Mark oder mehr betragen hat (Millionenkredite). Übergeordnete Unternehmen im Sinne des § 13b Abs. 2 haben zugleich für die gruppenangehörigen Unternehmen im Sinne des § 13b Abs. 2 deren Kreditnehmer im Sinne des entsprechend anzuwendenden Satzes 1 anzuzeigen. Dies gilt nicht, soweit diese Unternehmen selbst nach Satz 1 anzeigepflichtig sind. Die nicht selbst nach Satz 1 anzeigepflichtigen gruppenangehörigen Unternehmen haben dem übergeordneten Unternehmen die hierfür erforderlichen Angaben zu übermitteln. Satz 1 gilt bei Gemeinschaftskrediten von 3 Millionen Deutsche Mark und mehr auch dann, wenn der Anteil des einzelnen Unternehmens

3 Millionen Deutsche Mark nicht erreicht. Aus der Anzeige muß die Höhe der Kreditinanspruchnahme des Kreditnehmers am Meldestichtag ersichtlich sein. § 13 Abs. 1 Satz 3 gilt entsprechend.

(2) Ergibt sich, daß einem Kreditnehmer von mehreren Unternehmen Millionenkredite gewährt worden sind, hat die Deutsche Bundesbank die anzeigenden Unternehmen zu benachrichtigen. Die Benachrichtigung darf nur Angaben über die Gesamtverschuldung des Kreditnehmers und über die Anzahl der beteiligten Unternehmen umfassen. Die Verschuldung bei den beteiligten Kreditgebern ist in der Benachrichtigung aufzugliedern in

1. Kredite im Sinne des § 19 Abs. 1 Satz 2,
2. Derivate, die Kredite im Sinne des § 19 Abs. 1 Satz 1 sind,
3. Kredite im Sinne des § 19 Abs. 1 Satz 3 Nr. 3 bis 5, 7, 9 und 12,
4. Kredite, soweit sie vom Bund, einem Sondervermögen des Bundes, einem Land, einer Gemeinde oder einem Gemeindeverband verbürgt oder in anderer Weise gesichert sind (öffentlich verbürgte Kredite),
5. Kredite, soweit sie den Erfordernissen der §§ 11 und 12 Abs. 1 und 2 des Hypothekenbankgesetzes entsprechen (Realkredite),
6. Kredite im Sinne des § 20 Abs. 3 Satz 2 Nr. 2 und
7. Kredite im Sinne des § 19 Abs. 1 Satz 2 Nr. 9 und Forderungen aus dem entgeltlichen Erwerb von Geldforderungen.

Die Deutsche Bundesbank teilt einem anzeigepflichtigen Unternehmen auf Antrag den Schuldenstand eines Kunden mit, sofern das Unternehmen beabsichtigt, dem Kunden einen Kredit in Höhe von drei Millionen Deutsche Mark oder mehr zu gewähren oder einen bereits gewährten Kredit auf drei Millionen Deutsche Mark oder mehr zu erhöhen und der Kunde in die Mitteilung eingewilligt hat. Die bei einem anzeigepflichtigen Unternehmen beschäftigten Personen dürfen Angaben, die dem Unternehmen nach diesem Absatz mitgeteilt werden, Dritten nicht offenbaren und nicht verwerten.

(3) Gelten nach § 19 Abs. 2 mehrere Schuldner als ein Kreditnehmer, so ist in den Anzeigen nach Absatz 1 auch die Verschuldung der einzelnen Schuldner anzugeben. Bei der Benachrichtigung nach Absatz 2 ist die Gesamtverschuldung der als ein Kreditnehmer geltenden Schuldner mitzuteilen. Die Verschuldung einzelner Schuldner ist nur den Unternehmen mitzuteilen, die selbst oder deren nachgeordnete Unternehmen im Sinne des Absatzes 1 Satz 3 und 4 diesen Schuldnern Kredite gewährt haben.

(4) Nach dem Abschluß von zwischenstaatlichen Vereinbarungen oder nach dem Inkrafttreten einer Richtlinie der Europäischen Gemeinschaften über Kreditmeldungen im Sinne dieser Vorschrift ist die Deutsche Bundesbank befugt, die Anzeigen nach Absatz 1 in der nach Absatz 2 Satz 2 und 3 vorgesehenen Zusammenfassung an die in der zwischenstaatlichen Vereinbarung oder in der Richtlinie der Europäischen Wirtschaftsgemeinschaft vorgesehenen Stellen zur Benachrichtigung der beteiligten Unternehmen mit Sitz im Ausland weiterzuleiten sowie die beteiligten Unternehmen gemäß Absatz 2 über die Verschuldung von Kreditnehmern bei Unternehmen mit Sitz im Ausland zu benachrichtigen.

§ 15. Organkredite. (1) Kredite an

1. Geschäftsleiter des Instituts,
2. nicht zu den Geschäftsleitern gehörende Gesellschafter des Instituts, wenn dieses in der Rechtsform einer Personenhandelsgesellschaft oder der Gesellschaft mit beschränkter Haftung betrieben wird, sowie an persönlich haftende Gesellschafter eines in der Rechtsform der Kommanditgesellschaft auf Aktien betriebenen Instituts, die nicht Geschäftsleiter sind,
3. Mitglieder eines zur Überwachung der Geschäftsführung bestellten Organs des Instituts, wenn die Überwachungsbefugnisse des Organs durch Gesetz geregelt sind (Aufsichtsorgan),
4. Prokuristen und zum gesamten Geschäftsbetrieb ermächtigte Handlungsbevollmächtigte des Instituts,
5. Ehegatten und minderjährige Kinder der unter den Nummern 1 bis 4 genannten Personen,
6. stille Gesellschafter des Instituts,
7. Unternehmen in der Rechtsform einer juristischen Person oder einer Personenhandelsgesellschaft, wenn ein Geschäftsleiter, ein Prokurist oder ein zum gesamten Geschäftsbetrieb ermächtigter Handlungsbevollmächtigter des Instituts gesetzlicher Vertreter oder Mitglied des Aufsichtsorgans der juristischen Person oder Gesellschafter der Personenhandelsgesellschaft ist,
8. Unternehmen in der Rechtsform einer juristischen Person oder einer Personenhandelsgesellschaft, wenn ein gesetzlicher Vertreter der juristischen Person, ein Gesellschafter der Personenhandelsgesellschaft, ein Prokurist oder ein zum gesamten Geschäftsbetrieb ermächtigter Handlungsbevollmächtigter dieses Unternehmens dem Aufsichtsorgan des Instituts angehört,

9. Unternehmen, an denen das Institut oder ein Geschäftsleiter mit mehr als 10 vom Hundert des Kapitals des Unternehmens beteiligt ist oder bei denen das Institut oder ein Geschäftsleiter persönlich haftender Gesellschafter ist,
10. Unternehmen, die an dem Institut mit mehr als 10 vom Hundert des Kapitals des Instituts beteiligt sind und
11. Unternehmen in der Rechtsform einer juristischen Person oder einer Personenhandelsgesellschaft, wenn ein gesetzlicher Vertreter der juristischen Person oder ein Gesellschafter der Personenhandelsgesellschaft an dem Institut mit mehr als 10 vom Hundert des Kapitals beteiligt ist,

dürfen nur auf Grund eines einstimmigen Beschlusses sämtlicher Geschäftsleiter des Instituts und nur mit ausdrücklicher Zustimmung des Aufsichtsorgans gewährt werden. Der Gewährung eines Kredits steht die Gestattung von Entnahmen gleich, die über die einem Geschäftsleiter oder einem Mitglied des Aufsichtsorgans zustehenden Vergütungen hinausgehen, insbesondere auch die Gestattung der Entnahme von Vorschüssen auf Vergütungen. Als Beteiligung im Sinne des Satzes 1 Nr. 9 bis 11 gilt jeder Besitz von Aktien oder Geschäftsanteilen des Unternehmens, wenn er mindestens ein Viertel des Kapitals (Nennkapital, Summe der Kapitalanteile) erreicht, ohne daß es auf die Dauer des Besitzes ankommt.

(2) Absatz 1 gilt entsprechend für die Gewährung von Krediten an persönlich haftende Gesellschafter, an Geschäftsführer, an Mitglieder des Vorstandes oder des Aufsichtsorgans, an Prokuristen und an zum gesamten Geschäftsbetrieb ermächtigte Handlungsbevollmächtigte eines von dem Institut abhängigen oder es beherrschenden Unternehmens sowie an ihre Ehegatten und minderjährigen Kinder. In diesen Fällen muß die ausdrückliche Zustimmung des Aufsichtsorgans des herrschenden Unternehmens erteilt sein.

(3) Die Absätze 1 und 2 gelten nicht
1. für Kredite an Prokuristen und an zum gesamten Geschäftsbetrieb ermächtigte Handlungsbevollmächtigte sowie an ihre Ehegatten und minderjährigen Kinder, wenn der Kredit ein Jahresgehalt des Prokuristen oder des Handlungsbevollmächtigten nicht übersteigt,
2. für Kredite an in Absatz 1 Satz 1 Nr. 6 bis 11 genannte Personen oder Unternehmen, wenn der Kredit weniger als 1 vom Hundert des haftenden Eigenkapitals des Instituts oder weniger als 100 000 Deutsche Mark beträgt, und
3. für Kredite, die um nicht mehr als 10 vom Hundert des nach Absatz 1 Satz 1 beschlossenen Betrages erhöht werden.

(4) Der Beschluß der Geschäftsleiter und der Beschluß über die Zustimmung sind vor der Gewährung des Kredits zu fassen. Die Beschlüsse müssen Bestimmungen über die Verzinsung und Rückzahlung des Kredits enthalten. Sie sind aktenkundig zu machen. Ist die Gewährung eines Kredits nach Absatz 1 Satz 1 Nr. 6 bis 11 eilbedürftig, genügt es, daß sämtliche Geschäftsleiter sowie das Aufsichtsorgan der Kreditgewährung unverzüglich nachträglich zustimmen. Ist der Beschluß der Geschäftsleiter nicht innerhalb von zwei Monaten oder der Beschluß des Aufsichtsorgans nicht innerhalb von vier Monaten, jeweils vom Tage der Kreditgewährung an gerechnet, nachgeholt, hat das Institut dies dem Bundesaufsichtsamt unverzüglich anzuzeigen. Der Beschluß der Geschäftsleiter und der Beschluß über die Zustimmung zu Krediten an die in Absatz 1 Satz 1 Nr. 1 bis 5 und Absatz 2 genannten Personen können für bestimmte Kreditgeschäfte und Arten von Kreditgeschäften im voraus, jedoch nicht für länger als ein Jahr gefaßt werden.

(5) Wird entgegen den Absätzen 1, 2 oder 4 ein Kredit an eine in Absatz 1 Satz 1 Nr. 1 bis 5 oder an eine in Absatz 2 genannte Person gewährt, so ist dieser Kredit ohne Rücksicht auf entgegenstehende Vereinbarungen sofort zurückzuzahlen, wenn nicht sämtliche Geschäftsleiter sowie das Aufsichtsorgan der Kreditgewährung nachträglich zustimmen.

§ 16. *(aufgehoben)*

§ 17. Haftungsbestimmung. (1) Wird entgegen den Vorschriften des § 15 Kredit gewährt, so haften die Geschäftsleiter, die hierbei ihre Pflichten verletzen, und die Mitglieder des Aufsichtsorgans, die trotz Kenntnis gegen eine beabsichtigte Kreditgewährung pflichtwidrig nicht einschreiten, dem Institut als Gesamtschuldner für den entstehenden Schaden; die Geschäftsleiter und die Mitglieder des Aufsichtsorgans haben nachzuweisen, daß sie nicht schuldhaft gehandelt haben.

(2) Der Ersatzanspruch des Instituts kann auch von dessen Gläubigern geltend gemacht werden, soweit sie von diesem keine Befriedigung erlangen können. Den Gläubigern gegenüber wird die Ersatzpflicht weder durch einen Verzicht oder Vergleich des Instituts noch dadurch aufgehoben, daß bei Instituten in der Rechtsform der juristischen Person die Kreditgewährung auf einem Beschluß des obersten Organs des Instituts (Hauptversammlung, Generalversammlung, Gesellschafterversammlung) beruht.

(3) Die Ansprüche nach Absatz 1 verjähren in fünf Jahren.

§ 18. Kreditunterlagen. Ein Kreditinstitut darf einen Kredit von insgesamt mehr als 500 000 Deutsche Mark nur gewähren, wenn es sich von dem Kreditnehmer die wirtschaftlichen Verhältnisse, insbesondere durch Vorlage der Jahresabschlüsse, offenlegen läßt. Das Kreditinstitut kann hiervon absehen, wenn das Verlangen nach Offenlegung im Hinblick auf die gestellten Sicherheiten oder auf die Mitverpflichteten offensichtlich unbegründet wäre. Das Kreditinstitut kann von der laufenden Offenlegung absehen, wenn

1. der Kredit durch Grundpfandrechte auf Wohneigentum, das vom Kreditnehmer selbst genutzt wird, gesichert ist,
2. der Kredit vier Fünftel des Beleihungswertes des Pfandobjektes im Sinne des § 12 Abs. 1 und 2 des Hypothekenbankgesetzes nicht übersteigt und
3. der Kreditnehmer die von ihm geschuldeten Zins- und Tilgungsleistungen störungsfrei erbringt.

Eine Offenlegung ist nicht erforderlich bei Krediten an eine ausländische öffentliche Stelle im Sinne des § 20 Abs. 2 Nr. 1 Buchstabe b bis d.

§ 19. Begriff des Kredits für die §§ 13 bis 14 und des Kreditnehmers. (1) Kredite im Sinne der §§ 13 bis 14 sind Bilanzaktiva, Derivate mit Ausnahme der Stillhalterpositionen von Optionsgeschäften sowie die dafür übernommenen Gewährleistungen und andere außerbilanzielle Geschäfte. Bilanzaktiva im Sinne des Satzes 1 sind

1. Guthaben bei Zentralnotenbanken und Postgiroämtern,
2. Schuldtitel öffentlicher Stellen und Wechsel, die zur Refinanzierung bei Zentralnotenbanken zugelassen sind,
3. im Einzug befindliche Werte, für die entsprechende Zahlungen bereits bevorschußt wurden,
4. Forderungen an Kreditinstitute und Kunden (einschließlich der Warenforderungen von Kreditinstituten mit Warengeschäft),
5. Schuldverschreibungen und andere festverzinsliche Wertpapiere, soweit sie kein Recht verbriefen, das unter die in Satz 1 genannten Derivate fällt,
6. Aktien und andere nicht festverzinsliche Wertpapiere, soweit sie kein Recht verbriefen, das unter die in Satz 1 genannten Derivate fällt,
7. Beteiligungen,
8. Anteile an verbundenen Unternehmen,
9. Gegenstände, über die als Leasinggeber Leasingverträge abgeschlossen worden sind, unabhängig von ihrem Bilanzausweis und
10. sonstige Vermögensgegenstände, sofern sie einem Adressenausfallrisiko unterliegen.

Als andere außerbilanzielle Geschäfte im Sinne des Satzes 1 sind anzusehen

1. den Kreditnehmern abgerechnete eigene Ziehungen im Umlauf,
2. Indossamentsverbindlichkeiten aus weitergegebenen Wechseln,
3. Bürgschaften und Garantien für Bilanzaktiva,
4. Erfüllungsgarantien und andere als die in Nummer 3 genannten Garantien und Gewährleistungen, soweit sie sich nicht auf die in Satz 1 genannten Derivate beziehen,
5. Eröffnung und Bestätigung von Akkreditiven,
6. unbedingte Verpflichtungen der Bausparkassen zur Ablösung fremder Vorfinanzierungs- und Zwischenkredite an Bausparer,
7. Haftung aus der Bestellung von Sicherheiten für fremde Verbindlichkeiten,
8. beim Pensionsgeber vom Bestand abgesetzte Bilanzaktiva, die dieser mit der Vereinbarung auf einen anderen übertragen hat, daß er sie auf Verlangen zurücknehmen muß,
9. Verkäufe von Bilanzaktiva mit Rückgriff, bei denen das Kreditrisiko bei dem verkaufenden Kreditinstitut verbleibt,
10. Terminkäufe auf Bilanzaktiva, bei denen eine unbedingte Verpflichtung zur Abnahme des Liefergegenstandes besteht,
11. Plazierung von Termineinlagen auf Termin,
12. Ankaufs- und Refinanzierungszusagen,
13. noch nicht in Anspruch genommene Kreditzusagen, welche eine Ursprungslaufzeit von mehr als einem Jahr haben und nicht jederzeit fristlos und vorbehaltlos von dem Institut gekündigt werden können und
14. noch nicht in Anspruch genommene Kreditzusagen, welche eine Ursprungslaufzeit von bis zu einem Jahr haben oder jederzeit fristlos und vorbehaltlos von dem Institut gekündigt werden können.

(2) Im Sinne der §§ 10, 13 bis 18 gelten als ein Kreditnehmer zwei oder mehr natürliche oder juristische Personen oder Personenhandelsgesellschaften, die insofern eine Einheit bilden, als eine von ihnen unmittelbar oder mittelbar beherrschenden Einfluß auf die andere oder die anderen ausüben kann, oder die ohne Vorliegen eines solchen Beherrschungsverhältnisses als Risikoeinheit anzusehen sind, da die zwischen ihnen bestehenden Abhängigkeiten es wahrscheinlich erscheinen lassen, daß, wenn

einer dieser Kreditnehmer in finanziellen Schwierigkeiten gerät, dies auch bei den anderen zu Zahlungsschwierigkeiten führt. Dies ist insbesondere der Fall bei

1. allen Unternehmen, die demselben Konzern angehören oder durch Verträge verbunden sind, die vorsehen, daß das eine Unternehmen verpflichtet ist, seinen ganzen Gewinn an ein anderes abzuführen, sowie in Mehrheitsbesitz stehenden Unternehmen und den an ihnen mit Mehrheit beteiligten Unternehmen oder Personen, ausgenommen
   a) der Bund, ein Sondervermögen des Bundes, ein Land, eine Gemeinde oder ein Gemeindeverband,
   b) die Europäischen Gemeinschaften,
   c) ausländische Zentralregierungen,
   d) Regionalregierungen und örtliche Gebietskörperschaften in anderen Staaten des Europäischen Wirtschaftsraums, für die gemäß Artikel 7 der Richtlinie 89/647/EWG des Rates vom 18. Dezember 1989 über einen Solvabilitätskoeffizienten für Kreditinstitute – ABl. EG Nr. L 386 S. 14 – (Solvabilitätsrichtlinie) die Gewichtung Null bekanntgegeben worden ist;
2. Personenhandelsgesellschaften und jedem persönlich haftenden Gesellschafter sowie Partnerschaften und jedem Partner und
3. Personen und Unternehmen, für deren Rechnung Kredit aufgenommen wird, und denjenigen, die diesen Kredit im eigenen Namen aufnehmen.

Bei Anwendung der §§ 13 und 13a gilt Satz 1 nicht für Kredite innerhalb einer Gruppe nach § 13b Abs. 2 an Unternehmen, die in die Zusammenfassung nach § 13b Abs. 3 einbezogen sind. Satz 3 gilt entsprechend für Kredite an Mutterunternehmen mit Sitz in einem anderen Staat des Europäischen Wirtschaftsraums sowie an deren andere Tochterunternehmen, sofern das Institut, sein Mutterunternehmen und deren andere Tochterunternehmen von den zuständigen Stellen des anderen Staates in die Überwachung der Großkredite auf zusammengefaßter Basis nach Maßgabe der Großkreditrichtlinie einbezogen werden.

(3) Bei Krediten aus öffentlichen Fördermitteln, welche die Förderinstitute des Bundes und der Länder auf Grund selbständiger Kreditverträge, gegebenenfalls auch über weitere Durchleitungsinstitute, über Hausbanken zu vorbestimmten Konditionen an Endkreditnehmer leiten (Hausbankprinzip), gelten für die beteiligten Institute in bezug auf die §§ 13 bis 13b die einzelnen Endkreditnehmer als Kreditnehmer des von ihnen gewährten Interbankkredits, wenn ihnen die Kreditforderungen zur Sicherheit abgetreten werden. Dies gilt entsprechend für aus eigenen oder öffentlichen Mitteln zinsverbilligte Kredite der Förderinstitute nach dem Hausbankprinzip (Eigenmittelprogramme) sowie für Kredite aus nichtöffentlichen Mitteln, die ein Kreditinstitut nach gesetzlichen Vorgaben, gegebenenfalls auch über weitere Durchleitungsinstitute, über Hausbanken an Endkreditnehmer leitet.

(4) Für die Anwendung der §§ 13 bis 13b gelten bei Krediten, die Zentralkreditinstitute über die ihnen angeschlossenen Zentralbanken oder Girozentralen oder über die diesen angeschlossenen eingetragenen Genossenschaften oder Sparkassen an Endkreditnehmer leiten, die einzelnen Endkreditnehmer als Kreditnehmer des Zentralkreditinstituts, wenn die Kreditforderungen an das Zentralkreditinstitut zur Sicherheit abgetreten werden.

(5) Bei dem entgeltlichen Erwerb von Geldforderungen gilt der Veräußerer der Forderung als Kreditnehmer im Sinne der §§ 13 bis 18, wenn er für die Erfüllung der übertragenen Forderung einzustehen oder sie auf Verlangen des Erwerbers zurückzuerwerben hat; andernfalls gilt der Schuldner der Verbindlichkeit als Kreditnehmer.

(6) Haftet ein inländisches Kreditinstitut oder ein Einlagenkreditinstitut mit Sitz in einem anderen Staat des Europäischen Wirtschaftsraums selbstschuldnerisch für einen Kredit mit einer Restlaufzeit von nicht über einem Jahr an einen Dritten, der nicht selbst ein solches Institut ist, wird für die Zwecke der §§ 13 bis 14 statt des Dritten das inländische Kreditinstitut oder Einlagenkreditinstitut mit Sitz in einem anderen Staat des Europäischen Wirtschaftsraums als Kreditnehmer angesehen.

§ 20. Ausnahmen von den Verpflichtungen nach den §§ 13 bis 14. (1) Als Kredite im Sinne der §§ 13 bis 13b gelten nicht

1. Vorleistungen bei Wechselkursgeschäften, die im Rahmen des üblichen Abrechnungsverfahrens innerhalb von zwei Geschäftstagen ab Vorleistung abgewickelt werden;
2. Vorleistungen bei Wertpapiergeschäften, die im Rahmen des üblichen Abrechnungsverfahrens innerhalb von fünf Geschäftstagen ab Vorleistung abgewickelt werden;
3. Bilanzaktiva, die nach § 10 Abs. 6 Satz 1 Nr. 1 bis 4, § 10a Abs. 9 Satz 3 oder § 13b Abs. 5 von dem haftenden Eigenkapital abgezogen werden;
4. abgeschriebene Kredite.

(2) Bei den Anzeigen nach § 13 Abs. 1, § 13a Abs. 1 und § 13b Abs. 1 sind nicht zu berücksichtigen

1. Kredite an
   a) den Bund, die Deutsche Bundesbank, ein rechtlich unselbständiges Sondervermögen des Bundes oder eines Landes, ein Land, eine Gemeinde oder einen Gemeindeverband,
   b) die Zentralregierung oder Zentralnotenbank in einem anderen Staat der Zone A,
   c) die Europäischen Gemeinschaften,
   d) eine Regionalregierung oder örtliche Gebietskörperschaft in einem anderen Staat des Europäischen Wirtschaftsraums, für die nach Artikel 7 der Solvabilitätsrichtlinie die Gewichtung Null bekanntgegeben worden ist, sowie
   e) andere Kreditnehmer, soweit die Kredite durch eine in Buchstabe a bis d genannte Stelle ausdrücklich gewährleistet werden und
2. Kredite, soweit sie gedeckt sind durch Sicherheiten in Form von
   a) Wertpapieren, die von einem der in Nummer 1 genannten Emittenten ausgegeben worden sind,
   b) Bareinlagen bei dem kreditgewährenden Institut oder
   c) Einlagenzertifikaten oder ähnlichen Papieren, die von dem kreditgewährenden Institut ausgegeben wurden und bei diesem hinterlegt sind.

Sofern ein Kredit ohne die Beträge, die nach Satz 1 nicht zu berücksichtigen sind, die Großkreditdefinitionsgrenze nach § 13 Abs. 1 Satz 1, auch in Verbindung mit § 13b Abs. 1, nicht mehr erreichen würde, entfällt die Anzeigepflicht.

(3) Bei der Berechnung der Auslastung der Obergrenzen nach § 13 Abs. 3 und § 13a, Abs. 3 bis 5 sind Kredite im Sinne des Absatzes 2 nicht zu berücksichtigen. Nicht zu berücksichtigen sind außerdem

1. Kredite an eine Zentralregierung oder Zentralnotenbank in einem Staat der Zone B, sofern die Kredite auf die Währung des jeweiligen Schuldners oder Emittenten lauten und in dieser finanziert sind;
2. Kredite mit Restlaufzeiten bis zu einem Jahr an Kreditinstitute mit Sitz im Inland oder Einlagenkreditinstitute mit Sitz in einem anderen Staat der Zone A; Forderungen eingetragener Genossenschaften an ihre Zentralbanken, von Sparkassen an ihre Girozentralen sowie von Zentralbanken und Girozentralen an ihre Zentralkreditinstitute, die dem Liquiditätsausgleich im Verbund dienen, können eine längere Laufzeit haben;
3. Schuldverschreibungen, welche die Voraussetzungen des Artikels 22 Abs. 4 Satz 1 und 2 der Investmentrichtlinie erfüllen;
4. Kredite, die gesichert sind durch Grundpfandrechte auf Wohneigentum, das von dem Kreditnehmer gegenwärtig oder künftig selbst genutzt oder vermietet wird oder über das er als Leasinggeber Leasingverträge mit einer Kaufoption des Leasingnehmers abgeschlossen hat und das solange sein Eigentum bleibt, wie der Leasingnehmer oder Mieter seine Kaufoption nicht ausgeübt hat, soweit die Kredite 50 vom Hundert des Grundstückswertes nicht übersteigen und wenn der Wert des Grundstücks jährlich nach von dem Bundesaufsichtsamt festgelegten Bewertungsvorschriften ermittelt wird;
5. vor dem 1. Januar 2002 gewährte Kredite, die den Erfordernissen des § 12 Abs. 1 und 2 des Hypothekenbankgesetzes entsprechen, soweit sie 50 vom Hundert des Wertes des Grundstücks nicht übersteigen. Rechtlich selbständige Förderinstitute des Bundes und der Länder im Sinne des § 5 Abs. 1 Nr. 2 des Körperschaftsteuergesetzes können abweichend von Satz 2 Nr. 2 Kredite, deren Erfüllung von anderen Kreditinstituten mit Sitz im Inland geschuldet werden, unabhängig von deren Laufzeit bei der Berechnung der Auslastung der Obergrenze für Großkredite nach § 13 Abs. 3 und § 13a Abs. 3 bis 5 mit einem Gewicht von 20 vom Hundert berücksichtigen. Das Förderinstitut hat die Inanspruchnahme dieses Anrechnungsverfahrens dem Bundesaufsichtsamt anzuzeigen und für einen Zeitraum von mindestens fünf Jahren ab Eingang der Anzeige beim Bundesaufsichtsamt beizubehalten.

(4) Bei der Berechnung der Auslastung der Großkreditgesamtobergrenze nach § 13 Abs. 3 Satz 5 und § 13a Abs. 3 Satz 5, der erweiterten Großkreditgesamtobergrenze nach § 13a Abs. 4 Satz 5, bei der Berechnung der kreditnehmerbezogenen Handelsbuch-Gesamtposition nach § 13a Abs. 5 Satz 1 und bei der Berechnung der Gesamt-Überschreitungsposition nach § 13a Abs. 5 Satz 3 sind die Kredite nach Absätzen 2 und 3 Satz 2 sowie die Kredite nach § 19 Abs. 1 Satz 3 Nr. 14 nicht zu berücksichtigen.

(5) § 13 Abs. 2 und 4 sowie § 13a Abs. 2 und 6 über Großkreditbeschlüsse gelten nicht für Kredite nach Absätzen 2 und 3 Satz 2 Nr. 2 und 3.

(6) Als Kredite im Sinne des § 14 gelten nicht

1. Kredite nach Absatz 1 Nr. 1, 2 und 4;
2. Kredite an
   a) den Bund, die Deutsche Bundesbank, ein rechtlich unselbständiges Sondervermögen des Bundes oder eines Landes, ein Land, eine Gemeinde oder einen Gemeindeverband,

b) die Europäischen Gemeinschaften,
c) die Europäische Investitionsbank oder
d) eine juristische Person des öffentlichen Rechts, die vom Bund, einem Land oder einer in Buchstabe a genannten juristischen Person getragen wird und keine Erwerbszwecke verfolgt, oder einem Unternehmen ohne Erwerbscharakter im Besitz des Bundes, eines Landes oder einer der in Buchstabe a genannten juristischen Personen;

3. Anteile an anderen Unternehmen unabhängig von ihrem Bilanzausweis;
4. die Wertpapiere des Handelsbestandes.

§ 21. Begriff des Kredits für die §§ 15 bis 18.
(1) Kredite im Sinne der §§ 15 bis 18 sind

1. Gelddarlehen aller Art, entgeltlich erworbene Geldforderungen, Akzeptkredite sowie Forderungen aus Namensschuldverschreibungen mit Ausnahme der auf den Namen lautenden Pfandbriefe und Kommunalschuldverschreibungen;
2. die Diskontierung von Wechseln und Schecks;
3. Geldforderungen aus sonstigen Handelsgeschäften eines Instituts, ausgenommen die Forderungen aus Warengeschäften der Kreditgenossenschaften, sofern diese nicht über die handelsübliche Frist hinaus gestundet werden;
4. Bürgschaften, Garantien und sonstige Gewährleistungen eines Instituts sowie die Haftung eines Instituts aus der Bestellung von Sicherheiten für fremde Verbindlichkeiten;
5. die Verpflichtung, für die Erfüllung entgeltlich übertragener Geldforderungen einzustehen oder sie auf Verlangen des Erwerbers zurückzuerwerben;
6. der Besitz eines Instituts an Aktien oder Geschäftsanteilen eines anderen Unternehmens, der mindestens ein Viertel des Kapitals (Nennkapital, Summe der Kapitalanteile) des Beteiligungsunternehmens erreicht, ohne daß es auf die Dauer des Besitzes ankommt;
7. Gegenstände, über die ein Institut als Leasinggeber Leasingverträge abgeschlossen hat, abzüglich bis zum Buchwert des ihm zugehörigen Leasinggegenstandes solcher Posten, die wegen der Erfüllung oder der Veräußerung von Forderungen aus diesen Leasingverträgen gebildet werden.

Zugunsten des Instituts bestehende Sicherheiten sowie Guthaben des Kreditnehmers bei dem Institut bleiben außer Betracht.

(2) Als Kredite im Sinne der §§ 15 bis 18 gelten nicht

1. Kredite an den Bund, ein rechtlich unselbständiges Sondervermögen des Bundes oder eines Landes, ein Land, eine Gemeinde oder einen Gemeindeverband;
2. ungesicherte Forderungen an andere Institute aus bei diesen unterhaltenen, nur der Geldanlage dienenden Guthaben, die spätestens in drei Monaten fällig sind; Forderungen eingetragener Genossenschaften an ihre Zentralbanken, von Sparkassen an ihre Girozentralen sowie von Zentralkassen und Girozentralen an ihre Zentralkreditinstitute können später fällig gestellt sein;
3. von anderen Instituten angekaufte Wechsel, die von einem Institut angenommen, indossiert oder als eigene Wechsel ausgestellt sind, eine Laufzeit von höchstens drei Monaten haben und am Geldmarkt üblicherweise gehandelt werden;
4. abgeschriebene Kredite.

(3) § 15 Abs. 1 Satz 1 Nr. 6 bis 11 und § 18 gelten nicht für

1. Realkredite;
2. Kredite mit Laufzeiten von höchstens fünfzehn Jahren gegen Bestellung von Schiffshypotheken, soweit sie den Erfordernissen des § 10 Abs. 1, 2 Satz 1 und Abs. 4 Satz 2, des § 11 Abs. 1 und 4 sowie des § 12 Abs. 1 und 2 des Schiffsbankgesetzes entsprechen;
3. Kredite an eine inländische juristische Person des öffentlichen Rechts, die nicht in Absatz 2 Nr. 1 genannt ist, die Europäischen Gemeinschaften oder die Europäische Investitionsbank;
4. Kredite, soweit sie von einem der in Absatz 2 Nr. 1 genannten Kreditnehmer gewährleistet sind.

(4) Kredite auf Grund des entgeltlichen Erwerbs einer Forderung aus nicht bankmäßigen Handelsgeschäften gelten nicht als Kredite im Sinne des § 18, wenn

1. Forderungen gegen den jeweiligen Schuldner laufend erworben werden,
2. der Veräußerer der Forderung nicht für ihre Erfüllung einzustehen hat und
3. die Forderung innerhalb von drei Monaten, vom Tage des Ankaufs an gerechnet, fällig ist.

§ 22. Rechtsverordnungsermächtigung über Kredite. Das Bundesministerium der Finanzen bestimmt durch eine im Benehmen mit der Deutschen Bundesbank zu erlassende Rechtsverordnung für Großkredite und Millionenkredite innerhalb der Vorgaben der Großkreditrichtlinie, der Solvabilitätsrichtlinie und der Richtlinie 93/6/EWG vom 15. März 1993 über die angemessene Eigenkapitalausstattung von Wertpapierfirmen und Kreditinstituten – ABl. EG Nr. L 141 S. 1 – (Kapitaladäquanzrichtlinie)

1. die Ermittlung der Kreditbeträge,

2. die Ermittlung der Kreditäquivalenzbeträge von Derivaten sowie von Wertpapierpensions- und Wertpapierdarlehensgeschäften und von anderen mit diesen vergleichbaren Geschäften sowie der für diese Geschäfte übernommenen Gewährleistungen sowie
3. die Ermittlung der Handelsbuch-Gesamtposition.

Die Rechtsverordnung kann innerhalb der Vorgaben dieser Richtlinien und über § 19 Abs. 3 bis 5 sowie § 20 Abs. 2 bis 5 hinaus Regelungen vorsehen über
1. die Zurechnung von Krediten zu Kreditnehmern,
2. die Anrechnung von Krediten auf die Großkreditgrenzen und im Rahmen der Millionenkreditanzeigen sowie
3. die Beschlußfassungspflichten für Großkredite.

Das Bundesministerium der Finanzen kann die Ermächtigung durch Rechtsverordnung auf das Bundesaufsichtsamt mit der Maßgabe übertragen, daß die Rechtsverordnung im Einvernehmen mit der Deutschen Bundesbank ergeht. Vor Erlaß der Rechtsverordnung sind die Spitzenverbände der Institute anzuhören.

Werbung und Hinweispflichten der Institute

§ 23. Werbung. (1) Um Mißständen bei der Werbung der Kreditinstitute zu begegnen, kann das Bundesaufsichtsamt bestimmte Arten der Werbung untersagen, soweit nicht die Zuständigkeit des Bundesaufsichtsamtes für den Wertpapierhandel nach § 36b des Wertpapierhandelsgesetzes gegeben ist.

(2) Vor allgemeinen Maßnahmen nach Absatz 1 sind die Spitzenverbände der Institute und des Verbraucherschutzes zu hören.

§ 23a. Einlagensicherungseinrichtung, Anlegerentschädigungseinrichtung. (1) Ein Institut, das Einlagen oder andere rückzahlbare Gelder des Publikums entgegennimmt, die nicht durch eine geeignete inländische Einrichtung zur Sicherung der Einlagen oder anderer rückzahlbarer Gelder (Einlagensicherungseinrichtung) gedeckt sind, hat die Kunden, die nicht Kreditinstitute sind, auf diese Tatsache drucktechnisch deutlich gestaltet in den Allgemeinen Geschäftsbedingungen, im Preisaushang und an hervorgehobener Stelle in den Vertragsunterlagen nach Maßgabe des Satzes 2 vor Aufnahme der Geschäftsbeziehung hinzuweisen, es sei denn, die rückzahlbaren Gelder sind in Pfandbriefen oder Kommunalschuldverschreibungen oder andere Schuldverschreibungen, welche die Voraussetzungen des Artikels 22 Abs. 4 Satz 1 und 2 der Investmentrichtlinie erfüllen, verbrieft. Der Hinweis in den Vertragsunterlagen darf keine anderen Erklärungen enthalten und ist von den Kunden gesondert zu unterschreiben. Scheidet das Institut aus der Sicherungseinrichtung aus, hat es die Kunden, die nicht Kreditinstitute sind, sowie das Bundesaufsichtsamt und die Deutsche Bundesbank hierüber unverzüglich schriftlich zu unterrichten. Das Bundesaufsichtsamt leitet eine Ausfertigung dieser Anzeige an das Bundesaufsichtsamt für den Wertpapierhandel weiter.

(2) Ein Institut, welches das Finanzkommissions- oder Emissionsgeschäft betreibt oder Finanzdienstleistungen im Sinne des § 1 Abs. 1a Satz 2 Nr. 1 bis 4 erbringt, hat die Kunden, bevor es mit ihnen in eine Geschäftsbeziehung tritt, schriftlich darauf hinzuweisen, welcher geeigneten Einrichtung zur Entschädigung der Kunden (Anlegerentschädigungseinrichtung) das Institut angehört und welche Absicherung durch diese Einrichtung besteht oder welcher gleichwertige Schutz für das geplante Geschäft oder die geplante Dienstleistung zur Verfügung steht. Absatz 1 Satz 2 bis 4 gilt entsprechend.

Besondere Pflichten der Institute, ihrer Geschäftsleiter, der Finanzholding-Gesellschaften und der gemischten Unternehmen

§ 24. Anzeigen. (1) Ein Institut hat dem Bundesaufsichtsamt und der Deutschen Bundesbank unverzüglich anzuzeigen
1. die Absicht der Bestellung eines Geschäftsleiters und der Ermächtigung einer Person zur Einzelvertretung des Instituts in dessen gesamten Geschäftsbereich unter Angabe der Tatsachen, die für die Beurteilung der Zuverlässigkeit und der fachlichen Eignung wesentlich sind, und den Vollzug einer solchen Absicht;
2. das Ausscheiden eines Geschäftsleiters sowie die Entziehung der Befugnis zur Einzelvertretung des Instituts in dessen gesamten Geschäftsbereich;
3. die Übernahme und die Aufgabe einer unmittelbaren Beteiligung an einem anderen Unternehmen sowie Veränderungen in der Höhe der Beteiligung; als unmittelbare Beteiligung gilt das Halten von mindestens 10 vom Hundert der Anteile am Kapital oder der Stimmrechte des anderen Unternehmens;

4. die Änderung der Rechtsform, soweit nicht bereits eine Erlaubnis nach § 32 Abs. 1 erforderlich ist, und die Änderung der Firma;
5. einen Verlust in Höhe von 25 vom Hundert des haftenden Eigenkapitals;
6. die Verlegung der Niederlassung oder des Sitzes;
7. die Errichtung, die Verlegung und die Schließung einer Zweigstelle in einem Drittstaat;
8. die Einstellung des Geschäftsbetriebs;
9. die Aufnahme und die Einstellung des Betreibens von Geschäften, die nicht Bankgeschäfte oder Finanzdienstleistungen sind, oder von Geschäften, für welche die Erlaubnis nach § 64e Abs. 1 als erteilt gilt;
10. das Absinken des Anfangskapitals unter die Mindestanforderungen nach § 33 Abs. 1 Satz 1 Nr. 1 sowie den Wegfall einer geeigneten Versicherung nach § 33 Abs. 1 Satz 2;
11. den Erwerb oder die Aufgabe einer bedeutenden Beteiligung an dem anzeigenden Institut, das Erreichen, das Über- oder das Unterschreiten der Beteiligungsschwellen von 20 vom Hundert, 33 vom Hundert und 50 vom Hundert der Stimmrechte oder des Kapitals sowie die Tatsache, daß das Institut Tochterunternehmen eines anderen Unternehmens wird oder nicht mehr ist, wenn das Institut von der Änderung dieser Beteiligungsverhältnisse Kenntnis erlangt;
12. jeden Fall, in dem die Gegenpartei eines Pensions- oder Wertpapierdarlehensgeschäftes ihren Erfüllungsverpflichtungen nicht nachgekommen ist;
13. das Bestehen, die Änderung oder die Beendigung einer engen Verbindung zu einer anderen natürlichen Person oder einem anderen Unternehmen.

(1a) Ein Institut hat dem Bundesaufsichtsamt und der Deutschen Bundesbank jährlich anzuzeigen
1. seine mittelbaren Beteiligungen an anderen Unternehmen,
2. den Namen und die Anschrift des Inhabers einer bedeutenden Beteiligung an dem anzeigenden Institut und an den ihm nach § 10a nachgeordneten Unternehmen mit Sitz im Ausland und die Höhe dieser Beteiligungen und
3. die Errichtung, Verlegung oder Schließung einer inländischen Zweigstelle.

Das Bestehen einer mittelbaren Beteiligung im Sinne des Satzes 1 Nr. 1 ist im Rahmen der Rechtsverordnung nach Absatz 4 zu bestimmen.

(2) Hat ein Institut die Absicht, sich mit einem anderen Institut zu vereinigen, hat es dies dem Bundesaufsichtsamt und der Deutschen Bundesbank unverzüglich anzuzeigen.

(3) Ein Geschäftsleiter eines Instituts hat dem Bundesaufsichtsamt und der Deutschen Bundesbank unverzüglich anzuzeigen
1. die Aufnahme und die Beendigung einer Tätigkeit als Geschäftsleiter oder als Aufsichtsrats- oder Verwaltungsratsmitglied eines anderen Unternehmens und
2. die Übernahme und die Aufgabe einer unmittelbaren Beteiligung an einem Unternehmen sowie Veränderungen in der Höhe der Beteiligung.

Als unmittelbare Beteiligung im Sinne des Satzes 1 Nr. 2 gilt das Halten von mindestens 25 vom Hundert der Anteile am Kapital des Unternehmens.

(3a) Eine Finanzholding-Gesellschaft hat dem Bundesaufsichtsamt und der Deutschen Bundesbank einmal jährlich eine Sammelanzeige der Institute, Finanzunternehmen oder Unternehmen mit bankbezogenen Hilfsdiensten, die ihr nachgeordnete Unternehmen im Sinne des § 10a Abs. 3 bis 5 sind, einzureichen. Das Bundesaufsichtsamt übermittelt hierüber eine Aufstellung den zuständigen Stellen der anderen Staaten des Europäischen Wirtschaftsraums und der Kommission der Europäischen Gemeinschaften. Die Begründung, die Veränderung oder die Aufgabe solcher Beteiligungen oder Unternehmensbeziehungen sind dem Bundesaufsichtsamt und der Deutschen Bundesbank unverzüglich anzuzeigen.

(4) Das Bundesministerium der Finanzen kann im Benehmen mit der Deutschen Bundesbank durch Rechtsverordnung nähere Bestimmungen über Art, Umfang und Zeitpunkt der nach diesem Gesetz vorgesehenen Anzeigen und Vorlagen von Unterlagen erlassen und die bestehenden Anzeigepflichten durch die Verpflichtung zur Erstattung von Sammelanzeigen und die Einreichung von Sammelaufstellungen ergänzen, soweit dies zur Erfüllung der Aufgaben des Bundesaufsichtsamtes erforderlich ist, insbesondere um einheitliche Unterlagen zur Beurteilung der von den Instituten durchgeführten Bankgeschäfte und Finanzdienstleistungen zu erhalten. Es kann diese Ermächtigung durch Rechtsverordnung auf das Bundesaufsichtsamt mit der Maßgabe übertragen, daß Rechtsverordnungen des Bundesaufsichtsamtes im Einvernehmen mit der Deutschen Bundesbank ergehen. Vor Erlaß der Rechtsverordnung sind die Spitzenverbände der Institute anzuhören.

§ 24a. Errichtung einer Zweigniederlassung und Erbringung grenzüberschreitender Dienstleistungen in anderen Staaten des Europäischen Wirtschaftsraums. (1) Ein Einlagenkreditinstitut und ein Wertpapierhandelsunternehmen haben die Absicht, in einem anderen Staat des Europäischen Wirtschaftsraums eine Zweigniederlassung zu errichten, dem Bundesaufsichtsamt und der Deutschen Bundesbank unverzüglich nach Maßgabe des Satzes 2 anzuzeigen. Die Anzeige muß enthalten

1. die Angabe des Mitgliedstaats, in dem die Zweigniederlassung errichtet werden soll,
2. einen Geschäftsplan, aus dem die Art der geplanten Geschäfte und der organisatorische Aufbau der Zweigniederlassung hervorgehen,
3. die Anschrift, unter der Unterlagen des Instituts im Aufnahmemitgliedstaat angefordert und Schriftstücke zugestellt werden können, und
4. den Namen des Leiters der Zweigniederlassung.

(2) Besteht kein Grund, die Angemessenheit der Organisationsstruktur und der Finanzlage des Instituts anzuzweifeln, übermittelt das Bundesaufsichtsamt die Angaben nach Absatz 1 Satz 2 innerhalb von zwei Monaten nach Eingang der vollständigen Unterlagen den zuständigen Stellen des Aufnahmestaats und teilt dies dem anzeigenden Institut mit. Das Bundesaufsichtsamt unterrichtet die zuständigen Stellen des Aufnahmestaats außerdem über die Höhe der Eigenmittel und die Angemessenheit der Eigenmittelausstattung sowie gegebenenfalls über die Einlagensicherungseinrichtung oder Anlegerentschädigungseinrichtung, der das Institut angehört, oder den gleichwertigen Schutz im Sinne des § 23a Abs. 2 Satz 1. Leitet das Bundesaufsichtsamt die Angaben nach Absatz 1 Satz 2 nicht an die zuständigen Stellen des Aufnahmestaats weiter, teilt das Bundesaufsichtsamt dem Institut innerhalb von zwei Monaten nach Eingang sämtlicher Angaben nach Absatz 1 Satz 2 die Gründe dafür mit und unterrichtet das Bundesaufsichtsamt für den Wertpapierhandel.

(3) Absatz 1 Satz 1 gilt entsprechend für die Absicht, im Wege des grenzüberschreitenden Dienstleistungsverkehrs in einem anderen Staat des Europäischen Wirtschaftsraums Bankgeschäfte mit Ausnahme des Investmentgeschäfts zu betreiben, Finanzdienstleistungen im Sinne des § 1 Abs. 1a Satz 2 Nr. 1 bis 4 oder Tätigkeiten nach § 1 Abs. 3 Satz 1 Nr. 2 bis 8 zu erbringen oder Handelsauskünfte oder Schließfachvermietungen anzubieten. Die Anzeige hat die Angabe des Staates, in dem die grenzüberschreitende Dienstleistung erbracht werden soll, und einen Geschäftsplan mit Angabe der beabsichtigten Tätigkeiten zu enthalten. Das Bundesaufsichtsamt unterrichtet die zuständigen Stellen des Aufnahmestaats innerhalb eines Monats nach Eingang der Anzeige.

(4) Ändern sich die Verhältnisse, die nach Absatz 1 Satz 2 oder Absatz 3 Satz 2 angezeigt wurden, hat das Institut dem Bundesaufsichtsamt, der Deutschen Bundesbank und den zuständigen Stellen des Aufnahmestaats diese Änderungen mindestens einen Monat vor dem Wirksamwerden der Änderungen schriftlich anzuzeigen. Änderungen der Verhältnisse der Einlagensicherungseinrichtung oder der Anlegerentschädigungseinrichtung oder des gleichwertigen Schutzes im Sinne des § 23a Abs. 2 Satz 1 hat das Institut, das eine Zweigniederlassung gemäß Absatz 1 errichtet hat, dem Bundesaufsichtsamt, der Deutschen Bundesbank und den zuständigen Stellen des Aufnahmestaats mindestens einen Monat vor dem Wirksamwerden der Änderungen anzuzeigen. Das Bundesaufsichtsamt teilt den zuständigen Stellen des Aufnahmestaats die Änderungen nach Satz 2 mit.

(5) Das Bundesministerium der Finanzen wird ermächtigt, durch Rechtsverordnung zu bestimmen, daß die Absätze 2 und 4 für die Errichtung einer Zweigniederlassung in einem Drittstaat entsprechend gelten, soweit dies im Bereich des Niederlassungsrechts auf Grund von Abkommen der Europäischen Gemeinschaften mit Drittstatten erforderlich ist.

(6) Das Bundesaufsichtsamt leitet Kopien der Anzeigen nach Absatz 1 Satz 1, Absatz 3 Satz 1 und Absatz 4 Satz 1 an das Bundesaufsichtsamt für den Wertpapierhandel weiter.

§ 25. Monatsausweise und weitere Angaben.

(1) Ein Institut hat unverzüglich nach Ablauf eines jeden Monats der Deutschen Bundesbank einen Monatsausweis einzureichen. Die Deutsche Bundesbank leitet die Monatsausweise mit ihrer Stellungnahme an das Bundesaufsichtsamt weiter; dieses kann auf die Weiterleitung bestimmter Monatsausweise verzichten. Werden nach § 18 des Gesetzes über die Deutsche Bundesbank monatliche Bilanzstatistiken durchgeführt, gelten die hierzu einzureichenden Meldungen auch als Monatsausweise nach Satz 1.

(2) Ein übergeordnetes Unternehmen im Sinne des § 13b Abs. 2 hat außerdem unverzüglich nach Ablauf eines jeden Monats der Deutschen Bundesbank einen zusammengefaßten Monatsausweis einzureichen. Absatz 1 Satz 2 und § 10a Abs. 6 und 7 über das Verfahren der Zusammenfassung, Abs. 9 über die Informationspflicht und Abs. 10 über die Ausnahmen von der Zusammenfassung gelten entsprechend.

(3) Das Bundesministerium der Finanzen kann im Benehmen mit der Deutschen Bundesbank durch Rechtsverordnung nähere Bestim-

mungen über Art und Umfang der Monatsausweise, soweit monatliche Bilanzstatistiken nach § 18 des Gesetzes über die Deutsche Bundesbank nicht durchgeführt werden, insbesondere um Einblick in die Entwicklung der Vermögens- und Ertragslage der Institute zu erhalten, sowie über weitere Angaben erlassen, soweit dies zur Erfüllung der Aufgaben des Bundesaufsichtsamtes erforderlich ist. Die Angaben können sich auch auf nachgeordnete Unternehmen im Sinne des § 13b Abs. 2 sowie auf Tochterunternehmen mit Sitz im Inland oder Ausland, die nicht in die Beaufsichtigung auf zusammengefaßter Basis einbezogen sind, sowie auf gemischte Unternehmen mit nachgeordneten Instituten beziehen; die gemischten Unternehmen haben den Instituten die erforderlichen Angaben zu übermitteln. Das Bundesministerium der Finanzen kann die Ermächtigung zum Erlaß einer Rechtsverordnung durch Rechtsverordnung auf das Bundesaufsichtsamt mit der Maßgabe übertragen, daß die Rechtsverordnung im Einvernehmen mit der Deutschen Bundesbank ergeht.

§ 25a. Besondere organisatorische Pflichten von Instituten. (1) Ein Institut muß

1. über geeignete Regelungen zur Steuerung, Überwachung und Kontrolle der Risiken sowie über angemessene Regelungen verfügen, anhand deren sich die finanzielle Lage des Instituts jederzeit mit hinreichender Genauigkeit bestimmen läßt;
2. über eine ordnungsgemäße Geschäftsorganisation, über ein angemessenes internes Kontrollverfahren sowie über angemessene Sicherheitsvorkehrungen für den Einsatz der elektronischen Datenverarbeitung verfügen;
3. dafür Sorge tragen, daß die Aufzeichnungen über die ausgeführten Geschäfte eine lückenlose Überwachung durch das Bundesaufsichtsamt für seinen Zuständigkeitsbereich gewährleisten; die erforderlichen Aufzeichnungen sind sechs Jahre aufzubewahren; § 257 Abs. 3 und 5 des Handelsgesetzbuchs gilt entsprechend.

(2) Die Auslagerung von Bereichen auf ein anderes Unternehmen, die für die Durchführung der Bankgeschäfte oder Finanzdienstleistungen wesentlich sind, darf weder die Ordnungsmäßigkeit dieser Geschäfte oder Dienstleistungen noch die Steuerungs- oder Kontrollmöglichkeiten der Geschäftsleitung, noch die Prüfungsrechte und Kontrollmöglichkeiten des Bundesaufsichtsamtes beeinträchtigen. Das Institut hat sich insbesondere die erforderlichen Weisungsbefugnisse vertraglich zu sichern und die ausgelagerten Bereiche in seine internen Kontrollverfahren einzubeziehen. Das Institut hat die Absicht der Auslagerung sowie ihren Vollzug dem Bundesaufsichtsamt und der Deutschen Bundesbank unverzüglich anzuzeigen. Das Bundesaufsichtsamt leitet eine Kopie der Anzeige an das Bundesaufsichtsamt für den Wertpapierhandel weiter.

Vorlage von Rechnungslegungsunterlagen

§ 26. Vorlage von Jahresabschluß, Lagebericht und Prüfungsberichten. (1) Die Institute haben den Jahresabschluß in den ersten drei Monaten des Geschäftsjahrs für das vergangene Geschäftsjahr aufzustellen und den aufgestellten sowie später den festgestellten Jahresabschluß und den Lagebericht dem Bundesaufsichtsamt und der Deutschen Bundesbank nach Maßgabe des Satzes 2 jeweils unverzüglich einzureichen. Der Jahresabschluß muß mit dem Bestätigungsvermerk oder einem Vermerk über die Versagung der Bestätigung versehen sein. Der Abschlußprüfer hat den Bericht über die Prüfung des Jahresabschlusses (Prüfungsbericht) unverzüglich nach Beendigung der Prüfung dem Bundesaufsichtsamt und der Deutschen Bundesbank einzureichen. Bei Kreditinstituten, die einem genossenschaftlichen Prüfungsverband angehören oder durch die Prüfungsstelle eines Sparkassen- und Giroverbandes geprüft werden, hat der Abschlußprüfer den Prüfungsbericht nur auf Anforderung des Bundesaufsichtsamtes einzureichen.

(2) Hat im Zusammenhang mit einer Einlagensicherungseinrichtung oder Anlegerentschädigungseinrichtung eine zusätzliche Prüfung stattgefunden, hat der Prüfer oder der Prüfungsverband den Bericht über diese Prüfung dem Bundesaufsichtsamt und der Deutschen Bundesbank unverzüglich einzureichen.

(3) Ein Institut, das einen Konzernabschluß oder einen Konzernlagebericht aufstellt, hat diese Unterlagen dem Bundesaufsichtsamt und der Deutschen Bundesbank unverzüglich einzureichen. Wird ein Prüfungsbericht von einem Konzernabschlußprüfer erstellt, hat dieser den Prüfungsbericht unverzüglich nach Beendigung der Prüfung dem Bundesaufsichtsamt und der Deutschen Bundesbank einzureichen. Bei Kreditinstituten, die einem genossenschaftlichen Prüfungsverband angehören oder durch die Prüfungsstelle eines Sparkassen- und Giroverbandes geprüft werden, hat der Prüfer den Prüfungsbericht nur auf Anforderung des Bundesaufsichtsamtes einzureichen.

Prüfung und Prüferbestellung

§ 27. *(aufgehoben)*

§ 28. Bestellung des Prüfers in besonderen Fällen. (1) Die Institute haben dem Bundesaufsichtsamt und der Deutschen Bundesbank den von ihnen bestellten Prüfer unverzüglich nach der Bestellung anzuzeigen. Das Bundesaufsichtsamt kann innerhalb eines Monats nach Zugang der Anzeige die Bestellung eines anderen Prüfers verlangen, wenn dies zur Erreichung des Prüfungszwecks geboten ist; Widerspruch und Anfechtungsklage hiergegen haben keine aufschiebende Wirkung.

(2) Das Registergericht des Sitzes des Instituts hat auf Antrag des Bundesaufsichtsamtes einen Prüfer zu bestellen, wenn
1. die Anzeige nach Absatz 1 Satz 1 nicht unverzüglich nach Ablauf des Geschäftsjahres erstattet wird;
2. das Institut dem Verlangen auf Bestellung eines anderen Prüfers nach Absatz 1 Satz 2 nicht unverzüglich nachkommt;
3. der gewählte Prüfer die Annahme des Prüfungsauftrages abgelehnt hat, weggefallen ist oder am rechtzeitigen Abschluß der Prüfung verhindert ist und das Institut nicht unverzüglich einen anderen Prüfer bestellt hat.

Die Bestellung durch das Gericht ist endgültig. § 318 Abs. 5 des Handelsgesetzbuchs ist entsprechend anzuwenden. Das Registergericht kann auf Antrag des Bundesaufsichtsamtes einen nach Satz 1 bestellten Prüfer abberufen.

(3) Die Absätze 1 und 2 gelten nicht für Kreditinstitute, die einem genossenschaftlichen Prüfungsverband angeschlossen sind oder durch die Prüfungsstelle eines Sparkassen- und Giroverbandes geprüft werden.

§ 29. Besondere Pflichten des Prüfers. (1) Bei der Prüfung des Jahresabschlusses sowie eines Zwischenabschlusses hat der Prüfer auch die wirtschaftlichen Verhältnisse des Instituts zu prüfen. Bei der Prüfung des Jahresabschlusses hat er insbesondere festzustellen, ob das Institut die Anzeigepflichten nach §§ 10, 12a, 13 bis 13b und 14 Abs. 1, nach §§ 15, 24 und 24a, jeweils auch in Verbindung mit einer Rechtsverordnung nach § 24 Abs. 4 Satz 1, nach § 24a auch in Verbindung mit einer Rechtsverordnung nach Abs. 5, sowie die Anforderungen nach §§ 10, 10a, 12, 13 bis 13b, 18 und 25a, die §§ 13 bis 13b und 14 Abs. 1 jeweils auch in Verbindung mit einer Rechtsverordnung nach § 22, erfüllt hat. Sofern dem haftenden Eigenkapital des Instituts nicht realisierte Reserven zugerechnet werden, hat der Prüfer bei der Prüfung des Jahresabschlusses auch zu prüfen, ob bei der Ermittlung dieser Reserven § 10 Abs. 4a bis 4c beachtet worden ist. Das Ergebnis ist in den Prüfungsbericht aufzunehmen.

(2) Der Prüfer hat auch zu prüfen, ob das Institut seinen Verpflichtungen nach dem Geldwäschegesetz nachgekommen ist. Bei Instituten, die das Depotgeschäft betreiben, hat er dieses Geschäft besonders zu prüfen; diese Prüfung hat sich auch auf die Einhaltung des § 128 des Aktiengesetzes über Mitteilungspflichten und des § 135 des Aktiengesetzes über die Ausübung des Stimmrechts zu erstrecken. Über die Prüfungen nach den Sätzen 1 und 2 ist jeweils gesondert zu berichten; § 26 Abs. 1 Satz 3 gilt entsprechend.

(3) Der Prüfer hat unverzüglich dem Bundesaufsichtsamt und der Deutschen Bundesbank anzuzeigen, wenn ihm bei der Prüfung Tatsachen bekannt werden, welche die Einschränkung oder Versagung des Bestätigungsvermerks rechtfertigen, den Bestand des Instituts gefährden oder seine Entwicklung wesentlich beeinträchtigen können oder die schwerwiegende Verstöße der Geschäftsleiter gegen Gesetz, Satzung oder Gesellschaftsvertrag erkennen lassen. Auf Verlangen des Bundesaufsichtsamtes oder der Deutschen Bundesbank hat der Prüfer ihnen den Prüfungsbericht zu erläutern und sonstige bei der Prüfung bekannt gewordene Tatsachen mitzuteilen, die gegen eine ordnungsgemäße Durchführung der Geschäfte des Instituts sprechen. Der Prüfer haftet nicht für die Richtigkeit von Tatsachen, die er nach diesem Absatz in gutem Glauben anzeigt.

(4) Das Bundesministerium der Finanzen kann im Einvernehmen mit dem Bundesministerium der Justiz nach Anhörung der Deutschen Bundesbank durch Rechtsverordnung nähere Bestimmungen über den Gegenstand der Prüfung, den Zeitpunkt ihrer Durchführung und den Inhalt der Prüfungsberichte erlassen, soweit dies zur Erfüllung der Aufgaben des Bundesaufsichtsamtes erforderlich ist, insbesondere um Mißstände, welche die Sicherheit der dem Institut anvertrauten Vermögenswerte gefährden oder die ordnungsmäßige Durchführung der Bankgeschäfte oder Finanzdienstleistungen beeinträchtigen können, zu erkennen sowie einheitliche Unterlagen zur Beurteilung der von den Instituten durchgeführten Geschäfte zu erhalten. Es kann diese Ermächtigung durch Rechtsverordnung auf das Bundesaufsichtsamt übertragen.

§ 30. *(aufgehoben)*

Befreiungen

§ 31. Befreiungen. (1) Das Bundesministerium der Finanzen kann nach Anhörung der Deutschen Bundesbank durch Rechtsverordnung

1. alle Institute oder Arten oder Gruppen von Instituten von der Pflicht zur Anzeige bestimmter Kredite und Tatbestände nach § 10 Abs. 8 Satz 3, § 13 Abs. 1, § 13a Abs. 1, § 14 Abs. 1, § 24 Abs. 1 Nr. 1 bis 5, 7 und 9 sowie Abs. 1a, Arten oder Gruppen von Instituten von der Pflicht zur Einreichung von Monatsausweisen nach § 25 oder von der Pflicht nach § 26 Abs. 1 Satz 2, den Jahresabschluß in einer Anlage zu erläutern, sowie Geschäftsleiter eines Instituts von der Pflicht zur Anzeige von Beteiligungen nach § 24 Abs. 3 Nr. 2 freistellen, wenn die Angaben für die Aufsicht ohne Bedeutung sind;
2. Arten oder Gruppen von Instituten von der Einhaltung der Vorschriften des § 13 Abs. 3 sowie des § 26 freistellen, wenn die Eigenart des Geschäftsbetriebes dies rechtfertigt.

Das Bundesministerium der Finanzen kann diese Ermächtigung durch Rechtsverordnung auf das Bundesaufsichtsamt mit der Maßgabe übertragen, daß die Rechtsverordnung im Benehmen mit der Deutschen Bundesbank ergeht.

(2) Das Bundesaufsichtsamt kann einzelne Institute von Verpflichtungen nach § 13 Abs. 1 und 2, § 13a Abs. 1 und 2, § 15 Abs. 1 Satz 1 Nr. 6 bis 11 und Abs. 2, § 24 Abs. 1 Nr. 1, 2, 4 und 5 sowie §§ 25, 26 und 29 Abs. 2 Satz 2 freistellen, wenn dies aus besonderen Gründen, insbesondere wegen der Art oder des Umfanges der betriebenen Geschäfte, angezeigt ist. Das Bundesaufsichtsamt kann einzelne übergeordnete Unternehmen im Sinne des § 10a Abs. 2 bis 5 und des § 13b Abs. 2 von Verpflichtungen nach § 10a Abs. 6 bis 8, § 12a Abs. 1 Satz 1 und § 13b Abs. 3 und 4 hinsichtlich einzelner nachgeordneter Unternehmen im Sinne des § 10a Abs. 2 bis 5 und des § 13b Abs. 2 freistellen, wenn und solange die Bilanzsumme des einzelnen nachgeordneten Unternehmens weniger als zehn Millionen ECU und weniger als 1 vom Hundert der Bilanzsumme des einer Institutsgruppe übergeordneten Unternehmens oder der die Beteiligung haltenden Finanzholding-Gesellschaft beträgt, die Einbeziehung dieser Unternehmen für die Aufsicht auf zusammengefaßter Basis ohne Bedeutung ist und es dem Bundesaufsichtsamt ermöglicht wird, die Einhaltung dieser Voraussetzungen zu überprüfen. Das Bundesaufsichtsamt hat von einer Freistellung nach Satz 2 abzusehen, wenn mehrere gruppenangehörige Unternehmen die Voraussetzung für eine Freistellung zwar erfüllen, die Gesamtheit dieser Unternehmen für die Aufsicht auf zusammengefaßter Basis aber nicht von untergeordneter Bedeutung ist. Für einzelne gruppenangehörige Unternehmen ist eine Freistellung auch zulässig, wenn nach Auffassung des Bundesaufsichtsamtes ihre Einbeziehung in die Aufsicht auf zusammengefaßter Basis ungeeignet oder irreführend wäre.

Dritter Abschnitt. Vorschriften über die Beaufsichtigung der Institute.

Zulassung zum Geschäftsbetrieb

§ 32. Erlaubnis. (1) Wer im Inland gewerbsmäßig oder in einem Umfang, der einen in kaufmännischer Weise eingerichteten Geschäftsbetrieb erfordert, Bankgeschäfte betreiben oder Finanzdienstleistungen erbringen will, bedarf der schriftlichen Erlaubnis des Bundesaufsichtsamtes. Der Erlaubnisantrag muß enthalten
1. einen geeigneten Nachweis der zum Geschäftsbetrieb erforderlichen Mittel;
2. die Angabe der Geschäftsleiter;
3. die Angaben, die für die Beurteilung der Zuverlässigkeit der Antragsteller und der in § 1 Abs. 2 Satz 1 bezeichneten Personen erforderlich sind;
4. die Angaben, die für die Beurteilung der zur Leitung des Instituts erforderlichen fachlichen Eignung der Inhaber und der in § 1 Abs. 2 Satz 1 bezeichneten Personen erforderlich sind;
5. einen Geschäftsplan, aus dem die Art der geplanten Geschäfte, der organisatorische Aufbau und die geplanten internen Kontrollverfahren des Instituts hervorgehen;
6. sofern an dem Institut bedeutende Beteiligungen gehalten werden:
   a) die Angabe der Inhaber bedeutender Beteiligungen;
   b) die Höhe dieser Beteiligungen;
   c) die für die Beurteilung der Zuverlässigkeit dieser Inhaber oder gesetzlichen Vertreter oder persönlich haftenden Gesellschafter erforderlichen Angaben;
   d) sofern diese Inhaber Jahresabschlüsse aufzustellen haben: die Jahresabschlüsse der letzten drei Geschäftsjahre nebst Prüfungsberichten von unabhängigen Abschlußprüfern, sofern solche zu erstellen sind, und
   e) sofern diese Inhaber einem Konzern angehören: die Angabe der Konzernstruktur und, sofern solche Abschlüsse aufzustellen sind, die konsolidierten Konzernabschlüsse der letzten drei Geschäftsjahre nebst Prüfungsberichten von unabhängi-

gen Abschlußprüfern, sofern solche zu erstellen sind;
7. die Angabe der Tatsachen, die auf eine enge Verbindung zwischen dem Institut und anderen natürlichen Personen oder anderen Unternehmen hinweisen.

Die nach Satz 2 einzureichenden Anzeigen und vorzulegenden Unterlagen sind durch Rechtsverordnung nach § 24 Abs. 4 näher zu bestimmen. Die Pflichten nach Satz 2 Nr. 6 Buchstabe d und e bestehen nicht für Finanzdienstleistungsinstitute.

(2) Das Bundesaufsichtsamt kann die Erlaubnis unter Auflagen erteilen, die sich im Rahmen des mit diesem Gesetz verfolgten Zwecks halten müssen. Es kann die Erlaubnis auf einzelne Bankgeschäfte oder Finanzdienstleistungen beschränken.

(3) Vor Erteilung der Erlaubnis zum Betreiben des Einlagengeschäfts hat das Bundesaufsichtsamt den für das Kreditinstitut in Betracht kommenden Träger der Einlagensicherungseinrichtung zu hören.

(4) Das Bundesaufsichtsamt hat die Erteilung der Erlaubnis im Bundesanzeiger bekanntzumachen und das Bundesaufsichtsamt für den Wertpapierhandel darüber zu unterrichten.

§ 33. Versagung der Erlaubnis. (1) Die Erlaubnis ist zu versagen, wenn
1. die zum Geschäftsbetrieb erforderlichen Mittel, insbesondere ein ausreichendes Anfangskapital im Sinne des § 10 Abs. 2a Satz 1 Nr. 1 bis 7 im Inland nicht zur Verfügung stehen; als Anfangskapital muß zur Verfügung stehen
   a) bei Anlagevermittlern, Abschlußvermittlern und Finanzportfolioverwaltern, die nicht befugt sind, sich bei der Erbringung von Finanzdienstleistungen Eigentum oder Besitz an Geldern oder Wertpapieren von Kunden zu verschaffen, und die nicht auf eigene Rechnung mit Finanzinstrumenten handeln, ein Betrag im Gegenwert von mindestens 50 000 ECU,
   b) bei anderen Finanzdienstleistungsinstituten, die nicht auf eigene Rechnung mit Finanzinstrumenten handeln, ein Betrag im Gegenwert von mindestens 125 000 ECU,
   c) bei Finanzdienstleistungsinstituten, die auf eigene Rechnung mit Finanzinstrumenten handeln, sowie bei Wertpapierhandelsbanken ein Betrag im Gegenwert von mindestens 730 000 ECU und
   d) bei Einlagenkreditinstituten ein Betrag im Gegenwert von mindestens fünf Millionen ECU;
2. Tatsachen vorliegen, aus denen sich ergibt, daß ein Antragsteller oder eine der in § 1 Abs. 2 Satz 1 bezeichneten Personen nicht zuverlässig ist;
3. Tatsachen die Annahme rechtfertigen, daß der Inhaber einer bedeutenden Beteiligung an dem Institut oder ein Gesellschafter oder gesetzlicher Vertreter des beteiligten Unternehmens nicht zuverlässig ist oder aus anderen Gründen nicht den im Interesse einer soliden und umsichtigen Führung des Instituts zu stellenden Ansprüchen genügt;
4. Tatsachen vorliegen, aus denen sich ergibt, daß der Inhaber oder eine der in § 1 Abs. 2 Satz 1 bezeichneten Personen nicht die zur Leitung des Instituts erforderliche fachliche Eignung hat und auch nicht eine andere Person nach § 1 Abs. 2 Satz 2 oder 3 als Geschäftsleiter bezeichnet wird;
5. ein Kreditinstitut oder ein Finanzdienstleistungsinstitut, das befugt ist, sich bei der Erbringung von Finanzdienstleistungen Eigentum oder Besitz an Geldern oder Wertpapieren von Kunden zu verschaffen, nicht mindestens zwei Geschäftsleiter hat, die nicht nur ehrenamtlich für das Institut tätig sind;
6. das Institut seine Hauptverwaltung nicht im Inland hat;
7. das Institut nicht bereit oder in der Lage ist, die erforderlichen organisatorischen Vorkehrungen zum ordnungsmäßigen Betreiben der Geschäfte, für die es die Erlaubnis beantragt, zu schaffen.

Einen Anlagevermittler oder Abschlußvermittler, der nicht befugt ist, sich bei der Erbringung von Finanzdienstleistungen Eigentum oder Besitz an Geldern oder Wertpapieren von Kunden zu verschaffen, und der nicht auf eigene Rechnung mit Finanzinstrumenten handelt, ist die Erlaubnis nach Satz 1 Buchstabe a nicht zu versagen, wenn er anstelle des Anfangskapitals den Abschluß einer geeigneten Versicherung zum Schutz der Kunden nachweist.

(2) Die fachliche Eignung der in Absatz 1 Satz 1 Nr. 4 genannten Personen für die Leitung eines Instituts setzt voraus, daß sie in ausreichendem Maße theoretische und praktische Kenntnisse in den betreffenden Geschäften sowie Leitungserfahrung haben. Die fachliche Eignung für die Leitung eines Instituts ist regelmäßig anzunehmen, wenn eine dreijährige leitende Tätigkeit bei einem Institut von vergleichbarer Größe und Geschäftsart nachgewiesen wird.

(3) Das Bundesaufsichtsamt kann die Erlaubnis versagen, wenn
1. Tatsachen die Annahme rechtfertigen, daß das Institut mit anderen Personen oder Unter-

nehmen in einen Unternehmensverbund eingebunden ist, der eine wirksame Aufsicht über das Institut beeinträchtigt;
2. *(aufgehoben)*
3. Tatsachen die Annahme rechtfertigen, daß das Institut Tochterunternehmen eines Instituts mit Sitz im Ausland ist, das im Staat seines Sitzes oder seiner Hauptverwaltung nicht wirksam beaufsichtigt wird oder dessen zuständige Aufsichtsstelle zu einer befriedigenden Zusammenarbeit mit dem Bundesaufsichtsamt nicht bereit ist;
4. entgegen § 32 Abs. 1 Satz 2 der Antrag keine ausreichenden Angaben oder Unterlagen enthält.

(4) Aus anderen als den in den Absätzen 1 und 3 genannten Gründen darf die Erlaubnis nicht versagt werden.

§ 33a. Aussetzung oder Beschränkung der Erlaubnis bei Unternehmen mit Sitz außerhalb der Europäischen Gemeinschaften. Das Bundesaufsichtsamt hat die Entscheidung über einen Antrag auf Erlaubnis von Unternehmen mit Sitz außerhalb der Europäischen Gemeinschaften oder von Tochterunternehmen dieser Unternehmen auszusetzen oder die Erlaubnis zu beschränken, wenn ein entsprechender Beschluß der Kommission oder des Rates der Europäischen Gemeinschaften vorliegt, der nach Artikel 22 Abs. 2 der Zweiten Bankrechtskoordinierungsrichtlinie zustande gekommen ist. Die Aussetzung oder Beschränkung darf drei Monate vom Zeitpunkt des Beschlusses an nicht überschreiten. Die Sätze 1 und 2 gelten auch für nach dem Zeitpunkt des Beschlusses eingereichte Anträge auf Erlaubnis. Beschließt der Rat der Europäischen Gemeinschaften die Verlängerung der Frist nach Satz 2, so hat das Bundesaufsichtsamt diese Fristverlängerung zu beachten und die Aussetzung oder Beschränkung entsprechend zu verlängern.

§ 33b. Anhörung der zuständigen Stellen eines anderen Staates des Europäischen Wirtschaftsraums. Soll eine Erlaubnis für das Betreiben von Bankgeschäften nach § 1 Abs. 1 Satz 2 Nr. 1, 2, 4 oder 10 oder für das Erbringen von Finanzdienstleistungen nach § 1 Abs. 1a Satz 2 Nr. 1 bis 4 einem Unternehmen erteilt werden, das
1. Tochter- oder Schwesterunternehmen eines Einlagenkreditinstituts oder Wertpapierhandelsunternehmens ist und dessen Mutterunternehmen in einem anderen Staat des Europäischen Wirtschaftsraums zugelassen ist oder
2. durch dieselben natürlichen Personen oder Unternehmen kontrolliert wird, die ein Einlagenkreditinstitut oder Wertpapierhandelsunternehmen mit Sitz in einem anderen Staat des Europäischen Wirtschaftsraums kontrollieren, hat das Bundesaufsichtsamt vor Erteilung der Erlaubnis die zuständigen Stellen des Herkunftsstaats anzuhören.

§ 34. Stellvertretung und Fortführung bei Todesfall. (1) § 45 der Gewerbeordnung findet auf Institute keine Anwendung.

(2) Nach dem Tode des Inhabers der Erlaubnis darf ein Institut durch zwei Stellvertreter ohne Erlaubnis für die Erben bis zur Dauer eines Jahres fortgeführt werden. Die Stellvertreter sind unverzüglich nach dem Todesfall zu bestimmen; sie gelten als Geschäftsleiter. Ist ein Stellvertreter nicht zuverlässig oder hat er nicht die erforderliche fachliche Eignung, kann das Bundesaufsichtsamt die Fortführung der Geschäfte untersagen. Das Bundesaufsichtsamt kann die Frist nach Satz 1 aus besonderen Gründen verlängern. Für Finanzdienstleistungsinstitute, die nicht befugt sind, sich bei der Erbringung von Finanzdienstleistungen Eigentum oder Besitz an Geldern oder Wertpapieren von Kunden zu verschaffen, genügt ein Stellvertreter.

§ 35. Erlöschen und Aufhebung der Erlaubnis.

(1) Die Erlaubnis erlischt, wenn von ihr nicht innerhalb eines Jahres seit ihrer Erteilung Gebrauch gemacht wird.

(2) Das Bundesaufsichtsamt kann die Erlaubnis außer nach den Vorschriften des Verwaltungsverfahrensgesetzes aufheben, wenn
1. der Geschäftsbetrieb, auf den sich die Erlaubnis bezieht, seit mehr als sechs Monaten nicht mehr ausgeübt worden ist;
2. ein Kreditinstitut in der Rechtsform des Einzelkaufmanns betrieben wird;
3. ihm Tatsachen bekannt werden, welche die Versagung der Erlaubnis nach § 33 Abs. 1 Satz 1 Nr. 1 bis 7 oder Abs. 3 Nr. 1 bis 3 rechtfertigen würden;
4. Gefahr für die Erfüllung der Verpflichtungen des Instituts gegenüber seinen Gläubigern, insbesondere für die Sicherheit der dem Institut anvertrauten Vermögenswerte, besteht und die Gefahr nicht durch andere Maßnahmen nach diesem Gesetz abgewendet werden kann; eine Gefahr für die Sicherheit der dem Institut anvertrauten Vermögenswerte besteht auch
   a) bei einem Verlust in Höhe der Hälfte des nach § 10 maßgebenden haftenden Eigenkapitals oder
   b) bei einem Verlust in Höhe von jeweils mehr als 10 vom Hundert des nach § 10

maßgebenden haftenden Eigenkapitals in mindestens drei aufeinanderfolgenden Geschäftsjahren;
5. die Eigenmittel eines Wertpapierhandelsunternehmens nicht mindestens einem Viertel seiner Kosten im Sinne des § 10 Abs. 9 entsprechen;
6. das Institut nachhaltig gegen Bestimmungen dieses Gesetzes, des Wertpapierhandelsgesetzes oder die zur Durchführung dieser Gesetze erlassenen Verordnungen oder Anordnungen verstoßen hat.

(3) § 48 Abs. 4 Satz 1 und § 49 Abs. 2 Satz 2 des Verwaltungsverfahrensgesetzes über die Jahresfrist sind nicht anzuwenden.

§ 36. Abberufung von Geschäftsleitern. (1) In den Fällen des § 35 Abs. 2 Nr. 3, 4 und 6 kann das Bundesaufsichtsamt, statt die Erlaubnis aufzuheben, die Abberufung der verantwortlichen Geschäftsleiter verlangen und diesen Geschäftsleitern auch die Ausübung ihrer Tätigkeit bei Instituten in der Rechtsform einer juristischen Person untersagen.

(2) Das Bundesaufsichtsamt kann die Abberufung eines Geschäftsleiters auch verlangen und diesem Geschäftsleiter auch die Ausübung seiner Tätigkeit bei Instituten in der Rechtsform einer juristischen Person untersagen, wenn dieser vorsätzlich oder leichtfertig gegen die Bestimmungen dieses Gesetzes oder des Wertpapierhandelsgesetzes, gegen die zur Durchführung dieser Gesetze erlassenen Verordnungen oder gegen Anordnungen des Bundesaufsichtsamtes oder des Bundesaufsichtsamtes für den Wertpapierhandel verstoßen hat und trotz Verwarnung durch das Bundesaufsichtsamt oder das Bundesaufsichtsamt für den Wertpapierhandel dieses Verhalten fortsetzt. Das Bundesaufsichtsamt unterrichtet das Bundesaufsichtsamt für den Wertpapierhandel über die Abberufung.

§ 37. Einschreiten gegen ungesetzliche Geschäfte. Werden ohne die nach § 32 erforderliche Erlaubnis Bankgeschäfte betrieben oder Finanzdienstleistungen erbracht oder werden nach § 3 verbotene Geschäfte betrieben, kann das Bundesaufsichtsamt die sofortige Einstellung des Geschäftsbetriebs und die unverzügliche Abwicklung dieser Geschäfte anordnen. Es kann für die Abwicklung Weisungen erlassen und eine geeignete Person als Abwickler bestellen. Es kann seine Maßnahmen nach den Sätzen 1 und 2 bekanntmachen.

§ 38. Folgen der Aufhebung und des Erlöschens der Erlaubnis, Maßnahmen bei der Abwicklung. (1) Hebt das Bundesaufsichtsamt die Erlaubnis auf oder erlischt die Erlaubnis, so kann es bei juristischen Personen und Personenhandelsgesellschaften bestimmen, daß das Institut abzuwickeln ist. Seine Entscheidung wirkt wie ein Auflösungsbeschluß. Sie ist dem Registergericht mitzuteilen und von diesem in das Handels- oder Genossenschaftsregister einzutragen.

(2) Das Bundesaufsichtsamt kann für die Abwicklung eines Instituts allgemeine Weisungen erlassen. Das Registergericht hat auf Antrag des Bundesaufsichtsamtes Abwickler zu bestellen, wenn die sonst zur Abwicklung berufenen Personen keine Gewähr für die ordnungsmäßige Abwicklung bieten. Gegen die Verfügung des Registergerichts findet die sofortige Beschwerde statt. Besteht eine Zuständigkeit des Registergerichts nicht, bestellt das Bundesaufsichtsamt den Abwickler.

(3) Das Bundesaufsichtsamt hat die Aufhebung oder das Erlöschen der Erlaubnis im Bundesanzeiger bekanntzumachen und das Bundesaufsichtsamt für den Wertpapierhandel darüber zu unterrichten. Es hat die zuständigen Stellen der anderen Staaten des Europäischen Wirtschaftsraums zu unterrichten, in denen das Institut Zweigniederlassungen errichtet hat oder im Wege des grenzüberschreitenden Dienstleistungsverkehrs tätig gewesen ist.

(4) Die Absätze 1 und 2 gelten nicht für juristische Personen des öffentlichen Rechts.

Bezeichnungsschutz

§ 39. Bezeichnungen „Bank" und „Bankier".

(1) Die Bezeichnung „Bank", „Bankier" oder eine Bezeichnung, in der das Wort „Bank" oder „Bankier" enthalten ist, dürfen, soweit durch Gesetz nichts anderes bestimmt ist, in der Firma, als Zusatz zur Firma, zur Bezeichnung des Geschäftszwecks oder zu Werbezwecken nur führen
1. Kreditinstitute, die eine Erlaubnis nach § 32 besitzen, oder Zweigniederlassungen von Unternehmen nach § 53b Abs. 1 Satz 1 oder Abs. 7;
2. andere Unternehmen, die bei Inkrafttreten dieses Gesetzes eine solche Bezeichnung nach den bisherigen Vorschriften befugt geführt haben.

(2) Die Bezeichnung „Volksbank" oder eine Bezeichnung in der das Wort „Volksbank" enthalten ist, dürfen nur Kreditinstitute neu aufnehmen, die in der Rechtsform einer eingetragenen Genossenschaft betrieben werden und einem Prüfungsverband angehören.

(3) Das Bundesaufsichtsamt kann bei Erteilung der Erlaubnis bestimmen, daß die in Absatz 1 genannten Bezeichnungen nicht geführt werden dürfen, wenn Art oder Umfang der Geschäfte des Kreditinstituts nach der Verkehrsanschauung die Führung einer solchen Bezeichnung nicht rechtfertigen.

§ 40. Bezeichnung „Sparkasse". (1) Die Bezeichnung „Sparkasse" oder eine Bezeichnung, in der das Wort „Sparkasse" enthalten ist, dürfen in der Firma, als Zusatz zur Firma, zur Bezeichnung des Geschäftszwecks oder zu Werbezwecken nur führen

1. öffentlich-rechtliche Sparkassen, die eine Erlaubnis nach § 32 besitzen;
2. andere Unternehmen, die bei Inkrafttreten dieses Gesetzes eine solche Bezeichnung nach den bisherigen Vorschriften befugt geführt haben;
3. Unternehmen, die durch Umwandlung der in Nummer 2 bezeichneten Unternehmen neu gegründet werden, solange sie aufgrund ihrer Satzung besondere Merkmale, insbesondere eine am Gemeinwohl orientierte Aufgabenstellung und eine Beschränkung der wesentlichen Geschäftstätigkeit auf den Wirtschaftsraum, in dem das Unternehmen seinen Sitz hat, in dem Umfang wie vor der Umwandlung aufweisen.

(2) Kreditinstitute im Sinne des § 1 des Gesetzes über Bausparkassen dürfen die Bezeichnung „Bausparkasse", eingetragene Genossenschaften, die einem Prüfungsverband angehören, die Bezeichnung „Spar- und Darlehenskasse" führen.

§ 41. Ausnahmen. Die §§ 39 und 40 gelten nicht für Unternehmen, die die Worte „Bank", „Bankier" oder „Sparkasse" in einem Zusammenhang führen, der den Anschein ausschließt, daß sie Bankgeschäfte betreiben. Kreditinstitute mit Sitz im Ausland dürfen bei ihrer Tätigkeit im Inland die in § 39 Abs. 2 und in § 40 genannten Bezeichnungen in der Firma, als Zusatz zur Firma, zur Bezeichnung des Geschäftszwecks oder zu Werbezwecken führen, wenn sie zur Führung dieser Bezeichnung in ihrem Sitzstaat berechtigt sind und sie die Bezeichnung um einen auf ihren Sitzstaat hinweisenden Zusatz ergänzen.

§ 42. Entscheidung des Bundesaufsichtsamtes. Das Bundesaufsichtsamt entscheidet in Zweifelsfällen, ob ein Unternehmen zur Führung der in den §§ 39 und 40 genannten Bezeichnungen befugt ist. Es hat seine Entscheidungen dem Registergericht mitzuteilen.

§ 43. Registervorschriften. (1) Soweit nach § 32 das Betreiben von Bankgeschäften oder das Erbringen von Finanzdienstleistungen einer Erlaubnis bedarf, dürfen Eintragungen in öffentliche Register nur vorgenommen werden, wenn dem Registergericht die Erlaubnis nachgewiesen ist.

(2) Führt ein Unternehmen eine Firma oder einen Zusatz zur Firma, deren Gebrauch nach den §§ 39 bis 41 unzulässig ist, so hat das Registergericht die Firma oder den Zusatz zur Firma von Amts wegen zu löschen; § 142 Abs. 1 Satz 2, Abs. 2 und 3 sowie § 143 des Gesetzes über die Angelegenheiten der freiwilligen Gerichtsbarkeit gelten entsprechend. Das Unternehmen ist zur Unterlassung des Gebrauchs der Firma oder des Zusatzes zur Firma durch Festsetzung von Ordnungsgeld anzuhalten; § 140 des Gesetzes über die Angelegenheiten der freiwilligen Gerichtsbarkeit gilt entsprechend.

(3) Das Bundesaufsichtsamt ist berechtigt, in Verfahren des Registergerichts, die sich auf die Eintragung oder Änderung der Rechtsverhältnisse oder der Firma von Kreditinstituten oder Unternehmen beziehen, die nach §§ 39 bis 41 unzulässige Bezeichnungen verwenden, Anträge zu stellen und die nach dem Gesetz über die Angelegenheiten der freiwilligen Gerichtsbarkeit zulässigen Rechtsmittel einzulegen.

Auskünfte und Prüfungen

§ 44. Auskünfte und Prüfungen von Instituten, Unternehmen mit bankbezogenen Hilfsdiensten, Finanzholding-Gesellschaften und in die Aufsicht auf zusammengefaßter Basis einbezogenen Unternehmen. (1) Ein Institut und die Mitglieder seiner Organe haben dem Bundesaufsichtsamt, den Personen und Einrichtungen, deren sich das Bundesaufsichtsamt bei der Durchführung seiner Aufgaben bedient, sowie der Deutschen Bundesbank auf Verlangen Auskünfte über alle Geschäftsangelegenheiten zu erteilen und Unterlagen vorzulegen. Das Bundesaufsichtsamt kann, auch ohne besonderen Anlaß, bei den Instituten Prüfungen vornehmen. Die Bediensteten des Bundesaufsichtsamtes sowie die Personen, deren sich das Bundesaufsichtsamt bei der Durchführung der Prüfungen bedient, können hierzu die Geschäftsräume des Instituts innerhalb der üblichen Betriebs- und Geschäftszeiten betreten und besichtigen. Die Betroffenen haben Maßnahmen nach den Sätzen 2 und 3 zu dulden.

(2) Ein nachgeordnetes Unternehmen im Sinne des § 10a Abs. 2 bis 5, eine Finanzholding-Gesellschaft an der Spitze einer Finanzholding-Gruppe im Sinne des § 10a Abs. 3 sowie ein Mitglied eines Organs eines solchen

Unternehmens haben dem Bundesaufsichtsamt, den Personen und Einrichtungen, deren sich das Bundesaufsichtsamt bei der Durchführung seiner Aufgaben bedient, sowie der Deutschen Bundesbank auf Verlangen Auskünfte zu erteilen und Unterlagen vorzulegen, um die Richtigkeit der Auskünfte oder der übermittelten Daten zu überprüfen, die für die Aufsicht auf zusammengefaßter Basis erforderlich sind oder die in Verbindung mit einer Rechtsverordnung nach § 25 Abs. 3 Satz 1 zu übermitteln sind. Das Bundesaufsichtsamt kann, auch ohne besonderen Anlaß, bei diesen Unternehmen Prüfungen vornehmen. Die Bediensteten des Bundesaufsichtsamtes sowie die Personen, deren sich das Bundesaufsichtsamt bei der Durchführung der Prüfungen bedient, können hierzu die Geschäftsräume des Instituts innerhalb der üblichen Betriebs- und Geschäftszeiten betreten und besichtigen. Die Betroffenen haben Maßnahmen nach den Sätzen 2 und 3 zu dulden. Die Sätze 1 bis 4 gelten entsprechend für ein nicht in die Zusammenfassung einbezogenes Tochterunternehmen und ein gemischtes Unternehmen und dessen Tochterunternehmen.

(3) Die in die Zusammenfassung einbezogenen Unternehmen mit Sitz im Ausland haben dem Bundesaufsichtsamt auf Verlangen die nach diesem Gesetz zulässigen Prüfungen zu gestatten, insbesondere die Überprüfung der Richtigkeit der für die Zusammenfassung nach § 10a Abs. 6 und 7, § 13b Abs. 3 und § 25 Abs. 2 und 3 übermittelten Daten, soweit dies zur Erfüllung der Aufgaben des Bundesaufsichtsamtes erforderlich und nach dem Recht des anderen Staates zulässig ist. Dies gilt auch für nicht in die Zusammenfassung einbezogene Tochterunternehmen mit Sitz im Ausland.

(4) Das Bundesaufsichtsamt kann zu den Hauptversammlungen, Generalversammlungen oder Gesellschafterversammlungen sowie zu den Sitzungen der Aufsichtsorgane bei Instituten in der Rechtsform einer juristischen Person Vertreter entsenden. Diese können in der Versammlung oder Sitzung das Wort ergreifen. Die Betroffenen haben Maßnahmen nach den Sätzen 1 und 2 zu dulden.

(5) Die Institute in der Rechtsform einer juristischen Person haben auf Verlangen des Bundesaufsichtsamtes die Einberufung der in Absatz 4 Satz 1 bezeichneten Versammlungen, die Anberaumung von Sitzungen der Verwaltungs- und Aufsichtsorgane sowie die Ankündigung von Gegenständen zur Beschlußfassung vorzunehmen. Das Bundesaufsichtsamt kann zu einer nach Satz 1 anberaumten Sitzung Vertreter entsenden. Diese können in der Sitzung das Wort ergreifen. Die Betroffenen haben Maßnahmen nach den Sätzen 2 und 3 zu dulden. Absatz 4 bleibt unberührt.

(6) Der zur Erteilung einer Auskunft Verpflichtete kann die Auskunft auf solche Fragen verweigern, deren Beantwortung ihn selbst oder einen der in § 383 Abs. 1 Nr. 1 bis 3 der Zivilprozeßordnung bezeichneten Angehörigen der Gefahr strafgerichtlicher Verfolgung oder eines Verfahrens nach dem Gesetz über Ordnungswidrigkeiten aussetzen würde.

§ 44a. Grenzüberschreitende Auskünfte und Prüfungen. (1) Rechtsvorschriften, die einer Übermittlung von Daten entgegenstehen, sind nicht anzuwenden auf die Übermittlung von Daten zwischen einem Institut, einem Finanzunternehmen, einer Finanzholding-Gesellschaft, einem Unternehmen mit bankbezogenen Hilfsdiensten oder einem nicht in die Zusammenfassung einbezogenen Unternehmen und einem Unternehmen mit Sitz im Ausland, das mindestens 20 vom Hundert der Kapitalanteile oder Stimmrechte an dem Unternehmen unmittelbar oder mittelbar hält, Mutterunternehmen ist oder beherrschenden Einfluß ausüben kann, oder zwischen einem gemischten Unternehmen und seinen Tochterunternehmen mit Sitz im Ausland, wenn die Übermittlung der Daten erforderlich ist, um Bestimmungen der Aufsicht nach Maßgabe der Konsolidierungsrichtlinie über das Unternehmen mit Sitz im Ausland zu erfüllen. Das Bundesaufsichtsamt kann einem Institut die Übermittlung von Daten in einen Drittstaat untersagen.

(2) Auf Ersuchen einer für die Aufsicht über ein Unternehmen mit Sitz in einem anderen Staat des Europäischen Wirtschaftsraums zuständigen Stelle hat das Bundesaufsichtsamt die Richtigkeit der von einem Unternehmen im Sinne des Absatzes 1 Satz 1 für die Aufsichtsstelle nach Maßgabe der Konsolidierungsrichtlinie übermittelten Daten zu überprüfen oder zu gestatten, daß die ersuchende Stelle, ein Wirtschaftsprüfer oder ein Sachverständiger diese Daten überprüft. § 5 Abs. 2 des Verwaltungsverfahrensgesetzes über die Grenzen der Amtshilfe gilt entsprechend. Die Unternehmen im Sinne des Absatzes 1 Satz 1 haben die Prüfung zu dulden. Unberührt bleibt die Einräumung von Prüfungsrechten der Bankaufsichtsbehörden durch zwischenstaatliche Vereinbarungen.

(3) Das Bundesaufsichtsamt kann von Einlagenkreditinstituten, Wertpapierhandelsunternehmen oder Finanzholding-Gesellschaften mit Sitz in einem anderen Staat des Europäischen Wirtschaftsraums Auskünfte verlangen, welche die Aufsicht über Institute erleichtern, die Tochterunternehmen dieser Unternehmen sind und von den zuständigen Stellen des anderen Staates aus § 31 Abs. 2 Satz 2 oder 4 entsprechenden

Gründen nicht in die Beaufsichtigung auf zusammengefaßter Basis einbezogen werden.

§ 44b. Auskünfte und Prüfungen bei Inhabern bedeutender Beteiligungen. (1) Die Verpflichtungen nach § 44 Abs. 1 Satz 1 gegenüber dem Bundesaufsichtsamt und der Deutschen Bundesbank zur Auskunft und Vorlegung von Unterlagen gelten auch für

1. Personen und Unternehmen, die eine Beteiligungsabsicht nach § 2b anzeigen oder die im Rahmen eines Erlaubnisantrags nach § 32 Abs. 1 Satz 2 Nr. 6 oder einer Ergänzungsanzeige nach § 64e Abs. 2 Satz 4 als Inhaber bedeutender Beteiligungen angegeben werden,
2. die Inhaber einer bedeutenden Beteiligung an einem Institut und den von ihnen kontrollierten Unternehmen,
3. Personen und Unternehmen, bei denen Tatsachen die Annahme rechtfertigen, daß es sich um Personen oder Unternehmen im Sinne der Nummer 2 handelt, und
4. Personen und Unternehmen, die mit einer Person oder einem Unternehmen im Sinne der Nummern 1 bis 3 nach § 15 des Aktiengesetzes verbunden sind.

(2) Das Bundesaufsichtsamt und die Deutsche Bundesbank können Maßnahmen nach § 44 Abs. 1 Satz 2 und 3 gegenüber den in Absatz 1 genannten Personen und Unternehmen ergreifen, wenn Anhaltspunkte für einen Untersagungsgrund nach § 2b Abs. 1a Satz 1 Nr. 1 bis 3 vorliegen. Die Betroffenen haben diese Maßnahmen zu dulden.

§ 44c. Verfolgung unerlaubter Bankgeschäfte und Finanzdienstleistungen. (1) Ein Unternehmen, bei dem Tatsachen die Annahme rechtfertigen, daß es ein Institut ist oder nach § 3 verbotene Geschäfte betreibt, ein Mitglied eines seiner Organe sowie ein Beschäftigter dieses Unternehmens haben dem Bundesaufsichtsamt sowie der Deutschen Bundesbank auf Verlangen Auskünfte über die Geschäftsangelegenheiten zu erteilen und Unterlagen vorzulegen. Ein Mitglied eines Organs sowie ein Beschäftigter haben auf Verlangen auch nach ihrem Ausscheiden aus dem Organ oder dem Unternehmen Auskunft zu erteilen.

(2) Soweit dies zur Feststellung der Art oder des Umfangs der Geschäfte oder Tätigkeiten erforderlich ist, kann das Bundesaufsichtsamt Prüfungen in Räumen des Unternehmens vornehmen. Die Bediensteten des Bundesaufsichtsamtes und der Deutschen Bundesbank dürfen hierzu diese Räume innerhalb der üblichen Betriebs- und Geschäftszeiten betreten und besichtigen. Zur Verhütung dringender Gefahren für die öffentliche Ordnung und Sicherheit sind sie befugt, diese Räume auch außerhalb der üblichen Betriebs- und Geschäftszeiten sowie Räume, die auch als Wohnung dienen, zu betreten und zu besichtigen; das Grundrecht des Artikels 13 des Grundgesetzes wird insoweit eingeschränkt.

(3) Die Bediensteten des Bundesaufsichtsamtes und der Deutschen Bundesbank dürfen diese Räume des Unternehmens durchsuchen. Das Grundrecht des Artikels 13 des Grundgesetzes wird insoweit eingeschränkt. Duchsuchungen von Geschäftsräumen sind, außer bei Gefahr im Verzug, durch den Richter anzuordnen. Durchsuchungen von Räumen, die auch als Wohnung dienen, sind durch den Richter anzuordnen. Zuständig ist das Amtsgericht, in dessen Bezirk sich die Räume befinden. Gegen die richterliche Entscheidung ist die Beschwerde zulässig; die §§ 306 bis 310 und 311a der Strafprozeßordnung gelten entsprechend. Über die Durchsuchung ist eine Niederschrift zu fertigen. Sie muß die verantwortliche Dienststelle, Grund, Zeit und Ort der Durchsuchung und ihr Ergebnis und, falls keine richterliche Anordnung ergangen ist, auch die Tatsachen, welche die Annahme einer Gefahr im Verzuge begründet haben, enthalten.

(4) Die Bediensteten des Bundesaufsichtsamtes und der Deutschen Bundesbank können Gegenstände sicherstellen, die als Beweismittel für die Ermittlung des Sachverhaltes von Bedeutung sein können.

(5) Die Betroffenen haben Maßnahmen nach Absatz 2, Absatz 3 Satz 1 und Absatz 4 zu dulden. § 44 Abs. 6 ist anzuwenden.

Maßnahmen in besonderen Fällen

§ 45. Maßnahmen bei unzureichenden Eigenmitteln oder unzureichender Liquidität.

(1) Entsprechen bei einem Institut

1. die Eigenmittel nicht den Anforderungen des § 10 Abs. 1 oder
2. die Anlage seiner Mittel nicht den Anforderungen des § 11 Satz 1,

kann das Bundesaufsichtsamt Entnahmen durch die Inhaber oder Gesellschafter, die Ausschüttung von Gewinnen und die Gewährung von Krediten (§ 19 Abs. 1) untersagen oder beschränken. Satz 1 ist auf übergeordnete Unternehmen im Sinne des § 10a Abs. 2 bis 5 entsprechend anzuwenden, wenn die konsolidierten Eigenmittel der gruppenangehörigen Unternehmen den Anforderungen des § 10a Abs. 1 nicht entsprechen.

(2) Das Bundesaufsichtsamt darf die in Absatz 1 bezeichneten Anordnungen erst treffen, wenn das Institut den Mangel nicht innerhalb einer vom Bundesaufsichtsamt zu bestimmenden Frist behoben hat. Beschlüsse über die Gewinnausschüttung sind insoweit nichtig, als sie einer Anordnung nach Absatz 1 widersprechen.

§ 45a. Maßnahmen gegenüber Finanzholding-Gesellschaften. (1) Übermittelt eine Finanzholding-Gesellschaft an der Spitze einer Finanzholding-Gruppe im Sinne des § 10a Abs. 3 Satz 1 oder 2 oder § 13b Abs. 2 dem übergeordneten Unternehmen nicht die für die Zusammenfassung nach § 10a oder § 13b erforderlichen Angaben gemäß § 10a Abs. 9 Satz 2 oder § 13b Abs. 5 in Verbindung mit § 10a Abs. 9 Satz 2, kann das Bundesaufsichtsamt der Finanzholding-Gesellschaft die Ausübung ihrer Stimmrechte an dem Institut und den anderen nachgeordneten Unternehmen mit Sitz im Inland untersagen, sofern nicht den Erfordernissen der bankaufsichtlichen Zusammenfassung in anderer Weise Rechnung getragen werden kann.

(2) Im Falle der Untersagung nach Absatz 1 hat auf Antrag des Bundesaufsichtsamtes das Gericht des Sitzes des übergeordneten Unternehmens einen Treuhänder zu bestellen, auf den es die Ausübung der Stimmrechte überträgt. Der Treuhänder hat bei der Ausübung der Stimmrechte den Interessen einer soliden und bankaufsichtskonformen Führung der betroffenen Unternehmen Rechnung zu tragen. Das Bundesaufsichtsamt kann aus wichtigem Grund die Bestellung eines anderen Treuhänders beantragen. Sind die Voraussetzungen des Absatzes 1 entfallen, hat das Bundesaufsichtsamt den Widerruf der Bestellung des Treuhänders zu beantragen. Der Treuhänder hat Anspruch auf Ersatz angemessener Auslagen und auf Vergütung für seine Tätigkeit. Das Gericht setzt auf Antrag des Treuhänders die Auslagen und die Vergütung fest; die weitere Beschwerde ist ausgeschlossen. Der Bund schießt die Auslagen und die Vergütung vor; für seine Aufwendungen haften die Finanzholding-Gesellschaft und die betroffenen Unternehmen gesamtschuldnerisch.

(3) Solange die Untersagungsverfügung nach Absatz 1 vollziehbar ist, gelten die betroffenen Unternehmen nicht als nachgeordnete Unternehmen der Finanzholding-Gesellschaft im Sinne der §§ 10a und 13b.

§ 46. Maßnahmen bei Gefahr. (1) Besteht Gefahr für die Erfüllung der Verpflichtungen eines Instituts gegenüber seinen Gläubigern, insbesondere für die Sicherheit der ihm anvertrauten Vermögenswerte, oder besteht der begründete Verdacht, daß eine wirksame Aufsicht über das Institut nicht möglich ist (§ 33 Abs. 3 Nr. 1 bis 3), kann das Bundesaufsichtsamt zur Abwendung dieser Gefahr einstweilige Maßnahmen treffen. Es kann insbesondere

1. Anweisungen für die Geschäftsführung des Instituts erlassen,
2. die Annahme von Einlagen oder Geldern oder Wertpapieren von Kunden und die Gewährung von Krediten (§ 19 Abs. 1) verbieten,
3. Inhabern und Geschäftsleitern die Ausübung ihrer Tätigkeit untersagen oder beschränken und
4. Aufsichtspersonen bestellen.

Beschlüsse über die Gewinnausschüttung sind insoweit nichtig, als sie einer Anordnung nach den Sätzen 1 und 2 widersprechen. Bei Instituten, die in anderer Rechtsform als der eines Einzelkaufmanns betrieben werden, sind Geschäftsleiter, denen die Ausübung ihrer Tätigkeit untersagt worden ist, für die Dauer der Untersagung von der Geschäftsführung und Vertretung des Instituts ausgeschlossen. Für die Ansprüche aus dem Anstellungsvertrag oder anderen Bestimmungen über die Tätigkeit des Geschäftsleiters gelten die allgemeinen Vorschriften. Rechte, die einem Geschäftsleiter als Gesellschafter oder in anderer Weise eine Mitwirkung an Entscheidungen über Geschäftsführungsmaßnahmen bei dem Institut ermöglichen, können für die Dauer der Untersagung nicht ausgeübt werden.

(2) Ist Geschäftsleitern nach Absatz 1 Satz 2 Nr. 3 die Ausübung ihrer Tätigkeit untersagt worden, hat das Gericht des Sitzes des Instituts auf Antrag des Bundesaufsichtsamtes die erforderlichen geschäftsführungs- und vertretungsbefugten Personen zu bestellen, wenn zur Geschäftsführung und Vertretung des Instituts befugte Personen infolge der Untersagung nicht mehr in der erforderlichen Anzahl vorhanden sind. § 46a Abs. 2 Satz 2 bis 4, Abs. 3 Satz 1, Abs. 4 bis 7 gilt entsprechend.

§ 46a. Maßnahmen bei Insolvenzgefahr, Bestellung vertretungsberechtigter Personen. (1) Liegen die Voraussetzungen des § 46 Abs. 1 Satz 1 vor, kann das Bundesaufsichtsamt zur Vermeidung des Insolvenzverfahrens vorübergehend

1. ein Veräußerungs- und Zahlungsverbot an das Institut erlassen,
2. die Schließung des Instituts für den Verkehr mit der Kundschaft anordnen,
3. die Entgegennahme von Zahlungen, die nicht zur Tilgung von Schulden gegenüber dem Institut bestimmt sind, verbieten, es sei

denn, die zuständige Einlagensicherungseinrichtung oder Anlegerentschädigungseinrichtung stellt die Befriedigung der Berechtigten in vollem Umfang sicher.

Die Einlagensicherungseinrichtung oder Anlegerentschädigungseinrichtung kann ihre Verpflichtungserklärung davon abhängig machen, daß eingehende Zahlungen, soweit sie nicht zur Tilgung von Schulden gegenüber dem Institut bestimmt sind, von dem im Zeitpunkt des Erlasses des Veräußerungs- und Zahlungsverbots nach Satz 1 Nr. 1 vorhandenen Vermögen des Instituts zugunsten der Einrichtung getrennt gehalten und verwaltet werden. Das Institut darf nach Erlaß des Veräußerungs- und Zahlungsverbots nach Satz 1 Nr. 1 die im Zeitpunkt des Erlasses laufenden Geschäfte abwickeln und neue Geschäfte eingehen, soweit diese zur Abwicklung erforderlich sind, wenn und soweit die zuständige Einlagensicherungseinrichtung oder Anlegerentschädigungseinrichtung die zur Durchführung erforderlichen Mittel zur Verfügung stellt oder sich verpflichtet, aus diesen Geschäften insgesamt entstehende Vermögensminderungen des Instituts, soweit dies zur vollen Befriedigung sämtlicher Gläubiger erforderlich ist, diesem zu erstatten. Das Bundesaufsichtsamt kann darüber hinaus Ausnahmen vom Veräußerungs- und Zahlungsverbot nach Satz 1 Nr. 1 zulassen, soweit dies für die Durchführung der Verwaltung des Instituts notwendig ist. Solange Maßnahmen nach Satz 1 andauern, sind Zwangsvollstreckungen, Arreste und einstweilige Verfügungen in das Vermögen des Instituts nicht zulässig.

(2) Sind bei Instituten, die in anderer Rechtsform als der eines Einzelkaufmanns betrieben werden, Maßnahmen nach Absatz 1 Satz 1 angeordnet und ist Geschäftsleitern die Ausübung ihrer Tätigkeit untersagt worden, so hat das Gericht des Sitzes des Instituts auf Antrag des Bundesaufsichtsamtes die erforderlichen geschäftsführungs- und vertretungsbefugten Personen zu bestellen, wenn zur Geschäftsführung und Vertretung des Instituts befugte Personen infolge der Untersagung nicht mehr in der erforderlichen Anzahl vorhanden sind. Die Bestellung oder Abberufung von vertretungsbefugten Personen durch das Gericht, deren Vertretungsbefugnis sowie das Erlöschen ihres Amtes werden bei Instituten, die in ein öffentliches Register eingetragen sind, von Amts wegen eingetragen. Die vertretungsbefugten Personen haben ihre Namensunterschriften zur Aufbewahrung beim Gericht zu zeichnen. Solange die Voraussetzungen nach Satz 1 vorliegen, können die nach anderen Rechtsvorschriften hierzu berufenen Personen oder Organe ihr Recht, geschäftsführungs- und vertretungsbefugte Personen zu bestellen, nicht ausüben.

(3) Die Vertretungsbefugnis einer durch das Gericht bestellten Person bestimmt sich nach der Vertretungsbefugnis des Geschäftsleiters, an dessen Stelle die Person bestellt worden ist. Ihre Geschäftsführungsbefugnis ist, wenn sie nicht durch die dafür zuständigen Organe des Instituts erweitert wird, auf die Durchführung von Maßnahmen beschränkt, die zur Vermeidung des Insolvenzverfahrens und zum Schutz der Gläubiger erforderlich sind.

(4) Die geschäftsführungs- und vertretungsbefugte Person, die durch das Gericht bestellt worden ist, hat Anspruch auf Ersatz angemessener barer Auslagen und auf Vergütung für ihre Tätigkeit. Das Gericht des Sitzes des Instituts setzt auf Antrag der durch das Gericht bestellten geschäftsführungs- und vertretungsbefugten Person die Auslagen und die Vergütung fest. Die weitere Beschwerde ist ausgeschlossen. Aus der rechtskräftigen Entscheidung findet die Zwangsvollstreckung nach der Zivilprozeßordnung statt.

(5) Solange Maßnahmen nach Absatz 1 Satz 1 angeordnet sind, kann eine geschäftsführungs- und vertretungsbefugte Person, die durch das Gericht bestellt worden ist, nur durch das Gericht auf Antrag des Bundesaufsichtsamtes oder des Organs des Instituts, das für den Ausschluß von Gesellschaftern von der Geschäftsführung und Vertretung oder die Abberufung geschäftsführungs- oder vertretungsbefugter Personen zuständig ist, und nur dann abberufen werden, wenn ein wichtiger Grund vorliegt.

(6) Das Amt einer geschäftsführungs- und vertretungsbefugten Person, die durch das Gericht bestellt worden ist, erlischt in jedem Fall, wenn die Maßnahmen nach Absatz 1 Satz 1 und die Verfügung aufgehoben werden, mit der dem Geschäftsleiter, an dessen Stelle die Person bestellt worden ist, die Ausübung seiner Tätigkeit untersagt worden war. Sind nur die Maßnahmen nach Absatz 1 Satz 1 aufgehoben worden, erlischt das Amt einer geschäftsführungs- und vertretungsbefugten Person, die durch das Gericht bestellt worden ist, sobald die nach anderen Rechtsvorschriften hierzu berufenen Personen oder Organe eine geschäftsführungs- und vertretungsbefugte Person bestellt haben und dieser Person, soweit erforderlich, eine Erlaubnis nach § 32 erteilt worden ist.

(7) Die Absätze 2 bis 6 gelten nicht für juristische Personen des öffentlichen Rechts.

§ 46b. Konkursantrag. Wird ein Institut zahlungsunfähig oder tritt Überschuldung ein, so haben die Geschäftsleiter und bei einem in der Rechtsform des Einzelkaufmanns betriebenen Institut der Inhaber dies dem Bundesaufsichtsamt unverzüglich anzuzeigen. Soweit diese Personen nach anderen Rechtsvorschriften verpflichtet sind, bei Zahlungsunfähigkeit oder Überschuldung die Eröffnung des Insolvenzverfahrens zu beantragen, tritt an die Stelle der Antragspflicht die Anzeigepflicht nach Satz 1. Das Insolvenzverfahren über das Vermögen eines Instituts findet im Falle der Zahlungsunfähigkeit oder der Überschuldung statt. Der Antrag auf Eröffnung des Insolvenzverfahrens über das Vermögen des Instituts kann nur von dem Bundesaufsichtsamt gestellt werden.

§ 46c. Berechnung von Fristen. Die nach §§ 88, 130 bis 136 der Insolvenzordnung und nach § 32b Satz 1 des Gesetzes betreffend die Gesellschaften mit beschränkter Haftung vom Tage des Antrags auf Eröffnung des Insolvenzverfahrens an zu berechnenden Fristen sind vom Tage des Erlasses einer Maßnahme nach § 46a Abs. 1 an zu berechnen.

§ 47. Moratorium, Einstellung des Bank- und Börsenverkehrs. (1) Sind wirtschaftliche Schwierigkeiten bei Kreditinstituten zu befürchten, die schwerwiegende Gefahren für die Gesamtwirtschaft, insbesondere den geordneten Ablauf des allgemeinen Zahlungsverkehrs erwarten lassen, so kann die Bundesregierung durch Rechtsverordnung

1. einem Kreditinstitut einen Aufschub für die Erfüllung seiner Verbindlichkeiten gewähren und anordnen, daß während der Dauer des Aufschubs Zwangsvollstreckungen, Arreste und einstweilige Verfügungen gegen das Kreditinstitut sowie das Insolvenzverfahren über das Vermögen des Kreditinstituts nicht zulässig sind;
2. anordnen, daß die Kreditinstitute für den Verkehr mit ihrer Kundschaft vorübergehend geschlossen bleiben und im Kundenverkehr Zahlungen und Überweisungen weder leisten noch entgegennehmen dürfen; sie kann diese Anordnung auf Arten oder Gruppen von Kreditinstituten sowie auf bestimmte Bankgeschäfte beschränken;
3. anordnen, daß die Börsen im Sinne des Börsengesetzes vorübergehend geschlossen bleiben.

(2) Vor den Maßnahmen nach Absatz 1 hat die Bundesregierung die Deutsche Bundesbank zu hören.

(3) Trifft die Bundesregierung Maßnahmen nach Absatz 1, so hat sie durch Rechtsverordnung die Rechtsfolgen zu bestimmen, die sich hierdurch für Fristen und Termine auf dem Gebiet des bürgerlichen Rechts, des Handels-, Gesellschafts-, Wechsel-, Scheck- und Verfahrensrechts ergeben.

§ 48. Wiederaufnahme des Bank- und Börsenverkehrs. (1) Die Bundesregierung kann nach Anhörung der Deutschen Bundesbank für die Zeit nach einer vorübergehenden Schließung der Kreditinstitute und Börsen gemäß § 47 Abs. 1 Nr. 2 und 3 durch Rechtsverordnung Vorschriften für die Wiederaufnahme des Zahlungs- und Überweisungsverkehrs sowie des Börsenverkehrs erlassen. Sie kann hierbei insbesondere bestimmen, daß die Auszahlung von Guthaben zeitweiligen Beschränkungen unterliegt. Für Geldbeträge, die nach einer vorübergehenden Schließung der Kreditinstitute angenommen werden, dürfen solche Beschränkungen nicht angeordnet werden.

(2) Die nach Absatz 1 sowie die nach § 47 Abs. 1 erlassenen Rechtsverordnungen treten, wenn sie nicht vorher aufgehoben worden sind, drei Monate nach ihrer Verkündung außer Kraft.

Vollziehbarkeit, Zwangsmittel, Umlage und Kosten

§ 49. Sofortige Vollziehbarkeit. Widerspruch und Anfechtungsklage gegen Maßnahmen des Bundesaufsichtsamtes auf der Grundlage des § 2b Abs. 1a Satz 1 und Abs. 2 Satz 1, § 12a Abs. 2, § 13 Abs. 3, § 13a Abs. 3 bis 5, jeweils auch in Verbindung mit § 13b Abs. 4 Satz 2, § 28 Abs. 1, § 35 Abs. 2 Nr. 2 bis 4, der §§ 36, 37 und § 44 Abs. 1, auch in Verbindung mit § 44b, und Abs. 2, des § 44a Abs. 2 Satz 1, der §§ 44c, 45, 45a Abs. 1, §§ 46, 46a Abs. 1 und des § 46b haben keine aufschiebende Wirkung.

§ 50. Zwangsmittel. (1) Das Bundesaufsichtsamt kann die Befolgung der Verfügungen, die es innerhalb seiner gesetzlichen Befugnisse trifft, mit Zwangsmitteln nach den Bestimmungen des Verwaltungs-Vollstreckungsgesetzes durchsetzen. Es kann Zwangsmittel auch gegen Institute anwenden, die juristische Personen des öffentlichen Rechts sind.

(2) Die Höhe des Zwangsgeldes beträgt bei Maßnahmen nach § 2b Abs. 1a Satz 1, Abs. 2 Satz 1, §§ 37 und 44c bis zu 500 000 Deutsche Mark, bei Maßnahmen nach den §§ 46 und 46a bis zu 250 000 Deutsche Mark und bei anderen Maßnahmen bis zu 100 000 Deutsche Mark.

§ 51. Umlage und Kosten. (1) Die Kosten des Bundesaufsichtsamtes sind, soweit sie nicht durch Gebühren oder durch besondere Erstattung nach Absatz 3 gedeckt sind, dem Bund von den Instituten zu 90 vom Hundert zu erstatten. Die Kosten werden anteilig auf die einzelnen Institute nach Maßgabe ihres Geschäftsumfanges umgelegt und vom Bundesaufsichtsamt nach den Vorschriften des Verwaltungsvollstreckungsgesetzes beigetrieben. Das Nähere über die Erhebung der Umlage und über die Beitreibung bestimmt das Bundesministerium der Finanzen durch Rechtsverordnung; es kann in der Rechtsverordnung Mindestbeträge festsetzen. Es kann die Ermächtigung durch Rechtsverordnung auf das Bundesaufsichtsamt übertragen.

(2) Das Bundesaufsichtsamt kann für Entscheidungen auf Grund des § 2 Abs. 4 oder 5, des § 10 Abs. 3b Satz 1, des § 31 Abs. 2, der §§ 32, 34 Abs. 2 und der §§ 35 bis 37 Gebühren in Höhe von 500 Deutsche Mark bis 100 000 Deutsche Mark festsetzen. Die Höhe der Gebühr soll sich im Einzelfall nach dem für die Entscheidung erforderlichen Arbeitsaufwand und nach dem Geschäftsumfang des betroffenen Unternehmens richten.

(3) Die Kosten, die dem Bund durch die Bestellung eines Abwicklers nach § 37 Satz 2 und § 38 Abs. 2 Satz 2 und 4, einer Aufsichtsperson nach § 46 Abs. 1 Satz 2, durch eine Bekanntmachung nach § 32 Abs. 4, § 37 Satz 3 oder § 38 Abs. 3 oder eine auf Grund von § 44 Abs. 1 oder 2, § 44b Satz 2 oder § 44c Abs. 2 vorgenommene Prüfung entstehen, sind von dem betroffenen Unternehmen gesondert zu erstatten und auf Verlangen des Bundesaufsichtsamtes vorzuschießen. Die Kosten, die dem Bund durch eine auf Grund von § 44 Abs. 3 vorgenommene Prüfung der Richtigkeit der für die Zusammenfassung nach § 10a Abs. 6 und 7, § 13b Abs. 3 und § 25 Abs. 2 übermittelten Daten entstehen, sind von dem zur Zusammenfassung verpflichteten übergeordneten Institut gesondert zu erstatten und auf Verlangen des Bundesaufsichtsamtes vorzuschießen.

Vierter Abschnitt. Sondervorschriften

§ 52. Sonderaufsicht. Soweit Institute einer anderen staatlichen Aufsicht unterliegen, bleibt diese neben der Aufsicht des Bundesaufsichtsamtes bestehen.

§ 53. Zweigstellen von Unternehmen mit Sitz im Ausland. (1) Unterhält ein Unternehmen mit Sitz im Ausland eine Zweigstelle im Inland, die Bankgeschäfte betreibt oder Finanzdienstleistungen erbringt, gilt die Zweigstelle als Kreditinstitut oder Finanzdienstleistungsinstitut. Unterhält das Unternehmen mehrere Zweigstellen im Sinne des Satzes 1, gelten sie als ein Institut.

(2) Auf die in Absatz 1 bezeichneten Institute ist dieses Gesetz mit folgender Maßgabe anzuwenden:

1. Das Unternehmen hat mindestens zwei natürliche Personen mit Wohnsitz im Inland zu bestellen, die für den Geschäftsbereich des Instituts zur Geschäftsführung und zur Vertretung des Unternehmens befugt sind, sofern das Institut Bankgeschäfte betreibt oder Finanzdienstleistungen erbringt und befugt ist, sich bei der Erbringung von Finanzdienstleistungen Eigentum oder Besitz an Geldern oder Wertpapieren von Kunden zu verschaffen. Solche Personen gelten als Geschäftsleiter. Sie sind zur Eintragung in das Handelsregister anzumelden.
2. Das Institut ist verpflichtet, über die von ihm betriebenen Geschäfte und über das seinem Geschäftsbetrieb dienende Vermögen des Unternehmens gesondert Buch zu führen und gegenüber dem Bundesaufsichtsamt und der Deutschen Bundesbank Rechnung zu legen. Die Vorschriften des Handelsgesetzbuchs über Handelsbücher gelten insoweit entsprechend. Auf der Passivseite der jährlichen Vermögensübersicht ist der Betrag des dem Institut von dem Unternehmen zur Verfügung gestellten Betriebskapitals und der Betrag der dem Institut zur Verstärkung der eigenen Mittel belassenen Betriebsüberschüsse gesondert auszuweisen. Der Überschuß der Passivposten über die Aktivposten oder der Überschuß der Aktivposten über die Passivposten ist am Schluß der Vermögensübersicht ungeteilt und gesondert auszuweisen.

3. Die nach Nummer 2 für den Schluß eines jeden Geschäftsjahres aufzustellende Vermögensübersicht mit einer Aufwands- und Ertragsrechnung und einem Anhang gilt als Jahresabschluß (§ 26). Für die Prüfung des Jahresabschlusses gilt § 340k des Handelsgesetzbuchs entsprechend mit der Maßgabe, daß der Prüfer von den Geschäftsleitern gewählt und bestellt wird. Mit dem Jahresabschluß des Instituts ist der Jahresabschluß des Unternehmens für das gleiche Geschäftsjahr einzureichen.
4. Als Eigenmittel des Instituts gilt die Summe der Beträge, die in dem Monatsausweis nach § 25 als dem Institut von dem Unternehmen zur Verfügung gestelltes Betriebskapital und ihm zur Verstärkung der eigenen Mittel belassene Betriebsüberschüsse ausgewiesen wird, abzüglich des Betrags eines etwaigen aktiven Verrechnungssaldos. Außerdem sind dem Institut Kapital, das gegen Gewährung von Genußrechten oder auf Grund der Eingehung längerfristiger nachrangiger Verbindlichkeiten oder kurzfristiger nachrangiger Verbindlichkeiten eingezahlt ist, und Nettogewinne (§ 10 Abs. 2c Satz 1 Nr. 1) als haftendes Eigenkapital oder Drittrangmittel zuzurechnen, wenn die gemäß § 10 Abs. 5, 5a oder 7 geltenden Bedingungen sich jeweils auf das gesamte Unternehmen beziehen; § 10 Abs. 1, 2b Satz 2 und 3, Abs. 2c Satz 2 bis 5, Abs. 3b, 6 und 9 gilt entsprechend mit der Maßgabe, daß die Eigenmittel nach Satz 1 als Kernkapital gelten. Maßgebend für die Bemessung der Eigenmittel ist der jeweils letzte Monatsausweis.
5. Die Aufnahme der Geschäftstätigkeit einer jeden Zweigstelle des Unternehmens bedarf der Erlaubnis. Die Erlaubnis kann auch dann versagt werden, wenn die Gegenseitigkeit nicht auf Grund zwischenstaatlicher Vereinbarungen gewährleistet ist. Die Erlaubnis ist zu widerrufen, wenn und soweit dem Unternehmen die Erlaubnis zum Betreiben von Bankgeschäften oder Erbringen von Finanzdienstleistungen von der für die Aufsicht über das Unternehmen im Ausland zuständigen Stelle entzogen worden ist.
6. Für die Anwendung des § 36 Abs. 1 gilt das Institut als juristische Person.

(2a) Für die Bestimmungen dieses Gesetzes, die daran anknüpfen, daß ein Institut das Tochterunternehmen eines Unternehmens mit Sitz im Ausland ist, gilt die Zweigstelle als hundertprozentiges Tochterunternehmen der Institutszentrale mit Sitz im Ausland.

(3) Für Klagen, die auf den Geschäftsbetrieb einer Zweigstelle im Sinne des Absatzes 1 Bezug haben, darf der Gerichtsstand der Niederlassung nach § 21 der Zivilprozeßordnung nicht durch Vertrag ausgeschlossen werden.

(4) Die Absätze 2 bis 3 sind nicht anzuwenden, soweit zwischenstaatliche Vereinbarungen entgegenstehen, denen die gesetzgebenden Körperschaften in der Form eines Bundesgesetzes zugestimmt haben.

§ 53a. Repräsentanzen von Unternehmen mit Sitz im Ausland. Ein Institut mit Sitz im Ausland darf eine Repräsentanz im Inland errichten oder fortführen, wenn es befugt ist, in seinem Herkunftsstaat Bankgeschäfte zu betreiben oder Finanzdienstleistungen zu erbringen und dort seine Hauptverwaltung hat. Das Institut hat die Absicht, eine Repräsentanz zu errichten, und den Vollzug einer solchen Absicht dem Bundesaufsichtsamt und der Deutschen Bundesbank unverzüglich anzuzeigen. Das Bundesaufsichtsamt bestätigt dem Institut den Eingang der Anzeige. Die Repräsentanz darf ihre Tätigkeit erst aufnehmen, wenn dem Institut die Bestätigung des Bundesaufsichtsamtes vorliegt. Das Institut hat dem Bundesaufsichtsamt und der Deutschen Bundesbank die Verlegung oder Schließung der Repräsentanz unverzüglich anzuzeigen.

§ 53b. Unternehmen mit Sitz in einem anderen Staat des Europäischen Wirtschaftsraums.

(1) Ein Einlagenkreditinstitut oder ein Wertpapierhandelsunternehmen mit Sitz in einem anderen Staat des Europäischen Wirtschaftsraums darf ohne Erlaubnis durch das Bundesaufsichtsamt über eine Zweigniederlassung oder im Wege des grenzüberschreitenden Dienstleistungsverkehrs im Inland Bankgeschäfte mit Ausnahme des Investmentgeschäftes betreiben oder Finanzdienstleistungen erbringen, wenn das Unternehmen von den zuständigen Stellen des Herkunftsstaats zugelassen worden ist, die Geschäfte durch die Zulassung abgedeckt sind und das Unternehmen von den zuständigen Stellen nach den Vorgaben der Richtlinien der Europäischen Gemeinschaften beaufsichtigt wird. § 53 ist in diesem Fall nicht anzuwenden. § 4 der Gewerbeordnung bleibt unberührt.

(2) Das Bundesaufsichtsamt hat ein Unternehmen im Sinne des Absatzes 1 Satz 1, das beabsichtigt, eine Zweigniederlassung im Inland zu errichten, innerhalb von zwei Monaten nach Eingang der von den zuständigen Stellen des Herkunftsstaats über die beabsichtigte Errichtung der Zweigniederlassung übermittelten Unterlagen auf die für seine Tätigkeit vorgeschriebenen Meldungen an das Bundesaufsichtsamt und die Deutsche Bundesbank hinzuweisen und die Bedingungen anzugeben, die nach Absatz 3 Satz 1 für die Ausübung der von der

Zweigniederlassung geplanten Tätigkeiten aus Gründen des Allgemeininteresses gelten. Nach Eingang der Mitteilung des Bundesaufsichtsamtes und der Mitteilung des Bundesaufsichtsamtes für den Wertpapierhandel nach § 36a Abs. 1 des Wertpapierhandelsgesetzes, spätestens nach Ablauf der in Satz 1 genannten Frist, kann die Zweigniederlassung errichtet werden und ihre Tätigkeit aufnehmen.

(2a) Das Bundesaufsichtsamt hat einem Unternehmen im Sinne des Absatzes 1 Satz 1, das beabsichtigt, im Inland im Wege des grenzüberschreitenden Dienstleistungsverkehrs tätig zu werden, innerhalb von zwei Monaten nach Eingang der von den zuständigen Stellen des Herkunftsstaats über die beabsichtigte Aufnahme des grenzüberschreitenden Dienstleistungsverkehrs übermittelten Unterlagen die Bedingungen anzugeben, die nach Absatz 3 Satz 2 für die Ausübung der geplanten Tätigkeiten aus Gründen des Allgemeininteresses gelten.

(3) Auf Zweigniederlassungen im Sinne des Absatzes 1 Satz 1 sind §§ 3, 6 Abs. 2, die §§ 11, 14, 22, 23, 23a, 24 Abs. 1 Nr. 6 bis 9, die §§ 25, 25a Abs. 1 Nr. 3, die §§ 37, 39 bis 42, 43 Abs. 2 und 3, § 44 Abs. 1 und 6, § 44a Abs. 1 und 2 sowie die §§ 44c und 46 bis 50 mit der Maßgabe entsprechend anzuwenden, daß eine oder mehrere Zweigniederlassungen desselben Unternehmens als ein Kreditinstitut oder Finanzdienstleistungsinstitut gelten. Für die Tätigkeiten im Wege des grenzüberschreitenden Dienstleistungsverkehrs nach Absatz 1 Satz 1 gelten die §§ 3, 23a und 37, § 44 Abs. 1 sowie die §§ 44c, 49 und 50 entsprechend.

(4) Stellt das Bundesaufsichtsamt fest, daß ein Unternehmen im Sinne des Absatzes 1 Satz 1 seinen Verpflichtungen nach Absatz 3 nicht nachkommt, insbesondere daß es eine unzureichende Liquidität aufweist, fordert es das Unternehmen auf, den Mangel innerhalb einer bestimmten Frist zu beheben. Kommt das Unternehmen der Aufforderung nicht nach, unterrichtet das Bundesaufsichtsamt die zuständigen Stellen des Herkunftsstaats. Ergreift der Herkunftsstaat keine Maßnahmen oder erweisen sich die Maßnahmen als unzureichend oder wurde das Bundesaufsichtsamt gemäß § 36a Abs. 2 des Wertpapierhandelsgesetzes unterrichtet, kann das Bundesaufsichtsamt nach Unterrichtung der zuständigen Stellen des Herkunftsstaats die erforderlichen Maßnahmen ergreifen; erforderlichenfalls kann das Bundesaufsichtsamt die Durchführung neuer Geschäfte im Inland untersagen.

(5) In dringenden Fällen kann das Bundesaufsichtsamt vor Einleitung des in Absatz 4 vorgesehenen Verfahrens die erforderlichen Maßnahmen ergreifen. Es hat die Kommission der Europäischen Gemeinschaften und die zuständigen Stellen des Herkunftsstaats hiervon unverzüglich zu unterrichten. Das Bundesaufsichtsamt hat die Maßnahmen zu ändern oder aufzuheben, wenn die Kommission dies nach Anhörung der zuständigen Stellen des Herkunftsstaats und des Bundesaufsichtsamtes beschließt.

(6) Die zuständigen Stellen des Herkunftsstaats können nach vorheriger Unterrichtung des Bundesaufsichtsamtes selbst oder durch ihre Beauftragten die für die bankaufsichtliche Überwachung der Zweigniederlassung erforderlichen Informationen bei der Zweigniederlassung prüfen.

(7) Ein Unternehmen mit Sitz in einem anderen Staat des Europäischen Wirtschaftsraums, das Bankgeschäfte im Sinne des § 1 Abs. 1 Satz 2 Nr. 1 bis 3, 5, 7 bis 9 betreibt, Finanzdienstleistungen im Sinne des § 1 Abs. 1a Satz 2 Nr. 7 erbringt oder sich als Finanzunternehmen im Sinne des § 1 Abs. 3 betätigt, kann diese Tätigkeit über eine Zweigniederlassung oder im Wege des grenzüberschreitenden Dienstleistungsverkehrs im Inland abweichend von § 32 ohne Erlaubnis des Bundesaufsichtsamtes ausüben, wenn

1. das Unternehmen ein Tochterunternehmen eines Einlagenkreditinstituts oder ein gemeinsames Tochterunternehmen mehrerer Einlagenkreditinstitute ist,
2. seine Satzung diese Tätigkeiten gestattet,
3. das oder die Mutterunternehmen in dem Staat, in dem das Unternehmen seinen Sitz hat, als Einlagenkreditinstitut zugelassen sind,
4. die Tätigkeiten, die das Unternehmen ausübt, auch im Herkunftsstaat betrieben werden,
5. das oder die Mutterunternehmen mindestens 90 vom Hundert der Stimmrechte des Tochterunternehmens halten,
6. das oder die Mutterunternehmen gegenüber den zuständigen Stellen des Herkunftsstaats des Unternehmens die umsichtige Geschäftsführung des Unternehmens glaubhaft gemacht und sich mit Zustimmung dieser zuständigen Stellen des Herkunftsstaats gegebenenfalls gesamtschuldnerisch für die vom Tochterunternehmen eingegangenen Verpflichtungen verbürgt haben und
7. das Unternehmen in die Beaufsichtigung des Mutterunternehmens auf konsolidierter Basis einbezogen ist.

Satz 1 gilt entsprechend für Tochterunternehmen von in Satz 1 genannten Unternehmen, welche die vorgenannten Bedingungen erfüllen. Die Absätze 2 bis 6 gelten entsprechend.

§ 53c. Unternehmen mit Sitz in einem Drittstaat. Das Bundesministerium der Finanzen wird ermächtigt, durch Rechtsverordnung

1. zu bestimmen, daß die Vorschriften dieses Gesetzes über ausländische Unternehmen mit Sitz in einem anderen Staat des Europäischen Wirtschaftsraums auch auf Unternehmen mit Sitz in einem Drittstaat anzuwenden sind, soweit dies im Bereich des Niederlassungsrechts oder des Dienstleistungsverkehrs oder für die Aufsicht auf zusammengefaßter Basis auf Grund von Abkommen der Europäischen Gemeinschaften mit Drittstaaten erforderlich ist;
2. die vollständige oder teilweise Anwendung der Vorschriften des § 53b unter vollständiger oder teilweiser Freistellung von den Vorschriften des § 53 auf Unternehmen mit Sitz in einem Drittstaat anzuordnen, wenn die Gegenseitigkeit gewährleistet ist und
   a) die Unternehmen in ihrem Sitzstaat in den von der Freistellung betroffenen Bereichen nach international anerkannten Grundsätzen beaufsichtigt werden,
   b) den Zweigniederlassungen der entsprechenden Unternehmen mit Sitz im Inland in diesem Staat gleichwertige Erleichterungen eingeräumt werden und
   c) die zuständigen Behörden des Sitzstaates zu einer befriedigenden Zusammenarbeit mit dem Bundesaufsichtsamt bereit sind und dies auf der Grundlage einer zwischenstaatlichen Vereinbarung sichergestellt ist.

§ 53d. Meldungen an die Kommission der Europäischen Gemeinschaften. Das Bundesaufsichtsamt meldet der Kommission der Europäischen Gemeinschaften

1. die Erteilung einer Erlaubnis an ein Einlagenkreditinstitut oder ein Wertpapierhandelsunternehmen;
2. die Erteilung einer Erlaubnis nach § 32 Abs. 1 an das Tochterunternehmen eines Unternehmens mit Sitz in einem Drittstaat; die Struktur des Konzerns ist in der Mitteilung anzugeben;
3. den Erwerb einer Beteiligung an einem Einlagenkreditinstitut oder Wertpapierhandelsunternehmen, durch den das Einlagenkreditinstitut oder Wertpapierhandelsunternehmen zu einem Tochterunternehmen eines Unternehmens mit Sitz in einem Drittstaat wird;
4. die Anzahl und die Art der Fälle, in denen die Errichtung einer Zweigniederlassung in einem anderen Staat des Europäischen Wirtschaftsraums nicht zustande gekommen ist, weil das Bundesaufsichtsamt die Angaben nach § 24a Abs. 1 Satz 2 nicht an die zuständigen Stellen des Aufnahmestaats weitergeleitet hat;
5. die Anzahl und Art der Fälle, in denen Maßnahmen nach § 53b Abs. 4 Satz 3 und Abs. 5 Satz 1 ergriffen wurden;
6. allgemeine Schwierigkeiten, die Einlagenkreditinstitute oder Wertpapierhandelsunternehmen bei der Errichtung von Zweigniederlassungen, der Gründung von Tochterunternehmen, beim Betreiben von Bankgeschäften, beim Erbringen von Finanzdienstleistungen oder bei Tätigkeiten nach § 1 Abs. 3 Satz 1 Nr. 2 bis 8 in einem Drittstaat haben;
7. den Erlaubnisantrag des Tochterunternehmens eines Unternehmens mit Sitz in einem Drittstaat;
8. die nach § 2b gemeldete Absicht des Erwerbs einer Beteiligung im Sinne der Nummer 3.

Die Meldungen nach Satz 1 Nr. 7 und 8 sind nur auf Verlangen der Kommission abzugeben.

Fünfter Abschnitt. Strafvorschriften, Bußgeldvorschriften

§ 54. Verbotene Geschäfte, Handeln ohne Erlaubnis: (1) Wer

1. Geschäfte betreibt, die nach § 3, auch in Verbindung mit § 53b Abs. 3 Satz 1 oder 2, verboten sind, oder
2. ohne Erlaubnis nach § 32 Abs. 1 Satz 1 Bankgeschäfte betreibt oder Finanzdienstleistungen erbringt,

wird mit Freiheitsstrafe bis zu drei Jahren oder mit Geldstrafe bestraft.

(2) Handelt der Täter fahrlässig, so ist die Strafe Freiheitsstrafe bis zu einem Jahr oder Geldstrafe.

§ 55. Verletzung der Pflicht zur Anzeige der Zahlungsunfähigkeit oder der Überschuldung. (1) Wer es als Geschäftsleiter eines Instituts oder als Inhaber eines in der Rechtsform des Einzelkaufmanns betriebenen Instituts entgegen § 46b Satz 1, auch in Verbindung mit § 53b Abs. 3 Satz 1, unterläßt, dem Bundesaufsichtsamt die Zahlungsunfähigkeit oder Überschuldung anzuzeigen, wird mit Freiheitsstrafe bis zu drei Jahren oder mit Geldstrafe bestraft.

(2) Handelt der Täter fahrlässig, so ist die Strafe Freiheitsstrafe bis zu einem Jahr oder Geldstrafe.

§ 55a. Unbefugte Verwertung von Angaben über Millionenkredite. (1) Mit Freiheitsstrafe bis zu zwei Jahren oder mit Geldstrafe wird bestraft, wer entgegen § 14 Abs. 2 Satz 5 eine Angabe verwertet.

(2) Die Tat wird nur auf Antrag verfolgt.

§ 55b. Unbefugte Offenbarung von Angaben über Millionenkredite. (1) Mit Freiheitsstrafe bis zu einem Jahr oder mit Geldstrafe wird bestraft, wer entgegen § 14 Abs. 2 Satz 5 eine Angabe offenbart.

(2) Handelt der Täter gegen Entgelt oder in der Absicht, sich oder einen anderen zu bereichern oder einen anderen zu schädigen, ist die Strafe Freiheitsstrafe bis zu zwei Jahren oder Geldstrafe.

(3) Die Tat wird nur auf Antrag verfolgt.

§ 56. Bußgeldvorschriften. (1) Ordnungswidrig handelt, wer einer vollziehbaren Anordnung nach § 36 Abs. 1 oder 2 Satz 1 zuwiderhandelt.

(2) Ordnungswidrig handelt, wer vorsätzlich oder leichtfertig

1. entgegen § 2b Abs. 1 Satz 1, 5 oder 6, jeweils auch in Verbindung mit einer Rechtsverordnung nach § 24 Abs. 4 Satz 1, eine Anzeige nicht, nicht richtig, nicht vollständig oder nicht rechtzeitig erstattet,
2. entgegen § 2b Abs. 1 Satz 3, auch in Verbindung mit einer Rechtsverordnung nach § 24 Abs. 4 Satz 1, eine Unterlage nicht, nicht richtig, nicht vollständig oder nicht rechtzeitig einreicht,
3. einer vollziehbaren Untersagung oder Anordnung nach
   a) § 2b Abs. 1a Satz 1 oder Abs. 2 Satz 1 oder
   b) § 12a Abs. 2 Satz 1

   zuwiderhandelt,
4. entgegen § 2b Abs. 1 Satz 10, Abs. 4 Satz 1 oder 4, § 10 Abs. 8 Satz 1 oder 3, § 12a Abs. 1 Satz 3, § 13 Abs. 1 Satz 1, auch in Verbindung mit Abs. 4, Abs. 2 Satz 4 oder 7, jeweils auch in Verbindung mit § 13a Abs. 2, § 13 Abs. 3 Satz 2 oder 6, § 13a Abs. 1 Satz 1, auch in Verbindung mit Abs. 6, Abs. 3 Satz 2 oder 6, § 14 Abs. 1 Satz 1 oder 2, jeweils auch in Verbindung mit § 53b Abs. 3 Satz 1, § 15 Abs. 4 Satz 5, § 24 Abs. 1, Nr. 6 bis 9, jeweils auch in Verbindung mit § 53b Abs. 3 Satz 1, § 24 Abs. 1a Satz 1, § 24 Abs. 3 Satz 1 oder Abs. 3a Satz 1, § 24a Abs. 1 Satz 1, auch in Verbindung mit Abs. 3 Satz 1, oder Abs. 4 Satz 1, jeweils auch in Verbindung mit einer Rechtsverordnung nach § 24a Abs. 5, § 25a Abs. 2 Satz 3, § 28 Abs. 1 Satz 1 oder § 53a Satz 2 oder 5, jeweils auch in Verbindung mit einer Rechtsverordnung nach § 24 Abs. 4 Satz 1, eine Anzeige nicht, nicht richtig, nicht vollständig oder nicht rechtzeitig erstattet,
5. entgegen § 10 Abs. 3 Satz 5 oder 6, § 25 Abs. 1 Satz 1 oder Abs. 2 Satz 1, jeweils in Verbindung mit einer Rechtsverordnung nach Abs. 3 Satz 1, jeweils auch in Verbindung mit § 53b Abs. 3 Satz 1, oder entgegen § 26 Abs. 1 Satz 1, 3 oder 4 oder Abs. 3 einen Zwischenabschluß, einen Zwischenprüfungsbericht, einen Monatsausweis, einen Jahresabschluß, einen Lagebericht, einen Prüfungsbericht, einen Konzernabschluß oder einen Konzernlagebericht nicht, nicht richtig, nicht vollständig oder nicht rechtzeitig einreicht.
6. entgegen § 13 Abs. 3 Satz 1 oder § 13a Abs. 3 Satz 1 einen Kredit gewährt oder nicht sicherstellt, daß Kredite die dort genannte Obergrenze nicht überschreiten,
7. entgegen § 13 Abs. 3 Satz 5 oder § 13a Abs. 3 Satz 5 nicht sicherstellt, daß Großkredite die dort genannte Obergrenze nicht überschreiten oder
8. entgegen § 53a Satz 4 die Tätigkeit aufnimmt.

(3) Ordnungswidrig handelt, wer vorsätzlich oder fahrlässig

1. entgegen § 10 Abs. 5 Satz 7 oder Abs. 5a Satz 7, jeweils auch in Verbindung mit einer Rechtsverordnung nach § 24 Abs. 4 Satz 1, eine Anzeige nicht, nicht richtig, nicht vollständig oder nicht rechtzeitig erstattet,
2. entgegen § 12 Abs. 1 Satz 1 oder 2 eine bedeutende Beteiligung hält,
3. entgegen § 12b Abs. 2 Satz 1 oder 2 nicht sicherstellt, daß die Gruppe keine bedeutende Beteiligung hält,
4. entgegen § 18 Satz 1 einen Kredit gewährt,
5. einer vollziehbaren Anordnung nach § 23 Abs. 1, auch in Verbindung mit § 53b Abs. 3 Satz 1 oder § 45 Abs. 1 Satz 1 oder 2 zuwiderhandelt,
6. entgegen § 23a Abs. 1 Satz 1 oder Abs. 2 Satz 1, jeweils auch in Verbindung mit § 53b Abs. 3, einen Hinweis nicht, nicht richtig, nicht vollständig, nicht in der vorgeschriebenen Weise oder nicht rechtzeitig gibt,
7. entgegen § 23a Abs. 1 Satz 3, auch in Verbindung mit Abs. 2 Satz 2 oder § 53b Abs. 3, einen Kunden, das Bundesaufsichtsamt oder die Deutsche Bundesbank nicht, nicht richtig, nicht vollständig, nicht in der vorgeschriebenen Weise oder nicht rechtzeitig unterrichtet,
8. einer vollziehbaren Auflage nach § 32 Abs. 2 Satz 1 zuwiderhandelt,
9. entgegen § 44 Abs. 1 Satz 1, auch in Verbindung mit § 44b Abs. 1 oder § 53b Abs. 3 Satz 1, § 44 Abs. 2 Satz 1 oder § 44c Abs.1, auch in Verbindung mit § 53b Abs. 3 Satz 1, eine Auskunft nicht, nicht richtig, nicht vollständig oder nicht rechtzeitig erteilt oder

eine Unterlage nicht, nicht richtig, nicht vollständig oder nicht rechtzeitig vorlegt.

10. entgegen § 44 Abs. 1 Satz 4, auch in Verbindung mit § 44b Abs. 2 oder § 53b Abs. 3, Abs. 2 Satz 4, Abs. 4 Satz 3, Abs. 5 Satz 4 oder § 44c Abs. 5 Satz 1, auch in Verbindung mit § 53b Abs. 3, eine Maßnahme nicht duldet,
11. entgegen § 44 Abs. 5 Satz 1 eine dort genannte Maßnahme nicht oder nicht rechtzeitig vornimmt,
12. einer vollziehbaren Anordnung nach § 46 Abs. 1 Satz 1 oder § 46a Abs. 1 Satz 1, jeweils auch in Verbindung mit § 53b Abs. 3 Satz 1, zuwiderhandelt oder
13. einer Rechtsverordnung nach § 47 Abs. 1 Nr. 2 oder 3 oder § 48 Abs. 1 Satz 1 zuwiderhandelt, soweit sie für einen bestimmten Tatbestand auf diese Bußgeldvorschrift verweist.

(4) Die Ordnungswidrigkeit kann in den Fällen des Absatzes 1, des Absatzes 2 Nr. 3 Buchstabe a, Nr. 6 und 7 sowie des Absatzes 3 Nr. 12 mit einer Geldbuße bis zu einer Million Deutsche Mark, in den Fällen des Absatzes 2 Nr. 1, 2 und 3 Buchstabe b sowie des Absatzes 3 Nr. 4 bis 10 mit einer Geldbuße bis zu dreihunderttausend Deutsche Mark, in den übrigen Fällen mit einer Geldbuße bis zu hunderttausend Deutsche Mark geahndet werden.

§§ 57 und 58. *(weggefallen)*

§ 59. Geldbußen gegen Unternehmen. § 30 des Gesetzes über Ordnungswidrigkeiten gilt für Institute in der Rechtsform einer juristischen Person oder Personenhandelsgesellschaft oder für Unternehmen im Sinne des § 53b Abs. 1 Satz 1, Abs. 7 Satz 1, die über eine Zweigniederlassung oder im Wege des grenzüberschreitenden Dienstleistungsverkehrs im Inland tätig sind, auch dann, wenn ein Geschäftsleiter, der nicht nach Gesetz, Satzung oder Gesellschaftsvertrag zur Vertretung des Unternehmens berufen ist, eine Straftat oder Ordnungswidrigkeit begangen hat.

§ 60. Zuständige Verwaltungsbehörde. Verwaltungsbehörde im Sinne des § 36 Abs. 1 Nr. 1 des Gesetzes über Ordnungswidrigkeiten ist das Bundesaufsichtsamt für das Kreditwesen.

§ 60a. Mitteilungen in Strafsachen. (1) Das Gericht, die Strafverfolgungs- oder die Strafvollstreckungsbehörde hat in Strafverfahren gegen Inhaber oder Geschäftsleiter von Instituten sowie gegen Inhaber bedeutender Beteiligungen an Instituten oder deren gesetzliche Vertreter oder persönlich haftende Gesellschafter wegen Verletzung ihrer Berufspflichten oder anderer Straftaten bei oder im Zusammenhang mit der Ausübung eines Gewerbes oder dem Betrieb einer sonstigen wirtschaftlichen Unternehmung, ferner in Strafverfahren, die Straftaten nach § 54 zum Gegenstand haben, im Falle der Erhebung der öffentlichen Klage dem Bundesaufsichtsamt

1. die Anklageschrift oder eine an ihre Stelle tretende Antragsschrift,
2. den Antrag auf Erlaß eines Strafbefehls und
3. die das Verfahren abschließende Entscheidung mit Begründung

zu übermitteln; ist gegen die Entscheidung ein Rechtsmittel eingelegt worden, ist die Entscheidung unter Hinweis auf das eingelegte Rechtsmittel zu übermitteln. In Verfahren wegen fahrlässig begangener Straftaten werden die in den Nummern 1 und 2 bestimmten Übermittlungen nur vorgenommen, wenn aus der Sicht der übermittelten Stelle unverzüglich Entscheidungen oder andere Maßnahmen des Bundesaufsichtsamtes geboten sind.

(2) Werden sonst in einem Strafverfahren Tatsachen bekannt, die auf Mißstände in dem Geschäftsbetrieb eines Kreditinstituts hindeuten, und ist deren Kenntnis aus der Sicht der übermittelnden Stelle für Maßnahmen des Bundesaufsichtsamtes nach diesem Gesetz erforderlich, soll das Gericht, die Strafverfolgungs- oder die Strafvollstreckungsbehörde diese Tatsachen ebenfalls mitteilen, soweit nicht für die übermittelnde Stelle erkennbar ist, daß schutzwürdige Interessen des Betroffenen überwiegen. Dabei ist zu berücksichtigen, wie gesichert die zu übermittelnden Erkenntnisse sind.

Sechster Abschnitt. Übergangs- und Schlußvorschriften

§ 61. Erlaubnis für bestehende Kreditinstitute. Soweit ein Kreditinstitut bei Inkrafttreten dieses Gesetzes Bankgeschäfte in dem in § 1 Abs. 1 bezeichneten Umfang betreiben durfte, gilt die Erlaubnis nach § 32 als erteilt. Die in § 35 Abs. 1 genannte Frist beginnt mit dem Inkrafttreten dieses Gesetzes zu laufen.

§ 62. Überleitungsbestimmungen. (1) Die auf dem Gebiet des Kreditwesens bestehenden Rechtsvorschriften sowie die auf Grund der bisherigen Rechtsvorschriften erlassenen Anordnungen bleiben aufrechterhalten, soweit ihnen nicht Bestimmungen dieses Gesetzes entgegenstehen. Rechtsvorschriften, die für die geschäftliche Betätigung bestimmter Arten von Kreditinstituten weitergehende Anforderungen stellen als dieses Gesetz, bleiben unberührt.

(2) Aufgaben und Befugnisse, die in Rechtsvorschriften des Bundes der Bankaufsichtsbehörde zugewiesen sind, gehen auf das Bundesaufsichtsamt über.

(3) Die Zuständigkeiten der Länder für die Anerkennung als verlagertes Geldinstitut nach der Fünfunddreißigsten Durchführungsverordnung zum Umstellungsgesetz, für die Bestätigung der Umstellungsrechnung und der Altbankenrechnung sowie für die Aufgaben und Befugnisse nach den Wertpapierbereinigungsgesetzen und dem Bereinigungsgesetz für deutsche Auslandsfonds bleiben unberührt.

§ 63. (Aufhebung und Änderung von Rechtsvorschriften).

§ 63a. Sondervorschriften für das in Artikel 3 des Einigungsvertrages genannte Gebiet.

(1) Soweit ein Kreditinstitut mit Sitz in der Deutschen Demokratischen Republik einschließlich Berlin (Ost) am 1. Juli 1990 Bankgeschäfte in dem in § 1 Abs. 1 bezeichneten Umfang betreiben durfte, gilt die Erlaubnis nach § 32 als erteilt.

(2) Das Bundesaufsichtsamt kann Gruppen von Kreditinstituten oder einzelne Kreditinstitute mit Sitz in dem in Artikel 3 des Einigungsvertrages genannten Gebiet von Verpflichtungen auf Grund dieses Gesetzes freistellen, wenn dies aus besonderen Gründen, insbesondere wegen der noch fehlenden Angleichung des Rechts in dem in Artikel 3 des Einigungsvertrages genannten Gebiet an das Bundesrecht, angezeigt ist.

(3) § 9 Abs. 1 Satz 3 Nr. 3, § 46a Abs. 1 Satz 1, Abs. 3 Satz 2, § 46b Satz 1 bis 5, §§ 46c und 47 Abs. 1 Nr. 1 gelten mit der Maßgabe, daß für Kreditinstitute mit Sitz in dem in Artikel 3 des Einigungsvertrages genannten Gebiet an die Stelle des Konkursverfahrens das Verfahren nach der Gesamtvollstreckungsordnung tritt und daß die Gesamtvollstreckung nur auf Antrag des Bundesaufsichtsamtes eröffnet werden kann.

§ 64. Nachfolgeunternehmen der Deutschen Bundespost. Ab 1. Januar 1995 gilt die Erlaubnis nach § 32 für das Nachfolgeunternehmen der Deutschen Bundespost POSTBANK als erteilt. Bei der Zusammenfassung gemäß § 19 Abs. 2 Satz 1 werden bis zum 31. Dezember 2002 Anteile an den Nachfolgeunternehmen der Deutschen Bundespost nicht berücksichtigt, die von der Bundesanstalt für Post und Telekommunikation Deutsche Bundespost gehalten werden.

§ 64a. Grenzen für Anlagen von bestehenden Kreditinstituten. Hält ein Kreditinstitut oder eine Kreditinstitutsgruppe am 1. Januar 1993 die nach § 12 Abs. 1 vorgesehenen Grenzen nicht ein, so hat das Kreditinstitut oder die Kreditinstitutsgruppe innerhalb von zehn Jahren von diesem Zeitpunkt an die Anforderungen dieser Vorschrift zu erfüllen.

§ 64b. Kapital von bestehenden Kreditinstituten. (1) Einlagenkreditinstitute, die am 1. Januar 1993 nach § 32 zugelassen sind, darf abweichend von § 33 Abs. 1 Satz 1 Nr. 1 Buchstabe d an Anfangskapital ein niedrigerer Betrag als der Gegenwert von 5 Millionen ECU zur Verfügung stehen. In diesem Fall darf das Anfangskapital nicht unter den am 31. Dezember 1990 vorhandenen Betrag absinken. Bei nach dem 31. Dezember 1990 zugelassenen Einlagenkreditinstituten darf das Anfangskapital nicht unter den Betrag zum Zeitpunkt der Zulassung absinken.

(2) Sind die Voraussetzungen des Absatzes 1 erfüllt, ist § 35 Abs. 2 Nr. 3 in Verbindung mit § 33 Abs. 1 Satz 1 Nr. 1 Buchstabe d über die Aufhebung der Erlaubnis nicht anzuwenden.

(3) Wechselt die Kontrolle über ein Kreditinstitut, das die Vergünstigung des Absatzes 1 für sich in Anspruch genommen hat, so ist § 33 Abs. 1 Satz 1 Nr. 1 Buchstabe d über die Höhe des Kapitals auf das Kreditinstitut anzuwenden.

(4) Bei einem Zusammenschluß von zwei oder mehreren Kreditinstituten, welche die Vergünstigung des Absatzes 1 für sich in Anspruch genommen haben, darf das Anfangskapital des aus dem Zusammenschluß hervorgehenden Kreditinstituts mit Einwilligung des Bundesaufsichtsamtes unter dem Gegenwert von fünf Millionen ECU liegen, wenn eine Gefahr für die Erfüllung der Verpflichtungen des Kreditinstituts gegenüber seinen Gläubigern nicht besteht. Das Anfangskapital des zusammengeschlossenen Kreditinstituts muß in diesem Fall jedoch mindestens den zum Zeitpunkt des Zusammenschlusses vorhandenen Gesamtbetrag des Anfangskapitals der sich zusammenschließenden Kreditinstitute erreichen.

(5) Das Bundesaufsichtsamt kann dem Kreditinstitut eine Frist einräumen, innerhalb der es die Kapitalanforderungen nach Absatz 1 Satz 2 oder 3 oder Absatz 4 Satz 2 zu erfüllen oder seine Tätigkeit einzustellen hat. Erfüllt ein Kreditinstitut diese Kapitalanforderungen dauerhaft nicht, so gilt § 35 Abs. 2 Nr. 3 über die Aufhebung der Erlaubnis entsprechend.

§ 64c. Übergangsregelung für aktivische Unterschiedsbeträge. Ist der Buchwert einer Beteiligung, die bis zum 31. Dezember 1993 erworben worden ist, höher als der nach § 10a Abs. 6

zusammenzufassende Teil des Kapitals und der Rücklagen des nachgeordneten Unternehmens, so braucht das Institut abweichend von § 10a den Unterschiedsbetrag, wie er sich bei erstmaliger Einbeziehung in die Zusammenfassung ergibt, für die Dauer von längstens zehn Jahren mit einem jährlich um mindestens ein Zehntel abnehmenden Betrag nicht in den Abzug nach § 10a Abs. 6 Satz 3 einzubeziehen, sondern kann ihn wie eine Beteiligung an einem gruppenfremden Unternehmen behandeln.

§ 64d. Übergangsregelung für Großkredite. Bis zum 31. Dezember 1998 gelten für die Großkreditdefinitionsgrenze nach § 13 Abs. 1 Satz 1 und für die Gesamtbuch-Großkreditgrenze nach § 13a Abs. 1 Satz 3 ein Vomhundertsatz von 15 statt 10, für die Großkrediteinzelobergrenze nach § 13 Abs. 3 Satz 1 oder 3, die Anlagebuch-Großkrediteinzelobergrenze nach § 13a Abs. 3 Satz 1 oder 3 und die Gesamtbuch-Großkrediteinzelobergrenze nach § 13a Abs. 4 Satz 1 oder 3 und 4 ein Vomhundertsatz von 40 statt 25 oder ein Vomhundertsatz von 30 statt 20. Die Kredite sind bis zum 31. Dezember 2001 auf die Großkrediteinzelobergrenzen nach § 13 Abs. 3 Satz 1 oder 3 und § 13a Abs. 4 Satz 1 oder 3 zurückzuführen. Satz 2 gilt nicht nur für Kredite, die vor dem 1. Januar 1996 gewährt wurden und auf Grund vertraglicher Bedingungen erst nach dem 31. Dezember 2001 fällig werden. Für Institute, deren haftendes Eigenkapital am 5. Februar 1993 sieben Millionen ECU nicht überstiegen hat, verlängern sich die in den Sätzen 1 und 2 genannten Fristen jeweils um fünf Jahre; Satz 3 gilt entsprechend. Satz 4 gilt nicht, falls ein solches Institut nach dem 5. Februar 1993 mit einem anderen Institut verschmolzen worden ist oder wird und das haftende Eigenkapital der verschmolzenen Kreditinstitute sieben Millionen ECU übersteigt.

§ 64e. Übergangsvorschriften zum Sechsten Gesetz zur Änderung des Gesetzes über das Kreditwesen. (1) Für ein Kreditinstitut, das am 1. Januar 1998 über eine Erlaubnis als Einlagenkreditinstitut verfügt, gilt die Erlaubnis für das Betreiben des Finanzkommissionsgeschäftes, des Emissionsgeschäftes, des Geldkartengeschäftes, des Netzgeldgeschäftes sowie für das Erbringen von Finanzdienstleistungen für diesen Zeitpunkt als erteilt.

(2) Finanzdienstleistungsinstitute und Wertpapierhandelsbanken, die am 1. Januar 1998 zulässigerweise tätig waren, ohne über eine Erlaubnis des Bundesaufsichtsamtes zu verfügen, haben bis zum 1. April 1998 ihre nach diesem Gesetz erlaubnispflichtigen Tätigkeiten und die Absicht, diese fortzuführen, dem Bundesaufsichtsamt und der Deutschen Bundesbank anzuzeigen. Ist die Anzeige fristgerecht erstattet worden, gilt die Erlaubnis nach § 32 in diesem Unfang als erteilt. Das Bundesaufsichtsamt bestätigt die bezeichneten Erlaubnisgegenstände innerhalb von drei Monaten nach Eingang der Anzeige. Innerhalb von drei Monaten nach Zugang der Bestätigung des Bundesaufsichtsamtes hat das Institut dem Bundesaufsichtsamt und der Deutschen Bundesbank eine Ergänzungsanzeige einzureichen, die den inhaltlichen Anforderungen des § 32 entspricht. Wird die Ergänzungsanzeige nicht fristgerecht eingereicht, kann das Bundesaufsichtsamt die Erlaubnis nach Satz 2 aufheben; § 35 bleibt unberührt. Das Bundesaufsichtsamt übermittelt dem Bundesaufsichtsamt für den Wertpapierhandel je eine Kopie der Anzeige gemäß Satz 1, der Bestätigung gemäß Satz 3, der Ergänzungsanzeige gemäß Satz 4 und des Aufhebungsbescheids gemäß Satz 5.

(3) Auf Institute, für die eine Erlaubnis nach Absatz 2 als erteilt gilt, sind § 35 Abs. 2 Nr. 3 in Verbindung mit § 33 Abs. 1 Satz 1 Nr. 1 Buchstabe a bis c sowie § 24 Abs. 1 Nr. 10 über das Anfangskapital erst ab 1. Januar 2003 anzuwenden. Solange das Anfangskapital der in Satz 1 genannten Institute geringer ist als der bei Anwendung des § 33 Abs. 1 Satz 1 Nr. 1 erforderliche Betrag, darf es den Durchschnittswert der jeweils sechs vorangehenden Monate nicht unterschreiten; der Durchschnittswert ist alle sechs Monate zu berechnen und dem Bundesaufsichtsamt mitzuteilen. Bei einem Unterschreiten des in Satz 2 genannten Durchschnittswertes kann das Bundesaufsichtsamt die Erlaubnis aufheben. Auf die in Satz 1 genannten Institute sind § 10 Abs. 1 bis 8, §§ 10a, 11 und 13 bis 13b erst ab 1. Januar 1999 anzuwenden, es sei denn, sie errichten eine Zweigniederlassung oder erbringen grenzüberschreitende Dienstleistungen in anderen Staaten des Europäischen Wirtschaftsraums gemäß § 24a. Wertpapierhandelsunternehmen, für die eine Erlaubnis nach Absatz 2 als erteilt gilt und die § 10 Abs. 1 bis 8, §§ 10a, 11 und 13 bis 13b nicht anwenden, haben die Kunden darüber zu unterrichten, daß sie nicht gemäß § 24a in anderen Staaten des Europäischen Wirtschaftsraums eine Zweigniederlassung errichten oder grenzüberschreitende Dienstleistungen erbringen können. Institute, für die eine Erlaubnis nach Absatz 2 als erteilt gilt, haben dem Bundesaufsichtsamt und der Deutschen Bundesbank anzuzeigen, ob sie § 10 Abs. 1 bis 8, §§ 10a, 11 und 13 bis 13b anwenden.

(4) Kreditinstitute, die am 1. Januar 1998 über eine Erlaubnis nach § 32 verfügen, brauchen die §§ 10, 10a und 13 bis 13b erst ab 1. Ok-

tober 1998 anzuwenden. Bis zu diesem Zeitpunkt haben Kreditinstitute, welche die §§ 10, 10a und 13 bis 13b nicht anwenden, die Vorschriften der §§ 10, 10a, 13 und 13a in der Fassung der Bekanntmachung vom 22. Januar 1996 (BGBl. I S. 64) anzuwenden. Soweit die in Satz 1 genannten Kreditinstitute die §§ 10, 10a und 13 bis 13b anwenden, haben sie dies dem Bundesaufsichtsamt und der Deutschen Bundesbank unverzüglich anzuzeigen.

(5) Nachgewiesenes freies Vermögen des Inhabers oder der persönlich haftenden Gesellschafter eines Kreditinstituts, das am 1. Januar 1998 über eine Erlaubnis nach § 32 verfügt, kann auf Antrag in einem vom Bundesaufsichtsamt zu bestimmenden Umfang als haftendes Eigenkapital berücksichtigt werden.

Gesetz über die Deutsche Bundesbank

In der Fassung der Bekanntmachung vom 22. Oktober 1992,
mit Änderungen bis zum 22. Dezember 1997

Erster Abschnitt.

Errichtung, Rechtsform und Aufgabe

§ 1. Errichtung der Deutschen Bundesbank. [1]Die Landeszentralbanken und die Berliner Zentralbank werden mit der Bank deutscher Länder verschmolzen. [2]Die Bank deutscher Länder wird Deutsche Bundesbank.

§ 2. Rechtsform, Grundkapital und Sitz. [1]Die Deutsche Bundesbank ist eine bundesunmittelbare juristische Person des öffentlichen Rechts. [2]Ihr Grundkapital im Betrage von fünf Milliarden Deutsche Mark steht dem Bund zu. [3]Die Bank hat ihren Sitz in Frankfurt am Main.

§ 3. Aufgaben. [1]Die Deutsche Bundesbank ist als Zentralbank der Bundesrepublik Deutschland integraler Bestandteil des Europäischen Systems der Zentralbanken. [2]Sie wirkt an der Erfüllung seiner Aufgaben mit dem vorrangigen Ziel mit, die Preisstabilität zu gewährleisten, und sorgt für die bankmäßige Abwicklung des Zahlungsverkehrs im Inland und mit dem Ausland. [3]Sie nimmt darüber hinaus die ihr nach diesem Gesetz oder anderen Rechtsvorschriften übertragenen Aufgaben wahr.

§ 4. Beteiligungen. Die Deutsche Bundesbank ist unbeschadet des Artikels 6 Abs. 2 der Satzung des Europäischen Systems der Zentralbanken und der Europäischen Zentralbank berechtigt, sich an der Bank für Internationalen Zahlungsausgleich und mit Zustimmung der Bundesregierung an anderen Einrichtungen zu beteiligen, die einer übernationalen Währungspolitik oder dem internationalen Zahlungs- und Kreditverkehr dienen oder sonst geeignet sind, die Erfüllung ihrer Aufgabe zu fordern.

Zweiter Abschnitt.

Organisation

§ 5. Organe. Organe der Deutschen Bundesbank sind der Zentralbankrat (§ 6), das Direktorium (§ 7) und die Vorstände der Landeszentralbanken (§ 8).

§ 6. Zentralbankrat. (1) [1]Der Zentralbankrat bestimmt die Geschäftspolitik der Bank. [2]Bei der Erfüllung der Aufgaben des Europäischen Systems der Zentralbanken handelt er im Rahmen der Leitlinien und Weisungen der Europäischen Zentralbank. [3]Er erörtert die Auswirkungen der Geld- und Währungspolitik unbeschadet der Weisungsunabhängigkeit des Präsidenten in seiner Eigenschaft als Mitglied des Rates der Europäischen Zentralbank sowie der für die Europäische Zentralbank geltenden Geheimhaltungsvorschriften. [4]Er stellt allgemeine Richtlinien für die Geschäftsführung und Verwaltung auf und grenzt die Zuständigkeit des Direktoriums sowie der Vorstände der Landeszentralbanken im Rahmen der Bestimmungen dieses Gesetzes ab. [5]Er kann auch im Einzelfall dem Direktorium und den Vorständen der Landeszentralbanken Weisungen erteilen.

(2) Der Zentralbankrat besteht aus dem Präsidenten und dem Vizepräsidenten der Deutschen Bundesbank, den weiteren Mitgliedern des Direktoriums und den Präsidenten der Landeszentralbanken.

(3) [1]Der Zentralbankrat berät unter dem Vorsitz des Präsidenten oder des Vizepräsidenten der Deutschen Bundesbank. [2]Er faßt seine Beschlüsse mit einfacher Mehrheit der abgegebenen Stimmen. [3]Im übrigen regelt die Satzung die Voraussetzungen für die Beschlußfassung. [4]Die Satzung kann vorsehen, daß die Mitglieder des Zentralbankrats bei nachhaltiger Verhinderung vertreten werden.

§ 7. Direktorium. (1) [1]Das Direktorium ist für die Durchführung der Beschlüsse des Zentralbankrats verantwortlich. [2]Es leitet und verwaltet die Bank, soweit nicht die Vorstände der Landeszentralbanken zuständig sind. [3]Dem Direktorium sind insbesondere vorbehalten

1. Geschäfte mit dem Bund und seinen Sondervermögen,
2. Geschäfte mit Kreditinstituten, die zentrale Aufgaben im gesamten Bundesgebiet haben,
3. Devisengeschäfte und Geschäfte im Verkehr mit dem Ausland,
4. Geschäfte am offenen Markt.

(2) [1]Das Direktorium besteht aus dem Präsidenten und dem Vizepräsidenten der Deutschen Bundesbank sowie bis zu sechs weiteren Mitgliedern. [2]Die Mitglieder des Direktoriums müssen besondere fachliche Eignung besitzen.

(3) [1]Der Präsident und der Vizepräsident sowie die weiteren Mitglieder des Direktoriums werden vom Bundespräsidenten auf Vorschlag

der Bundesregierung bestellt. [2]Die Bundesregierung hat bei ihren Vorschlägen den Zentralbankrat anzuhören. [3]Die Mitglieder werden für acht Jahre, ausnahmsweise auch für kürzere Zeit, mindestens jedoch für fünf Jahre bestellt. Bestellung und Ausscheiden sind im Bundesanzeiger zu veröffentlichen.

(4) [1]Die Mitglieder des Direktoriums stehen in einem öffentlich-rechtlichen Amtsverhältnis. [2]Ihre Rechtsverhältnisse gegenüber der Bank, insbesondere die Gehälter, Ruhegehälter und Hinterbliebenenbezüge, werden durch Verträge mit dem Zentralbankrat geregelt. [3]Die Verträge bedürfen der Zustimmung der Bundesregierung.

(5) [1]Das Direktorium berät unter dem Vorsitz des Präsidenten oder des Vizepräsidenten der Deutschen Bundesbank. [2]Es faßt seine Beschlüsse mit einfacher Mehrheit der abgegebenen Stimmen. [3]Bei Stimmengleichheit gibt die Stimme des Vorsitzenden den Ausschlag. [4]Im übrigen regelt die Satzung die Voraussetzungen für die Beschlußfassung. [5]Die Satzung kann vorsehen, daß bestimmte Beschlüsse der Einstimmigkeit oder einer anderen Stimmenmehrheit bedürfen.

§ 8. Landeszentralbanken. (1) Die Deutsche Bundesbank unterhält je eine Hauptverwaltung mit der Bezeichnung Landeszentralbank für den Bereich
1. des Landes Baden-Württemberg,
2. des Freistaates Bayern,
3. der Länder Berlin und Brandenburg,
4. der Freien Hansestadt Bremen und der Länder Niedersachsen und Sachsen-Anhalt,
5. der Freien und Hansestadt Hamburg und der Länder Mecklenburg-Vorpommern und Schleswig-Holstein,
6. des Landes Hessen,
7. des Landes Nordrhein-Westfalen,
8. der Länder Rheinland-Pfalz und Saarland,
9. der Freistaaten Sachsen und Thüringen.

(2) [1]Der Vorstand einer Landeszentralbank führt die in den Bereich seiner Hauptverwaltung fallenden Geschäfte und Verwaltungsangelegenheiten durch. [2]Den Landeszentralbanken sind insbesondere vorbehalten
1. Geschäfte mit dem Land oder den Ländern sowie mit öffentlichen Verwaltungen im Land oder in den Ländern,
2. Geschäfte mit Kreditinstituten ihres Bereichs, soweit sie nicht nach § 7 Abs. 1 Nr. 2 dem Direktorium vorbehalten sind.

(3) [1]Der Vorstand der Landeszentralbank besteht aus dem Präsidenten und dem Vizepräsidenten und in den Fällen des Absatzes 1 Nr. 4 und 5 einem weiteren Vorstandsmitglied. [2]Die Satzung kann die Bestellung von einem oder zwei weiteren Vorstandsmitgliedern zulassen und Bestimmungen über die Beschlußfassung der Vorstände treffen. [3]Die Vorstandsmitglieder müssen besondere fachliche Eignung besitzen.

(4) [1]Die Präsidenten der Landeszentralbanken werden vom Bundespräsidenten auf Vorschlag des Bundesrates bestellt. [2]Der Bundesrat macht seine Vorschläge auf Grund eines Vorschlags der nach Landesrecht zuständigen Stellen der beteiligten Länder und nach Anhörung des Zentralbankrats. [3]Die Vizepräsidenten und die weiteren Vorstandsmitglieder werden auf Vorschlag des Zentralbankrats vom Präsidenten der Deutschen Bundesbank bestellt. [4]Die Vorstandsmitglieder werden für acht Jahre, ausnahmsweise auch für kürzere Zeit, mindestens jedoch für fünf Jahre bestellt. [5]Bestellung und Ausscheiden sind im Bundesanzeiger zu veröffentlichen.

(5) [1]Die Mitglieder des Vorstandes stehen in einem öffentlich-rechtlichen Amtsverhältnis. [2]Ihre Rechtsverhältnisse gegenüber der Bank, insbesondere die Gehälter, Ruhegehälter und Hinterbliebenenbezüge werden durch Verträge mit dem Zentralbankrat geregelt. [3]Die Verträge bedürfen der Zustimmung der Bundesregierung.

§ 9. Beiräte bei den Landeszentralbanken.

(1) Bei jeder Landeszentralbank besteht ein Beirat, der mit dem Präsidenten der Landeszentralbank über Fragen der Währungs- und Kreditpolitik und mit dem Vorstand der Landeszentralbank über die Durchführung der ihm in seinem Bereich obliegenden Aufgaben berät.

(2) [1]Der Beirat besteht aus höchstens vierzehn Mitgliedern, die besondere Kenntnisse auf dem Gebiet des Kreditwesens haben sollen. [2]Höchstens die Hälfte der Mitglieder soll aus den verschiedenen Zweigen des Kreditgewerbes, die übrigen Mitglieder sollen aus der gewerblichen Wirtschaft, dem Handel, der Versicherungswirtschaft, der Freien Berufe, der Landwirtschaft sowie der Arbeiter- und Angestelltenschaft ausgewählt werden.

(3) Die Mitglieder des Beirats werden auf Vorschlag der zuständigen Landesregierungen und nach Anhörung des Vorstandes der Landeszentralbank durch den Präsidenten der Deutschen Bundesbank auf die Dauer von drei Jahren berufen.

(4) [1]Den Vorsitz im Beirat führt der Landeszentralbankpräsident oder sein Stellvertreter. [2]Den zuständigen Landesministern ist Gelegenheit zu geben, an den Sitzungen des Beirats teilzunehmen. [3]Sie können die Einberufung des Beirats verlangen. [4]Im übrigen wird das Verfahren des Beirats durch die Satzung geregelt.

§ 10. Zweiganstalten. [1]Die Deutsche Bundesbank darf Zweiganstalten (Hauptstellen und Zweigstellen) unterhalten. [2]Die Hauptstellen werden von zwei Direktoren geleitet, die der zuständigen Landeszentralbank unterstehen. [3]Die Zweigstellen werden von einem Direktor geleitet, der der übergeordneten Hauptstelle untersteht.

§ 11. Vertretung. (1) [1]Die Deutsche Bundesbank wird gerichtlich und außergerichtlich durch das Direktorium, im Bereich einer Landeszentralbank auch durch deren Vorstand und im Bereich einer Hauptstelle auch durch deren Direktoren vertreten. § 31 Abs. 2 und § 41 Abs. 4 bleiben unberührt.

(2) [1]Willenserklärungen sind für die Deutsche Bundesbank verbindlich, wenn sie von zwei Mitgliedern des Direktoriums oder des Vorstandes einer Landeszentralbank oder von zwei Direktoren einer Hauptstelle abgegeben werden. [2]Sie können auch von bevollmächtigten Vertretern abgegeben werden, die das Direktorium oder im Bereich einer Landeszentralbank deren Vorstand bestimmt. [3]Zur Rechtswirksamkeit einer der Bank gegenüber abzugebenden Willenserklärung genügt die Erklärung gegenüber einem Vertretungsberechtigten.

(3) Die Vertretungsbefugnis kann durch die Bescheinigung eines Urkundsbeamten der Deutschen Bundesbank nachgewiesen werden.

(4) Klagen gegen die Deutsche Bundesbank, die auf den Geschäftsbetrieb einer Landeszentralbank oder einer Hauptstelle Bezug haben, können auch bei dem Gericht des Sitzes der Landeszentralbank oder der Hauptstelle erhoben werden.

Dritter Abschnitt.

Bundesregierung und Bundesbank

§ 12. Verhältnis der Bank zur Bundesregierung. [1]Die Deutsche Bundesbank ist bei der Ausübung der Befugnisse, die ihr nach diesem Gesetz zustehen, von Weisungen der Bundesregierung unabhängig. [2]Soweit dies unter Wahrung ihrer Aufgabe als Bestandteil des Europäischen Systems der Zentralbanken möglich ist, unterstützt sie die allgemeine Wirtschaftspolitik der Bundesregierung.

§ 13. Zusammenarbeit. (1) Die Deutsche Bundesbank hat die Bundesregierung in Angelegenheiten von wesentlicher währungspolitischer Bedeutung zu beraten und ihr auf Verlangen Auskunft zu geben.

(2) [1]Die Mitglieder der Bundesregierung haben das Recht, an den Beratungen des Zentralbankrats teilzunehmen. [2]Sie haben kein Stimmrecht, können aber Anträge stellen.

(3) Die Bundesregierung soll den Präsidenten der Deutschen Bundesbank zu ihren Beratungen über Angelegenheiten von währungspolitischer Bedeutung zuziehen.

Vierter Abschnitt.

Währungspolitische Befugnisse

§ 14. Notenausgabe. (1) [1]Die Deutsche Bundesbank hat unbeschadet des Artikels 105a Abs. 1 des EG-Vertrages das ausschließliche Recht, Banknoten im Geltungsbereich dieses Gesetzes auszugeben. [2]Ihre Noten lauten auf Deutsche Mark. [3]Sie sind das einzige unbeschränkte gesetzliche Zahlungsmittel. [4]Noten, die auf kleinere Beträge als zehn Deutsche Mark lauten, dürfen nur im Einvernehmen mit der Bundesregierung ausgegeben werden. [5]Die Deutsche Bundesbank hat die Stückelung und die Unterscheidungsmerkmale der von ihr ausgegebenen Noten öffentlich bekanntzumachen.

(2) [1]Die Deutsche Bundesbank kann Noten zur Einziehung aufrufen. [2]Aufgerufene Noten werden nach Ablauf der beim Aufruf bestimmten Umtauschfrist ungültig.

(3) [1]Die Deutsche Bundesbank ist nicht verpflichtet, für vernichtete, verlorene, falsche, verfälschte oder ungültig gewordene Noten Ersatz zu leisten. [2]Sie hat für beschädigte Noten Ersatz zu leisten, wenn der Inhaber entweder Teile einer Note vorlegt, die insgesamt größer sind als die Hälfte der Note, oder den Nachweis führt, daß der Rest der Note, von der er nur die Hälfte oder einen geringeren Teil vorlegt, vernichtet ist.

§ 15. Diskont-, Kredit- und Offenmarktpolitik. *(aufgehoben)*

§ 16. Mindestreserve-Politik. *(aufgehoben)*

§ 17. *(aufgehoben)*

§ 18. Statistische Erhebungen. [1]Die Deutsche Bundesbank ist berechtigt, zur Erfüllung ihrer Aufgabe Statistiken auf dem Gebiet des Bank- und Geldwesens bei allen Kreditinstituten anzuordnen und durchzuführen. [2]§§ 9, 15 und 16 des Bundesstatistikgesetzes sind entsprechend anzuwenden. [3]Die Deutsche Bundesbank kann die Ergebnisse der Statistiken für allgemeine Zwecke veröffentlichen. [4]Die Veröffentlichungen dürfen keine Einzelangaben enthalten. [5]Den nach § 13 Abs. 1 Auskunftsberechtigten dürfen Einzelangaben nur mitgeteilt werden, wenn und soweit es in der Anordnung über die Statistik vorgesehen ist.

Fünfter Abschnitt.

Geschäftskreis

§ 19. Geschäfte mit Kreditinstituten. (1) Die Deutsche Bundesbank darf mit Kreditinstituten im Geltungsbereich dieses Gesetzes folgende Geschäfte betreiben:

1. Wechsel und Schecks kaufen und verkaufen, aus denen drei als zahlungsfähig bekannte Verpflichtete haften; von dem Erfordernis der dritten Unterschrift kann abgesehen werden, wenn die Sicherheit des Wechsels oder Schecks in anderer Weise gewährleistet ist, die Wechsel müssen innerhalb von drei Monaten, vom Tage des Ankaufs an gerechnet, fällig sein; sie sollen gute Handelswechsel sein;
2. Schatzwechsel kaufen und verkaufen, die von dem Bund, einem der in § 20 Abs. 1 Nr. 1 bezeichneten Sondervermögen des Bundes oder einem Land ausgestellt und innerhalb von drei Monaten, vom Tage des Ankaufs angerechnet, fällig sind;
3. verzinsliche Darlehen gegen Pfänder (Lombardkredite) auf längstens drei Monate gewähren, und zwar gegen
   a) Wechsel, die den Erfordernissen der Nummer 1 entsprechen,
   b) Schatzwechsel, die den Erfordernissen der Nummer 2 entsprechen,
   c) Schuldverschreibungen und Schuldbuchforderungen in Form unverzinslicher Schatzanweisungen, deren Aussteller der Bund, ein Sondervermögen des Bundes oder ein Land ist,
   d) sonstige Schuldverschreibungen und Schuldbuchforderungen, deren Aussteller oder Schuldner der Bund, ein Sondervermögen des Bundes oder ein Land ist,
   e) andere von der Bank bestimmte Schuldverschreibungen und Schuldbuchforderungen.
   f) im Schuldbuch eingetragene Ausgleichsforderungen nach § 1 des Gesetzes über die Tilgung von Ausgleichsforderungen.

   Kommt der Schuldner eines Lombardkredits in Verzug, so ist die Bank berechtigt, das Pfand durch einen ihrer Beamten oder durch einen zu Versteigerungen befugten Beamten zu versteigern oder, wenn der verpfändete Gegenstand einen Börsen- oder Marktpreis hat, durch einen dieser Beamten oder einen Handelsmakler zum laufenden Preis zu verkaufen und sich aus dem Erlös für Kosten, Zinsen und Kapital bezahlt zu machen; dieses Recht behält die Bank gegenüber anderen Gläubigern und gegenüber der Insolvenzmasse des Schuldners;
4. unverzinsliche Giroeinlagen annehmen;
5. Wertgegenstände, insbesondere Wertpapiere in Verwahrung und Verwaltung nehmen; die Ausübung des Stimmrechts aus den vor ihr verwahrten oder verwalteten Wertpapieren ist der Bank untersagt;
6. Schecks, Wechsel, Anweisungen, Wertpapiere und Zinsscheine zum Einzug übernehmen und nach Deckung Zahlung leisten, soweit nicht die Bank für die Gutschrift des Gegenwertes für Schecks und Anweisungen etwas anderes bestimmt;
7. andere bankmäßige Auftragsgeschäfte nach Deckung ausführen;
8. auf ausländische Währung lautende Zahlungsmittel einschließlich Wechsel und Schecks, Forderungen und Wertpapiere sowie Gold, Silber und Platin kaufen und verkaufen;
9. alle Bankgeschäfte im Verkehr mit dem Ausland vornehmen.

(2) Bei den in Absatz 1 Nr. 1 bis 3 bezeichneten Geschäften sind die Diskont- und Lombardsätze anzuwenden.

§ 20. Geschäfte mit öffentlichen Verwaltungen. (1) Die Deutsche Bundesbank darf mit dem Bund, den Sondervermögen des Bundes, den Ländern und anderen öffentlichen Verwaltungen die in § 19 Abs. 1 Nr. 4 bis 9 bezeichneten Geschäfte vornehmen; dabei darf die Bank im Verlauf eines Tages Kontoüberziehungen zulassen. Für diese Geschäfte darf die Bank dem Bund, den Sondervermögen des Bundes mit Ausnahme der deutschen Bundespost POSTBANK und den Ländern keine Kosten und Gebühren berechnen.

(2) Der Bund, die Sondervermögen des Bundes und die Länder sollen Schuldverschreibungen und Schatzwechsel in erster Linie durch die Deutsche Bundesbank begeben; andernfalls hat die Begebung im Benehmen mit der Deutschen Bundesbank zu erfolgen.

§ 21. Geschäfte am offenen Markt. Die Deutsche Bundesbank darf zur Regelung des Geldmarktes am offenen Markt zu Marktsätzen kaufen und verkaufen:

1. Wechsel, die den Erfordernissen des § 19 Abs. 1 Nr. 1 entsprechen;
2. Schatzwechsel, deren Aussteller der Bund, ein Sondervermögen des Bundes oder ein Land ist;
3. Schuldverschreibungen und Schuldbuchforderungen, deren Schuldner der Bund, eines seiner Sondervermögen oder ein Land ist;
4. andere von der Bank bestimmte Schuldverschreibungen.

§ 22. Geschäfte mit jedermann. Die Deutsche Bundesbank darf mit natürlichen und juristischen Personen im In- und Ausland die in § 19 Abs. 1 Nr. 4 bis 9 bezeichneten Geschäfte betreiben.

§ 23. Bestätigung von Schecks. (1) [1]Die Deutsche Bundesbank darf Schecks, die auf sie gezogen sind, nur nach Deckung bestätigen. [2]Aus dem Bestätigungsvermerk wird sie dem Inhaber zur Einlösung verpflichtet; für die Einlösung haftet sie auch dem Aussteller und dem Indossanten.

(2) Die Einlösung des bestätigten Schecks darf auch dann nicht verweigert werden, wenn inzwischen über das Vermögen des Ausstellers das Insolvenzverfahren eröffnet worden ist.

(3) [1]Die Verpflichtung aus der Bestätigung erlischt, wenn der Scheck nicht binnen acht Tagen nach der Ausstellung zur Zahlung vorgelegt wird. [2]Für den Nachweis der Vorlegung gilt Artikel 40 des Scheckgesetzes.[1)]

(4) Der Anspruch aus der Bestätigung verjährt in zwei Jahren vom Ablauf der Vorlegungsfrist an.

(5) Auf die gerichtliche Geltendmachung von Ansprüchen auf Grund der Bestätigung sind die für Wechselsachen geltenden Zuständigkeits- und Verfahrensvorschriften entsprechend anzuwenden.

§ 24. Beleihung und Ankauf von Ausgleichsforderungen. (1) Die Deutsche Bundesbank darf ungeachtet der Beschränkungen des § 19 Abs. 1 Nr. 3 Kreditinstituten und Versicherungsunternehmen Darlehen gegen Verpfändung von Ausgleichsforderungen

1. im Sinne des § 1 des Gesetzes über die Tilgung von Ausgleichsforderungen oder
2. gemäß Anlage 1 Artikel 8 § 4 des Vertrages vom 18. Mai 1990 über die Schaffung einer Währungs-, Wirtschafts- und Sozialunion zwischen der Bundesrepublik Deutschland und der Deutschen Demokratischen Republik in Verbindung mit Artikel 1 des Gesetzes vom 25. Juni 1990 (BGBl. 1990 II S. 518, 550)

gewähren, soweit und solange es zur Aufrechterhaltung der Zahlungsbereitschaft des Verpfänders erforderlich ist.

(2) Die Deutsche Bundesbank darf Ausgleichsforderungen der in Absatz 1 Nr. 1 bezeichneten Art unter den Voraussetzungen des § 9 Abs. 1 des Gesetzes über die Tilgung von Ausgleichsforderungen ankaufen, soweit und solange die Mittel des Ankaufsfonds hierfür nicht ausreichen.

§ 25. Andere Geschäfte. Die Deutsche Bundesbank soll andere als die in den §§ 19 bis 24 oder auf der Grundlage der Satzung des Europäischen Systems der Zentralbanken und der Europäischen Zentralbank zugelassenen Geschäfte nur zur Durchführung und Abwicklung zugelassener Geschäfte oder für den eigenen Betrieb oder für ihre Betriebsangehörigen vornehmen.

[1)] s. Scheckgesetz, 2.15

Sechster Abschnitt.

Jahresabschluß, Gewinnverteilung und Ausweis

§ 26. Jahresabschluß. (1) Das Geschäftsjahr der Deutschen Bundesbank ist das Kalenderjahr.

(2) [1]Das Rechnungswesen der Deutschen Bundesbank hat den Grundsätzen ordnungsmäßiger Buchführung zu entsprechen. [2]Der Jahresabschluß ist unter Berücksichtigung der Aufgaben der Deutschen Bundesbank, insbesondere als Bestandteil des Europäischen Systems der Zentralbanken, aufzustellen und mit den entsprechenden Erläuterungen offenzulegen; die Haftungsverhältnisse brauchen nicht vermerkt zu werden. [3]Soweit sich aus Satz 2 keine Abweichungen ergeben, sind für die Wertansätze die Vorschriften des Handelsgesetzbuchs für Kapitalgesellschaften entsprechend anzuwenden. [4]Die Bildung von Passivposten im Rahmen der Ergebnisermittlung auch für allgemeine Wagnisse im In- und Auslandsgeschäft, wie sie unter Berücksichtigung der Aufgabe der Deutschen Bundesbank im Rahmen vernünftiger kaufmännischer Beurteilung für zulässig gehalten wird, bleibt unberührt.

(3) [1]Das Direktorium hat sobald wie möglich den Jahresabschluß aufzustellen. [2]Der Abschluß ist durch einen oder mehrere vom Zentralbankrat im Einvernehmen mit dem Bundesrechnungshof bestellte Wirtschaftsprüfer zu prüfen. [3]Der Zentralbankrat stellt den Jahresabschluß fest, der alsdann vom Direktorium zu veröffentlichen ist.

(4) [1]Der Prüfungsbericht des Wirtschaftsprüfers dient dem Bundesrechnungshof als Grundlage für die von ihm durchzuführende Prüfung. [2]Der Prüfungsbericht des Wirtschaftsprüfers sowie die dazu getroffenen Feststellungen des Bundesrechnungshofes sind dem Bundesministerium der Finanzen mitzuteilen.

§ 27. Gewinnverteilung. Der Reingewinn ist in nachstehender Reihenfolge zu verwenden:
1. zwanzig vom Hundert des Gewinns, jedoch mindestens fünfhundert Millionen Deutsche Mark, sind einer gesetzlichen Rücklage, soweit sie den Betrag von fünf Milliarden Deutsche Mark unterschreitet, bis zu ihrer Auffüllung zuzuführen; die gesetzliche Rücklage darf nur zum Ausgleich von Wertminderungen und zur Deckung anderer Verluste verwendet werden;
2. *(aufgehoben)*;
3. vierzig Millionen Deutsche Mark, vom Geschäftsjahr 1980 an dreißig Millionen Deutsche Mark, sind dem nach dem Gesetz über die Tilgung von Ausgleichsforderungen gebildeten Fonds zum Ankauf von Ausgleichsforderungen bis zu seiner Auflösung zuzuführen;
4. der Restbetrag ist an den Bund abzuführen.

§ 28. *(aufgehoben)*.

Siebenter Abschnitt.

Allgemeine Bestimmungen

§ 29. Sonderstellung der Deutschen Bundesbank. (1) [1]Der Zentralbankrat und das Direktorium der Deutschen Bundesbank haben die Stellung von obersten Bundesbehörden. [2]Die Landeszentralbanken und Hauptstellen haben die Stellung von Bundesbehörden.

(2) Die Deutsche Bundesbank und ihre Bediensteten genießen die Vergünstigungen, die in Bau-, Wohnungs- und Mietangelegenheiten für den Bund und seine Bediensteten gelten.

(3) Die Vorschriften des Handelsgesetzbuchs über die Eintragungen in das Handelsregister sowie die Vorschriften über die Zugehörigkeit zu den Industrie- und Handelskammern sind auf die Deutsche Bundesbank nicht anzuwenden.

§ 30. Urkundsbeamte. [1]Der Präsident der Deutschen Bundesbank kann für die Zwecke des § 11 Abs. 3 Urkundsbeamte bestellen. [2]Sie müssen die Befähigung zum Richteramt besitzen.

§ 31. Rechtsverhältnisse der Beamten, Angestellten und Arbeiter der Deutschen Bundesbank. (1) Die Deutsche Bundesbank beschäftigt Beamte, Angestellte und Arbeiter.

(2) [1]Der Präsident der Deutschen Bundesbank ernennt die Beamten der Bank, und zwar die Beamten des höheren Dienstes auf Vorschlag des Zentralbankrats. [2]Er kann diese Befugnis hinsichtlich der Beamten des gehobenen, mittleren und einfachen Dienstes auf die Präsidenten der Landeszentralbanken übertragen. [3]Der Präsident der Deutschen Bundesbank ist oberste Dienstbehörde und vertritt insoweit

die Bank gerichtlich und außergerichtlich. [4]Er verhängt die Disziplinarmaßnahmen, soweit hierfür nicht die Disziplinargerichte zuständig sind, und ist Einleitungsbehörde im förmlichen Disziplinarverfahren (§ 35 der Bundesdisziplinarordnung).

(3) [1]Die Beamten der Deutschen Bundesbank sind mittelbare Bundesbeamte. [2]Soweit nicht in diesem Gesetz etwas anderes bestimmt ist, sind die für Bundesbeamte allgemein geltenden Vorschriften anzuwenden. [3]An die Stelle des Inkrafttretens des Bundesbeamtengesetzes tritt das Inkrafttreten dieses Gesetzes.

(4) [1]Der Zentralbankrat kann die Rechtsverhältnisse der Beamten und Angestellten der Deutschen Bundesbank mit Zustimmung der Bundesregierung in einem Personalstatut regeln, soweit die Bedürfnisse eines geordneten und leistungsfähigen Bankbetriebes es erfordern. [2]In dem Personalstatut kann nur bestimmt werden,

1. daß für die Beamten der Bank von folgenden Vorschriften des Bundesbeamtenrechts abgewichen wird:
   a) von § 21 Satz 2, § 24 Satz 3, § 26 Abs. 1, § 30 Abs. 2, § 66 Abs. 1 Nr. 2 und 5 und § 116 Abs. 1 Nr. 3 des Bundesbeamtengesetzes;
   b) von § 15 des Besoldungsgesetzes vom 16. Dezember 1927 (Reichsgesetzbl. I S. 349) in der geltenden Bundesfassung, soweit eine widerrufliche, nicht ruhegehaltfähige Bankzulage bis zur Höhe von neunzehn von Hundert des Grundgehalts, eine Entschädigung für Aufwendungen aus dienstlichen Gründen und eine Zuwendung für besondere Leistungen in Form einer Zulage und/oder einer Einmalzahlung gewährt werden;
   c) von den Vorschriften über die Gewährung von Unterhaltszuschüssen für Beamte im Vorbereitungsdienst;
2. daß die Beamten und Angestellten der Bank verpflichtet sind, der Bank eine gewerbliche oder berufliche Tätigkeit ihres Ehegatten anzuzeigen;
3. daß die Angestellten der Bank
   a) zur Ausübung einer der in § 66 Abs. 1 Nr. 2 und 5 des Bundesbeamtengesetzes bezeichneten Nebentätigkeiten der vorherigen Genehmigung ebenso wie die Beamten der Bank bedürfen,
   b) die in Nummer 1 Buchstabe b bezeichneten Bezüge erhalten.
4. daß die Arbeiter die in Nr. 1 Buchstabe b bezeichnete Zuwendung für besondere Leistungen erhalten.

(5) Die in Absatz 4 Satz 2 Nr. 1 Buchstabe b bezeichneten Zuwendungen für besondere Leistungen und Entschädigungen für Aufwendungen aus dienstlichen Gründen dürfen insgesamt ein Zwanzigstel der Ausgaben für die Besoldung und Vergütung und Löhne der Beamten und Angestellten der Deutschen Bundesbank nicht übersteigen.

(6) [1]Der Zentralbankrat erläßt mit Zustimmung der Bundesregierung die Vorschriften über die Vorbildung und die Laufbahnen der Beamten der Deutschen Bundesbank. [2]Er kann dabei von den Vorschriften des Bundesbeamtenrechts über die Dauer des Vorbereitungsdienstes und der Probezeit sowie über die Dauer der Bewährungszeit für Beförderung im gehobenen Dienst und für die Zulassung zum Aufstieg in den höheren Dienst abweichen.

§ 32. Schweigepflicht. [1]Sämtliche Personen im Dienste der Deutschen Bundesbank haben über die Angelegenheiten und Einrichtungen der Bank sowie über die von ihr geschlossenen Geschäfte Schweigen zu bewahren. [2]Sie dürfen über die ihnen hierüber bei ihrer Tätigkeit bekanntgewordenen Tatsachen auch nach ihrem Ausscheiden aus dem Dienste der Bank ohne Genehmigung weder vor Gericht noch außergerichtlich aussagen oder Erklärungen abgeben. [3]Die Genehmigung wird, soweit es sich um das Interesse der Bank handelt, den Mitgliedern des Zentralbankrats von diesem, anderen Bediensteten der Bank von dem Präsidenten erteilt, der diese Befugnis auf die Präsidenten der Landeszentralbanken übertragen kann; die Genehmigung darf für eine gerichtliche Vernehmung nur versagt werden, wenn es das Wohl des Bundes oder die Interessen der Allgemeinheit erfordern.

§ 33. Veröffentlichungen. Die Deutsche Bundesbank hat ihre für die Öffentlichkeit bestimmten Bekanntmachungen, insbesondere den Aufruf von Noten, die Festsetzung von Zins-, Diskont- und Mindestreservesätzen sowie die Anordnung von Statistiken im Bundesanzeiger zu veröffentlichen.

§ 34. Satzung. [1]Die Satzung der Deutschen Bundesbank wird vom Zentralbankrat beschlossen. [2]Sie bedarf der Zustimmung der Bundesregierung und ist im Bundesanzeiger zu veröffentlichen. [3]Das gilt auch für Satzungsänderungen.

Achter Abschnitt.

Strafbestimmungen und Vorschriften über das Anhalten von Falschgeld

§ 35. Unbefugte Ausgabe und Verwendung von Geldzeichen. (1) Mit Freiheitsstrafe bis zu fünf Jahren oder mit Geldstrafe wird bestraft,

1. wer unbefugt Geldzeichen (Marken, Münzen, Scheine oder andere Urkunden, die geeignet sind, im Zahlungsverkehr an Stelle der gesetzlich zugelassenen Münzen oder Banknoten verwendet zu werden) oder unverzinsliche Inhaberschuldverschreibungen ausgibt, auch wenn ihre Wertbezeichnung nicht auf Deutsche Mark lautet;
2. wer unbefugt ausgegebene Gegenstände der in Nummer 1 genannten Art zu Zahlungen verwendet.

(2) Der Versuch ist strafbar.

(3) Handelt der Täter in den Fällen des Absatzes 1 Nr. 2 fahrlässig, so ist die Strafe Freiheitsstrafe bis zu sechs Monaten oder Geldstrafe bis zu einhundertachtzig Tagessätzen.

§ 36. Anhalten von Falschgeld sowie unbefugt ausgegebenen Geldzeichen und Schuldverschreibungen. (1) [1]Die Deutsche Bundesbank und alle Kreditinstitute haben nachgemachte oder verfälschte Banknoten oder Münzen (Falschgeld), als Falschgeld verdächtige Banknoten und Münzen sowie unbefugt ausgegebene Gegenstände der in § 35 genannten Art anzuhalten. Dem Betroffenen ist eine Empfangsbescheinigung zu erteilen.

(2) Falschgeld und Gegenstände der in § 35 genannten Art sind mit einem Bericht der Polizei zu übersenden. Kreditinstitute haben der Deutschen Bundesbank hiervon Mitteilung zu machen.

(3) Als Falschgeld verdächtige Banknoten und Münzen sind der Deutschen Bundesbank zur Prüfung vorzulegen. Stellt diese die Unechtheit der Banknoten oder Münzen fest, so übersendet sie das Falschgeld mit einem Gutachten der Polizei und benachrichtigt das anhaltende Kreditinstitut.

§ 37. Einziehung. (1) Unbefugt ausgegebene Gegenstände der in § 35 genannten Art können eingezogen werden.

(2) Nach Absatz 1 eingezogene Gegenstände sowie nach § 150 des Strafgesetzbuches eingezogenes Falschgeld sind von der Deutschen Bundesbank aufzubewahren. Sie können, wenn der Täter ermittelt worden ist, nach Ablauf von zehn Jahren und, wenn der Täter nicht ermittelt worden ist, nach Ablauf von zwanzig Jahren nach Rechtskraft des die Einziehung aussprechenden Urteils vernichtet werden.

Neunter Abschnitt.

Übergangs- und Schlußbestimmungen

§ 38. Umgestaltung des Zentralbanksystems.

§ 39. Übergangsvorschrift für die Vorstände der Landeszentralbanken und die Beiräte.

§ 40. Änderung der Dienstverhältnisse.

§ 41. Rechtsverhältnisse der unter Artikel 131 des Grundgesetzes fallenden Personen.

§ 42. Ausgabe von Liquiditätspapieren.

(1) [1]Der Bund hat der Deutschen Bundesbank auf Verlangen Schatzwechsel oder unverzinsliche Schatzanweisungen in einer Stückelung und Ausstattung nach deren Wahl als Liquiditätspapiere bis zum Höchstbetrag von 50 Milliarden Deutsche Mark zur Verfügung zu stellen. [2]Die Liquiditätspapiere sind bei der Bank zahlbar. [3]Die Bank ist gegenüber dem Bund verpflichtet, alle Verbindlichkeiten aus den Liquiditätspapieren zu erfüllen.

(2) [1]Der Nennbetrag der begebenen Liquiditätspapiere ist von der Deutschen Bundesbank auf einem besonderen Konto zu verbuchen. [2]Der Betrag darf nur zur Einlösung fälliger oder von der Bank vor Verfall zurückgekaufter Liquiditätspapiere verwendet werden.

(3) Das Bundesministerium der Finanzen wird ermächtigt, Liquiditätspapiere gemäß Absatz 1 zu begeben.

§ 43. Aufhebung und Änderung von Rechtsvorschriften.

§ 44. Auflösung. [1]Die Deutsche Bundesbank kann nur durch Gesetz aufgelöst werden. [2]Das Auflösungsgesetz bestimmt über die Verwendung des Vermögens.

§ 45. Übergangsvorschrift. (1) § 2 Satz 2 und § 27 Nr. 1, jeweils in der Fassung des Sechsten Gesetzes zur Änderung des Gesetzes über die Deutsche Bundesbank, sind erstmals auf den Jahresabschluß zu dem Stichtag anzuwenden, der dem Beginn des ersten Jahres der Teilnahme der Bundesrepublik Deutschland an der dritten Stufe der Währungsunion gemäß Artikel 109j des EG-Vertrages unmittelbar vorausgeht. § 26 Abs. 2 Satz 2 und 3 in der Fassung des Sechsten Gesetzes zur Änderung des Gesetzes über die Deutsche Bundesbank ist erstmals auf das darauf folgende Geschäftsjahr anzuwenden.

(2) [1]Die bisher nach § 27 Nr. 2 in der bis zum Tage vor dem in Artikel 2 Satz 2 des Sechsten Gesetzes zur Änderung des Gesetzes über die Deutsche Bundesbank bestimmten Inkrafttreten dieses Gesetzes geltenden Fassung gebildete Rücklage und die gesetzliche Rücklage, soweit sie den Betrag von fünf Milliarden Deutsche Mark übersteigt, werden im Jahresabschluß zu dem Stichtag aufgelöst, der dem Beginn des ersten Jahres der Teilnahme der Bundesrepublik Deutschland an der dritten Stufe der Währungsunion gemäß Artikel 109j des EG-Vertrages unmittelbar vorausgeht. [2]Die sich aus der Auflösung ergebenden Beträge werden in das Grundkapital eingestellt, bis dieses fünf Milliarden Deutsche Mark beträgt. Der überschießende Betrag wird dem Reingewinn zugeführt.

§ 46. *(weggefallen)*

§ 47. Inkrafttreten.

Allgemeine Geschäftsbedingungen der Banken

(Fassung Januar 1993)

Grundregeln für die Beziehung zwischen Kunde und Bank

1. Geltungsbereich und Änderungen dieser Geschäftsbedingungen und der Sonderbedingungen für einzelne Geschäftsbedingungen.

(1) Geltungsbereich. [1]Die Allgemeinen Geschäftsbedingungen gelten für die gesamte Geschäftsverbindung zwischen dem Kunden und den inländischen Geschäftsstellen der Bank (im folgenden Bank genannt). [2]Daneben gelten für einzelne Geschäftsbeziehungen (zum Beispiel für das Wertpapiergeschäft, für den ec-Service, für den Scheckverkehr, für den Sparverkehr) Sonderbedingungen, die Abweichungen oder Ergänzungen zu diesen Allgemeinen Geschäftsbedingungen enthalten; sie werden bei der Kontoeröffnung oder bei Erteilung eines Auftrags mit dem Kunden vereinbart. [3]Unterhält der Kunde auch Geschäftsverbindungen zu ausländischen Geschäftsstellen, sichert das Pfandrecht der Bank (Nr. 14 dieser Geschäftsbedingungen) auch die Ansprüche dieser ausländischen Geschäftsstellen.

(2) Änderungen. [1]Änderungen dieser Geschäftsbedingungen und der Sonderbedingungen werden dem Kunden schriftlich bekanntgegeben. [2]Sie gelten als genehmigt, wenn der Kunde nicht schriftlich Widerspruch erhebt. [3]Auf diese Folge wird ihn die Bank bei der Bekanntgabe besonders hinweisen. [4]Der Kunde muß den Widerspruch innerhalb eines Monats nach Bekanntgabe der Änderungen an die Bank absenden.

2. Bankgeheimnis und Bankauskunft

(1) Bankgeheimnis. [1]Die Bank ist zur Verschwiegenheit über alle kundenbezogenen Tatsachen und Wertungen verpflichtet, von denen sie Kenntnis erlangt (Bankgeheimnis). [2]Informationen über den Kunden darf die Bank nur weitergeben, wenn gesetzliche Bestimmungen dies gebieten oder der Kunde eingewilligt hat oder die Bank zur Erteilung einer Bankauskunft befugt ist.

(2) Bankauskunft. [1]Eine Bankauskunft enthält allgemein gehaltene Feststellungen und Bemerkungen über die wirtschaftlichen Verhältnisse des Kunden, seine Kreditwürdigkeit und Zahlungsfähigkeit; betragsmäßige Angaben über Kontostände, Sparguthaben, Depot oder sonstige der Bank anvertraute Vermögenswerte sowie Angaben über die Höhe von Kreditinanspruchnahmen werden nicht gemacht.

(3) Voraussetzungen für die Erteilung einer Bankauskunft. [1]Die Bank ist befugt, über juristische Personen und im Handelsregister eingetragene Kaufleute Bankauskünfte zu erteilen, sofern sich die Anfrage auf ihre geschäftliche Tätigkeit bezieht. [2]Die Bank erteilt jedoch keine Auskünfte, wenn ihr eine anderslautende Weisung des Kunden vorliegt. [3]Bankauskünfte über andere Personen, insbesondere über Privatkunden und Vereinigungen, erteilt die Bank nur dann, wenn diese generell oder im Einzelfall ausdrücklich zugestimmt haben. [4]Eine Bankauskunft wird nur erteilt, wenn der Anfragende ein berechtigtes Interesse an der gewünschten Auskunft glaubhaft dargelegt hat und kein Grund zu der Annahme besteht, daß schutzwürdige Belange des Kunden der Auskunftserteilung entgegenstehen.

(4) Empfänger von Bankauskünften. Bankauskünfte erteilt die Bank nur eigenen Kunden sowie anderen Kreditinstituten für deren Zwecke oder die ihrer Kunden.

3. Haftung der Bank; Mitverschulden des Kunden

(1) Haftungsgrundsätze. [1]Die Bank haftet bei der Erfüllung ihrer Verpflichtungen für jedes Verschulden ihrer Mitarbeiter und der Personen, die sie zur Erfüllung ihrer Verpflichtungen hinzuzieht. [2]Soweit die Sonderbedingungen für einzelne Geschäftsbeziehungen oder sonstige Vereinbarungen etwas Abweichendes regeln, gehen diese Regelungen vor. [3]Hat der Kunde durch ein schuldhaftes Verhalten (zum Beispiel durch Verletzung der in Nr. 11 dieser Geschäftsbedingungen aufgeführten Mitwirkungspflichten) zu der Entstehung eines Schadens beigetragen, bestimmt sich nach den Grundsätzen des Mitverschuldens, in welchem Umfang Bank und Kunde den Schaden zu tragen haben.

(2) Weitergeleitete Aufträge. [1]Wenn ein Auftrag seinem Inhalt nach typischerweise in der Form ausgeführt wird, daß die Bank einen Dritten mit der weiteren Erledigung betraut, erfüllt die Bank den Auftrag dadurch, daß sie ihn im eigenen Namen an den Dritten weiterleitet (weitergeleiteter Auftrag). [2]Dies betrifft zum

Beispiel die Einholung von Bankauskünften bei anderen Kreditinstituten oder die Verwahrung und Verwaltung von Wertpapieren im Ausland. [3]In diesen Fällen beschränkt sich die Haftung der Bank auf die sorgfältige Auswahl und Unterweisung des Dritten.

(3) Störung des Betriebs. Die Bank haftet nicht für Schäden, die durch höhere Gewalt, Aufruhr, Kriegs- und Naturereignisse oder durch sonstige von ihr nicht zu vertretende Vorkommnisse (zum Beispiel Streik, Aussperrung, Verkehrsstörung, Verfügungen von hoher Hand im In- oder Ausland) eintreten.

4. Grenzen der Aufrechnungsbefugnis des Kunden.

Der Kunde kann gegen Forderungen der Bank nur aufrechnen, wenn seine Forderungen unbestritten oder rechtskräftig festgestellt sind.

5. Verfügungsberechtigung nach dem Tod des Kunden.

[1]Nach dem Tod des Kunden kann die Bank zur Klärung der Verfügungsberechtigung die Vorlegung eines Erbscheins, eines Testamentsvollstreckerzeugnisses oder weiterer hierfür notwendiger Unterlagen verlangen; fremdsprachige Urkunden sind auf Verlangen der Bank in deutscher Übersetzung vorzulegen. [2]Die Bank kann auf die Vorlage eines Erbscheins oder eines Testamentsvollstreckerzeugnisses verzichten, wenn ihr eine Ausfertigung oder eine beglaubigte Abschrift der letztwilligen Verfügung (Testament, Erbvertrag) nebst zugehöriger Eröffnungsniederschrift vorgelegt wird. [3]Die Bank darf denjenigen, der darin als Erbe oder Testamentsvollstrecker bezeichnet ist, als Berechtigten ansehen, ihn verfügen lassen und insbesondere mit befreiender Wirkung an ihn leisten. [4]Dies gilt nicht, wenn der Bank bekannt ist, daß der dort Genannte (zum Beispiel nach Anfechtung oder wegen Nichtigkeit des Testaments) nicht verfügungsberechtigt ist, oder wenn ihr dies infolge Fahrlässigkeit nicht bekannt geworden ist.

6. Maßgebliches Recht und Gerichtsstand bei kaufmännischen und öffentlich-rechtlichen Kunden.

(1) Geltung deutschen Rechts. Für die Geschäftsverbindung zwischen dem Kunden und der Bank gilt deutsches Recht.

(2) Gerichtsstand für Inlandskunden. [1]Ist der Kunde ein Kaufmann, der nicht zu den Minderkaufleuten gehört, und ist die streitige Geschäftsbeziehung dem Betriebe seines Handelsgewerbes zuzurechnen, so kann die Bank diesen Kunden an dem für die kontoführende Stelle zuständigen Gericht oder bei einem anderen zuständigen Gericht verklagen; dasselbe gilt für eine juristische Person des öffentlichen Rechts und für öffentlich-rechtliche Sondervermögen. [2]Die Bank selbst kann von diesen Kunden nur an dem für die kontoführende Stelle zuständigen Gericht verklagt werden.

(3) Gerichtsstand für Auslandskunden. Die Gerichtsstandsvereinbarung gilt auch für Kunden, die im Ausland eine vergleichbare gewerbliche Tätigkeit ausüben, sowie für ausländische Institutionen, die mit inländischen juristischen Personen des öffentlichen Rechts oder mit einem inländischen öffentlich-rechtlichen Sondervermögen vergleichbar sind.

Kontoführung

7. Rechnungsabschlüsse bei Kontokorrentkonten (Konten in laufender Rechnung)

(1) Erteilung der Rechnungsabschlüsse. [1]Die Bank erteilt bei einem Kontokorrentkonto, sofern nicht etwas anderes vereinbart ist, jeweils zum Ende eines Kalenderquartals einen Rechnungsabschluß; dabei werden die in diesem Zeitraum entstandenen beiderseitigen Ansprüche (einschließlich der Zinsen und Entgelte der Bank) verrechnet. [2]Die Bank kann auf den Saldo, der sich aus der Verrechnung ergibt, nach Nr. 12 dieser Geschäftsbedingungen oder nach der mit dem Kunden anderweitig getroffenen Vereinbarung Zinsen berechnen.

(2) Frist für Einwendungen; Genehmigung durch Schweigen. [1]Einwendungen wegen Unrichtigkeit oder Unvollständigkeit eines Rechnungsabschlusses hat der Kunde spätestens innerhalb eines Monats nach dessen Zugang zu erheben; macht er seine Einwendungen schriftlich geltend, genügt die Absendung innerhalb der Monatsfrist. [2]Das Unterlassen rechtzeitiger Einwendungen gilt als Genehmigung. [3]Auf diese Folge wird die Bank bei Erteilung des Rechnungsabschlusses besonders hinweisen. [4]Der Kunde kann auch nach Fristablauf eine Berichtigung des Rechnungsabschlusses verlangen, muß dann aber beweisen, daß zu Unrecht sein Konto belastet oder eine ihm zustehende Gutschrift nicht erteilt wurde.

8. Storno- und Berichtigungsbuchungen der Bank

(1) Vor Rechnungsabschluß. Fehlerhafte Gutschriften auf Kontokorrentkonten (zum Beispiel wegen einer falschen Kontonummer) darf die

Bank bis zum nächsten Rechnungsabschluß durch eine Belastungsbuchung rückgängig machen, soweit ihr ein Rückzahlungsanspruch gegen den Kunden zusteht; der Kunde kann in diesem Fall gegen die Belastungsbuchung nicht einwenden, daß er in Höhe der Gutschrift bereits verfügt hat (Stornobuchung).

(2) Nach Rechnungsabschluß. [1]Stellt die Bank eine fehlerhafte Gutschrift erst nach einem Rechnungsabschluß fest und steht ihr ein Rückzahlungsanspruch gegen den Kunden zu, so wird sie in Höhe ihres Anspruchs sein Konto belasten (Berichtigungsbuchung). [2]Erhebt der Kunde gegen die Berichtigungsbuchung Einwendungen, so wird die Bank den Betrag dem Konto wieder gutschreiben und ihren Rückzahlungsanspruch gesondert geltend machen.

(3) Information des Kunden; Zinsberechnung. [1]Über Storno- und Berichtigungsbuchungen wird die Bank den Kunden unverzüglich unterrichten. [2]Die Buchungen nimmt die Bank hinsichtlich der Zinsberechnung rückwirkend zu dem Tag vor, an dem die fehlerhafte Buchung durchgeführt wurde.

9. Einzugsaufträge

(1) Erteilung von Vorbehaltsgutschriften bei der Einreichung. [1]Schreibt die Bank den Gegenwert von Schecks und Lastschriften schon vor ihrer Einlösung gut, geschieht dies unter dem Vorbehalt ihrer Einlösung, und zwar auch dann, wenn diese Papiere bei der Bank selbst zahlbar sind. [2]Reicht der Kunde andere Papiere mit dem Auftrag ein, von einem Zahlungspflichtigen einen Forderungsbetrag zu beschaffen (zum Beispiel Zinsscheine), und erteilt die Bank über den Betrag eine Gutschrift, so steht diese unter dem Vorbehalt, daß die Bank den Betrag erhält. [3]Der Vorbehalt gilt auch dann, wenn die Papiere bei der Bank selbst zahlbar sind. [4]Werden Schecks oder Lastschriften nicht eingelöst oder erhält die Bank den Betrag aus dem Einzugsauftrag nicht, macht die Bank die Vorbehaltsgutschrift rückgängig. [5]Dies geschieht unabhängig davon, ob in der Zwischenzeit ein Rechnungsabschluß erteilt wurde.

(2) Einlösung von Lastschriften und vom Kunden ausgestellter Schecks [1]Lastschriften und Schecks sind eingelöst, wenn die Belastungsbuchung nicht spätestens am zweiten Bankarbeitstag nach ihrer Vornahme rückgängig gemacht wird. [2]Barschecks sind bereits mit Zahlung an den Scheckvorleger eingelöst. [3]Schecks sind auch schon dann eingelöst, wenn die Bank im Einzelfall eine Bezahltmeldung absendet. Lastschriften und Schecks, die über die Abrechnungsstelle einer Landeszentralbank vorgelegt werden, sind eingelöst, wenn sie nicht bis zu dem von der Landeszentralbank festgesetzten Zeitpunkt an die Abrechnungsstelle zurückgegeben werden.

10. Risiken bei Fremdwährungskonten und Fremdwährungsgeschäften

(1) Auftragsausführung bei Fremdwährungskonten. [1]Fremdwährungskonten des Kunden dienen dazu, Zahlungen an den Kunden und Verfügungen des Kunden in fremder Währung bargeldlos abzuwickeln. [2]Verfügungen über Guthaben auf Fremdwährungskonten (zum Beispiel durch Überweisungsaufträge zu Lasten des Fremdwährungsguthabens) werden unter Einschaltung von Banken im Heimatland der Währung abgewickelt, wenn sie die Bank nicht vollständig innerhalb des eigenen Hauses ausführt.

(2) Gutschriften bei Fremdwährungsgeschäften mit dem Kunden. Schließt die Bank mit dem Kunden ein Geschäft (zum Beispiel ein Devisentermingeschäft) ab, aus dem sie die Verschaffung eines Betrages in fremder Währung schuldet, wird sie ihre Fremdwährungsverbindlichkeit durch Gutschrift auf dem Konto des Kunden in dieser Währung erfüllen, sofern nicht etwas anderes vereinbart ist.

(3) Vorübergehende Beschränkung der Leistung durch die Bank. [1]Die Verpflichtung der Bank zur Ausführung einer Verfügung zu Lasten eines Fremdwährungsguthabens (Absatz 1) oder zur Erfüllung einer Fremdwährungsverbindlichkeit (Absatz 2) ist in dem Umfang und solange ausgesetzt, wie die Bank in der Währung, auf die das Fremdwährungsguthaben oder die Verbindlichkeit lautet, wegen politisch bedingter Maßnahmen oder Ereignisse im Lande dieser Währung nicht oder nur eingeschränkt verfügen kann. [2]In dem Umfang und solange diese Maßnahmen oder Ereignisse andauern, ist die Bank auch nicht zu einer Erfüllung an einem anderen Ort außerhalb des Landes der Währung, in einer anderen Währung (auch nicht in Deutscher Mark) oder durch Anschaffung von Bargeld verpflichtet. [3]Die Verpflichtung der Bank zur Ausführung einer Verfügung zu Lasten eines Fremdwährungsguthabens ist dagegen nicht ausgesetzt, wenn sie die Bank vollständig im eigenen Haus ausführen kann. [4]Das Recht des Kunden und der Bank, fällige gegenseitige Forderungen in derselben Währung miteinander zu verrechnen, bleibt von den vorstehenden Regelungen unberührt.

Mitwirkungspflichten des Kunden

11. Mitwirkungspflichten des Kunden

(1) Änderungen von Name, Anschrift oder einer gegenüber der Bank erteilten Vertretungsmacht. [1]Zur ordnungsgemäßen Abwicklung des Geschäftsverkehrs ist es erforderlich, daß der Kunde der Bank Änderungen seines Namens und seiner Anschrift sowie das Erlöschen oder die Änderung einer gegenüber der Bank erteilten Vertretungsmacht (insbesondere einer Vollmacht) unverzüglich mitteilt. [2]Diese Mitteilungspflicht besteht auch dann, wenn die Vertretungsmacht in ein öffentliches Register (zum Beispiel in das Handelsregister) eingetragen ist und ihr Erlöschen oder ihre Änderung in dieses Register eingetragen wird.

(2) Klarheit von Aufträgen. [1]Aufträge jeder Art müssen ihren Inhalt zweifelsfrei erkennen lassen. [2]Nicht eindeutig formulierte Aufträge können Rückfragen zur Folge haben, die zu Verzögerungen führen können. [3]Vor allem hat der Kunde bei Aufträgen zur Gutschrift auf einem Konto (zum Beispiel bei Überweisungsaufträgen) auf die Richtigkeit und Vollständigkeit des Namens des Zahlungsempfängers, der angegebenen Kontonummer und der angegebenen Bankleitzahl zu achten. [4]Änderungen, Bestätigungen oder Wiederholungen von Aufträgen müssen als solche gekennzeichnet sein.

(3) Besonderer Hinweis bei Eilbedürftigkeit der Ausführung eines Auftrags. [1]Hält der Kunde bei der Ausführung eines Auftrags besondere Eile für nötig (zum Beispiel weil ein Überweisungsbetrag dem Empfänger zu einem bestimmten Termin gutgeschrieben sein muß), hat er dies der Bank gesondert mitzuteilen. [2]Bei formularmäßig erteilten Aufträgen muß dies außerhalb des Formulars erfolgen.

(4) Prüfung und Einwendungen bei Mitteilungen der Bank. Der Kunde hat Kontoauszüge, Wertpapierabrechnungen, Depot- und Erträgnisaufstellungen, sonstige Abrechnungen, Anzeigen über die Ausführung von Aufträgen sowie Informationen über erwartete Zahlungen und Sendungen (Avise) auf ihre Richtigkeit und Vollständigkeit unverzüglich zu überprüfen und etwaige Einwendungen unverzüglich zu erheben.

(5) Benachrichtigung der Bank bei Ausbleiben von Mitteilungen. [1]Falls Rechnungsabschlüsse und Depotaufstellungen dem Kunden nicht zugehen, muß er die Bank unverzüglich benachrichtigen. [2]Die Benachrichtigungspflicht besteht auch beim Ausbleiben anderer Mitteilungen, deren Eingang der Kunde erwartet (Wertpapierabrechnungen, Kontoauszüge nach der Ausführung von Aufträgen des Kunden oder über Zahlungen, die der Kunde erwartet).

Kosten der Bankdienstleistungen

12. Zinsen Entgelte und Auslagen

(1) Zinsen und Entgelte im Privatkundengeschäft. [1]Die Höhe der Zinsen und Entgelte für die im Privatkundengeschäft üblichen Kredite und Leistungen ergibt sich aus dem „Preisaushang-Regelsätze im standardisierten Privatkundengeschäft" und ergänzend aus dem „Preisverzeichnis". [2]Wenn ein Kunde einen dort aufgeführten Kredit oder eine dort aufgeführte Leistung in Anspruch nimmt und dabei keine abweichende Vereinbarung getroffen wurde, gelten die zu diesem Zeitpunkt im Preisaushang oder Preisverzeichnis angegebenen Zinsen und Entgelte. [3]Für die darin nicht aufgeführten Leistungen, die im Auftrag des Kunden oder in dessen mutmaßlichem Interesse erbracht werden und die, nach den Umständen zu urteilen, nur gegen eine Vergütung zu erwarten sind, kann die Bank die Höhe der Entgelte nach billigem Ermessen (§ 315 des Bürgerlichen Gesetzbuches) bestimmen.

(2) Zinsen und Entgelte außerhalb des Privatkundengeschäfts. Außerhalb des Privatkundengeschäfts bestimmt die Bank, wenn keine andere Vereinbarung getroffen ist, die Höhe von Zinsen und Entgelten nach billigem Ermessen (§ 315 des Bürgerlichen Gesetzbuches).

(3) Änderungen von Zinsen und Entgelten. [1]Die Änderung der Zinsen bei Krediten mit einem veränderlichen Zinssatz erfolgt aufgrund der jeweiligen Kreditvereinbarungen mit dem Kunden. [2]Das Entgelt für Leistungen, die vom Kunden im Rahmen der Geschäftsverbindung typischerweise dauerhaft in Anspruch genommen werden (zum Beispiel Konto- und Depotführung), kann die Bank nach billigem Ermessen (§ 315 des Bürgerlichen Gesetzbuches) ändern.

(4) Kündigungsrecht des Kunden bei Änderungen von Zinsen und Entgelten. [1]Die Bank wird dem Kunden Änderungen von Zinsen und Entgelten nach Absatz 3 mitteilen. [2]Bei einer Erhöhung kann der Kunde, sofern nichts anderes vereinbart ist, die davon betroffene Geschäftsbeziehung innerhalb eines Monats nach Bekanntgabe der Änderung mit sofortiger Wirkung kündigen. [3]Kündigt der Kunde, so werden die erhöhten Zinsen und Entgelte für die gekündigte Geschäftsbeziehung nicht zugrundegelegt. [4]Die Bank wird zur Abwicklung eine angemessene Frist einräumen.

(5) Auslagen. Der Kunde trägt alle Auslagen, die anfallen, wenn die Bank in seinem Auftrag oder seinem mutmaßlichen Interesse tätig wird (insbesondere für Ferngespräche, Porti) oder wenn Sicherheiten bestellt, verwaltet, freigegeben oder verwertet werden (insbesondere Notarkosten, Lagergelder, Kosten der Bewachung von Sicherungsgut).

(6) Besonderheiten bei Verbraucherkrediten. [1]Bei Kreditverträgen, die nach § 4 des Verbraucherkreditgesetzes der Schriftform bedürfen, richten sich die Zinsen und die Kosten (Entgelte, Auslagen) nach den Angaben in der Vertragsurkunde. [2]Fehlt die Angabe eines Zinssatzes, gilt der gesetzliche Zinssatz, nicht angegebene Kosten werden nicht geschuldet (§ 6 Abs. 2 des Verbraucherkreditgesetzes). [3]Bei Überziehungskrediten nach § 5 des Verbraucherkreditgesetzes richtet sich der maßgebliche Zinssatz nach dem Preisaushang und den Informationen, die die Bank dem Kunden übermittelt.

Sicherheiten für die Ansprüche der Bank gegen den Kunden

13. Bestellung oder Verstärkung von Sicherheiten

(1) Anspruch der Bank auf Bestellung von Sicherheiten. [1]Die Bank kann für alle Ansprüche aus der bankmäßigen Geschäftsverbindung die Bestellung bankmäßiger Sicherheiten verlangen, und zwar auch dann, wenn die Ansprüche bedingt sind (zum Beispiel Aufwendungsersatzanspruch wegen der Inanspruchnahme aus einer für den Kunden übernommenen Bürgschaft). [2]Hat der Kunde gegenüber der Bank eine Haftung für Verbindlichkeiten eines anderen Kunden der Bank übernommen (zum Beispiel als Bürge), so besteht für die Bank ein Anspruch auf Bestellung oder Verstärkung von Sicherheiten im Hinblick auf die aus der Haftungsübernahme folgende Schuld jedoch erst ab ihrer Fälligkeit.

(2) Veränderungen des Risikos. [1]Hat die Bank bei der Entstehung von Ansprüchen gegen den Kunden zunächst ganz oder teilweise davon abgesehen, die Bestellung oder Verstärkung von Sicherheiten zu verlangen, kann sie auch später noch eine Besicherung fordern. [2]Voraussetzung hierfür ist jedoch, daß Umstände eintreten oder bekannt werden, die eine erhöhte Risikobewertung der Ansprüche gegen den Kunden rechtfertigen. [3]Dies kann insbesondere der Fall sein, wenn

- sich die wirtschaftlichen Verhältnisse des Kunden nachteilig verändert haben oder sich zu verändern drohen, oder
- sich die vorhandenen Sicherheiten wertmäßig verschlechtert haben oder zu verschlechtern drohen.

[4]Der Besicherungsanspruch der Bank besteht nicht, wenn ausdrücklich vereinbart ist, daß der Kunde keine oder ausschließlich im einzelnen benannte Sicherheiten zu bestellen hat. [5]Bei Krediten, die unter das Verbraucherkreditgesetz fallen, besteht ein Anspruch auf die Bestellung oder Verstärkung von Sicherheiten nur, soweit die Sicherheiten im Kreditvertrag angegeben sind; wenn der Nettokreditbetrag DM 100 000,– übersteigt, besteht der Anspruch auf Bestellung oder Verstärkung auch dann, wenn der Kreditvertrag keine oder keine abschließenden Angaben über Sicherheiten enthält.

(3) Fristsetzung für die Bestellung oder Verstärkung von Sicherheiten. [1]Für die Bestellung oder Verstärkung von Sicherheiten wird die Bank eine angemessene Frist einräumen. [2]Beabsichtigt die Bank, von ihrem Recht zur fristlosen Kündigung nach Nr. 19 Absatz 3 dieser Geschäftsbedingungen Gebrauch zu machen, falls der Kunde seiner Verpflichtung zur Bestellung oder Verstärkung von Sicherheiten nicht fristgerecht nachkommt, wird sie ihn zuvor hierauf hinweisen.

14. Vereinbarung eines Pfandrechts zugunsten der Bank

(1) Einigung über das Pfandrecht. [1]Der Kunde und die Bank sind sich darüber einig, daß die Bank ein Pfandrecht an den Wertpapieren und Sachen erwirbt, an denen eine inländische Geschäftsstelle im bankmäßigen Geschäftsverkehr Besitz erlangt hat oder noch erlangen wird. [2]Die Bank erwirbt ein Pfandrecht auch an den Ansprüchen, die dem Kunden gegen die Bank aus der bankmäßigen Geschäftsverbindung zustehen oder künftig zustehen werden (zum Beispiel Kontoguthaben).

(2) Gesicherte Ansprüche. [1]Das Pfandrecht dient der Sicherung aller bestehenden, künftigen und bedingten Ansprüche, die der Bank mit ihren sämtlichen in- und ausländischen Geschäftsstellen aus der bankmäßigen Geschäftsverbindung gegen den Kunden zustehen. [2]Hat der Kunde gegenüber der Bank eine Haftung für Verbindlichkeiten eines anderen Kunden der Bank übernommen (zum Beispiel als Bürge), so sichert das Pfandrecht die aus der Haftungsübernahme folgende Schuld jedoch erst ab ihrer Fälligkeit.

(3) Ausnahmen vom Pfandrecht. [1]Gelangen Gelder oder andere Werte mit der Maßgabe in die Verfügungsgewalt der Bank, daß sie nur für einen bestimmten Zweck verwendet werden dürfen (zum Beispiel Bareinzahlung zur Einlösung eines Wechsels), erstreckt sich das Pfandrecht der Bank nicht auf diese Werte. [2]Dasselbe gilt für die von der Bank selbst ausgegebenen Aktien (eigene Aktien) und für die Wertpapiere, die die Bank im Ausland für den Kunden verwahrt. [3]Außerdem erstreckt sich das Pfandrecht nicht auf die von der Bank selbst ausgegebenen eigenen Genußrechte/Genußscheine und nicht auf die verbrieften und nicht verbrieften nachrangigen Verbindlichkeiten der Bank.

(4) Zins- und Gewinnanteilscheine. Unterliegen dem Pfandrecht der Bank Wertpapiere, ist der Kunde nicht berechtigt, die Herausgabe der zu diesen Papieren gehörenden Zins- und Gewinnanteilscheine zu verlangen.

15. Sicherungsrechte an Einzugspapieren und diskontierten Wechseln

(1) Sicherungsübereignung. [1]Die Bank erwirbt an den ihr zum Einzug eingereichten Schecks und Wechseln im Zeitpunkt der Einreichung Sicherungseigentum. [2]An diskontierten Wechseln erwirbt die Bank im Zeitpunkt des Wechselankaufs uneingeschränktes Eigentum, belastet sie diskontierte Wechsel dem Konto zurück, so verbleibt ihr das Sicherungseigentum an diesen Wechseln.

(2) Sicherungsabtretung. Mit dem Erwerb des Eigentums an Schecks und Wechseln gehen auch die zugrundeliegenden Forderungen auf die Bank über; ein Forderungsübergang findet ferner statt, wenn andere Papiere zum Einzug eingereicht werden (zum Beispiel Lastschriften, kaufmännische Handelspapiere).

(3) Zweckgebundene Einzugspapiere. Werden der Bank Einzugspapiere mit der Maßgabe eingereicht, daß ihr Gegenwert nur für einen bestimmten Zweck verwendet werden darf, erstrecken sich die Sicherungsübereignung und die Sicherungsabtretung nicht auf diese Papiere.

(4) Gesicherte Ansprüche der Bank. [1]Das Sicherungseigentum und die Sicherungsabtretung dienen der Sicherung aller Ansprüche, die der Bank gegen den Kunden bei Einreichung von Einzugspapieren aus seinen Kontokorrentkonten zustehen oder die infolge der Rückbelastung nicht eingelöster Einzugspapiere oder diskontierter Wechsel entstehen. [2]Auf Anforderung des Kunden nimmt die Bank eine Rückübertragung des Sicherungseigentums an den Papieren und der auf sie übergegangenen Forderungen an den Kunden vor, falls ihr im Zeitpunkt der Anforderung keine zu sichernden Ansprüche gegen den Kunden zustehen oder sie ihn über den Gegenwert der Papiere vor deren endgültiger Bezahlung nicht verfügen läßt.

16. Begrenzung des Besicherungsanspruchs und Freigabeverpflichtung

(1) Deckungsgrenze. Die Bank kann ihren Anspruch auf Bestellung oder Verstärkung von Sicherheiten solange geltend machen, bis der realisierbare Wert aller Sicherheiten dem Gesamtbetrag aller Ansprüche aus der bankmäßigen Geschäftsverbindung (Deckungsgrenze) entspricht.

(2) Freigabe. [1]Falls der realisierbare Wert aller Sicherheiten die Deckungsgrenze nicht nur vorübergehend übersteigt, hat die Bank auf Verlangen des Kunden Sicherheiten nach ihrer Wahl freizugeben, und zwar in Höhe des die Deckungsgrenze übersteigenden Betrages; sie wird bei der Auswahl der freizugebenden Sicherheiten auf die berechtigten Belange des Kunden und eines dritten Sicherungsgebers, der für die Verbindlichkeiten des Kunden Sicherheiten bestellt hat, Rücksicht nehmen. [2]In diesem Rahmen ist die Bank auch verpflichtet, Aufträge des Kunden über die dem Pfandrecht unterliegenden Werte auszuführen (zum Beispiel Verkauf von Wertpapieren, Auszahlung von Sparguthaben).

(3) Sondervereinbarungen. Ist für eine bestimmte Sicherheit ein anderer Bewertungsmaßstab als der realisierbare Wert, eine andere Deckungsgrenze oder eine andere Grenze für die Freigabe von Sicherheiten vereinbart, so sind diese maßgeblich.

17. Verwertung von Sicherheiten

(1) Wahlrecht der Bank. [1]Im Falle der Verwertung hat die Bank unter mehreren Sicherheiten die Wahl. [2]Sie wird bei der Verwertung und bei der Auswahl der zu verwertenden Sicherheiten auf die berechtigten Belange des Kunden und eines dritten Sicherungsgebers, der für die Verbindlichkeiten des Kunden Sicherheiten bestellt hat, Rücksicht nehmen.

(2) Erlösgutschrift nach dem Umsatzsteuerrecht. Wenn der Verwertungsvorgang der Umsatzsteuer unterliegt, wird die Bank dem Kunden über den Erlös eine Gutschrift erteilen, die als Rechnung für die Lieferung der als Sicherheit dienenden Sache gilt und den Voraussetzungen des Umsatzsteuerrechts entspricht.

1

18. Kündigungsrechte des Kunden

(1) Jederzeitiges Kündigungsrecht. Der Kunde kann die gesamte Geschäftsverbindung oder einzelne Geschäftsbeziehungen (zum Beispiel den Scheckvertrag), für die weder eine Laufzeit noch eine abweichende Kündigungsregelung vereinbart ist, jederzeit ohne Einhaltung einer Kündigungsfrist kündigen.

(2) Kündigung aus wichtigem Grund. Ist für eine Geschäftsbeziehung eine Laufzeit oder eine abweichende Kündigungsregelung vereinbart, kann eine fristlose Kündigung nur dann ausgesprochen werden, wenn hierfür ein wichtiger Grund vorliegt, der es dem Kunden, auch unter angemessener Berücksichtigung der berechtigten Belange der Bank, unzumutbar werden läßt, die Geschäftsbeziehung fortzusetzen.

19. Kündigungsrechte der Bank

(1) Kündigung unter Einhaltung einer Kündigungsfrist. [1]Die Bank kann die gesamte Geschäftsverbindung oder einzelne Geschäftsbeziehungen, für die weder eine Laufzeit noch eine abweichende Kündigungsregelung vereinbart ist, jederzeit unter Einhaltung einer angemessenen Kündigungsfrist kündigen (zum Beispiel den Scheckvertrag, der zur Nutzung der Scheckkarte und von Scheckvordrucken berechtigt). [2]Bei der Bemessung der Kündigungsfrist wird die Bank auf die berechtigten Belange des Kunden Rücksicht nehmen. [3]Für die Kündigung der Führung von laufenden Konten und Depots beträgt die Kündigungsfrist mindestens einen Monat.

(2) Kündigung unbefristeter Kredite. [1]Kredite und Kreditzusagen, für die weder eine Laufzeit noch eine abweichende Kündigungsregelung vereinbart ist, kann die Bank jederzeit ohne Einhaltung einer Kündigungsfrist kündigen. [2]Die Bank wird bei der Ausübung dieses Kündigungsrechts auf die berechtigten Belange des Kunden Rücksicht nehmen.

(3) Kündigung aus wichtigem Grund ohne Einhaltung einer Kündigungsfrist. [1]Eine fristlose Kündigung der gesamten Geschäftsverbindung oder einzelner Geschäftsbeziehungen ist zulässig, wenn ein wichtiger Grund vorliegt, der der Bank, auch unter angemessener Berücksichtigung der berechtigten Belange des Kunden, deren Fortsetzung unzumutbar werden läßt. [2]Ein solcher Grund liegt insbesondere vor, wenn der Kunde unrichtige Angaben über seine Vermögenslage gemacht hat, die für die Entscheidung der Bank über eine Kreditgewährung oder über andere mit Risiken für die Bank verbundene Geschäfte (zum Beispiel Aushändigung der Scheckkarte) von erheblicher Bedeutung waren, oder wenn eine wesentliche Verschlechterung seiner Vermögenslage eintritt oder einzutreten droht und dadurch die Erfüllung von Verbindlichkeiten gegenüber der Bank gefährdet ist. [3]Die Bank darf auch fristlos kündigen, wenn der Kunde seiner Verpflichtung zur Bestellung oder Verstärkung von Sicherheiten nach Nr. 13 Absatz 2 dieser Geschäftsbedingungen oder aufgrund einer sonstigen Vereinbarung nicht innerhalb der von der Bank gesetzten angemessenen Frist nachkommt.

(4) Kündigung von Verbraucherkrediten bei Verzug. Soweit das Verbraucherkreditgesetz Sonderregelungen für die Kündigung wegen Verzuges mit der Rückzahlung eines Verbraucherkredits vorsieht, kann die Bank nur nach Maßgabe dieser Regelungen kündigen.

(5) Abwicklung nach einer Kündigung. Im Falle einer Kündigung ohne Kündigungsfrist wird die Bank dem Kunden für die Abwicklung (insbesondere für die Rückzahlung eines Kredits) eine angemessene Frist einräumen, soweit nicht eine sofortige Erledigung erforderlich ist (zum Beispiel bei der Kündigung des Scheckvertrages die Rückgabe der Scheckvordrucke).

Schutz der Einlagen

20. Einlagensicherungsfonds

(1) Schutzumfang. Die Bank ist dem Einlagensicherungsfonds des Bundesverbandes deutscher Banken e.V. angeschlossen. Der Einlagensicherungsfonds sichert alle Verbindlichkeiten, die in der Bilanzposition „Verbindlichkeiten gegenüber Kunden" auszuweisen sind. Hierzu zählen Sicht-, Termin- und Spareinlagen einschließlich der auf den Namen lautenden Sparbriefe. Die Sicherungsgrenze je Gläubiger beträgt 30% des für die Einlagensicherung maßgeblichen haftenden Eigenkapitals der Bank.

(2) Ausnahmen vom Einlegerschutz. Nicht geschützt sind Forderungen, über die die Bank Inhaberpapiere ausgestellt hat, wie z.B. Inhaberschuldverschreibungen und Inhabereinlagenzertifikate, sowie Verbindlichkeiten gegenüber Kreditinstituten.

(3) Ergänzende Geltung des Statuts des Einlagensicherungsfonds. Wegen weiterer Einzelheiten des Sicherungsumfanges wird auf § 6 des Statuts des Einlagensicherungsfonds verwiesen, das auf Verlangen zur Verfügung gestellt wird.

(4) Forderungsübergang. Soweit der Einlagensicherungsfonds oder ein von ihm Beauftragter Zahlungen an einen Kunden leistet, gehen dessen Forderungen gegen die Bank in entsprechender Höhe mit allen Nebenrechten Zug um Zug auf den Einlagensicherungsfonds über.

(5) Auskunftserteilung. Die Bank ist befugt, dem Einlagensicherungsfonds oder einem von ihm Beauftragten alle in diesem Zusammenhang erforderlichen Auskünfte zu erteilen und Unterlagen zur Verfügung zu stellen.

1

Gesetz über das Aufspüren von Gewinnen aus schweren Straftaten

Vom 25. Oktober 1993, mit Änderungen bis zum 8. Mai 1998

§ 1. Begriffsbestimmungen. (1) [1]Kreditinstitute sind Unternehmen im Sinne des § 1 Abs. 1 des Gesetzes über das Kreditwesen mit Ausnahme der in § 2 Abs. 1 Nr. 4, 7 und 8 des Gesetzes über das Kreditwesen erfaßten Unternehmen. [2]Das Bundesaufsichtsamt für das Kreditwesen kann im Einzelfall bestimmen, daß auf ein Unternehmen im Sinne dieser Vorschrift wegen der Art der von ihm betriebenen Geschäfte die Vorschriften dieses Gesetzes nicht anzuwenden sind.

(2) [1]Finanzdienstleistungsinstitute sind Unternehmen im Sinne des § 1 Abs. 1a des Gesetzes über das Kreditwesen mit Ausnahme der in § 2 Abs. 6 Satz 1 Nr. 3 und 5 bis 12 des Gesetzes über das Kreditwesen erfaßten Unternehmen. [2]Finanzunternehmen sind Unternehmen im Sinne des § 1 Abs. 3 des Gesetzes über das Kreditwesen. [3]Absatz 1 Satz 2 gilt entsprechend.

(3) Eine im Inland gelegene Zweigstelle eines Kreditinstituts, Finanzdienstleistungsinstituts oder Finanzunternehmens mit Sitz im Ausland gilt als Kreditinstitut, Finanzdienstleistungsinstitut oder Finanzunternehmen im Sinne dieses Gesetzes.

(4) Institute im Sinne dieses Gesetzes sind ein Kreditinstitut, ein Finanzdienstleistungsinstitut, ein Finanzunternehmen und ein Versicherungsunternehmen, das Unfallversicherungsverträge mit Prämienrückgewähr oder Lebensversicherungsverträge anbietet.

(5) Identifizieren im Sinne dieses Gesetzes ist das Feststellen des Namens aufgrund eines Personalausweises oder Reisepasses sowie des Geburtsdatums und der Anschrift, soweit sie darin enthalten sind, und das Feststellen von Art, Nummer und ausstellender Behörde des amtlichen Ausweises.

(6) Finanztransaktion im Sinne dieses Gesetzes ist jede Handlung, die eine Geldbewegung oder eine sonstige Vermögensverschiebung bezweckt oder bewirkt.

§ 2. Allgemeine Identifizierungsrichtlinien für Institute. (1) Ein Institut hat bei Annahme oder Abgabe von Bargeld, Wertpapieren im Sinne des § 1 Abs. 1 des Depotgesetzes oder Edelmetallen im Wert von 30 000 Deutsche Mark oder mehr zuvor denjenigen zu identifizieren, der ihm gegenüber auftritt.

(2) Absatz 1 gilt auch, wenn das Institut mehrere Finanztransaktionen im Sinne des Absatzes 1 durchführt, die zusammen einen Betrag im Wert von 30 000 Deutsche Mark oder mehr ausmachen, sofern tatsächliche Anhaltspunkte dafür vorliegen, daß zwischen ihnen eine Verbindung besteht.

(3) Absatz 1 gilt nicht im Verhältnis von Instituten untereinander.

(4) Absatz 1 gilt nicht, wenn Inhaber oder Mitarbeiter eines Unternehmens auf das Konto des Unternehmens regelmäßig Gelder bar einzahlen oder von ihm abheben oder wenn Bargeld in einem Nachttresor deponiert wird. Unterhält ein nach Absatz 1 verpflichtetes Institut einen Nachttresor, so hat es dessen Benutzer zu verpflichten, darüber nur Geld für eigene Rechnung einzuzahlen.

§ 3. Identifizierungspflicht für andere Unternehmen und Personen. (1) [1]Ein Gewerbetreibender, soweit er in Ausübung seines Gewerbes handelt und nicht der Pflicht zur Identifizieren nach § 2 Abs. 1, auch in Verbindung mit Abs. 2 unterliegt, eine Person, die entgeltlich fremdes Vermögen verwaltet, in Ausübung dieser Verwaltungstätigkeit oder eine Spielbank hat bei Annahme von Bargeld im Wert von 20 000 Deutsche Mark oder mehr zuvor denjenigen zu identifizieren, der ihm gegenüber auftritt. [2]Dies gilt auch für die von diesen Unternehmen und Personen zur Entgegennahme von Bargeld Beauftragten, soweit sie in Ausübung ihres Berufes handeln.

(2) Absatz 1 findet auf gewerbliche Geldbeförderungsunternehmen keine Anwendung.

§ 4. Identifizieren beim Abschluß von Lebensversicherungsverträgen. (1) [1]Schließt ein in § 1 Abs. 4 genanntes Versicherungsunternehmen einen Lebensversicherungsvertrag oder einen Unfallversicherungsvertrag mit Prämienrückgewähr ab, so hat es zuvor den Vertragspartner zu identifizieren, wenn die Höhe der im Laufe des Jahres zu zahlenden periodischen Prämien 2000 Deutsche Mark übersteigt, wenn bei Zahlung einer einmaligen Prämie diese mehr als 5000 Deutsche Mark beträgt oder wenn mehr als 5000 Deutsche Mark auf ein Beitragsdepot gezahlt werden. [2]Dies gilt auch, wenn der Betrag der im Laufe des Jahres zu zahlenden periodischen Prämien auf 2000 Deutsche Mark oder mehr angehoben wird.

(2) Absatz 1 gilt nicht für Versicherungsverträge, die zur betrieblichen Altersversorgung aufgrund eines Arbeitsvertrages oder der beruflichen Tätigkeit des Versicherten abgeschlossen worden sind, sofern weder bei einer vorzeitigen Beendigung ein Rückkaufswert fäl-

lig wird noch diese Versicherungen als Sicherheit für ein Darlehen dienen können.

(3) Kommt in den in Absatz 1 genannten Fällen der Vertrag über einen Vermittler zustande oder wird er über einen solchen abgewickelt, so kann die Identifizierung auch durch den Vermittler erfolgen.

(4) Die Pflicht zur Identifizierung nach Absatz 1 gilt als erfüllt, wenn das Unternehmen bei Vertragsabschluß feststellt, daß der Vertragspartner ihm die Befugnis eingeräumt hat, die vereinbarte Prämie im Wege des Lastschrifteinzugs von einem Konto, dessen Eröffnung der Pflicht zur Feststellung der Identität nach Artikel 3 Abs. 1 der Richtlinie 91/308/EWG unterliegt oder von einem in einer Rechtsverordnung nach Absatz 5 bezeichneten Konto einzuziehen. [2]Ist der Einzug der Prämie von dem vom Versicherungsnehmer benannten Konto nicht möglich, hat das Unternehmen die Identifizierung gemäß Absatz 1 nachzuholen. [3]Wird in einem Versicherungsvertrag, der zur betrieblichen Altersversorgung auf Grund eines Arbeitsvertrages oder einer beruflichen Tätigkeit des Versicherten abgeschlossen wird, vereinbart, daß die Prämienzahlung über ein im Vertrag bezeichnetes Konto des Vertragspartners erfolgen soll, gilt die Identifizierung nach Absatz 1 als erfüllt, wenn das Unternehmen feststellt, daß die Prämienzahlung tatsächlich über das vereinbarte Konto erfolgt.

(5) Der Bundesminister des Innern wird ermächtigt, im Einvernehmen mit dem Bundesminister der Finanzen durch Rechtsverordnung weitere Konten zu bestimmen, bei deren Einschaltung in die Abwicklung der Prämienzahlung Absatz 4 Anwendung findet, wenn deren Eröffnung einer Pflicht zur Feststellung der Identität des Verfügungsberechtigten unterliegt.

§ 5. Anpassung von Schwellenbeträgen. Der Bundesminister des Innern wird ermächtigt, im Einvernehmen mit dem Bundesminister der Finanzen die in § 2 Abs. 1, Abs. 2 und § 4 Abs. 1 genannten Beträge durch Rechtsverordnung an die in Artikel 3 Abs. 2 und 3 der Richtlinie 91/308/EWG genannten Bezugswerte anzupassen, wenn der ECU-Leitkurs der Deutschen Mark geändert wird.

§ 6. Identifizierung in Verdachtsfällen. [1]Stellt ein Institut oder eine Spielbank Tatsachen fest, die darauf schließen lassen, daß die vereinbarte Finanztransaktion einer Geldwäsche nach § 261 des Strafgesetzbuches dient oder im Fall ihrer Durchführung dienen würde, so besteht die Pflicht zur Identifizierung nach § 2 Abs. 1, auch in Verbindung mit Abs. 2, § 3 Abs. 1 und § 4 Abs. 1 auch, wenn die dort genannten Beträge unterschritten werden. [2]Sprechen Anhaltspunkte dafür, daß der Geschäftsbetrieb weiterer Gewerbetreibender vermehrt zur Geldwäsche mißbraucht wird, kann der Bundesminister des Innern im Einvernehmen mit dem Bundesminister für Wirtschaft durch Rechtsverordnung diese zur Beachtung des Satzes 1 verpflichten.

§ 7. Absehen von Identifizierung. Von einer Identifizierung nach § 2 Abs. 1, auch in Verbindung mit Abs. 2, § 3 Abs. 1, § 4 Abs. 1 und § 6 Satz 1 kann abgesehen werden, wenn der zu Identifizierende bei dem zur Identifizierung Verpflichteten persönlich bekannt und wenn er bei früherer Gelegenheit identifiziert worden ist oder wenn der zu Identifizierende für ein gewerbliches Geldbeförderungsunternehmen auftritt.

§ 8. Feststellung des wirtschaftlich Berechtigten. (1) [1]Ein nach § 2 Abs. 1, auch in Verbindung mit Abs. 2, § 3 Abs. 1, § 4 Abs. 1 und § 6 Satz 1 und nach §154 der Abgabenordnung zur Identifizierung Verpflichteter hat sich beim zu Identifizierenden zu erkundigen, ob dieser für eigene Rechnung handelt. [2]Gibt der zu Identifizierende an, nicht für eigene Rechnung zu handeln, so hat der zur Identifizierung Verpflichtete nach dessen Angaben Namen und Anschrift desjenigen festzustellen, für dessen Rechnung dieser handelt. [3]Handelt der zu Identifizierende für eine nicht rechtsfähige Vereinigung, so ist deren Name und der Name und die Anschrift von einem ihrer Mitglieder festzustellen.

(2) Absatz 1 gilt nicht im Verhältnis von Instituten untereinander.

§ 9. Aufzeichnungs- und Aufbewahrungspflicht. (1) [1]Die nach § 2 Abs. 1, auch in Verbindung mit Abs. 2, § 3 Abs. 1, § 4 Abs. 1, § 6 Satz 1 und § 8 Abs. 1 Satz 2 und 3 getroffenen Feststellungen sind aufzuzeichnen. [2]Die Aufzeichnung soll, soweit möglich, durch Kopie der zur Feststellung der Identität vorgelegten Dokumente erfolgen. [3]Wird nach § 7 von einer Identifizierung abgesehen, so sind der Name des zu Identifizierenden sowie der Umstand aufzuzeichnen, daß er dem zur Identifizierung Verpflichteten persönlich bekannt ist oder daß der zu Identifizierende für ein gewerbliches Geldbeförderungsunternehmen aufgetreten ist. [4]Besteht eine Pflicht zur Identifizierung nach § 2 Abs. 4 Satz 1 erste oder zweite Alternative nicht, so hat das Institut den Namen des Einzahlenden oder Abhebenden auf dem Einzahlungs- oder Abhebungsbeleg aufzuzeichnen. [5]Der Einzahlende oder Abhebende muß dem Institut zuvor namentlich zusammen mit der Erklärung des Unternehmens bekanntgegeben worden sein, daß das Unternehmen durch ihn in Zukunft wiederholt Bargeld auf ein eigenes Konto einzahlen oder von ihm abheben wird. [6]Einzahlender und Abhebender sind bei der ersten Einzahlung oder Abhebung zu identifizieren.

(2) Die Aufzeichnungen können auch als Wiedergaben auf einem Bildträger oder auf anderen Datenträgern gespeichert werden. [1]Es muß sichergestellt sein, daß die gespeicherten Daten

1. mit den festgestellten Angaben übereinstimmen,
2. während der Dauer der Aufbewahrungsfrist verfügbar sind und jederzeit innerhalb angemessener Frist lesbar gemacht werden können.

(3) [1]Die Aufzeichnungen sind sechs Jahre aufzubewahren. [2]Die Aufbewahrungsfrist im Falle des § 4 Abs. 1 beginnt mit dem Schluß des Kalenderjahres, in dem die Geschäftsbeziehung mit dem Vertragspartner endet. [3]In den übrigen Fällen beginnt sie mit dem Schluß des Kalenderjahres, in dem die jeweilige Angabe festgestellt worden ist.

§ 10. Heranziehung und Verwendung von Aufzeichnungen. (1) Die nach § 9 Abs. 1 gefertigten Aufzeichnungen dürfen nur zur Verfolgung einer Straftat nach § 261 Abs. 1 Satz 2 Nr. 1 bis 5 des Strafgesetzbuches und der in § 261 Abs. 1 Nr. 1 bis 3 des Strafgesetzbuches genannten Straftaten für Zwecke eines Strafverfahrens herangezogen und verwendet werden.

(2) [1]Soweit ein Strafverfahren wegen einer in Absatz 1 bezeichneten Straftat eingeleitet wird, ist dieser Umstand zusammen mit den zugrundeliegenden Tatsachen der Finanzbehörde mitzuteilen. [2]Zieht die Strafverfolgungsbehörde im Strafverfahren Aufzeichnungen nach § 9 Abs. 1 heran, dürfen auch diese der Finanzbehörde übermittelt werden. [3]Die Mitteilungen und Aufzeichnungen dürfen für Besteuerungsverfahren und für Strafverfahren wegen Steuerstraftaten verwendet werden.

§ 11. Anzeige von Verdachtsfällen durch Institute. (1) [1]Ein Institut oder eine Spielbank hat bei Feststellung von Tatsachen, die darauf schließen lassen, daß eine Finanztransaktion einer Geldwäsche nach § 261 des Strafgesetzbuches dient oder im Falle ihrer Durchführung dienen würde, diese unverzüglich mündlich, fernmündlich, fernschriftlich oder durch elektronische Datenübermittlung den zuständigen Strafverfolgungsbehörden anzuzeigen. [2]Eine angetragene Finanztransaktion darf frühestens durchgeführt werden, wenn dem Institut die Zustimmung der Staatsanwaltschaft übermittelt ist oder wenn der zweite Werktag nach dem Abgangstag der Anzeige verstrichen ist, ohne daß die Durchführung der Transaktion strafprozessual untersagt worden ist, fällt der zweite Werktag auf einen Sonnabend, so endet die Frist mit Ablauf des nächsten Werktages. [3]Ist ein Aufschub der Finanztransaktion nicht möglich, so darf diese durchgeführt werden; die Anzeige ist unverzüglich nachzuholen.

(2) Eine Anzeige nach Absatz 1 ist schriftlich zu wiederholen, sofern sie nicht bereits fernschriftlich oder durch elektronische Datenübermittlung erfolgt ist.

(3) Ein Institut oder eine Spielbank darf den Auftraggeber der Finanztransaktion oder einen anderen als staatliche Stellen nicht von einer Anzeige nach Absatz 1 oder Absatz 2 oder von einem daraufhin eingeleiteten Ermittlungsverfahren in Kenntnis setzen.

(4) Die Pflicht zur Anzeige nach den Absätzen 1 und 2 schließt die Freiwilligkeit der Anzeige im Sinne des § 261 Abs. 9 des Strafgesetzbuches nicht aus.

(5) Der Inhalt einer Anzeige nach Absatz 1 darf nur für die in § 10 Abs. 1 und 2 Satz 3 bezeichneten Strafverfahren und für Strafverfahren wegen einer Straftat, die im Höchstmaß mit einer Freiheitsstrafe von mehr als drei Jahren bedroht ist, sowie für Besteuerungsverfahren verwendet werden.

§ 12. Freistellung von der Verantwortlichkeit. Wer den Strafverfolgungsbehörden Tatsachen anzeigt, die auf eine Straftat nach § 261 des Strafgesetzbuches schließen lassen, kann wegen dieser Anzeige nicht verantwortlich gemacht werden, es sei denn, die Anzeige ist vorsätzlich oder grob fahrlässig unwahr erstattet worden.

§ 13. Anzeige von Verdachtsfällen durch die zuständige Behörde. Stellt die zuständige Behörde (§ 16) Tatsachen fest, die auf eine Straftat nach § 261 des Strafgesetzbuches schließen lassen, so hat sie diese unverzüglich den zuständigen Strafverfolgungsbehörden anzuzeigen.

§ 14. Interne Sicherungsmaßnahmen. (1) Folgende Unternehmen oder Personen müssen Vorkehrungen dagegen treffen, daß sie zur Geldwäsche mißbraucht werden können:

1. Kreditinstitute,
2. Versicherungsunternehmen im Sinne des § 1 Abs. 4,
3. Versteigerer,
4. Finanzdienstleistungsunternehmen,
5. Finanzunternehmen im Sinne des § 1 Abs. 3 Satz 1 Nr. 2 bis 5 des Gesetzes über das Kreditwesen,
6. Edelmetallhändler,

7. Spielbanken,
8. die Deutsche Bundespost.

(2) Vorkehrungen im Sinne des Absatzes 1 sind
1. die Bestimmung einer leitenden Person, die Ansprechpartner für die Strafverfolgungsbehörden bei der Verfolgung der Geldwäsche nach § 261 des Strafgesetzbuches ist,
2. die Entwicklung interner Grundsätze, Verfahren und Kontrollen zur Verhinderung der Geldwäsche,
3. die Sicherstellung, daß die Beschäftigten, die befugt sind, bare und unbare Finanztransaktionen durchzuführen, zuverlässig sind, und
4. die regelmäßige Unterrichtung dieser Beschäftigten über die Methoden der Geldwäsche.

(3) Die nach § 16 zuständige Behörde kann im Einzelfall bestimmen, daß auf ein Finanzdienstleistungsinstitut oder ein Finanzunternehmen wegen der Art der von ihm betriebenen Geschäfte die Vorschriften der Absätze 1 und 2 ganz oder teilweise nicht anzuwenden sind.

§ 15. Zweigstellen und Unternehmen im Ausland. [1]Ein Unternehmen im Sinne des § 14 Abs. 1 Nr. 1 bis 6 hat dafür zu sorgen, daß die Verpflichtungen der §§ 2 bis 4, 6, 8, 9 und 14 auch von seinen Zweigstellen im Ausland erfüllt werden; das gleiche gilt für die von ihm abhängigen Unternehmen im Ausland, die mit ihm unter einheitlicher Leitung zusammengefaßt sind (§ 18 des Aktiengesetzes). [2]Soweit dies nach dem Recht des anderen Staates nicht zulässig ist, ist die zuständige Behörde innerhalb von sechs Monaten nach dem Inkrafttreten dieses Gesetzes zu unterrichten. [3]Erfolgt die Eröffnung der Zweigstelle oder die Zusammenfassung unter der einheitlichen Leitung nach dem Inkrafttreten dieses Gesetzes, so ist die zuständige Behörde innerhalb von drei Monaten nach der Eröffnung oder der Zusammenfassung unter der einheitlichen Leitung zu unterrichten.

§ 16. Zuständige Behörde. Zuständige Behörde für die Durchführung dieses Gesetzes ist
1. für die Kreditanstalt für Wiederaufbau der Bundesminister der Finanzen,
2. für die übrigen Kreditinstitute, mit Ausnahme der Deutschen Bundesbank und die Finanzdienstleistungsinstitute das Bundesaufsichtsamt für das Kreditwesen,
3. für Versicherungsunternehmen die jeweils zuständige Aufsichtsbehörde für das Versicherungswesen,
4. im übrigen die jeweils nach Bundes- oder Landesrecht zuständige Stelle.

§ 17. Bußgeldvorschriften.

Hypothekenbankgesetz

In der Fassung der Bekanntmachung vom 19. Dezember 1990, mit Änderungen bis zum 31. März 1998

§ 1. [Begriffsbestimmung] Hypothekenbanken sind privatrechtliche Kreditinstitute, deren Geschäftsbetrieb darauf gerichtet ist,

1. inländische Grundstücke zu beleihen und auf Grund der erworbenen Hypotheken Schuldverschreibungen (Hypothekenpfandbriefe) auszugeben.
2. Darlehen an inländischen Körperschaften und Anstalten des öffentlichen Rechts oder gegen Übernahme der vollen Gewährleistung durch eine solche Körperschaft oder Anstalt zu gewähren (Kommunaldarlehen) und auf Grund der erworbenen Forderungen Schuldverschreibungen (Kommunalschuldverschreibungen) auszugeben.

§ 2. [Rechtsform] Hypothekenbanken dürfen nur in der Rechtsform der Aktiengesellschaft und der Kommanditgesellschaft auf Aktien betrieben werden.

§ 3. [Aufsicht] Das Bundesaufsichtsamt für das Kreditwesen (Aufsichtsbehörde) übt die Aufsicht über die Hypothekenbanken nach den Vorschriften dieses Gesetzes und des Gesetzes über das Kreditwesen aus.

§ 4. [Befugnisse der Aufsichtsbehörde] Die Aufsichtsbehörde ist befugt, alle Anordnungen zu treffen, welche erforderlich sind, um den Geschäftsbetrieb der Bank mit den Gesetzen, der Satzung und den sonst in verbindlicher Weise getroffenen Bestimmungen im Einklang zu erhalten.

§ 5. [Zulässige Geschäfte] (1) Die Hypothekenbanken dürfen außer der in § 1 genannten Geschäften nur folgende Geschäfte betreiben:

1. Darlehen an einen anderen Mitgliedstaat der Europäischen Union oder einen anderen Vertragsstaat des Abkommens über den Europäischen Wirtschaftsraum sowie an seine Regionalregierungen und örtlichen Gebietskörperschaften, für welche die zuständigen Behörden nach Artikel 6 Abs. 1 Buchstabe b Nr. 5 der Richtlinie des Rates vom 18. Dezember 1989 über einen Solvabilitätskoeffizienten für Kreditinstitute eine Gewichtung von zwanzig vom Hundert festgelegt haben, oder gegen Übernahme der vollen Gewährleistung durch eine dieser Stellen gewähren und die erworbenen Forderungen zur Deckung von Kommunalschuldverschreibungen verwenden; der Gesamtbetrag der Darlehen, bei denen nicht sichergestellt ist, daß sich das Vorrecht der Gläubiger der Kommunalschuldverschreibungen nach § 35 in Verbindung mit § 41 Satz 1 auf die Forderungen der Hypothekenbank aus diesen Darlehen erstreckt, darf zehn vom Hundert des Gesamtbetrages der nach § 1 Nr. 2 gewährten Darlehen nicht übersteigen;
2. im Inland oder in einem anderen Mitgliedstaat der Europäischen Union oder einem anderen Vertragsstaat des Abkommens über den Europäischen Wirtschaftsraum oder in der Schweiz belegene Grundstücke auch über die Grenzen der §§ 11 und 12 Abs. 3 hinaus beleihen und Hypotheken an solchen Grundstücken sowie Kommunaldarlehen erwerben, veräußern, beleihen und verpfänden mit der Maßgabe, daß der Gesamtbetrag aller durch Hypotheken gesicherter Forderungen, die wegen Überschreitung der ersten drei Fünftel des Verkaufswertes des Grundstücks (§ 12 Abs. 1) nicht als Deckung für Schuldverschreibungen benützt werden dürfen, zwanzig vom Hundert des Gesamtbetrages der hypothekarischen Beleihungen nicht übersteigen darf; Forderungen bleiben unberücksichtigt, soweit für diese ausreichende anderweitige Sicherheiten bestehen;

2a. in anderen Mitgliedstaaten der Europäischen Union oder anderen Vertragsstaaten des Abkommens über den Europäischen Wirtschaftsraum oder in der Schweiz belegene Grundstücke beleihen und auf Grund der erworbenen Hypotheken Hypothekenpfandbriefe ausgeben; der Gesamtbetrag der Beleihungen, bei denen nicht sichergestellt ist, daß sich das Vorrecht der Pfandbriefgläubiger nach § 35 auf die Forderungen der Hypothekenbank aus diesen Beleihungen erstreckt, darf zehn vom Hundert des Gesamtbetrages der Beleihungen nach § 1 Nr. 1 nicht übersteigen;

2b. in anderen europäischen Staaten belegene Grundstücke auch über die Grenzen der §§ 11 und 12 Abs. 3 beleihen, sofern
   a) der Staat Vollmitglied der Organisation für wirtschaftliche Zusammenarbeit und Entwicklung ist,
   b) die Hypothek in diesem Staat eine ausreichende Sicherheit für die Rückzahlung und Verzinsung von Darlehen gewährt und

c) der Gesamtbetrag dieser Beleihungen das haftende Eigenkapital nicht übersteigt;
3. Wertpapiere im eigenen Namen für fremde Rechnung ankaufen und verkaufen, jedoch unter Ausschluß von Zeitgeschäften;
4. zur Gewährung von hypothekarischen Darlehen, Kommunaldarlehen und Darlehen nach den Nummern 1 bis 2b
   a) fremde Gelder als verzinsliche oder unverzinsliche Einlagen annehmen,
   b) Darlehen aufnehmen und Sicherheiten für diese Darlehen bestellen,
   c) Schuldverschreibungen ohne die für Hypothekenpfandbriefe oder Kommunalschuldverschreibungen vorgeschriebene Deckung ausgeben;
5. Wertpapiere für andere verwahren und verwalten;
6. die Einziehung von Wechseln, Anweisungen und ähnlichen Papieren besorgen;
7. sich an Unternehmen beteiligen, wenn die Beteiligungen dazu dienen, die nach den §§ 1, 5 Abs. 1 Nr. 1 und 2a betriebenen Geschäfte zu fördern, und die Haftung der Hypothekenbank aus den Beteiligungen durch die Rechtsform des Unternehmens beschränkt ist, mit der Maßgabe, daß die einzelne Beteiligung insgesamt den dritten Teil des Kapitals (Nennkapital, Summe der Kapitalanteile) des Unternehmens nicht übersteigen darf. Eine höhere Beteiligung ist zulässig, sofern der Geschäftszweck des Unternehmens gesetzlich oder satzungsmäßig im wesentlichen auf solche Geschäfte ausgerichtet ist, welche die Hypothekenbank selbst betreiben darf; der Gesamtbetrag dieser Beteiligungen darf zwanzig vom Hundert des haftenden Eigenkapitals nicht übersteigen.

(2) Für die Geschäfte nach § 1 Nr. 2 stehen die Europäischen Gemeinschaften und die Europäische Investitionsbank den inländischen Körperschaften und Anstalten des öffentlichen Rechts gleich.

(3) Verfügbares Geld dürfen die Hypothekenbanken nutzbar machen
1. durch Anlegung bei geeigneten Kreditinstituten;
2. durch Ankauf ihrer Hypothekenpfandbriefe und Kommunalschuldverschreibungen;
3. durch Ankauf von
   a) Wechseln und Schecks, die den Anforderungen des § 19 Abs. 1 Nr. 1 des Gesetzes über die Deutsche Bundesbank entsprechen,
   b) Schuldverschreibungen, Schuldbuchforderungen, Schatzwechseln und Schatzanweisungen, deren Schuldner der Bund, ein Sondervermögen des Bundes, ein Land, die Europäische Union, ein anderer Mitgliedstaat der Europäischen Gemeinschaften oder ein anderer Vertragsstaat des Abkommens über den Europäischen Wirtschaftsraum oder die Europäische Investitionsbank sind,
   c) Schuldverschreibungen, für deren Verzinsung und Rückzahlung eine der unter Buchstabe b bezeichneten Stellen die Gewährleistung übernommen hat,
   d) anderen Schuldverschreibungen, die in einem Mitgliedstaat der Europäischen Union oder in einem anderen Vertragsstaat des Abkommens über den Europäischen Wirtschaftsraum zum Handel an einem organisierten Markt im Sinne des § 2 Abs. 5 des Wertpapierhandelsgesetzes zugelassen sind;
4. durch Beleihung von Wertpapieren nach einer von der Hypothekenbank aufzustellenden Anweisung; die Anweisung hat die beleihungsfähigen Papiere und die zulässige Höhe der Beleihung festzusetzen;
5. durch Anlegung in Investmentanteilen an einem nach dem Grundsatz der Risikomischung angelegten Vermögen, die von einer Kapitalanlagegesellschaft oder von einer ausländischen Investmentgesellschaft, die zum Schutz der Anteilinhaber einer besonderen öffentlichen Aufsicht unterliegt, ausgegeben wurden, wenn nach den Vertragsbedingungen oder der Satzung der Kapitalanlagegesellschaft oder der Investmentgesellschaft das Vermögen nur in den Schuldtiteln der Nummern 2 und 3 und in Bankguthaben angelegt werden darf.

(4) Der Erwerb von Grundstücken ist den Hypothekenbanken nur zur Verhütung von Verlusten an Hypotheken und zur Beschaffung von Geschäftsräumen sowie von Wohnräumen für ihre Betriebsangehörigen gestattet.

§ 5a. [Schutz der Bezeichnung „Pfandbrief"] Privatrechtliche Kreditinstitute, die nicht Hypothekenbanken sind, dürfen Schuldverschreibungen unter der Bezeichnung als Pfandbrief oder unter einer anderen Bezeichnung, die das Wort Pfandbrief enthält, nicht in den Verkehr bringen. Dies gilt nicht für Schuldverschreibungen, die von Schiffspfandbriefbanken unter der Bezeichnung als Schiffspfandbrief in den Verkehr gebracht worden sind oder werden.

§ 6. [Ordentliche Deckung; Ersatzdeckung]

(1) Der Gesamtbetrag der im Umlauf befindlichen Hypothekenpfandbriefe muß in Höhe des Nennwerts jederzeit durch Hypotheken von mindestens gleicher Höhe und mindestens gleichem Zinsertrag gedeckt sein (ordentliche Deckung). Als ordentliche Deckung können

auch in Inhaberschuldverschreibungen umgewandelte Ausgleichsforderungen nach § 8 Abs. 2 der Verordnung über die Bestätigung der Umstellungsrechnung und das Verfahren der Zuteilung und des Erwerbs von Ausgleichsforderungen in der Fassung der Bekanntmachung vom 7. Dezember 1994 (BGBl. I S. 3738) verwendet werden. Im Umlauf befindlich ist ein Pfandbrief, wenn der Treuhänder ihn gemäß § 30 Abs. 3 ausgefertigt und der Bank übergeben hat; wird ein Pfandbrief dem Treuhänder zur Verwahrung zurückgegeben, so scheidet er aus dem Umlauf für die Dauer dieser Verwahrung aus.

(2) Die Deckung muß, soweit Hypotheken an landwirtschaftlichen Grundstücken dazu verwendet werden, mindestens zur Hälfte aus Amortisationshypotheken bestehen, bei denen der jährliche Tilgungsbeitrag des Schuldners nicht weniger als ein Viertel vom Hundert des Hypothekenkapitals beträgt. Die Bank darf jedoch, falls solche Hypotheken vor der Zeit zurückbezahlt werden, an ihrer Stelle bis zum Ablauf der planmäßigen Tilgungszeit Hypotheken anderer Art zur Deckung benutzen.

(3) Steht der Bank eine Hypothek an einem Grundstück zu, das sie zur Verhütung eines Verlustes an der Hypothek erworben hat, so darf diese als Deckung von Hypothekenpfandbriefen höchstens mit der Hälfte des Betrags in Ansatz gebracht werden, mit welchem sie vor dem Erwerb des Grundstücks durch die Bank als Deckung in Ansatz gebracht war.

(4) Die in Absatz 1 vorgeschriebene ordentliche Deckung kann durch folgende Werte ersetzt werden (Ersatzdeckung):

1. Werte der in § 5 Abs. 3 Nr. 3 Buchstaben b und c bezeichneten Art;
2. Guthaben bei der Deutschen Bundesbank und bei geeigneten Kreditinstituten.

Dabei dürfen Schuldverschreibungen höchstens mit einem Betrag in Ansatz gebracht werden, der um fünf vom Hundert des Nennwertes unter ihrem jeweiligen Börsenpreis bleibt, den Nennwert aber nicht übersteigt.

(5) Die Ersatzdeckung darf 10 vom Hundert des Gesamtbetrags der im Umlauf befindlichen Hypothekenpfandbriefe und Kommunalschuldverschreibungen nicht übersteigen; dabei darf der Anteil der in Absatz 4 Satz 1 Nr. 2 genannten Werte nicht höher als 10 vom Hundert des Hypothekenpfandbriefumlaufs sein.

(6) Die Währung des Nennwerts der von der Hypothekenbank ausgegebenen Hypothekenpfandbriefe darf von der Währung der zu ihrer Deckung benutzten Werte nur abweichen, soweit durch geeignete Maßnahmen ein Währungsrisiko ausgeschlossen ist.

§ 7. [Umlaufgrenze für Pfandbriefe] (1) Der Gesamtbetrag der im Umlauf befindlichen Hypothekenpfandbriefe und Kommunalschuldverschreibungen einer Hypothekenbank darf den sechzigfachen Betrag des haftenden Eigenkapitals nicht übersteigen; das Erfordernis eines angemessenen haftenden Eigenkapitals nach § 10 des Gesetzes über das Kreditwesen bleibt unberührt.

(2) Werden von einer Hypothekenbank nach § 5 Abs. 1 Nr. 4 Gelder als Einlagen oder Darlehen angenommen oder Schuldverschreibungen ausgegeben, so sind die Gelder, soweit nicht den Darlehensgebern Namenspfandbriefe oder Namenskommunalschuldverschreibungen zu ihrer Sicherstellung ausgehändigt worden sind, und die Schuldverschreibungen auf den Gesamtbetrag anzurechnen, bis zu dem nach Absatz 1 Hypothekenpfandbriefe und Kommunalschuldverschreibungen ausgegeben werden dürfen.

§ 8. [Inhalt der Pfandbriefe, Rückzahlung, Kündigung] (1) In den Hypothekenpfandbriefen sind die für das Rechtsverhältnis zwischen Hypothekenbank und den Pfandbriefgläubigern maßgebenden Bestimmungen, insbesondere in betreff der Kündbarkeit der Hypothekenpfandbriefe, ersichtlich zu machen.

(2) Die Hypothekenbank darf auf das Recht zur Rückzahlung der Hypothekenpfandbriefe höchstens für einen Zeitraum von zehn Jahren verzichten. Den Pfandbriefgläubigern darf ein Kündigungsrecht nicht eingeräumt werden.

§ 9. [Laufzeitbegrenzung, verbotene Ausgabe] (1) Hypothekenpfandbriefe sollen nur ausgegeben werden, wenn

a) die Laufzeit der Pfandbriefe den Zeitraum nicht wesentlich überschreitet, der mit Rücksicht auf die Laufzeiten der hypothekarischen Darlehen der Hypothekenbank erforderlich ist, und
b) bei einem angemessenen Teil der neu ausgegebenen Pfandbriefe vorgesehen ist, daß mit der Tilgung der Pfandbriefe spätestens nach Ablauf von einem Drittel der Laufzeit begonnen werden muß.

Als Laufzeit der Pfandbriefe gilt der in den Bedingungen vorgesehene Zeitraum vom Beginn der Verzinsung bis zur ursprünglich vereinbarten Fälligkeit. Angemessen im Sinne von Satz 1 Buchstabe b ist der Anteil der dort bezeichneten Pfandbriefe, wenn ihr Anteil an den neu ausgegebenen Pfandbriefen zusammen mit den neu ausgegebenen Pfandbriefen mit einer Laufzeit bis zu 15 Jahren mindestens 40 vom Hundert beträgt.

(2) Die Ausgabe von Hypothekenpfandbriefen, deren Einlösungswert den Nennwert übersteigt, ist nicht gestattet.

§ 10. [Deckung für Pfandbriefe] Als Deckung für Hypothekenpfandbriefe dürfen nur Hypotheken benutzt werden, welche den in den §§ 11 und 12 bezeichneten Erfordernissen entsprechen.

§ 11. [Beleihungsgrenze]

(1) *(weggefallen)*

(2) Die Beleihung darf die ersten drei Fünftel des Wertes des Grundstückes nicht übersteigen.

§ 12. [Beleihungswert] (1) Der bei der Beleihung angenommene Wert des Grundstücks darf den durch sorgfältige Ermittlung festgestellten Verkaufswert nicht übersteigen. Bei der Feststellung dieses Wertes sind nur die dauernden Eigenschaften des Grundstücks und der Ertrag zu berücksichtigen, welchen das Grundstück bei ordnungsgemäßer Wirtschaft jedem Besitzer nachhaltig gewähren kann.

(2) Liegt eine Ermittlung des Verkehrswertes auf Grund der Vorschriften der §§ 192 bis 199 des Baugesetzbuchs vor, so soll dieser bei der Ermittlung des Beleihungswertes berücksichtigt werden.

(3) Die zur Deckung von Hypothekenpfandbriefen verwendeten Hypotheken an Bauplätzen sowie an solchen Neubauten, die noch nicht fertiggestellt und ertragsfähig sind, dürfen zusammen den zehnten Teil des Gesamtbeitrags der zur Deckung der Hypothekenpfandbriefe benutzten Hypotheken sowie das Doppelte des haftenden Eigenkapitals nicht überschreiten; der Anteil der Hypotheken an Bauplätzen am Gesamtbetrag der zur Deckung verwendeten Hypotheken an Bauplätzen und Neubauten darf nicht höher sein als zehn vom Hundert. Im übrigen sind Hypotheken an Grundstücken, die einen dauernden Ertrag nicht gewähren, insbesondere an Gruben und Brüchen, von der Verwendung zur Deckung von Hypothekenpfandbriefen ausgeschlossen. Das gleiche gilt von Hypotheken an Bergwerken. Hypotheken an anderen Berechtigungen, für welche die sich auf Grundstücke beziehenden Vorschriften Anwendung finden, sind von der Verwendung zur Deckung von Hypothekenpfandbriefen ausgeschlossen, sofern die Berechtigungen einen dauernden Ertrag nicht gewähren.

§ 13. [Wertermittlungsanweisung] Die Hypothekenbank hat auf Grund der Vorschriften des § 12 eine Anweisung über die Wertermittlung zu erlassen; die Anweisung bedarf der Genehmigung der Aufsichtsbehörde.

§ 14. [Darlehensgewährung] (1) Die hypothekarischen Darlehen sind in Geld zu gewähren.

(2) Die Gewährung von Darlehen in Hypothekenpfandbriefen der Bank zum Nennwert ist nur zulässig, wenn die Satzung der Bank sie gestattet und der Schuldner ausdrücklich zustimmt. In diesem Fall ist dem Schuldner urkundlich das Recht einzuräumen, die Rückzahlung der Hypothek nach seiner Wahl in Geld oder in Hypothekenpfandbriefen der Bank, die derselben Gattung angehören wie die empfangenen, nach dem Nennwert zu bewirken. Hypothekenpfandbriefe, die bei der amtlichen Feststellung des Börsenpreises nicht unterschieden werden, gelten im Sinn dieser Vorschrift stets als zu derselben Gattung gehörig.

§ 15. [Darlehensbedingungen] Die Grundzüge der Bedingungen für die hypothekarischen Darlehen sind von der Hypothekenbank festzustellen; die Grundzüge bedürfen der Genehmigung der Aufsichtsbehörde. In den Bedingungen ist namentlich zu bestimmen, welche Nachteile den Schuldner bei nicht rechtzeitiger Zahlung treffen sowie unter welcher Voraussetzung die Bank befugt ist, die vorzeitige Rückzahlung der Hypothek zu verlangen.

§ 16. [Angaben in Darlehensprospekten und Antragsformularen] In den von der Hypothekenbank verwendeten Darlehensprospekten und Antragsformularen sind alle Bestimmungen über die Art der Auszahlung der Darlehen, über Abzüge zugunsten der Bank, über die Höhe und Fälligkeit der Zinsen und der sonst dem Schuldner obliegenden Leistungen, über den Beginn einer Amortisation und über die Kündigung und Rückzahlung aufzunehmen.

§ 17. [Verschlechterung und Veräußerung des beliehenen Grundstücks] (1) Im Fall einer Verschlechterung des beliehenen Grundstücks oder seiner Zubehörstücke, der ein unwirtschaftliches Verfahren des Besitzers nicht zugrunde liegt, finden zugunsten der Hypothekenbank die Vorschriften der §§ 1133 und 1135 des Bürgerlichen Gesetzbuchs über das Recht des Gläubigers auf sofortige Befriedigung aus dem Grundstück nur in Ansehung des Betrags Anwendung, für welchen in dem verminderten Wert des Grundstücks nicht mehr die nach dem Gesetz oder der Satzung erforderliche Deckung vorhanden ist. Über diesen Betrag hinaus darf sich die Bank für den Fall einer Verminderung des Wertes des Grundstücks das Recht, die vorzeitige Rückzahlung der Hypothek zu verlangen, nicht ausbedingen.

(2) Hat die Bank sich für den Fall, daß ein Teil des Grundstücks veräußert wird, weitere als die ihr gesetzlich zustehenden Rechte auf

Sicherstellung oder Befriedigung vorbehalten, so ist die Geltendmachung dieser Rechte ausgeschlossen, wenn die Unschädlichkeit der Veräußerung für die Berechtigten nach Maßgabe der Landesgesetze von der zuständigen Behörde festgestellt wird.

(3) Es darf nicht bedungen werden, daß die Bank im Fall ihrer Auflösung die vorzeitige Rückzahlung der Hypothek verlangen kann.

§ 18. *(aufgehoben)*

§ 19. [Amortisationshypothek] Bei Amortisationshypotheken darf zugunsten der Bank ein Kündigungsrecht nicht bedungen werden. Eine Vereinbarung, welche der Bank das Recht einräumt, aus besonderen, in dem Verhalten des Schuldners liegenden Gründen die Rückzahlung der Hypothek vor der bestimmten Zeit zu verlangen, wird hierdurch nicht berührt.

§ 20. [Hinausschieben der Amortisation]

(1) Der Beginn der Amortisation darf für einen zehn Jahre nicht übersteigenden Zeitraum hinausgeschoben werden. Ist in einem solchen Fall infolge der Hinausschiebung der Amortisation außer den bedungenen Zinsen ein Betrag an die Bank zu entrichten, so ist dieser in der Darlehensurkunde ersichtlich zu machen. Das gleiche gilt für Beträge, die der Schuldner zur Erstattung von Geldbeschaffungskosten an die Bank zu entrichten hat.

(2) Von dem Beginn der Amortisation an dürfen die Jahreszinsen von keinem höheren Betrag als von dem für den Schluß des Vorjahres sich ergebenden Restkapital berechnet werden; der Mehrbetrag der Jahresleistung ist zur Tilgung zu verwenden.

(3) Die Aufsichtsbehörde kann für Einzelfälle oder für Gruppen gleichgelagerter Fälle zulassen, daß der Beginn der Amortisation für einen größeren als den in Absatz 1 Satz 1 genannten Zeitraum hinausgeschoben wird, wenn dies wegen sonstiger, mit der Darlehensgewährung in Zusammenhang stehender Verbindlichkeiten des Schuldners unter Berücksichtigung der Beschaffenheit des beliehenen Grundstücks gerechtfertigt erscheint.

§ 21. [Teilweise Rückzahlung der Amortisationshypothek] (1) Das Recht des Schuldners zur teilweisen Rückzahlung der Hypothek kann bei Amortisationshypotheken in der Weise beschränkt werden, daß eine Zahlung von der Bank nur angenommen zu werden braucht, wenn die Zahlung dazu bestimmt und geeignet ist, die Tilgungszeit unter Beibehaltung der bisherigen Höhe der Jahresleistungen um ein Jahr oder um mehrere Jahre abzukürzen. Die Vorschrift findet jedoch keine Anwendung, wenn der Betrag der Zahlung den zehnten Teil des Restkapitals erreicht und der Schuldner verlangt, daß die späteren Jahresleistungen unter Beibehaltung der ursprünglichen Tilgungszeit herabgesetzt werden; in diesem Falle darf bei den in § 6 Abs. 2 bezeichneten Hypotheken der jährliche Tilgungsbeitrag weniger als ein Viertel vom Hundert des ursprünglichen Kapitals betragen; die Bank hat einen neuen Tilgungsplan aufzustellen.

(2) Die Bank darf sich von der Verpflichtung, in Ansehung des amortisierten Betrags die ihr berufs der Berichtigung des Grundbuchs, der Löschung der Hypothek oder der Herstellung eines Teilhypothekenbriefs nach den Vorschriften des bürgerlichen Rechts obliegenden Handlungen vorzunehmen, im voraus nicht befreien.

(3) Die Bank hat nach Veröffentlichung der Jahresbilanz jedem Schuldner auf Verlangen mitzuteilen, welcher Betrag der Hypothek am Schluß des Vorjahres amortisiert war.

§ 21a. [Ausnahme bei fehlendem Deckungszweck] Bei Hypotheken, die nicht als Deckung für Schuldverschreibungen benutzt werden, kann von den Vorschriften der §§ 14 bis 21 abgewichen werden.

§ 22. [Deckungsregister] (1) Die zur Deckung der Hypothekenpfandbriefe verwendeten Hypotheken sowie die sonstigen als ordentliche Deckung verwendeten Werte sind von der Bank einzeln in ein Register einzutragen. Im Falle des § 6 Abs. 4 sind die als Ersatzdeckung verwendeten Werte gleichfalls in das Register einzutragen; die Eintragung von Wertpapieren hat, soweit es sich nicht um Anteile an Sammelbeständen handelt, die einzelnen Stücke zu bezeichnen.

(2) Innerhalb des ersten Monats eines jeden Kalenderhalbjahres ist eine von dem nach § 29 bestellten Treuhänder beglaubigte Abschrift der Eintragungen, welche während des letzten Halbjahres in dem Hypothekenregister vorgenommen worden sind, der Aufsichtsbehörde einzureichen. Die Abschrift wird von der Aufsichtsbehörde aufbewahrt.

§ 23. *(weggefallen)*

§ 24. [Jahresabschluß bei erweitertem Geschäftsbetrieb] Macht eine Hypothekenbank von dem Recht des erweiterten Geschäftsbetriebs nach § 46 Abs. 1 Gebrauch, so hat sie ihren Jahresabschluß nach den Vorschriften aufzustellen, die für ihre nicht zum Betrieb einer Hypothekenbank gehörenden Geschäftszweige gelten, und ihn für die zum Betrieb einer Hypothekenbank gehörenden Geschäfte nach der diesen Geschäftszweig vorgeschriebenen Gliederung zu ergänzen.

§§ 25 bis **27**. *(weggefallen)*

§ 28. [Angaben im Anhang des Jahresabschlusses] (1) Im Anhang des Jahresabschlusses sind anzugeben
1. die Zahl der im Hypothekenregister eingetragenen Hypotheken und deren Verteilung mit den als Deckung in Ansatz gebrachten Beträgen
   a) nach ihrer Höhe in Stufen von bis zu einhunderttausend Deutsche Mark, von mehr als einhunderttausend Deutsche Mark bis zu einer Million Deutsche Mark und von mehr als einer Million Deutsche Mark und
   b) nach den Hauptgebieten, in denen die beliehenen Grundstücke liegen;
2. die Beträge, welche davon auf Hypotheken an gewerblich genutzten und auf solche an Wohnzwecken dienenden Grundstücken sowie auf Hypotheken an Bauplätzen und an unfertigen, noch nicht ertragsfähigen Neubauten fallen;
3. die Zahl der Zwangsversteigerungs- und Zwangsverwaltungsverfahren, die am Abschlußstichtag anhängig waren, sowie die Zahl der im Geschäftsjahr durchgeführten Zwangsversteigerungen;
4. die Zahl der Fälle, in denen die Bank während des Geschäftsjahrs Grundstücke zur Verhütung von Verlusten an Hypotheken hat übernehmen müssen;
5. der Gesamtbetrag der Rückstände auf die von den Hypothekenschuldnern zu entrichtenden Zinsen, soweit diese Rückstände nicht bereits in den vorhergehenden Jahren abgeschrieben worden sind;
6. der Gesamtbetrag der im Geschäftsjahr erfolgten Rückzahlungen auf die Hypotheken, getrennt nach den durch Amortisation und den in anderer Weise erfolgten Rückzahlungen.

(2) Die in Absatz 1 Nr. 3 bis 5 bezeichneten Angaben sind getrennt nach gewerblich genutzten und Wohnzwecken dienenden Grundstücken aufzuführen.

§ 29. [Treuhänder, Stellvertreter] (1) Bei jeder Hypothekenbank ist ein Treuhänder sowie ein Stellvertreter zu bestellen.

(2) Die Bestellung erfolgt durch die Aufsichtsbehörde nach Anhörung der Hypothekenbank. Die Bestellung kann jederzeit durch die Aufsichtsbehörde widerrufen werden.

(3) Der Treuhänder hat der Aufsichtsbehörde Auskunft über die von ihm im Rahmen seiner Tätigkeit getroffenen Feststellungen und Beobachtungen zu erteilen. Der Treuhänder ist an Weisungen der Aufsichtsbehörde nicht gebunden.

§ 30. [Aufgaben des Treuhänders] (1) Der Treuhänder hat darauf zu achten, daß die vorschriftsmäßige Deckung für die Hypothekenpfandbriefe jederzeit vorhanden ist; hierbei ist er, sofern der Wert der beliehenen Grundstücke gemäß der von der Aufsichtsbehörde genehmigten Anweisung festgesetzt ist, nicht verpflichtet, zu untersuchen, ob der festgesetzte Wert dem wirklichen Wert entspricht.

(2) Er hat darauf zu achten, daß die zur Deckung der Hypothekenpfandbriefe verwendeten Werte gemäß den Vorschriften des § 22 Abs. 1 in das Hypothekenregister eingetragen werden.

(3) Er hat die Hypothekenpfandbriefe vor der Ausgabe mit einer Bescheinigung über das Vorhandensein der vorschriftsmäßigen Deckung und über die Eintragung in das Hypothekenregister zu versehen. Eine Nachbildung der eigenhändigen Unterschrift genügt.

(4) Im Hypothekenregister eingetragene Werte können nur mit Zustimmung des Treuhänders in dem Register gelöscht werden. Die Zustimmung des Treuhänders bedarf der schriftlichen Form; sie kann in der Weise erfolgen, daß der Treuhänder seine Namensunterschrift dem Löschungsvermerk im Hypothekenregister beifügt.

(5) Der Treuhänder hat bei Erteilung der Bescheinigung nach Absatz 3 darauf zu achten, daß der Gesamtbetrag der im Umlauf befindlichen Hypothekenpfandbriefe die in § 7 bezeichnete Grenze nicht überschreitet. Wird diese Grenze überschritten, so hat der Treuhänder dies der Aufsichtsbehörde mitzuteilen.

§ 31. [Verwahr- und Herausgabepflicht des Treuhänders] (1) Der Treuhänder hat im Hypothekenregister eingetragene Werte sowie Urkunden über solche Werte unter dem Mitverschluß der Bank zu verwahren; er darf diese Gegenstände nur gemäß den Vorschriften dieses Gesetzes herausgeben.

(2) Er ist verpflichtet, die im Hypothekenregister eingetragenen Werte und Urkunden über solche Werte auf Verlangen der Bank herauszugeben und zur Löschung im Register mitzuwirken, soweit die übrigen im Register eingetragenen Werte zur Deckung der Hypothekenpfandbriefe genügen oder die Bank eine andere vorschriftsmäßige Deckung beschafft. Ist die Bank dem Hypothekenschuldner zur Aushändigung der Hypothekenurkunde oder zur Vornahme der in § 1145 des Bürgerlichen Gesetzbuchs bezeichneten Handlungen verpflichtet, so hat der Treuhänder die Urkunde auch dann herauszugeben, wenn die bezeichneten Voraussetzungen nicht vorliegen; wird die Hypothek zurückgezahlt, so sind in diesem Fall die

entsprechenden Ersatzdeckungswerte in das Hypothekenregister einzutragen und dem Treuhänder zur Verwahrung gemäß Absatz 1 zu übergeben.

§ 32. [Befugnisse des Treuhänders] (1) Der Treuhänder ist befugt, jederzeit die Bücher und Schriften der Bank einzusehen, soweit sie sich auf die Hypothekenpfandbriefe und auf die in das Hypothekenregister eingetragenen Werte beziehen.

(2) Die Hypothekenbank ist verpflichtet, von den Kapitalrückzahlungen auf die in das Hypothekenregister eingetragenen Werte sowie von sonstigen für die Pfandbriefgläubiger erheblichen Änderungen, welche diese Werte betreffen, dem Treuhänder fortlaufende Mitteilung zu machen.

§ 33. [Streitigkeiten zwischen Treuhänder und Bank] Streitigkeiten zwischen dem Treuhänder und der Hypothekenbank entscheidet die Aufsichtsbehörde.

§ 34. [Vergütung] Der Treuhänder und sein Stellvertreter erhalten von der Aufsichtsbehörde eine angemessene Vergütung; diese ist von der Hypothekenbank in sinngemäßer Anwendung des § 51 Abs. 3 des Gesetzes über das Kreditwesen gesondert zu erstatten und auf Verlangen der Aufsichtsbehörde vorzuschießen.

§ 34a. [Arreste und Zwangsvollstreckungen] Arreste und Zwangsvollstreckungen in die in das Hypothekenregister eingetragenen Werte finden nur wegen der Ansprüche aus den Hypothekenpfandbriefen statt. § 394 des Bürgerlichen Gesetzbuches ist entsprechend anzuwenden.

§ 35. [Insolvenz der Hypothekenbank]

(1) Ist über das Vermögen der Hypothekenbank das Insolvenzverfahren eröffnet, so fallen die im Hypothekenregister eingetragenen Werte nicht in die Insolvenzmasse. Soweit diese Werte nicht zur Befriedigung der Pfandbriefgläubiger notwendig sind, können sie vom Insolvenzverwalter zur Insolvenzmasse gezogen werden; § 31 Abs. 2 Satz 1 gilt entsprechend. Die Pfandbriefgläubiger nehmen außer im Falle des Absatzes 2 Satz 2 nicht am Insolvenzverfahren der Hypothekenbank teil.

(2) Ist die Deckungsmasse zahlungsunfähig oder überschuldet, so findet auf Antrag des Bundesaufsichtsamtes für das Kreditwesen über sie ein gesondertes Insolvenzverfahren statt. Entsteht einem Pfandbriefgläubiger in diesem Verfahren ein Ausfall, so ist er berechtigt, diesen in dem Insolvenzverfahren über das sonstige Vermögen der Hypothekenbank geltend zu machen; bei der Berechnung des Ausfalls werden die seit Eröffnung des Verfahrens laufenden Zinsforderungen der Pfandbriefgläubiger wie ihre sonstigen Forderungen berücksichtigt. Ein im gesonderten Insolvenzverfahren verbleibender Überschuß ist an den Insolvenzverwalter des Verfahrens über das sonstige Vermögen der Hypothekenbank herauszugeben.

(3) Gehören im Falle des Absatzes 2 Satz 1 zur Insolvenzmasse eigene Hypothekenpfandbriefe der Bank, die von dieser dem Bestand an Wertpapieren zugeschrieben sind, so werden sie bei der Verteilung den übrigen im Umlauf befindlichen Hypothekenpfandbriefen gleichgestellt.

(4) Insolvenzvorrechte zugunsten der Schuldverschreibungsgläubiger eines Realkreditinstituts, das seinen Sitz in einem anderen Mitgliedstaat der Europäischen Union, in einem anderen Vertragsstaat des Abkommens über den Europäischen Wirtschaftsraum oder in der Schweiz hat, sind in einem inländischen Insolvenzverfahren anzuerkennen, wenn sie im wesentlichen der Regelung des Absatzes 1 entsprechen und die Gegenseitigkeit verbürgt ist.

§ 35a. [Überschreitung der Umlaufgrenze; Rücklageanordnung] Überschreitet der Gesamtbetrag der im Umlauf befindlichen Hypothekenpfandbriefe die in § 7 bezeichnete Grenze, so kann die Aufsichtsbehörde anordnen, daß die Bank ihren Jahresreingewinn ganz oder teilweise so lange in die Rücklagen einzustellen hat, bis die gesetzliche Umlaufsgrenze wiederhergestellt ist. Die Aufsichtsbehörde darf diese Anordnung erst treffen, wenn die Hypothekenbank den Mangel nicht innerhalb einer von der Aufsichtsbehörde zu bestimmenden Frist behoben hat. Beschlüsse über die Gewinnausschüttung sind insoweit nichtig, als sie einer Anordnung nach Satz 1 widersprechen.

§ 36. *(gestrichen)*

§ 37. [Strafbestimmungen] (1) Wer für eine Hypothekenbank wissentlich Hypothekenpfandbriefe über den Betrag hinaus in den Verkehr bringt, der durch die im Hypothekenregister eingetragenen Werte vorschriftsmäßig gedeckt ist, wird mit Freiheitsstrafe bis zu einem Jahr und mit Geldstrafe oder mit einer dieser Strafen bestraft.

(2) Ebenso wird bestraft, wer

1. für eine Hypothekenbank wissentlich über einen im Hypothekenregister eingetragenen Wert durch Veräußerung oder Belastung verfügt, obwohl die übrigen im Register eingetragenen Werte zur vorschriftsmäßigen Deckung der Hypothekenpfandbriefe nicht genügen, oder

2. es der Vorschrift des § 31 Abs. 2 Satz 2 zuwider unterläßt, bei der Rückzahlung einer Hypothek die entsprechenden Ersatzdeckungswerte in das Hypothekenregister einzutragen und dem Treuhänder zur Verwahrung zu übergeben.

§ 38. [Ordnungswidrigkeiten] (1) Ordnungswidrig handelt, wer vorsätzlich oder fahrlässig für eine Hypothekenbank Hypothekenpfandbriefe ohne die nach § 30 Abs. 3 erforderliche Bescheinigung in Verkehr bringt.

(2) Die Ordnungswidrigkeit kann mit einer Geldbuße bis zu hunderttausend Deutsche Mark geahndet werden.

§ 39. [Straftat oder Ordnungswidrigkeit eines Geschäftsleiters] § 30 des Gesetzes über Ordnungswidrigkeiten über Geldbuße gegen juristische Personen und Personenvereinigungen ist auch dann anzuwenden, wenn ein Geschäftsleiter einer Hypothekenbank, der nicht nach Gesetz, Satzung oder Gesellschaftsvertrag zur Vertretung der Hypothekenbank berufen ist, eine Straftat oder Ordnungswidrigkeit begangen hat.

§ 39a. [Zuständige Verwaltungsbehörde] Verwaltungsbehörde im Sinne des § 36 Abs. 1 Satz 1 des Gesetzes über Ordnungswidrigkeiten ist das Bundesaufsichtsamt für das Kreditwesen.

§ 40. [Gleichstellung von Grundschulden mit Hypotheken] (1) Den Hypotheken stehen im Sinne dieses Gesetzes die Grundschulden gleich.

(2) Hat die Bank ein Grundstück zur Verhütung von Verlusten an einer ihr an dem Grundstück zustehenden Hypothek oder Grundschuld bei der Zwangsversteigerung erworben und an Stelle der gelöschten Hypothek oder Grundschuld für sich eine Grundschuld eintragen lassen, so findet auf diese die Vorschrift des § 6 Abs. 3 entsprechende Anwendung.

§ 41. [Kommunalschuldverschreibungen] Werden von einer Hypothekenbank Kommunalschuldverschreibungen nach § 1 Nr. 2 oder § 5 Abs. 1 Nr. 1 ausgegeben, so sind auf diese Schuldverschreibungen und die ihnen zugrunde liegenden Darlehensforderungen die Vorschriften des § 6 Abs. 1 und 6, § 8 Abs. 1 und 2 Satz 2, § 9 Abs. 1 Satz 1 und 2 und Abs. 2 und der §§ 22, 29 bis 35a, 37 bis 39a und 45 mit der Maßgabe anzuwenden, daß an die Stelle der Hypothekenpfandbriefe die Kommunalschuldverschreibungen, an die Stelle der Pfandbriefgläubiger die Gläubiger der Kommunalschuldverschreibungen, an die Stelle der Hypotheken die Kommunaldarlehen und an die Stelle des Hypothekenregisters das Deckungsregister für die zur Deckung der Kommunalschuldverschreibungen bestimmten Kommunaldarlehen und Ersatzwerte treten. Als Ersatzdeckung dürfen Guthaben bei der Deutschen Bundesbank und bei geeigneten Kreditinstituten verwendet werden; sie darf 10 vom Hundert des Gesamtbetrags der im Umlauf befindlichen Kommunalschuldverschreibungen nicht überschreiten. Die Kommunalschuldverschreibungen dürfen auch unter der Bezeichnung „Öffentlicher Pfandbrief" ausgegeben werden.

§ 42. *(weggefallen)*

§ 43. [Änderung des Einführungsgesetzes zur Konkursordnung] [1)] Der § 17 des Einführungsgesetzes zur Konkursordnung wird durch folgende Vorschriften ersetzt:

§ 17

(1) Unberührt bleiben die landesgesetzlichen Vorschriften, nach denen den Inhabern von Schuldverschreibungen, die von anderen Kreditinstituten als Hypothekenbanken auf Grund von Hypotheken oder von Reallasten oder von Darlehen der in § 1 Nr. 2 des Hypothekenbankgesetzes bezeichneten Art ausgegeben sind, ein Vorrecht vor allen an deren Konkursgläubigern in Ansehung der Befriedigung aus den Hypotheken oder den Reallasten oder den genannten Darlehen des Kreditinstituts zusteht. Wird ein solches Vorrecht gewährt, so gehen in Ansehung der Befriedigung aus den Hypotheken die Forderungen aus Schuldverschreibungen, zu deren Deckung Hypotheken verwendet werden, den Forderungen aus den übrigen Schuldverschreibungen vor; Entsprechendes gilt für die Befriedigung aus Reallasten und Darlehen.

(2) Unberührt bleiben die landesgesetzlichen Vorschriften, nach welchen den Inhabern von Schuldverschreibungen, die von Körperschaften des öffentlichen Rechts, Aktiengesellschaften, Kommanditgesellschaften auf Aktien, Gesellschaften mit beschränkter Haftung oder Genossenschaften über ein Anlehen ausgestellt sind, ein Vorrecht vor nicht bevorrechtigten Konkursgläubigern, deren Forderungen später entstehen, dadurch gewährt werden kann, daß die zu bevorrechtigenden Forderungen in ein öffentliches Schuldbuch eingetragen werden."

[1)] Gemäß Artikel 85 Nr. 3 in Verbindung mit Artikel 110 Abs. 1 des Einführungsgesetzes zur Insolvenzverordnung vom 5. Oktober 1994 (BGBl. I S. 2911) werden ab 1. Januar 1999 die §§ 43 bis 47 gestrichen.

§ 44. [Inkrafttreten]

§ 45. [Geschäftsabschluß vor dem 1. Juli 1988][1)] Bei Geschäften, die vor dem 1. Juli 1988 abgeschlossen worden sind, darf die Rechnungsabgrenzung weiterhin nach § 25 in der vor diesem Tage geltenden Fassung vorgenommen werden.

§ 46. *(nicht abgedruckt)*

§ 47. *(nicht abgedruckt)*

§ 48. Bis zum Inkrafttreten der Insolvenzordnung am 1. Januar 1999 ist § 35 mit der Maßgabe anzuwenden, daß jeweils das Wort „Insolvenzverfahren" durch das Wort „Konkursverfahren", das Wort „Insolvenzmasse" durch das Wort „Konkursmasse", das Wort „Insolvenzverwalter" durch das Wort „Konkursverwalter" und das Wort „Insolvenzvorrechte" durch das Wort „Konkursvorrechte" ersetzt wird.

Bundesdatenschutzgesetz

Vom 20. Dezember 1990, mit Änderungen bis zum 17. Dezember 1997

Erster Abschnitt. Allgemeine Bestimmungen

§ 1. Zweck und Anwendungsbereich des Gesetzes. (1) Zweck dieses Gesetzes ist es, den einzelnen davor zu schützen, daß er durch den Umgang mit seinen personenbezogenen Daten in seinem Persönlichkeitsrecht beeinträchtigt wird.

(2) Dieses Gesetz gilt für die Erhebung, Verarbeitung und Nutzung personenbezogener Daten durch

1. öffentliche Stellen des Bundes,
2. öffentliche Stellen der Länder, soweit der Datenschutz nicht durch Landesgesetz geregelt ist und soweit sie
   a) Bundesrecht ausführen oder
   b) als Organe der Rechtspflege tätig werden und es sich nicht um Verwaltungsangelegenheiten handelt,
3. nicht-öffentliche Stellen, soweit sie die Daten in oder aus Dateien geschäftsmäßig oder für berufliche oder gewerbliche Zwecke verarbeiten oder nutzen.

(3) Bei der Anwendung dieses Gesetzes gelten folgende Einschränkungen:

1. Für automatisierte Dateien, die ausschließlich aus verarbeitungstechnischen Gründen vorübergehend erstellt und nach ihrer verarbeitungstechnischen Nutzung automatisch gelöscht werden, gelten nur die §§ 5 und 9.
2. Für nicht-automatisierte Dateien, deren personenbezogene Daten nicht zur Übermittlung an Dritte bestimmt sind, gelten nur die §§ 5, 9, 39 und 40. Außerdem gelten für Dateien öffentlicher Stellen die Regelungen über die Verarbeitung und Nutzung personenbezogener Daten in Akten. Werden im Einzelfall personenbezogene Daten übermittelt, gelten für diesen Einzelfall die Vorschriften dieses Gesetzes uneingeschränkt.

(4) Soweit andere Rechtsvorschriften des Bundes auf personenbezogene Daten einschließlich deren Veröffentlichung anzuwenden sind, gehen sie den Vorschriften dieses Gesetzes vor. Die Verpflichtung zur Wahrung gesetzlicher Geheimhaltungspflichten oder von Berufs- oder besonderen Amtsgeheimnissen, die nicht auf gesetzlichen Vorschriften beruhen, bleibt unberührt.

§ 3. Weitere Begriffsbestimmungen. (1) Personenbezogene Daten sind Einzelangaben über persönliche oder sachliche Verhältnisse einer bestimmten oder bestimmbaren natürlichen Person (Betroffener).

(2) Eine Datei ist

1. eine Sammlung personenbezogener Daten, die durch automatisierte Verfahren nach bestimmten Merkmalen ausgewertet werden kann (automatisierte Datei), oder
2. jede sonstige Sammlung personenbezogener Daten, die gleichartig aufgebaut ist und nach bestimmten Merkmalen geordnet, umgeordnet und ausgewertet werden kann (nicht-automatisierte Datei).

Nicht hierzu gehören Akten und Aktensammlungen, es sei denn, daß sie durch automatisierte Verfahren umgeordnet und ausgewertet werden können.

(3) Eine Akte ist jede sonstige amtlichen oder dienstlichen Zwecken dienende Unterlage; dazu zählen auch Bild- und Tonträger. Nicht hierunter fallen Vorentwürfe und Notizen, die nicht Bestandteil eines Vorgangs werden sollen.

(4) Erheben ist das Beschaffen von Daten über den Betroffenen.

(5) Verarbeiten ist das Speichern, Verändern, Übermitteln, Sperren und Löschen personenbezogener Daten. Im einzelnen ist, ungeachtet der dabei angewendeten Verfahren:

1. Speichern das Erfassen, Aufnehmen oder Aufbewahren personenbezogener Daten auf einem Datenträger zum Zwecke ihrer weiteren Verarbeitung oder Nutzung,
2. Verändern das inhaltliche Umgestalten gespeicherter personenbezogener Daten,
3. Übermitteln das Bekanntgeben gespeicherter oder durch Datenverarbeitung gewonnener personenbezogener Daten an einen Dritten (Empfänger) in der Weise, daß
   a) die Daten durch die speichernde Stelle an den Empfänger weitergegeben werden oder
   b) der Empfänger von der speichernden Stelle zur Einsicht oder zum Abruf bereitgehaltene Daten einsieht oder abruft,
4. Sperren das Kennzeichnen gespeicherter personenbezogener Daten, um ihre weitere Verarbeitung oder Nutzung einzuschränken,
5. Löschen das Unkenntlichmachen gespeicherter personenbezogener Daten.

(6) Nutzen ist jede Verwendung personenbezogener Daten, soweit es sich nicht um Verarbeitung handelt.

(7) Anonymisieren ist das Verändern personenbezogener Daten derart, daß die Einzelangaben über persönliche oder sachliche Verhältnisse nicht mehr oder nur mit einem unverhältnismäßig großen Aufwand an Zeit, Kosten und Arbeitskraft einer bestimmten oder bestimm-

baren natürlichen Person zugeordnet werden können.

(8) Speichernde Stelle ist jede Person oder Stelle, die personenbezogene Daten für sich selbst speichert oder durch andere im Auftrag speichern läßt.

(9) Dritter ist jede Person oder Stelle außerhalb der speichernden Stelle. Dritte sind nicht der Betroffene sowie diejenigen Personen und Stellen, die im Geltungsbereich dieses Gesetzes personenbezogene Daten im Auftrag verarbeiten oder nutzen.

§ 4. Zulässigkeit der Datenverarbeitung und -nutzung. (1) Die Verarbeitung personenbezogener Daten und deren Nutzung sind nur zulässig, wenn dieses Gesetz oder eine andere Rechtsvorschrift sie erlaubt oder anordnet oder soweit der Betroffene eingewilligt hat.

(2) Wird die Einwilligung bei dem Betroffenen eingeholt, ist er auf den Zweck der Speicherung und einer vorgesehenen Übermittlung sowie auf Verlangen auf die Folgen der Verweigerung der Einwilligung hinzuweisen. Die Einwilligung bedarf der Schriftform, soweit nicht wegen besonderer Umstände eine andere Form angemessen ist. Soll die Einwilligung zusammen mit anderen Erklärungen schriftlich erteilt werden, ist die Einwilligungserklärung im äußeren Erscheinungsbild der Erklärung hervorzuheben.

§ 5. Datengeheimnis. Den bei der Datenverarbeitung beschäftigten Personen ist untersagt, personenbezogene Daten unbefugt zu verarbeiten oder zu nutzen (Datengeheimnis). Diese Personen sind, soweit sie bei nicht-öffentlichen Stellen beschäftigt werden, bei der Aufnahme ihrer Tätigkeit auf das Datengeheimnis zu verpflichten. Das Datengeheimnis besteht auch nach Beendigung ihrer Tätigkeit fort.

§ 7. Schadensersatz durch öffentliche Stellen.

(1) Fügt eine öffentliche Stelle dem Betroffenen durch eine nach den Vorschriften dieses Gesetzes oder nach anderen Vorschriften über den Datenschutz unzulässige oder unrichtige automatisierte Verarbeitung seiner personenbezogenen Daten einen Schaden zu, ist sie dem Betroffenen unabhängig von einem Verschulden zum Ersatz des daraus entstehenden Schadens verpflichtet.

(2) Bei einer schweren Verletzung des Persönlichkeitsrechts ist dem Betroffenen der Schaden, der nicht Vermögensschaden ist, angemessen in Geld zu ersetzen.

(3) Die Ansprüche nach den Absätzen 1 und 2 sind insgesamt bis zu einem Betrag in Höhe von zweihundertfünfzigtausend Deutsche Mark begrenzt. Ist aufgrund desselben Ereignisses an mehrere Personen Schadensersatz zu leisten, der insgesamt den Höchstbetrag von zweihundertfünfzigtausend Deutsche Mark übersteigt, so verringern sich die einzelnen Schadensersatzleistungen in dem Verhältnis, in dem ihr Gesamtbetrag zu dem Höchstbetrag steht.

(4) Sind bei einer Datei mehrere Stellen speicherungsberechtigt und ist der Geschädigte nicht in der Lage, die speichernde Stelle festzustellen, so haftet jede dieser Stellen.

(5) Mehrere Ersatzpflichtige haften als Gesamtschuldner.

§ 8. Schadensersatz durch nicht-öffentliche Stellen. Macht ein Betroffener gegenüber einer nicht-öffentlichen Stelle einen Anspruch auf Schadensersatz wegen einer nach diesem Gesetz oder anderen Vorschriften über den Datenschutz unzulässigen oder unrichtigen automatisierten Datenverarbeitung geltend und ist streitig, ob der Schaden die Folge eines von der speichernden Stelle zu vertretenden Umstandes ist, so trifft die Beweislast die speichernde Stelle.

§ 9. Technische und organisatorische Maßnahmen. Öffentliche und nicht-öffentliche Stellen, die selbst oder im Auftrag personenbezogene Daten verarbeiten, haben die technischen und organisatorischen Maßnahmen zu treffen, die erforderlich sind, um die Ausführung der Vorschriften dieses Gesetzes, insbesondere die in der Anlage zu diesem Gesetz genannten Anforderungen, zu gewährleisten. Erforderlich sind Maßnahmen nur, wenn ihr Aufwand in einem angemessenen Verhältnis zu dem angestrebten Schutzzweck steht.

Anlage
(zu § 9 Satz 1)
Werden personenbezogene Daten automatisiert verarbeitet, sind Maßnahmen zu treffen, die je nach der Art der zu schützenden personenbezogenen Daten geeignet sind,

1. Unbefugten den Zugang zu Datenverarbeitungsanlagen, mit denen personenbezogene Daten verarbeitet werden, zu verwehren (Zugangskontrolle),
2. zu verhindern, daß Datenträger unbefugt gelesen, kopiert, verändert oder entfernt werden können (Datenträgerkontrolle),
3. die unbefugte Eingabe in den Speicher sowie die unbefugte Kenntnisnahme, Veränderung oder Löschung gespeicherter personenbezogener Daten zu verhindern (Speicherkontrolle),
4. zu verhindern, daß Datenverarbeitungssysteme mit Hilfe von Einrichtungen zur Datenübertragung von Unbefugten genutzt werden können (Benutzerkontrolle),

5. zu gewährleisten, daß die zur Benutzung eines Datenverarbeitungssystems Berechtigten ausschließlich auf die ihrer Zugriffsberechtigung unterliegenden Daten zugreifen können (Zugriffskontrolle),
6. zu gewährleisten, daß überprüft und festgestellt werden kann, an welche Stellen personenbezogene Daten durch Einrichtungen zur Datenübertragung übermittelt werden können (Übermittlungskontrolle),
7. zu gewährleisten, daß nachträglich überprüft und festgestellt werden kann, welche personenbezogenen Daten zu welcher Zeit von wem in Datenverarbeitungssysteme eingegeben worden sind (Eingabekontrolle),
8. zu gewährleisten, daß personenbezogene Daten, die im Auftrag verarbeitet werden, nur entsprechend den Weisungen des Auftraggebers verarbeitet werden können (Auftragskontrolle),
9. zu verhindern, daß bei der Übertragung personenbezogener Daten sowie beim Transport von Datenträgern die Daten unbefugt gelesen, kopiert, verändert oder gelöscht werden können (Transportkontrolle),
10. die innerbehördliche oder innerbetriebliche Organisation so zu gestalten, daß sie den besonderen Anforderungen des Datenschutzes gerecht wird (Organisationskontrolle).

§ 10. Einrichtung automatisierter Abrufverfahren. (1) Die Einrichtung eines automatisierten Verfahrens, das die Übermittlung personenbezogener Daten durch Abruf ermöglicht, ist zulässig, soweit dieses Verfahren unter Berücksichtigung der schutzwürdigen Interessen der Betroffenen und der Aufgaben oder Geschäftszwecke der beteiligten Stellen angemessen ist. Die Vorschriften über die Zulässigkeit des einzelnen Abrufs bleiben unberührt.

(2) Die beteiligten Stellen haben zu gewährleisten, daß die Zulässigkeit des Abrufverfahrens kontrolliert werden kann.

(4) Die Verantwortung für die Zulässigkeit des einzelnen Abrufs trägt der Empfänger. Die speichernde Stelle prüft die Zulässigkeit der Abrufe nur, wenn dazu Anlaß besteht. Die speichernde Stelle hat zu gewährleisten, daß die Übermittlung personenbezogener Daten zumindest durch geeignete Stichprobenverfahren festgestellt und überprüft werden kann. Wird ein Gesamtbestand personenbezogener Daten abgerufen oder übermittelt (Stapelverarbeitung), so bezieht sich die Gewährleistung der Feststellung und Überprüfung nur auf die Zulässigkeit des Abrufes oder der Übermittlung des Gesamtbestandes.

§ 11. Verarbeitung oder Nutzung personenbezogener Daten im Auftrag. (1) Werden personenbezogene Daten im Auftrag durch andere Stellen verarbeitet oder genutzt, ist der Auftraggeber für die Einhaltung der Vorschriften dieses Gesetzes und anderer Vorschriften über den Datenschutz verantwortlich. Die in den §§ 6 bis 8 genannten Rechte sind ihm gegenüber geltend zu machen.

(2) Der Auftragnehmer ist unter besonderer Berücksichtigung der Eignung der von ihm getroffenen technischen und organisatorischen Maßnahmen sorgfältig auszuwählen. Der Auftrag ist schriftlich zu erteilen, wobei die Datenverarbeitung oder -nutzung, die technischen und organisatorischen Maßnahmen und etwaige Unterauftragsverhältnisse festzulegen sind. Er kann bei öffentlichen Stellen auch durch die Fachaufsichtsbehörde erteilt werden.

Zweiter Abschnitt. Datenverarbeitung der öffentlichen Stellen

Rechtsgrundlagen der Datenverarbeitung

§ 12. Anwendungsbereich. (1) Die Vorschriften dieses Abschnittes gelten für öffentliche Stellen des Bundes, soweit sie nicht als öffentlich-rechtliche Unternehmen am Wettbewerb teilnehmen.

(3) Für Landesbeauftragte für den Datenschutz gilt § 23 Abs. 4 entsprechend.

§ 13. Datenerhebung. (1) Das Erheben personenbezogener Daten ist zulässig, wenn ihre Kenntnis zur Erfüllung der Aufgaben der erhebenden Stellen erforderlich ist.

(2) Personenbezogene Daten sind beim Betroffenen zu erheben. Ohne seine Mitwirkung dürfen sie nur erhoben werden, wenn
1. eine Rechtsvorschrift dies vorsieht oder zwingend voraussetzt oder
2. a) die zu erfüllende Verwaltungsaufgabe ihrer Art nach eine Erhebung bei anderen Personen oder Stellen erforderlich macht oder
   b) die Erhebung beim Betroffenen einen unverhältnismäßigen Aufwand erfordern würde

   und keine Anhaltspunkte dafür bestehen, daß überwiegende schutzwürdige Interessen des Betroffenen beeinträchtigt werden.

(3) Werden personenbezogene Daten beim Betroffenen mit seiner Kenntnis erhoben, so ist

der Erhebungszweck ihm gegenüber anzugeben. Werden sie beim Betroffenen aufgrund einer Rechtsvorschrift erhoben, die zur Auskunft verpflichtet, oder ist die Erteilung der Auskunft Voraussetzung für die Gewährung von Rechtsvorteilen, so ist der Betroffene hierauf, sonst auf die Freiwilligkeit seiner Angaben hinzuweisen. Auf Verlangen ist er über die Rechtsvorschrift und über die Folgen der Verweigerung von Angaben aufzuklären.

(4) Werden personenbezogene Daten statt beim Betroffenen bei einer nicht-öffentlichen Stelle erhoben, so ist die Stelle auf die Rechtsvorschrift, die zur Auskunft verpflichtet, sonst auf die Freiwilligkeit ihrer Angaben hinzuweisen.

§ 14. Datenspeicherung, -veränderung und -nutzung. (1) Das Speichern, Verändern oder Nutzen personenbezogener Daten ist zulässig, wenn es zur Erfüllung der in der Zuständigkeit der speichernden Stelle liegenden Aufgaben erforderlich ist und es für die Zwecke erfolgt, für die die Daten erhoben worden sind. Ist keine Erhebung vorausgegangen, dürfen die Daten nur für die Zwecke geändert oder genutzt werden, für die sie gespeichert worden sind.

(2) Das Speichern, Verändern oder Nutzen für andere Zwecke ist nur zulässig, wenn

1. eine Rechtsvorschrift dies vorsieht oder zwingend voraussetzt,
2. der Betroffene eingewilligt hat,
3. offensichtlich ist, daß es im Interesse des Betroffenen liegt, und kein Grund zu der Annahme besteht, daß er in Kenntnis des anderen Zwecks seine Einwilligung verweigern würde,
4. Angaben des Betroffenen überprüft werden müssen, weil tatsächliche Anhaltspunkte für deren Unrichtigkeit bestehen,
5. die Daten aus allgemein zugänglichen Quellen entnommen werden können oder die speichernde Stelle sie veröffentlichen dürfte, es sei denn, daß das schutzwürdige Interesse des Betroffenen an dem Ausschluß der Zweckänderung offensichtlich überwiegt,
6. es zur Abwehr erheblicher Nachteile für das Gemeinwohl oder einer sonst unmittelbar drohenden Gefahr für die öffentliche Sicherheit erforderlich ist,
7. es zur Verfolgung von Straftaten oder Ordnungswidrigkeiten, zur Vollstreckung oder zum Vollzug von Strafen oder Maßnahmen im Sinne des § 11 Abs. 1 Nr. 8 des Strafgesetzbuches oder von Erziehungsmaßregeln oder Zuchtmitteln im Sinne des Jugendgerichtsgesetzes oder zur Vollstreckung von Bußgeldentscheidungen erforderlich ist,
8. es zur Abwehr einer schwerwiegenden Beeinträchtigung der Rechte einer anderen Person erforderlich ist oder
9. es zur Durchführung wissenschaftlicher Forschung erforderlich ist, das wissenschaftliche Interesse an der Durchführung des Forschungsvorhabens das Interesse des Betroffenen an dem Ausschluß der Zweckänderung erheblich überwiegt und der Zweck der Forschung auf andere Weise nicht oder nur mit unverhältnismäßigem Aufwand erreicht werden kann.

(3) Eine Verarbeitung oder Nutzung für andere Zwecke liegt nicht vor, wenn sie der Wahrnehmung von Aufsichts- und Kontrollbefugnissen, der Rechnungsprüfung oder der Durchführung von Organisationsuntersuchungen für die speichernde Stelle dient. Das gilt auch für die Verarbeitung oder Nutzung zu Ausbildungs- und Prüfungszwecken durch die speichernde Stelle, soweit nicht überwiegende schutzwürdige Interessen des Betroffenen entgegenstehen.

(4) Personenbezogene Daten, die ausschließlich zu Zwecken der Datenschutzkontrolle, der Datensicherung oder zur Sicherstellung eines ordnungsgemäßen Betriebes einer Datenverarbeitungsanlage gespeichert werden, dürfen nur für diese Zwecke verwendet werden.

§ 15. Datenübermittlung an öffentliche Stellen. (1) Die Übermittlung personenbezogener Daten an öffentliche Stellen ist zulässig, wenn

1. sie zur Erfüllung der in der Zuständigkeit der übermittelnden Stelle oder des Empfängers liegenden Aufgaben erforderlich ist und
2. die Voraussetzungen vorliegen, die eine Nutzung nach § 14 zulassen würden.

(2) Die Verantwortung für die Zulässigkeit der Übermittlung trägt die übermittelnde Stelle. Erfolgt die Übermittlung auf Ersuchen des Empfängers, trägt dieser die Verantwortung. . . .

(3) Der Empfänger darf die übermittelten Daten für den Zweck verarbeiten oder nutzen, zu dessen Erfüllung sie ihm übermittelt werden. Eine Verarbeitung oder Nutzung für andere Zwecke ist nur unter den Voraussetzungen des § 14 Abs. 2 zulässig.

(4) Für die Übermittlung personenbezogener Daten an Stellen der öffentlich-rechtlichen Religionsgesellschaften gelten die Absätze 1 bis 3 entsprechend, sofern sichergestellt ist, daß bei dem Empfänger ausreichende Datenschutzmaßnahmen getroffen werden.

(5) Sind mit personenbezogenen Daten, die nach Absatz 1 übermittelt werden dürfen, weitere personenbezogene Daten des Betroffenen oder eines Dritten in Akten so verbunden, daß eine Trennung nicht oder nur mit unvertretbarem Aufwand möglich ist, so ist die Übermitt-

lung auch dieser Daten zulässig, soweit nicht berechtigte Interessen des Betroffenen oder eines Dritten an deren Geheimhaltung offensichtlich überwiegen; eine Nutzung dieser Daten ist unzulässig.

(6) Absatz 5 gilt entsprechend, wenn personenbezogene Daten innerhalb einer öffentlichen Stelle weitergegeben werden.

§ 16. Datenübermittlung an nicht-öffentliche Stellen. (1) Die Übermittlung personenbezogener Daten an nicht-öffentliche Stellen ist zulässig, wenn

1. sie zur Erfüllung der in der Zuständigkeit der übermittelnden Stelle liegenden Aufgaben erforderlich ist und die Voraussetzungen vorliegen, die eine Nutzung nach § 14 zulassen würden, oder
2. der Empfänger ein berechtigtes Interesse an der Kenntnis der zu übermittelnden Daten glaubhaft darlegt und der Betroffene kein schutzwürdiges Interesse an dem Ausschluß der Übermittlung hat.

(2) Die Verantwortung für die Zulässigkeit der Übermittlung trägt die übermittelnde Stelle.

(3) In den Fällen der Übermittlung nach Absatz 1 Nr. 2 unterrichtet die übermittelnde Stelle den Betroffenen von der Übermittlung seiner Daten. Dies gilt nicht, wenn damit zu rechnen ist, daß er davon auf andere Weise Kenntnis erlangt oder wenn die Unterrichtung die öffentliche Sicherheit gefährden oder sonst dem Wohle des Bundes oder eines Landes Nachteile bereiten würde.

(4) Der Empfänger darf die übermittelten Daten nur für den Zweck verarbeiten oder nutzen, zu dessen Erfüllung sie ihm übermittelt werden. Die übermittelnde Stelle hat den Empfänger darauf hinzuweisen. Eine Verarbeitung oder Nutzung für andere Zwecke ist zulässig, wenn eine Übermittlung nach Absatz 1 zulässig wäre und die übermittelnde Stelle zugestimmt hat.

§ 17. Datenübermittlung an Stellen außerhalb des Geltungsbereiches dieses Gesetzes. (1) Für die Übermittlung personenbezogener Daten an Stellen außerhalb des Geltungsbereichs dieses Gesetzes sowie an über- und zwischenstaatliche Stellen gilt § 16 Abs. 1 nach Maßgabe der für diese Übermittlung geltenden Gesetze und Vereinbarungen, sowie § 16 Abs. 3.

(2) Eine Übermittlung unterbleibt, soweit Grund zu der Annahme besteht, daß durch sie gegen den Zweck eines deutschen Gesetzes verstoßen würde.

(3) Die Verantwortung für die Zulässigkeit der Übermittlung trägt die übermittelnde Stelle.

(4) Der Empfänger ist darauf hinzuweisen, daß die übermittelten Daten nur zu dem Zweck verarbeitet oder genutzt werden dürfen, zu dessen Erfüllung sie ihm übermittelt werden.

§ 18. Durchführung des Datenschutzes in der Bundesverwaltung. (1) Die obersten Bundesbehörden, der Präsident des Bundeseisenbahnvermögens, sowie die bundesunmittelbaren Körperschaften, Anstalten und Stiftungen des öffentlichen Rechts, über die von der Bundesregierung oder einer obersten Bundesbehörde lediglich die Rechtsaufsicht ausgeübt wird, haben für ihren Geschäftsbereich die Ausführung dieses Gesetzes sowie anderer Rechtsvorschriften über den Datenschutz sicherzustellen. ....

(2) Die öffentlichen Stellen führen ein Verzeichnis der eingesetzten Datenverarbeitungsanlagen. Für ihre Dateien haben sie schriftlich festzulegen:

1. Bezeichnung und Art der Dateien,
2. Zweckbestimmung,
3. Art der gespeicherten Daten,
4. betroffenen Personenkreis,
5. Art der regelmäßig zu übermittelnden Daten und deren Empfänger,
6. Regelfristen für die Löschung der Daten,
7. zugriffsberechtigte Personengruppen oder Personen, die allein zugriffsberechtigt sind.

Sie haben ferner dafür zu sorgen, daß die ordnungsgemäße Anwendung der Datenverarbeitungsprogramme, mit deren Hilfe personenbezogene Daten verarbeitet werden sollen, überwacht wird.

(3) Absatz 2 Satz 2 gilt nicht für Dateien, die nur vorübergehend vorgehalten und innerhalb von drei Monaten nach ihrer Erstellung gelöscht werden.

Rechte des Betroffenen

§ 19. Auskunft an den Betroffenen. (1) Dem Betroffenen ist auf Antrag Auskunft zu erteilen über

1. die zu seiner Person gespeicherten Daten, auch soweit sie sich auf Herkunft oder Empfänger dieser Daten beziehen, und
2. den Zweck der Speicherung.

In dem Antrag soll die Art der personenbezogenen Daten, über die Auskunft erteilt werden soll, näher bezeichnet werden. Sind die personenbezogenen Daten in Akten gespeichert, wird die Auskunft nur erteilt, soweit der Betroffene Angaben macht, die das Auffinden der Daten ermöglichen, und der für die Erteilung der Auskunft erforderliche Aufwand nicht außer Verhältnis zu dem vom Betroffenen geltend gemachten Informationsinteresse steht. Die speichernde Stelle bestimmt das Verfahren, insbesondere die Form der Auskunftserteilung, nach pflichtgemäßem Ermessen.

(2) Absatz 1 gilt nicht für personenbezogene Daten, die nur deshalb gespeichert sind, weil sie aufgrund gesetzlicher, satzungsmäßiger oder vertraglicher Aufbewahrungsvorschriften nicht gelöscht werden dürfen, oder ausschließlich Zwecken der Datensicherung oder der Datenschutzkontrolle dienen.

(3) Bezieht sich die Auskunftserteilung auf die Übermittlung personenbezogener Daten an Verfassungsschutzbehörden, den Bundesnachrichtendienst, den Militärischen Abschirmdienst und, soweit die Sicherheit des Bundes berührt wird, andere Behörden des Bundesministers der Verteidigung, ist sie nur mit Zustimmung dieser Stellen zulässig.

(4) Die Auskunftserteilung unterbleibt, soweit
1. die Auskunft die ordnungsgemäße Erfüllung der in der Zuständigkeit der speichernden Stelle liegenden Aufgaben gefährden würde,
2. die Auskunft die öffentliche Sicherheit oder Ordnung gefährden oder sonst dem Wohle des Bundes oder eines Landes Nachteile bereiten würde oder
3. die Daten oder die Tatsache ihrer Speicherung nach einer Rechtsvorschrift oder ihrem Wesen nach, insbesondere wegen der überwiegenden berechtigten Interessen eines Dritten, geheimgehalten werden müssen

und deswegen das Interesse des Betroffenen an der Auskunftserteilung zurücktreten muß.

(5) Die Ablehnung der Auskunftserteilung bedarf einer Begründung nicht, soweit durch die Mitteilung der tatsächlichen und rechtlichen Gründe, auf die die Entscheidung gestützt wird, der mit der Auskunftsverweigerung verfolgte Zweck gefährdet würde. In diesem Falle ist der Betroffene darauf hinzuweisen, daß er sich an den Bundesbeauftragten für den Datenschutz wenden kann.

(6) Wird dem Betroffenen keine Auskunft erteilt, so ist sie auf sein Verlangen dem Bundesbeauftragten für den Datenschutz zu erteilen, soweit nicht die jeweils zuständige oberste Bundesbehörde im Einzelfall feststellt, daß dadurch die Sicherheit des Bundes oder eines Landes gefährdet würde. Die Mitteilung des Bundesbeauftragten an den Betroffenen darf keine Rückschlüsse auf den Erkenntnisstand der speichernden Stelle zulassen, sofern diese nicht einer weitergehenden Auskunft zustimmt.

(7) Die Auskunft ist unentgeltlich.

§ 20. Berichtigung, Löschung und Sperrung von Daten. (1) Personenbezogene Daten sind zu berichtigen, wenn sie unrichtig sind. Wird festgestellt, daß personenbezogene Daten in Akten unrichtig sind, oder wird ihre Richtigkeit von dem Betroffenen bestritten, so ist dies in der Akte zu vermerken oder auf sonstige Weise festzuhalten.

(2) Personenbezogene Daten in Dateien sind zu löschen, wenn
1. ihre Speicherung unzulässig ist oder
2. ihre Kenntnis für die speichernde Stelle zur Erfüllung der in ihrer Zuständigkeit liegenden Aufgaben nicht mehr erforderlich ist.

(3) An die Stelle einer Löschung tritt eine Sperrung, soweit
1. einer Löschung gesetzliche, satzungsmäßige oder vertragliche Aufbewahrungsfristen entgegenstehen,
2. Grund zu der Annahme besteht, daß durch eine Löschung schutzwürdige Interessen des Betroffenen beeinträchtigt würden, oder
3. eine Löschung wegen der besonderen Art der Speicherung nicht oder nur mit unverhältnismäßig hohem Aufwand möglich ist.

(4) Personenbezogene Daten in Dateien sind ferner zu sperren, soweit ihre Richtigkeit vom Betroffenen bestritten wird und sich weder die Richtigkeit noch die Unrichtigkeit feststellen läßt.

(5) Personenbezogene Daten in Akten sind zu sperren, wenn die Behörde im Einzelfall feststellt, daß ohne die Sperrung schutzwürdige Interessen des Betroffenen beeinträchtigt würden und die Daten für die Aufgabenerfüllung der Behörde nicht mehr erforderlich sind.

(6) Gesperrte Daten dürfen ohne Einwilligung des Betroffenen nur übermittelt oder genutzt werden, wenn
1. es zu wissenschaftlichen Zwecken, zur Behebung einer bestehenden Beweisnot oder aus sonstigen im überwiegenden Interesse der speichernden Stelle oder eines Dritten liegenden Gründen unerläßlich ist und
2. die Daten hierfür übermittelt oder genutzt werden dürften, wenn sie nicht gesperrt wären.

(7) Von der Berichtigung unrichtiger Daten, der Sperrung bestrittener Daten sowie der Löschung oder Sperrung wegen Unzulässigkeit der Speicherung sind die Stellen zu verständigen, denen im Rahmen einer regelmäßigen Datenübermittlung diese Daten zur Speicherung weitergegeben werden, wenn dies zur Wahrung schutzwürdiger Interessen des Betroffenen erforderlich ist.

§ 21. Anrufung des Bundesbeauftragten für den Datenschutz. Jedermann kann sich an den Bundesbeauftragten für den Datenschutz wenden, wenn er der Ansicht ist, bei der Erhebung, Verarbeitung oder Nutzung seiner personenbezogenen Daten durch öffentliche Stellen des Bundes in seinen Rechten verletzt worden zu sein. Für die Erhebung, Verarbeitung oder Nutzung von personenbezogenen Daten durch Gerichte des Bundes gilt dies nur, soweit diese in Verwaltungsangelegenheiten tätig werden.

Bundesbeauftragter für den Datenschutz

§ 22. Wahl des Bundesbeauftragten für den Datenschutz. (1) Der Deutsche Bundestag wählt auf Vorschlag der Bundesregierung den Bundesbeauftragten für den Datenschutz mit mehr als der Hälfte der gesetzlichen Zahl seiner Mitglieder. Der Bundesbeauftragte muß bei seiner Wahl das 35. Lebensjahr vollendet haben. Der Gewählte ist vom Bundespräsidenten zu ernennen.

(4) Der Bundesbeauftragte steht nach Maßgabe dieses Gesetzes zum Bund in einem öffentlich-rechtlichen Amtsverhältnis. Er ist in Ausübung seines Amtes unabhängig und nur dem Gesetz unterworfen. Er untersteht der Rechtsaufsicht der Bundesregierung.

§ 23. Rechtsstellung des Bundesbeauftragten für den Datenschutz.

(2) Der Bundesbeauftragte darf neben seinem Amt kein anderes besoldetes Amt, kein Gewerbe und keinen Beruf ausüben und weder der Leitung oder dem Aufsichtsrat oder Verwaltungsrat eines auf Erwerb gerichteten Unternehmens noch einer Regierung oder einer gesetzgebenden Körperschaft des Bundes oder eines Landes angehören. Er darf nicht gegen Entgelt außergerichtliche Gutachten abgeben.

§ 24. Kontrolle durch den Bundesbeauftragten für den Datenschutz. (1) Der Bundesbeauftragte für den Datenschutz kontrolliert bei den öffentlichen Stellen des Bundes die Einhaltung der Vorschriften dieses Gesetzes und anderer Vorschriften über den Datenschutz. . . .

(4) Die öffentlichen Stellen des Bundes sind verpflichtet, den Bundesbeauftragten und seine Beauftragten bei der Erfüllung ihrer Aufgaben zu unterstützen. Ihnen ist dabei insbesondere

1. Auskunft zu ihren Fragen sowie Einsicht in alle Unterlagen und Akten, insbesondere in die gespeicherten Daten und in die Datenverarbeitungsprogramme, zu gewähren, die im Zusammenhang mit der Kontrolle nach Absatz 1 stehen,
2. jederzeit Zutritt in alle Diensträume zu gewähren.

Die in § 6 Abs. 2 und § 19 Abs. 3 genannten Behörden gewähren die Unterstützung nur dem Bundesbeauftragten selbst und den von ihm schriftlich besonders Beauftragten. Satz 2 gilt für diese Behörden nicht, soweit die oberste Bundesbehörde im Einzelfall feststellt, daß die Auskunft oder Einsicht die Sicherheit des Bundes oder eines Landes gefährden würde.

§ 25. Beanstandungen durch den Bundesbeauftragten für den Datenschutz. (1) Stellt der Bundesbeauftragte für den Datenschutz Verstöße gegen die Vorschriften dieses Gesetzes oder gegen andere Vorschriften über den Datenschutz oder sonstige Mängel bei der Verarbeitung oder Nutzung personenbezogener Daten fest, so beanstandet er dies . . . und fordert zur Stellungnahme innerhalb einer von ihm zu bestimmenden Frist auf. . . .

(2) Der Bundesbeauftragte kann von einer Beanstandung absehen oder auf eine Stellungnahme der betroffenen Stelle verzichten, insbesondere wenn es sich um unerhebliche oder inzwischen beseitigte Mängel handelt.

(3) Die Stellungnahme soll auch eine Darstellung der Maßnahmen enthalten, die auf Grund der Beanstandung des Bundesbeauftragten getroffen worden sind. . . .

§ 26. Weitere Aufgaben des Bundesbeauftragten für den Datenschutz; Dateienregister.

(1) Der Bundesbeauftragte für den Datenschutz erstattet dem Deutschen Bundestag alle zwei Jahre einen Tätigkeitsbericht. Der Tätigkeitsbericht soll auch eine Darstellung der wesentlichen Entwicklung des Datenschutzes im nicht-öffentlichen Bereich enthalten.

(2) Auf Anforderung des Deutschen Bundestages oder der Bundesregierung hat der Bundesbeauftragte Gutachten zu erstellen und Berichte zu erstatten. Auf Ersuchen des Deutschen Bundestages, des Petitionsausschusses, des Innenausschusses oder der Bundesregierung geht der Bundesbeauftragte ferner Hinweisen auf Angelegenheiten und Vorgänge des Datenschutzes bei den öffentlichen Stellen des Bundes nach. Der Bundesbeauftragte kann sich jederzeit an den Deutschen Bundestag wenden.

Dritter Abschnitt. Datenverarbeitung nicht-öffentlicher Stellen und öffentlich-rechtlicher Wettbewerbsunternehmen

Rechtsgrundlagen der Datenverarbeitung

§ 27. Anwendungsbereich. (1) Die Vorschriften dieses Abschnittes finden Anwendung, soweit personenbezogene Daten in oder aus Dateien geschäftsmäßig oder für berufliche oder gewerbliche Zwecke verarbeitet oder genutzt werden durch

1. nicht-öffentliche Stellen,
2. a) öffentliche Stellen des Bundes, soweit sie als öffentlich-rechtliche Unternehmen am Wettbewerb teilnehmen,
   b) öffentliche Stellen der Länder, soweit sie als öffentlich-rechtliche Unternehmen am Wettbewerb teilnehmen, Bundesrecht ausführen und der Datenschutz nicht durch Landesgesetz geregelt ist.

In den Fällen der Nummer 2 Buchstabe a gelten anstelle des § 38 die §§ 18, 21 und 24 bis 26.

(2) Die Vorschriften dieses Abschnittes gelten nicht für die Verarbeitung und Nutzung personenbezogener Daten in Akten, soweit es sich nicht um personenbezogene Daten handelt, die offensichtlich aus einer Datei entnommen worden sind.

§ 28. Datenspeicherung, -übermittlung und -nutzung für eigene Zwecke. (1) Das Speichern, Verändern oder Übermitteln personenbezogener Daten oder ihre Nutzung als Mittel für die Erfüllung eigener Geschäftszwecke ist zulässig

1. im Rahmen der Zweckbestimmung eines Vertragsverhältnisses oder vertragsähnlichen Vertrauensverhältnisses mit dem Betroffenen,
2. soweit es zur Wahrung berechtigter Interessen der speichernden Stelle erforderlich ist und kein Grund zu der Annahme besteht, daß das schutzwürdige Interesse der Betroffenen an dem Ausschluß der Verarbeitung oder Nutzung überwiegt.
3. wenn die Daten aus allgemein zugänglichen Quellen entnommen werden können oder die speichernde Stelle sie veröffentlichen dürfte, es sei denn, daß das schutzwürdige Interesse des Betroffenen an dem Ausschluß der Verarbeitung oder Nutzung offensichtlich überwiegt,
4. wenn es im Interesse der speichernden Stelle zur Durchführung wissenschaftlicher Forschung erforderlich ist, das wissenschaftliche Interesse an der Durchführung des Forschungsvorhabens das Interesse des Betroffenen an dem Ausschluß der Zweckänderung erheblich überwiegt und der Zweck der Forschung auf andere Weise nicht oder nur mit unverhältnismäßigem Aufwand erreicht werden kann.

Die Daten müssen nach Treu und Glauben und auf rechtmäßige Weise erhoben werden.

(2) Die Übermittlung oder Nutzung ist auch zulässig

1. a) soweit es zur Wahrung berechtigter Interessen eines Dritten oder öffentlicher Interessen erforderlich ist oder
   b) wenn es sich um listenmäßig oder sonst zusammengefaßte Daten über Angehörige einer Personengruppe handelt, die sich auf
      - eine Angabe über die Zugehörigkeit des Betroffenen zu dieser Personengruppe,
      - Berufs-, Branchen- oder Geschäftsbezeichnung,
      - Namen,
      - Titel,
      - akademische Grade,
      - Anschrift,
      - Geburtsjahr

   beschränken und

   kein Grund zu der Annahme besteht, daß der Betroffene ein schutzwürdiges Interesse an dem Ausschluß der Übermittlung hat. In den Fällen des Buchstabens b kann im allgemeinen davon ausgegangen werden, daß dieses Interesse besteht, wenn im Rahmen der Zweckbestimmung eines Vertragsverhältnisses oder vertragsähnlichen Vertrauensverhältnisses gespeicherte Daten übermittelt werden sollen, die sich
   - auf gesundheitliche Verhältnisse,
   - auf strafbare Handlungen,
   - auf Ordnungswidrigkeiten,
   - auf religiöse oder politische Anschauungen sowie
   - bei Übermittlung durch den Arbeitgeber auf arbeitsrechtliche Rechtsverhältnisse

   beziehen, oder
2. wenn es im Interesse einer Forschungseinrichtung zur Durchführung wissenschaftlicher Forschung erforderlich ist, das wissenschaftliche Interesse an der Durchführung des Forschungsvorhabens das Interesse des Betroffenen an dem Ausschluß der Zweckänderung erheblich überwiegt und der Zweck der Forschung auf andere Weise nicht oder

nur mit unverhältnismäßigem Aufwand erreicht werden kann.

(3) Widerspricht der Betroffene bei der speichernden Stelle der Nutzung oder Übermittlung seiner Daten für Zwecke der Werbung oder der Markt- oder Meinungsforschung, ist eine Nutzung oder Übermittlung für diese Zwecke unzulässig. Widerspricht der Betroffene beim Empfänger der nach Absatz 2 übermittelten Daten der Verarbeitung oder Nutzung für Zwecke der Werbung oder der Markt- oder Meinungsforschung, hat dieser die Daten für diese Zwecke zu sperren.

(4) Der Empfänger darf die übermittelten Daten für den Zweck verarbeiten oder nutzen, zu dessen Erfüllung sie ihm übermittelt werden. Eine Verarbeitung oder Nutzung für andere Zwecke ist nur unter den Voraussetzungen der Absätze 1 und 2 zulässig. Die übermittelnde Stelle hat den Empfänger darauf hinzuweisen.

§ 29. Geschäftsmäßige Datenspeicherung zum Zwecke der Übermittlung. (1) Das geschäftsmäßige Speichern oder Verändern personenbezogener Daten zum Zwecke der Übermittlung ist zulässig, wenn

1. kein Grund zu der Annahme besteht, daß der Betroffene ein schutzwürdiges Interesse an dem Ausschluß der Speicherung oder Veränderung hat, oder
2. die Daten aus allgemein zugänglichen Quellen entnommen werden können oder die speichernde Stelle sie veröffentlichen dürfte, es sei denn, daß das schutzwürdige Interesse des Betroffenen an dem Ausschluß der Speicherung oder Veränderung offensichtlich überwiegt.

§ 28 Abs. 1 Satz 2 ist anzuwenden.

(2) Die Übermittlung ist zulässig, wenn

1. a) der Empfänger ein berechtigtes Interesse an ihrer Kenntnis glaubhaft dargelegt hat oder
   b) es sich um listenmäßig oder sonst zusammengefaßte Daten nach § 28 Abs. 2 Nr. 1 Buchstabe b handelt, die für Zwecke der Werbung oder der Markt- oder Meinungsforschung übermittelt werden sollen, und
2. kein Grund zu der Annahme besteht, daß der Betroffene ein schutzwürdiges Interesse an dem Ausschluß der Übermittlung hat.

§ 28 Abs. 2 Nr. 1 Satz 2 gilt entsprechend. Bei der Übermittlung nach Nummer 1 Buchstabe a sind die Gründe für das Vorliegen eines berechtigten Interesses und die Art und Weise ihrer glaubhaften Darlegung von der übermittelnden Stelle aufzuzeichnen. Bei der Übermittlung im automatisierten Abrufverfahren obliegt die Aufzeichnungspflicht dem Empfänger.

(3) Für die Verarbeitung oder Nutzung der übermittelten Daten gilt § 28 Abs. 3 und 4.

§ 30. Geschäftsmäßige Datenspeicherung zum Zwecke der Übermittlung in anonymisierter Form. (1) Werden personenbezogene Daten geschäftsmäßig gespeichert, um sie in anonymisierter Form zu übermitteln, sind die Merkmale gesondert zu speichern, mit denen Einzelangaben über persönliche oder sachliche Verhältnisse einer bestimmten oder bestimmbaren natürlichen Person zugeordnet werden können. Diese Merkmale dürfen mit den Einzelangaben nur zusammengeführt werden, soweit dies für die Erfüllung des Zweckes der Speicherung oder zu wissenschaftlichen Zwecken erforderlich ist.

(2) Die Veränderung personenbezogener Daten ist zulässig, wenn

1. kein Grund zu der Annahme besteht, daß der Betroffene ein schutzwürdiges Interesse an dem Ausschluß der Veränderung hat, oder
2. die Daten aus allgemein zugänglichen Quellen entnommen werden können oder die speichernde Stelle sie veröffentlichen dürfte, es sei denn, daß das schutzwürdige Interesse des Betroffenen an dem Ausschluß der Veränderung offensichtlich überwiegt.

(3) Die personenbezogenen Daten sind zu löschen, wenn ihre Speicherung unzulässig ist.

(4) Die §§ 29, 33 bis 35 gelten nicht.

§ 31. Besondere Zweckbindung. Personenbezogene Daten, die ausschließlich zu Zwecken der Datenschutzkontrolle, der Datensicherung oder zur Sicherung eines ordnungsgemäßen Betriebes einer Datenverarbeitungsanlage gespeichert werden, dürfen nur für diese Zwecke verwendet werden.

§ 32. Meldepflichten. (1) Die Stellen, die personenbezogene Daten geschäftsmäßig

1. zum Zwecke der Übermittlung speichern,
2. zum Zwecke der anonymisierten Übermittlung speichern oder
3. im Auftrag als Dienstleistungsunternehmen verarbeiten oder nutzen, sowie ihre Zweigniederlassungen und unselbständigen Zweigstellen haben die Aufnahme und Beendigung ihrer Tätigkeit der zuständigen Aufsichtsbehörde innerhalb eines Monats mitzuteilen.

Rechte des Betroffenen

§ 33. Benachrichtigung des Betroffenen.

(1) Werden erstmals personenbezogene Daten für eigene Zwecke gespeichert, ist der Betroffene von der Speicherung und der Art der Daten zu benachrichtigen. Werden personenbezogene Daten geschäftsmäßig zum Zwecke der Übermittlung gespeichert, ist der Betroffene von der erstmaligen Übermittlung und der Art der übermittelten Daten zu benachrichtigen.

(2) Eine Pflicht zur Benachrichtigung besteht nicht, wenn
1. der Betroffene auf andere Weise Kenntnis von der Speicherung oder der Übermittlung erlangt hat,
2. die Daten nur deshalb gespeichert sind, weil sie aufgrund gesetzlicher, satzungsmäßiger oder vertraglicher Aufbewahrungsvorschriften nicht gelöscht werden dürfen oder ausschließlich der Datensicherung oder der Datenschutzkontrolle dienen,
3. die Daten nach einer Rechtsvorschrift oder ihrem Wesen nach, namentlich wegen des überwiegenden rechtlichen Interesses eines Dritten, geheimgehalten werden müssen,
4. die zuständige öffentliche Stelle gegenüber der speichernden Stelle festgestellt hat, daß das Bekanntwerden der Daten die öffentliche Sicherheit oder Ordnung gefährden oder sonst dem Wohle des Bundes oder eines Landes Nachteile bereiten würde,
5. die Daten in einer Datei gespeichert werden, die nur vorübergehend vorgehalten und innerhalb von drei Monaten nach ihrer Erstellung gelöscht wird,
6. die Daten für eigene Zwecke gespeichert sind und
   a) aus allgemein zugänglichen Quellen entnommen sind oder
   b) die Benachrichtigung die Geschäftszwecke der speichernden Stelle erheblich gefährden würde, es sei denn, daß das Interesse an der Benachrichtigung die Gefährdung überwiegt, oder
7. die Daten geschäftsmäßig zum Zwecke der Übermittlung gespeichert sind und
   a) aus allgemein zugänglichen Quellen entnommen sind, soweit sie sich auf diejenigen Personen beziehen, die diese Daten veröffentlicht haben, oder
   b) es sich um listenmäßig oder sonst zusammengefaßte Daten handelt (§ 29 Abs. 2 Nr. 1 Buchstabe b).

§ 34. Auskunft an den Betroffenen. (1) Der Betroffene kann Auskunft verlangen über
1. die zu seiner Person gespeicherten Daten, auch soweit sie sich auf Herkunft und Empfänger beziehen,
2. den Zweck der Speicherung und
3. Personen und Stellen, an die seine Daten regelmäßig übermittelt werden, wenn seine Daten automatisiert verarbeitet werden.

Er soll die Art der personenbezogenen Daten, über die Auskunft erteilt werden soll, näher bezeichnen. Werden die personenbezogenen Daten geschäftsmäßig zum Zwecke der Übermittlung gespeichert, kann der Betroffene über Herkunft und Empfänger nur Auskunft verlangen, wenn er begründete Zweifel an der Richtigkeit der Daten geltend macht. In diesem Falle ist Auskunft über Herkunft und Empfänger auch dann zu erteilen, wenn diese Angaben nicht gespeichert sind.

(2) Der Betroffene kann von Stellen, die geschäftsmäßig personenbezogene Daten zum Zwecke der Auskunftserteilung speichern, Auskunft über seine personenbezogenen Daten verlangen, auch wenn sie nicht in einer Datei gespeichert sind. Auskunft über Herkunft und Empfänger kann der Betroffene nur verlangen, wenn er begründete Zweifel an der Richtigkeit der Daten geltend macht. § 38 Abs. 1 ist mit der Maßgabe anzuwenden, daß die Aufsichtsbehörde im Einzelfall die Einhaltung von Satz 1 überprüft, wenn der Betroffene begründet darlegt, daß die Auskunft nicht oder nicht richtig erteilt worden ist.

(3) Die Auskunft wird schriftlich erteilt, soweit nicht wegen der besonderen Umstände eine andere Form der Auskunftserteilung angemessen ist.

(4) Eine Pflicht zur Auskunftserteilung besteht nicht, wenn der Betroffene nach § 33 Abs. 2 Nr. 2 bis 6 nicht zu benachrichtigen ist.

(5) Die Auskunft ist unentgeltlich. Werden die personenbezogenen Daten geschäftsmäßig zum Zwecke der Übermittlung gespeichert, kann jedoch ein Entgelt verlangt werden, wenn der Betroffene die Auskunft gegenüber Dritten zu wirtschaftlichen Zwecken nutzen kann. Das Entgelt darf über die durch die Auskunftserteilung entstandenen direkt zurechenbaren Kosten nicht hinausgehen. Ein Entgelt kann in den Fällen nicht verlangt werden, in denen besondere Umstände die Annahme rechtfertigen, daß Daten unrichtig oder unzulässig gespeichert werden, oder in denen die Auskunft ergibt, daß die Daten zu berichtigen oder unter der Voraussetzung des § 35 Abs. 2 Satz 2 Nr. 1 zu löschen sind.

(6) Ist die Auskunftserteilung nicht unentgeltlich, ist dem Betroffenen die Möglichkeit zu geben, sich im Rahmen seines Auskunftsanspruchs persönlich Kenntnis über die ihn betreffenden Daten und Angaben zu verschaffen. Er ist hierauf in geeigneter Weise hinzuweisen.

§ 35. Berichtigung, Löschung und Sperrung von Daten. (1) Personenbezogene Daten sind zu berichtigen, wenn sie unrichtig sind.

(2) Personenbezogene Daten können außer in den Fällen des Absatzes 3 Nr. 1 und 2 jederzeit gelöscht werden. Personenbezogene Daten sind zu löschen, wenn
1. ihre Speicherung unzulässig ist,
2. es sich um Daten über gesundheitliche Verhältnisse, strafbare Handlungen, Ordnungswidrigkeiten sowie religiöse oder politische Anschauungen handelt und ihre Richtigkeit

von der speichernden Stelle nicht bewiesen werden kann,
3. sie für eigene Zwecke verarbeitet werden, sobald ihre Kenntnis für die Erfüllung des Zweckes der Speicherung nicht mehr erforderlich ist, oder
4. sie geschäftsmäßig zum Zwecke der Übermittlung verarbeitet werden und eine Prüfung am Ende des fünften Kalenderjahres nach ihrer erstmaligen Speicherung ergibt, daß eine längerwährende Speicherung nicht erforderlich ist.

(3) an die Stelle einer Löschung tritt eine Sperrung, soweit
1. im Falle des Absatzes 2 Nr. 3 oder 4 einer Löschung gesetzliche, satzungsmäßige oder vertragliche Aufbewahrungsfristen entgegenstehen,
2. Grund zu der Annahme besteht, daß durch eine Löschung schutzwürdige Interessen des Betroffenen beeinträchtigt würden, oder
3. eine Löschung wegen der besonderen Art der Speicherung nicht oder nur mit unverhältnismäßig hohem Aufwand möglich ist.

(4) Personenbezogene Daten sind ferner zu sperren, soweit ihre Richtigkeit vom Betroffenen bestritten wird und sich weder die Richtigkeit noch die Unrichtigkeit feststellen läßt.

(5) Personenbezogene Daten, die unrichtig sind oder deren Richtigkeit bestritten wird, müssen bei der geschäftsmäßigen Datenspeicherung zum Zwecke der Übermittlung außer in den Fällen des Absatzes 2 Nr. 2 nicht berichtigt, gesperrt oder gelöscht werden, wenn sie aus allgemein zugänglichen Quellen entnommen und zu Dokumentationszwecken gespeichert sind. Auf Verlangen des Betroffenen ist diesen Daten für die Dauer der Speicherung seine Gegendarstellung beizufügen. Die Daten dürfen nicht ohne diese Gegendarstellung übermittelt werden.

(6) Von der Berichtigung unrichtiger Daten, der Sperrung bestrittener Daten sowie der Löschung oder Sperrung wegen Unzulässigkeit der Speicherung sind die Stellen zu verständigen, denen im Rahmen einer regelmäßigen Datenübermittlung diese Daten zur Speicherung weitergegeben werden, wenn dies zur Wahrung der schutzwürdigen Interessen des Betroffenen erforderlich ist.

(7) Gesperrte Daten dürfen ohne Einwilligung des Betroffenen nur übermittelt oder genutzt werden, wenn
1. es zu wissenschaftlichen Zwecken, zur Behebung einer bestehenden Beweisnot oder aus sonstigen im überwiegenden Interesse der speichernden Stelle oder eines Dritten liegenden Gründen unerläßlich ist und
2. die Daten hierfür übermittelt oder genutzt werden dürften, wenn sie nicht gesperrt wären.

Beauftragter für den Datenschutz, Aufsichtsbehörde

§ 36. Bestellung eines Beauftragten für den Datenschutz. (1) Die nicht-öffentlichen Stellen, die personenbezogene Daten automatisiert verarbeiten und damit in der Regel mindestens fünf Arbeitnehmer ständig beschäftigen, haben spätestens innerhalb eines Monats nach Aufnahme ihrer Tätigkeit einen Beauftragten für den Datenschutz schriftlich zu bestellen. Das gleiche gilt, wenn personenbezogene Daten auf andere Weise verarbeitet werden und damit in der Regel mindestens zwanzig Arbeitnehmer ständig beschäftigt sind.

(2) Zum Beauftragten für den Datenschutz darf nur bestellt werden, wer die zur Erfüllung seiner Aufgaben erforderliche Fachkunde und Zuverlässigkeit besitzt.

(3) Der Beauftragte für den Datenschutz ist dem Inhaber, dem Vorstand, dem Geschäftsführer oder dem sonstigen gesetzlich oder nach der Verfassung des Unternehmens berufenen Leiter unmittelbar zu unterstellen. Er ist bei Anwendung seiner Fachkunde auf dem Gebiet des Datenschutzes weisungsfrei. Er darf wegen der Erfüllung seiner Aufgaben nicht benachteiligt werden. Die Bestellung zum Beauftragten für den Datenschutz kann nur auf Verlangen der Aufsichtsbehörde oder in entsprechender Anwendung von § 626 des Bürgerlichen Gesetzbuchs widerrufen werden.

(4) Der Beauftragte für den Datenschutz ist zur Verschwiegenheit über die Identität des Betroffenen sowie über Umstände, die Rückschlüsse auf den Betroffenen zulassen, verpflichtet, soweit er nicht davon durch den Betroffenen befreit wird.

(5) Die nicht-öffentliche Stelle hat den Beauftragten für den Datenschutz bei der Erfüllung seiner Aufgaben zu unterstützen und ihm insbesondere, soweit dies zur Erfüllung seiner Aufgaben erforderlich ist, Hilfspersonal sowie Räume, Einrichtungen, Geräte und Mittel zur Verfügung zu stellen.

§ 37. Aufgaben des Beauftragten für den Datenschutz. (1) Der Beauftragte für den Datenschutz hat die Ausführung dieses Gesetzes sowie anderer Vorschriften über den Datenschutz sicherzustellen. . . .

§ 38. Aufsichtsbehörde. (1) Die Aufsichtsbehörde überprüft im Einzelfall die Ausführung dieses

Gesetzes sowie anderer Vorschriften über den Datenschutz, soweit diese die Verarbeitung oder Nutzung personenbezogener Daten in oder aus Dateien regeln, wenn ihr hinreichende Anhaltspunkte dafür vorliegen, daß eine dieser Vorschriften durch nicht-öffentliche Stellen verletzt ist, insbesondere wenn es der Betroffene selbst begründet darlegt.

(4) Die von der Aufsichtsbehörde mit der Überprüfung oder Überwachung beauftragten Personen sind befugt, soweit es zur Erfüllung der der Aufsichtsbehörde übertragenen Aufgaben erforderlich ist, während der Betriebs- und Geschäftszeiten Grundstücke und Geschäftsräume der Stelle zu betreten und dort Prüfungen und Besichtigungen vorzunehmen. . . .

Vierter Abschnitt. Sondervorschriften

§ 39. Zweckbindung bei personenbezogenen Daten, die einem Berufs- oder besonderen Amtsgeheimnis unterliegen. (1) Personenbezogene Daten, die einem Berufs- oder besonderen Amtsgeheimnis unterliegen und die von der zur Verschwiegenheit verpflichteten Stelle in Ausübung ihrer Berufs- oder Amtspflicht zur Verfügung gestellt worden sind, dürfen von der speichernden Stelle nur für den Zweck verarbeitet oder genutzt werden, für den sie sie erhalten hat. In die Übermittlung an eine nicht-öffentliche Stelle muß die zur Verschwiegenheit verpflichtete Stelle einwilligen.

(2) Für einen anderen Zweck dürfen die Daten nur verarbeitet oder genutzt werden, wenn die Änderung des Zwecks durch besonderes Gesetz zugelassen ist.

§ 40. Verarbeitung und Nutzung personenbezogener Daten durch Forschungseinrichtungen. (1) Für Zwecke der wissenschaftlichen Forschung erhobene oder gespeicherte personenbezogene Daten dürfen nur für Zwecke der wissenschaftlichen Forschung verarbeitet oder genutzt werden.

(2) Die Übermittlung personenbezogener Daten an andere als öffentliche Stellen für Zwecke der wissenschaftlichen Forschung ist nur zulässig, wenn diese sich verpflichten, die übermittelten Daten nicht für andere Zwecke zu verarbeiten oder zu nutzen und die Vorschrift des Absatzes 3 einzuhalten.

(3) Die personenbezogenen Daten sind zu anonymisieren, sobald dies nach dem Forschungszweck möglich ist. Bis dahin sind die Merkmale gesondert zu speichern, mit denen Einzelangaben über persönliche oder sachliche Verhältnisse einer bestimmten oder bestimmbaren Person zugeordnet werden können. Sie dürfen mit den Einzelangaben nur zusammengeführt werden, soweit der Forschungszweck dies erfordert.

(4) Die wissenschaftliche Forschung betreibenden Stellen dürfen personenbezogene Daten nur veröffentlichen, wenn

1. der Betroffene eingewilligt hat oder
2. dies für die Darstellung von Forschungsergebnissen über Ereignisse der Zeitgeschichte unerläßlich ist.

§ 41. Verarbeitung und Nutzung personenbezogener Daten durch die Medien. (1) Soweit personenbezogene Daten von Unternehmen oder Hilfsunternehmen der Presse oder des Films oder von Hilfsunternehmen des Rundfunks ausschließlich zu eigenen journalistisch-redaktionellen Zwecken verarbeitet oder genutzt werden, gelten von den Vorschriften dieses Gesetzes nur die §§ 5 und 9. Soweit Verlage personenbezogene Daten zur Herausgabe von Adressen-, Telefon-, Branchen- oder vergleichbaren Verzeichnissen verarbeiten oder nutzen, gilt Satz 1 nur, wenn mit der Herausgabe zugleich eine journalistisch-redaktionelle Tätigkeit verbunden ist.

(2) Führt die journalistisch-redaktionelle Verarbeitung oder Nutzung personenbezogener Daten durch die Deutsche Welle zur Veröffentlichung von Gegendarstellungen des Betroffenen, so sind diese Gegendarstellungen zu den gespeicherten Daten zu nehmen und für dieselbe Zeitdauer aufzubewahren wie die Daten selbst.

(3) Wird jemand durch eine Berichterstattung der Deutschen Welle in seinem Persönlichkeitsrecht beeinträchtigt, so kann er Auskunft über die der Berichterstattung zugrundeliegenden, zu seiner Person gespeicherten Daten verlangen. Die Auskunft kann verweigert werden, soweit aus den Daten auf die Person des Verfassers, Einsenders oder Gewährsmannes von Beiträgen, Unterlagen und Mitteilungen für den redaktionellen Teil geschlossen werden kann. Der Betroffene kann die Berichtigung unrichtiger Daten verlangen.

§ 42. Datenschutzbeauftragte der Deutschen Welle. (1) Die Deutsche Welle bestellt einen Beauftragten für den Datenschutz, der an die Stelle des Bundesbeauftragten für den Datenschutz tritt. Die Bestellung erfolgt auf Vorschlag des Intendanten durch den Verwaltungsrat für die Dauer von vier Jahren, wobei Wiederbestellungen zulässig sind. Das Amt eines Beauftragten für den Datenschutz kann neben anderen Aufgaben innerhalb der Rundfunkanstalt wahrgenommen werden.

(2) Der Beauftragte für den Datenschutz kontrolliert die Einhaltung der Vorschriften dieses Gesetzes sowie anderer Vorschriften über den Datenschutz. Er ist in Ausübung dieses Amtes unabhängig und nur dem Gesetz unterworfen. . . .

(3) Jedermann kann sich entsprechend § 21 Satz 1 an den Beauftragten für den Datenschutz wenden.

Fünfter Abschnitt. Schlußvorschriften

§ 43. Strafvorschriften. (1) Wer unbefugt von diesem Gesetz geschützte personenbezogene Daten, die nicht offenkundig sind,
1. speichert, verändert oder übermittelt,
2. zum Abruf mittels automatisierten Verfahrens bereithält oder
3. abruft oder sich oder einem anderen aus Dateien verschafft,

wird mit Freiheitsstrafe bis zu einem Jahr oder mit Geldstrafe bestraft.

(2) Ebenso wird bestraft, wer
1. die Übermittlung von durch dieses Gesetz geschützten personenbezogenen Daten, die nicht offenkundig sind, durch unrichtige Angaben erschleicht, . . .

(3) Handelt der Täter gegen Entgelt oder in der Absicht, sich oder einen anderen zu bereichern oder einen anderen zu schädigen, so ist die Strafe Freiheitsstrafe bis zu zwei Jahren oder Geldstrafe.

(4) Die Tat wird nur auf Antrag verfolgt.

Protokoll (Nr. 3) über die Satzung des Europäischen Systems der Zentralbanken und der Europäischen Zentralbank

Art. 1: Das Europäische System der Zentralbanken

1.1. Das Europäische System der Zentralbanken („ESZB") und die Europäische Zentralbank („EZB") werden gemäß Artikel 4a dieses Vertrags errichtet; sie nehmen ihre Aufgaben und ihre Tätigkeit nach Maßgabe dieses Vertrags und dieser Satzung wahr.

1.2. Das ESZB besteht nach Artikel 106 Absatz 1 dieses Vertrags aus der EZB und den Zentralbanken der Mitgliedstaaten („nationale Zentralbanken"). Das Luxemburgische Währungsinstitut wird die Zentralbank Luxemburgs sein.

Art. 2: Ziele

Nach Artikel 105 Absatz 1 dieses Vertrags ist es das vorrangige Ziel des ESZB, die Preisstabilität zu gewährleisten. Soweit dies ohne Beeinträchtigung des Zieles der Preisstabilität möglich ist, unterstützt das ESZB die allgemeine Wirtschaftspolitik in der Gemeinschaft, um zur Verwirklichung der in Artikel 2 dieses Vertrags festgelegten Ziele der Gemeinschaft beizutragen. Das ESZB handelt im Einklang mit dem Grundsatz einer offenen Marktwirtschaft mit freiem Wettbewerb, wodurch ein effizienter Einsatz der Ressourcen gefördert wird, und hält sich dabei an die in Artikel 3a dieses Vertrags genannten Grundsätze.

Art. 3: Aufgaben

3.1. Nach Artikel 105 Absatz 2 dieses Vertrags bestehen die grundlegenden Aufgaben des ESZB darin,

- die Geldpolitik der Gemeinschaft festzulegen und auszuführen,
- Devisengeschäfte im Einklang mit Artikel 109 dieses Vertrags durchzuführen,
- die offiziellen Währungsreserven der Mitgliedstaaten zu halten und zu verwalten,
- das reibungslose Funktionieren der Zahlungssysteme zu fördern.

3.2. Nach Artikel 105 Absatz 3 dieses Vertrags berührt Artikel 3.1 dritter Gedankenstrich nicht die Haltung und Verwaltung von Arbeitsguthaben in Fremdwährungen durch die Regierungen der Mitgliedstaaten.

3.3. Das ESZB trägt nach Artikel 105 Absatz 5 dieses Vertrags zur reibungslosen Durchführung der von den zuständigen Behörden auf dem Gebiet der Aufsicht über die Kreditinstitute und der Stabilität des Finanzsystems ergriffenen Maßnahmen bei.

Art. 4: Beratende Funktionen

Nach Artikel 105 Absatz 4 dieses Vertrags

a. wird die EZB gehört
   - zu allen Vorschlägen für Rechtsakte der Gemeinschaft im Zuständigkeitsbereich der EZB;
   - von den nationalen Behörden zu allen Entwürfen für Rechtsvorschriften im Zuständigkeitsbereich der EZB, und zwar innerhalb der Grenzen und unter den Bedingungen, die der Rat nach dem Verfahren des Artikels 42 festlegt;
b. kann die EZB gegenüber den zuständigen Organen und Einrichtungen der Gemeinschaft und gegenüber den nationalen Behörden Stellungnahmen zu in ihren Zuständigkeitsbereich fallenden Fragen abgeben.

Art. 5: Erhebung von statistischen Daten

5.1. Zur Wahrnehmung der Aufgaben des ESZB holt die EZB mit Unterstützung der nationalen Zentralbanken die erforderlichen statistischen Daten entweder von den zuständigen nationalen Behörden oder unmittelbar von den Wirtschaftssubjekten ein. Zu diesem Zweck arbeitet sie mit den Organen und Einrichtungen der Gemeinschaft und den zuständigen Behörden der Mitgliedstaaten oder dritter Länder sowie mit internationalen Organisationen zusammen.

5.2. Die in Artikel 5.1 bezeichneten Aufgaben werden so weit wie möglich von den nationalen Zentralbanken ausgeführt.

5.3. Soweit erforderlich, fördert die EZB die Harmonisierung der Bestimmungen und Gepflogenheiten auf dem Gebiet der Erhebung, Zusammenstellung und Weitergabe von statistischen Daten in den in ihre Zuständigkeit fallenden Bereichen.

5.4. Der Kreis der berichtspflichtigen natürlichen und juristischen Personen, die Bestimmungen über die Vertraulichkeit sowie die geeigneten Vorkehrungen zu ihrer Durchsetzung werden vom Rat nach dem Verfahren des Artikels 42 festgelegt.

Art. 6: Internationale Zusammenarbeit

6.1. Im Bereich der internationalen Zusammenarbeit, die die dem ESZB übertragenen Aufgaben betrifft, entscheidet die EZB, wie das ESZB vertreten wird.

6.2. Die EZB und, soweit diese zustimmt, die nationalen Zentralbanken sind befugt, sich an internationalen Währungseinrichtungen zu beteiligen.

6.3. Die Artikel 6.1 und 6.2 finden unbeschadet des Artikels 109 Absatz 4 dieses Vertrags Anwendung.

Art. 7: Unabhängigkeit

Nach Artikel 107 dieses Vertrags darf bei der Wahrnehmung der ihnen durch diesen Vertrag und diese Satzung übertragenen Befugnisse, Aufgaben und Pflichten weder die EZB noch eine nationale Zentralbank noch ein Mitglied ihrer Beschlußorgane Weisungen von Organen oder Einrichtungen der Gemeinschaft, Regierungen der Mitgliedstaaten oder anderen Stellen einholen oder entgegennehmen. Die Organe und Einrichtungen der Gemeinschaft sowie die Regierungen der Mitgliedstaaten verpflichten sich, diesen Grundsatz zu beachten und nicht zu versuchen, die Mitglieder der Beschlußorgane der EZB oder der nationalen Zentralbanken bei der Wahrnehmung ihrer Aufgaben zu beeinflussen.

Art. 8: Allgemeiner Grundsatz

Das ESZB wird von den Beschlußorganen der EZB geleitet.

Art. 9: Die Europäische Zentralbank

9.1. Die EZB, die nach Artikel 106 Absatz 2 dieses Vertrags mit Rechtspersönlichkeit ausgestattet ist, besitzt in jedem Mitgliedstaat die weitestgehende Rechts- und Geschäftsfähigkeit, die juristischen Personen nach dessen Rechtsvorschriften zuerkannt ist; sie kann insbesondere bewegliches und unbewegliches Vermögen erwerben und veräußern sowie vor Gericht stehen.

9.2. Die EZB stellt sicher, daß die dem ESZB nach Artikel 105 Absätze 2, 3 und 5 dieses Vertrags übertragenen Aufgaben entweder durch ihre eigene Tätigkeit nach Maßgabe dieser Satzung oder durch die nationalen Zentralbanken nach den Artikeln 12.1 und 14 erfüllt werden.

9.3. Die Beschlußorgane der EZB sind nach Artikel 106 Absatz 3 dieses Vertrags der EZB-Rat und das Direktorium.

Art. 10: Der EZB-Rat

10.1. Nach Artikel 109a Absatz 1 dieses Vertrags besteht der EZB-Rat aus den Mitgliedern des Direktoriums der EZB und den Präsidenten der nationalen Zentralbanken.

10.2. Vorbehaltlich des Artikels 10.3 sind nur die persönlich anwesenden Mitglieder des EZB-Rates stimmberechtigt. Abweichend von dieser Bestimmung kann in der in Artikel 12.3 genannten Geschäftsordnung vorgesehen werden, daß Mitglieder des EZB-Rates im Wege einer Telekonferenz an der Abstimmung teilnehmen können. In der Geschäftsordnung wird ferner vorgesehen, daß ein für längere Zeit an der Stimmabgabe verhindertes Mitglied einen Stellvertreter als Mitglied des EZB-Rates benennen kann.

Vorbehaltlich der Artikel 10.3 und 11.3 hat jedes Mitglied des EZB-Rates eine Stimme. Soweit in dieser Satzung nichts anderes bestimmt ist, beschließt der EZB-Rat mit einfacher Mehrheit. Bei Stimmengleichheit gibt die Stimme des Präsidenten den Ausschlag.

Der EZB-Rat ist beschlußfähig, wenn mindestens zwei Drittel seiner Mitglieder an der Abstimmung teilnehmen. Ist der EZB-Rat nicht beschlußfähig, so kann der Präsident eine außerordentliche Sitzung einberufen, bei der für die Beschlußfähigkeit die Mindestteilnahmequote nicht erforderlich ist.

10.3. Für alle Beschlüsse im Rahmen der Artikel 28, 29, 30, 32, 33 und 51 werden die Stimmen im EZB-Rat nach den Anteilen der nationalen Zentralbanken am gezeichneten Kapital der EZB gewogen. Die Stimmen der Mitglieder des Direktoriums werden mit Null gewogen. Ein Beschluß, der die qualifizierte Mehrheit der Stimmen erfordert, gilt als angenommen, wenn die abgegebenen Ja-Stimmen mindestens zwei Drittel des gezeichneten Kapitals der EZB und mindestens die Hälfte der Anteilseigner vertreten. Bei Verhinderung eines Präsidenten einer nationalen Zentralbank kann dieser einen Stellvertreter zur Abgabe seiner gewogenen Stimme benennen.

10.4. Die Aussprachen in den Ratssitzungen sind vertraulich. Der EZB-Rat kann beschließen, das Ergebnis seiner Beratungen zu veröffentlichen.

10.5. Der EZB-Rat tritt mindestens zehnmal im Jahr zusammen.

Art. 11: Das Direktorium

11.1. Nach Artikel 109a Absatz 2 Buchstabe a dieses Vertrags besteht das Direktorium aus dem Präsidenten, dem Vizepräsidenten und vier weiteren Mitgliedern.
Die Mitglieder erfüllen ihre Pflichten hauptamtlich. Ein Mitglied darf weder entgeltlich noch unentgeltlich einer anderen Beschäftigung nachgehen, es sei denn, der EZB-Rat erteilt hierzu ausnahmsweise seine Zustimmung.

11.2. Nach Artikel 109a Absatz 2 Buchstabe b dieses Vertrags werden der Präsident, der Vizepräsident und die weiteren Mitglieder des Direktoriums von den Regierungen der Mitgliedstaaten auf der Ebene der Staats- und Regierungschefs auf Empfehlung des Rates, der hierzu das Europäische Parlament und den EZB-Rat anhört, aus dem Kreis der in Währungs- oder Bankfragen anerkannten und erfahrenen Persönlichkeiten einvernehmlich ausgewählt und ernannt.
Ihre Amtszeit beträgt acht Jahre; Wiederernennung ist nicht zulässig.
Nur Staatsangehörige der Mitgliedstaaten können Mitglieder des Direktoriums sein.

11.3. Die Beschäftigungsbedingungen für die Mitglieder des Direktoriums, insbesondere ihre Gehälter und Ruhegehälter sowie andere Leistungen der sozialen Sicherheit, sind Gegenstand von Verträgen mit der EZB und werden vom EZB-Rat auf Vorschlag eines Ausschusses festgelegt, der aus drei vom EZB-Rat und drei vom Rat ernannten Mitgliedern besteht. Die Mitglieder des Direktoriums haben in den in diesem Absatz bezeichneten Angelegenheiten kein Stimmrecht.

11.4. Ein Mitglied des Direktoriums, das die Voraussetzungen für die Ausübung seines Amtes nicht mehr erfüllt oder eine schwere Verfehlung begangen hat, kann auf Antrag des EZB-Rates oder des Direktoriums durch den Gerichtshof seines Amtes enthoben werden.

11.5. Jedes persönlich anwesende Mitglied des Direktoriums ist berechtigt, an Abstimmungen teilzunehmen, und hat zu diesem Zweck eine Stimme. Soweit nichts anderes bestimmt ist, beschließt das Direktorium mit der einfachen Mehrheit der abgegebenen Stimmen. Bei Stimmengleichheit gibt die Stimme des Präsidenten den Ausschlag. Die Abstimmungsmodalitäten werden in der in Artikel 12.3 bezeichneten Geschäftsordnung geregelt.

11.6. Das Direktorium führt die laufenden Geschäfte der EZB.

11.7. Freiwerdende Sitze im Direktorium sind durch Ernennung eines neuen Mitglieds nach Artikel 11.2 zu besetzen.

Art. 12: Aufgaben der Beschlußorgane

12.1. Der EZB-Rat erläßt die Leitlinien und Entscheidungen, die notwendig sind, um die Erfüllung der dem ESZB nach diesem Vertrag und dieser Satzung übertragenen Aufgaben zu gewährleisten. Der EZB-Rat legt die Geldpolitik der Gemeinschaft fest, gegebenenfalls einschließlich von Entscheidungen in bezug auf geldpolitische Zwischenziele, Leitzinssätze und die Bereitstellung von Zentralbankgeld im ESZB, und erläßt die für ihre Ausführung notwendigen Leitlinien.
Das Direktorium führt die Geldpolitik gemäß den Leitlinien und Entscheidungen des EZB-Rates aus. Es erteilt hierzu den nationalen Zentralbanken die erforderlichen Weisungen. Ferner können dem Direktorium durch Beschluß des EZB-Rates bestimmte Befugnisse übertragen werden.
Unbeschadet dieses Artikels nimmt die EZB die nationalen Zentralbanken zur Durchführung von Geschäften, die zu den Aufgaben des ESZB gehören, in Anspruch, soweit dies möglich und sachgerecht erscheint.

12.2. Die Vorbereitung der Sitzungen des EZB-Rates obliegt dem Direktorium.

12.3. Der EZB-Rat beschließt eine Geschäftsordnung, die die interne Organisation der EZB und ihrer Beschlußorgane regelt.

12.4. Der EZB-Rat nimmt die in Artikel 4 genannten beratenden Funktionen wahr.

12.5. Der EZB-Rat trifft die Entscheidungen nach Artikel 6.

Art. 13: Der Präsident

13.1. Den Vorsitz im EZB-Rat und im Direktorium der EZB führt der Präsident oder, bei seiner Verhinderung, der Vizepräsident.

13.2. Unbeschadet des Artikels 39 vertritt der Präsident oder eine von ihm benannte Person die EZB nach außen.

Art. 14: Nationale Zentralbanken

14.1. Nach Artikel 108 dieses Vertrags stellt jeder Mitgliedstaat sicher, daß spätestens zum Zeitpunkt der Errichtung des ESZB seine innerstaatlichen Rechtsvorschriften einschließlich der Satzung seiner Zentralbank mit diesem Vertrag und dieser Satzung im Einklang stehen.

14.2. In den Satzungen der nationalen Zentralbanken ist insbesondere vorzusehen, daß die Amtszeit des Präsidenten der jeweiligen nationalen Zentralbank mindestens fünf Jahre beträgt.

Der Präsident einer nationalen Zentralbank kann aus seinem Amt nur entlassen werden, wenn er die Voraussetzungen für die Ausübung seines Amtes nicht mehr erfüllt oder eine schwere Verfehlung begangen hat. Gegen eine entsprechende Entscheidung kann der betreffende Präsident einer nationalen Zentralbank oder der EZB-Rat wegen Verletzung dieses Vertrags oder einer bei seiner Durchführung anzuwendenden Rechtsnorm den Gerichtshof anrufen. Solche Klagen sind binnen zwei Monaten zu erheben; diese Frist läuft je nach Lage des Falles von der Bekanntgabe der betreffenden Entscheidung, ihrer Mitteilung an den Kläger oder in Ermangelung dessen von dem Zeitpunkt an, zu dem der Kläger, von dieser Entscheidung Kenntnis erlangt hat.

14.3. Die nationalen Zentralbanken sind integraler Bestandteil des ESZB und handeln gemäß den Leitlinien und Weisungen der EZB. Der EZB-Rat trifft die notwendigen Maßnahmen, um die Einhaltung der Leitlinien und Weisungen der EZB sicherzustellen, und kann verlangen, daß ihm hierzu alle erforderlichen Informationen zur Verfügung gestellt werden.

14.4. Die nationalen Zentralbanken können andere als die in dieser Satzung bezeichneten Aufgaben wahrnehmen, es sei denn, der EZB-Rat stellt mit Zweidrittelmehrheit der abgegebenen Stimmen fest, daß diese Aufgaben nicht mit den Zielen und Aufgaben des ESZB vereinbar sind. Derartige Aufgaben werden von den nationalen Zentralbanken in eigener Verantwortung und auf eigene Rechnung wahrgenommen und gelten nicht als Aufgaben des ESZB.

Art. 15: Berichtspflichten

15.1. Die EZB erstellt und veröffentlicht mindestens vierteljährlich Berichte über die Tätigkeit des ESZB.

15.2. Ein konsolidierter Ausweis des ESZB wird wöchentlich veröffentlicht.

15.3. Nach Artikel 109b Absatz 3 dieses Vertrags unterbreitet die EZB dem Europäischen Parlament, dem Rat und der Kommission sowie auch dem Europäischen Rat einen Jahresbericht über die Tätigkeit des ESZB und die Geld- und Währungspolitik im vergangenen und im laufenden Jahr.

15.4. Die in diesem Artikel bezeichneten Berichte und Ausweise werden Interessenten kostenlos zur Verfügung gestellt.

Art. 16: Banknoten

Nach Artikel 105a Absatz 1 dieses Vertrags hat der EZB-Rat das ausschließliche Recht, die Ausgaben von Banknoten innerhalb der Gemeinschaft zu genehmigen. Die EZB und die nationalen Zentralbanken sind zur Ausgabe von Banknoten berechtigt. Die von der EZB und den nationalen Zentralbanken ausgegebenen Banknoten sind die einzigen Banknoten, die in der Gemeinschaft als gesetzliches Zahlungsmittel gelten.

Die EZB berücksichtigt so weit wie möglich die Gepflogenheiten bei der Ausgabe und der Gestaltung von Banknoten.

Art. 17: Konten bei der EZB und den nationalen Zentralbanken

Zur Durchführung ihrer Geschäfte können die EZB und die nationalen Zentralbanken für Kreditinstitute, öffentliche Stellen und andere Marktteilnehmer Konten eröffnen und Vermögenswerte, einschließlich Schuldbuchforderungen, als Sicherheit hereinnehmen.

Art. 18: Offenmarkt- und Kreditgeschäfte

18.1. Zur Erreichung der Ziele des ESZB und zur Erfüllung seiner Aufgaben können die EZB und die nationalen Zentralbanken

- auf den Finanzmärkten tätig werden, indem sie auf Gemeinschafts- oder Drittlandswährungen lautende Forderungen und börsengängige Wertpapiere sowie Edelmetalle endgültig (per Kasse oder Termin) oder im Rahmen von Rückkaufsvereinbarungen kaufen und verkaufen oder entsprechende Darlehensgeschäfte tätigen;
- Kreditgeschäfte mit Kreditinstituten und anderen Marktteilnehmern abschließen, wobei für die Darlehen ausreichende Sicherheiten zu stellen sind.

18.2. Die EZB stellt allgemeine Grundsätze für ihre eigenen Offenmarkt- und Kreditgeschäfte und die der nationalen Zentralbanken auf, hierzu gehören auch die Grundsätze für die Bekanntmachung der Bedingungen, zu denen sie bereit sind, derartige Geschäfte abzuschließen.

Art. 19: Mindestreserven

19.1. Vorbehaltlich des Artikels 2 kann die EZB zur Verwirklichung der geldpolitischen Ziele verlangen, daß die in den Mitgliedstaaten niedergelassenen Kreditinstitute Mindestreserven auf Konten bei der EZB und den nationalen Zentralbanken unterhalten. Verordnungen über die Berechnung und Bestimmung des Mindestreservesolls können vom EZB-Rat erlassen werden. Bei Nichteinhaltung kann die EZB Strafzinsen erheben und sonstige Sanktionen mit vergleichbarer Wirkung verhängen.

19.2. Zum Zwecke der Anwendung dieses Artikels legt der Rat nach dem Verfahren des Artikels 42 die Basis für die Mindestreserven und die höchstzulässigen Relationen zwischen diesen Mindestreserven und ihrer Basis sowie die angemessenen Sanktionen fest, die bei Nichteinhaltung anzuwenden sind.

Art. 20: Sonstige geldpolitische Instrumente

Der EZB-Rat kann mit der Mehrheit von zwei Dritteln der abgegebenen Stimmen über die Anwendung anderer Instrumente der Geldpolitik entscheiden, die er bei Beachtung des Artikels 2 für zweckmäßig hält.
Der Rat legt nach dem Verfahren des Artikels 42 den Anwendungsbereich solcher Instrumente fest, wenn sie Verpflichtungen für Dritte mit sich bringen.

Art. 21: Geschäfte mit öffentlichen Stellen

21.1. Nach Artikel 104 dieses Vertrags sind Überziehungs- oder andere Kreditfazilitäten bei der EZB oder den nationalen Zentralbanken für Organe oder Einrichtungen der Gemeinschaft, Zentralregierungen, regionale oder lokale Gebietskörperschaften oder andere öffentlich-rechtliche Körperschaften, sonstige Einrichtungen des öffentlichen Rechts oder öffentliche Unternehmen der Mitgliedstaaten ebenso verboten wie der unmittelbare Erwerb von Schuldtiteln von diesen durch die EZB oder die nationalen Zentralbanken.

21.2. Die EZB und die nationalen Zentralbanken können als Fiskalagent für die in Artikel 21.1 bezeichneten Stellen tätig werden.

21.3. Die Bestimmungen dieses Artikels gelten nicht für Kreditinstitute in öffentlichem Eigentum; diese werden von der jeweiligen nationalen Zentralbank und der EZB, was die Bereitstellung von Zentralbankgeld betrifft, wie private Kreditinstitute behandelt.

Art. 22: Verrechnungs- und Zahlungssysteme

Die EZB und die nationalen Zentralbanken können Einrichtungen zur Verfügung stellen und die EZB kann Verordnungen erlassen, um effiziente und zuverlässige Verrechnungs- und Zahlungssysteme innerhalb der Gemeinschaft und im Verkehr mit dritten Ländern zu gewährleisten.

Art. 23: Geschäfte mit dritten Ländern und internationalen Organisationen

Die EZB und die nationalen Zentralbanken sind befugt,

- mit Zentralbanken und Finanzinstituten in dritten Ländern und, soweit zweckdienlich, mit internationalen Organisationen Beziehungen aufzunehmen;
- alle Arten von Devisen und Edelmetalle per Kasse und per Termin zu kaufen und zu verkaufen; der Begriff „Devisen" schließt Wertpapiere und alle sonstigen Vermögenswerte, die auf beliebige Währungen oder Rechnungseinheiten lauten, unabhängig von deren Ausgestaltung ein;
- die in diesem Artikel bezeichneten Vermögenswerte zu halten und zu verwalten;
- alle Arten von Bankgeschäften, einschließlich der Aufnahme und Gewährung von Krediten, im Verkehr mit dritten Ländern sowie internationalen Organisationen zu tätigen.

Art. 24: Sonstige Geschäfte

Die EZB und die nationalen Zentralbanken sind befugt, außer den mit ihren Aufgaben verbundenen Geschäften auch Geschäfte für ihren eigenen Betrieb und für ihre Bediensteten zu tätigen.

Art. 25: Aufsicht

25.1. Die EZB kann den Rat, die Kommission und die zuständigen Behörden der Mitgliedstaaten in Fragen des Geltungsbereichs und der Anwendung der Rechtsvorschriften der Gemeinschaft hinsichtlich der Aufsicht über die Kreditinstitute sowie die Stabilität des Finanzsystems beraten und von diesen konsultiert werden.

25.2. Aufgrund von Beschlüssen des Rates nach Artikel 105 Absatz 6 dieses Vertrags kann die EZB besondere Aufgaben im Zusammenhang mit der Aufsicht über die Kreditinstitute und sonstige Finanzinstitute mit Ausnahme von Versicherungsunternehmen wahrnehmen.

Art. 26: Jahresabschlüsse

26.1. Das Geschäftsjahr der EZB und der nationalen Zentralbanken beginnt am 1. Januar und endet am 31. Dezember.

26.2. Der Jahresabschluß der EZB wird vom Direktorium nach den vom EZB-Rat aufgestellten Grundsätzen erstellt. Der Jahresabschluß wird vom EZB-Rat festgestellt und sodann veröffentlicht.

26.3. Für Analyse- und Geschäftsführungszwecke erstellt das Direktorium eine konsolidierte Bilanz des ESZB, in der die zum ESZB gehörenden Aktiva und Passiva der nationalen Zentralbanken ausgewiesen werden.

26.4. Zur Anwendung dieses Artikels erläßt der EZB-Rat die notwendigen Vorschriften für die Standardisierung der buchmäßigen Erfassung und der Meldung der Geschäfte der nationalen Zentralbanken.

Art. 27: Rechnungsprüfung

27.1. Die Jahresabschlüsse der EZB und der nationalen Zentralbanken werden von unabhängigen externen Rechnungsprüfern, die vom EZB-Rat empfohlen und vom Rat anerkannt wurden, geprüft. Die Rechnungsprüfer sind befugt, alle Bücher und Konten der EZB und der nationalen Zentralbanken zu prüfen und alle Auskünfte über deren Geschäfte zu verlangen.

27.2. Artikel 188c dieses Vertrags ist nur auf eine Prüfung der Effizienz der Verwaltung der EZB anwendbar.

Art. 28: Kapital der EZB

28.1. Das Kapital der EZB bei der Aufnahme ihrer Tätigkeit beträgt 5 Milliarden ECU. Das Kapital kann durch einen Beschluß des EZB-Rates mit der in Artikel 10.3 vorgesehenen qualifizierten Mehrheit innerhalb der Grenzen und unter den Bedingungen, die der Rat nach dem Verfahren des Artikels 42 festlegt, erhöht werden.

28.2. Die nationalen Zentralbanken sind alleinige Zeichner und Inhaber des Kapitals der EZB. Die Zeichnung des Kapitals erfolgt nach dem gemäß Artikel 29 festgelegten Schlüssel.

28.3. Der EZB-Rat bestimmt mit der in Artikel 10.3 vorgesehenen qualifizierten Mehrheit, in welcher Höhe und welcher Form das Kapital einzuzahlen ist.

28.4. Vorbehaltlich des Artikels 28.5 können die Anteile der nationalen Zentralbanken am gezeichneten Kapital der EZB nicht übertragen, verpfändet oder gepfändet werden.

28.5. Im Falle einer Anpassung des in Artikel 29 bezeichneten Schlüssels sorgen die nationalen Zentralbanken durch Übertragungen von Kapitalanteilen untereinander dafür, daß die Verteilung der Kapitalanteile dem angepaßten Schlüssel entspricht. Die Bedingungen für derartige Übertragungen werden vom EZB-Rat festgelegt.

Art. 29: Schlüssel für die Kapitalzeichnung

29.1. Nach Errichtung des ESZB und der EZB gemäß dem Verfahren des Artikels 1091 Absatz 1 dieses Vertrags wird der Schlüssel für die Zeichnung des Kapitals der EZB festgelegt. In diesem Schlüssel erhält jede nationale Zentralbank einen Gewichtsanteil, der der Summe folgender Prozentsätze entspricht:

- 50% des Anteils des jeweiligen Mitgliedstaats an der Bevölkerung der Gemeinschaft im vorletzten Jahr vor der Errichtung des ESZB;
- 50% des Anteils des jeweiligen Mitgliedstaats am Bruttoinlandsprodukt der Gemeinschaft zu Marktpreisen in den fünf Jahren vor dem vorletzten Jahr vor der Errichtung des ESZB.

Die Prozentsätze werden zum nächsten Vielfachen von 0,05 Prozentpunkten aufgerundet.

29.2. Die zur Anwendung dieses Artikels zu verwendenden statistischen Daten werden von der Kommission nach den Regeln bereitgestellt, die der Rat nach dem Verfahren des Artikels 42 festlegt.

29.3. Die den nationalen Zentralbanken zugeteilten Gewichtsanteile werden nach Errichtung des ESZB alle fünf Jahre unter sinngemäßer Anwendung der Bestimmungen des Artikels 29.1 angepaßt. Der neue Schlüssel gilt jeweils vom ersten Tag des folgenden Jahres an.

29.4. Der EZB-Rat trifft alle weiteren Maßnahmen, die zur Anwendung dieses Artikels erforderlich sind.

Art. 30: Übertragung von Währungsreserven auf die EZB

30.1. Unbeschadet des Artikels 28 wird die EZB von den nationalen Zentralbanken mit Währungsreserven, die jedoch nicht aus Währungen der Mitgliedstaaten, ECU, IWF-Reservepositionen und SZR gebildet werden dürfen, bis zu einem Gegenwert von 50 Milliarden ECU ausgestattet. Der EZB-Rat entscheidet über den von der EZB nach ihrer Errichtung einzufordenden Teil sowie die zu späteren Zeitpunkten einzufordenden Beträge. Die EZB hat das uneingeschränkte Recht, die ihr übertragenen Währungsreserven zu halten und zu verwalten sowie für die in dieser Satzung genannten Zwecke zu verwenden.

30.2. Die Beiträge der einzelnen nationalen Zentralbanken werden entsprechend ihrem jeweiligen Anteil am gezeichneten Kapital der EZB bestimmt.

30.3. Die EZB schreibt jeder nationalen Zentralbank eine ihrem Beitrag entsprechende Forderung gut. Der EZB-Rat entscheidet über die Denominierung und Verzinsung dieser Forderungen.

30.4. Die EZB kann nach Artikel 30.2 über den in Artikel 30.1 festgelegten Betrag hinaus innerhalb der Grenzen und unter den Bedingungen, die der Rat nach dem Verfahren des Artikels 42 festlegt, die Einzahlung weiterer Währungsreserven fordern.

30.5. Die EZB kann IWF-Reservepositionen und SZR halten und verwalten sowie die Zusammenlegung solcher Aktiva vorsehen.

30.6. Der EZB-Rat trifft alle weiteren Maßnahmen, die zur Anwendung dieses Artikels erforderlich sind.

Art. 31: Währungsreserven der nationalen Zentralbanken

31.1. Die nationalen Zentralbanken sind befugt, zur Erfüllung ihrer Verpflichtungen gegenüber internationalen Organisationen nach Artikel 23 Geschäfte abzuschließen.

31.2. Alle sonstigen Geschäfte mit den Währungsreserven, die den nationalen Zentralbanken nach den in Artikel 30 genannten Übertragungen verbleiben, sowie von Mitgliedstaaten ausgeführte Transaktionen mit ihren Arbeitsguthaben in Fremdwährungen bedürfen oberhalb eines bestimmten im Rahmen des Artikels 31.3 festzulegenden Betrags der Zustimmung der EZB, damit Übereinstimmung mit der Wechselkurs- und der Währungspolitik der Gemeinschaft gewährleistet ist.

31.3. Der EZB-Rat erläßt Richtlinien mit dem Ziel, derartige Geschäfte zu erleichtern.

Art. 32: Verteilung der monetären Einkünfte der nationalen Zentralbanken

32.1. Die Einkünfte, die den nationalen Zentralbanken aus der Erfüllung der wäh-rungspolitischen Aufgaben des ESZB zufließen (im folgenden als „monetäre Einkünfte" be-zeichnet), werden am Ende eines jeden Ge-schäftsjahrs nach diesem Artikel verteilt.

32.2. Vorbehaltlich des Artikels 32.3 entspricht der Betrag der monetären Einkünfte einer jeden nationalen Zentralbank ihren jährlichen Einkünften aus Vermögenswerten, die sie als Gegenposten zum Bargeldumlauf und zu ihren Verbindlichkeiten aus Einlagen der Kreditinstitute hält. Diese Vermögenswerte werden von den nationalen Zentralbanken gemäß den vom EZB-Rat zu erlassenden Richtlinien gesondert erfaßt.

32.3. Wenn nach dem Übergang zur dritten Stufe die Bilanzstrukturen der nationalen Zentralbanken nach Auffassung des EZB-Rates die Anwendung des Artikels 32.2 nicht gestatten, kann der EZB-Rat mit qualifizierter Mehrheit beschließen, daß die monetären Einkünfte für einen Zeitraum von höchstens fünf Jahren abweichend von Artikel 32.2 nach einem anderen Verfahren bemessen werden.

32.4. Der Betrag der monetären Einkünfte einer jeden nationalen Zentralbank vermindert sich um den Betrag etwaiger Zinsen, die von dieser Zentralbank auf ihre Verbindlichkeiten aus Einlagen der Kreditinstitute nach Artikel 19 gezahlt werden.
Der EZB-Rat kann beschließen, daß die nationalen Zentralbanken für Kosten in Verbindung mit der Ausgabe von Banknoten oder unter außergewöhnlichen Umständen für spezifische Verluste aus für das ESZB unternommenen währungspolitischen Operationen entschädigt werden. Die Entschädigung erfolgt in einer Form, die der EZB-Rat für angemessen hält; diese Beträge können mit den monetären Einkünften der nationalen Zentralbanken verrechnet werden.

32.5. Die Summe der monetären Einkünfte der nationalen Zentralbanken wird vorbehaltlich etwaiger Beschlüsse des EZB-Rates nach Artikel 33.2 unter den nationalen Zentralbanken entsprechend ihren eingezahlten Anteilen am Kapital der EZB verteilt.

32.6. Die Verrechnung und den Ausgleich der Salden aus der Verteilung der monetären Einkünfte nimmt die EZB gemäß den Richtlinien des EZB-Rates vor.

32.7. Der EZB-Rat trifft alle weiteren Maßnahmen, die zur Anwendung dieses Artikels erforderlich sind.

Art. 33: Verteilung der Nettogewinne und Verluste der EZB

33.1. Der Nettogewinn der EZB wird in der folgenden Reihenfolge verteilt:

a. Ein vom EZB-Rat zu bestimmender Betrag, der 20 % des Nettogewinns nicht übersteigen darf, wird dem allgemeinen Reservefonds bis zu einer Obergrenze von 100 % des Kapitals zugeführt;
b. der verbleibende Nettogewinn wird an die Anteilseigner der EZB entsprechend ihren eingezahlten Anteilen ausgeschüttet.

33.2. Falls die EZB einen Verlust erwirtschaftet, kann der Fehlbetrag aus dem allgemeinen Reservefonds der EZB und erforderlichenfalls nach einem entsprechenden Beschluß des EZB-Rates aus den monetären Einkünften des betreffenden Geschäftsjahres im Verhältnis und bis in Höhe der Beträge gezahlt werden, die nach Artikel 32.5 an die nationalen Zentralbanken verteilt werden.

Art. 34: Rechtsakte

34.1. Nach Artikel 108a dieses Vertrags werden von der EZB

- Verordnungen erlassen, insoweit dies für die Erfüllung der in Artikel 3.1 erster Gedankenstrich, Artikel 19.1, Artikel 22 oder Artikel 25.2 festgelegten Aufgaben erforderlich ist; sie erläßt Verordnungen ferner in den Fällen, die in den Rechtsakten des Rates nach Artikel 42 vorgesehen werden;
- die Entscheidungen erlassen, die zur Erfüllung der dem ESZB nach diesem Vertrag und dieser Satzung übertragenen Aufgaben erforderlich sind;
- Empfehlungen und Stellungnahmen abgegeben.

34.2. Eine Verordnung hat allgemeine Geltung. Sie ist in allen ihren Teilen verbindlich und gilt unmittelbar in jedem Mitgliedstaat.
Empfehlungen und Stellungnahmen sind nicht verbindlich.
Eine Entscheidung ist in allen ihren Teilen für diejenigen verbindlich, an die sie gerichtet ist.
Die Artikel 190, 191 und 192 dieses Vertrags gelten für die Verordnungen und Entscheidungen der EZB.
Die EZB kann die Veröffentlichung ihrer Entscheidungen, Empfehlungen und Stellungnahmen beschließen.

34.3. Innerhalb der Grenzen und unter den Bedingungen, die der Rat nach dem Verfahren des Artikels 42 festlegt, ist die EZB befugt, Unternehmen bei Nichteinhaltung der Verpflichtungen, die sich aus ihren Verordnungen und Entscheidungen ergeben, mit Geldbußen oder in regelmäßigen Abständen zu zahlenden Strafgeldern zu belegen.

Art. 35: Gerichtliche Kontrolle und damit verbundene Angelegenheiten

35.1. Die Handlungen und Unterlassungen der EZB unterliegen in den Fällen und unter den Bedingungen, die in diesem Vertrag vorgesehen sind, der Überprüfung und Auslegung durch den Gerichtshof. Die EZB ist in den Fällen und unter den Bedingungen, die in diesem Vertrag vorgesehen sind, klageberechtigt.

35.2. Über Rechtsstreitigkeiten zwischen der EZB einerseits und ihren Gläubigern, Schuldnern oder dritten Personen andererseits entscheiden die zuständigen Gerichte der einzelnen Staaten vorbehaltlich der Zuständigkeiten, die dem Gerichtshof zuerkannt sind.

35.3. Die EZB unterliegt der Haftungsregelung des Artikels 215 dieses Vertrags. Die Haftung der nationalen Zentralbanken richtet sich nach dem jeweiligen innerstaatlichen Recht.

35.4. Der Gerichtshof ist für Entscheidungen aufgrund einer Schiedsklausel zuständig, die in einem von der EZB oder für ihre Rechnung abgeschlossenen öffentlich-rechtlichen oder privatrechtlichen Vertrag enthalten ist.

35.5. Für einen Beschluß der EZB, den Gerichtshof anzurufen, ist der EZB-Rat zuständig.

35.6. Der Gerichtshof ist für Streitsachen zuständig, die die Erfüllung der Verpflichtungen aus dieser Satzung durch eine nationale Zentralbank betreffen. Ist die EZB der Auffassung, daß eine nationale Zentralbank einer Verpflichtung aus dieser Satzung nicht nachgekommen ist, so legt sie in der betreffenden Sache eine mit Gründen versehene Stellungnahme vor, nachdem sie der nationalen Zentralbank Gelegenheit zur Vorlage von Bemerkungen gegeben hat. Entspricht die nationale Zentralbank nicht innerhalb der von der EZB gesetzten Frist deren Stellungnahme, so kann die EZB den Gerichtshof anrufen.

Art. 36: Personal

36.1. Der EZB-Rat legt auf Vorschlag des Direktoriums die Beschäftigungsbedingungen für das Personal der EZB fest.

36.2. Der Gerichtshof ist für alle Streitsachen zwischen der EZB und deren Bediensteten innerhalb der Grenzen und unter den Bedingungen zuständig, die sich aus den Beschäftigungsbedingungen ergeben.

Art. 37: Sitz

Vor Ende 1992 beschließen die Regierungen der Mitgliedstaaten auf der Ebene der Staats- und Regierungschefs im gegenseitigen Einvernehmen über den Sitz der EZB.

Art. 38: Geheimhaltung

38.1. Die Mitglieder der Leitungsgremien und des Personals der EZB und der nationalen Zentralbanken dürfen auch nach Beendigung ihres Dienstverhältnisses keine der Geheimhaltungspflicht unterliegenden Informationen weitergeben.

38.2. Auf Personen mit Zugang zu Daten, die unter Gemeinschaftsvorschriften fallen, die eine Verpflichtung zur Geheimhaltung vorsehen, finden diese Gemeinschaftsvorschriften Anwendung.

Art. 39: Unterschriftsberechtigte

Die EZB wird Dritten gegenüber durch den Präsidenten oder zwei Direktoriumsmitglieder oder durch die Unterschriften zweier vom Präsidenten zur Zeichnung im Namen der EZB gehörig ermächtigten Bediensteter der EZB rechtswirksam verpflichtet.

Art. 40: Vorrechte und Befreiungen

Die EZB genießt im Hoheitsgebiet der Mitgliedstaaten die zur Erfüllung ihrer Aufgabe erforderlichen Vorrechte und Befreiungen nach Maßgabe des Protokolls über die Vorrechte und Befreiungen der Europäischen Gemeinschaften im Anhang zum Vertrag zur Einsetzung eines gemeinsamen Rates und einer gemeinsamen Kommission der Europäischen Gemeinschaften.

Art. 41: Vereinfachtes Änderungsverfahren

41.1. Nach Artikel 106 Absatz 5 dieses Vertrags kann der Rat die Artikel 5.1, 5.2, 5.3, 17, 18, 19.1, 22, 23, 24, 26, 32.2, 32.3, 32.4, 32.6, 33.1a und 36 dieser Satzung entweder mit qualifizierter Mehrheit auf Empfehlung der EZB nach Anhörung der Kommission oder einstimmig auf Vorschlag der Kommission nach Anhörung der EZB ändern. Die Zustimmung des Europäischen Parlaments ist dabei jeweils erforderlich.

41.2. Eine Empfehlung der EZB nach diesem Artikel erfordert einen einstimmigen Beschluß des EZB-Rates.

Art. 42: Ergänzende Rechtsvorschriften

Nach Artikel 106 Absatz 6 dieses Vertrags erläßt der Rat unmittelbar nach dem Beschluß über den Zeitpunkt für den Beginn der dritten Stufe mit qualifizierter Mehrheit entweder auf Vorschlag der Kommission nach Anhörung des Europäischen Parlaments und der EZB oder auf Empfehlung der EZB nach Anhörung des Europäischen Parlaments und der Kommission die in den Artikeln 4, 5.4, 19.2, 20, 28.1, 29.2, 30.4 und 34.3 dieser Satzung genannten Bestimmungen.

Art. 43: Allgemeine Bestimmungen

43.1. Eine Ausnahmeregelung nach Artikel 109k Absatz 1 dieses Vertrags bewirkt, daß folgende Artikel dieser Satzung für den betreffenden Mitgliedstaat keinerlei Rechte oder Verpflichtungen entstehen lassen: Artikel 3, 6, 9.2, 12.1, 14.3, 16, 18, 19, 20, 22, 23, 26.2, 27, 30, 31, 32, 33, 34, 50 und 52.

43.2. Die Zentralbanken der Mitgliedstaaten, für die eine Ausnahmeregelung nach Artikel 109k Absatz 1 dieses Vertrags gilt, behalten ihre währungspolitischen Befugnisse nach innerstaatlichem Recht.

43.3. In den Artikeln 3, 11.2, 19, 34.2 und 50 bezeichnet der Ausdruck „Mitgliedstaaten" gemäß Artikel 109k Absatz 4 dieses Vertrags die „Mitgliedstaaten, für die keine Ausnahmeregelung gilt".

43.4. In den Artikeln 9.2, 10.1, 10.3, 12.1, 16, 17, 18, 22, 23, 27, 30, 31, 32, 33.2 und 52 dieser Satzung ist der Ausdruck „nationale Zentralbanken" im Sinne von „Zentralbanken der Mitgliedstaaten, für die keine Ausnahmeregelung gilt" zu verstehen.

43.5. In den Artikeln 10.3 und 33.1 bezeichnet der Ausdruck „Anteilseigner" die „Zentralbanken der Mitgliedstaaten, für die keine Ausnahmeregelung gilt".

43.6. In den Artikeln 10.3 und 30.2 ist der Ausdruck „gezeichnetes Kapital der EZB" im Sinne von „Kapital der EZB, das von den Zentralbanken der Mitgliedstaaten gezeichnet wurde, für die keine Ausnahmeregelung gilt" zu verstehen.

Art. 44: Vorübergehende Aufgaben der EZB

Die EZB übernimmt diejenigen Aufgaben des EWI, die infolge der für einen oder mehrere Mitgliedstaaten geltenden Ausnahmeregelungen in der dritten Stufe noch erfüllt werden müssen.
Bei der Vorbereitung der Aufhebung der Ausnahmeregelungen nach Artikel 109k dieses Vertrags nimmt die EZB eine beratende Funktion wahr.

Art. 45: Der Erweiterte Rat der EZB

45.1. Unbeschadet des Artikels 106 Absatz 3 dieses Vertrags wird der Erweiterte Rat als drittes Beschlußorgan der EZB eingesetzt.

45.2. Der Erweiterte Rat besteht aus dem Präsidenten und dem Vizepräsidenten der EZB sowie den Präsidenten der nationalen Zentralbanken. Die weiteren Mitglieder des Direktoriums können an den Sitzungen des Erweiterten Rates teilnehmen, besitzen aber kein Stimmrecht.

45.3. Die Verantwortlichkeiten des Erweiterten Rates sind in Artikel 47 dieser Satzung.

Art. 46: Geschäftsordnung des Erweiterten Rates

46.1. Der Präsident oder bei seiner Verhinderung der Vizepräsident der EZB führt den Vorsitz im Erweiterten Rat der EZB.

46.2 Der Präsident des Rates und ein Mitglied der Kommission können an den Sitzungen des Erweiterten Rates teilnehmen, besitzen aber kein Stimmrecht.

46.3. Der Präsident bereitet die Sitzungen des Erweiterten Rates vor.

46.4. Abweichend von Artikel 12.3 gibt sich der Erweiterte Rat eine Geschäftsordnung.

46.5. Das Sekretariat des Erweiterten Rates wird von der EZB gestellt.

Art. 47: Verantwortlichkeiten des Erweiterten Rates

47.1. Der Erweiterte Rat
- nimmt die in Artikel 44 aufgeführten Aufgaben wahr,
- wirkt bei der Erfüllung der Beratungsfunktionen nach den Artikeln 4 und 25.1 mit.

47.2. Der Erweiterte Rat wirkt auch bei
- der Erhebung der statistischen Daten im Sinne von Artikel 5;
- den Berichtstätigkeiten der EZB im Sinne von Artikel 15;
- der Festlegung der erforderlichen Regeln für die Anwendung von Artikel 26 gemäß Artikel 26.4;
- allen sonstigen erforderlichen Maßnahmen zur Anwendung von Artikel 29 gemäß Artikel 29.4;
- der Festlegung der Beschäftigungsbedingungen für das Personal der EZB gemäß Artikel 36.

47.3. Der Erweiterte Rat trägt zu den Vorarbeiten bei, die erforderlich sind, um für die Währungen der Mitgliedstaaten, für die eine Ausnahmeregelung gilt, die Wechselkurse gegenüber den Währungen oder der einheitlichen Währung der Mitgliedstaaten, für die keine Ausnahmeregelung gilt, gemäß Artikel 109l Absatz 5 dieses Vertrags unwiderruflich festzulegen.

47.4. Der Erweiterte Rat wird vom Präsidenten der EZB über die Beschlüsse des EZB-Rates unterrichtet.

Art. 48: Übergangsbestimmungen für das Kapital der EZB

Nach Artikel 29.1 wird jeder nationalen Zentralbank ein Gewichtsanteil in dem Schlüssel für die Zeichnung des Kapitals der EZB zugeteilt. Abweichend von Artikel 28.3 zahlen Zentralbanken von Mitgliedstaaten, für die eine Ausnahmeregelung gilt, das von ihnen gezeichnete Kapital nicht ein, es sei denn, daß der Erweiterte Rat mit der Mehrheit von mindestens zwei Dritteln des gezeichneten Kapitals der EZB und zumindest der Hälfte der Anteilseigner beschließt, daß als Beitrag zu den Betriebskosten der EZB ein Mindestprozentsatz eingezahlt werden muß.

Art. 49: Zurückgestellte Einzahlung von Kapital, Reserven und Rückstellungen der EZB

49.1. Die Zentralbank eines Mitgliedstaats, dessen Ausnahmeregelung aufgehoben wurde, zahlt den von ihr gezeichneten Anteil am Kapital der EZB im selben Verhältnis wie die Zentralbanken von anderen Mitgliedstaaten ein, für die keine Ausnahmeregelung gilt, und überträgt der EZB Währungsreserven gemäß Artikel 30.1. Die Höhe der Übertragungen bestimmt sich durch Multiplikation des in ECU zum jeweiligen Wechselkurs ausgedrückten Wertes der Währungsreserven, die der EZB schon gemäß Artikel 30.1 übertragen wurden, mit dem Faktor, der das Verhältnis zwischen der Anzahl der von der betreffenden nationalen Zentralbank gezeichneten Anteile und der Anzahl der von den anderen nationalen Zentralbanken bereits eingezahlten Anteile ausdrückt.

49.2. Zusätzlich zu der Einzahlung nach Artikel 49.1 leistet die betreffende Zentralbank einen Beitrag zu den Reserven der EZB und zu den diesen Reserven gleichwertigen Rückstellungen sowie zu dem Betrag, der gemäß dem Saldo der Gewinn- und Verlust-Rechnung zum 31. Dezember des Jahres vor der Aufhebung der Ausnahmeregelung noch für die Reserven und Rückstellungen bereitzustellen ist. Die Höhe des zu leistenden Beitrags bestimmt sich durch Multiplikation des in der genehmigten Bilanz der EZB ausgewiesenen Betrags der Reserven im Sinne der obigen Definition mit dem Faktor, der das Verhältnis zwischen der Anzahl der von der betreffenden Zentralbank gezeichneten Anteile und der Anzahl der von den anderen Zentralbanken bereits eingezahlten Anteile ausdrückt.

Art. 50: Erstmalige Ernennung der Mitglieder des Direktoriums

Bei der Einsetzung des Direktoriums der EZB werden der Präsident, der Vizepräsident und die weiteren Mitglieder des Direktoriums auf Empfehlung des Rates und nach Anhörung des Europäischen Parlaments und des Rates des EWI von den Regierungen der Mitgliedstaaten auf der Ebene der Staats- und Regierungschefs einvernehmlich ernannt. Der Präsident des Direktoriums wird für acht Jahre ernannt. Abweichend von Artikel 11.2 werden der Vizepräsident für vier Jahre und die weiteren Mitglieder des Direktoriums für eine Amtszeit zwischen fünf und acht Jahren ernannt. Wiederernennung ist in keinem Falle zulässig. Die Anzahl der Mitglieder des Direktoriums kann geringer sein als in Artikel 11.1 vorgesehen, darf jedoch auf keinen Fall weniger als vier betragen.

Art. 51: Abweichung von Artikel 32

51.1. Stellt der EZB-Rat nach dem Beginn der dritten Stufe fest, daß die Anwendung von Artikel 32 für den relativen Stand der Einkünfte der nationalen Zentralbanken wesentliche Änderungen zur Folge hat, so wird der Betrag der nach Artikel 32 zu verteilenden Einkünfte nach einem einheitlichen Prozentsatz gekürzt, der im ersten Geschäftsjahr nach dem Beginn der dritten Stufe 60 % nicht übersteigen darf und in jedem darauffolgenden Geschäftsjahr um mindestens 12 Prozentpunkte verringert wird.

51.2. Artikel 51.1 ist für höchstens fünf Geschäftsjahre nach dem Beginn der dritten Stufe anwendbar.

Art. 52: Umtausch von auf Gemeinschaftswährungen lautenden Banknoten

Im Anschluß an die unwiderrufliche Festlegung der Wechselkurse ergreift der EZB-Rat die erforderlichen Maßnahmen, um sicherzustellen, daß Banknoten, die auf Währungen mit unwiderruflich festgelegten Wechselkursen lauten, von den nationalen Zentralbanken zu ihrer jeweiligen Parität umgetauscht werden.

Art. 53: Anwendbarkeit der Übergangsbestimmungen

Sofern und solange es Mitgliedstaaten gibt, für die eine Ausnahmeregelung gilt, sind die Artikel 43 bis 48 anwendbar.

Bedingungen für die Benutzung des Tag- und Nachttresors

1. Zweckbestimmung
Der Tag- und Nachttresor – nachstehend Tresor genannt – dient ausschließlich zur Einlieferung von Bargeld, Schecks und Wechseln. Bargeld darf über den Tag- und Nachttresor nur für eigene Rechnung des Benutzers – nachstehend der Einlieferer genannt – eingeliefert werden.

2. Schlüssel, Kassetten und Einlieferungsvordrucke
Die Einlieferung darf nur in den von der Sparkasse ausgegebenen Kassetten erfolgen. Der Einlieferer erhält Schlüssel zur Einwurföffnung sowie verschließbare Einwurfkassetten mit Schlüssel. In jede Kassette ist der von der Sparkasse zur Verfügung gestellte Einzahlungs- bzw. sonstige Einlieferungsvordruck einzulegen. Diese Aufstellung muß unterschrieben sein und Namen und Anschrift des Kunden, seine Kontonummer, den Inhalt der Kassette und den Tag der Einlieferung enthalten. Eine Ausfertigung des Einzahlscheins bzw. des Sortenzettels ist in den von der Sparkasse zur Verfügung gestellten, mit Anschrift versehenen roten Briefhüllen in den Briefkasten der Sparkasse einzuwerfen.

3. Benutzung der Anlage
Die verschlossenen Kassetten sind nach Öffnung des Einwurfs in den Tresor einzuwerfen. Jede Kassette löst dabei eine Quittungsmarke aus, die zur Bestätigung des Kassetten-Automaten dient bzw. gegen deren Rückgabe der Einlieferer von der Sparkasse eine neue Einwurfkassette erhält, Das Einwerfen der gefüllten Kassette in den Tresor und die Entnahme der Leerkassette bzw. Quittungsmarke muß durch die Einlieferer selbst oder durch einen absolut zuverlässigen Beauftragten geschehen. Nach Benutzung des Tresors ist die Einwurföffnung sofort wieder ordnungsgemäß zu verschließen.

4. Haftung der Verwahrerin
Die Sparkasse übernimmt die Verwahrung der in den Tresor eingeworfenen Kassetten. Für Verlust haftet die Sparkasse nur bei eigenem Verschulden. Bis zum vollzogenen Einwurf der Kassette trägt der Kunde jede Gefahr. Es bleibt dem Einlieferer überlassen, das sonstige Risiko durch eine Versicherung zu decken, deren Abschluß wir zu vermitteln bereit sind.

5. Zugang des Kassetteninhalts
Wird eine Kassette nach Beginn der Geschäftsstunden in den Tresor eingeworfen, so geht der Sparkasse deren Inhalt erst am folgenden Geschäftstag zu.

6. Feststellung des Kassetteninhalts
Der Tresor und die Kassette werden von zwei Angestellten geöffnet, die den Inhalt der Kassette feststellen. Die Sparkasse bestätigt den Empfang des Inhalts durch Buchung und Übersendung des Kontoauszuges. Etwaige Abweichungen werden dem Einlieferer unverzüglich mitgeteilt, wenn möglich fernmündlich. Einwendungen gegen die Empfangsbestätigung sowie deren Ausbleiben sind der Revisionsabteilung unverzüglich mündlich oder fernmündlich und in jedem Fall auch schriftlich mitzuteilen.

2

7. Störung der Anlage
Wenn die Tresoranlage infolge technischer Mängel oder aus sonstigen Gründen vorübergehend nicht benutzbar ist, haftet die Sparkasse nur für grobes Verschulden. Der Einlieferer ist verpflichtet, der Sparkasse Störungen im Betrieb der Anlage sofort mitzuteilen.

8. Sorgfaltspflichten
Die Kassetten, die Schlüssel und die Marken bleiben Eigentum der Sparkasse; sie sind sorgfältig aufzubewahren und im guten Zustand zu erhalten. Das Abhandenkommen einer Kassette oder eines Schlüssels ist der Sparkasse sofort mitzuteilen. Ausbesserungen an den Kassetten oder an den Schlüsseln dürfen nur durch die Vermittlung der Sparkasse vorgenommen werden. Der Einlieferer darf Doppelschlüssel und weitere Kassetten weder anfertigen noch beschaffen.

9. Haftung der Kunden
Der Kunde haftet für alle Folgen und Nachteile, die der Sparkasse oder dritten Personen durch Beschädigung der Tresoranlage oder dadurch entstehen, daß Kassetten, Schlüssel oder Marken abhanden kommen oder beschädigt werden, oder daß der Kunde, seine Beauftragten oder Unbefugte, die dem Kunden übergebene Schlüssel an sich gebracht haben, die Tresoranlage unsachgemäß bedienen.

10. Ablauf des Benutzungsvertrages
Die Sparkasse hat jederzeit das Recht, die Vereinbarung über die Benutzung des Tresors mit sofortiger Wirkung zu kündigen. Kassetten, Schlüssel und Marken sind dann durch den Einlieferer unverzüglich in unbeschädigtem Zustand zurückzugeben; etwaige Reparatur- und Erneuerungs- oder Wiederbeschaffungskosten gehen zu seinen Lasten. Das gleiche gilt bei Auflösung des Kontos bzw. dann, wenn der Nachttresor nicht mehr benutzt wird.

11. Gerichtsstand
Soweit sich die Zuständigkeit des allgemeinen Gerichtsstandes nicht bereits aus § 29 ZPO ergibt, kann die Sparkasse ihre Ansprüche im Klageweg an ihrem allgemeinen Gerichtsstand verfolgen, wenn der im Klageweg in Anspruch zu nehmende Vertragspartner Kaufmann oder eine juristische Person im Sinne der Ziffer 6 AGB ist oder nach Vertragsabschluß seinen Wohnsitz oder gewöhnlichen Aufenthaltsort aus der Bundesrepublik Deutschland verlegt oder sein Wohnsitz oder gewöhnlicher Aufenthaltsort zum Zeitpunkt der Klageerhebung nicht bekannt ist.

12. Allgemeine Geschäftsbedingungen
Es wird ausdrücklich darauf hingewiesen, daß ergänzend die Allgemeinen Geschäftsbedingungen der Sparkasse (AGB) Vertragsbestandteil sind. Die Allgemeinen Geschäftsbedingungen liegen in den Kassenräumen zur Einsichtnahme aus. Der Kunde erhält ein Exemplar der Bedingungen, sofern er es wünscht.

Abkommen zum Überweisungsverkehr

Der

Bundesverband der Deutschen Volksbanken und Raiffeisenbanken e.V., Bonn,

Bundesverband deutscher Banken e.V., Köln,

Deutscher Sparkassen und Giroverband e.V., Bonn,

Verband deutscher Hypothekenbanken e.V., Bonn,

Verband öffentlicher Banken e.V., Bonn

sowie die

Deutsche Bundesbank, Frankfurt am Main

schließen – die beteiligten Verbände namens der ihnen angeschlossenen Kreditinstitute – zur Abwicklung des Überweisungsverkehrs im Inland folgende Vereinbarung:

Nummer 1

(1) Die Kreditinstitute nehmen Überweisungsaufträge in belegloser Form oder auf den gemäß den Richtlinien für einheitliche Zahlungsverkehrsvordrucke gestalteten Vordrucken entgegen.

(2) Für die zwischenbetriebliche Weiterleitung sind die in Belegform eingereichten Überweisungsaufträge vom erstbeauftragten Kreditinstitut auf EDV-Medien zu erfassen und beleglos weiterzuleiten (EZÜ-Verfahren).[1] [2]

(3) Bei der anschließenden Weiterleitung und Bearbeitung der Aufträge gelten für die beteiligten Institute die für das jeweilige Verfahren (Datenträgeraustausch oder Datenfernübertragung) gültigen Richtlinien, soweit im folgenden nichts Abweichendes bestimmt ist.

Nummer 2

(1) Für den EZÜ sind folgende Daten vollständig zu erfassen:
- Bankleitzahl des endbegünstigten Kreditinstituts
- Kontonummer des Überweisungsempfängers
- Name des Überweisungsempfängers, wobei der Zuname oder Firmenname am Anfang stehen soll
- Betrag
- Verwendungszweck
- Kontonummer des auftraggebenden Kontoinhabers (bei Bareinzahlungen internes Konto des erstbeauftragten Kreditinstitutes)
- Name des Kontoinhabers/Einzahlers und Ort,
- Bankleitzahl des erstbeauftragten Kreditinstituts
- Textschlüssel.

(2) Das erstbeauftragte Kreditinstitut hat im EZÜ die richtige und vollständige Erfassung der unter Absatz (1) aufgeführten Daten durch geeignete Kontrollen sicherzustellen und die erfaßten Daten durch eine maximal 11stellige Referenznummer zu ergänzen. Der Aufbau der Referenznummer ist freigestellt. Sie ist in das zweite bis zwölfte Halbbyte des Feldes C 6a des Datensatzes einzustellen. In das erste Halbbyte dieses Feldes ist für EZÜAufträge die Kennzeichnung „1" einzustellen. Schaltet das erstbeauftragte Kreditinstitut für die Erfassung der Daten eine andere Stelle mit abweichender Bankleitzahl ein, so hat diese Stelle ihre Bankleitzahl in Feld C 3 des Datensatzes einzustellen.

(3) Sofern ein Prüfferzifferberechnungsverfahren des endbegünstigten Kreditinstituts für die Kontonummer des Überweisungsempfängers bekanntgegeben worden ist, hat das erstbeauftragte Kreditinstitut die richtige Erfassung der Kontonummer im EZÜ anhand dieser Prüfzifferberechnung zu prüfen.[3] Ist das Prüfzifferergebnis trotz richtiger Erfassung negativ, muß das erstbeauftragte Kreditinstitut entweder beim Kontoinhaber zurückfragen oder den weiterzuleitenden Datensatz mit der Textschlüsselergänzung „444" „Prüfzifferberechnung negativ" kennzeichnen, um das endbegünstigte Kreditinstitut auf eine entsprechende Prüfung des Zahlungseingangs hinzuweisen. Von der Pflicht zur Prüfzifferberechnung sind Überweisungsaufträge mit Textschlüssel ‚19' ausgenommen.

Sofern ein erstbeauftragtes Kreditinstitut im Ausnahmefall einen Auftrag ausführt, ohne daß ihm die Kontonummer des Überweisungsempfängers vorliegt, so hat es den Auftrag im Datenfeld C 5 mit „9999999999" zu belegen und im Datenfeld C 7b mit der Textschlüsselergänzung „445" (Kontonummer fehlt) zu kennzeichnen. Die Rückgabe wegen Unanbringlichkeit bleibt davon unberührt.

(4) Für die Überleitung von neutralen Überweisungs-/Zahlscheinaufträgen mit 13stelligen Verwendungszweckangaben (Textschlüssel „17"), die nach dem in Anlage 2 beschriebenen Verfahren gesichert sind, gelten die in diesem Abkommen für das EZÜ-Verfahren festgelegten Bestimmungen.

[1] Telefonische Aufträge sowie an Selbstbedienungsterminals erteilte Aufträge sind wie EZÜ-Aufträge zu bearbeiten und weiterzuleiten.

[2] Überweisungen unter 1.000 DM können bis zum 31.05.1997 noch beleghaft weitergeleitet werden. Hierfür gelten die Bestimmungen gemäß Anlage 7.

[3] Diese Bestimmung tritt am 02. 01. 1998 in Kraft.

2

Außerdem gilt folgendes:

Das erstbeauftragte Kreditinstitut oder die in Absatz (2) genannte Stelle hat eine Prüfzifferkontrolle der Verwendungszweckangaben durchzuführen.[1]

Sofern die im Überweisungs-/Zahlscheinauftrag vorbeschrifteten Daten nicht verändert wurden, ist das erstbeauftragte Kreditinstitut bei positivem Ergebnis der Prüfzifferkontrolle berechtigt, in Abweichung von Nummer 2 (1) das Datenfeld C 14 statt mit dem Empfängernamen mit der Textkonstante „BZÜ-EMPFÄNGER" und das Datenfeld C 15 statt mit dem Auftraggebernamen mit der Textkonstante „AUFTRAGGEBER" zu belegen. Abweichend von Nummer 2 (2) ist dann in das erste Halbbyte des Datenfeldes C 6a bei Textschlüssel „67" die Kennzeichnung „2" für BZÜ-Aufträge einzustellen. Im Datenfeld C 18 ist nur der Inhalt „00" zulässig.

Führt die Prüfzifferkontrolle zu einem negativen Ergebnis oder sind sonstige für die Ausführung der Überweisung mit Datensatz „67" relevante Daten geändert worden, so hat das erstbeauftragte Kreditinstitut den Datensatz unter Angabe der Kennzeichnung „1" im ersten Halbbyte des Datenfeldes C 6a und des Textschlüssels „68" sowie mit den authentischen Namensangaben weiterzuleiten.

(5) Für die zwischenbetriebliche Weiterleitung sind die Daten im Satz- und Dateiaufbau – insbesondere die Referenzinformation in Feld C 6 a – nach den Spezifikationen der Anlage 1 der „Richtlinien für den beleglosen Datenträgeraustausch" zu formatieren.

(6) Das Datenfeld C 6a ist bei allen beteiligten Stellen in die Dokumentation aufzunehmen. Auf ggf. auszudruckenden Belegen ist in der rechten Hälfte der letzten Zeile des Verwendungszweckfeldes der Schlagtext „EZV" und die Referenznummer aus Feld C 6a anzudrucken. Außerdem ist hier eine ggf in Feld C 3 des Datensatzes angegebene Bankleitzahl anzudrucken.

(7) Bei Rückfragen bzw. Rücküberweisungen sind die Daten des konstanten Teils des Datensatzes C einschließlich des Inhaltes des Feldes C 6a vollständig anzugeben.

Nummer 3

(1) Bei Überweisungen ab Beträgen von 20 000 DM, die nicht im Rahmen des normalen Geschäftsverkehrs mit dem Zahlungsempfänger liegen oder gegen deren Ordnungsmäßigkeit im Einzelfall Bedenken bestehen, wird vom Kreditinstitut des Empfängers erwartet, daß es durch das erstbeauftragte Kreditinstitut bei dem Kontoinhaber zurückfragt. Dies gilt insbesondere bei EZÜ-Überweisungen und Überweisungen zugunsten neueröffneter Konten innerhalb der ersten sechs Monate nach Kontoeröffnung.

(2) Bei EZÜ-Überweisungen ist vom endbegünstigten Kreditinstitut ein Kontonummern-Namensvergleich durchzuführen, ausgenommen davon sind Überweisungen mit Textschlüssel „67".

Ist bei EZÜ-Überweisungen der Empfänger wegen unvollständiger Angaben nicht eindeutig zu ermitteln, hat das endbegünstigte Kreditinstitut unverzüglich bei dem erstbeauftragten Kreditinstitut fernmündlich oder per Telefax unter Angabe der Referenznummer zurückzufragen, wenn der Überweisungsbetrag 20 000 DM und mehr beträgt. Liegt bis 14.30 Uhr des auf die Anfrage folgenden Bankarbeitstages keine Rückantwort vor, so kann das endbegünstigte Kreditinstitut die Überweisung zurückgeben.

(3) Rückgaben sind nach Maßgabe der als Anlage 3 beigefügten Verfahrensvorschriften beleglos vorzunehmen.[2]

(4) Überweisungsnachfragen sollten vom erstbeauftragten Kreditinstitut mit dem als Anlage 4 beigefügten Vordruck für Direktnachfrage an das endbegünstigte Kreditinstitut gerichtet werden. Ist die Direktnachfrage erfolglos, ist der als Anlage 5 abgebildete Vordruck für Überweisungs-Nachfragen zu verwenden.

Nummer 4

Ein Überweisungsauftrag kann von dem erstbeauftragten Institut unmittelbar gegenüber dem Kreditinstitut des Überweisungsempfängers zurückgerufen werden. Rückrufe sind unter Verwendung des als Anlage 6 beigefügten Vordrucksatzes brieflich oder unter Verwendung des Vordruckbildes mit Telefax zu übermitteln. Die in dem Vordruck anzugebenden Daten können auch per Telegramm und Telex übermittelt werden. Die im Rückruf angegebenen Daten müssen in den Feldern Textschlüssel, Empfänger-Kontonummer, Empfänger-Bankleitzahl, Betrag, Auftraggeber-Kontonummer, Auftraggeber-Bankleitzahl mit den im Datensatz des Auftrags angegebenen Daten übereinstimmen. Das endbegünstigte Kreditinstitut ist berechtigt, den Überweisungsrückruf anhand dieser Daten zu bearbeiten. Auch die ersten 27 Stellen des Verwendungszwecks des Auftrags sind im Rückruf anzugeben. Sie dienen nicht dem maschinellen Abgleich, sondern der Identifizierung des Auftrages in Zweifelsfällen.

[1] Für die Herstellung und Ausgabe neutraler Überweisungs-/Zahlscheinvordrucke mit Textschlüssel ‚17' und 13stelligen, prüfziffergesicherten Verwendungszweckangaben/Zuordnungsdaten sind mit dem Zahlungsempfänger die entsprechenden „Sonderbedingungen für die Herstellung und Ausgabe neutraler Überweisungs-/Zahlscheinvordrucke" (Anlage 1) zu vereinbaren.

Nummer 5

(1) Sind die für den EZÜ zu erfassenden Daten der Originalbelege vollständig und unverändert in den EZÜ übernommen, so haften das erstbeauftragte Kreditinstitut sowie die in die Weiterleitung der Aufträge zwischengeschalteten Kreditinstitute nicht für die Richtigkeit dieser Daten. Die Haftung des endbegünstigten Kreditinstituts bleibt davon unberührt.

(2) Stimmt die vom Kontoinhaber/Einzahler angegebene oder die von dem erstbeauftragten Kreditinstitut ergänzte Bankleitzahl des endbegünstigten Kreditinstitutes mit der von dem Kontoinhaber/Einzahler angegebenen Klarschriftbezeichnung nicht überein, so haftet für die hieraus entstehenden Schäden das erstbeauftragte Kreditinstitut. Hätte das aufgrund der falschen Bankleitzahl empfangende Kreditinstitut bei einem Kontonummern-Namensvergleich den Fehler vermeiden können, so trägt das erstbeauftragte Kreditinstitut ein Drittel und das empfangende Kreditinstitut zwei Drittel des Schadens.

(3) Wird ein Schaden für ein Kreditinstitut dadurch verursacht, daß die in dem Originalbeleg enthaltenen Daten unrichtig erfaßt bzw. diese Daten unvollständig oder verändert weitergegeben wurden, so haftet das Kreditinstitut, das diesen Fehler verursacht hat. Soweit es sich hierbei um den Namen des Überweisungsempfängers, dessen Kontonummer oder die Bankleitzahl des endbegünstigten Institutes handelt, trägt das Kreditinstitut, das diesen Fehler verursacht hat, ein Drittel und das empfangende Kreditinstitut zwei Drittel des Schadens. Das verursachende Kreditinstitut haftet jedoch auch in diesen Fällen allein, wenn der Fehler durch einen Kontonummern-Namensvergleich nicht zu erkennen gewesen wäre.

(4) Eine Haftung der auftraggebenden Kunden für unrichtige Angaben in beleghaft und beleglos erteilten Aufträgen bleibt unberührt.

(5) Abschnitt III Nummer 1 der „Richtlinien für den beleglosen Datenträgeraustausch" gilt für dieses Abkommen nicht.

(6) Verstöße gegen die aus diesem Abkommen erwachsenden Verpflichtungen sind unverzüglich nach Bekanntwerden zu rügen. Die in die Weiterleitung des Überweisungsauftrags eingeschalteten Kreditinstitute sind berechtigt, Überweisungen, die entgegen Nummer 1 Absatz (2) nicht umgewandelt wurden, an die Einreicherinstitute zurückzugeben. Aus einer Verletzung dieses Abkommens können Schadenersatzansprüche nur in Höhe des Betrages des jeweils betroffenen Vorganges geltend gemacht werden.

Nummer 6

Dieses Abkommen begründet Rechte und Pflichten nur zwischen den beteiligten Kreditinstituten.

Nummer 7

Dieses Abkommen tritt am 16. April 1996 in Kraft. Gleichzeitig treten die „Vereinbarung zum Überweisungsverkehr" vom 2. Januar 1991, das „Abkommen über die Umwandlung beleghaft erteilter Überweisungsaufträge in Datensätze und deren Bearbeitung" (EZÜ-Abkommen) vom 27. September 1994 und das „Abkommen über die Umwandlung beleghafter Überweisungen (Gutschriftsträger) mit prüfziffergesicherten Verwendungszweckangaben in Datensätze mittels Codierzeilenlesung und deren weitere Bearbeitung" (BZÜ-Abkommen) vom 19. Januar 1993 außer Kraft.

Nummer 8

(1) Dieses Abkommen kann von jedem Kreditinstitut oder einem Vertragspartner mit einer Frist von 12 Monaten zum Ende eines Kalenderjahres gekündigt werden.

(2) Kündigungen haben durch eingeschriebenen Brief gegenüber dem im Zentralen Kreditausschuß federführenden Verband zu erfolgen. Kündigt ein Kreditinstitut, so ist die Erklärung über den zuständigen Vertragspartner an den im Zentralen Kreditausschuß federführenden Verband zu richten. Die Kündigung muß in diesen Fällen spätestens am 14. Tag der Kündigungsfrist bei dem im Zentralen Kreditausschuß federführenden Verband eingegangen sein. Dieser hat die Kündigung den Vertragspartnern und den übrigen diesem Abkommen angeschlossenen Kreditinstituten über die Vertragspartner mitzuteilen. Durch eine Kündigung wird das Fortbestehen dieses Abkommens zwischen den übrigen Vertragspartnern nicht berührt.

2.4 Einzugsermächtigungsverfahren / Abbuchungsverfahren

Mustertext des privaten Kreditgewerbes

Einzugsermächtigungsverfahren

Zwischen (nachstehend „Zahlungsempfänger" genannt)

2

....

und dem obengenannten Kreditinstitut (nachstehend Bank genannt) **wird folgende Vereinbarung getroffen:**

1. Das Lastschriftverfahren dient dazu, fällige Forderungen, für deren Geltendmachung nicht die Vorlage einer Urkunde erforderlich ist, mittels Lastschrift einzuziehen.

2. Der Zahlungsempfänger verpflichtet sich, im Einzugsermächtigungsverfahren nur Forderungen gegen Zahlungspflichtige mittels Lastschrift einzuziehen, wenn ihm eine schriftliche und widerrufliche Ermächtigung des Zahlungspflichtigen vorliegt, die vom Zahlungspflichtigen zu entrichtenden Zahlungen zu Lasten seines Kontos mittels Lastschrift einzuziehen. Auf Verlangen der Bank hat er dieser die Einzugsermächtigung vorzulegen.

3. Der Einzug von Lastschriften wird grundsätzlich beleglos durchgeführt. Hierzu vereinbart die Bank mit dem Empfänger gesondert die Bedingungen für den Datenträgeraustausch. Sofern in Ausnahmefällen Lastschriften noch mittels Beleg zum Einzug eingereicht werden, müssen sie den „Richtlinien für einheitliche Zahlungsverkehrsvordrucke" entsprechen.

4. Das Lastschriftverfahren, das der Abwicklung von Massenzahlungen dient, läßt die Beachtung von Fristen und Terminen für die Vorlage von Lastschriften nicht zu.

5. Lastschriften sind der Bank mit Sammeleinzugsauftrag einzureichen.

6. Der Gesamtbetrag der einzuziehenden Forderungen wird dem Konto des Zahlungsempfängers „Eingang vorbehalten" gutgeschrieben.

7. Nicht eingelöste Lastschriften werden mit der Einreichungswertstellung zurückbelastet. Das gilt auch für die Rückbelastung von Lastschriften, für die der Zahlungspflichtige nach Belastung des Einzugsbetrages auf seinem Konto Wiedergutschrift verlangt, weil er die Belastung des Einzugsbetrages nicht anerkennt. Lastschriften, die zurückbelastet worden sind, können nicht erneut zum Einzug eingereicht werden.

8. Im Rahmen dieser Vereinbarung gelten bis auf weiteres folgende Konditionen:

- Einzugsentgelt pro Lastschrift

  DM ....

- Rücklastschriftentgelt für nicht eingelöste bzw. wegen Widerspruchs zurückgegebene Lastschriften:

  DM ....

- Wertstellungszeitpunkt eingereichter Lastschriften:

  ....

- Wertstellungszeitpunkt nicht eingelöster und wegen Widerspruchs zurückgegebener Lastschriften:

  ....

Ort, Datum, Unterschrift der Bank

....

Ort, Datum, Unterschrift des Zahlungsempfängers

....

Der Text für das Abbuchungsverfahren unterscheidet sich von dem Text des Einzugsermächtigungsverfahrens nur in den Punkten 2, 7 und 8:

2. Der Zahlungsempfänger verpflichtet sich, im Abbuchungsauftragsverfahren nur Forderungen gegen solche Zahlungspflichtige mittels Lastschriften einzuziehen, mit denen der Lastschrifteinzug vereinbart wurde. Er hat dem Zahlungspflichtigen aufzuerlegen, seinem kontoführenden Kreditinstitut (Zahlstelle) einen Abbuchungsauftrag zu erteilen.

7. Nicht eingelöste Lastschriften werden mit der Einreichungswertstellung zurückbelastet. Lastschriften, die zurückbelastet worden sind, können nicht erneut zum Einzug eingereicht werden.

8. Rücklastschriftentgelt für nicht eingelöste Lastschriften:

Abkommen über den Lastschriftverkehr

(Vom 12. Dezember 1995 in aktualisierter Fassung)

Der Bundesverband der Deutschen Volksbanken und Raiffeisenbanken e.V., Bonn,
Bundesverband deutscher Banken e.V., Köln,
Deutscher Sparkassen- und Giroverband e.V., Bonn,
Verband deutscher Hypothekenbanken e.V., Bonn,
Verband öffentlicher Banken e.V., Bonn, sowie die
Deutsche Bundesbank, Frankfurt, – nachfolgend „Vertragspartner" genannt – vereinbaren für den Lastschriftverkehr folgendes Abkommen:

Abschnitt I

Nummer 1

Im Rahmen des Lastschriftverfahrens wird zugunsten des Zahlungsempfängers über sein Kreditinstitut (erste Inkassostelle) von dem Konto des Zahlungspflichtigen bei demselben oder einem anderen Kreditinstitut (Zahlstelle) der sich aus der Lastschrift ergebende Betrag eingezogen, und zwar aufgrund

a) einer dem Zahlungsempfänger von dem Zahlungspflichtigen erteilten schriftlichen Ermächtigung (Einzugsermächtigung)
oder

b) eines der Zahlstelle von dem Zahlungspflichtigen zugunsten des Zahlungsempfängers erteilten schriftlichen Auftrags (Abbuchungsauftrag).

Wegen der Ausnahmen zu Buchst. a) wird auf Anlage 3 verwiesen.

Nummer 2

(1) Die erste Inkassostelle nimmt Aufträge zum Einzug fälliger Forderungen, für deren Geltendmachung nicht die Vorlage einer Urkunde erforderlich ist, mittels Lastschrift herein. Für die Weiterleitung der Lastschriften gelten die für das jeweilige Verfahren (Datenträgeraustausch oder Datenfernübertragung) gültigen Bestimmungen, soweit im folgenden nichts Abweichendes bestimmt ist.

(2) Lastschriften, die der ersten Inkassostelle beleghaft eingereicht werden, sind von dieser auf EDV-Medien zu erfassen und beleglos an die in der Inkassokette nachgeschaltete Stelle weiterzuleiten bzw. der Zahlstelle beleglos vorzulegen (EZL-Verfahren).

Nummer 3

(1) Für den EZL sind folgende Daten zu erfassen:

- Bankleitzahl der Zahlstelle
- Kontonummer des Zahlungspflichtigen
- Name des Zahlungspflichtigen, wobei der Zuname oder Firmenname am Anfang stehen soll
- Betrag
- Verwendungszweck, soweit vom Zahlungsempfänger angegeben
- Kontonummer des Zahlungsempfängers
- Bezeichnung des Zahlungsempfängers
- Bankleitzahl der ersten Inkassostelle
- Textschlüssel

(2) Die erste Inkassostelle als in den EZL überführendes Kreditinstitut hat die richtige Erfassung der in Absatz (1) aufgeführten Daten durch geeignete Kontrollen sicherzustellen und die erfaßten Daten in Feld C 6a des Datensatzes um die Kennziffer 1 und um eine maximal 11stellige Referenznummer zu ergänzen. Der Aufbau der Referenznummer ist freigestellt.

(3) Für die zwischenbetriebliche Weiterleitung sind die Daten im Satz- und Dateiaufbau – insbesondere die Referenzinformation in Feld C 6a – nach den Spezifikationen der Anlage I der „Richtlinien für den beleglosen Datenträgeraustausch" zu formatieren.

(4) Das Datenfeld C 6a ist bei allen beteiligten Stellen in die Dokumentation aufzunehmen. Auf gegebenenfalls auszudruckenden Belegen ist in der rechten Hälfte der letzten Zeile des Verwendungszweckfeldes der Schlagtext „EZV" und die Referenznummer aus Feld C 6a anzudrucken.

(5) Bei Rückfragen bzw. Rücklastschriften sind die Daten des Lastschriftauftrags einschließlich des Inhalts des Feldes C 6a vollständig anzugeben.

Nummer 4

Die Kreditinstitute bearbeiten Lastschriften nach dem Textschlüssel und der Textschlüsselergänzung entsprechend der Anlage 2 der „Richtlinien für den beleglosen Datenträgeraustausch".

Nummer 5

Bei Lastschriften, die als Einzugsermächtigungs-Lastschriften gekennzeichnet sind, haftet die erste Inkassostelle der Zahlstelle für jeden Schaden, der dieser durch unberechtigt eingereichte Lastschriften entsteht.

Nummer 6

Lastschriften sind zahlbar, wenn sie bei der Zahlstelle eingehen.[1)] Fälligkeitsdaten und Wertstellungen bleiben unbeachtet.

[1)] Vgl. Fußnote zu Abschnitt II, Nr. 1

2

Nummer 7

(1) Die Zahlstelle hat dem Zahlungspflichtigen unverzüglich nach Belastung seines Kontos die Lastschriftbelege oder Ersatzbelege auszuhändigen oder ihm den Lastschriftbetrag, den Verwendungszweck und den Namen des Zahlungsempfängers in anderer Weise mitzuteilen.

(2) Bestätigungen über die Einlösung von Lastschriften werden nicht erteilt.

(3) Teileinlösungen sind unzulässig.

Nummer 8

(1) Lastschriften, die nicht eingelöst werden bzw. denen im Sinne von Abschnitt III Nr. 1 widersprochen wurde (Rücklastschriften) und für die keine Zinsausgleichsrechnung anfällt, sind beleglos nach dem in Anlage 1 beschriebenen Verfahren zurückzugeben. Rücklastschriften mit Zinsausgleichsrechnung sind beleghaft zurückzugeben (vgl. Abschnitt 1 Nr. 8 (4)).

(2) Bei der Rückgabe von nicht eingelösten Lastschriften sind die ersten drei Erweiterungsteile des Rückrechnungssatzes mit den Angaben gemäß Anlage 1 Nr. 1 (5) Satz 1 zu belegen.

(3) Bei Rückgaben von Lastschriften, die als Einzugsermächtigungslastschriften gekennzeichnet sind und wegen Widerspruchs des Zahlungspflichtigen zurückgegeben werden (Abschnitt III Nr. 1), sind die ersten drei Erweiterungsteile des Rückrechnungssatzes mit den Angaben gemäß Anlage 1 Nr. 1 (5) Satz 2 zu belegen.

(4) Bei beleghaften Rücklastschriften mit Zinsausgleichsrechnung ist der Ersatzbeleg mit dem Vermerk

„Vorgelegt am ... und nicht bezahlt"

bzw. mit dem Vermerk

„Belastet am... zurück wegen Widerspruchs"

sowie mit dem Namen der Zahlstelle, Ort und Datum der Ausfertigung zu versehen. Für die Rückgabe ist ausschließlich die „Retourenhülle (Lastschrift) für Einzugspapier" gemäß Anlage 2[1)] zu verwenden.

Abschnitt II

Nummer 1

Lastschriften die nicht eingelöst werden,

a) weil sie unanbringlich sind,

b) weil auf dem Konto des Zahlungspflichtigen keine Deckung vorhanden ist oder

c) weil bei Abbuchungsauftrags-Lastschriften der Zahlstelle kein Abbuchungsauftrag vorliegt,

sind von der Zahlstelle spätestens an dem auf den Tag des Eingangs[1)] folgenden Geschäftstag mit den Angaben gemäß Abschnitt I Nr. 8 an die erste Inkassostelle zurückzugeben. Der Zahlstelle ist freigestellt, auf welchem Wege sie die Lastschriften zurückgibt und zurückrechnet.

Nummer 2

(1) Werden Lastschriften im Sinne des Abschnitts II Nr. 1 nicht eingelöst, so hat die Zahlstelle die erste Inkassostelle bei Lastschriftbeträgen von 2000 DM und darüber unmittelbar spätestens an dem auf den Tag des Eingangs folgenden Geschäftstag bis zu dem in Nr. 4 der Anlage 1 genannten Zeitpunkt und unter Einsatz der dort genannten Kommunikationsverfahren von der Nichteinlösung zu benachrichtigen (Eilnachricht).

(2) Die Eilnachricht hat den Namen und die Kontonummer des Zahlungsempfängers, den Lastschriftbetrag sowie den Namen des Zahlungspflichtigen zu enthalten, soweit sich die Daten aus der Magnetbandinhaltsliste gemäß den „Richtlinien für den beleglosen Datenträgeraustausch" ergeben.

Nummer 3

Die erste Inkassostelle ist – auch bei Verletzung dieses Abkommens und unbeschadet etwaiger Schadensersatzansprüche – verpflichtet, nicht eingelöste bzw. wegen Widerspruchs des Zahlungspflichtigen zurückgegebene Lastschriften, die mit den Angaben gemäß Abschnitt I Nr. 8 versehen sind, zurückzunehmen und wieder zu vergüten; sie darf diese Lastschriften nicht erneut zum Einzug geben.

Nummer 4

Die Zahlstelle kann für Rücklastschriften als Auslagenersatz und Bearbeitungsprovision eine Rücklastschriftgebühr entsprechend den in Nr. 2 der Anlage 1 genannten Höchstsätzen verlangen. Vereinbarungen der Kreditinstitute mit dem Zahlungsempfänger bzw. Zahlungspflichtigen über die Erhebung von Gebühren werden durch dieses Abkommen nicht berührt.

Nummer 5

Bei der Verrechnung von Rücklastschriften wird jede Stelle, über die die Rücklastschriftrechnung läuft, mit der Tageswertstellung für Einzugslastschriften belastet. Im übrigen gelten die Bestimmungen in Nr. 3 der Anlage 1.

Nummer 6

Einzelheiten über die Rückgabe, Rückrechnung und Eilnachricht regelt die Anlage 1.

[1)] Der Tag des Eingangs ist derjenige Tag, an dem die Lastschrift der disponierenden Stelle der in der Lastschrift bezeichneten Zahlstelle, gegebenenfalls also einer Zweigstelle dieses Instituts, zugeht.

Abschnitt III

Nummer 1
Lastschriften, die als Einzugsermächtigungs-Lastschriften gekennzeichnet sind, kann die Zahlstelle auch zurückgeben und deren Wiedervergütung verlangen, wenn der Zahlungspflichtige der Belastung widerspricht. Die Zahlstelle hat unverzüglich, nachdem sie von dem Widerspruch Kenntnis erlangt hat, die Lastschrift mit den Angaben nach Abschnitt I Nr. 8 (3) zurückzurechnen.

Nummer 2
Die Rückgabe und Rückrechnung ist ausgeschlossen, wenn der Zahlungspflichtige nicht binnen sechs Wochen nach Belastung widerspricht. Schadensersatzansprüche im Sinne der Regelung in Abschnitt 1 Nr. 5 bleiben hiervon unberührt.

Nummer 3
(1) Im übrigen gelten die Bestimmungen unter Abschnitt II entsprechend.

(2) Die Eilnachricht, entsprechend Abschnitt II Nr. 2, über die Rückgabe einer Lastschrift wegen Widerspruchs hat bis zu dem in Nr. 4 der Anlage 1 genannten Zeitpunkt des auf den Zugang des Widerspruchs folgenden Geschäftstages zu erfolgen.

Abschnitt IV

Nummer 1
Dieses Abkommen begründet Rechte und Pflichten nur zwischen den beteiligten Kreditinstituten.

Nummer 2
(1) Sind die Daten der Originalbelege, die gemäß Abschnitt I Nr. 3 für den EZL zu erfassen sind, vollständig und unverändert in den EZL übernommen, so haften die erste Inkassostelle als das in den EZL überführende Kreditinstitut sowie die in die Weiterleitung der Lastschriften zwischengeschalteten Kreditinstitute – unabhängig von der Form der Weiterleitung – nicht für die Richtigkeit dieser Daten.

(2) Stimmt die vom Zahlungsempfänger angegebene oder die von der ersten Inkassostelle erfaßte Bankleitzahl der Zahlstelle mit der vom Zahlungsempfänger angegebenen Klarschriftbezeichnung nicht überein, so haftet abweichend von Absatz (1) für die hieraus entstehenden Schäden die erste Inkassostelle. Bei Abbuchungsauftragslastschriften haftet jedoch die nach der unrichtigen Bankleitzahl bezeichnete Zahlstelle, wenn sie den Lastschriftbetrag einem nicht zahlungspflichtigen Kontoinhaber belastet, obwohl dieser Fehler bei der Prüfung auf Vorliegen des Abbuchungsauftrags zu vermeiden gewesen wäre.

(3) Eine Haftung des Zahlungsempfängers für unrichtige Angaben in dem Originalbeleg bleibt unberührt.

(4) Abschnitt III Nr. 1 der „Richtlinien für den beleglosen Datenträgeraustausch" gilt für das EZL-Verfahren nicht.

(5) Eine Verpflichtung zur Weiterleitung beleghafter Lastschriften, die entgegen Abschnitt 1 Nr. 2 Abs. (2) nicht umgewandelt wurden, besteht nicht.

Nummer 3
(1) Verstöße gegen die aus diesem Abkommen erwachsenden Verpflichtungen sind unverzüglich nach Bekanntwerden zu rügen. Aus einer Verletzung dieses Abkommens können Schadenersatzansprüche nur in Höhe des Betrages des jeweiligen betroffenen Vorganges geltend gemacht werden. Ein Schadenersatzanspruch gegen die Zahlstelle kann nicht daraus hergeleitet werden, daß die unter Abschnitt II 1 a) bis c) genannten Voraussetzungen nicht vorgelegen haben.

(2) Reklamationen und Schadenersatzansprüche sind außerhalb des Lastschriftverfahrens unmittelbar gegenüber der ersten Inkassostelle bzw. der Zahlstelle geltend zu machen.

Nummer 4
Die in diesem Abkommen in Bezug genommenen Anlagen sind Bestandteile des Abkommens. Die Regelungen in den Anlagen können durch Beschluß der Vertragspartner im Betriebswirtschaftlichen Arbeitskreis der Spitzenverbände des Kreditgewerbes geändert werden. Die Änderungen werden für die Kreditinstitute verbindlich, die diesen Änderungen nicht binnen einer Frist von einem Monat nach deren Bekanntgabe widersprechen; die Kreditinstitute werden auf diese Möglichkeit des Widerspruchs jeweils bei Bekanntgabe der Änderungen in jedem Einzelfall hingewiesen. Der Widerspruch ist über den für das Kreditinstitut zuständigen Spitzenverband des deutschen Kreditgewerbes an den im Zentralen Kreditausschuß federführenden Verband zu richten. Dieser hat die übrigen Vertragspartner unverzüglich entsprechend zu unterrichten.

Abschnitt V

Dieses Abkommen tritt am 12. Dezember 1995 in Kraft. Gleichzeitig treten das „Abkommen über den Lastschriftverkehr" vom 17. April 1989 in der Fassung vom 7. April 1993 und das „Abkommen über die Umwandlung beleghaft erteilter Lastschriften in Datensätze und deren Bearbeitung (EZL-Abkommen)" vom 18. November 1993 außer Kraft.

Abschnitt VI

(1) Dieses Abkommen kann von jedem Kreditinstitut oder einem Vertragspartner mit einer Frist von 12 Monaten zum Ende eines Kalenderjahres gekündigt werden.

2 (2) Kündigungen haben durch eingeschriebenen Brief gegenüber dem im Zentralen Kreditausschuß federführenden Verband zu erfolgen. Kündigt ein Kreditinstitut, so ist die Erklärung über den zuständigen Vertragspartner an den im Zentralen Kreditausschuß federführenden Verband zu richten. Die Kündigung muß in diesen Fällen spätestens am 14. Tag der Kündigungsfrist bei dem im Zentralen Kreditausschuß federführenden Verband eingegangen sein. Dieser hat die Kündigung den Vertragspartnern und den übrigen diesem Abkommen angeschlossenen Kreditinstituten über die Vertragspartner mitzuteilen. Durch eine Kündigung wird das Fortbestehen dieses Abkommens zwischen den übrigen Vertragspartnern nicht berührt.

Anlage 1 zum Lastschriftabkommen

1. Ergänzende Bestimmungen für die beleglose Rückgabe und Rückrechnung nicht eingelöster bzw. wegen Widerspruchs des Zahlungspflichtigen zurückzugebender Lastschriften.

(1) In dem Datensatz der für die beleglose Rückgabe nicht eingelöster bzw. wegen Widerspruchs des Zahlungspflichtigen zurückzugebender Lastschriften erstellt wird, werden die Feldinhalte folgender Datenfelder der Ursprungslastschrift gegeneinander ausgetauscht:

Feld C 4	(Bankleitzahl der Zahlstelle) mit Feld C 10 (Bankleitzahl der ersten Inkassostelle)
Feld C 5	(Kontonummer des Zahlungspflichtigen) mit Feld C 11 (Kontonummer des Zahlungsempfängers)
Feld C 14	(Name des Zahlungspflichtigen) mit Feld C 15 (Name des Zahlungsempfängers)

Der Datensatz für die beleglose Rücklastschrift enthält bis zu vier Erweiterungsteile (Kennzeichen 02), deren Belegung im Absatz (5) geregelt ist.

(2) Im Datenfeld C 7a werden die beleglosen Rücklastschriften mit dem Textschlüssel „09" gekennzeichnet.

(3) Im Datenfeld C 7b (Textschlüsselergänzung) werden in den ersten beiden Stellen der Ursprungstextschlüssel („04" bzw. „05") sowie in der dritten Stelle eine Verschlüsselung des Rückgabegrundes angegeben.

(4) Für die Verschlüsselung des Rückgabegrundes gelten folgende Schlüssel:

0 – Keine Angabe (führt nicht zur Belegung eines Erweiterungsteils mit der Klartextangabe des Rückgabegrundes)
1 – „KONTO ERLOSCHEN"
2 – „KTO-NR. FALSCH" bzw. „SPARKONTO" bzw. „KTO-NR/NAME NICHT IDENTISCH"[1]
3 – „KEIN ABBUCHUNGSAUFTRAG" und „KEINE EINZUGSERMÄCHTIGUNG"
4 – „RÜCKRUF"
5 – „WEGEN WIDERSPRUCHS"
6 – „RÜCKGABE/CHARGEBACK Z.B. EDC"
7 – „NICHTVORLAGE GSE-SCHECK"[1]
8 – RESERVE
9 – RESERVE

(5) Die ersten drei Erweiterungsteile des Rückrechnungssatzes von nicht eingelösten Lastschriften sind wie folgt belegt:

Erster Erweiterungsteil:
„VORGELEGT AM TT.MM.JJ NICHT"[2]

Zweiter Erweiterungsteil:
„BEZAHLT DM 123456789,12 ENT-"

Dritter Erweiterungsteil:
„GELT FREMDXX,XXEIGENXX,XXDM"[3]

Hiervon abweichend erhalten die ersten drei Erweiterungsteile bei beleglosen Rückgaben von Einzugsermächtigungs-Lastschriften wegen Widerspruchs folgende Angaben:

Erster Erweiterungsteil:
„BELASTET AM TT.MM.JJ ZURÜCK"

Zweiter Erweiterungsteil:
„TT.MM.JJ DM 123456789,12 ENT-"

Dritter Erweiterungsteil:
„GELT FREMDXX,XXEIGENXX,XXDM"[3]

Der vierte Erweiterungsteil enthält – soweit vorhanden – die Textkonstante für den Rückgabegrund gemäß Absatz (4).

(6) Das Feld C 9 enthält als Bruttobetrag den Ursprungsbetrag der Lastschrift zuzüglich der Gebühr der Zahlstelle.

(7) Der Inhalt von Feld C 16 der Ursprungslastschrift ist unverändert zurückzugeben. In der Ursprungslastschrift enthaltene Erweiterungsteile werden nicht zurückgegeben.

[1] Der Rückgabeschlüsse 1 7 ist für das GSE-Verfahren vorgesehen. Beleglose Rückrechnungen von Scheckgegenwerten im Falle der Nichtvorlage von GSE-Schecks werden ab dem 12. 12.1995 zugelassen. Datenfeld C 7 ist mit 09017, 09027, 09117 oder 09127 zu belegen.

[2] Als „vorgelegt" gilt eine Lastschrift am Tage ihres Eingangs; vgl. im übrigen Fußnote zu Abschnitt II Nr. 1 des Lastschriftabkommens.

[3] ENTGELT FREMD = Entgelt der Zahlstelle, ENTGELT EIGEN = Entgelt der ersten Inkassostelle/Einreicherinstitut (das Feld EIGEN ist von der zurückgebenden Zahlstelle mit „00,00 DM" zu belegen).

(8) Sofern die Ursprungslastschrift im Feld C 6a eine Kennzeichnung (1. Halbbyte) und eine Referenznummer (2. bis 12. Halbbyte) enthält, werden beide Informationen im gleichen Feld der Rücklastschrift angegeben.

2. Rückgabeentgelt
Die Zahlstelle kann für Rücklastschriften ein Rücklastschriftentgelt von höchstens 7,50 DM berechnen.

3. Zinsausgleich
Die Zahlstelle ist berechtigt, bei Rücklastschriften im Betrag von 10000 DM und darüber gegenüber der ersten Inkassostelle einen Anspruch auf Zinsausgleich geltend zu machen, wenn der Wertstellungsverlust 30 DM oder mehr beträgt. Als Zinssatz gilt der Diskontsatz der Deutschen Bundesbank am Tage des Eingangs der Lastschrift.

4. Eilnachricht
Die Eilnachricht gemäß Abschnitt II Nr. 2 Abs. 1 bzw. Abschnitt III Nr. 3 Abs. 2 hat bis spätestens 14.30 Uhr mittels Telex, Telefax, Teletex, Telefon oder Telegramm zu erfolgen.

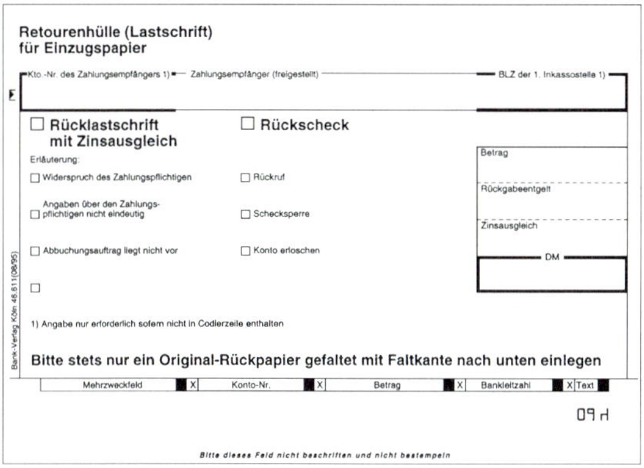
Retourenhülle (Lastschrift)
für Einzugspapier
Kto.-Nr. des Zahlungsempfängers 1) — Zahlungsempfänger (freigestellt) — BLZ der 1. Inkassostelle 1)
E
☐ Rücklastschrift mit Zinsausgleich
☐ Rückscheck
Erläuterung:
☐ Widerspruch des Zahlungspflichtigen
☐ Rückruf
☐ Angaben über den Zahlungspflichtigen nicht eindeutig
☐ Schecksperre
☐ Abbuchungsauftrag liegt nicht vor
☐ Konto erloschen
☐
Betrag
Rückgabeentgelt
Zinsausgleich
DM
1) Angabe nur erforderlich sofern nicht in Codierzeile enthalten
Bitte stets nur ein Original-Rückpapier gefaltet mit Faltkante nach unten einlegen
Bank-Verlag Köln 46.611 (08/95)
Mehrzweckfeld X Konto-Nr. X Betrag X Bankleitzahl X Text
09 H
Bitte dieses Feld nicht beschriften und nicht bestempeln

Retourenhülle (Lastschrift) für Einzugspapier

Anlage 2

Anlage 3 zum Abkommen über den Lastschriftverkehr

Bedingungen für die Zulassung nicht schriftlich erteilter Einzugsermächtigungen
Die erste Inkassostelle kann in begründeten Ausnahmefällen unter folgenden Bedingungen mit dem Zahlungsempfänger vereinbaren, daß anstelle der nach Abschnitt I Nr. 1a) des Abkommens erforderlichen schriftlichen Einzugsermächtigung eine nicht schriftlich erteilte Einzugsermächtigung ausreicht:

1. Die nicht schriftliche Erteilung von Einzugsermächtigungen kommt ausschließlich für Einmaleinzüge bis max. 100 DM in Betracht.
2. Der Zahlungsempfänger informiert den Zahlungspflichtigen darüber, daß der Rechnungsbetrag ohne schriftliche Einzugsermächtigung eingezogen werden soll, und dokumentiert das nicht schriftliche Einverständnis,
3. Der Zahlungsempfänger stellt die erste Inkassostelle von jeder Haftung frei, die sich für dieses aus dem Verzicht auf das Schriftformerfordernis nach dem Lastschriftabkommen ergibt.
4. Der Zahlungsempfänger nimmt ausdrücklich zur Kenntnis, daß er nach der Vereinbarung über den Einzug von Forderungen durch Lastschriften im Einzugsermächtigungsverfahren (Inkassovereinbarung) verpflichtet ist, zurückgegebene Lastschriften wieder aufzunehmen.
5. Der Zahlungsempfänger verzichtet auf jegliche Werbung für das nicht schriftliche Verfahren.
6. Die Möglichkeit der nicht schriftlichen Erteilung von Einzugsermächtigungen darf nicht mit einer Benachteiligung anderer Zahlungsverfahren verbunden werden. Der Zahlungsempfänger bietet vielmehr dem Zahlungspflichtigen ein gleichwertiges Alternativverfahren zu preislich identischen Bedingungen an.
7. Die erste Inkassostelle kann die Zusatzvereinbarung jederzeit fristlos widerrufen, zum Beispiel wenn der Zahlungsempfänger die Regelungen der Zusatzvereinbarung nicht einhält oder wenn das Verfahren durch Vorkommen mißbräuchlich verursachter Lastschrifteinreichungen nicht mehr zu vertreten ist. Im übrigen kann die erste Inkassostelle die Zusatzvereinbarung jederzeit unter Einhaltung einer Frist von 4 Wochen widerrufen.

2

Bedingungen für ec-Karten[1)]

Stand Oktober 1996

ec-Service

I. Geltungsbereich

Der Kunde kann die ec-Karte für folgende Dienstleistungen nutzen:

1. ohne Einsatz der persönlichen Geheimzahl (PIN)
   a) als Garantiekarte für den eurocheque
   b) als GeldKarte zum bargeldlosen Bezahlen an automatisierten Kassen des Handels- und Dienstleistungsbereiches, die mit dem Geld-Karte-Logo gekennzeichnet sind (GeldKarten-Terminals).
2. in Verbindung mit der persönlichen Geheimzahl (PIN)
   a) zur Abhebung an in- und ausländischen Geldautomaten, die mit dem ec-Zeichen gekennzeichnet sind;
   b) zur bargeldlosen Zahlung an automatisierten Kassen im Rahmen des
      - inländischen electronic cash-Systems
      - internationalen edc-Systems (electronic debit card) im Ausland. In einigen Ländern kann an Stelle der PIN die Unterschrift gefordert werden.

      Auf diese Kassen wird im Inland durch das electronic cash- und im Ausland durch das edc-Zeichen hingewiesen.
   c) zum Aufladen der GeldKarte an Ladeterminals, die mit dem GeldKarten-Logo gekennzeichnet sind.

II. Allgemeine Regeln

1. Karteninhaber

Die ec-Karte gilt für das auf ihr angegebene Konto. Sie kann nur auf den Namen des Kontoinhabers oder einer Person ausgestellt werden, der der Kontoinhaber Kontovollmacht erteilt hat. Wenn der Kontoinhaber die Kontovollmacht widerruft, ist er dafür verantwortlich, daß die an den Bevollmächtigten ausgegebene ec-Karte an die Bank zurückgegeben wird. Die Bank wird die ec-Karte nach Widerruf der Vollmacht für die Nutzung an ec-Geldautomaten und automatisierten Kassen elektronisch sperren. Solange die Rückgabe der Karte nicht erfolgt ist, besteht jedoch die Möglichkeit, daß sie weiterhin für die Ausstellung garantierter Schecks verwendet wird. Die Aufwendungen, die aus der weiteren Nutzung der Karte bis zu ihrer Rückgabe an die Bank entstehen, hat der Kontoinhaber zu tragen.

2. Nutzung von eurocheque-Vordrucken ohne ec-Karte

eurocheque-Vordrucke können auch ohne Nutzung der ec-Karte zur Ausstellung nicht garantierter Schecks verwendet werden. Die Bank ist gegenüber dem Schecknehmer zur Einlösung eines solchen Schecks nicht verpflichtet.

3. Finanzielle Nutzungsgrenze

Der Karteninhaber darf Verfügungen mit seiner ec-Karte nur im Rahmen des Kontoguthabens oder eines vorher für das Konto eingeräumten Kredits vornehmen. Auch wenn der Karteninhaber diese Nutzungsgrenze bei seinen Verfügungen nicht einhält, ist die Bank berechtigt, den Ersatz der Aufwendungen zu verlangen, die aus der Nutzung der ec-Karte entstehen. Die Buchung solcher Verfügungen auf dem Konto führt zu einer geduldeten Kontoüberziehung; die Bank ist berechtigt, in diesem Fall den höheren Zinssatz für geduldete Kontoüberziehung zu verlangen. Diese Regelungen zur Nutzungsgrenze gelten auch für die Ausstellung von nicht garantierten eurocheques ohne Verwendung der ec-Karte. Wenn die Bank einen nicht garantierten Scheck nicht einlöst, unterrichtet sie gleichzeitig den Kunden.

4. Umrechnung von Fremdwährungsbeträgen

Nutzt der Karteninhaber die ec-Karte für Verfügungen, die nicht auf Deutsche Mark lauten, wird das Konto gleichwohl in Deutsche Mark belastet. Die Umrechnung von Fremdwährungsbeträgen wird im Inland von der Stelle vorgenommen, die den Vorgang vom Ausland zur weiteren Bearbeitung erhält. Dabei legt sie den Devisenbriefkurs des dem Eingang vorangegangenen Börsentages zugrunde. Die Bank gibt dem Kontoinhaber mit dem Kontoauszug den Eingangstag und den Umrechnungskurs bekannt.

5. Rückgabe der ec-Karte und der eurocheque-Vordrucke

Mit Aushändigung einer neuen, spätestens aber nach Ablauf der Gültigkeit der Karte ist die Bank berechtigt, die alte ec-Karte zurückzuverlangen. Endet die Berechtigung, die ec-Karte zu nutzen, vorher (zum Beispiel durch Kündigung der Kontoverbindung oder des ec-Kartenvertrages), so hat der Karteninhaber die ec-Karte unverzüglich an die Bank zurückzugeben. Endet die Berechtigung zur Nutzung von eurocheque-Vordrucken, so sind nicht benutzte Vordrucke unverzüglich entweder an das Kreditinstitut zurückzugeben oder entwertet zurückzusenden.

[1)] Bankenversion

6. Sperre und Einziehung der ec-Karte
Die Bank darf die Karte sperren und den Einzug der Karte (zum Beispiel an ec-Geldautomaten) veranlassen, wenn sie berechtigt ist, den ec-Kartenvertrag aus wichtigem Grund zu kündigen. Die Bank ist zur Einziehung und Sperre der ec-Karte auch berechtigt, wenn die Nutzungsberechtigung der Karte durch Gültigkeitsablauf oder durch ordentliche Kündigung endet.

7. Sorgfalts- und Mitwirkungspflichten des Karteninhabers

7.1 Unterschrift
Der Karteninhaber hat die ec-Karte nach Erhalt unverzüglich auf dem Unterschriftsfeld zu unterschreiben.

7.2 Sorgfältige und getrennte Aufbewahrung der ec-Karte und der eurocheque-Vordrucke
ec-Karte und eurocheque-Vordrucke sind mit besonderer Sorgfalt und getrennt voneinander aufzubewahren, um zu verhindern, daß sie abhanden kommen und gemeinsam mißbräuchlich zur Ausstellung garantierter Schecks verwendet werden. Sie dürfen insbesondere nicht unbeaufsichtigt im Kraftfahrzeug aufbewahrt werden. Die eurocheque-Vordrucke sind auch alleine sorgfältig aufzubewahren, da sie nach Verlust auch ohne ec-Karte zur Ausstellung von nicht garantierten Bar- oder Verrechnungsschecks mißbräuchlich verwendet werden können. Auch die ec-Karte alleine kann (z.B. im Rahmen des edc-Systems) mißbräuchlich eingesetzt werden.

7.3 Sorgfältige Ausfüllung von eurocheque-Vordrucken
Die eurocheque-Vordrucke sind deutlich lesbar auszufüllen. Der Scheckbetrag ist in Ziffern und in Buchstaben unter Angabe der Währung so einzusetzen, daß nichts hinzugeschrieben werden kann. Ist der eurocheque zum Beispiel durch Verschreiben bei der Ausfüllung unbrauchbar geworden, so ist er zu vernichten.

7.4 Geheimhaltung der persönlichen Geheimzahl (PIN)
Der Karteninhaber hat dafür Sorge zu tragen, daß keine andere Person Kenntnis von der persönlichen Geheimzahl erlangt. Die Geheimzahl darf insbesondere nicht auf der Karte vermerkt oder in anderer Weise zusammen mit dieser aufbewahrt werden. Denn jede Person, die die persönliche Geheimzahl kennt und in den Besitz der Karte kommt, hat die Möglichkeit, zu Lasten des auf der ec-Karte angegebenen Kontos Verfügungen zu tätigen (zum Beispiel Geld an ec-Geldautomaten abzuheben).

7.5 Unterrichtungs- und Anzeigepflichten
Stellt der Karteninhaber den Verlust seiner ec-Karte, von eurocheque-Vordrucken oder ausgestellten eurocheques oder mißbräuchliche Verfügungen mit seiner ec-Karte fest, so ist die Bank, und zwar möglichst die kontoführende Stelle, unverzüglich zu benachrichtigen. Den Verlust der ec-Karte kann der Karteninhaber auch gegenüber dem Zentralen Sperrannahmedienst anzeigen. In diesem Fall ist eine Kartensperre nur möglich, wenn der Name der Bank – möglichst mit Bankleitzahl – und die Kontonummer angegeben werden. Der Zentrale Sperrannahmedienst sperrt alle für das betreffende Konto ausgegebenen ec-Karten für die weitere Nutzung an ec-Geldautomaten und automatisierten Kassen. Zur Beschränkung der Sperre auf die abhandengekommene Karte muß sich der Karteninhaber mit seiner Bank, möglichst mit der kontoführenden Stelle, in Verbindung setzen. Wird die ec-Karte mißbräuchlich verwendet, ist unverzüglich Anzeige bei der Polizei zu erstatten. 2

III. Besondere Regeln für einzelne Nutzungsarten

1. eurocheque-Garantieverfahren

1.1 Zustandekommen der Garantie
Wird bei Ausstellung eines eurocheques die ec-Karte verwendet, so garantiert die Bank die Zahlung des Scheckbetrages jedem Schecknehmer in Europa und in den an das Mittelmeer angrenzenden Ländern bis zu einem Betrag von 400,– DM oder bis zur Höhe des in dem jeweiligen Land maßgeblichen ec-Garantiehöchstbetrages. Dazu müssen folgende Voraussetzungen erfüllt sein:
Der Name der Bank, die Konto- und die ec-Kartennummer sowie die Unterschriften auf eurocheque- und ec-Karte müssen übereinstimmen. In Deutschland ausgestellte eurocheques sind für 8 Tage, in anderen Ländern ausgestellte eurocheques sind für 20 Tage ab dem Ausstellungsdatum garantiert. Die Frist ist gewahrt, wenn der eurocheque innerhalb dieser Fristen der Bank vorgelegt, einem anderen inländischen Kreditinstitut zum Inkasso eingereicht oder der GZS Gesellschaft für Zahlungssysteme mbH, Frankfurt, zugeleitet worden ist. Die Bank wird auf jeden mit der ec-Kartennummer versehenen eurocheque Zahlung leisten, sofern die obengenannten Voraussetzungen eingehalten sind.

1.2 Eingeschränkte Sperrmöglichkeiten von eurocheques
Ein eurocheque, der die Garantievoraussetzungen erfüllt, kann nicht gesperrt werden. Die

Bank ist zur Einlösung eines solchen eurocheques verpflichtet. Übersteigt der Scheckbetrag den garantierten Höchstbetrag, braucht die Bank den eurocheque nur in der garantierten Höhe einzulösen. Sie wird hinsichtlich des darüber hinausgehenden Betrages und bei eurocheques, die die Garantievoraussetzungen nicht erfüllen, eine Schecksperre beachten, wenn diese der Bank so rechtzeitig zugeht, daß ihre Berücksichtigung im Rahmen des ordnungsgemäßen Arbeitsablaufs möglich ist.

2

1.3 Einlösung von eurocheques nach Verlust von ec-Karten und eurocheque-Vordrucken

Werden ec-Karte und eurocheque-Vordrucke nach einem Abhandenkommen gemeinsam mißbräuchlich verwendet, so ist die Bank gegenüber einem gutgläubigen Schecknehmer dennoch zur Einlösung der eurocheques verpflichtet, wenn die Voraussetzungen über das Zustandekommen der Garantie (vgl. Ziff. 1.1) eingehalten sind und die Unterschrift auf dem eurocheque dem äußeren Anschein nach den Eindruck der Echtheit erweckt. Durch eine Sperre der ec-Karte und die Anzeige des Verlustes von eurocheque-Vordrucken kann die mißbräuchliche Verwendung der eurocheque-Vordrucke und deren Einlösung nicht verhindert werden.

1.4 Haftung für Schäden aufgrund gemeinsamer mißbräuchlicher Verwendung von ec-Karte und eurocheque-Vordrucken

Die Bank haftet für die Erfüllung ihrer Verpflichtungen aus dem ec-Kartenvertrag und übernimmt die Schäden in vollem Umfang, wenn der Karteninhaber die ihm nach diesen Bedingungen obliegenden Pflichten erfüllt hat. Hat der Karteninhaber durch ein schuldhaftes Verhalten zur Entstehung eines Schadens beigetragen, bestimmt sich nach den Grundsätzen des Mitverschuldens, in welchem Umfang Bank und Kontoinhaber den Schaden zu tragen haben. Hat der Karteninhaber seine Pflichten lediglich leicht fahrlässig verletzt, so stellt die Bank den Kontoinhaber von seiner Verpflichtung, einen Teil des Schadens zu übernehmen, in jedem Fall in Höhe von 90% des Gesamtschadens frei. Hat die Bank ihre Verpflichtungen aus dem ec-Kartenvertrag erfüllt und der Karteninhaber selber seine Pflichten grob fahrlässig verletzt, so trägt der Kontoinhaber den entstandenen Schaden in vollem Umfang. Grobe Fahrlässigkeit kann insbesondere dann vorliegen, wenn ec-Karte und eurocheque-Vordrucke gemeinsam in einem Kraftfahrzeug unbeaufsichtigt zurückgelassen wurden.

1.5 Haftung für Schäden aufgrund mißbräuchlicher Verwendung nicht garantierter eurocheques ohne ec-Karte

Kommen eurocheque-Vordrucke abhanden und werden sie ohne die ec-Karte mißbräuchlich verwendet oder unterliegen die Schecks aus anderen Gründen nicht der eurocheque-Garantie, so gilt folgende Haftungsregelung:
Die Bank haftet für die Erfüllung ihrer Verpflichtungen aus dem Scheckvertrag. Hat der Kunde durch ein schuldhaftes Verhalten, insbesondere durch eine Verletzung seiner Sorgfaltspflichten zur Entstehung eines Schadens beigetragen, bestimmt sich nach den Grundsätzen des Mitverschuldens, in welchem Umfang Bank und Kontoinhaber den Schaden zu tragen haben.

1.6 Sperre von nicht garantierten eurocheques

Ein Scheck kann nur gesperrt werden, wenn er nicht garantiert und noch nicht von der Bank eingelöst ist. Die Sperre kann nur beachtet werden, wenn sie der Bank so rechtzeitig zugeht, daß ihre Berücksichtigung im Rahmen des ordnungsgemäßen Arbeitsablaufes möglich ist.

1.7 Beweisregel

Ist die Nummer der an den Karteninhaber ausgegebenen ec-Karte auf dem eurocheque vermerkt, so ist er nach dem Beweis des ersten Anscheins unter Verwendung der ec-Karte ausgestellt worden.

2. ec-Geldautomaten-Service und bargeldloses Bezahlen an automatisierten Kassen im electronic-cash- und edc-System

2.1 Verfügungsrahmen

Für Verfügungen an ec-Geldautomaten und automatisierten Kassen teilt die Bank dem Kontoinhaber einen jeweils für einen bestimmten Zeitraum geltenden Verfügungsrahmen mit. Bei jeder Nutzung der ec-Karte an ec-Geldautomaten und automatisierten Kassen wird geprüft, ob der Verfügungsrahmen durch vorangegangene Verfügungen bereits ausgeschöpft ist. Verfügungen, mit denen der Verfügungsrahmen überschritten würde, werden unabhängig vom aktuellen Kontostand und einem etwa vorher zum Konto eingeräumten Kredit abgewiesen. Der Karteninhaber darf den Verfügungsrahmen nur im Rahmen des Kontoguthabens oder eines vorher für das Konto eingeräumten Kredits in Anspruch nehmen. Der Kontoinhaber kann mit der kontoführenden Stelle eine Änderung des Verfügungsrahmens für alle zu seinem Konto ausgegebenen ec-Karten vereinbaren. Ein Bevollmächtigter, der eine ec-Karte erhalten hat, kann nur eine Herabsetzung für diese Karte vereinbaren.

2.2 Fehleingabe der Geheimzahl
Die ec-Karte kann an ec-Geldautomaten sowie an automatisierten Kassen nicht mehr eingesetzt werden, wenn die persönliche Geheimzahl dreimal hintereinander falsch eingegeben wurde. Der Karteninhaber sollte sich in diesem Fall mit seiner Bank, möglichst mit der kontoführenden Stelle in Verbindung setzen.

2.3 Zahlungsverpflichtung der Bank; Reklamationen
Die Bank hat sich gegenüber den Betreibern von ec-Geldautomaten und automatisierten Kassen vertraglich verpflichtet, die Beträge, über die unter Verwendung der an den Karteninhaber ausgegebenen ec-Karte verfügt wurde, an die Betreiber zu vergüten. Einwendungen und sonstige Beanstandungen des Karteninhabers aus dem Vertragsverhältnis zu dem Unternehmen, bei dem bargeldlos an einer automatisierten Kasse bezahlt worden ist, sind unmittelbar gegenüber diesem Unternehmen geltend zu machen.

2.4 Haftung für Schäden durch mißbräuchliche Verwendung der ec-Karte an ec-Geldautomaten und automatisierten Kassen
Die Bank haftet für die Erfüllung ihrer Verpflichtungen aus dem ec-Kartenvertrag. Sobald der Bank oder dem Zentralen Sperrannahmedienst der Verlust der ec-Karte angezeigt wurde, übernimmt die Bank alle danach durch Verfügungen an ec-Geldautomaten und automatisierten Kassen entstehenden Schäden. Sie übernimmt auch die bis zum Eingang der Verlustanzeige entstehenden Schäden, wenn der Karteninhaber die ihm nach diesen Bedingungen obliegenden Pflichten erfüllt hat. Hat der Karteninhaber durch ein schuldhaftes Verhalten zur Entstehung des Schadens beigetragen, bestimmt sich nach den Grundsätzen des Mitverschuldens, in welchem Umfang Bank und Kontoinhaber den Schaden zu tragen haben. Hat der Karteninhaber seine Pflichten lediglich leicht fahrlässig verletzt, so stellt die Bank den Kontoinhaber von seiner Verpflichtung, einen Teil des Schadens zu übernehmen, in jedem Fall in Höhe von 90% des Gesamtschadens frei. Hat die Bank ihre Verpflichtungen erfüllt und der Karteninhaber seine Pflichten grob fahrlässig verletzt, trägt der Kontoinhaber den entstandenen Schaden in vollem Umfang. Grobe Fahrlässigkeit des Karteninhabers kann insbesondere dann vorliegen, wenn
- er den Kartenverlust der Bank oder dem Zentralen Sperrannahmedienst schuldhaft nicht unverzüglich mitgeteilt hat,
- die persönliche Geheimzahl auf der Karte vermerkt oder zusammen mit der ec-Karte verwahrt war (zum Beispiel im Originalbrief, in dem sie dem Karteninhaber mitgeteilt wurde),
- die persönliche Geheimzahl einer anderen Person mitgeteilt und der Mißbrauch dadurch verursacht wurde.

Die Haftung beschränkt sich stets auf den mitgeteilten Verfügungsrahmen.

2

3. Geldkarte

3.1 Servicebeschreibung
Die mit einem Chip ausgestattete ec-Karte kann auch als GeldKarte eingesetzt werden. Der Karteninhaber kann an GeldKarten-Terminals des Handels- und Dienstleistungsbereiches bargeldlos bezahlen.

3.2 Aufladen und Entladen der GeldKarte
Der Karteninhaber kann seine GeldKarte an den mit dem GeldKarten-Logo gekennzeichneten Ladeterminals innerhalb des ihm von seiner Bank eingeräumten Verfügungsrahmens (Abschnitt III Nr. 2.1) zu Lasten des auf der Karte angegebenen Kontos aufladen. Vor dem Aufladevorgang muß er seine persönliche Geheimzahl (PIN) eingeben. Der Karteninhaber kann seine GeldKarte darüber hinaus auch gegen Bargeld sowie im Zusammenwirken mit einer anderen Karte zu Lasten des Kontos, über das die Umsätze mit dieser Karte abgerechnet werden, aufladen. Die Bank unterrichtet den Kontoinhaber über die Höhe des Betrages, den die GeldKarte maximal aufnehmen kann.
Aufgeladene Beträge, über die der Karteninhaber nicht mehr mittels GeldKarte verfügen möchte, können bei der kartenausgebenden Bank entladen werden. Die Entladung von Teilbeträgen ist nicht möglich.
Bei einer Funktionsunfähigkeit der GeldKarte erstattet die kartenausgebende Bank dem Karteninhaber den nicht verbrauchten Betrag.
Benutzt der Karteninhaber seine ec-Karte, um seine GeldKarte oder die GeldKarte eines anderen aufzuladen, so ist die persönliche Geheimzahl (PIN) am Ladeterminal einzugeben. Die Auflademöglichkeit besteht nicht mehr, wenn die PIN dreimal hintereinander falsch eingegeben wurde. Der Karteninhaber sollte sich in diesem Fall mit seiner Bank, möglichst mit der kontoführenden Stelle, in Verbindung setzen.

3.3 Sofortige Kontobelastung
Benutzt der Karteninhaber seine ec-Karte, um seine GeldKarte oder die GeldKarte eines anderen aufzuladen, so wird der Ladebetrag dem Konto, das auf der ec-Karte angegeben ist, belastet.

3.4 Zahlungsvorgang mittels GeldKarte
Beim Bezahlen mit der GeldKarte ist die PIN nicht einzugeben.
Bei jedem Bezahlvorgang vermindert sich der in der GeldKarte gespeicherte Betrag um den verfügten Betrag.

2

3.5 Haftung bei Verlust der aufgeladenen GeldKarte
Bei Verlust der ec-Karte erstattet die Bank den in der GeldKarte vorhandenen Betrag nicht, denn jeder, der im Besitz der ec-Karte ist, kann den in der GeldKarte gespeicherten Betrag ohne Einsatz der PIN verbrauchen.

3.6 Haftung für Schäden durch mißbräuchliche Aufladevorgänge
Die Bank haftet für die Erfüllung ihrer Verpflichtungen aus dem ec-Kartenvertrag.
Sobald der Bank oder dem Zentralen Sperrannahmedienst der Verlust der ec-Karte angezeigt wurde, übernimmt die Bank alle danach durch mißbräuchliche Aufladevorgänge entstehenden Schäden.
Sie übernimmt auch die bis zum Eingang der Verlustanzeige entstehenden Schäden, wenn der Karteninhaber die ihm nach diesen Bedingungen obliegenden Pflichten erfüllt hat.
Hat der Karteninhaber durch ein schuldhaftes Verhalten zur Entstehung des Schadens beigetragen, bestimmt sich nach den Grundsätzen des Mitverschuldens, in welchem Umfang Bank und Kontoinhaber den Schaden zu tragen haben.
Hat der Karteninhaber seine Pflichten lediglich leicht fahrlässig verletzt, so stellt die Bank den Kontoinhaber von seiner Verpflichtung, einen Teil des Schadens zu tragen, in jedem Fall in Höhe von 90% des Gesamtschadens frei.
Hat die Bank ihre Verpflichtungen erfüllt und der Karteninhaber seine Pflichten grob fahrlässig verletzt, trägt der Kontoinhaber den entstandenen Schaden in vollem Umfang. Grobe Fahrlässigkeit des Karteninhabers kann insbesondere dann vorliegen, wenn
- er den Kartenverlust der Bank oder dem Zentralen Sperrannahmedienst schuldhaft nicht unverzüglich mitgeteilt hat,
- die persönliche Geheimzahl auf der ec-Karte vermerkt oder zusammen mit der ec-Karte verwahrt war (zum Beispiel im Originalbrief, in dem sie dem Karteninhaber mitgeteilt wurde),
- die persönliche Geheimzahl einer anderen Person mitgeteilt und der Mißbrauch dadurch verursacht wurde.

Die Haftung für Schäden, die innerhalb des Zeitraums, für den der Verfügungsrahmen gilt, verursacht werden, beschränkt sich jeweils auf den mitgeteilten Verfügungsrahmen.

Bargeldloses Bezahlen ohne Zahlungsgarantie an automatisierten Kassen mittels Lastschrift (POZ-System)

1. Service-Beschreibung
Die ec-Karte ermöglicht im Inland im Rahmen des POZ-Systems die bargeldlose Zahlung an automatisierten Kassen mittels Lastschriften ohne gleichzeitige Verwendung der persönlichen Geheimzahl. Auf die Kassen, an denen diese Zahlungsmöglichkeit besteht, wird durch ein entsprechendes Zeichen hingewiesen. Das Unternehmen zieht die Forderungen gegen den Karteninhaber mit Lastschrift ein. Hierfür erteilt der Karteninhaber dem Unternehmen jeweils auf dem Kassenbeleg eine schriftliche Einzugsermächtigung. Die Bank übernimmt für diese Zahlungen keine Garantie.

2. Adressenbekanntgabe
Wird eine POZ-Lastschrift nicht bezahlt oder wegen Widerspruchs zurückgegeben, so ist die Bank berechtigt, dem Unternehmen, das die Lastschrift erstellt hat, auf Anfrage den Namen und die Adresse des Karteninhabers mitzuteilen, sofern der Karteninhaber dem Unternehmen hierzu eine wirksame Einwilligung auf dem Kassenbeleg erteilt hat, die Sperrdatei abgefragt wurde und ein ec-Kartenverlust der Bank nicht angezeigt wurde.

Von der Bank angebotene andere Service-Leistungem

1. Besondere Bedingungen
Für weitere von der Bank für die ec-Karte bereitgestellte Service-Leistungen gelten besondere Bedingungen, die vor Inanspruchnahme mit dem Kontoinhaber vereinbart werden.

2. Vereinbarungen über die Nutzungsarten
Die Bank vereinbart mit dem Kontoinhaber, welche Dienstleistungen er mit der ec-Karte in Anspruch nehmen kann.

Bedingungen für die S-Card

Fassung Juli 1996

A. Automatenservice (Geldautomaten, electronic cash, edc/Maestro, GeldKarte)

I. Allgemeine Bestimmungen

1. Verwendungsmöglichkeiten und Leistungen

Der Karteninhaber kann die S-Card für folgende Dienstleistungen nutzen:

1.1 Ohne Einsatz der persönlichen Geheimzahl (PIN)

- Als GeldKarte zum bargeldlosen Bezahlen an automatisierten Kassen des Handels- und Dienstleistungsbereichs, die mit dem GeldKarten-Logo gekennzeichnet sind (GeldKarten-Terminals).

1.2 In Verbindung mit der persönlichen Geheimzahl (PIN)

a) Zur Abhebung von Geldbeträgen an in- und ausländischen Geldautomaten, die mit dem EUFISERV- oder ec-Geldautomatenzeichen gekennzeichnet sind.

b) Zur bargeldlosen Zahlung an automatisierten Kassen im Rahmen des
- inländischen electronic cash-Systems,
- internationalen edc/Maestro-Systems im Ausland.

In einigen Ländern kann anstelle der PIN die Unterschrift gefordert werden. Auf diese Kassen wird im Inland durch das electronic cash- und im Ausland durch das edc/Maestro-Logo hingewiesen.

c) Zum Aufladen der GeldKarte an Ladeterminals, die mit dem GeldKarten-Logo gekennzeichnet sind.

Des weiteren erleichtert die S-Card die Identifikation des Kunden und die Legitimation zur Prüfung im Geschäftsverkehr. Sie ermöglicht damit einen schnelleren und sichereren Geschäftsablauf.

2. Karteninhaber

Die S-Card wird auf die Person des Kontoinhabers ausgestellt und gilt ausschließlich für das auf der Karte angegebene Konto. Auf Wunsch des Kontoinhabers können S-Cards auch für Kontobevollmächtigte ausgestellt werden.

Ein Widerruf der Vollmacht wird erst mit der Rückgabe der S-Card an die Sparkasse/Landesbank wirksam. Die Sparkasse/Landesbank wird jedoch nach Widerruf der Vollmacht für die Nutzung an Geldautomaten, automatisierten Kassen sowie für die Aufladung der GeldKarte eine elektronische Sperre eingeben. Bis zum Wirksamwerden der Sperre hat der Kontoinhaber die Aufwendungen, die aus der Nutzung der S-Card entstehen, zu tragen. Trotz der Sperre kann die S-Card bis zu ihrer Rückgabe weiterhin zum Verbrauch der noch in der GeldKarte gespeicherten Beträge verwendet werden. 2

3. Sperre und Einziehung der S-Card

Die Sparkasse/Landesbank darf die S-Card sperren und den Einzug der S-Card (z. B. an Geldautomaten) veranlassen, wenn sie berechtigt ist, den Kartenvertrag aus wichtigem Grund zu kündigen. Die Sparkasse/Landesbank ist zur Einziehung oder Sperre der S-Card auch berechtigt, wenn die Nutzungsberechtigung der Karte durch Gültigkeitsablauf oder durch ordentliche Kündigung endet. Ein zum Zeitpunkt der Einziehung noch in der GeldKarte gespeicherter Betrag wird dem Karteninhaber erstattet.

4. Allgemeine Sorgfalts- und Mitwirkungspflichten des Kunden

4.1 Aufbewahrung der S-Card

Die S-Card ist mit besonderer Sorgfalt und getrennt von Formularen für Auszahlungspapiere (besonders Scheck- und Überweisungsvordrucken) aufzubewahren. Auch die S-Card alleine ist sorgfältig aufzubewahren, um z.B. einen Mißbrauch im Rahmen des edc/Maestro-Systems zu verhindern. Insbesondere darf die S-Card nicht unbeaufsichtigt im Kraftfahrzeug aufbewahrt werden. Darüber hinaus kann jeder, der im Besitz der S-Card ist, den in der GeldKarte gespeicherten Betrag verbrauchen.

4.2 Unterrichtungs- und Anzeigepflichten

Stellt der Karteninhaber den Verlust seiner S-Card oder mißbräuchliche Verfügungen mit seiner S-Card fest, so ist die Sparkasse/Landesbank, und zwar möglichst die kontoführende Stelle, unverzüglich zu benachrichtigen. Den Verlust der S-Card kann der Karteninhaber auch gegenüber dem Zentralen Sperrannahmedienst[1] anzeigen. In diesem Fall ist eine Kartensperre nur möglich, wenn der Name der Sparkasse/Landesbank – möglichst mit Bankleitzahl – und die Kontonummer angegeben werden. Der Zentrale Sperrannahmedienst sperrt alle für das betreffende Konto ausgegebenen S-Cards für die weitere Nutzung an Geldautomaten, automatisierten Kassen sowie für die Aufladung der GeldKarte. Zur Beschränkung der Sperre auf die abhanden gekommene

[1] Telefon (0 69) 74 09 87

Karte muß sich der Karteninhaber mit seiner Sparkasse/Landesbank, möglichst mit der kontoführenden Stelle, in Verbindung setzen.
Wird die S-Card gestohlen oder mißbräuchlich verwendet, ist unverzüglich Anzeige bei der Polizei zu erstatten.

II. Benutzung von Geldautomaten und automatisierten Kassen

1. Die S-Card ermöglicht an Geldautomaten tägliche Auszahlungen bis zur Höhe des dem Karteninhaber von der Sparkasse/Landesbank mitgeteilten Limits im Rahmen des vorhandenen Guthabens und/oder eines evtl. eingeräumten Kredits.

2. Der Karteninhaber ist berechtigt, für Bezahlungen an automatisierten Kassen tägliche Verfügungen bis zur Höhe des ihm von der Sparkasse/Landesbank mitgeteilten Limits im Rahmen des vorhandenen Guthabens und/oder eines evtl. eingeräumten Kredits vorzunehmen.

3. Für Verfügungen an Geldautomaten und automatisierten Kassen wird dem Karteninhaber eine persönliche Geheimzahl bekanntgegeben, die neben der S-Card als weiteres Berechtigungsmerkmal einzugeben ist. Der Karteninhaber hat dafür Sorge zu tragen, daß keine andere Person Kenntnis von der persönlichen Geheimzahl erlangt, sie darf insbesondere nicht auf der S-Card vermerkt oder in anderer Weise zusammen mit dieser aufbewahrt werden; denn jede Person, die im Besitz der S-Card ist und die persönliche Geheimzahl kennt, kann zu Lasten des auf der S-Card angegebenen Kontos an Geldautomaten und automatisierten Kassen verfügen (z. B. Geld am Geldautomaten abheben).

4. Ist eine S-Card gesperrt, so wird sie von dem Geldautomaten eingezogen. Wird die persönliche Geheimzahl dreimal nacheinander falsch eingegeben, so kann die S-Card für jede weitere Verwendung in Geldautomaten und automatisierten Kassen sowie Selbstbedienungsterminals nicht mehr eingesetzt werden. Der Karteninhaber sollte sich in diesem Fall mit der Sparkasse, möglichst mit der kontoführenden Sparkasse/Landesbank, in Verbindung setzen.

5. Der Karteninhaber darf Verfügungen mit seiner S-Card nur im Rahmen des Kontoguthabens oder eines vorher für das Konto eingeräumten Kredits vornehmen.
Auch wenn der Karteninhaber diese Nutzungsgrenze bei seinen Verfügungen nicht einhält, ist die Sparkasse berechtigt, den Ersatz der Aufwendungen zu verlangen, die aus der Nutzung der S-Card entstehen. Verfügungen mit der S-Card über den eingeräumten Kreditrahmen hinaus führen weder zur Einräumung eines Kredites noch zur Erhöhung eines zuvor eingeräumten Kredits; die Sparkasse ist berechtigt, in diesen Fällen den höheren Zinssatz für geduldete Kontoüberziehungen zu verlangen.

6. Die Sparkasse/Landesbank ist gegenüber den Betreibern von Geldautomaten und automatisierten Kassen vertraglich verpflichtet, die Beträge, über die unter Verwendung der an den Karteninhaber ausgegebenen S-Card verfügt wurde, an die Betreiber zu vergüten. Die Zahlungspflicht beschränkt sich auf den jeweils autorisierten Betrag.

Einwendungen und sonstige Beanstandungen des Karteninhabers aus dem Vertragsverhältnis zu dem Unternehmen, bei dem bargeldlos an einer automatisierten Kasse bezahlt worden ist, sind unmittelbar gegenüber diesem Unternehmen geltend zu machen.

III. Haftungsfragen

Sobald der Sparkasse oder dem Zentralen Sperrannahmedienst der Verlust der S-Card angezeigt worden ist, trägt die Sparkasse die *danach* durch mißbräuchliche Verfügung an Geldautomaten und automatisierten Kassen entstandenen Schäden.
Für Schäden, die *vor* Verlustanzeige entstanden sind, haftet der Kontoinhaber, wenn sie auf einer schuldhaften Verletzung seiner Sorgfalts- und Mitwirkungspflichten beruhen. Hat die Sparkasse zu der Entstehung eines Schadens beigetragen, so bestimmt sich nach den Grundsätzen des Mitverschuldens, in welchem Umfang Sparkasse und Kontoinhaber den Schaden zu tragen haben.
Die Sparkasse/Landesbank übernimmt auch die vom Kontoinhaber zu tragenden Schäden, die *vor* der Verlustanzeige entstanden sind, sofern der Karteninhaber keine Sorgfalts- und Mitwirkungspflichten (vgl. Abschnitte I, Nr. 4 und II, Nr. 3) grob fahrlässig verletzt hat.
Grobe Fahrlässigkeit des Karteninhabers liegt insbesondere vor, wenn
- die persönliche Geheimzahl auf der S-Card vermerkt oder zusammen mit der S-Card verwahrt war (z.B. der Originalbrief, in dem die PIN dem Karteninhaber mitgeteilt wurde),

- die persönliche Geheimzahl einer anderen Person mitgeteilt und der Mißbrauch dadurch verursacht wurde,
- der Karteninhaber der Sparkasse/Landesbank oder dem Zentralen Sperrannahmedienst nach Feststellen des Kartenverlustes das Abhandenkommen nicht *umgehend* meldet, obwohl ihm dies ohne weiteres möglich war und der Schaden durch die Verspätung verursacht wurde. Schäden, die nach der Verlustmeldung entstehen, werden von der Sparkasse/Landesbank erstattet.

Die Haftung des Kontoinhabers beschränkt sich auf 1 000 DM pro Kalendertag.
Eine Übernahme des vom Kontoinhaber zu tragenden Schadens durch die Sparkasse/Landesbank erfolgt nur, wenn der Kontoinhaber die Voraussetzungen der Haftungsentlastung glaubhaft darlegt und Anzeige bei der Polizei erstattet.
Wird die S-Card mißbräuchlich im Rahmen des edc/Maestro-Verfahrens ohne persönliche Geheimzahl nur mit Unterschrift verwendet, so erstattet die Sparkasse/Landesbank diese Schäden in voller Höhe.

IV. Benutzung als GeldKarte

1. Servicebeschreibung

Die mit einem Chip ausgestattete S-Card kann auch als GeldKarte eingesetzt werden. Der Karteninhaber kann an GeldKarten-Terminals des Handels- und Dienstleistungsbereichs bargeldlos bezahlen.

2. Aufladen und Entladen der GeldKarte

Der Karteninhaber kann seine GeldKarte an den mit dem GeldKarten-Logo gekennzeichneten Ladeterminals innerhalb des ihm von seiner Sparkasse/Landesbank eingeräumten Verfügungsrahmens (vgl. Abschnitt II, Nr. 1) zu Lasten des auf der Karte angegebenen Kontos aufladen. Vor dem Aufladevorgang muß er seine persönliche Geheimzahl (PIN) eingeben.
Der Karteninhaber kann seine GeldKarte darüber hinaus auch gegen Bargeld sowie im Zusammenwirken mit einer anderen Karte zu Lasten des Kontos, über das die Umsätze mit dieser Karte abgerechnet werden, aufladen. Die Sparkasse/Landesbank unterrichtet den Karteninhaber über die Höhe des Betrages, den die GeldKarte maximal aufnehmen kann.
Aufgeladene Beträge, über die der Karteninhaber nicht mehr mittels GeldKarte verfügen möchte, können bei der kartenausgebenden Sparkasse/Landesbank entladen werden. Die Entladung von Teilbeträgen ist nicht möglich.
Bei einer Funktionsuntüchtigkeit der GeldKarte erstattet die kartenausgebende Sparkasse/Landesbank dem Karteninhaber den nicht verbrauchten Betrag.
Benutzt der Karteninhaber seine S-Card, um seine GeldKarte oder die GeldKarte eines anderen aufzuladen, so ist die persönliche Geheimzahl (PIN) am Ladeterminal einzugeben. Die Auflademöglichkeit besteht nicht mehr, wenn die PIN dreimal hintereinander falsch eingegeben wurde. Der Karteninhaber sollte sich in diesem Fall mit seiner Sparkasse/Landesbank, möglichst mit der kontoführenden Stelle, in Verbindung setzen. 2

3. Sofortige Kontobelastung

Benutzt der Karteninhaber seine S-Card, um seine GeldKarte oder die GeldKarte eines anderen aufzuladen, so wird der Ladebetrag sofort nach dem Aufladen der GeldKarte dem Konto, das auf der S-Card angegeben ist, belastet.

4. Zahlungsvorgang mittels GeldKarte

Beim Bezahlen mit der GeldKarte ist die PIN **nicht** einzugeben.
Bei jedem Bezahl-Vorgang vermindert sich der in der GeldKarte gespeicherte Betrag um den verfügten Betrag.

5. Haftung bei Verlust aufgeladener GeldKarten

Bei Verlust der S-Card erstattet die Sparkasse/Landesbank den in der GeldKarte vorhandenen Betrag **nicht**, denn jeder, der in Besitz der S-Card ist, kann den in der GeldKarte gespeicherten Betrag ohne Einsatz der PIN verbrauchen.

6. Haftung für Schäden durch mißbräuchliche Aufladevorgänge

Sobald der Sparkasse/Landesbank oder dem Zentralen Sperrannahmedienst der Verlust der S-Card angezeigt worden ist, trägt die Sparkasse/Landesbank die **danach** durch mißbräuchliche Aufladevorgänge entstandenen Schäden.
Für Schäden, die **vor** der Verlustanzeige entstanden sind, haftet der Kontoinhaber, wenn sie auf einer schuldhaften Verletzung seiner Sorgfalts- und Mitwirkungspflichten beruhen. Hat die Sparkasse/Landesbank zu der Entstehung eines Schadens beigetragen, so bestimmt sich nach den Grundsätzen des Mitverschuldens, in welchem Umfang Sparkasse/Landesbank und Kontoinhaber den Schaden zu tragen haben.
Die Sparkasse/Landesbank übernimmt auch die vom Kontoinhaber zu tragenden Schäden, die **vor** der Verlustanzeige entstanden sind, sofern der Karteninhaber seine Sorgfalts- und Mitwirkungspflichten (vgl. Abschnitte I, Nr. 4 und II, Nr. 3) nicht grob fahrlässig verletzt hat.

2

Grobe Fahrlässigkeit des Karteninhabers liegt insbesondere vor, wenn

- die persönliche Geheimzahl auf der S-Card vermerkt oder zusammen mit der S-Card verwahrt war (z. B. der Originalbrief, in dem die PIN dem Karteninhaber mitgeteilt wurde),
- die persönliche Geheimzahl einer anderen Person mitgeteilt und der Mißbrauch dadurch verursacht wurde,
- Der Karteninhaber der Sparkasse/Landesbank oder dem Zentralen Sperrannahmedienst nach Feststellen des Kartenverlustes das Abhandenkommen nicht **umgehend** meldet, obwohl ihm dies ohne weiteres möglich war und der Schaden durch die Verspätung verursacht wurde. Schäden, die nach der Verlustmeldung entstehen, werden von der Sparkasse/Landesbank erstattet.

Die Haftung des Kontoinhabers beschränkt sich auch unter Berücksichtigung von Schäden an Geldautomaten und an automatisierten Kassen im electronic cash- und edc/Maestro-System auf 1.000 DM pro Kalendertag.

Eine Übernahme des vom Kontoinhaber zu tragenden Schadens durch die Sparkasse/Landesbank erfolgt nur, wenn der Kontoinhaber die Voraussetzungen der Haftungsentlastung glaubhaft darlegt und Anzeige bei der Polizei erstattet.

B. Erteilung von Überweisungsaufträgen an Selbstbedienungsterminals

(Siehe Abschnitt C. der Sonderbestimmungen für die Verwendung der ec-Karte, Sparkassenversion.)

C. Kontoauszugsdruck

(Siehe Abschnitt D. der Sonderbedingungen für die Verwendung der ec-Karte, Sparkassenversion.)

Kundenkartenbedingungen der Deutschen Bank

Stand Februar 1997

Bedingungen für die Deutsche Bank-Kundenkarte

1. Geltungsbereich/Nutzungsumfang

Die Kundenkarte und die dazugehörige persönliche Geheimzahl dienen

- zur Auftragserteilung und zum Abruf kundenbezogener Informationen an Kunden-Terminals der Bank,
- zur Abhebung von Geldbeträgen an in- und ausländischen Geldautomaten, die mit dem ec-Zeichen gekennzeichnet sind,
- zur bargeldlosen Bezahlung an automatisierten Kassen im Rahmen des
  - inländischen electronic cash-Systems
  - internationalen electronic debit card (edc)-Systems im Ausland. Dort kann anstelle der persönlichen Geheimzahl im Einzelfall eine Unterschrift zur Zahlung geleistet werden.

Auf diese Kassen wird im Inland durch das electronic cash- und im Ausland durch das edc-Logo – die beide auch auf der Rückseite der Karte abgebildet sind – hingewiesen.

2. Karteninhaber

Die Kundenkarte gilt für das auf ihr angegebene Konto. Sie kann nur auf den Namen des Kontoinhabers oder einer Person ausgestellt werden, der der Kontoinhaber Kontovollmacht erteilt hat. Wenn der Kontoinhaber die Kontovollmacht widerruft, ist er dafür verantwortlich, daß eine an einen Bevollmächtigten ausgegebene Kundenkarte an die Bank zurückgegeben wird. Die Aufwendungen, die aus der weiteren Nutzung der Kundenkarte bis zu ihrer Rückgabe an die Bank entstehen, hat der Kontoinhaber zu tragen. Die Bank wird die Kundenkarte nach Widerruf der Vollmacht für die Nutzung an Geldautomaten sowie an electronic cash- und edc-Kassen sowie für Verfügungen an Kunden-Terminals der Bank sperren.

3. Allgemeine finanzielle Nutzungsmöglichkeiten

Der Karteninhaber darf Verfügungen mit seiner Kundenkarte nur im Rahmen des Kontoguthabens oder eines vorher für das Konto vereinbarten Kredits vornehmen. Die Bank ist berechtigt, auch den Ersatz von Aufwendungen zu verlangen, die daraus entstehen, daß der Karteninhaber mit der Kundenkarte durch Verfügungen an Geldautomaten, automatisierten Kassen oder Kunden-Terminals der Bank diese Nutzungsgrenze überschreitet. Die Verbuchung solcher Verfügungen auf dem Konto bedeutet weder die Einräumung eines Kredits noch die Erhöhung eines zuvor mit der Bank vereinbarten Kredits. In diesem Fall ist die Bank berechtigt, den höheren Zinssatz für geduldete Kontoüberziehungen zu verlangen.

4. Aufwendungsersatzanspruch 2

Der Kontoinhaber hat der Bank die Aufwendungen zu erstatten, die die Bank als Folge der Nutzung einer zu dem Konto ausgegebenen Kundenkarte aufzubringen hat.

5. Umrechnung von Fremdwährungen

Nutzt der Karteninhaber die Kundenkarte für Verfügungen, die nicht auf Deutsche Mark lauten, wird das Konto gleichwohl in Deutscher Mark belastet. Die Umrechnung von Fremdwährungsbeträgen wird im Inland von der Stelle vorgenommen, die den Vorgang vom Ausland zur weiteren Bearbeitung erhalten hat. Dabei legt sie den Devisenbriefkurs des dem Eingang des Umsatzes vorangegangenen Börsentages zugrunde. Die Bank gibt dem Kunden mit dem Kontoauszug den Eingangstag und den Umrechnungskurs bekannt.

6. Gültigkeit der Kundenkarte

Die Kundenkarte wird dem Karteninhaber für die Dauer ihrer Gültigkeit zur Nutzung überlassen. Mit Aushändigung einer neuen Karte, spätestens aber nach Ablauf der Gültigkeit der Karte ist die Bank berechtigt, die Kundenkarte zurückzuverlangen oder einzuziehen. Endet die Berechtigung, die Kundenkarte zu nutzen, vorher (z.B. durch Kündigung der Kontoverbindung oder des Kundenkartenvertrages), so hat der Karteninhaber die Kundenkarte unverzüglich an die Bank zurückzugeben. Die Bank ist auch in diesem Fall berechtigt, die Kundenkarte einzuziehen.

Die Bank ist berechtigt, die Kundenkarte zu sperren und den Einzug der Karte zu veranlassen, sowie den Kundenkartenvertrag aus wichtigem Grund zu kündigen, wenn der Karteninhaber von der Kundenkarte vertragswidrig Gebrauch macht.

7. Allgemeine Sorgfalts- und Mitwirkungspflichten des Kunden

7.1 Aufbewahrung der Kundenkarte

Um ein Abhandenkommen der Kundenkarte und mißbräuchliche Verfügungen zu vermeiden, ist die Kundenkarte besonders sorgfältig aufzubewahren.

7.2 Geheimhaltung der persönlichen Geheimzahl (PIN)

Der Karteninhaber hat dafür Sorge zu tragen, daß keine andere Person Kenntnis von der persönlichen Geheimzahl erlangt. Sie darf nicht auf der Karte vermerkt oder in anderer Weise zusammen mit dieser aufbewahrt werden. Jede Person, die im Besitz der Karte ist und die persönliche Geheimzahl kennt, kann zu Lasten des auf der Kundenkarte angegebenen Kontos Verfügungen tätigen (z.B. Geld an Geldautomaten abheben).

2

7.3 Unterrichtungs- und Anzeigepflichten
Stellt der Karteninhaber den Verlust seiner Kundenkarte oder mißbräuchliche Verfügungen mit seiner Kundenkarte fest, so ist die Bank, und zwar möglichst die kontoführende Stelle, oder telefonisch der zentrale Sperrannahmedienst (Tel. 0 69/74 09 87) unverzüglich zu benachrichtigen, um die Kundenkarte sperren zu lassen. Bei Verlustmeldung gegenüber dem zentralen Sperrannahmedienst ist eine Kartensperre nur möglich, wenn der Name und Ort der Bank – möglichst mit Bankleitzahl – und die Kontonummer angegeben werden. In diesem Fall werden alle für das betreffende Konto ausgegebenen Karten gesperrt. Die Sperre einer einzelnen Kundenkarte ist nur möglich, wenn die Kartenfolgenummer angegeben wird, die in der Kartenbestellung genannt ist. Wird die Kundenkarte mißbräuchlich verwendet, ist unverzüglich Anzeige bei der Polizei zu erstatten.

8. Verfügungsrahmen

8.1 Verfügungsrahmen an Geldautomaten und electronic cash-/edc-Kassen
Für Verfügungen an Geldautomaten und electronic cash- sowie edc-Kassen vereinbart die Bank mit dem Kontoinhaber einen jeweils für einen bestimmten Zeitraum geltenden Verfügungsrahmen. Transaktionen, mit denen der Verfügungsrahmen überschritten würde, werden abgewiesen. Der Kontoinhaber kann mit der kontoführenden Stelle eine Änderung des Verfügungsrahmens für alle zu seinem Konto ausgegebenen Kundenkarten vereinbaren. Ein Bevollmächtigter, der eine Kundenkarte erhalten hat, kann nur eine Herabsetzung für diese Karte vereinbaren.

8.2 Verfügungsrahmen für Kunden-Terminals der Bank
Zusätzlich zum Verfügungsrahmen an Geldautomaten und electronic cash- und edc-Kassen (Nr. 8.1) stellt die Bank dem Karteninhaber für Verfügungen an Kunden-Terminals der Bank einen weiteren Verfügungsrahmen bereit. Verfügungen sind täglich bis zu 10 000 DM aus Guthaben oder im Rahmen eines eingeräumten Kredits möglich.

9. Nutzungsbeschränkungen
Die Kundenkarte kann an Geldautomaten, electronic cash- und edc-Kassen sowie Kunden-Terminals der Bank nicht mehr eingesetzt werden, wenn die persönliche Geheimzahl dreimal hintereinander falsch eingegeben wurde. Der Karteninhaber hat sich in diesem Fall mit der Bank in Verbindung zu setzen.

10. Zahlungsverpflichtungen der Bank
Die Bank ist gegenüber den Betreibern von Geldautomaten sowie electronic cash- und edc-Kassen vertraglich verpflichtet, die Beträge, über die unter Verwendung der an den Karteninhaber ausgegebenen Kundenkarte verfügt worden ist, an die Betreiber zu vergüten; die Zahlungspflicht beschränkt sich auf den jeweils autorisierten Betrag.
Einwendungen und sonstige Beanstandungen des Karteninhabers, die das Vertragsverhältnis mit dem die electronic cash-/oder die edc-Kassen betreibenden Unternehmen betreffen, sind unmittelbar gegenüber diesem Unternehmen geltend zu machen.

11. Haftung für Schäden durch mißbräuchliche Verwendung der Kundenkarte
Sobald der Bank oder dem zentralen Sperrannahmedienst der Verlust der Kundenkarte angezeigt wurde, übernimmt die Bank alle danach durch Verfügungen an Geldautomaten sowie electronic cash-/edc-Kassen sowie durch Nutzung an Kartentelefonen entstandenen Schäden. Einen bis zum Eingang der Verlustanzeige entstehenden Schaden übernimmt die Bank in Höhe von 90%, wenn der Karteninhaber seine vertraglichen Pflichten gemäß Nr. 7 dieser Bedingungen leicht fahrlässig verletzt hat. In einem solchen Fall trägt der Kontoinhaber 10% des Schadens.
Hat der Karteninhaber seine vertraglichen Pflichten grob fahrlässig verletzt, haftet der Karteninhaber für den gesamten Schaden, jedoch begrenzt auf den für die Kundenkarte vereinbarten Verfügungsrahmen. Grobe Fahrlässigkeit des Karteninhabers liegt insbesondere dann vor, wenn

- er den Kartenverlust der Bank oder dem zentralen Sperrannahmedienst schuldhaft nicht umgehend angezeigt hat,
- die persönliche Geheimzahl auf der Kundenkarte vermerkt oder sie zusammen mit der Karte verwahrt war (z. B. im Originalbrief, in dem sie dem Karteninhaber mitgeteilt wurde),
- die persönliche Geheimzahl einer anderen Person mitgeteilt und der Mißbrauch dadurch verursacht wurde.

Für durch mißbräuchliche Verfügungen an den Kunden-Terminals der Bank entstandene Schäden tritt die Bank ein.

Bedingungen für die Deutsche Bank GeldKarte

Stand Mai 1997

1. Service, Nutzungsmöglichkeit
Die Deutsche Bank GeldKarte dient Inhabern einer Deutschen Bank ec-Karte oder Deutsche Bank-Kundenkarte als elektronische Geldbörse zum bargeldlosen Bezahlen an automatisierten Kassen oder an Automaten des Handels- und Dienstleistungsbereiches, die mit dem GeldKarten-Symbol gekennzeichnet sind (GeldKarten-Terminals).
Verfügungen an GeldKarten-Terminals erfolgen ohne Eingabe einer persönlichen Geheimzahl.
Mit jedem Bezahlvorgang vermindert sich der in der GeldKarte gespeicherte Betrag um den verfügten Betrag.

2. Karteninhaber
Die GeldKarte wird auf dasselbe Konto und auf denselben Namen des Kontoinhabers bzw. Kontobevollmächtigten ausgestellt wie die zugehörige ec-Karte oder Kundenkarte.
Bei Widerruf der Kontovollmacht wird die GeldKarte für weitere Aufladungen gesperrt. Solange die Karte nicht zurückgegeben ist, kann über den noch in der GeldKarte gespeicherten Betrag an GeldKarten-Terminals verfügt werden.

3. Aufladung der GeldKarte
In Verbindung mit der dem Karteninhaber zur ec-Karte bzw. Kundenkarte ausgehändigten persönlichen Geheimzahl (PIN = Persönliche Identifikations-Nummer) kann er an mit dem GeldKarten-Symbol gekennzeichneten Geldautomaten oder anderen GeldKarten-Ladeterminals seine GeldKarte zu Lasten des Kontos aufladen, auf das die GeldKarte ausgestellt ist.
Gegebenenfalls kann die GeldKarte auch im Zusammenwirken mit einer anderen Karte geladen werden. Bis zu welchem Betrag die GeldKarte im Rahmen des dem Karteninhaber mitgeteilten Verfügungsrahmens für Verfügungen an Geldautomaten und electronic cash/ edc-Terminals jeweils aufgeladen werden kann, teilt die Bank dem Karteninhaber gesondert mit.

4. Kartengültigkeit
Mit Ablauf der Gültigkeit bzw. der Berechtigung zur Nutzung der GeldKarte kann diese nicht wieder aufgeladen werden. Die Karte ist an die Bank zurückzugeben.
Ein zum Zeitpunkt der Kartenrückgabe in der GeldKarte noch gespeicherter Betrag wird auf das Konto, für das die Karte ausgestellt war, vergütet.

5. Fehleingabe der Geheimzahl
Wird beim Versuch, die GeldKarte aufzuladen, die persönliche Geheimzahl dreimal hintereinander falsch eingegeben, kann die GeldKarte nicht mehr aufgeladen werden. In diesem Fall sollte sich der Karteninhaber mit der Bank, möglichst mit seiner kontoführenden Filiale, in Verbindung setzen.

6. Sperre und Einzug der Karte
Die Bank kann die GeldKarte sperren und den Einzug der Karte (z.B. an GeldKarten-Ladeterminals) veranlassen, wenn sie berechtigt ist, den GeldKarten-Vertrag oder den diesem zugrundeliegenden Vertrag über die zugehörige ec-Karte oder Kundenkarte aus wichtigem Grund zu kündigen. Die Bank ist zur Einziehung und Sperre der Karte auch berechtigt, wenn die Nutzungsberechtigung der Karte durch Gültigkeitsablauf oder durch ordentliche Kündigung endet.
Ein zum Zeitpunkt des Einzugs der GeldKarte in dieser noch gespeicherter Betrag wird auf das Konto, für das die Karte ausgestellt war, vergütet.

7. Sorgfaltspflichten und Obliegenheiten
Die GeldKarte ist sorgfältig aufzubewahren und gegen Verlust und mißbräuchliche Nutzung zu schützen.
Insbesondere darf die persönliche Geheimzahl nicht auf der Karte vermerkt, in irgendeiner Form zusammen mit dieser verwahrt und auch keinem Dritten mitgeteilt werden.
Jeder Person, die in den Besitz der GeldKarte gelangt und die persönliche Geheimzahl kennt, kann die GeldKarte, solange sie nicht gesperrt wurde, zu Lasten des Kontos aufladen, für das sie ausgestellt wurde.

8. Verlust der Karte
Stellt der Karteninhaber den Verlust der GeldKarte fest, hat er die Bank, und zwar möglichst die kontoführende Filiale, unverzüglich zu unterrichten. Nach einer Verlustmeldung wird die GeldKarte für weitere Aufladungen gesperrt. Die Sperre der GeldKarte für weitere Aufladungen erfolgt auch bei Verlustmeldung der zur GeldKarte gehörenden ec-Karte oder Kundenkarte.
Auch nach einer Verlustmeldung und Kartensperre kann jeder, der im Besitz der GeldKarte ist, den in der Geldkarte gespeicherten Betrag verbrauchen.

2

9. Haftung in Verlust- und Schadensfällen

9.1 Haftung bei Verlust einer aufgeladenen GeldKarte

Bei Verlust der GeldKarte vergütet die Bank den in der Geldkarte vorhandenen Betrag nicht, denn jeder, der im Besitz der GeldKarte ist, kann den in der GeldKarte gespeicherten Betrag ohne Einsatz der persönlichen Geheimzahl verbrauchen.

9.2 Haftung für mißbräuchliche Aufladungen

Die Bank haftet für die Erfüllung ihrer Verpflichtungen aus dem GeldKarten-Vertrag.

Sobald der Bank dem Verlust der GeldKarte bzw. der Bank oder dem Zentralen Sperrannahmedienst der Verlust der zugehörigen ec-Karte oder Kundenkarte angezeigt wurde, übernimmt die Bank alle Schäden, die durch danach erfolgende Verfügungen mit der GeldKarte an GeldKarten-Ladeterminals entstehen.

Sie übernimmt auch die bis zum Eingang der Verlustanzeige entstehenden Schäden, wenn der Karteninhaber die ihm nach diesen Bedingungen obliegenden Pflichten erfüllt hat. Hat der Karteninhaber durch ein schuldhaftes Verhalten zur Entstehung des Schadens beigetragen, bestimmt sich nach den Grundsätzen des Mitverschuldens, in welchem Umfang Bank und Kontoinhaber den Schaden zu tragen haben. Hat der Karteninhaber seine Pflichten lediglich leicht fahrlässig verletzt, so stellt die Bank den Kontoinhaber von seiner Verpflichtung, einen Teil des Schadens zu übernehmen, in jedem Fall in Höhe von 90 % des Gesamtschadens frei.

Hat die Bank ihre Verpflichtungen erfüllt und der Karteninhaber seine Pflichten grob fahrlässig verletzt, trägt der Kontoinhaber den entstandenen Schaden in vollem Umfang. Grobe Fahrlässigkeit des Karteninhabers kann insbesondere dann vorliegen, wenn

- er den Kartenverlust der Bank bzw. dem Zentralen Sperrannahmedienst schuldhaft nicht unverzüglich mitgeteilt hat,
- die persönliche Geheimzahl auf einer der genannten Karten vermerkt oder zusammen mit der Karte verwahrt war (z. B. im Originalbrief, in dem sie dem Karteninhaber mitgeteilt wurde),
- die persönliche Geheimzahl einer anderen Person mitgeteilt und der Mißbrauch dadurch verursacht wurde.

Die Haftung für Schäden beschränkt sich auf den Betrag, bis zu dem gemäß Ziffer 3 die GeldKarte jeweils aufgeladen werden konnte.

Eurocard-Kundenbedingungen

Stand April 1998

1. Verwendungsmöglichkeiten der EUROCARD

Mit der von der EURO Kartensysteme EUROCARD und eurocheque GmbH (EURO Kartensysteme) ausgegebenen EUROCARD kann der Karteninhaber im Inland und als weitere Dienstleistung auch im Ausland im Rahmen des EUROCARD/MasterCard-Verbundes

- bei Vertragsunternehmen Waren und Dienstleistungen bargeldlos bezahlen

und

- darüber hinaus als weitere Dienstleistung an Geldautomaten sowie an Kassen von Kreditinstituten – dort zusätzlich gegen Vorlage eines Ausweispapiers – Bargeld beziehen (Bargeldservice); über die Höchstbeträge beim Bezug von Bargeld wird der Karteninhaber gesondert unterrichtet.

Die Vertragsunternehmen sowie die Kreditinstitute und die Geldautomaten im Rahmen des Bargeldservices sind an den Akzeptanzsymbolen zu erkennen, die auf der EUROCARD zu sehen sind. Soweit mit der EUROCARD zusätzliche Leistungen (z. B. Versicherungen) verbunden sind, wird der Karteninhaber hierüber gesondert informiert.

2. Persönliche Geheimzahl (PIN)

Für die Nutzung von Geldautomaten und von automatisierten Kassen kann dem Karteninhaber eine persönliche Geheimzahl (PIN) zur Verfügung gestellt werden.

3. Nutzung der EUROCARD

Bei Nutzung der EUROCARD ist entweder

- ein Beleg zu unterschreiben, auf den die Kartendaten übertragen werden,

oder

- an Geldautomaten und bestimmten automatisierten Kassen die PIN einzugeben.

Nach vorheriger Abstimmung zwischen Karteninhaber und Vertragsunternehmen kann der Karteninhaber – insbesondere zur Beschleunigung eines Geschäftsvorfalls – ausnahmsweise darauf verzichten, den Beleg zu unterzeichnen und statt dessen lediglich seine EUROCARD-Nummer angeben.

4. Finanzielle Nutzungsgrenze

Der Karteninhaber darf seine EUROCARD nur im Rahmen seiner Einkommens- und Vermögensverhältnisse verwenden, so daß ein Ausgleich der EUROCARD-Umsätze gewährleistet ist.

5. Sorgfalts- und Mitwirkungspflichten des Karteninhabers

Der Karteninhaber hat die EUROCARD nach Erhalt unverzüglich auf dem Unterschriftsfeld zu unterschreiben und sie mit besonderer Sorgfalt aufzubewahren. Denn jede Person, die im Besitz der EUROCARD ist, hat die Möglichkeit, mit ihr mißbräuchliche Verfügungen zu tätigen. Der Karteninhaber hat auch dafür Sorge zu tragen, daß keine andere Person Kenntnis von seiner PIN erlangt. Sie darf insbesondere nicht auf der EUROCARD vermerkt oder in anderer Weise zusammen mit dieser aufbewahrt werden. Denn jede Person, die im Besitz der EUROCARD ist und die PIN kennt, hat die Möglichkeit, auch zusammen mit PIN und EUROCARD Verfügungen zu tätigen (z. B. Geld am Geldautomaten abzuheben).

Stellt der Karteninhaber den Verlust der EUROCARD oder mißbräuchliche Verfügungen mit seiner EUROCARD fest, so sind die EURO Kartensysteme – Tel.: 0 69/79 33-0 – oder das Kreditinstitut, und zwar möglichst die kontoführende Stelle, oder eine Repräsentanz des EUROCARD/Master-Card-Verbundes unverzüglich zu unterrichten, um die EUROCARD sperren zu lassen. Bei mißbräuchlicher Verwendung der EUROCARD ist Anzeige bei der Polizei zu erstatten.

6. Zahlungsverpflichtung des Karteninhabers

Die EURO Kartensysteme wird die bei der Benutzung der EUROCARD entstandenen sofort fälligen Forderungen der Vertragsunternehmen gegen den Karteninhaber erwerben. Der Karteninhaber ist seinerseits verpflichtet, der EURO Kartensysteme den Forderungsbetrag zu erstatten. Die EUROCARD-Umsätze werden nach vorheriger Rechnungsstellung dem vom Karteninhaber angegebenen Konto belastet.

2

7. Fremdwährungsumrechnung beim Auslandseinsatz

Wird die Karte im Ausland eingesetzt, werden Forderungen, die auf fremde Währungen lauten, in Deutsche Mark zum Devisenbriefkurs des dem Eingang vorangegangenen Börsentages umgerechnet. Fehlt ein Devisenbriefkurs, so wird die fremde Währung zum entsprechenden Marktkurs umgerechnet.

8. Reklamation und Beanstandungen

Reklamationen und Beanstandungen aus dem Vertragsverhältnis zwischen Karteninhaber und Vertragsunternehmen sind unmittelbar zwischen diesen zu klären; sie berühren nicht die Zahlungsverpflichtung des Karteninhabers nach Nr. 6 dieser Bedingungen. Der Karteninhaber hat Rechnungszusammenstellungen sowie sonstige Abrechnungen und Anzeigen auf ihre Richtigkeit und Vollständigkeit zu überprüfen und etwaige Einwendungen unverzüglich zu erheben. Die Unterlassung rechtzeitiger Einwendungen kann einen Schadensersatzanspruch der EURO Kartensysteme gegen den Karteninhaber begründen.

9. Haftung für Schäden aus mißbräuchlichen Verfügungen

Sobald der Verlust der EUROCARD gegenüber der EURO Kartensysteme oder dem Kreditinstitut oder einer Repräsentanz des EUROCARD/MasterCard-Verbundes angezeigt worden ist, hat der Karteninhaber für weitere mißbräuchliche Verfügungen, die mit der EUROCARD nach diesem Zeitpunkt getätigt werden, nicht mehr einzustehen. Für Schäden, die durch mißbräuchliche Verfügungen vor Eingang der Verlustanzeige entstehen, beschränkt sich die Haftung des Karteninhabers auf einen Höchstbetrag von 100,– DM je EUROCARD.

10. Gesamtschuldnerische Haftung mehrerer Antragsteller

Für die Verbindlichkeiten aus einer gemeinsam beantragten EUROCARD haften Antragsteller und Mitantragsteller als Gesamtschuldner, d.h. die EURO Kartensysteme kann von jedem Antragsteller die Erfüllung sämtlicher Ansprüche fordern.

Sowohl Antragsteller als auch Mitantragsteller können das Vertragsverhältnis nur mit Wirkung für beide Antragsteller durch Kündigung beenden. Jeder Antragsteller hat dafür Sorge zu tragen, daß die gekündigte EUROCARD mit Wirksamwerden der Kündigung unverzüglich an die EURO Kartensysteme zurückgegeben wird. Die Aufwendungen, die aus der weiteren Nutzung der gekündigten EUROCARD bis zu ihrer Rückgabe an die EURO Kartensysteme entstehen, haben die Antragsteller ebenfalls gesamtschuldnerisch zu tragen. Unabhängig davon wird die EURO Kartensysteme zumutbare Maßnahmen ergreifen, um Verfügungen mit der gekündigten EUROCARD nach Erklärung der Kündigung zu unterbinden.

11. Eigentum und Gültigkeit

Die EUROCARD bleibt im Eigentum der EURO Kartensysteme. Sie ist nicht übertragbar.

Die EUROCARD ist nur für den auf der Karte angegebenen Zeitraum gültig.

Nach Ablauf der Gültigkeit ist die EURO Kartensysteme berechtigt, die alte EUROCARD zurückzuverlangen. Endet die Berechtigung, die EUROCARD zu nutzen, vorher (z. B. durch Kündigung des Kartenvertrages), so hat der Karteninhaber die EUROCARD unverzüglich an die EURO Kartensysteme zurückzugeben. Die EURO Kartensysteme behält sich das Recht vor, auch während der Laufzeit einer EUROCARD diese gegen eine neue auszutauschen; Kosten entstehen dem Karteninhaber dadurch nicht.

12. Kündigung

Der Kreditkartenvertrag kann von beiden Parteien zum Ablauf des auf der EUROCARD vermerkten Monats, und zwar unabhängig von der Laufzeit der EUROCARD, jedes Jahr unter Einhaltung einer dreimonatigen Frist gekündigt werden. Darüber hinaus ist die EURO Kartensysteme für den Fall, daß der Karteninhaber das im Kartenantrag angegebene kartenausgebende Institut wechselt, zur Kündigung des Kreditkartenvertrages ohne Einhaltung einer Frist berechtigt.

Die EURO Kartensysteme kann den EUROCARD-Vertrag fristlos kündigen, wenn ein wichtiger Grund vorliegt, durch den die Fortsetzung des EUROCARD-Vertrages auch unter angemessener Berücksichtigung der berechtigten Belange des Karteninhabers für die EURO Kartensysteme unzumutbar ist. Ein solcher Grund liegt insbesondere vor, wenn der Karteninhaber unrichtige Angaben über seine Vermögenslage gemacht hat, oder wenn eine wesentliche Verschlechterung seiner Vermögenslage eintritt oder einzutreten droht und dadurch die Erfüllung von EUROCARD-Verbindlichkeiten gegenüber der EURO Kartensysteme gefährdet ist.

13. Folgen der Kündigung

Mit Wirksamwerden der Kündigung darf die EUROCARD nicht mehr benutzt werden. Sie ist unverzüglich und unaufgefordert an die EURO Kartensysteme zurückzugeben.

14. Einziehung und Sperre der EUROCARD

Die EURO Kartensysteme darf die EUROCARD sperren oder den Einzug der EUROCARD veranlassen, wenn sie berechtigt ist, den Kreditkartenvertrag aus wichtigem Grund zu kündigen. Die EURO Kartensysteme ist zur Einziehung und Sperre auch berechtigt, wenn die Nutzungsberechtigung der EUROCARD durch Gültigkeitsablauf oder durch ordentliche Kündigung endet.

15. Änderungen oder Ergänzungen der Geschäftsbedingungen

Änderungen oder Ergänzungen dieser Geschäftsbedingungen wird die EURO Kartensysteme durch schriftliche Benachrichtigung bekanntgeben. Sie gelten als genehmigt, wenn der Karteninhaber nicht schriftlich Widerspruch erhebt. Auf diese Folge wird ihn die EURO Kartensysteme bei Bekanntgabe besonders hinweisen. Der Karteninhaber muß den Widerspruch innerhalb eines Monats nach Bekanntgabe der Änderungen an die EURO Kartensysteme absenden.

16. Einschaltung Dritter

Die EURO Kartensysteme ist berechtigt, sich im Rahmen des Kreditkartenvertrages zur Bewirkung der von ihr zu erbringenden Leistungen und zur Einforderung der vom Karteninhaber zu erbringenden Leistungen Dritter zu bedienen.

Vereinbarung über ein institutsübergreifendes System zur bargeldlosen Zahlung an automatisierten Kassen (electronic-cash-System)

Stand 1994

Der

Bundesverband der Deutschen Volksbanken
2 und Raiffeisenbanken e.V., Bonn, Bundesverband deutscher Banken e.V., Köln, Deutsche Sparkassen- und Giroverband e.V., Bonn,

und der

Verband öffentlicher Banken e.V., Bonn

– nachstehend Kreditwirtschaft genannt –

schließen folgende Vereinbarung:

1. Die Kreditwirtschaft vereinbart den Aufbau und den Betrieb eines institutsübergreifenden Systems zur bargeldlosen Zahlung an automatisierten Kassen (electronic-cash-System), das den Kunden der Kreditinstitute, die diese Vereinbarung anerkannt haben (angeschlossene Institute), bargeldlose Zahlungen mittels der ec-Karte und der sonstigen in Anlage 1 aufgelisteten Karten zu Lasten ihres Kontos an automatisierten Kassen – electronic-cash-Terminals – ermöglicht.
   Die Kreditwirtschaft ermöglicht den ihr angeschlossenen Instituten außerdem die Teilnahme am internationalen edc/Maestro-System. Das System ermöglicht den Inhabern der in Anlage 1 genannten Karten das bargeldlose Bezahlen an automatisierten Kassen im Ausland. Dem System im Inland angeschlossene Handels- und Dienstleistungsunternehmen erhalten die Möglichkeit, an ihren electronic-cash-Terminals mit dem edc/Maestro-Logo versehene Karten aus dem Ausland zu akzeptieren.
   Die dem edc/Maestro-System angeschlossenen Institute im Inland sind berechtigt, die in Anlage 1 genannten Karten mit dem edc/Maestro-Zeichen (Anlage 2) nach Maßgabe der Bestimmungen der edc/Maestro-Rules zu versehen.
   Für die Zahlung mit zugelassenen ausländischen edc/Maestro-Karten an electronic-cash-Terminals im Inland sowie für die Autorisierung von edc/Maestro-Umsätzen sind die edc/Maestro-Rules ergänzend maßgeblich.
2. Die Kreditwirtschaft stellt sicher, daß jedes Kreditinstitut, das seinen Kunden die Teilnahme am electronic-cash-System ermöglichen will, diese Vereinbarung nebst Anlagen anerkennt.
3. Es ist Aufgabe der Kreditwirtschaft, eine einheitliche Schnittstelle festzulegen, über die eingehende electronic-cash-Umsätze in dem jeweiligen Autorisierungssystem genehmigt werden können. Dies gilt auch für die Genehmigung von edc/Maestro-Umsätzen.
   Die angeschlossenen Kreditinstitute stellen sicher, daß bei der Autorisierung, soweit sie on-line zu erfolgen hat, jeweils auf dasselbe Autorisierungssystem zugegriffen wird, damit vorausgegangene Verfügungen bei der Autorisierung berücksichtigt werden.
4. Für die Ausstattung der ec-Karten und der sonstigen Karten nach Anlage 1 gilt Anlage 3.
5. Die angeschlossenen Kreditinstitute verpflichten sich, mit ihren Kunden die „Sonderbedingungen für den ec-Service" (Anlage 4) bzw. für die sonstigen Karten nach Anlage 1 entsprechende Bedingungen zu vereinbaren.
6. Die Bereitstellung des electronic-cash-Terminalnetzes ist Aufgabe der Netzbetreiber. Als Netzbetreiber kann zugelassen werden, wer die notwendige Zuverlässigkeit besitzt und die Voraussetzungen aus dem als Anlage 5 beigefügten „Vertrag über die Zulassung als Netzbetreiber im electronic-cash-System der deutschen Kreditwirtschaft" erfüllt. Die Netzbetreiber sind für die Aufstellung der electronic-cash-Terminals, deren Anschluß an den Betreiberrechner sowie deren technische Betreuung verantwortlich.
7. Der Anschluß der Handels- und Dienstleistungsunternehmen („Unternehmen"), die electronic-cash-Terminals zur bargeldlosen Zahlung einsetzen wollen, erfolgt, auch soweit Unternehmen mit dem edc/Maestro-Logo versehene ausländische Karten akzeptieren wollen, auf der Grundlage der „Bedingungen der Deutschen Kreditwirtschaft für die Teilnahme am electronic-cash-System" (Anlage 6).
   Abweichend von dem in Nr. 5 der Bedingungen genannten Entgelt wird an Tankstellen bei electronic-Umsätzen bis 100 DM jeweils ein Entgelt von 0,2 Prozent, mindestens aber 0,08 DM, berechnet.
8. Das von den Unternehmen erhobene electronic-cash-Entgelt wird durch die Netzbetreiber nach Vorgaben der Kreditwirtschaft bankleitzahlspezifisch ermittelt und periodisch an die kartenausgebenden Kreditinstitute oder eine von diesen bestimmte zentrale Stelle überwiesen. Soweit die Entgelte edc/Maestro-Umsätze betreffen, sind sie nach den Vorgaben der Kreditwirtschaft an eine von der Kreditwirtschaft beauftragte Stelle zu überweisen.

9. Die kartenausgebenden Institute im In- und Ausland werden gegenüber Unternehmen, die die „Bedingungen der Deutschen Kreditwirtschaft für die Teilnahme am electronic-cash-System" anerkannt haben, ein Zahlungsversprechen in Höhe des am electronic-cash-Terminal autorisierten Betrages abgeben. Ebenso geben die inländischen kartenausgebenden Institute innerhalb des edc/Maestro-Systems gegenüber den im Ausland angeschlossenen Handels- und Dienstleistungsunternehmen ein solches Zahlungsversprechen ab.
Voraussetzung für das Zahlungsversprechen gegenüber den im Inland angeschlossenen Handels- und Dienstleistungsunternehmen ist, daß das electronic-cash-Terminal zugelassen und nach den mit dem Netzbetreiber vereinbarten Verfahren betrieben wurde und daß die vom Unternehmen zu beachtenden Anforderungen eingehalten wurden. Weiterhin ist Voraussetzung, daß der electronic-cash-Umsatz einem Inkassoinstitut im Inland innerhalb von 8 Tagen eingereicht wurde. edc/Maestro-Umsätze müssen dem kartenausgebenden Institut im Ausland innerhalb von 12 Tagen vorliegen. Durch eine vom Unternehmen veranlaßte Stornierung eines autorisierten Betrages entfällt das Zahlungsversprechen.
Wird ein edc/Maestro-Umsatz aus dem Ausland wegen Fehlens der Garantievoraussetzungen reklamiert und an eine von der Kreditwirtschaft beauftragte Stelle zurückgegeben (charge-back-Fall), so ist diese berechtigt, den Umsatz an die erste Inkassostelle zurückzugeben. Die erste Inkassostelle ist berechtigt, den Umsatz während der Zeit der Reklamationsbearbeitung dem angeschlossenen Handels- und Dienstleistungsunternehmen zurückzubelasten.
Charge-back-Fälle werden durch eine von der Kreditwirtschaft beauftragte Stelle nach Maßgabe der edc/Maestro-Rules bearbeitet.

10. Das Inkassoinstitut wickelt für den Inhaber der Forderung aus dem electronic-cash-Umsatz den Einzug der Forderung per Lastschrift im Einzugsermächtigungsverfahren ab. Durch die Ausgabe von ec-Karten bzw. von in der Anlage 1 aufgelisteten Karten ermächtigen die kartenausgebenden Kreditinstitute jedes andere Kreditinstitut zur Einziehung von electronic-cash-Umsätzen, die durch eine Benutzung dieser Karten an electronic-cash-Terminals getätigt worden sind. Bei den mit ausländischen Karten getätigten edc/Maestro-Umsätzen ziehen die Inkassoinstitute die Forderungen per Lastschrift von einer von der Kreditwirtschaft beauftragten Stelle ein.
Die Institute bzw. die von der Kreditwirtschaft beauftragte Stelle lösen Lastschriften, mit denen die electronic cash- bzw. edc/Maestro-Umsätze eingezogen werden, unverzüglich ein. Eine Rückgabe dieser Lastschriften durch das kartenausgebende Kreditinstitut bzw. eine von der Kreditwirtschaft beauftragte Stelle wegen Widerspruchs, fehlender Deckung oder aus anderen Gründen i. S. des Abkommens über den Lastschriftverkehr ist nicht möglich.

11. Die Kreditwirtschaft bildet einen Arbeitsstab, der für alle Fragen zuständig ist, die im Zusammenhang mit dem electronic-cash-System und dieser Vereinbarung auftreten.
Die angeschlossenen Kreditinstitute haben die Beschlüsse des Arbeitsstabes zu befolgen.

12. Wurden Fälschungen oder Verfälschungen von ec-Karten oder anderer in Anlage 1 aufgeführter Karten verwendet, so bezahlt das im Datensatz der Lastschrift benannte Kreditinstitut die Forderung des Unternehmens. Schäden, die im Interesse des electronic-cash-Systems abgedeckt werden müssen und deren Übernahme dem einzelnen angeschlossenen Kreditinstitut nicht zugemutet werden kann, insbesondere Schäden aus dem Einsatz von gefälschten ec-Karten, werden zwischen den Vertragspartnern ausgeglichen. Die näheren Einzelheiten sowie insbesondere der Schlüssel zur Umlage derartiger Schäden werden vom Arbeitsstab festgelegt. Die Verteilung auf die einzelnen angeschlossenen Kreditinstitute bleibt internen Regelungen durch die einzelnen Vertragspartner vorbehalten.

13. Änderungen dieser Vereinbarung nebst Anlagen beschließt die Kreditwirtschaft auf Anregung des Arbeitsstabes. Die Änderungen werden für die angeschlossenen Kreditinstitute verbindlich, wenn diese den Änderungen nicht binnen einer Frist von einem Monat nach deren Bekanntgabe widersprechen; auf die Möglichkeit des Widerspruchs werden die angeschlossenen Kreditinstitute bei der Bekanntgabe der Änderung besonders hingewiesen. Widerspricht ein angeschlossenes Kreditinstitut einer Änderung der Vereinbarung, die bei der Bekanntgabe ausdrücklich als wesent-

2

lich bezeichnet worden ist, so scheidet es mit dem Zeitpunkt des Inkrafttretens dieser Änderung aus dem electronic-cash-System aus.
Diese Vereinbarung kann von jedem Vertragspartner mit einer Frist von 24 Monaten zum Ende eines jeden Monats gekündigt werden. Jedes angeschlossene Kreditinstitut kann seine Teilnahme ebenfalls mit einer Frist von 24 Monaten zum Ende eines jeden Monats kündigen. Es haftet unbeschadet der Kündigung für Schäden, die durch die Benutzung der von ihm ausgegebenen und an inländischen electronic-cash- bzw. ausländischen edc/Maestro-Terminals einsetzbaren Karten entstanden sind, sowie für sonstige Schäden nach Maßgabe der Nr. 12 in Verbindung mit der jeweiligen bereichsinternen Regelung zur Verteilung der Kosten auf die einzelnen angeschlossenen Kreditinstitute.
Kündigungen haben durch eingeschriebenen Brief gegenüber dem im Zentralen Kreditausschuß federführenden Verband zu erfolgen. Kündigt ein angeschlossenes Kreditinstitut, so ist die Erklärung über den zuständigen Vertragspartner an den im Zentralen Kreditausschuß federführenden Verband zu richten. Die Kündigung muß in diesen Fällen spätestens am 14. Tage der Kündigungsfrist bei dem federführenden Verband eingegangen sein. Dieser hat die Kündigung den übrigen Vertragspartnern unverzüglich anzuzeigen. Wird diese Vereinbarung von einem Vertragspartner gekündigt, so kann sich jeder andere Vertragspartner dieser Kündigung innerhalb einer Nachfrist von drei Monaten anschließen.

14. Diese Vereinbarung tritt am 1. November 1994 in Kraft.

Anlage 1
zur Vereinbarung

über ein institutsübergreifendes System zur bargeldlosen Zahlung an automatisierten Kassen (electronic-cash-System).

Zugelassene Karten

An Terminals des electronic-cash-Systems der deutschen Kreditwirtschaft können folgende Karten eingesetzt werden:

1. eurocheque-Karten (ec-Karten), die von den deutschen Kreditinstituten ausgegeben werden.
2. Sonstige Karten („Kundenkarten"):
   - BANK-CARD der Volksbanken- und Raiffeisenbanken
   - S-Card der Sparkassen und Girozentralen
   - Kundenkarte der Deutschen Bank
   - Dresdner ServiceCard
3. Von ausländischen Kreditinstituten ausgegebene Karten, die das edc und/oder Maestro-Logo tragen.

Anlage 2
electronic-cash-Piktogramm
(hier nicht abgedruckt)

edc/Maestro-Logo
(hier nicht abgedruckt)

Anlage 3
Spurbelegung von ec- und Kundenkarten
(hier nicht abgedruckt)

Anlage 4
Bedingungen für den ec-Service
(Abgedruckt unter 2.7)

Anlage 5
Vertrag über die Zulassung als Netzbetreiber im electronic-cash-System der deutschen Kreditwirtschaft
(hier nicht abgedruckt)

2

Vereinbarung über ein institutsübergreifendes Point-of-Sale-System ohne Zahlungsgarantie (POZ-System)

Stand 1993

Der
Bundesverband der Deutschen Volksbanken und Raiffeisenbanken e.V., Bonn,
Bundesverband deutscher Banken e.V., Köln,
Deutsche Sparkassen- und Giroverband e.V., Bonn
und der
Verband öffentlicher Banken
– nachstehend „Vertragspartner" genannt –
schließen folgende Vereinbarung:

1. Die Vertragspartner vereinbaren den Aufbau und den Betrieb eines institutsübergreifenden Point-of-Sale-Systems ohne Zahlungsgarantie (POZ-System). Das POZ-System ermöglicht Handels- und Dienstleistungsunternehmen (Unternehmen) für die Kunden, deren Kreditinstitute diese Vereinbarung anerkannt haben, die Erstellung von Lastschriften an automatisierten Kassen (POZ-Terminals) mittels der im Magnetstreifen der ec-Karte gespeicherten Daten. Nach positiver Sperrdateiabfrage, Einholung einer schriftlichen Einzugsermächtigung des Karteninhabers und dessen schriftlichem Einverständnis mit der Übermittlung seines Namens sowie seiner Adresse vom kartenausgebenden Kreditinstitut an das Unternehmen können diese Lastschriften eingezogen werden. Eine Einlösungsgarantie besteht für diese Lastschriften nicht.

2. Die Vertragspartner stellen sicher, daß jedes Kreditinstitut, das seinen Kunden die Teilnahme am POZ-System ermöglichen will, diese Vereinbarung nebst Anlagen anerkennt.

3. Die Vertragspartner legen eine einheitliche Schnittstelle fest, über die Sperrabfragen zu POZ-Transaktionen durchgeführt werden. Die Sperrabfrage hat ausschließlich bei dem kartenausgebenden Kreditinstitut bzw. der von diesem beauftragten Stelle zu erfolgen. Die angeschlossenen Kreditinstitute verpflichten sich, weder einzelne Sperren zu von anderen Kreditinstituten ausgegebenen ec-Karten noch die Sperrdateien – unabhängig davon, im Rahmen welcher Anwendung das Kreditinstitut Kenntnis von der Sperre erlangt hat – an Konzentratoren oder sonstige Dritte weiterzugeben noch diesen auf sonstige Weise zur Nutzung zur Verfügung zu stellen oder für diese zu nutzen.

4. Die angeschlossenen Kreditinstitute verpflichten sich, mit ihren Kunden die „Sonderbedingungen für den ec-Service" (Anlage 1)[1] zu vereinbaren.

5. Die Bereitstellung des POZ-Terminalnetzes ist Aufgabe der Konzentratoren. Als Konzentrator kann zugelassen werden, wer die notwendige Zuverlässigkeit besitzt und die Voraussetzungen aus dem als Anlage 2[2] beigefügten „Vertrag über die Zulassung als Konzentrator im POZ-System" erfüllt.

6. Der Anschluß der Unternehmen, die POZ-Terminals zur kartengesteuerten Lastschrifterstellung einsetzen wollen, erfolgt auf der Grundlage der beigefügten „Bedingungen für die Teilnahme am POZ-System" (Anlage 3).[2] Diese sehen neben der Berechtigung zur Erstellung einer Lastschrift unter Verwendung der im Magnetstreifen der ec-Karte gespeicherten Daten u.a. vor, daß die kartenausgebenden Kreditinstitute den Unternehmen Namen und Adresse des Karteninhabers auf Anfrage gegen entsprechendes Entgelt mitteilen, wenn
   - eine POZ-Lastschrift nicht eingelöst wurde oder der Kunde der Belastung widersprochen hat und
   - die Sperrdatei abgefragt wurde und
   - eine wirksame Einwilligung des Kunden in die Weitergabe vorliegt.

7. Entsprechend Abschnitt III, Nummer 2 des Lastschriftabkommens ist die Rückgabe und Rückrechnung von POZ-Lastschriften zwischen der Zahlstelle und der ersten Inkassostelle ausgeschlossen, wenn der Zahlungspflichtige nicht binnen sechs Wochen nach Belastung widerspricht. Allerdings haftet die erste Inkassostelle entsprechend Abschnitt I, Nummer 4 des Lastschriftabkommens auch in diesen Fällen für jeden Schaden, der der Zahlstelle durch unberechtigt eingereichte Lastschriften entsteht. Zum Nachweis der fehlenden Berechtigung genügt eine schriftliche Erklärung des Karteninhabers, aus der hervorgeht, daß er die strittige Verfügung nicht vorgenommen hat.

8. Das von den Unternehmen zu entrichtende Entgelt wird durch die Konzentratoren nach Vorgaben der Vertragspartner bankleitzahlspezifisch ermittelt und periodisch an die kartenausgebenden Kreditinstitute oder eine

[1] Abgedruckt unter 2.7
[2] Nicht abgedruckt

von diesen bestimmte zentrale Stelle überwiesen.

9. Die Vertragspartner übertragen dem ZKA[3]-Arbeitsstab „electronic-cash" die Behandlung aller Fragen, die im Zusammenhang mit dem POZ-System und dieser Vereinbarung auftreten. Die angeschlossenen Kreditinstitute haben die Beschlüsse des Arbeitsstabes zu befolgen.

10. Änderungen dieser Vereinbarung nebst Anlagen beschließen die Vertragspartner auf Anregung des Arbeitsstabes. Die Änderungen werden für die angeschlossenen Kreditinstitute verbindlich, wenn diese den Änderungen nicht binnen einer Frist von einem Monat nach deren Bekanntgabe widersprechen; auf die Möglichkeit des Widerspruchs werden die angeschlossenen Kreditinstitute bei der Bekanntgabe der Änderung besonders hingewiesen. Widerspricht ein angeschlossenes Kreditinstitut einer wesentlichen Änderung der Vereinbarung, so scheidet es mit dem Zeitpunkt des Inkrafttretens dieser Änderung aus dem POZ-System aus, wenn es den Widerspruch trotz eines unverzüglichen Hinweises des zuständigen Vertragspartners auf die Folgen des Widerspruchs aufrechterhält. Diese Vereinbarung kann von jedem Vertragspartner mit einer Frist von 12 Monaten zum Ende eines jeden Monats gekündigt werden. Jeder andere Vertragspartner kann sich dieser Kündigung innerhalb einer Nachfrist von drei Monaten anschließen. Jedes angeschlossene Kreditinstitut kann seine Teilnahme ebenfalls mit einer Frist von 12 Monaten zum Ende eines jeden Monats kündigen. Kündigungen haben durch eingeschriebenen Brief gegenüber dem im Zentralen Kreditausschuß federführenden Verband zu erfolgen. Kündigt ein angeschlossenes Kreditinstitut, so ist die Erklärung über den zuständigen Vertragspartner an den im Zentralen Kreditausschuß federführenden Verband zu richten. Dieser hat die Kündigung den übrigen Vertragspartnern unverzüglich anzuzeigen.

11. Diese Vereinbarung tritt am 01. Februar 1993 in Kraft.

[3] ZKA = Zentraler Kreditausschuß

Bedingungen für die Beteiligung von Kunden am beleglosen Datenträgeraustausch mittels Magnetbändern (Magnetband-Clearing-Verfahren)

I. Allgemeine Verfahrensbestimmungen

1. Im beleglosen Datenträgeraustausch mittels Magnetbändern nimmt die Bank zur Vereinfachung des Zahlungsverkehrs Magnetbänder mit Ausführungsaufträgen für Überweisungen und Lastschriften entgegen und liefert Magnetbänder mit eingegangenen Buchungsposten aus.[1]

2. Die Magnetbänder müssen in Satz- und Dateiaufbau und in den Spezifikationen den Angaben gemäß der Anlage 1a entsprechen.

3. Die Angaben zum Verwendungszweck haben sich in aussagefähiger Kurzform ausschließlich auf den Zahlungsverkehrsvorgang zu beziehen. Die Bestimmungen im „Merkblatt zur Abfassung von Angaben zum Verwendungszweck, Auftraggeber, Zahlungsempfänger/Zahlungspflichtigen im beleglosen Zahlungsverkehr[1] (vgl. Anlage 1b) sind unbedingt einzuhalten. Für die Bezeichnung des Auftraggebers/Zahlungsempfängers sollen nicht mehr als 27 Stellen belegt werden.

4. Für die Verwendung von Textschlüsseln gelten die Festlegungen in Anlage 2.

5. Vor Anlieferung eines Magnetbandes an die Bank und nach Erhalt eines Magnetbandes[1] ist eine Aufzeichnung mit dem vollständigen Magnetbandinhalt, d.h. einschließlich eventueller Erweiterungsteile, zu erstellen. Die Bank kann jederzeit die Überlassung der Aufzeichnung verlangen.

6. Bei Anlieferung eines Magnetbandes ist für jede darin enthaltene logische Datei ein Auftrag in Form eines Magnetband-Begleitzettels gemäß der Anlage 3 in zweifacher Ausfertigung beizufügen.
   Der Kunde hat den Magnetband-Begleitzettel, der gleichzeitig die Funktion eines Sammelüberweisungs- oder Einziehungsauftrages über die Gesamtsumme aller Überweisungen oder Lastschriften hat, rechtsverbindlich zu unterschreiben. Die Magnetbänder sind durch Aufkleber gemäß Anlage 4 zu kennzeichnen.

[1] Eine Auslieferung von Magnetbändern an den Kunden erfolgt nur, soweit hierüber eine gesonderte Vereinbarung besteht.

7. Vor Anlieferung und nach Erhalt eines Magnetbandes[1] sind vom Kunden die in Anlage 5 aufgeführten Kontrollmaßnahmen durchzuführen. Der Inhalt der vom Kunden angelieferten Magnetbänder ist von diesem mindestens für einen Zeitraum von 10 Geschäftstagen in der Form nachweisbar zu halten, daß der Bank auf Anforderung kurzfristig besonders gekennzeichnete Duplikat-Magnetbänder geliefert werden können. Diese Frist verlängert sich ggf. entsprechend Abschnitt II Ziff. 2.

8. Nach Anlieferung eines Magnetbandes können Rückrufe von einzelnen Lastschriften oder Überweisungen nur außerhalb des Datenträgeraustausch-Verfahrens vorgenommen werden. Die Einzelangaben des Rückrufes müssen mit denjenigen des Originalauftrages in den Feldern 4, 5, 9-15 sowie inhaltlich auch mit den Angaben in Feld 16 des Datensatzes C entsprechend der Anlage 1a übereinstimmen.
   Berichtigungen sind nur durch Rückrufe und erneute Auftragserteilung möglich.
   Der Rückruf eines Magnetbandes ist ausgeschlossen, sobald die Bank mit dessen Bearbeitung begonnen hat.

II. Die Behandlung der Magnetbänder durch die Bank

1. Die Bank ist berechtigt, empfangene Magnetbänder ganz oder teilweise auszudrucken. Der Kunde kann den Ausdruck von Belegen nicht verlangen.

2. Die Bank führt spätestens mit der Ausführung der Aufträge die Kontrollmaßnahmen gemäß der Aufzählung in Anlage 5 durch. Soweit diese Prüfung ausnahmsweise nicht innerhalb der Frist von 10 Tagen i. S. des Abschnittes I Ziff. 7 erfolgt, wird die Bank den Kunden hierüber unterrichten. Der Kunde ist sodann verpflichtet, den Inhalt des betreffenden Magnetbandes entsprechend länger nachweisbar zu halten.

3. Ergeben sich bei einer von der Bank durchgeführten Kontrolle des Magnetbandes Fehler, so wird sie die fehlerhaften Datensätze mit ihrem vollständigen Inhalt nachweisen und sie dem Kunden unverzüglich mitteilen.

Die fehlerhaften Datensätze können von der weiteren Bearbeitung ausgeschlossen werden.

4. Stellt die Bank fest, daß sie ein angenommenes Magnetband wegen seiner Beschaffenheit ganz oder teilweise nicht bearbeiten kann oder daß Unstimmigkeiten zwischen dem Magnetband und Begleitzettel bestehen, so ist sie berechtigt, das Magnetband und/oder den Magnetband-Begleitzettel an den Kunden zurückzugeben. Der Kunde ist in diesen Fällen zur Rücknahme verpflichtet. Er kann sich nicht darauf berufen, daß eine Bearbeitung des Magnetbandes auf seiner Anlage möglich ist.

5. Die Bank gibt die Original-Magnetbänder und ein etwa erhaltenes Duplikat nach Bearbeitung zurück.

III. Die Auslieferung von Magnetbändern an den Kunden[1)]

1. Bei der Auslieferung eines Magnetbandes an den Kunden werden die darauf enthaltenen Gutschriften bzw. Belastungen in Form der üblichen Sammelbuchungen auf dem Konto des Kunden gebucht. Der Kunde kann den Ausdruck von Einzelbelegen nicht verlangen.

2. Der Kunde erhält zusammen mit dem Magnetband für jede darin enthaltene logische Datei einen Begleitzettel.

3. Das Magnetband ist unverzüglich zu bearbeiten und sofort nach Bearbeitung an die Bank zurückzugeben.

4. Ergeben sich bei den gemäß Abschnitt I Ziffer 7 durchzuführenden Kontrollen Fehler, so sind die fehlerhaften Datensätze mit ihrem vollständigen Inhalt nachzuweisen und der Bank unverzüglich mitzuteilen.
   Stellt der Kunde fest, daß er ein erhaltenes Magnetband wegen seiner Beschaffenheit ganz oder teilweise nicht bearbeiten kann, so muß er dies der Bank unverzüglich anzeigen. Die Bank wird ihm sodann Unterlagen zur weiteren Bearbeitung der auf diesem Magnetband gespeicherten Zahlungsverkehrsvorgänge zur Verfügung stellen.

[1)] Eine Auslieferung von Magnetbändern an den Kunden erfolgt nur, soweit hierüber eine gesonderte Vereinbarung besteht.

IV. Haftung

1. Der Kunde ist im Verhältnis zur Bank und allen Kreditinstituten, die die jeweils von ihm hereingegebenen Daten bearbeiten, für alle Schäden und Nachteile verantwortlich, die dadurch entstehen, daß sich das von ihm gelieferte Magnetband oder die von ihm angegebenen Daten nicht in einem ordnungsgemäßen Zustand befinden, bzw. unrichtig oder unvollständig sind.

2. Die Bank haftet nur für grobes Verschulden und nur in dem Maße, in dem ihr Verhalten zur Entstehung eines Schadens beigetragen hat. Die Schadensersatzpflicht beschränkt sich auf den Betrag des jeweils betroffenen Zahlungsverkehrsvorganges.

V. Schlußbestimmungen

1. Die in diesen Bedingungen erwähnten Anlagen sind Bestandteil der zwischen dem Kunden und der Bank geschlossenen Vereinbarung. Sollten sich Änderungen ergeben, so wird die Bank den Kunden hierüber rechtzeitig benachrichtigen.

2. Die Festlegung eines Datums für die Einlieferung von Magnetbändern bei der Bank enthält nicht die Zusage eines Ausführungstermins; hierüber ist eine gesonderte Vereinbarung zu treffen.

3. Die Konditionen für die Beteiligung vom Kunden am Datenträgeraustausch-Verfahren werden gesondert vereinbart.

4. Ergänzend gelten die Allgemeinen Geschäftsbedingungen der Bank.

Bedingungen für die Beteiligung von Kunden am automatisierten Zahlungsverkehr durch beleglosen Datenträgeraustausch mittels Disketten (Disketten-Clearing-Verfahren)

– hier nicht abgedruckt –

Die Bedingungen sind gleich dem Magnetband-Clearing-Verfahren. Im Text ist lediglich Magnetband / Magnetbänder ersetzt durch Diskette / Disketten.

Bedingungen für Datenfernübertragung (DFÜ)[1)]

I. Leistungsumfang

Das Kreditinstitut steht seinem Kunden für die Datenkommunikation im Wege der Datenfernübertragung (DFÜ) zur Verfügung.
Es gibt dem Kunden die Dienstleistungsarten bekannt, die er im Rahmen der DFÜ nutzen kann.
Zu diesem Zweck erhält der Kunde

- zur Abfrage von Informationen bei dem Kreditinstitut die in der Anlage 1 spezifizierten Medien
- zur Auftragserteilung an das Kreditinstitut die in der Anlage 2 genannten Medien

einschließlich einer Verfahrensanleitung, die Einzelheiten und Besonderheiten des jeweiligen Verfahrens beschreibt.
Je nach Verfahren hat der Kunde entsprechend den Vorgaben in der Verfahrensanleitung weitere Medien selbst zu erstellen.

II. Allgemeine Verfahrensbestimmungen

(1) Für die Kommunikation sind von dem Kunden Datenverarbeitungsanlagen, die mit einem der in Anlage 3 aufgeführten Betriebssysteme und DFÜ-Verfahren arbeiten, zu verwenden.

(2) Der Kunde ist verpflichtet, jeweils die vom Kreditinstitut ihm gegenüber zugelassene Software einzusetzen. Werden die Anforderungen an die Software geändert, teilt das Kreditinstitut dem Kunden dies rechtzeitig mit und gibt den Einsatztermin bekannt. Die verfahrensspezifische Benutzerführung ist zu beachten.

(3) Die Datensätze des Kunden müssen in Satz- und Dateiaufbau sowie in den Spezifikationen den Angaben gemäß Anlage 4 entsprechen.

(4) Vor Übertragung von Datensätzen an das Kreditinstitut ist eine Aufzeichnung der zu übertragenden Dateien mit deren vollständigem Inhalt sowie der zur Prüfung der Legitimation notwendigen Daten, soweit diese nicht geheim sind, zu erstellen. Diese ist von den Kunden mindestens für einen Zeitraum von 10 Geschäftstagen bei Inlandszahlungsaufträgen und 30 Geschäftstagen bei Auslandszahlungsaufträgen in der Form nachweisbar zu halten, daß die Datei auf Anforderung des Kreditinstituts kurzfristig erneut zur Verfügung gestellt werden kann, sofern nichts Abweichendes vereinbart wird.
Außerdem hat der Kunde für jede logische Datei ein maschinelles Protokoll, das inhaltlich den Bestimmungen der Anlage 5 entspricht, zu erstellen, zu seinen Unterlagen zu nehmen und auf Anforderung des Kreditinstituts zur Verfügung zu stellen.

(5) Soweit das Kreditinstitut dem Kunden Daten über Zahlungsvorgänge zur Verfügung stellt, die noch nicht endgültig bearbeitet sind, stellen diese lediglich eine unverbindliche Information dar. Die entsprechenden Daten sind – wie in der Verfahrensanleitung beschrieben – jeweils besonders gekennzeichnet.

III. Legitimationsverfahren/Geheimhaltung

(1) Der Kunde ist verpflichtet, die in der Verfahrensanleitung bezeichneten Sicherungsprozeduren durchzuführen.

(2) Mittels der in den Anlagen 1 und 2 bezeichneten sowie ggfs. der vom Kunden selbst erstellten Medien identifiziert und legitimiert sich der Kunde gegenüber dem Kreditinstitut und ist damit berechtigt, einen Datenfernübertragungsvorgang auszulösen.

Die zur Legitimation dienenden Medien dürfen nur dem Kunden selbst oder besonders beauftragten Vertretern zugänglich bzw. bekannt sein. Sie dürfen Dritten nicht mitgeteilt werden, denn jede Person die im Besitz dieser Medien ist, kann die vereinbarten Dienstleistungen nutzen.

IV. Zugangssperre

Bei Verlust der zur Legitimation dienenden Medien sowie bei Verdacht ihrer mißbräuchlichen Nutzung hat der Kunde unverzüglich sein Konto für die Datenfernübertragung zu sperren oder durch das Kreditinstitut sperren zu lassen. Einzelheiten regelt die Verfahrensanleitung.

[1)] DFÜ: Abkürzung für „Datenfernübertragung"

2

Wird ein individuell einzugebendes der Legitimation des Kunden dienendes Medium dreimal hintereinander als falsch erkannt, so wird die Datenkommunikation im Wege der DFÜ abgebrochen oder – je nach Art des vereinbarten Verfahrens das betreffende der Legitimation dienende Medium unbrauchbar.

V. Behandlung der vom Kunden übermittelten Daten durch das Kreditinstitut

(1) Die dem Kreditinstitut im DFÜ-Verfahren erteilten Aufträge werden im Rahmen des banküblichen Arbeitsablaufs bearbeitet.

(2) Das Kreditinstitut prüft die Legitimation des Absenders sowie die Übereinstimmung der Auftrags-Datensätze mit den Bestimmungen gemäß Anlage 4.

(3) Ergibt die Legitimationsprüfung Unstimmigkeiten, wird das Kreditinstitut die betreffende Datei nicht bearbeiten und den Kunden hierüber unverzüglich unterrichten.

(4) Ergeben sich bei den von dem Kreditinstitut durchgeführten Prüfungen der Datensätze gemäß Anlage 4 Fehler, so wird das Kreditinstitut die fehlerhaften Datensätze mit ihrem vollständigen Inhalt nachweisen und sie dem Kunden unverzüglich mitteilen. Dateien mit fehlerhaften Datensätzen können von der weiteren Verarbeitung ausgeschlossen werden.

VI. Haftung

(1) Der Kunde trägt alle Schäden, die durch mißbräuchliche Verwendung der ihm zur Datenkommunikation zur Verfügung stehenden und seiner Legitimation gegenüber dem Kreditinstitut dienenden Medien verursacht werden; dies gilt insbesondere, wenn er die Medien Dritten zugänglich gemacht hat. Der Kunde haftet auch für Schäden, die infolge einer Duplizierung der Medien entstehen.

(2) Er ist im Verhältnis zum Kreditinstitut für alle Schäden und Nachteile verantwortlich, die dadurch entstehen, daß die von ihm übermittelten Auftragsdaten oder die von ihm angegebenen Daten sich nicht in einem ordnungsgemäßen Zustand befinden bzw. unrichtig oder unvollständig sind, es sei denn, daß der Fehler durch das Kreditinstitut im Rahmen seiner Kontrollen nach Ziffer V Nr. 2 hätte festgestellt werden können.

(3) Das Kreditinstitut haftet im Rahmen des von ihm zu vertretenden Verschuldens nur in dem Maße, in dem es im Verhältnis zu anderen Ursachen an der Entstehung des Schadens mitgewirkt hat.

VII. Rückruf

Rückrufe einzelner Aufträge oder einer gesamten Datei können nur außerhalb des DFÜ-Verfahrens gegenüber dem Kreditinstitut vorgenommen werden. Berichtigungen sind nur durch Rückruf und erneute Auftragserteilung möglich.

Schlußbestimmungen

(1) Die in diesen Bedingungen erwähnten Anlagen sind Bestandteil der mit dem Kunden geschlossenen Vereinbarung. Sollten sich aufgrund der technischen Entwicklung Änderungen als erforderlich erweisen, so wird der Kunde hierüber rechtzeitig informiert.

(2) Die Festlegung eines Datums für die Entgegennahme von Datensätzen enthält nicht die Zusage eines Ausführungstermins.

Anlage 1

Medien zur Abfrage von Informationen (Beispiele!!)

- ○ Bankdiskette[1)]
- ○ persönliche PIN-Briefe mit verfahrensabhängigen Geheimwerten[1)] (je Benutzer)
- ○ Chip-Karte je Benutzer (einschließlich Initialpaßwort)[1)] (für sonstige künftige Verfahren)
- ○ Paßwort zur Leistung der elektronischen Unterschrift[1)] (vom Kunden nach Maßgabe der Verfahrensanleitung selbst generiert)
- ○ sonstige hard-/softwareunterstützte Sicherheitsmechanismen (für sonstige künftige Verfahren)
- ○ Anwendungs-Software einschließlich DFÜ-Programm

[1)] Legitimationsmedium, bitte sorgfältig aufbewahren

Anlage 2

Medien zur Auftragserteilung an das Kreditinstitut (Beispiele!!)

- ○ Bankdiskette[1)]
- ○ persönliche PIN-Briefe mit verfahrensabhängigen Geheimwerten[1)]
  (je Benutzer)
- ○ Chip-Karte je Benutzer (einschließlich Initialpaßwort)[1)]
  (für sonstige künftige Verfahren)
- ○ persönliche Transaktionsnummern[1)]
- ○ Paßwort zur Leistung der elektronischen Unterschrift[1)]
  (vom Kunden nach Maßgabe der Verfahrensanleitung selbst generiert)
- ○ sonstige hard-/softwareunterstützte Sicherheitsmechanismen
  (für sonstige künftige Verfahren)
- ○ Anwendungs-Software einschließlich DFÜ-Programm

[1)] Legitimationsmedium, bitte sorgfältig aufbewahren

Anlage 3

Betriebssysteme und DFÜ-Verfahren (Beispiele!!)

1. Betriebssysteme

- ○ Industriestandard-PC
  (z.B. IBM PS/2 mit MS-DOS/PC-DOS ab Vers. 2.0 aufwärts)

2

2. DFÜ-Verfahren

- ○ FTOS/FTAM
- ○ sonstige

Anlage 4

Satz- und Dateiaufbau Spezifikationen
(hier nicht abgedruckt)

Anlage 5

1. Maschinelles Protokoll zur Übertragung von Dateien mit Inlandszahlungsaufträgen (Mindestangaben)

2. Maschinelles Protokoll zur Übertragung von Dateien mit Auslandszahlungsaufträgen (Mindestangaben)

3. Maschinelles Protokoll zur Übertragung von POS-Dateien (Mindestangaben)
(hier nicht abgedruckt)

Scheckgesetz

Vom 14. August 1933, mit Änderungen bis zum 17. Juni 1985

Erster Abschnitt

2

Ausstellung und Form des Schecks

Art. 1. [Bestandteile] Der Scheck enthält:
1. die Bezeichnung als Scheck im Texte der Urkunde, und zwar in der Sprache, in der sie ausgestellt ist;
2. die unbedingte Anweisung, eine bestimmte Geldsumme zu zahlen;
3. den Namen dessen, der zahlen soll (Bezogener);
4. die Angabe des Zahlungsortes;
5. die Angabe des Tages und des Ortes der Ausstellung;
6. die Unterschrift des Ausstellers.

Art. 2. [Fehlen von Bestandteilen] (1) Eine Urkunde, in der einer der im vorstehenden Artikel bezeichneten Bestandteile fehlt, gilt nicht als Scheck, vorbehaltlich der in den folgenden Absätzen bezeichneten Fälle.

(2) [1]Mangels einer besonderen Angabe gilt der bei dem Namen des Bezogenen angegebene Ort als Zahlungsort. [2]Sind mehrere Orte bei dem Namen des Bezogenen angegeben, so ist der Scheck an dem an erster Stelle angegebenen Orte zahlbar.

(3) Fehlt eine solche und jede andere Angabe, so ist der Scheck an dem Orte zahlbar, an dem der Bezogene seine Hauptniederlassung hat.

(4) Ein Scheck ohne Angabe des Ausstellungsortes gilt als ausgestellt an dem Orte, der bei dem Namen des Ausstellers angegeben ist.

Art. 3. [Bezogener] [1]Der Scheck darf nur auf einen Bankier gezogen werden, bei dem der Aussteller ein Guthaben hat, und gemäß einer ausdrücklichen oder stillschweigenden Vereinbarung, wonach der Aussteller das Recht hat, über dieses Guthaben mittels Schecks zu verfügen. [2]Die Gültigkeit der Urkunde als Scheck wird jedoch durch die Nichtbeachtung dieser Vorschriften nicht berührt.

Art. 4. [Keine Annahme] [1]Der Scheck kann nicht angenommen werden. [2]Ein auf den Scheck gesetzter Annahmevermerk gilt als nicht geschrieben.

Art. 5. [Zahlungsempfänger] (1) Der Scheck kann zahlbar gestellt werden:

an eine bestimmte Person, mit oder ohne den ausdrücklichen Vermerk „an Order";

an eine bestimmte Person, mit dem Vermerk „nicht an Order" oder mit einem gleichbedeutenden Vermerk an den Inhaber.

(2) Ist im Scheck eine bestimmte Person mit dem Zusatz „oder Überbringer" oder mit einem gleichbedeutenden Vermerk als Zahlungsempfänger bezeichnet, so gilt der Scheck als auf den Inhaber gestellt.

(3) Ein Scheck ohne Angabe des Nehmers gilt als zahlbar an den Inhaber,

Art. 6. [Besondere Scheckarten] (1) Der Scheck kann an die eigene Order des Ausstellers lauten.

(2) Der Scheck kann für Rechnung eines Dritten gezogen werden.

(3) Der Scheck kann nicht auf den Aussteller selbst gezogen werden, es sei denn, daß es sich um einen Scheck handelt, der von einer Niederlassung auf eine andere Niederlassung des Ausstellers gezogen wird.

Art. 7. [Zinsvermerk] Ein in den Scheck aufgenommener Zinsvermerk gilt als nicht geschrieben.

Art. 8. [Zahlungsort] Der Scheck kann bei einem Dritten, am Wohnort des Bezogenen oder an einem anderen Orte, zahlbar gestellt werden, sofern der Dritte Bankier ist.

Art. 9. [Schecksumme] (1) Ist die Schecksumme in Buchstaben und in Ziffern angegeben, so gilt bei Abweichungen die in Buchstaben angegebene Summe.

(2) Ist die Schecksumme mehrmals in Buchstaben oder mehrmals in Ziffern angegeben, so gilt bei Abweichungen die geringste Summe.

Art. 10. [Ungültige Unterschriften] Trägt ein Scheck Unterschriften von Personen, die eine Scheckverbindlichkeit nicht eingehen können, gefälschte Unterschriften, Unterschriften erdichteter Personen oder Unterschriften, die aus irgendeinem anderen Grunde für die Personen, die unterschrieben haben oder mit deren Namen unterschrieben worden ist, keine Verbindlichkeit begründen, so hat dies auf die Gültigkeit der übrigen Unterschriften keinen Einfluß.

Art. 11. [Vertreter ohne Vertretungsmacht] [1]Wer auf einen Scheck seine Unterschrift als Vertreter eines anderen setzt, ohne hierzu ermächtigt zu sein, haftet selbst scheckmäßig und hat, wenn er den Scheck einlöst, dieselben Rechte, die der angeblich Vertretene haben würde. [2]Das gleiche gilt von einem Vertreter, der seine Vertretungsbefugnis überschritten hat.

Art. 12. [Haftung des Ausstellers] [1]Der Aussteller haftet für die Zahlung des Schecks. [2]Jeder Vermerk, durch den er diese Haftung ausschließt, gilt als nicht geschrieben.

Art. 13. [Blankoscheck] Wenn ein Scheck, der bei der Begebung unvollständig war, den getroffenen Vereinbarungen zuwider ausgefüllt worden ist, so kann die Nichteinhaltung dieser Vereinbarungen dem Inhaber nicht entgegengesetzt werden, es sei denn, daß er den Scheck in bösem Glauben erworben hat oder ihm beim Erwerb eine grobe Fahrlässigkeit zur Last fällt. 2

Zweiter Abschnitt

Übertragung

Art. 14. [Zulässigkeit des Indossaments] (1) Der auf eine bestimmte Person zahlbar gestellte Scheck mit oder ohne den ausdrücklichen Vermerk „an Order" kann durch Indossament übertragen werden.

(2) Der auf eine bestimmte Person zahlbar gestellte Scheck mit dem Vermerk „nicht an Order" oder mit einem gleichbedeutenden Vermerk kann nur in der Form und mit den Wirkungen einer gewöhnlichen Abtretung übertragen werden.

(3) [1]Das Indossament kann auch auf den Aussteller oder jeden anderen Scheckverpflichteten lauten. [2]Diese Personen können den Scheck weiter indossieren.

Art. 15. [Indossament bedingungsfeindlich; Teilindossament; Indossament an den Inhaber oder Bezogenen] (1) [1]Das Indossament muß unbedingt sein. [2]Bedingungen, von denen es abhängig gemacht wird, gelten als nicht geschrieben.

(2) Ein Teilindossament ist nichtig.

(3) Ebenso ist ein Indossament des Bezogenen nichtig.

(4) Ein Indossament an den Inhaber gilt als Blankoindossament.

(5) Das Indossament an den Bezogenen gilt nur als Quittung, es sei denn, daß der Bezogene mehrere Niederlassungen hat und das Indossament auf eine andere Niederlassung lautet als diejenige, auf die der Scheck gezogen worden ist.

Art. 16. [Form; Blankoindossament] (1) [1]Das Indossament muß auf den Scheck oder ein mit dem Scheck verbundenes Blatt (Anhang) gesetzt werden. [2]Es muß von dem Indossanten unterschrieben werden.

(2) [1]Das Indossament braucht den Indossatar nicht zu bezeichnen und kann selbst in der bloßen Unterschrift des Indossanten bestehen (Blankoindossament). [2]In diesem letzteren Falle muß das Indossament, um gültig zu sein, auf die Rückseite des Schecks oder auf den Anhang gesetzt werden.

Art. 17. [Transportfunktion] (1) Das Indossament überträgt alle Rechte aus dem Scheck.

(2) Ist es ein Blankoindossament, so kann der Inhaber
1. das Indossament mit seinem Namen oder mit dem Namen eines anderen ausfüllen;
2. den Scheck durch ein Blankoindossament oder an eine bestimmte Person weiter indossieren;
3. den Scheck weiterbegeben, ohne das Blankoindossament auszufüllen und ohne ihn zu indossieren.

Art. 18. [Garantiefunktion] (1) Der Indossant haftet mangels eines entgegenstehenden Vermerks für die Zahlung.

(2) Er kann untersagen, daß der Scheck weiter indossiert wird, in diesem Falle haftet er denen nicht, an die der Scheck weiter indossiert wird.

Art. 19. [Scheckvermutung] [1]Wer einen durch Indossament übertragbaren Scheck in Händen hat, gilt als rechtmäßiger Inhaber, sofern er sein Recht durch eine ununterbrochene Reihe von Indossamenten nachweist, und zwar auch dann, wenn das letzte ein Blankoindossament ist. [2]Ausgestrichene Indossamente gelten hierbei als nicht geschrieben. [3]Folgt auf ein Blankoindossament ein weiteres Indossament, so wird angenommen, daß der Aussteller dieses Indossaments den Scheck durch das Blankoindossament erworben hat.

Art. 20. [Indossament auf Inhaberscheck] Ein Indossament auf einem Inhaberscheck macht den Indossanten nach den Vorschriften über den Rückgriff haftbar, ohne aber die Urkunde in einen Orderscheck umzuwandeln.

Art. 21. [Gutgläubiger Erwerb] Ist der Scheck einem früheren Inhaber irgendwie abhanden gekommen, so ist der Inhaber, in dessen Hände der Scheck gelangt ist – sei es, daß es sich um einen Inhaberscheck handelt, sei es, daß es sich um einen durch Indossament übertragbaren Scheck handelt und der Inhaber sein Recht gemäß Artikel 19 nachweist –, zur Herausgabe des Schecks nur verpflichtet, wenn er ihn in bösem Glauben erworben hat oder ihm beim Erwerb eine grobe Fahrlässigkeit zur Last fällt.

Art. 22. [Einwendungen des Scheckverpflichteten] Wer aus dem Scheck in Anspruch genommen wird, kann dem Inhaber keine Einwendungen entgegensetzen, die sich auf seine unmittelbaren Beziehungen zu dem Aussteller oder zu einem früheren Inhaber gründen, es sei denn, daß der Inhaber beim Erwerb des Schecks bewußt zum Nachteil des Schuldners gehandelt hat.

Art. 23. [Vollmachtsindossament] (1) Enthält das Indossament den Vermerk „Wert zur Einziehung", „zum Inkasso", „in Prokura" oder einen anderen nur eine Bevollmächtigung ausdrückenden Vermerk, so kann der Inhaber alle Rechte aus dem Scheck geltend machen, aber er kann ihn nur durch ein weiteres Vollmachtsindossament übertragen.

(2) Die Scheckverpflichteten können in diesem Falle dem Inhaber nur solche Einwendungen entgegensetzen, die ihnen gegen den Indossanten zustehen.

(3) Die in dem Vollmachtsindossament enthaltene Vollmacht erlischt weder mit dem Tode noch mit dem Eintritt der Handlungsunfähigkeit des Vollmachtgebers.

Art. 24. [Indossament nach Protest oder Fristablauf] (1) Ein Indossament das nach Erhebung des Protestes oder nach Vornahme einer gleichbedeutenden Feststellung oder nach Ablauf der Vorlegungsfrist auf den Scheck gesetzt wird, hat nur die Wirkungen einer gewöhnlichen Abtretung.

(2) Bis zum Beweis des Gegenteils wird vermutet, daß ein nicht datiertes Indossament vor Erhebung des Protestes oder vor der Vornahme einer gleichbedeutenden Feststellung oder vor Ablauf der Vorlegungsfrist auf den Scheck gesetzt worden ist.

Dritter Abschnitt

Scheckbürgschaft

Art. 25. [Zulässigkeit] (1) Die Zahlung der Schecksumme kann ganz oder teilweise durch Scheckbürgschaft gesichert werden,

(2) Diese Sicherheit kann von einem Dritten, mit Ausnahme des Bezogenen, oder auch von einer Person geleistet werden, deren Unterschrift sich schon auf dem Scheck befindet.

Art. 26. [Form] (1) Die Bürgschaftserklärung wird auf den Scheck oder auf einen Anhang gesetzt.

(2) Sie wird durch die Worte „als Bürge" oder einen gleichbedeutenden Vermerk ausgedrückt; sie ist von dem Scheckbürgen zu unterschreiben.

(3) Die bloße Unterschrift auf der Vorderseite des Schecks gilt als Bürgschaftserklärung, soweit es sich nicht um die Unterschrift des Ausstellers handelt.

(4) In der Erklärung ist anzugeben, für wen die Bürgschaft geleistet wird; mangels einer solchen Angabe gilt sie für den Aussteller.

Art. 27. [Haftung des Scheckbürgen] (1) Der Scheckbürge haftet in der gleichen Weise wie derjenige, für den er sich verbürgt hat.

(2) Seine Verpflichtungserklärung ist auch gültig, wenn die Verbindlichkeit für die er sich verbürgt hat, aus einem anderen Grunde als wegen eines Formfehlers nichtig ist.

(3) Der Scheckbürge, der den Scheck bezahlt, erwirbt die Rechte aus dem Scheck gegen denjenigen, für den er sich verbürgt hat, und gegen alle, die diesem scheckmäßig haften.

Vierter Abschnitt

Vorlegung und Zahlung

Art. 28. [Fälligkeit] (1) [1]Der Scheck ist bei Sicht zahlbar. [2]Jede gegenteilige Angabe gilt als nicht geschrieben.

(2) Ein Scheck, der vor Eintritt des auf ihm angegebenen Ausstellungstages zur Zahlung vorgelegt wird, ist am Tage der Vorlegung zahlbar.

Art. 29. [Vorlegungsfristen] (1) Ein Scheck, der in dem Lande der Ausstellung zahlbar ist, muß binnen acht Tagen zur Zahlung vorgelegt werden.

(2) Ein Scheck, der in einem anderen Lande als dem der Ausstellung zahlbar ist, muß binnen zwanzig Tagen vorgelegt werden, wenn Ausstellungsort und Zahlungsort sich in demselben Erdteil befinden, und binnen siebzig Tagen, wenn Ausstellungsort und Zahlungsort sich in verschiedenen Erdteilen befinden.

(3) Hierbei gelten die in einem Lande Europas ausgestellten und in einem an das Mittelmeer grenzenden Lande zahlbaren Schecks ebenso wie die in einem an das Mittelmeer grenzenden Lande ausgestellten und in einem Lande Europas zahlbaren Schecks als Schecks, die in demselben Erdteile ausgestellt und zahlbar sind.

(4) Die vorstehend erwähnten Fristen beginnen an dem Tage zu laufen, der in dem Scheck als Ausstellungstag angegeben ist.

Art. 30. [Kalenderverschiedenheit] Ist ein Scheck auf einen Ort gezogen, dessen Kalender von dem des Ausstellungsortes abweicht, so wird der Tag der Ausstellung in den nach dem Kalender des Zahlungsortes entsprechenden Tag umgerechnet.

Art. 31. [Abrechnungsstelle] (1) Die Einlieferung in eine Abrechnungsstelle steht der Vorlegung zur Zahlung gleich.

(2) Der *Reichsminister der Justiz* bestimmt, welche Einrichtungen als Abrechnungsstellen anzusehen sind und unter welchen Voraussetzungen die Einlieferung erfolgen kann.

Art. 32. [Widerruf des Schecks] (1) Ein Widerruf des Schecks ist erst nach Ablauf der Vorlegungsfrist wirksam.

(2) Wenn der Scheck nicht widerrufen ist, kann der Bezogene auch nach Ablauf der Vorlegungsfrist Zahlung leisten.

Art. 33. [Tod des Ausstellers] Auf die Wirksamkeit des Schecks ist es ohne Einfluß, wenn der Aussteller nach der Begebung des Schecks stirbt oder handlungsunfähig wird.

Art. 34. [Aushändigung des quittierten Schecks; Teilzahlung] (1) Der Bezogene kann vom Inhaber gegen Zahlung die Aushändigung des quittierten Schecks verlangen.

(2) Der Inhaber darf eine Teilzahlung nicht zurückweisen.

(3) Im Falle der Teilzahlung kann der Bezogene verlangen, daß sie auf dem Scheck vermerkt und ihm eine Quittung erteilt wird.

Art. 35. [Prüfungspflicht des Bezogenen] Der Bezogene, der einen durch Indossament übertragbaren Scheck einlöst, ist verpflichtet die Ordnungsmäßigkeit der Reihe der Indossamente, aber nicht die Unterschriften der Indossanten zu prüfen.

Art. 36. [Fremde Währung] (1) [1]Lautet der Scheck auf eine Währung, die am Zahlungsorte nicht gilt, so kann die Schecksumme in der Landeswährung nach dem Werte gezahlt werden, den sie am Tage der Vorlegung besitzt. [2]Wenn die Zahlung bei Vorlegung nicht erfolgt ist, so kann der Inhaber wählen, ob die Schecksumme nach dem Kurs des Vorlegungstages oder nach dem Kurs des Zahlungstages in die Landeswährung umgerechnet werden soll.

(2) [1]Der Wert der fremden Währung bestimmt sich nach den Handelsgebräuchen des Zahlungsortes. [2]Der Aussteller kann jedoch im Scheck für die zu zahlende Summe einen Umrechnungskurs bestimmen.

(3) Die Vorschriften der beiden ersten Absätze finden keine Anwendung wenn der Aussteller die Zahlung in einer bestimmten Währung vorgeschrieben hat (Effektivvermerk).

(4) Lautet der Scheck auf eine Geldsorte, die im Lande der Ausstellung dieselbe Bezeichnung aber einen anderen Wert hat als in dem der Zahlung, so wird vermutet, daß die Geldsorte des Zahlungsortes gemeint ist.

2

Fünfter Abschnitt

Gekreuzter Scheck und Verrechnungsscheck

Art. 37.* [Gekreuzter Scheck] (1) *Der Aussteller sowie jeder Inhaber, können den Scheck mit den in Artikel 38 vorgesehenen Wirkungen kreuzen.*

(2) [1]*Die Kreuzung erfolgt durch zwei gleichlaufende Striche auf der Vorderseite des Schecks.* [2]*Die Kreuzung kann allgemein oder besonders sein.*

(3) *Die Kreuzung ist allgemein, wenn zwischen den beiden Strichen keine Angabe oder die Bezeichnung „Bankier" oder ein gleichbedeutender Vermerk steht, sie ist eine besondere, wenn der Name eines Bankiers zwischen die beiden Striche gesetzt ist.*

(4) *Die allgemeine Kreuzung kann in eine besondere, nicht aber die besondere Kreuzung in eine allgemeine umgewandelt werden.*

(5) *Die Streichung der Kreuzung oder des Namens des bezeichneten Bankiers gilt als nicht erfolgt.*

Art. 38.* [Wirkung der Kreuzung] (1) *Ein allgemein gekreuzter Scheck darf vom Bezogenen nur an einen Bankier oder an einen Kunden des Bezogenen bezahlt werden.*

* Art. 37 und 38 noch nicht in Kraft getreten

2

(2) [1]Ein besonders gekreuzter Scheck darf vom Bezogenen nur an den bezeichneten Bankier oder, wenn dieser selbst der Bezogene ist, an dessen Kunden bezahlt werden. [2]Immerhin kann der bezeichnete Bankier einen anderen Bankier mit der Einziehung des Schecks betrauen.

(3) [1]Ein Bankier darf einen gekreuzten Scheck nur von einem seiner Kunden oder von einem anderen Bankier erwerben. [2]Auch darf er ihn nicht für Rechnung anderer als der vorgenannten Personen einziehen.

(4) Befinden sich auf einem Scheck mehrere besondere Kreuzungen, so darf der Scheck vom Bezogenen nur dann bezahlt werden, wenn nicht mehr als zwei Kreuzungen vorliegen und die eine zum Zwecke der Einziehung durch Einlieferung in eine Abrechnungsstelle erfolgt ist.

(5) Der Bezogene oder der Bankier, der den vorstehenden Vorschriften zuwiderhandelt, haftet für den entstandenen Schaden, jedoch nur bis zur Höhe der Schecksumme.

Art. 39. [Verrechnungsscheck] (1) Der Aussteller sowie jeder Inhaber eines Schecks kann durch den quer über die Vorderseite gesetzten Vermerk „nur zur Verrechnung" oder durch einen gleichbedeutenden Vermerk untersagen, daß der Scheck bar bezahlt wird.

(2) [1]Der Bezogene darf in diesem Falle den Scheck nur im Wege der Gutschrift einlösen (Verrechnung, Überweisung, Ausgleichung). [2]Die Gutschrift gilt als Zahlung.

(3) Die Streichung des Vermerks „nur zur Verrechnung" gilt als nicht erfolgt.

(4) Der Bezogene, der den vorstehenden Vorschriften zuwiderhandelt, haftet für den entstandenen Schaden, jedoch nur bis zur Höhe der Schecksumme.

Sechster Abschnitt

Rückgriff mangels Zahlung

Art. 40. [Voraussetzungen] Der Inhaber kann gegen die Indossanten, den Aussteller und die anderen Scheckverpflichteten Rückgriff nehmen, wenn der rechtzeitig vorgelegte Scheck nicht eingelöst und die Verweigerung der Zahlung festgestellt worden ist:

1. durch eine öffentliche Urkunde (Protest) oder
2. durch eine schriftliche, datierte Erklärung des Bezogenen auf dem Scheck, die den Tag der Vorlegung angibt, oder
3. durch eine datierte Erklärung einer Abrechnungsstelle, daß der Scheck rechtzeitig eingeliefert und nicht bezahlt worden ist.

Art. 41. [Zeit des Protestes] (1) Der Protest oder die gleichbedeutende Feststellung muß vor Ablauf der Vorlegungsfrist vorgenommen werden.

(2) Ist die Vorlegung am letzten Tage der Frist erfolgt, so kann der Protest oder die gleichbedeutende Feststellung auch noch an dem folgenden Werktage vorgenommen werden.

Art. 42. [Benachrichtigungen] (1) [1]Der Inhaber muß seinen unmittelbaren Vormann und den Aussteller von dem Unterbleiben der Zahlung innerhalb der vier Werktage benachrichtigen, die auf den Tag der Protesterhebung oder der Vornahme der gleichbedeutenden Feststellung oder, im Falle des Vermerks „ohne Kosten", auf den Tag der Vorlegung folgen. [2]Jeder Indossant muß innerhalb zweier Werktage nach Empfang der Nachricht seinem unmittelbaren Vormanne von der Nachricht, die er erhalten hat, Kenntnis geben und ihm die Namen und Adressen derjenigen mitteilen, die vorher Nachricht gegeben haben, und so weiter in der Reihenfolge bis zum Aussteller. [3]Die Fristen laufen vom Empfang der vorhergehenden Nachricht.

(2) Wird nach Maßgabe des vorhergehenden Absatzes einer Person, deren Unterschrift sich auf dem Scheck befindet, Nachricht gegeben, so muß die gleiche Nachricht in derselben Frist ihrem Scheckbürgen gegeben werden.

(3) Hat ein Indossant seine Adresse nicht oder in unleserlicher Form angegeben, so genügt es, daß sein unmittelbarer Vormann benachrichtigt wird.

(4) Die Nachricht kann in jeder Form gegeben werden, auch durch die bloße Rücksendung des Schecks.

(5) [1]Der zur Benachrichtigung Verpflichtete hat zu beweisen, daß er in der vorgeschriebenen Frist benachrichtigt hat. [2]Die Frist gilt als eingehalten, wenn ein Schreiben, das die Benachrichtigung enthält, innerhalb der Frist zur Post gegeben worden ist.

(6) Wer die rechtzeitige Benachrichtigung versäumt, verliert nicht den Rückgriff; er haftet für den etwa durch seine Nachlässigkeit entstandenen Schaden, jedoch nur bis zur Höhe der Schecksumme.

Art. 43. [Erlaß des Protestes] (1) Der Aussteller sowie jeder Indossant oder Scheckbürge kann durch den Vermerk „ohne Kosten", „ohne Protest" oder einen gleichbedeutenden auf den Scheck gesetzten und unterzeichneten Vermerk den Inhaber von der Verpflichtung befreien, zum Zwecke der Ausübung des Rückgriffs Protest erheben oder eine gleichbedeutende Feststellung vornehmen zu lassen.

(2) [1]Der Vermerk befreit den Inhaber nicht von der Verpflichtung, den Scheck rechtzeitig vorzulegen und die erforderlichen Nachrichten zu geben. [2]Der Beweis, daß die Frist nicht eingehalten worden ist, liegt demjenigen ob, der sich dem Inhaber gegenüber darauf beruft.

(3) [1]Ist der Vermerk vom Aussteller beigefügt, so wirkt er gegenüber allen Scheckverpflichteten; ist er von einem Indossanten oder einem Scheckbürgen beigefügt, so wirkt er nur diesen gegenüber. [2]Läßt der Inhaber ungeachtet des vom Aussteller beigefügten Vermerks Protest erheben oder eine gleichbedeutende Feststellung vornehmen, so fallen ihm die Kosten zur Last. [3]Ist der Vermerk von einem Indossanten oder einem Scheckbürgen beigefügt, so sind alle Scheckverpflichteten zum Ersatz der Kosten eines dennoch erhobenen Protestes oder einer gleichbedeutenden Feststellung verpflichtet.

Art. 44. [Haftung der Scheckverpflichteten]

(1) Alle Scheckverpflichteten haften dem Inhaber als Gesamtschuldner.

(2) Der Inhaber kann jeden einzeln oder mehrere oder alle zusammen in Anspruch nehmen, ohne an die Reihenfolge gebunden zu sein, in der sie sich verpflichtet haben.

(3) Das gleiche Recht steht jedem Scheckverpflichteten zu, der den Scheck eingelöst hat.

(4) Durch die Geltendmachung des Anspruchs gegen einen Scheckverpflichteten verliert der Inhaber nicht seine Rechte gegen die anderen Scheckverpflichteten, auch nicht gegen die Nachmänner desjenigen, der zuerst in Anspruch genommen worden ist.

Art. 45. [Rückgriff des Protestanten] Der Inhaber kann im Wege des Rückgriffs verlangen:

1. die Schecksumme, soweit der Scheck nicht eingelöst worden ist;
2. Zinsen zu sechs vom Hundert seit dem Tage der Vorlegung. Bei einem Scheck, der im Inland sowohl ausgestellt als auch zahlbar ist, beträgt der Zinssatz zwei vom Hundert über dem jeweiligen Diskontsatz der Deutschen Bundesbank, mindestens aber sechs vom Hundert; Änderungen des Diskontsatzes sind für die Verzinsung ab Beginn des Tages wirksam, an dem die Deutsche Bundesbank die Änderung im Bundesanzeiger bekanntgemacht hat;
3. die Kosten des Protestes oder der gleichbedeutenden Feststellung und der Nachrichten sowie die anderen Auslagen;
4. eine Vergütung, die mangels besonderer Vereinbarung ein Drittel vom Hundert der Hauptsumme des Schecks beträgt und diesen Satz keinesfalls überschreiten darf.

Art. 46. [Rückgriff des Einlösers] Wer den Scheck eingelöst hat, kann von seinen Vormännern verlangen: 2

1. den vollen Betrag, den er gezahlt hat;
2. die Zinsen dieses Betrages zu sechs vom Hundert seit dem Tage der Einlösung. Bei einem Scheck, der im Inland sowohl ausgestellt als auch zahlbar ist, beträgt der Zinssatz zwei vom Hundert über dem jeweiligen Diskontsatz der Deutschen Bundesbank, mindestens aber sechs vom Hundert; Änderungen des Diskontsatzes sind für die Verzinsung ab Beginn des Tages wirksam, an dem die Deutsche Bundesbank die Änderung im Bundesanzeiger bekanntgemacht hat;
3. seine Auslagen;
4. eine Vergütung, die nach den Vorschriften des Artikels 45 Nr. 4 berechnet wird.

Art. 47. [Aushändigung der Scheckpapiere]

(1) Jeder Scheckverpflichtete, gegen den Rückgriff genommen wird oder genommen werden kann, ist berechtigt, zu verlangen, daß ihm gegen Entrichtung der Rückgriffssumme der Scheck mit dem Protest oder der gleichbedeutenden Feststellung und eine quittierte Rechnung ausgehändigt werden.

(2) Jeder Indossant, der den Scheck eingelöst hat, kann sein Indossament und die Indossamente seiner Nachmänner ausstreichen.

Art. 48. [Fristversäumung wegen höherer Gewalt] (1) Steht der rechtzeitigen Vorlegung des Schecks oder der rechtzeitigen Erhebung des Protestes oder der Vornahme einer gleichbedeutenden Feststellung ein unüberwindliches Hindernis entgegen (gesetzliche Vorschrift eines Staates oder ein anderer Fall höherer Gewalt), so werden die für diese Handlungen bestimmten Fristen verlängert.

(2) Der Inhaber ist verpflichtet, seinen unmittelbaren Vormann von dem Fall der höheren Gewalt unverzüglich zu benachrichtigen und die Benachrichtigung unter Beifügung des Tages und Ortes sowie seiner Unterschrift auf dem Scheck oder einem Anhang zu vermerken; im übrigen finden die Vorschriften des Artikels 42 Anwendung.

(3) Fällt die höhere Gewalt weg, so muß der Inhaber den Scheck unverzüglich zur Zahlung vorlegen und gegebenenfalls Protest erheben oder eine gleichbedeutende Feststellung vornehmen lassen.

(4) Dauert die höhere Gewalt länger als fünfzehn Tage seit dem Tage, an dem der Inhaber,

selbst vor Ablauf der Vorlegungsfrist, seinen Vormann von dem Falle der höheren Gewalt benachrichtigt hat, so kann Rückgriff genommen werden, ohne daß es der Vorlegung oder der Protesterhebung oder einer gleichbedeutenden Feststellung bedarf.

(5) Tatsachen, die rein persönlich den Inhaber oder denjenigen betreffen, den er mit der Vorlegung des Schecks oder mit der Erhebung des Protestes oder mit der Herbeiführung einer gleichbedeutenden Feststellung beauftragt hat, gelten nicht als Fälle höherer Gewalt.

2

Siebenter Abschnitt

Ausfertigung mehrerer Stücke eines Schecks

Art. 49. [Zulässigkeit] [1]Schecks, die nicht auf den Inhaber gestellt sind und in einem anderen Lande als dem der Ausstellung oder in einem überseeischen Gebiet des Landes der Ausstellung zahlbar sind, und umgekehrt, oder in dem überseeischen Gebiet eines Landes ausgestellt und zahlbar sind oder in dem überseeischen Gebiet eines Landes ausgestellt und in einem anderen überseeischen Gebiet desselben Landes zahlbar sind, können in mehreren gleichen Ausfertigungen ausgestellt werden. [2]Diese Ausfertigungen müssen im Text der Urkunde mit fortlaufenden Nummern versehen sein; andernfalls gilt jede Ausfertigung als besonderer Scheck.

Art. 50. [Zahlung; Haftung] (1) Wird eine Ausfertigung bezahlt, so erlöschen die Rechte aus allen Ausfertigungen, auch wenn diese nicht den Vermerk tragen, daß durch die Zahlung auf eine Ausfertigung die anderen ihre Gültigkeit verlieren.

(2) Hat ein Indossant die Ausfertigungen an verschiedene Personen übertragen, so haften er und seine Nachmänner aus allen Ausfertigungen, die ihre Unterschrift tragen und nicht herausgegeben worden sind.

Achter Abschnitt

Änderungen

Art. 51. Wird der Text eines Schecks geändert, so haften diejenigen, die ihre Unterschrift nach der Änderung auf den Scheck gesetzt haben, entsprechend dem geänderten Text; wer früher unterschrieben hat, haftet nach dem ursprünglichen Text.

Neunter Abschnitt

Verjährung

Art. 52. [Verjährungsfrist] (1) Die Rückgriffsansprüche des Inhabers gegen die Indossanten, den Aussteller und die anderen Scheckverpflichteten verjähren in sechs Monaten vom Ablauf der Vorlegungsfrist.

(2) Die Rückgriffsansprüche eines Verpflichteten gegen einen anderen Scheckverpflichteten verjähren in sechs Monaten von dem Tage, an dem der Scheck von dem Verpflichteten eingelöst oder ihm gegenüber gerichtlich geltend gemacht worden ist.

Art. 53. [Unterbrechung] Die Unterbrechung der Verjährung wirkt nur gegen den Scheckverpflichteten, in Ansehung dessen die Tatsache eingetreten ist, welche die Unterbrechung bewirkt.

Zehnter Abschnitt

Allgemeine Vorschriften

Art. 54. [Begriff des Bankiers] Als Bankiers im Sinne dieses Gesetzes sind anzusehen:

1. diejenigen Anstalten des öffentlichen Rechtes, diejenigen unter staatlicher Aufsicht stehenden Anstalten sowie diejenigen in das Genossenschaftsregister eingetragenen Genossenschaften, die sich nach den für ihren Geschäftsbetrieb maßgebenden Bestimmungen mit der Annahme von Geld und der Leistung von Zahlungen für fremde Rechnung befassen, ferner die unter amtlicher Aufsicht stehenden Sparkassen, wenn sie die nach Landesrecht für sie geltenden Aufsichtsbestimmungen erfüllen;
2. die in das Handelsregister eingetragenen Firmen, die gewerbsmäßig Bankiergeschäfte betreiben.

Art. 55. [Feiertage; Samstage] (1) Die Vorlegung und der Protest eines Schecks können nur an einem Werktage, jedoch nicht an einem Sonnabend, stattfinden.

(2) [1]Fällt der letzte Tag einer Frist, innerhalb derer eine auf den Scheck bezügliche Handlung, insbesondere die Vorlegung, der Protest oder eine gleichbedeutende Feststellung vorgenommen werden muß, auf einen gesetzlichen Feiertag oder einen Sonnabend, so wird die Frist bis zum nächsten Werktage verlängert. [2]Feiertage, die in den Lauf einer Frist fallen, werden bei der Berechnung der Frist mitgezählt.

(3) Im übrigen finden auf die Vorlegung des Schecks und den Protest die Vorschriften der Artikel 79 bis 87 des Wechselgesetzes entsprechende Anwendung.

Art. 56. [Berechnung der Fristen] Bei der Berechnung der in diesem Gesetz vorgesehenen Fristen wird der Tag, an dem sie zu laufen beginnen, nicht mitgezählt.

Art. 57. [Keine Respekttage] Weder gesetzliche noch richterliche Respekttage werden anerkannt.

Elfter Abschnitt

Ergänzende Vorschriften

Art. 58. [Bereicherung] (1) Der Aussteller, dessen Rückgriffsverbindlichkeit durch Unterlassung rechtzeitiger Vorlegung oder Verjährung erloschen ist, bleibt dem Inhaber des Schecks so weit verpflichtet, als er sich mit dessen Schaden bereichern würde.

(2) Der Anspruch verjährt in einem Jahre seit der Ausstellung des Schecks.

Art. 59. [Abhanden gekommene Schecks und Protesturkunden] [1]Ein abhanden gekommener oder vernichteter Scheck kann im Wege des Aufgebotsverfahrens für kraftlos erklärt werden. [2]Die Aufgebotsfrist muß mindestens zwei Monate betragen. [3]Nach Einleitung des Aufgebotsverfahrens kann der Berechtigte, falls der Scheck rechtzeitig zur Zahlung vorgelegt, von dem Bezogenen aber nicht eingelöst worden war, von dem Aussteller Zahlung fordern, wenn er bis zur Kraftloserklärung Sicherheit leistet.

(2) [1]Eine abhanden gekommene oder vernichtete Protesturkunde kann durch ein Zeugnis über die Protesterhebung ersetzt werden, das von der die beglaubigte Abschrift der Urkunde verwahrenden Stelle zu erteilen ist. [2]In dem Zeugnis muß der Inhalt des Protestes und des gemäß Artikel 55 Abs. 3 in Verbindung mit Artikel 85 Abs. 2 des Wechselgesetzes aufgenommenen Vermerks angegeben sein.

Zwölfter Abschnitt

Geltungsbereich der Gesetze

Art. 60. [Scheckfähigkeit] (1) [1]Die Fähigkeit einer Person, eine Scheckverbindlichkeit einzugehen, bestimmt sich nach dem Recht des Landes, dem sie angehört. [2]Erklärt dieses Recht das Recht eines anderen Landes für maßgebend, so ist das letztere Recht anzuwenden.

(2) [1]Wer nach dem in vorstehendem Absatz bezeichneten Recht eine Scheckverbindlichkeit nicht eingehen kann, wird gleichwohl gültig verpflichtet, wenn die Unterschrift in dem Gebiet eines Landes abgegeben worden ist, nach dessen Recht er scheckfähig wäre. [2]Diese Vorschrift findet keine Anwendung, wenn die Verbindlichkeit von einem Inländer im Ausland übernommen worden ist.

Art. 61. [Bezogene] (1) Das Recht des Landes, in dem der Scheck zahlbar ist, bestimmt die Personen, auf die ein Scheck gezogen werden kann.

(2) Ist nach diesem Recht der Scheck im Hinblick auf die Person des Bezogenen nichtig, so sind gleichwohl die Verpflichtungen aus Unterschriften gültig, die in Ländern auf den Scheck gesetzt worden sind, deren Recht die Nichtigkeit aus einem solchen Grunde nicht vorsieht.

Art. 62. [Form der Scheckerklärung] (1) [1]Die Form einer Scheckerklärung bestimmt sich nach dem Recht des Landes, in dessen Gebiete die Erklärung unterschrieben worden ist. [2]Es genügt jedoch die Beobachtung der Form, die das Recht des Zahlungsortes vorschreibt.

(2) Wenn eine Scheckerklärung, die nach den Vorschriften des vorstehenden Absatzes ungültig ist, dem Recht des Landes entspricht, in dessen Gebiet eine spätere Scheckerklärung unterschrieben worden ist, so wird durch Mängel in der Form der ersten Scheckerklärung die Gültigkeit der späteren Scheckerklärung nicht berührt.

(3) Eine Scheckerklärung, die ein Inländer im Ausland abgegeben hat, ist im Inland

gegenüber anderen Inländern gültig, wenn die Erklärung den Formerfordernissen des inländischen Rechts genügt.

2

Art. 63. [Wirkung der Scheckerklärungen] Die Wirkungen der Scheckerklärungen bestimmen sich nach dem Recht des Landes, in dessen Gebiete die Erklärungen unterschrieben worden sind.

Art. 64. [Fristen für Rückgriff] Die Fristen für die Ausübung der Rückgriffsrechte werden für alle Scheckverpflichteten durch das Recht des Ortes bestimmt, an dem der Scheck ausgestellt worden ist.

Art. 65. [Einlösung des Schecks u. ä.] Das Recht des Landes, in dessen Gebiete der Scheck zahlbar ist, bestimmt.

1. ob der Scheck notwendigerweise bei Sicht zahlbar ist oder ob er auf eine bestimmte Zeit nach Sicht gezogen werden kann und welches die Wirkungen sind, wenn auf dem Scheck ein späterer als der wirkliche Ausstellungstag angegeben worden ist;
2. die Vorlegungsfrist;
3. ob ein Scheck angenommen, zertifiziert, bestätigt oder mit einem Visum versehen werden kann und welches die Wirkungen dieser Vermerke sind;
4. ob der Inhaber eine Teilzahlung verlangen kann und ob er eine solche annehmen muß;
5. ob ein Scheck gekreuzt oder mit dem Vermerk „nur zur Verrechnung" oder mit einem gleichbedeutenden Vermerk versehen werden kann und welches die Wirkungen der Kreuzung oder des Verrechnungsvermerks oder eines gleichbedeutenden Vermerks sind;
6. ob der Inhaber besondere Rechte auf die Deckung hat und welches der Inhalt dieser Rechte ist;
7. ob der Aussteller den Scheck widerrufen oder gegen die Einlösung des Schecks Widerspruch erheben kann;
8. die Maßnahmen, die im Falle des Verlustes oder des Diebstahls des Schecks zu ergreifen sind;
9. ob ein Protest oder eine gleichbedeutende Feststellung zur Erhaltung des Rückgriffs gegen die Indossanten, den Aussteller und die anderen Scheckverpflichteten notwendig ist.

Art. 66. [Form des Protestes] Die Form des Protestes und die Fristen für die Protesterhebung sowie die Form der übrigen Handlungen, die zur Ausübung oder Erhaltung der Scheckrechte erforderlich sind, bestimmen sich nach dem Recht des Landes, in dessen Gebiete der Protest zu erheben oder die Handlung vorzunehmen ist.

Abkommen über den Einzug von Schecks (Scheckabkommen)

Stand November 1997

Der
Bundesverband der Deutschen Volksbanken und Raiffeisenbanken e.V., Bonn,
Bundesverband deutscher Banken e.V., Köln,
Bundesverband Öffentlicher Banken Deutschlands e.V., Bonn,
Deutscher Sparkassen- und Giroverband e.V., Bonn,
Verband deutscher Hypothekenbanken e.V., Bonn,
sowie
die Deutsche Bundesbank, Frankfurt am Main,
– nachstehend Vertragspartner genannt –
vereinbaren – die beteiligten Verbände namens der ihnen angeschlossenen Kreditinstitute – folgendes Abkommen:

Abschnitt I: Allgemeine Bestimmungen

Nummer 1
Anwendungsbereich

(1) Das Scheckabkommen regelt im Rahmen des Scheckeinzugsverkehrs

a) den beleglosen Einzug von Scheckgegenwerten ohne Vorlage der Originalschecks (BSE-Verfahren),
b) den beleglosen Einzug von Scheckgegenwerten mit gesonderter Vorlage der Originale (GSE-Verfahren),
c) den vereinfachten Einzug von Orderschecks,
d) die Rückgabe nicht eingelöster Schecks und die Rückrechnung von Scheckgegenwerten,
e) die Ausstellung, Annahme und Behandlung von Ersatzstücken für verlorengegangene Schecks und sonstige Einzugspapiere.

(2) Dieses Abkommen findet auch auf solche Schecks Anwendung, die auf ausländische Währung lauten (Valutaschecks), soweit im folgenden nichts anderes bestimmt ist. Soweit in diesem Abkommen Betragsgrenzen für Schecks in DM angegeben sind, ist bei Valutaschecks vom Geldkurs des Vortages der Vorlage beim Bezogenen auszugehen*).

*) Mit Beginn der Stufe 3 der EWWU wird Abschnitt I Nr. 1 Abs. 2 durch folgende Regelung ersetzt:

(2) Dieses Abkommen findet auch auf solche Schecks Anwendung, die auf ausländische Währung lauten (Valutaschecks) oder weder in Euro noch in Deutscher Mark, sondern in einer der anderen nationalen Währungseinheiten von Mitgliedstaaten, die die einheitliche Währung entsprechend dem EG-Vertrag übernehmen, ausgestellt sind, soweit im folgenden nichts anderes bestimmt ist. Soweit in diesem Abkommen Betragsgrenzen angegeben sind, sind die Scheckgegenwerte in Euro umzurechnen. Dabei ist bei Valutaschecks vom Euro-Geldkurs des Vortages der Vorlage beim Bezogenen auszugehen.

(3) Dieses Abkommen gilt nicht für aus dem Ausland eingereichte eurocheques, die über die inländische Verrechnungszentrale für eurocheques beleglos abgerechnet werden, sowie für im Inland ausgestellte eurocheques, die auf Kreditinstitute im Ausland gezogen sind.

(4) Der Einzug von Reisescheckgegenwerten bestimmt sich nach dem „Abkommen über den Einzug von Reiseschecks (Reisescheckabkommen)".

Nummer 2
Definitionen

(1) Als Schecks im Sinne dieses Abkommens gelten Inhaber- und Orderschecks, Zahlungsanweisungen zur Verrechnung sowie Abschnitte mit faksimilierten Ausstellerunterschriften und Abschnitte, die in anderen Punkten wegen des Fehlens gesetzlicher Bestandteile nicht den Artikeln 1 und 2 des Scheckgesetzes entsprechen.

(2) Bezogenes Kreditinstitut im Sinne dieses Abkommens ist die disponierende Stelle des im Scheck bezeichneten bezogenen Kreditinstituts, ggf. also eine Zweigstelle dieses Kreditinstituts.

(3) Erste Inkassostelle ist das erste am Einzug beteiligte Kreditinstitut, bei vom Ausland eingereichten Schecks das erste am Einzug beteiligte Kreditinstitut im Inland.

Nummer 3
Codierung und Kennzeichnungspflichten

(1) Der Umfang der Codierung der Schecks, der Korrekturhüllen einschließlich Retourenhüllen und der Summenbelege sowie die Behandlung der Angaben in der Codierzeile richtet sich nach den Regelungen in Anlage 1.

(2) Auf allen Schecks, die nach den Bestimmungen in Abschnitt III den bezogenen Kreditinstituten vorgelegt werden, hat die erste Inkassostelle ihre Firmenbezeichnung mit Ortsangabe und Bankleitzahl anzubringen, um

ggf. die Eilnachricht nach Abschnitt V Nr. 2 zu ermöglichen.

(3) Die erste Inkassostelle kann auf Schecks ein Merkmal zur Identifizierung des Scheckeinreichers anbringen (z. B. Kontonummer, Stempelnummer mit Bearbeitungstag).

2

Abschnitt II: Bestimmungen über den beleglosen Einzug von Scheckgegenwerten ohne Vorlage der Originalschecks (BSE-Verfahren)

Nummer 1
BSE-Pflicht

(1) Auf DM*) lautende Schecks mit Textschlüssel 01, 02, 11 und 12, die auf Kreditinstitute im Inland gezogen und auf Beträge bis unter 5.000 DM ausgestellt sind, sind beleglos einzuziehen. Die Daten dieser Schecks (Schecknummer/Auftragsnummer, Kontonummer, Betrag**), Bankleitzahl und Textschlüssel) sind von der ersten Inkassostelle bzw. von einem von ihr beauftragten Kreditinstitut (im folgenden jeweils umwandelndes Kreditinstitut) auf EDV-Medien zu erfassen. Das umwandelnde Kreditinstitut ist berechtigt, die Datenerfassung anhand der codierten Daten in der Codierzeile der Schecks und der Summenbelege vorzunehmen. Es ist sowohl für die vollständige und unveränderte Erfassung der Scheckdaten (einschl. der Bereinigung etwaiger Lesefehler) als auch für die Lagerung der Schecks als Schecklagerstelle verantwortlich.

*) Mit Beginn der Stufe 3 der EWWU gilt: oder Euro.

**) Mit Beginn der Stufe 3 der EWWU gilt: und Bezeichnung der Währungseinheit.

(2) Das umwandelnde Kreditinstitut ist ermächtigt, die Scheckgegenwerte von den bezogenen Kreditinstituten beleglos einzuziehen.

Nummer 2
Formelle Ordnungsmäßigkeit

(1) Die erste Inkassostelle prüft die in das BSE-Verfahren einbeziehbaren Papiere auf ihre formelle Ordnungsmäßigkeit im Sinne von Artikel 1 und 2 des Scheckgesetzes. Als formell ordnungsgemäß gelten auch kartengarantierte Schecks, auf denen Ausstellungsort und/oder -datum fehlen, sowie Abschnitte mit faksimilierten Ausstellerunterschriften.

(2) Die erste Inkassostelle hat formell nicht ordnungsgemäße Schecks in Korrekturhüllen nach den Bestimmungen in Abschnitt III Nr. 1 Abs. 2 einzuziehen.

Nummer 3
Bearbeitung und zwischenbetriebliche Weiterleitung

(1) Für die Bearbeitung und zwischenbetriebliche Weiterleitung der Zahlungsvorgänge aus dem BSE-Verfahren gilt für die beteiligten Kreditinstitute die „Vereinbarung über den beleglosen Datenaustausch in der zwischenbetrieblichen Abwicklung des Inlandszahlungsverkehrs“[1], soweit im folgenden nichts Abweichendes bestimmt ist. Die Zahlungsvorgänge aus dem BSE-Verfahren können mit beleglosen Lastschriften in einer logischen Datei zusammengefaßt werden.

(2) Das umwandelnde Kreditinstitut ergänzt die erfaßten Daten in Feld C 6a, beim Diskettenformat das Datenfeld C 6, des Datensatzes um die Kennziffer 3 und um eine max. 11-stellige Referenznummer, deren Aufbau freigestellt ist. Es hat ferner in Feld C 3 des Datensatzes die Bankleitzahl der Schecklagerstelle und in Feld C 10 die Bankleitzahl der ersten Inkassostelle bzw. des einreichenden Kreditinstituts einzustellen. In das Datenfeld C 14 ist die Textkonstante „SCHECKAUSSTELLER“ und in das Datenfeld C 15 die Textkonstante „SCHECK-NR.“ und die 13-stellige Schecknummer einzustellen. Auch das Datenfeld C 6a/C 6 ist bei allen beteiligten Stellen in die Dokumentation aufzunehmen.

(3) Sofern ein Prüfzifferberechnungsverfahren des bezogenen Kreditinstituts für die Kontonummer des Scheckausstellers bekanntgegeben worden ist, hat das umwandelnde Kreditinstitut die richtige Erfassung der Kontonummer anhand dieser Prüfzifferberechnung zu prüfen.[2] Ist das Prüfzifferergebnis trotz richtiger Erfassung negativ, ist der Scheck nicht BSE-fähig und nach den Bestimmungen in Abschnitt III Nr. 1 Abs. 2 einzuziehen. Dies gilt auch für Schecks mit Anforderung einer Bezahltmeldung.

(4) Das umwandelnde Kreditinstitut verwahrt die Originalschecks oder davon erstellte Kopien der Vorder- und Rückseite, die eine bildliche Wiedergabe ermöglichen, entsprechend den handels- und steuerrechtlichen Vorschriften. Die Originalschecks sind auch dann für einen Zeitraum von mindestens 2 Monaten aufzubewahren, wenn Kopien erstellt wurden.

[1] Sofern die Deutsche Bundesbank der Vereinbarung nicht beitreten sollte, gelten im Geschäftsverkehr mit ihr „Besondere Bedingungen der Deutschen Bundesbank für die elektronische Auftragserteilung, Datenauslieferung und Kontoinformation (EADK)“ und „Besondere Bedingungen der Deutschen Bundesbank für den beleglosen Datenträgeraustausch“.

[2] Die Prüfzifferberechnungspflicht tritt am 07.09.1999 in Kraft.

(5) Kann ein Kreditinstitut Zahlungsvorgänge nicht beleglos entgegennehmen, ist die vorgeschaltete Stelle verpflichtet, Belege nach dem Druckbild gemäß Anlage 2 Abbildung 1 dieses Abkommens zu erstellen und weiterzuleiten.

Nummer 4

Anforderung und Auslieferung von Scheckkopien oder Originalschecks

(1) Jedes am BSE-Verfahren beteiligte Kreditinstitut kann von der ersten Inkassostelle die Auslieferung einer Scheckkopie verlangen, wenn dies für die Klärung von Problemen im Zusammenhang mit der Einziehung des Scheckgegenwertes notwendig ist.
Originalschecks kann nur das bezogene Kreditinstitut innerhalb der Mindestfrist für die Aufbewahrung nach Abschnitt II Nr. 3 Abs. 4 anfordern.
Für die Anforderung einer Scheckkopie bzw. des Originalschecks ist der Vordrucksatz gemäß Anlage 3 dieses Abkommens zu verwenden. Die erste Inkassostelle kann für die Auslieferung der Scheckkopie bzw. des Originalschecks ein Entgelt bis zu dem in Anlage 4 genannten Höchstsatz verlangen. Der Einzug hat gemäß Abschnitt III dieses Abkommens zu erfolgen.

(2) Die erste Inkassostelle hat sicherzustellen, daß bei Auslieferung eines Originalschecks eine Scheckkopie aufbewahrt wird. Der Originalscheck ist vor Auslieferung zur Vermeidung einer versehentlichen erneuten Einreichung in der rechten Ecke der Codierzeile mit dem Stempelabdruck „BSE" zu kennzeichnen. Derartig gekennzeichnete Schecks dürfen nicht erneut zum Einzug gegeben werden.

(3) Die erste Inkassostelle hat sicherzustellen, daß die Scheckkopien bzw. die Originalschecks spätestens an dem 2. auf den Eingang der Anforderung folgenden Bankarbeitstag abgesandt werden.

Abschnitt III: Bestimmungen über den beleglosen Einzug von Scheckgegenwerten mit gesonderter Vorlage der Originale (GSE-Verfahren)

Nummer 1

Verfahrenstechnik

(1) Im GSE-Verfahren werden in DM*) ausgestellte

- Schecks mit Textschlüssel 01, 02, 11 und 12, die auf Kreditinstitute im Inland gezogen sind und auf Beträge ab 5.000 DM lauten,
- Schecks mit Textschlüssel 01, 02, 11 und 12 unter 5.000 DM, die nicht nach Maßgabe von Abschnitt II (BSE-Verfahren) eingezogen werden können,
- Schecks mit Textschlüssel 01, 02 und 11 nebst Anforderung einer Bezahltmeldung,
- Retouren (Textschlüssel 09) und Rückrechnungen sowie sonstige im Anhang 1 der „Richtlinien für einheitliche Zahlungsverkehrsvordrucke" aufgeführte Vorgänge (Textschlüssel 10)[1],
- Reiseschecks mit Textschlüssel 03, die nicht nach Maßgabe von Abschnitt II (BSE-Verfahren) eingezogen werden können,

(im folgenden Einzugspapiere) eingezogen.
Die Überleitung in das GSE-Verfahren wird ausschließlich von der Deutschen Bundesbank vorgenommen. Sie erfaßt die Daten aus der Codierzeile der Einzugspapiere**) auf EDV-Medien und zieht die Gegenwerte beleglos ein.
Die Einzugspapiere werden den zahlungspflichtigen Kreditinstituten oder deren Verrechnungsinstituten gesondert ohne Verrechnung vorgelegt.

*) Mit Beginn der Stufe 3 der EWWU gilt: oder Euro.

**) Mit Beginn der Stufe 3 der EWWU gilt: und die Bezeichnung der Währungseinheit aus dem Summenbeleg oder aus dem belegbegleitenden Datenträger.

(2) Folgende Einzugspapiere sind von der ersten Inkassostelle in Korrekturhüllen gemäß Anlage 5 Abbildung 1 bzw. Abbildung 2 für Schecks mit Anforderung einer Bezahltmeldung einzuziehen, die nur in den Feldern 1 bis 3 nach den Angaben aus den Originaleinzugspapieren codiert sein dürfen:

- Schecks ab 5.000 DM, die in den Feldern 1 bis 3 der Codierzeile Mängel aufweisen,
- nicht BSE-fähige Schecks bzw. Reiseschecks,
- Schecks, die nicht den „Richtlinien für einheitliche Zahlungsverkehrsvordrucke" entsprechen,
- Schecks mit Anforderung einer Bezahltmeldung.[2]

(3) Die in den Absätzen 1 und 2 genannten Einzugspapiere können bei der Deutschen Bundesbank ungetrennt zum Vereinfachten Scheck- und Lastschrifteinzug eingereicht werden.

[1] Dies sind: Rückrechnung (Lastschrift) für Direktrückgabe von Wechseln
Hülle (Lastschrift) für
– Neueinreichung eines garantierten BSE-Schecks
– Auslieferung einer BSE-Scheckkopie/eines BSE-Originalschecks
Ersatzstück für verlorengegangenen Scheck

[2] Die Deutsche Bundesbank ist berechtigt, abweichend hiervon die Bestätigung der Einlösung oder Nichtbezahlung von Schecks entsprechend ihren Allgemeinen Geschäftsbedingungen zu verlangen.

2

2

Nummer 2

Erfassung und Prüfung

(1) Die Deutsche Bundesbank ist berechtigt, die Datenerfassung anhand der codierten Daten in der Codierzeile der Einzugspapiere und der Summenbelege*) vorzunehmen. Bei Einreichungen mit belegbegleitendem Datenträger*), für dessen Aufbau und Spezifikationen die Anlage 6 maßgeblich ist, erstreckt sich dieses Recht auch auf die Übernahme der Einreicherinformationen aus dem Vorsatz des belegbegleitenden Datenträgers. Die Deutsche Bundesbank ist für die vollständige und unveränderte Erfassung der Daten und – sofern ein Verfahren zur Prüfung der Kontonummern bei ihr gemeldet worden ist – für die Durchführung der Prüfzifferkontrolle verantwortlich. Sie haftet nicht, wenn das bezogene Kreditinstitut oder dessen Verrechnungsinstitut es versäumt, durch geeignete Maßnahmen (z. B. Prüfzifferkontrollverfahren) sicherzustellen, daß die Scheckgegenwerte den Konten der jeweiligen Scheckaussteller belastet werden.

*) Mit Beginn der Stufe 3 der EWWU gilt: Die Bezeichnung der Währungseinheit wird ausschließlich anhand der Zuordnung der Schecks durch den Einreicher zu einem bestimmten Summenbeleg oder belegbegleitenden Datenträger erfaßt.

(2) Für die zwischenbetriebliche Weiterleitung sind die Daten im Satz- und Dateiaufbau nach den Spezifikationen der „Vereinbarung über den beleglosen Datenaustausch in der zwischenbetrieblichen Abwicklung des Inlandszahlungsverkehrs"[1] zu formatieren. Die erfaßten Daten sind in Feld C6a, beim Diskettenformat C 6, des Datensatzes um die Kennziffer 4 und um eine max. 11-stellige Referenznummer, deren Aufbau freigestellt ist, zu ergänzen. Die Deutsche Bundesbank hat zusätzlich die Bankleitzahl ihrer überleitenden Stelle in Feld C 3 des Datensatzes*) einzustellen. In das Datenfeld C 14 ist die Textkonstante „SCHECKAUSSTELLER" und in das Datenfeld C15 die Textkonstante „SCHECK-NR." und die 13-stellige Schecknummer einzustellen. Bei Einzugspapieren, bei denen die Deutsche Bundesbank das Feld 4 der Codierzeile nicht oder nicht vollständig erfassen konnte bzw. bei denen die Prüfzifferkontrolle zu einem negativen Ergebnis führte, ist das Datenfeld C 5 vollständig mit „9" zu belegen. Kann Feld 5 der Codierzeile nicht vollständig gelesen werden, sind die nicht gelesenen Zeichen in der 13-stelligen Schecknummer des Datenfeldes C15 durch „*" zu ersetzen. Ist das Feld 5 nicht codiert, ist die 13-stellige Schecknummer im Datenfeld C 15 vollständig mit „9" zu belegen. Auch das Datenfeld C 6a/C 6 ist bei allen beteiligten Stellen in die Dokumentation aufzunehmen.

(3) Aus dem Ausland eingereichte Schecks können von der Deutschen Bundesbank in Feld 7b des Datensatzes C mit dem Ergänzungstextschlüssel „888" gekennzeichnet werden.

*) Mit Beginn der Stufe 3 der EWWU gilt: und die Bezeichnung der Währungseinheit in das Datenfeld C 17a.

Nummer 3

Belegloser Einzug und gesonderte Vorlage der Originale

(1) Die Deutsche Bundesbank ist ermächtigt, die Gegenwerte der Einzugspapiere von den zahlungspflichtigen Kreditinstituten oder deren Verrechnungsinstituten beleglos einzuziehen. Sie wird die Einzugspapiere an die zahlungspflichtigen Kreditinstitute oder an die von diesen benannten Stellen ohne Verrechnung ausliefern oder übersenden. Für den Versand beschränkt sich ihre Haftung auf die sorgfältige Auswahl und Beauftragung eines Dritten. Die Deutsche Bundesbank liefert die Original-Schecks, bei denen sie alle fünf Felder der Codierzeile vollständig lesen konnte und die Prüfzifferkontrolle nicht negativ verlief, getrennt von den übrigen Einzugspapieren aus.

(2) Die zahlungspflichtigen Kreditinstitute sind verpflichtet, den rechtzeitigen und vollständigen Eingang der zu den übersandten Datensätzen gehörenden Einzugspapiere zu überwachen. Das Fehlen von Einzugspapieren sowie etwaige Irrläufer sind der ausliefernden Stelle der Deutschen Bundesbank unverzüglich auf telekommunikativem Wege anzuzeigen.

(3) Die Lieferung von belegbegleitenden Datenträgern ist nach bilateraler Absprache möglich (zu Aufbau und Spezifikationen der belegbegleitenden Datenträger siehe Anlage 6).

Nummer 4

Auslieferung der Daten

(1) Zahlungsvorgänge aus dem GSE-Verfahren werden mit Lastschriften und Zahlungsvorgängen aus dem BSE-Verfahren in einer logischen Datei zusammengefaßt. Nach bilateraler Absprache werden den zahlungspflichtigen Kreditinstituten oder deren Verrechnungsinstituten die Zahlungsvorgänge aus dem GSE-Verfahren auf besonderen Datenträgern bzw. in besonderen Dateien ausgeliefert. Der Einzug der Gegenwerte erfolgt im beleglosen Datenaustausch nach den hierfür geltenden Leitwegen.

[1] Sofern die Deutsche Bundesbank der Vereinbarung nicht beitreten sollte, gelten im Geschäftsverkehr mit ihr „Besondere Bedingungen der Deutschen Bundesbank für die elektronische Auftragserteilung. Datenauslieferung und Kontoinformation (EADK)" und „Besondere Bedingungen für den beleglosen Datenträgeraustausch".

(2) Kann ein Kreditinstitut Zahlungsvorgänge nicht beleglos entgegennehmen, so ist die vorgeschaltete Stelle verpflichtet, Belege nach dem Druckbild gemäß der Anlage 2 Abbildung 2 zu diesem Abkommen zu erstellen und weiterzuleiten.

Nummer 5

Belastung der Scheckaussteller

(1) Das bezogene Kreditinstitut ist berechtigt, den Scheckgegenwert aus dem GSE-Verfahren auf dem Konto des Scheckausstellers anhand des GSE-Datensatzes zu belasten. Es kann die Belastung auch anhand des Schecks vornehmen.

(2) Bucht das bezogene Kreditinstitut anhand des GSE-Datensatzes und wird der zugehörige Scheck nicht innerhalb von zwei Bankarbeitstagen nach Belastung des Kontos des Scheckausstellers vorgelegt, kann es die Belastungsbuchung rückgängig machen und den Gegenwert gemäß Abschnitt V Nr. 6 Abs. 1 zurückrechnen.

Abschnitt IV: Bestimmungen über den vereinfachten Einzug von Orderschecks

Nummer 1

Stempelabdruck

(1) Die erste Inkassostelle ist verpflichtet, die ihr von Kunden zum Einzug übergebenen Orderschecks auf der Rückseite mit einem Stempelabdruck zu versehen. Der Stempelabdruck hat den Ort, den Namen und die Bankleitzahl der ersten Inkassostelle zu enthalten; weitere Zusätze gelten als nicht geschrieben. Der Stempelabdruck bedarf keiner Unterzeichnung.

(2) Orderschecks, in denen ein Kreditinstitut als Remittent bezeichnet ist, gelten nach Maßgabe dieses Abschnitts als ihm von Kunden zum Einzug übergeben. Als erste Inkassostelle gilt in diesen Fällen das als Remittent bezeichnete Kreditinstitut.

Nummer 2

Treuhandindossament und Prüfungspflicht

(1) Die Kreditinstitute sind sich darüber einig, daß der Stempelabdruck zwischen ihnen dasselbe Rechtsverhältnis begründen soll wie ein Treuhandindossament. Sie verzichten untereinander auf die Einwendung, der Stempelabdruck sei von einer nicht vertretungsberechtigten Person angebracht worden oder diese habe dabei einen Übertragungswillen nicht gehabt.

(2) Die erste Inkassostelle ist verpflichtet zu prüfen, daß der Einreicher durch eine ordnungsgemäße Indossamentenkette im Sinne von Art. 35 ScheckG legitimiert ist und daß der Einreicher ihr den Orderscheck durch Indossament ohne einschränkenden Zusatz übertragen hat.

2

Nummer 3

Auslandsschecks und Scheckbedingungen

(1) Werden bei Kreditinstituten im Ausland zahlbare Orderschecks von Kreditinstituten im Inland an andere Kreditinstitute im Inland zum Einzug gegeben, gelten die Bestimmungen dieses Abschnitts für das Verhältnis dieser Kreditinstitute untereinander.

(2) Sofern solche Orderschecks der Deutschen Bundesbank zum Einzug gegeben werden, müssen sie gemäß deren Allgemeinen Geschäftsbedingungen indossiert werden.

(3) Die Kreditinstitute dürfen Vordrucke für Orderschecks ihren Kunden nur zur Verfügung stellen, wenn sie diesen gegenüber ihre üblichen Bedingungen für den Scheckverkehr folgendermaßen ergänzt haben:
„Der Aussteller von Orderschecks steht allen Kreditinstituten, die am Einzug der von ihm begebenen Orderschecks beteiligt sind, für deren Bezahlung ein. Jedes dieser Kreditinstitute kann gegen Vorlage der innerhalb der Vorlegungsfrist vorgelegten und nicht bezahlten Schecks Zahlung vom Aussteller verlangen. Die vorstehenden Bestimmungen gelten auch für nach Beendigung des Scheckvertrages ausgestellte Orderschecks."

Abschnitt V: Bestimmungen über die Rückgabe nicht eingelöster Schecks und die Rückrechnung von Scheckgegenwerten

Nummer 1

Rückgabepflichten des bezogenen Kreditinstituts

(1) Von dem bezogenen Kreditinstitut sind
- Schecks, die körperlich vorgelegt und nicht eingelöst werden, spätestens an dem auf den Tag der Vorlage (Eingangstag)[1] der Schecks folgenden Bankarbeitstag mit dem Vorlegungsvermerk nach Nummer 3 an die erste Inkassostelle zurückzuleiten.

[1] Der Eingangstag ist derjenige Bankarbeitstag, an dem der Scheck dem bezogenen Kreditinstitut (vgl. Abschnitt I Nr. 2 Abs. 2) zugeht.

2

- Rückrechnungen aus dem BSE-Verfahren spätestens an dem auf den Eingangstag[1] der Scheckdaten folgenden Bankarbeitstag an die erste Inkassostelle zu leiten.

(2) Bei Schecks bzw. Scheckdaten, die dem Kreditinstitut an einem Sonnabend zugehen, gilt der nächste Bankarbeitstag als Eingangstag.

Nummer 2

Benachrichtigungspflichten bei Nichteinlösung

(1) Das bezogene Kreditinstitut hat die erste Inkassostelle von der Nichteinlösung eines Schecks im Betrage von 5.000 DM und darüber unmittelbar, spätestens an dem auf den Eingangstag[2] folgenden Bankarbeitstag bis spätestens 14.30 Uhr auf telekommunikativem Wege zu benachrichtigen (Eilnachricht).

(2) Die Eilnachricht hat den Scheckbetrag sowie die Schecknummer, die Kontonummer des Scheckausstellers und die Bankleitzahl des bezogenen Kreditinstituts zu enthalten. Ferner soll – soweit erkennbar – ein evtl. vorhandenes Merkmal zur Identifizierung des Scheckeinreichers (vgl. Abschnitt I Nr. 3 Abs. 2) angegeben werden. Die erste Inkassostelle hat bei der Feststellung des Scheckeinreichers alle in der Eilnachricht angegebenen Daten zu überprüfen.

(3) Wird ein von einem Kreditinstitut im Ausland auf ein Kreditinstitut im Inland gezogener Scheck im Betrage von 5.000 DM und darüber nicht eingelöst, hat das bezogene Kreditinstitut die erste im Inland gelegene Inkassostelle unverzüglich gemäß den Absätzen 1 und 2 zu benachrichtigen. Bei vorläufiger Nichteinlösung eines von einem Kreditinstitut im Ausland auf ein Kreditinstitut im Inland gezogenen Schecks hat das bezogene Kreditinstitut unabhängig von der Betragshöhe eine entsprechende Eilnachricht an die erste im Inland gelegene Inkassostelle abzugeben. Hierbei ist der Grund für die vorläufige Nichteinlösung anzugeben. Löst das bezogene Kreditinstitut einen vorläufig nicht eingelösten Scheck endgültig ein, ist die erste Inkassostelle im Inland hiervon unverzüglich zu unterrichten.

Nummer 3

Vorlegungsvermerk und Retourenhülle

(1) Dem bezogenen Kreditinstitut körperlich vorgelegte Schecks, die nicht eingelöst werden, sind mit dem Vermerk

„Vorgelegt am ... und nicht bezahlt"

sowie mit dem Namen des bezogenen Kreditinstituts, Ort und Datum der Ausfertigung zu versehen[3]. Der Vorlegungsvermerk ist zu unterzeichnen.

(2) Die Rückschecks sind in Retourenhüllen gemäß Anlage 11, die nur in den Feldern 1 bis 3 der Codierzeile codiert sein dürfen, nach den Bestimmungen in Abschnitt III einzuziehen. Der Textschlüssel für die Rückrechnung lautet 09.

Nummer 4

Beleglose Rückrechnung von Zahlungsvorgängen aus dem BSE-Verfahren

(1) Rückrechnungen der Zahlungsvorgänge aus dem BSE-Verfahren sind von dem bezogenen Kreditinstitut beleglos vorzunehmen und an das in Feld C10 des BSE-Datensatzes genannte Kreditinstitut (die erste Inkassostelle oder das bei der Deutschen Bundesbank einreichende Kreditinstitut) zu leiten. Der Datensatz für die beleglose Rückrechnung nicht eingelöster BSE-Schecks ist nach der Beschreibung in Anlage 8 zu belegen.

(2) Die erste Inkassostelle bestätigt bei Rückrechnungen aus dem BSE-Verfahren im Auftrage des bezogenen Kreditinstituts die Nichteinlösung durch folgenden Vermerk:

„Vom bezogenen Kreditinstitut am ... nicht bezahlt".

Der Vermerk ist auf der Scheckkopie bzw. auf dem Originalscheck aufzubringen und mit dem Namen der ersten Inkassostelle zu versehen. Das Datum der Nichtbezahlung ist aus der beleglosen Rückrechnung zu entnehmen. Im Zusammenhang mit der Rückrechnung von Zahlungsvorgängen aus dem BSE-Verfahren ist der Scheckeinreicher mit dem Hinweis gemäß Anlage 9 zu informieren.

(3) Rückrechnungen für in das BSE-Verfahren übergeleitete eurocheques (Textschlüssel 11), die auf Konten gezogen sind, zu denen eine eurocheque-Karte ausgegeben wurde, sollen vom bezogenen Kreditinstitut nicht vorgenommen werden, sofern der Scheckbetrag die für die eurocheque-Einlösungsgarantie geltende Betragsgrenze nicht übersteigt.

[1] Der Eingangstag ist derjenige Bankarbeitstag, der auf den Tage der Übergabe der Scheckdaten an das die Scheckdaten im zwischenbetrieblichen Clearing aufnehmende zahlungspflichtige Kreditinstitut (ggf. aufnehmendes Zentralinstitut) folgt (Beispiel: Übergabe der Scheckdaten durch die Landeszentralbank an ein Kreditinstitut am Montag – Disposition durch die disponierende Stelle des im Scheck bezeichneten bezogenen Kreditinstituts (Abschnitt I Nr. 2 Abs. 2) am Dienstag (Eingangstag) – Rückrechnung spätestens am Mittwoch).

[2] Siehe hierzu Fußnote 1, Abschnitt V Nr. 1 Abs. 1.

[3] Als „vorgelegt" gilt ein Scheck am Eingangstag (vgl. hierzu Fußnote 1, Abschnitt V Nr. 1 Abs. 1).

(4) Stellt die erste Inkassostelle fest, daß auf einer zu einer Rückrechnung aus dem BSE-Verfahren gehörigen eurocheque-Kopie bzw. auf einem eurocheque eine Scheckkartennummer angegeben ist und gegebenenfalls auch die weiteren Auszahlungsbestimmungen beachtet wurden, leitet sie die Kopie bzw. den Scheck unabhängig davon, ob der gesamte Scheckbetrag durch die Einlösungsgarantie für eurocheques abgedeckt ist, mit dem in Anlage 10 abgebildeten Vordruck nach den Bestimmungen in Abschnitt III Nr. 1 Abs. 1 an das bezogene Kreditinstitut zurück, so daß dieses endgültig über die Einlösung bzw. den Umfang der Einlösung entscheiden kann. Die erste Inkassostelle ist in diesen Fällen berechtigt, außer dem Scheckbetrag das ihr in Rechnung gestellte Rückscheckentgelt dem bezogenen Kreditinstitut zu belasten. Die Berechnung zusätzlicher Entgelte durch die erste Inkassostelle ist nicht zulässig.

Nummer 5

Rückschecks und Rückrechnungen

(1) Die erste Inkassostelle ist – auch bei Verletzung dieses Abkommens und unbeschadet etwaiger Schadenersatzansprüche – verpflichtet, nicht eingelöste und mit dem Vorlegungsvermerk versehene Schecks zurückzunehmen, und zwar gleichgültig, auf welchem Wege die Schecks zurückgesandt worden sind, sowie Rückrechnungen der Zahlungsvorgänge aus dem BSE-Verfahren aufzunehmen. Zurückgenommene Schecks bzw. Rückrechnungen aus dem BSE-Verfahren dürfen nicht erneut zum Einzug gebracht werden. Das bezogene Kreditinstitut darf einen von ihm zurückgegebenen Scheck/Zahlungsvorgang aus dem BSE-Verfahren von der ersten Inkassostelle nur dann zurückrufen, wenn der Scheck/Zahlungsvorgang aus dem BSE-Verfahren nur versehentlich zurückgegeben worden ist und nunmehr eingelöst wird.

(2) Das bezogene Kreditinstitut kann für Rückschecks bzw. Rückrechnungen als Auslagenersatz und Bearbeitungsprovision ein Entgelt entsprechend dem in Nummer 1 der Anlage 7 genannten Höchstsatz verlangen. Vereinbarungen der Kreditinstitute mit dem Scheckeinreicher bzw. Scheckaussteller über die Erhebung von Entgelten werden durch dieses Abkommen nicht berührt.

(3) Bei der Verrechnung von Rückschecks bzw. Rückrechnungen wird jede Stelle, über die die Rechnung läuft, mit der Tageswertstellung für Einzugsschecks belastet. Im übrigen gelten die Bestimmungen in Nr. 2 der Anlage 7.

Nummer 6

Maßnahmen bei fehlenden Einzugspapieren

(1) Das zahlungspflichtige Kreditinstitut kann den Gegenwert eines Einzugspapiers aus dem GSE-Verfahren an das in Feld C 10 des GSE-Datensatzes genannte Kreditinstitut (die erste Inkassostelle oder das bei der Deutschen Bundesbank einreichende Kreditinstitut) zurückrechnen, wenn das Einzugspapier nicht innerhalb von zwei Bankarbeitstagen nach Zugang des Datensatzes vorgelegt wird. Die Rückrechnung ist beleglos gemäß Anlage 8 (Rückgabegrund „7") oder beleghaft gemäß Anlage 11 vorzunehmen.

(2) Das zahlungspflichtige Kreditinstitut ist verpflichtet, das in Feld C 10 des GSE-Datensatzes genannte Kreditinstitut (die erste Inkassostelle oder das bei der Deutschen Bundesbank einreichende Kreditinstitut, im folgenden Empfängerkreditinstitut) bis spätestens 14.30 Uhr des zweiten Bankarbeitstages nach Belastung des GSE-Datensatzes auf seinem oder dem LZB-Girokonto seines Verrechnungsinstituts auf telekommunikativem Wege zu benachrichtigen, wenn ihm bis zu diesem Zeitpunkt das Einzugspapier nicht vorgelegt wird. Diese Nachricht hat die Angaben gemäß Nr. 2 Abs. 2 aus dem GSE-Datensatz und zusätzlich den Grund „GSE-Einzugspapier hat im Original nicht vorgelegen" zu enthalten. Das Empfängerkreditinstitut hat bei der Feststellung des Scheckeinreichers alle in der Nachricht angegebenen Daten zu überprüfen. Löst das zahlungspflichtige Kreditinstitut dieses Einzugspapier gleichwohl ein, ist das Empfängerkreditinstitut hiervon unverzüglich zu unterrichten. Das bezogene Kreditinstitut ist außerdem verpflichtet, den noch nicht vorgelegten Scheck zu sperren.

(3) Das in Feld C 10 des GSE-Datensatzes genannte Kreditinstitut (die erste Inkassostelle oder das bei der Deutschen Bundesbank einreichende Kreditinstitut) ist – auch bei Verletzung dieses Abkommens und unbeschadet etwaiger Schadenersatzansprüche – verpflichtet, die Rückrechnung anzunehmen. Zurückgerechnete Gegenwerte können nur durch Einreichung von Ersatzstücken oder von wiederaufgefundenen Schecks erneut eingezogen werden. Kommt ein nicht zurückgerechnetes oder zurückgerechnetes Einzugspapier beim zahlungspflichtigen Kreditinstitut körperlich noch vor, hat dieses das in Feld C 10 des GSE-Datensatzes genannte Kreditinstitut (die erste Inkassostelle oder das bei der Deutschen Bundesbank einreichende Kreditinstitut) umgehend zu verständigen und ggf. die Gegenwertverrechnung abzustimmen. Wird der Scheck endgültig nicht bezahlt, gilt Nummer 3.

2

2

(4) Für die Rückrechnung von Gegenwerten wegen Nichtvorlage der Originalpapiere werden keine Entgelte berechnet.

Abschnitt VI: Bestimmungen über Ersatzstücke für verlorengegangene Schecks und sonstige Einzugspapiere

Nummer 1

Einzugsbestimmungen für verlorengegangene Schecks

(1) Gehen einzelne Schecks oder geht eine Schecksendung verloren und steht der Verlust nach der Überzeugung des Kreditinstituts, das die Einzugsschecks als letztes abgesandt hat oder bei dem sie verlorengegangen sind (Verluststelle), einwandfrei fest, zieht die Verluststelle die entsprechenden Beträge von der ersten Inkassostelle durch Einzugsermächtigungs-Lastschriften (Textschlüssel 05) beleglos ein. Die Kreditinstitute ermächtigen sich gegenseitig, diese Beträge mittels Lastschriften einzuziehen. Eine Rückgabe dieser Lastschriften wegen Widerspruchs oder aus anderen Gründen im Sinne des Abkommens über den Lastschriftverkehr ist nicht möglich. Die Deutsche Bundesbank ist berechtigt, eine Rückrechnung entsprechend ihren Allgemeinen Geschäftsbedingungen vorzunehmen.

(2) Die erste Inkassostelle benachrichtigt ihren Einreicher von dem Verlust des Originalschecks.

(3) Die erste Inkassostelle kann Ersatzstücke zum Einzug geben, indem sie den einheitlichen Vordruck ausfüllt (Abbildung zu Anlage 12) und gegebenenfalls eine Kopie des in Verlust geratenen Schecks in die Hülle einlegt. Das Ersatzstück ist nur mit dem Scheckbetrag und der Bankleitzahl des bezogenen Kreditinstituts zu codieren. Die Kontonummer des Scheckausstellers darf nicht codiert werden. Die erste Inkassostelle gibt das Ersatzstück nach den Bestimmungen in Abschnitt III zum Einzug.

Nummer 2

Maßnahmen des bezogenen Kreditinstituts

(1) Das bezogene Kreditinstitut sperrt den verlorengegangenen Scheck, benachrichtigt den Aussteller, behandelt das Ersatzstück wie einen Scheck und belastet ggf. das Konto des Ausstellers.

(2) Ist der in Verlust geratene Scheck bei Vorlegung des Ersatzstücks bereits vorgekommen, teilt das bezogene Kreditinstitut der ersten Inkassostelle unmittelbar mit, wann und von wem der in Verlust geratene Scheck vorgelegt worden ist und gibt das Ersatzstück zurück. Entsprechendes gilt bei Vorkommen des in Verlust geratenen Schecks nach Einlösung des Ersatzstücks.

(3) Bei der Verrechnung von Lastschriften, mit denen die Gegenwerte der in Verlust geratenen Schecks an die ersten Inkassostellen zurückbelastet werden, wird jede Stelle mit der Tageswertstellung für Einzugspapiere belastet.

Nummer 3

Geltung für sonstige Einzugspapiere

Die Bestimmungen dieses Abschnitts gelten entsprechend für die übrigen Einzugspapiere gemäß Abschnitt III Nr. 1.

Abschnitt VII: Schlußbestimmungen

Nummer 1

Rechte und Pflichten

(1) Dieses Abkommen begründet Rechte und Pflichten nur zwischen den beteiligten Kreditinstituten.

(2) Verstöße gegen die aus diesem Abkommen erwachsenden Verpflichtungen sind unverzüglich nach Bekanntwerden zu rügen. Die Schadenersatzpflicht beschränkt sich auf den Betrag desjenigen Schecks, bei dessen Bearbeitung die Verpflichtungen aus diesem Abkommen nicht eingehalten worden sind.

(3) Reklamationen und Schadenersatzansprüche aus diesem Abkommen sind unmittelbar gegenüber der ersten Inkassostelle bzw. dem einreichenden Kreditinstitut, dem umwandelnden Kreditinstitut bzw. dem bezogenen Kreditinstitut geltend zu machen.

Nummer 2

Besondere Pflichten bei der Codierung

Ist ein Kreditinstitut aufgrund eines Verstoßes gegen seine sich aus Abschnitt I Nr. 3 Abs. 1 in Verbindung mit der Anlage 1 ergebenden Pflichten schadenersatzpflichtig, wird die Ersatzpflicht bei Differenzen in der Betragsangabe in der Codierzeile mit dem Klartext des Schecks bzw. Reiseschecks durch den jeweils höheren Betrag begrenzt.

Nummer 3

Besonderes Pflichten bei Orderschecks

(1) Führt die erste Inkassostelle bei Orderschecks die ihr nach Abschnitt IV Nr. 2 Abs. 2 obliegende Prüfung nicht ordnungsgemäß aus, hat sie dem Bezogenen sowie den in der Einzugskette nachfolgenden Instituten einen aus

der Verletzung ihrer Pflichten entstehenden Schaden zu ersetzen, ohne sich insoweit auf Mitverschulden des Bezogenen sowie der in der Einzugskette nachfolgenden Institute berufen zu können.

(2) Der unverzüglichen Rüge bei Verstößen gegen Verpflichtungen aufgrund der Bestimmungen über den vereinfachten Einzug von Orderschecks gemäß Abschnitt IV ist genügt, wenn das geschädigte Institut eine Beanstandung hinsichtlich der Ordnungsmäßigkeit der Indossamentenkette unverzüglich weiterleitet, nachdem ein Scheckverpflichteter ihm einen solchen Mangel angezeigt hat.

Nummer 4

Anlagen – Geltung und Änderung

Die in diesem Abkommen in Bezug genommenen Anlagen sind Bestandteil des Abkommens. Die Anlagen zu diesem Abkommen können durch Beschluß der Vertragspartner im Betriebswirtschaftlichen Arbeitskreis der Spitzenverbände des Kreditgewerbes geändert werden. Die Änderungen werden für die Kreditinstitute verbindlich, die diesen Änderungen nicht binnen einer Frist von einem Monat nach deren Bekanntgabe widersprechen; die Kreditinstitute werden auf diese Möglichkeit des Widerspruchs jeweils bei Bekanntgabe der Änderungen in jedem Einzelfall hingewiesen. Der Widerspruch ist über den für das Kreditinstitut zuständigen Spitzenverband des deutschen Kreditgewerbes an den im Zentralen Kreditausschuß federführenden Verband zu richten. Dieser hat die übrigen Vertragspartner unverzüglich entsprechend zu unterrichten.

Nummer 5

Inkrafttreten

Dieses Abkommen tritt am 7. September 1998 in Kraft. Gleichzeitig treten das „Abkommen über die Rückgabe nicht eingelöster Schecks und die Behandlung von Ersatzstücken verlorengegangener Schecks im Scheckeinzugsverkehr (Scheckabkommen)" vom 7. April 1993, das „Abkommen über das beleglose Scheckeinzugsverfahren (BSE-Abkommen)" vom 7. April 1993, das „Abkommen über den beleglosen Einzug von Scheckgegenwerten ab 5.000 DM (Großbetrag-Schecks) und die gesonderte Vorlage der Originalschecks ohne Verrechnung (GSE-Abkommen)" vom 2. November 1994, das „Abkommen zur Vereinfachung des Einzugs von Orderschecks (Orderscheck-Abkommen)" vom 1. Juli 1996, das „Abkommen für den zwischenbetrieblichen belegbegleitenden Datenträgeraustausch" vom 8. September 1993 sowie die „Vereinbarung über Richtlinien für eine einheitliche Codierung von zwischenbetrieblich weiterzuleitenden Zahlungsverkehrsbelegen (Codierrichtlinien)" vom 1. Mai 1976 außer Kraft.

Nummer 6

Kündigung

(1) Dieses Abkommen kann von jedem Kreditinstitut oder einem Vertragspartner mit einer Frist von 12 Monaten zum Ende eines Kalenderjahres gekündigt werden.

(2) Kündigungen haben durch eingeschriebenen Brief gegenüber dem im Zentralen Kreditausschuß federführenden Verband zu erfolgen. Kündigt ein Kreditinstitut, ist die Erklärung über den zuständigen Vertragspartner an den im Zentralen Kreditausschuß federführenden Verband zu richten. Die Kündigung muß in diesen Fällen spätestens am 14. Tag der Kündigungsfrist bei dem im Zentralen Kreditausschuß federführenden Verband eingegangen sein. Dieser hat die Kündigung den Vertragspartnern und den übrigen diesem Abkommen angeschlossenen Kreditinstituten über die Vertragspartner mitzuteilen. Durch eine Kündigung wird das Fortbestehen dieses Abkommens zwischen den übrigen Vertragspartnern nicht berührt.

Bonn/Köln/Frankfurt am Main,
im November 1997

Abkommen über den Einzug von Schecks (Scheckabkommen)

Verzeichnis der Anlagen [1)]

für die Codierung

Anlage 1: Bestimmungen für die Codierung (Abschn. I Nr. 3 Abs. 1)

für das BSE-Verfahren

Anlage 2: Abbildung 1: Druckbild für den Ausdruck von BSE-Datensätzen (Abschn. II Nr. 3 Abs. 5)

Anlage 3: Abbildung Vordrucksatz „Anforderung einer Scheckkopie/eines Originalschecks" (Abschn. II Nr. 4 Abs. 1)

Anlage 4: Entgeltregelung für die Auslieferung einer Scheckkopie oder eines Originalschecks (Abschn. II Nr. 4 Abs. 1)

für das GSE-Verfahren:

Anlage 2: Abbildung 2: Druckbild für den Ausdruck von GSE-Datensätzen (Abschn. III Nr. 4 Abs. 2)

2

Anlage 5: Abbildung 1: Korrekturhülle für GSE-Einzugspapier (Abschn. III Nr. 1 Abs. 2)

Abbildung 2: Korrekturhülle für GSE-Einzugspapier (mit Bezahltmeldung) (Abschn. III Nr. 1 Abs. 2)

Anlage 6: Aufbau und Spezifikationen für belegbegleitende Datenträger (Abschn. III Nr. 2 Abs. 1 und Nr. 3 Abs. 3)

für Rückgaben/Rückrechnungen:

Anlage 7: Entgeltregelung für Rückschecks bzw. Rückrechnungen sowie Zinsausgleich (Abschn. V Nr. 5 Abs. 2 und 3)

Anlage 8: Verfahrensbeschreibung für die beleglose Rückrechnung nicht eingelöster BSE-Schecks sowie nicht vorgelegter GSE-Einzugspapiere (Abschn. V Nr. 4 Abs. 1 und Nr. 6 Abs. 1)

Anlage 9: Information für den Scheckeinreicher in Verbindung mit nicht eingelöstem BSE-Scheck (z.B. auf der Rückrechnung) (Abschn. V Nr. 4 Abs. 2)

Anlage 10: Abbildung Vordrucksatz „Neueinreichung eines garantierten BSE-Schecks" (Abschn. V Nr. 4 Abs. 4)

Anlage 11: Retourenhülle (Lastschrift) für Einzugspapier (Abschn. V Nr. 3 Abs. 2 und Nr. 6 Abs. 1)

für Ersatzstücke

Anlage 12: Ersatzstück für verlorengegangenen Scheck (Hülle) (Abschn. VI Nr. 1 Abs. 3)

[1] Aus diesem Verzeichnis wurden nur die Anlagen 2, 7 und 11 abgedruckt.

Anlage 2

Abbildung 1

Druckbild für den Ausdruck von BSE-Datensätzen (Abschn. II Nr. 3 Abs. 5)

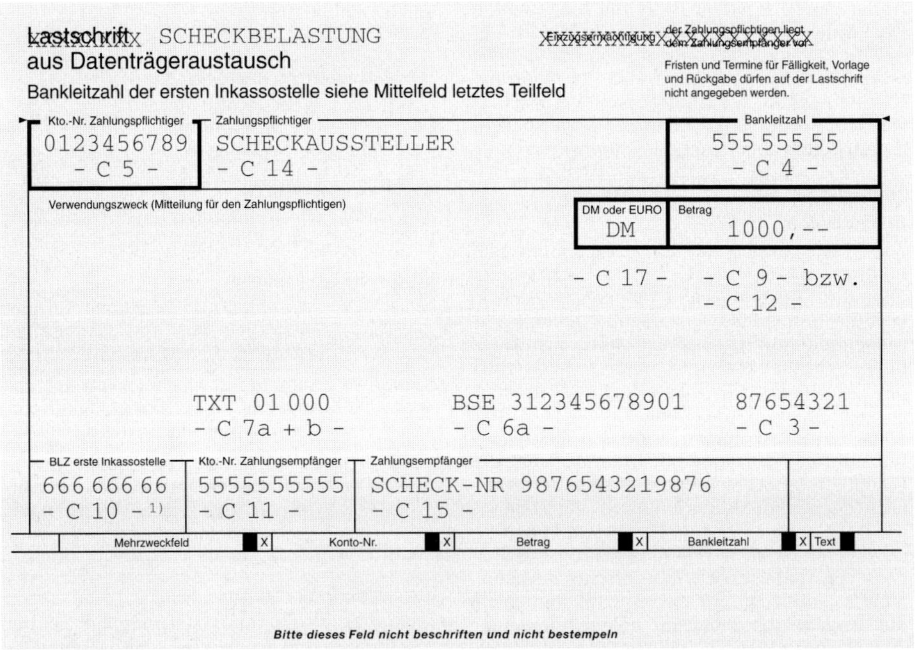
~~Lastschrift~~ SCHECKBELASTUNG
aus Datenträgeraustausch
Bankleitzahl der ersten Inkassostelle siehe Mittelfeld letztes Teilfeld
~~Einzugsermächtigung der Zahlungspflichtigen liegt dem Zahlungsempfänger vor~~
Fristen und Termine für Fälligkeit, Vorlage und Rückgabe dürfen auf der Lastschrift nicht angegeben werden.
Kto.-Nr. Zahlungspflichtiger: 0123456789 - C 5 -
Zahlungspflichtiger: SCHECKAUSSTELLER - C 14 -
Bankleitzahl: 555 555 55 - C 4 -
Verwendungszweck (Mitteilung für den Zahlungspflichtigen)
DM oder EURO: DM - C 17 -
Betrag: 1000,-- - C 9 - bzw. - C 12 -
TXT 01 000 - C 7a + b -
BSE 312345678901 - C 6a -
87654321 - C 3 -
BLZ erste Inkassostelle: 666 666 66 - C 10 -[1]
Kto.-Nr. Zahlungsempfänger: 5555555555 - C 11 -
Zahlungsempfänger: SCHECK-NR 9876543219876 - C 15 -
Mehrzweckfeld | X | Konto-Nr. | X | Betrag | X | Bankleitzahl | X | Text
Bitte dieses Feld nicht beschriften und nicht bestempeln

[1] Kann auch BLZ des einreichenden Kreditinstituts sein

Anlage 2

Abbildung 2

Druckbild für den Ausdruck von GSE-Datensätzen (Abschn. III Nr. 4 Abs. 2)

XXXXXXXX SCHECKBELASTUNG (überdruckt: Lastschrift) XXXXXXXXXXXXXXXXXXXX (überdruckt: Einzugsermächtigung der Zahlungspflichtigen liegt dem Zahlungsempfänger vor)

aus Datenträgeraustausch

Bankleitzahl der ersten Inkassostelle siehe Mittelfeld letztes Teilfeld

Fristen und Termine für Fälligkeit, Vorlage und Rückgabe dürfen auf der Lastschrift nicht angegeben werden.

Kto.-Nr. Zahlungspflichtiger	Zahlungspflichtiger	Bankleitzahl
0123456789 - C 5 -	SCHECKAUSSTELLER - C 14 -	555 555 55 - C 4 -

Verwendungszweck (Mitteilung für den Zahlungspflichtigen)

DM oder EURO	Betrag
DM	10.000,--

EINR BEI LZB 1234567890123 - C 16 -

- C 17 -

- C 9 - bzw. - C 12 -

TXT 01 000 - C 7a + b -

GSE 412345678901 - C 6a -

87654321 - C 3 -

BLZ erste Inkassostelle	Kto.-Nr. Zahlungsempfänger	Zahlungsempfänger
666 666 66 - C 10 - [1]	5555555555 - C 11 -	SCHECK-NR 9876543219876 - C 15 -

Mehrzweckfeld	X	Konto-Nr.	X	Betrag	X	Bankleitzahl	X	Text

[1] Kann auch BLZ des einreichenden Kreditinstituts sein

Anlage 11

Retourenhülle (Lastschrift) für Einzugspapier (Abschn. V Nr. 3 Abs. 2 und Nr. 6 Abs. 1)

Retourenhülle (Lastschrift)
für Einzugspapier

Kto.-Nr. des Zahlungsempfängers	Zahlungsempfänger (freigestellt)	BLZ der 1. Inkassostelle

☐ Rückscheck aus GSE

☐ Konto erloschen

☐ Schecksperre

☐ Nichtvorlage GSE Papier

☐

☐ Rücklastschrift mit Zinsausgleich

☐ Keine Angabe

☐ Konto erloschen

☐ Kto.-Nr./BLZ falsch/Sparkonto
Kto.-Nr./Name nicht identisch

☐ Kein Abbuchungsauftrag/
Keine Einzugsermächtigung

☐ Rückruf

☐ wegen Widerspruchs

DM oder EURO[1]

Betrag

Rückgabeentgelt

Zinsausgleich

Gesamtbetrag

[1] Betrags- und Entgeltangaben nur in einer Währung

Original-Rückscheck bzw. Lastschrift-Ersatzbeleg gefaltet mit Faltkante nach unten einlegen

Mehrzweckfeld	X	Konto-Nr.	X	Betrag	X	Bankleitzahl	X	Text

2

Anlage 7

Entgeltregelung für Rückschecks bzw. Rückrechnungen sowie Zinsausgleich (Abschn. V Nr. 5 Abs. 2 und 3)

1. Entgelt

Das bezogene Kreditinstitut kann für Rückschecks bzw. Rückrechnungen ein Entgelt von höchstens 10 DM berechnen.

2. Zinsausgleich

Das bezogene Kreditinstitut ist berechtigt, bei Rückschecks im Betrag von 20.000 DM und darüber gegenüber der ersten Inkassostelle einen Anspruch auf Zinsausgleich geltend zu machen, wenn der Wertstellungsverlust 60 DM oder mehr beträgt. Als Zinssatz gilt der Diskontsatz der Deutschen Bundesbank*) am Tage des Eingangs des Einzugsschecks.

*) Mit Beginn der Stufe 3 der EWWU gilt: Als Zinssatz gilt der von der Deutschen Bundesbank bekanntgegebene Basiszinssatz.

Bedingungen für den Scheckverkehr (Banken)

Stand: Januar 1995

1. Scheckvordrucke

Die Bank gibt an den Kunden Scheckvordrucke zur Teilnahme am Scheckverkehr aus. Für den Scheckverkehr dürfen nur die vom bezogenen Institut zugelassenen Scheckvordrucke verwendet werden.

2. Sorgfaltspflichten

Scheckvordrucke und Schecks sind mit besonderer Sorgfalt aufzubewahren. Das Abhandenkommen von Scheckvordrucken und Schecks ist der Bank, möglichst der kontoführenden Stelle, unverzüglich mitzuteilen.

Die Scheckvordrucke sind deutlich lesbar auszufüllen. Der Scheckbetrag ist in Ziffern und in Buchstaben so einzusetzen, daß nichts hinzugeschrieben werden kann. Hat sich der Kunde beim Ausstellen eines Schecks verschrieben oder ist der Scheck auf andere Weise unbrauchbar geworden, so ist er zu vernichten.

Bei Beendigung des Scheckvertrages sind nicht benutzte Vordrucke unverzüglich entweder an die Bank zurückzugeben oder entwertet zurückzusenden.

3. Haftung von Kunde und Bank

Die Bank haftet für die Erfüllung ihrer Verpflichtungen aus dem Scheckvertrag. Hat der Kunde durch ein schuldhaftes Verhalten, insbesondere durch eine Verletzung seiner Sorgfaltspflichten, zur Entstehung eines Schadens beigetragen, bestimmt sich nach den Grundsätzen des Mitverschuldens, in welchem Umfang Bank und Kunde den Schaden zu tragen haben.

Löst die Bank Schecks ein, die dem Kunden nach der Ausstellung abhanden gekommen sind, so kann sie das Konto des Kunden nur belasten, wenn sie bei der Einlösung nicht grob fahrlässig gehandelt hat.

Handelt es sich bei dem Kunden um einen eingetragenen Kaufmann, um eine juristische Person des öffentlichen Rechts oder um ein öffentlich-rechtliches Sondervermögen, so hat der Kunde darüber hinaus den Schaden zu tragen, der dadurch entsteht, daß ihm Scheckvordrucke ohne sein Verschulden aus dem von ihm beherrschbaren Verantwortungsbereich (z.B. Entwendung aus den Geschäftsräumen) abhanden kommen und die Bank einen auf den abhanden gekommenen Scheckvordrucken gefälschten Scheck einlöst. Diese Haftung greift nur ein, wenn der gefälschte Scheck dem äußeren Anschein nach den Eindruck der Echtheit erweckt und keine Schecksperre sowie keine sonstigen für die Bank erkennbaren Anhaltspunkte für Unregelmäßigkeiten vorliegen.

2

4. Verhalten der Bank bei mangelnder Kontodeckung

Die Bank ist berechtigt, Schecks auch bei mangelndem Guthaben oder über einen zuvor für das Konto eingeräumten Kredit hinaus einzulösen. Die Buchung solcher Verfügungen auf dem Konto führt zu einer geduldeten Kontoüberziehung. Die Bank ist berechtigt, in diesem Fall den höheren Zinssatz für geduldete Kontoüberziehungen zu verlangen. Wenn die Bank einen Scheck nicht einlöst, unterrichtet sie gleichzeitig den Kunden.

5. Scheckwiderruf

Der Scheck kann widerrufen werden, solange er von der Bank nicht eingelöst ist. Der Widerruf kann nur beachtet werden, wenn er der Bank so rechtzeitig zugeht, daß seine Berücksichtigung im Rahmen des ordnungsgemäßen Arbeitsablaufes möglich ist.

6. Zusätzliche Regelungen für Orderschecks

Der Aussteller von Orderschecks steht allen Kreditinstituten, die am Einzug der von ihm begebenen Orderschecks beteiligt sind, für deren Bezahlung ein. Jedes dieser Kreditinstitute kann gegen Vorlage der innerhalb der Vorlegungsfrist vorgelegten und nicht bezahlten Schecks Zahlung vom Aussteller verlangen. Die vorstehenden Bestimmungen gelten auch für nach Beendigung des Scheckvertrages ausgestellte Orderschecks.

Wechselgesetz

Vom 21. Juni 1933, mit Änderungen bis zum 5. Oktober 1994

Erster Teil. Gezogener Wechsel

2

Ausstellung und Form des gezogenen Wechsels

Art. 1. [Bestandteile] Der gezogene Wechsel enthält:

1. die Bezeichnung als Wechsel im Texte der Urkunde, und zwar in der Sprache in der sie ausgestellt ist;
2. die unbedingte Anweisung, eine bestimmte Geldsumme zu zahlen;
3. den Namen dessen, der zahlen soll (Bezogener);
4. die Angabe der Verfallzeit;
5. die Angabe des Zahlungsortes;
6. den Namen dessen, an den oder an dessen Order gezahlt werden soll;
7 die Angabe des Tages und des Ortes der Ausstellung;
8. die Unterschrift des Ausstellers.

Art. 2. [Fehlen von Bestandteilen] (1) Eine Urkunde, der einer der in vorstehendem Artikel bezeichneten Bestandteile fehlt, gilt nicht als gezogener Wechsel, vorbehaltlich der in den folgenden Absätzen bezeichneten Fälle.

(2) Ein Wechsel ohne Angebot der Verfallzeit gilt als Sichtwechsel.

(3) Mangels einer besonderen Angabe gilt der bei dem Namen des Bezogenen angegebene Ort als Zahlungsort und zugleich als Wohnort des Bezogenen.

(4) Ein Wechsel ohne Angabe des Ausstellungsortes gilt als ausgestellt an dem Orte, der bei dem Namen des Ausstellers angegeben ist.

Art. 3. [Eigene Order; trassiert-eigener Wechsel; gezogener Wechsel] (1) Der Wechsel kann an die eigene Order des Ausstellers lauten.

(2) Er kann auf den Aussteller selbst gezogen werden.

(3) Er kann für Rechnung eines Dritten gezogen werden.

Art. 4. [Zahlungsort] Der Wechsel kann bei einem Dritten, am Wohnort des Bezogenen oder an einem anderen Orte, zahlbar gestellt werden.

Art. 5. [Zinsen] (1) In einem Wechsel, der auf Sicht oder auf eine bestimmte Zeit nach Sicht lautet, kann der Aussteller bestimmen, daß die Wechselsumme zu verzinsen ist. [2]Bei jedem anderen Wechsel gilt der Zinsvermerk als nicht geschrieben.

(2) Der Zinsfuß ist im Wechsel anzugeben; fehlt diese Angabe, so gilt der Zinsvermerk als nicht geschrieben.

(3) Die Zinsen laufen vom Tage der Ausstellung des Wechsels, sofern nicht ein anderer Tag bestimmt ist.

Art. 6. [Wechselsumme] (1) Ist die Wechselsumme in Buchstaben und in Ziffem angegeben, so gilt bei Abweichungen die in Buchstaben angegebene Summe.

(2) Ist die Wechselsumme mehrmals in Buchstaben oder mehrmals in Ziffern angegeben, so gilt bei Abweichungen die geringste Summe.

Art. 7. [Ungültige Unterschriften] Trägt ein Wechsel Unterschriften von Personen, die eine Wechselverbindlichkeit nicht eingehen können, gefälschte Unterschriften, Unterschriften erdichteter Personen oder Unterschriften, die aus irgendeinem anderen Grunde für die Personen, die unterschrieben haben oder mit deren Namen unterschrieben worden ist, keine Verbindlichkeit begründen, so hat dies auf die Gültigkeit der übrigen Unterschriften keinen Einfluß.

Art. 8. [Vertreter ohne Vertretungsmacht] [1]Wer auf einen Wechsel seine Unterschrift als Vertreter eines anderen setzt, ohne hierzu ermächtigt zu sein, haftet selbst wechselmäßig und hat, wenn er den Wechsel einlöst, dieselben Rechte, die der angeblich Vertretene haben würde. [2]Das gleiche gilt von einem Vertreter, der seine Vertretungsbefugnis überschritten hat.

Art. 9. [Haftung des Ausstellers] (1) Der Aussteller haftet für die Annahme und die Zahlung des Wechsels.

(2) Er kann die Haftung für die Annahme ausschließen; jeder Vermerk, durch den er die Haftung für die Zahlung ausschließt, gilt als nicht geschrieben.

Art. 10. [Blankowechsel] Wenn ein Wechsel, der bei der Begebung unvollständig war, den getroffenen Vereinbarungen zuwider ausgefüllt worden ist, so kann die Nichteinhaltung dieser Vereinbarungen dem Inhaber nicht entgegengesetzt werden, es sei denn, daß er den Wechsel in bösem Glauben erworben hat oder ihm beim Erwerb eine grobe Fahrlässigkeit zur Last fällt.

Indossament

Art. 11. [Übertragung des Wechsels] (1) Jeder Wechsel kann durch Indossament übertragen werden, auch wenn er nicht ausdrücklich an Order lautet.

(2) Hat der Aussteller in den Wechsel die Worte „nicht an Order" oder einen gleichbedeutenden Vermerk aufgenommen, so kann der Wechsel nur in der Form und mit den Wirkungen einer gewöhnlichen Abtretung übertragen werden.

(3) [1]Das Indossament kann auch auf den Bezogenen, gleichviel ob er den Wechsel angenommen hat oder nicht, auf den Aussteller oder auf jeden anderen Wechselverpflichteten lauten. [2]Diese Personen können den Wechsel weiter indossieren.

Art. 12. [Indossament bedingungsfeindlich; Teilindossament; Indossament an den Inhaber] (1) [1]Das Indossament muß unbedingt sein. [2]Bedingungen, von denen es abhängig gemacht wird, gelten als nicht geschrieben.

(2) Ein Teilindossament ist nichtig.

(3) Ein Indossament an den Inhaber gilt als Blankoindossament.

Art. 13. [Form; Blankoindossament] (1) [1]Das Indossament muß auf den Wechsel oder auf ein mit dem Wechsel verbundenes Blatt (Anhang) gesetzt werden. [2]Es muß von dem Indossanten unterschrieben werden.

(2) [1]Das Indossament braucht den Indossatar nicht zu bezeichnen und kann selbst in der bloßen Unterschrift des Indossanten bestehen (Blankoindossament). [2]In diesem letzteren Falle muß das Indossament, um gültig zu sein, auf die Rückseite des Wechsels oder auf den Anhang gesetzt werden.

Art. 14. [Transportfunktion] (1) Das Indossament überträgt alle Rechte aus dem Wechsel.

(2) Ist es ein Blankoindossament, so kann der Inhaber

1. das Indossament mit seinem Namen oder mit dem Namen eines anderen ausfüllen;
2. den Wechsel durch ein Blankoindossament oder an eine bestimmte Person weiter indossieren;
3. den Wechsel weiterbegeben, ohne das Blankoindossament auszufüllen und ohne ihn zu indossieren.

Art. 15. [Garantiefunktion] (1) Der Indossant haftet mangels eines entgegenstehenden Vermerks für die Annahme und die Zahlung.

(2) Er kann untersagen, daß der Wechsel weiter indossiert wird; in diesem Falle haftet er denen nicht, an die der Wechsel weiter indossiert wird.

Art. 16. [Wechselvermutung] (1) [1]Wer den Wechsel in Händen hat, gilt als rechtmäßiger Inhaber, sofern er sein Recht durch eine ununterbrochene Reihe von Indossamenten nachweist, und zwar auch dann, wenn das letzte ein Blankoindossament ist. [2]Ausgestrichene Indossamente gelten hierbei als nicht geschrieben. [3]Folgt auf ein Blankoindossament ein weiteres Indossament, so wird angenommen, daß der Aussteller dieses Indossaments den Wechsel durch das Blankoindossament erworben hat.

(2) Ist der Wechsel einem früheren Inhaber irgendwie abhanden genommen, so ist der neue Inhaber, der sein Recht nach den Vorschriften des vorstehenden Absatzes nachweist, zur Herausgabe des Wechsels nur verpflichtet, wenn er ihn in bösem Glauben erworben hat oder ihm beim Erwerb eine grobe Fahrlässigkeit zur Last fällt.

Art. 17. [Einwendungen des Wechselschuldners] Wer aus dem Wechsel in Anspruch genommen wird, kann dem Inhaber keine Einwendungen entgegensetzen, die sich auf seine unmittelbaren Beziehungen zu dem Aussteller oder zu einem früheren Inhaber gründen, es sei denn, daß der Inhaber bei dem Erwerb des Wechsels bewußt zum Nachteil des Schuldners gehandelt hat.

Art. 18. [Vollmachtsindossament] (1) Enthält das Indossament den Vermerk „Wert zur Einziehung", „zum Inkasso", „in Prokura" oder einen anderen nur eine Bevollmächtigung ausdrückenden Vermerk, so kann der Inhaber alle Rechte aus dem Wechsel geltend machen; aber er kann ihn nur durch ein weiteres Vollmachtsindossament übertragen.

(2) Die Wechselverpflichteten können in diesem Falle dem Inhaber nur solche Einwendungen entgegensetzen, die ihnen gegen den Indossanten zustehen.

(3) Die in dem Vollmachtsindossament enthaltene Vollmacht erlischt weder mit dem Tode noch mit dem Eintritt der Handlungsunfähigkeit des Vollmachtgebers.

Art. 19. [Pfandindossament] (1) Enthält das Indossament den Vermerk „Wert zur Sicherheit", „Wert zum Pfande" oder einen anderen eine Verpfändung ausdrückenden Vermerk, so kann der Inhaber alle Rechte aus dem Wechsel geltend machen; ein von ihm ausgestelltes Indossament hat aber nur die Wirkung eines Vollmachtsindossaments.

(2) Die Wechselverpflichteten können dem Inhaber keine Einwendungen entgegensetzen,

2

die sich auf ihre unmittelbaren Beziehungen zu dem Indossanten gründen, es sei denn, daß der Inhaber bei dem Erwerb des Wechsels bewußt zum Nachteil des Schuldners gehandelt hat.

Art. 20. [Indossament nach Verfall] (1) [1]Ein Indossament nach Verfall hat dieselben Wirkungen wie ein Indossament vor Verfall. [2]Ist jedoch der Wechsel erst nach Erhebung des Protestes mangels Zahlung oder nach Ablauf der hierfür bestimmten Frist indossiert worden, so hat das Indossament nur die Wirkungen einer gewöhnlichen Abtretung.

(2) Bis zum Beweis des Gegenteils wird vermutet, daß ein nicht datiertes Indossament vor Ablauf der für die Erhebung des Protestes bestimmten Frist auf den Wechsel gesetzt worden ist.

Annahme

Art. 21. [Vorlegung zur Annahme] Der Wechsel kann von dem Inhaber oder von jedem, der den Wechsel auch nur in Händen hat, bis zum Verfall dem Bezogenen an seinem Wohnort zur Annahme vorgelegt werden.

Art. 22. [Vorlegungsgebot und Vorlegungsverbot] (1) Der Aussteller kann in jedem Wechsel mit oder ohne Bestimmung einer Frist vorschreiben, daß der Wechsel zur Annahme vorgelegt werden muß.

(2) Er kann im Wechsel die Vorlegung zur Annahme untersagen, wenn es sich nicht um einen Wechsel handelt, der bei einem Dritten oder an einem von dem Wohnort des Bezogenen verschiedenen Ort zahlbar ist oder der auf eine bestimmte Zeit nach Sicht lautet.

(3) Er kann auch vorschreiben, daß der Wechsel nicht vor einem bestimmten Tag zur Annahme vorgelegt werden darf.

(4) Jeder Indossant kann, wenn nicht der Aussteller die Vorlegung zur Annahme untersagt hat, mit oder ohne Bestimmung einer Frist vorschreiben, daß der Wechsel zur Annahme vorgelegt werden muß.

Art. 23. [Vorlegungsfrist] (1) Wechsel, die auf eine bestimmte Zeit nach Sicht lauten, müssen binnen einem Jahr nach dem Tag der Ausstellung zur Annahme vorgelegt werden.

(2) Der Aussteller kann eine kürzere oder eine längere Frist bestimmen.

(3) Die Indossanten können die Vorlegungsfristen abkürzen.

Art. 24. [Nochmalige Vorlegung] (1) [1]Der Bezogene kann verlangen, daß ihm der Wechsel am Tag nach der ersten Vorlegung nochmals vorgelegt wird. [2]Die Beteiligten können sich darauf, daß diesem Verlangen nicht entsprochen worden ist, nur berufen, wenn das Verlangen im Protest vermerkt ist.

(2) Der Inhaber ist nicht verpflichtet, den zur Annahme vorgelegten Wechsel in der Hand des Bezogenen zu lassen.

Art. 25. [Annahmeerklärung] (1) [1]Die Annahmeerklärung wird auf den Wechsel gesetzt. [2]Sie wird durch das Wort „angenommen" oder ein gleichbedeutendes Wort ausgedrückt; sie ist vom Bezogenen zu unterschreiben. [3]Die bloße Unterschrift des Bezogenen auf der Vorderseite des Wechsels gilt als Annahme.

(2) [1]Lautet der Wechsel auf eine bestimmte Zeit nach Sicht oder ist er infolge eines besonderen Vermerks innerhalb einer bestimmten Frist zur Annahme vorzulegen, so muß die Annahmeerklärung den Tag bezeichnen, an dem sie erfolgt ist, sofern nicht der Inhaber die Angabe des Tages der Vorlegung verlangt. [2]Ist kein Tag angegeben, so muß der Inhaber, um seine Rückgriffsrechte gegen die Indossanten und den Aussteller zu wahren, diese Unterlassung rechtzeitig durch einen Protest feststellen lassen.

Art. 26. [Eingeschränkte Annahme] (1) Die Annahme muß unbedingt sein; der Bezogene kann sie aber auf einen Teil der Wechselsumme beschränken.

(2) [1]Wenn die Annahmeerklärung irgendeine andere Abweichung von den Bestimmungen des Wechsels enthält, so gilt die Annahme als verweigert. [2]Der Annehmende haftet jedoch nach dem Inhalt seiner Annahmeerklärung.

Art. 27. [Domizilwechsel; Zahlstellenwechsel] (1) [1]Hat der Aussteller im Wechsel einen von dem Wohnort des Bezogenen verschiedenen Zahlungsort angegeben, ohne einen Dritten zu bezeichnen, bei dem die Zahlung geleistet werden soll, so kann der Bezogene bei der Annahmeerklärung einen Dritten bezeichnen. [2]Mangels einer solchen Bezeichnung wird angenommen, daß sich der Annehmer verpflichtet hat, selbst am Zahlungsort zu zahlen.

(2) Ist der Wechsel beim Bezogenen selbst zahlbar, so kann dieser in der Annahmeerklärung eine am Zahlungsort befindliche Stelle bezeichnen, wo die Zahlung geleistet werden soll.

Art. 28. [Wirkung der Annahme] (1) Der Bezogene wird durch die Annahme verpflichtet, den Wechsel bei Verfall zu bezahlen.

(2) Mangels Zahlung hat der Inhaber, auch wenn er der Aussteller ist, gegen den Annehmer einen unmittelbaren Anspruch aus dem

Wechsel auf alles, was auf Grund der Artikel 48 und 49 gefordert werden kann.

Art. 29. [Widerruf der Annahme] (1) [1]Hat der Bezogene die auf den Wechsel gesetzte Annahmeerklärung vor der Rückgabe des Wechsels gestrichen, so gilt die Annahme als verweigert. [2]Bis zum Beweis des Gegenteils wird vermutet, daß die Streichung vor der Rückgabe des Wechsels erfolgt ist.

(2) Hat der Bezogene jedoch dem Inhaber oder einer Person, deren Unterschrift sich auf dem Wechsel befindet, die Annahme schriftlich mitgeteilt, so haftet er diesen nach dem Inhalt seiner Annahmeerklärung.

Wechselbürgschaft

Art. 30. [Zulässigkeit] (1) Die Zahlung der Wechselsumme kann ganz oder teilweise durch Wechselbürgschaft gesichert werden.

(2) Diese Sicherheit kann von einem Dritten oder auch von einer Person geleistet werden, deren Unterschrift sich schon auf dem Wechsel befindet.

Art. 31. [Form] (1) Die Bürgschaftserklärung wird auf den Wechsel oder auf einen Anhang gesetzt.

(2) Sie wird durch die Worte „als Bürge" oder einen gleichbedeutenden Vermerk ausgedrückt; sie ist von dem Wechselbürgen zu unterschreiben.

(3) Die bloße Unterschrift auf der Vorderseite des Wechsels gilt als Bürgschaftserklärung, soweit es sich nicht um die Unterschrift des Bezogenen oder des Ausstellers handelt.

(4) In der Erklärung ist anzugeben, für wen die Bürgschaft geleistet wird; mangels einer solchen Angabe gilt sie für den Aussteller.

Art. 32. [Haftung des Wechselbürgen] (1) Der Wechselbürge haftet in der gleichen Weise wie derjenige, für den er sich verbürgt hat.

(2) Seine Verpflichtungserklärung ist auch gültig, wenn die Verbindlichkeit, für die er sich verbürgt hat, aus einem anderen Grund als wegen eines Formfehlers nichtig ist.

(3) Der Wechselbürge, der den Wechsel bezahlt, erwirbt die Rechte aus dem Wechsel gegen denjenigen, für den er sich verbürgt hat, und gegen alle, die diesem wechselmäßig haften.

Verfall

Art. 33. [Verfallzeiten] (1) Ein Wechsel kann gezogen werden auf Sicht; auf eine bestimmte Zeit nach Sicht; auf eine bestimmte Zeit nach der Ausstellung; auf einen bestimmten Tag.

(2) Wechsel mit anderen oder mit mehreren aufeinanderfolgenden Verfallzeiten sind nichtig.

Art. 34. [Sichtwechsel] (1) [1]Der Sichtwechsel ist bei der Vorlegung fällig. [2]Er muß binnen einem Jahr nach der Ausstellung zur Zahlung vorgelegt werden. [3]Der Aussteller kann eine kürzere oder eine längere Frist bestimmen. Die Indossanten können die Vorlegungsfristen abkürzen. 2

(2) [1]Der Aussteller kann vorschreiben, daß der Sichtwechsel nicht vor einem bestimmten Tag zur Zahlung vorgelegt werden darf. [2]In diesem Falle beginnt die Vorlegungsfrist mit diesem Tag.

Art. 35. [Nachsichtwechsel] (1) Der Verfall eines Wechsels, der auf eine bestimmte Zeit nach Sicht lautet, richtet sich nach dem in der Annahmeerklärung angegebenen Tag oder nach dem Tag des Protestes.

(2) Ist in der Annahmeerklärung ein Tag nicht angegeben und ein Protest nicht erhoben worden, so gilt dem Annehmer gegenüber der Wechsel als am letzten Tag der für die Vorlegung zur Annahme vorgesehenen Frist angenommen.

Art. 36. [Auslegungsregeln] (1) [1]Ein Wechsel, der auf einen oder mehrere Monate nach der Ausstellung oder nach Sicht lautet, verfällt an dem entsprechenden Tag des Zahlungsmonats. [2]Fehlt dieser Tag, so ist der Wechsel am letzten Tag des Monats fällig.

(2) Lautet der Wechsel auf einen oder mehrere Monate und einen halben Monat nach der Ausstellung oder nach Sicht, so werden die ganzen Monate zuerst gezählt.

(3) Ist als Verfallzeit der Anfang, die Mitte oder das Ende eines Monats angegeben, so ist darunter der erste, der fünfzehnte oder der letzte Tag des Monats zu verstehen.

(4) Die Ausdrücke „acht Tage" oder „fünfzehn Tage" bedeuten nicht eine oder zwei Wochen, sondern volle acht oder fünfzehn Tage.

(5) Der Ausdruck „halber Monat" bedeutet fünfzehn Tage.

Art. 37. [Kalenderverschiedenheit] (1) Ist ein Wechsel an einem bestimmten Tag an einem Ort zahlbar, dessen Kalender von dem des Ausstellungsorts abweicht, so ist für den Verfalltag der Kalender des Zahlungsorts maßgebend.

(2) Ist ein zwischen zwei Orten mit verschiedenem Kalender gezogener Wechsel eine bestimmte Zeit nach der Ausstellung zahlbar,

2

so wird der Tag der Ausstellung in den nach dem Kalender des Zahlungsorts entsprechenden Tag umgerechnet und hiernach der Verfalltag ermittelt.

(3) Auf die Berechnung der Fristen für die Vorlegung von Wechseln findet die Vorschrift des vorstehenden Absatzes entsprechende Anwendung.

(4) Die Vorschriften dieses Artikels finden keine Anwendung, wenn sich aus einem Vermerk im Wechsel oder sonst aus dessen Inhalt ergibt, daß etwas anderes beabsichtigt war.

Zahlung

Art. 38. [Vorlegung zur Zahlung] (1) Der Inhaber eines Wechsels, der an einem bestimmten Tag oder bestimmte Zeit nach der Ausstellung oder nach Sicht zahlbar ist, hat den Wechsel am Zahlungstag oder an einem der beiden folgenden Werktage zur Zahlung vorzulegen.

(2) Die Einlieferung in eine Abrechnungsstelle steht der Vorlegung zur Zahlung gleich.

(3) Der *Reichsminister der Justiz* bestimmt, welche Einrichtungen als Abrechnungsstelle anzusehen sind und unter welchen Voraussetzungen die Einlieferung erfolgen kann.

Art. 39. [Aushändigung des quittierten Wechsels; Teilzahlung] (1) Der Bezogene kann vom Inhaber gegen Zahlung die Aushändigung des quittierten Wechsels verlangen.

(2) Der Inhaber darf eine Teilzahlung nicht zurückweisen.

(3) Im Falle der Teilzahlung kann der Bezogene verlangen, daß sie auf dem Wechsel vermerkt und ihm eine Quittung erteilt wird.

Art. 40. [Zahlung vor und bei Verfall] (1) Der Inhaber des Wechsels ist nicht verpflichtet, die Zahlung vor Verfall anzunehmen.

(2) Der Bezogene, der vor Verfall zahlt, handelt auf eigene Gefahr.

(3) [1]Wer bei Verfall zahlt, wird von seiner Verbindlichkeit befreit, wenn ihm nicht Arglist oder grobe Fahrlässigkeit zur Last fällt. [2]Er ist verpflichtet, die Ordnungsmäßigkeit der Reihe der Indossamente, aber nicht die Unterschriften der Indossanten zu prüfen.

Art. 41. [Fremde Währung] (1) [1]Lautet der Wechsel auf eine Währung, die am Zahlungsort nicht gilt, so kann die Wechselsumme in der Landeswährung nach dem Wert gezahlt werden, den sie am Verfalltag besitzt. [2]Wenn der Schuldner die Zahlung verzögert, so kann der Inhaber wählen, ob die Wechselsumme nach dem Kurs des Verfalltages oder nach dem Kurs des Zahlungstages in die Landeswährung umgerechnet werden soll.

(2) [1]Der Wert der fremden Währung bestimmt sich nach den Handelsgebräuchen des Zahlungsortes. [2]Der Aussteller kann jedoch im Wechsel für die zu zahlende Summe einen Umrechnungskurs bestimmen.

(3) Die Vorschriften der beiden ersten Absätze finden keine Anwendung, wenn der Aussteller die Zahlung in einer bestimmten Währung vorgeschrieben hat (Effektivvermerk).

(4) Lautet der Wechsel auf eine Geldsorte, die im Lande der Ausstellung dieselbe Bezeichnung, aber einen anderen Wert hat als in dem der Zahlung, so wird vermutet, daß die Geldsorte des Zahlungsortes gemeint ist.

Art. 42. [Hinterlegung] Wird der Wechsel nicht innerhalb der in Artikel 38 bestimmten Frist zur Zahlung vorgelegt, so kann der Schuldner die Wechselsumme bei der zuständigen Behörde auf Gefahr und Kosten des Inhabers hinterlegen.

Rückgriff mangels Annahme und mangels Zahlung

Art. 43. [Rückgriff mangels Zahlung] (1) Der Inhaber kann gegen die Indossanten, den Aussteller und die anderen Wechselverpflichteten bei Verfall des Wechsels Rückgriff nehmen, wenn der Wechsel nicht bezahlt worden ist.

(2) Das gleiche Recht steht dem Inhaber schon vor Verfall zu,

1. wenn die Annahme ganz oder teilweise verweigert worden ist;
2. wenn über das Vermögen des Bezogenen, gleichviel ob er den Wechsel angenommen hat oder nicht, das Insolvenzverfahren eröffnet worden ist oder wenn der Bezogene auch nur seine Zahlungen eingestellt hat oder wenn eine Zwangsvollstreckung in sein Vermögen fruchtlos verlaufen ist;
3. wenn über das Vermögen des Ausstellers eines Wechsels, dessen Vorlegung zur Annahme untersagt ist, das Insolvenzverfahren eröffnet worden ist.

Art. 44. [Protest] (1) Die Verweigerung der Annahme oder der Zahlung muß durch eine öffentliche Urkunde (Protest mangels Annahme oder mangels Zahlung) festgestellt werden.

(2) [1]Der Protest mangels Annahme muß innerhalb der Frist erhoben werden, die für die Vor-

legung zur Annahme gilt. [2]Ist im Fall des Artikels 24 Abs. 1 der Wechsel am letzten Tage der Frist zum ersten Mal vorgelegt worden, so kann der Protest noch am folgenden Tag erhoben werden.

(3) [1]Der Protest mangels Zahlung muß bei einem Wechsel, der an einem bestimmten Tag oder bestimmte Zeit nach der Ausstellung oder nach Sicht zahlbar ist, an einem der beiden auf den Zahlungstag folgenden Werktage erhoben werden. [2]Bei einem Sichtwechsel muß der Protest mangels Zahlung in den gleichen Fristen erhoben werden, wie sie im vorhergehenden Absatz für den Protest mangels Annahme vorgesehen sind.

(4) Ist Protest mangels Annahme erhoben worden, so bedarf es weder der Vorlegung zur Zahlung noch des Protestes mangels Zahlung.

(5) Hat der Bezogene, gleichviel ob er den Wechsel angenommen hat oder nicht, seine Zahlungen eingestellt, oder ist eine Zwangsvollstreckung in sein Vermögen fruchtlos verlaufen, so kann der Inhaber nur Rückgriff nehmen, nachdem der Wechsel dem Bezogenen zur Zahlung vorgelegt und Protest erhoben worden ist.

(6) [1]Ist über das Vermögen des Bezogenen, gleichviel ob er den Wechsel angenommen hat oder nicht, oder über das Vermögen des Ausstellers eines Wechsels, dessen Vorlegung zur Annahme untersagt ist, das Insolvenzverfahren eröffnet worden, so genügt es zur Ausübung des Rückgriffsrechts, daß der gerichtliche Beschluß über die Eröffnung des Insolvenzverfahrens vorgelegt wird. [2]Die Vorlegung der Bekanntmachung des gerichtlichen Beschlusses im Bundesanzeiger oder in dem zur Veröffentlichung amtlicher Bekanntmachungen des Gerichts bestimmten Blatt ist der Vorlegung des gerichtlichen Beschlusses gleichzuachten.

Art. 45. [Benachrichtigungen] (1) [1]Der Inhaber muß seinen unmittelbaren Vormann und den Aussteller von dem Unterbleiben der Annahme oder der Zahlung innerhalb der vier Werktage benachrichtigen, die auf den Tag der Protesterhebung oder, im Fall des Vermerks „ohne Kosten", auf den Tag der Vorlegung folgen. [2]Jeder Indossant muß innerhalb zweier Werktage nach Empfang der Nachricht seinem unmittelbaren Vormann von der Nachricht, die er erhalten hat, Kenntnis geben und ihm die Namen und Adressen derjenigen mitteilen, die vorher Nachricht gegeben haben, und so weiter in der Reihenfolge, bis zum Aussteller. [3]Die Fristen laufen vom Empfang der vorhergehenden Nachricht.

(2) Wird nach Maßgabe des vorhergehenden Absatzes einer Person, deren Unterschrift sich auf dem Wechsel befindet, Nachricht gegeben, so muß die gleiche Nachricht in derselben Frist ihrem Wechselbürgen gegeben werden.

(3) Hat ein Indossant seine Adresse nicht oder in unleserlicher Form angegeben, so genügt es, daß sein unmittelbarer Vormann benachrichtigt wird.

(4) Die Nachricht kann in jeder Form gegeben werden, auch durch die bloße Rücksendung des Wechsels.

(5) [1]Der zur Benachrichtigung Verpflichtete hat zu beweisen, daß er in der vorgeschriebenen Frist benachrichtigt hat. [2]Die Frist gilt als eingehalten, wenn ein Schreiben, das die Benachrichtigung enthält, innerhalb der Frist zur Post gegeben worden ist.

(6) Wer die rechtzeitige Benachrichtigung versäumt, verliert nicht den Rückgriff; er haftet für den etwa durch seine Nachlässigkeit entstandenen Schaden, jedoch nur bis zur Höhe der Wechselsumme.

Art. 46. [Erlaß des Protestes] (1) Der Aussteller sowie jeder Indossant oder Wechselbürge kann durch den Vermerk „ohne Kosten", „ohne Protest" oder einen gleichbedeutenden auf den Wechsel gesetzten und unterzeichneten Vermerk den Inhaber von der Verpflichtung befreien, zum Zwecke der Ausübung des Rückgriffs Protest mangels Annahme oder mangels Zahlung erheben zu lassen.

(2) [1]Der Vermerk befreit den Inhaber nicht von der Verpflichtung, den Wechsel rechtzeitig vorzulegen und die erforderlichen Nachrichten zu geben. [2]Der Beweis, daß die Frist nicht eingehalten worden ist, liegt demjenigen ob, der sich dem Inhaber gegenüber darauf beruft.

(3) [1]Ist der Vermerk vom Aussteller beigefügt, so wirkt er gegenüber allen Wechselverpflichteten; ist er von einem Indossanten oder einem Wechselbürgen beigefügt, so wirkt er nur diesen gegenüber. [2]Läßt der Inhaber ungeachtet des vom Aussteller beigefügten Vermerks Protest erheben, so fallen ihm die Kosten zur Last. [3]Ist der Vermerk von einem Indossanten oder einem Wechselbürgen beigefügt, so sind alle Wechselverpflichteten zum Ersatz der Kosten eines dennoch erhobenen Protestes verpflichtet.

Art. 47. [Haftung der Wechselschuldner]

(1) Alle, die einen Wechsel ausgestellt, angenommen, indossiert oder mit einer Bürgschaftserklärung versehen haben, haften dem Inhaber als Gesamtschuldner.

(2) Der Inhaber kann jeden einzeln oder mehrere oder alle zusammen in Anspruch nehmen, ohne an die Reihenfolge gebunden zu sein, in der sie sich verpflichtet haben.

(3) Das gleiche Recht steht jedem Wechselverpflichteten zu, der den Wechsel eingelöst hat.

2

(4) Durch die Geltendmachung des Anspruchs gegen einen Wechselverpflichteten verliert der Inhaber nicht seine Rechte gegen die anderen Wechselverpflichteten, auch nicht gegen die Nachmänner desjenigen, der zuerst in Anspruch genommen worden ist.

2

Art. 48. [Rückgriff des Protestanten] (1) Der Inhaber kann im Wege des Rückgriffs verlangen

1. die Wechselsumme, soweit der Wechsel nicht angenommen oder nicht eingelöst worden ist, mit den etwa bedungenen Zinsen;
2. Zinsen zu sechs vom Hundert seit dem Verfalltag. Bei einem Wechsel, der im Inland sowohl ausgestellt als auch zahlbar ist, beträgt der Zinssatz zwei vom Hundert über dem jeweiligen Diskontsatz der Deutschen Bundesbank, mindestens aber sechs vom Hundert; Änderungen des Diskontsatzes sind für die Verzinsung ab Beginn des Tages wirksam, an dem die deutsche Bundesbank die Änderung im Bundesanzeiger bekanntgemacht hat;
3. die Kosten des Protestes und der Nachrichten sowie die anderen Auslagen;
4. eine Vergütung, die mangels besonderer Vereinbarung ein Drittel vom Hundert der Hauptsumme des Wechsels beträgt und diesen Satz keinesfalls überschreiten darf.

(2) [1]Wird der Rückgriff vor Verfall genommen, so werden von der Wechselsumme Zinsen abgezogen. Diese Zinsen werden auf Grund des öffentlich bekanntgemachten Diskontsatzes (Satz der Zentralnotenbank) berechnet, der am Tag des Rückgriffs am Wohnort des Inhabers gilt.

Art. 49. [Rückgriff des Einlösers] Wer den Wechsel eingelöst hat, kann von seinen Vormännern verlangen:

1. den vollen Betrag, den er gezahlt hat;
2. die Zinsen dieses Betrags zu sechs vom Hundert seit dem Tag der Einlösung. Bei einem Wechsel, der im Inland sowohl ausgestellt als auch zahlbar ist, beträgt der Zinssatz zwei vom Hundert über dem jeweiligen Diskontsatz der Deutschen Bundesbank, mindestens aber sechs vom Hundert; Änderungen des Diskontsatzes sind für die Verzinsung ab Beginn des Tages wirksam, an dem die deutsche Bundesbank die Änderung im Bundesanzeiger bekanntgemacht hat;
3. seine Auslagen;
4. eine Vergütung, die nach den Vorschriften des Artikels 48 Abs. 1 Nr. 4 berechnet wird.

Art. 50. [Aushändigung der Wechselpapiere]

(1) Jeder Wechselverpflichtete, gegen den Rückgriff genommen wird oder genommen werden kann, ist berechtigt, zu verlangen, daß ihm gegen Entrichtung der Rückgriffssumme der Wechsel mit dem Protest und eine quittierte Rechnung ausgehändigt werden.

(2) Jeder Indossant, der den Wechsel eingelöst hat, kann sein Indossament und die Indossamente seiner Nachmänner ausstreichen.

Art. 51. [Rückgriff nach Teilannahme] [1]Bei dem Rückgriff nach einer Teilnahme kann derjenige, der den nicht angenommenen Teil der Wechselsumme entrichtet, verlangen, daß dies auf dem Wechsel vermerkt und ihm darüber Quittung erteilt wird. [2]Der Inhaber muß ihm ferner eine beglaubigte Abschrift des Wechsels und den Protest aushändigen, um den weiteren Rückgriff zu ermöglichen.

Art. 52. [Rückwechsel] (1) Wer zum Rückgriff berechtigt ist, kann mangels eines entgegenstehenden Vermerkes den Rückgriff dadurch nehmen, daß er auf einen seiner Vormänner einen neuen Wechsel (Rückwechsel) zieht, der auf Sicht lautet und am Wohnort dieses Vormannes zahlbar ist.

(2) Der Rückwechsel umfaßt, außer den in den Artikeln 48 und 49 angegebenen Beträgen, die Maklergebühr und die Stempelsteuer für den Rückwechsel.

(3) [1]Wird der Rückwechsel vom Inhaber gezogen, so richtet sich die Höhe der Wechselsumme nach dem Kurse, den ein vom Zahlungsort des ursprünglichen Wechsels auf den Wohnort des Vormannes gezogener Sichtwechsel hat. [2]Wird der Rückwechsel von einem Indossanten gezogen, so richtet sich die Höhe der Wechselsumme nach dem Kurse, den ein vom Wohnort des Ausstellers des Rückwechsels auf den Wohnort des Vormannes gezogener Sichtwechsel hat.

Art. 53. [Rechtsverlust bei Fristversäumung]

(1) Mit der Versäumung der Fristen für die Vorlegung eines Wechsels, der auf Sicht oder auf eine bestimmte Zeit nach Sicht lautet, für die Erhebung des Protestes mangels Annahme oder mangels Zahlung, für die Vorlegung zur Zahlung im Falle des Vermerkes „ohne Kosten" verliert der Inhaber seine Rechte gegen die Indossanten, den Aussteller und alle anderen Wechselverpflichteten, mit Ausnahme des Annehmers.

(2) Versäumt der Inhaber die vom Aussteller für die Vorlegung zur Annahme vorgeschriebene Frist, so verliert er das Recht, mangels Annahme und mangels Zahlung Rückgriff zu nehmen, sofern nicht der Wortlaut des Vermerkes ergibt, daß der Aussteller nur die Haftung für die Annahme hat ausschließen wollen.

(3) Ist die Frist für die Vorlegung in einem Indossament enthalten, so kann sich nur der Indossant darauf berufen.

Art. 54. [Fristversäumung wegen höherer Gewalt] (1) Steht der rechtzeitigen Vorlegung des Wechsels oder der rechtzeitigen Erhebung des Protestes ein unüberwindliches Hindernis entgegen (gesetzliche Vorschrift eines Staates oder ein anderer Fall höherer Gewalt), so werden die für diese Handlungen bestimmten Fristen verlängert.

(2) Der Inhaber ist verpflichtet, seinen unmittelbaren Vormann von dem Falle der höheren Gewalt unverzüglich zu benachrichtigen und die Benachrichtigung unter Beifügung des Tages und Ortes sowie seiner Unterschrift auf dem Wechsel oder einem Anhang zu vermerken; im übrigen finden die Vorschriften des Artikels 45 Anwendung.

(3) Fällt die höhere Gewalt weg, so muß der Inhaber den Wechsel unverzüglich zur Annahme oder zur Zahlung vorlegen und gegebenenfalls Protest erheben lassen.

(4) Dauert die höhere Gewalt länger als dreißig Tage nach Verfall, so kann Rückgriff genommen werden, ohne daß es der Vorlegung oder der Protesterhebung bedarf.

(5) [1]Bei Wechseln, die auf Sicht oder auf eine bestimmte Zeit nach Sicht lauten, läuft die dreißigtägige Frist von dem Tage, an dem der Inhaber seinen Vormann von dem Fall der höheren Gewalt benachrichtigt hat; diese Nachricht kann schon vor Ablauf der Vorlegungsfrist gegeben werden. [2]Bei Wechseln, die auf bestimmte Zeit nach Sicht lauten, verlängert sich die dreißigtägige Frist um die im Wechsel angegebene Nachsichtfrist.

(6) Tatsachen, die rein persönlich den Inhaber oder denjenigen betreffen, den er mit der Vorlegung des Wechsels oder mit der Protesterhebung beauftragt hat, gelten nicht als Fälle höherer Gewalt.

Ehreneintritt

▶ Allgemeine Vorschriften

Art. 55. [Notadresse; Ehrenannahme oder -zahlung] (1) Der Aussteller sowie jeder Indossant oder Wechselbürge kann eine Person angeben, die im Notfall annehmen oder zahlen soll.

(2) Der Wechsel kann unter den nachstehend bezeichneten Voraussetzungen zu Ehren eines jeden Wechselverpflichteten, gegen den Rückgriff genommen werden kann, angenommen oder bezahlt werden.

(3) Jeder Dritte, auch der Bezogene, sowie jeder aus dem Wechsel bereits Verpflichtete, mit Ausnahme des Annehmers, kann einen Wechsel zu Ehren annehmen oder bezahlen.

(4) Wer zu Ehren annimmt oder zahlt, ist verpflichtet, den Wechselverpflichteten, für den er eintritt, innerhalb zweier Werktage hiervon zu benachrichtigen. [2]Hält er die Frist nicht ein, so haftet er für den etwa durch seine Nachlässigkeit entstandenen Schaden, jedoch nur bis zur Höhe der Wechselsumme.

▶ Ehrenannahme

2

Art. 56. [Zulässigkeit; Rückgriff] (1) Die Ehrenannahme ist in allen Fällen zulässig, in denen der Inhaber vor Verfall Rückgriff nehmen kann, es sei denn, daß es sich um einen Wechsel handelt, dessen Vorlegung zur Annahme untersagt ist.

(2) Ist auf dem Wechsel eine Person angegeben, die im Notfall am Zahlungsort annehmen oder zahlen soll, so kann der Inhaber vor Verfall gegen denjenigen, der die Notadresse beigefügt hat, und gegen seine Nachmänner nur Rückgriff nehmen, wenn er den Wechsel der in der Notadresse bezeichneten Person vorgelegt hat und im Falle der Verweigerung der Ehrenannahme die Verweigerung durch einen Protest hat feststellen lassen.

(3) [1]In den anderen Fällen des Ehreneintritts kann der Inhaber die Ehrenannahme zurückweisen. [2]Läßt er sie aber zu, so verliert er den Rückgriff vor Verfall gegen denjenigen, zu dessen Ehren die Annahme erklärt worden ist, und gegen dessen Nachmänner.

Art. 57. [Form] [1]Die Ehrenannahme wird auf dem Wechsel vermerkt, sie ist von demjenigen, der zu Ehren annimmt, zu unterschreiben. [2]In der Annahmeerklärung ist anzugeben, für wen die Ehrenannahme stattfindet; mangels einer solchen Angabe gilt sie für den Aussteller.

Art. 58. [Haftung des Ehrenannehmers] (1) Wer zu Ehren annimmt, haftet dem Inhaber und den Nachmännern desjenigen, für den er eingetreten ist, in der gleichen Weise wie dieser selbst.

(2) Trotz der Ehrenannahme können der Wechselverpflichtete, zu dessen Ehren der Wechsel angenommen worden ist, und seine Vormänner vom Inhaber gegen Erstattung des in Artikel 48 angegebenen Betrags die Aushändigung des Wechsels und gegebenenfalls des erhobenen Protestes sowie einer quittierten Rechnung verlangen.

▶ Ehrenzahlung

Art. 59. [Zulässigkeit] (1) Die Ehrenzahlung ist in allen Fällen zulässig, in denen der Inhaber bei Verfall oder vor Verfall Rückgriff nehmen kann.

(2) Die Ehrenzahlung muß den vollen Betrag umfassen, den der Wechselverpflichtete, für den sie stattfindet, zahlen müßte.

(3) Sie muß spätestens am Tage nach Ablauf der Frist für die Erhebung des Protestes mangels Zahlung stattfinden.

Art. 60. [Protest mangels Ehrenzahlung] (1) Ist der Wechsel von Personen zu Ehren angenommen, die ihren Wohnsitz am Zahlungsort haben, oder sind am Zahlungsort wohnende Personen angegeben, die im Notfall zahlen sollen, so muß der Inhaber spätestens am Tage nach Ablauf der Frist für die Erhebung des Protestes mangels Zahlung den Wechsel allen diesen Personen vorlegen und gegebenenfalls Protest wegen unterbliebener Ehrenzahlung erheben lassen.

(2) Wird der Protest nicht rechtzeitig erhoben, so werden derjenige, der die Notadresse angegeben hat oder zu dessen Ehren der Wechsel angenommen worden ist, und die Nachmänner frei.

Art. 61. [Zurückweisung der Ehrenzahlung] Weist der Inhaber die Ehrenzahlung zurück, so verliert er den Rückgriff gegen diejenigen, die frei geworden wären.

Art. 62. [Quittung und Herausgabe der Papiere]

(1) [1]Über die Ehrenzahlung ist auf dem Wechsel eine Quittung auszustellen, die denjenigen bezeichnet, für den gezahlt wird. [2]Fehlt die Bezeichnung, so gilt die Zahlung für den Aussteller.

(2) Der Wechsel und der etwa erhobene Protest sind dem Ehrenzahler auszuhändigen.

Art. 63. [Rechte des Ehrenzahlers] (1) [1]Der Ehrenzahler erwirbt die Rechte aus dem Wechsel gegen den Wechselverpflichteten, für den er gezahlt hat, und gegen die Personen, die diesem aus dem Wechsel haften. [2]Er kann jedoch den Wechsel nicht weiter indossieren.

(2) Die Nachmänner des Wechselverpflichteten, für den gezahlt worden ist, werden frei.

(3) [1]Sind mehrere Ehrenzahlungen angeboten, so gebührt derjenigen der Vorzug, durch welche die meisten Wechselverpflichteten frei werden. [2]Wer entgegen dieser Vorschrift in Kenntnis der Sachlage zu Ehren zahlt, verliert den Rückgriff gegen diejenigen, die sonst frei geworden wären.

Ausfertigung mehrere Stücke eines Wechsels; Wechselabschriften

► Ausfertigungen

Art. 64. [Ausstellung und Form] (1) Der Wechsel kann in mehreren gleichen Ausfertigungen ausgestellt werden.

(2) Diese Ausfertigungen müssen im Texte der Urkunde mit fortlaufenden Nummern versehen sein; andernfalls gilt jede Ausfertigung als besonderer Wechsel.

(3) [1]Jeder Inhaber eines Wechsels kann auf seine Kosten die Übergabe mehrerer Ausfertigungen verlangen, sofern nicht aus dem Wechsel zu ersehen ist, daß er in einer einzigen Ausfertigung ausgestellt worden ist. [2]Zu diesem Zwecke hat sich der Inhaber an seinen unmittelbaren Vormann zu wenden, der wieder an seinen Vormann zurückgehen muß, und so weiter in der Reihenfolge bis zum Aussteller. [3]Die Indossanten sind verpflichtet, ihre Indossamente auf den neuen Ausfertigungen zu wiederholen.

Art. 65. [Zahlung; Haftung] (1) [1]Wird eine Ausfertigung bezahlt, so erlöschen die Rechte aus allen Ausfertigungen, auch wenn diese nicht den Vermerk tragen, daß durch die Zahlung auf eine Ausfertigung die anderen ihre Gültigkeit verlieren. [2]Jedoch bleibt der Bezogene aus jeder angenommenen Ausfertigung, die ihm nicht zurückgegeben worden ist, verpflichtet.

(2) Hat ein Indossant die Ausfertigungen an verschiedene Personen übertragen, so haften er und seine Nachmänner aus allen Ausfertigungen, die ihre Unterschrift tragen und nicht herausgegeben worden sind.

Art. 66. [Verwahrungsvermerk; Protest] (1) [1]Wer eine Ausfertigung zur Annahme versendet, hat auf den anderen Ausfertigungen den Namen dessen anzugeben, bei dem sich die versendete Ausfertigung befindet. [2]Dieser ist verpflichtet, sie dem rechtmäßigen Inhaber einer anderen Ausfertigung auszuhändigen.

(2) Wird die Aushändigung verweigert, so kann der Inhaber nur Rückgriff nehmen, nachdem er durch einen Protest hat feststellen lassen:

1. daß ihm die zur Annahme versendete Ausfertigung auf sein Verlangen nicht ausgehändigt worden ist;
2. daß die Annahme oder die Zahlung auch nicht auf eine andere Ausfertigung zu erlangen war.

► Abschriften

Art. 67. [Zulässigkeit; Form und Inhalt]

(1) Jeder Inhaber eines Wechsels ist befugt, Abschriften davon herzustellen.

(2) [1]Die Abschrift muß die Urschrift mit den Indossamenten und allen anderen darauf befindlichen Vermerken genau wiedergeben. [2]Es muß angegeben sein, wie weit die Abschrift reicht.

(3) Die Abschrift kann auf dieselbe Weise und mit denselben Wirkungen indossiert und mit einer Bürgschaftserklärung versehen werden wie die Urschrift.

Art. 68. [Vermerke; Protest] (1) [1]In der Abschrift ist der Verwahrer der Urschrift zu bezeichnen. [2]Dieser ist verpflichtet, die Urschrift dem rechtmäßigen Inhaber der Abschrift auszuhändigen.

(2) Wird die Aushändigung verweigert, so kann der Inhaber gegen die Indossanten der Abschrift und gegen diejenigen, die eine Bürgschaftserklärung auf die Abschrift gesetzt haben, nur Rückgriff nehmen, nachdem er durch einen Protest hat feststellen lassen, daß ihm die Urschrift auf sein Verlangen nicht ausgehändigt worden ist.

(3) Enthält die Urschrift nach dem letzten, vor Anfertigung der Abschrift daraufgesetzten Indossament den Vermerk „von hier ab gelten Indossamente nur noch auf der Abschrift" oder einen gleichbedeutenden Vermerk, so ist ein später auf die Urschrift gesetztes Indossament nichtig.

Änderungen

Art. 69. Wird der Text eines Wechsels geändert, so haften diejenigen, die nach der Änderung ihre Unterschrift auf den Wechsel gesetzt haben, entsprechend dem geänderten Texte; wer früher unterschrieben hat, haftet nach dem ursprünglichen Texte.

Verjährung

Art. 70. [Verjährungsfrist] (1) Die wechselmäßigen Ansprüche gegen den Annehmer verjähren in drei Jahren vom Verfalltage.

(2) Die Ansprüche des Inhabers gegen die Indossanten und gegen den Aussteller verjähren in einem Jahre vom Tage des rechtzeitig erhobenen Protestes oder im Falle des Vermerkes „ohne Kosten" vom Verfalltage.

(3) Die Ansprüche eines Indossanten gegen andere Indossanten und gegen den Aussteller verjähren in sechs Monaten von dem Tage, an dem der Wechsel vom Indossanten eingelöst oder ihm gegenüber gerichtlich geltend gemacht worden ist. 2

Art. 71. [Unterbrechung] Die Unterbrechung der Verjährung wirkt nur gegen den Wechselverpflichteten, in Ansehung dessen die Tatsache eingetreten ist, welche die Unterbrechung bewirkt.

Art. 72. [Feiertage; Samstage] (1) [1]Verfällt der Wechsel an einem gesetzlichen Feiertage oder einem Sonnabend, so kann die Zahlung erst am nächsten Werktage verlangt werden. [2]Auch alle anderen auf den Wechsel bezüglichen Handlungen, insbesondere die Vorlegung zur Annahme und die Protesterhebung, können nur an einem Werktage, jedoch nicht an einem Sonnabend, stattfinden.

(2) [1]Fällt der letzte Tag einer Frist, innerhalb deren eine dieser Handlungen vorgenommen werden muß, auf einen gesetzlichen Feiertag oder einen Sonnabend, so wird die Frist bis zum nächsten Werktage verlängert. [2]Feiertage die in den Lauf einer Frist fallen, werden bei der Berechnung der Frist mitgezählt.

Art. 73. [Berechnung der Fristen] Bei der Berechnung der gesetzlichen oder im Wechsel bestimmten Fristen wird der Tag, von dem sie zu laufen beginnen, nicht mitgezählt.

Art. 74. [Keine Respekttage] Weder gesetzliche noch richterliche Respekttage werden anerkannt.

Zweiter Teil. Eigener Wechsel

Art. 75. [Bestandteile] Der eigene Wechsel enthält:

1. die Bezeichnung als Wechsel im Texte der Urkunde, und zwar in der Sprache, in der sie ausgestellt ist;
2. das unbedingte Versprechen, eine bestimmte Geldsumme zu zahlen;
3. die Angabe der Verfallzeit:
4. die Angabe des Zahlungsortes;
5. den Namen dessen, an den oder an dessen Order gezahlt werden soll;
6. die Angabe des Tages und des Ortes der Ausstellung;
7. die Unterschrift des Ausstellers.

Art. 76. [Fehlen von Bestandteilen] (1) Eine Urkunde, der einer der im vorstehenden Artikel bezeichneten Bestandteile fehlt, gilt nicht als eigener Wechsel, vorbehaltlich der in den folgenden Absätzen bezeichneten Fälle.

(2) Ein eigener Wechsel ohne Angabe der Verfallzeit gilt als Sichtwechsel.

(3) Mangels einer besonderen Angabe gilt der Ausstellungsort als Zahlungsort und zugleich als Wohnort des Ausstellers.

(4) Ein eigener Wechsel ohne Angabe des Ausstellungsortes gilt als ausgestellt an dem Orte, der bei dem Namen des Ausstellers angegeben ist.

2

Art. 77. [Anzuwendende Vorschriften] (1) Für den eigenen Wechsel gelten, soweit sie nicht mit seinem Wesen in Widerspruch stehen, die für den gezogenen Wechsel gegebenen Vorschriften über

das Indossament (Artikel 11 bis 20),
den Verfall (Artikel 33 bis 37),
die Zahlung (Artikel 38 bis 42),
den Rückgriff mangels Zahlung (Artikel 43 bis 50, 52 bis 54),
die Ehrenzahlung (Artikel 55, 59 bis 63),
die Abschriften (Artikel 67 und 68),
die Änderungen (Artikel 69),
die Verjährung (Artikel 70 und 71)
die Feiertage, die Fristenberechnung und das Verbot der Respekttage (Artikel 72 bis 74).

(2) Ferner gelten für den eigenen Wechsel die Vorschriften über gezogene Wechsel, die bei einem Dritten oder an einem von dem Wohnort des Bezogenen verschiedenen Ort zahlbar sind (Artikel 4 und 27), über den Zinsvermerk (Artikel 5), über die Abweichungen bei der Angabe der Wechselsumme (Artikel 6), über die Folgen einer ungültigen Unterschrift (Artikel 7) oder die Unterschrift einer Person, die ohne Vertretungsbefugnis handelt oder ihre Vertretungsbefugnis überschreitet (Artikel 8), und über den Blankowechsel (Artikel 10).

(3) Ebenso finden auf den eigenen Wechsel die Vorschriften über die Wechselbürgschaft Anwendung (Artikel 30 bis 32), im Falle des Artikels 31 Abs. 4 gilt die Wechselbürgschaft, wenn die Erklärung nicht angibt, für wen sie geleistet wird, für den Aussteller des eigenen Wechsels.

Art. 78. [Haftung des Ausstellers; Nachsichtwechsel] (1) Der Aussteller eines eigenen Wechsels haftet in der gleichen Weise wie der Annehmer eines gezogenen Wechsels.

(2) [1]Eigene Wechsel, die auf eine bestimmte Zeit nach Sicht lauten, müssen dem Aussteller innerhalb der in Artikel 23 bezeichneten Fristen zur Sicht vorgelegt werden. [2]Die Sicht ist von dem Aussteller auf dem Wechsel unter Angabe des Tages und Beifügung der Unterschrift zu bestätigen. [3]Die Nachsichtfrist läuft vom Tage des Sichtvermerkes. [4]Weigert sich der Aussteller, die Sicht unter Angabe des Tages zu bestätigen, so ist dies durch den Protest festzustellen (Artikel 25); die Nachsichtfrist läuft dann vom Tage des Protestes.

Dritter Teil. Ergänzende Vorschriften

Protest

Art. 79. [Protestpersonen] (1) Jeder Protest muß durch einen Notar oder einen Gerichtsbeamten aufgenommen werden.

Art. 80. [Inhalt des Protestes] (1) In dem Protest ist aufzunehmen:

1. der Name dessen, für den protestiert wird, sowie der Name dessen, gegen den protestiert wird;
2. die Angabe, daß derjenige, gegen den protestiert wird, ohne Erfolg zur Vornahme der wechselrechtlichen Leistung aufgefordert worden oder nicht anzutreffen gewesen ist oder daß seine Geschäftsräume oder seine Wohnung sich nicht haben ermitteln lassen;
3. die Angabe des Ortes und des Tages, an dem die Aufforderung geschehen oder ohne Erfolg versucht worden ist.

(2) Verlangt der Bezogene, dem ein Wechsel zur Annahme vorgelegt wird, die nochmalige Vorlegung am nächsten Tage, so ist dies im Protest zu vermerken.

(3) Der Protest ist von dem Protestbeamten zu unterschreiben und mit dem Amtssiegel oder dem Amtsstempel zu versehen.

Art. 81. [Form des Protestes] (1) Der Protest ist auf den Wechsel oder auf ein mit dem Wechsel zu verbindendes Blatt zu setzen.

(2) Er soll unmittelbar hinter den letzten auf der Rückseite des Wechsels befindlichen Vermerk, in Ermangelung eines solchen unmittelbar an einen Rand der Rückseite gesetzt werden.

(3) [1]Wird der Protest auf ein Blatt gesetzt, das mit dem Wechsel verbunden wird, so soll die Verbindungsstelle mit dem Amtssiegel oder dem Amtsstempel versehen werden. [2]Ist dies geschehen, so braucht der Unterschrift des Protestbeamten ein Siegel oder Stempel nicht beigefügt zu werden.

(4) [1]Wird der Protest unter Vorlegung mehrerer Ausfertigungen desselben Wechsels oder unter Vorlegung der Urschrift und einer Abschrift erhoben, so genügt die Beurkundung auf einer der Ausfertigungen oder auf der Urschrift. [2]Auf den anderen Ausfertigungen oder auf der Abschrift ist zu vermerken, auf welche Ausfertigung der Protest gesetzt worden ist oder daß er sich auf der Urschrift befindet. [3]Auf den Vermerk finden die Vorschriften des Absatzes 2 und des Absatzes 3 Satz 1 entsprechende Anwendung. [4]Der Protestbeamte hat den Vermerk zu unterschreiben.

Art. 82. [Protest des Inhabers einer Abschrift und bei Teilannahme] (1) Der Protest, den der Inhaber einer Abschrift nach Artikel 68 Abs. 2 gegen den Verwahrer der Urschrift erheben läßt, ist auf die Abschrift oder auf ein damit zu verbindendes Blatt zu setzen.

(2) [1]Wird Protest erhoben, weil die Annahme auf einen Teil der Wechselsumme beschränkt worden ist, so ist eine Abschrift des Wechsels anzufertigen und der Protest auf diese Abschrift oder auf ein damit zu verbindendes Blatt zu setzen. [2]Die Abschrift hat auch die auf dem Wechsel befindlichen Indossamente und anderen Vermerke zu enthalten.

(3) Die Vorschriften des Artikels 81 Abs. 2 und Abs. 3 finden entsprechende Anwendung.

Art. 83. [Mehrfache Aufforderung] Muß eine wechselrechtliche Leistung von mehreren Personen oder von derselben Person mehrfach verlangt werden, so ist über die mehrfache Aufforderung nur eine Protesturkunde erforderlich.

Art. 84. [Zahlung an Protestbeamte] [1]Der Wechsel kann an den Protestbeamten bezahlt werden. [2]Die Befugnis des Protestbeamten zur Annahme der Zahlung kann nicht ausgeschlossen werden.

Art. 85. [Berichtigung; Abschriften, Vermerke]

(1) [1]Schreibfehler, Auslassungen und sonstige Mängel der Protesturkunde können bis zur Aushändigung der Urkunde an denjenigen, für den der Protest erhoben worden ist, von dem Protestbeamten berichtigt werden. [2]Die Berichtigung ist als solche unter Beifügung der Unterschrift kenntlich zu machen.

(2) [1]Von dem Protest ist eine beglaubigte Abschrift zurückzubehalten. [2]Über den Inhalt des Wechsels oder der Wechselabschrift ist ein Vermerk aufzunehmen. [3]Der Vermerk hat zu enthalten:

1. den Betrag des Wechsels;
2. die Verfallzeit;
3. den Ort und den Tag der Ausstellung;
4. den Namen des Ausstellers, den Namen dessen, an den oder an dessen Order gezahlt werden soll, und den Namen des Bezogenen;
5. falls eine vom Bezogenen oder bei eigenen Wechseln vom Aussteller verschiedene Person angegeben ist, bei der die Zahlung geleistet werden soll, den Namen dieser Person sowie die Namen der etwaigen Notadressen und derjenigen, die den Wechsel zu Ehren angenommen haben.

(3) Die Abschriften und Vermerke sind geordnet aufzubewahren.

Art. 86. [Protestzeit] Proteste sollen in der Zeit von neun Uhr vormittags bis sechs Uhr abends erhoben werden, außerhalb dieser Zeit nur dann, wenn derjenige, gegen den protestiert wird, ausdrücklich einwilligt.

Art 87. [Proteststelle] (1) [1]Die Vorlegung zur Annahme oder Zahlung, die Protesterhebung, die Abforderung einer Ausfertigung sowie alle sonstigen bei einer bestimmten Person vorzunehmenden Handlungen müssen in deren Geschäftsräumen oder, wenn sich solche nicht ermitteln lassen, in deren Wohnung vorgenommen werden. [2]An einer anderen Stelle, insbesondere an der Börse, kann dies nur mit beiderseitigem Einverständnis geschehen. 2

(2) Ist in dem Protest vermerkt, daß sich die Geschäftsräume oder die Wohnung nicht haben ermitteln lassen, so ist der Protest nicht deshalb unwirksam, weil die Ermittlung möglich war.

(3) [1]Die Verantwortlichkeit des Protestbeamten, der es unterläßt, geeignete Ermittlungen anzustellen, wird durch die Vorschrift des zweiten Absatzes nicht berührt. [2]Ist eine Nachfrage bei der Polizeibehörde des Ortes ohne Erfolg geblieben, so ist der Protestbeamte zu weiteren Nachforschungen nicht verpflichtet.

Bereicherung

Art 89. (1) [1]Ist die wechselmäßige Verbindlichkeit des Ausstellers oder des Annehmers durch Verjährung oder dadurch erloschen, daß eine zur Erhaltung des Wechselrechts notwendige Handlung versäumt worden ist, so bleiben sie dem Inhaber des Wechsels so weit verpflichtet, als sie sich mit dessen Schaden bereichern würden. [2]Der Anspruch auf Herausgabe der Bereicherung verjährt in drei Jahren nach dem Erlöschen der wechselmäßigen Verbindlichkeit.

(2) Gegen die Indossanten, deren wechselmäßige Verbindlichkeit erloschen ist, findet ein solcher Anspruch nicht statt.

Abhanden gekommene Wechsel und Protesturkunden

Art. 90. (1) [1]Ein abhanden gekommener oder vernichteter Wechsel kann im Wege des Aufgebotsverfahrens für kraftlos erklärt werden. [2]Nach Einleitung des Verfahrens kann der Berechtigte von dem Annehmer des gezogenen oder dem Aussteller des eigenen Wechsels bei der Fälligkeit Zahlung fordern, wenn er bis zur Kraftloserklärung Sicherheit leistet.

(2) [1]Eine abhanden gekommene oder verrichtete Protesturkunde kann durch ein Zeugnis über die Protesterhebung ersetzt werden, das von der die beglaubigte Abschrift der Urkunde verwahrenden Stelle zu erteilen ist. [2]In dem Zeugnis muß der Inhalt des Protestes und des gemäß Artikel 85 Abs. 2 aufgenommenen Vermerks angegeben sein.

Vierter Teil. Geltungsbereich der Gesetze

Art. 91. [Wechselfähigkeit] (1) [1]Die Fähigkeit einer Person, eine Wechselverbindlichkeit einzugehen, bestimmt sich nach dem Recht des Landes, dem sie angehört. [2]Erklärt dieses Recht das Recht eines anderen für maßgebend, so ist das letztere Recht anzuwenden.

(2) [1]Wer nach dem in vorstehendem Absatz bezeichneten Recht nicht wechselfähig ist, wird gleichwohl gültig verpflichtet, wenn die Unterschrift in dem Gebiet eines Landes abgegeben worden ist, nach dessen Recht er wechselfähig wäre. [2]Diese Vorschrift findet keine Anwendung, wenn die Verbindlichkeit von einem Inländer im Ausland übernommen worden ist.

Art. 92. [Form der Wechselerklärung] (1) Die Form einer Wechselerklärung bestimmt sich nach dem Recht des Landes, in dessen Gebiet die Erklärung unterschrieben worden ist.

(2) Wenn jedoch eine Wechselerklärung, die nach den Vorschriften des vorstehenden Absatzes ungültig ist, dem Recht des Landes entspricht, in dessen Gebiet eine spätere Wechselerklärung unterschrieben worden ist, so wird durch Mängel in der Form der ersten Wechselerklärung die Gültigkeit der späteren Wechselerklärung nicht berührt.

(3) Eine Wechselerklärung die ein Inländer im Ausland abgegeben hat, ist im Inland gegenüber anderen Inländern gültig, wenn die Erklärung den Formerfordernissen des inländischen Rechts genügt.

Art. 93. [Wirkung der Wechselerklärungen]
(1) Die Wirkungen der Verpflichtungserklärungen des Annehmers eines gezogenen Wechsels und des Ausstellers eines eigenen Wechsels bestimmen sich nach dem Recht des Zahlungsortes.

(2) Die Wirkungen der übrigen Wechselerklärungen bestimmen sich nach dem Recht des Landes, in dessen Gebiet die Erklärungen unterschrieben worden sind.

Art. 94. [Fristen für Rückgriff] Die Fristen für die Ausübung der Rückgriffsrechte werden für alle Wechselverpflichteten durch das Recht des Ortes bestimmt, an dem der Wechsel ausgestellt worden ist.

Art. 95. [Forderung aus dem Grundgeschäft] Das Recht des Ausstellungsortes bestimmt, ob der Inhaber eines gezogenen Wechsels die seiner Ausstellung zugrunde liegende Forderung erwirbt.

Art. 96. [Teilannahme und Teilzahlung] (1) Das Recht des Zahlungsortes bestimmt, ob die Annahme eines gezogenen Wechsels auf einen Teil der Summe beschränkt werden kann und ob der Inhaber verpflichtet oder nicht verpflichtet ist, eine Teilzahlung anzunehmen.

(2) Dasselbe gilt für die Zahlung bei einem eigenen Wechsel.

Art. 97. [Form des Protestes] Die Form des Protestes und die Fristen für die Protesterhebung sowie die Form der übrigen Handlungen, die zur Ausübung oder Erhaltung der Wechselrechte erforderlich sind, bestimmen sich nach dem Recht des Landes, in dessen Gebiet der Protest zu erheben oder die Handlung vorzunehmen ist.

Art. 98. [Verlust oder Diebstahl des Wechsels] Das Recht des Zahlungsortes bestimmt die Maßnahmen, die bei Verlust oder Diebstahl eines Wechsels zu ergreifen sind.

Verordnung über die Rechnungslegung der Kreditinstitute (RechKredV)

Vom 10. Februar 1992, mit Änderungen bis zum 18. Juni 1993

Unterabschnitt 2

Posten der Passivseite

§ 21. Verbindlichkeiten gegenüber Kreditinstituten (Nr. 1), Verbindlichkeiten gegenüber Kunden (Nr. 2)

(1) Als Verbindlichkeiten gegenüber Kreditinstituten sind alle Arten von Verbindlichkeiten aus Bankgeschäften gegenüber in- und ausländischen Kreditinstituten auszuweisen, sofern es sich nicht um verbriefte Verbindlichkeiten (Passivposten Nr. 3) handelt. Hierher gehören auch Verbindlichkeiten aus Namensschuldverschreibungen, Orderschuldverschreibungen, die nicht Teile einer Gesamtemission, Namensgeldmarktpapieren, Habensolden aus Effektengeschäften und aus Verrechnungskonten sowie Verbindlichkeiten aus verkauften Wechseln einschließlich eigener Ziehungen, die den Kreditnehmern nicht abgerechnet worden sind.

(2) Als Verbindlichkeiten gegenüber Kunden sind alle Arten von Verbindlichkeiten gegenüber in- und ausländischen Nichtbanken (Kunden) auszuweisen, sofern es sich nicht um verbriefte Verbindlichkeiten (Passivposten Nr. 3) handelt. Hierzu gehören auch Verbindlichkeiten aus Namensschuldverschreibungen, Orderschuldverschreibungen, die nicht Teile einer Gesamtemission sind, Namensgeldmarktpapieren, Sperrguthaben und Abrechnungsguthaben der Anschlußfirmen im Teilzahlungsfinanzierungsgeschäft, soweit der Ausweis nicht unter dem Posten „Verbindlichkeiten gegenüber Kreditinstituten" (Passivposten Nr. 1) vorzunehmen ist, sowie „Anweisungen im Umlauf".

(3) Verbindlichkeiten, die einem Kreditinstitut dadurch entstehen, daß ihm von einem anderen Kreditinstitut Beträge zugunsten eines namentlich genannten Kunden mit der Maßgabe überwiesen werden, sie diesem erst auszuzahlen, nach dem er bestimmte Auflagen erfüllt hat (sogenannte Treuhandzahlungen), sind unter „Verbindlichkeiten gegenüber Kunden" (Passivposten Nr. 2) auszuweisen, auch wenn die Verfügungsbeschränkung noch besteht. Eine Ausnahme besteht nur dann, wenn nach dem Vertrag mit dem die Treuhandzahlung überweisenden Kreditinstitut nicht der Kunde, sondern das empfangende Kreditinstitut der Schuldner ist.

(4) Als Spareinlagen sind nur unbefristete Gelder auszuweisen, die folgende vier Voraussetzungen erfüllen:

1. Sie sind durch Ausfertigung einer Urkunde, insbesondere eines Sparbuchs, als Spareinlagen gekennzeichnet;
2. sie sind nicht für den Zahlungsverkehr bestimmt;
3. sie werden nicht von Kapitalgesellschaften, Genossenschaften, wirtschaftlichen Vereinen, Personenhandelsgesellschaften oder von Unternehmen mit Sitz im Ausland mit vergleichbarer Rechtsform angenommen, es sei denn, diese Unternehmen dienen gemeinnützigen, mildtätigen oder kirchlichen Zwecken, oder es handelt sich bei den von diesen Unternehmen angenommenen Geldern um Sicherheiten gemäß § 550 b des Bürgerlichen Gesetzbuchs oder § 14 Abs. 4 des Heimgesetzes;
4. sie weisen eine Kündigungsfrist von mindestens drei Monaten auf.

Sparbedingungen, die dem Kunden das Recht einräumen, über seine Einlagen mit einer Kündigungsfrist von drei Monaten bis zu einem bestimmten Betrag, der jedoch pro Sparkonto und Kalendermonat 3000 Deutsche Mark nicht überschreiten darf, ohne Kündigung zu verfügen, schließen deren Einordnung als Spareinlagen im Sinne dieser Vorschrift nicht aus. Geldbeträge, die auf Grund von Vermögensbildungsgesetzen geleistet werden, gelten als Spareinlagen. Bauspareinlagen gelten nicht als Spareinlagen.

3

§ 22. Verbriefte Verbindlichkeiten (Nr. 3)

(1) Als verbriefte Verbindlichkeiten sind Schuldverschreibungen und diejenigen Verbindlichkeiten auszuweisen, für die nicht auf den Namen lautende übertragbare Urkunden ausgestellt sind.

(2) Als begebene Schuldverschreibungen sind auf den Inhaber lautende Schuldverschreibungen sowie Orderschuldverschreibungen, die Teile einer Gesamtemission sind, unabhängig von ihrer Börsenfähigkeit auszuweisen. Zurückgekaufte, nicht börsenfähige eigene Schuldverschreibungen sind abzusetzen. Null-Kupon-Anleihen sind einschließlich der anteiligen Zinsen auszuweisen.

(3) Als Geldmarktpapiere sind nur Inhaberpapiere oder Orderpapiere, die Teile einer Gesamtemission sind, unabhängig von ihrer Börsenfähigkeit zu vermerken.

(4) Als eigene Akzepte sind nur Akzepte zu vermerken, die vom Kreditinstitut zu seiner eigenen Refinanzierung ausgestellt worden sind und bei denen es erster Zahlungspflichtiger („Bezogener") ist. Der eigene Bestand sowie verpfändete eigene Akzepte und eigene Solawechsel gelten nicht als im Umlauf befindlich.

(5) Bei Instituten, die einen unabhängigen Treuhänder haben, gehören Stücke, die vom Treuhänder ausgefertigt sind, auch dann zu den begebenen Schuldverschreibungen, wenn sie dem Erwerber noch nicht geliefert worden sind. Dem Treuhänder zurückgegebene Stücke dürfen nicht mehr ausgewiesen werden.

Bedingungen für den Sparverkehr[1)]

1. Spareinlagen

Spareinlagen sind Einlagen, die die Sparkasse als solche annimmt und durch Ausfertigung einer Urkunde, insbesondere eines Sparkassenbuchs, als Spareinlage kennzeichnet.
Spareinlagen dienen der Ansammlung oder Anlage von Vermögen, nicht aber dem Geschäftsbetrieb oder dem Zahlungsverkehr.
Geldbeträge, die von vornherein befristet angenommen werden, gelten nicht als Spareinlagen; ausgenommen sind Geldbeträge, die aufgrund von Vermögensbildungsgesetzen geleistet werden.

3

2. Sparurkunde

2.1 Ausstellung
Die Sparkasse erstellt bei der ersten Einlage ein Sparkassenbuch und händigt es dem Sparer aus. Anstelle des Sparkassenbuches kann die Sparkasse auch andere Sparurkunden ausstellen.

2.2 Ein- und Auszahlungen, Buchvorlage
Die Sparkasse vermerkt im Sparkassenbuch mit Angabe des Tages Einzahlungen, Auszahlungen, sonstige Gutschriften und Belastungen sowie den jeweiligen Kontostand. Die Rückzahlung von Spareinlagen und die Auszahlung von Zinsen können nur gegen Vorlage des Sparkassenbuches verlangt werden. Für Einzahlungen, sonstige Gutschriften und Belastungen kann die Sparkasse die Vorlage des Sparkassenbuches verlangen. Die Vorlage kann die Sparkasse auch sonst bei berechtigtem Interesse verlangen. Ohne Buchvorlage geleistete Einzahlungen sowie sonstige Gutschriften und Belastungen trägt die Sparkasse bei der nächsten Vorlage des Sparkassenbuches nach.

2.3 Loseblatt-Sparkassenbuch
Die Sparkasse kann das Sparkassenbuch auch in der Form eines Loseblatt-Sparkassenbuches mit Sparkassenbuchumschlag und Sparkontoblättern ausgeben. Das Loseblatt-Sparkassenbuch ist nur gültig, wenn es aus dem Sparkassenbuchumschlag mit Kontonummer und den Sparkontoblättern des laufenden Jahres besteht. Abweichend von Nr. 2.2 genügt es, wenn das Sparkontoblatt sämtliche Buchungen des Zeitabschnittes, für den es erstellt ist, und den Kontostand enthält.

2.4 Sorgfaltspflichten
Der Sparer ist zur sorgfältigen Aufbewahrung der Sparurkunde verpflichtet. Er hat Eintragungen in das Sparkassenbuch sofort nach dessen Erhalt auf ihre Richtigkeit zu prüfen und ist verpflichtet, Einwendungen unverzüglich zu erheben.

2.5 Legitimationswirkung des Sparkassenbuches
Die Sparkasse ist berechtigt, aber nicht verpflichtet, an jeden Vorleger des Sparkassenbuches fällige Zahlungen zu leisten und ihn als zur Kündigung berechtigt anzusehen, es sei denn, ihr ist die fehlende Berechtigung des Vorlegers bekannt oder infolge grober Fahrlässigkeit unbekannt.

3. Verzinsung

3.1 Zinshöhe
Soweit nichts anderes vereinbart ist, vergütet die Sparkasse dem Kunden den von ihr jeweils durch Aushang im Kassenraum bekanntgegebenen Zinssatz. Für bestehende Spareinlagen tritt eine Änderung des Zinssatzes, unabhängig von einer Kündigungsfrist, mit der Änderung des Aushangs in Kraft, sofern nichts anderes vereinbart ist.

3.2 Zinslauf
Die Verzinsung beginnt mit dem Tage der Einzahlung und endet mit dem der Rückzahlung vorhergehenden Kalendertag. Der Monat wird zu 30 Tagen, das Jahr zu 360 Tagen gerechnet.

3.3 Zinskapitalisierung
Soweit nichts anderes vereinbart ist, werden die aufgelaufenen Zinsen zum Schluß des Geschäftsjahres gutgeschrieben, dem Kapital hinzugerechnet und mit diesem vom Beginn des neuen Geschäftsjahres an verzinst. Wird über die gutgeschriebenen Zinsen nicht innerhalb von 2 Monaten nach Gutschrift verfügt, unterliegen sie der im übrigen vereinbarten Kündigungsregelung. Bei Auflösen des Sparkontos werden die Zinsen sofort gutgeschrieben.

4. Kündigung

Die Kündigungsfrist beträgt mindestens drei Monate. Von Spareinlagen mit einer Kündigungsfrist von drei Monaten können – soweit nichts anderes vereinbart wird – ohne Kündigung bis zu 3.000,– DM für jedes Sparkonto innerhalb eines Kalendermonats zurückgefordert werden. Eine Auszahlung von Zinsen innerhalb zweier Monate nach Gutschrift gem. Nr. 3.3 wird hierauf nicht angerechnet.

[1)] Fassung des Deutschen Sparkassen- und Giroverbandes e.V.

Ein Anspruch auf vorzeitige Rückzahlung besteht darüber hinaus nicht. Stimmt die Sparkasse gleichwohl ausnahmsweise einer vorzeitigen Rückzahlung zu, hat sie das Recht, für diese vorzeitige Rückzahlung ein Vorfälligkeitsentgelt oder Vorschußzinsen zu verlangen. Die Höhe des Vorfälligkeitsentgelts oder der jeweilige Vorschußzinssatz wird durch Aushang/Auslage im Kassenraum bekanntgegeben.

5. Kennwort, Sperrvermerk

5.1 Kennwort

Um zu verhindern, daß Unbefugte über Spareinlagen verfügen, kann der Sparer bestimmen, daß die Spareinlage nur gegen Vorlage eines besonderen Ausweises oder unter Bekanntgabe eines vereinbarten Kennwortes ausgezahlt werden darf. Das Bestehen einer Kennwortvereinbarung vermerkt die Sparkasse im Sparkassenbuch.

5.2 Sperrvermerk

Auf Antrag des Sparers kann die Sparkasse eine Spareinlage sperren. Inhalt und Wirkung der Sperre richten sich nach der Vereinbarung.

6. Verlust, Einbehaltung

6.1 Verlustanzeige

Der Verlust (Abhandenkommen, Vernichtung) eines Sparkassenbuchs ist der Sparkasse unverzüglich anzuzeigen. Die Sparkasse veranlaßt unverzüglich eine Sperre. Bis zur Durchführung der Sperre leistet sie vorbehaltlich Nr. 2.5 befreiend an den Vorleger.

6.2 Neues Sparkassenbuch

Im Falle eines Verlustes des Sparkassenbuches kann die Sparkasse ein neues Sparkassenbuch ausstellen oder die, Ausstellung des neuen Sparkassenbuches von der Durchführung eines Aufgebotsverfahrens abhängig machen.

6.3 Einbehaltung eines Sparkassenbuches

Wird ein als abhanden gekommen oder vernichtet gemeldetes Sparkassenbuch vorgelegt oder besteht der Verdacht, daß unbefugte Änderungen des Sparkassenbuches erfolgt sind, so kann die Sparkasse gegen Empfangsbescheinigung das Sparkassenbuch bis zur Klärung der Sach- und Rechtslage einbehalten. Nur nach Maßgabe dieser Klärung dürfen auf solche Sparkonten Ein- und Auszahlungen oder sonstige Verfügungen zugelassen werden.

7. Änderung der Bedingungen für den Sparverkehr

3

7.1 Art und Weise des Hinweises

Die Sparkasse wird den Sparer auf eine Änderung der Bedingungen für den Sparverkehr oder die Einführung zusätzlicher Bedingungen unmittelbar oder, wenn ein solcher Hinweis nur unter unverhältnismäßigen Schwierigkeiten möglich ist, durch deutlich sichtbaren Aushang oder Auslegung in den Kassenräumen der Sparkasse hinweisen. Soweit eine Änderung der Bedingungen für den Sparverkehr durch Aushang/Auslegung bekannt gemacht wird, weist die Sparkasse hierauf außerdem in einer Tageszeitung am Ort des Sitzes hin.

7.2 Genehmigung der Änderung

Ist der Hinweis erfolgt, so gilt die Änderung als genehmigt, wenn der Sparer ihr nicht binnen eines Monats schriftlich widerspricht. Die Sparkasse wird dann die geänderte Fassung der Bedingungen für den Sparverkehr der weiteren Geschäftsverbindung zugrunde legen. Die Sparkasse wird den Sparer bei der Bekanntgabe der Änderungen auf diese Folgen besonders hinweisen. Die Frist ist gewahrt, wenn der Widerspruch innerhalb eines Monats nach Bekanntgabe abgesandt worden ist.

Bedingungen für Sparkonten mit Vorfälligkeitspreis[1)]

(Fassung vom Juli 1993)

1.

(1) Die Bank stellt dem Sparkontoinhaber ein auf dessen Namen lautendes Sparbuch aus. Im Sparbuch vermerkt die Bank Einzahlungen und Auszahlungen, alle übrigen Gutschriften und Belastungen sowie den jeweiligen Kontostand. Wenn Gutschriften oder Belastungen im Sparbuch noch nicht nachgetragen sind, können sich Abweichungen zwischen dem Kontostand in den Geschäftsbüchern der Bank und den Eintragungen im Sparbuch ergeben.

3 (2) Der Sparkontoinhaber hat sein Sparbuch sorgfältig aufzubewahren und einen Verlust unverzüglich der Bank, möglichst der kontoführenden Stelle, anzuzeigen,

(3) Bei Auszahlungen ist das Sparbuch vorzulegen.

(4) Die Bank ist befugt, an den Vorleger des Sparbuches fällige Zahlungen zu leisten, sofern ihr nicht die fehlende Berechtigung des Vorlegers bekannt war oder infolge grober Fahrlässigkeit unbekannt geblieben ist.

2.

(1) Das Sparkonto dient der Geldanlage und darf nicht für Zwecke des Zahlungsverkehrs (z.B. Scheckziehung) verwendet werden.

(2) Der Kunde kann Sparguthaben, soweit nichts anderes vereinbart ist, mit einer Frist von drei Monaten kündigen (Kündigungsfrist).

(3) Von Sparkonten mit einer Kündigungsfrist von drei Monaten können, soweit keine andere Vereinbarung getroffen ist, innerhalb eines Kalendermonats bis zu 3.000,– DM ohne Kündigung abgehoben werden.

(4) Stimmt die Bank unabhängig von der in Absatz 3 genannten Verfügungsmöglichkeit einer vorzeitigen Rückzahlung ausnahmsweise zu, so kann sie für diese Rückzahlung einen Vorfälligkeitspreis verlangen. Die jeweilige Höhe des Vorfälligkeitspreises ergibt sich aus dem „Preisaushang" der kontoführenden Stelle.

(5) Wenn der Kunde den zur Rückzahlung gekündigten Betrag nicht innerhalb eines Monats abhebt oder keine anderweitige Vereinbarung getroffen wird, wird der Sparvertrag für den gekündigten Betrag mit einer Kündigungsfrist von drei Monaten fortgesetzt; für dieses Sparguthaben werden sodann die für Sparkonten mit dreimonatiger Kündigungsfrist maßgeblichen Zinsen vergütet. Sie können niedriger sein, als für den gekündigten Betrag vereinbart war. Die Bank wird die Kündigung gegenüber dem Kunden schriftlich bestätigen und ihn hierbei darauf hinweisen, daß sie von seiner Zustimmung zur Fortsetzung des Sparvertrages ausgeht, wenn er über den gekündigten Betrag nicht innerhalb eines Monats verfügt.

3.

(1) Die Höhe der jeweils maßgeblichen Zinsen und Entgelte ergibt sich aus dem „Preisaushang – Regelsätze im standardisierten Privatkundengeschäft" der kontoführenden Stelle und ergänzend aus deren „Preisverzeichnis".

(2) Zinsen werden, sofern nichts anderes vereinbart ist, zum Ende des Kalenderjahres gutgeschrieben. Der Kunde kann hierüber ohne Einhaltung von Kündigungsfristen verfügen. Wird über die Zinsen nicht innerhalb von zwei Monaten nach Gutschrift verfügt, werden sie der Spareinlage zugerechnet. Sie unterliegen ab diesem Zeitpunkt der Kündigungsregelung gemäß Nr. 2 dieser Bedingungen.

[1)] Fassung des Bundesverbandes Deutscher Banken e.V.

Bedingungen für Anderkonten und Anderdepots von Notaren

Fassung April 1990

1. Neben Konten und Depots (beide im folgenden „Konten" genannt) für eigene Zwecke des Kontoinhabers (Eigenkonten) führt die Sparkasse/Landesbank – im folgenden Kreditinstitut genannt – für Notare auch Konten, die nicht eigenen Zwecken des Kontoinhabers dienen sollen, bei denen er aber gleichwohl dem Kreditinstitut gegenüber allein berechtigt und verpflichtet ist (Notar-Anderkonten).

2. Ist der Notar auch Rechtsanwalt (Anwaltsnotar, Notaranwalt), so führt das Kreditinstitut seine Anderkonten als Rechtsanwalts-Anderkonten, sofern er nicht beantragt hat, ein Anderkonto als Notar-Anderkonto zu führen. Für seine Rechtsanwalts-Anderkonten gelten die „Bedingungen für Anderkonten und Anderdepots von Rechtsanwälten".

3. Bei der Eröffnung des ersten Anderkontos hat der Notar auf dem Kontoeröffnungsformular dem Kreditinstitut zu erklären, daß Anderkonten nicht für seine eigenen Zwecke bestimmt sind. Das Kreditinstitut ist berechtigt, weitere Notar-Anderkonten auch ohne Verwendung des Kontoeröffnungsantrages des Kreditinstituts einzurichten, wenn die weiteren Konten ausdrücklich als Notar-Anderkonten bezeichnet werden. Ist der Notar auch Rechtsanwalt (Anwaltsnotar, Notaranwalt) und wird das Konto lediglich als Anderkonto bezeichnet, so eröffnet das Kreditinstitut das Konto entsprechend Nr. 2 als Rechtsanwalts-Anderkonto, sofern bereits ein Rechtsanwalts-Anderkonto besteht. Erfolgt keine Bezeichnung als Anderkonto, so ist das für den Notar eröffnete Konto dem Kreditinstitut gegenüber ein Eigenkonto des Notars. Wird ein Eigenkonto in ein Anderkonto umgewandelt, so werden die bis zu diesem Zeitpunkt an dem Konto begründeten Rechte des Kreditinstituts hierdurch nicht berührt.

4. Mehrere Anderkonten für denselben Kontoinhaber führt das Kreditinstitut getrennt. Notar-Anderkonten werden nicht als Gemeinschaftskonten geführt.

5. Der Kontoinhaber darf Werte, die seinen eigenen Zwecken dienen, nicht einem Anderkonto zuführen oder auf einem Anderkonto belassen.

6. Das Kreditinstitut nimmt keine Kenntnis davon, wer bei einem Anderkonto Rechte gegen den Kontoinhaber geltend zu machen befugt ist. Rechte Dritter auf Leistung aus einem Anderkonto bestehen dem Kreditinstitut gegenüber nicht; es ist demgemäß nicht berechtigt, einem Dritten Verfügungen über ein Anderkonto zu gestatten, selbst wenn nachgewiesen wird, daß das Konto in seinem Interesse errichtet worden ist. 3

7. Das Kreditinstitut prüft die Rechtmäßigkeit der Verfügungen des Kontoinhabers in seinem Verhältnis zu Dritten nicht, auch wenn es sich um Überweisungen von einem Anderkonto auf ein Eigenkonto handelt. Es haftet daher nicht für den einem Dritten aus einer unrechtmäßigen Verfügung des Kontoinhabers entstehenden Schaden.

8. Das Kreditinstitut wird bei einem Anderkonto weder das Recht der Aufrechnung noch ein Pfand oder Zurückbehaltungsrecht geltend machen, es sei denn wegen Forderungen, die in bezug auf das Anderkonto selbst entstanden sind.

9. Der Rechtscharakter eines Kontos als Anderkonto kann nicht aufgehoben werden. Ist der Notar auch Rechtsanwalt (Anwaltsnotar, Notaranwalt), so kann er bestimmen, daß ein Anderkonto in Zukunft als Rechtsanwalts-Anderkonto zu führen ist.

10. Ansprüche aus Anderkonten sind nicht abtretbar und nicht verpfändbar.

11. Über das Anderkonto darf nur der Kontoinhaber oder sein amtlich bestellter Vertreter verfügen. Die Erteilung von Kontovollmachten ist nicht zulässig, es sei denn, sie ist von der Aufsichtsbehörde ausdrücklich gestattet.[1)]

12. Ein Notarvertreter ist neben dem Kontoinhaber und einem nach Nr. 11 bestellten Bevollmächtigten verfügungsberechtigt. Der Kontoinhaber kann gegenüber dem Kreditinstitut schriftlich etwas anderes bestimmen, wenn er dabei erklärt, daß der Vertreter auf seinen Antrag bestellt worden ist.

[1)] Eine entsprechende generelle Gestattung besteht derzeit nur in der Hansestadt Hamburg. Aufgrund einer Verfügung der Hamburger Justizbehörde (Hamb. JVBl 1985 S 2) ist dort abweichend von § 12 DONot die Erteilung von Vollmachten an andere Notare statthaft.

13. Stirbt der Kontoinhaber, so geht die Forderung aus einem Anderkonto nicht auf seine Erben über; Kontoinhaber wird vielmehr kraft Vertrages zugunsten eines Dritten der von der Landesjustizverwaltung bestellte Notariatsverweser. Entsprechendes gilt, wenn aus einem anderen Grunde von der Landesjustizverwaltung an Stelle des Kontoinhabers ein neuer Notar oder ein Notariatsverweser bestellt wird.
Ist das Amt des Notars oder des Notariatsverwesers erloschen oder wird der Amtssitz des Notars verlegt, so ist bis zur Bestellung eines neuen Notars oder eines Notariatsverwesers die zuständige Notarkammer oder eine von ihr bestimmte Person Inhaber des Anderkontos.

14. Bei einer Pfändung wird das Kreditinstitut die Anderkonten des Pfändungsschuldners nur dann als betroffen ansehen, wenn dies aus der Pfändungsurkunde ausdrücklich hervorgeht. In einer Auskunft an den Pfändungsgläubiger wird das Kreditinstitut das Vorhandensein von Anderkonten des Pfändungsschuldners erwähnen, jedoch ohne Angabe des Kontostandes und sonstiger Einzelheiten, es sei denn, daß ein bestimmtes Anderkonto gepfändet ist.

15. Im Falle der Eröffnung des Konkursverfahrens über das Vermögen des Kontoinhabers wird das Kreditinstitut dem Konkursverwalter Kenntnis vom Vorhandensein von Anderkonten und auf Verlangen auch Auskunft über diese Konten geben. Es wird den Kontoinhaber nur mit Zustimmung des Konkursverwalters und den Konkursverwalter nur mit Zustimmung des Kontoinhabers über die Anderkonten verfügen lassen.

Gesetz über Bausparkassen

In der Fassung der Bekanntmachung vom 15. Februar 1991, mit Änderungen bis zum 31. März 1998

§ 1. Begriffsbestimmungen. (1) [1]Bausparkassen sind Kreditinstitute, deren Geschäftsbetrieb darauf gerichtet ist, Einlagen von Bausparern (Bauspareinlagen) entgegenzunehmen und aus den angesammelten Beträgen den Bausparern für wohnungswirtschaftliche Maßnahmen Gelddarlehen (Bauspardarlehen) zu gewähren (Bauspargeschäft). [2]Das Bauspargeschäft darf nur von Bausparkassen betrieben werden.

(2) Bausparer ist, wer mit einer Bausparkasse einen Vertrag schließt, durch den er nach Leistung von Bauspareinlagen einen Rechtsanspruch auf Gewährung eines Bauspardarlehens erwirbt (Bausparvertrag).

(3) [1]Wohnungswirtschaftliche Maßnahmen im Sinne dieses Gesetzes sind
1. die Errichtung, Beschaffung, Erhaltung und Verbesserung von überwiegend zu Wohnzwecken bestimmten Gebäuden und von Wohnungen, insbesondere von Eigenheimen und Eigentumswohnungen, sowie der Erwerb von Rechten zur dauernden Nutzung von Wohnraum,
2. die Errichtung, Beschaffung, Erhaltung und Verbesserung von anderen Gebäuden soweit sie Wohnzwecken dienen,
3. der Erwerb von Bauland und Erbbaurechten zur Errichtung von überwiegend zu Wohnzwecken bestimmten Gebäuden,
4. der Erwerb von Bauland und Erbbaurechten zur Errichtung anderer Gebäude hinsichtlich des Anteils, der dem Verhältnis des zu Wohnzwecken bestimmten Teils des auf dem Grundstück zu errichtenden Gebäudes zum Gesamtgebäude entspricht,
5. Maßnahmen zur Erschließung und zur Förderung von Wohngebieten,
6. die Ablösung von Verbindlichkeiten, die zur Durchführung von Maßnahmen nach den Nummern 1 bis 5 eingegangen worden sind,
7. die Ablösung von Verbindlichkeiten, die auf einem überwiegend Wohnzwecken dienenden Grundstück ruhen.

[2]Als wohnungswirtschaftliche Maßnahmen gelten die Ablösung von Verbindlichkeiten, die zur Leistung von Bauspareinlagen eingegangen worden sind, sowie gewerbliche Bauvorhaben, wenn sie im Zusammenhang mit dem Bau von Wohnungen oder in Gebieten durchgeführt werden, die dem Wohnen dienen, und wenn sie dazu bestimmt sind, zur Versorgung dieser Gebiete beizutragen.

(4) Das Recht der Länder, den öffentlich-rechtlichen Bausparkassen besondere Aufgaben für den Wohnungsbau oder sonstige öffentliche Aufgaben zu übertragen, bleibt unberührt.

§ 2. Rechtsform. (1) Private Bausparkassen dürfen nur in der Rechtsform der Aktiengesellschaft betrieben werden.

(2) Die Rechtsform der öffentlich-rechtlichen Bausparkassen wird von den Ländern bestimmt.

§ 3. Aufsicht. (1) [1]Das Bundesaufsichtsamt für das Kreditwesen (Bundesaufsichtsamt) übt die Aufsicht über die Bausparkassen nach den Vorschriften dieses Gesetzes und des Gesetzes über das Kreditwesen aus. [2]Es ist befugt, im Rahmen der Aufsicht alle Anordnungen zu treffen, die erforderlich sind, um den Geschäftsbetrieb einer Bausparkasse mit den Allgemeinen Geschäftsgrundsätzen und den Allgemeinen Bedingungen für Bausparverträge im Einklang zu erhalten. 3

(2) Soweit Bausparkassen einer anderen staatlichen Aufsicht unterliegen, bleibt diese neben der Aufsicht des Bundesaufsichtsamtes bestehen.

(3) [1]Das Bundesaufsichtsamt entscheidet in Zweifelsfällen, ob ein Unternehmen den Vorschriften dieses Gesetzes unterliegt. [2]Seine Entscheidungen binden die Verwaltungsbehörden.

§ 4. Zulässige Geschäfte (1) Bausparkassen dürfen außer dem Bauspargeschäft nur folgende Geschäfte betreiben:
1. Gelddarlehen gewähren, die der Vorfinanzierung oder der Zwischenfinanzierung von Leistungen der Bausparkasse auf Bausparverträge ihrer Bausparer dienen;
2. für wohnungswirtschaftliche Maßnahmen sonstige Gelddarlehen nach Maßgabe des Absatzes 2 gewähren;
3. Gelddarlehen Dritter verwalten, vermitteln und im eigenen oder fremden Namen und für Rechnung Dritter bewilligen, wenn die Darlehen der Finanzierung wohnungswirtschaftlicher Maßnahmen dienen;
4. nach Maßgabe des Absatzes 2 Gewährleistungen für Gelddarlehen Dritter übernehmen, welche die Bausparkasse selbst zu geben befugt wäre und die in der in § 7 vorgeschriebenen Weise gesichert sind;
5. zur Gewährung von Bauspardarlehen und von Darlehen nach den Nummern 1 und 2 sowie zur Beschaffung der darüber hinaus für den Geschäftsbetrieb erforderlichen Mittel
   a) fremde Gelder von Kreditinstituten und sonstigen Kapitalsammelstellen aufnehmen,

b) fremde Gelder von sonstigen Gläubigern entgegennehmen,
c) Schuldverschreibungen ausgeben;

6. sich an Unternehmen beteiligen, wenn die Beteiligungen dazu dienen, die nach § 1 betriebenen Geschäfte zu fördern, und die Haftung der Bausparkasse aus den Beteiligungen durch die Rechtsform des Unternehmens beschränkt ist, mit der Maßgabe, daß die einzelne Beteiligung insgesamt den dritten Teil des Kapitals (Nennkapital, Summe der Kapitalanteile) des Unternehmens nicht übersteigen darf. Eine höhere Beteiligung ist zulässig, sofern der Geschäftszweck des Unternehmens gesetzlich oder satzungsmäßig im wesentlichen auf solche Geschäfte ausgerichtet ist, welche die Bausparkasse selbst betreiben darf; der Gesamtbetrag dieser Beteiligungen darf zwanzig vom Hundert des haftenden Eigenkapitals der Bausparkasse nicht übersteigen;
7. Gelddarlehen an Unternehmen gewähren, an denen die Bausparkasse beteiligt ist.

(2) Der Gesamtbetrag der Forderungen aus Darlehen nach Absatz 1 Nr. 2 und der Gewährleistungen nach Absatz 1 Nr. 4 darf 75 vom Hundert des Gesamtbetrages der Bauspardarlehen und der Darlehen nach Absatz 1 Nr. 1 nicht übersteigen.

(3) Verfügbares Geld dürfen die Bausparkassen anlegen in

1. Guthaben bei geeigneten Kreditinstituten und Namensschuldverschreibungen, die von solchen Kreditinstituten ausgegeben werden,
2. unverzinslichen Schatzanweisungen und Schatzwechseln des Bundes, seiner Sondervermögen und der Bundesländer, vergleichbaren Papieren der Europäischen Gemeinschaften und ihrer Mitgliedstaaten oder anderer Vertragsstaaten des Abkommens über den Europäischen Wirtschaftsraum sowie in Einlagenzertifikaten von geeigneten Kreditinstituten, sofern diese Papiere eine restliche Laufzeit von höchstens zwölf Monaten haben,
3. Schuldverschreibungen und Schuldbuchforderungen des Bundes, seiner Sondervermögen, der Bundesländer, der Europäischen Gemeinschaften und ihrer Mitgliedstaaten oder anderer Vertragsstaaten des Abkommens über den Europäischen Wirtschaftsraum,
4. Schuldverschreibungen, für deren Verzinsung und Rückzahlung eine der in Nummer 3 bezeichneten Stellen die Gewährleistung übernommen hat,
5. anderen Schuldverschreibungen, die an einer Börse im Inland oder in einem anderen Mitgliedstaat der Europäischen Gemeinschaften oder anderer Vertragsstaaten des Abkommens über den Europäischen Wirtschaftsraum zum amtlichen Handel oder zum geregelten Markt oder zu einem vergleichbar organisierten Markt zugelassen sind,
6. Forderungen aus Gelddarlehen, die Teilbeträge eines von einem Dritten gewährten Gesamtdarlehens sind und über die ein Schuldschein ausgestellt ist, sofern diese Forderungen nach dem Erwerb durch die Bausparkasse mindestens zweimal abgetreten werden können und das Darlehen gewährt wurde
   a) einer der in Nummer 3 bezeichneten Stellen, einer anderen inländischen Gebietskörperschaft oder einer Regionalregierung oder örtlichen Gebietskörperschaft eines anderen Mitgliedstaats der Europäischen Gemeinschaften oder anderer Vertragsstaaten des Abkommens über den Europäischen Wirtschaftsraum, für die nach Artikel 7 der Richtlinie des Rates vom 18. Dezember 1989 über einen Solvabilitätskoeffizienten für Kreditinstitute die Gewichtung Null bekanntgegeben worden ist,
   b) geeigneten sonstigen Körperschaften oder Anstalten des öffentlichen Rechts im Inland oder in einem anderen Mitgliedstaat der Europäischen Gemeinschaften oder anderer Vertragsstaaten des Abkommens über den Europäischen Wirtschaftsraum,
   c) Unternehmen, die Wertpapiere ausgegeben haben, die an einer Börse im Inland oder einem anderen Mitgliedstaat der Europäischen Gemeinschaften oder anderer Vertragsstaaten des Abkommens über den Europäischen Wirtschaftsraum zum amtlichen Handel zugelassen sind, oder
   d) gegen Übernahme der Gewährleistung für die Verzinsung und Rückzahlung durch eine der in Nummer 3 bezeichneten Stellen;

   der Gesamtbetrag dieser Forderungen der Bausparkasse darf ihr haftendes Eigenkapital nicht übersteigen,
7. Investmentanteilen an einem nach dem Grundsatz der Risikomischung angelegten Vermögen, die von einer Kapitalanlagegesellschaft oder von einer ausländischen Investmentgesellschaft, die zum Schutz der Anteilinhaber einer besonderen öffentlichen Aufsicht unterliegt, ausgegeben wurden, wenn nach den Vertragsbedingungen oder der Satzung der Kapitalanlagegesellschaft oder der Investmentgesellschaft das Vermögen nur in den Schuldtiteln der Nummern 1 bis 6 und in Bankguthaben angelegt werden darf.

(4) Bausparkassen ist der Erwerb von Grundstücken, Erbbaurechten, Rechten in der Form des Wohnungseigentums, Teileigentums, Wohnungserbbaurechts und Teilerbbaurechts nur zur Verhütung von Ausfällen an Forderungen und zur Beschaffung von Geschäftsräumen sowie von Wohnräumen für ihre Betriebsangehörigen gestattet.

(5) Bausparkassen können sich vor Zuteilung eines Bausparvertrages nicht verpflichten, die Bausparsumme zu einem bestimmten Zeitpunkt auszuzahlen.

§ 5. Allgemeine Geschäftsgrundsätze, Allgemeine Bedingungen für Bausparverträge.

(1) Bausparkassen haben ihrem Geschäftsbetrieb Allgemeine Geschäftsgrundsätze und Allgemeine Bedingungen für Bausparverträge zugrunde zu legen.

(2) Die Allgemeinen Geschäftsgrundsätze müssen Bestimmungen enthalten über

1. die Berechnungen für die Abwicklung der Bausparverträge unter Angabe der individuellen Sparer-Kassen-Leistungsverhältnisse (§ 8 Abs. 1 Nr. 1) und unter Hervorhebung der längsten, mittleren und kürzesten Wartezeit;
2. die Zusammensetzung der Zuteilungsmasse, die Zuteilungstermine sowie die Voraussetzungen und die Ermittlung der Reihenfolge für die Zuteilung (Zuteilungsverfahren);

2a. die Berechnung der Zuteilungsmittel, die nach § 6 Abs. 1 Satz 2 vorübergehend nicht zugeteilt werden können, und der Mehrerträge aus der Anlage dieser Mittel sowie die Verwendung des daraus gebildeten Sonderpostens „Fonds zur bauspartechnischen Absicherung";

3. die Berechnung des Beleihungswertes der zu beleihenden Grundstücke;
4. die Finanzierung von Maßnahmen zur Erschließung und zur Förderung von Wohngebieten;
5. die Finanzierung von Gebäuden, die überwiegend oder ausschließlich gewerblichen Zwecken dienen, soweit dies nach § 1 zulässig ist;
6. das Verfahren bei Rückzahlung der Einlagen gekündigter Bausparverträge;
7. eine die Belange der Bausparer wahrende vereinfachte Abwicklung der Bausparverträge im Falle der Einstellung des Geschäftsbetriebes der Bausparkasse oder der Rücknahme der Erlaubnis zum Betrieb einer Bausparkasse durch das Bundesaufsichtsamt.

(3) Die Allgemeinen Bedingungen für Bausparverträge müssen Bestimmungen enthalten über

1. die Höhe und Fälligkeit der Leistungen des Bausparers und der Bausparkasse sowie über die Rechtsfolgen, die bei Leistungsverzug eintreten;
2. die Verzinsung der Bauspareinlagen und der Bauspardarlehen;
3. die Höhe der Kosten und Gebühren, die den Bausparern berechnet werden;
4. die Voraussetzungen und die Ermittlung der Reihenfolge für die Zuteilung und die Bedingungen für die Auszahlung der Bausparsumme;
5. die Sicherung der Forderungen aus Bauspardarlehen;
6. die Bedingungen, nach denen ein Bausparvertrag geteilt oder mit einem anderen Bausparvertrag zusammengelegt oder die Bausparsumme erhöht oder ermäßigt werden kann;
7. die Bedingungen, nach denen Ansprüche aus dem Bausparvertrag abgetreten oder verpfändet werden können oder ein Bausparvertrag gekündigt werden kann, sowie die Rechtsfolgen, die sich aus der Kündigung des Bausparvertrages oder aus einer vereinfachten Abwicklung der Bausparverträge ergeben;
8. das zuständige Gericht oder einen Schiedsvertrag;
9. den Abschluß von Lebensversicherungen auf den Todesfall, die Höhe der Versicherungssumme und die vom Bausparer hierfür zu zahlenden Versicherungsbeiträge sowie die Möglichkeit der Anrechnung bereits bestehender Lebensversicherungen, wenn der Bausparer zum Abschluß einer solchen Versicherung verpflichtet ist.

3

§ 6. Zweckbindung der Bausparmittel. (1) Zuteilungsmittel, insbesondere Bauspareinlagen und Tilgungsleistungen auf Bauspardarlehen, dürfen vorbehaltlich des § 4 Abs. 3 nur für das Bauspargeschäft und zur Rückzahlung fremder Gelder, die der Zuteilungsmasse zugeführt worden sind, sowie nach Maßgabe einer nach § 10 zu erlassenden Rechtsverordnung zur Gewährung von Darlehen nach § 4 Abs. 1 Nr. 1 verwendet werden; sie sind mit dem Ziel gleichmäßiger, möglichst kurzer Wartezeiten einzusetzen. Erträge aus einer Anlage der Zuteilungsmittel, die vorübergehend nicht zugeteilt werden können, weil Bausparverträge die Zuteilungsvoraussetzungen nicht erfüllen, müssen in Höhe des Unterschiedsbetrages zwischen dem Zinsertrag aus der Zwischenanlage der Zuteilungsmittel und dem Zinsertrag, der sich bei Anlage der Zuteilungsmittel in Bauspardarlehen ergeben hätte, einem zur Wahrung der Belange der Bausparer bestimmten Sonderposten „Fonds zur bauspartechnischen Absicherung" zugeführt werden. Die Bausparkasse darf am Ende eines

Geschäftsjahres diesen Sonderposten auflösen, soweit er zu diesem Zeitpunkt drei vom Hundert der Bauspareinlagen übersteigt.

(2) Forderungen aus Bauspardarlehen und die ihrer Sicherung dienenden Grundpfandrechte und sonstigen Sicherheiten dürfen nur für das Bauspargeschäft und die in § 4 Abs. 1 Nr. 1 bezeichneten Geschäfte veräußert, beliehen oder verpfändet werden. Das gleiche gilt für Forderungen aus Darlehen im Sinne des § 4 Abs. 1 Nr. 1 und die ihrer Sicherung dienenden Grundpfandrechte und sonstigen Sicherheiten.

§ 6a. Vermeidung von Währungsrisiken. Die Bausparkasse hat mit der Sorgfalt eines ordentlichen Kaufmanns die erforderlichen Maßnahmen zu treffen, um Währungsrisiken aus ihrem Geschäftsbetrieb zu vermeiden. Sie muß insbesondere für Bausparverträge die in fremden Währungen oder in Rechnungseinheiten zu erfüllen sind, jeweils getrennte Zuteilungsmassen bilden und soll für die währungskongruente Verwendung der Zuteilungsmittel und der verfügbaren Gelder sorgen. Das Bundesaufsichtsamt kann im Einzelfall von der Pflicht zur Bildung getrennter Zuteilungsmassen befreien, wenn dadurch die Belange der Bausparer nicht erheblich beeinträchtigt werden.

§ 7. Sicherung der Forderungen aus Darlehen. (1) Forderungen aus Bauspardarlehen und aus Darlehen nach § 4 Abs. 1 Nr. 2 sowie Forderungen aus Darlehen nach § 4 Abs. 1 Nr. 1, soweit diese nicht durch Abtretung von Rechten aus Bausparverträgen gesichert werden, sind durch Bestellung von Hypotheken oder Grundschulden an einem inländischen Pfandobjekt zu sichern. Der Bestellung einer Grundschuld steht gleich der Anspruch einer Bausparkasse gegen ein Kreditinstitut auf Abtretung oder Teilabtretung einer Grundschuld, die von dem Kreditinstitut treuhänderisch zugunsten der Bausparkasse verwaltet wird. Die Beleihung darf ohne ausreichende zusätzliche Sicherheit die ersten vier Fünftel des Beleihungswertes des Pfandobjektes nicht übersteigen.

(2) Forderungen im Sinne des Absatzes 1 Satz 1 können auch durch die Bestellung von Grundpfandrechten an einem Pfandobjekt in einem anderen Mitgliedstaat der Europäischen Gemeinschaft oder einem anderen Vertragsstaat des Abkommens über den Europäischen Wirtschaftsraum oder in der Schweiz gesichert werden, wenn das Grundpfandrecht von Finanzinstituten in diesem Mitgliedstaat oder Vertragsstaat üblicherweise zur Sicherung von Forderungen aus Wohnungsbaudarlehen vereinbart wird.

(2a) Forderungen im Sinne des Absatzes 1 Satz 1 können auch durch die Bestellung von Grundpfandrechten an einem Pfandobjekt in anderen als den in Absatz 2 erfaßten europäischen Staaten gesichert werden, sofern

1. der Staat Vollmitglied der Organisation für wirtschaftliche Zusammenarbeit und Entwicklung ist,
2. das Grundpfandrecht in diesem Staat die Rückzahlung und Verzinsung der Forderungen sicherstellt und
3. der Gesamtbetrag dieser Beleihungen das haftende Eigenkapital der Bausparkasse nicht übersteigt.

(3) Von einer Sicherung durch Grundpfandrechte kann abgesehen werden, wenn ausreichende anderweitige Sicherheiten gestellt werden (Ersatzsicherheiten).

(4) Von einer Sicherung durch Grundpfandrechte oder durch Ersatzsicherheiten kann abgesehen werden, wenn

1. der Darlehensnehmer sich gegenüber der Bausparkasse verpflichtet, eine mögliche Sicherung durch Grundpfandrechte nicht durch eine Verpfändung des als Pfandobjekt in Betracht kommenden Gegenstandes für eine andere Verbindlichkeit oder durch seine Veräußerung zu verhindern oder
2. bei einem Bauspardarlehen oder einem Darlehen nach § 4 Abs. 1 Nr. 1 eine Sicherung wegen der geringen Höhe des Darlehensbetrages nicht erforderlich erscheint.

(5) Von einer Sicherung kann abgesehen werden bei der Gewährung von Darlehen an

1. inländische Körperschaften und Anstalten des öffentlichen Rechts,
2. die Europäischen Gemeinschaften, ihre Mitgliedstaaten, andere Vertragsstaaten des Abkommens über den Europäischen Wirtschaftsraum und die Europäische Investitionsbank,
3. Regionalregierungen und örtliche Gebietskörperschaften der anderen Mitgliedstaaten der Europäischen Gemeinschaften oder der anderen Vertragsstaaten des Abkommens über den Europäischen Wirtschaftsraum, für die nach Artikel 7 der Richtlinie des Rates vom 18. Dezember 1989 über einen Solvabilitätskoeffizienten für Kreditinstitute die Gewichtung Null bekanntgegeben worden ist,
4. andere Darlehensnehmer, wenn für die Darlehen eine der in den Nummern 1 bis 3 bezeichneten Stellen die Gewährleistung übernommen hat.

(6) Das Bundesaufsichtsamt kann zulassen, daß Pfandobjekte beliehen werden, die außerhalb der in den Absätzen 2 und 2a erfaßten Staaten belegen sind, wenn das zu bestellende Grundpfandrecht oder zusätzliche Sicherheiten eine Ausnahme gerechtfertigt erscheinen lassen.

(7) Der bei der Beleihung angenommene Wert des Pfandobjektes (Beleihungswert) darf den Verkehrswert nicht übersteigen. Bei der Feststellung des Beleihungswertes sind nur die dauernden Eigenschaften des Pfandobjektes und der Ertrag zu berücksichtigen, den das Pfandobjekt bei ordnungsgemäßer Wirtschaft jedem Besitzer nachhaltig gewähren kann.

§ 8. Versagung und Rücknahme der Erlaubnis. (1) Die Erlaubnis, Geschäfte einer Bausparkasse zu betreiben, darf außer aus den in § 33 Abs. 1 des Gesetzes über das Kreditwesen genannten Gründen auch dann versagt werden, wenn die Allgemeinen Geschäftsgrundsätze oder die Allgemeinen Bedingungen für Bausparverträge

1. die Erfüllbarkeit der Bausparverträge nicht dauerhaft gewährleistet erscheinen lassen, insbesondere weil die einzelnen Bausparverträge, bezogen auf ihre gesamte Laufzeit, kein angemessenes Verhältnis zwischen den Leistungen der Bausparer und denen der Bausparkasse (individuelles Sparer-Kassen-Leistungsverhältnis) aufweisen oder
2. Spar- und Tilgungsleistungen oder andere Verpflichtungen vorsehen, welche die Zuteilung der Bausparverträge unangemessen hinausschieben, zu unangemessen langen Vertragslaufzeiten führen oder sonstige Belange der Bausparer nicht ausreichend wahren.

(2) Das Bundesaufsichtsamt kann die Erlaubnis außer den in § 35 Abs. 2 des Gesetzes über das Kreditwesen bezeichneten Gründen auch dann zurücknehmen, wenn ihm Tatsachen bekanntwerden, die die Versagung der Erlaubnis nach Absatz 1 rechtfertigen würden und die Belange der Bausparer nicht durch andere Maßnahmen nach diesem Gesetz oder dem Gesetz über das Kreditwesen ausreichend gewahrt werden können.

§ 9. Änderung der Allgemeinen Geschäftsgrundsätze und der Allgemeinen Bedingungen für Bausparverträge. (1) Änderungen und Ergänzungen der Allgemeinen Geschäftsgrundsätze und der Allgemeinen Bedingungen für Bausparverträge, welche die in § 5 Abs. 2 und 3 Nr. 1, 2, 4 bis 9 aufgeführten Bestimmungen betreffen, sowie die Allgemeinen Geschäftsgrundsätze und die Allgemeinen Bedingungen für Bausparverträge, die neuen Bauspartarifen zugrunde gelegt werden sollen, bedürfen der Genehmigung des Bundesaufsichtsamtes. Die Genehmigung kann auch mit Wirkung für bestehende Verträge erteilt werden, sofern die Änderungen und Ergänzungen zur hinreichenden Wahrung der Belange der Bausparer erforderlich erscheinen. Für die Versagung der Genehmigung gilt § 8 Abs. 1 entsprechend. Sonstige Änderungen und Ergänzungen sind dem Bundesaufsichtsamt mindestens drei Monate vor ihrem Inkrafttreten anzuzeigen.

(2) Erscheint die Erfüllung der von der Bausparkasse in den Bausparverträgen übernommenen Verpflichtungen nicht mehr gewährleistet, so kann das Bundesaufsichtsamt verlangen, daß die Bausparkasse die Allgemeinen Geschäftsgrundsätze und die Allgemeinen Bedingungen für Bausparverträge ändert. Unter der gleichen Voraussetzung kann das Bundesaufsichtsamt, unbeschadet seiner Befugnisse nach § 46 Abs. 1 des Gesetzes über das Kreditwesen, der Bausparkasse den Abschluß neuer Verträge verbieten. 3

§ 10. Erlaß von Rechtsverordnungen.

§ 11. Abberufung von Geschäftsleitern. Das Bundesaufsichtsamt kann die Abberufung des Geschäftsleiters einer Bausparkasse außer aus den in § 36 des Gesetzes über das Kreditwesen bezeichneten Gründen auch dann verlangen, wenn dieser vorsätzlich oder leichtfertig gegen die Bestimmungen dieses Gesetzes, die zu seiner Durchführung erlassenen Verordnungen, gegen Anordnungen des Bundesaufsichtsamtes oder gegen die in § 5 Abs. 2 und 3 bezeichneten Bestimmungen der Allgemeinen Geschäftsgrundsätze oder der Allgemeinen Bedingungen für Bausparverträge verstoßen hat und trotz Verwarnung durch das Bundesaufsichtsamt dieses Verhalten fortsetzt.

§ 12. Vertrauensmann. (1) Das Bundesaufsichtsamt bestellt bei jeder Bausparkasse einen Vertrauensmann. Vor der Bestellung ist die Bausparkasse und, soweit eine andere staatliche Aufsicht nach § 3 Abs. 2 besteht, auch die für diese Aufsicht zuständige Behörde zu hören. Die Bestellung kann jederzeit widerrufen werden.

(2) Der Vertrauensmann hat darauf zu achten, daß die Bestimmungen der Allgemeinen Bedingungen für Bausparverträge über das Zuteilungsverfahren eingehalten werden.

(3) Der Vertrauensmann ist befugt, die Bücher und Schriften der Bausparkasse einzusehen, soweit sie sich auf das Zuteilungsverfahren beziehen. Bei Streitigkeiten zwischen der Bausparkasse und dem Vertrauensmann über dessen Obliegenheiten entscheidet das Bundesaufsichtsamt.

(4) Der Vertrauensmann teilt dem Bundesaufsichtsamt seine Feststellungen und Beobachtungen mit. Er ist an Weisungen des Bundesaufsichtsamtes nicht gebunden.

(5) Der Vertrauensmann erhält vom Bundesaufsichtsamt eine angemessene Vergütung; diese ist von der Bausparkasse in sinngemäßer Anwendung des § 51 Abs. 3 des Gesetzes über das Kreditwesen gesondert zu erstatten.

§ 13. Besondere Pflichten des Prüfers. Bei der Prüfung des Jahresabschlusses einer Bausparkasse hat der Prüfer auch festzustellen, ob

1. die Bausparsumme den Allgemeinen Bedingungen für Bausparverträge entsprechend zugeteilt worden sind,
2. die Bausparkasse die in § 5 Abs. 2 Nr. 2 bezeichnete Bestimmung der Allgemeinen Geschäftsgrundsätze und die in § 5 Abs. 3 Nr. 5 bezeichnete Bestimmung der Allgemeinen Bedingungen für Bausparverträge eingehalten hat und
3. die Vorschriften einer nach § 10 erlassenen Rechtsverordnung beachtet worden sind.

Das Ergebnis ist in den Prüfungsbericht aufzunehmen.

3

§ 14. Bestandsübertragung. (1) Ein Vertrag, durch den der Bestand einer Bausparkasse an Bausparverträgen mit den zugehörigen Aktiven und Passiven auf eine andere Bausparkasse oder auf mehrere andere Bausparkassen ganz oder teilweise übertragen werden soll, bedarf der Genehmigung des Bundesaufsichtsamtes. Die Genehmigung ist vom Bundesaufsichtsamt im Bundesanzeiger zu veröffentlichen; sie gilt mit der Veröffentlichung den Bausparern als bekanntgegeben. Die Rechte und Pflichten der übertragenden Bausparkasse aus den Bausparverträgen gehen mit der Genehmigung auch im Verhältnis zu den Bausparern auf die übernehmende Bausparkasse über; § 415 des Bürgerlichen Gesetzbuchs ist nicht anzuwenden. Die Genehmigung darf nur versagt werden, wenn durch die Übertragung die Belange der Bausparer der übertragenden oder der übernehmenden Bausparkasse gefährdet werden.

(2) Der Vertrag bedarf der Schriftform.

§ 15. Zahlungsverbot, Zustimmung zur vereinfachten Abwicklung. Besteht Gefahr für die Erfüllung der Verpflichtungen einer Bausparkasse und erscheint die Vermeidung des Insolvenzverfahrens unter Abwägung der Interessen der Bausparer und der übrigen Gläubiger geboten, so kann das Bundesaufsichtsamt alle Arten von Zahlungen einstweilen verbieten. Unter den gleichen Voraussetzungen kann das Bundesaufsichtsamt auch einer vereinfachten Abwicklung (§ 5 Abs. 2 Nr. 7) zustimmen.

§ 16. Bezeichnung „Bausparkasse". (1) Die Bezeichnung „Bausparkasse" oder eine Bezeichnung, in der das Wort „Bausparkasse" oder der Wortstamm „Bauspar" enthalten ist, dürfen in der Firma, als Zusatz zur Firma, zur Bezeichnung des Geschäftszweckes oder zu Werbezwecken nur Unternehmen führen, die die Erlaubnis zum Betreiben der Geschäfte einer Bausparkasse besitzen.

(2) Absatz 1 gilt nicht für Unternehmen, die das Wort „Bausparkasse" oder eine Bezeichnung, in der das Wort „Bausparkasse" oder der Wortstamm „Bauspar" enthalten ist, in einem Zusammenhang führen, der den Anschein ausschließt, daß sie Bauspargeschäfte betreiben.

(3) Die Vorschriften der §§ 42 und 43 des Gesetzes über das Kreditwesen gelten entsprechend.

§ 17. Ausnahmen. Auf Bausparkassen, die einer besonderen staatlichen Aufsicht unterliegen, werden die §§ 14 und 15 Satz 1 nicht angewandt.

§ 18. Bestimmungen für bestehende und für neue rechtlich unselbständige Bausparkassen.

(1) [1]Für Kreditinstitute, die beim Inkrafttreten dieses Gesetzes das Bauspargeschäft betreiben durften, gilt die nach § 32 des Gesetzes über das Kreditwesen erforderliche Erlaubnis zum Betrieb der für Bausparkassen zulässigen Bankgeschäfte als erteilt. [2]Die in § 35 Abs. 1 des Gesetzes über das Kreditwesen bezeichnete Frist beginnt mit dem Inkrafttreten dieses Gesetzes.

(2) Bausparkassen, die bei Inkrafttreten dieses Gesetzes in der Rechtsform der Gesellschaft mit beschränkter Haftung betrieben werden durften, dürfen in dieser Rechtsform weiter betrieben werden.

(3) [1]Kreditinstitute, die bei Inkrafttreten dieses Gesetzes das Bauspargeschäft durch rechtlich unselbständige Einrichtungen betreiben durften, gelten insoweit als Bausparkassen. [2]Sie haben das Vermögen der Bausparkasse getrennt von ihrem sonstigen Vermögen zu verwalten, für die Bausparkasse einen gesonderten Jahresabschluß aufzustellen sowie einen besonderen Geschäftsbericht zu erstatten. [3]Die Vorschriften über die Prüfung der Buchführung, des Jahresabschlusses und des Geschäftsberichts der Kreditinstitute gelten sinngemäß. [4]Der auf die Bausparkasse entfallende, in dem gesonderten Jahresabschluß ausgewiesene Anteil am haftenden Eigenkapital des Kreditinstituts gilt als haftendes Eigenkapital der Bausparkasse.

(4) [1]Auf Bausparkassen, die bis zum Inkrafttreten dieses Gesetzes andere als die nach § 4 zulässigen Geschäfte oder Geschäfte in einem

weiteren als dem nach den §§ 4, 6 und 7 sowie nach den Rechtsverordnungen gemäß § 10 zulässigen Umfang betrieben haben, sind diese Vorschriften nicht anzuwenden, soweit bereits abgeschlossene Verträge betroffen werden. [2]Das Bundesaufsichtsamt kann eine angemessene Frist für die Abwicklung dieser Geschäfte festsetzen.

(5) Absatz 3 gilt entsprechend auch für solche Kreditinstitute, die nach Inkrafttreten dieses Gesetzes das Bauspargeschäft durch rechtlich unselbständige Einrichtungen betreiben.

§ 19. Überleitungsbestimmungen. (1) [1]Die auf dem Gebiet des Bausparwesens bestehenden Rechtsvorschriften sowie die auf Grund der bisherigen Rechtsvorschriften erlassenen Anordnungen bleiben aufrechterhalten, soweit ihnen nicht Bestimmungen dieses Gesetzes oder des Gesetzes über das Kreditwesen entgegenstehen. [2]Rechtsvorschriften, die für die geschäftliche Betätigung bestimmter Arten von Bausparkassen weitergehende Anforderungen stellen als dieses Gesetz, bleiben unberührt.

(2) Aufgaben und Befugnisse auf dem Gebiet des Bausparwesens, die in Rechtsvorschriften dem Bundesaufsichtsamt für das Versicherungs- und Bausparwesen zugewiesen sind, gehen auf das Bundesaufsichtsamt für das Kreditwesen über.

(3) Die Zuständigkeit der Länder für die Bestätigung der Umstellungsrechnung von Bausparkassen, die ihrer besonderen staatlichen Aufsicht unterliegen, bleibt unberührt.

(4) [1]Mehrerträge im Sinne des § 6 Abs. 1, die vor dem 1. Januar 2001 anfallen, müssen mindestens zu sechzig vom Hundert in den Sonderposten „Fonds zur bauspartechnischen Absicherung" eingestellt werden. [2]Mehrerträge im Sinne des § 6 Abs. 1 brauchen nicht in den Sonderposten „Fonds zur bauspartechnischen Absicherung" eingestellt zu werden, sofern die Zuteilungsmittel, die vorübergehend nicht zugeteilt werden können, aus Bausparverträgen herrühren, die vor dem 1. Januar 1991 abgeschlossen worden sind.

3

(5) Die Bausparkasse darf abweichend von § 4 Abs. 1 Nr. 6 Satz 1 Beteiligungen an einem Unternehmen über den dritten Teil des Nennbetrages aller Anteile dieses Unternehmens hinaus halten, wenn sie diese Beteiligungen vor dem 31. Mai 1990 zulässigerweise übernommen oder erworben hat.

§ 20. Änderungen und Aufhebung von Rechtsvorschriften.

§ 21. Inkrafttreten.

Verordnung zum Schutz der Gläubiger von Bausparkassen (Bausparkassen-Verordnung)

Vom 19. Dezember 1990

3

Auf Grund des § 10 des Gesetzes über Bausparkassen vom 16. November 1972 (BGBl. I S. 2097), der durch Artikel 1 Nr. 10 des Gesetzes vom 13. Dezember 1990 (BGBl. I S. 2770) geändert worden ist, in Verbindung mit § 1 der Verordnung zur Übertragung der Ermächtigung zum Erlaß von Rechtsverordnungen nach § 10 Satz 1 des Gesetzes über Bausparkassen auf das Bundesaufsichtsamt für das Kreditwesen vom 8. Januar 1973 (BGBl. I S. 17) verordnet das Bundesaufsichtsamt für das Kreditwesen nach Anhörung der Deutschen Bundesbank und der Spitzenverbände der Bausparkassen:

§ 1. Vorfinanzierungs- und Zwischenkredite aus Zuteilungsmitteln. (1) Die für die Zuteilung angesammelten und die bereits zugeteilten, aber von den Bausparern noch nicht in Anspruch genommenen Beträge dürfen bis zu 60 vom Hundert vorübergehend zur Gewährung von Darlehen nach § 4 Abs. 1 Nr. 1 des Gesetzes über Bausparkassen verwendet werden. Darlehen zur Vorfinanzierung von Leistungen auf solche Bausparverträge, bei denen die für eine Zuteilung erforderliche Mindestansparsumme noch nicht eingezahlt ist, dürfen 10 vom Hundert des nach Satz 1 zulässigen Darlehensvolumens nicht übersteigen.

(2) Auf die nach Absatz 1 zulässigen Kontingente von Darlehen sind die rechtsverbindlich zugesagten Darlehen dieser Art jeweils zu 50 vom Hundert anzurechnen.

(3) Die Darlehen gemäß den Absätzen 1 und 2 dürfen eine voraussichtliche Laufzeit bis zu 36 Monaten haben. Darlehen, die eine voraussichtliche Laufzeit von mehr als 24 Monaten haben, dürfen 25 vom Hundert des Kontingents nach Absatz 1 Satz 1 nicht überschreiten.

(4) Das Bundesaufsichtsamt kann auf Antrag in besonderen Fällen Ausnahmen von den Absätzen 1 bis 3 zulassen.

§ 2. Großbausparverträge. (1) Großbausparverträge sind Bausparverträge, bei denen die Bausparsumme den Betrag von 300 000 Deutsche Mark übersteigt. Die innerhalb von zwölf Monaten abgeschlossenen Bausparverträge eines Bausparers gelten dabei als ein Vertrag.

(2) Der Anteil der nicht zugeteilten Großbausparverträge am gesamten nicht zugeteilten Bausparsummenbestand der Bausparverträge einer Bausparkasse darf nicht höher als 15 vom Hundert sein.

(3) Der Anteil von Großbausparverträgen, die innerhalb eines Kalenderjahres abgeschlossen werden, an der gesamten Bausparsumme der in diesem Jahr von der Bausparkasse abgeschlossenen Bausparverträge darf nicht höher als 30 vom Hundert sein.

(4) Auf die nach den Absätzen 2 und 3 zulässigen Anteile von Großbausparverträgen sind die Bausparverträge anzurechnen, auf die der Bausparer die für eine Zuteilung erforderliche Mindestansparsumme innerhalb des ersten Jahres nach Vertragsabschluß eingezahlt hat.

§ 3. Gewerbliche Finanzierungen. Der Anteil von Darlehen, die der Finanzierung von Bauvorhaben mit gewerblichem Charakter dienen, darf 3 vom Hundert des Gesamtbestandes der Forderungen aus Darlehen einer Bausparkasse nicht übersteigen.

§ 4. Darlehen an Beteiligungsunternehmen.

(1) Darlehen nach § 4 Abs. 1 Nr. 7 des Gesetzes über Bausparkassen dürfen insgesamt bis zu 60 vom Hundert des haftenden Eigenkapitals der Bausparkasse gewährt werden.

(2) Einem einzelnen Unternehmen, an dem die Bausparkasse beteiligt ist, dürfen Darlehen der in Absatz 1 genannten Art insgesamt bis zu 20 vom Hundert des haftenden Eigenkapitals der Bausparkasse gewährt werden.

§ 5. Ersatzsicherheiten. Der Anteil von Darlehen, für die Ersatzsicherheiten gestellt werden, am Gesamtbestand der Forderungen aus Darlehen einer Bausparkasse darf 25 vom Hundert nicht übersteigen.

§ 6. Darlehen gegen Verpflichtungserklärung, Blankodarlehen. (1) Darlehen gegen Abgabe einer Verpflichtungserklärung nach § 7 Abs. 4 Nr. 1 des Gesetzes über Bausparkassen dürfen im Einzelfall bis zum Betrag von 20 000 Deutsche Mark, Darlehen ohne Sicherung nach § 7 Abs. 4 Nr. 2 des Gesetzes über Bausparkassen im Einzelfall bis zum Betrag von 10 000 Deutsche Mark gewährt werden.

(2) Der Anteil von Darlehen ohne Sicherung darf 10 vom Hundert, der Anteil aller Darlehen nach Absatz 1 20 vom Hundert am Gesamtbestand der Forderungen aus Darlehen einer Bausparkasse nicht übersteigen.

§ 7. Zuteilungsvoraussetzungen. (1) In die Allgemeinen Bedingungen für Bausparverträge sind Mindestbewertungszahlen oder andere geeignete Zuteilungsvoraussetzungen aufzunehmen, die auf Dauer zu einem kollektiven Sparer-Kassen-Leistungsverhältnis von mindestens 1,0 führen.

(2) Das individuelle Sparer-Kassen-Leistungsverhältnis muß vorbehaltlich der Absätze 3 und 4 zum Zeitpunkt der Zuteilung mindestens 0,5 betragen. Kann bei der Einführung neuer Tarife oder Tarifmerkmale die voraussichtliche Höhe der wartezeitverkürzenden Faktoren nicht aus Erfahrungswerten für vergleichbare Tarife abgeleitet werden, muß das individuelle Sparer-Kassen-Leistungsverhältnis außerdem im Falle der Einzahlung des Mindestsparguthabens bei Vertragsabschluß zum Zeitpunkt der Zuteilung mindestens 0,7 betragen.

(3) Die Zuteilungsvoraussetzungen können abweichend von Absatz 2 festgesetzt werden, sofern für die in einer Zuteilungsmasse geführten Bauspartarife auf Dauer ein kollektives Sparer-Kassen-Leistungsverhältnis von mindestens 1,0 gewährleistet erscheint.

(4) Führen die Zuteilungsvoraussetzungen nicht auf Dauer zu einem kollektiven Sparer-Kassen-Leistungsverhältnis von mindestens 1,0, hat die Bausparkasse die Zuteilungsvoraussetzungen unverzüglich entsprechend anzupassen.

§ 8. Zuführung zum Fonds zur bauspartechnischen Absicherung. (1) Die Zuführung zum Fonds zur bauspartechnischen Absicherung erfolgt jährlich zum Ende des Geschäftsjahres und wird aus den Beständen der nach § 6 Abs. 1 Satz 2 des Gesetzes über Bausparkassen vorübergehend nicht zuteilbaren Zuteilungsmittel (Schwankungsreserve) zu den Berechnungsterminen für die Ermittlung der verfügbaren Zuteilungsmittel des abgelaufenen Jahres ermittelt. Der Zuführungsbetrag ist aus den jeweiligen Beständen der Schwankungsreserve, multipliziert mit der Differenz aus außerkollektivem Zinssatz und kollektivem Zinssatz, zu errechnen.

(2) Der außerkollektive Zinssatz ist wahlweise entweder aus den Zinserträgen der Bausparkasse, aus den Geldanlagen nach § 4 Abs. 3 des Gesetzes über Bausparkassen und aus den Erträgen aus Vor- und Zwischenfinanzierungskrediten nach § 4 Abs. 1 Nr. 1 des Gesetzes über Bausparkassen oder aus der von der Deutschen Bundesbank ermittelten und veröffentlichten Umlaufsrendite tarifgesteuerter festverzinslicher Wertpapiere zu errechnen. Der kollektive Zinssatz ist der mit den summenmäßigen Anteilen der einzelnen Bauspartarife im nicht zugeteilten Vertragsbestand gewogene Zinssatz für Bauspardarlehen.

§ 9. Einsatz des Fonds zur bauspartechnischen Absicherung. (1) Die Mittel des Fonds sind einzusetzen, soweit die Zuteilung mit einer Zielbewertungszahl, die für Regelsparer zu einem individuellen Sparer-Kassen-Leistungsverhältnis von 1,0 führt, ohne Zuführung außerkollektiver Mittel zur Zuteilungsmasse nicht aufrechterhalten werden kann (obere Einsatz-Bewertungszahl). Für alle Bauspartarife einer Zuteilungsmasse gilt eine in den Allgemeinen Geschäftsgrundsätzen zu nennende einheitliche obere Einsatz-Bewertungszahl, die nach den Allgemeinen Bedingungen für Bausparverträge desjenigen Bauspartarifs zu ermitteln ist, der im nicht zugeteilten Vertragsbestand summenmäßig den größten Anteil hat.

(2) Die Mittel des Fonds können eingesetzt werden, soweit das nach Absatz 1 ermittelte individuelle Sparer-Kassen-Leistungsverhältnis 0,8 übersteigen würde (untere Einsatz-Bewertungszahl). 3

(3) Die Mittel des Fonds können mit Zustimmung des Bundesaufsichtsamtes vor Erreichen der unteren Einsatz-Bewertungszahl eingesetzt werden, soweit dies zur Abwehr einer dringenden Gefahr für die Aufrechterhaltung der dauerhaften Zuteilungsfähigkeit geboten ist.

(4) Die Bausparkasse kann aus dem Fonds den Betrag entnehmen, der sich ergibt, wenn auf die der Zuteilungsmasse zugeführten außerkollektiven Mittel ein Zinssatz angewendet wird, der dem Unterschiedsbetrag aus dem effektiven Jahreszins für die zugeführten außerkollektiven Mittel und dem kollektiven Zinssatz (§ 8 Abs. 2) entspricht.

§ 10. Übergangsregelung. In die am 1. Januar 1991 angebotenen Standardtarife mit einer Mindestansparung von 40 vom Hundert und einem monatlichen Tilgungsbeitrag von 6 von Tausend der Bausparsumme können abweichend von § 7 Zuteilungsvoraussetzungen aufgenommen werden, die bei einer Soforteinzahlung des Mindestsparguthabens zu einer Wartezeit von mindestens 45 Monaten führen, in sämtlichen anderen Bauspartarifen ist ein individuelles Sparer-Kassen-Leistungsverhältnis von mindestens 0,5 anzusetzen. Der Nachweis kollektiv ausgeglichener Leistungsverhältnisse (§ 7 Abs. 1 und 4) muß spätestens bis zum 1. Januar 1996 erbracht werden.

§ 11. Inkrafttreten, Außerkrafttreten. Diese Verordnung tritt am 1. Januar 1991 in Kraft. Gleichzeitig tritt die Verordnung vom 16. Januar 1973 (BGBl. I S. 41) außer Kraft.

Fünftes Gesetz zur Förderung der Vermögensbildung der Arbeitnehmer

Neufassung vom 4. März 1994, mit Änderungen bis zum 27. März 1998

§ 1. Persönlicher Geltungsbereich. (1) Vermögensbildung der Arbeitnehmer durch vereinbarte vermögenswirksame Leistungen der Arbeitgeber wird nach den Vorschriften dieses Gesetzes gefördert.

(2) Arbeitnehmer im Sinne dieses Gesetzes sind Arbeiter und Angestellte einschließlich der zu ihrer Berufsausbildung Beschäftigten. Als Arbeitnehmer gelten auch die in Heimarbeit Beschäftigten.

3

(3) Die Vorschriften dieses Gesetzes gelten nicht

1. für vermögenswirksame Leistungen juristischer Personen an Mitglieder des Organs, das zur gesetzlichen Vertretung der juristischen Person berufen ist,
2. für vermögenswirksame Leistungen von Personengesamtheiten an die durch Gesetz, Satzung oder Gesellschaftsvertrag zur Vertretung der Personengesamtheit berufenen Personen.

(4) Für Beamte, Richter, Berufssoldaten und Soldaten auf Zeit gelten die nachstehenden Vorschriften dieses Gesetzes entsprechend.

§ 2. Vermögenswirksame Leistungen, Anlageformen. (1) Vermögenswirksame Leistungen sind Geldleistungen, die der Arbeitgeber für den Arbeitnehmer anlegt

1. als Sparbeiträge des Arbeitnehmers auf Grund eines Sparvertrags über Wertpapiere oder andere Vermögensbeteiligungen (§ 4)
   a) zum Erwerb von Aktien, die vom Arbeitgeber ausgegeben werden oder an einer deutschen Börse zum amtlichen Handel oder zum geregelten Markt zugelassen oder in den Freiverkehr einbezogen sind,
   b) zum Erwerb von Wandelschuldverschreibungen, die vom Arbeitgeber ausgegeben werden oder an einer deutschen Börse zum amtlichen Handel oder zum geregelten Markt zugelassen oder in den Freiverkehr einbezogen sind, sowie von Gewinnschuldverschreibungen, die vom Arbeitgeber ausgegeben werden, zum Erwerb von Namensschuldverschreibungen des Arbeitgebers jedoch nur dann, wenn auf dessen Kosten die Ansprüche des Arbeitnehmers aus der Schuldverschreibung durch ein Kreditinstitut verbürgt oder durch ein Versicherungsunternehmen privatrechtlich gesichert sind und das Kreditinstitut oder Versicherungsunternehmen im Geltungsbereich dieses Gesetzes zum Geschäftsbetrieb befugt ist,
   c) zum Erwerb von Anteilscheinen an einem Wertpapier-Sondervermögen, Beteiligungs-Sondervermögen, Investmentfondsanteil-Sondervermögen oder Gemischten Wertpapier- und Grundstücks-Sondervermögen nach dem Gesetz über Kapitalanlagegesellschaften sowie von Investmentanteilen, die nach dem Auslandinvestment-Gesetz vertrieben werden dürfen, wenn nach dem Rechenschaftsbericht für das vorletzte Geschäftsjahr, das dem Kalenderjahr des Abschlusses des Vertrags im Sinne des § 4 oder des § 5 vorausgeht, der Wert der Aktien und stillen Beteiligungen in diesem Sondervermögen 60 vom Hundert des Werts dieses Sondervermögens nicht unterschreitet; für neu aufgelegte Sondervermögen ist für das erste und zweite Geschäftsjahr der erste Rechenschaftsbericht oder der erste Halbjahresbericht nach Auflegung des Sondervermögens maßgebend.
   d) *(aufgehoben)*
   e) *(aufgehoben)*
   f) zum Erwerb von Genußscheinen, die vom Arbeitgeber als Wertpapiere ausgegeben werden oder an einer deutschen Börse zum amtlichen Handel oder zum geregelten Markt zugelassen oder in den Freiverkehr einbezogen sind und von Unternehmen mit Sitz und Geschäftsleitung im Geltungsbereich dieses Gesetzes, die keine Kreditinstitute sind, ausgegeben werden, wenn mit den Genußscheinen das Recht am Gewinn eines Unternehmens verbunden ist und der Arbeitnehmer nicht als Mitunternehmer im Sinne des § 15 Abs. 1 Nr. 2 des Einkommensteuergesetzes anzusehen ist,
   g) zur Begründung oder zum Erwerb eines Geschäftsguthabens bei einer Genossenschaft mit Sitz und Geschäftsleitung im Geltungsbereich dieses Gesetzes; ist die Genossenschaft nicht der Arbeitgeber, so setzt die Anlage vermögenswirksamer Leistungen voraus, daß die Genossenschaft entweder ein Kreditinstitut oder eine Bau- oder Wohnungsgenossenschaft im Sinne des § 2 Abs. 1 Nr. 2 des Wohnungsbau-Prämiengesetzes ist, die zum Zeitpunkt der Begründung oder des

Erwerbs des Geschäftsguthabens seit mindestens drei Jahren im Genossenschaftsregister ohne wesentliche Änderung ihres Unternehmensgegenstandes eingetragen und nicht aufgelöst ist oder Sitz und Geschäftsleitung in dem in Artikel 3 des Einigungsvertrages genannten Gebiet hat und dort entweder am 1. Juli 1990 als Arbeiterwohnungsbaugenossenschaft, Gemeinnützige Wohnungsbaugenossenschaft oder sonstige Wohnungsbaugenossenschaft bestanden oder einen nicht unwesentlichen Teil von Wohnungen aus dem Bestand einer solchen Bau- oder Wohnungsgenossenschaft erworben hat,

h) zur Übernahme einer Stammeinlage oder zum Erwerb eines Geschäftsanteils an einer Gesellschaft mit beschränkter Haftung mit Sitz und Geschäftsleitung im Geltungsbereich dieses Gesetzes, wenn die Gesellschaft das Unternehmen des Arbeitgebers ist,

i) zur Begründung oder zum Erwerb einer Beteiligung als stiller Gesellschafter im Sinne des § 230 des Handelsgesetzbuchs am Unternehmen des Arbeitgebers mit Sitz und Geschäftsleitung im Geltungsbereich dieses Gesetzes, wenn der Arbeitnehmer nicht als Mitunternehmer im Sinne des § 15 Abs. 1 Nr. 2 des Einkommensteuergesetzes anzusehen ist,

k) zur Begründung oder zum Erwerb einer Darlehensförderung gegen den Arbeitgeber, wenn auf dessen Kosten die Ansprüche des Arbeitnehmers aus dem Darlehensvertrag durch ein Kreditinstitut verbürgt oder durch ein Versicherungsunternehmen privatrechtlich gesichert sind und das Kreditinstitut oder Versicherungsunternehmen im Geltungsbereich dieses Gesetzes zum Geschäftsbetrieb befugt ist,

l) zur Begründung oder zum Erwerb eines Genußrechts am Unternehmen des Arbeitgebers mit Sitz und Geschäftsleitung im Geltungsbereich dieses Gesetzes, wenn damit das Recht am Gewinn dieses Unternehmens verbunden ist, der Arbeitnehmer nicht als Mitunternehmer im Sinne des § 15 Abs. 1 Nr. 2 des Einkommensteuergesetzes anzusehen ist und über das Genußrecht kein Genußschein im Sinne des Buchstaben f ausgegeben wird,

2. als Aufwendungen des Arbeitnehmers auf Grund eines Wertpapier-Kaufvertrags (§ 5),
3. als Aufwendungen des Arbeitnehmers auf Grund eines Beteiligungs-Vertrags (§ 6) oder eines Beteiligungs-Kaufvertrags (§ 7),
4. als Aufwendungen des Arbeitnehmers nach den Vorschriften des Wohnungsbau-Prämiengesetzes; die Voraussetzungen für die Gewährung einer Prämie nach dem Wohnungsbau-Prämiengesetz brauchen nicht vorzuliegen; die Anlage vermögenswirksamer Leistungen als Aufwendungen nach § 2 Abs. 1 Nr. 2 des Wohnungsbau-Prämiengesetzes für den ersten Erwerb von Anteilen an Bau- und Wohnungsgenossenschaften setzt voraus, daß die Voraussetzungen der Nummer 1 Buchstabe g zweiter Halbsatz erfüllt sind,
5. als Aufwendungen des Arbeitnehmers
   a) zum Bau, zum Erwerb, zum Ausbau oder zur Erweiterung eines im Inland gelegenen Wohngebäudes oder einer im Inland gelegenen Eigentumswohnung,
   b) zum Erwerb eines Dauerwohnrechts im Sinne des Wohnungseigentumsgesetzes an einer im Inland gelegenen Wohnung,
   c) zum Erwerb eines im Inland gelegenen Grundstücks zum Zwecke des Wohnungsbaus oder
   d) zur Erfüllung von Verpflichtungen, die im Zusammenhang mit den in den Buchstaben a bis c bezeichneten Vorhaben eingegangen sind;

   die Förderung der Aufwendungen nach den Buchstaben a bis c setzt voraus, daß sie unmittelbar für die dort bezeichneten Vorhaben verwendet werden,
6. als Sparbeiträge des Arbeitnehmers auf Grund eines Sparvertrags (§ 8),
7. als Beiträge des Arbeitnehmers auf Grund eines Kapitalversicherungsvertrags (§ 9),
8. als Aufwendungen des Arbeitnehmers, der nach § 18 Abs. 2 oder 3 die Mitgliedschaft in einer Genossenschaft oder Gesellschaft mit beschränkter Haftung gekündigt hat, zur Erfüllung von Verpflichtungen aus der Mitgliedschaft, die nach dem 31. Dezember 1994 fortbestehen oder entstehen.

(2) Aktien, Wandelschuldverschreibungen, Gewinnschuldverschreibungen oder Genußscheine eines Unternehmens, das im Sinne des § 18 Abs. 1 des Aktiengesetzes als herrschendes Unternehmen mit dem Unternehmen des Arbeitgebers verbunden ist, stehen Aktien, Wandelschuldverschreibungen, Gewinnschuldverschreibungen oder Genußscheinen im Sinne des Absatzes 1 Nr. 1 Buchstabe a, b oder f gleich, die vom Arbeitgeber ausgegeben werden. Ein Geschäftsguthaben bei einer Genossenschaft mit Sitz und Geschäftsleitung im Gel-

3

tungsbereich dieses Gesetzes, die im Sinne des § 18 Abs. 1 des Aktiengesetzes als herrschendes Unternehmen mit dem Unternehmen des Arbeitgebers verbunden ist, steht einem Geschäftsguthaben im Sinne des Absatzes 1 Nr. 1 Buchstabe g bei einer Genossenschaft, die das Unternehmen des Arbeitgebers ist, gleich. Eine Stammeinlage oder ein Geschäftsanteil an einer Gesellschaft mit beschränkter Haftung mit Sitz und Geschäftsleitung im Geltungsbereich dieses Gesetzes, die im Sinne des § 18 Abs. 1 des Aktiengesetzes als herrschendes Unternehmen mit dem Unternehmen des Arbeitgebers verbunden ist, stehen einer Stammeinlage oder einem Geschäftsanteil im Sinne des Absatzes 1 Nr. 1 Buchstabe h an einer Gesellschaft, die das Unternehmen des Arbeitgebers ist, gleich. Eine Beteiligung als stiller Gesellschafter an einem Unternehmen mit Sitz und Geschäftsleitung im Geltungsbereich dieses Gesetzes, das im Sinne des § 18 Abs. 1 des Aktiengesetzes als herrschendes Unternehmen mit dem Unternehmen des Arbeitgebers verbunden ist oder das auf Grund eines Vertrags mit dem Arbeitgeber an dessen Unternehmen gesellschaftsrechtlich beteiligt ist, steht einer Beteiligung als stiller Gesellschafter im Sinne des Absatzes 1 Nr. 1 Buchstabe i gleich. Eine Darlehensforderung gegen ein Unternehmen mit Sitz und Geschäftsleitung im Geltungsbereich dieses Gesetzes, das im Sinne des § 18 Abs. 1 des Aktiengesetzes als herrschendes Unternehmen mit dem Unternehmen des Arbeitgebers verbunden ist, oder ein Genußrecht an einem solchen Unternehmen stehen einer Darlehensforderung oder einem Genußrecht im Sinne des Absatzes 1 Nr. 1 Buchstabe k oder l gleich.

(3) Die Anlage vermögenswirksamer Leistungen in Gewinnschuldverschreibungen im Sinne des Absatzes 1 Nr. 1 Buchstabe b und des Absatzes 2 Satz 1, in denen neben der gewinnabhängigen Verzinsung eine gewinnunabhängige Mindestverzinsung zugesagt ist, setzt voraus, daß

1. der Aussteller in der Gewinnschuldverschreibung erklärt, die gewinnunabhängige Mindestverzinsung werde im Regelfall die Hälfte der Gesamtverzinsung nicht überschreiten, oder
2. die gewinnunabhängige Mindestverzinsung zum Zeitpunkt der Ausgabe der Gewinnschuldverschreibung die Hälfte der Emissionsrendite festverzinslicher Wertpapiere nicht überschreitet, die in den Monatsberichten der Deutschen Bundesbank für den viertletzten Kalendermonat ausgewiesen wird, der dem Kalendermonat der Ausgabe vorausgeht.

(4) Die Anlage vermögenswirksamer Leistungen in Genußscheinen und Genußrechten im Sinne des Absatzes 1 Nr. 1 Buchstabe f und l und des Absatzes 2 Satz 1 und 5 setzt voraus, daß eine Rückzahlung zum Nennwert nicht zugesagt ist; ist neben dem Recht am Gewinn eine gewinnunabhängige Mindestverzinsung zugesagt, gilt Absatz 3 entsprechend.

(5) Der Anlage vermögenswirksamer Leistungen nach Absatz 1 Nr. 1 Buchstabe f, i bis l, Absatz 2 Satz 1, 4 und 5 sowie Absatz 4 in einer Genossenschaft mit Sitz und Geschäftsleitung im Geltungsbereich dieses Gesetzes stehen § 19 und eine Festsetzung durch Statut gemäß § 20 des Gesetzes betreffend die Erwerbs- und Wirtschaftsgenossenschaften nicht entgegen.

(5a) Der Arbeitgeber hat vor der Anlage vermögenswirksamer Leistungen im eigenen Unternehmen in Zusammenarbeit mit dem Arbeitnehmer Vorkehrungen zu treffen, die der Absicherung der angelegten vermögenswirksamen Leistungen bei einer während der Dauer der Sperrfrist eintretenden Zahlungsunfähigkeit des Arbeitgebers dienen. Das Bundesministerium für Arbeit und Sozialordnung berichtet den gesetzgebenden Körperschaften bis zum 30. Juni 2002 über die nach Satz 1 getroffenen Vorkehrungen.

(6) Vermögenswirksame Leistungen sind steuerpflichtige Einnahmen im Sinne des Einkommensteuergesetzes und Einkommen, Verdienst oder Entgelt (Arbeitsentgelt) im Sinne der Sozialversicherung und des Dritten Buches Sozialgesetzbuch. Reicht der nach Abzug der vermögenswirksamen Leistung verbleibende Arbeitslohn zur Deckung der einzubehaltenden Steuern, Sozialversicherungsbeiträge und Beiträge zur Bundesanstalt für Arbeit nicht aus, so hat der Arbeitnehmer dem Arbeitgeber den zur Deckung erforderlichen Betrag zu zahlen.

(7) Vermögenswirksame Leistungen sind arbeitsrechtlich Bestandteil des Lohns oder Gehalts. Der Anspruch auf die vermögenswirksame Leistung ist nicht übertragbar.

§ 3. Vermögenswirksame Leistungen für Angehörige, Überweisung durch den Arbeitgeber, Kennzeichnungs-, Bestätigungs- und Mitteilungspflichten. (1) Vermögenswirksame Leistungen können auch angelegt werden

1. zugunsten des Ehegatten des Arbeitnehmers (§ 26 Abs. 1 des Einkommensteuergesetzes),
2. zugunsten der in § 32 Abs. 1 des Einkommensteuergesetzes bezeichneten Kinder, die zu Beginn des maßgebenden Kalenderjahrs das 17. Lebensjahr noch nicht vollendet hatten oder die in diesem Kalenderjahr lebend geboren wurden oder

3. zugunsten der Eltern oder eines Elternteils des Arbeitnehmers, wenn der Arbeitnehmer als Kind die Voraussetzungen der Nummer 2 erfüllt.

Dies gilt nicht für die Anlage vermögenswirksamer Leistungen auf Grund von Verträgen nach den §§ 5 bis 7.

(2) Der Arbeitgeber hat die vermögenswirksamen Leistungen für den Arbeitnehmer unmittelbar an das Unternehmen oder Institut zu überweisen, bei dem sie angelegt werden sollen. Er hat dabei gegenüber dem Unternehmen oder Institut die vermögenswirksamen Leistungen zu kennzeichnen. Das Unternehmen oder Institut hat die nach § 2 Abs. 1 Nr. 1 bis 5, Abs. 2 bis 4 angelegten vermögenswirksamen Leistungen und die Art ihrer Anlage zu kennzeichnen. Kann eine vermögenswirksame Leistung nicht oder nicht mehr die Voraussetzungen des § 2 Abs. 1 bis 4 erfüllen, so hat das Unternehmen oder Institut dies dem Arbeitgeber unverzüglich schriftlich mitzuteilen. Die Sätze 1 bis 4 gelten nicht für die Anlage vermögenswirksamer Leistungen auf Grund von Verträgen nach den §§ 5, 6 Abs. 1 und § 7 Abs. 1 mit dem Arbeitgeber.

(3) Für eine vom Arbeitnehmer gewählte Anlage nach § 2 Abs. 1 Nr. 5 hat der Arbeitgeber auf Verlangen des Arbeitnehmers die vermögenswirksamen Leistungen an den Arbeitnehmer zu überweisen, wenn dieser dem Arbeitgeber eine schriftliche Bestätigung seines Gläubigers vorgelegt hat, daß die Anlage bei ihm die Voraussetzungen des § 2 Abs. 1 Nr. 5 erfüllt; Absatz 2 gilt in diesem Falle nicht. Der Arbeitgeber hat die Richtigkeit der Bestätigung nicht zu prüfen.

§ 4. Sparvertrag über Wertpapiere oder andere Vermögensbeteiligungen. (1) Ein Sparvertrag über Wertpapiere oder andere Vermögensbeteiligungen im Sinne des § 2 Abs. 1 Nr. 1 ist ein Sparvertrag mit einem Kreditinstitut, in dem sich der Arbeitnehmer verpflichtet, als Sparbeiträge zum Erwerb von Wertpapieren im Sinne des § 2 Abs. 1 Nr. 1 Buchstabe a bis f, Abs. 2 Satz 1, Abs. 3 und 4 oder zur Begründung oder zum Erwerb von Rechten im Sinne des § 2 Abs. 1 Nr. 1 Buchstabe g bis l, Abs. 2 Satz 2 bis 5 und Abs. 4 einmalig oder für die Dauer von sechs Jahren seit Vertragsabschluß laufend vermögenswirksame Leistungen einzahlen zu lassen oder andere Beiträge einzuzahlen.

(2) Die Förderung der auf Grund eines Vertrags nach Absatz 1 angelegten vermögenswirksamen Leistungen setzt voraus, daß

1. die Leistungen eines Kalenderjahrs, vorbehaltlich des Absatzes 3, spätestens bis zum Ablauf des folgenden Kalenderjahrs zum Erwerb der Wertpapiere oder zur Begründung oder zum Erwerb der Rechte verwendet und bis zur Verwendung festgelegt werden und
2. die mit den Leistungen erworbenen Wertpapiere unverzüglich nach ihrem Erwerb bis zum Ablauf einer Frist von sieben Jahren (Sperrfrist) festgelegt werden und über die Wertpapiere oder die mit den Leistungen begründeten oder erworbenen Rechte bis zum Ablauf der Sperrfrist nicht durch Rückzahlung, Abtretung, Beleihung oder in anderer Weise verfügt wird.

Die Sperrfrist gilt für alle auf Grund des Vertrags angelegten vermögenswirksamen Leistungen und beginnt am 1. Januar des Kalenderjahrs, in dem der Vertrag abgeschlossen worden ist. Als Zeitpunkt des Vertragsabschlusses gilt der Tag, an dem die vermögenswirksame Leistung, bei Verträgen über laufende Einzahlungen die erste vermögenswirksame Leistung, beim Kreditinstitut eingeht. 3

(3) Vermögenswirksame Leistungen, die nicht bis zum Ablauf der Frist nach Absatz 2 Nr. 1 verwendet worden sind, gelten als rechtzeitig verwendet, wenn sie am Ende eines Kalenderjahrs insgesamt 300 Deutsche Mark nicht übersteigen und bis zum Ablauf der Sperrfrist nach Absatz 2 verwendet oder festgelegt werden.

(4) Eine vorzeitige Verfügung ist abweichend von Absatz 2 unschädlich, wenn

1. der Arbeitnehmer oder sein von ihm nicht dauernd getrennt lebender Ehegatte (§ 26 Abs. 1 Satz 1 des Einkommensteuergesetzes) nach Vertragsabschluß gestorben oder völlig erwerbsunfähig geworden ist,
2. der Arbeitnehmer nach Vertragsabschluß, aber vor der vorzeitigen Verfügung geheiratet hat und im Zeitpunkt der vorzeitigen Verfügung mindestens zwei Jahre seit Beginn der Sperrfrist vergangen sind,
3. der Arbeitnehmer nach Vertragsabschluß arbeitslos geworden ist und die Arbeitslosigkeit mindestens ein Jahr lang ununterbrochen bestanden hat und im Zeitpunkt der vorzeitigen Verfügung noch besteht,
4. *(weggefallen)*
5. der Arbeitnehmer nach Vertragsabschluß unter Aufgabe der nichtselbständigen Arbeit eine Erwerbstätigkeit, die nach § 138 Abs. 1 der Abgabenordnung der Gemeinde mitzuteilen ist, aufgenommen hat oder
6. festgelegte Wertpapiere veräußert werden und der Erlös bis zum Ablauf des Kalendermonats, der dem Kalendermonat der Veräußerung folgt, zum Erwerb von in Absatz 1

bezeichneten Wertpapieren wiederverwendet wird; der bis zum Ablauf des der Veräußerung folgenden Kalendermonats nicht wiederverwendete Erlös gilt als rechtzeitig wiederverwendet, wenn er am Ende eines Kalendermonats insgesamt 300 Deutsche Mark nicht übersteigt.

(5) Unschädlich ist auch, wenn in die Rechte und Pflichten des Kreditinstituts aus dem Sparvertrag an seine Stelle ein anderes Kreditinstitut während der Laufzeit des Vertrags durch Rechtsgeschäft eintritt.

3

(6) Werden auf einen Vertrag über laufend einzuzahlende vermögenswirksame Leistungen oder andere Beträge in einem Kalenderjahr, das dem Kalenderjahr des Vertragsabschlusses folgt, weder vermögenswirksame Leistungen noch andere Beträge eingezahlt, so ist der Vertrag unterbrochen und kann nicht fortgeführt werden. Das gleiche gilt, wenn mindestens alle Einzahlungen eines Kalenderjahrs zurückgezahlt oder die Rückzahlungsansprüche aus dem Vertrag abgetreten oder beliehen werden.

§ 5. Wertpapier-Kaufvertrag. (1) Ein Wertpapierkaufvertrag im Sinne des § 2 Abs. 1 Nr. 2 ist ein Kaufvertrag zwischen dem Arbeitnehmer und dem Arbeitgeber zum Erwerb von Wertpapieren im Sinne des § 2 Abs. 1 Nr. 1 Buchstabe a bis f, Abs. 2 Satz 1, Abs. 3 und 4 durch den Arbeitnehmer mit der Vereinbarung, den vom Arbeitnehmer geschuldeten Kaufpreis mit vermögenswirksamen Leistungen zu verrechnen oder mit anderen Beträgen zu zahlen.

(2) Die Förderung der auf Grund eines Vertrags nach Absatz 1 angelegten vermögenswirksamen Leistungen setzt voraus, daß

1. mit den Leistungen eines Kalenderjahrs spätestens bis zum Ablauf des folgenden Kalenderjahrs die Wertpapiere erworben werden und
2. die mit den Leistungen erworbenen Wertpapiere unverzüglich nach ihrem Erwerb bis zum Ablauf einer Frist von sechs Jahren (Sperrfrist) festgelegt werden und über die Wertpapiere bis zum Ablauf der Sperrfrist nicht durch Rückzahlung, Abtretung, Beleihung oder in anderer Weise verfügt wird, die Sperrfrist beginnt am 1. Januar des Kalenderjahrs, in dem das Wertpapier erworben worden ist; § 4 Abs. 4 Nr. 1 bis 5 gilt entsprechend.

§ 6. Beteiligungs-Vertrag. (1) Ein Beteiligungs-Vertrag im Sinne des § 2 Abs. 1 Nr. 3 ist ein Vertrag zwischen dem Arbeitnehmer und dem Arbeitgeber über die Begründung von Rechten im Sinne des § 2 Abs. 1 Nr. 1 Buchstabe g bis l und Abs. 4 für den Arbeitnehmer am Unternehmen des Arbeitgebers mit der Vereinbarung, die vom Arbeitnehmer für die Begründung geschuldete Geldsumme mit vermögenswirksamen Leistungen zu verrechnen oder mit anderen Beträgen zu zahlen.

(2) Ein Beteiligungs-Vertrag im Sinne des § 2 Abs. 1 Nr. 3 ist auch ein Vertrag zwischen dem Arbeitnehmer und

1. einem Unternehmen, das nach § 2 Abs. 2 Satz 2 bis 5 mit dem Unternehmen des Arbeitgebers verbunden oder nach § 2 Abs. 2 Satz 4 an diesem Unternehmen beteiligt ist, über die Begründung von Rechten im Sinne des § 2 Abs. 1 Nr. 1 Buchstabe g bis l, Abs. 2 Satz 2 bis 5 und Abs. 4 für den Arbeitnehmer an diesem Unternehmen oder
2. einer Genossenschaft mit Sitz und Geschäftsleitung im Geltungsbereich dieses Gesetzes, die ein Kreditinstitut oder eine Bau- oder Wohnungsgenossenschaft ist, die die Voraussetzungen des § 2 Abs. 1 Nr. 1 Buchstabe g zweiter Halbsatz erfüllt, über die Begründung eines Geschäftsguthabens für den Arbeitnehmer bei dieser Genossenschaft

mit der Vereinbarung, die vom Arbeitnehmer für die Begründung der Rechte oder des Geschäftsguthabens geschuldete Geldsumme mit vermögenswirksamen Leistungen zahlen zu lassen oder mit anderen Beträgen zu zahlen.

(3) Die Förderung der auf Grund eines Vertrags nach Absatz 1 oder 2 angelegten vermögenswirksamen Leistungen setzt voraus, daß

1. mit den Leistungen eines Kalenderjahrs spätestens bis zum Ablauf des folgenden Kalenderjahrs die Rechte begründet werden und
2. über die mit den Leistungen begründeten Rechte bis zum Ablauf einer Frist von sechs Jahren (Sperrfrist) nicht durch Rückzahlung, Abtretung, Beleihung oder in anderer Weise verfügt wird; die Sperrfrist beginnt am 1. Januar des Kalenderjahrs, in dem das Recht begründet worden ist; § 4 Abs. 4 Nr. 1 bis 5 gilt entsprechend.

§ 7. Beteiligungs-Kaufvertrag. (1) Ein Beteiligungs-Kaufvertrag im Sinne des § 2 Abs. 1 Nr. 3 ist ein Kaufvertrag zwischen dem Arbeitnehmer und dem Arbeitgeber zum Erwerb von Rechten im Sinne des § 2 Abs. 1 Nr. 1 Buchstabe g bis l, Abs. 2 Satz 2 bis 5 und Abs. 4 durch den Arbeitnehmer mit der Vereinbarung, den vom Arbeitnehmer geschuldeten Kaufpreis mit vermögenswirksamen Leistungen zu verrechnen oder mit anderen Beträgen zu zahlen.

(2) Ein Beteiligungs-Kaufvertrag im Sinne des § 2 Abs. 1 Nr. 3 ist auch ein Kaufvertrag zwischen dem Arbeitnehmer und einer Gesellschaft mit beschränkter Haftung, die nach § 2

Abs. 2 Satz 3 mit dem Unternehmen des Arbeitgebers verbunden ist, zum Erwerb eines Geschäftsanteils im Sinne des § 2 Abs. 1 Nr. 1 Buchstabe h an dieser Gesellschaft durch den Arbeitnehmer mit der Vereinbarung, den vom Arbeitnehmer geschuldeten Kaufpreis mit vermögenswirksamen Leistungen zahlen zu lassen oder mit anderen Beträgen zu zahlen.

(3) Für die Förderung der auf Grund eines Vertrags nach Absatz 1 oder 2 angelegten vermögenswirksamen Leistungen gilt § 6 Abs. 3 entsprechend.

§ 8. Sparvertrag. (1) Ein Sparvertrag im Sinne des § 2 Abs. 1 Nr. 6 ist ein Sparvertrag zwischen dem Arbeitnehmer und einem Kreditinstitut, in dem die in den Absätzen 2 bis 5 bezeichneten Vereinbarungen, mindestens aber die in den Absätzen 2 und 3 bezeichneten Vereinbarungen, getroffen sind.

(2) Der Arbeitnehmer ist verpflichtet,

1. einmalig oder für die Dauer von sechs Jahren seit Vertragsabschluß laufend, mindestens aber einmal im Kalenderjahr, als Sparbeiträge vermögenswirksame Leistungen einzahlen zu lassen oder andere Beträge einzuzahlen und
2. bis zum Ablauf einer Frist von sieben Jahren (Sperrfrist) die eingezahlten vermögenswirksamen Leistungen bei dem Kreditinstitut festzulegen und die Rückzahlungsansprüche aus dem Vertrag weder abzutreten noch zu beleihen.

Der Zeitpunkt des Vertragsabschlusses und der Beginn der Sperrfrist bestimmen sich nach den Regelungen des § 4 Abs. 2 Satz 2 und 3.

(3) Der Arbeitnehmer ist abweichend von der in Absatz 2 Satz 1 Nr. 2 bezeichneten Vereinbarung zu vorzeitiger Verfügung berechtigt, wenn eine der in § 4 Abs. 4 Nr. 1 bis 5 bezeichneten Voraussetzungen erfüllt ist.

(4) Der Arbeitnehmer ist abweichend von der in Absatz 2 Satz 1 Nr. 2 bezeichneten Vereinbarung auch berechtigt, vor Ablauf der Sperrfrist mit eingezahlten vermögenswirksamen Leistungen zu erwerben

1. Wertpapiere im Sinne des § 2 Abs. 1 Nr. 1 Buchstabe a bis f, Abs. 2 Satz 1, Abs. 3 und 4,
2. Schuldverschreibungen, die vom Bund, von den Ländern, von den Gemeinden, von anderen Körperschaften des öffentlichen Rechts, vom Arbeitgeber, von einem im Sinne des § 18 Abs. 1 des Aktiengesetzes als herrschendes Unternehmen mit dem Unternehmen des Arbeitgebers verbundenen Unternehmen oder von einem Kreditinstitut mit Sitz und Geschäftsleitung im Geltungsbereich dieses Gesetzes ausgegeben werden, Namensschuldverschreibungen des Arbeitgebers jedoch nur dann, wenn auf dessen Kosten die Ansprüche des Arbeitnehmers aus der Schuldverschreibung durch ein Kreditinstitut verbürgt oder durch ein Versicherungsunternehmen privatrechtlich gesichert sind und das Kreditinstitut oder Versicherungsunternehmen im Geltungsbereich dieses Gesetzes zum Geschäftsbetrieb befugt ist,
3. Genußscheine, die von einem Kreditinstitut mit Sitz und Geschäftsleitung im Geltungsbereich dieses Gesetzes, das nicht der Arbeitgeber ist, als Wertpapiere ausgegeben werden, wenn mit den Genußscheinen das Recht am Gewinn des Kreditinstituts verbunden ist, der Arbeitnehmer nicht als Mitunternehmer im Sinne des § 15 Abs. 1 Nr. 2 des Einkommensteuergesetzes anzusehen ist und die Voraussetzungen des § 2 Abs. 4 erfüllt sind,
4. Anleiheforderungen, die in ein Schuldbuch des Bundes oder eines Landes eingetragen werden,
5. Anteilscheine an einem Sondervermögen, die von Kapitalanlagegesellschaften im Sinne des Gesetzes über Kapitalanlagegesellschaften ausgegeben werden und nicht unter § 2 Abs. 1 Nr. 1 Buchstabe c oder d fallen, oder
6. ausländische Investmentanteile, die nach dem Gesetz über den Vertrieb ausländischer Investmentanteile und über die Besteuerung der Erträge aus ausländischen Investmentanteilen im Wege des öffentlichen Anbietens, der öffentlichen Werbung oder in ähnlicher Weise vertrieben werden dürfen und nicht unter § 2 Abs. 1 Nr. 1 Buchstabe e fallen.

Der Arbeitnehmer ist verpflichtet, bis zum Ablauf der Sperrfrist die nach Satz 1 erworbenen Wertpapiere bei dem Kreditinstitut, mit dem der Sparvertrag abgeschlossen ist, festzulegen und über die Wertpapiere nicht zu verfügen; diese Verpflichtung besteht nicht, wenn eine der in § 4 Abs. 4 Nr. 1 bis 5 bezeichneten Voraussetzungen erfüllt ist.

(5) Der Arbeitnehmer ist abweichend von der in Absatz 2 Satz 1 Nr. 2 bezeichneten Vereinbarung auch berechtigt, vor Ablauf der Sperrfrist die Überweisung eingezahlter vermögenswirksamer Leistungen auf einen von ihm oder seinem Ehegatten (§ 26 Abs. 1 des Einkommensteuergesetzes) abgeschlossenen Bausparvertrag zu verlangen, wenn weder mit der Auszahlung der Bausparsumme begonnen worden ist noch die überwiesenen Beträge vor Ablauf der Sperrfrist ganz oder zum Teil zurückgezahlt, noch Ansprüche aus dem Bausparvertrag abgetreten oder beliehen werden oder wenn eine solche vorzeitige Verfügung nach § 2 Abs. 2 Satz 2 Nr. 1 und 2 des Wohnungsbau-Prämiengesetzes unschädlich ist.

§ 9. Kapitalversicherungsvertrag. (1) Kapitalversicherungsvertrag im Sinne des § 2 Abs. 1 Nr. 7 ist ein Vertrag über eine Kapitalversicherung auf den Erlebens- und Todesfall gegen laufenden Beitrag, der für die Dauer von mindestens zwölf Jahren und mit den in den Absätzen 2 bis 5 bezeichneten Vereinbarungen zwischen dem Arbeitnehmer und einem Versicherungsunternehmen abgeschlossen ist, das im Geltungsbereich dieses Gesetzes zum Geschäftsbetrieb befugt ist.

(2) Der Arbeitnehmer ist verpflichtet, als Versicherungsbeiträge vermögenswirksame Leistungen einzahlen zu lassen oder andere Beträge einzuzahlen.

3 (3) Die Versicherungsbeiträge enthalten keine Anteile für Zusatzleistungen wie für Unfall, Invalidität oder Krankheit.

(4) Der Versicherungsvertrag sieht vor, daß bereits ab Vertragsbeginn ein nicht kürzbarer Anteil von mindestens 50 vom Hundert des gezahlten Beitrags als Rückkaufswert (§ 176 des Versicherungsvertragsgesetzes) erstattet oder der Berechnung der prämienfreien Versicherungsleistung (§ 174 des Versicherungsvertragsgesetzes) zugrunde gelegt wird.

(5) Die Gewinnanteile werden verwendet

1. zur Erhöhung der Versicherungsleistung oder
2. auf Verlangen des Arbeitnehmers zur Verrechnung mit fälligen Beiträgen, wenn er nach Vertragsabschluß arbeitslos geworden ist und die Arbeitslosigkeit mindestens ein Jahr lang ununterbrochen bestanden hat und im Zeitpunkt der Verrechnung noch besteht.

§ 10. Vereinbarung zusätzlicher Vermögenswirksamer Leistungen. (1) Vermögenswirksame Leistungen können in Verträgen mit Arbeitnehmern, in Betriebsvereinbarungen, in Tarifverträgen oder in bindenden Festsetzungen (§ 19 des Heimarbeitsgesetzes) vereinbart werden.

(2) Vermögenswirksame Leistungen, die in Tarifverträgen vereinbart werden, werden nur dann nach den Vorschriften dieses Gesetzes gefördert, wenn die Tarifverträge nicht die Möglichkeit vorsehen, daß statt einer vermögenswirksamen Leistung eine andere Leistung, insbesondere eine Barleistung, erbracht wird.

(3) Der Anspruch des Arbeitnehmers gegen den Arbeitgeber auf die in einem Tarifvertrag vereinbarte vermögenswirksame Leistung erlischt nicht, wenn der Arbeitnehmer statt der vermögenswirksamen Leistung eine andere Leistung, insbesondere eine Barleistung, annimmt. Der Arbeitnehmer ist nicht verpflichtet, die andere Leistung an den Arbeitgeber herauszugeben.

(4) Absatz 3 gilt entsprechend für einen nichttarifgebundenen Arbeitnehmer, wenn der Arbeitgeber ihm statt der den tarifgebundenen Arbeitnehmern auf Grund eines Tarifvertrags gezahlten vermögenswirksamen Leistungen eine andere Leistung, insbesondere eine Barleistung, erbringt.

(5) Der Arbeitgeber kann auf tarifvertraglich vereinbarte vermögenswirksame Leistungen die betrieblichen Sozialleistungen anrechnen, die dem Arbeitnehmer in dem Kalenderjahr bisher schon als vermögenswirksame Leistungen erbracht worden sind. Das gilt nicht, soweit der Arbeitnehmer bei den betrieblichen Sozialleistungen zwischen einer vermögenswirksamen Leistung und einer anderen Leistung, insbesondere einer Barleistung, wählen konnte.

§ 11. Vermögenswirksame Anlage von Teilen des Arbeitslohns. (1) Der Arbeitgeber hat auf schriftliches Verlangen des Arbeitnehmers einen Vertrag über die vermögenswirksame Anlage von Teilen des Arbeitslohns abzuschließen.

(2) Auch vermögenswirksam angelegte Teile des Arbeitslohns sind vermögenswirksame Leistungen im Sinne dieses Gesetzes.

(3) Zum Abschluß eines Vertrags nach Absatz 1, wonach die Lohnteile nicht zusammen mit anderen vermögenswirksamen Leistungen für den Arbeitnehmer angelegt und überwiesen werden sollen, ist der Arbeitgeber nur dann verpflichtet, wenn der Arbeitnehmer die Anlage von Teilen des Arbeitslohns in monatlichen der Höhe nach gleichbleibenden Beträgen von mindestens 25 Deutsche Mark oder in vierteljährlichen der Höhe nach gleichbleibenden Beträgen von mindestens 75 Deutsche Mark oder nur einmal im Kalenderjahr in Höhe eines Betrags von mindestens 75 Deutsche Mark verlangt. Der Arbeitnehmer kann bei der Anlage in monatlichen Beträgen während des Kalenderjahrs die Art der vermögenswirksamen Anlage und das Unternehmen oder Institut, bei dem sie erfolgen soll, nur mit Zustimmung des Arbeitgebers wechseln.

(4) Der Arbeitgeber kann einen Termin im Kalenderjahr bestimmen, zu dem die Arbeitnehmer des Betriebs oder Betriebsteils die einmalige Anlage von Teilen des Arbeitslohns nach Absatz 3 verlangen können. Die Bestimmung dieses Termins unterliegt der Mitbestimmung des Betriebsrats oder der zuständigen Personalvertretung; das für die Mitbestimmung in sozialen Angelegenheiten vorgeschriebene Verfahren ist einzuhalten. Der nach Satz 1 bestimmte Termin ist den Arbeitnehmern in jedem Kalenderjahr erneut in geeigneter Form bekanntzugeben. Zu einem anderen als dem

nach Satz 1 bestimmten Termin kann der Arbeitnehmer eine einmalige Anlage nach Absatz 3 nur verlangen
1. von Teilen des Arbeitslohns, den er im letzten Lohnzahlungszeitraum des Kalenderjahrs erzielt, oder
2. von Teilen besonderer Zuwendungen, die im Zusammenhang mit dem Weihnachtsfest oder Jahresende gezahlt werden.

(5) Der Arbeitnehmer kann jeweils einmal im Kalenderjahr von dem Arbeitgeber schriftlich verlangen, daß der Vertrag über die vermögenswirksame Anlage von Teilen des Arbeitslohns aufgehoben, eingeschränkt oder erweitert wird. Im Fall der Aufhebung ist der Arbeitgeber nicht verpflichtet, in demselben Kalenderjahr einen neuen Vertrag über die vermögenswirksame Anlage von Teilen des Arbeitslohns abzuschließen.

(6) In Tarifverträgen oder Betriebsvereinbarungen kann von den Absätzen 3 bis 5 abgewichen werden.

§ 12. Freie Wahl der Anlage. Vermögenswirksame Leistungen werden nur dann nach den Vorschriften dieses Gesetzes gefördert, wenn der Arbeitnehmer die Art der vermögenswirksamen Anlage und das Unternehmen oder Institut, bei dem sie erfolgen soll, frei wählen kann. Einer Förderung steht jedoch nicht entgegen, daß durch Tarifvertrag die Anlage auf die Formen des § 2 Abs. 1 Nr. 1 bis 5, Abs. 2 bis 4 beschränkt wird. Eine Anlage im Unternehmen des Arbeitgebers nach § 2 Abs. 1 Nr. 1 Buchstabe g bis l und Abs. 4 ist nur mit Zustimmung des Arbeitgebers zulässig.

§ 13. Anspruch auf Arbeitnehmer-Sparzulage.

(1) Der Arbeitnehmer, der Einkünfte aus nichtselbständiger Arbeit im Sinne des § 19 Abs. 1 des Einkommensteuergesetzes bezieht, hat Anspruch auf Sparzulage nach Absatz 2, wenn sein Einkommen die Einkommensgrenze nicht überschreitet. Diese beträgt 35 000 Deutsche Mark oder bei einer Zusammenveranlagung von Ehegatten nach § 26b des Einkommensteuergesetzes 70 000 Deutsche Mark. Maßgeblich ist das zu versteuernde Einkommen nach § 2 Abs. 5 des Einkommensteuergesetzes in dem Kalenderjahr, in dem die vermögenswirksamen Leistungen angelegt worden sind.

(2) Die Arbeitnehmer-Sparzulage beträgt 20 vom Hundert der nach § 2 Abs. 1 Nr. 1 bis 3, Abs. 2 bis 4 angelegten vermögenswirksamen Leistungen, soweit sie 800 Deutsche Mark im Kalenderjahr nicht übersteigen, und 10 vom Hundert der nach § 2 Abs. 1 Nr. 4 und 5 angelegten vermögenswirksamen Leistungen, soweit sie 936 Deutsche Mark im Kalenderjahr nicht übersteigen. Für Arbeitnehmer, die ihren Hauptwohnsitz in dem in Artikel 3 des Einigungsvertrages genannten Gebiet haben, tritt an die Stelle des Zulagesatzes von 20 vom Hundert der Zulagesatz von 25 vom Hundert.

(3) Die Arbeitnehmer-Sparzulage gilt weder als steuerpflichtige Einnahme im Sinne des Einkommensteuergesetzes noch als Einkommen, Verdienst oder Entgelt (Arbeitsentgelt) im Sinne der Sozialversicherung und des Dritten Buches Sozialgesetzbuch; sie gilt arbeitsrechtlich nicht als Bestandteil des Lohns oder Gehalts. Der Anspruch auf Arbeitnehmer-Sparzulage ist nicht übertragbar.

(4) Der Anspruch auf Arbeitnehmer-Sparzulage entsteht mit Ablauf des Kalenderjahrs, in dem die vermögenswirksamen Leistungen angelegt worden sind.

(5) Der Anspruch auf Arbeitnehmer-Sparzulage entfällt mit Wirkung für die Vergangenheit, soweit die in den § 4 bis 7 genannten Fristen oder bei einer Anlage nach § 2 Abs. 1 Nr. 4 die in § 2 Abs. 1 Nr. 3 und 4 und Abs. 2 Satz 1 des Wohnungsbau-Prämiengesetzes vorgesehenen Voraussetzungen nicht eingehalten werden. Der Anspruch entfällt nicht, wenn die Sperrfrist nicht eingehalten wird, weil
1. der Arbeitnehmer das Umtausch- oder Abfindungsangebot eines Wertpapier-Emittenten angenommen hat oder Wertpapiere dem Aussteller nach Auslosung oder Kündigung durch den Aussteller zur Einlösung vorgelegt worden sind oder
2. die mit den vermögenswirksamen Leistungen erworbenen oder begründeten Wertpapiere oder Rechte im Sinne des § 2 Abs. 1 Nr. 1, Abs. 2 bis 4 ohne Mitwirkung des Arbeitnehmers wertlos geworden sind.

§ 14. Festsetzung der Arbeitnehmer-Sparzulage, Anwendung der Abgabenordnung, Verordnungsermächtigung, Rechtsweg. (1) Die Verwaltung der Arbeitnehmer-Sparzulage obliegt den Finanzämtern. Die Arbeitnehmer-Sparzulage wird aus den Einnahmen an Lohnsteuer gezahlt.

(2) Auf die Arbeitnehmer-Sparzulage sind die für Steuervergütungen geltenden Vorschriften der Abgabenordnung entsprechend anzuwenden. Dies gilt nicht für § 163 der Abgabenordnung.

(3) Für die Arbeitnehmer-Sparzulage gelten die Strafvorschriften des § 370 Abs. 1 bis 4, der §§ 371, 375 Abs. 1 und des § 376 sowie die Bußgeldvorschriften der §§ 378, 379 Abs. 1 und 4 und der §§ 383 und 384 der Abgabenordnung entsprechend. Für das Strafverfahren wegen einer Straftat nach Satz 1 sowie der Begünsti-

gung einer Person, die eine solche Tat begangen hat, gelten die §§ 385 bis 408, für das Bußgeldverfahren wegen einer Ordnungswidrigkeit nach Satz 1 die §§ 409 bis 412 der Abgabenordnung entsprechend.

(4) Die Arbeitnehmer-Sparzulage wird auf Antrag durch das für die Besteuerung des Arbeitnehmers nach dem Einkommen zuständige Finanzamt festgesetzt. Der Arbeitnehmer hat den Antrag nach amtlich vorgeschriebenem Vordruck spätestens bis zum Ablauf des zweiten Kalenderjahrs nach dem Kalenderjahr zu stellen, in dem die vermögenswirksamen Leistungen nach § 2 Abs. 1 Nr. 1 bis 5, Abs. 2 bis 4 angelegt worden sind. Der Arbeitnehmer hat die vermögenswirksamen Leistungen durch die Bescheinigung nach § 15 Abs. 1 nachzuweisen. Die Arbeitnehmer Sparzulage wird fällig

a) mit Ablauf der für Anlageform vorgeschriebenen Sperrfrist, nach diesem Gesetz,
b) mit Ablauf der im Wohnungsbau-Prämiengesetz oder in der Verordnung zur Durchführung des Wohnungsbau-Prämiengesetzes genannten Sperr- und Rückzahlungsfristen,
c) mit Zuteilung des Bausparvertrags oder
d) in den Fällen unschädlicher Verfügung.

(5) Die Bundesregierung wird ermächtigt, durch Rechtsverordnung mit Zustimmung des Bundesrates das Verfahren bei der Festsetzung und der Auszahlung der Arbeitnehmer-Sparzulage näher zu regeln, soweit dies zur Vereinfachung des Verfahrens erforderlich ist. Dabei kann auch bestimmt werden, daß der Arbeitgeber, das Unternehmen, das Institut oder der in § 3 Abs. 3 genannte Gläubiger bei der Antragstellung mitwirkt und ihnen die Arbeitnehmer-Sparzulage zugunsten des Arbeitnehmers überwiesen wird.

(6) In öffentlich-rechtlichen Streitigkeiten über die auf Grund dieses Gesetzes ergehenden Verwaltungsakte der Finanzbehörden ist der Finanzrechtsweg gegeben.

§ 15. Bescheinigungspflichten, Haftung, Verordnungsermächtigung, Anrufungsauskunft.

(1) Das Unternehmen, das Institut oder der in § 3 Abs. 3 genannte Gläubiger hat dem Arbeitnehmer auf Verlangen eine Bescheinigung auszustellen über

1. den jeweiligen Jahresbetrag der nach § 2 Abs. 1 Nr. 1 bis 5, Abs. 2 bis 4 angelegten vermögenswirksamen Leistungen sowie die Art ihrer Anlage,
2. das Kalenderjahr, dem diese vermögenswirksamen Leistungen zuzuordnen sind, und
3. entweder das Ende der für die Anlageform vorgeschriebenen Sperrfrist nach diesem Gesetz oder bei einer Anlage nach § 2 Abs. 1 Nr. 4 das Ende der im Wohnungsbau-Prämiengesetz oder in der Verordnung zur Durchführung des Wohnungsbau-Prämiengesetzes genannten Sperr- und Rückzahlungsfristen.

(2) Die Bundesregierung wird ermächtigt, durch Rechtsverordnung mit Zustimmung des Bundesrates weitere Vorschriften zu erlassen über

1. Aufzeichnungs- und Mitteilungspflichten des Arbeitgebers und des Unternehmens oder Instituts, bei dem die vermögenswirksamen Leistungen angelegt sind, und
2. die Festlegung von Wertpapieren und die Art der Festlegung, soweit dies erforderlich ist, damit nicht die Arbeitnehmer-Sparzulage zu Unrecht gezahlt, versagt, nicht zurückgefordert oder nicht einbehalten wird.

(3) Haben der Arbeitgeber, das Unternehmen, das Institut oder der in § 3 Abs. 3 genannte Gläubiger ihre Pflichten nach diesem Gesetz oder nach einer auf Grund dieses Gesetzes erlassenen Rechtsverordnung verletzt, so haften sie für die Arbeitnehmer-Sparzulage, die wegen ihrer Pflichtverletzung zu Unrecht gezahlt, nicht zurückgefordert oder nicht einbehalten worden ist.

(4) Das Finanzamt, das für die Besteuerung der in Absatz 3 Genannten zuständig ist, hat auf deren Anfrage Auskunft darüber zu erteilen, wie im einzelnen Fall die Vorschriften über vermögenswirksame Leistungen anzuwenden sind, die nach § 2 Abs. 1 Nr. 1 bis 5, Abs. 2 bis 4 angelegt werden.

(5) Das für die Lohnsteuer-Außenprüfung zuständige Finanzamt kann bei den in Absatz 3 Genannten eine Außenprüfung durchführen, um festzustellen, ob sie ihre Pflichten nach diesem Gesetz oder nach einer auf Grund dieses Gesetzes erlassenen Rechtsverordnung, soweit diese mit der Anlage vermögenswirksamer Leistungen nach § 2 Abs. 1 Nr. 1 bis 5, Abs. 2 bis 4 zusammenhängen, erfüllt haben. Die § 195 bis 202 der Abgabenordnung gelten entsprechend.

§ 16. Berlin-Klausel. *(gegenstandslos)*

§ 17. Anwendungsvorschriften. (1) Die vorstehenden Vorschriften dieses Gesetzes gelten für vermögenswirksame Leistungen, die nach dem 31. Dezember 1993 angelegt werden, soweit die Absätze 3 und 4 nichts anderes bestimmen.

(2) Für vermögenswirksame Leistungen, die vor dem 1. Januar 1994 angelegt werden, gilt, soweit Absatz 5 nichts anderes bestimmt, § 17 des Fünften Vermögensbildungsgesetzes in der Fassung der Bekanntmachung vom 19. Januar 1989 (BGBl. I S. 137) – Fünftes Vermögensbildungsgesetz 1989 –, unter Berücksichtigung

der Änderung durch Artikel 2 Nr. 1 des Gesetzes vom 13. Dezember 1990 (BGBl. I S. 2749).

(3) Für vermögenswirksame Leistungen, die im Jahr 1994 angelegt werden auf Grund eines vor dem 1. Januar 1994 abgeschlossenen Vertrags

1. nach § 4 Abs. 1 oder § 5 Abs. 1 des Fünften Vermögensbildungsgesetzes 1989 zum Erwerb von Aktien oder Wandelschuldverschreibungen, die keine Aktien oder Wandelschuldverschreibungen im Sinne des vorstehenden § 2 Abs. 1 Nr. 1 Buchstaben a oder b, Abs. 2 Satz 1 sind, oder
2. nach § 6 Abs. 2 des Fünften Vermögensbildungsgesetzes 1989 über die Begründung eines Geschäftsguthabens bei einer Genossenschaft, die keine Genossenschaft im Sinne des vorstehenden § 2 Abs. 1 Nr. 1 Buchstabe g, Abs. 2 Satz 2 ist, oder
3. nach § 6 Abs. 2 oder § 7 Abs. 2 des Fünften Vermögensbildungsgesetzes 1989 über die Übernahme einer Stammeinlage oder zum Erwerb eines Geschäftsanteils an einer Gesellschaft mit beschränkter Haftung, die keine Gesellschaft im Sinne des vorstehenden § 2 Abs. 1 Nr. 1 Buchstaben, Abs. 2 Satz 3 ist,

gelten statt der vorstehenden §§ 2, 4, 6 und 7 die §§ 2, 4, 6 und 7 des Fünften Vermögensbildungsgesetzes 1989.

(4) Für vermögenswirksame Leistungen, die nach dem 31. Dezember 1993 auf Grund eines Vertrages im Sinne des § 17 Abs. 5 Satz 1 des Fünften Vermögensbildungsgesetzes 1989 angelegt werden, gilt § 17 Abs. 5 und 6 des Fünften Vermögensbildungsgesetzes 1989.

(5) Für vermögenswirksame Leistungen, die vor dem 1. Januar 1994 auf Grund eines Vertrags im Sinne des Absatzes 3 angelegt worden sind, gelten § 4 Abs. 2 bis 5, § 5 Abs. 2, § 6 Abs. 3 und § 7 Abs. 3 des Fünften Vermögensbildungsgesetzes 1989 über Fristen für die Verwendung vermögenswirksamer Leistungen und über Sperrfristen nach dem 31. Dezember 1993 nicht mehr. Für vermögenswirksame Leistungen, die vor dem 1. Januar 1990 auf Grund eines Vertrags im Sinne des § 17 Abs. 2 des Fünften Vermögensbildungsgesetzes 1989 über die Begründung einer oder mehrerer Beteiligungen als stiller Gesellschafter angelegt worden sind, gilt § 7 Abs. 3 des Fünften Vermögensbildungsgesetzes in der Fassung der Bekanntmachung vom 19. Februar 1987 (BGBl. I S. 630) über die Sperrfrist nach dem 31. Dezember 1993 nicht mehr.

(6) Für vermögenswirksame Leistungen, die vor dem 1. Januar 1999 angelegt worden sind, gilt § 13 Abs. 1 und 2 dieses Gesetzes in der Fassung der Bekanntmachung vom 4. März 1994 (BGBl. I S. 406).

(7) § 13 Abs. 2 Satz 2 ist letztmals für vermögenswirksame Leistungen anzuwenden, die im Jahr 2004 angelegt werden.

§ 18. Kündigung eines vor 1994 abgeschlossenen Anlagevertrages und der Mitgliedschaft in einer Genossenschaft oder Gesellschaft mit beschränkter Haftung.

Verordnung zur Durchführung des Fünften Vermögensbildungsgesetzes (VermBDV 1994)

Vom 20. Dezember 1994

§ 1. Verfahren. Auf das Verfahren bei der Festsetzung, Auszahlung und Rückzahlung der Arbeitnehmer-Sparzulage sind neben den in § 14 Abs. 2 des Gesetzes bezeichneten Vorschriften die für die Einkommensteuer und Lohnsteuer geltenden Regelungen sinngemäß anzuwenden, soweit sich aus den nachstehenden Vorschriften nichts anderes ergibt.

3

§ 2. Mitteilungspflichten des Arbeitgebers, des Kreditinstituts oder des Unternehmens. (1) Der Arbeitgeber hat bei Überweisung vermögenswirksamer Leistungen im Dezember und Januar eines Kalenderjahres dem Kreditinstitut oder dem Unternehmen, bei dem die vermögenswirksamen Leistungen angelegt werden, das Kalenderjahr mitzuteilen, dem die vermögenswirksamen Leistungen zuzuordnen sind.

(2) Werden bei einer Anlage nach § 2 Abs. 1 Nr. 4 des Gesetzes oder § 17 Abs. 5 Satz 1 Nr. 1 des Fünften Vermögensbildungsgesetzes in der Fassung der Bekanntmachung vom 19. Januar 1989 (BGBl. I S. 137)

1. Wohnbau-Sparverträge in Baufinanzierungsverträge umgewandelt (§ 12 Abs. 1 Nr. 2 der Verordnung zur Durchführung des Wohnungsbau-Prämiengesetzes in der Fassung der Bekanntmachung vom 29. Juni 1994, BGBl. I S. 1446) oder
2. Baufinanzierungsverträge in Wohnbau-Sparverträge umgewandelt (§ 18 Abs. 1 Nr. 2 der Verordnung zur Durchführung des Wohnungsbau-Prämiengesetzes in der Fassung der Bekanntmachung vom 29. Juni 1994, BGBl. I S. 1446) oder
3. Sparbeiträge auf einen von dem Arbeitnehmer oder seinem Ehegatten abgeschlossenen Bausparvertrag überwiesen (§ 4 Abs. 3 Nr. 7 des Fünften Vermögensbildungsgesetzes in der Fassung der Bekanntmachung vom 19. Februar 1987, BGBl. I S. 630),

so hat das Kreditinstitut oder Unternehmen, bei dem die vermögenswirksamen Leistungen angelegt worden sind, dem neuen Kreditinstitut oder Unternehmen den Betrag der vermögenswirksamen Leistungen, das Kalenderjahr, dem sie zuzuordnen sind, das Ende der Sperrfrist, seinen Institutsschlüssel (§ 5 Abs. 2) und die bisherige Vertragsnummer des Arbeitnehmers unverzüglich schriftlich mitzuteilen. Das neue Kreditinstitut oder Unternehmen hat die Angaben aufzuzeichnen.

(3) Das Kreditinstitut, bei dem vermögenswirksame Leistungen auf Grund eines Vertrags im Sinne des § 4 des Gesetzes angelegt werden, hat

1. dem Arbeitgeber, der mit den vermögenswirksamen Leistungen erworbene Wertpapiere verwahrt oder an dessen Unternehmen eine nichtverbriefte Vermögensbeteiligung im Sinne des § 2 Abs. 1 Nr. 1 Buchstabe g bis l des Gesetzes mit den vermögenswirksamen Leistungen begründet oder erworben wird, oder
2. dem Unternehmen, an dem eine nichtverbriefte Vermögensbeteiligung im Sinne des § 2 Abs. 1 Nr. 1 Buchstabe g bis l des Gesetzes mit den vermögenswirksamen Leistungen begründet oder erworben wird,

das Ende der für die vermögenswirksamen Leistungen geltenden Sperrfrist unverzüglich schriftlich mitzuteilen. Wenn über die verbrieften oder nichtverbrieften Vermögensbeteiligungen vor Ablauf der Sperrfrist verfügt worden ist, hat dies der Arbeitgeber oder das Unternehmen dem Kreditinstitut unverzüglich mitzuteilen.

(4) Der Arbeitgeber, bei dem vermögenswirksame Leistungen auf Grund eines Vertrags im Sinne des § 5 des Gesetzes angelegt werden, hat dem vom Arbeitnehmer benannten Kreditinstitut, das die erworbenen Wertpapiere verwahrt, das Ende der für die vermögenswirksamen Leistungen geltenden Sperrfrist unverzüglich schriftlich mitzuteilen. Wenn über die Wertpapiere vor Ablauf der Sperrfrist verfügt worden ist, hat dies das Kreditinstitut dem Arbeitgeber unverzüglich mitzuteilen.

§ 3. Aufzeichnungspflichten des Beteiligungsunternehmens. (1) Das Unternehmen, an dem eine nichtverbriefte Vermögensbeteiligung im Sinne des § 2 Abs. 1 Nr. 1 Buchstabe g bis l des Gesetzes auf Grund eines Vertrags im Sinne des § 6 Abs. 2 oder des § 7 Abs. 2 des Gesetzes mit vermögenswirksamen Leistungen begründet oder erworben wird, hat den Betrag der vermögenswirksamen Leistungen und das Kalenderjahr, dem sie zuzuordnen sind, sowie das Ende der Sperrfrist aufzuzeichnen. Bei Verträgen im Sinne des § 4 des Gesetzes genügt die Aufzeichnung des Endes der Sperrfrist.

(2) Zu den Aufzeichnungen nach Absatz 1 Satz 1 ist auch der Arbeitgeber verpflichtet, an dessen Unternehmen eine nichtverbriefte Vermögensbeteiligung im Sinne des § 2 Abs. 1 Nr. 1 Buchstabe g bis l des Gesetzes auf Grund eines Vertrags im Sinne des § 6 Abs. 1 oder des § 7 Abs. 1 des Gesetzes mit vermögenswirksamen Leistungen begründet oder erworben wird.

§ 4. Festlegung von Wertpapieren. (1) Wertpapiere, die auf Grund eines Vertrags im Sinne des § 4 des Gesetzes mit vermögenswirksamen Leistungen erworben werden, sind auf den Namen des Arbeitnehmers dadurch festzulegen, daß sie für die Dauer der Sperrfrist wie folgt in Verwahrung gegeben werden:

1. Erwirbt der Arbeitnehmer Einzelurkunden, so müssen diese in das Depot bei dem Kreditinstitut gegeben werden, mit dem er den Sparvertrag abgeschlossen hat. Das Kreditinstitut muß in den Depotbüchern einen Sperrvermerk für die Dauer der Sperrfrist anbringen. Bei Drittverwahrung genügt ein Sperrvermerk im Kundenkonto beim erstverwahrenden Kreditinstitut.
2. Erwirbt der Arbeitnehmer Anteile an einem Sammelbestand von Wertpapieren oder werden Wertpapiere bei einer Wertpapiersammelbank in Sammelverwahrung gegeben, so muß das Kreditinstitut einen Sperrvermerk in das Depotkonto eintragen.

(2) Wertpapiere nach Absatz 1 Satz 1

1. die eine Vermögensbeteiligung an Unternehmen des Arbeitgebers oder eine gleichgestellte Vermögensbeteiligung (§ 2 Abs. 2 Satz 1 des Gesetzes) verbriefen oder
2. die der Arbeitnehmer vom Arbeitgeber erwirbt,

können auch vom Arbeitgeber verwahrt werden. Der Arbeitgeber hat die Verwahrung sowie das Ende der Sperrfrist aufzuzeichnen.

(3) Wertpapiere, die auf Grund eines Vertrags im Sinne des § 5 des Gesetzes erworben werden, sind festzulegen durch Verwahrung

1. beim Arbeitgeber oder
2. im Auftrag des Arbeitgebers bei einem Dritten oder
3. bei einem vom Arbeitnehmer benannten inländischen Kreditinstitut.

In den Fällen der Nummern 1 und 2 hat der Arbeitgeber die Verwahrung, den Betrag der vermögenswirksamen Leistungen, das Kalenderjahr, dem sie zuzuordnen sind, und das Ende der Sperrfrist aufzuzeichnen. Im Falle der Nummer 3 hat das Kreditinstitut das Ende der Sperrfrist aufzuzeichnen.

(4) Bei einer Verwahrung durch ein Kreditinstitut hat der Arbeitnehmer innerhalb von drei Monaten nach dem Erwerb der Wertpapiere dem Arbeitgeber eine Bescheinigung des Kreditinstituts darüber vorzulegen, daß die Wertpapiere entsprechend Absatz 1 in Verwahrung genommen worden sind.

§ 5. Bescheinigung vermögenswirksamer Leistungen. (1) Die Bescheinigung nach § 15 Abs. 1 des Gesetzes ist nach amtlich vorgeschriebenem Vordruck zu erteilen. Vermögenswirksame Leistungen, die nach dem 31. Dezember 1994 angelegt werden, sind nach amtlich vorgeschriebenem datenerfassungsgerechten Vordruck zu bescheinigen.

(2) Das Kreditinstitut, das Unternehmen oder der Arbeitgeber, bei dem vermögenswirksame Leistungen nach § 2 Abs. 1 Nr. 1 bis 4, Abs. 2 bis 4 des Gesetzes oder nach § 17 Abs. 5 Satz 1 des Fünften Vermögensbildungsgesetzes in der am 19. Januar 1989 geltenden Fassung (BGBl. I S. 137) angelegt werden, hat in der Bescheinigung seinen Institutsschlüssel und die Vertragsnummer des Arbeitnehmers anzugeben; dies gilt nicht für Anlagen nach § 2 Abs. 1 Nr. 4 des Gesetzes in Verbindung mit § 2 Abs. 1 Nr. 2 des Wohnungsbau-Prämiengesetzes. Der Institutsschlüssel ist bei der Zentralstelle der Länder anzufordern. Bei der Anforderung sind anzugeben 3

1. Name und Anschrift des anfordernden Kreditinstituts, Unternehmens oder Arbeitgebers,
2. Bankverbindung für die Überweisung der Arbeitnehmer-Sparzulagen,
3. Lieferanschrift für die Übersendung von Datenträgern.

Die Vertragsnummer darf keine Sonderzeichen enthalten.

(3) Der Arbeitgeber oder das Unternehmen, bei dem vermögenswirksame Leistungen nach § 2 Abs. 1 Nr. 2 und 3, Abs. 2 bis 4 des Gesetzes angelegt werden, hat in der Bescheinigung für vermögenswirksame Leistungen, die noch nicht zum Erwerb von Wertpapieren oder zur Begründung von Rechten verwendet worden sind, als Ende der Sperrfrist den 31. Dezember des sechsten Kalenderjahres nach dem Kalenderjahr anzugeben, dem die vermögenswirksamen Leistungen zuzuordnen sind.

(4) In der Bescheinigung über vermögenswirksame Leistungen, die nach § 2 Abs. 1 Nr. 1 oder 4 des Gesetzes oder nach § 17 Abs. 5 Satz 1 des Fünften Vermögensbildungsgesetzes in der am 19. Januar 1989 geltenden Fassung (BGBl. I S. 137) bei Kreditinstituten oder Versicherungsunternehmen angelegt worden sind, ist bei einer unschädlichen vorzeitigen Verfügung als Ende der Sperrfrist der Zeitpunkt dieser Verfügung anzugeben. Dies gilt bei Zuteilung eines Bausparvertrags entsprechend.

(5) Bei einer schädlichen vorzeitigen Verfügung über vermögenswirksame Leistungen, die nach § 2 Abs. 1 Nr. 1 oder 4 des Gesetzes oder nach § 17 Abs. 5 Satz 1 des Fünften Vermögensbildungsgesetzes in der am 19. Januar 1989 geltenden Fassung (BGBl. I S. 137) bei Kreditinstituten oder Versicherungsunternehmen angelegt worden sind, darf eine Bescheinigung nicht erteilt werden.

§ 6. Festsetzung der Arbeitnehmer-Sparzulage, Mitteilungspflichten der Finanzämter. (1) Die Festsetzung der Arbeitnehmer-Sparzulage ist regelmäßig mit der Einkommensteuererklärung zu beantragen. Die festzusetzende Arbeitnehmer-Sparzulage ist auf den nächsten vollen Deutsche-Mark-Betrag aufzurunden. Sind für den Arbeitnehmer die vermögenswirksamen Leistungen eines Kalenderjahres auf mehr als einem der in § 2 Abs. 1 Nr. 1 bis 5 des Gesetzes und der in § 17 Abs. 5 Satz 1 des Fünften Vermögensbildungsgesetzes in der am 19. Januar 1989 geltenden Fassung (BGBl. I S. 137) bezeichneten Anlageverträge angelegt worden, so gilt die Aufrundung für jeden Vertrag.

(2) Festgesetzte, noch nicht fällige Arbeitnehmer-Sparzulagen sind der Zentralstelle der Länder zur Aufzeichnung der für ihre Auszahlung notwendigen Daten mitzuteilen. Das gilt auch für die Änderung festgesetzter Arbeitnehmer-Sparzulagen sowie in den Fällen, in denen festgesetzte Arbeitnehmer-Sparzulagen nach Auswertung einer Anzeige über die teilweise schädliche vorzeitige Verfügung (§ 8 Abs. 4 Satz 2) unberührt bleiben.

(3) Werden bei einer Anlage nach § 2 Abs. 1 Nr. 1 bis 4, Abs. 2 bis 4 des Gesetzes oder nach § 17 Abs. 5 Satz 1 des Fünften Vermögensbildungsgesetzes in der am 19. Januar 1989 geltenden Fassung (BGBl. I S. 137) vor Ablauf der Sperrfrist teilweise Beträge zurückgezahlt, Ansprüche aus dem Vertrag abgetreten oder beliehen, die Bauspar- oder Versicherungssumme ausgezahlt, die Festlegung aufgehoben oder Spitzenbeträge nach § 4 Abs. 3 des Gesetzes oder des § 5 Abs. 3 des Fünften Vermögensbildungsgesetzes in der am 19. Februar 1987 geltenden Fassung (BGBl. I S. 630) von mehr als 300 Deutsche Mark nicht rechtzeitig verwendet, so gelten für die Festsetzung oder Neufestsetzung der Arbeitnehmer-Sparzulage die Beträge in folgender Reihenfolge als zurückgezahlt:

1. Beträge, die keine vermögenswirksamen Leistungen sind,
2. vermögenswirksame Leistungen, für die eine Arbeitnehmer-Sparzulage festgesetzt worden ist,
3. vermögenswirksame Leistungen, für die keine Arbeitnehmer-Sparzulage festgesetzt worden ist.

(4) In den Fällen des § 4 Abs. 4 Nr. 6 des Gesetzes oder des § 5 Abs. 4 des Fünften Vermögensbildungsgesetzes in der am 19. Februar 1987 geltenden Fassung (BGBl. I S. 630) gilt für die Festsetzung oder Neufestsetzung der Arbeitnehmer-Sparzulage der nicht wiederverwendete Erlös, wenn er 300 Deutsche Mark übersteigt, in folgender Reihenfolge als zurückgezahlt:

1. Beträge, die keine vermögenswirksamen Leistungen sind,
2. vermögenswirksame Leistungen, für die keine Arbeitnehmer-Sparzulage festgesetzt worden ist.
3. vermögenswirksame Leistungen, für die eine Arbeitnehmer-Sparzulage festgesetzt worden ist.

Maßgebend sind die bis zum Ablauf des Kalenderjahres, das dem Kalenderjahr der Veräußerung vorangeht, angelegten Beträge.

§ 7. Auszahlung der Arbeitnehmer-Sparzulage. (1) Die festgesetzte Arbeitnehmer-Sparzulage ist vom Finanzamt an den Arbeitnehmer auszuzahlen

1. bei einer Anlage nach § 2 Abs. 1 Nr. 4 des Gesetzes in Verbindung mit § 2 Abs. 1 Nr. 2 des Wohnungsbau-Prämiengesetzes sowie bei einer Anlage nach § 2 Abs. 1 Nr. 5 des Gesetzes;
2. bei einer Anlage nach § 2 Abs. 1 Nr. 1 bis 4, Abs. 2 bis 4 des Gesetzes oder nach § 17 Abs. 5 Satz 1 des Fünften Vermögensbildungsgesetzes in der am 19. Januar 1989 geltenden Fassung (BGBl. I S. 137), wenn im Zeitpunkt der Bekanntgabe des Bescheids über die Festsetzung der Arbeitnehmer-Sparzulage die für die Anlageform vorgeschriebene Sperrfrist oder die im Wohnungsbau-Prämiengesetz oder in der Verordnung zur Durchführung des Wohnungsbau-Prämiengesetzes in der Fassung der Bekanntmachung vom 29. Juni 1994 (BGBl. I S. 1446) genannten Sperr- und Rückzahlungsfristen abgelaufen sind;
3. in den Fällen des § 5 Abs. 4;
4. bei einer Anlage nach § 2 Abs. 1 Nr. 2 und 3 des Gesetzes, wenn eine unschädliche vorzeitige Verfügung vorliegt.

(2) Die bei der Zentralstelle der Länder aufgezeichneten Arbeitnehmer-Sparzulagen für Anlagen nach § 2 Abs. 1 Nr. 1 bis 4, Abs. 2 bis 4 des Gesetzes oder nach § 17 Abs. 5 Satz 1 des Fünften Vermögensbildungsgesetzes in der am 19. Januar 1989 geltenden Fassung (BGBl. I S. 137) sind dem Kreditinstitut, dem Unternehmen oder dem Arbeitgeber, bei dem die vermögenswirksamen Leistungen angelegt worden sind, zugunsten des Arbeitnehmers zu überweisen. Die Überweisung ist in den Fällen des § 14 Abs. 4 Satz 4 Buchstabe c und d des Gesetzes bis zum Ende des Kalendermonats vorzunehmen, der auf den Kalendermonat folgt, in dem die Zuteilung oder die unschädliche vorzeitige Verfügung angezeigt worden ist.

§ 8. Anzeigepflichten des Kreditinstituts, des Unternehmens oder des Arbeitgebers. (1) Der Zentralstelle der Länder ist anzuzeigen,

1. von dem Kreditinstitut oder Versicherungsunternehmen, das bei ihm nach § 2 Abs. 1 Nr. 1 oder 4 des Gesetzes oder § 17 Abs. 5 Satz 1 des Fünften Vermögensbildungsgesetzes in der am 19. Januar 1989 geltenden Fassung (BGBl. I S. 137) angelegte vermögenswirksame Leistungen nach § 15 Abs. 1 des Gesetzes bescheinigt hat, wenn vor Ablauf der Sperrfrist
   a) vermögenswirksame Leistungen zurückgezahlt werden,
   b) über Ansprüche aus einem Vertrag im Sinne des § 4 des Gesetzes, einem Bausparvertrag oder einem Vertrag nach § 17 Abs. 5 Satz 1 des Fünften Vermögensbildungsgesetzes in der am 19. Januar 1989 geltenden Fassung (BGBl. I S. 137) durch Rückzahlung, Abtretung, Beleihung oder in anderer Weise verfügt wird,
   c) die Festlegung erworbener Wertpapiere aufgehoben oder über solche Wertpapiere verfügt wird,
   d) der Bausparvertrag zugeteilt oder die Bausparsumme ausgezahlt wird oder
   e) die Versicherungssumme ausgezahlt oder der Versicherungsvertrag in einen Vertrag umgewandelt wird, der die Voraussetzungen des in § 17 Abs. 5 Satz 1 Nr. 3 des Fünften Vermögensbildungsgesetzes in der am 19. Januar 1989 geltenden Fassung (BGBl. I S. 137) bezeichneten Vertrages nicht erfüllt;
2. von dem Kreditinstitut, bei dem vermögenswirksame Leistungen nach § 4 des Gesetzes oder § 17 Abs. 5 Satz 1 Nr. 2 des Fünften Vermögensbildungsgesetzes in der am 19. Januar 1989 geltenden Fassung (BGBl. I S. 137) angelegt worden sind, wenn Spitzenbeträge nach § 4 Abs. 3 oder Abs. 4 Nr. 6 des Gesetzes oder § 5 Abs. 3 oder 4 des Fünften Vermögensbildungsgesetzes in der am 19. Februar 1987 geltenden Fassung (BGBl. I S. 630) von mehr als 300 Deutsche Mark nicht rechtzeitig verwendet oder wiederverwendet worden sind;
3. von dem Kreditinstitut, dem nach § 2 Abs. 3 Satz 2 mitgeteilt worden ist, daß über verbriefte oder nichtverbriefte Vermögensbeteiligungen vor Ablauf der Sperrfrist verfügt worden ist;
4. von dem Unternehmen oder Arbeitgeber, bei dem eine nichtverbriefte Vermögensbeteiligung nach § 2 Abs. 1 Nr. 1 Buchstabe g bis l des Gesetzes auf Grund eines Vertrags nach § 6 oder § 7 des Gesetzes mit vermögenswirksamen Leistungen begründet oder erworben worden ist, wenn vor Ablauf der Sperrfrist über die Vermögensbeteiligung verfügt wird oder wenn der Arbeitnehmer die Vermögensbeteiligung nicht bis zum Ablauf des Kalenderjahres erhalten hat, das auf das Kalenderjahr der vermögenswirksamen Leistungen folgt;
5. von dem Arbeitgeber, der Wertpapiere nach § 4 Abs. 3 Satz 1 Nr. 1 oder 2 verwahrt oder bei einem Dritten verwahren läßt, wenn vor Ablauf der Sperrfrist die Festlegung von Wertpapieren aufgehoben oder über Wertpapiere verfügt wird oder wenn bei einer Verwahrung nach § 4 Abs. 3 Satz 1 Nr. 3 der Arbeitnehmer die Verwahrungsbescheinigung nach § 4 Abs. 4 nicht rechtzeitig vorlegt;
6. von dem Arbeitgeber, bei dem vermögenswirksame Leistungen auf Grund eines Vertrags im Sinne des § 5 des Gesetzes angelegt werden, wenn ihm die Mitteilung des Kreditinstituts nach § 2 Abs. 4 Satz 2 zugegangen ist oder wenn der Arbeitnehmer mit den vermögenswirksamen Leistungen eines Kalenderjahres nicht bis zum Ablauf des folgenden Kalenderjahres die Wertpapiere erworben hat. 3

(2) Das Kreditinstitut oder Versicherungsunternehmen hat in den Anzeigen nach Absatz 1 Nr. 1 bis 3 zu kennzeichnen, ob eine unschädliche, vollständig schädliche oder teilweise schädliche vorzeitige Verfügung vorliegt. Der Betrag, über den schädlich vorzeitig verfügt worden ist, sowie die in den einzelnen Kalenderjahren jeweils angelegten vermögenswirksamen Leistungen sind nur in Anzeigen über teilweise schädliche vorzeitige Verfügungen anzugeben.

(3) Die Anzeigen nach Absatz 1 sind nach amtlich vorgeschriebenem Vordruck oder nach amtlich vorgeschriebenen Datensatz durch Datenübermittlung auf amtlich vorgeschriebenen maschinell verwertbaren Datenträgern für die innerhalb eines Kalendermonats bekannt gewordenen vorzeitigen Verfügungen der Zentralstelle der Länder jeweils spätestens bis zum 15. Tag des folgenden Kalendermonats zuzuleiten.

(4) Sind bei der Zentralstelle der Länder Arbeitnehmer-Sparzulagen für Fälle aufgezeichnet,
1. die nach Absatz 1 Nr. 4 bis 6 angezeigt werden oder
2. die nach Absatz 1 Nr. 1 bis 3 angezeigt werden, wenn die Anzeigen als vollständig oder teilweise schädliche vorzeitige Verfügung gekennzeichnet sind,

so hat die Zentralstelle die Auszahlung der aufgezeichneten Arbeitnehmer-Sparzulagen zu sperren. Die Zentralstelle hat die Anzeigen um ihre Aufzeichnungen zu ergänzen und zur Auswertung dem Finanzamt zu übermitteln, das nach Kenntnis der Zentralstelle zuletzt eine Arbeitnehmer-Sparzulage für den Arbeitnehmer festgesetzt hat.

§ 9. Rückforderung der Arbeitnehmer-Sparzulage durch das Finanzamt. Das für die Besteuerung des Arbeitnehmers nach dem Einkommen zuständige Finanzamt (§ 19 der Abgabenordnung) hat eine zu Unrecht gezahlte Arbeitnehmer-Sparzulage vom Arbeitnehmer zurückzufordern. Die Rückforderung unterbleibt, wenn der zurückzufordernde Betrag fünf Deutsche Mark nicht übersteigt.

3

§ 10. Anwendungszeitraum. § 8 dieser Verordnung ist auf vermögenswirksame Leistungen, über die nach dem 31. Dezember 1994 vorzeitig verfügt worden ist, anzuwenden. Im übrigen ist diese Verordnung auf vermögenswirksame Leistungen, die nach dem 31. Dezember 1993 angelegt werden, anzuwenden.

§ 11. Inkrafttreten, weiter anzuwendende Vorschriften. (1) Diese Verordnung tritt mit Wirkung vom 01. Januar 1994 in Kraft.

(2) Die Verordnung zur Durchführung des Fünften Vermögensbildungsgesetzes vom 04. Dezember 1991 (BGBl. I S. 1556), geändert durch Artikel 4 des Gesetzes vom 21. Dezember 1993 (BGBl. I S. 2310), tritt am Tage nach der Verkündung dieser Verordnung außer Kraft. Sie ist auf vermögenswirksame Leistungen, die vor dem 1. Januar 1994 angelegt worden sind, weiter anzuwenden; § 7 ist auch auf vermögenswirksame Leistungen, über die vor dem 01. Januar 1995 vorzeitig verfügt worden ist, weiter anzuwenden. Im übrigen ist die Verordnung zur Durchführung des Fünften Vermögensbildungsgesetzes vom 4. Dezember 1991 auf vermögenswirksame Leistungen, die nach dem 31. Dezember 1993 angelegt worden sind, nicht mehr anzuwenden.

Wohnungsbau-Prämiengesetz (WoPG 1996)

In der Neufassung vom 30. Oktober 1997

§ 1. Prämienberechtigte. Unbeschränkt einkommensteuerpflichtige Personen im Sinne des § 1 Abs. 1 oder 2 oder Abs. 3 in Verbindung mit Abs. 2 Satz 1 Nr. 1 und 2 des Einkommensteuergesetzes, die das 16. Lebensjahr vollendet haben oder Vollwaisen sind, können für Aufwendungen zur Förderung des Wohnungsbaus eine Prämie erhalten. Voraussetzung ist, daß

1. die Aufwendungen nicht vermögenswirksame Leistungen darstellen, für die Anspruch auf Arbeitnehmer-Sparzulage nach § 13 des Fünften Vermögensbildungsgesetzes besteht, und
2. das maßgebende Einkommen des Prämienberechtigten die Einkommensgrenze (§ 2a) nicht überschritten hat.

§ 2. Prämienbegünstigte Aufwendungen.

(1) Als Aufwendungen zur Förderung des Wohnungsbaus im Sinne des § 1 gelten

1. Beiträge an Bausparkassen zur Erlangung von Baudarlehen, soweit die an dieselbe Bausparkasse geleisteten Beiträge im Sparjahr (§ 4 Abs. 1) mindestens 100 DM betragen. Voraussetzung ist, daß die Bausparkasse ihren Sitz oder ihre Geschäftsleitung in einem Mitgliedstaat der Europäischen Union hat und ihr die Erlaubnis zum Geschäftsbetrieb im Gebiet der Europäischen Union erteilt ist. Bausparkassen sind Kreditinstitute, deren Geschäftsbetrieb darauf gerichtet ist, Bauspareinlagen entgegenzunehmen und aus den angesammelten Beträgen den Bausparern nach einem auf gleichmäßige Zuteilungsfolge gerichteten Verfahren Baudarlehen für wohnungswirtschaftliche Maßnahmen zu gewähren;
2. Aufwendungen für den ersten Erwerb von Anteilen an Bau- und Wohnungsgenossenschaften;
3. Beiträge auf Grund von Sparverträgen, die auf die Dauer von drei bis sechs Jahren als allgemeine Sparverträge oder als Sparverträge mit festgelegten Sparraten mit einem Kreditinstitut abgeschlossen werden, wenn die eingezahlten Sparbeiträge und die Prämien zum Bau oder Erwerb einer Kleinsiedlung, eines Eigenheims oder einer Eigentumswohnung oder zum Erwerb eines eigentumsähnlichen Dauerwohnrechts verwendet werden;
4. Beiträge auf Grund von Verträgen, die mit Wohnungs- und Siedlungsunternehmen nach der Art von Sparverträgen mit festgelegten Sparraten auf die Dauer von drei bis acht Jahren mit dem Zweck einer Kapitalansammlung abgeschlossen werden, wenn die eingezahlten Beiträge und die Prämien zum Bau oder Erwerb einer Kleinsiedlung, eines Eigenheims oder einer Eigentumswohnung oder zum Erwerb eines eigentumsähnlichen Dauerwohnrechts verwendet werden. Den Verträgen mit Wohnungs- und Siedlungsunternehmen stehen Verträge mit den am 31. Dezember 1989 als Organe der staatlichen Wohnungspolitik anerkannten Unternehmen gleich, soweit sie die Voraussetzungen nach Satz 1 erfüllen.

(2) Für die Prämienbegünstigung der in Absatz 1 Nr. 1 bezeichneten Aufwendungen ist Voraussetzung, daß vor Ablauf von sieben Jahren seit Vertragsabschluß weder die Bausparsumme ganz oder zum Teil ausgezahlt noch geleistete Beiträge ganz oder zum Teil zurückgezahlt oder Ansprüche aus dem Bausparvertrag abgetreten oder beliehen werden; Unschädlich ist jedoch die vorzeitige Verfügung, wenn

1. die Bausparsumme ausgezahlt oder die Ansprüche aus dem Vertrag beliehen werden und der Bausparer die empfangenen Beträge unverzüglich und unmittelbar zum Wohnungsbau verwendet oder
2. im Falle der Abtretung der Erwerber die Bausparsumme oder die auf Grund einer Beleihung empfangenen Beträge unverzüglich und unmittelbar zum Wohnungsbau für den Abtretenden oder dessen Angehörige im Sinne des § 15 der Abgabenordnung verwendet oder
3. der Bausparer oder sein von ihm nicht dauernd getrennt lebender Ehegatte nach Vertragsabschluß gestorben oder völlig erwerbsunfähig geworden ist oder
4. der Bausparer nach Vertragsabschluß arbeitslos geworden ist und die Arbeitslosigkeit mindestens ein Jahr lang ununterbrochen bestanden hat und im Zeitpunkt der vorzeitigen Verfügung noch besteht oder
5. der Bausparer, der Staatsangehöriger eines Staates ist, mit dem die Bundesregierung Vereinbarungen über Anwerbung und Beschäftigung von Arbeitnehmern abgeschlossen hat und der nicht Mitglied der Europäischen Gemeinschaften ist, die Bausparsumme oder die Zwischenfinanzierung nach dem Gesetz über eine Wiedereingliederungshilfe

im Wohnungsbau für rückkehrende Ausländer vom 18. Februar 1986 (BGBl. I S. 280) unverzüglich und unmittelbar zum Wohnungsbau im Heimatland verwendet und innerhalb von vier Jahren und drei Monaten nach Beginn der Auszahlung der Bausparsumme, spätestens am 31. März 1998, den Geltungsbereich dieses Gesetzes auf Dauer verlassen hat.

Als Wohnungsbau im Sinne der Nummern 1 und 2 gelten auch bauliche Maßnahmen des Mieters zur Modernisierung seiner Wohnung. Dies gilt ebenfalls für den Erwerb von Rechten zur dauernden Selbstnutzung von Wohnraum in Alten-, Altenpflege- und Behinderteneinrich-
3 tungen oder -anlagen. Die Unschädlichkeit setzt weiter voraus, daß die empfangenen Beträge nicht zum Wohnungsbau im Ausland eingesetzt werden, sofern nichts anderes bestimmt ist.

§ 2a. Einkommensgrenze. Die Einkommensgrenze beträgt 50 000 Deutsche Mark, bei Ehegatten (§ 3 Abs. 3) 100 000 Deutsche Mark. Maßgebend ist das zu versteuernde Einkommen (§ 2 Abs. 5 des Einkommensteuergesetzes) des Sparjahrs (§ 4 Abs. 1). Bei Ehegatten ist das zu versteuernde Einkommen maßgebend, das sich bei einer Zusammenveranlagung nach § 26b des Einkommensteuergesetzes ergeben hat oder, falls eine Veranlagung nicht durchgeführt worden ist, ergeben würde.

§ 2b. *(weggefallen)*

§ 3. Höhe der Prämie. (1) Die Prämie bemißt sich nach den im Sparjahr (§ 4 Abs. 1) geleisteten prämienbegünstigten Aufwendungen. Sie beträgt 10 vom Hundert der Aufwendungen.

(2) Die Aufwendungen des Prämienberechtigten sind je Kalenderjahr bis zu einem Höchstbetrag von 1000 Deutsche Mark, bei Ehegatten (Absatz 3) zusammen bis zu 2000 Deutsche Mark prämienbegünstigt. Die Höchstbeträge stehen den Prämienberechtigten gemeinsam zu (Höchstbetragsgemeinschaft).

(3) Ehegatten im Sinne dieses Gesetzes sind Personen, welche nach § 26b des Einkommensteuergesetzes zusammen veranlagt werden oder, falls eine Veranlagung zur Einkommensteuer nicht durchgeführt wird, die Voraussetzungen des § 26 Abs. 1 Satz 1 des Einkommensteuergesetzes erfüllen.

§ 4. Prämienverfahren allgemein. (1) Der Anspruch auf Prämie entsteht mit Ablauf des Sparjahrs. Sparjahr ist das Kalenderjahr, in dem die prämienbegünstigten Aufwendungen geleistet worden sind.

(2) Die Prämie ist nach amtlich vorgeschriebenem Vordruck bis zum Ablauf des zweiten Kalenderjahrs, das auf das Sparjahr (Absatz 1) folgt, bei dem Unternehmen zu beantragen, an das die prämienbegünstigten Aufwendungen geleistet worden sind. Der Antragsteller hat zu erklären, für welche Aufwendungen er die Prämie beansprucht, wenn bei mehreren Verträgen die Summe der Aufwendungen den Höchstbetrag (§ 3 Abs. 2) überschreitet; Ehegatten (§ 3 Abs. 3) haben dies einheitlich zu erklären. Der Antragsteller ist verpflichtet, dem Unternehmen unverzüglich eine Änderung der Verhältnisse mitzuteilen, die zu einer Minderung oder zum Wegfall des Prämienanspruchs führen.

(3) Überschreiten bei mehreren Verträgen die insgesamt ermittelten oder festgesetzten Prämien die für das Sparjahr höchstens zulässige Prämie (§ 3), ist die Summe der Prämien hierauf zu begrenzen. Dabei ist die Prämie vorrangig für Aufwendungen auf Verträge mit dem jeweils älteren Vertragsdatum zu belassen. Insoweit ist eine abweichende Erklärung des Prämienberechtigten oder seines Ehegatten unbeachtlich.

(4) Ein Rückforderungsanspruch erlischt, wenn er nicht bis zum Ablauf des zweiten Kalenderjahrs geltend gemacht worden ist, das auf das Kalenderjahr folgt, in dem der Prämienberechtigte die Prämie verwendet hat (§ 5).

(5) Das Unternehmen darf die im Prämienverfahren bekanntgewordenen Verhältnisse der Beteiligten nur für das Verfahren verwerten. Es darf sie ohne Zustimmung der Beteiligten nur offenbaren, soweit dies gesetzlich zugelassen ist.

§ 4a. Prämienverfahren im Fall des § 2 Abs. 1 Nr. 1. (1) Bei Aufwendungen im Sinne des § 2 Abs. 1 Nr. 1 hat die Bausparkasse auf Grund des Antrags zu ermitteln, ob und in welcher Höhe ein Prämienanspruch nach Maßgabe dieses Gesetzes oder nach einer auf Grund dieses Gesetzes erlassenen Rechtsverordnung besteht. Dabei hat sie alle Verträge mit dem Prämienberechtigten und seinem Ehegatten (§ 3 Abs. 3) zu berücksichtigen. Die Bausparkasse hat dem Antragsteller das Ermittlungsergebnis spätestens im nächsten Kontoauszug mitzuteilen.

(2) Die Bausparkasse hat die im Kalendermonat ermittelten Prämien (Absatz 1 Satz 1) im folgenden Kalendermonat in einem Betrag zur Auszahlung anzumelden. Sind die Aufwendungen auf Grund eines nach dem 31. Dezember 1991 geschlossenen Vertrags geleistet worden, darf die Prämie nicht vor Ablauf des Kalendermonats angemeldet werden, in dem

a) der Bausparvertrag zugeteilt,
b) die in § 2 Abs. 2 Satz 1 genannte Frist überschritten oder
c) unschädlich im Sinne des § 2 Abs. 2 Satz 2 verfügt

worden ist. Die Anmeldung ist nach amtlich vorgeschriebenem Vordruck (Wohnungsbauprämien-Anmeldung) bei dem für die Besteuerung der Bausparkasse nach dem Einkommen zuständigen Finanzamt (§ 20 der Abgabenordnung) abzugeben. Hierbei hat die Bausparkasse zu bestätigen, daß die Voraussetzungen für die Auszahlung des angemeldeten Prämienbetrags vorliegen. Die Wohnungsbauprämien-Anmeldung gilt als Steueranmeldung im Sinne der Abgabenordnung. Das Finanzamt veranlaßt die Auszahlung an die Bausparkasse zugunsten der Prämienberechtigten durch die zuständige Bundeskasse. Die Bausparkasse hat die erhaltenen Prämien unverzüglich dem Prämienberechtigten gutzuschreiben oder auszuzahlen.

(3) Die Bausparkasse hat die für die Überprüfung des Prämienanspruchs erforderlichen Daten innerhalb von vier Monaten nach Ablauf der Antragsfrist für das Sparjahr (§ 4 Abs. 2 Satz 1) nach amtlich vorgeschriebenem Datensatz durch Datenübermittlung auf amtlich vorgeschriebenen maschinell verwertbaren Datenträgern an die Zentralstelle der Länder zu übermitteln. Besteht der Prämienanspruch nicht oder in anderer Höhe, so teilt die Zentralstelle dies der Bausparkasse durch einen Datensatz mit.

(4) Erkennt die Bausparkasse oder wird ihr mitgeteilt, daß der Prämienanspruch ganz oder teilweise nicht besteht oder weggefallen ist, so hat sie das bisherige Ermittlungsergebnis aufzuheben oder zu ändern; zu Unrecht gutgeschriebene oder ausgezahlte Prämien hat sie zurückzufordern. Absatz 1 Satz 3 gilt entsprechend. Bei fortbestehendem Vertragsverhältnis kann sie das Konto belasten. Die Bausparkasse hat geleistete Rückforderungsbeträge in der Wohnungsbauprämien-Anmeldung des nachfolgenden Monats abzusetzen. Kann die Bausparkasse zu Unrecht gutgeschriebene oder ausgezahlte Prämien nicht belasten oder kommt der Prämienempfänger ihrer Zahlungsaufforderung nicht nach, so hat sie hierüber unverzüglich das für die Besteuerung nach dem Einkommen des Prämienberechtigten zuständige Finanzamt (Wohnsitzfinanzamt nach § 19 der Abgabenordnung) zu unterrichten. In diesen Fällen erläßt das Wohnsitzfinanzamt einen Rückforderungsbescheid.

(5) Eine Festsetzung der Prämie erfolgt nur auf besonderen Antrag des Prämienberechtigten. Der Antrag ist schriftlich innerhalb eines Jahres nach Bekanntwerden des Ermittlungsergebnisses der Bausparkasse vom Antragsteller unter Angabe seines Wohnsitzfinanzamts an die Bausparkasse zu richten. Die Bausparkasse leitet den Antrag diesem Finanzamt zur Entscheidung zu. Dem Antrag hat sie eine Stellungnahme und die zur Entscheidung erforderlichen Unterlagen beizufügen. Das Finanzamt teilt seine Entscheidung auch der Bausparkasse mit.

(6) Die Bausparkasse haftet als Gesamtschuldner neben dem Prämienempfänger für die Prämie, die wegen ihrer Pflichtverletzung zu Unrecht gezahlt, nicht einbehalten oder nicht zurückgefordert wird. Die Bausparkasse haftet nicht, wenn sie ohne Verschulden darüber irrte, daß die Prämie zu zahlen war. Für die Inanspruchnahme der Bausparkasse ist das in Absatz 2 Satz 3 bestimmte Finanzamt zuständig. Für die Inanspruchnahme des Prämienempfängers ist das Wohnsitzfinanzamt zuständig. 3

(7) Das nach Absatz 2 Satz 3 zuständige Finanzamt hat auf Anfrage der Bausparkasse Auskunft über die Anwendung dieses Gesetzes zu geben.

(8) Das nach Absatz 2 Satz 3 zuständige Finanzamt kann bei der Bausparkasse ermitteln, ob sie ihre Pflichten nach diesem Gesetz oder nach einer auf Grund dieses Gesetzes erlassenen Rechtsverordnung erfüllt hat. Die §§ 193 bis 203 der Abgabenordnung gelten sinngemäß. Die Unterlagen über das Prämienverfahren sind im Geltungsbereich dieses Gesetzes zu führen und aufzubewahren.

(9) Die Bausparkasse erhält vom Bund oder den Ländern keinen Ersatz für die ihr aus dem Prämienverfahren entstehenden Kosten.

§ 4b. Prämienverfahren in den Fällen des § 2 Abs. 1 Nr. 2 bis 4. (1) Bei Aufwendungen im Sinne des § 2 Abs. 1 Nr. 2 bis 4 hat das Unternehmen den Antrag an das Wohnsitzfinanzamt des Prämienberechtigten weiterzuleiten.

(2) Wird dem Antrag entsprochen, veranlaßt das Finanzamt die Auszahlung der Prämie an das Unternehmen zugunsten des Prämienberechtigten durch die zuständige Bundeskasse. Einen Bescheid über die Festsetzung der Prämie erteilt das Finanzamt nur auf besonderen Antrag des Prämienberechtigten. Wird nachträglich festgestellt, daß die Voraussetzungen für die Prämie nicht vorliegen oder die Prämie aus anderen Gründen ganz oder teilweise zu Unrecht gezahlt worden ist, so hat das Finanzamt die Prämienfestsetzung aufzuheben oder zu ändern und die Prämie, soweit sie zu

3

Unrecht gezahlt worden ist, zurückzufordern. Sind zu diesem Zeitpunkt die prämienbegünstigten Aufwendungen durch das Unternehmen noch nicht ausgezahlt, so darf die Auszahlung nicht vorgenommen werden, bevor die Prämien an das Finanzamt zurückgezahlt sind.

§ 5. Verwendung der Prämie. (1) (weggefallen)

(2) Die Prämien für die in § 2 Abs. 1 Nr. 1, 3 und 4 bezeichneten Aufwendungen sind vorbehaltlich des § 2 Abs. 2 Satz 2 zusammen mit den prämienbegünstigten Aufwendungen zu dem vertragsmäßigen Zweck zu verwenden. Geschieht das nicht, so hat das Unternehmen in den Fällen des § 4b dem Finanzamt unverzüglich Mitteilung zu machen.

(3) Über Prämien, die für Aufwendungen nach § 2 Abs. 1 Nr. 2 ausgezahlt werden, kann der Prämienberechtigte verfügen, wenn das Geschäftsguthaben beim Ausscheiden des Prämienberechtigten aus der Genossenschaft ausgezahlt wird.

§ 6. Steuerliche Behandlung der Prämie. Die Prämien gehören nicht zu den Einkünften im Sinne des Einkommensteuergesetzes.

§ 7. Aufbringung der Mittel. Der Bund stellt die Beträge für die Prämien den Ländern in voller Höhe gesondert zur Verfügung.

§ 8. Anwendung der Abgabenordnung und der Finanzgerichtsordnung. (1) Auf die Wohnungsbauprämie sind die für Steuervergütungen geltenden Vorschriften der Abgabenordnung entsprechend anzuwenden. Dies gilt nicht für § 108 Abs. 3 der Abgabenordnung hinsichtlich der in § 2 genannten Fristen sowie für die §§ 109 und 163 der Abgabenordnung.

(2) Für die Wohnungsbauprämie gelten die Strafvorschriften des § 370 Abs. 1 bis 4, der §§ 371, 375 Abs. 1 und des § 376 sowie die Bußgeldvorschriften der §§ 378, 379 Abs. 1, 4 und der §§ 383 und 384 der Abgabenordnung entsprechend. Für das Strafverfahren wegen einer Straftat nach Satz 1 sowie der Begünstigung einer Person, die eine solche Tat begangen hat, gelten die §§ 385 bis 408, für das Bußgeldverfahren wegen einer Ordnungswidrigkeit nach Satz 1 die §§ 409 bis 412 der Abgabenordnung entsprechend.

(3) In öffentlich-rechtlichen Streitigkeiten über die auf Grund dieses Gesetzes ergehenden Verwaltungsakte der Finanzbehörden ist der Finanzrechtsweg gegeben.

(4) Besteuerungsgrundlagen für die Berechnung des nach § 2a Abs. 2 maßgebenden Einkommens und der Hinzurechnungen, die der Veranlagung zur Einkommensteuer zugrunde gelegen haben, können der Höhe nach nicht durch einen Rechtsbehelf gegen die Prämie angegriffen werden.

§ 9. Ermächtigungen. (1) Die Bundesregierung wird ermächtigt, durch Rechtsverordnung mit Zustimmung des Bundesrates Vorschriften zur Durchführung dieses Gesetzes zu erlassen über

1. (weggefallen)
2. die Bestimmung der Genossenschaften, die zu den Bau- und Wohnungsgenossenschaften gehören (§ 2 Abs. 1 Nr. 2);
3. den Inhalt der in § 2 Abs. 1 Nr. 3 bezeichneten Sparverträge, die Berechnung der Rückzahlungsfristen, die Folgen vorzeitiger Rückzahlung von Sparbeträgen und die Verpflichtungen der Kreditinstitute; die Vorschriften sind den in den §§ 18 bis 29 der Einkommensteuer-Durchführungsverordnung 1953 enthaltenen Vorschriften mit der Maßgabe anzupassen, daß eine Frist bestimmt werden kann, innerhalb der die Prämien zusammen mit den prämienbegünstigten Aufwendungen zu dem vertragsmäßigen Zweck zu verwenden sind;
4. den Inhalt der in § 2 Abs. 1 Nr. 4 bezeichneten Verträge und die Verwendung der auf Grund solcher Verträge angesammelten Beträge; dabei kann der vertragsmäßige Zweck auf den Bau durch das Unternehmen oder auf den Erwerb von dem Unternehmen, mit dem der Vertrag abgeschlossen worden ist, beschränkt und eine Frist von mindestens drei Jahren bestimmt werden, innerhalb der die Prämien zusammen mit den prämienbegünstigten Aufwendungen zu dem vertragsmäßigen Zweck zu verwenden sind. Die Prämienbegünstigung kann auf Verträge über Gebäude beschränkt werden, die nach dem 31. Dezember 1949 fertiggestellt worden sind. Für die Fälle des Erwerbs kann bestimmt werden, daß der angesammelte Betrag und die Prämien nur zur Leistung des in bar zu zahlenden Kaufpreises verwendet werden dürfen;
5. die Ermittlung, Festsetzung, Auszahlung oder Rückzahlung der Prämie, wenn Besteuerungsgrundlagen für die Berechnung des nach § 2a maßgebenden Einkommens, die der Veranlagung zur Einkommensteuer zugrunde gelegen haben, geändert werden oder wenn für Aufwendungen, die vermögenswirksame Leistungen darstellen, Arbeitnehmer-Sparzulagen zurückgezahlt oder nachträglich festgesetzt oder ausgezahlt werden;
6. das Verfahren für die Ermittlung, Festsetzung, Auszahlung und Rückforderung der Prämie. Hierzu gehören insbesondere Vorschriften über Aufzeichnungs-, Aufbewahrungs-, Be-

scheinigungs- und Anzeigepflichten des Unternehmens, bei dem die prämienbegünstigten Aufwendungen angelegt worden sind.

(2) Das Bundesministerium der Finanzen wird ermächtigt, den Wortlaut des Wohnungsbau-Prämiengesetzes und der hierzu erlassenen Durchführungsverordnung in der jeweils geltenden Fassung mit neuem Datum, unter neuer Überschrift und in neuer Paragraphenfolge bekanntzumachen und dabei Unstimmigkeiten des Wortlauts zu beseitigen.

(3) Das Bundesministerium der Finanzen wird ermächtigt, im Einvernehmen mit den obersten Finanzbehörden der Länder

a) den in § 4 Abs. 2 Satz 1 und den in § 4a Abs. 2 Satz 3 vorgeschriebenen Vordruck und
b) die in § 4a Abs. 3 vorgeschriebenen Datensätze und Datenträger

zu bestimmen.

§ 10. Schlußvorschriften. (1) Die vorstehende Fassung dieses Gesetzes ist ab 1. Januar 1997 anzuwenden. Bei Aufwendungen im Sinne des § 2 Abs. 1 Nr. 1 ist die Prämie für Sparjahre vor 1996 nach § 4 in der Fassung des Artikels 7 des Gesetzes vom 15. Dezember 1995 (BGBl. I S. 1783) festzusetzen.

(2) Beiträge an Bausparkassen (§ 2 Abs. 1 Nr. 1), für die in den Kalenderjahren 1991 bis 1993 die Zusatzförderung nach § 10 Abs. 6 dieses Gesetzes in der Fassung der Bekanntmachung vom 30. Juli 1992 (BGBl. I S. 1405) in Anspruch genommen worden ist, müssen ausdrücklich zur Verwendung für den Wohnungsbau in dem in Artikel 3 des Einigungsvertrages genannten Gebiet bestimmt sein. Eine Verfügung, die § 2 Abs. 2 entspricht, nicht aber dem besonderen vertraglichen Zweck, ist hinsichtlich der Zusatzprämie und des zusätzlichen Höchstbetrages schädlich. Schädlich ist auch die Verwendung für Ferien- und Wochenendwohnungen, die in einem entsprechend ausgewiesenen Sondergebiet liegen oder die sich auf Grund ihrer Bauweise nicht zum dauernden Bewohnen eignen.

Grundsätze über die Eigenmittel und die Liquidität der Institute

Bekanntmachung Nr. 1/69 des Bundesaufsichtsamtes für Kreditwesen vom 20. Januar 1969

In der Fassung der Bekanntmachung vom 29. Oktober 1997

(1) Das Bundesaufsichtsamt für das Kreditwesen gibt gemäß § 10 Abs. 1 Satz 2, § 10a Abs. 1 Satz 2 und § 11 Satz 2 des Gesetzes über das Kreditwesen in der Fassung der Bekanntmachung vom 22. Januar 1996 (BGBl. I S. 64), das zuletzt geändert wurde durch Artikel 1 des Gesetzes vom 22. Oktober 1997 (BGBl. I S. 2518), – KWG – hiermit die im Einvernehmen mit der Deutschen Bundesbank und nach Anhörung der Spitzenverbände der Institute aufgestellten Grundsätze bekannt, nach denen es für den Regelfall beurteilen wird, ob die Eigenmittel eines Instituts (§ 1 Abs. 1b KWG) und einer Gruppe (§ 10a Abs. 1 Satz 1 KWG) insgesamt angemessen sind (§ 10 Abs. 1, § 10a Abs. 1 KWG) und ob die Liquidität eines Instituts und die Liquidität der Zweigniederlassung eines Unternehmens im Sinne des § 53b Abs. 1 Satz 1 oder Abs. 7 KWG – Zweigniederlassung – ausreicht (§ 11 KWG).

3

(2) Hält ein Institut oder eine Zweigniederlassung die in den Grundsätzen festgelegten Grenzen nicht nur geringfügig oder wiederholt nicht ein, so ist in der Regel die Vermutung begründet, daß das Institut nicht über die erforderlichen Eigenmittel verfügt (Grundsatz I) oder daß die Liquidität des Instituts oder der Zweigniederlassung zu wünschen übrig läßt (Grundsätze II und III). Bei Nichteinhaltung der Grenzen des Grundsatzes I durch eine Gruppe gilt Satz 1 entsprechend. Bei Beurteilung der Angemessenheit der Eigenmittel eines Instituts oder einer Gruppe und der Liquidität eines Instituts oder einer Zweigniederlassung können vorbehaltlich Grundsatz I § 1 Abs. 5 Sonderverhältnisse berücksichtigt werden, die – je nach Sachlage – geringere oder höhere Anforderungen rechtfertigen.

(3) Für Hypothekenbanken, die nicht von dem Recht des erweiterten Geschäftsbetriebes nach § 46 Abs. 1 des Hypothekenbankgesetzes Gebrauch machen, Schiffspfandbriefbanken, Bausparkassen (einschließlich derjenigen, die als rechtlich unselbständige Einrichtungen betrieben werden), öffentlich-rechtliche Grundkreditanstalten und Teilzahlungsinstitute, für Kreditinstitute, die ausschließlich Bankgeschäfte im Sinne des § 1 Abs. 1 Satz 2 Nr. 7 und 8 KWG betreiben, sowie für Finanzdienstleistungsinstitute, sofern sie nicht Finanzdienstleistungen im Sinne des § 1 Abs. 1a Satz 2 Nr. 4 KWG erbringen, gilt nur der Grundsatz I.

(4) Die Grundsätze finden keine Anwendungen auf die Kapitalanlagegesellschaften.

Grundsatz I

Erster Abschnitt: Angemessenheit der Eigenmittel

§ 1. Anwendungsbereich. (1) [1]Dieser Grundsatz trifft gemäß § 10 Abs. 1, § 10a Abs. 1 KWG Regelungen, nach denen das Bundesaufsichtsamt für das Kreditwesen für den Regelfall beurteilen wird, ob die Eigenmittel eines Instituts (einschließlich einer als rechtlich unselbständige Einrichtung betriebenen Bausparkasse) und der Unternehmen einer Gruppe (§ 10a Abs. 1 Satz 1 KWG) insgesamt angemessen sind. [2]Hält ein Institut oder eine Gruppe die in § 2 festgelegten Grenzen nicht nur geringfügig oder wiederholt nicht ein, so ist in der Regel die Vermutung begründet, daß das Institut nicht über die erforderlichen Eigenmittel verfügt. [3]Bei der Beurteilung der Angemessenheit der Eigenmittel eines Instituts oder einer Gruppe können vorbehaltlich Absatz 5 Sonderverhältnisse berücksichtigt werden, die – je nach Sachlage – geringere oder höhere Anforderungen rechtfertigen.

(2) [1]Dieser Grundsatz findet keine Anwendung auf Kapitalanlagegesellschaften sowie auf Finanzdienstleistungsinstitute, ausgenommen diejenigen Finanzdienstleistungsinstitute, die

1. Eigenhandel (§ 1 Abs. 1a Satz 2 Nr. 4 KWG) betreiben,
2. als Anlagevermittler (§ 1 Abs. 1a Satz 2 Nr. 1 KWG), Abschlußvermittler (§ 1 Abs. 1a Satz 2 Nr. 2 KWG) oder Finanzportfolioverwalter (§ 1 Abs. 1a Satz 2 Nr. 3 KWG) befugt sind, sich Eigentum oder Besitz an Geldern oder Wertpapieren von Kunden zu verschaffen oder die auf eigene Rechnung mit Finanzinstrumenten handeln.

[2]Bei den Wertpapierhandelsunternehmen in der Rechtsform des Einzelkaufmanns oder der Personenhandelsgesellschaft (§ 2a Abs. 2 Satz 1 KWG) sind die auf eigene Rechnung des Inhabers oder der persönlich haftenden Gesellschafter abgeschlossenen Geschäfte in diesen Grundsatz einzubeziehen.

(3) Die Vorschriften des Fünften Abschnitts finden keine Anwendung auf Nichthandelsbuchinstitute (§ 13 Abs. 1 Satz 1 KWG).

(4) Die Vorschriften des Vierten Abschnitts finden keine Anwendung auf die von gemischtwirtschaftlichen Kreditgenossenschaften üblicherweise betriebenen Warengeschäfte.

(5) [1]Bei der Beurteilung der Angemessenheit der Eigenmittel dürfen an ein Institut oder eine Gruppe, auf die die Vorschriften des Fünften Abschnitts anzuwenden sind, bei der Anwendung der Vorschriften dieses Grundsatzes mit Ausnahme des Vierten Abschnitts keine geringeren Anforderungen gestellt werden. [2]An Einlagenkreditinstitute oder Gruppen, auf die die Vorschriften des Fünften Abschnitts nicht anzuwenden sind, dürfen bei der Anwendung der Vorschriften des Zweiten und Dritten Abschnitts keine geringeren Anforderungen gestellt werden.

§ 2. Angemessenheit der Eigenmittel. (1) Das Verhältnis zwischen dem haftenden Eigenkapital eines Instituts (§ 10 Abs. 2 Satz 2 KWG) und seinen gewichteten Risikoaktiva darf 8 v.H. täglich zum Geschäftsschluß nicht unterschreiten.

(2) [1]Die Summe der Anrechnungsbeträge für die Marktrisikopositionen und im Falle des § 28 Abs. 3 Satz 1 der Anrechnungsbeträge für die Optionsgeschäfte eines Instituts darf den um die Drittrangmittel (§ 10 Abs. 2c Satz 1 KWG) vermehrten Differenzbetrag zwischen dem haftenden Eigenkapital und der in Höhe von 8 v.H. berücksichtigten Summe der gewichteten Risikoaktiva (Risikoaktiva-Anrechnungsbetrag) täglich bei Geschäftsschluß nicht übersteigen. [2]Die Marktrisikopositionen nach Satz 1 werden gebildet durch

1. die Währungsgesamtposition nach § 5 Abs. 1,
2. die Rohwarenposition nach § 5 Abs. 2,
3. bei Instituten, die den Vorschriften des Fünften Abschnitts unterliegen, die Handelsbuch-Risikopositionen nach § 5 Abs. 3.

[3]Bei Instituten, die das Wahlrecht nach § 32 zur Verwendung eigener Risikomodelle ausüben, werden die Marktrisikopositionen aus denjenigen in Satz 2 Nr. 1 bis 3 genannten Positionen gebildet, deren risikomäßige Zusammenhänge das Institut in seinem eigenen Risikomodell berücksichtigt; eine teilweise Zusammenfassung der Positionen nach Satz 2 Nr. 1 bis 3 ist zulässig.

(3) [1]Zum Ultimo eines jeden Kalendermonats ist eine Gesamtkennziffer zu ermitteln, die das prozentuale Verhältnis zwischen den anrechenbaren Eigenmitteln des Instituts (Zähler) und der Summe aus den gewichteten Risikoaktiva und den mit 12,5 multiplizierten Anrechnungsbeträgen für die Marktrisikopositionen und Optionsgeschäfte nach Absatz 2 (Nenner) angibt. [2]Anrechenbare Eigenmittel sind das in diesem Grundsatz zur Verfügung stehende haftende Eigenkapital und die zur Unterlegung der Anrechnungsbeträge für die Marktrisikopositionen und die Optionsgeschäfte genutzten Drittrangmittel. [3]Nachrichtlich ist neben der Gesamtkennziffer das prozentuale Verhältnis zwischen den ungenutzten, aber den Eigenmitteln zurechenbaren Drittrangmitteln und dem Nenner der Gesamtkennziffer nach Satz 1 anzugeben.

§ 3. Konsolidierung. (1) Die Anforderungen gemäß § 2 gelten entsprechend für Gruppen für die Größenverhältnisse

1. des gesamten haftenden Eigenkapitals und der gesamten Risikoaktiva-Anrechnungsbeträge (die in den Abzug nach § 10a Abs. 6 KWG einbezogenen Risikoaktiva sind nicht zu berücksichtigen), 3
2. des gesamten haftenden Eigenkapitals abzüglich der gesamten Risikoaktiva-Anrechnungsbeträge zuzüglich der gesamten Drittrangmittel und der Summe der Anrechnungsbeträge für die Marktrisikopositionen aller gruppenangehörigen Unternehmen,
3. der insgesamt anrechenbaren Eigenmittel und der Summe aus den gewichteten Risikoaktiva und den mit 12,5 multiplizierten Anrechnungsbeträgen für die Marktrisikopositionen und Optionsgeschäfte.

(2) Bei der Berechnung der Anforderungen für die Größenverhältnisse nach Absatz 1 Nr. 2 darf auf die Anrechnungsbeträge für die Marktrisikopositionen und Optionsgeschäfte der nachgeordneten Unternehmen mit Sitz außerhalb der Bundesrepublik Deutschland abgestellt werden, die nach der in dem jeweiligen Sitzland geltenden Marktrisikoregelung zu den Stichtagen nach § 2 Abs. 3 ermittelt werden, sofern die Marktrisikoregelung auf den Vorgaben der Richtlinie 93/6/EWG vom 15. März 1993 oder in anderen Staaten der Zehnergruppe außerhalb des Europäischen Wirtschaftsraumes auf der Eigenkapital-Übereinkunft des Baseler Ausschusses für Bankenaufsicht beruht.

§ 4. Risikoaktiva. [1]Der Risikoaktiva-Anrechnungsbetrag des Instituts ist nach den Vorschriften des Zweiten Abschnitts zu ermitteln. [2]Als Risikoaktiva sind anzusehen:

1. Bilanzaktiva,
2. außerbilanzielle Geschäfte, soweit sie nicht unter Nr. 3 oder 4 fallen,
3. Swapgeschäfte,
4. Termingeschäfte und Optionsrechte,

soweit diese Posten bei der Ermittlung der Anrechnungsbeträge für die Handelsbuch-Risikopositionen nicht zu berücksichtigen sind. [3]Nicht zu berücksichtigen sind des weiteren Barrengold sowie außerdem Bilanzaktiva, die

1. in die Ermittlung der Rohwarenposition einbezogen,
2. nach § 10 Abs. 2 und 6 KWG vom haftenden Eigenkapital abgezogen oder
3. in vollem Umfang mit haftendem Eigenkapital unterlegt werden.

§ 5. Marktrisikopositionen. (1) [1]Der Anrechnungsbetrag für die Währungsgesamtposition ist nach den Vorschriften des Dritten Abschnitts aus allen auf fremde Währung oder auf Gold lautenden Posten des Instituts zu ermitteln. [2]Posten, die nach § 10 Abs. 2 und 6 KWG vom haftenden Eigenkapital abgezogen oder in vollem Umfang mit haftendem Eigenkapital unterlegt werden sowie Beteiligungen einschließlich Anteilen an verbundenen Unternehmen in fremder Währung, die zu Anschaffungskursen bewertet werden (strukturelle Währungspositionen), dürfen auf Antrag des Instituts nach vorheriger Zustimmung des Bundesaufsichtsamtes bei der Ermittlung der Währungsgesamtposition außer Ansatz bleiben.

3

(2) Der Anrechnungsbetrag für die Rohwarenposition ist nach den Vorschriften des Vierten Abschnitts aus allen auf Rohwaren einschließlich Edelmetallen, ausgenommen Gold, lautenden Posten des Instituts zu ermitteln.

(3) Die Anrechnungsbeträge für die Handelsbuch-Risikopositionen des Instituts sind
1. für die mit zins- und aktienkursbezogenen Risiken behafteten Positionen des Handelsbuches aus der Summe der Teilanrechnungsbeträge für die allgemeinen und für die besonderen Kursrisiken,
2. für die Adressenausfallrisikopositionen des Handelsbuches als die Summe der Anrechnungsbeträge für das Abwicklungsrisiko, das Vorleistungsrisiko, die Erfüllungsrisiken bei Wertpapier-Pensionsgeschäften und Wertpapier-Leihgeschäften sowie bei außerbörslich gehandelten Instrumenten und für andere, damit in unmittelbarem Zusammenhang stehende Adressenausfallrisiken

nach den Vorschriften des Fünften Abschnitts zu ermitteln.

Zweiter Abschnitt: Anrechnung von Risikoaktiva

§ 6. Bemessungsgrundlage. (1) Bemessungsgrundlage für die Anrechnung der Risikoaktiva ist vorbehaltlich § 12 bei
1. Bilanzaktiva sowie außerbilanziellen Geschäften nach § 4 Abs. 2 Nr. 2 (ausgenommen Gewährleistungen bei Swapgeschäften, Termingeschäften und Optionsrechten) der Buchwert zuzüglich der als haftendes Eigenkapital nach § 10 Abs. 2b Satz 1 Nr. 1 KWG anerkannten, den einzelnen Bilanzaktiva zuzuordnenden Vorsorgereserven nach § 340f des Handelsgesetzbuches (HGB) abzüglich der passiven Rechnungsabgrenzungsposten aus Gebührenabgrenzung und für das Damnum auf Darlehen sowie der Posten wegen der Erfüllung oder der Veräußerung von Forderungen aus Leasingverträgen bis zu den Buchwerten der diesen zugehörigen Leasinggegenstände,
2. Swapgeschäften sowie den für sie übernommenen Gewährleistungen der effektive Kapitalbetrag oder – in Ermangelung eines solchen – der aktuelle Marktwert des Geschäftsgegenstandes,
3. Termingeschäften und Optionsrechten sowie den für sie übernommenen Gewährleistungen der unter der Annahme tatsächlicher Erfüllung bestehende, zum aktuellen Marktkurs umgerechnete Anspruch des Instituts auf Lieferung oder Abnahme des Geschäftsgegenstandes.

(2) [1]Auf fremde Währung lautende Risikoaktiva sind zum Devisenkurs des jeweiligen Stichtages (Stichtagskurs) in Deutsche Mark umzurechnen; statt des Stichtagskurses darf das Institut bei der Umrechnung derjenigen Beteiligungen einschließlich der Anteile an verbundenen Unternehmen, die es nicht als Bestandteil seiner Fremdwährungsposition behandelt, den zum Zeitpunkt ihrer Erstverbuchung maßgeblichen Devisenkurs anwenden. [2]Für die an der Frankfurter Devisenbörse amtlich notierten Währungen sind die Kassamittelkurse, für die anderen Währungen die Mittelkurse aus feststellbaren An- und Verkaufskursen des Stichtages zugrunde zu legen.

§ 7. Bilanzaktiva. Als Bilanzaktiva im Sinne des § 4 Satz 2 Nr. 1 sind anzurechnen:
1. Guthaben bei Zentralnotenbanken und Postgiroämtern,
2. Schuldtitel öffentlicher Stellen und Wechsel, die zur Refinanzierung bei Zentralnotenbanken zugelassen sind,
3. im Einzug befindliche Werte, für die entsprechende Zahlungen bereits bevorschußt wurden,
4. Forderungen an Kreditinstitute und an Kunden (einschließlich der Warenforderungen von Kreditinstituten mit Warengeschäft),
5. Schuldverschreibungen und andere festverzinsliche Wertpapiere, soweit sie kein in § 4 Satz 2 Nr. 4 genanntes Recht verbriefen,
6. Aktien und andere nicht festverzinsliche Wertpapiere, soweit sie kein in § 4 Satz 2 Nr. 4 genanntes Recht verbriefen,

6a. Warenbestand von Kreditgenossenschaften, die das Warengeschäft betreiben,
7. Beteiligungen,
8. Anteile an verbundenen Unternehmen,
9. Sachanlagen,
10. Gegenstände, über die als Leasinggeber Leasingverträge abgeschlossen worden sind, unabhängig von ihrem Bilanzausweis,
11. Sonstige Vermögensgegenstände,
12. Rechnungsabgrenzungsposten.

§ 8. Außerbilanzielle Geschäfte. Als außerbilanzielle Geschäfte im Sinne des § 4 Satz 2 Nr. 2 sind anzurechnen
1. mit 100 v.H. ihrer Bemessungsgrundlage:
   a) den Kreditnehmern abgerechnete eigene Ziehungen im Umlauf,
   b) Indossamentsverbindlichkeiten aus weitergegebenen Wechseln,
   c) Bürgschaften und Garantien für Bilanzaktiva,
   d) Bestellung von Sicherheiten für fremde Verbindlichkeiten,
   e) unbedingte Verpflichtungen der Bausparkassen zur Ablösung fremder Vorfinanzierungs- und Zwischenkredite an Bausparer,
   f) Terminkäufe auf Bilanzaktiva, bei denen eine unbedingte Verpflichtung zur Abnahme des Geschäftsgegenstandes besteht,
   g) Plazierung von Termineinlagen auf Termin,
   h) Verkäufe von Bilanzaktiva mit Rückgriff, bei denen das Kreditrisiko beim verkaufenden Institut verbleibt,
   i) beim Pensionsgeber vom Bestand abgesetzte Bilanzaktiva, die dieser mit der Vereinbarung auf einen anderen übertragen hat, daß er sie auf Verlangen zurücknehmen muß,
   j) unbezahlter Anteil von teileingezahlten Aktien und Wertpapieren;
2. mit 50 v.H. ihrer Bemessungsgrundlage:
   a) Eröffnung und Bestätigung von Akkreditiven,
   b) Erfüllungsgarantien und andere als die in Nr. 1c genannten Garantien und Gewährleistungen,
   c) Verpflichtungen aus 'Note Issuance Facilities' (NIFs) und 'Revolving Underwriting Facilities' (RUFs),
   d) noch nicht in Anspruch genommene Kreditzusagen, welche eine Ursprungslaufzeit von mehr als einem Jahr haben und nicht fristlos und vorbehaltlos von dem Institut gekündigt werden können;
3. mit 20 v.H. ihrer Bemessungsgrundlage: Eröffnung und Bestätigung von Dokumentenakkreditiven, die durch Warenpapiere gesichert werden.

§ 9. Swapgeschäfte, Termingeschäfte und Optionsrechte. (1) [1]Institute, auf die die Vorschriften des Fünften Abschnitts anzuwenden sind, haben Swapgeschäfte, Termingeschäfte und Optionsrechte sowie für diese Risikoaktiva übernommene Gewährleistungen nach der Marktbewertungsmethode gemäß § 10 anzurechnen. [2]Nichthandelsbuchinstitute dürfen die in Satz 1 genannten Geschäfte, soweit der Eindeckungsaufwand ausschließlich oder teilweise auf Änderungen von Zinssätzen, Wechselkursen oder dem Goldpreis beruht, nach einheitlicher Wahl des Instituts anstelle der Marktbewertungsmethode nach der Laufzeitmethode gemäß § 11 anrechnen. [3]Die Wahl darf für genau bestimmte und eindeutig abgegrenzte Teilbereiche unterschiedlich ausfallen; die Festlegung von Teilbereichen kann nach verschiedenen Finanzinstrumenten oder nach unterschiedlichen organisatorisch festgelegten Bereichen des Instituts erfolgen. [4]Das Institut darf jederzeit von der Laufzeitmethode zur Marktbewertungsmethode übergehen. [5]Swap- und Termingeschäfte sowie Optionsrechte im Rahmen der von den gemischtwirtschaftlichen Kreditgenossenschaften üblicherweise betriebenen Warengeschäfte, die gemäß § 1 Abs. 4 von den Vorschriften des Vierten Abschnitts ausgenommen sind, dürfen abweichend von Satz 2 nach der Laufzeitmethode angerechnet werden.

(2) Als maßgebliche Laufzeit ist anzusehen
1. bei Termingeschäften und Optionsrechten über Gegenstände, die eine bestimmte Laufzeit aufweisen, die Laufzeit des Gegenstandes,
2. bei Termingeschäften auf variabel verzinsliche Wertpapiere und bei währungsgleichen Zinsswaps ohne Festzinsteil die bis zum nächstfolgenden Zinsanpassungstermin verbleibende Zeitspanne,
3. bei anderen Swapgeschäften, Termingeschäften und Optionsrechten die Laufzeit des Geschäftes.

§ 10. Marktbewertungsmethode. [1]Bei Anwendung der Marktbewertungsmethode sind vorbehaltlich des Anrechenverfahrens nach § 12 bei Vorliegen der dort genannten Voraussetzungen die Risikoaktiva mit dem potentiellen Eindeckungsaufwand anzurechnen, soweit dieser nach der täglich vorzunehmenden Bewertung bei einem Ausfall des Vertragspartners entstehen würde, vermehrt um den in Satz 3 festgelegten Zuschlag für die in Zukunft mögliche Risikoerhöhung; der Zuschlag entfällt bei währungsgleichen Zinsswaps ohne Festzinsteil. [2]Der Betrag des potentiellen Eindeckungsaufwandes wird durch die Höhe des zusätzlichen Aufwandes oder des geringeren Erlöses be-

3

stimmt, der sich bei Begründung einer gleichwertigen Position ergeben würde. [3]Der Zuschlag beläuft sich auf die mit dem maßgeblichen Vomhundertsatz aus Tabelle 1 angesetzte Bemessungsgrundlage. [4]Risikoaktiva, bei denen der Eindeckungsaufwand auf der Änderung von Preisen mehrerer Kategorien beruht, sind der Kategorie mit dem höchsten nach Tabelle 1 anzusetzenden Vomhundertsatz zuzuordnen.

Tabelle 1

Restlaufzeit	Zinsbezogene Geschäfte	Währungskurs- und goldpreisbezogene Geschäfte	Aktienkursbezogene Geschäfte	Edelmetallpreisbezogene Geschäfte (ohne Gold)	Rohwarenpreisbezogene und sonstige Geschäfte
bis 1 Jahr	0,0 v.H.	1,0 v.H.	6,0 v.H.	7,0 v.H.	10,0 v.H.
über 1 Jahr bis 5 Jahre	0,5 v.H.	5,0 v.H.	8,0 v.H.	7,0 v.H.	12,0 v.H.
über 5 Jahre	1,5 v.H.	7,5 v.H.	10,0 v.H.	8,0 v.H.	15,0 v.H.

§ 11. Laufzeitmethode. [1]Bei Anwendung der Laufzeitmethode sind vorbehaltlich des Anrechenverfahrens nach § 12 bei Vorliegen der dort genannten Voraussetzungen die Risikoaktiva in Höhe der mit den laufzeitbezogenen Vomhundertsätzen nach Tabelle 2 angesetzten, für sie maßgeblichen Bemessungsgrundlage anzurechnen.

Tabelle 2

Laufzeit	Ausschließlich zinsbezogene Geschäfte (Restlaufzeit)	Währungskurs- und goldpreisbezogene Geschäfte (Ursprungslaufzeit)
bis 1 Jahr	0,5 v.H.	2,0 v.H.
über 1 Jahr bis 2 Jahre	1,0 v.H.	5,0 v.H.
zusätzliche Berücksichtigung eines jeden weiteren Jahres	1,0 v.H.	3,0 v.H.

§ 12. Anerkannte zweiseitige Aufrechnungsvereinbarungen und Schuldumwandlungsverträge. (1) Zweiseitige Aufrechnungsvereinbarungen und Schuldumwandlungsverträge für Swapgeschäfte, Termingeschäfte und Optionsrechte zwischen dem Institut und seinem Vertragspartner bewirken eine ermäßigte Anrechnung der darunter einbezogenen Risikoaktiva nach Maßgabe der Absätze 2 und 5, sofern das Bundesaufsichtsamt für das Kreditwesen die risikomindernde Wirkung dieser Abmachungen unter den in der Kreditbestimmungsverordnung genannten Voraussetzungen anerkannt hat.

(2) [1]Wenn auf Grund einer zweiseitigen Aufrechnungsvereinbarung unter der Bedingung des Ausfalls des Vertragspartners ein einziger Anspruch in Höhe des Unterschiedsbetrages der positiven und negativen Marktwerte der mit dem Vertragspartner abgeschlossenen und in die Vereinbarung einbezogenen Geschäfte nach Absatz 1 begründet wird, sind die einbezogenen Geschäfte entweder nach der Marktbewertungsmethode oder nach der Laufzeitmethode anzurechnen. [2]Bei Anwendung der Marktbewertungsmethode sind die in die Aufrechnungsvereinbarung einbezogenen Geschäfte in Höhe des Unterschiedsbetrages der positiven und negativen Marktwerte anzurechnen, vermehrt um den Zuschlag Z. [3]Z wird nach der Gleichung

$$Z = 0{,}4 \cdot S + 0{,}6 \cdot V \cdot S$$

aus der Summe S der Zuschläge nach § 10 Satz 3 der in die Aufrechnungsvereinbarung einbezogenen Geschäfte und dem Verhältnis V bestimmt. [4]V bezeichnet das Verhältnis zwischen dem potentiellen Eindeckungsaufwand, der bei unterstelltem Ausfall des Vertragspartners in Höhe des Unterschiedsbetrages der positiven und negativen Marktwerte der in die Aufrechnungsvereinbarung mit dem Vertragspartner einbezogenen Geschäfte entstehen würde, und der Summe der in getrennten Betrachtungen für die einbezogenen Geschäfte einzeln ermittelten Eindeckungsaufwendungen. [5]Bei Anwendung der Laufzeitmethode sind die Vomhundertsätze der Tabelle 3 zugrunde zu legen. [6]Die Marktwerte sind täglich zu ermitteln.

Tabelle 3

Laufzeit	Ausschließlich zinsbezogene Geschäfte (Restlaufzeit)	Währungskurs- und goldpreisbezogene Geschäfte (Ursprungslaufzeit)
bis 1 Jahr	0,35 v.H.	1,50 v.H.
über 1 Jahr bis 2 Jahre	0,75 v.H.	3,75 v.H.
zusätzliche Berücksichtigung eines jeden weiteren Jahres	0,75 v.H.	2,25 v.H.

(3) [1]Für die Anrechnung von Devisentermingeschäften und vergleichbaren Geschäften, bei denen der Nennwert dem bestehenden Zahlungsanspruch entspricht, kann, soweit den auf Grund solcher Geschäfte begründeten Ansprüchen gegenläufige Verbindlichkeiten in derselben Währung und mit demselben Wertstellungstag gegenüberstehen, eine durch Verrechnung ermäßigte Bemessungsgrundlage auch dann angesetzt werden, wenn nur eine Aufrechnungsvereinbarung getroffen worden ist. [2]Die ermäßigte Bemessungsgrundlage be-

stimmt sich nach der Summe der Ansprüche, die für das Institut nach Saldierung der gegenläufigen, in Währung und Wertstellungstag sich deckenden Ansprüche und Verpflichtungen verbleiben würden. [3]Bei Anwendung der Marktbewertungsmethode darf abweichend von Absatz 2 Satz 3 ein einheitlicher Zuschlag unter Berücksichtigung der ermäßigten Bemessungsgrundlage berechnet werden, welcher dem im übrigen maßgeblichen Anrechnungsbetrag hinzuzufügen ist. [4]Bei Anwendung der Laufzeitmethode sind die laufzeitbezogenen Vomhundertsätze gemäß § 11 (Tabelle 2) auf die ermäßigte Bemessungsgrundlage anzuwenden.

(4) [1]Das Institut darf in die zweiseitige Aufrechnungsvereinbarung einbezogene Risikoaktiva nach § 4 Satz 2 Nr. 3 oder 4 berücksichtigen, bei denen der Eindeckungsaufwand ausschließlich oder teilweise auf der Änderung von Wechselkursen beruht und die Ursprungslaufzeit des Geschäftes weniger als fünfzehn Kalendertage beträgt, wenn dies einheitlich für alle mit dem Vertragspartner abgeschlossenen Geschäfte erfolgt. [2]An der Berücksichtigung ist auch dann festzuhalten, wenn der Risikoaktiva-Anrechnungsbetrag durch sie erhöht wird.

(5) Bei einem Schuldumwandlungsvertrag, durch den das auf Grund eines Swapgeschäftes, Termingeschäftes oder Optionsrechts bestehende Schuldverhältnis unmittelbar in der Weise umgestaltet wird, daß die sich daraus ergebenden Ansprüche und Verpflichtungen ganz oder teilweise erlöschen, ist auf das nach der Schuldumwandlung verbleibende Schuldverhältnis abzustellen.

§ 13. Bonitätsgewichte. (1) Mit 0 v.H. zu gewichten sind:

1. Risikoaktiva, deren Erfüllung geschuldet oder ausdrücklich gewährleistet wird von
   a) dem Bund, der Kreditanstalt für Wiederaufbau, einem Land, einem rechtlich unselbständigen Sondervermögen des Bundes oder eines Landes, einer Gemeinde oder einem Gemeindeverband im Geltungsbereich des Gesetzes über das Kreditwesen,
   b) einer ausländischen Zentralregierung oder einer Zentralnotenbank der Zone A,
   c) den Europäischen Gemeinschaften,
   d) einer Zentralregierung oder einer Zentralnotenbank der Zone B, sofern die Risikoaktiva auf die Währung des jeweiligen Schuldners bzw. Emittenten lauten und in dieser finanziert sind,
   e) einer Regionalregierung oder örtlichen Gebietskörperschaft in einem anderen Mitgliedstaat der Europäischen Gemeinschaften oder Vertragsstaat über den Europäischen Wirtschaftsraum, wenn derartige Risikoaktiva in diesem Staat nicht berücksichtigt werden, der Staat die Europäische Kommission hierüber unterrichtet und die Kommission dies bekannt gegeben hat;
2. Risikoaktiva, soweit ihre Erfüllung nachweislich gesichert ist durch Sicherheiten in Form von
   a) Wertpapieren einer Zentralregierung oder Zentralnotenbank der Zone A oder Wertpapieren der Europäischen Gemeinschaften,
   b) Wertpapieren eines Landes, einer Gemeinde oder eines Gemeindeverbandes im Geltungsbereich des Gesetzes über das Kreditwesen,
   c) Wertpapieren einer Regionalregierung oder örtlichen Gebietskörperschaft in einem anderen Mitgliedstaat der Europäischen Gemeinschaften oder Vertragsstaat über den Europäischen Wirtschaftsraum, wenn derartig gesicherte Risikoaktiva in diesem Staat nicht berücksichtigt werden, der Staat die Europäische Kommission hierüber unterrichtet und die Kommission dies bekannt gegeben hat,
   d) Einlagenzertifikaten oder ähnlichen Papieren, die von dem kreditgewährenden Institut ausgegeben wurden und bei diesem hinterlegt sind,
   e) Bareinlagen bei dem kreditgewährenden Institut;
3. Risikoaktiva nach § 4 Satz 2 Nr. 3 oder 4, bei denen der Eindeckungsaufwand ausschließlich auf der Änderung von Wechselkursen beruht und bei denen die Ursprungslaufzeit des Geschäftes weniger als fünfzehn Kalendertage beträgt, sofern sie nicht gemäß § 12 Abs. 3 Satz 3 berücksichtigt werden;
4. Risikoaktiva nach § 4 Satz 2 Nr. 4, die täglichen Einschußpflichten unterworfen sind (Margin-System) und deren Erfüllung von einer Wertpapier- oder Terminbörse geschuldet oder gewährleistet wird, sowie die für die Erfüllung derartiger Risikoaktiva übernommenen Gewährleistungen.

(2) Mit 10 v.H. zu gewichten sind Schuldverschreibungen, die die Voraussetzungen des Artikels 22 Abs. 4 Satz 1 und 2 der Investmentrichtlinie erfüllen.

(3) Mit 20 v.H. zu gewichten sind:

1. Risikoaktiva, deren Erfüllung geschuldet oder ausdrücklich gewährleistet wird von
   a) einer ausländischen Regionalregierung oder örtlichen Gebietskörperschaft der Zone A vorbehaltlich Absatz 1 Nr. 1 Buchstabe e,

3

b) einer juristischen Person des öffentlichen Rechts, die von einer der in Absatz 1 Nr. 1 Buchstabe a genannten Personen getragen wird und keine Erwerbszwecke verfolgt oder einem Unternehmen ohne Erwerbscharakter im vollen Besitz einer oder mehrerer dieser Gebietskörperschaften,

c) einer Einrichtung ohne Erwerbscharakter des öffentlichen Sektors in einem anderen Land der Zone A, ausgenommen diejenigen Stellen, für welche die zuständigen Bankaufsichtsbehörden im Sitzland ein höheres adressenbezogenes Gewicht festgelegt haben,

d) der Europäischen Investitionsbank,

3 e) einer multilateralen Entwicklungsbank im Sinne des Artikels 2 Abs. 1. 7. Anstrich der Richtlinie des Rates der Europäischen Gemeinschaften vom 18. Dezember 1989 über einen Solvabilitätskoeffizienten für Kreditinstitute (89/647/EWG) (Solvabilitätsrichtlinie),

f) einem Institut (einschließlich einer Zweigstelle gemäß § 53 KWG), auf das dieser Grundsatz Anwendung findet, sofern die Risikoaktiva bei dem Institut nicht dem haftenden Eigenkapital zugerechnet werden,

g) einem ausländischen Institut im Sinne des Artikels 2 Nr. 3 der Richtlinie des Rates der Europäischen Gemeinschaften vom 15. März 1993 über die angemessene Eigenkapitalausstattung von Wertpapierfirmen und Kreditinstituten (93/6/EWG) (Kapitaladäquanzrichtlinie) sowie anerkannten Wertpapierfirmen dritter Länder im Sinne des Artikels 2 Nr. 4 der Kapitaladäquanzrichtlinie, soweit diese ihren Sitz in der Zone A haben und für diese Artikel 4 Abs. 1 Kapitaladäquanzrichtlinie entsprechende Eigenmittelanforderungen gelten, sofern die Risikoaktiva bei dem Institut nicht Eigenmittel im Sinne der Richtlinie des Rates der Europäischen Gemeinschaften vom 17. April 1989 über die Eigenmittel von Kreditinstituten (89/299/EWG) (Eigenmittelrichtlinie) oder entsprechende Eigenmittel darstellen,

h) einem Kreditinstitut der Zone B, sofern die Ursprungslaufzeit der Risikoaktiva die Dauer eines Jahres nicht übersteigt und soweit es sich nicht um Eigenmittel handelt,

i) ausländischen Verwaltungseinrichtungen der Zone A, die keine Erwerbszwecke verfolgen und Zentralregierungen, Regionalregierungen oder örtlichen Gebietskörperschaften unterstehen, sowie Unternehmen ohne Erwerbscharakter im Besitz von Zentralregierungen, Regionalregierungen, örtlichen Gebietskörperschaften der Zone A oder von Stellen der Zone A, die die gleichen Aufgaben wahrnehmen wie Regionalregierungen oder örtliche Gebietskörperschaften, sofern die Risikoaktiva, deren Erfüllung von diesen Verwaltungseinrichtungen oder Unternehmen geschuldet oder ausdrücklich gewährleistet wird, im Sitzstaat nicht mit mehr als 20 v.H. berücksichtigt werden,

j) kirchlichen Körperschaften des öffentlichen Rechts, die bundesweit verfaßt sind und auf Grund des Artikels 140 des Grundgesetzes und des Artikels 137 Abs. 6 der Weimarer Verfassung Steuern erheben oder am Steueraufkommen der steuererhebenden kirchlichen Körperschaften teilhaben;

2. Risikoaktiva, soweit deren Erfüllung nachweislich gesichert ist durch Sicherheiten in Form von
   a) Wertpapieren der Europäischen Investitionsbank,
   b) Wertpapieren einer multilateralen Entwicklungsbank,
   c) Wertpapieren einer ausländischen Regionalregierung oder örtlichen Gebietskörperschaft der Zone A vorbehaltlich Absatz 1 Nr. 2 Buchstabe c,
   d) Bareinlagen, die bei einem anderen Institut der Zone A als dem kreditgewährenden Institut hinterlegt worden sind,
   e) Einlagenzertifikaten oder ähnlichen Papieren eines anderen Instituts der Zone A als dem kreditgewährenden Institut;
3. Bilanzaktiva im Sinne des § 7 Nr. 3.

(4) Mit 50 v.H. zu gewichten sind:

1. Risikoaktiva nach § 4 Satz 2 Nr. 3 und 4, sofern nicht die Voraussetzungen für die Anwendung eines niedrigeren Anrechnungssatzes gegeben sind,
2. Realkredite im Sinne des § 14 Abs. 2 Satz 3 Nr. 5 KWG, die durch Grundpfandrechte auf Wohneigentum, das von dem Kreditnehmer gegenwärtig oder künftig selbst genutzt oder vermietet wird, gesichert sind,
3. bis zum 1. Januar 2001 Realkredite im Sinne des § 14 Abs. 2 Satz 3 Nr. 5 KWG, die durch Grundpfandrechte auf gewerblich genutzte, im Geltungsbereich des KWG oder auf dem Gebiet eines anderen Mitgliedstaates, der das Wahlrecht nach Artikel 11 Abs. 4 der Solvabilitätsrichtlinie in Anspruch genommen hat, belegene Grundstücke gesichert sind,
4. grundpfandrechtlich gesicherte Wertpapiere, die hinsichtlich ihres Kapitals und ihres Zinsertrags in vollem Umfang und unmittelbar

von einem Pool grundpfandrechtlich gesicherter Darlehen gedeckt sind, sofern sichergestellt ist, daß die grundpfandrechtlichen Sicherheiten für die Erwerber gehalten werden,
5. Rechnungsabgrenzungsposten nach § 7 Nr. 12 mit Forderungscharakter, wenn der Schuldner, an den die Forderung gerichtet ist, nicht bestimmt werden kann.

(5) Mit 70 v.H. zu gewichten sind die folgenden Kredite der Bausparkassen an Bausparer, sofern sie nicht unter die in den Absätzen 1 und 3 genannten Adressen fallen:
1. Bauspardarlehen aus Zuteilungen (einschließlich der Ausleihungen nach Absatz 4 Nr. 2),
2. Darlehen zur Vor- und Zwischenfinanzierung von Leistungen der Bausparkassen auf Bausparverträge ihrer Bausparer,

wenn mindestens 60 v.H. dieser Darlehen unter Einhaltung der Beleihungsgrenze gemäß § 7 Abs. 1 Satz 3 des Gesetzes über Bausparkassen grundpfandrechtlich gesichert sind.

(6) Mit 100 v.H. zu gewichten sind alle sonstigen Risikoaktiva.

Dritter Abschnitt: Währungsgesamtposition

§ 14. Ermittlung und Anrechnung der Währungsgesamtposition. (1) [1]Die Währungsgesamtposition ist täglich bei Geschäftsschluß aus den in Deutsche Mark umgerechneten Unterschiedsbeträgen zwischen den Aktiv- und den Passivpositionen getrennt für jede fremde Währung (offene Einzelwährungspositionen) und für Gold (offene Goldposition) festzustellen. [2]§ 6 Abs. 2 gilt entsprechend; Aktiv- und Passivpositionen in Gold sind nach der Notierung an der Frankfurter Goldbörse für 12,5-kg-Barren (1 kg = 32 Feinunzen) in Deutsche Mark umzurechnen.

(2) [1]Die offenen Einzelwährungspositionen sind getrennt für Beträge mit aktivischer und Beträge mit passivischer Ausrichtung zusammenzufassen. [2]Der betragsmäßig größere der beiden Beträge (Nettowährungsposition) bildet zusammen mit dem Betrag der offenen Goldposition die Währungsgesamtposition des Instituts.

(3) Sofern die Währungsgesamtposition den Betrag von 2 v.H. oder die größere der beiden getrennt zu bestimmenden Summen aller in Deutsche Mark umgerechneten Aktiv- und Passivpositionen in allen fremden Währungen den Betrag von 100 v.H. der Eigenmittel übersteigt, ist die Währungsgesamtposition für die Ermittlung des Anrechnungsbetrages mit 8 v.H. zu gewichten.

(4) [1]Bei der Ermittlung des Anrechnungsbetrages für die Währungsgesamtposition darf das Institut nach einheitlicher und dauerhafter Wahl gegenläufig ausgerichtete und nach Umrechnung in Deutsche Mark betragsmäßig gleiche Positionen (ausgeglichene Währungsposition) in nachweislich eng verbundenen Währungen bei der Ermittlung der offenen Einzelwährungspositionen nach Absatz 1 unberücksichtigt lassen und statt dessen 50 v.H. des Betrages der ausgeglichenen Währungsposition der Nettowährungsposition nach Absatz 2 hinzufügen. [2]Für die Ermittlung des Anrechnungsbetrages ist die Währungsgesamtposition mit 8 v.H. zu gewichten; Absatz 3 findet keine Anwendung.

(5) Fremde Währungen gelten als nachweislich eng verbunden, wenn bei Zugrundelegen der täglichen Wechselkurse für die letzten drei Jahre eine Wahrscheinlichkeit von mindestens 99 v.H. – oder für die letzten fünf Jahre eine Wahrscheinlichkeit von mindestens 95 v.H. – besteht, daß aus ausgeglichenen Einzelwährungspositionen in diesen Währungen über die nächsten zehn Arbeitstage ein Verlust entsteht, der höchstens 4 v.H. des Wertes der ausgeglichenen Währungsposition beträgt.

§ 15. Aktiv- und Passivpositionen.
(1) [1]Aktivpositionen sind
1. unter Aktiva der Bilanz auszuweisende Vermögensgegenstände einschließlich zeitanteiliger Erträge, auch wenn diese noch nicht den zugehörigen bilanziellen Posten zugeordnet worden sind, soweit diese Vermögensgegenstände nicht in den Aktivpositionen Nummern 4 oder 5 zu erfassen sind,
2. Liefer- und Zahlungsansprüche aus Kassa- und Termingeschäften sowie Ansprüche auf die Zahlung von Kapitalbeträgen aus Finanz-Swaps, soweit die Ansprüche nicht in der Aktivposition Nummer 1 erfaßt sind,
3. Eventualansprüche auf Rückgabe von in Pension gegebenen Gegenständen der Aktivposition Nummer 1,
4. dem Institut im Falle der Ausübung eigener oder fremder Optionsrechte zustehende Liefer- oder Zahlungsansprüche aus Devisen- oder Goldoptionen nach Maßgabe des § 28,
5. nicht unter Nummer 4 erfaßte eigene Optionsrechte,
6. unwiderrufliche Garantien und Gewährleistungen sowie vergleichbare Instrumente, die mit Sicherheit in Anspruch genommen werden, soweit ihre Inanspruchnahme zu einer Zunahme der Aktivpositionen Nummern 1 bis 4 führen wird.

[2]Erwartete Einnahmen, die nicht zeitanteilige Erträge sind, dürfen, soweit sie nachweislich durch eine oder mehrere der Passivpositionen Nummern 1 bis 4 gesichert sind, nach einheitlicher und dauerhafter Wahl des Instituts den Aktivpositionen zugerechnet werden.

(2) [2]Passivpositionen sind

1. unter Passiva der Bilanz auszuweisende Schulden einschließlich zeitanteiliger Aufwendungen, auch wenn diese noch nicht den zugehörigen bilanziellen Posten zugeordnet worden sind,
2. Liefer- und Zahlungsverpflichtungen aus Kassa- und Termingeschäften sowie Verpflichtungen zur Zahlung von Kapitalbeträgen aus Finanz-Swaps, soweit die Verpflichtungen nicht in der Passivposition Nummer 1 erfaßt sind,
3. Eventualverbindlichkeiten auf Rückgabe von in Pension genommenen Gegenständen der Aktivposition Nummer 1,
4. vom Institut im Falle der Ausübung eigener oder fremder Optionsrechte zu erfüllende Liefer- oder Zahlungsverpflichtungen aus Devisen- oder Goldoptionen nach Maßgabe des § 28,
5. nicht unter Nummer 4 erfaßte fremde Optionsrechte,
6. unwiderrufliche Garantien und Gewährleistungen sowie vergleichbare Instrumente, die mit Sicherheit in Anspruch genommen werden, soweit ihre Inanspruchnahme zu einer Zunahme der Passivpositionen Nummern 1 bis 4 führen wird.

[2]Erwartete Ausgaben, die nicht zeitanteilige Aufwendungen sind, dürfen, soweit sie nachweislich durch eine oder mehrere Aktivpositionen Nummern 1 bis 4 gesichert sind, nach einheitlicher und dauerhafter Wahl des Instituts den Passivpositionen zugerechnet werden.

(3) [1]Die Aktiv- und Passivpositionen Nummern 1, 3 und 6 sind in Höhe ihrer Buchwerte, die Aktiv- und Passivpositionen Nummer 5 in Höhe ihrer Marktwerte, die übrigen Aktiv- und Passivpositionen mit ihren Nominalbeträgen zu berücksichtigen. [2]Abweichend von Satz 1 dürfen die unter den Aktiv- und Passivpositionen Nummer 2 zu berücksichtigenden Liefer- und Zahlungsverpflichtungen aus Devisen- und Goldtermingeschäften nach einheitlicher und dauerhafter Wahl des Instituts mit ihren Gegenwartswerten berücksichtigt werden. [3]Unabhängig von der Art ihres Bilanzausweises sind die in fremder Währung und in Deutscher Mark gebildeten Einzelwertberichtigungen zu Aktivpositionen von diesen abzuziehen.

(4) Aktiv- oder Passivpositionen in Verrechnungseinheiten, deren Kurs aus den Kursen anderer Währungen rechnerisch bestimmt wird, dürfen nach einheitlicher und dauerhafter Wahl des Instituts wie eine fremde Währung behandelt oder in die ihrer Kursfeststellung zugrundeliegenden Währungen aufgeschlüsselt werden.

Vierter Abschnitt: Rohwarenposition

§ 16. Ermittlung und Anrechnung der Rohwarenposition. (1) [1]Die Rohwarenposition ist täglich bei Geschäftsschluß aus den Unterschiedsbeträgen aus den mit den Kassamarktpreisen der Rohwaren bewerteten und in Deutsche Mark umgerechneten Aktiv- und Passivpositionen (offene Rohwareneinzelpositionen) getrennt für jede Rohware festzustellen. [2]§ 6 Abs. 2 gilt entsprechend.

(2) Aktivpositionen sind

1. unter Aktiva der Bilanz auszuweisende Rohwarenbestände,
2. Lieferansprüche aus Swap-, Kassa- und Termingeschäften,
3. dem Institut im Falle der Ausübung eigener oder fremder Optionsrechte zustehende Lieferansprüche nach Maßgabe des § 28,
4. Eventualansprüche auf Rückgabe von in Pension gegebenen Gegenständen der Aktivposition Nummer 1.

(3) Passivpositionen sind

1. Lieferverpflichtungen aus Swap-, Kassa- und Termingeschäften,
2. vom Institut im Falle der Ausübung eigener oder fremder Optionsrechte zu erfüllende Lieferverpflichtungen nach Maßgabe des § 28,
3. Eventualverbindlichkeiten auf Rückgabe von in Pension genommenen Gegenständen der Aktivposition Nummer 1.

(4) [1]Zur Ermittlung des Anrechnungsbetrages sind die offenen Rohwareneinzelpositionen ungeachtet ihrer aktivischen oder passivischen Ausrichtung zusammenzufassen und mit 15 v.H. zu gewichten. [2]Die Aktiv- und Passivpositionen in den einzelnen Rohwaren sind ungeachtet ihrer aktivischen oder passivischen Ausrichtung zusammenzufassen und in Höhe von 3 v.H. der Summe nach Satz 1 hinzuzurechnen.

§ 17. Zeitfächermethode. (1) Abweichend von § 16 Abs. 4 darf das Institut nach dauerhafter Wahl den Anrechnungsbetrag für die Rohwarenposition aus den Teilanrechnungsbeträgen für die offenen Rohwareneinzelpositionen mit Hilfe eines für jede Rohware getrennt aufzustellenden, zeitlich gegliederten Risiko-Erfassungssystems für die in Tabelle 4 genannten sieben aufeinanderfolgenden Anrechnungsbereiche (Zeitfächer) bestimmen.

Tabelle 4

Anrechnungsbereich
bis zu einem Monat
über einem Monat bis zu drei Monate
über drei Monate bis zu sechs Monate
über sechs Monate bis zu einem Jahr
über einem Jahr bis zu zwei Jahre
über zwei Jahre bis zu drei Jahre
über drei Jahre

(2) [1]Zur Ermittlung der Teilanrechnungsbeträge für die offenen Rohwareneinzelpositionen sind die Aktiv- und Passivpositionen entsprechend ihrer Fälligkeit den Anrechnungsbereichen des Risiko-Erfassungssystems zuzuordnen und in jedem Anrechnungsbereich die einander betragsmäßig entsprechenden, gegenläufig ausgerichteten Positionen (ausgeglichene Bereichspositionen) sowie die verbleibenden Unterschiedsbeträge zwischen den Aktiv- und den Passivpositionen (offene Bereichspositionen) zu bestimmen. [2]Die ausgeglichenen Bereichspositionen sind mit 3 v.H. zu gewichten und zum Teilanrechnungsbetrag zusammenzufassen.

(3) [1]Die offene Bereichsposition eines jeden Anrechnungsbereichs ist, beginnend mit dem ersten in Tabelle 4 aufgeführten Anrechnungsbereich, mit der offenen Bereichsposition des jeweils nächstfolgenden Anrechnungsbereichs zusammenzufassen und die aus dieser Zusammenfassung sich ergebenden, dem nächstfolgenden Anrechnungsbereich zuzuordnenden ausgeglichenen und offenen Bereichspositionen zu ermitteln. [2]Jede der in die Zusammenfassung eingehenden offenen Bereichspositionen ist mit 0,6 v.H. je Anrechnungsbereich zu gewichten und dem Teilanrechnungsbetrag nach Absatz 2 Satz 2 hinzuzurechnen. [3]Die sich aus der Zusammenfassung ergebenden ausgeglichenen Bereichspositionen sind mit 3 v.H. zu gewichten und dem Teilanrechnungsbetrag nach Absatz 2 Satz 2 hinzuzurechnen. [4]Die verbleibende offene Bereichsposition ist mit 15 v.H. zu gewichten und dem Teilanrechnungsbetrag nach Absatz 2 Satz 2 hinzuzurechnen.

Fünfter Abschnitt: Handelsbuch-Risikopositionen

§ 18. Handelsbuch-Risikopositionen

(1) Handelsbuch-Risikopositionen sind
1. Nettopositionen aus
   a) zinsbezogenen Finanzinstrumenten nach § 1 Abs. 11 KWG (Zinsnettopositionen),
   b) aktienkursbezogenen Finanzinstrumenten nach § 1 Abs. 11 KWG (Aktiennettopositionen);
2. Adressenausfallrisikopositionen des Handelsbuches.

(2) Bei der Ermittlung der Nettopositionen im Sinne des Absatzes 1 Nr. 1 sind die vom Institut übernommenen Garantien und Gewährleistungen zur Übernahme von zins- oder aktienkursbezogenen Wertpapieren in Abhängigkeit vom zeitlichen, in Arbeitstagen bemessenen Abstand vom Datum der verbindlichen Abgabe der Garantie- oder Gewährleistungserklärung in Höhe der in Tabelle 5 aufgeführten Vomhundertsätze zu berücksichtigen, sofern die Wertpapiere, auf die sich die Übernahmeverpflichtung bezieht, nicht bereits dem Bestand des Instituts zugerechnet werden.

3

Tabelle 5

Seit verbindlicher Abgabe der Garantie- oder Gewährleistungserklärung vergangene Arbeitstage	Vomhundertsatz
Null	0
Ein	10
Zwei	25
Drei	25
Vier	50
Fünf	75
Sechs und mehr	100

(3) Im Rahmen von Pensionsgeschäften übertragene oder im Rahmen von Leihgeschäften verliehene Finanzinstrumente, die in die Nettopositionen nach Absatz 1 Nr. 1 einzubeziehen sind, sind dem Pensionsgeber oder dem Verleiher zuzurechnen.

(4) Investmentanteile sind bei der Ermittlung der Handelsbuch-Risikopositionen nicht zu berücksichtigen.

§ 19. Nettopositionen. (1) [1]Nettopositionen sind die Unterschiedsbeträge aus
1. Beständen an gleichen Wertpapieren, Lieferansprüchen und Lieferverpflichtungen aus Kassa-, Termin- und Optionsgeschäften sowie Swapgeschäften, die die gleichen Wertpapiere zum Geschäftsgegenstand haben oder sich vertraglich auf die gleichen Wertpapiere beziehen,
2. einander weitgehend entsprechenden, gegenläufig ausgerichteten derivativen Geschäften, soweit sie der Zinsnettoposition zugehören.

[2]Geschäfte, die sich auf einen Index beziehen, stehen Wertpapieren gleich.

(2) [1]Bei der Ermittlung der Nettopositionen sind die Termin-, Options- und Swapgeschäfte nach Absatz 1 Satz 1 Nr. 1 sowie die derivativen Geschäfte nach Absatz 1 Satz 1 Nr. 2 entspre-

chend ihrer zinsmäßigen Wirkung unter Beachtung der mit ihnen verbundenen Zahlungsströme in Komponenten aufzuspalten und in Höhe ihrer maßgeblichen Beträge zu berücksichtigen. [2]Die nicht auf Wertpapiere bezogenen Komponenten der Termin-, Options- und Swapgeschäfte nach Absatz 1 Satz 1 Nr. 1 sind nach der Aufspaltung als derivative Geschäfte zu betrachten und in die Berechnung der Nettoposition nach Absatz 1 Satz 1 Nr. 2 einzubeziehen. [3]Maßgebliche Beträge sind bei Nettopositionen nach Absatz 1 Satz 1 Nr. 1 die aktuellen Marktpreise der Wertpapiere, bei Nettopositionen nach Absatz 1 Satz 1 Nr. 2 die Gegenwartswerte, jeweils in Deutsche Mark umgerechnet; § 6 Abs. 2 gilt entsprechend. [4]Optionsgeschäfte sind nach Maßgabe des § 28 zu berücksichtigen.

3

(3) Wertpapiere sind als gleich anzusehen, wenn sie
1. von demselben Emittenten ausgegeben wurden,
2. auf dieselbe Währung lauten und auf demselben nationalen Markt gehandelt werden,
3. im Falle der Einbeziehung in die Zinsnettoposition in ihrem Rückzahlungsprofil übereinstimmen,
4. im Falle der Einbeziehung in die Aktiennettoposition dem Inhaber hinsichtlich des Stimmrechtes dieselbe Stellung verleihen,
5. im Falle der Insolvenz des Emittenten denselben Rang einnehmen.

(4) Positionen aus derivativen Geschäften sind als einander weitgehend entsprechend anzusehen, wenn
1. sie denselben Nominalwert haben und auf dieselbe Währung lauten,
2. im Falle der Einbeziehung in die Zinsnettoposition sich ihre nach ihrem Coupon oder demselben variablen Referenzzinssatz bemessene Nominalverzinsung um nicht mehr als 0,15 Prozentpunkte unterscheidet,
3. sich die Restlaufzeit oder restliche Zinsbindungsfrist um nicht mehr als die in Tabelle 6 festgelegten Zeitspannen unterscheidet.

Tabelle 6

Länge der restlichen Zinsbindungsfrist oder Restlaufzeit	Zeitspannen
unter ein Monat	selber Kalendertag
ein Monat bis ein Jahr	7 Kalendertage
mehr als ein Jahr	30 Kalendertage

§ 20. Allgemeines Kursrisiko Zinsnettoposition. (1) Zur Ermittlung des Teilanrechnungsbetrages für das allgemeine Kursrisiko sind die Zinsnettopositionen nach der Jahresbandmethode entsprechend ihrer restlichen Zinsbindungsfrist in Höhe ihrer maßgeblichen Beträge getrennt nach Währungen unter Berücksichtigung ihrer Zinsbindungsrichtung und ihrer Nominalverzinsung in zeitlich bestimmte Laufzeitbänder einzustellen und zu gewichten.

(2) Abweichend von Absatz 1 darf nach einheitlicher und dauerhafter Wahl des Instituts statt der Jahresbandmethode die Durationmethode verwendet werden.

§ 21. Jahresbandmethode. (1) [1]Bei der Jahresbandmethode umfassen die Laufzeitbänder für Nettopositionen mit einer Nominalverzinsung von weniger als 3 v.H. (Zinsbereich A) die in Spalte A der Tabelle 7 aufgeführten Zeitspannen. [2]Bei einer Nominalverzinsung von 3 v.H. und mehr (Zinsbereich B) umfassen die Laufzeitbänder die in Spalte B der Tabelle 7 aufgeführten Zeitspannen. [3]Den Laufzeitbändern, die ab dem jeweiligen Berechnungstag bemessen werden, sind die in Spalte C der Tabelle 7 aufgeführten Gewichtungssätze zugeordnet. [4]Von den Laufzeitbändern werden verbunden
1. die ersten vier Laufzeitbänder zur kurzfristigen Laufzeitzone,
2. die folgenden drei Laufzeitbänder zur mittelfristigen Laufzeitzone,
3. die übrigen Laufzeitbänder zur langfristigen Laufzeitzone.

Tabelle 7

Spalte A Zeitspanne im Zinsbereich A	Spalte B Zeitspanne im Zinsbereich B	Spalte C Gewichtungssatz in v.H.
bis zu einem Monat	bis zu einem Monat	0,00
über einem bis zu drei Monate	über einem bis zu drei Monate	0,20
über drei bis zu sechs Monate	über drei bis zu sechs Monate	0,40
über sechs Monate bis zu einem Jahr	über sechs Monate bis zu einem Jahr	0,70
über einem bis zu 1,9 Jahre	über einem bis zu 2 Jahre	1,25
über 1,9 bis zu 2,8 Jahre	über 2 bis zu 3 Jahre	1,75
über 2,8 bis zu 3,6 Jahre	über 3 bis zu 4 Jahre	2,25
über 3,6 bis zu 4,3 Jahre	über 4 bis zu 5 Jahre	2,75
über 4,3 bis zu 5,7 Jahre	über 5 bis zu 7 Jahre	3,25
über 5,7 bis zu 7,3 Jahre	über 7 bis zu 10 Jahre	3,75
über 7,3 bis zu 9,3 Jahre	über 10 bis zu 15 Jahre	4,50
über 9,3 bis zu 10,6 Jahre	über 15 bis zu 20 Jahre	5,25
über 10,6 bis zu 12,0 Jahre	über 20 Jahre	6,00
über 12,0 bis zu 20,0 Jahre		8,00
über 20,0 Jahre		12,50

(2) Nach der Einstellung und Gewichtung der Zinsnettopositionen in die Laufzeitbänder nach § 20 Abs. 1 sind die gewichteten Zinsnettopositionen beider Zinsbereiche für jedes Laufzeitband getrennt nach ihrer Zinsbindungsrichtung zusammenzufassen.

(3) Für jedes Laufzeitband sind die sich betragsmäßig entsprechenden Summen der gewichteten Nettopositionen mit gegenläufigen Zinsbindungsrichtungen (ausgeglichene Bandpositionen) sowie die verbleibenden Unterschiedsbeträge (offene Bandpositionen) zu ermitteln.

(4) [1]Die ausgeglichenen Bandpositionen sind zur Gesamtsumme der ausgeglichenen Bandpositionen zusammenzufassen. [2]Für jede Laufzeitzone sind die der Zone zugehörigen offenen Bandpositionen getrennt nach ihrer Zinsbindungsrichtung zusammenzufassen.

(5) [1]Für jede Laufzeitzone sind die sich betragsmäßig entsprechenden Summen der nach Absatz 4 Satz 2 zusammengefaßten offenen Bandpositionen mit gegenläufigen Zinsbindungsrichtungen (ausgeglichene Zonenpositionen) sowie die verbleibenden Unterschiedsbeträge (offene Zonenpositionen) zu errechnen. [2]Die offenen Zonenpositionen aller Laufzeitzonen sind unter Berücksichtigung ihrer Zinsbindungsrichtung jeweils einzeln zur Ermittlung der ausgeglichenen Zonensaldopositionen und der offenen Zonensaldopositionen miteinander zu verrechnen und die verbleibende offene Zonensaldoposition zu ermitteln; hierbei ist zunächst die offene Zonenposition der kurzfristigen Zone mit der offenen Zonenposition der mittelfristigen Zone, die verbleibende offene Zonenposition der mittelfristigen Zone mit der offenen Zonenposition der langfristigen Zone und die verbleibende offene Zonenposition der langfristigen Zone mit der verbleibenden offenen Zonenposition der kurzfristigen Zone zu verrechnen.

(6) Der Teilanrechnungsbetrag für das allgemeine Kursrisiko ist zu ermitteln als Summe aus

1. der mit 10 v.H. gewichteten Gesamtsumme der ausgeglichenen Bandpositionen,
2. der mit 40 v.H. gewichteten ausgeglichenen Zonenposition der kurzfristigen Zone,
3. der mit 30 v.H. gewichteten ausgeglichenen Zonenposition der mittelfristigen Zone,
4. der mit 30 v.H. gewichteten ausgeglichenen Zonenposition der langfristigen Zone,
5. der mit 40 v.H. gewichteten ausgeglichenen Zonensaldoposition zwischen der kurzfristigen und der mittelfristigen Zone,
6. der mit 40 v.H. gewichteten ausgeglichenen Zonensaldoposition zwischen der verbleibenden offenen Zonenposition der mittelfristigen Zone und der offenen Zonenposition der langfristigen Zone,
7. der mit 150 v.H. gewichteten ausgeglichenen Zonensaldoposition zwischen den verbleibenden offenen Zonenpositionen der kurzfristigen und der langfristigen Zone,
8. der verbleibenden offenen Zonensaldoposition.

§ 22. Durationmethode. (1) [1]Bei der Durationmethode sind die Zinsnettopositionen entsprechend ihrer Duration in die Laufzeitbänder einzustellen, die die in Tabelle 8 aufgeführten, ab dem jeweiligen Berechnungstag bemessenen Zeitspannen umfassen. [2]§ 21 Abs. 1 Satz 4 gilt entsprechend.

(2) Zur Ermittlung der Gewichtungssätze, die auf die in die Laufzeitzonen einzustellenden Nettopositionen anzuwenden sind, sind die in Tabelle 8 aufgeführten anzunehmenden Renditeänderungen mit der für jede Nettoposition festzustellenden finanzmathematischen Kennzahl der „modifizierten Duration" zu multiplizieren.

Tabelle 8

Zeitspanne	anzunehmende Renditeänderung in v.H.-Punkten
bis zu einem Monat	1,00
über einem bis zu drei Monate	1,00
über drei bis zu sechs Monate	1,00
über sechs Monate bis zu einem Jahr	1,00
über einem Jahr bis zu 1,9 Jahre	0,90
über 1,9 bis zu 2,8 Jahre	0,80
über 2,8 bis zu 3,6 Jahre	0,75
über 3,6 bis zu 4,3 Jahre	0,75
über 4,3 bis zu 5,7 Jahre	0,70
über 5,7 bis zu 7,3 Jahre	0,65
über 7,3 bis zu 9,3 Jahre	0,60
über 9,3 bis zu 10,6 Jahre	0,60
über 10,6 bis zu 12,0 Jahre	0,60
über 12,0 bis zu 20,0 Jahre	0,60
über 20,0 Jahre	0,60

(3) § 21 Abs. 2 bis 6 gilt entsprechend mit der Maßgabe, daß abweichend von § 21 Abs. 6 Nr. 1 die Gesamtsumme der ausgeglichenen Bandpositionen mit 5 v.H. zu gewichten ist.

§ 23. Besonderes Kursrisiko Zinsnettoposition. (1) Zur Ermittlung des Teilanrechnungsbetrages für das besondere Kursrisiko sind die Zinsnettopositionen in Höhe ihrer maßgeblichen Beträge zusammenzufassen und mit 8 v.H. zu gewichten.

(2) Nettopositionen nach § 19 Abs. 1 Satz 1 Nr. 1 (Wertpapier-Zinsnettopositionen), bei denen

3

die Erfüllung von Personen nach § 13 Abs. 1 Nr. 1 Buchstabe a bis c und e geschuldet oder ausdrücklich gewährleistet wird, sowie Nettopositionen aus Komponenten nach § 19 Abs. 2 Satz 1 und 2, bei denen in Bezug auf den zugrundeliegenden Gegenstand kein emittentenbezogenes Risiko besteht (Derivativ-Zinsnettopositionen), sind bei der Zusammenfassung nach Absatz 1 nicht zu berücksichtigen.

(3) [1]Bei der Zusammenfassung nach Absatz 1 sind Wertpapier-Zinsnettopositionen in Wertpapieren mit hoher Anlagequalität entsprechend ihrer Restlaufzeit zu gewichten. [2]Wertpapiere mit hoher Anlagequalität sind Wertpapiere, bei denen die Erfüllung von Personen nach § 13 Abs. 3 Nr. 1 Buchstabe a bis g sowie i und j geschuldet oder ausdrücklich gewährleistet wird, sowie Wertpapiere, die

3

1. auf mindestens einem geregelten Markt im Sinne des Artikels 1 Nr. 13 der Richtlinie des Rates vom 10. Mai 1993 über Wertpapierdienstleistungen (93/22/EWG) (Wertpapierdienstleistungsrichtlinie) in einem Mitgliedstaat der Europäischen Union oder an einer anerkannten Börse eines anderen Landes der Zone A gehandelt und
2. von dem Institut nach eigenen allgemeinen, auf dauerhafte Verwendung angelegten Kriterien, die dem Bundesaufsichtsamt auf Verlangen offenzulegen sind, als hinreichend liquide angesehen und mit einem Adressenausfallrisiko eingestuft werden, das mit dem von Risikoaktiva nach § 13 Abs. 3 Nr. 1 Buchstaben a bis g sowie i und j vergleichbar oder niedriger ist.

[3]Die Gewichtungssätze betragen für Aktiva mit hoher Anlagequalität mit einer Restlaufzeit von

1. bis zu sechs Monaten	3,125 v.H.,
2. über sechs Monaten bis zu zwei Jahren	12,500 v.H.,
3. mehr als zwei Jahren	20,000 v.H.,

§ 24. Allgemeines Kursrisiko Aktiennettoposition. Der Unterschiedsbetrag zwischen den entsprechend ihrer aktivischen (bestandsvermehrenden) oder passivischen (bestandsvermindernden) Ausrichtung in Höhe ihrer maßgeblichen Beträge zusammengefaßten Aktiennettopositionen ist getrennt für jeden nationalen Aktienmarkt in Höhe von 8 v.H. als Teilanrechnungsbetrag für das allgemeine Kursrisiko zu berücksichtigen.

§ 25. Besonderes Kursrisiko Aktiennettoposition. (1) [1]Zur Ermittlung des Teilanrechnungsbetrages für das besondere Kursrisiko sind die Aktiennettopositionen unabhängig von ihren bestandsvermehrenden oder bestandsvermindernden Ausrichtungen in Höhe ihrer maßgeblichen Beträge zusammenzufassen und vorbehaltlich Satz 2 mit 4 v.H. zu gewichten. [2]Nettopositionen in Aktienindexkontrakten sind nicht zu berücksichtigen.

(2) [1]Nettopositionen nach § 19 Abs. 1 Satz 1 Nr. 1 in hochliquiden Aktien mit hoher Anlagequalität sind bei der Zusammenfassung nach Abs. 1 mit nur 50 v.H. ihres maßgeblichen Betrages zu berücksichtigen, sofern sie jeweils nicht mehr als 5 v.H. des Werts der gesamten Nettopositionen bilden. [2]Die in Satz 1 Halbsatz 2 genannte Grenze beträgt 10 v.H., wenn der Gesamtwert dieser Nettopositionen nicht mehr als 50 v.H. des Werts der gesamten Nettopositionen beträgt. [3]Aktien gelten als hochliquide, wenn sie nachweislich in einen gängigen Aktienindex einbezogen sind. [4]Aktien mit hoher Anlagequalität sind Aktien, die nachweislich in einem Land mit liquidem Aktienmarkt zum Handel an einer Wertpapierbörse gemäß § 1 Abs. 3e KWG zugelassen sind und deren Emittent nicht Schuldner aus in die Zinsnettoposition einbezogenen Wertpapieren ist, die keine Aktiva mit hoher Anlagequalität nach § 23 Abs. 3 sind.

§ 26. Aktienindexpositionen. Bei der Ermittlung der Aktiennettopositionen dürfen abweichend von § 19 Abs. 1 Satz 2 nach einheitlicher und dauerhafter Wahl des Instituts Nettopositionen aus Aktienindexgeschäften nach Maßgabe der jeweils gültigen Indexzusammensetzung in Nettopositionen in den dem Aktienindex zugrundeliegenden einzelnen Aktien vollständig aufgeschlüsselt werden.

§ 27. Adressenausfallrisikopositionen des Handelsbuches. (1) Bei der Anrechnung der Adressenausfallrisikopositionen des Handelsbuches ist zugrunde zu legen

1. bei Geschäften mit Schuldtiteln und Anteilspapieren, die nach Ablauf des vereinbarten Erfüllungszeitpunktes noch nicht abgewickelt sind, der zugunsten des Instituts bestehende Unterschiedsbetrag zwischen dem vereinbarten Abrechnungspreis und dem aktuellen Marktwert des zugrundeliegenden Geschäftsgegenstands (Abwicklungsrisiko),
2. bei Vorleistungen durch das Institut im Rahmen von Wertpapiergeschäften der Wert der geschuldeten Gegenleistung, wobei im Falle von grenzüberschreitenden Transaktionen Vorleistungen anrechenpflichtig sind, wenn sie länger als einen Geschäftstag bestehen (Vorleistungsrisiko),
3. bei Pensionsgeschäften und Leihgeschäften
   a) des Pensionsgebers bzw. Verleihers der Betrag, zu dem der aktuelle Marktwert

der übertragenen Finanzinstrumente den erhaltenen Geldbetrag oder aktuellen Marktwert der empfangenen Sicherheiten einschließlich der aufgelaufenen Zinsen übersteigt, sofern der Pensionsnehmer bzw. Entleiher verpflichtet ist, die ihm vom Pensionsgeber bzw. Verleiher gegen Zahlung eines Geldbetrages oder Bestellung einer Bar- oder Wertpapiersicherheit auf Zeit überlassenen Finanzinstrumente zurückzuübertragen,

b) des Pensionsnehmers bzw. Entleihers der Betrag, zu dem der hingegebene Geldbetrag oder aktuelle Marktwert der hinterlegten Sicherheiten einschließlich der aufgelaufenen Zinsen den Marktwert der erhaltenen Finanzinstrumente übersteigt,

unter den Voraussetzungen nach Absatz 3,

4. bei derivativen Instrumenten, die keinen täglichen Einschußpflichten unterworfen sind (Margin-System) und deren Erfüllung von einer Wertpapier- oder Terminbörse weder geschuldet noch gewährleistet wird, der zugrundeliegende Kapitalbetrag bzw. der unter der Annahme tatsächlicher Erfüllung bestehende Anspruch des Instituts auf Lieferung oder Abnahme des Geschäftsgegenstandes,
5. bei Forderungen in Form von Gebühren, Provisionen, Zinsen, Dividenden und Einschüssen, die in einem unmittelbaren Zusammenhang mit den Posten des Handelsbuches stehen, der Buchwert, sofern die Forderungen nicht unter den Bilanzaktiva im Sinne des § 7 erfaßt oder von den Eigenmitteln abgezogen werden.

(2) Als Anrechnungsbeträge ergeben sich

1. für das Abwicklungsrisiko nach einheitlicher und dauerhafter Wahl des Instituts die Summe der mit den in Spalte A der Tabelle 9 aufgeführten zeitabhängigen Vomhundertsätzen gewichteten Unterschiedsbeträge zwischen dem jeweils vereinbarten Abrechnungspreis und dem aktuellen Marktwert des Wertpapiergeschäftes oder die Summe der mit den in Spalte B der Tabelle 9 aufgeführten gestaffelten Gewichtungssätzen multiplizierten Abrechnungspreise der zugrundeliegenden Wertpapiere; sind mehr als fünfundvierzig Geschäftstage nach dem festgesetzten Abrechnungstermin verstrichen, so ist der zugunsten des Instituts bestehende Unterschiedsbetrag zwischen dem vereinbarten Abrechnungspreis und dem aktuellen Marktwert in voller Höhe zu berücksichtigen,

Tabelle 9

Anzahl der Geschäftstage nach dem vereinbarten Abrechnungstermin	Spalte A in v.H.	Spalte B in v.H.
5–15	8	0,5
16–30	50	4,0
31–45	75	9,0
46 und mehr	100	

2. für das Vorleistungsrisiko der mit 8 v.H. zu berücksichtigende Wert der geschuldeten Gegenleistung gewichtet mit dem für die Gegenpartei geltenden Bonitätsgewicht nach Maßgabe des § 13,
3. für das Ausfallrisiko aus Pensions- und Leihgeschäften die mit 8 v.H. zu berücksichtigenden Beträge nach Absatz 1 Nr. 3 gewichtet mit dem für die Gegenpartei gemäß § 13 geltenden Bonitätsgewicht vorbehaltlich Absatz 3,
4. für das Adressenausfallrisiko bei derivativen Instrumenten nach Absatz 1 Nr. 4 der anhand des Verfahrens nach § 10 zu bestimmende und mit 8 v.H. berücksichtigende Anrechnungsbetrag gewichtet mit dem Bonitätsgewicht nach Maßgabe des § 13,
5. für das Adressenausfallrisiko bei sonstigen Forderungen im Sinne des Absatzes 1 Nr. 5 der entsprechende, mit 8 v.H. zu berücksichtigende Risikoaktiva-Anrechnungsbetrag.

(3) [1]Die Ermittlung des Anrechnungsbetrages nach Absatz 2 Nr. 3 setzt voraus, daß beim Pensionsnehmer und Entleiher

1. die Risikopositionen täglich zum Marktwert bemessen werden,
2. die Sicherheitsleistungen an veränderte Marktgegebenheiten angepaßt werden,
3. die Geschäfte bei Insolvenz einer Vertragspartei beendet und glattgestellt werden,
4. keine Scheingeschäfte abgeschlossen worden sind.

[2]Andernfalls ist der Anrechnungsbetrag nach den Vorschriften aus dem Zweiten Abschnitt zu bestimmen.

Sechster Abschnitt: Optionsposition

§ 28. Berücksichtigung von Optionsgeschäften. (1) Bei der Ermittlung der Währungsgesamtposition, der Rohwarenposition und der Handelsbuch-Risikopositionen sind die dem Institut aus den einzubeziehenden Optionsgeschäften zustehenden Liefer- oder Zahlungsansprüche und die von ihm zu erfüllenden Liefer- oder

3

Zahlungsverpflichtungen unter der Annahme tatsächlicher Erfüllung in Höhe ihres Deltaäquivalents zu berücksichtigen.

(2) Sofern auf das Institut die Vorschriften des Fünften Abschnitts anzuwenden sind, sind den Anrechnungsbeträgen für die Währungsgesamtposition und die Rohwarenposition sowie den Teilanrechnungsbeträgen für das allgemeine Kursrisiko aus Handelsbuch-Risikopositionen zusätzliche Anrechnungsbeträge für das Gammafaktorrisiko und das Vegafaktorrisiko nach Maßgabe der §§ 29 und 30 hinzuzufügen (Delta-Plus-Methode).

(3) [1]Ein Institut, auf das die Vorschriften des Fünften Abschnitts anzuwenden sind, darf nach einheitlicher und dauerhafter Wahl auf Antrag mit vorheriger Zustimmung des Bundesaufsichtsamtes den auf die Optionsgeschäfte entfallenden Anrechnungsbetrag nach Maßgabe des § 31 gesondert ermitteln (Szenario-Matrix-Methode). [2]In diesem Falle sind die Optionsgeschäfte abweichend von Absatz 1 bei der Ermittlung der Anrechnungsbeträge für die Währungsgesamtposition und die Rohwarenposition sowie der Teilanrechnungsbeträge für das allgemeine Kursrisiko aus Handelsbuch-Risikopositionen nicht zu berücksichtigen. [3]Das Institut darf bei der Ermittlung des Anrechnungsbetrages für die Optionsgeschäfte zusätzlich die durch die Optionsgeschäfte nachweislich gesicherten anderen Aktiv- und Passivposten oder Nettopositionen berücksichtigen, sofern diese in die Währungsgesamtposition, die Rohwarenposition oder die Handelsbuch-Risikopositionen einzubeziehen sind, und bei der Ermittlung der Anrechnungsbeträge für die Währungsgesamtposition und die Rohwarenposition sowie der Teilanrechnungsbeträge für das allgemeine Kursrisiko aus Handelsbuch-Risikopositionen unberücksichtigt lassen. [4]Das Bundesaufsichtsamt kann von einem Institut, das die Delta-Plus-Methode anwendet, die Umstellung auf die Szenario-Matrix-Methode für einige oder alle Arten von Optionsgeschäften innerhalb einer angemessenen Übergangsfrist verlangen, wenn dies nach Art, Umfang oder Struktur dieser Optionsgeschäfte des Instituts zur adäquaten Erfassung und Eigenmittelunterlegung der mit diesen Geschäften verbundenen Risiken geboten erscheint.

(4) [1]Das Deltaäquivalent eines Anspruchs oder einer Verpflichtung oder einer Aktiv- oder Passivkomponente ist durch die Multiplikation des zugehörigen Nominalbetrages mit dem für die Option ermittelten Deltafaktor zu bestimmen. [2]Der Deltafaktor eines Optionsgeschäftes besteht in dem Verhältnis der Veränderung des Optionspreises zu einer als nur geringfügig angenommenen Veränderung des Preises des Optionsgegenstandes. [3]Der Gammafaktor eines Optionsgeschäftes besteht in dem Verhältnis der Veränderung des Deltafaktors bei einer als nur geringfügig angenommenen Veränderung des Preises des Optionsgegenstandes; ein negativer Gammafaktor bezeichnet hierbei den Gammafaktor eines fremden Optionsrechtes. [4]Der Vegafaktor eines Optionsgeschäftes besteht in dem Verhältnis der Veränderung des Optionspreises zu einer angenommenen geringfügigen Veränderung der Volatilität; ein negativer Vegafaktor bezeichnet hierbei den Vegafaktor eines fremden Optionsrechtes. [5]Die Volatilität bezeichnet die Veränderlichkeit des Preises des Optionsgegenstandes.

(5) [1]Bei der Ermittlung der in Absatz 4 Satz 2 bis 4 genannten Sensitivitätsfaktoren und der Volatilität sowie bei der Anwendung der Szenario-Matrix-Methode sind vom Institut für gleichartige Optionsgeschäfte einheitlich unter Beachtung der Marktusancen nach wissenschaftlichen Verfahren geeignete EDV-gestützte Optionspreismodelle zu verwenden. [2]§ 36 Abs. 3 Satz 1 und 2 Halbsatz 1 gilt entsprechend. [3]Die in Satz 1 genannten Verfahren und Optionspreismodelle sind dem Bundesaufsichtsamt mit einer ausführlichen und umfassenden Beschreibung mitzuteilen. [4]Das Bundesaufsichtsamt kann einem Institut die Verwendung eines ungeeigneten Optionspreismodelles untersagen und die Verwendung eines geeigneten Optionspreismodelles verlangen, wenn dies nach Art, Umfang oder Struktur der Optionsgeschäfte des Instituts zur adäquaten Erfassung und Eigenmittelunterlegung der mit diesen Geschäften verbundenen Risiken geboten erscheint.

§ 29. Anrechnungsbetrag für das Gammafaktorrisiko. (1) Wenn das Optionsgeschäft auf die Lieferung oder Abnahme von Aktien, anderen Anteilspapieren, Aktienindizes, Fremdwährungen oder Gold gerichtet ist, so ist das Gammafaktorrisiko für eine Einheit des Optionsgegenstandes durch Multiplikation der Hälfte des Gammafaktors des Optionsgeschäftes mit dem Quadrat des mit 8 v.H. gewichteten, in Deutsche Mark ausgedrückten Marktwerts einer Einheit des Optionsgegenstandes zu bestimmen.

(2) Wenn das Optionsgeschäft auf die Lieferung oder Abnahme von Rohwaren gerichtet ist, so ist das Gammafaktorrisiko für eine Einheit des Optionsgegenstandes durch Multiplikation der Hälfte des Gammafaktors des Optionsgeschäftes mit dem Quadrat des mit 15 v.H. gewichteten, in Deutsche Mark ausgedrückten Marktwerts einer Einheit des Optionsgegenstandes zu bestimmen.

(3) [1]Wenn das Optionsgeschäft auf die Lieferung oder Abnahme eines Schuldtitels gerichtet ist, so ist das Gammafaktorrisiko durch Multiplikation der Hälfte des Gammafaktors des Optionsgeschäftes mit dem Quadrat des mit dem zugehörigen Gewichtungsfaktor aus Tabelle 7 gewichteten, in Deutsche Mark ausgedrückten Marktwerts des Schuldtitels zu bestimmen. [2]Bei Anwendung der Durationmethode nach § 20 Abs. 2 ist der nach § 22 Abs. 2 errechnete Gewichtungssatz zu verwenden.

(4) [1]Wenn das Optionsgeschäft auf die Lieferung oder Abnahme eines anderen als in Absatz 3 genannten zinsbezogenen Finanzinstrumentes gerichtet ist, so ist das Gammafaktorrisiko durch Multiplikation der Hälfte des Gammafaktors des Optionsgeschäftes mit dem Quadrat des gewichteten, in Deutsche Mark ausgedrückten Marktwerts des Optionsgegenstandes zu bestimmen. [2]Zur Bestimmung des in Satz 1 anzuwendenden Gewichtungssatzes sind die in Tabelle 8 aufgeführten Renditeänderungen zugrunde zu legen.

(5) [1]Die Gammafaktorrisiken für Optionsgeschäfte, die auf die Lieferung oder Abnahme von Aktien, anderen Anteilspapieren oder Aktienindizes gerichtet sind, sind zusammenzufassen, soweit die Aktien, andere Anteilspapiere oder Aktienindizes auf jeweils einem nationalen Markt gehandelt werden. [2]Die Gammafaktorrisiken für Optionsgeschäfte, die auf die Lieferung oder Abnahme von Fremdwährungen und Gold gerichtet sind, sind für alle auf dieselben Fremdwährungspaare oder auf dieselben Währungs-/Goldpaare bezogenen Optionsgeschäfte zusammenzufassen. [3]Die Gammafaktorrisiken für Optionsgeschäfte, die auf die Lieferung oder Abnahme von Rohwaren gerichtet sind, sind für alle auf dieselben Rohwaren bezogenen Optionsgeschäfte zusammenzufassen. [4]Die Gammafaktorrisiken für auf Schuldtitel oder andere Zinsinstrumente bezogene Optionsgeschäfte sind – bei Anwendung der Jahresbandmethode – für alle in Tabelle 7 oder – bei Anwendung der Durationsmethode – für alle in Tabelle 8 bezeichneten Laufzeitbänder getrennt zusammenzufassen.

(6) Der Anrechnungsbetrag für das Gammafaktorrisiko ergibt sich als der Absolutwert der Summe aller nach den Absätzen 1 bis 4 ermittelten und nach Absatz 5 zusammengefaßten Gammafaktorrisiken, die ein negatives Vorzeichen aufweisen.

§ 30. Anrechnungsbetrag für das Vegafaktorrisiko. [1]Das Vegafaktorrisiko für jedes einzelne Optionsgeschäft ist unter Zugrundelegung des Vegafaktors des Optionsgeschäftes für eine relative Veränderung der aktuellen Volatilität in Höhe von 25 v.H., in Deutsche Mark ausgedrückt, zu bestimmen. [2]Die Vegafaktorrisiken sind nach Maßgabe von § 29 Abs. 5 für auf gleichartige Optionsgegenstände lautende Optionsgeschäfte zusammenzufassen. [3]Der Anrechnungsbetrag für das Vegafaktorrisiko ist als der Absolutbetrag der nach Satz 2 zusammengefaßten Vegafaktorrisiken zu ermitteln.

§ 31. Szenario-Matrix-Methode. (1) [1]Bei der Anwendung der Szenario-Matrix-Methode sind auf gleichartige Optionsgegenstände lautende Optionsgeschäfte nach Maßgabe von § 29 Abs. 5 zu Optionsgeschäftsklassen zusammenzufassen. [2]Abweichend von Satz 1 darf das Institut nach einheitlicher und dauerhafter Wahl die Optionsgeschäftsklassen für die Zusammenfassung von Schuldtiteln und anderen Zinsinstrumenten unter Zugrundelegung der in den Tabellen 7 und 8 bezeichneten Laufzeitbänder selbst bestimmen, wobei eine Aufteilung in mindestens sechs Optionsgeschäftsklassen zu erfolgen hat und nicht mehr als drei der in den Tabellen 7 und 8 bezeichneten Laufzeitbänder zu einer Optionsgeschäftsklasse zusammengefaßt werden dürfen. 3

(2) [1]Der Anrechnungsbetrag für eine Optionsgeschäftsklasse ist über eine Neubewertung aller in die Zusammenfassung eingehenden Optionsgeschäfte sowie ihrer nach § 28 Abs. 3 Satz 3 zusätzlich berücksichtigten Sicherungsgegenstände für verschiedene Kombinationen gleichzeitiger Veränderungen des Preises des Optionsgegenstandes und der Volatilität und der Bestimmung des Unterschieds zum Preis der Option bei unverändertem Preis des Optionsgegenstandes und Volatilität zu ermitteln. [2]Dabei sind

1. eine relative Zunahme und eine relative Abnahme der Volatilität in Höhe von jeweils 25 v.H. des jeweils aktuellen Niveaus der Volatilität sowie
2. eine relative Zunahme und eine relative Abnahme des Preises des Optionsgegenstandes für
   a) auf Fremdwährung, Gold, Aktien, Aktienindizes lautende Optionsgegenstände und vergleichbare Optionsgegenstände in Höhe von 8 v.H.,
   b) auf Rohwaren lautende Optionsgegenstände in Höhe von 15 v.H.,
   c) auf zinsbezogene Finanzinstrumente lautende Optionsgegenstände in Höhe der höchsten nach Tabelle 8 anzunehmenden Renditeänderung für den Laufzeitbereich, dem die entsprechende Klasse zuzuordnen ist,

zugrunde zu legen; für die Veränderung des Preises des Optionsgegenstandes nach Nr. 2 sind mindestens sechs gleich große Intervalle zu verwenden. [3]Der Anrechnungsbetrag für die Optionsgeschäftsklasse ist als der Absolutbetrag des sich aus der Ermittlung nach Satz 2 für alle Kombinationen ergebenden größten Verlusts zu ermitteln. [4]Zur Bestimmung des Anrechnungsbetrages für alle Optionsgeschäfte (§ 28 Abs. 3 Satz 1) sind die Anrechnungsbeträge für die einzelnen Optionsgeschäftsklassen zusammenzufassen. [5]§ 6 Abs. 2 gilt entsprechend.

Siebter Abschnitt: Eigene Risikomodelle

§ 32. Verwendung von Risikomodellen.

3 (1) [1]Für die Ermittlung der Anrechnungsbeträge oder Teilanrechnungsbeträge für die Marktrisikopositionen nach § 2 Abs. 2 Satz 2 dürfen die Institute nach vorheriger Zustimmung des Bundesaufsichtsamtes anstelle der Vorschriften des Dritten, Vierten, Fünften oder Sechsten Abschnitts geeignete eigene Risikomodelle verwenden, sofern das Bundesaufsichtsamt ihre Eignung auf Antrag des Instituts schriftlich bestätigt hat. [2]Die Institute dürfen die Verwendung geeigneter Risikomodelle auf die Ermittlung einzelner oder mehrerer Anrechnungsbeträge oder Teilanrechnungsbeträge beschränken. [3]Das Bundesaufsichtsamt kann im Einzelfall die Verwendung eigener Risikomodelle nach Satz 1 nach zeitlichen, örtlichen oder sachlichen Kriterien einschränken.

(2) [1]Risikomodelle sind zeitbezogene stochastische Darstellungen der Veränderungen von Marktkursen, -preisen oder -zinssätzen und ihrer Auswirkungen auf den Marktwert einzelner Finanzinstrumente oder Gruppen von Finanzinstrumenten (potentielle Risikobeträge) auf der Basis der Empfindlichkeit (Sensitivität) dieser Finanzinstrumente oder Finanzinstrumentsgruppen gegenüber Veränderungen der für sie maßgeblichen risikobestimmenden Faktoren. [2]Risikomodelle beinhalten mathematisch-statistische Strukturen und Verteilungen zur Ermittlung risikobeschreibender Kennzahlen, insbesondere des Ausmaßes und Zusammenhangs von Kurs-, Preis- und Zinssatzschwankungen (Volatilität und Korrelation) sowie der Sensitivität der Finanzinstrumente und Finanzinstrumentsgruppen, die durch angemessene EDV-gestützte Verfahren, insbesondere Zeitreihenanalysen, ermittelt werden.

(3) [1]Risikomodelle sind nur dann als geeignet anzusehen, wenn bei der Ermittlung der risikobeschreibenden Kennzahlen die quantitativen Größen nach § 34 zugrunde gelegt, mindestens die Risikofaktoren nach § 35 erfaßt, die qualitativen Anforderungen nach § 36 eingehalten werden und das Modell eine befriedigende Prognosegüte aufweist. [2]Die Einhaltung der Eignungserfordernisse nach Satz 1 wird vom Bundesaufsichtsamt zusammen mit der Deutschen Bundesbank überprüft, soweit erforderlich, können die Überprüfungen auch nach erteilter Eignungsbestätigung wiederholt werden (Nachschauprüfungen). [3]Änderungen der Risikomodelle, sofern sie nicht nur unbedeutend sind, bedürfen einer erneuten Eignungsbestätigung nach Absatz 1.

(4) Institute, die nach erteilter Zustimmung des Bundesaufsichtsamtes eigene Risikomodelle verwenden, dürfen die Anrechnungsbeträge oder Teilanrechnungsbeträge für die Marktrisikopositionen nur dann wieder nach den Vorschriften des Dritten, Vierten, Fünften oder Sechsten Abschnitts ermitteln, wenn das Bundesaufsichtsamt die Bestätigung der Eignung des Risikomodells schriftlich zurückgenommen hat oder andere, vom Bundesaufsichtsamt zuvor anerkannte schwerwiegende Gründe vorliegen.

§ 33. Bestimmung der Anrechnungsbeträge.

(1) Dem maßgeblichen Anrechnungsbetrag oder Teilanrechnungsbetrag ist der größere der folgenden Beträge zugrunde zu legen:

1. der potentielle Risikobetrag für die zum Geschäftsschluß des Vortages im Bestand des Instituts befindlichen Finanzinstrumente oder Finanzinstrumentsgruppen (Portfolio),
2. der Durchschnitt der potentiellen Risikobeträge für die zum jeweiligen Geschäftsschluß der vorangegangenen sechzig Arbeitstage im Bestand des Instituts befindlichen Finanzinstrumente oder Finanzinstrumentsgruppen, gewichtet mit einem vom Bundesaufsichtsamt festzulegenden Faktor.

(2) [1]Der nach Absatz 1 Nr. 2 anzuwendende Gewichtungsfaktor beträgt 3; sofern das Modell zur Ermittlung des Teilanrechnungsbetrages für das besondere Kursrisiko verwendet wird, beträgt der für den hierfür ermittelten potentiellen Risikobetrag anzuwendende Gewichtungsfaktor 4. [2]Das Bundesaufsichtsamt kann jedoch bestimmen, daß im Einzelfall ein Zusatzfaktor anzuwenden ist. [3]Das Bundesaufsichtsamt legt den anzuwendenden Zusatzfaktor unter Berücksichtigung der qualitativen Anforderungen nach § 36 und der Prognosegüte des Risikomodells nach Maßgabe des § 37 halbjährlich, bei Bedarf auch in kürzeren Zeitabständen, fest.

§ 34. Quantitative Vorgaben.

Bei Ermittlung der potentiellen Risikobeträge ist

1. anzunehmen, daß die zum Geschäftsschluß im Bestand befindlichen Finanzinstrumente oder Finanzinstrumentsgruppen weitere zehn Arbeitstage im Bestand gehalten werden (Haltedauer),

2. ein einseitiges Prognoseintervall mit einem Wahrscheinlichkeitsniveau in Höhe von 99 v.H. und
3. ein effektiver historischer Beobachtungszeitraum von mindestens einem Jahr zugrunde zu legen.

§ 35. Zu erfassende Risikofaktoren. (1) Bei der Bestimmung der potentiellen Risikobeträge sind alle nicht nur unerheblichen Marktrisikofaktoren in einer dem Umfang und der Struktur des Geschäftes des Instituts angemessenen Weise zu berücksichtigen.

(2) Die den einbezogenen Optionsgeschäften eigentümlichen, mit den Kurs-, Preis- oder Zinssatzschwankungen nicht in linearem Zusammenhang stehenden Risiken sind in angemessener Weise zu berücksichtigen.

(3) [1]Besondere Zinsänderungsrisiken für die nicht gleichförmige Entwicklung kurzfristiger und langfristiger Zinssätze (Zinsstrukturrisiken) und die nicht gleichförmige Entwicklung der Zinssätze verschiedener, auf die gleiche Währung lautender zinsbezogener Finanzinstrumente mit vergleichbarer Restlaufzeit (Spreadrisiken) sind gesondert in angemessener Weise zu berücksichtigen. [2]Bei der Bestimmung der Zinsstrukturrisiken ist eine dem Umfang und der Struktur des Geschäftes des Instituts angemessene Anzahl und Verteilung von zeitmäßig bestimmten Zinsrisikozonen zu unterscheiden; die Anzahl der Zinsrisikozonen muß mindestens sechs betragen.

(4) Bei der Ermittlung der Aktienkursrisiken und Rohwarenpreisrisiken sind Unterschiede in der Entwicklung der Kurse oder Preise von Produktgruppen und Produkten sowie Unterschiede in der Entwicklung von Kassa- und Terminpreisen in angemessener Weise zu berücksichtigen.

§ 36. Qualitative Anforderungen. (1) Die Arbeits- und Ablauforganisation des Instituts ist so zu gestalten, daß eine zeitnahe Ermittlung der potentiellen Risikobeträge, insbesondere durch eine vollständige Erfassung aller marktpreisrisikobehafteten Positionen des Instituts, gewährleistet ist; diese ist ausführlich zu dokumentieren.

(2) Die Aufgabe der Erstellung, Pflege und Weiterentwicklung der Risikomodelle, der täglichen Ermittlung der potentiellen Risikobeträge sowie der Erfüllung der Anforderungen nach den Absätzen 3 bis 5 sowie des § 37 Absatz 1 ist einer vom Handel organisatorisch unabhängigen Stelle innerhalb des Instituts zu übertragen.

(3) [1]Die mathematisch-statistischen Verfahren zur Ermittlung der potentiellen Risikobeträge sind ausführlich zu dokumentieren. [2]Sie müssen mit den für die aktuelle Risikosteuerung verwendeten Verfahren übereinstimmen; zulässig sind nur Abweichungen von den in § 34 und § 35 Abs. 3 Satz 2 vorgeschriebenen quantitativen Vorgaben.

(4) In regelmäßigen zeitlichen Abständen ist die Angemessenheit der mathematisch-statistischen Verfahren zur Ermittlung der potentiellen Risikobeträge und der ihnen zugrunde gelegten quantitativen Größen zu prüfen, die Überprüfung ist ausführlich zu dokumentieren und das Risikomodell erforderlichenfalls anzupassen.

(5) [1]In regelmäßigen zeitlichen Abständen sind mögliche außergewöhnlich große Wertverluste der in die modellmäßige Berechnung einbezogenen einzelnen Finanzinstrumente oder Finanzinstrumentsgruppen, die aufgrund von ungewöhnlich großen oder geringen Änderungen der wertbestimmenden Marktparameter und ihrer Zusammenhänge entstehen können, zu ermitteln (Krisenszenarien). [2]Die Ergebnisse der Krisenszenarien sind der Beurteilung der Angemessenheit der Limite nach Absatz 6 zugrunde zu legen.

(6) Die vom Institut einzurichtenden, quantitativ zu bemessenden Obergrenzen für wechselkurs-, zins-, aktienkurs- und rohwarenpreisbezogene Risiken (Limite) sind nachweislich in angemessener Weise von den modellmäßig ermittelten potentiellen Risikobeträgen abhängig zu machen.

(7) Die für die Zeitreihenanalysen verwendeten empirischen Daten der Entwicklung von Preisen, Kursen und Zinssätzen sowie deren Zusammenhänge sind regelmäßig, mindestens aber dreimonatlich, bei Bedarf jedoch unverzüglich, zu aktualisieren.

(8) Die Einhaltung der Anforderungen nach den Absätzen 1 bis 7 sowie des § 37 Abs. 1 ist regelmäßig, mindestens aber einmal jährlich, von der Innenrevision zu überprüfen.

(9) Die Geschäftsleitung hat sicherzustellen, daß sie von der in Absatz 2 genannten Stelle direkt über die Ergebnisse der Überprüfung der Angemessenheit der Risikomodellgrößen und -verfahren nach Absatz 4, die Ergebnisse der Krisenszenarien nach Absatz 5 sowie über die Prüfungsergebnisse nach Absatz 8 nachweislich in aussagekräftiger Weise informiert wird; sie hat diese Informationen in angemessener Weise bei der Festlegung des Geschäftsverhaltens des Instituts zu berücksichtigen.

§ 37. Prognosegüte. (1) [1]Die Prognosegüte eines Risikomodells ist mittels eines täglichen Vergleichs des anhand des Risikomodells auf der Basis einer Haltedauer von einem Arbeitstag ermittelten potentiellen Risikobetrages mit der Wertveränderung der in die modellmäßige Berechnung einbezogenen einzelnen Finanzinstrumente oder Finanzinstrumentsgruppen nachweislich zu ermitteln („Backtesting"). [2]Dabei sind die zum Geschäftsschluß des Vortages im Bestand des Instituts befindlichen Finanzinstrumente oder Finanzinstrumentsgruppen mit den jeweiligen Marktpreisen zum Geschäftsschluß neu zu bewerten und die negative Differenz zum Bewertungsergebnis des Vortages festzustellen. [3]Übersteigt der Absolutbetrag der nach Satz 2 ermittelten Wertveränderung den modellmäßig ermittelten potentiellen Risikobetrag, so sind das Bundesaufsichtsamt und die Deutsche Bundesbank über die Ausnahme, ihre Größe und den Grund ihres Entstehens unverzüglich zu unterrichten.

3

(2) [1]Für die Zwecke der Bemessung des Zusatzfaktors nach § 33 Abs. 2 Satz 2 legt das Bundesaufsichtsamt die Zahl der Ausnahmen für die jeweils zurückliegenden 250 Arbeitstage entsprechend der Tabelle 10 zugrunde. [2]Das Bundesaufsichtsamt kann bei der Bemessung des Zusatzfaktors einzelne Ausnahmen unberücksichtigt lassen, wenn das Institut nachweist, daß die Ausnahme nicht auf eine mangelhafte Prognosegüte des Risikomodells zurückzuführen ist.

Tabelle 10

Anzahl der Ausnahmen	höherer Faktor
weniger als 5	0,00
5	0,40
6	0,50
7	0,65
8	0,75
9	0,85
10 und mehr	1,00

Grundsatz II

Die Anlagen eines Kreditinstituts abzüglich der Wertberichtigungen in

1. Forderungen an Kreditinstitute und Kunden mit vereinbarter Laufzeit oder Kündigungsfrist von vier Jahren oder länger,
2. nicht börsengängigen Wertpapieren,
3. Beteiligungen,
4. Anteilen an einer herrschenden oder mit Mehrheit beteiligten Gesellschaft,
5. Grundstücken und Gebäuden und
6. der Betriebs- und Geschäftsausstattung sollen die Summe der nachstehenden langfristigen Finanzierungsmittel nicht übersteigen.

Als langfristige Finanzierungsmittel sind anzusehen:

1. das Eigenkapital,
2. die Verbindlichkeiten (ohne Spareinlagen) gegenüber Kreditinstituten und aus dem Bankgeschäft gegenüber anderen Gläubigern mit vereinbarter Laufzeit oder Kündigungsfrist von vier Jahren oder länger,
3. 10 % der Verbindlichkeiten (ohne Spareinlagen) aus dem Bankgeschäft gegenüber anderen Gläubigern mit täglicher Fälligkeit sowie vereinbarter Laufzeit oder Kündigungsfrist von weniger als vier Jahren,
4. 60 % der Spareinlagen,
5. die umlaufenden und vorverkauften Schuldverschreibungen mit einer Laufzeit von mehr als vier Jahren,
6. 60 % der umlaufenden und vorverkauften Schuldverschreibungen mit einer Laufzeit bis zu vier Jahren,
7. 60 % der Pensionsrückstellungen,
8. 20 % der Verbindlichkeiten gegenüber angeschlossenen Kreditinstituten mit vereinbarter Laufzeit oder Kündigungsfrist von mindestens sechs Monaten, aber weniger als vier Jahren (nur bei Girozentralen und Zentralkassen).[1)]

Die Sätze 1 und 2 gelten entsprechend für die Zweigniederlassung eines Unternehmens im Sinne des § 53b Abs. 1 Satz 1 oder Abs. 7 KWG.

Grundsatz III

1. 20 % der Forderungen an Kreditinstitute mit vereinbarter Laufzeit oder Kündigungsfrist von mindestens drei Monaten, aber weniger als vier Jahren,
2. die Forderungen an Kunden mit vereinbarter Laufzeit oder Kündigungsfrist von weniger als vier Jahren (einschließlich der Warenforderungen von Kreditinstituten mit Warengeschäft),
3. die den Kreditnehmern abgerechneten eigenen Ziehungen und von diesen ausgestellten und ihnen abgerechneten Solawechsel im Bestand (ausgenommen Solawechsel der Bank für Internationalen Zahlungsausgleich und der Einfuhr- und Vorratsstellen[2)] und Solawechsel, die zur Inanspruchnahme von Krediten der Ausfuhrkredit-Gesellschaft mbH und der Gesellschaft zur Finanzierung von Industrieanlagen mbH begeben werden) sowie die Eventualforderungen aus solchen Wechseln im Umlauf,

1) Jetzt Zentralbanken

2) Umbenannt in Bundesanstalt für landwirtschaftliche Marktordnung

4. die börsengängigen Anteile und Investmentanteile,
5. die „sonstigen Aktiva" (einschließlich des Warenbestandes von Kreditinstituten mit Warengeschäft)

sollen abzüglich der Wertberichtigungen die Summe der nachstehenden Finanzierungsmittel nicht übersteigen.

Als Finanzierungsmittel sind anzusehen:

1. 10 % der Verbindlichkeiten gegenüber Kreditinstituten mit täglicher Fälligkeit sowie vereinbarter Laufzeit oder Kündigungsfrist von weniger als drei Monaten ohne die von der Kundschaft bei Dritten benutzten Kredite,
2. 50 % der Verbindlichkeiten gegenüber Kreditinstituten mit vereinbarter Laufzeit oder Kündigungsfrist von mindestens drei Monaten, aber weniger als vier Jahren ohne die von der Kundschaft bei Dritten benutzten Kredite,
3. 80 % der Verbindlichkeiten gegenüber Kreditinstituten aus von der Kundschaft bei Dritten benutzten Krediten,
4. 20 % der Spareinlagen,
5. 60 % der sonstigen Verbindlichkeiten aus dem Bankgeschäft gegenüber anderen Gläubigern mit täglicher Fälligkeit sowie vereinbarter Laufzeit oder Kündigungsfrist von weniger als vier Jahren,
6. 80 % der Verpflichtungen aus Warengeschäften und aufgenommenen Warenkrediten ohne die in Nummer 8 enthaltenen Verpflichtungen von Kreditinstituten mit Warengeschäft,
7. 20 % der umlaufenden und vorverkauften Schuldverschreibungen mit einer Laufzeit bis zu vier Jahren,
8. 80 % der eigenen Akzepte und Solawechsel im Umlauf und der den Kreditnehmern abgerechneten eigenen Ziehungen und von diesen ausgestellten und ihnen abgerechneten Solawechsel im Umlauf (ausgenommen Solawechsel der Bank für Internationalen Zahlungsausgleich und der Einfuhr- und Vorratsstellen[2] und Solawechsel, die zur Inanspruchnahme von Krediten der Ausfuhrkredit-Gesellschaft mbH und der Gesellschaft zur Finanzierung von Industrieanlagen mbH begeben werden)

zuzüglich des Finanzierungsüberschusses bzw. abzüglich des Finanzierungsfehlbetrages im Grundsatz II.

3

Beleihungsgrundsätze für die öffentlich-rechtlichen Sparkassen (Beleihung von Grundstücken)

In der Fassung des Erlasses vom 4. 9. 1969 (MBl. NW. 1969 S. 1606) mit Änderungen bis zum 17. 11. 1988 (MBl. NW. 1988, S. 1895)

I. Realkredit

Allgemeine Bestimmungen

1. Beleihungsgegenstand

§ 1. Begriff. Beleihungsgegenstand sind Grundstücke, Erbbaurechte im Sinne der Verordnung über das Erbbaurecht vom 15. Januar 1919 –
3 ErbbauVO – RGBl. I S. 72, Wohnungseigentum und Teileigentum sowie Wohnungserbbaurechte und Teilerbbaurechte im Sinne des Gesetzes über das Wohnungseigentum und das Dauerwohnrecht (Wohnungseigentumsgesetz) vom 15. März 1951 (BGBl. I S. 175).

2. Grundstücke

§ 2. Begriff und Ermittlung des Beleihungswertes. (1) Beleihung von Grundstücken richtet sich nach dem Beleihungswert. Beleihungswert ist der Wert, der dem Grundstück unter Berücksichtigung aller für die Bewertung maßgebenden Umstände von der Sparkasse beigemessen wird. Als Grundlage für die Festsetzung des Beleihungswertes dienen der Ertragswert, der Bau- und Bodenwert und der Verkehrswert. Hierbei ist in der Regel in erster Linie der Ertragswert zugrunde zu legen.

(2) Bei der Ermittlung des Ertragswertes ist der voraussichtlich nachhaltig erzielbare Ertrag zugrunde zu legen.

(3) Bei der Ermittlung des Bauwertes ist von den angemessenen Herstellungskosten unter Ausschaltung besonderer Aufwendungen, die den Verkehrswert nicht erhöhen, auszugehen. Wertminderungen sind zu berücksichtigen. Die Herstellungskosten im Sinne von Satz 1 werden nach dem Abschlags- oder dem Indexverfahren ermittelt. Beim Abschlagsverfahren ist von den tatsächlichen Herstellungskosten unter Ausschaltung besonderer Aufwendungen, die den Verkehrswert nicht erhöhen, auszugehen und ein angemessener Risikoabschlag vorzunehmen, dessen Höhe sich im Einzelfall nach der voraussichtlichen Verwertbarkeit des Pfandobjektes richtet. Beim Indexverfahren ist von dem vom Statistischen Bundesamt veröffentlichten Preisindex für Wohngebäude (Basisjahr 1914) auszugehen; von diesem Preisindex ist ein Abschlag von mindestens 20 v. H. vorzunehmen.

(4) Bei der Ermittlung des Bodenwertes ist von den Preisen auszugehen, die für Grundstücke gleicher Art und Lage auf die Dauer voraussichtlich zu erzielen sind.

§ 3. Schätzung des Beleihungsgegenstandes.

(1) Der Beleihungswert wird auf der Grundlage einer Schätzung des Beleihungsgegenstandes ermittelt. Das Ergebnis der Schätzung ist schriftlich niederzulegen.

(2) Schätzungen können vorgenommen werden durch:

a) mit den örtlichen Verhältnissen besonders vertraute, vom Vorstand bestellte und verpflichtete oder von zuständigen Stellen vereidigte Sachverständige.
b) Schätzungsbehörden,
c) Sparkassen, Bausparkassen und Realkreditinstitute,
d) vom Vorstand bestellte Mitarbeiter der Sparkasse, die mit den örtlichen Verhältnissen vertraut sind und über die erforderliche Sachkunde verfügen.

(3) Bei Beleihungen bis zu 200 000,– DM kann von einer förmlichen Schätzung im Sinne von Abs. 1 in Verbindung mit Abs. 2 abgesehen werden. Der Wert des Beleihungsgegenstandes ist auch in diesem Fall zu ermitteln und schriftlich darzulegen. Eine förmliche Schätzung nach Abs. 1 in Verbindung mit Abs. 2 ist in jedem Falle vorzunehmen, wenn das Grundstück außerhalb des Geschäftsbezirks der beleihenden Sparkasse liegt.

§ 4. Festsetzung des Beleihungswertes. Der Beleihungswert wird von der für die Kreditbewilligung zuständigen Stelle der Sparkasse festgesetzt.

§ 5. Beleihungsgrenze. (1) Die Beleihung muß sich unter Berücksichtigung des Wertes etwaiger im Range vorgehender Rechte innerhalb der ersten drei Fünftel des Beleihungswertes halten.

(2) Die Beleihungsgrenze kann überschritten werden, wenn für den übersteigenden Betrag der Bund, ein Land, eine Gemeinde (Gemeindeverband), eine andere mit dem Recht zur Erhebung von Abgaben ausgestattete Körperschaft des öffentlichen Rechts, eine öffentlich-rechtliche Bausparkasse mit eigener Rechtspersönlichkeit oder ein anderes öffentlich-rechtliches Kreditinstitut, für deren Verpflichtungen ein Land oder ein öffentlich-rechtlicher

Sparkassen- und Giroverband unmittelbar oder mittelbar haftet, die Bürgschaft, Garantie oder sonstige Gewährleistung übernimmt. Eine etwaige Inanspruchnahme des Bürgen, des Garanten oder der die Gewährleistung übernehmenden Stelle darf nicht davon abhängig sein, daß die Sparkasse bei einer Zwangsversteigerung mitbietet.

§ 6. Rangstelle. Die Sparkasse soll Darlehen gegen Hypothek, Grundschuld oder Rentenschuld in der Regel zur ersten Rangstelle geben.

§ 7. Tilgung der Darlehen. Die Darlehen werden als Tilgungsdarlehen (mit gleichbleibender Annuität) oder als Abzahlungsdarlehen (mit vereinbartem Kapitalabzahlungsbetrag) gewährt. In besonderen Fällen sind auch Festdarlehen zulässig.

3. Erbbaurecht, Wohnungseigentum, Teileigentum, Wohnungserbbaurecht und Teilerbbaurecht

§ 8. Beleihbarkeit von Erbbaurechten sowie von Wohnungseigentum und Teileigentum. Erbbaurecht, Wohnungseigentum, Teileigentum, Wohnungserbbaurecht und Teilerbbaurecht sind unter den Voraussetzungen der Beleihbarkeit von Grundstücken beleihbar, soweit sich aus den folgenden Bestimmungen nichts anderes ergibt.

▶ Beleihung von Baugrundstücken zu Wohnzwecken

§ 9. Beleihungsgegenstand. (1) Baugrundstücke sind Grundstücke, die nach öffentlich-rechtlichen Vorschriften mit Gebäuden bebaubar oder bebaut sind.

(2) Hausgrundstücke sind Baugrundstücke, die zu mehr als 80 v. H. Wohnzwecken dienen. Maßgebend ist der Jahresrohertrag. Den Hausgrundstücken steht das Wohnungseigentum gleich.

(3) Den Baugrundstücken stehen Erbbaurechte für bestehende oder geplante Wohnhäuser und Wohnungserbbaurechte im Sinne des § 30 Wohnungseigentumsgesetz gleich.

§ 10. Beleihung von unbebauten Baugrundstücken. Baugrundstücke, die bebaubar, aber noch nicht bebaut und für Wohnzwecke vorgesehen sind, dürfen beliehen werden, wenn sie an anbaufähigen oder in dem Bebauungsplan ausgewiesenen Straßen liegen.

§ 11. Beleihung eines Wohnungseigentums. Für die Festsetzung des Beleihungswertes eines Wohnungseigentums im Sinne des Wohnungseigentumsgesetzes gelten die Bestimmungen der §§ 2 bis 4 mit folgender Maßgabe:

a) Bei der Ermittlung des Ertragswertes ist von der Größe der Wohnfläche der einzelnen Wohnung auszugehen.
b) Der Bau- und Bodenwert des einzelnen Wohnungseigentums ist im Verhältnis zum gesamten Hausgrundstück anteilig zu ermitteln.
c) Die Beleihung ist nur zulässig, wenn eine den Vorschriften des Wohnungseigentumsgesetzes entsprechende Verwaltung des gemeinschaftlichen Eigentums durch vertrauenswürdige Personen (natürliche oder juristische Personen) gewährleistet erscheint.

§ 12. Tilgungshypotheken und Grundschulden auf Erbbaurechten. Erbbaurechte dürfen nur beliehen werden, wenn für das Darlehen eine dem § 20 Abs. 1 ErbbauVO entsprechende Tilgung (Darlehen mit gleichbleibender Annuität) vereinbart wird und wenn die Dauer des Erbbaurechts den Voraussetzungen des § 20 Abs. 2 ErbbauVO entspricht. § 7 Satz 2 gilt entsprechend. Die Darlehen können durch Hypotheken oder Grundschulden gesichert werden. 3

▶ Beleihung von land- oder forstwirtschaftlich genutzten Grundstücken

§ 13. Beleihungsgegenstand. Land- oder forstwirtschaftlich genutzte Grundstücke sind bebaute oder unbebaute Grundstücke, die zu mehr als 80 v. H. land- oder forstwirtschaftlichen Zwecken dienen. Maßgebend ist der Jahresrohertrag.

§ 14. Beleihungsbeschränkungen. Bei Waldungen darf nur der Grund und Boden, nicht auch der Holzbestand beliehen werden. Ausnahmen sind bei Waldungen zulässig, die nach einem amtlich anerkannten Forstwirtschaftsplan bewirtschaftet werden.

§ 15. Beleihungswert. Für die Festsetzung des Beleihungswertes gelten alle Bestimmungen der §§ 2 bis 4 mit folgender Maßgabe:
Bei der Ermittlung des Ertragswertes ist der Ertrag zugrunde zu legen, den das Grundstück jährlich nach seiner wirtschaftlichen Bestimmung bei ordnungsmäßiger und gemeinüblicher Bewirtschaftung unter gewöhnlichen Verhältnissen im Durchschnitt nachhaltig gewähren kann.

▶ Beleihung gewerblich genutzter Grundstücke

§ 16. Beleihungsgegenstand. (1) Gewerblich genutzte Grundstücke sind Grundstücke, die zu mehr als 80 v. H. gewerblichen Zwecken dienen; das gleiche gilt für Erbbaurechte. Maßgebend ist der Jahresrohertrag. Den gewerblich genutzten Grundstücken stehen das Teileigentum und das Teilerbbaurecht im Sinne des Wohnungseigentumsgesetzes gleich.

(2) Den gewerblich genutzten Grundstücken stehen solche Grundstücke gleich, die karitativen oder sozialen Zwecken dienen, sofern ein Dauerertrag gewährleistet ist.

§ 17. Beleihungsbeschränkungen. Grundstükke, die durch ihre Ausnutzung in ihrem Wert gemindert werden (Steinbrüche, Lehm-, Ton- oder Kiesgruben, Torfstiche usw.), können nur dann beliehen werden, wenn die durch die Ausnutzung zu erwartende Wertminderung ausreichend berücksichtigt wird.

3

§ 18. Beleihungswert. (1) Für die Festsetzung des Beleihungswertes gelten die Bestimmungen der §§ 2 bis 4 mit folgender Maßgabe:

a) Bei der Ermittlung des Ertragswertes darf der Mietreinertrag für die gewerblich genutzten Räume nur unter Abzug eines angemessenen Risikoabschlags, dessen Höhe sich im Einzelfall nach der voraussichtlichen Verwertbarkeit des Pfandobjektes richtet, angesetzt werden. Als Mietertrag – auch für eigengenutzte Räume – gilt die für Räume gleicher oder ähnlicher Art und Lage ortsübliche Dauermiete.

b) Bei der Ermittlung des Bau- und Bodenwertes darf der Bauwert der gewerblich genutzten Räume nur unter Abzug eines angemessenen Risikoabschlags, dessen Höhe sich im Einzelfall nach der voraussichtlichen Verwertbarkeit des Pfandobjekts richtet, angesetzt werden.

(2) Für die Festsetzung des Beleihungswertes eines Teileigentums oder eines Teilerbbaurechts im Sinne des Wohnungseigentumsgesetzes gilt Abs. 1 entsprechend und mit folgender Maßgabe:

a) Bei der Ermittlung des Ertragswertes ist von der Größe der Nutzfläche der im Teileigentum bzw. im Teilerbbaurecht stehenden gewerblichen Räume auszugehen.

b) Der Bau- und Bodenwert des einzelnen Teileigentums bzw. Teilerbbaurechts ist im Verhältnis zum gesamten Grundstück anteilig zu ermitteln.

c) § 11 Buchstabe c) gilt entsprechend.

§ 19. Darlehenshöchstbetrag. (1) Die Beleihung darf unbeschadet der Bestimmungen des § 5 im Einzelfall nicht mehr als 25 v. H. der Sicherheitsrücklagen betragen.

(2) Dient das Grundstück nicht ausschließlich gewerblichen Zwecken, so beziehen sich die Beschränkungen des Abs. 1 nur auf denjenigen Teil der Beleihung, der dem gewerblich genutzten Teil des Grundstücks entspricht. Maßgeblich für die Aufteilung ist das Verhältnis der Jahresroherträge.

§ 20. Tilgung der Darlehen. Die Bestimmungen der §§ 7 und 12 gelten mit der Maßgabe, daß die Darlehen mindestens entsprechend dem voraussichtlichen Abnutzungsgrad des Beleihungsgegenstandes, jedoch verstärkt gegenüber den Wohnungsbaudarlehen, zu tilgen sind.

► Beleihung von gemischt genutzten Grundstücken

§ 21. Beleihungsgegenstand. Gemischt genutzte Grundstücke sind Beleihungsgegenstände im Sinne des § 1, die gleichzeitig mehreren der in §§ 9 Abs. 2, 13 und 16 Abs. 1 genannten Zwecke (Wohnzwecke, land- oder forstwirtschaftliche Zwecke oder gewerbliche Zwecke) dienen, ohne daß eine der mehreren Nutzungsarten mehr als 80 v. H. des Jahresrohertrages beträgt; Grundstücke, die sonstigen Zwecken dienen (§ 16 Abs. 2), gelten als Grundstücke nach § 16 Abs. 1.

§ 22. Beleihungswert. Für die Festsetzung des Beleihungswertes gelten die Bestimmungen der §§ 2 bis 4 mit der Maßgabe, daß bei der Ermittlung des Ertragswertes der Mietreinertrag für die gewerblich genutzten Räume nur unter Abzug eines angemessenen Risikoabschlags, dessen Höhe sich im Einzelfall nach der voraussichtlichen Verwertbarkeit des Pfandobjektes richtet, angesetzt werden darf. Als Mietertrag – auch für eigengenutzte gewerbliche Räume – gilt die für Räume gleicher oder ähnlicher Art und Lage ortsübliche Dauermiete.

II. Personalkredit

§ 23. Grundsatz. Für die Gewährung von Personalkrediten gegen Bestellung von Hypotheken oder Grundschulden oder gegen Abtretung oder Verpfändung von Hypotheken oder Grundschulden gelten die Bestimmungen der §§ 1 bis 4, 8 bis 11,13 bis 18, 21 und 22 entsprechend.

§ 24. Beleihungsgrenze. Die Beleihung muß sich unter Berücksichtigung des Wertes etwaiger im Range vorgehender Rechte innerhalb der ersten vier Fünftel des Beleihungswertes halten. § 5 Abs. 2 gilt entsprechend.

Verbraucherkreditgesetz

In der Fassung vom 17. Dezember 1996,
mit Änderungen bis zum 20. Dezember 1996

Erster Abschnitt

Anwendungsbereich

§ 1. Anwendungsbereich. (1) Dieses Gesetz gilt für Kreditverträge und Kreditvermittlungsverträge zwischen einer Person, die in Ausübung ihrer gewerblichen oder beruflichen Tätigkeit einen Kredit gewährt (Kreditgeber) oder vermittelt oder nachweist (Kreditvermittler), und einer natürlichen Person, es sei denn, daß der Kredit nach dem Inhalt des Vertrages für ihre bereits ausgeübte gewerbliche oder selbständige berufliche Tätigkeit bestimmt ist (Verbraucher).

(2) Kreditvertrag ist ein Vertrag, durch den ein Kreditgeber einem Verbraucher einen entgeltlichen Kredit in Form eines Darlehens, eines Zahlungsaufschubs oder einer sonstigen Finanzierungshilfe gewährt oder zu gewähren verspricht.

(3) Kreditvermittlungsvertrag ist ein Vertrag, nach dem ein Kreditvermittler es unternimmt, einem Verbraucher gegen Entgelt einen Kredit zu vermitteln oder ihm die Gelegenheit zum Abschluß eines Kreditvertrages nachzuweisen.

§ 2. Lieferung in Teilleistungen oder wiederkehrenden Leistungen. Die Vorschriften des § 4 Abs. 1 Satz 1 und Abs. 3, des § 7 Abs. 1, 2 und 4 und des § 8 gelten entsprechend, wenn die Willenserklärung des Verbrauchers auf den Abschluß eines Vertrages gerichtet ist, der

1. die Lieferung mehrerer als zusammengehörend verkaufter Sachen in Teilleistungen zum Gegenstand hat und bei dem das Entgelt für die Gesamtheit der Sachen in Teilleistungen zu entrichten ist;
2. die regelmäßige Lieferung von Sachen gleicher Art zum Gegenstand hat;
3. die Verpflichtung zum wiederkehrenden Erwerb oder Bezug von Sachen zum Gegenstand hat.

§ 3. Ausnahmen. (1) Dieses Gesetz findet keine Anwendung auf Kreditverträge und auf Verträge über die Vermittlung oder den Nachweis von Kreditverträgen,

1. bei denen der auszuzahlende Kreditbetrag (Nettokreditbetrag) oder Barzahlungspreis vierhundert Deutsche Mark nicht übersteigt;
2. wenn der Kredit für die Aufnahme einer gewerblichen oder selbständigen beruflichen Tätigkeit bestimmt ist und der Nettokreditbetrag oder Barzahlungspreis 100.000 Deutsche Mark übersteigt;
3. durch die dem Verbraucher ein Zahlungsaufschub von nicht mehr als drei Monaten eingeräumt wird;
4. die ein Arbeitgeber mit seinem Arbeitnehmer zu Zinsen abschließt, die unter den marktüblichen Sätzen liegen;
5. die im Rahmen der Förderung des Wohnungswesens und des Städtebaus auf Grund öffentlich-rechtlicher Bewilligungsbescheide oder auf Grund von Zuwendungen aus öffentlichen Haushalten unmittelbar zwischen der die Fördermittel vergebenden öffentlich-rechtlichen Anstalt und dem Verbraucher zu Zinssätzen abgeschlossen werden, die unter den marktüblichen Sätzen liegen.

(2) Keine Anwendung finden ferner

1. § 4 Abs. 1 Satz 4 und 5, § 6, § 13 Abs. 3 und § 14 auf Finanzierungsleasingverträge;
2. § 4 Abs. 1 Satz 4 Nr. 1 Buchstabe b und die §§ 7, 9 und 11 bis 13 auf Kreditverträge, nach denen der Kredit von der Sicherung durch ein Grundpfandrecht abhängig gemacht und zu für grundpfandrechtlich abgesicherte Kredite und deren Zwischenfinanzierung üblichen Bedingungen gewährt wird; der Sicherung durch ein Grundpfandrecht steht es gleich, wenn von einer solchen Sicherung gemäß § 7 Abs. 3 bis 5 des Gesetzes über Bausparkassen abgesehen wird;
3. die §§ 4 bis 7 und 9 Abs. 2 auf Kreditverträge, die in ein nach den Vorschriften der Zivilprozeßordnung errichtetes gerichtliches Protokoll aufgenommen oder notariell beurkundet sind, wenn das Protokoll oder die notarielle Urkunde den Jahreszins, die bei Abschluß des Vertrages in Rechnung gestellten Kosten des Kredits sowie die Voraussetzungen enthält, unter denen der Jahreszins oder die Kosten geändert werden können;
4. § 9 auf Kreditverträge, die der Finanzierung des Erwerbs von Wertpapieren, Devisen oder Edelmetallen dienen.

Zweiter Abschnitt

Kreditvertrag

§ 4. Schriftform; erforderliche Angaben. (1) Der Kreditvertrag bedarf der schriftlichen Form. Der Form ist genügt, wenn Antrag und Annahme durch die Vertragsparteien jeweils getrennt schriftlich erklärt werden. Die Erklärung des Kreditgebers bedarf keiner Unterzeichnung, wenn sie mit Hilfe einer automatischen Einrichtung erstellt wird. Die vom Verbraucher zu unterzeichnende Erklärung muß angeben

1. bei Kreditverträgen im allgemeinen
   a) den Nettokreditbetrag, gegebenenfalls die Höchstgrenze des Kredits;
   b) den Gesamtbetrag aller vom Verbraucher zur Tilgung des Kredits sowie zur Zahlung der Zinsen und sonstigen Kosten zu entrichtenden Teilzahlungen, wenn der Gesamtbetrag bei Abschluß des Kreditvertrags für die gesamte Laufzeit der Höhe nach feststeht. Ferner ist bei Krediten mit veränderlichen Bedingungen, die in Teilzahlungen getilgt werden, ein Gesamtbetrag auf der Grundlage der bei Abschluß des Vertrags maßgeblichen Kreditbedingungen anzugeben. Kein Gesamtbetrag ist anzugeben bei Krediten, bei denen die Inanspruchnahme bis zu einer Höchstgrenze freigestellt ist;
   c) die Art und Weise der Rückzahlung des Kredits oder, wenn eine Vereinbarung hierüber nicht vorgesehen ist, die Regelung der Vertragsbeendigung;
   d) den Zinssatz und alle sonstigen Kosten des Kredits, die, soweit ihre Höhe bekannt ist, im einzelnen zu bezeichnen, im übrigen dem Grunde nach anzugeben sind, einschließlich etwaiger vom Verbraucher zu tragender Vermittlungskosten;
   e) den effektiven Jahreszins oder, wenn eine Änderung des Zinssatzes oder anderer preisbestimmender Faktoren vorbehalten ist, den anfänglichen effektiven Jahreszins; zusammen mit dem anfänglichen effektiven Jahreszins ist auch anzugeben, unter welchen Voraussetzungen preisbestimmende Faktoren geändert werden können und auf welchen Zeitraum Belastungen, die sich aus einer nicht vollständigen Auszahlung oder aus einem Zuschlag zu dem Kreditbetrag ergeben, bei der Berechnung des effektiven Jahreszinses verrechnet werden;
   f) die Kosten einer Restschuld- oder sonstigen Versicherung, die im Zusammenhang mit dem Kreditvertrag abgeschlossen wird;
   g) zu bestellende Sicherheiten;
2. bei Kreditverträgen, die die Lieferung einer bestimmten Sache oder die Erbringung einer bestimmten anderen Leistung gegen Teilzahlungen zum Gegenstand haben,
   a) den Barzahlungspreis;
   b) den Teilzahlungspreis (Gesamtbetrag von Anzahlung und allen vom Verbraucher zu entrichtenden Teilzahlungen einschließlich Zinsen und sonstiger Kosten);
   c) Betrag, Zahl und Fälligkeit der einzelnen Teilzahlungen;
   d) den effektiven Jahreszins;
   e) die Kosten einer Versicherung, die im Zusammenhang mit dem Kreditvertrag abgeschlossen wird;
   f) die Vereinbarung eines Eigentumsvorbehalts oder einer anderen zu bestellenden Sicherheit.

Der Angabe eines Barzahlungspreises und eines effektiven Jahreszinses bedarf es nicht, wenn der Kreditgeber nur gegen Teilzahlungen Sachen liefert oder Leistungen erbringt.

(2) Effektiver Jahreszins ist die in einem Vomhundertsatz des Nettokreditbetrages oder den Barzahlungspreises anzugebende Gesamtbelastung pro Jahr. Die Berechnung des effektiven und des anfänglich effektiven Jahreszinses richtet sich nach § 4 der Verordnung zur Regelung der Preisangaben.

(3) Der Kreditgeber hat dem Verbraucher eine Abschrift der Vertragserklärungen auszuhändigen.

§ 5. Überziehungskredit. (1) Die Bestimmungen des § 4 gelten nicht für Kreditverträge, bei denen ein Kreditinstitut einem Verbraucher das Recht einräumt, sein laufendes Konto in bestimmter Höhe zu überziehen, wenn außer den Zinsen für den in Anspruch genommenen Kredit keine weiteren Kosten in Rechnung gestellt werden und die Zinsen nicht in kürzeren Perioden als drei Monaten belastet werden. Das Kreditinstitut hat den Verbraucher vor der Inanspruchnahme eines solchen Kredits zu unterrichten über

1. die Höchstgrenze des Kredits;
2. den zum Zeitpunkt der Unterrichtung geltenden Jahreszins;
3. die Bedingungen, unter denen der Zinssatz geändert werden kann;
4. die Regelung der Vertragsbeendigung.

Die Vertragsbedingungen der Nummern 1 bis 4 sind dem Verbraucher spätestens nach der ersten Inanspruchnahme des Kredits schriftlich zu bestätigen. Ferner ist der Verbraucher während der Inanspruchnahme des Kredits über jede Änderung des Jahreszinses zu unterrichten. Die Bestätigung nach Satz 3 und die Unterrichtung nach Satz 4 können auch in Form eines Ausdrucks auf einem Kontoauszug erfolgen.

(2) Duldet das Kreditinstitut die Überziehung eines laufenden Kontos und wird das Konto länger als drei Monate überzogen, so hat das Kreditinstitut den Verbraucher über den Jahreszins, die Kosten sowie die diesbezüglichen Änderungen zu unterrichten; dies kann in Form eines Ausdrucks auf einem Kontoauszug erfolgen.

§ 6. Rechtsfolgen von Formmängeln. (1) Der Kreditvertrag ist nichtig, wenn die Schriftform insgesamt nicht eingehalten ist oder wenn eine der in § 4 Abs. 1 Satz 4 Nr. 1 Buchstabe a bis f und Nr. 2 Buchstabe a bis e vorgeschriebenen Angaben fehlt.

(2) Ungeachtet eines Mangels nach Absatz 1 wird der Kreditvertrag in den Fällen des § 4 Abs. 1 Satz 4 Nr. 1 gültig, soweit der Verbraucher das Darlehen empfängt oder den Kredit in Anspruch nimmt. Jedoch ermäßigt sich der dem Kreditvertrag zugrunde gelegte Zinssatz (§ 4 Abs. 1 Satz 4 Nr. 1 Buchstabe d) auf den gesetzlichen Zinssatz, wenn seine Angabe, die Angabe des effektiven oder anfänglichen effektiven Jahreszinses oder die Angabe des Gesamtbetrages nach Buchstabe b fehlt. Nicht angegebene Kosten werden vom Verbraucher nicht geschuldet. Vereinbarte Teilzahlungen sind unter Berücksichtigung der verminderten Zinsen oder Kosten neu zu berechnen. Ist nicht angegeben, unter welchen Voraussetzungen preisbestimmende Faktoren geändert werden können, so entfällt die Möglichkeit, diese zum Nachteil des Verbrauchers zu ändern. Sicherheiten können bei fehlenden Angaben hierüber nicht gefordert werden; dies gilt nicht, wenn der Nettokreditbetrag 100.000 Deutsche Mark übersteigt.

(3) Ungeachtet eines Mangels nach Absatz 1 wird der Kreditvertrag in den Fällen des § 4 Abs. 1 Satz 4 Nr. 2 gültig, wenn dem Verbraucher die Sache übergeben oder die Leistung erbracht wird. Jedoch ist der Barzahlungspreis höchstens mit dem gesetzlichen Zinssatz zu verzinsen, wenn die Angabe des Teilzahlungspreises oder des effektiven Jahreszinses fehlt. Ist ein Barzahlungspreis nicht genannt, so gilt im Zweifel der Marktpreis als Barzahlungspreis. Die Bestellung von Sicherheiten kann bei fehlenden Angaben hierüber nicht gefordert werden.

(4) Ist der effektive oder der anfängliche effektive Jahreszins zu niedrig angegeben, so vermindert sich in den Fällen des § 4 Abs. 1 Satz 4 Nr. 1 der dem Kreditvertrag zugrunde gelegte Zinssatz, in den Fällen des § 4 Abs. 1 Satz 4 Nr. 2 der Teilzahlungspreis um den Vomhundertsatz, um den der effektive oder anfängliche effektive Jahreszins zu niedrig angegeben ist.

§ 7. Widerrufsrecht. (1) Die auf den Abschluß eines Kreditvertrages gerichtete Willenserklärung des Verbrauchers wird erst wirksam, wenn der Verbraucher sie nicht binnen einer Frist von einer Woche schriftlich widerruft.

(2) Zur Wahrung der Frist genügt die rechtzeitige Absendung des Widerrufs. Der Lauf der Frist beginnt erst, wenn dem Verbraucher eine drucktechnisch deutlich gestaltete und vom Verbraucher gesondert zu unterschreibende Belehrung über die Bestimmung nach Satz 1, sein Recht zum Widerruf, dessen Wegfall nach Absatz 3 sowie Namen und Anschrift des Widerrufsempfängers ausgehändigt worden ist. Wird der Verbraucher nicht nach Satz 2 belehrt, so erlischt das Widerrufsrecht erst nach beiderseits vollständiger Erbringung der Leistung, spätestens jedoch ein Jahr nach Abgabe der auf den Abschluß des Kreditvertrages gerichteten Willenserklärung des Verbrauchers.

(3) Hat der Verbraucher in den Fällen des § 4 Abs. 1 Satz 4 Nr. 1 das Darlehen empfangen, gilt der Widerruf als nicht erfolgt, wenn er das Darlehen nicht binnen zweier Wochen entweder nach Erklärung des Widerrufs oder nach Auszahlung des Darlehens zurückzahlt.

(4) Auf den Widerruf findet im übrigen § 3 des Gesetzes über den Widerruf von Haustürgeschäften und ähnlichen Geschäften Anwendung.

(5) Die Absätze 1 bis 4 finden keine Anwendung auf die in § 5 Abs. 1 Satz 1 genannten Kreditverträge, wenn der Verbraucher nach dem Kreditvertrag den Kredit jederzeit ohne Einhaltung einer Kündigungsfrist und ohne zusätzliche Kosten zurückzahlen kann. Sie finden ferner keine Anwendung, wenn der Kreditvertrag der Finanzierung des Erwerbs eines Teilzeitnutzungsrechtes an einem Wohngebäude dient und mit dem Erwerbsvertrag eine wirtschaftliche Einheit bildet.

§ 8. Sondervorschrift für Versandhandel. (1) Hat ein Kreditvertrag die Lieferung einer Sache oder die Erbringung einer anderen Leistung zum Gegenstand und gibt der Verbraucher das auf den Vertragsschluß gerichtete Angebot auf Grund eines Verkaufsprospektes ab, aus dem die in § 4 Abs. 1 Satz 4 Nr. 2 Buchstabe a bis e bezeichneten Angaben mit Ausnahme des Betrages der einzelnen Teilzahlungen ersichtlich sind, so findet § 4 keine Anwendung, wenn der Verbraucher den Verkaufsprospekt in Abwesenheit der anderen Vertragspartei eingehend zur Kenntnis nehmen konnte.

(2) Räumt in den Fällen des Absatzes 1 der Kreditgeber dem Verbraucher das uneingeschränkte Recht ein, die Sache innerhalb einer Woche nach Erhalt zurückzugeben, so entfällt das Widerrufsrecht nach § 7. Das Rückgaberecht wird durch den Verbraucher durch Rücksendung der Sache, bei nicht postpaketversandfähigen Sachen durch schriftliches Rücknahmeverlangen ausgeübt. Rücksendung und Rücknahme erfolgen auf Kosten und Gefahr des Kreditgebers. Zur Wahrung der Frist genügt die rechtzeitige Absendung der Sache oder des Rücknahmeverlangens. Der Lauf der Frist beginnt nur, wenn entweder der Verkaufsprospekt und das Bestellformular oder eine dem Verbraucher ausgehändigte besondere Urkunde eine drucktechnisch deutlich gestaltete Belehrung des Verbrauchers über das Rückgaberecht enthalten. Im übrigen finden § 2 Abs. 1 Satz 4 und § 3 des Gesetzes über den Widerruf von Haustürgeschäften und ähnlichen Geschäften Anwendung.

§ 9. Verbundene Geschäfte. (1) Ein Kaufvertrag bildet ein mit dem Kreditvertrag verbundenes Geschäft, wenn der Kredit der Finanzierung des Kaufpreises dient und beide Verträge als wirtschaftliche Einheit anzusehen sind. Eine wirtschaftliche Einheit ist insbesondere anzunehmen, wenn der Kreditgeber sich bei der Vorbereitung oder dem Abschluß des Kreditvertrages der Mitwirkung des Verkäufers bedient.

(2) Die auf den Abschluß des verbundenen Kaufvertrages gerichtete Willenserklärung des Verbrauchers wird erst wirksam, wenn der Verbraucher seine auf den Abschluß des Kreditvertrages gerichtete Willenserklärung nicht gemäß § 7 Abs. 1 widerruft. Die nach § 7 Abs. 2 Satz 2 erforderliche Belehrung über das Widerrufsrecht hat den Hinweis zu enthalten, daß im Falle des Widerrufs auch der verbundene Kaufvertrag nicht wirksam zustande kommt. § 7 Abs. 3 findet keine Anwendung. Ist der Nettokreditbetrag dem Verkäufer bereits zugeflossen, so tritt der Kreditgeber im Verhältnis zum Verbraucher hinsichtlich der Rechtsfolgen des Widerrufs (§ 7 Abs. 4) in die Rechte und Pflichten des Verkäufers aus dem Kaufvertrag ein.

(3) Der Verbraucher kann die Rückzahlung des Kredits verweigern, soweit Einwendungen aus dem verbundenen Kaufvertrag ihn gegenüber dem Verkäufer zur Verweigerung seiner Leistung berechtigen würden. Dies gilt nicht, wenn der finanzierte Kaufpreis vierhundert Deutsche Mark nicht überschreitet sowie bei Einwendungen, die auf einer zwischen dem Verkäufer und dem Verbraucher nach Abschluß des Kreditvertrages vereinbarten Vertragsänderung beruhen. Beruht die Einwendung des Verbrauchers auf einem Mangel der gelieferten Sache und verlangt der Verbraucher auf Grund vertraglicher oder gesetzlicher Bestimmungen Nachbesserung oder Ersatzlieferung, so kann er die Rückzahlung des Kredits erst verweigern, wenn die Nachbesserung oder Ersatzlieferung fehlgeschlagen ist.

(4) Die Absätze 1 bis 3 gelten entsprechend für Kredite, die zur Finanzierung des Entgelts für eine andere Leistung als die Lieferung einer Sache gewährt werden.

§ 10. Einwendungsverzicht; Wechsel- und Scheckverbot. (1) Eine Vereinbarung, durch die der Verbraucher auf das Recht verzichtet, Einwendungen, die ihm gegenüber dem Kreditgeber zustehen, gemäß § 404 des Bürgerlichen Gesetzbuchs einem Abtretungsgläubiger entgegenzusetzen oder eine ihm gegen den Kreditgeber zustehende Forderung gemäß § 406 des Bürgerlichen Gesetzbuchs auch dem Abtretungsgläubiger gegenüber aufzurechnen, ist unwirksam.

(2) Der Verbraucher darf nicht verpflichtet werden, für die Ansprüche des Kreditgebers aus dem Kreditvertrag eine Wechselverbindlichkeit einzugehen. Der Kreditgeber darf vom Verbraucher zur Sicherung seiner Ansprüche aus dem Kreditvertrag einen Scheck nicht entgegennehmen. Der Verbraucher kann vom Kreditgeber jederzeit die Herausgabe eines Wechsels oder Schecks, der entgegen Satz 1 oder 2 begeben worden ist, verlangen. Der Kreditgeber haftet für jeden Schaden, der dem Verbraucher aus einer solchen Wechsel- oder Scheckbegebung entsteht.

§ 11. Verzugszinsen; Anrechnung von Teilleistungen. (1) Soweit der Verbraucher mit Zahlungen, die er auf Grund des Kreditvertrages schuldet, in Verzug kommt, ist der geschuldete Betrag mit fünf vom Hundert über dem jeweiligen Diskontsatz der Deutschen Bundesbank zu verzinsen, wenn nicht im Einzelfall der Kreditgeber einen höheren oder der Verbraucher einen niedrigeren Schaden nachweist.

(2) Nach Eintritt des Verzugs anfallende Zinsen sind auf einem gesonderten Konto zu verbuchen und dürfen nicht in ein Kontokorrent mit dem geschuldeten Betrag oder anderen Forderungen des Kreditgebers eingestellt werden. Hinsichtlich dieser Zinsen gilt § 289 Satz 2 des Bürgerlichen Gesetzbuchs mit der Maßgabe, daß der Kreditgeber Schadensersatz nur bis zur Höhe des gesetzlichen Zinssatzes verlangen kann.

(3) Zahlungen des Verbrauchers, die zur Tilgung der gesamten fälligen Schuld nicht aus-

reichen, werden abweichend von § 367 Abs. 1 des Bürgerlichen Gesetzbuchs zunächst auf die Kosten der Rechtsverfolgung, dann auf den übrigen geschuldeten Betrag (Absatz 1) und zuletzt auf die Zinsen (Absatz 2) angerechnet. Der Kreditgeber darf Teilzahlungen nicht zurückweisen. Auf die Ansprüche auf Zinsen finden die §§ 197 und 218 Abs. 2 des Bürgerlichen Gesetzbuchs keine Anwendung. Die Sätze 1 bis 3 sind nicht anzuwenden, soweit Zahlungen auf Vollstreckungstitel geleistet werden, deren Hauptforderung auf Zinsen lautet.

§ 12. Gesamtfälligstellung bei Teilzahlungskrediten. (1) Der Kreditgeber kann bei einem Kredit, der in Teilzahlungen zu tilgen ist, den Kreditvertrag wegen Zahlungsverzugs des Verbrauchers nur kündigen, wenn

1. der Verbraucher mit mindestens zwei aufeinanderfolgenden Teilzahlungen ganz oder teilweise und mindestens zehn vom Hundert, bei einer Laufzeit des Kreditvertrages über drei Jahre mit fünf vom Hundert des Nennbetrages des Kredits oder des Teilzahlungspreises in Verzug ist und
2. der Kreditgeber dem Verbraucher erfolglos eine zweiwöchige Frist zur Zahlung des rückständigen Betrags mit der Erklärung gesetzt hat, daß er bei Nichtzahlung innerhalb der Frist die gesamte Restschuld verlange.

Der Kreditgeber soll dem Verbraucher spätestens mit der Fristsetzung ein Gespräch über die Möglichkeiten einer einverständlichen Regelung anbieten.

(2) Kündigt der Kreditgeber dem Kreditvertrag, so vermindert sich die Restschuld um die Zinsen und sonstigen laufzeitabhängigen Kosten des Kredits, die bei staffelmäßiger Berechnung auf die Zeit nach Wirksamwerden der Kündigung entfallen.

§ 13. Rücktritt des Kreditgebers. (1) Der Kreditgeber kann von einem Kreditvertrag, der die Lieferung einer Sache oder die Erbringung einer anderen Leistung gegen Teilzahlungen zum Gegenstand hat, wegen Zahlungsverzugs des Verbrauchers nur unter den in § 12 Abs. 1 bezeichneten Voraussetzungen zurücktreten.

(2) Auf den Rücktritt finden die für das vertragsmäßige Rücktrittsrecht geltenden Vorschriften der §§ 346 bis 354 und 356 des Bürgerlichen Gesetzbuchs entsprechende Anwendung. Der Verbraucher hat dem Kreditgeber auch die infolge des Vertrages gemachten Aufwendungen zu ersetzen. Bei der Bemessung der Vergütung von Nutzungen einer zurückzugewährenden Sache ist auf die inzwischen eingetretene Wertminderung Rücksicht zu nehmen.

(3) Nimmt der Kreditgeber die auf Grund des Kreditvertrages gelieferte Sache wieder an sich, gilt dies als Ausübung des Rücktrittsrechts, es sei denn, der Kreditgeber einigt sich mit dem Verbraucher, diesem den gewöhnlichen Verkaufswert der Sache im Zeitpunkt der Wegnahme zu vergüten. Satz 1 gilt auch dann, wenn ein Vertrag über die Lieferung einer Sache mit einem Kreditvertrag zu einer wirtschaftlichen Einheit verbunden ist (§ 9 Abs. 1) und der Kreditgeber die Sache an sich nimmt; im Falle des Rücktritts bestimmt sich das Rechtsverhältnis zwischen dem Kreditgeber und dem Verbraucher nach Absatz 2. 3

§ 14. Vorzeitige Zahlung. Erfüllt der Verbraucher vorzeitig seine Verbindlichkeiten aus einem Kreditvertrag, der die Lieferung einer Sache oder die Erbringung einer anderen Leistung gegen Teilzahlungen zum Gegenstand hat, so vermindert sich der Teilzahlungspreis um die Zinsen und sonstigen laufzeitabhängigen Kosten, die bei staffelmäßiger Berechnung auf die Zeit nach der vorzeitigen Erfüllung entfallen. Ist bei einem Kreditvertrag ein Barzahlungspreis gemäß § 4 Abs. 1 Satz 5 nicht anzugeben, so ist der gesetzliche Zinssatz zugrunde zu legen. Zinsen und sonstige laufzeitabhängige Kosten kann der Kreditgeber jedoch für die ersten neun Monate der ursprünglich vorgesehenen Laufzeit auch dann verlangen, wenn der Verbraucher seine Verbindlichkeiten vor Ablauf dieses Zeitraums erfüllt.

Dritter Abschnitt

Kreditvermittlungsvertrag

§ 15. Schriftform. (1) Der Kreditvermittlungsvertrag bedarf der schriftlichen Form. In der Vertragsurkunde ist insbesondere die Vergütung des Kreditvermittlers in einem Vomhundertsatz des Darlehensbetrags anzugeben; hat der Kreditvermittler auch mit dem Kreditgeber eine Vergütung vereinbart, so ist auch diese anzugeben. Die Vertragsurkunde darf nicht mit dem Antrag auf Hingabe des Darlehens verbunden werden. Der Kreditvermittler hat dem Verbraucher eine Abschrift der Urkunde auszuhändigen.

(2) Ein Kreditvermittlungsvertrag, der den Anforderungen des Absatzes 1 Satz 1 bis 3 nicht genügt, ist nichtig.

§ 16. Vergütung. Der Verbraucher ist zur Zahlung der Vergütung nur verpflichtet, wenn infolge der Vermittlung oder des Nachweises des Kreditvermittlers das Darlehen an den Verbraucher geleistet wird und ein Widerruf des Verbrauchers nach § 7 Abs. 1 nicht mehr möglich ist. Soweit das Darlehen mit Wissen des Kreditvermittlers der vorzeitigen Ablösung eines anderen Kredits (Umschuldung) dient, entsteht ein Anspruch auf die Vergütung nur, wenn sich der effektive Jahreszins oder der anfängliche effektive Jahreszins nicht erhöht; bei der Berechnung des effektiven oder des anfänglichen effektiven Jahreszinses für den abzulösenden Kredit bleiben etwaige Vermittlungskosten außer Betracht.

§ 17. Nebenentgelte. Der Kreditvermittler darf für Leistungen, die mit der Vermittlung des Darlehens oder dem Nachweis der Gelegenheit zum Abschluß eines Darlehensvertrages zusammenhängen, außer der Vergütung nach § 16 Satz 1 ein Entgelt nicht vereinbaren. Jedoch kann vereinbart werden, daß dem Kreditvermittler entstandene, erforderliche Auslagen zu erstatten sind.

Vierter Abschnitt

Allgemeine Schlußvorschriften

§ 18. Unabdingbarkeit; Umgehungsverbot. Eine von den Vorschriften dieses Gesetzes zum Nachteil des Verbrauchers abweichende Vereinbarung ist unwirksam. Dieses Gesetz ist auch anzuwenden, wenn seine Vorschriften durch anderweitige Gestaltungen umgangen werden.

Bedingungen für das Avalgeschäft (Dresdner Bank)

Stand Juli 1995

Aufträge zur Erstellung von Garantien und/oder Bürgschaften („Avale“) gegenüber Dritten („Begünstigter“) nimmt die Bank von Kunden („Auftraggeber“) zu den folgenden Bedingungen entgegen:

1. Direktes und indirektes Aval

Entsprechend der Weisung des Auftraggebers erstellt die Bank das Aval selbst („direktes Aval“) oder sie beauftragt mit der Avalerstellung eine andere Bank („Zweitbank“) und übernimmt ihr gegenüber ein Aval in Form einer Rückgarantie („indirektes Aval“). Mangels Weisung des Auftraggebers kann die Bank ein indirektes Aval erstellen, sofern sie es nach den Umständen unter Berücksichtigung der Interessen des Auftraggebers für erforderlich hält.

2. Einbuchung und Entgelte

Die Bank ist berechtigt, den Auftraggeber mit dem Avalbetrag auf Avalkonto zu belasten und ihm – neben den Auslagen – ein Bearbeitungsentgelt sowie für die Dauer ihrer Verpflichtung periodisch Avalprovision zu berechnen, sobald sie das Aval oder den Avalauftrag nebst Rückgarantie ausgehändigt bzw. abgesandt hat.

3. Dokumentenprüfung

Die Bank wird alle Dokumente, die in einem Aval verlangt sind und unter diesem vorgelegt werden, einschließlich der Zahlungsanforderung, sorgfältig daraufhin prüfen, ob sie ihrer äußeren Aufmachung nach den Bedingungen des Avals entsprechen und einander nicht widersprechen. Werden Dokumente nicht im Original, sondern per authentisierter oder geschlüsselter Teletransmission vorgelegt, so darf die Bank sie wie Originale behandeln.

4. Benachrichtigung des Auftraggebers

Die Bank wird den Auftraggeber unverzüglich über den Erhalt einer den Bedingungen des Avals entsprechenden Zahlungsanforderung benachrichtigen.

5. Zahlung unter dem Aval

Die Bank ist zur Zahlung verpflichtet, wenn ihr eine Zahlungsanforderung des Begünstigten/der Zweitbank in Übereinstimmung mit den Bedingungen und vor Verfall ihres Avals zugegangen ist.

Gegenüber einer solchen Zahlungsaufforderung kann die Bank bei Garantien, Rückgarantien und bei Bürgschaften auf erstes Anfordern nur den Einwand des Rechtsmißbrauchs berücksichtigen, und dies nur dann, wenn dieser umgehend geltend gemacht worden ist und der Rechtsmißbrauch offensichtlich oder aufgrund liquider Beweismittel für jedermann klar erkennbar ist.

Bei sonstigen Bürgschaften wird die Bank dagegen alle zulässigen Einreden oder Einwendungen berücksichtigen, die binnen angemessener Frist ihr gegenüber schriftlich glaubhaft gemacht worden sind, damit sie an den Begünstigten weitergeleitet werden können. 3

6. Ausbuchung und Avalprovision

Die Bank wird direkte Avale, die nicht ausdrücklich ausländischem Recht unterstellt sind, nach dem Verfall ausbuchen und Berechnung der Avalprovision einstellen, sofern diese Avale nach ihrem Wortlaut zweifelsfrei an einem bestimmten Kalenderdatum oder durch Vorlage von zur Verfallbestimmung vorgesehenen Dokumenten erlöschen, wenn vor deren Verfall bei der Bank keine Inanspruchnahme eingeht.

Bei allen sonstigen direkten und indirekten Avalen wird die Bank erst dann das Aval ausbuchen und die Berechnung der Avalprovision einstellen, wenn ihr die Avalurkunde zur Entlastung zurückgegeben oder sie von dem Begünstigten/der Zweitbank bedingungslos aus der Haftung entlassen worden ist.

Im Falle einer Prozeßbürgschaft muß der Bank, sofern ihr die Urkunde nicht von dem Begünstigten zur Entlastung zurückgegeben wird, dessen Zustimmung zur Haftungsentlassung oder eine rechtskräftige Anordnung nach § 109 Abs. 2 ZPO nachgewiesen werden.

Dem Auftraggeber obliegt es, die Voraussetzungen für die Ausbuchung des Avals herbeizuführen.

7. Reduzierung

Die Bank wird bei Reduzierungen eines direkten Avals eine entsprechende Teilausbuchung vornehmen und dies bei der Provisionsberechnung berücksichtigen, sofern die Bedingungen der Reduzierungsklausel in dem Aval erfüllt sind oder der Bank bedingungslose Teilentlastung erteilt worden ist. Bei indirekten Avalen gilt diese Regelung, wenn der Bank eine Teilentlastung seitens der Zweitbank vorliegt.

8. Aufwendungsersatzanspruch der Bank

Der Auftraggeber wird der Bank alle Aufwendungen ersetzen, die ihr im Zusammenhang mit der Ausführung seines Avalauftrages einschließlich einer gerichtlichen und außergerichtlichen Rechtsverfolgung im In- und Ausland entstehen. Diese Ersatzpflicht umfaßt auch Aufwendungen nach Ausbuchung eines Avals, insbesondere soweit eine Zahlungspflicht unter dem Aval noch besteht oder eine im Entscheidungsland vollstreckbare Entscheidung auf Zahlung vorliegt.

Ergänzend gelten die Allgemeinen Geschäftsbedingungen der Bank, die in jeder Geschäftsstelle eingesehen werden können und auf Wunsch zugesandt werden.

Bedingungen für Offenmarktgeschäfte mit Wertpapieren unter Rückkaufsvereinbarung

Stand März 1998

1. Die Landeszentralbanken kaufen nach besonderer Ankündigung von Kreditinstituten, die der Mindestreservepflicht unterliegen,
- lombardfähige Schuldverschreibungen, die an einer Börse im amtlichen Handel oder geregelten Markt notiert werden, sowie
- unverzinsliche Schatzanweisungen des Bundes, seiner Sondervermögen und der Länder

unter der Voraussetzung an, daß der Verkäufer sie per Termin zurückkauft. Eigene Emissionen eines Kreditinstituts werden nicht angekauft.

Offenmarktgeschäfte mit Wertpapieren unter Rückkaufsvereinbarung werden mit oder ohne Vorschaltung eines Ausschreibungsverfahrens vorgenommen, dessen Gegenstand entweder ausschließlich Ankaufsbeträge (Verfahren zu festen Konditionen; „Mengentender") oder Ankaufsbeträge unter Nennung von Satzgeboten (p.a.-Sätzen; „Zinstender") sind. Beim Zinstender wird entweder das „holländische" oder das „amerikanische" Zuteilungsverfahren angewandt (siehe Ziff. 3).

2. Beim Ausschreibungsverfahren sind die Gebote bis zu dem festgesetzten Termin formlos schriftlich, fernschriftlich, grundsätzlich auf elektronischem Weg (E-Mail-Verfahren, s. Zusatzbedingungen für Tenderverfahren im Automatischen-Bietungs-System), zu übermitteln. Als Ausfallösung kann die Übermittlung auch per Telefax oder notfalls Telefon erfolgen. Auf eine schriftliche Bestätigung der Gebote wird verzichtet.

Sie müssen einen Betrag enthalten, der über mindestens 1 Mio. DM (darüber Schritte von mindestens 100 Tsd. DM) lauten soll und den Bestand des Dispositionsdepots (Ziff. 4) am Bietungstag – Schuldverschreibungen bewertet zu den jeweils aktuellen Börsenkursen, unverzinsliche Schatzanweisungen abgezinst mit dem jeweils bekanntgegebenen Abzinsungssatz sowie einen ggf. in der Ausschreibung genannten Höchstbetrag nicht überschreiten darf. In die Gebote können auch solche Wertpapiere einbezogen werden, die am Bietungstag noch der Landeszentralbank übereignet sind, jedoch am Ankaufstag (Ziff. 6) dem Verkäufer zurückübereignet werden. Wertpapiere, die innerhalb von 6 Kalendertagen nach Ablauf der Rückkaufsfrist einzulösen sind, sind vom Ankauf ausgeschlossen.

Im Falle eines Zinstenders müssen die Gebote den p.a.-Satz enthalten, zu dem die Bieter bereit sind, derartige Geschäfte abzuschließen. Mehrere Gebote mit unterschiedlichen p.a.-Sätzen sind möglich. Die p.a.-Sätze sollen auf volle 0,01 Prozent-Punkte lauten und dürfen den Mindestbietungssatz, sofern ein solcher festgesetzt wird, nicht unterschreiten. Billigst-Gebote sind nicht zulässig.

3

3. Die Zuteilung wird den Bietern am Ankaufstag von den Landeszentralbanken bekanntgegeben. Bis dahin sind sie an ihre Gebote gebunden.

Bei der Zuteilung wird ein Betrag von 1 Mio. DM nicht unterschritten. Werden in Ausnahmefällen Gebote von weniger als 1 Mio. DM zugelassen, so werden sie voll zugeteilt. Im Falle eines Zinstenders wird entsprechend der Ankündigung in der Ausschreibung
- entweder zu einem einheitlichen p.a.-Satz zugeteilt („holländisches" Verfahren). Gebote, die über diesem p.a.-Satz liegen, werden voll zugeteilt, Gebote zu diesem Satz ggf. repartiert;
- oder es wird zu den individuellen Bietungssätzen zugeteilt („amerikanisches" Verfahren). Gebote, die über dem niedrigsten zum Zuge kommenden p.a.-Satz liegen, werden voll zugeteilt, Gebote zu diesem Satz ggf. repartiert.

4. Die Wertpapiere müssen sich bereits bei Abgabe der Gebote bzw. der Verkaufsangebote in einem für Offenmarktgeschäfte bestimmten offenen Depot („Dispositionsdepot") bei der Landeszentralbank befinden. Sie sollen girosammelverwahrt sein oder bei einer inländischen Depotbank in einem Depot der Landeszentralbank verwahrt werden.

Bei jeder Neueinlieferung von Wertpapieren in das Dispositionsdepot (für Ankaufszwecke) hat der Hinterleger schriftlich zu

erklären, daß die Papiere sein unbeschränktes Eigentum sind oder daß er zu ihrer unbeschränkten Verfügung ermächtigt ist.
Der Gesamtbestand eines Dispositionsdepots kann für Lombardzwecke verpfändet werden; die Verpfändung einzelner Posten eines Dispositionsdepots ist nicht möglich.

5. Schuldverschreibungen werden zum amtlichen Börsenkurs bzw. Kurs im geregelten Markt angekauft; die Kurse werden den jeweils jüngsten der Bank vorliegenden Kursangaben der Deutschen Wertpapierdaten-Zentrale entnommen. Für unverzinsliche Schatzanweisungen ergibt sich der Ankaufszeitwert ausgehend von der jeweiligen Restlaufzeit durch Abzinsung des Nennwerts mit dem jeweils bekanntgegebenen Abzinsungssatz.

3

6. Die Gutschrift erfolgt am Ankaufstag. Die Landeszentralbank ist zum Zwecke der Eigentumsübertragung befugt, Wertpapiere im Gegenwert des Ankaufsbetrages aus dem Dispositionsdepot des Kreditinstituts nach ihrer Wahl zu entnehmen und in ihr eigenes Depot umzubuchen. Bei effektiven Stücken wird nur der Gesamtbestand einer Wertpapiergattung angekauft. Die Umbuchung wird am Ankaufstag vorgenommen.

7. Die Kreditinstitute erhalten über die angekauften Wertpapiere eine Ankaufsabrechnung; Stückeverzeichnisse werden nicht beigefügt. Die Summe der Kurswerte der angekauften Wertpapiere kann den Gutschriftsbetrag geringfügig überschreiten, wenn dies wegen der Stückelung der Wertpapiere notwendig ist.
Die Landeszentralbank wird solche Wertpapiere zurückübereignen, die ihr das Kreditinstitut – in Ausnahmefällen – am Tage des Erhalts der Ankaufsabrechnung benennt. Sie ist zur Rückübereignung von Wertpapieren während der Laufzeit des Offenmarktgeschäfts berechtigt, wenn sich diese nachträglich als zum Ankauf nicht geeignet erweisen. Sie wird sich in diesen Fällen andere Wertpapiere in entsprechender Größenordnung aneignen. Ist dies nicht möglich, so wird sie den Ankaufsbetrag zuzüglich des der Verweilzeit der Papiere im Bestand der Bank entsprechenden Rückkaufszuschlags unverzüglich dem Girokonto des Verkäufers belasten. Sind bei einem Zinstender nach „amerikanischem" Verfahren mehrere Gebote zum Zuge gekommen, wird sie dabei vom niedrigsten Zuteilungssatz ausgehen.

8. Die Rückkaufsfrist beginnt am Tage des Ankaufs der Wertpapiere. Fällt der Rückkaufstermin nicht auf einen Geschäftstag, so verlängert sich die Rückkaufsfrist bis zum ersten darauffolgenden Geschäftstag. Nach Ablauf der Rückkaufsfrist wird der Verkäufer mit dem beim Ankauf vereinbarten Rückkaufsbetrag belastet. Zugleich werden die Wertpapiere in sein Depot zurückübertragen.
Der Rückkaufsbetrag errechnet sich durch einen Zuschlag auf den Gutschriftsbetrag. Der Zuschlag wird, auf Kalendertage bezogen, nach der Rückkaufsfrist und dem jeweiligen Zuteilungssatz berechnet. In der Ankaufsabrechnung wird der Rückkaufsbetrag für das gesamte Geschäft ausgewiesen, im Falle unterschiedlicher Zuteilungssätze jedoch entsprechend aufgegliedert. Stückzinsen für die Wertpapiere bleiben unberücksichtigt. Eine etwaige Zinszahlung für die Wertpapiere während der Laufzeit der Rückkaufsvereinbarung wird an den Verkäufer weitergeleitet.

9. Die Landeszentralbank berechnet für die Dispositionsdepotbestände einschl. der im Offenmarktgeschäft angekauften Wertpapiere die Depotentgelte jeweils monatlich und zieht diese im Lastschriftverfahren ein.

Für die bei der Deutsche Börse Clearing AG verwahrten Werte wendet sie dabei grundsätzlich die Berechnungsmethode der Deutsche Börse Clearing AG an, legt aber für %-notierte Papiere einheitlich die Entgeltsätze für „Schuldbuchforderungen und dauerglobal verbriefte Werte" und für ggf. stücknotierte Papiere die Entgeltsätze für „dauerglobal verbriefte Werte" zugrunde.

Für die von der Landeszentralbank streifbandverwahrten Schuldverschreibungen, einschließlich der im Offenmarktgeschäft angekauften Wertpapiere, werden die Depotentgelte auf der Basis der monatlichen Depotendbestände nach den Depotentgeltsätzen der Allgemeinen Geschäftsbedingungen der Deutschen Bundesbank berechnet. Für bei anderen Drittverwahrern verwahrte Wertpapiere werden die von diesen ggf. erhobenen Depotentgelte den Dispositionsdepotinhabern weiterbelastet.

10. Im übrigen gelten, soweit vorstehend nichts anderes geregelt ist, die Allgemeinen Geschäftsbedingungen der Deutschen Bundesbank.

Emissionsbedingungen für Bundesanleihen, Bundesobligationen, Bundesschatzanweisungen und Unverzinsliche Schatzanweisungen des Bundes

(Fassung Januar 1998)

Die Bundesrepublik Deutschland – im folgenden „Bund" – begibt Bundesanleihen, Bundesobligationen, Bundesschatzanweisungen und Unverzinsliche Schatzanweisungen (im folgenden „Bundeswertpapiere") zu nachstehenden Bedingungen:

1. Emissionsvolumen

Das Gesamtvolumen einer Emission (Zuteilungsbetrag und Marktpflegebetrag) wird vom Bund jeweils nach Abschluß des Tenderverfahrens festgelegt. Der Bund behält sich vor, das Emissionsvolumen während der Laufzeit der Bundeswertpapiere durch Aufstockung weiter zu erhöhen.

2. Nennbeträge

Die Bundeswertpapiere können in Nennbeträgen von 1.000 DM bei Bundesanleihen, 100 DM bei Bundesobligationen, 5.000 DM bei Bundesschatzanweisungen und 1 Mio. DM bei Unverzinslichen Schatzanweisungen oder einem ganzen Vielfachen übertragen und gehandelt werden.

3. Verzinsung, Laufzeit, Rendite

(1) Der Nominalzinssatz, der Zinslaufbeginn und die Laufzeit der Bundeswertpapiere ergeben sich aus der jeweiligen Ausschreibung.

(2) Die Zinsen werden bei Bundesanleihen, Bundesobligationen und Bundesschatzanweisungen jährlich nachträglich gezahlt; bei Unverzinslichen Schatzanweisungen ergibt sich die Verzinsung als Differenz zwischen Nennwert und Kaufpreis. Die Verzinsung endet mit dem Ablauf des dem Fälligkeitstag vorhergehenden Tages; das gilt auch dann, wenn die Leistung nach § 193 BGB bewirkt wird.

4. Rückzahlung

Bundeswertpapiere werden am festgelegten Fälligkeitstag zum Nennwert zurückgezahlt. Eine vorzeitige Kündigung ist ausgeschlossen.

5. Mündelsicherheit

Bundeswertpapiere sind mündelsicher gemäß § 1807 Abs. 1 Nr. 2 BGB.

6. Deckungsstockfähigkeit

Bundeswertpapiere sind für die Anlage des gebundenen Vermögens gemäß § 54a Abs. 2 Nr. 4 VAG geeignet.

7. Lombardfähigkeit, Ankaufsfähigkeit

Bundeswertpapiere sind lombardfähig gemäß § 19 Abs. 1 Nr. 3d BBankG und ankaufsfähig gemäß § 21 Nr. 3 BBankG.

8. Verschaffung der Rechte

(1) Für den Gesamtbetrag der jeweiligen Emission wird eine Sammelschuldbuchforderung für die Deutsche Börse Clearing AG, Frankfurt am Main, in das Bundesschuldbuch eingetragen (Wertrechte). 3

(2) Die Gläubiger der zugeteilten Bundeswertpapiere erhalten Miteigentumsanteile an der im Bundesschuldbuch eingetragenen Sammelschuldbuchforderung.

(3) Die Gläubiger haben während der gesamten Laufzeit der Bundeswertpapiere auch die Möglichkeit, die erworbenen Beträge als Einzelschuldbuchforderungen auf ihren Namen in das bei der Bundesschuldenverwaltung, Bad Homburg v. d. Höhe, geführte Bundesschuldbuch eintragen zu lassen.

(4) Die Ausgabe von Wertpapierurkunden ist für die gesamte Laufzeit ausgeschlossen.

9. Trennung der Kapital- und Zinsansprüche bei Bundesanleihen

(1) Die Gläubiger bestimmter, vom Bund ausgewählter Bundesanleihen sind während der gesamten Laufzeit berechtigt, ihre Sammelbestandsanteile in voller Höhe durch das depotführende Institut von der Deutschen Börse Clearing AG in eine Anleihe ohne Zinsansprüche (Anleihe ex oder Kapital-Strip) und die einzelnen Zinsansprüche (Zins-Strips) aufteilen zu lassen (Stripping).

(2) Bei Einzelschuldbuchforderungen wird die Aufteilung unmittelbar von der Bundesschuldenverwaltung vorgenommen.

(3) Die Wiederzusammenführung zu einer Anleihe cum aus den Kapital- und Zins-Strips (Rekonstruktion) ist nur Kreditinstituten, Finanzdienstleistungsinstituten, Wertpapierhandelsunternehmen und Wertpapierhandelsbanken für ihre Eigenbestände erlaubt. Inländische Nichtbanken sind dazu aus steuerlichen Gründen nicht berechtigt. Ihnen bleibt die Möglichkeit, die Strips am Markt zu verkaufen und die Anleihe cum zu erwerben.

(4) Für das Stripping und die Rekonstruktion sind Nominalbeträge (Kapitalbeträge) von 100 000 DM oder einem ganzen Vielfachen erforderlich.

10. Börseneinführung, Kurspflege

(1) Bundesanleihen, Bundesobligationen und Bundesschatzanweisungen werden in den amtlichen Handel an den deutschen Wertpapierbörsen eingeführt.

(2) Bei stripbaren Bundesanleihen werden die getrennten Kapital- und Zinsansprüche nur in den Handel an der Frankfurter Wertpapierbörse eingeführt.

(3) Der Bund wird nach Börseneinführung – außer für Kapital- und Zins-Strips – in einem angemessenen und vertretbaren Rahmen eine der jeweiligen Kapitalmarktlage Rechnung tragende Kurspflege betreiben.

3

11. Zahlungen

(1) Sämtliche Zahlungen für fällige Zinsen und Rückzahlungsbeträge werden durch die Bundesschuldenverwaltung geleistet.

(2) Mit der Gutschrift auf den Konten der Hinterleger oder im Falle von Einzelschuldbuchforderungen, der Überweisung auf die von den betreffenden Gläubigern benannten Konten sind die Ansprüche der Gläubiger erfüllt.

12. Plazierung

Bundesanleihen, Bundesobligationen (nach Abschluß des freihändigen Verkaufs), Bundesschatzanweisungen und Unverzinsliche Schatzanweisungen werden im Tenderverfahren über die von der Deutschen Bundesbank festgelegte „Bietergruppe Bundesemissionen" begeben. Für dieses Tenderverfahren gelten die „Verfahrensregeln für Tender bei der Begebung von Bundesanleihen, Bundesobligationen, Bundesschatzanweisungen und Unverzinsliche Schatzanweisungen des Bundes". Im übrigen können Anleger Bundeswertpapiere über Banken, Sparkassen und Landeszentralbanken erwerben.

13. Veröffentlichungen

(1) Die Emissionsbedingungen und deren Änderungen werden im Bundesanzeiger bekanntgemacht. Die gesondert veröffentlichten Emissionsbedingungen für Bundesobligationen als Daueremission bleiben von diesen Bedingungen unberührt.

(2) Die aktuellen Konditionen der Bundeswertpapiere und Abweichungen von diesen Emissionsbedingungen ergeben sich aus der jeweiligen Ausschreibung, die von der Deutschen Bundesbank auch durch Pressemitteilung und über Wirtschaftsinformationsdienste bekanntgemacht wird.

Verfahrensregeln für Tender bei der Begebung von Bundesanleihen, Bundesobligationen, Bundesschatzanweisungen und Unverzinslichen Schatzanweisungen des Bundes

(Fassung Januar 1998)

1. Die Deutsche Bundesbank bietet im Auftrag und für Rechnung des Bundes Bundesanleihen, Bundesobligationen (nach Abschluß des freihändigen Verkaufs), Bundesschatzanweisungen und Unverzinsliche Schatzanweisungen im Tenderverfahren an. Die Konditionen der einzelnen Ausschreibungen werden gesondert bekanntgemacht.

2. Der Kreis der Erwerber ist nicht beschränkt. An den Ausschreibungen beteiligen können sich aber unmittelbar nur Mitglieder der von der Deutschen Bundesbank festgelegten „Bietergruppe Bundesemissionen". Mitglied werden können gebietsansässige Kreditinstitute, Wertpapierhandelsunternehmen und Wertpapierhandelsbanken gemäß § 1 Abs. 1 sowie Abs. 3d Satz 2 und Satz 3 KWG und inländische Niederlassungen ausländischer Unternehmen gemäß §§ 53, 53b, 53c KWG, soweit sie die Erlaubnis zum Betreiben des Emissionsgeschäfts gemäß § 1 Abs. 1 Satz 2 Nr. 10 KWG haben, vorausgesetzt, sie verfügen über Girokonto und Depotkonto bei einer Landeszentralbank bzw. Konto bei der Deutschen Börse Clearing AG. Eine Bewerbung um Aufnahme in die Bietergruppe ist jederzeit möglich.
Von den Mitgliedern der Bietergruppe wird erwartet, daß sie mindestens 0,05 Prozent (ungerundet) der in einem Kalenderjahr in den Tendern insgesamt zugeteilten Emissionsbeträge übernehmen. Für die Bietergruppe wird jährlich eine Rangliste der Mitglieder nach der Höhe der Anteile am zugeteilten Emissionsvolumen (ohne Nennung der Anteilsätze) durch Pressemitteilung von der Deutschen Bundesbank veröffentlicht. Mitglieder, die die geforderte Mindestübernahme nicht erreichen, scheiden aus der Bietergruppe aus; spätere Wiederaufnahme ist möglich.

3. Kaufgebote sind am Bietungstag bis 11.00 Uhr per E-Mail im Rahmen des Automatischen-Bietungs-Systems (ABS) den Landeszentralbanken (Hauptverwaltungen der Deutschen Bundesbank) zu übermitteln. Bei ausnahmsweise noch mit Telefax abgegebenen Geboten wird auf schriftliche Bestätigung verzichtet. Die jeweiligen Zusatzbedingungen der Hauptverwaltungen für Tenderverfahren im ABS-System sind Bestandteil dieser Allgemeinen Bedingungen.

4. Die Gebote müssen über einen Nennbetrag von mindestens 1 Mio. DM oder einem ganzen Vielfachen lauten und sollen den Kurs in Prozent des Nennbetrages enthalten, zu dem die Bieter bereit sind, die angebotenen Bundeswertpapiere zu erwerben. Rendite-Gebote sind nicht zulässig. Die gebotenen Kurse müssen bei Bundesanleihen, Bundesobligationen und Bundesschatzanweisungen auf volle Hundertstel-Prozentpunkte, bei Unverzinslichen Schatzanweisungen auf volle 0,005 Prozentpunkte lauten. Gebote zu einem nicht zulässigen Kurs gelten als zum nächstniedrigeren zugelassenen Bietungskurs abgegeben. Gebote ohne Angabe eines Bietungskurses sowie mehrere Gebote zu unterschiedlichen Kursen sind möglich. 3
Die Bieter sind bis zur Zuteilung an ihre Gebote gebunden. Der Emittent behält sich vor, von Einzelgeboten Kenntnis zu nehmen.

5. Die vom Emittenten akzeptierten Gebote werden zu dem im jeweiligen Gebot genannten Kurs zugeteilt. Gebote, die über dem niedrigsten akzeptierten Kurs liegen, fallen aus. Gebote ohne Angabe eines Kurses werden zum gewogenen Durchschnittskurs der akzeptierten Kursgebote zugeteilt. Der Emittent behält sich vor, auf Gebote zum niedrigsten akzeptierten Kurs und/oder auf Gebote ohne Angabe eines Kurses nur Teilbeträge zuzuteilen oder alle Gebote abzulehnen. Im Fall der Teilzuteilung ist bei Bundesanleihen, Bundesobligationen und Bundesschatzanweisungen ein Mindestbetrag nicht vorgesehen, bei Unverzinslichen Schatzanweisungen werden mindestens 1 Mio. DM je betroffenes Gebot bzw. der nächsthöhere auf volle Mio. DM lautende Betrag zugeteilt. Eine evtl. Aufrundung bei Teilzuteilung von Geboten verändert den für die Abrechnung maßgebenden gewogenen Durchschnittskurs der akzeptierten Kursgebote nicht mehr.
Die Bieter werden unverzüglich über die Zuteilung unterrichtet.

6. Die zugeteilten Bundeswertpapiere werden spesenfrei abgerechnet. Die Gegenwerte sind von den Bietern am Zahlungstag auf ihren LZB-Girokonten spätestens bis zu dem in der Ausschreibung genannten Zeitpunkt anzuschaffen.
Der Emittent behält sich vor, die Emissionsbeträge später aufzustocken.

7. Abweichungen von diesen Verfahrensregeln sowie die Gebotsfrist, der Zahlungstag und der Valutierungszeitpunkt ergeben sich aus der jeweiligen Ausschreibung.

Gesetz über den Wertpapierhandel

In der Fassung vom 26. Juli 1994, mit Änderungen bis zum 27. März 1998

Abschnitt 1

Anwendungsbereich, Begriffsbestimmungen

§ 1. Anwendungsbereich. Dieses Gesetz ist anzuwenden auf die Erbringung von Wertpapierdienstleistungen und Wertpapiernebendienstleistungen, den börslichen und außerbörslichen Handel mit Wertpapieren, Geldmarktinstrumenten und Derivaten sowie auf Veränderungen der Stimmrechtsanteile von Aktionären an börsennotierten Gesellschaften.

§ 2. Begriffsbestimmungen. (1) Wertpapiere im Sinne dieses Gesetzes sind, auch wenn für sie keine Urkunden ausgestellt sind,

1. Aktien, Zertifikate, die Aktien vertreten, Schuldverschreibungen, Genußscheine, Optionsscheine und
2. andere Wertpapiere, die mit Aktien oder Schuldverschreibungen vergleichbar sind,

wenn sie auf einem Markt gehandelt werden können.

Wertpapiere sind auch Anteilscheine, die von einer Kapitalanlagegesellschaft oder einer ausländischen Investmentgesellschaft ausgegeben werden.

(1a) Geldmarktinstrumente im Sinne dieses Gesetzes sind Forderungen, die nicht unter Absatz 1 fallen und üblicherweise auf dem Geldmarkt gehandelt werden.

(2) Derivate im Sinne dieses Gesetzes sind

1. als Festgeschäfte oder Optionsgeschäfte ausgestaltete Termingeschäfte, deren Preis unmittelbar oder mittelbar abhängt von
   a) dem Börsen- oder Marktpreis von Wertpapieren,
   b) dem Börsen- oder Marktpreis von Geldmarktinstrumenten,
   c) Zinssätzen oder anderen Erträgen oder
   d) dem Börsen- oder Marktpreis von Waren oder Edelmetallen,
2. Devisentermingeschäfte, die an einem organisierten Markt gehandelt werden (Devisenfuturegeschäfte), Devisenoptionsgeschäfte, Währungsswapgeschäfte, Devisenswapoptionsgeschäfte und Devisenfutureoptionsgeschäfte.

(3) Wertpapierdienstleistungen im Sinne dieses Gesetzes sind

1. die Anschaffung und die Veräußerung von Wertpapieren, Geldmarktinstrumenten oder Derivaten im eigenen Namen für fremde Rechnung,
2. die Anschaffung und die Veräußerung von Wertpapieren, Geldmarktinstrumenten oder Derivaten im Wege des Eigenhandels für andere,
3. die Anschaffung und die Veräußerung von Wertpapieren, Geldmarktinstrumenten oder Derivaten im fremden Namen für fremde Rechnung,
4. die Vermittlung oder der Nachweis von Geschäften über die Anschaffung und die Veräußerung von Wertpapieren, Geldmarktinstrumenten oder Derivaten,
5. die Übernahme von Wertpapieren, Geldmarktinstrumenten oder Derivaten für eigenes Risiko zur Plazierung oder die Übernahme gleichwertiger Garantien,
6. die Verwaltung einzelner in Wertpapieren, Geldmarktinstrumenten oder Derivaten angelegter Vermögen für andere mit Entscheidungsspielraum.

(3a) Wertpapiernebendienstleistungen im Sinne dieses Gesetzes sind

1. die Verwahrung und die Verwaltung von Wertpapieren für andere, sofern nicht das Depotgesetz anzuwenden ist,
2. die Gewährung von Krediten oder Darlehen an andere für die Durchführung von Wertpapierdienstleistungen durch das Unternehmen, das den Kredit oder das Darlehen gewährt hat,
3. die Beratung bei der Anlage in Wertpapieren, Geldmarktinstrumenten oder Derivaten,
4. die in Absatz 3 Nr. 1 bis 4 genannten Tätigkeiten, soweit sie Devisengeschäfte oder Devisentermingeschäfte, die nicht unter Absatz 2 Nr. 2 fallen, zum Gegenstand haben und im Zusammenhang mit Wertpapierdienstleistungen stehen.

(4) Wertpapierdienstleistungsunternehmen im Sinne dieses Gesetzes sind Kreditinstitute, Finanzdienstleistungsinstitute und nach § 53 Abs. 1 Satz 1 des Gesetzes über das Kreditwesen tätige Unternehmen, die Wertpapierdienstleistungen allein oder zusammen mit Wertpapiernebendienstleistungen gewerbsmäßig oder in einem Umfang erbringen, der einen in kaufmännischer Weise eingerichteten Geschäftsbetrieb erfordert.

(5) Organisierter Markt im Sinne dieses Gesetzes ist ein Markt, der von staatlich anerkannten Stellen geregelt und überwacht wird, regelmäßig stattfindet und für das Publikum unmittelbar oder mittelbar zugänglich ist.

§ 2a. Ausnahmen. (1) Als Wertpapierdienstleistungsunternehmen gelten nicht

1. Unternehmen, die Wertpapierdienstleistungen ausschließlich für ihr Mutterunternehmen oder ihre Tochter- oder Schwesterunternehmen im Sinne des § 1 Abs. 6 und 7 des Gesetzes über das Kreditwesen erbringen,
2. Unternehmen, deren Wertpapierdienstleistungen ausschließlich in der Verwaltung eines Systems von Arbeitnehmerbeteiligungen an den eigenen oder an mit ihnen verbundenen Unternehmen besteht,
3. Unternehmen, die ausschließlich Wertpapierdienstleistungen im Sinne sowohl der Nummer 1 als auch der Nummer 2 erbringen,
4. private und öffentlich-rechtliche Versicherungsunternehmen,
5. die öffentliche Schuldenverwaltung des Bundes, eines seiner Sondervermögen, eines Landes, eines anderen Mitgliedstaats der Europäischen Union oder eines anderen Vertragsstaats des Abkommens über den Europäischen Wirtschaftsraum, die Deutsche Bundesbank sowie die Zentralbanken der anderen Mitgliedstaaten oder Vertragsstaaten,
6. Angehörige freier Berufe, die Wertpapierdienstleistungen nur gelegentlich im Rahmen ihrer Berufstätigkeit erbringen und einer Berufskammer in der Form der Körperschaft des öffentlichen Rechts angehören, deren Berufsrecht die Erbringung von Wertpapierdienstleistungen nicht ausschließt,
7. Unternehmen, die als einzige Wertpapierdienstleistung Aufträge zum Erwerb oder zur Veräußerung von Anteilscheinen von Kapitalanlagegesellschaften oder von ausländischen Investmentanteilen, die nach dem Auslandinvestment-Gesetz vertrieben werden dürfen, weiterleiten an
   a) ein Kreditinstitut oder Finanzdienstleistungsinstitut,
   b) ein nach § 53b Abs. 1 Satz 1 oder Abs. 7 des Gesetzes über das Kreditwesen tätiges Unternehmen,
   c) ein Unternehmen, das auf Grund einer Rechtsverordnung gemäß § 53c des Gesetzes über das Kreditwesen gleichgestellt oder freigestellt ist, oder
   d) eine ausländische Investmentgesellschaft,

   sofern sie nicht befugt sind, sich bei der Erbringung dieser Wertpapierdienstleistungen Eigentum oder Besitz an Geldern, Anteilscheinen oder Anteilen von Kunden zu verschaffen,
8. Unternehmen, die Wertpapierdienstleistungen ausschließlich an einem organisierten Markt, an dem ausschließlich Derivate gehandelt werden, für andere Mitglieder dieses Marktes erbringen und deren Verbindlichkeiten durch ein System zur Sicherung der Erfüllung der Geschäfte an diesem Markt abgedeckt sind,
9. Unternehmen, deren Haupttätigkeit darin besteht, Geschäfte über Rohwaren mit gleichartigen Unternehmen, mit den Erzeugern oder den gewerblichen Verwendern der Rohwaren zu tätigen, und die Wertpapierdienstleistungen nur für diese Gegenparteien und nur insoweit erbringen, als es für ihre Haupttätigkeit erforderlich ist.

(2) Übt ein Unternehmen Wertpapierdienstleistungen im Sinne des § 2 Abs. 3 Nr. 3 und 4 ausschließlich für Rechnung und unter der Haftung eines Kreditinstituts oder Finanzdienstleistungsinstituts oder eines nach § 53b Abs. 1 Satz 1 oder Abs. 7 des Gesetzes über das Kreditwesen tätigen Unternehmens oder unter der gesamtschuldnerischen Haftung solcher Institute oder Unternehmen aus, ohne andere Wertpapierdienstleistungen zu erbringen, gilt es nicht als Wertpapierdienstleistungsunternehmen. Seine Tätigkeit wird den Instituten oder Unternehmen zugerechnet, für deren Rechnung und unter deren Haftung es seine Tätigkeit erbringt.

Abschnitt 2

Bundesaufsichtsamt für den Wertpapierhandel

§ 3. Organisation. (1) Das Bundesaufsichtsamt für den Wertpapierhandel (Bundesaufsichtsamt) wird als eine selbständige Bundesoberbehörde im Geschäftsbereich des Bundesministeriums der Finanzen errichtet.

(2) Der Präsident des Bundesaufsichtsamtes wird auf Vorschlag der Bundesregierung durch den Bundespräsidenten ernannt. Die Bundesregierung hat bei ihrem Vorschlag die für das Börsenwesen zuständigen Fachministerien der Länder anzuhören.

§ 4. Aufgaben. (1) Das Bundesaufsichtsamt übt die Aufsicht nach den Vorschriften dieses

Gesetzes aus. Es hat im Rahmen der ihm zugewiesenen Aufgaben Mißständen entgegenzuwirken, welche die ordnungsmäßige Durchführung des Wertpapierhandels oder von Wertpapierdienstleistungen oder Wertpapiernebendienstleistungen beeinträchtigen oder erhebliche Nachteile für den Wertpapiermarkt bewirken können. Das Bundesaufsichtsamt kann Anordnungen treffen, die geeignet und erforderlich sind, diese Mißstände zu beseitigen oder zu verhindern.

(2) Das Bundesaufsichtsamt nimmt die ihm nach diesem Gesetz zugewiesenen Aufgaben und Befugnisse nur im öffentlichen Interesse wahr.

§ 5. Wertpapierrat. (1) Beim Bundesaufsichtsamt wird ein Wertpapierrat gebildet. Er besteht aus Vertretern der Länder. Die Mitgliedschaft ist nicht personengebunden. Jedes Land entsendet einen Vertreter. An den Sitzungen können Vertreter der Bundesministerien der Finanzen, der Justiz und für Wirtschaft, der Deutschen Bundesbank und des Bundesaufsichtsamtes für das Kreditwesen teilnehmen. Der Wertpapierrat kann Sachverständige insbesondere aus dem Bereich der Börsen, der Marktteilnehmer, der Wirtschaft und der Wissenschaft anhören. Der Wertpapierrat gibt sich eine Geschäftsordnung.

4

(2) Der Wertpapierrat wirkt bei der Aufsicht mit. Er berät das Bundesaufsichtsamt, insbesondere

1. bei dem Erlaß von Rechtsverordnungen und der Aufstellung von Richtlinien für die Aufsichtstätigkeit des Bundesaufsichtsamtes,
2. hinsichtlich der Auswirkungen von Aufsichtsfragen auf die Börsen- und Marktstrukturen sowie den Wettbewerb im Wertpapierhandel,
3. bei der Abgrenzung von Zuständigkeiten zwischen dem Bundesaufsichtsamt und den Börsenaufsichtsbehörden sowie bei Fragen der Zusammenarbeit.

Der Wertpapierrat kann beim Bundesaufsichtsamt Vorschläge zur allgemeinen Weiterentwicklung der Aufsichtspraxis einbringen. Das Bundesaufsichtsamt berichtet dem Wertpapierrat mindestens einmal jährlich über die Aufsichtstätigkeit, die Weiterentwicklung der Aufsichtspraxis sowie über die internationale Zusammenarbeit.

(3) Der Wertpapierrat wird mindestens einmal jährlich vom Präsidenten des Bundesaufsichtsamtes einberufen. Er ist ferner auf Verlangen von einem Drittel seiner Mitglieder einzuberufen. Jedes Mitglied hat das Recht, Beratungsvorschläge einzubringen.

§ 6. Zusammenarbeit mit Aufsichtsbehörden im Inland.

§ 7. Zusammenarbeit mit zuständigen Stellen im Ausland.

§ 8. Verschwiegenheitspflicht.

§ 9. Meldepflichten. (1) Kreditinstitute, Finanzdienstleistungsinstitute mit der Erlaubnis zum Betreiben des Eigenhandels, nach § 53 Abs. 1 Satz 1 des Gesetzes über das Kreditwesen tätige Unternehmen mit Sitz in einem Staat, der nicht Mitglied der Europäischen Union und auch nicht Vertragsstaat des Abkommens über den Europäischen Wirtschaftsraum ist, sowie Unternehmen, die ihren Sitz im Inland haben und an einer inländischen Börse zur Teilnahme am Handel zugelassen sind, sind verpflichtet, dem Bundesaufsichtsamt jedes Geschäft in Wertpapieren oder Derivaten, die zum Handel an einem organisierten Markt in einem Mitgliedstaat der Europäischen Union oder in einem anderen Vertragsstaat des Abkommens über den Europäischen Wirtschaftsraum zugelassen oder in den Freiverkehr einer inländischen Börse einbezogen sind, spätestens an dem auf den Tag des Geschäftsabschlusses folgenden Werktag, der kein Samstag ist, mitzuteilen, wenn sie das Geschäft im Zusammenhang mit einer Wertpapierdienstleistung oder als Eigengeschäft abschließen. Die Verpflichtung nach Satz 1 gilt auch für den Erwerb und die Veräußerung von Rechten auf Zeichnung von Wertpapieren, sofern diese Wertpapiere an einem organisierten Markt gehandelt werden sollen, sowie für Geschäfte in Aktien und Optionsscheinen, bei denen ein Antrag auf Zulassung zum Handel an einem organisierten Markt oder auf Einbeziehung in den Freiverkehr gestellt oder öffentlich angekündigt ist. Die Verpflichtung nach den Sätzen 1 und 2 gilt auch für inländische Stellen, die ein System zur Sicherung der Erfüllung von Geschäften an einem organisierten Markt betreiben, hinsichtlich der von ihnen abgeschlossenen Geschäfte. Die Verpflichtung nach den Sätzen 1 und 2 gilt auch für Unternehmen, die ihren Sitz im Ausland haben und an einer inländischen Börse zur Teilnahme am Handel zugelassen sind, hinsichtlich der von ihnen an einer inländischen Börse oder im Freiverkehr im Zusammenhang mit einer Wertpapierdienstleistung oder als Eigengeschäft geschlossenen Geschäfte.

(1a) Von der Verpflichtung nach Absatz 1 ausgenommen sind Bausparkassen im Sinne des § 1 Abs. 1 des Gesetzes über Bausparkassen und Unternehmen im Sinne des § 2 Abs. 1,

4 und 5 des Gesetzes über das Kreditwesen, sofern sie nicht an einer inländischen Börse zur Teilnahme am Handel zugelassen sind, sowie Wohnungsgenossenschaften mit Spareinrichtung. Die Verpflichtung nach Absatz 1 findet auch keine Anwendung auf Geschäfte in Anteilscheinen einer Kapitalanlagegesellschaft oder einer ausländischen Investmentgesellschaft, bei denen eine Rücknahmeverpflichtung der Gesellschaft besteht, sowie auf Geschäfte in Derivaten im Sinne des § 2 Abs. 2 Nr. 1 Buchstabe b und d.

(2) Die Mitteilung hat auf Datenträgern oder im Wege der elektronischen Datenfernübertragung zu erfolgen. Sie muß für jedes Geschäft die folgenden Angaben enthalten:
1. Bezeichnung des Wertpapiers oder Derivats und Wertpapierkennummer,
2. Datum und Uhrzeit des Abschlusses oder der maßgeblichen Kursfeststellung,
3. Kurs, Stückzahl, Nennbetrag der Wertpapiere oder Derivate,
4. die an dem Geschäft beteiligten Institute und Unternehmen im Sinne des Absatzes 1,
5. die Börse oder das elektronische Handelssystem der Börse, sofern es sich um ein Börsengeschäft handelt,
6. Kennzeichen zur Identifikation des Geschäfts.

Geschäfte für eigene Rechnung sind gesondert zu kennzeichnen.

(3) Das Bundesministerium der Finanzen kann durch Rechtsverordnung, die nicht der Zustimmung des Bundesrates bedarf,
1. nähere Bestimmungen über Inhalt, Art, Umfang und Form der Mitteilung und über die zulässigen Datenträger und Übertragungswege erlassen,
2. zusätzliche Angaben vorschreiben, soweit diese zur Erfüllung der Aufsichtsaufgaben des Bundesaufsichtsamtes erforderlich sind,
3. zulassen, daß die Mitteilungen der Verpflichteten auf deren Kosten durch die Börse oder einen geeigneten Dritten erfolgen, und die Einzelheiten hierzu festlegen,
4. für Geschäfte, die Schuldverschreibungen oder bestimmte Arten von Derivaten zum Gegenstand haben, zulassen, daß Angaben nach Absatz 2 nicht oder in einer zusammengefaßten Form mitgeteilt werden,
5. die in Absatz 1 genannten Institute und Unternehmen von der Mitteilungspflicht nach Absatz 1 für Geschäfte befreien, die an einem organisierten Markt in einem anderen Mitgliedstaat der Europäischen Union oder in einem anderen Vertragsstaat des Abkommens über den Europäischen Wirtschaftsraum abgeschlossen werden, wenn in diesem Staat eine Mitteilungspflicht mit gleichwertigen Anforderungen besteht,
6. bei Sparkassen und Kreditgenossenschaften, die sich zur Ausführung des Geschäfts einer Girozentrale oder einer genossenschaftlichen Zentralbank oder des Zentralkreditinstituts bedienen, zulassen, daß die in Absatz 1 vorgeschriebenen Mitteilungen durch die Girozentrale oder die genossenschaftliche Zentralbank oder das Zentralkreditinstitut erfolgen, wenn und soweit der mit den Mitteilungspflichten verfolgte Zweck dadurch nicht beeinträchtigt wird.

(4) Das Bundesministerium der Finanzen kann die Ermächtigung nach Absatz 3 durch Rechtsverordnung auf das Bundesaufsichtsamt übertragen.

§ 10. Zwangsmittel. Das Bundesaufsichtsamt kann seine Verfügungen, die es innerhalb seiner gesetzlichen Befugnisse trifft mit Zwangsmitteln nach den Bestimmungen des Verwaltungs-Vollstreckungsgesetzes durchsetzen. Es kann auch Zwangsmittel gegen juristische Personen des öffentlichen Rechts anwenden. Die Höhe des Zwangsgeldes beträgt abweichend von § 11 des Verwaltungs-Vollstreckungsgesetzes bis zu 100 000 Deutsche Mark.

4

§ 11. Umlage und Kosten. (1) die Kosten des Bundesaufsichtsamtes sind dem Bund zu erstatten
1. zu 68 Prozent durch Kreditinstitute und nach § 53 Abs. 1 Satz 1 des Gesetzes über das Kreditwesen tätige Unternehmen, sofern diese Kreditinstitute oder Unternehmen befugt sind, im Inland Wertpapierdienstleistungen im Sinne des § 2 Abs. 3 Nr. 1, 2 oder 5 zu erbringen,
2. zu 4 Prozent durch die Kursmakler und andere Unternehmen, die an einer inländischen Börse zur Teilnahme am Handel zugelassen sind und nicht unter Nummer 1 fallen,
3. zu 9 Prozent durch Finanzdienstleistungsinstitute und nach § 53 Abs. 1 Satz 1 des Gesetzes über das Kreditwesen tätige Unternehmen, sofern diese Finanzdienstleistungsinstitute oder Unternehmen befugt sind, im Inland Wertpapierdienstleistungen im Sinne des § 2 Abs. 3 Nr. 3, 4 oder 6 zu erbringen und nicht unter Nummer 1 oder 2 fallen,
4. zu 9 Prozent durch Emittenten mit Sitz im Inland, deren Wertpapiere an einer inländischen Börse zum Handel zugelassen oder mit ihrer Zustimmung in den Freiverkehr einbezogen sind.

In den Fällen des Satzes 1 Nr. 1 und 2 werden die Kosten nach Maßgabe des Umfanges der nach § 9 Abs. 1 gemeldeten Geschäfte anteilig umgelegt; maßgeblich ist die Zahl der Geschäfte, wobei bei Schuldverschreibungen nur ein Drittel der Geschäfte zu berücksichtigen ist. Im Fall des Satzes 1 Nr. 3 werden die Kosten nach Maßgabe des Ergebnisses aus der gewöhnlichen Geschäftstätigkeit oder bei Nachweis nach Maßgabe der aus Wertpapierdienstleistungen oder Eigengeschäften erzielten Bruttoerlöse anteilig umgelegt. Im Fall des Satzes 1 Nr. 4 werden die Kosten auf die Emittenten nach Maßgabe der Börsenumsätze ihrer zum Handel zugelassenen oder in den Freiverkehr einbezogenen Wertpapiere anteilig umgelegt.

(2) Die nach Absatz 1 Satz 1 Verpflichteten und die inländischen Börsen haben dem Bundesaufsichtsamt auf Verlangen Auskünfte über den Geschäftsumfang, das Ergebnis aus der gewöhnlichen Geschäftstätigkeit oder die Bruttoerlöse und die Börsenumsätze zu erteilen. Die Kostenforderungen werden vom Bundesaufsichtsamt nach den Vorschriften des Verwaltungs-Vollstreckungsgesetzes durchgesetzt.

(3) Das Nähere über die Erhebung der Umlange nach Absatz 1 und über die Betreibung bestimmt das Bundesministerium der Finanzen durch Rechtsverordnung, die nicht der Zustimmung des Bundesrates bedarf; es kann in der Rechtsverordnung Mindestbeträge festsetzen. Das Bundesministerium der Finanzen kann die Ermächtigung durch Rechtsverordnung auf das Bundesaufsichtsamt übertragen.

(4) Die Kosten, die dem Bund durch die Prüfung nach § 35 Abs. 1 sowie § 36 Abs. 4 entstehen, sind von den betroffenen Unternehmen, gesondert zu erstatten und auf Verlangen des Bundesaufsichtsamtes vorzuschießen.

Abschnitt 3

4

Insiderüberwachung

§ 12. Insiderpapiere. (1) Insiderpapiere sind Wertpapiere, die
1. an einer inländischen Börse zum Handel zugelassen oder in den Freiverkehr einbezogen sind, oder
2. in einem anderen Mitgliedstaat der Europäischen Union oder einem anderen Vertragsstaat des Abkommens über den Europäischen Wirtschaftsraum zum Handel an einem organisierten Markt zugelassen sind.

Der Zulassung zum Handel an einem organisierten Markt oder der Einbeziehung in den Freiverkehr steht gleich, wenn der Antrag auf Zulassung oder Einbeziehung gestellt oder öffentlich angekündigt ist.

(2) Als Insiderpapiere gelten auch
1. Rechte auf Zeichnung, Erwerb oder Veräußerung von Wertpapieren,
2. Rechte auf Zahlung eines Differenzbetrages, der sich an der Wertentwicklung von Wertpapieren bemißt,
3. Terminkontrakte auf einen Aktien- oder Rentenindex oder Zinsterminkontrakte (Finanzterminkontrakte) sowie Rechte auf Zeichnung, Erwerb oder Veräußerung von Finanzterminkontrakten, sofern die Finanzterminkontrakte Wertpapiere zum Gegenstand haben oder sich auf einen Index beziehen, in den Wertpapiere einbezogen sind,
4. sonstige Terminkontrakte, die zum Erwerb oder zur Veräußerung von Wertpapieren verpflichten,

wenn die Rechte oder Terminkontrakte in einem Mitgliedstaat der Europäischen Union oder einem anderen Vertragsstaat des Abkommens über den Europäischen Wirtschaftsraum zum Handel an einem organisierten Markt zugelassen oder in den Freiverkehr einbezogen sind und die in den Nummern 1 bis 4 genannten Wertpapiere in einem Mitgliedstaat des Abkommens über den Europäischen Wirtschaftsraum zum Handel an einem organisierten Markt zugelassen oder in den Freiverkehr einbezogen sind. Der Zulassung der Rechte oder Terminkontrakte zum Handel an einem organisierten Markt oder ihrer Einbeziehung in den Freiverkehr steht gleich, wenn der Antrag auf Zulassung oder Einbeziehung gestellt oder öffentlich angekündigt ist.

§ 13. Insider. (1) Insider ist, wer
1. als Mitglied des Geschäftsführungs- oder Aufsichtsorgans oder als persönlich haftender Gesellschafter des Emittenten oder eines mit dem Emittenten verbundenen Unternehmens,
2. aufgrund seiner Beteiligung am Kapital des Emittenten oder eines mit dem Emittenten verbundenen Unternehmens oder
3. aufgrund seines Berufs oder seiner Tätigkeit oder seiner Aufgabe bestimmungsgemäß

Kenntnis von einer nicht öffentlich bekannten Tatsache hat, die sich auf einen oder mehrere Emittenten von Insiderpapieren oder auf Insiderpapiere bezieht und die geeignet ist, im

Falle ihres öffentlichen Bekanntwerdens den Kurs der Insiderpapiere erheblich zu beeinflussen (Insidertatsache).

(2) Eine Bewertung, die ausschließlich aufgrund öffentlich bekannter Tatsachen erstellt wird, ist keine Insidertatsache, selbst wenn sie den Kurs von Insiderpapieren erheblich beeinflussen kann.

§ 14. Verbot von Insidergeschäften. (1) Einem Insider ist es verboten,

1. unter Ausnutzung seiner Kenntnis von einer Insidertatsache Insiderpapiere für eigene oder fremde Rechnung oder für einen anderen zu erwerben oder zu veräußern,
2. einem anderen eine Insidertatsache unbefugt mitzuteilen oder zugänglich zu machen,
3. einem anderen auf der Grundlage seiner Kenntnis von einer Insidertatsache den Erwerb oder die Veräußerung von Insiderpapieren zu empfehlen.

(2) Einem Dritten, der Kenntnis von einer Insidertatsache hat, ist es verboten, unter Ausnutzung dieser Kenntnis Insiderpapiere für eigene oder fremde Rechnung oder für einen anderen zu erwerben oder zu veräußern.

§ 15. Veröffentlichung und Mitteilung kursbeeinflussender Tatsachen. (1) Der Emittent von Wertpapieren, die zum Handel an einer inländischen Börse zugelassen sind, muß unverzüglich eine neue Tatsache veröffentlichen, die in seinem Tätigkeitsbereich eingetreten und nicht öffentlich bekannt ist, wenn sie wegen der Auswirkungen auf die Vermögens- oder Finanzlage oder auf den allgemeinen Geschäftsverlauf des Emittenten geeignet ist, den Börsenpreis der zugelassenen Wertpapiere erheblich zu beeinflussen, oder im Fall zugelassener Schuldverschreibungen die Fähigkeit des Emittenten, seinen Verpflichtungen nachzukommen, beeinträchtigen kann. Das Bundesaufsichtsamt kann den Emittenten auf Antrag von der Veröffentlichungspflicht befreien, wenn die Veröffentlichung der Tatsache geeignet ist, den berechtigten Interessen des Emittenten zu schaden.

(2) Der Emittent hat die nach Absatz 1 zu veröffentlichende Tatsache vor der Veröffentlichung

1. der Geschäftsführung der Börsen, an denen die Wertpapiere zum Handel zugelassen sind,
2. der Geschäftsführung der Börsen, an denen ausschließlich Derivate im Sinne des § 2 Abs. 2 gehandelt werden, sofern die Wertpapiere Gegenstand der Derivate sind, und
3. dem Bundesaufsichtsamt

mitzuteilen. Die Geschäftsführung darf die ihr nach Satz 1 mitgeteilte Tatsache vor der Veröffentlichung nur zum Zwecke der Entscheidung verwenden, ob die Feststellung des Börsenpreises auszusetzen oder einzustellen ist. Das Bundesaufsichtsamt kann gestatten, daß Emittenten mit Sitz im Ausland die Mitteilung nach Satz 1 gleichzeitig mit der Veröffentlichung vornehmen, wenn dadurch die Entscheidung der Geschäftsführung über die Aussetzung oder Einstellung der Feststellung des Börsenpreises nicht beeinträchtigt wird.

(3) Die Veröffentlichung nach Absatz 1 Satz 1 ist

1. in mindestens einem überregionalen Börsenpflichtblatt oder
2. über ein elektronisch betriebenes Informationsverbreitungssystem, das bei Kreditinstituten, nach § 53 Abs. 1 Satz 1 des Gesetzes über das Kreditwesen tätigen Unternehmen, anderen Unternehmen, die ihren Sitz im Inland haben und an einer inländischen Börse zur Teilnahme am Handel zugelassen sind, und Versicherungsunternehmen weit verbreitet ist,

in deutscher Sprache vorzunehmen; das Bundesaufsichtsamt kann gestatten, daß Emittenten mit Sitz im Ausland die Veröffentlichung in einer anderen Sprache vornehmen, wenn dadurch eine ausreichende Unterrichtung der Öffentlichkeit nicht gefährdet erscheint. Eine Veröffentlichung in anderer Weise darf nicht vor der Veröffentlichung nach Satz 1 erfolgen. Das Bundesaufsichtsamt kann bei umfangreichen Angaben gestatten, daß eine Zusammenfassung gemäß Satz 1 veröffentlicht wird, wenn die vollständigen Angaben bei den Zahlstellen des Emittenten kostenfrei erhältlich sind und in der Veröffentlichung hierauf hingewiesen wird.

(4) Der Emittent hat die Veröffentlichung nach Absatz 3 Satz 1 unverzüglich der Geschäftsführung der in Absatz 2 Satz 1 Nr. 1 und 2 erfaßten Börsen und dem Bundesaufsichtsamt zu übersenden; soweit nicht das Bundesaufsichtsamt nach Absatz 2 Satz 3 gestattet hat, die Mitteilung nach Absatz 2 Satz 1 gleichzeitig mit der Veröffentlichung vorzunehmen.

(5) Das Bundesaufsichtsamt kann von dem Emittenten Auskünfte und die Vorlage von Unterlagen verlangen, soweit dies zur Überwachung der Einhaltung der in den Absätzen 1 bis 4 geregelten Pflichten erforderlich ist. Während der üblichen Arbeitszeit ist seinen Bediensteten und den von ihm beauftragten Personen, soweit dies zur Wahrnehmung seiner Aufgaben erforderlich ist, das Betreten der Grundstücke und Geschäftsräume des Emittenten zu gestatten. § 16 Abs. 6 und 7 gilt entsprechend.

(6) Verstößt der Emittent gegen die Verpflichtung nach Absatz 1, 2 oder 3, so ist er einem anderen nicht zum Ersatz des daraus entstehenden Schadens verpflichtet. Schadensersatzansprüche, die auf anderen Rechtsgrundlagen beruhen, bleiben unberührt.

§ 16. Laufende Überwachung. (1) Das Bundesaufsichtsamt überwacht das börsliche und außerbörsliche Geschäft in Insiderpapieren, um Verstößen gegen die Verbote nach § 14 entgegenzuwirken. ...

§ 16a. Überwachung der Geschäfte der beim Bundesaufsichtsamt Beschäftigten. (1) Das Bundesaufsichtsamt muß über angemessene interne Kontrollverfahren verfügen, die geeignet sind, Verstößen der beim Bundesaufsichtsamt Beschäftigten gegen die Verbote nach § 14 entgegenzuwirken. ...

§ 17. Verarbeitung und Nutzung personenbezogener Daten. (1) Das Bundesaufsichtsamt darf ihm nach § 16 Abs. 2 Satz 3 oder § 16a Abs. 2 Satz 1 oder 3 mitgeteilte personenbezogene Daten nur für Zwecke der Prüfung, ob ein Verstoß gegen ein Verbot nach § 14 vorliegt, und der internationalen Zusammenarbeit nach Maßgabe des § 19 speichern, verändern und nutzen.

(2) Personenbezogene Daten, die für Prüfungen oder zur Erfüllung eines Auskunfsersuchens einer zuständigen Stelle eines anderen Staates nach Absatz 1 nicht mehr erforderlich sind, sind unverzüglich zu löschen.

§ 18. Strafverfahren bei Insidervergehen.

§ 19. Internationale Zusammenarbeit.

§ 20. Ausnahmen.

Abschnitt 4

4

Mitteilungs- und Veröffentlichungspflichten des Stimmrechtsanteils an börsennotierten Gesellschaften

§ 21. Mitteilungspflichten des Meldepflichtigen.

(1) Wer durch Erwerb, Veräußerung oder auf sonstige Weise 5 Prozent, 10 Prozent, 25 Prozent, 50 Prozent oder 75 Prozent der Stimmrechte an einer börsennotierten Gesellschaft erreicht, überschreitet oder unterschreitet (Meldepflichtiger), hat der Gesellschaft sowie dem Bundesaufsichtsamt unverzüglich, spätestens innerhalb von sieben Kalendertagen, das Erreichen, Überschreiten oder Unterschreiten der genannten Schwellen sowie die Höhe seines Stimmrechtsanteils unter Angabe seiner Anschrift und des Tages des Erreichens, Überschreitens oder Unterschreitens schriftlich mitzuteilen. Die Frist beginnt mit dem Zeitpunkt, zu dem der Meldepflichtige Kenntnis davon hat oder nach den Umständen haben mußte, daß sein Stimmrechtsanteil die genannten Schwellen erreicht, überschreitet oder unterschreitet.

(1a) Wem im Zeitpunkt der erstmaligen Zulassung der Aktien einer Gesellschaft mit Sitz im Inland zum amtlichen Handel an einer Börse in einem Mitgliedstaat der Europäischen Union oder in einem anderen Vertragsstaat des Abkommens über den Europäischen Wirtschaftsraum 5 Prozent oder mehr der Stimmrechte an der Gesellschaft zustehen, hat der Gesellschaft sowie dem Bundesaufsichtsamt eine Mitteilung entsprechend Absatz 1 Satz 1 zu machen.

(2) Börsennotierte Gesellschaften im Sinne dieses Abschnittes sind Gesellschaften mit Sitz im Inland, deren Aktien zum amtlichen Handel an einer Börse in einem Mitgliedstaat der Europäischen Union oder in einem anderen Vertragsstaat des Abkommens über den Europäischen Wirtschaftsraum zugelassen sind.

§ 22. Zurechnung von Stimmrechten.

§ 23. Nichtberücksichtigung von Stimmrechten.

§ 24. Mitteilung durch Konzernunternehmen.

§ 25. Veröffentlichungspflichten der börsennotierten Gesellschaft. (1) Die börsennotierte Gesellschaft hat Mitteilungen nach 21 Abs. 1 unverzüglich, spätestens neun Kalendertage nach Zugang der Mitteilung, in deutscher Sprache in einem überregionalen Börsenpflichtblatt zu veröffentlichen. In der Veröffentlichung ist der Meldepflichtige mit Name oder Firma und Staat, in dem sich der Wohnort befindet, oder Sitz anzugeben.

(2) Sind die Aktien der börsennotierten Gesellschaft an einer Börse in einem anderen Mitgliedstaat der Europäischen Union oder in einem anderen Vertragsstaat des Abkommens über den Europäischen Wirtschaftsraum zum amtlichen Handel zugelassen, so hat die Gesellschaft die Veröffentlichung nach Absatz 1 Satz 1 und 2 unverzüglich, spätestens neun Kalendertage nach Zugang der Mitteilung, auch in einem Börsenpflichtblatt dieses Staates oder, sofern das Recht dieses Staates eine andere Form der Unterrichtung des Publikums vorschreibt, in dieser anderen Form vorzunehmen.

Die Veröffentlichung muß in einer Sprache abgefaßt werden, die in diesem Staat für solche Veröffentlichungen zugelassen ist.

(3) Die börsennotierte Gesellschaft hat dem Bundesaufsichtsamt unverzüglich einen Beleg über die Veröffentlichung nach Absatz 1 Satz 2 zu übersenden. Das Bundesaufsichtsamt unterrichtet die in Absatz 2 genannten Börsen über die Veröffentlichung.

(4) Das Bundesaufsichtsamt befreit auf schriftlichen Antrag die börsennotierte Gesellschaft von den Veröffentlichungspflichten nach Absatz 1 und 2, wenn es nach Abwägung der Umstände der Auffassung ist, daß die Veröffentlichung dem öffentlichen Interesse zuwiderlaufen oder der Gesellschaft erheblichen Schaden zufügen würde, sofern im letzteren Fall die Nichtveröffentlichung nicht zu einem Irrtum des Publikums über die für die Beurteilung der betreffenden Wertpapiere wesentlichen Tatsachen und Umstände führen kann.

§ 26. Veröffentlichungspflichten von Gesellschaften mit Sitz im Ausland.

§§ 27–30 (nicht abgedruckt)

Abschnitt 5

Verhaltensregeln für Wertpapierdienstleistungsunternehmen, Verjährung von Ersatzansprüchen

§ 31. Allgemeine Verhaltensregeln. (1) Ein Wertpapierdienstleistungsunternehmen ist verpflichtet,

1. Wertpapierdienstleistungen und Wertpapiernebendienstleistungen mit der erforderlichen Sachkenntnis, Sorgfalt und Gewissenhaftigkeit im Interesse seiner Kunden zu erbringen;
2. sich um die Vermeidung von Interessenkonflikten zu bemühen und dafür zu sorgen, daß bei unvermeidbaren Interessenkonflikten der Kundenauftrag unter der gebotenen Wahrung des Kundeninteresses ausgeführt wird.

(2) Es ist ferner verpflichtet,

1. von seinen Kunden Angaben über ihre Erfahrungen oder Kenntnisse in Geschäften, die Gegenstand von Wertpapierdienstleistungen oder Wertpapiernebendienstleistungen sein sollen, über ihre mit den Geschäften verfolgten Ziele und über ihre finanziellen Verhältnisse zu verlangen,
2. seinen Kunden alle zweckdienlichen Informationen mitzuteilen, soweit dies zur Wahrung der Interessen der Kunden und im Hinblick auf Art und Umfang der beabsichtigten Geschäfte erforderlich ist. Die Kunden sind nicht verpflichtet, dem Verlangen nach Angaben gemäß Satz 1 Nr. 1 zu entsprechen.

(3) [...]

§ 32. Besondere Verhaltensregeln. (1) Einem Wertpapierdienstleistungsunternehmen oder einem mit ihm verbundenen Unternehmen ist es verboten,

1. Kunden des Wertpapierdienstleistungsunternehmens den Ankauf oder Verkauf von Wertpapieren, Geldmarktinstrumenten oder Derivaten zu empfehlen, wenn und soweit die Empfehlung nicht mit den Interessen der Kunden übereinstimmt;
2. Kunden des Wertpapierdienstleistungsunternehmens den Ankauf oder Verkauf von Wertpapieren, Geldmarktinstrumenten oder Derivaten zu dem Zweck zu empfehlen, für Eigengeschäfte des Wertpapierdienstleistungsunternehmens oder eines mit ihm verbundenen Unternehmens Preise in eine bestimmte Richtung zu lenken;
3. Eigengeschäfte aufgrund der Kenntnis von einem Auftrag eines Kunden des Wertpapierdienstleistungsunternehmen zum Ankauf oder Verkauf von Wertpapieren, Geldmarktinstrumenten oder Derivaten abzuschließen, die Nachteile für den Auftraggeber zur Folge haben können.

(2) Den Geschäftsinhabern eines in der Rechtsform des Einzelkaufmanns betriebenen Wertpapierdienstleistungsunternehmens, bei anderen Wertpapierdienstleistungsunternehmen den Personen, die nach Gesetz oder Gesellschaftsvertrag mit der Führung der Geschäfte des Unternehmens betraut und zu seiner Vertretung ermächtigt sind, sowie den Angestellten eines Wertpapierdienstleistungsunternehmens, die mit der Durchführung von Geschäften in Wertpapieren, Geldmarktinstrumenten oder Derivaten, der Wertpapieranalyse oder der Anlageberatung betraut sind, ist es verboten,

1. Kunden des Wertpapierdienstleistungsunternehmens den Ankauf oder Verkauf von Wertpapieren, Geldmarktinstrumenten oder Derivaten unter den Voraussetzungen des Absatzes 1 Nr. 1 oder zu dem Zweck zu empfehlen, für den Abschluß von Geschäften für sich oder Dritte Preise von Wertpapieren, Geldmarktinstrumenten oder Derivaten in eine bestimmte Richtung zu lenken;
2. aufgrund der Kenntnis von einem Auftrag eines Kunden des Wertpapierdienstlei-

4

stungsunternehmens zum Ankauf oder Verkauf von Wertpapieren, Geldmarktinstrumenten oder Derivaten Geschäfte für sich oder einen Dritten abzuschließen, die Nachteile für den Auftraggeber zur Folge haben können.

(3) Die Absätze 1 und 2 gelten unter den in § 31 Abs. 3 bestimmten Voraussetzungen auch für Unternehmen mit Sitz im Ausland.

§ 33. Organisationspflichten. (1) Ein Wertpapierdienstleistungsunternehmen

1. ist verpflichtet, die für eine ordnungsmäßige Durchführung der Wertpapierdienstleistung und Wertpapiernebendienstleistung notwendigen Mittel und Verfahren vorzuhalten und wirksam einzusetzen;
2. muß so organisiert sein, daß bei der Erbringung der Wertpapierdienstleistung und Wertpapiernebendienstleistung Interessenkonflikte zwischen dem Wertpapierdienstleistungsunternehmen und seinen Kunden oder Interessenkonflikte zwischen verschiedenen Kunden des Wertpapierdienstleistungsunternehmens möglichst gering sind;
3. muß über angemessene interne Kontrollverfahren verfügen, die geeignet sind, Verstößen gegen Verpflichtungen nach diesem Gesetz entgegenzuwirken.

4

(2) Bereiche, die für die Durchführung der Wertpapierdienstleistungen oder Wertpapiernebendienstleistungen wesentlich sind, dürfen auf ein anderes Unternehmen nur ausgelagert werden, wenn dadurch weder die Ordnungsmäßigkeit dieser Dienstleistungen noch die Wahrnehmung der Pflichten nach Absatz 1, noch die entsprechenden Prüfungsrechte und Kontrollmöglichkeiten des Bundesaufsichtsamtes beeinträchtigt werden. Das Wertpapierdienstleistungsunternehmen hat sich insbesondere die erforderlichen Weisungsbefugnisse vertraglich zu sichern und die ausgelagerten Bereiche in seine internen Kontrollverfahren einzubeziehen.

§ 34. Aufzeichnungs- und Aufbewahrungspflichten. (1) Ein Wertpapierdienstleistungsunternehmen hat bei der Erbringung von Wertpapierdienstleistungen aufzuzeichnen

1. den Antrag und hierzu erteilte Anweisungen des Kunden sowie die Ausführung des Auftrags,
2. den Namen des Angestellten, der den Auftrag des Kunden angenommen hat, sowie die Uhrzeit der Erteilung und Ausführung des Auftrags,
3. die dem Kunden für den Auftrag in Rechnung gestellten Provisionen und Spesen,
4. die Anweisungen des Kunden sowie die Erteilung des Auftrags an ein anderes Wertpapierdienstleistungsunternehmen, soweit es sich um die Verwaltung von Vermögen im Sinne des § 2 Abs. 3 Nr. 6 handelt,
5. die Erteilung eines Auftrags für eigene Rechnung an ein anderes Wertpapierdienstleistungsunternehmen, sofern das Geschäft nicht der Meldepflicht nach § 9 unterliegt; Aufträge für eigene Rechnung sind besonders zu kennzeichnen.

(2) [...]

(3) Die Aufzeichnungen nach den Absätzen 1 und 2 sind mindestens sechs Jahre aufzubewahren. Für die Aufbewahrung gilt § 257 Abs. 3 und 5 des Handelsgesetzbuchs entsprechend.

§ 34a. Getrennte Vermögensverwaltung. (1) Ein Wertpapierdienstleistungsunternehmen ohne eine Erlaubnis zum Betreiben des Einlagengeschäftes im Sinne des § 1 Abs. 1 Satz 2 Nr. 1 des Gesetzes über das Kreditwesen hat Kundengelder, die es im Zusammenhang mit einer Wertpapierdienstleistung oder einer Wertpapiernebendienstleistung entgegennimmt und im eigenen Namen und auf Rechnung der Kunden verwendet, unverzüglich getrennt von den Geldern des Unternehmens und von anderen Kundengeldern auf Treuhandkonten bei einem Kreditinstitut, das im Inland zum Betreiben des Einlagengeschäftes befugt ist, oder einem geeigneten Kreditinstitut mit Sitz im Ausland, das zum Betreiben des Einlagengeschäftes befugt ist, zu verwahren. Das Wertpapierdienstleistungsunternehmen hat dem Kreditinstitut vor der Verwahrung offenzulegen, daß die Gelder für fremde Rechnung eingelegt werden. Es hat den Kunden unverzüglich darüber zu unterrichten, auf welchem Konto die Kundengelder verwahrt werden und ob das Kreditinstitut, bei dem die Kundengelder verwahrt werden, Mitglied einer Einlagensicherungseinrichtung ist und in welchem Umfang die Kundengelder durch diese Einrichtung gesichert sind.

(2) Ein Wertpapierdienstleistungsunternehmen oder eine Erlaubnis zum Betreiben des Depotgeschäftes im Sinne des § 1 Abs. 1 Satz 2 Nr. 5 des Gesetzes über das Kreditwesen hat Wertpapiere, die es im Zusammenhang mit einer Wertpapierdienstleistung oder einer Wertpapiernebendienstleistung entgegennimmt, unverzüglich einem Kreditinstitut, das im Inland zum Betreiben des Depotgeschäftes befugt ist, oder einem Kreditinstitut mit Sitz im Ausland, das zum Betreiben des Depotgeschäftes befugt ist und bei welchem dem Kunden eine Rechtsstellung eingeräumt wird, die derjenigen nach dem Depotgesetz gleichwertig ist, zur Ver-

wahrung weiterzuleiten. Absatz 1 Satz 3 gilt entsprechend.

(3) Das Bundesministerium der Finanzen kann durch Rechtsverordnung, die nicht der Zustimmung des Bundesrates bedarf, zum Schutz der einem Wertpapierdienstleistungsunternehmen anvertrauten Gelder oder Wertpapiere der Kunden nähere Bestimmungen über den Umfang der Verpflichtungen nach den Absätzen 1 und 2 erlassen. Das Bundesministerium der Finanzen kann die Ermächtigung durch Rechtsverordnung auf das Bundesaufsichtsamt übertragen.

§ 35. Überwachung der Meldepflichten und Verhaltensregeln. (1) Das Bundesaufsichtsamt kann zur Überwachung der Einhaltung der in diesem Abschnitt geregelten Pflichten von den Wertpapierdienstleistungsunternehmen, den mit diesen verbundenen Unternehmen und den in § 32 Abs. 2 vor Nummer 1 genannten Personen Auskünfte und die Vorlage von Unterlagen verlangen und auch ohne besonderen Anlaß Prüfungen vornehmen. § 16 Abs. 6 ist anzuwenden. ...

§ 36. Prüfung der Meldepflichten und Verhaltensregeln. (1) Unbeschadet des § 35 ist die Einhaltung der Meldepflichten nach § 9 und der in diesem Abschnitt geregelten Pflichten einmal jährlich durch einen geeigneten Prüfer zu prüfen. Das Wertpapierdienstleistungsunternehmen hat den Prüfer jeweils spätestens zum Ablauf des Geschäftsjahres zu bestellen, auf das sich die Prüfung erstreckt. Bei Kreditinstituten, die einem genossenschaftlichen Prüfungsverband angehören oder durch die Prüfungsstelle eines Sparkassen- und Giroverbandes geprüft werden, wird die Prüfung durch den zuständigen Prüfungsverband oder die zuständige Prüfungsstelle, soweit hinsichtlich letzterer das Landesrecht dies vorsieht, vorgenommen. Geeignete Prüfer sind darüber hinaus Wirtschaftsprüfer, vereidigte Buchprüfer sowie Wirtschaftsprüfungs- und Buchprüfungsgesellschaften, die hinsichtlich des Prüfungsgegenstandes über ausreichende Kenntnisse verfügen. Der Prüfer hat unverzüglich nach Beendigung der Prüfung einen Prüfungsbericht dem Bundesaufsichtsamt, dem Bundesaufsichtsamt für das Kreditwesen und der Deutschen Bundesbank einzureichen. Soweit die Prüfungen von genossenschaftlichen Prüfungsverbänden oder Prüfungsstellen von Sparkassen- oder Giroverbänden durchgeführt werden, haben die Prüfungsverbände oder Prüfungsstellen den Prüfungsbericht nur auf Anforderung des Bundesaufsichtsamtes, des Bundesaufsichtsamtes für das Kreditwesen oder der Deutschen Bundesbank einzureichen.

(2) Das Wertpapierdienstleistungsunternehmen hat vor Erteilung des Prüfungsauftrags dem Bundesaufsichtsamt den Prüfer anzuzeigen. Das Bundesaufsichtsamt kann innerhalb eines Monats nach Zugang der Anzeige die Bestellung eines anderen Prüfers verlangen, wenn dies zur Erreichung des Prüfungszweckes geboten ist; Widerspruch und Anfechtungsklage hiergegen haben keine aufschiebende Wirkung. Das Bundesaufsichtsamt unterrichtet das Bundesaufsichtsamt für das Kreditwesen über seine Entscheidung. Die Sätze 1 bis 3 gelten nicht für Kreditinstitute, die einem genossenschaftlichen Prüfungsverband angehören oder durch die Prüfungsstelle eines Sparkassen- und Giroverbandes geprüft werden.

(3) Das Bundesaufsichtsamt kann gegenüber dem Wertpapierdienstleistungsunternehmen Bestimmungen über den Inhalt der Prüfung treffen, die vom Prüfer zu berücksichtigen sind. Es kann insbesondere Schwerpunkte der Prüfungen festsetzen. Bei schwerwiegenden Verstößen gegen die Meldepflichten nach § 9 oder die in diesem Abschnitt geregelten Pflichten hat der Prüfer das Bundesaufsichtsamt unverzüglich zu unterrichten. Das Bundesaufsichtsamt kann an den Prüfungen teilnehmen. Hierfür ist dem Bundesaufsichtsamt der Beginn der Prüfung rechtzeitig mitzuteilen. 4

(4) Das Bundesaufsichtsamt kann in Einzelfällen die Prüfung nach Absatz 1 anstelle des Prüfers selbst oder durch Beauftragte durchführen. Das Wertpapierdienstleistungsunternehmen ist hierüber rechtzeitig zu informieren.

(5) Das Bundesministerium der Finanzen kann durch Rechtsverordnung, die nicht der Zustimmung des Bundesrates bedarf, nähere Bestimmungen über Art, Umfang und Zeitpunkt der Prüfung nach Absatz 1 erlassen, soweit dies zur Erfüllung der Aufgaben des Bundesaufsichtsamtes erforderlich ist, insbesondere um Mißständen im Handel mit Wertpapieren, Geldmarktinstrumenten und Derivaten entgegenzuwirken, um auf die Einhaltung der Meldepflichten nach § 9 und der in diesem Abschnitt geregelten Pflichten hinzuwirken und um zu diesem Zweck einheitliche Unterlagen zu erhalten. Das Bundesministerium der Finanzen kann die Ermächtigung durch Rechtsverordnung auf das Bundesaufsichtsamt übertragen.

§ 36a–42. (nicht abgedruckt)

Börsengesetz

In der Fassung vom 17. Juli 1996, mit Änderungen bis zum 24. März 1998

Allgemeine Bestimmungen über die Börsen und deren Organe

§ 1. [Errichtung einer Börse, Aufhebung, Aufsicht]. (1) Die Errichtung einer Börse bedarf der Genehmigung der zuständigen obersten Landesbehörde (Börsenaufsichtsbehörde). Diese ist befugt, die Aufhebung bestehender Börsen anzuordnen.

(2) Die Börsenaufsichtsbehörde übt die Aufsicht über die Börse nach den Vorschriften dieses Gesetzes aus. Ihrer Aufsicht unterliegen auch die Einrichtungen, die sich auf den Börsenverkehr beziehen. Die Aufsicht erstreckt sich auf die Einhaltung der börsenrechtlichen Vorschriften und Anordnungen sowie die ordnungsmäßige Durchführung des Handels an der Börse und der Börsengeschäftsabwicklung.

4

(3) Die Börsenaufsichtsbehörde kann für die Durchführung der Aufsicht an der Börse einen Staatskommissar einsetzen. Sie ist berechtigt, an den Beratungen der Börsenorgane teilzunehmen. Die Börsenorgane sind verpflichtet, die Börsenaufsichtsbehörde bei der Erfüllung ihrer Aufgaben zu unterstützen.

(4) Die Börsenaufsichtsbehörde nimmt die ihr nach diesem Gesetz zugewiesenen Aufgaben und Befugnisse nur im öffentlichen Interesse wahr.

(5) Wertpapierbörsen im Sinne dieses Gesetzes sind Börsen, an denen Wertpapiere oder Derivate im Sinne des § 2 Abs. 1 und 2 Nr. 1 Buchstabe a bis c und Nr. 2 des Wertpapierhandelsgesetzes, Devisen oder Rechnungseinheiten gehandelt werden. An Wertpapierbörsen können auch Edelmetalle und Edelmetallderivate im Sinne des § 2 Abs. 2 Nr. 1 Buchstabe d des Wertpapierhandelsgesetzes gehandelt werden.

(6) Warenbörsen im Sinne dieses Gesetzes sind Börsen, an denen Waren, Edelmetalle oder Derivate im Sinne des § 2 Abs. 2 Nr. 1 Buchstabe d des Wertpapierhandelsgesetzes gehandelt werden.

§ 1a. [Börsenaufsichtsbehörde]. (1) Die Börsenaufsichtsbehörde kann, soweit dies zur Erfüllung ihrer Aufgaben erforderlich ist, auch ohne besonderen Anlaß von der Börse sowie von den nach § 7 zur Teilnahme am Börsenhandel zugelassenen Unternehmen und Börsenhändlern und den Kursmaklern (Handelsteilnehmer) Auskünfte und die Vorlage von Unterlagen verlangen sowie Prüfungen vornehmen. Sie kann von den Handelsteilnehmern die Angabe der Identität der Auftraggeber und der aus den getätigten Geschäften berechtigten oder verpflichteten Personen sowie der Veränderungen der Bestände von Handelsteilnehmern in an der Börse gehandelten Wertpapieren oder Derivaten verlangen, sofern Anhaltspunkte vorliegen, welche die Annahme rechtfertigen, daß börsenrechtliche Vorschriften oder Anordnungen verletzt werden oder sonstige Mißstände vorliegen, welche die ordnungsmäßige Durchführung des Handels an der Börse oder die Börsengeschäftsabwicklung beeinträchtigen können. Sofern Anhaltspunkte im Sinne des Satzes 2 vorliegen, kann die Börsenaufsichtsbehörde von den Auftraggebern und berechtigten oder verpflichteten Personen Auskünfte über die getätigten Geschäfte einschließlich der Angabe der Identität der an diesen Geschäften beteiligten Personen verlangen. Während der üblichen Arbeitszeit ist den Bediensteten der Börsenaufsichtsbehörde, soweit dies zur Wahrnehmung ihrer Aufgaben erforderlich ist, das Betreten der Grundstücke und Geschäftsräume der Börse und der Handelsteilnehmer zu gestatten. Das Betreten außerhalb dieser Zeit oder wenn die Geschäftsräume sich in einer Wohnung befinden, ist ohne Einverständnis nur zur Verhütung von dringenden Gefahren für die öffentliche Sicherheit und Ordnung zulässig und insoweit zu dulden. Das Grundrecht der Unverletzlichkeit der Wohnung (Artikel 13 des Grundgesetzes) wird insoweit eingeschränkt. Die Befugnisse nach den Sätzen 1 bis 3 stehen auch den von der Börsenaufsichtsbehörde beauftragten Personen und Einrichtungen zu, soweit sie nach diesem Gesetz tätig werden. Der zur Erteilung einer Auskunft Verpflichtete kann die Auskunft auf solche Fragen verweigern, deren Beantwortung ihn selbst oder einen der in § 383 Abs. 1 Nr. 1 bis 6 der Zivilprozeßordnung bezeichneten Angehörigen der Gefahr strafgerichtlicher Verfolgung oder eines Verfahrens nach dem Gesetz über Ordnungswidrigkeiten aussetzen würde. Der Verpflichtete ist über sein Recht zur Verweigerung der Auskunft zu belehren.

(2) Die Börsenaufsichtsbehörde kann gegenüber der Börse und den Handelsteilnehmern Anordnungen treffen, die geeignet und erforderlich sind, Verstöße gegen börsenrechtliche Vorschriften und Anordnungen zu unterbinden oder sonstige Mißstände zu beseitigen oder zu verhindern, welche die ordnungsmäßige Durchführung des Handels an der Börse und der Börsengeschäftsabwicklung sowie deren Überwachung beeinträchtigen können.

(2a) Stellt die Börsenaufsichtsbehörde Tatsachen fest, welche die Rücknahme oder den Widerruf der Bestellung zum Kursmakler, der Erlaubnis zur Feststellung oder zur Ermittlung des Börsenpreises oder der Zulassung des Unternehmens oder andere Maßnahmen rechtfertigen können, hat sie die Geschäftsführung zu unterrichten.

(3) Widerspruch und Anfechtungsklage gegen Maßnahmen nach Absatz 1 haben keine aufschiebende Wirkung.

§ 1b. [Handelsüberwachungsstelle]. (1) Die Börse hat unter Beachtung von Maßgaben der Börsenaufsichtsbehörde einer Handelsüberwachungsstelle als Börsenorgan einzurichten und zu betreiben, die den Handel an der Börse und die Börsengeschäftsabwicklung überwacht. Die Handelsüberwachungsstelle hat Daten über den Börsenhandel und die Börsengeschäftsabwicklung systematisch und lückenlos zu erfassen und auszuwerten sowie notwendige Ermittlungen durchzuführen. Die Börsenaufsichtsbehörde kann der Handelsüberwachungsstelle Weisungen erteilen und die Ermittlungen übernehmen. Die Geschäftsführung kann die Handelsüberwachungsstelle im Rahmen der Aufgaben dieser Stelle nach den Sätzen 1 und 2 mit der Durchführung von Untersuchungen beauftragen.

(2) Der Leiter der Handelsüberwachungsstelle wird auf Vorschlag der Geschäftsführung vom Börsenrat im Einvernehmen mit der Börsenaufsichtsbehörde bestellt oder wiederbestellt. Er hat der Börsenaufsichtsbehörde regelmäßig zu berichten. Die bei der Handelsüberwachungsstelle mit Überwachungsaufgaben betrauten Personen können gegen ihren Willen nur im Einvernehmen mit der Börsenaufsichtsbehörde von ihrer Tätigkeit entbunden werden. Mit Zustimmung der Börsenaufsichtsbehörde kann die Geschäftsführung diesen Personen auch andere Aufgaben übertragen. Die Zustimmung ist zu erteilen, wenn hierdurch die Erfüllung der Überwachungsaufgaben der Handelsüberwachungsstelle nicht beeinträchtigt wird.

(3) Der Handelsüberwachungsstelle stehen die Befugnisse der Börsenaufsichtsbehörde nach § 1a Abs. 1 Satz 1 bis 5 zu; § 1a Abs. 1 Satz 8 und 9, Abs. 3 gilt entsprechend.

(4) Die Handelsüberwachungsstelle kann Daten über Geschäftsabschlüsse der Geschäftsführung der Börse und der Handelsüberwachungsstelle einer anderen Börse übermitteln, soweit sie für die Erfüllung der Aufgaben dieser Stellen erforderlich sind. Die Handelsüberwachungsstelle kann Daten über Geschäftsabschlüsse auch den zur Überwachung des Handels an ausländischen Börsen zuständigen Stellen übermitteln und solche Daten von diesen Stellen empfangen, soweit sie zur ordnungsmäßige Durchführung des Handels und der Börsengeschäftsabwicklung erforderlich sind. An diesen Stellen dürfen solche Daten nur übermittelt werden, wenn diese Stellen und die von ihnen beauftragten Personen einer der Regelung des § 2b gleichwertigen Verschwiegenheitspflicht unterliegen. Diese Stellen sind darauf hinzuweisen, daß sie die Informationen nur zu dem Zweck verwenden dürfen, zu dessen Erfüllung sie ihnen übermittelt werden. Die Handelsüberwachungsstelle hat der Börsenaufsichtsbehörde, der Geschäftsführung und dem Bundesaufsichtsamt für den Wertpapierhandel mitzuteilen, mit welchen zuständigen Stellen in anderen Staaten sie welche Art von Daten auszutauschen beabsichtigt.

(5) Stellt die Handelsüberwachungsstelle Tatsachen fest, welche die Annahme rechtfertigen, daß börsenrechtliche Vorschriften oder Anordnungen verletzt werden oder sonstige Mißstände vorliegen, welche die ordnungsmäßige Durchführung des Handels an der Börse oder die Börsengeschäftsabwicklung beeinträchtigen können, hat sie die Börsenaufsichtsbehörde und die Geschäftsführung unverzüglich zu unterrichten. Die Geschäftsführung kann eilbedürftige Anordnungen treffen, die geeignet sind, die ordnungsmäßige Durchführung des Handels an der Börse und der Börsengeschäftsabwicklung sicherzustellen; § 1a Abs. 3 gilt entsprechend. Die Geschäftsführung hat die Börsenaufsichtsbehörde über die getroffenen Maßnahmen unverzüglich zu unterrichten. Stellt die Handelsüberwachungsstelle Tatsachen fest, deren Kenntnis für die Erfüllung der Aufgaben des Bundesaufsichtsamtes für das Kreditwesen oder des Bundesaufsichtsamtes für den Wertpapierhandel erforderlich ist, unterrichtet sie unverzüglich das Bundesaufsichtsamt für das Kreditwesen oder das Bundesaufsichtsamt für den Wertpapierhandel und die Börsenaufsichtsbehörde.

§ 2. [Übertragung von Aufgaben und Befugnissen auf eine andere Behörde]. (1) Die nach Landesrecht zuständige Stelle wird ermächtigt, Aufgaben und Befugnisse der Börsenaufsichtsbehörde auf eine andere Behörde zu übertragen.

(2) Die Börsenaufsichtsbehörde kann sich bei der Durchführung ihrer Aufgaben anderer Personen und Einrichtungen bedienen.

§ 2a. [Einhaltung der Vorschriften des Gesetzes gegen Wettbewerbsbeschränkungen].

(1) Die Börsenaufsichtsbehörde hat darauf hinzuwirken, daß die Vorschriften des Gesetzes

4

gegen Wettbewerbsbeschränkungen eingehalten werden. Dies gilt insbesondere für den Zugang zu Handels-, Informations- und Abwicklungssystemen und sonstigen börsenbezogenen Dienstleistungseinrichtungen sowie deren Nutzung.

(2) Die Zuständigkeit der Kartellbehörden bleibt unberührt. Die Börsenaufsichtsbehörde unterrichtet die zuständige Kartellbehörde bei Anhaltspunkten für Verstöße gegen das Gesetz gegen Wettbewerbsbeschränkungen. Diese unterrichtet die Börsenaufsichtsbehörde nach Abschluß ihrer Ermittlungen über das Ergebnis der Ermittlungen.

§ 2b. [Schweigepflicht]. (1) Die bei der Börsenaufsichtsbehörde oder einer Behörde, der Aufgaben und Befugnisse der Börsenaufsichtsbehörde nach § 2 Abs. 1 übertragen worden sind, Beschäftigten, die nach § 2 Abs. 2 beauftragten Personen, die Mitglieder der Börsenorgane sowie die beim Träger der Börse Beschäftigten, soweit sie für die Börse tätig sind, dürfen die ihnen bei ihrer Tätigkeit bekanntgewordenen Tatsachen, deren Geheimhaltung im Interesse der Handelsteilnehmer oder eines Dritten liegt, insbesondere Geschäfts- und Betriebsgeheimnisse sowie personenbezogene Daten, nicht unbefugt offenbaren oder verwerten, auch wenn sie nicht mehr im Dienst sind oder ihre Tätigkeit beendet ist. Dies gilt auch für andere Personen, die durch dienstliche Berichterstattung Kenntnis von den in Satz 1 bezeichneten Tatsachen erhalten. Ein unbefugtes Offenbaren oder Verwerten im Sinne des Satzes 1 liegt insbesondere nicht vor, wenn Tatsachen weitergegeben werden an

4

1. Strafverfolgungsbehörden oder für Straf- und Bußgeldsachen zuständige Gerichte,
2. kraft Gesetzes oder im öffentlichen Auftrag mit der Überwachung von Börsen, anderen Wertpapiermärkten und des Wertpapierhandels sowie von Kreditinstituten, Finanzdienstleistungsinstituten, Investmentgesellschaften, Finanzunternehmen oder Versicherungsunternehmen betraute Stellen sowie von diesen beauftragte Personen,

soweit diese Stellen diese Informationen zur Erfüllung ihrer Aufgaben benötigen. Für die bei diesen Stellen Beschäftigten gilt die Verschwiegenheitspflicht nach Satz 1 entsprechend.

(2) Die Vorschriften der §§ 93, 97, 105 Abs. 1, § 111 Abs. 5 in Verbindung mit § 105 Abs. 1 sowie § 116 Abs. 1 der Abgabenordnung gelten nicht für die in Absatz 1 Satz 1 oder 2 bezeichneten Personen, soweit sie zur Durchführung dieses Gesetzes tätig werden. Sie finden Anwendung, soweit die Finanzbehörden die Kenntnis für die Durchführung eines Verfahrens wegen einer Steuerstraftat sowie eines damit zusammenhängenden Besteuerungsverfahrens benötigen, an deren Verfolgung ein zwingendes öffentliches Interesse besteht, und nicht Tatsachen betroffen sind, die den in Absatz 1 Satz 1 oder 2 bezeichneten Personen durch eine Stelle eines anderen Staates im Sinne des Absatzes 1 Satz 3 Nr. 2 oder durch von dieser Stelle beauftragte Personen mitgeteilt worden sind.

§ 2c. [Einzelweisungen des Bundesministeriums der Finanzen]. Das Bundesministerium der Finanzen kann im Einvernehmen mit dem Bundesministerium für Wirtschaft und nach Anhörung der Deutschen Bundesbank Einzelweisungen erteilen, die amtliche Preisfeststellung für ausländische Währungen vorübergehend zu untersagen, wenn eine erhebliche Marktstörung droht, die schwerwiegende Gefahren für die Gesamtwirtschaft oder das Publikum erwarten läßt.

§ 3. [Börsenrat]. (1) Die Wertpapierbörse hat einen Börsenrat zu bilden, der aus höchstens 24 Personen besteht. Im Börsenrat müssen die zur Teilnahme am Börsenhandel zugelassenen Kreditinstitute einschließlich der Wertpapierhandelsbanken, die zugelassenen Finanzdienstleistungsinstitute und sonstigen zugelassenen Unternehmen, die Kursmakler, die Versicherungsunternehmen, deren emittierte Wertpapiere an der Börse zum Handel zugelassen sind, andere Emittenten solcher Wertpapiere, die zur Teilnahme am Börsenhandel zugelassenen Kapitalanlagegesellschaften und die Anleger vertreten sein. Die Zahl der Vertreter der Kreditinstitute einschließlich der Wertpapierhandelsbanken sowie der mit den Kreditinstituten verbundenen Kapitalanlagegesellschaften und sonstigen Unternehmen darf insgesamt nicht mehr als die Hälfte der Mitglieder des Börsenrates betragen.

(2) Dem Börsenrat obliegt insbesondere
1. der Erlaß der Börsenordnung und der Gebührenordnung,
2. die Bestellung und Abberufung der Geschäftsführer im Benehmen mit der Börsenaufsichtsbehörde,
3. die Überwachung der Geschäftsführung,
4. der Erlaß einer Geschäftsordnung für die Geschäftsführung,
5. der Erlaß der Bedingungen für die Geschäfte an der Börse.

Die Entscheidung über die Einführung von technischen Systemen, die dem Handel oder der Abwicklung von Börsengeschäften dienen, bedarf der Zustimmung des Börsenrates. Die Börsenordnung kann für andere Maßnahmen der Geschäftsführung von grundsätzlicher Bedeutung die Zustimmung des Börsenrates vorsehen,

(3) Der Börsenrat gibt sich eine Geschäftsordnung. Er wählt aus seiner Mitte einen Vorsitzenden und mindestens einen Stellvertreter, der einer anderen Gruppe im Sinne das Absatzes 1 Satz 2 angehört als der Vorsitzende. Wahlen nach Satz 2 sind geheim; andere Abstimmungen sind auf Antrag eines Viertels der Mitglieder geheim durchzuführen.

(4) Setzt der Börsenrat zur Vorbereitung seiner Beschlüsse Ausschüsse ein, hat er bei der Zusammensetzung der Ausschüsse dafür zu sorgen, daß Angehörige der Gruppen im Sinne des Absatzes 1 Satz 2, deren Belange durch die Beschlüsse berührt werden können, angemessen vertreten sind.

(5) Mit der Genehmigung einer neuen Börse bestellt die Börsenaufsichtsbehörde einen vorläufigen Börsenrat höchstens für die Dauer eines Jahres.

§ 3a. [Wahl des Börsenrates]. (1) Die Mitglieder des Börsenrates werden für die Dauer von drei Jahren von den in § 3 Abs. 1 Satz 2 genannten Gruppen jeweils aus ihrer Mitte gewählt; die Vertreter der Anleger werden von den übrigen Mitgliedern des Börsenrates hinzugewählt.

(2) Unternehmen, die mehr als einer der in § 3 Abs. 1 Satz 2 genannten Gruppen angehören, dürfen nur in einer Gruppe wählen. Verbundene Unternehmen dürfen im Börsenrat nur mit einem Mitglied vertreten sein.

(3) Das Nähere über die Aufteilung in Gruppen, die Ausübung des Wahlrechts und die Wählbarkeit, die Durchführung der Wahl und die vorzeitige Beendigung der Mitgliedschaft im Börsenrat wird durch Rechtsverordnung der Landesregierung nach Anhörung des Börsenrates bestimmt. Die Landesregierung kann diese Ermächtigung durch Rechtsverordnung auf die Börsenaufsichtsbehörde übertragen. Die Rechtsverordnung muß sicherstellen, daß alle in § 3 Abs. 1 Satz 2 genannten Gruppen angemessen vertreten sind. Die Bereiche der privaten, öffentlichen und genossenschaftlichen Kreditinstitute sowie der Kapitalanlagegesellschaften müssen vertreten sein, soweit dies nach Absatz 2 Satz 2 zulässig ist; die Rechtsverordnung kann die Bildung von Untergruppen vorsehen. Die Kursmakler sind mit mindestens zwei Mitgliedern, sofern keine Kursmaklerkammer besteht mit mindestens einem Mitglied, die sonstigen Finanzdienstleistungsinstitute und die Anleger mit jeweils mindestens zwei Mitgliedern im Börsenrat zu berücksichtigen. Emittenten, deren Wertpapiere an der Börse zum Handel zugelassen sind und die nach den Angaben im letzten festgestellten Jahresabschluß vor dem Wahljahr weniger als 2000 Arbeitnehmer beschäftigen, müssen mit mindestens einem Mitglied im Börsenrat vertreten sein. Die Rechtsverordnung kann für Organe des Handelsstandes ein Entsendungsrecht vorsehen. Die Rechtsverordnung kann zudem vorsehen, daß bei vorzeitigem Ausscheiden eines Mitglieds ein Nachfolger für die restliche Amtsdauer aus der Mitte der jeweiligen Gruppe durch die übrigen Mitglieder des Börsenrates hinzugewählt wird.

§ 3b. [Börsenrat an Warenbörsen].

§ 3c. [Leitung der Börse]. (1) Die Leitung der Börse obliegt der Geschäftsführung in eigener Verantwortung. Sie kann aus einer oder mehreren Personen bestehen. Die Geschäftsführer werden für höchstens fünf Jahre bestellt; die wiederholte Bestellung ist zulässig.

(2) Die Geschäftsführer vertreten die Börse gerichtlich und außergerichtlich, soweit nicht der Träger der Börse zuständig ist. Das Nähere über die Vertretungsbefugnis der Geschäftsführer regelt die Börsenordnung.

§ 4. [Börsenordnung]. (1) Der Börsenrat erläßt die Börsenordnung als Satzung. Sofern eine öffentlich-rechtliche Körperschaft Träger der Börse ist, ist die Börsenordnung im Einvernehmen mit ihr zu erlassen.

(2) Die Börsenordnung soll sicherstellen, daß die Börse die ihr obliegenden Aufgaben erfüllen kann und dabei den Interessen des Publikums und des Handels gerecht wird. Sie muß Bestimmungen enthalten über

1. den Geschäftszweig der Börse;
2. die Organisation der Börse;
3. die Veröffentlichung der Preise und Kurse sowie der ihnen zugrundeliegenden Umsätze.

Die Börsenordnung kann vorsehen, daß die Veröffentlichung der Preise und der ihnen zugrundeliegenden Umsätze mit angemessener zeitlicher Verzögerung erfolgt, soweit dies im Interesse der Vermeidung einer unangemessenen Benachteiligung der am Geschäft Beteiligten notwendig erscheint; die Börsenordnung muß Merkmale zur Bestimmung der Geschäfte enthalten.

(3) Bei Wertpapierbörsen muß die Börsenordnung zusätzlich Bestimmungen enthalten über

1. die Zusammensetzung und die Wahl der Mitglieder der Zulassungsstelle;

2. die Bedeutung der Kurszusätze und -hinweise.

(3a) Die Börsenordnung kann Bestimmungen enthalten über die Sicherstellung der Börsengeschäftsabwicklung.

(4) Die Börsenordnung bedarf der Genehmigung durch die Börsenaufsichtsbehörde. Diese kann die Aufnahme bestimmter Vorschriften in die Börsenordnung verlangen, wenn und soweit sie zur Erfüllung der der Börse oder der Börsenaufsichtsbehörde obliegenden gesetzlichen Aufgaben notwendig sind.

(5) In verwaltungsgerichtlichen Verfahren kann die Börse unter ihrem Namen klagen und verklagt werden.

§ 5. [Gebührenordnung]. (1) Die Gebührenordnung kann die Erhebung von Gebühren und die Erstattung von Auslagen vorsehen für

1. die Zulassung zur Teilnahme am Börsenhandel und die Teilnahme am Börsenhandel in einem elektronischen Handelssystem,
2. die Zulassung zum Besuch der Börse ohne das Recht zur Teilnahme am Handel,
3. die Zulassung von Wertpapieren zum Börsenhandel,
4. die Einführung von Wertpapieren an der Börse,

4a. die Notierung von Wertpapieren an der Börse, sofern der Emittent die Wahl hat, Gebühren und Auslagen auf Grund dieser Nummer oder auf Grund von Nummer 4 zu entrichten,

5. die Prüfung der Druckausstattung von Wertpapieren,
6. die Ablegung der Börsenhändlerprüfung.

Sofern eine öffentlich-rechtliche Körperschaft Träger der Börse ist, ist zum Erlaß der Vorschriften über Gebühren nach Satz 1 Nr. 1 und 2 das Einvernehmen mit ihr erforderlich.

(2) Die Gebührenordnung bedarf der Genehmigung durch die Börsenaufsichtsbehörde. Die Genehmigung gilt als erteilt, wenn die Gebührenordnung nicht innerhalb von sechs Wochen nach Zugang bei der Börsenaufsichtsbehörde von dieser gegenüber der Börse beanstandet wird.

§ 6. [Benutzung von Börseneinrichtungen]. Die Börsenordnung kann für einen anderen als den nach § 4 Abs. 2 Satz 2 Nr. 1 zu bezeichnenden Geschäftszweig, sofern dies nicht mit besonderen Bestimmungen dieses Gesetzes (§ 51) im Widerspruch steht, die Benutzung von Börseneinrichtungen zulassen. Ein Anspruch auf die Benutzung erwächst in diesem Falle für die Beteiligten nicht.

§ 7. [Zulassung zur Börse]. (1) Zum Besuch der Börse und zur Teilnahme am Börsenhandel ist eine Zulassung durch die Geschäftsführung erforderlich. Zum Börsenhandel gehören auch Geschäfte über zugelassene Gegenstände, die durch Übermittlung von Willenserklärungen durch elektronische Datenübertragung börsenmäßig zustande kommen.

(2) Zur Teilnahme am Börsenhandel darf nur zugelassen werden, wer gewerbsmäßig bei börsenmäßig handelbaren Gegenständen

1. die Anschaffung und Veräußerung für eigene Rechnung betreibt oder
2. die Anschaffung und Veräußerung im eigenen Namen für fremde Rechnung betreibt oder
3. die Vermittlung von Verträgen über die Anschaffung und Veräußerung übernimmt

und dessen Gewerbebetrieb nach Art und Umfang einen in kaufmännischer Weise eingerichteten Geschäftsbetrieb erfordert. An Warenbörsen können auch Landwirte und Personen zugelassen werden, deren Gewerbebetrieb nach Art oder Umfang einen in kaufmännischer Weise eingerichteten Geschäftsbetrieb nicht erfordert.

(3) Die Zulassung von Personen ohne das Recht zur Teilnahme am Handel regelt die Börsenordnung.

(4) Die Zulassung eines Unternehmens zur Teilnahme am Börsenhandel nach Absatz 2 Satz 1 ist zu erteilen, wenn

1. bei Unternehmen, die in der Rechtsform des Einzelkaufmanns betrieben werden, der Geschäftsinhaber, bei anderen Unternehmen die Personen, die nach Gesetz, Satzung oder Gesellschaftsvertrag mit der Führung der Geschäfte des Antragstellers betraut und zu seiner Vertretung ermächtigt sind, zuverlässig sind und zumindest eine dieser Personen die für das börsenmäßige Wertpapier- oder Warengeschäft notwendige berufliche Eignung hat;
2. die ordnungsmäßige Abwicklung der Geschäfte am Börsenplatz sichergestellt ist;
3. *(aufgehoben)*
4. der Antragsteller ein Eigenkapital von mindestens 100 000 Deutsche Mark nachweist, es sei denn, er ist ein Kreditinstitut, ein Finanzdienstleistungsinstitut oder ein nach § 53 Abs. 1 Satz 1 oder § 53b Abs. 1 Satz 1 des Gesetzes über das Kreditwesen tätiges Unternehmen, das zum Betreiben des Finanzkommissionsgeschäftes im Sinne von § 1 Abs. 1 Satz 2 Nr. 4 oder zur Erbringung einer Finanzdienstleistung im Sinne des § 1 Abs. 1a Satz 2 Nr. 1 bis 4 des Gesetzes über das Kreditwesen befugt ist; als Eigenkapital sind das eingezahlte Kapital und die Rücklagen nach Abzug der Entnahmen des Inhabers oder der persönlich haftenden Gesellschafter und der

diesen gewährten Kredite sowie eines Schuldenüberhanges beim freien Vermögen des Inhabers anzusehen;

5. bei dem Antragsteller, der nach Nummer 4 zum Nachweis von Eigenkapital verpflichtet ist, keine Tatsachen die Annahme rechtfertigen, daß er unter Berücksichtigung des nachgewiesenen Eigenkapitals nicht die für eine ordnungsmäßige Teilnahme am Börsenhandel erforderliche wirtschaftliche Leistungsfähigkeit hat.

(4a) *(aufgehoben)*

(4b) Personen, die berechtigt sein sollen, für ein zugelassenes Unternehmen an der Börse zu handeln (Börsenhändler), sind zuzulassen, wenn sie zuverlässig sind und die hierfür notwendige berufliche Eignung haben.

(5) Die berufliche Eignung im Sinne das Absatzes 4 Nr. 1 ist regelmäßig anzunehmen, wenn eine Berufsausbildung nachgewiesen wird, die zum börsenmäßigen Wertpapier- oder Warengeschäft befähigen. Die berufliche Eignung im Sinne des Absatzes 4b ist anzunehmen, wenn die erforderlichen fachlichen Kenntnisse und Erfahrungen nachgewiesen werden, die zum Handel an der Börse befähigen. Der Nachweis über die erforderlichen fachlichen Kenntnisse wird insbesondere durch die Ablegung einer Prüfung vor der Prüfungskommission einer Börse erbracht. Das Nähere über das Prüfungsverfahren regelt eine vom Börsenrat zu erlassende Prüfungsordnung, die der Genehmigung durch die Börsenaufsichtsbehörde bedarf.

(6) Das Nähere darüber, wie die in Absätzen 4 bis 5 genannten Voraussetzungen nachzuweisen sind, bestimmt die Börsenordnung.

(7) Besteht der begründete Verdacht, daß eine der in Absätzen 2, 4 oder 4b bezeichneten Voraussetzungen nicht vorgelegen hat oder nachträglich weggefallen ist, so kann das Ruhen der Zulassung längstens für die Dauer von sechs Monaten angeordnet werden. Das Ruhen der Zulassung kann auch für die Dauer des Verzuges mit der Zahlung der nach § 5 Abs. 1 Satz 1 Nr. 1 und 2 festgesetzten Gebühren angeordnet werden. Das Recht einer nach Absatz 4b zugelassenen Person zum Abschluß von Börsengeschäften ruht für die Dauer des Wegfalls der Zulassung des Unternehmens, für das sie Geschäfte an der Börse abschließt.

(8) Die Geschäftsführung kann gegenüber Handelsteilnehmern mit Sitz außerhalb der Mitgliedstaaten der Europäischen Union oder der anderen Vertragsstaaten des Abkommens über den Europäischen Wirtschaftsraum das Ruhen der Zulassung längstens für die Dauer von sechs Monaten anordnen oder die Zulassung widerrufen, wenn die Erfüllung der Meldepflichten nach § 9 des Wertpapierhandelsgesetzes oder der Informationsaustausch zum Zwecke der Überwachung der Verbote von Insidergeschäften mit den in diesem Staat zuständigen Stellen nicht gewährleistet erscheint. Das Bundesaufsichtsamt für den Wertpapierhandel teilt der Geschäftsführung und der Börsenaufsichtsbehörde die für eine Anordnung oder den Widerruf nach Satz 1 maßgeblichen Tatsachen mit.

(9) Haben sich in einem Verfahren vor dem Sanktionsausschuß Tatsachen ergeben, welche die Rücknahme oder den Widerruf der Zulassung rechtfertigen, so ist das Verfahren an die Geschäftsführung abzugeben. Sie ist berechtigt, in jeder Lage des Verfahrens von dem Sanktionsausschuß Berichte zu verlangen und das Verfahren an sich zu ziehen. Hat die Geschäftsführung das Verfahren übernommen und erweist sich, daß die Zulassung nicht zurückzunehmen oder zu widerrufen ist, so verweist sie das Verfahren an den Sanktionsausschuß zurück.

§ 7a. [Teilnahme eines Unternehmens am Börsenhandel in einem elektronischen Handelssystem an einer Wertpapierbörse].

4

§ 8. [Aufrechterhaltung der Ordnung an der Börse]. (1) Die Börsenaufsichtsbehörde ist befugt, zur Aufrechterhaltung der Ordnung und für den Geschäftsverkehr an der Börse Anordnungen zu erlassen.

(2) Die Aufrechterhaltung der Ordnung in den Börsenräumen obliegt der Geschäftsführung. Sie ist befugt, Personen, welche die Ordnung oder den Geschäftsverkehr an der Börse stören, aus den Börsenräumen zu entfernen.

(3) Finden sich an der Börse Personen zu Zwecken ein, welche mit der Ordnung oder dem Geschäftsverkehr an derselben unvereinbar sind, so ist ihnen der Zutritt zu untersagen.

§ 8a. [Sicherheitsleistungen zum Börsenhandel zugelassener Unternehmen und der Kursmakler]. (1) Die Börsenordnung kann bestimmen, daß die zur Teilnahme am Börsenhandel zugelassenen Unternehmen und die Kursmakler ausreichende Sicherheit zu leisten haben, um die Verpflichtungen aus Geschäften, die an der Börse sowie in einem an der Börse zugelassenen elektronischen Handelssystem abgeschlossen werden, jederzeit erfüllen zu können. Die Höhe der Sicherheitsleistung muß in angemessenem Verhältnis zu den mit den abgeschlossenen Geschäften verbundenen Risiken stehen. Das Nähere über die Art und Weise der Sicherheitsleistung bestimmt die Börsenordnung.

(2) Wird die nach der Börsenordnung erforderliche Sicherheitsleistung nicht erbracht oder entfällt sie nachträglich, kann die Börsenordnung vorsehen, daß das Ruhen der Zulassung längstens für die Dauer von sechs Monaten angeordnet werden kann. Die Börsenordnung kann vorsehen, daß zur Teilnahme am Börsenhandel zugelassene Unternehmen auf die Tätigkeit als Vermittler beschränkt werden können, wenn die geleistete Sicherheit nicht mehr den in der Börsenordnung festgelegten Erfordernissen entspricht. Die Börsenordnung kann auch bestimmen, daß das Recht einer nach § 7 Abs. 4b zugelassenen Person zum Abschluß von Börsengeschäften für die Dauer des Ruhens der Zulassung des Unternehmens ruht, für das sie Geschäfte an der Börse abschließt.

(3) Die Börsenordnung kann Regelungen zur Begrenzung und Überwachung der Börsenverbindlichkeiten von zur Teilnahme am Börsenhandel zugelassenen Unternehmen und Kursmaklern vorsehen.

4

(4) Die Handelsüberwachungsstelle hat die nach Absatz 1 zu leistenden Sicherheiten und die Einhaltung der Regelungen nach Absatz 3 zu überwachen. Ihr stehen die Befugnisse der Börsenaufsichtsbehörde nach § 1a Abs. 1 zu. Sie kann insbesondere von der jeweiligen Abrechnungsstelle die Liste der offenen Aufgabegeschäfte und die Mitteilung negativer Kursdifferenzen verlangen. Stellt die Handelsüberwachungsstelle fest, daß der Sicherheitsrahmen überschritten ist, hat die Geschäftsführung Anordnungen zu treffen, die geeignet sind, die Erfüllung der Verpflichtungen aus den börslichen Geschäften nach Absatz 1 sicherzustellen. Sie kann insbesondere anordnen, daß das zur Teilnahme am Börsenhandel zugelassene Unternehmen und der Kursmakler unverzüglich weitere Sicherheiten zu leisten und offene Geschäfte zu erfüllen haben, oder diese mit sofortiger Wirkung ganz oder teilweise vom Börsenhandel vorläufig ausschließen. Die Geschäftsführung hat die Börsenaufsichtsbehörde über die Überschreitung des Sicherheitsrahmens und die getroffenen Anordnungen unverzüglich zu unterrichten.

(4) Widerspruch und Anfechtungsklage gegen Maßnahmen nach Absatz 4 haben keine aufschiebende Wirkung.

§ 8b. [Überprüfung der wirtschaftlichen Leistungsfähigkeit von Skontroführern]. (1) Die Börsenaufsichtsbehörde überprüft die wirtschaftliche Leistungsfähigkeit der Kursmakler und der anderen zur Feststellung oder zur Ermittlung des Börsenpreises bestimmten Personen (Skontroführer) ausschließlich im Hinblick auf deren Funktion bei der Feststellung oder Ermittlung des Börsenpreises. Die Prüfung bezieht sich auf die Feststellung von Tatsachen, die Zweifel an dieser Leistungsfähigkeit begründen. Die Überprüfung umfaßt sowohl die börslichen als auch die außerbörslichen Geschäfte im Rahmen des Handelsgewerbes. Die Börsenaufsichtsbehörde kann mit dieser Prüfung ganz oder teilweise einen Wirtschaftsprüfer oder eine Wirtschaftsprüfungsgesellschaft beauftragen. Die Skontroführer haben zu dem in Satz 1 genannten Zweck die nach § 25 Abs. 1 Satz 1 und § 26 Abs. 1 Satz 1 und 2 des Gesetzes über das Kreditwesen dem Bundesaufsichtsamt für das Kreditwesen einzureichenden Unterlagen unverzüglich der Börsenaufsichtsbehörde vorzulegen. Der Abschlußprüfer hat den Prüfungsbericht nach § 26 Abs. 1 Satz 3 des Gesetzes über das Kreditwesen unverzüglich nach Beendigung der Prüfung der Börsenaufsichtsbehörde einzureichen.

(2) Die Börsenaufsichtsbehörde teilt dem Bundesaufsichtsamt für das Kreditwesen unverzüglich mit

1. die Bestellung eines Skontroführers und dessen Identität,
2. Namen und Sitz des Unternehmens, das der Skontroführer vertritt,
3. jede Änderung der Angaben nach Nummer 1 und 2.

Das Bundesaufsichtsamt für das Kreditwesen und die Börsenaufsichtsbehörde haben einander Beobachtungen und Feststellungen einschließlich personenbezogener Daten mitzuteilen, die Zweifel an der wirtschaftlichen Leistungsfähigkeit des Skontroführers begründen.

§ 8c. [Anordnungen gegenüber Skontroführern – Auskünfte, Nachweise der Skontroführer].

(1) Die Börsenaufsichtsbehörde und die von ihr beauftragten Personen und Einrichtungen stehen die Befugnisse nach § 1a Abs. 1 Satz 1 bis 4 zu; § 1a Abs. 1 Satz 7 und 8 ist anzuwenden. Die Börsenaufsichtsbehörde kann, soweit dies zur Erfüllung ihrer Aufgaben nach § 8b erforderlich ist,

1. Anordnungen gegenüber Skontroführern erlassen über das Führen von Büchern und das Fertigen von Aufzeichnungen, sowie nach Anhörung des Bundesaufsichtsamtes für das Kreditwesen über eine weitergehende Gliederung des Jahresabschlusses,
2. von den Skontroführern, die ihr Unternehmen in der Rechtsform des Einzelkaufmanns betreiben, Auskünfte und Nachweise über ihre privaten Vermögensverhältnisse verlangen.

(2) Widerspruch und Anfechtungsklage gegen Maßnahmen nach Absatz 1 Satz 2 Nr. 2 haben keine aufschiebende Wirkung.

§ 8d. [Anwendung der §§ 8a bis 8c auf Finanzdienstleistungsinstitute und Kreditinstitute]. Betreibt der Skontroführer das börsliche und außerbörsliche Wertpapiergeschäft als Geschäftsleiter eines Finanzdienstleistungsinstituts oder eines Kreditinstituts, sind die §§ 8a bis 8c auf das Finanzdienstleistungsinstitut oder das Kreditinstitut entsprechend anzuwenden.

§ 9. [Sanktionsausschuß]. (1) Die Landesregierung wird ermächtigt, durch Rechtsverordnung Vorschriften über die Errichtung eines Sanktionsausschusses, seine Zusammensetzung, sein Verfahren einschließlich der Beweisaufnahme und der Kosten sowie die Mitwirkung der Börsenaufsichtsbehörde zu erlassen. Die Vorschriften können vorsehen, daß der Sanktionsausschuß Zeugen und Sachverständige, die freiwillig vor ihm erscheinen, ohne Beeidigung vernehmen und das Amtsgericht um die Durchführung einer Beweisaufnahme, die er nicht vornehmen kann, ersuchen darf. Die Landesregierung kann die Ermächtigung nach Satz 1 durch Rechtsverordnung auf die Börsenaufsichtsbehörde übertragen.

(2) Der Sanktionsausschuß kann einen Handelsteilnehmer mit Verweis, mit Ordnungsgeld bis zu fünfzigtausend Deutsche Mark oder mit Ausschluß von der Börse bis zu 30 Sitzungstagen belegen, wenn der Handelsteilnehmer vorsätzlich oder leichtfertig

1. gegen börsenrechtliche Vorschriften oder Anordnungen verstößt, die eine ordnungsmäßige Durchführung des Handels an der Börse oder der Börsengeschäftsabwicklung sicherstellen sollen, oder
2. im Zusammenhang mit seiner Tätigkeit den Anspruch auf kaufmännisches Vertrauen oder die Ehre eines anderen Handelsteilnehmers verletzt.

Handelt es sich bei dem Handelsteilnehmer um einen Kursmakler oder einen Kursmaklerstellvertreter, ist an Stelle des Sanktionsausschusses die Börsenaufsichtsbehörde für die Entscheidung zuständig.

(3) In Streitigkeiten wegen der Entscheidung des Sanktionsausschusses oder der Börsenaufsichtsbehörde nach Absatz 2 ist der Verwaltungsrechtsweg gegeben. Vor Erhebung einer Klage bedarf es keiner Nachprüfung in einem Vorverfahren.

§ 10. [Ausführung von Aufträgen]. (1) Aufträge für den Kauf oder Verkauf von Wertpapieren, die zum Handel an einer inländischen Börse zugelassen oder in den Freiverkehr einbezogen sind, sind über den Handel an einer Börse auszuführen, sofern der Auftraggeber seinen gewöhnlichen Aufenthalt oder seine Geschäftsleitung im Inland hat und er nicht für den Einzelfall oder eine unbestimmte Zahl von Fällen ausdrücklich eine andere Weisung erteilt. Der Auftraggeber bestimmt den Ausführungsplatz und darüber, ob der Auftrag im Präsenzhandel oder im elektronischen Handel auszuführen ist.

(2) Trifft der Auftraggeber keine Bestimmung nach Absatz 1 Satz 2, ist der Auftrag im Präsenzhandel auszuführen, es sei denn, das Interesse des Auftraggebers gebietet eine andere Ausführungsart; über den Ausführungsplatz entscheidet der Auftragnehmer unter Wahrung der Interessen des Auftraggebers.

(3) Die Absätze 1 und 2 sind auf festverzinsliche Schuldverschreibungen, die Gegenstand einer Emission sind, deren Gesamtnennbetrag weniger als zwei Milliarden Deutsche Mark beträgt, nicht anzuwenden.

4

§ 11. [Börsenpreise]. (1) Preise für Wertpapiere, die während der Börsenzeit an einer Wertpapierbörse im amtlichen Handel oder im geregelten Markt oder Preise, die an einer Warenbörse festgestellt werden, sind Börsenpreise. Börsenpreise sind auch Preise, die für Derivate an einer Börse festgestellt oder ermittelt werden, oder die sich für Wertpapiere, die zum Handel zugelassen sind, Derivate oder Waren in einem an einer Börse durch die Börsenordnung geregelten elektronischen Handelssystem oder an Börsen bilden, an denen nur ein elektronischer Handel stattfindet.

(2) Börsenpreise müssen ordnungsmäßig zustandekommen. Insbesondere müssen den Handelsteilnehmern Angebote zugänglich und die Annahme der Angebote möglich sein. Vor der Feststellung eines Börsenpreises muß den Handelsteilnehmern die aus Angebot und Nachfrage ermittelte Preisspanne zur Kenntnis gegeben werden. Die Sätze 2 und 3 gelten nicht für Angebote, die zur Feststellung des Eröffnungs-, Einheits- oder Schlußkurses führen. Die Börsenpreise und die ihnen zugrundeliegenden Umsätze sind den Handelsteilnehmern unverzüglich bekanntzumachen. Das Nähere regelt die Börsenordnung; § 4 Abs. 2 Satz 3 ist auf die Bekanntgabe entsprechend anzuwenden. Die Börsenordnung kann auch festlegen, daß vor Feststellung eines Börsenpreises den Handelsteilnehmern zusätzlich der Preis des am höchsten limitierten Kaufauftrages und des am niedrigsten limitierten Verkaufsauftrages zur Kenntnis gegeben werden muß.

(3) Geschäfte, die zu Börsenpreisen geführt haben, sind bei der Eingabe in das Geschäftsabwicklungssystem der Börse besonders zu kennzeichnen.

§ 12. [Handel in einem elektronischen Handelssystem]. (1) In einem elektronischen Handelssystem nach § 11 Abs. 1 Satz 2 können Wertpapiere gehandelt werden, wenn eine der Börsen, an der diese Wertpapiere zum Handel zugelassen sind, dem zugestimmt hat. In einem elektronischen Handelssystem können auch Wertpapiere gehandelt werden, die ausschließlich in den Freiverkehr einbezogen sind; Satz 1 gilt entsprechend.

(2) Die näheren Bestimmungen für den Handel in einem elektronischen Handelssystem sind in der Börsenordnung zu treffen. Die Börsenordnung muß insbesondere Bestimmungen enthalten über die Bildung des Börsenpreises und die Einbeziehung von Wertpapieren in das elektronische Handelssystem. Die Geschäftsführung hat den Emittenten über die Einbeziehung von Wertpapieren in das elektronische Handelssystem zu unterrichten.

4

§ 13. [Aufgabegeschäfte; Deckungsgeschäfte].

(1) Ein Skontroführer, der während der Börsenzeit im amtlichen Handel oder im geregelten Markt in einem ihm zugewiesenen Wertpapier den Auftrag eines an dieser Wertpapierbörse zur Teilnahme am Börsenhandel zugelassenen Unternehmens nicht in angemessener Zeit ganz oder teilweise ausführen kann und daher ein Aufgabegeschäft tätigt, darf am selben Börsentag an einer anderen Wertpapierbörse einen Skontroführer, dem dieses Wertpapier ebenfalls zugewiesen ist, damit beauftragen, ein zur Teilnahme am Handel an der anderen Börse zugelassenes Unternehmen innerhalb der an der Börse des beauftragenden Skontroführers geltenden Fristen zur Schließung des Aufgabegeschäftes zu benennen. Das Aufgabegeschäft des beauftragenden Skontroführers ist der Börse dieses Skontroführers, das Deckungsgeschäft der Börse des beauftragten Skontroführers zuzurechnen. Für das zwischen den Unternehmen zustandegekommene Wertpapiergeschäft gelten die Bedingungen für die Geschäfte an der Börse des Verkäufers, es sei denn, in den Bedingungen für die Geschäfte an der Börse aller Wertpapierbörsen, an denen nicht nur Derivate im Sinne des § 2 Abs. 2 des Wertpapierhandelsgesetzes gehandelt werden, ist einheitlich etwas anderes bestimmt. Das Nähere regelt die Börsenordnung.

§§ 14 bis 27. *(weggefallen)*

§ 28. [Börsenschiedsgericht]. Eine Vereinbarung, durch welche die Beteiligten sich der Entscheidung eines Börsenschiedsgerichts unterwerfen, ist nur verbindlich, wenn beide Teile zu den Personen gehören, die nach § 53 Abs. 1 Börsentermingeschäfte abschließen können, oder wenn die Unterwerfung unter das Schiedsgericht nach Entstehung des Streitfalls erfolgt.

Feststellung des Börsenpreises und Kursmaklerwesen

§ 29. [Amtliche Feststellung des Börsenpreises].

(1) Bei Wertpapieren, deren Börsenpreis amtlich festgestellt wird, erfolgt diese Feststellung durch Kursmakler. Bei Waren, deren Börsenpreis amtlich festgestellt wird, erfolgt diese Feststellung durch die Geschäftsführung, soweit die Börsenordnung nicht die Mitwirkung von Vertretern anderer Berufszweige vorschreibt.

(2) Bei der amtlichen Feststellung des Börsenpreises von Wertpapieren dürfen nur Vertreter der Börsenaufsichtsbehörde und der Handelsüberwachungsstelle, bei der amtlichen Feststellung des Börsenpreises von Waren darüber hinaus nur die Vertreter der beteiligten Berufszweige, deren Mitwirkung die Börsenordnung vorschreibt, anwesend sein.

(3) Als Börsenpreis ist derjenige Preis amtlich festzustellen, welcher der wirklichen Geschäftslage des Handels an der Börse entspricht. Der Kursmakler hat alle zum Zeitpunkt der Feststellung vorliegenden Aufträge bei ihrer Ausführung unter Beachtung der an der Börse bestehenden besonderen Regelungen gleichzubehandeln. Werden Aufträge für Wertpapiere, die an mehreren Börsen gehandelt werden, zur Feststellung des Börsenpreises im Auftragsbuch eines Kursmaklers an einer dieser Börsen zusammengeführt, ist als Börsenpreis der Preis amtlich festzustellen, welcher der wirklichen Geschäftslage des Handels an den beteiligten Börsen entspricht.

(4) Der Börsenrat kann beschließen, daß bestimmte Wertpapiere in ausländischer Währung oder in einer Rechnungseinheit notiert werden.

§ 30. [Kursmakler]. (1) An den Börsen, an denen Börsenpreise amtlich festgestellt werden, sind Kursmakler zu bestellen. Die Kursmakler haben an den Wertpapierbörsen die Börsenpreise amtlich festzustellen, an den Warenbörsen bei der amtlichen Feststellung mitzuwirken. Die Börsenaufsichtsbehörde bestellt und entläßt die Kursmakler nach Anhörung der

Kursmaklerkammer und der Geschäftsführung. Die Kursmakler haben vor Antritt ihrer Stellung den Eid zu leisten, daß sie die ihnen obliegenden Pflichten getreu erfüllen werden.

(2) Zum Kursmakler kann bestellt werden, wer

1. Inhaber oder Geschäftsleiter eines Finanzdienstleistungsinstituts oder Geschäftsleiter eines Kreditinstituts ist, wenn das Finanzdienstleistungsinstitut oder Kreditinstitut die Erlaubnis zum Betreiben der Anlagevermittlung und des Eigenhandels hat, und
2. die für die Tätigkeit notwendige Zuverlässigkeit und berufliche Eignung hat.

Ein Bewerber kann nicht bestellt werden, wenn Tatsachen die Annahme rechtfertigen, daß er nicht die für die Teilnahme am Börsenhandel erforderliche wirtschaftliche Leistungsfähigkeit hat.

(3) Der Kursmakler scheidet mit Ablauf des Kalenderjahres, in dem er das 65. Lebensjahr vollendet, aus seinem Amt aus.

(4) Die Börsenaufsichtsbehörde hat einen Kursmakler zu entlassen, wenn

1. er die Entlassung beantragt,
2. die Voraussetzungen für die Bestellung weggefallen sind oder sich herausstellt, daß diese Voraussetzungen zu Unrecht als vorhanden angenommen wurden,
3. er sich weigert, den vorgeschriebenen Eid zu leisten,
4. er die Fähigkeit zur Bekleidung öffentlicher Ämter verloren hat,
5. er durch gerichtliche Anordnung in der Verfügung über sein Vermögen beschränkt ist,
6. er infolge eines körperlichen oder geistigen Gebrechens oder wegen einer Sucht nicht nur vorübergehend zur ordnungsmäßigen Ausübung seines Amtes unfähig ist oder
7. er sich einer groben Verletzung seiner Pflichten schuldig gemacht hat.

In dringenden Fällen kann die Börsenaufsichtsbehörde einem Kursmakler auch ohne Anhörung nach Absatz 1 Satz 3 die Ausübung seines Amtes mit sofortiger Wirkung vorläufig untersagen; Widerspruch und Anfechtungsklage haben keine aufschiebende Wirkung.

(5) Die Börsenaufsichtsbehörde kann Kursmaklerstellvertreter bestellen, die in Fällen einer vorübergehenden Abwesenheit des Kursmaklers dessen Amt ausüben; Absatz 1 Satz 3 und 4 ist entsprechend anzuwenden. Zum Kursmaklerstellvertreter kann nur bestellt werden, wer die Voraussetzungen des Absatzes 2 Nr. 2 erfüllt und Angestellter eines Kursmaklers, einer Gesellschaft im Sinne des § 34a Abs. 1 oder einer Kursmaklerkammer ist oder zur Vertretung einer Gesellschaft im Sinne des § 34a Abs. 1 befugt ist. Die Bestellung kann befristet erfolgen. Die Vorschriften des Absatzes 4 sind entsprechend anzuwenden.

(6) Eine Kursmaklerkammer ist bei jeder Börse zu bilden, an der mindestens acht Kursmakler bestellt sind. Sie ist von der Geschäftsführung vor der Verteilung der Geschäfte unter die einzelnen Kursmakler zu hören.

(7) Die Landesregierung wird ermächtigt, durch Rechtsverordnung die näheren Bestimmungen über die Rechte und Pflichten der Kursmakler und der Kursmaklerstellvertreter, das Verfahren ihrer Bestellung und Entlassung, die Organisation der Kursmaklerkammer und ihr Verhältnis zu den anderen Börsenorganen zu erlassen; die Landesregierung kann die Ermächtigung durch Rechtsverordnung auf die Börsenaufsichtsbehörde übertragen.

(8) Die Landesregierung wird ermächtigt, durch Rechtsverordnung nach Anhörung der Kursmaklerkammer und der Geschäftsführung eine Gebührenordnung für die Tätigkeit der Kursmakler zu erlassen. Die Festsetzung hat bei Aktien und Optionsscheinen auf der Grundlage des Kurswertes, bei festverzinslichen Wertpapieren auf der Grundlage des Nennbetrages der Geschäfte zu erfolgen. Bei der Bemessung der Höhe der Gebühren sind das Wagnis und die Beschränkungen der sonstigen gewerblichen Tätigkeit der Kursmakler nach § 32 Abs. 5 zu berücksichtigen. Neben den Gebühren darf die Erstattung von Auslagen, die durch die gebührenpflichtige Tätigkeit entstehen, nicht vorgesehen werden. Die Landesregierung kann die Ermächtigung nach Satz 1 durch Rechtsverordnung auf die Börsenaufsichtsbehörde übertragen.

§ 31. [Geschäfte der Kursmakler]. Bei Geschäften in Waren oder Wertpapieren kann ein Anspruch auf Berücksichtigung bei der amtlichen Feststellung des Börsenpreises nur erhoben werden, wenn sie durch Vermittlung eines Kursmaklers abgeschlossen sind. Die Berechtigung des Kursmaklers, im Falle des § 29 Abs. 1 Satz 2 die Berechtigung der Geschäftsführung, auch andere Geschäfte zu berücksichtigen, bleibt hierdurch unberührt.

§ 32. [Pflichten der Kursmakler]. (1) Die Kursmakler müssen, solange sie die Tätigkeit als Kursmakler ausüben, die Vermittlung von Börsengeschäften in den Waren oder Wertpapieren betreiben, für die sie bei der amtlichen Feststellung der Börsenpreise mitwirken oder für die ihnen diese Feststellung selbst übertragen ist. Die Kursmakler dürfen während des Präsenzhandels an der Börse nur in den ihnen zugewiesenen Waren oder Wertpapieren handeln.

(2) Der Kursmakler darf bei Wertpapieren oder Waren, für die nur Einheitskurse festgesetzt werden, oder bei der Feststellung sonstiger gerechneter Kurse Handelsgeschäfte für eigene Rechnung oder im eigenen Namen nur abschließen oder eine Bürgschaft oder Garantie für die von ihm vermittelten Geschäfte nur übernehmen (Eigengeschäfte), soweit dies zur Ausführung der ihm erteilten Aufträge nötig ist. Aufgabegeschäfte unterliegen der gleichen Beschränkung. Der Kursmakler darf Eigen- und Aufgabegeschäfte auch beim Fehlen marktnah limitierter Aufträge, bei unausgeglichener Marktlage oder bei Vorliegen unlimitierter Aufträge, die nur zu nicht marktgerechten Kursen zu vermitteln wären, tätigen. Eigen- und Aufgabegeschäfte dürfen nicht tendenzverstärkend wirken. Die Wirksamkeit der Geschäfte wird durch einen Verstoß gegen die Sätze 1 bis 4 nicht berührt.

(3) Eigenbestände und offene Lieferverpflichtungen des Kursmaklers, die sich aus zulässigen Eigen- und Aufgabegeschäften ergeben, dürfen durch Gegengeschäfte ausgeglichen werden.

(4) Alle Eigen- und Aufgabegeschäfte des Kursmaklers sind gesondert zu kennzeichnen.

(5) Der Kursmakler darf, soweit nicht Ausnahmen zugelassen werden, kein sonstiges Handelsgewerbe betreiben, auch nicht an einem solchen als Kommanditist oder stiller Gesellschafter beteiligt sein; ebensowenig darf er zu einem Kaufmann in dem Verhältnis eines gesetzlichen Vertreters, Prokuristen oder Angestellten stehen.

§ 33. [Tagebuch]. (1) Der Kursmakler hat ein Tagebuch zu führen, dessen Seiten börsentäglich zu numerieren und mit einem Abschlußvermerk zu versehen sind.

(2) Wenn der Kursmakler stirbt oder aus dem Amt scheidet, ist sein Tagebuch bei der Kursmaklerkammer, wenn eine solche nicht vorhanden ist, bei der Börsenaufsichtsbehörde niederzulegen.

§ 34. [Rechte der Kursmakler]. Die Kursmakler sind zur Vornahme von Verkäufen und Käufen befugt, die durch einen dazu öffentlich ermächtigten Handelsmakler zu bewirken sind.

§ 34a. [Rechtsform des Kursmaklers]. (1) Der Kursmakler darf seine börslichen und außerbörslichen Geschäfte außer als Einzelkaufmann auch als Geschäftsleiter eines Finanzdienstleistungsinstituts oder Kreditinstituts in der Rechtsform einer Aktiengesellschaft oder einer Gesellschaft mit beschränkter Haftung betreiben, wenn

1. die Mehrheit der Aktien oder der Geschäftsanteile der Gesellschaft und der Stimmrechte einem oder mehreren Kursmaklern zusteht,
2. die Aktien der Gesellschaft auf Namen lauten,
3. die Übertragung von Aktien oder Geschäftsanteilen der Gesellschaft an die Zustimmung der Gesellschaft gebunden ist,
4. die beteiligten Kursmakler in der Geschäftsführung über eine Mehrheit verfügen,
5. die Gesellschaft darf über den Präsenzhandel an der Börse nur in den Wertpapieren handeln oder die Finanzportfolioverwaltung im Sinne des § 1 Abs. 1a Satz 2 Nr. 3 des Gesetzes über das Kreditwesen in den Wertpapieren betreiben, die nicht einem der an der Gesellschaft beteiligten Kursmakler an dieser Börse zugewiesen sind. Die Börsenaufsichtsbehörde kann Ausnahmen für die Anlagevermittlung im Sinne des § 1 Abs. 1a Satz 2 Nr. 1 des Gesetzes über das Kreditwesen zulassen, sofern die Erfüllung der dem Kursmakler obliegenden Pflichten gewährleistet erscheint,
6. die Gesellschaft nicht an Unternehmen im Sinne der Nummer 5 beteiligt ist,
7. eine Beeinträchtigung der Amtspflichten des Kursmaklers nicht zu befürchten ist, insbesondere der Kursmakler sein Amt weisungsfrei, eigenverantwortlich und persönlich ausübt,
8. die Vertretung des Kursmaklers bei Abwesenheit sichergestellt ist,
9. keine Tatsachen die Annahme rechtfertigen, daß die Gesellschaft nicht die für die Teilnahme am Börsenhandel erforderliche wirtschaftliche Leistungsfähigkeit hat.

(2) Die Satzung oder der Gesellschaftsvertrag sowie deren Änderungen bedürfen der Genehmigung der Börsenaufsichtsbehörde.

(3) *(aufgehoben)*

(4) Die Börsenaufsichtsbehörde untersagt eine Beteiligung an der Gesellschaft, wenn die Voraussetzungen des Absatzes 1 nicht erfüllt sind.

(5) Die Gesellschaft darf während des Präsenzhandels an der Börse in den Wertpapieren handeln, die nicht den an ihr beteiligten Kursmaklern zugewiesen sind, wenn sie hierzu nach § 7 zugelassen ist. Die Gesellschaft darf über den Präsenzhandel an der Börse das Finanzkommissionsgeschäft oder die Finanzportfolioverwaltung im Sinne des § 1 Abs. 1 Satz 2 Nr. 4 und Abs. 1a Satz 2 Nr. 3 des Gesetzes über das Kreditwesen in den Wertpapieren, die den an der Gesellschaft beteiligten Kursmaklern an dieser

Börse zugewiesen sind, nur insoweit betreiben, als die für Rechnung oder im Auftrag des Kunden getätigten Geschäfte nicht bei der amtlichen Feststellung des Börsenpreises durch diese Kursmakler berücksichtigt werden.

§ 35. [Ermächtigungsvorschrift].

Zulassung von Wertpapieren zum Börsenhandel mit amtlicher Notierung

§ 36. [Zulassungsantrag]. (1) Wertpapiere, die mit amtlicher Feststellung des Börsenpreises (amtliche Notierung) an der Börse gehandelt werden sollen, bedürfen der Zulassung soweit nicht in § 41 oder in anderen Gesetzen etwas anderes bestimmt ist.

(2) Die Zulassung ist vom Emittenten der Wertpapiere zusammen mit einem Kreditinstitut, Finanzdienstleistungsinstitut oder einem nach § 53 Abs. 1 Satz 1 oder § 53b Abs. 1 Satz 1 des Gesetzes über das Kreditwesen tätigen Unternehmen zu beantragen. Das Institut oder Unternehmen muß an einer inländischen Wertpapierbörse mit dem Recht zur Teilnahme am Handel zugelassen sein und ein haftendes Eigenkapital im Gegenwert von mindestens 730.000 ECU nachweisen. Ein Emittent, der ein Institut oder Unternehmen im Sinne des Satzes 1 ist und die Voraussetzungen des Satzes 2 erfüllt, kann den Antrag allein stellen.

(3) Wertpapiere sind zuzulassen, wenn

1. der Emittent und die Wertpapiere den Bestimmungen entsprechen, die zum Schutz des Publikums und für einen ordnungsgemäßen Börsenhandel gemäß § 38 erlassen worden sind,
2. dem Antrag ein Prospekt zur Veröffentlichung beigefügt ist, der gemäß § 38 die erforderlichen Angaben enthält, um dem Publikum ein zutreffendes Urteil über den Emittenten und die Wertpapiere zu ermöglichen, soweit nicht gemäß § 38 Abs. 2 von der Veröffentlichung eines Prospekts abgesehen werden kann, und
3. keine Umstände bekannt sind, die bei Zulassung der Wertpapiere zu einer Übervorteilung des Publikums oder einer Schädigung erheblicher allgemeiner Interessen führen.

(3a) Der Prospekt darf erst veröffentlicht werden, wenn er von der Zulassungsstelle gebilligt wurde. Die Zulassungsstelle hat innerhalb von 15 Börsentagen nach Eingang des Prospekts über die Billigung zu entscheiden. Wird der Zulassungsantrag gleichzeitig bei mehreren inländischen Börsen gestellt, so hat der Emittent die für die Billigung des Prospekts zuständige Zulassungsstelle zu bestimmen. Ist der Prospekt von der Zulassungsstelle gebilligt worden, so ist er von den Zulassungsstellen der anderen inländischen Börsen als den Anforderungen des Absatzes 3 Satz 1 Nr. 2 entsprechend anzuerkennen.

(4) Der Prospekt ist zu veröffentlichen

1. durch Abdruck in den Börsenpflichtblättern (§ 37 Abs. 4), in denen der Zulassungsantrag veröffentlicht ist, oder
2. durch Bereithalten zur kostenlosen Ausgabe bei den im Prospekt benannten Zahlstellen und bei der Zulassungsstelle; in den Börsenpflichtblättern, in denen der Zulassungsantrag veröffentlicht ist, ist bekanntzumachen, bei welchen Stellen der Prospekt bereitgehalten wird.

Außerdem ist im Bundesanzeiger der Prospekt oder ein Hinweis darauf bekanntzumachen, wo der Prospekt veröffentlicht und für das Publikum zu erhalten ist. Die Zulassungsstelle hat dem Emittenten auf Verlangen eine Bescheinigung über die Billigung des Prospekts auszustellen; etwaige Befreiungen im Hinblick auf einzelne Angaben oder Abweichungen von den im Regelfall vorgeschriebenen Angaben sind mit Begründung anzugeben. Beantragt der Emittent die Zulassung der Wertpapiere auch an Börsen anderer Mitgliedstaaten der Europäischen Union oder anderer Vertragsstaaten des Abkommens über den Europäischen Wirtschaftsraum, so hat er den zuständigen Stellen dieser Staaten den Entwurf des Prospekts, den er in diesen Staaten verwenden will, zu übermitteln.

4

(5) Der Antrag auf Zulassung der Wertpapiere kann trotz Erfüllung der Voraussetzungen des Absatzes 3 abgelehnt werden, wenn der Emittent seine Pflichten aus der Zulassung zur amtlichen Notierung an einer anderen inländischen Börse oder an einer Börse in einem anderen Mitgliedstaat der Europäischen Union oder in einem anderen Vertragsstaat des Abkommens über den Europäischen Wirtschaftsraum nicht erfüllt.

(6) Die Börsenordnung kann vorsehen, daß Wertpapiere, die bereits an einer anderen inländischen Börse zur amtlichen Notierung zugelassen sind, abweichend von Absatz 2 Satz 1 und Absatz 3 auf Antrag des Emittenten zuzulassen sind; Absatz 5 gilt entsprechend.

§ 37. [Zulassungsstelle; Börsenpflichtblätter].

(1) Über die Zulassung entscheidet die Zulassungsstelle. Die Zulassungsstelle trifft, soweit nicht die Geschäftsführung zuständig ist, die zum Schutz des Publikums und für einen ordnungsgemäßen Börsenhandel erforderlichen

Maßnahmen und überwacht die Einhaltung der Pflichten, die sich aus der Zulassung für den Emittenten und für das antragstellende Institut oder Unternehmen ergeben.

(2) Mindestens die Hälfte der Mitglieder der Zulassungsstelle müssen Personen sein, die sich nicht berufsmäßig am Börsenhandel mit Wertpapieren beteiligen.

(3) Die Börsenordnung kann vorsehen, daß Entscheidungen der Zulassungsstelle von aus ihrer Mitte gebildeten Ausschüssen getroffen werden, die aus mindestens fünf Mitgliedern bestehen; Absatz 2 gilt entsprechend.

(4) Die Zulassungsstelle bestimmt mindestens drei inländische Zeitungen zu Bekanntmachungsblättern für vorgeschriebene Veröffentlichungen (Börsenpflichtblätter); mindestens zwei dieser Zeitungen müssen Tageszeitungen mit überregionaler Verbreitung im Inland sein (überregionale Börsenpflichtblätter). Die Bestimmung kann zeitlich begrenzt werden; sie ist durch Börsenbekanntmachung zu veröffentlichen.

4

§ 38. [Rechtsverordnung].

§ 39. [Ablehnung des Zulassungsantrags].

(1) Lehnt die Zulassungsstelle einen Zulassungsantrag ab, so hat sie dies den anderen Zulassungsstellen unter Angabe der Gründe für die Ablehnung mitzuteilen.

(2) Wertpapiere, deren Zulassung von einer anderen Zulassungsstelle abgelehnt worden sind, dürfen nur mit Zustimmung dieser Zulassungsstelle zugelassen werden. Die Zustimmung ist zu erteilen, wenn die Ablehnung aus Rücksicht auf örtliche Verhältnisse geschah oder wenn die Gründe, die einer Zulassung entgegenstanden, weggefallen sind.

(3) Wird ein Zulassungsantrag an mehreren inländischen Börsen gestellt, so dürfen die Wertpapiere nur mit Zustimmung aller Zulassungsstellen, die über den Antrag zu entscheiden haben, zugelassen werden. Die Zustimmung darf nicht aus Rücksicht auf örtliche Verhältnisse verweigert werden.

(4) Sind Wertpapiere an einer inländischen Börse zugelassen, so ist, sofern der Emittent nicht von der Pflicht zur Veröffentlichung eines Prospekts befreit worden ist, der Prospekt von den Zulassungsstellen der anderen inländischen Börsen als den Anforderungen des § 36 Abs. Nr. 3 Satz 1 entsprechend anzuerkennen, wenn der Zulassungsantrag innerhalb von sechs Monaten nach der Zulassung gestellt wird. Sind seit der Veröffentlichung des Prospekts Veränderungen bei Umständen eingetreten, die für die Beurteilung des Emittenten oder der zuzulassenden Wertpapiere von wesentlicher Bedeutung sind, so sind die Veränderungen entweder in den zu veröffentlichenden Prospekt aufzunehmen oder in einem Nachtrag zum Prospekt zu veröffentlichen; auf diesen Nachtrag sind die Vorschriften über den Prospekt und dessen Veröffentlichung entsprechend anzuwenden.

§ 40. [Zusammenarbeit der Börsen – EU/Europäischer Wirtschaftsraum]. (1) Die Zulassungsstellen arbeiten untereinander und mit den entsprechenden Stellen der Börsen in den anderen Mitgliedstaaten der Europäischen Union oder den anderen Vertragsstaaten des Abkommens über den Europäischen Wirtschaftsraum im Rahmen ihrer Aufgaben und Befugnisse zusammen und übermitteln sich gegenseitig die hierfür erforderlichen Angaben, soweit die Amtsverschwiegenheit gewährleistet ist; insoweit unterliegen die Mitglieder der Zulassungsstellen und die für die Zulassungsstellen tätigen Personen nicht der Pflicht zur Geheimhaltung.

(2) Beantragt ein Emittent mit Sitz in einem anderen Mitgliedstaat der Europäischen Union oder in einem anderen Vertragsstaat des Abkommens über den Europäischen Wirtschaftsraum, dessen Aktien zur amtlichen Notierung in diesem Mitgliedstaat oder Vertragsstaat zugelassen sind, die Zulassung von Wertpapieren, mit denen Bezugsrechte für diese Aktien verbunden sind, so hat die Zulassungsstelle vor ihrer Entscheidung eine Stellungnahme der zuständigen Stelle des anderen Mitgliedstaates oder Vertragsstaates einzuholen.

(3) Wird die Zulassung für Wertpapiere beantragt, die seit weniger als sechs Monaten in einem anderen Mitgliedstaat der Europäischen Union oder in einem anderen Vertragsstaat des Abkommens über den Europäischen Wirtschaftsraum amtlich notiert werden, so kann die Zulassungsstelle den Emittenten davon befreien, einen neuen Prospekt zu erstellen, wenn der vorhandene auf den neuesten Stand gebracht und entsprechend den Vorschriften im Geltungsbereich dieses Gesetzes ergänzt und veröffentlicht wird.

§ 40a. [Zulassungsanträge an mehreren Börsen – EU/Europäischer Wirtschaftsraum]. (1) Stellt ein Emittent mit Sitz in einem anderen Mitgliedstaat der Europäischen Union oder in einem anderen Vertragsstaat des Abkommens über den Europäischen Wirtschaftsraum einen Zulassungsantrag für dieselben Wertpapiere gleichzeitig oder annähernd gleichzeitig sowohl bei einer Börse in diesem Staat als auch bei einer inländischen Börse, so hat die Zulassungsstelle vorbehaltlich des Absatzes 2 den von der zuständigen Stelle des anderen Staates gebilligten Prospekt als den Anforderungen des § 36 Abs. 3 Nr. 2 entsprechend anzuerkennen, sofern der Zulassungsstelle eine Übersetzung des Prospekts in die deutsche Sprache sowie eine Bescheinigung der entsprechenden Stelle des anderen Staates gemäß § 36 Abs. 4 Satz 3 über die Billigung des Prospekts vorliegt. Die Zulassungsstelle kann jedoch vom Emittenten verlangen, daß in den Prospekt besondere Angaben für den inländischen Markt, insbesondere über die Zahl- und Hinterlegungsstellen, die Art und Form der nach diesem Gesetz und der Börsenzulassungs-Verordnung vorgeschriebenen Veröffentlichungen sowie die steuerliche Behandlung der Erträge im Inland aufgenommen werden. Die Zulassungsstelle kann auf die Vorlage einer Übersetzung des Prospekts ganz oder teilweise verzichten, wenn der Prospekt in einer Sprache abgefaßt ist, die im Inland auf dem Gebiet des grenzüberschreitenden Wertpapierhandels nicht unüblich ist.

(2) Hat die zuständige Stelle des anderen Staates den Emittenten von einzelnen Angaben im Prospekt befreit oder Abweichungen von den im Regelfall vorgeschriebenen Angaben zugelassen, so anerkennt die Zulassungsstelle den Prospekt nach Absatz 1 Satz 1 nur, wenn

1. die Befreiung oder Abweichung nach diesem Gesetz oder aufgrund dieses Gesetzes zulässig ist,
2. im Inland dieselben Bedingungen bestehen, welche die Befreiungen rechtfertigen und
3. die Befreiung oder Abweichung an keine weitere Bedingung gebunden ist, welche die Zulassungsstelle veranlassen würde, die Befreiung oder Abweichung abzulehnen.

(3) Die Absätze 1 und 2 sind entsprechend anzuwenden, wenn der Prospekt von der zuständigen Stelle des anderen Staates anläßlich eines öffentlichen Angebots der zuzulassenden Wertpapiere gebilligt worden ist und der Zulassungsantrag innerhalb von drei Monaten nach dieser Billigung gestellt wird.

(4) Stellt ein Emittent mit Sitz außerhalb des Geltungsbereichs dieses Gesetzes einen Zulassungsantrag sowohl bei einer Börse in einem anderen Mitgliedstaat der Europäischen Union oder in einem anderen Vertragsstaat des Abkommens über den Europäischen Wirtschaftsraum, der nicht der Sitzstaat ist, als auch bei einer inländischen Börse, so sind die Vorschriften der Absätze 1 bis 3 entsprechend anzuwenden, wenn der Emittent bestimmt, daß der Prospekt von der zuständigen Stelle des anderen Mitgliedstaates oder Vertragsstaates des Abkommens über den Europäischen Wirtschaftsraum gebilligt werden soll. § 39 Abs. 4 Satz 2 ist entsprechend anzuwenden.

§ 41. [An jeder inländischen Börse zur amtlichen Notierung zugelassene Anleihen und Schuldverschreibungen]. Schuldverschreibungen des Bundes, seiner Sondervermögen oder eines Bundeslandes, auch soweit sie in das Bundesschuldbuch oder in die Schuldbücher der Bundesländer eingetragen sind, sowie Schuldverschreibungen, die von einem anderen Mitgliedstaat der Europäischen Union oder von einem anderen Vertragsstaat des Abkommens über den Europäischen Wirtschaftsraum ausgegeben werden, sind an jeder inländischen Börse zur amtlichen Notierung zugelassen.

§ 42. [Einführung zur amtlichen Notierung].
(1) Für die Aufnahme der ersten amtlichen Notierung der zugelassenen Wertpapiere an der Börse (Einführung) hat ein Kreditinstitut, Finanzdienstleistungsinstitut oder ein nach § 53 Abs. 1 Satz 1 oder § 53b Abs. 1 Satz 1 des Gesetzes über das Kreditwesen tätiges Unternehmen, das an dieser Börse mit dem Recht zur Teilnahme am Handel zugelassen ist, im Auftrag des Emittenten der Geschäftsführung den Zeitpunkt für die Einführung und die Merkmale der einzuführenden Wertpapiere mitzuteilen; ist der Emittent ein solches Institut oder Unternehmen, so kann er dies selbst mitteilen. 4

(2) Wertpapiere, die zur öffentlichen Zeichnung aufgelegt werden, dürfen erst nach beendeter Zuteilung eingeführt werden.

(3) Die Bundesregierung wird ermächtigt, durch Rechtsverordnung mit Zustimmung des Bundesrates zum Schutz des Publikums den Zeitpunkt zu bestimmen, zu dem die Wertpapiere frühestens eingeführt werden dürfen.

(4) Werden die Wertpapiere nicht innerhalb von drei Monaten nach Veröffentlichung der Zulassungsentscheidung eingeführt, erlischt ihre Zulassung. Die Zulassungsstelle kann die Frist auf Antrag angemessen verlängern, wenn ein berechtigtes Interesse des Emittenten der zugelassenen Wertpapiere an der Verlängerung dargetan wird.

§ 43. [Aussetzung und Einstellung der amtlichen Notierung]. (1) Die Geschäftsführung kann die amtliche Notierung zugelassener Wertpapiere

1. aussetzen, wenn ein ordnungsgemäßer Börsenhandel zeitweilig gefährdet oder wenn dies zum Schutz des Publikums geboten erscheint;
2. einstellen, wenn ein ordnungsgemäßer Börsenhandel für die Wertpapiere nicht mehr gewährleistet erscheint.

(2) Widerspruch und Anfechtungsklage gegen die Aussetzung der amtlichen Notierung haben keine aufschiebende Wirkung.

(3) Die Zulassungsstelle kann die Zulassung zur amtlichen Notierung außer nach den Vorschriften der Verwaltungsverfahrensgesetze und nach § 44d Satz 2 widerrufen, wenn ein ordnungsgemäßer Börsenhandel auf Dauer nicht mehr gewährleistet ist und die Geschäftsführung die amtliche Notierung eingestellt hat. Die Geschäftsführung unterrichtet das Bundesaufsichtsamt für den Wertpapierhandel unverzüglich über Maßnahmen nach Satz 1.

(4) Die Zulassungsstelle kann die Zulassung zur amtlichen Notierung auf Antrag des Emittenten widerrufen. Der Widerruf darf nicht dem Schutz der Anleger widersprechen. Die Zulassungsstelle hat den Widerruf auf Kosten des Emittenten unverzüglich in mindestens einem überregionalen Börsenpflichtblatt zu veröffentlichen. Der Zeitraum zwischen der Veröffentlichung und der Wirksamkeit des Widerrufs darf zwei Jahre nicht überschreiten. Nähere Bestimmungen über den Widerruf sind in der Börsenordnung zu treffen.

§ 44. [Pflichten des Emittenten zugelassener Wertpapiere]. (1) Der Emittent der zugelassenen Wertpapiere ist verpflichtet,

1. die Inhaber der zugelassenen Wertpapiere unter gleichen Voraussetzungen gleich zu behandeln; dies gilt nicht für vorzeitige Rücknahmeangebote, die der Emittent zugelassener Schuldverschreibungen im berechtigten Interesse bestimmter Gruppen von Inhabern der Schuldverschreibungen abgibt;
2. für die gesamte Dauer der Zulassung der Wertpapiere mindestens eine Zahl- und Hinterlegungsstelle, bei zugelassenen Schuldverschreibungen nur Zahlstelle, im Inland zu benennen, bei der alle erforderlichen Maßnahmen hinsichtlich der Wertpapiere, im Falle der Vorlegung der Wertpapierurkunde bei dieser Stelle kostenfrei, bewirkt werden können;
3. das Publikum und die Zulassungsstelle über den Emittenten und die zugelassenen Wertpapiere angemessen zu unterrichten;
4. im Falle zugelassener Aktien für später ausgegebene Aktien derselben Gattung die Zulassung zur amtlichen Notierung zu beantragen.

(2) Die Bundesregierung wird ermächtigt, durch Rechtsverordnung mit Zustimmung des Bundesrates Vorschriften zu erlassen über Art, Umfang und Form der nach Absatz 1 Nr. 3 vorgesehenen Veröffentlichungen und Mitteilungen sowie darüber, wann und unter welchen Voraussetzungen die Verpflichtung nach Absatz 1 Nr. 4 eintritt.

§ 44. *(weggefallen)*

§ 44b. [Zwischenbericht]. (1) Der Emittent zugelassener Aktien ist verpflichtet, innerhalb des Geschäftsjahrs regelmäßig mindestens einen Zwischenbericht zu veröffentlichen, der anhand von Zahlenangaben und Erläuterungen ein den tatsächlichen Verhältnissen entsprechendes Bild der Finanzlage und des allgemeinen Geschäftsgangs des Emittenten im Berichtszeitraum vermittelt; dies gilt auch, wenn nicht die Aktien, sondern sie vertretende Zertifikate zur amtlichen Notierung zugelassen sind.

(2) Die Bundesregierung wird ermächtigt, durch Rechtsverordnung mit Zustimmung des Bundesrates zum Schutz des Publikums Vorschriften über den Inhalt des Zwischenberichts, insbesondere über die aufzunehmenden Zahlenangaben und Erläuterungen sowie über den Zeitpunkt und die Form seiner Veröffentlichung zu erlassen. Die Rechtsverordnung kann vorsehen, daß in Ausnahmefällen von der Aufnahme einzelner Angaben in den Zwischenbericht abgesehen werden kann, insbesondere im Hinblick auf die Gefährdung öffentlicher Interessen oder einen beim Emittenten zu befürchtenden erheblichen Schaden.

§ 44c. [Auskunftspflichten]. (1) Der Emittent der zugelassenen Wertpapiere sowie das antragstellende und das einführende Institut oder Unternehmen sind verpflichtet, aus ihrem Bereich alle Auskünfte zu erteilen, die für die Zulassungsstelle oder die Geschäftsführung zur ordnungsgemäßen Erfüllung ihrer Aufgaben erforderlich sind.

(2) Die Zulassungsstelle kann verlangen, daß der Emittent der zugelassenen Wertpapiere in angemessener Form und Frist bestimmte Auskünfte veröffentlicht, wenn dies zum Schutz des Publikums oder für einen ordnungsgemäßen Börsenhandel erforderlich ist. Kommt der Emittent dem Verlangen der Zulassungsstelle nicht nach, kann die Zulassungsstelle nach Anhörung des Emittenten auf dessen Kosten diese Auskünfte selbst veröffentlichen.

§ 44d. [Nichterfüllung der Pflichten durch den Emittenten]. Erfüllt der Emittent der zugelassenen Wertpapiere seine Pflichten aus der Zulassung nicht, so kann die Zulassungsstelle diese Tatsache durch Börsenbekanntmachung veröffentlichen. Die Zulassungsstelle kann die Zulassung zur amtlichen Notierung widerrufen, wenn der Emittent auch nach einer ihm gesetzten angemessenen Frist diese Pflichten nicht erfüllt.

§ 45. [Unrichtiger Börsenprospekt]. (1) Der Erwerber von Wertpapieren, die auf Grund eines Prospekts zum Börsenhandel zugelassen sind, in dem für die Beurteilung der Wertpapiere wesentliche Angaben unrichtig oder unvollständig sind, kann

1. von denjenigen, die für den Prospekt die Verantwortung übernommen haben und
2. von denjenigen, von denen der Erlaß des Prospekts ausgeht,

als Gesamtschuldner die Übernahme der Wertpapiere gegen Erstattung des Erwerbspreises, soweit dieser den ersten Ausgabepreis der Wertpapiere nicht überschreitet, und der mit dem Erwerb verbundenen üblichen Kosten verlangen, sofern das Erwerbsgeschäft nach Veröffentlichung des Prospekts und innerhalb von sechs Monaten nach erstmaliger Einführung der Wertpapiere abgeschlossen wurde. Ist ein Ausgabepreis nicht festgelegt, gilt als Ausgabepreis der erste nach Einführung der Wertpapiere festgestellte oder gebildete Börsenpreis, im Falle gleichzeitiger Feststellung oder Bildung an mehreren inländischen Börsen der höchste erste Börsenpreis. Auf den Erwerb von Wertpapieren desselben Emittenten, die von den in Satz 1 genannten Wertpapieren nicht nach Ausstattungsmerkmalen oder in sonstiger Weise unterschieden werden können, sind die Sätze 1 und 2 entsprechend anzuwenden.

(2) Ist der Erwerber nicht mehr Inhaber der Wertpapiere, so kann er die Zahlung des Unterschiedsbetrags zwischen dem Erwerbspreis, soweit dieser den ersten Ausgabepreis nicht überschreitet, und dem Veräußerungspreis der Wertpapiere sowie der mit dem Erwerb und der Veräußerung verbundenen üblichen Kosten verlangen. Absatz 1 Satz 2 und 3 ist anzuwenden.

(3) Sind Wertpapiere eines Emittenten mit Sitz im Ausland auch im Ausland zum Börsenhandel zugelassen, besteht ein Anspruch nach Absatz 1 oder 2 nur, sofern die Wertpapiere auf Grund eines im Inland abgeschlossenen Geschäfts oder einer ganz oder teilweise im Inland erbrachten Wertpapierdienstleistung erworben wurden.

(4) Einem Prospekt steht eine schriftliche Darstellung gleich, auf Grund deren Veröffentlichung der Emittent von der Pflicht zur Veröffentlichung eines Prospekts befreit wurde.

§ 46. [Keine Inanspruchnahme]. (1) Nach § 45 kann nicht in Anspruch genommen werden, wer nachweist, daß er die Unrichtigkeit oder Unvollständigkeit der Angaben des Prospekts nicht gekannt hat und die Unkenntnis nicht auf grober Fahrlässigkeit beruht.

(2) Der Anspruch nach § 45 besteht nicht, sofern

1. die Wertpapiere nicht auf Grund des Prospekts erworben wurden,
2. der Sachverhalt, über den unrichtige oder unvollständige Angaben im Prospekt enthalten sind, nicht zu einer Minderung des Börsenpreises der Wertpapiere beigetragen hat,
3. der Erwerber die Unrichtigkeit oder Unvollständigkeit der Angaben des Prospekts bei dem Erwerb kannte oder
4. vor dem Abschluß des Erwerbsgeschäfts im Rahmen des Jahresabschlusses oder Zwischenberichts des Emittenten, einer Veröffentlichung nach § 15 des Wertpapierhandelsgesetzes oder einer vergleichbaren Bekanntmachung eine deutlich gestaltete Berichtigung der unrichtigen oder unvollständigen Angaben im Inland veröffentlicht wurde.

§ 47. [Verjährung]. Der Anspruch nach § 45 verjährt in sechs Monaten seit dem Zeitpunkt, zu dem der Erwerber von der Unrichtigkeit oder Unvollständigkeit der Angaben des Prospekts Kenntnis erlangt hat, spätestens jedoch in drei Jahren seit der Veröffentlichung des Prospekts.

§ 48. [Keine Beschränkung der Haftung].

(1) Eine Vereinbarung, durch die der Anspruch nach § 45 im voraus ermäßigt oder erlassen wird, ist unwirksam.

(2) Weitergehende Ansprüche, die nach den Vorschriften des bürgerlichen Rechtes auf Grund von Verträgen oder vorsätzlichen unerlaubten Handlungen erhoben werden können, bleiben unberührt.

§ 49. [Gerichtliche Zuständigkeit]. (1) Für die Entscheidung über die Ansprüche nach § 45 und die in § 48 Abs. 2 erwähnten Ansprüche ist ohne Rücksicht auf den Wert des Streitgegenstands das Landgericht ausschließlich zuständig, in dessen Bezirk die Börse ihren Sitz hat, deren Zulassungsstelle den Prospekt gebilligt oder im Falle des § 45 Abs. 4 den Emittenten von der Pflicht zur Veröffentlichung eines Prospekts befreit hat. Besteht an diesem Landgericht eine Kammer für Handelssachen, so gehört der Rechtsstreit vor diese.

4

Terminhandel

§ 50. [Zulassung]. (1) Börsentermingeschäfte bedürfen, soweit sie an der Börse abgeschlossen werden (Börsenterminhandel), der Zulassung durch die Geschäftsführung nach näherer Bestimmung der Börsenordnung. Zu den Börsentermingeschäften gehören auch Geschäfte, die wirtschaftlich gleichen Zwecken dienen, auch wenn sie nicht auf Erfüllung ausgerichtet sind.

(2) Vor der Zulassung nach Absatz 1 hat der Börsenrat die Geschäftsbedingungen für den Börsenterminhandel festzusetzen.

(3) Die Geschäftsführung hat vor der Zulassung von Waren zum Börsenterminhandel in jedem einzelnen Falle Vertreter der beteiligten Wirtschaftskreise gutachtlich zu hören.

(4) Die Zulassung von Wertpapieren zum Börsenterminhandel darf nur erfolgen, wenn die Gesamtsumme der Stücke, in denen der Börsenterminhandel stattfinden soll, sich nach ihrem Nennwerte mindestens auf zehn Millionen Deutsche Mark beläuft.

(5) Anteile einer inländischen Erwerbsgesellschaft dürfen nur mit Zustimmung der Gesellschaft zum Börsenterminhandel zugelassen werden. Eine erfolgte Zulassung ist auf Verlangen der Gesellschaft spätestens nach Ablauf eines Jahres von dem Tage an gerechnet, an welchem das Verlangen der Geschäftsführung gegenüber erklärt worden ist, zurückzunehmen.

(6) Wird bei Börsentermingeschäften ein Börsenpreis amtlich festgestellt, so sind die Vorschriften des II. Abschnitts entsprechend anzuwenden.

§ 51. [Unerlaubter Terminhandel]. (1) Soweit Börsentermingeschäfte in bestimmten Waren oder Wertpapieren verboten sind oder die Zulassung zum Börsenterminhandel endgültig verweigert oder zurückgenommen worden ist, ist der Börsenterminhandel von der Benutzung der Börseneinrichtungen und der Vermittlung durch die Kursmakler ausgeschlossen. Findet an einer Börse ein Börsenterminhandel nach Geschäftsbedingungen statt, die von den festgesetzten Geschäftsbedingungen (§ 50 Abs. 2) abweichen, oder findet ein Börsenterminhandel in solchen Waren oder Wertpapieren statt, die zum Börsenterminhandel nicht zugelassen sind, so ist er durch Anordnung der Geschäftsführung von der Benutzung der Börseneinrichtungen und der Vermittlung durch die Kursmakler auszuschließen. Die Geschäftsführung kann den Erlaß der Anordnung aussetzen, wenn Verhandlungen wegen Zulassung der Waren oder Wertpapiere zum Börsenterminhandel schweben. Die Aussetzung darf höchstens auf ein Jahr erfolgen.

(2) Soweit der Börsenterminhandel auf Grund des Absatzes 1 von der Benutzung der Börseneinrichtungen und der Vermittlung durch die Kursmakler ausgeschlossen ist, dürfen für Börsentermingeschäfte, sofern sie im Inland abgeschlossen sind, Preislisten (Kurszettel) nicht veröffentlicht oder in mechanisch hergestellter Vervielfältigung verbreitet werden.

§ 52. [Erlaubte Termingeschäfte]. Ein Börsentermingeschäft, das nicht gegen ein durch dieses Gesetz oder aufgrund des § 63 erlassenes Verbot verstößt, ist nur nach Maßgabe der §§ 53 bis 56 wirksam.

§ 53. [Verbindlichkeit der Geschäfte]. (1) Ein Börsentermingeschäft ist verbindlich, wenn auf beiden Seiten als vertragsschließende Kaufleute beteiligt sind, die

1. in das Handelsregister oder Genossenschaftsregister eingetragen sind oder
2. nach § 36 des Handelsgesetzbuchs, im Falle einer juristischen Person des öffentlichen Rechts nach der für sie maßgebenden gesetzlichen Regelung, nicht eingetragen zu werden brauchen oder
3. nicht eingetragen werden, weil sie ihren Sitz oder ihre Hauptniederlassung außerhalb des Geltungsbereichs dieses Gesetzes haben.

Als Kaufleute im Sinne dieser Vorschrift gelten auch Personen, die zur Zeit des Geschäftsabschlusses oder früher gewerbsmäßig oder berufsmäßig Börsentermingeschäfte betrieben haben oder zur Teilnahme am Börsenhandel dauernd zugelassen waren.

(2) Ist nur einer der beiden Vertragsteile Kaufmann im Sinne des Absatzes 1, so ist das Geschäft verbindlich, wenn der Kaufmann einer gesetzlichen Aufsicht über Kreditinstitute, Finanzdienstleistungsinstitute oder Börsen untersteht und den anderen Teil vor Geschäftsabschluß schriftlich darüber informiert, daß

- die aus Börsentermingeschäften erworbenen befristeten Rechte verfallen oder eine Wertminderung erleiden können;
- das Verlustrisiko nicht bestimmbar sein und auch über etwaige geleistete Sicherheiten hinausgehen kann;
- Geschäfte, mit denen die Risiken aus eingegangenen Börsentermingeschäften ausgeschlossen oder eingeschränkt werden sollen, möglicherweise nicht oder nur zu einem verlustbringenden Marktpreis getätigt werden können;
- sich das Verlustrisiko erhöht, wenn

zur Erfüllung von Verpflichtungen aus Börsentermingeschäften Kredit in Anspruch genommen wird oder

die Verpflichtung aus Börsentermingeschäften oder die hieraus zu beanspruchende Gegenleistung auf ausländische Währung oder eine Rechnungseinheit lautet.

Bei Börsentermingeschäften in Waren muß der Kaufmann den anderen Teil vor Geschäftsabschluß schriftlich über die speziellen Risiken von Warentermingeschäften informieren.

Die Unterrichtungsschrift darf nur Informationen über die Börsentermingeschäfte und ihre Risiken enthalten und ist vom anderen Teil zu unterschreiben. Der Zeitpunkt der Unterrichtung darf nicht länger als drei Jahre zurückliegen; nach der ersten Unterrichtung ist sie jedoch vor dem Ablauf von zwölf Monaten, frühestens aber nach dem Ablauf von zehn Monaten zu wiederholen. Ist streitig, ob oder zu welchem Zeitpunkt der Kaufmann den anderen Teil unterrichtet hat, so trifft den Kaufmann die Beweislast.

§ 54. *(aufgehoben)*

§ 55. [Kein Rückforderungsrecht]. Das auf Grund des Geschäfts Geleistete kann nicht deshalb zurückgefordert werden, weil für den Leistenden nach den §§ 52 und 53 eine Verbindlichkeit nicht bestanden hat.

§ 56. [Aufrechnung]. Gegen Forderungen aus Börsentermingeschäften ist eine Aufrechnung auf Grund anderer Börsentermingeschäfte auch dann zulässig, wenn diese Geschäfte nach den §§ 52 und 53 für den Aufrechnenden eine Forderung nicht begründen.

§ 57. [Annahme als Erfüllung]. Ein nicht verbotenes Börsentermingeschäft gilt als von Anfang an verbindlich, wenn der eine Teil bei oder nach dem Eintritte der Fälligkeit sich dem anderen Teile gegenüber mit der Bewirkung der vereinbarten Leistung einverstanden erklärt und der andere Teil diese Leistung an ihn bewirkt hat.

§ 58. [Zulässigkeit von Einwendungen]. Gegen Ansprüche aus Börsentermingeschäften kann von demjenigen, für den das Geschäft nach den §§ 53 und 57 verbindlich ist, ein Einwand aus den §§ 762 und 764 des Bürgerlichen Gesetzbuchs nicht erhoben werden. Soweit gegen die bezeichneten Ansprüche ein solcher Einwand zulässig bleibt, ist § 56 entsprechend anzuwenden.

§ 59. [Zwecks Schulderfüllung eingegangene Verbindlichkeiten]. Die Vorschriften der §§ 52 bis 58 gelten auch für eine Vereinbarung durch die der eine Teil zum Zwecke der Erfüllung einer Schuld aus einem nicht verbotenen Börsentermingeschäfte dem anderen Teile gegenüber eine Verbindlichkeit eingeht, insbesondere für ein Schuldanerkenntnis.

§ 60. [Auftragserteilung und -übernahme; Vereinigung]. Die Vorschriften der §§ 52 bis 59 finden auch Anwendung auf die Erteilung und Übernahme von Aufträgen sowie auf die Vereinigung zum Zwecke des Abschlusses von nicht verbotenen Börsentermingeschäften.

§ 61. [Auslandsgeschäfte]. Aus einem Börsentermingeschäft können ohne Rücksicht auf das darauf anzuwendende Recht keine weitergehenden Ansprüche, als nach deutschem Recht begründet sind, gegen eine Person geltend gemacht werden,

1. für die das Geschäft nach § 53 nicht verbindlich ist,
2. die ihren gewöhnlichen Aufenthalt zur Zeit des Geschäftsabschlusses im Inland hat und
3. die im Inland die für den Abschluß des Geschäfts erforderliche Willenserklärung abgegeben hat.

4

§ 62. [Verzug]. (1) Bei einem Börsentermingeschäft in Waren kommt der Verkäufer, der nach erfolgter Kündigung eine nicht vertragsmäßige Ware liefert, in Verzug, auch wenn die Lieferungsfrist noch nicht abgelaufen ist.

(2) Eine entgegenstehende Vereinbarung ist nichtig.

§ 63. [Verbotene Börsentermingeschäfte]. Der Bundesminister der Finanzen kann durch Rechtsverordnung mit Zustimmung des Bundesrates Börsentermingeschäfte verbieten oder beschränken oder die Zulässigkeit von Bedingungen abhängig machen, soweit dies zum Schutz des Publikums geboten ist.

§ 64. [Rechtsfolgen im Privatrecht]. (1) Durch ein nach § 63 verbotenes Börsentermingeschäft wird ein Verbindlichkeit nicht begründet. Die Unwirksamkeit erstreckt sich auch auf die Bestellung einer Sicherheit.

(2) Das auf Grund des Geschäfts Geleistete kann nicht deshalb zurückgefordert werden, weil nach Absatz 1 Satz 1 eine Verbindlichkeit nicht bestanden hat.

§§ 65 bis 68. *(aufgehoben)*

§ 69. [Vereinbarung zwecks Schulderfüllung]. § 64 gilt auch für eine Vereinbarung, durch die der eine Teil zum Zwecke der Erfüllung einer Schuld aus einem verbotenen Termingeschäft dem anderen Teil gegenüber eine Verbindlichkeit eingeht, insbesondere für ein Schuldanerkenntnis.

§ 70. [Aufträge und Vereinigungen]. Auf die Erteilung und Übernahme von Aufträgen sowie auf die Vereinigung zum Zwecke des Abschlusses von verbotenen Börsentermingeschäften ist § 64 anzuwenden.

Zulassung von Wertpapieren zum Börsenhandel mit nicht-amtlicher Notierung

§ 71. [Zulassungsantrag]. (1) Wertpapiere können zum Börsenhandel mit nicht-amtlicher Notierung (geregelter Markt) zugelassen werden, wenn sie an dieser Börse nicht zur amtlichen Notierung zugelassen sind. § 74 bleibt unberührt.

4

(2) Für den Antrag auf Zulassung gelten vorbehaltlich des § 73 Abs. 4 die Vorschriften des § 36 Abs. 2.

§ 72. [Börsenordnung]. (1) Die näheren Bestimmungen für den geregelten Markt sind in der Börsenordnung zu treffen.

(2) Die Börsenordnung muß insbesondere Bestimmungen enthalten über
1. die nach § 73 Abs. 1 Nr. 1 und 2 notwendigen Anforderungen und Angaben sowie über den Zeitpunkt und die Form der Veröffentlichung;
2. die Zusammensetzung und die Wahl der Mitglieder des Zulassungsausschusses;
3. das Zulassungsverfahren;
4. die Feststellung und die Veröffentlichung des Börsenpreises.

(3) Die Börsenordnung kann für einen Teilbereich des geregelten Marktes bestimmen, daß der Emittent zugelassener Aktien oder Aktien vertretender Zertifikate zur Veröffentlichung eines Zwischenberichts entsprechend der Vorschrift des § 44 Abs. 1 verpflichtet ist.

§ 73. [Zulassungsvoraussetzungen]. (1) Wertpapiere sind zum geregelten Markt zuzulassen, wenn
1. der Emittent und die Wertpapiere den Anforderungen entsprechen, die für einen ordnungsgemäßen Börsenhandel notwendig sind;
2. dem Antrag ein vom Emittenten unterschriebener Unternehmensbericht zur Veröffentlichung beigefügt ist, der Angaben über den Emittenten und die Wertpapiere enthält, die notwendig sind, um dem Publikum ein zutreffendes Urteil über den Emittenten und die Wertpapiere zu ermöglichen; der Unternehmensbericht muß mindestens die Angaben enthalten, die für einen Verkaufsprospekt nach einer auf Grund des § 7 Abs. 2 und 3 des Verkaufsprospektgesetzes erlassenen Rechtsverordnung erforderlich sind;
3. keine Umstände bekannt sind, die bei Zulassung der Wertpapiere zu einer Übervorteilung des Publikums oder einer Schädigung erheblicher Interessen führen.

(1a) Der Unternehmensbericht darf erst veröffentlicht werden, wenn er von dem Zulassungsausschuß gebilligt wurde. Der Zulassungsausschuß hat innerhalb von 15 Börsentagen nach Eingang des Unternehmensberichts über die Billigung zu entscheiden. Wird der Zulassungsantrag gleichzeitig bei mehreren inländischen Börsen gestellt, so hat der Emittent den für die Billigung des Unternehmensberichts zuständigen Zulassungsausschuß zu bestimmen. Ist der Unternehmensbericht von dem Zulassungsausschuß gebilligt worden, so ist er von den Zulassungsausschüssen der anderen inländischen Börsen als den Anforderungen des Absatzes 1 Nr. 2 entsprechend anzuerkennen.

(2) Absatz 1 Nr. 2 gilt nicht für Emittenten von denen Wertpapiere an einer inländischen Börse zur amtlichen Notierung oder zum geregelten Markt zugelassen sind, wenn seit der letzten Veröffentlichung des für die Zulassung zur amtlichen Notierung erforderlichen Prospekts, einer diesem gleichstehenden schriftlichen Darstellung oder des Unternehmensberichts im Falle eines Antrags auf Zulassung von Schuldverschreibungen weniger als drei Jahre, im Falle eines Antrags auf Zulassung von sonstigen Wertpapieren weniger als sechs Monate vergangen sind.

(3) Die Börsenordnung kann regeln, unter welchen Voraussetzungen von dem Unternehmensbericht abgesehen werden kann, wenn das Publikum auf andere Weise ausreichend unterrichtet wird.

(4) Die Börsenordnung kann vorsehen, daß Wertpapiere, die bereits an einer anderen inländischen Börse zur amtlichen Notierung oder zum geregelten Markt zugelassen sind, abweichend von Absatz 1 und § 71 Abs. 2 Satz 1 auf Antrag des Emittenten zum geregelten Markt zuzulassen sind.

§ 74. [An jeder inländischen Börse zum geregelten Markt zugelassene Schuldverschreibungen]. Schuldverschreibungen des Bundes, seiner Sondervermögen oder eines Bundeslandes, auch soweit sie in das Bundesschuldbuch oder in die Schuldbücher der Bundesländer eingetragen sind, sowie Schuldverschreibungen, die von einem anderen Mitgliedstaat der Europäischen Union oder von einem anderen Vertragsstaat des Abkommens über den Europäischen Wirtschaftsraum ausgegeben werden, sind an jeder inländischen Börse, an der die Schuldverschreibungen nicht eingeführt (§ 42) sind, zum geregelten Markt zugelassen.

§ 75. [Feststellung des Börsenpreises im geregelten Markt]. (1) Für die Feststellung des Börsenpreises im geregelten Markt bestimmt die Geschäftsführung einen oder mehrere Skontroführer. § 29 Abs. 3 und 4 gilt entsprechend.

(1a) Ist der Skontroführer ein Kreditinstitut, ein Finanzdienstleistungsinstitut oder eine für dieses Institut handelnde Person, darf das Kreditinstitut oder das Finanzdienstleistungsinstitut über den Präsenzhandel an der Börse das Finanzkommissionsgeschäft oder die Finanzportfolioverwaltung im Sinne des § 1 Abs. 1 Satz 2 Nr. 4 und Abs. 1a Satz 2 Nr. 3 des Gesetzes über das Kreditwesen in den Wertpapieren, die dem Institut oder der für dieses Institut handelnden Person zur Feststellung des Börsenpreises an dieser Börse zugewiesen sind, nur insoweit betreiben, als die für Rechnung oder im Auftrag des Kunden getätigten Geschäfte nicht bei der Feststellung des Börsenpreises durch diesen Skontroführer berücksichtigt werden.

(2) Für Wertpapiere, die zur öffentlichen Zeichnung aufgelegt werden, ist eine Feststellung des Börsenpreises vor beendeter Zuteilung an die Zeichner nicht zulässig.

(3) Für die Aussetzung und die Einstellung der Feststellung des Börsenpreises sowie für den Widerruf der Zulassung gilt § 43 entsprechend.

§ 76. [Pflichten des Emittenten]. Die Bestimmungen des § 44 Abs. 1 Nr. 1 und 2 und des § 44c Abs. 1 über die Verpflichtungen des Emittenten gelten für den geregelten Markt entsprechend.

§ 77. [Unrichtige Angaben im Unternehmensbericht]. Sind Angaben im Unternehmensbericht unrichtig oder unvollständig, so gelten die Vorschriften der §§ 45 bis 49 entsprechend anzuwenden, daß abweichend von § 49 das Landgericht ausschließlich zuständig ist, in dessen Bezirk die Börse ihren Sitz hat, deren Zulassungsausschuß den Unternehmensbericht gebilligt hat.

§ 78. [Preise für Wertpapiere, die weder zur amtlichen Notierung noch zum geregelten Markt zugelassen sind]. (1) Für Wertpapiere, die weder zum amtlichen Handel noch zum geregelten Markt zugelassen sind, kann die Börse einen Freiverkehr zulassen, wenn durch Handelsrichtlinien eine ordnungsmäßige Durchführung des Handels und der Geschäftsabwicklung gewährleistet erscheint.

(2) Preise für Wertpapiere, die während der Börsenzeit an einer Wertpapierbörse im Freiverkehr ermittelt werden, sind Börsenpreise. Börsenpreise sind auch Preise, die sich für die im Freiverkehr gehandelten Wertpapiere in einem an einer Börse durch die Börsenordnung geregelten elektronischen Handelssystem oder an Börsen bilden, an denen nur ein elektronischer Handel stattfindet. Die Börsenpreise müssen die Anforderungen nach § 11 Abs. 2 erfüllen.

§§ 79 bis 87. *(weggefallen)*

4

Straf- und Bußgeldvorschriften, Schlußvorschriften

§ 88. [Einwirkung auf den Börsen- oder Marktpreis]. Wer zur Einwirkung auf den Börsen- oder Marktpreis von Wertpapieren, Bezugsrechten, ausländischen Zahlungsmitteln, Waren, Anteilen, die eine Beteiligung am Ergebnis eines Unternehmens gewähren sollen, oder von Derivaten im Sinne des § 2 Abs. 2 des Wertpapierhandelsgesetzes

1. unrichtige Angaben über Umstände macht, die für die Bewertung der Wertpapiere, Bezugsrechte, ausländischen Zahlungsmittel, Waren, Anteile oder Derivate erheblich sind, oder solche Umstände entgegen bestehenden Rechtsvorschriften verschweigt oder
2. sonstige auf Täuschung berechnete Mittel anwendet,

wird mit Freiheitsstrafe bis zu drei Jahren oder mit Geldstraße bestraft.

§ 89. [Verleitung zur Börsenspekulation].

(1) Wer gewerbsmäßig andere unter Ausnutzung ihrer Unerfahrenheit in Börsenspekulationsgeschäften zu solchen Geschäften oder zur unmittelbaren oder mittelbaren Beteiligung an solchen Geschäften verleitet, wird mit Freiheitsstrafe bis zu drei Jahren oder mit Geldstrafe bestraft.

(2) Börsenspekulationsgeschäfte im Sinne des Absatzes 1 sind insbesondere

1. An- oder Verkaufsgeschäfte mit aufgeschobener Lieferzeit, auch wenn sie außerhalb einer inländischen oder ausländischen Börse abgeschlossen werden,
2. Optionen auf solche Geschäfte,

die darauf gerichtet sind, aus dem Unterschied zwischen dem für die Lieferzeit festgelegten Preis und dem zur Lieferzeit vorhandenen Börsen- oder Marktpreis einen Gewinn zu erzielen.

§ 90. [Ordnungswidrigkeiten]. (1) Ordnungswidrig handelt, wer vorsätzlich oder leichtfertig

1. einer vollziehbaren Anordnung nach § 1a Abs. 1 Satz 1 oder § 8b Abs. 1 Satz 2 Nr. 2 zuwiderhandelt,
2. ein Betreten entgegen § 1a Abs. 1 Satz 4, auch in Verbindung mit Satz 7, nicht gestattet oder entgegen § 1a Abs. 1 Satz 5, auch in Verbindung mit Satz 7, nicht duldet,
3. entgegen § 8b Abs. 1 Satz 5 eine dort genannte Unterlage nicht oder nicht rechtzeitig vorlegt,

3a. entgegen § 36 Abs. 3a Satz 1 oder § 73 Absatz 1a Satz 1 einen Prospekt oder einen Unternehmensbericht veröffentlicht,

4. entgegen § 44 Abs. 1 Nr. 2, auch in Verbindung mit § 76, eine Zahl- und Hinterlegungsstelle oder eine Zahlstelle am Börsenplatz nicht benennt,
5. entgegen § 44b Abs. 1, auch in Verbindung mit einer Rechtsverordnung nach § 44b Abs. 2, einen Zwischenbericht nicht, nicht richtig, nicht vollständig, nicht in der vorgeschriebenen Form oder nicht rechtzeitig veröffentlicht oder
6. entgegen § 44c Abs. 1, auch in Verbindung mit § 76, eine Auskunft nicht, nicht richtig oder nicht vollständig erteilt.

(2) Ordnungswidrig handelt auch, wer vorsätzlich oder leichtfertig einer Rechtsverordnung nach

1. § 38 Abs. 1 Nr. 3 oder
2. § 44 Abs. 2

zuwiderhandelt, soweit sie für einen bestimmten Tatbestand auf diese Bußgeldvorschrift verweist.

(3) Ordnungswidrig handelt ferner, wer entgegen § 51 Abs. 2 Preislisten (Kurszettel) veröffentlicht oder in mechanisch hergestellter Vervielfältigung verbreitet.

(4) Die Ordnungswidrigkeit kann in den Fällen des Absatzes 1 Nr. 1 bis 3, 4 und 6, des Absatzes 2 Nr. 2 und des Absatzes 3 mit einer Geldbuße bis zu hunderttausend Deutsche Mark, in den Fällen des Absatzes 1 Nr. 5 und des Absatzes 2 Nr. 1 mit einer Geldbuße bis zu zweihunderttausend Deutsche Mark, in den Fällen des Absatzes 1 Nr. 3a mit einer Geldbuße bis zu einer Million Deutsche Mark geahndet werden.

§§ 91 bis 95. *(weggefallen)*

§ 96. [Wechsel und ausländische Zahlungsmittel]. (1) Die in dem II. Abschnitt bezüglich der Wertpapiere getroffenen Bestimmungen gelten auch für Wechsel und ausländische Zahlungsmittel.

(2) Als Zahlungsmittel im Sinne des ersten Absatzes gelten außer Geldsorten, Papiergeld, Banknoten und dergleichen auch Auszahlungen, Anweisungen und Schecks.

§ 97. [Übergangsvorschriften].

4

Bedingungen für die Geschäfte an der Frankfurter Wertpapierbörse

Stand Mai 1998

I. Abschnitt

Geltungsbereich

§ 1. Geltungsbereich. Geschäfte in amtlich notierten oder in den Geregelten Markt eingeführten Werten, die an der Frankfurter Wertpapierbörse zwischen an ihr zugelassenen Unternehmen während der Börsenzeit getätigt werden, gelten als unter den nachfolgenden Bedingungen abgeschlossen. Im Einzelfall können abweichende Vereinbarungen getroffen werden, soweit eine ordnungsgemäße Preisfeststellung dadurch nicht beeinträchtigt wird; sie sollen die Abwicklung des Börsengeschäftsverkehrs nicht behindern.

II. Abschnitt

Wertpapiergeschäfte im Präsenzhandel

§ 2. Art der Aufträge. (1) Aufträge können dem Makler limitiert oder unlimitiert (billigst oder bestens) erteilt werden.

(2) Aufträge ohne Preisangabe gelten als billigst oder bestens erteilt.

(3) Aufträge können für einen bestimmten Preis (Eröffnungspreis, Einheits- und, soweit ein solcher vorgesehen ist, auch zum Schlußpreis) erteilt werden.

(4) Aufträge können mit der Maßgabe erteilt werden, daß sie bei Erreichen eines bestimmten Preises (Limit) zu Billigst- oder Bestensorders werden, gleichgültig, ob der nächstfolgende Preis unter oder über dem bestimmten Preis liegt (Stop-loss- oder Stop-buy-Order). Zu dem bestimmten Stop-Preis (Limit) müssen Wertpapiere umgesetzt worden sein.
Wird eine Stop-Order bei fortlaufend notierten Werten zum Einheitspreis erteilt, muß das Limit beim zuletzt festgestellten Einheitspreis erreicht werden, d. h., zum nächstmöglichen Einheitspreis wird der Auftrag unlimitiert ausgeführt.

§ 3. Form und Dauer der Aufträge. (1) Aufträge können bei dem Makler mündlich[1)], schriftlich[2)] oder in elektronischer Form erteilt oder widerrufen werden.

(2) Mündliche und unbefristete schriftliche Aufträge gelten nur für den Börsentag, an dem sie dem Makler erteilt werden. Sollen schriftliche Aufträge über den jeweiligen Börsentag hinaus gelten, müssen sie schriftlich unter Angabe der Gültigkeitsdauer erteilt werden. Befristete schriftliche Aufträge und Aufträge in elektronischer Form gelten jeweils für die angegebene Gültigkeitsdauer und können auch über Ultimo hinaus aufgegeben werden. Sie erlöschen auf jeden Fall jeweils zum 30. 06. und 31. 12. eines jeden Jahres. Aufträge, die über die Stichtage 30. 06. und 31. 12. hinaus gelten sollen, können am Stichtag gesondert elektronisch erfaßt werden. Sonderregelungen, insbesondere wegen Dividendenzahlungen in ausländischen Werten und im Rahmen des Bezugsrechtshandels, bleiben unberührt.

(3) Befristete schriftliche Aufträge und Aufträge in elektronischer Form, die Bezugsrechte betreffen, gelten längstens bis einschließlich des letzten Notierungstages dieser Rechte; limitierte Aufträge erlöschen jedoch mit Ablauf des vorletzten Notierungstages.

§ 4. Preisausruf. (1) Das Ausrufen eines Preises gilt als Vertragsangebot gegenüber allen zur Teilnahme am Börsenhandel zugelassenen Besuchern; im fortlaufenden Handel bezieht sich dieses Angebot wenigstens auf den festgesetzten Mindestschluß. Dies gilt auch, wenn Preise „zum Aussuchen" gestellt werden. 4

(2) Fragt ein Makler oder Händler auf einen ausgerufenen Geld- oder Briefpreis nach der Höhe des gesuchten oder angebotenen Betrages (Stückzahl oder Nennbetrag), ist er auf Verlangen des Ausrufenden verpflichtet, den Betrag abzugeben oder anzunehmen, der ihm auf seine Frage genannt wird; dies gilt nicht beim Ausrufen einer Preistaxe durch den Kursmakler. Nimmt ein Makler oder Händler das ihm durch Ausrufen eines Preises gemachte Vertragsangebot ohne Nennung des Betrages an, ist er auf Verlangen des Ausrufenden verpflichtet, den Betrag abzugeben oder anzunehmen, der ihm von dem Ausrufenden benannt wird.

(3) Wird ein Kursmakler mit einer Kompensation zu einem bestimmten Preis beauftragt, hat er dabei nicht nur vorliegende Aufträge zu

[1)] Bei mündlichen Aufträgen hat der Skontroführer die Order mit Blickkontakt zum Aufgebenden unmittelbar zu wiederholen oder die Händlernummer (EDV-Nr.) der Firma des Aufgebenden zu nennen. Der Händler hat die Wiederholung abzuwarten und gegebenenfalls nachzufragen.

[2)] Handelsteilnehmer/Börsenhändler können zur Vermeidung von Unstimmigkeiten durch einen Skontroführer nicht zur schriftlichen Auftragserteilung verpflichtet werden. Dies schließt nicht aus, daß zwischen Skontroführer und Handelsteilnehmer/Börsenhändler eine Vereinbarung getroffen wird, daß für einen bestimmten Zeitraum Aufträge nur schriftlich (oder über BOSS) erteilt werden. Auch die Geschäftsführung oder Handelsüberwachungsstelle können zur Schlichtung von Streitigkeiten die schriftliche Auftragserteilung bestimmter Handelsteilnehmer nicht anordnen.

berücksichtigen, sondern das Papier auszurufen, ihm daraufhin erteilte Aufträge hat er ebenfalls zu berücksichtigen.

§ 5. Orderbuchsperre und Annahmeschluß.

(1) Zu Beginn jeder Preisfeststellung ruft der skontroführende Makler den Wert auf und sperrt sein elektronisches Orderbuch; vor der Orderbuchsperre eingestellte Aufträge können vom Auftraggeber während der Sperre nicht geändert oder gelöscht werden. Während der Orderbuchsperre an den skontroführenden Makler in elektronischer Form gerichtete Aufträge, Änderungen oder Löschungen von Aufträgen werden vom System zunächst in einem Vorhaltebestand gesammelt und nach Aufhebung der Sperre in das Orderbuch aufgenommen.

(2) Aufträge für gerechnete Preise (Eröffnungs-, Einheits- und Schlußpreis) sollen dem skontroführenden Makler zu den festgelegten Zeiten vorliegen. Die Preisfeststellung beginnt damit, daß der skontroführende Makler vor der Preisfeststellung sein elektronisches Orderbuch sperrt und den Markt durch Ausrufen einer Preistaxe unterrichtet. Danach können noch weitere Aufträge mündlich erteilt werden. Nach Beendigung der Auftragsannahme kann nur noch durch Zuruf auf Geschäftsangebote (Kauf-, Verkaufsangebote, Spannen) des Maklers reagiert werden.

4

(3) Lassen die nach Beginn der Preisfeststellung erteilten Aufträge eine Preisfeststellung im Rahmen der genannten Taxe nicht zu, öffnet der skontroführende Makler sein elektronisches Orderbuch und nennt unter Berücksichtigung der ihm zwischenzeitlich erteilten weiteren Aufträge eine neue Preistaxe. Der skontroführende Makler ermittelt sodann unter Einhaltung des vorgenannten Verfahrens den gerechneten Preis.

(4) Aufträge zu gerechneten Preisen sollen spätestens bis zu dem Zeitpunkt erteilt sein, der für den Beginn der Preisfeststellung jeweils festgelegt ist.

§ 5a. Verfahren bei der Preisfeststellung im Dachskontroverfahren.(1) Vor Aufruf des Wertpapiers durch den Dachskontroführer beendet der Subskontroführer die Preisfeststellung im fortlaufenden Handel. Mit Aufruf des Wertpapiers durch den Dachskontroführer gilt es auch als durch den Subskontroführer aufgerufen. Der Dachskontroführer teilt dem jeweiligen Subskontroführer mindestens eine Preistaxe auf Basis der aggregierten Auftragslage mit; der Subskontroführer gibt diese Taxe bekannt.

(2) Nach Aufruf und Übermittlung der Taxe kündigt den Dachskontroführer die Sperrung des elektronischen Orderbuches an; sie erfolgt frühestens zu dem von der Geschäftsführung bestimmten Zeitpunkt. Der Subskontroführer kündigt sodann seinerseits unverzüglich die Orderbuchsperre und die Beendigung der Auftragsannahme für mündlich erteilte Aufträage an. Mit der Orderbuchsperre durch den Dachskontroführer ist auch das Orderbuch des Subskontroführers gesperrt. Nach Orderbuchsperre und Annahmeschluß durch den Dachskontroführer, werden keine Geschäftsangebote durch den Subskontroführer mehr ausgerufen; im übrigen gilt § 5 entsprechend.

(3) Die aggregierte Auftragslage und der durch den Dachskontroführer errechnete Preisvorschlag wird dem Subskontroführer mitgeteilt. Bei begründeten Zweifeln an dessen Richtigkeit legt er innerhalb des von der Geschäftsführung festgelegten Zeitraums Widerspruch beim Dachskontroführer ein. Letzterer nimmt bei einem begründeten Widerspruch eine Korrektur des Preisvorschlags vor.

§ 6. Behandlung laufender Aufträge.

(1) Dividendenzahlungen/Änderung der Wertpapierkennummer

Laufende Aufträge in deutschen Aktien werden durch Gewinnausschüttungen nicht unterbrochen. Sind sie zu bestimmten Preisen erteilt, gelten sie vom Abschlagstag an weiter abzüglich des auf den Gewinnanteilschein auszuschüttenden Betrages (Bruttodividende). Aufträge in ausländischen Werten erlöschen mit Ablauf des letzten Börsentages vor dem Tag des Dividendenabschlags; dabei ist der Abschlagstag der ausländischen Heimatbörse maßgebend. Der Dividendenabschlag wird am ersten Börsentag nach der Hauptversammlung vorgenommen. Ist dieser ein bundeseinheitlicher Feiertag, erfolgt der Dividendenabschlag am darauf folgenden Börsentag. Ist die Ausschüttung für einen späteren Termin beschlossen, wird die Dividende am festgesetzten Fälligkeitstag oder, wenn dieser kein Börsentag ist, am nächsten Börsentag abgeschlagen. Bei Veränderungen (Umstellungen) der Wertpapierkennummern kann die Geschäftsführung die Löschung der Aufträge anordnen, es sei denn, es handelt sich um die Überführung neuer Aktien in alte Aktien. Die Geschäftsführung kann weitere Fälle bestimmen, in denen laufende Aufträge zum in Satz 5 genannten Zeitpunkt erlöschen, was vorab in geeigneter Weise bekannt zu machen ist.

(2) Bezugsrechte/Kapitalberichtigung

Bei der Einräumung eines Bezugsrechts erlöschen sämtliche Aufträge mit Ablauf des letzten Börsentages vor dem Beginn des Bezugsrechtshandels. Das gleiche gilt bei einer Kapitalerhöhung aus Gesellschaftsmitteln mit der Maßgabe, daß an die Stelle des Beginns des Bezugsrechtshandels der Beginn der Frist zur Einreichung der Berechtigungsnachweise tritt. Unbeschadet von Sonderregelungen bei der Einräumung von Bezugsrechten versteht sich der Handel „ex Bezugsrecht" oder „ex Berichtigungsaktien" vom ersten Tage des Bezugsrechtshandels bzw. der Frist zur Einreichung des Berechtigungsnachweises an.

Werden Aktionären im Zusammenhang mit einer Kapitalerhöhung Aktien zum Erwerb angeboten und findet ein börslicher Bezugsrechtshandel nicht statt, kann die Geschäftsführung auf Antrag eines zum Börsenhandel zugelassenen Kreditinstituts oder von sich aus bestimmen, daß sämtliche Aufträge in diesem Wertpapier mit Ablauf des letzten Börsentages vor dem Tag erlöschen, ab dem das Erwerbsangebot angenommen werden kann. Der Beschluß ist zu veröffentlichen.

(3) Veränderung der Einzahlungsquote/des Nennwertes

Bei Veränderung der Einzahlungsquote teileingezahlter Aktien oder des Nennwertes von Aktien erlöschen sämtliche Aufträge mit Ablauf des Börsentages vor dem Tag, an dem die Aktien mit erhöhter Einzahlungsquote bzw. mit dem veränderten Nennwert notiert werden.

(4) Aussetzung der Preisnotierung

Wird wegen besonderer Umstände im Bereich des Emittenten die Preisnotierung ganztägig oder zeitweise ausgesetzt, erlöschen im Präsenzhandel sämtliche Aufträge. Sie erlöschen ferner, wenn aus den in Satz 1 erwähnten Gründen der Handel im elektronischen Handelssystem vor Beginn der Präsenzhandelszeit ausgesetzt wird. Unterbrechungen nach § 25 Abs. 2 BörsO lassen die Wirksamkeit vorliegender Aufträge unberührt.

(5) Auslosungen

Aufträge in auslosbaren Wertpapieren erlöschen mit Ablauf des letzten Notierungstages vor der Auslosung.

(6) Kündigungen

Aufträge in gesamtfälligen oder gekündigten Schuldverschreibungen sowie in Wandelschuldverschreibungen, Optionsanleihen und Optionsscheinen erlöschen am letzten Notierungstag (§ 28 Abs. 2).

(7) Rücknahme der Lieferbarkeit

Bei Rücknahme der Lieferbarkeit einer Wertpapiergattung oder bestimmter Stücke oder Stückelungen (z.B. § 28 Abs. 4) erlöschen die Aufträge, soweit sie erkennbar nicht ausgeführt werden können.

§ 7. Ausführung der Aufträge. (1) Aufträge in Wertpapieren, die nur zur Notierung zum Einheitspreis zugelassen sind, müssen zu diesem ausgeführt werden.

(2) Aufträge in Wertpapieren, die fortlaufend notiert werden, sind zum fortlaufenden Preis auszuführen, soweit sich der im Auftrag angegebene Betrag (Stückzahl oder Nennbetrag) mit dem Ein- oder Mehrfachen des für die fortlaufende Notierung festgesetzten Mindestbetrages[1] deckt. Ein hierdurch nicht teilbarer Rest wird zum Einheitspreis ausgeführt. Ist bis zur Feststellung des Einheitspreises eine fortlaufende Notierung nicht zustande gekommen, zu der der Auftrag hätte ausgeführt werden können, ist der Auftrag mangels anderweitiger Weisung in die Errechnung des Einheitspreises einzubeziehen.

(3) Der Auftraggeber kann verlangen, daß sein gesamter Auftrag nur zum Einheitspreis ausgeführt wird.

(4) Nicht limitierte Aufträge werden zum nächsten nach ihrem Eingang festgestellten Preis ausgeführt, welcher ihre Berücksichtigung zuläßt. Limitierte Aufträge sind zum nächsten Preis auszuführen, mit dem das Limit erreicht wird oder zugunsten des Auftraggebers über- bzw. unterschritten wird.

(5) Ist ein Auftrag für einen nicht handelbaren Betrag erteilt, ist er mit der nächstniedrigen handelbaren Stückzahl oder mit dem nächstniedrigen darstellbaren Nennbetrag auszuführen. 4

(6) Kursmakler sind nicht verpflichtet, Aufträge im elektronischen Handelssystem (§§ 32 bis 42) auszuführen.

§ 7a. Technische Störungen. Jeder Handelsteilnehmer hat bei Störungen im System die Geschäftsführung oder deren Beauftragte unverzüglich zu benachrichtigen.

§ 7b. Nofallregelungen. (1) Bei Rechnerausfall, Systemengpässen, Software-Fehlern und ähnlichen Systemstörungen, die eine ordnungsgemäße Fortsetzung des Handels nicht mehr zulassen, kann der Handel unterbrochen werden. Die Börsenzeit kann nach Wiederaufnahme des Handels verlängert werden. Kann der Börsenbetrieb erst nach 13.30 Uhr wieder aufgenommen werden, wird für jede Gattung nur noch ein gerechneter Preis festgestellt.[2] Kann das System bis 15.00 Uhr nicht zur Verfügung

[1] Der festgesetzte Mindestbetrag beträgt i.d.R.:
- 50 Stück bei 50-DM-Aktien,
- 100 Stück bei 5-DM-Aktien,
- 1 Million DM Nominalwert bei Schuldverschreibungen.

Ausnahmen werden für die jeweilige Notierung gesondert bekanntgemacht.

[2] Sofern die Störung nach Feststellung des Einheitspreises erfolgt, wird jeweils nur noch ein Schlußpreis festgestellt; bei Störungen vor Feststellung des Einheitspreises sind – jedenfalls solange nicht Einheits- und Schlußpreis technisch in einem Preis festgestellt werden können – sowohl der jeweilige Einheitspreis als auch jeweils ein Schlußpreis festzustellen.

gestellt werden, wird der Handel für den Rest des Tages eingestellt.

(2) Bei Funktionsausfall in einer oder mehreren Gattungen gelten die vorgenannten Regelungen entsprechend.

(3) Wird der Handel an einem Börsentag nicht bzw. nicht mehr aufgenommen, verfallen alle tagesgültigen Orders.

(4) Wird der Handel nach einer Handelsaussetzung wieder aufgenommen, wird den skontroführenden Maklern das elektronische Orderbuch wie vor der Handelsaussetzung angezeigt, wenn das elektronische Orderbuch vor der Handelsaussetzung gesperrt war. Skontroführende Makler sind verpflichtet, bei einer Handelsaussetzung unverzüglich den zuletzt festgestellten Kurs an ihrer Schranke durch Aushang bekanntzugeben, wenn sie diesen Kurs infolge des Systemausfalls nicht eingeben konnten. Bei Wiederaufnahme des Handels sind die erforderlichen Systemeingaben nachzuholen. Orders, die den skontroführenden Maklern bei Handelsaussetzung vorliegen und aufgrund des Systemausfalls nicht eingegeben werden konnten, sind von den skontroführenden Maklern zu dokumentieren.

4

§ 8. Maßnahmen bei Preisschwankungen.

(1) Stellte der Kursmakler aufgrund der vorliegenden Aufträge fest, daß der Preis erheblich von dem zuletzt notierten Preis oder der zuletzt genannten Taxe abweichen dürfte, so hat er erwartete Preisveränderungen

a) bei Schuldverschreibungen von mehr als 1,5 Prozent des Nennwerts mit + bzw. ./., von mehr als 3 Prozent mit ++ bzw. ./. ./.,

b) bei Aktien von mehr als 5 bis 10 Prozent des Preises mit + bzw. ./., von mehr als 10 bis 20 Prozent mit ++ bzw. ./. ./., von mehr als 20 Prozent mit +++ bzw. ./. ./. ./., unter Angabe einer Taxe, jedoch bei Aktienpreisen bis einschließlich 5 DM nur erwartete Veränderungen von mehr als 10 bis 20 Prozent mit ++ bzw. ./. ./., von mehr als 20 Prozent mit +++ bzw. ./. ./. ./.,

c) bei Optionsscheinen von mehr als 10 bis 20 Prozent des Preises mit ++ bzw. ./. ./., von mehr als 20 Prozent mit +++ bzw. ./. ./. ./., jedoch bei Preisen von Optionsscheinen zwischen 5 DM und 10 DM nur erwartete Veränderungen von mehr als 20 Prozent mit + bzw. ./. anzuzeigen; bei Preisen unter 5 DM entfällt eine besondere Ankündigung.

(2) Bei Wandelobligationen, Optionsanleihen mit Optionsscheinen und Genußscheinen gilt die Regelung für Aktien entsprechend. Bei Genußscheinen ohne Optionsschein, die auf der Grundlage des Gesetzes über das Kreditwesen begeben worden sind, hat der Kursmakler erwartete Preisveränderungen von mehr als 1,5% des Nennwertes mit + bzw. ./., von mehr als 3% mit ++ bzw. ./. ./. anzuzeigen.

(3) Bei Bezugsrechten entfällt eine besondere Ankündigung.

(4) Bei Maßnahmen gemäß Abs. 1 und 2 darf der Preis erst nach einer angemessenen Frist festgestellt werden. Bei Einfachankündigungen ist der Markt mindestens 5 Minuten, bei Doppel- oder Dreifach-Ankündigungen mindestens 15 Minuten vorher über die zu erwartende Abweichung zum vorhergehenden Preis zu unterrichten. Bei Veränderung der Ankündigungsart (einfach, doppelt, dreifach), insbesondere bei Verstärkung der Preisschwankung, beginnt die Ankündigungsfrist entsprechend von neuem zu laufen. Die Ankündigungsfrist kann in Abstimmung mit der Handelsüberwachungsstelle verkürzt werden.
Bei Wertpapieren, die auch im elektronischen Handelssystem gehandelt werden, kann die Ankündigungsfrist ohne Rücksprache mit der Handelsüberwachungsstelle verkürzt werden; es obliegt den Skontroführern, eine der jeweiligen Situation angemessene Frist zu bestimmen und einzuhalten.

(5) Eine Plus- oder Minusankündigung gemäß Absatz 1 ist auch bei der Wiederaufnahme einer Notierung nach einer Aussetzung vorzunehmen. Der Kursmakler kann den Beginn der Notierung eine angemessene Zeit hinausschieben oder bei variabel gehandelten Werten die Notierung mit der Feststellung des Einheitspreises beginnen.

(6) Bei Wertpapieren, bei denen eine Feststellung gerechneter Preise im Rahmen des Dachskontroverfahrens erfolgt, beurteilt sich die Notwendigkeit einer Anzeige gemäß Absatz 1 durch einen Dachskontroführer oder einen Subskontroführer allein nach den bei den Preisfeststellungen des Dachskontroführers zu erwartenden Preisveränderungen.

§ 9. Repartierung – Rationierung. (1) Stellt der Kursmakler aufgrund der vorliegenden Aufträge fest, daß diese voraussichtlich nur durch beschränkte Zuteilung oder Abnahme (Repartierung/Rationierung) ausgeführt werden können, ist der Markt unter Bekanntgabe einer Preistaxe hierauf aufmerksam zu machen.

(2) Die Feststellung des Preises und die Festlegung der Repartierungs(Rationierungs-)Quote kann grundsätzlich nur im Einvernehmen mit der Handelsüberwachungsstelle vorgenommen werden; jedoch kann sie in Einzelfällen oder Teilmärkten darauf verzichten.

(3) Bei der Quotenzuteilung werden zum Zuge kommende limitierte und die unlimitierten Aufträge gleich behandelt. Kleinstaufträge sollen

ganz ausgeführt werden, sofern sich die Zuteilungsquote hierdurch nicht wesentlich ändert.

§ 10. Bezugsrechtshandel. (1) Bei der Einräumung von Bezugsrechten ist das Bezugsangebot spätestens am dritten Werktag vor Beginn der Bezugsfrist zu veröffentlichen. Die Zulassungsstelle kann die Frist abkürzen, wenn der Emittent darlegt, daß ihm sonst ein für ihn unvorhersehbarer und auch unter Berücksichtigung der Interessen des Publikums nicht zu rechtfertigender Nachteil drohe.

(2) Der Bezugsrechtshandel beginnt – unbeschadet von Sonderregelungen – am ersten Tag der Bezugsfrist und erstreckt sich über die gesamte Bezugsfrist mit Ausnahme der letzten beiden Börsentage dieser Frist.

(3) Bezugsrechte werden nur zum Einheitspreis notiert.

(4) Aufträge sollen dem zuständigen Kursmakler bis zu dem von der Geschäftsführung festgelegten Zeitpunkt erteilt werden. Dieser gibt, möglichst nach Abstimmung mit der das Bezugsrecht regulierenden Bank, die Taxe an, aufgrund der ihm noch weitere Aufträge bis zum Schluß der Aufnahme erteilt werden können. Die Aufnahme darf nicht vor Ablauf von 15 Minuten nach Bekanntgabe der Taxe geschlossen werden.

(5) Lassen die dann vorliegenden Aufträge eine Preisbildung im Rahmen der Taxe zu, schließt der Kursmakler die Auftragsannahme. Für die Altaktie soll die Feststellung des Einheitspreises vorhergehen und möglichst eine dreiviertel Stunde nach Börsenbeginn vorgenommen werden; anschließend stellt der Kursmakler innerhalb einer angemessenen Zeitspanne den Preis für das Bezugsrecht fest.

(6) Lassen die dann vorliegenden Aufträge eine Preisbildung im Rahmen der Taxe nicht zu, nennt der Kursmakler, möglichst nach erneuter Abstimmung mit der das Bezugsrecht regulierenden Bank, eine neue Preistaxe; nach ihrer Bekanntgabe können die Börsenbesucher erneut Aufträge erteilen, aufgrund deren der Kursmakler unter Einhaltung des in Absatz 5 geregelten Verfahrens den Preis für das Bezugsrecht ermittelt.

(7) Mit Ablauf des vorletzten Handelstages werden alle limitierten und bis zum letzten Handelstag gültigen Aufträge automatisch gelöscht.

(8) Bezugsrechte für ausländische Aktien werden möglichst in Anlehnung an die Verfahrensweise der jeweiligen Heimatbörse gehandelt.

§ 11. Geschäftsbestätigung. (1) Der Makler gibt getätigte Geschäfte in die EDV-Anlage ein, damit jeder Partei der Abschluß am gleichen Tage durch eine maschinell erstellte Schlußnote bestätigt werden kann. Unterbleibt die Erteilung einer Schlußnote und wird dieser nicht bis zum Beginn der nächsten Börsenversammlung angemahnt, gilt der Abschluß als nicht zustande gekommen. Die Erteilung der Schlußnote kann auch in der Weise vorgenommen werden, daß auf Weisung des Empfängers die entsprechenden Daten beim Börsen-Rechenzentrum in einem Druck-Pool oder auf Datenträgern bereitgestellt werden.

(2) Ist der Abschluß ohne Vermittlung eines Maklers zustande gekommen, hat im Zweifel der Verkäufer dem Käufer den Abschluß durch EDV-Eingabe zu bestätigen; bei unterbliebener und nicht rechtzeitig angemahnter Bestätigung gilt der Abschluß als nicht zustande gekommen.

(3) Handschriftliche Schlußnoten und Bestätigungen dürfen nur über Geschäfte ausgestellt werden, die nicht über die EDV-Anlage abgewickelt werden können. Sie dürfen, von einem Ausfall der EDV-Anlage abgesehen, keine Geschäfte vorbehaltlich der Aufgabe betreffen.

§ 12. Einwendungen gegen Geschäftsbestätigungen. (1) Einwendungen gegen den Inhalt einer Schlußnote oder einer Bestätigung müssen bis zum Beginn der nächsten Börse gegenüber dem Eingebenden erhoben werden; verspätete Einwendungen können zurückgewiesen werden. Wird mit der Einwendung die Stornierung eines Geschäfts bezweckt und wird diese nicht zusagegemäß vorgenommen, hat der Einwendende das Recht zur Glattstellung des Geschäfts, von dem er gegebenenfalls unverzüglich Gebrauch zu machen hat. 4

(2) Das Recht zur Glattstellung entsprechend Abs. 1 Satz 2 besteht auch dann, wenn die ordnungsgemäße Abwicklung eines Börsengeschäfts wegen Unerreichbarkeit des Maklers oder des Vertragspartners in Frage gestellt ist. Von einer Unerreichbarkeit ist auszugehen, wenn ein Makler oder ein verantwortlicher Händler des Vertragspartners nicht spätestens 15 Minuten nach Beginn der in Betracht kommenden nächsten Börsenversammlung anwesend ist und auch ein Vertreter oder Beauftragter nicht zur Verfügung steht.

(3) Wird das ordnungsgemäße Zustandekommen eines Börsengeschäfts gegenüber Eingebenden bestritten, ist die bestreitende Partei berechtigt und auf Verlangen des Maklers oder des Verkäufers verpflichtet, die Glattstellung entsprechend Abs. 1 Satz 2 vorzunehmen.

(4) Wird in den Fällen des Abs. 1 Satz 2 oder des Abs. 3 von einer Glattstellung abgesehen, hat jede Partei das Recht, die Lieferung oder Zahlung im System zu verhindern. Soweit sich die einwendende oder bestreitende Partei gegenüber dem Eingebenden auf dieses Recht

beruft, ist sie im Falle des Absatzes 3 auch auf entsprechendes Verlangen zu einer Glattstellung nicht verpflichtet. Das Recht zur Anrufung des Schiedsgerichts bleibt unberührt.

(5) Eine Glattstellung erfolgt als Kauf oder Verkauf durch Vermittlung des Kursmaklers zum Einheitspreis; bei fortlaufend notierten Wertpapieren ist sie zu dem nächsten Preis oder den nächsten variablen Preisen unter entsprechender Anwendung von § 7 Abs. 2 vorzunehmen.

§ 12a. Einwendungen gegen Geschäftsabschlüsse. (1) Einwendungen gegen einen Geschäftsabschluß, der aufgrund eines Auftrags an den Makler in elektronischer Form zustande gekommen ist, können nur unter Berufung auf Fehler im technischen System der Börse oder auf objektiv erkennbare grobe Irrtümer bei der Eingabe der Aufträge oder des Preises geltend gemacht werden. Einwendungen sind unverzüglich, spätestens jedoch bis zum Beginn der nächsten Börsensitzung gegenüber dem Makler zu erheben.[1)]

(2) § 12 Abs. 1 Satz 2, Abs. 3 bis 5 gelten entsprechend.

4

§ 13. Aufgabegeschäfte. (1) Makler, die nicht auf die Tätigkeit als Vermittlungsmakler beschränkt sind, dürfen Geschäfte auch vorbehaltlich der Aufgabe vermitteln.

(2) Bei Geschäften vorbehaltlich der Aufgabe muß der Vertragspartner, wenn es sich um die Benennung des Verkäufers handelt, bis zum Schluß der nächsten Börsenversammlung aufgegeben werden. Wird die Bezeichnung des Käufers vorbehalten, so ist dessen Benennung spätestens am zweiten Börsentag nach dem Abschlußtag vor Börsenschluß vorzunehmen.

(3) Aufgaben können nur durch Benennung eines an der Börse mit der Befugnis zur Teilnahme am Börsenhandel zugelassenen Unternehmens, das gewerbsmäßig Bankgeschäfte betreibt, geschlossen werden.

(4) Soweit die Aufgabe zu einem anderen Preis als dem ursprünglichen geschlossen wird, sind die sich aus der Preisdifferenz ergebenden Beträge sofort fällig.

(5) Stückzinsdifferenzen, die der Käufer dem Verkäufer zu entrichten hat, weil das Geschäft vom Makler vorbehaltlich der Aufgabe vermittelt worden ist, hat der Makler dem Käufer zu ersetzen.

§ 14. Folgen verspäteter Aufgabenschließung.

(1) Wird die Aufgabe nicht rechtzeitig geschlossen, kann der Auftraggeber den Makler auf Erfüllung in Anspruch nehmen.

(2) Der Auftraggeber ist berechtigt, ohne vorherige Ankündigung die Zwangsregulierung während der nächsten Börsenversammlung vorzunehmen; auf Verlangen des Maklers ist er zur unverzüglichen Zwangsregulierung verpflichtet.[2)]

(3) Unberührt bleibt das Recht des Auftraggebers, dem Makler Zinsen zu berechnen und einen weitergehenden Schaden geltend zu machen.

§ 15. Zeitpunkt der Belieferung der Geschäfte.

(1) Börsengeschäfte sind am zweiten Börsentag nach dem Tage des Geschäftsabschlusses zu erfüllen, Aufgabegeschäfte am zweiten Börsentag nach dem Tag, an dem die fehlende Partei vom Makler benannt worden ist (Aufgabenschließung). Für Börsengeschäfte in Wertpapieren, die in Fremdwährung oder in Rechnungseinheit notiert und abgewickelt werden, kann die Geschäftsführung abweichende Regelungen erlassen; bei den ECU notierten und abzuwickelnden Wertpapieren beträgt die Erfüllungsfrist drei Börsentage.

(2) Der Käufer ist bei Lieferung zur Zahlung des Gegenwertes der gehandelten Wertpapiere verpflichtet, frühestens jedoch am zweiten Börsentag nach Geschäftsabschluß.

(3) Findet an einem Bankarbeitstag keine Börsenversammlung statt, zählt er bei der Fristberechnung mit und gilt auch als Erfüllungstag.

§ 16. Nicht rechtzeitige Erfüllung; Zwangsregulierung. (1) Hat eine Partei nicht rechtzeitig erfüllt, kann ihr die nichtsäumige Partei unter Androhung der Zwangsregulierung durch eingeschriebenen Brief, schriftlich gegen Empfangsbestätigung oder sonst in geeigneter Weise, eine Nachfrist für die Erfüllung setzen. Die Nachfrist darf, wenn die Androhung dem Säumigen bis eine halbe Stunde vor Börsenbeginn in seinen Geschäftsräumen oder bis eine halbe Stunde nach Börsenbeginn an der Börse zugegangen ist, frühestens anderthalb Stunden vor Börsenbeginn des nächsten Börsentages, andernfalls frühestens anderthalb Stunden vor Börsenbeginn des übernächsten Börsentages ablaufen. Nach fruchtlosem Ablauf der Frist ist die nichtsäumige Partei mangels anderweitiger Vereinbarung verpflichtet, an dem Börsentage, an dem die Frist endet, die Zwangsregulierung vorzunehmen.

(2) Erklärt eine Partei, nicht erfüllen zu wollen oder nicht erfüllen zu können oder wird der Umtausch eines für nicht lieferbar erklärten

1) Der Makler muß bei objektiv erkennbar falschen Aufträgen in ihm zumutbaren Umfang (Zeit, Aufwand) Rücksprache mit dem Auftraggeber nehmen. Hierdurch darf der Handel und die Preisfeststellung nicht beeinträchtigt werden. Allein das Volumen begründet in der Regel noch keinen objektiv erkennbaren Irrtum, da Auftragsgrößen Schwankungen unterliegen und teilnehmerspezifisch sind.

2) Vor Schließung der nicht fristgemäß geschlossenen Aufgabe hat sich der Makler vorbörslich mit dem Auftraggeber in Verbindung zu setzen, um über die Zwangsregulierung durch den Auftraggeber oder die Schließung durch den Makler Verständigung zu erzielen; das Risiko der „Doppelschließung" trägt der Makler, soweit die Zwangsregulierung nicht mißbräuchlich vorgenommen wurde.

Stückes verweigert, ist die andere Partei verpflichtet, ohne Nachfristsetzung unverzüglich die Zwangsregulierung vorzunehmen.

(3) Das gleiche gilt, wenn eine Partei zahlungsunfähig wird oder ihre Zahlungen einstellt. Zahlungsunfähigkeit ist bereits anzunehmen, wenn der Verpflichtete Gläubigern Vergleichsvorschläge über unstreitige Verbindlichkeiten macht oder eine unstreitige und fällige Verbindlichkeit unerfüllt läßt. Unstreitigen Verbindlichkeiten stehen solche gleich, die durch rechtskräftiges Urteil oder einen gemäß den Vorschriften der Zivilprozeßordnung für vollstreckbar erklärten Schiedsspruch festgestellt sind. Die Zwangsregulierung ist an dem Börsentage, an dem die andere Partei von Umständen gemäß Satz 1 Kenntnis erhalten hat, oder in der darauffolgenden Börsenversammlung vorzunehmen.

(4) Wird durch behördliche oder gerichtliche Maßnahmen eine Partei daran gehindert, die Erfüllung eines Börsengeschäftes rechtzeitig zu bewirken, so darf die Zwangsregulierung erst dann durchgeführt werden, wenn nicht bis zum Ablauf von zwei Börsentagen eine Einlagensicherungseinrichtung die Garantie für die weitere Durchführung der Wertpapiergeschäfte übernommen hat.

(5) In Streitfällen entscheidet auf Antrag das Börsenschiedsgericht darüber, ob eine Zwangsregulierung berechtigt ist; es kann ausnahmsweise der nichtsäumigen Partei gestatten, vom Geschäft zurückzutreten.

§ 17. Durchführung der Zwangsregulierung.

(1) Die Zwangsregulierung ist zu dem am Zwangsregulierungstage notierten Einheitspreis unter Vermittlung des Kursmaklers durch Kauf oder Verkauf zu bewirken. Bei Wertpapieren, die fortlaufend notiert werden, geschieht die Zwangsregulierung zum erstmöglichen fortlaufend notierten Preis; § 7 Abs. 2 findet entsprechende Anwendung.

(2) Der Unterschiedsbetrag zwischen dem Zwangsregulierungspreis und dem Vertragspreis ist der Partei, zu deren Gunsten er sich ergibt, sofort zu erstatten. Außerdem hat die säumige Partei die übliche Maklergebühr, Portoauslagen und sonstige Spesen sowie von dem Tage ab, der auf den Erfüllungstag folgt, den zum jeweiligen Lombardsatz der Deutschen Bundesbank berechneten Zinsverlust zu ersetzen.

(3) Die nichtsäumige Partei hat die säumige Partei von der Durchführung der Zwangsregulierung und dem Zwangsregulierungspreis durch einen noch am Tage der Zwangsregulierung abzusendenden eingeschriebenen Brief oder schriftlich gegen Empfangsbescheinigung oder sonst in geeigneter Weise zu unterrichten; anderenfalls braucht die säumige Partei die Zwangsregulierung nicht gegen sich gelten zu lassen.

(4) Ist eine Zwangsregulierung an dem Tage, an dem sie nach § 16 vorzunehmen ist, nicht oder nur zum Teil möglich gewesen, hat die nichtsäumige Partei dies noch am selben Tage der säumigen Partei durch eingeschriebenen Brief oder schriftlich gegen Empfangsbescheinigung oder sonst in geeigneter Weise mitzuteilen. Im übrigen hat sie die Zwangsregulierung bei nächster Gelegenheit durchzuführen.

(5) Ist die Zwangsregulierung zu früh oder zu spät bewirkt worden, darf der säumigen Partei kein ungünstigerer Preis berechnet werden als der Einheitspreis des Börsentages, an dem die Zwangsregulierung hätte vorgenommen werden müssen.

§ 18. Sonderfälle der Zwangsregulierung.

(1) In besonderen Fällen kann auf Antrag ein von der Geschäftsführung Beauftragter gestatten, daß die Zwangsregulierung durch Selbsteintritt oder durch Kauf bzw. Verkauf an einer auswärtigen Börse vorgenommen wird.

(2) Bedarf die nichtsäumige Partei sofort lieferbarer effektiver Stücke, kann die Zwangsregulierung auch zu einem anderen als dem in § 17 Abs. 1 bestimmten Preis vorgenommen werden; in diesem Fall hat der beauftragte Kursmakler zu Beginn der Börsenversammlung die Zwangsregulierung mit dem Vermerk „Exekutionsstücke" an der Maklertafel anzukündigen und bei ihrer Ausführung einen Beauftragten der Geschäftsführung hinzuzuziehen. 4

§ 19. Lieferungsarten. (1) Die Lieferung muß in Anteilen an einem Girosammelbestand oder in börsenmäßig lieferbaren effektiven Stücken erfolgen. Zwischenscheine sind nicht lieferbar.

(2) Lieferungen im Effekten-Giroverkehr müssen über die Deutsche Börse Clearing AG erfolgen. Dies gilt auch für girosammelverwahrfähige effektive Stücke. Effektive Stücke, die nicht girosammelverwahrfähig sind, können über diese Stelle geliefert werden (Durchlieferung).

(3) Die Lieferung in einer bestimmten Lieferungsart oder Stückelung oder von Stücken einer bestimmten Serie oder Gruppe kann nicht verlangt werden.

§ 20. Stückzinsenberechnung. (1) Bei Geschäften in Schuldverschreibungen werden, wenn die Geschäftsführung nichts anderes bekannt gemacht hat, Stückzinsen in der Höhe berechnet, in der das Wertpapier zu verzinsen ist.

(2) Die Stückzinsen stehen dem Verkäufer bis einschließlich des Kalendertages vor der Valutierung zu. Der Berechnungsmodus ergibt sich aus den jeweiligen Anleihebedingungen.

§ 21. Ersatz eines Gewinnanteil- oder Zinsscheines. (1) Bei Lieferung deutscher Wertpapiere oder auf Deutsche Mark lautender Wertpapiere ausländischer Emittenten darf der – auf den Abschlußtag bezogen – nächstfolgende Gewinnanteilschein oder nächstfällige Zinsschein durch einen anderen Gewinnanteil- oder Zinsschein des gleichen Wertpapieres desselben Emittenten und der gleichen Stückelung ersetzt werden, sofern er zu demselben Zeitpunkt fällig ist. Das gilt vorbehaltlich anderweitiger Regelung durch den Börsenvorstand auch für ausländische, nicht auf Deutsche Mark lautende Wertpapiere.

(2) Bei der Lieferung darf der nächstfällige Zinsschein fehlen, wenn sein Wert vergütet wird; bei nicht auf Deutsche Mark lautenden Anleihen ohne festen Umrechnungspreis ist für die Berechnung des Wertes der amtliche Devisenmittelkurs am Abschlußtag maßgebend. Dies gilt nicht für „flat" gehandelte Anleihen, da in diesen keine Stückzinsen berechnet werden.

(3) Bei der Belieferung von Geschäften in Optionsanleihen darf der getrennte Optionsschein gleicher Art und Stückelung, sofern er selbständig handelbar ist, eine andere Stückenummer tragen als die gelieferte Optionsschuldverschreibung.

(4) Ein nach der Hauptversammlung getrennter Gewinnanteilschein kann bei der Lieferung in bar verrechnet werden, falls er außer dem Dividendenanspruch nicht noch andere Rechte verbrieft. Bei Auslandsaktien ist der Verrechnung des Gewinnanteilscheins der amtliche Devisenmittelkurs des Zahlbarkeitstages der Dividende zugrunde zu legen; ist dieser Tag kein Börsentag, ist für die Berechnung der Devisenmittelkurs des nächstfolgenden Börsentages maßgebend.

§ 22. Neue Mäntel und Bogen. (1) Werden neue Mäntel oder Bogen ausgegeben, sind vorbehaltlich anderweitiger Festsetzung durch den Börsenvorstand einen Monat nach Beginn der Ausgabe nur noch die neuen Urkunden lieferbar.

(2) Wird die Ausgabe neuer Bogen zu einem Zeitpunkt angekündigt, zu dem noch ein Zins- oder Gewinnanteilschein am Stück haftet, tritt mangels anderweitiger Regelung der Zeitpunkt der Abtrennung des letzten Zins- oder Gewinnanteilscheines an die Stelle des in Abs. 1 genannten Termins.

§ 23. Nicht lieferbare Wertpapiere; Ersatzurkunden. (1) Nicht lieferbar sind Wertpapiere, die

a) gefälscht oder verfälscht sind,
b) unvollständig oder unvollständig ausgefertigt sind,
c) wesentliche Beschädigungen aufweisen, oder
d) aufgeboten oder mit Opposition belegt sind; nach der Verkehrsauffassung gelten als mit Opposition belegt auch solche, die in der Oppositionsliste der „Wertpapier-Mitteilungen" aufgeführt sind.

(2) Der Käufer kann anstelle eines nicht lieferbaren Stückes ein lieferbares Stück verlangen; ein Anspruch auf Rückgängigmachung des Geschäfts ist in diesem Falle ausgeschlossen. Kommt der Verkäufer dem Verlangen des Käufers nicht unverzüglich nach, ist der Käufer zur Zwangsregulierung verpflichtet.

(3) Mängel gemäß Abs. 1 Buchstabe b), c) und d) hat der Käufer spätestens einen Monat nach Lieferung gegenüber dem Verkäufer geltend zu machen; andernfalls gilt die Lieferung als genehmigt.

(4) Werden aufgrund eines Ausschlußurteils für in Verlust geratene Wertpapiere Ersatzurkunden ausgestellt, sind diese nur lieferbar, wenn der Emittent die Ersatzurkunde mit dem Vermerk „Ersatzurkunde" versehen und diesen Vermerk rechtsverbindlich unterzeichnet hat.

(5) Ersetzt ein Emittent eine beschädigte Urkunde durch eine neue, darf er sie nicht als Ersatzurkunde kennzeichnen, sofern er die beschädigte Urkunde vernichtet hat und die neue Urkunde in ihrer Ausstattung den übrigen Urkunden derselben Wertpapiergattung entspricht und die Stückenummer der vernichteten Urkunde trägt.

§ 24. Entscheidung über Lieferbarkeit. Über die Lieferbarkeit im Sinne des § 23 Abs. 1 Buchstabe a) bis c) eines Wertpapiers entscheidet auf Antrag der von der Geschäftsführung bestellte Gutachterausschuß. Wird die Lieferbarkeit angezweifelt, muß der Antrag schriftlich innerhalb von fünfzehn Börsentagen nach Lieferung bei der Geschäftsführung gestellt werden. In ihm ist anzugeben, aus welchen Gründen die Lieferbarkeit eines Wertpapieres (Mantel und/ oder Bogen) beanstandet wird.

§ 25. Geschäfte in Namensaktien Ist die Übertragung von Namensaktien an die Zustimmung der Gesellschaft gebunden (§ 68 Abs. 2 AktG) oder können die Rechte des Erwerbers erst nach Eintragung in das Aktienbuch ausgeübt werden (§ 67 Abs. 2 AktG), gibt die Verweigerung der Zustimmung oder der Umschreibung dem Käufer keinen Anspruch auf Rückzahlung des Kaufpreises oder auf Schadenersatz, es sei denn, daß die Verweigerung auf einem Mangel beruht, der den Indossamenten, der Blankozession oder dem Blankoumschreibungsantrag anhaftet.

§ 26. Lieferbarkeit von Namensaktien (1) Namensaktien sind lieferbar; wenn die letzte Übertragung (§ 68 Abs. 1 AktG) und nur diese durch ein Blankoindossament ausgedrückt ist.

(2) Namensaktien, die nur mit Zustimmung der Gesellschaft übertragen werden können

(§ 68 Abs. 2 AktG), sind auch lieferbar, wenn die letzte Übertragung und nur diese durch Blankozession erfolgte oder wenn den Aktien Blankoumschreibungsanträge des Verkäufers beigefügt sind.

(3) Namensaktien, die nur mit Zustimmung der Gesellschaft übertragen werden können (§ 68 Abs. 2 AktG) und die in die Girosammelverwahrung einbezogen sind, sind im Effekten-Giroverkehr über die Deutsche Börse Clearing AG lieferbar; § 19 Abs. 2 Satz 2 gilt entsprechend. Die Lieferung einer bestimmten Stückelung/Stückenummer kann nicht verlangt werden.

§ 27. Geschäfte in nicht voll eingezahlten Aktien. (1) Betrifft ein Geschäft nicht voll eingezahlte Aktien, hat der Käufer innerhalb von zehn Börsentagen nach Lieferung dem Verkäufer nachzuweisen, daß er die Umschreibung auf den neuen Aktionär bei der Gesellschaft beantragt hat. Kommt der Käufer dieser Pflicht nicht nach, kann der Verkäufer von ihm Sicherheitsleistung in Höhe der noch nicht geleisteten Einzahlung verlangen. Auch bei rechtzeitiger Antragstellung hat der Käufer dem Verkäufer auf dessen Verlangen Sicherheit zu leisten, wenn die Aktien nicht innerhalb von acht Wochen nach Lieferung auf den neuen Aktionär umgeschrieben worden sind.

(2) Die Verpflichtung zur Sicherheitsleistung gegenüber dem Verkäufer entfällt, wenn der Käufer bereits der Gesellschaft Sicherheit geleistet hat, um die Umschreibung zu erreichen.

(3) Eine dem Verkäufer geleistete Sicherheit wird frei, sobald der neue Aktionär im Aktienbuch eingetragen ist. Zum Nachweis der Eintragung genügt eine entsprechende Erklärung der Gesellschaft.

(4) Die Kosten der Umschreibung hat der Käufer zu tragen.

§ 28. Geschäfte in auslosbaren und kündbaren Wertpapieren. (1) Die Preisnotierung von Schuldverschreibungen wird zwei Börsentage vor dem von der Geschäftsführung mitgeteilten Auslosungstermin ausgesetzt. Am zweiten Börsentag nach dem Auslosungstag wird die Notierung wieder aufgenommen.

(2) Die Notierung gesamtfälliger oder gekündigter Schuldverschreibungen wird 15 Kalendertage vor Fälligkeit eingestellt; es gelten folgende Besonderheiten: Bei Endfälligkeiten an den beiden letzten Tagen eines jeden Monats sowie dem jeweils folgenden Monatsersten ist der letzte Notierungstag der 15. des jeweiligen Monats; entsprechendes gilt bei Endfälligkeiten am 2. Januar, 2. Mai und 2. November. Bei Endfälligkeiten am 15. des Monats ist der letzte Notierungstag der davorliegende jeweilige Monatsletzte. Fällt der letzte Notierungstag nicht auf einen Börsentag, findet die letzte Notierung am davorliegenden Börsentag statt. Das gilt auch für Wandelschuldverschreibungen und Optionsanleihen; bei Optionsscheinen, die ein Recht auf den Bezug von lieferbaren Wertpapieren verbriefen, wird die Notierung mindestens fünf Börsentage vor dem Ablauf des Optionsrechts eingestellt. Im Einzelfall kann die Geschäftsführung hiervon abweichende Regelungen treffen. Bei Wandelanleihen, bei denen das Wandelrecht vor dem Tag der Einstellung der amtlichen Notierung wegen Endfälligkeit endet, wird im Kursblatt bis zur Notierungseinstellung darauf hingewiesen, daß sich die Notierung der Anleihe „ex Wandelrecht" versteht.

(3) Bei der Mitteilung von freiwilligen Rückkauf- oder Umtauschangeboten sowie von vorzeitigen Kündigungen oder Teilkündigungen von Schuldverschreibungen wird die Amtliche Notierung für die betreffenden Wertpapiere sofort bis einschließlich zwei Börsentage nach der öffentlichen Bekanntgabe einer solchen Maßnahme ausgesetzt.

(4) Bei der Mitteilung der Kündigung bestimmter Stücke oder Stückelungen wird die Lieferbarkeit dieser Stücke oder Stückelungen sofort zurückgenommen. 4

(5) Bei Auslosungen und Teilkündigungen müssen Geschäfte, die vor der Aussetzung der Notierung abgeschlossen wurden, am Tage vor der Auslosung bzw. der Teilkündigung erfüllt sein.

(6) Sind Stücke geliefert, die nach dem Abschlußtag bis zum Tag vor der Lieferung ausgelost oder gekündigt sind, hat der Käufer das Recht, binnen zehn Börsentagen nach dem Lieferungstag den Umtausch gegen nicht ausgeloste bzw. nicht gekündigte Stücke zu verlangen.

(7) Hat der Verkäufer bis zum Tage vor der Auslosung weder die Stücke geliefert noch schriftlich oder fernschriftlich Nummernaufgabe erteilt und ist dem Käufer dadurch der Vorteil der Auslosung bzw. der Kündigung entgangen, kann der Käufer hierfür eine Entschädigung verlangen. Die Höhe der Entschädigung errechnet sich aus dem Betrag, der sich als Differenz zwischen dem Rückzahlungskurs und dem Kurs des betreffenden Geschäfts ergibt, multipliziert mit dem Verhältnis zwischen Rückzahlungssumme und Restumlauf vor Auslosung bzw. Kündigung.

§ 29. Nebenrechte und -pflichten. Mangels anderweitiger Vereinbarungen oder Regelungen sind Wertpapiere mit den Rechten und Pflichten zu liefern, die bei Geschäftsabschluß bestanden.

§ 30. Abtretung von Forderungen und Rechten. Forderungen und Rechte aus Börsengeschäften sind nur an zum Börsenhandel zugelassene

Unternehmen abtretbar. Das gilt nicht bei einem Forderungsübergang an Einlagensicherungseinrichtungen.

§ 31. Folgen unberechtigter Annahmeverweigerung. Weist der Käufer ihm angebotene Stücke unberechtigt zurück, hat er dem Verkäufer den Zinsverlust, berechnet zum Lombardsatz der Deutschen Bundesbank, und, soweit dem Verkäufer ein weiterer unmittelbarer Schaden entstanden ist, auch diesen zu ersetzen.

III. Abschnitt

Wertpapiergeschäfte im elektronischen Handelssystem

1. Teilabschnitt Eingabe von Aufträgen

§ 32. Art der Aufträge. (1) Folgende Arten von Aufträgen können in das elektronische Handelssystem eingegeben werden:
- unlimitierte Aufträge (Market Orders)
- limitierte Aufträge (Limit Orders)

4

Unlimitierte Aufträge sind Kauf- und Verkaufsaufträge, die ohne Angabe eines Preislimits eingegeben und zum nächsten vom System ermittelten Preis ausgeführt werden sollen. Limitierte Aufträge sind Kauf- und Verkaufsaufträge, die mit einem Preislimit eingegeben und zu diesem oder besser ausgeführt werden sollen.

(2) Bei der Eingabe in das System müssen die Aufträge folgende Daten enthalten:
- Kauf-/Verkaufsangebot (Bid/Ask),
- Wertpapiergattung,
- Nennwert/Stückzahl.

Die Aufträge müssen bei der Eingabe als Eigenauftrag oder Kundenauftrag gekennzeichnet sein. Das Nähere bestimmt die Geschäftsführung.

(3) Die Geschäftsführung setzt für jedes Wertpapier die Mindestnennwerte/Mindeststückzahlen (Mindestschlußgrößen) fest. Nur Aufträge über den Mindestschluß oder ein ganzzahliges Vielfaches davon (Round Lots) sind für den fortlaufenden Handel geeignet und können dort zur Ausführung kommen.

§ 33. Besondere Ausführungsbedingungen und Gültigkeitsbestimmungen. (1) Unlimitierte und limitierte Aufträge können für den fortlaufenden Handel mit einer der folgenden Ausführungsbedingungen versehen werden:
- sofortige Gesamtausführung oder Löschung des Auftrages (Fill-or-kill),
- sofortige Ausführung des Auftrages soweit wie möglich und Löschung des unausgeführten Teils (Immediate-or-cancel).

(2) Unlimitierte und limitierte Aufträge können mit einer der folgenden Gültigkeitsbestimmungen versehen werden:
- gültig für den jeweiligen Börsentag (Good-for-day),
- gültig bis auf Widerruf, jedoch höchstens ein Jahr ab Eingabe (Good-till-cancelled),
- gültig bis Fristablauf (Good-till-date),
- gültig nur für die Eröffnungsauktion (Opening auction only),
- gültig nur für die Schlußauktion (Closing auction only),
- gültig nur für die Auktion (Auction only).

Unlimitierte und limitierte Aufträge, welche ohne Gültigkeitsbestimmung eingegeben wurden, sind nur bis zum Ende der Haupthandelsphase eines Börsentages gültig. Soweit sie nicht ausgeführt wurden, werden sie nach Beendigung der Haupthandelsphase im elektronischen Handelssystem gelöscht.

§ 34. Erfassung und Verwaltung der Aufträge im elektronischen Handelssystem. (1) Alle eingegebenen Aufträge werden vom System mit einem Zeitstempel und einer Transaktions-Identifikationsnummer versehen. Aufträge, die nicht den vorgeschriebenen Mindestanforderungen entsprechen, werden zurückgewiesen. Die Teilnehmer werden über die Erfassung der Aufträge durch das System informiert.

(2) Für jedes handelbare Wertpapier wird ein Auftragsbuch geführt, in dem alle Aufträge nach Preis und Eingangszeitpunkt geordnet und verwaltet werden. Änderungen eines Auftrages haben einen neuen zeitlichen Rang im Auftragsbuch zur Folge, wenn sie den Preis betreffen oder sonstige Auftragsinhalte, insbesondere durch eine Erhöhung der Stückzahl, verändert werden, die sich auf die Ausführbarkeit anderer Aufträge nachteilig auswirken können.

(3) Einzelne Aufträge im Auftragsbuch können von dem Handelsteilnehmer, welcher sie eingegeben hat, geändert oder gelöscht werden. Sämtliche Aufträge eines Handelsteilnehmers können auf seinen Antrag von der Geschäftsführung gelöscht werden.

(4) Vorliegende Aufträge werden ferner bei einer Änderung der Handelsform nach § 41 Abs. 3 BörsO oder einer Änderung der Mindestschlußgröße gelöscht. Die Geschäftsführung kann weitere Fälle bestimmen, in denen vorliegende Aufträge im System gelöscht werden.

2. Teilabschnitt Preisermittlung und Auftragsausführung

§ 35. Preisermittlung und Auftragsausführung in der Auktion. (1) Die Handelsteilnehmer werden durch die Geschäftsführung informiert, zu welchen Zeiten die Auktion nach § 42a Abs. 1

BörsO einleitende Aufrufphase beginnt. Für während der Aufrufphase erfolgende Änderungen eingegebener Aufträge gilt § 34 Abs. 2 Satz 2 entsprechend.

(2) Nach Beendigung der Aufrufphase erfolgt die Preisermittlung gemäß § 42a Abs. 1 BörsO. Kann allein auf diese Weise kein Auktionspreis ermittelt werden, wird der Preis ermittelt, der möglichst nahe am Referenzpreis gemäß § 42 Abs. 2 Satz 1 BörsO liegt. Die vorliegenden Aufträge werden im einzelnen nach folgenden Regeln ausgeführt:

1. Sofern zum ermittelten Preis limitierte Aufträge nicht oder nur teilweise ausgeführt werden können, entscheidet die zeitliche Reihenfolge der Eingabe.
2. Stehen sich nur unlimitierte Aufträge gegenüber, erfolgt deren Ausführung zum Referenzpreis gemäß § 42 Abs. 2 Satz 1 BörsO.

(3) Liegt der potentielle Ausführungspreis am Ende der Aufrufphase außerhalb eines von der Geschäftsführung festgelegten Preiskorridors um den nach § 42 Abs. 2 Satz 1 Börs0 zu bestimmenden Referenzpreis, kommt es zu einer Volatilitätsunterbrechung und zu einer zeitlich begrenzten Verlängerung der Aufrufphase; sie endet mit Zeitablauf.

(4) Die Handelsteilnehmer werden über besondere Auftragsbuchsituationen, die in der Auktion ermittelten Preise sowie über die Ausführung ihrer Aufträge durch das System informiert. Die Information enthält alle wesentlichen Handels- und Geschäftsdaten.

§ 36. Preisermittlung und Auftragsausführung im fortlaufenden Handel. (1) Der fortlaufende Handel beginnt mit einer Eröffnungsauktion, für die § 35 entsprechend gilt. Nicht ausgeführte Aufträge werden in den fortlaufenden Handel übertragen, sofern ihre Ausführbarkeit nicht auf die Auktion beschränkt ist. Kann kein Eröffnungspreis ermittelt werden, beginnt der fortlaufende Handel unmittelbar.

(2) Während des fortlaufenden Handels werden die in das elektronische Handelssystem eingegebenen Aufträge, die sich ausführbar gegenüberstehen, einander zugeordnet und zu Geschäftsabschlüssen zusammengeführt. Das System ordnet die Aufträge zunächst nach dem Preis. Das höchste Geld-Limit und/oder das niedrigste Brief-Limit haben Vorrang. Bei gleichem Preis entscheidet die zeitliche Reihenfolge der Eingabe; § 34 Abs. 2 Satz 2 gilt entsprechend. Die Auftragsausführung erfolgt im einzelnen nach folgenden Regeln:

1. Werden eingegebene limitierte oder unlimitierte Aufträge im Auftragsbuch erfaßt und stehen diesen ausschließlich limitierte Aufträge gegenüber, wird der Preis auf der Grundlage des jeweils höchsten Geld- oder niedrigsten Brief-Limits ermittelt und die Aufträge zu diesem ausgeführt.
2. Befinden sich nur ausführbare unlimitierte Aufträge im Auftragsbuch und wird kein limitierter Auftrag eingegeben, werden die eingehenden unlimitierten Aufträge zum Referenzpreis ausgeführt.
3. Befinden sich unlimitierte und limitierte Aufträge im Auftragsbuch, werden eingehende unlimitierte Verkaufsaufträge mit den ihnen gegenüberstehenden unlimitierten Kaufaufträgen zum gemäß § 42 Abs. 2 Satz 2 BörsO bestimmten Referenzpreis oder, sofern dieser niedriger ist, zum höchsten Limit der ausführbaren Aufträge zu Geschäftsabschlüssen zusammengeführt. Eingehende unlimitierte Kaufaufträge werden mit den im Auftragsbuch befindlichen unlimitierten Verkaufsaufträgen zum Referenzpreis oder, sofern dieser höher ist, zum niedrigsten Limit der ausführbaren Aufträge zu Geschäftsabschlüssen zusammengeführt. Satz 1 und 2 gelten entsprechend, wenn nur limitierte Aufträge eingegeben werden und diesen im Auftragsbuch unlimitierte und limitierte Aufträge gegenüberstehen. 4

(3) Die Aufträge dürfen nur innerhalb eines von der Geschäftsführung festgelegten Preiskorridors um den Referenzpreis ausgeführt werden, der nach Maßgabe des § 42 Abs. 2 Satz 3 BörsO bestimmt wird. Liegt der potentielle Ausführungspreis außerhalb dieses Korridors, kommt es zu einer Volatilitätsunterbrechung, die die Einleitung einer Auktion nach § 35 Abs. 1 und 2 zur Folge hat. In diese werden alle für den fortlaufenden Handel geeigneten Aufträge einbezogen. Im Anschluß an die Preisermittlung wird der fortlaufende Handel wieder aufgenommen. Im übrigen gilt § 35 Abs. 4 entsprechend.

(4) Können eingehende Aufträge nicht oder nicht vollständig ausgeführt werden, werden sie in das Auftragsbuch übertragen. Der fortlaufende Handel endet börsentäglich mit einer Schlußauktion, für die § 35 entsprechend gilt. Sofern sich ein Auftrag am folgenden Börsentag noch im Auftragsbuch befindet, wird er in der Eröffnungsauktion berücksichtigt. Aufträge, die während der Vorhandels- oder der Nachhandelsphase eingegeben worden sind, werden in der folgenden Eröffnungsauktion berücksichtigt.

§ 37. Auktion während des fortlaufenden Handels. Für die Auktion gilt § 35 entsprechend der Maßgabe, daß der fortlaufende Handel für den Zeitraum der Preisermittlung gemäß § 42a Abs. 3 BörsO angehalten wird.

§ 38. Teilnehmerinterne Geschäftsabschlüsse (Crossing). Das Crossing von Aufträgen eines Handelsteilnehmers ist unzulässig, sofern dieser wissentlich sowohl auf der Kaufseite als auch auf der Verkaufsseite für eigene Rechnung handelt.

§ 39. Verbindlichkeit von Geschäften. (1) Für jeden Handelsteilnehmer sind alle Geschäfte verbindlich, die durch Eingaben unter Verwendung der zugeteilten Identifikationsnummern und Paßwörter zustande gekommen sind.

(2) Jeder Handelsteilnehmer ist verantwortlich für die Zugangskontrolle zu seinen Eingabegeräten und anderen EDV-Geräten, die an das elektronische Handelssystem angeschlossen sind.

(3) Eingaben in das System dürfen nur von zum elektronischen Handelssystem zugelassenen Personen (§§ 14 Abs. 3, 17 BörsO) oder durch von ihnen beauftragte und beaufsichtigte Personen im Sinne des § 20 Abs. 1 Ziff. 5 BörsO vorgenommen werden.

(4) Die von der Geschäftsführung erlassenen Zugangsregelungen sind einzuhalten. Persönliche Identifikationsnummern und Paßwörter sind zu sichern. Die Geschäftsführung kann die Einhaltung dieser Bestimmungen selbst oder durch ihre Beauftragten kontrollieren.

4

§ 40. Einwendungen gegen Geschäftsabschlüsse. (1) Einwendungen gegen einen Geschäftsabschluß können nur unter Berufung auf Fehler im technischen System der Börse oder auf objektiv erkennbare grobe Irrtümer bei der Eingabe des Preises geltend gemacht werden. Das Nähere bestimmt die Geschäftsführung.

(2) Die Einwendungen sind unverzüglich gegenüber der Geschäftsführung zu erheben. Mit der Erhebung der Einwendung wird die Stornierung des Geschäfts durch die Geschäftsführung oder einen von ihr Beauftragten beantragt. Die der Frankfurter Wertpapierbörse durch die Aufhebung und Rückabwicklung entstehenden Aufwendungen sind von dem die Aufhebung beantragenden Handelsteilnehmer zu ersetzen. Weitergehende gesetzliche Schadenersatzansprüche seines Kontrahenten bleiben unberührt.

(3) Die Geschäftsführung kann von Amts wegen Aufträge löschen oder Geschäfte aufheben, sofern dies zur Gewährleistung eines ordnungsgemäßen Börsenhandels erforderlich ist; Absatz 1 Satz 2 gilt entsprechend.

(4) Für die Erfüllung von Geschäften ist bei nicht bundeseinheitlichen Feiertagen die Regelung am Platz Frankfurt maßgebend.

3. Teilabschnitt
Notfallregelungen und Anwendbarkeit der Vorschriften des II. Abschnitts

§ 41. Technische Störungen im elektronischen Handelssystem. (1) Die Geschäftsführung oder von ihr beauftragte Dritte können bei technischen Problemen für einzelne oder alle Handelsteilnehmer den Zugang zum elektronischen Handelssystem oder den Handel im System zeitweilig unterbrechen.

(2) Die betroffenen Handelsteilnehmer werden bei Maßnahmen gemäß Absatz 1 über das System oder – bei dessen Ausfall – durch Telefax oder auf andere geeignete Weise unterrichtet.

(3) Können einzelne Teilnehmer aufgrund von Störungen nicht am Handel im elektronischen Handelssystem teilnehmen, steht das System den anderen Handelsteilnehmern weiterhin zur Verfügung.

§ 41a. Technische Störungen bei einem Handelsteilnehmer. (1) Jeder Handelsteilnehmer am elektronischen Handelssystem muß während der Handelszeit jederzeit telefonisch erreichbar sein.

(2) Der Handelsteilnehmer hat die Geschäftsführung unverzüglich telefonisch zu benachrichtigen, wenn die Eingabe oder der Empfang von Daten durch Störung seines Betriebes oder Verfügung von Hoher Hand ganz oder teilweise vereitelt wird. Die Geschäftsführung kann auf Antrag hin die Quotes der Handelsteilnehmer löschen; im übrigen gilt § 41 Abs. 3 sinngemäß.

(3) Einen Ausfall der Telefonanlage oder eine sonstige Störung, die eine telefonische Kontaktaufnahme verhindert, hat der Teilnehmer unverzüglich der Geschäftsführung anzuzeigen.

§ 42. Anwendbarkeit der Bestimmungen des II. Abschnitts. Die Bestimmungen der §§ 2 bis 12 Abs. 4, 12a bis 14 finden auf Wertpapiergeschäfte im elektronischen Handelssystem keine Anwendung.

IV. Abschnitt

Sonstige Börsengeschäfte

§ 43. Geldgeschäfte. (1) Tägliches Geld sowie längerfristiges Geld mit einer Laufzeit bis zu 29 Tagen einschließlich ist zum vereinbarten Satz nach Kalendertagen zu verzinsen. Tagesgeld ist am nächsten Bankarbeitstag, Tägliches Geld zum vereinbarten Termin, jeweils bis zum Beginn der Börsenversammlung, zurückzuzahlen.

(2) Für Termingeld mit einer Laufzeit von 30 Tagen und mehr ist bei der Verzinsung jeder Monat mit 30 Tagen zu berechnen. Rückzahlungen haben am vereinbarten Fälligkeitstage bis zum Börsenbeginn zu erfolgen.

(3) Treten in der Person des Geldnehmers Umstände der in § 16 Abs. 3 Satz 1 bis 3 genannten Art auf, werden Forderungen aus Geldgeschäften nebst Zinsen sofort fällig, soweit nichts anderes bestimmt ist.

§ 44. Devisengeschäfte. (1) Bei Devisengeschäften muß der Verkäufer die Auszahlung dem Käufer an dem Tag zur Verfügung stellen, der für die Notierung der gehandelten Währung als Erfüllungstag gilt. Der Käufer hat den DM-Gegenwert am Erfüllungstage bis zum Börsenbeginn an den Verkäufer zu zahlen. Als Erfüllungstag gilt der zweite Bankarbeitstag nach Geschäftsabschluß. Bei nicht bundeseinheitlichen Feiertagen ist die Regelung am Platz Frankfurt maßgebend. Ist dieser Tag ein Bankfeiertag am Erfüllungsort für die gehandelte Währung, gilt der nächste Tag, der in Frankfurt und am ausländischen Erfüllungsort ein Bankarbeitstag ist, als Erfüllungstag.

(2) Geht die Auszahlung am vereinbarten Auszahlungstag verspätet ein, hat der Verkäufer dem Käufer den entstehenden Zinsverlust und die nachweisbaren Kosten zu vergüten.

(3) Bei Devisengeschäften mit Auszahlung an überseeischen Plätzen trägt bei Abschlüssen, die wenigstens die von der Geschäftsführung festgesetzten Mindestbeträge erreichen, der Verkäufer, sonst der Käufer die Kabelspesen.

(4) Bei Devisengeschäften hat jeder Handelsteilnehmer dem anderen auf dessen Verlangen vorzuleisten. In diesem Fall ist der Vorleistungspflichtige berechtigt, Abwicklung über eine zu vereinbarende dritte Stelle zu verlangen.

(5) Für die an der Börse gehandelten Währungen gelten folgende Hauptplätze als Erfüllungsorte:

USA	New York
Großbritannien	London
Irland	Dublin
Kanada	Montreal und Toronto
Niederlande	Amsterdam und Rotterdam
Schweiz	Zürich und Basel
Belgien	Brüssel und Antwerpen
Frankreich	Paris
Dänemark	Kopenhagen
Norwegen	Oslo
Schweden	Stockholm
Italien	Rom und Mailand
Österreich	Wien
Spanien	Madrid und Barcelona
Portugal	Lissabon
Japan	Tokio
Finnland	Helsinki

§ 45. Geschäfte in Edelmetallen. (1) Geschäfte in Edelmetallen sind spätestens zwei Börsentage nach dem Tag des Geschäftsabschlusses in Frankfurt am Main zu erfüllen, sofern zwischen den Geschäftspartnern keine andere Vereinbarung getroffen worden ist.

(2) Im Goldgeschäft gelten nur Barren von international anerkannten Herstellern als lieferbar; eine von der Geschäftsführung bestätigte Liste dieser anerkannten Hersteller liegt bei der Börsenverwaltung vor.

(3) Liefert der Verkäufer nicht zum vereinbarten Zeitpunkt, ist der Käufer berechtigt, ohne vorherige Fristsetzung sofort entweder vom Geschäft zurückzutreten oder sich anderweitig, auch außerhalb der Börse, für Rechnung des Verkäufers einzudecken. Wird dem Verkäufer am Erfüllungstage nicht spätestens bis zum Beginn der Börsenversammlung entweder der Rücktritt erklärt oder von dem durchgeführten Deckungskauf Kenntnis gegeben, sind die Bestimmungen über die Zwangsregulierung anzuwenden.

V. Abschnitt

Schlußbestimmungen

§ 46. Börsentage. (1) Als Börsentag gilt jeder Tag, an dem eine Börsenversammlung stattfindet und die Möglichkeit bestand, alle zum Börsenhandel zugelassenen Wertpapiere zu handeln, unabhängig davon, ob für einzelne Wertpapiere die amtliche Notierung bzw. Preisfeststellung ausgesetzt war.

(2) Für den Handel in Devisen und in Edelmetallen gilt Absatz 1 entsprechend.

§ 47. Erfüllungsort. Erfüllungsort für alle den vorstehenden Bedingungen unterliegenden Geschäfte ist Frankfurt am Main.

§ 48. Streitigkeiten. Bei Streitigkeiten aus Geschäften, die den vorstehenden Bedingungen unterliegen, gilt, sofern keine abweichende Abrede getroffen wurde, die Zuständigkeit des Schiedsgerichts der Frankfurter Wertpapierbörse als vereinbart.

§ 48a. Übergangsvorschriften. Die Vorschriften über das elektronische Handelssystem gemäß §§ 32 bis 42 in der Fassung der Bekanntmachung vom 13. März 1997 gelten für das bei Inkrafttreten der am 15. Oktober 1997 beschlossenen Änderungen dieser Bedingungen in Betrieb befindliche elektronische Handelssystem bis zur Einstellung des Systembetriebs unverändert fort, längstens jedoch bis zum 31. Dezember 1999.

§ 49. Inkrafttreten. Die vorstehenden Bedingungen treten am 1. Januar 1983 in Kraft.

Sonderbedingungen für Wertpapiergeschäfte (Banken)

Diese Sonderbedingungen gelten für den Kauf oder Verkauf sowie für die Verwahrung von Wertpapieren, und zwar auch dann, wenn die Rechte nicht in Urkunden verbrieft sind (nachstehend: „Wertpapiere"). Für Börsentermingeschäfte, bei denen die Rechte nicht in Urkunden verbrieft sind, gelten andere Bedingungen (Sonderbedingungen für Börsentermingeschäfte).

Ausführung von Kundenaufträgen zum Kauf oder Verkauf von Wertpapieren

Die Bank wird Kundenaufträge zum Kauf oder Verkauf von Wertpapieren entweder als Kommissionärin ausführen (Nr. 1–8) oder mit dem Kunden Festpreisgeschäfte tätigen (Nr. 9).

Kommissionsgeschäfte

4

1. Ausführung des Kommissionsauftrages

(1) Ausführungsgeschäft/Beauftragung eines Zwischenkommissionärs
Die Bank führt Aufträge ihres Kunden zum Kauf oder Verkauf von Wertpapieren im In- und Ausland als Kommissionärin aus. Hierzu schließt die Bank für Rechnung des Kunden mit einem anderen Marktteilnehmer ein Kauf- oder Verkaufsgeschäft (Ausführungsgeschäft) ab oder sie beauftragt einen anderen Kommissionär (Zwischenkommissionär), ein Ausführungsgeschäft abzuschließen.

(2) Geltung von Rechtsvorschriften/Usancen/Geschäftsbedingungen
Die Ausführungsgeschäfte unterliegen den für den Wertpapierhandel am Ausführungsplatz geltenden Rechtsvorschriften und Geschäftsbedingungen (Usancen); daneben gelten die Allgemeinen Geschäftsbedingungen des Vertragspartners der Bank.

(3) Preis des Ausführungsgeschäfts/Entgelt/Auslagen
Die Bank rechnet gegenüber dem Kunden den Preis des Ausführungsgeschäfts ab; sie ist berechtigt, ihr Entgelt und ihre Auslagen einschließlich fremder Kosten in Rechnung zu stellen.

2. Ausführungsplatz/Ausführungsart

(1) Weisung des Kunden
Der Kunde kann den Ausführungsplatz und die Ausführungsart für ein Einzelgeschäft oder generell bestimmen. Soweit der Kunde keine Weisung erteilt, gelten die folgenden Absätze 2–6.

(2) Ausführung im Inland oder Ausland
Soweit Wertpapiere inländischer Emittenten (inländische Wertpapiere) an einer inländischen Börse gehandelt werden, werden die Kundenaufträge im Inland ausgeführt. Andernfalls bestimmt die Bank nach pflichtgemäßem Ermessen, ob der Auftrag im In- oder Ausland ausgeführt wird.
Soweit Wertpapiere ausländischer Emittenten (ausländische Wertpapiere) im amtlichen Handel oder im geregelten Markt einer inländischen Börse gehandelt werden, werden die Kundenaufträge im Inland ausgeführt. Dies gilt auch, wenn die Wertpapiere in den Freiverkehr einer inländischen Börse einbezogen sind, es sei denn, das Interesse des Kunden gebietet eine Ausführung im Ausland. Soweit ausländische Wertpapiere nicht an einer inländischen Börse gehandelt werden, bestimmt die Bank nach pflichtgemäßem Ermessen, ob der Auftrag im In- oder Ausland ausgeführt wird.

(3) Börsliche oder außerbörsliche Auftragsausführung
Aufträge werden über den Börsenhandel ausgeführt, wenn die Wertpapiere an einer inländischen Börse gehandelt werden. Bei Freiverkehrswerten kann die Ausführung auch über einen ausländischen Börsenhandel erfolgen, wenn das Interesse des Kunden dies gebietet. Aufträge in verzinslichen Schuldverschreibungen aus einer Emission, deren jeweiliger Gesamtnennbetrag weniger als zwei Milliarden Deutsche Mark beträgt, können auch außerbörslich ausgeführt werden.

(4) Börsenplatz
Bei börslicher Auftragsausführung bestimmt die Bank den Börsenplatz unter Wahrung der Interessen des Kunden.

(5) Präsenzhandel oder elektronischer Börsenhandel
Die Bank führt den Auftrag im Börsensaal (Präsenzhandel) aus, es sei denn, das Interesse des Kunden gebietet eine Ausführung im elektronischen Börsenhandel.

(6) Unterrichtung
Über den Ausführungsplatz und die Ausführungsart wird die Bank den Kunden unverzüglich unterrichten.

3. Festsetzung von Preisgrenzen

Der Kunde kann der Bank bei der Erteilung von Aufträgen zum Kauf oder Verkauf von Wertpapieren Preisgrenzen für das Ausführungsgeschäft vorgeben (preislich limitierte Aufträge).

4. Gültigkeitsdauer von unbefristeten Kundenaufträgen

(1) Preislich unlimitierte Aufträge

Ein preislich unlimitierter Auftrag zum Kauf oder Verkauf von Wertpapieren gilt nur für einen Börsentag; ist der Auftrag für eine gleichtägige Ausführung nicht so rechtzeitig eingegangen, daß seine Berücksichtigung im Rahmen des ordnungsgemäßen Arbeitsablaufs möglich ist, so wird er für den nächsten Börsentag vorgemerkt. Wird der Auftrag nicht ausgeführt, so wird die Bank den Kunden hiervon unverzüglich benachrichtigen.

(2) Preislich limitierte Aufträge

Ein preislich limitierter Auftrag zum Kauf oder Verkauf von Wertpapieren ist bis zum letzten Börsentag des laufenden Monats gültig (Monats-Ultimo). Ein am letzten Börsentag eines Monats eingehender Auftrag wird, sofern er nicht am selben Tag ausgeführt wird, für den nächsten Monat vorgemerkt. Die Bank wird den Kunden über die Gültigkeitsdauer seines Auftrags unverzüglich unterrichten.

5. Gültigkeitsdauer von Aufträgen zum Kauf oder Verkauf von Bezugsrechten

Preislich unlimitierte Aufträge zum Kauf oder Verkauf von Bezugsrechten sind für die Dauer des Bezugsrechtshandels gültig. Preislich limitierte Aufträge zum Kauf oder Verkauf von Bezugsrechten erlöschen mit Ablauf des vorletzten Tages des Bezugsrechtshandels. Die Gültigkeitsdauer von Aufträgen zum Kauf oder Verkauf ausländischer Bezugsrechte bestimmt sich nach den maßgeblichen ausländischen Usancen.

Für die Behandlung von Bezugsrechten, die am letzten Tag des Bezugsrechtshandels zum Depotbestand des Kunden gehören, gilt Nr. 15 Abs. 1.

6. Kursaussetzung

Wenn an einer inländischen Börse die Preisfeststellung wegen besonderer Umstände im Bereich des Emittenten auf Veranlassung der Börsengeschäftsführung unterbleibt (Kursaussetzung), erlöschen sämtliche an dieser Börse auszuführenden Kundenaufträge für die betreffenden Wertpapiere; die Bank wird den Kunden hiervon unverzüglich benachrichtigen. Bei der Ausführung von Kundenaufträgen an ausländischen Börsen gelten insoweit die Usancen der ausländischen Börse.

7. Erfordernis eines ausreichenden Kontoguthabens /Depotbestandes

Die Bank ist zur Ausführung von Aufträgen zum Kauf oder Verkauf von Wertpapieren oder zur Ausübung von Bezugsrechten nur insoweit verpflichtet, als das Guthaben des Kunden, ein für Wertpapiergeschäfte nutzbarer Kredit oder der Depotbestand des Kunden zur Ausführung ausreichen. Führt die Bank den Auftrag ganz oder teilweise nicht aus, so wird sie den Kunden unverzüglich unterrichten.

8. Haftung der Bank bei Kommissionsgeschäften

Die Bank haftet für die ordnungsgemäße Erfüllung des Ausführungsgeschäfts durch ihren Vertragspartner oder den Vertragspartner des Zwischenkommissionärs. Bis zum Abschluß eines Ausführungsgeschäfts haftet die Bank bei der Beauftragung eines Zwischenkommissionärs nur für dessen sorgfältige Auswahl und Unterweisung.

Kauf- und Verkaufsgeschäfte mit der Bank

4

9. Festpreisgeschäfte

Vereinbaren Bank und Kunde für das einzelne Geschäft einen festen Preis (Festpreisgeschäft), so kommt ein Kaufvertrag zustande; dementsprechend übernimmt die Bank vom Kunden die Wertpapiere als Käuferin oder sie liefert die Wertpapiere an ihn als Verkäuferin. Die Bank berechnet dem Kunden den vereinbarten Preis, bei verzinslichen Schuldverschreibungen zuzüglich aufgelaufener Zinsen (Stückzinsen).

Erfüllung der Wertpapiergeschäfte

10. Erfüllung im Inland als Regelfall

Die. Bank erfüllt Wertpapiergeschäfte im Inland, soweit nicht die nachfolgenden Bedingungen oder eine anderweitige Vereinbarung die Anschaffung im Ausland vorsehen.

11. Anschaffung im Inland

Bei der Erfüllung im Inland verschafft die Bank dem Kunden, sofern die Wertpapiere zur Girosammelverwahrung bei der deutschen Wertpapiersammelbank (Deutscher Kassenverein AG) zugelassen sind, Miteigentum an diesem Sammelbestand – Girosammel-Depotgutschrift – (GS-Gutschrift). Soweit Wertpapiere nicht zur Girosammelverwahrung zugelassen sind, wird dem Kunden Alleineigentum an Wertpapieren verschafft. Diese Wertpapiere verwahrt die Bank für den Kunden gesondert von ihren eigenen Beständen und von denen Dritter (Streifbandverwahrung).

12. Anschaffung im Ausland

(1) Anschaffungsvereinbarung
Die Bank schafft Wertpapiere im Ausland an, wenn
- sie als Kommissionärin Kaufaufträge in in- oder ausländischen Wertpapieren im Ausland ausführt oder
- sie dem Kunden im Wege eines Festpreisgeschäftes ausländische Wertpapiere verkauft, die im Inland weder börslich noch außerbörslich gehandelt werden oder
- sie als Kommissionärin Kaufaufträge in ausländischen Wertpapieren ausführt oder dem Kunden ausländische Wertpapiere im Wege eines Festpreisgeschäftes verkauft, die zwar im Inland börslich oder außerbörslich gehandelt, üblicherweise aber im Ausland angeschafft werden.

(2) Einschaltung von Zwischenverwahrern
Die Bank wird die im Ausland angeschafften Wertpapiere im Ausland verwahren lassen. Hiermit wird sie einen anderen in- oder ausländischen Verwahrer (z. B. die Deutscher Auslandskassenverein AG) beauftragen oder eine eigene ausländische Geschäftsstelle damit betrauen. Die Verwahrung der Wertpapiere unterliegt den Rechtsvorschriften und Usancen des Verwahrungsorts und den für den oder die ausländischen Verwahrer geltenden Allgemeinen Geschäftsbedingungen.

4

(3) Gutschrift in Wertpapierrechnung
Die Bank wird sich nach pflichtgemäßem Ermessen unter Wahrung der Interessen des Kunden das Eigentum oder Miteigentum an den Wertpapieren oder eine andere im Lagerland übliche, gleichwertige Rechtsstellung verschaffen und diese Rechtsstellung treuhänderisch für den Kunden halten. Hierüber erteilt sie dem Kunden Gutschrift in Wertpapierrechnung-Gutschrift) unter Angabe des ausländischen Staates, in dem sich die Wertpapiere befinden (Lagerland).

(4) Deckungsbestand
Die Bank braucht die Auslieferungsansprüche des Kunden aus der ihm erteilten WR-Gutschrift nur aus dem von ihr im Ausland unterhaltenen Deckungsbestand zu erfüllen. Der Deckungsbestand besteht aus den im Lagerland für die Kunden und für die Bank verwahrten Wertpapieren derselben Gattung. Ein Kunde, dem eine WR-Gutschrift erteilt worden ist, trägt daher anteilig alle wirtschaftlichen und rechtlichen Nachteile und Schäden, die den Deckungsbestand als Folge von höherer Gewalt, Aufruhr, Kriegs- und Naturereignissen oder durch sonstige von der Bank nicht zu vertretende Zugriffe Dritter im Ausland oder im Zusammenhang mit Verfügungen von hoher Hand des In- oder Auslands treffen sollten.

(5) Behandlung der Gegenleistung
Hat ein Kunde nach Absatz 4 Nachteile und Schäden am Deckungsbestand zu tragen, so ist die Bank nicht verpflichtet, dem Kunden den Kaufpreis zurückzuerstatten.

Die Dienstleistungen im Rahmen der Verwahrung

13. Depotauszug
Die Bank erteilt mindestens einmal jährlich einen Depotauszug.

14. Einlösung von Wertpapieren/Bogenerneuerung

(1) Inlandsverwahrte Wertpapiere
Bei im Inland verwahrten Wertpapieren sorgt die Bank für die Einlösung von Zins-, Gewinnanteil- und Ertragscheinen sowie von rückzahlbaren Wertpapieren bei deren Fälligkeit. Der Gegenwert von Zins-, Gewinnanteil- und Ertragscheinen sowie von fälligen Wertpapieren jeder Art wird unter dem Vorbehalt gutgeschrieben, daß die Bank den Betrag erhält, und zwar auch dann, wenn die Papiere bei der Bank selbst zahlbar sind. Die Bank besorgt neue Zins-, Gewinnanteil- und Ertragscheinbogen (Bogenerneuerung).

(2) Auslandsverwahrte Wertpapiere
Diese Pflichten obliegen bei im Ausland verwahrten Wertpapieren dem ausländischen Verwahrer.

(3) Auslosung und Kündigung von Schuldverschreibungen
Bei im Inland verwahrten Schuldverschreibungen überwacht die Bank den Zeitpunkt der Rückzahlung infolge Auslosung und Kündigung anhand der Veröffentlichungen in den „Wertpapier-Mitteilungen". Bei einer Auslosung von im Ausland verwahrten rückzahlbaren Schuldverschreibungen, die anhand deren Urkundennummern erfolgt (Nummernauslosung), wird die Bank nach ihrer Wahl den Kunden für die ihm in Wertpapierrechnung gutgeschriebenen Wertpapiere entweder Urkundennummern für die Auslosungszwecke zuordnen oder in einer internen Auslosung die Aufteilung des auf den Deckungsbestand entfallenden Betrages auf die Kunden vornehmen. Diese interne Auslosung wird unter Aufsicht einer neutralen Prüfungsstelle vorgenommen: sie kann statt dessen unter Einsatz einer elektronischen

Datenverarbeitungsanlage durchgeführt werden, sofern eine neutrale Auslosung gewährleistet ist.

(4) Einlösung in fremder Währung
Werden Zins-, Gewinnanteil- und Ertragscheine sowie fällige Wertpapiere in ausländischer Währung oder Rechnungseinheiten (z.B. ECU) eingelöst, wird die Bank den Einlösungsbetrag auf dem Konto des Kunden in dieser Währung gutschreiben, sofern der Kunde ein Konto in dieser Währung unterhält. Andernfalls wird sie dem Kunden hierüber eine Gutschrift in Deutsche Mark erteilen, soweit nicht etwas anderes vereinbart ist.

15. Behandlung von Bezugsrechten/Optionsscheinen / Wandelschuldverschreibungen

(1) Bezugsrechte
Über die Einräumung von Bezugsrechten wird die Bank den Kunden benachrichtigen, wenn hierüber eine Bekanntmachung in den „Wertpapier-Mitteilungen" erschienen ist. Soweit die Bank bis zum Ablauf des vorletzten Tages des Bezugsrechtshandels keine andere Weisung des Kunden erhalten hat, wird sie sämtliche zum Depotbestand des Kunden gehörenden inländischen Bezugsrechte bestens verkaufen; ausländische Bezugsrechte darf die Bank gemäß den im Ausland geltenden Usancen bestens verwerten lassen.

(2) Options- und Wandlungsrechte
Über den Verfall von Rechten aus Optionsscheinen oder Wandlungsrechten aus Wandelschuldverschreibungen wird die Bank den Kunden mit der Bitte um Weisung benachrichtigen, wenn auf den Verfalltag in den „Wertpapier-Mitteilungen" hingewiesen worden ist.

16. Weitergabe von Nachrichten
Werden in den „Wertpapier-Mitteilungen" Informationen veröffentlicht, die die Wertpapiere des Kunden betreffen, oder werden der Bank solche Informationen vom Emittenten oder von ihrem ausländischen Verwahrer/Zwischenverwahrer übermittelt, so wird die Bank dem Kunden diese Informationen zur Kenntnis geben, soweit sich diese auf die Rechtsposition des Kunden erheblich auswirken können und die Benachrichtigung des Kunden zur Wahrung seiner Interessen erforderlich ist. So wird sie insbesondere Informationen über

- gesetzliche Abfindungs- und Umtauschangebote,
- freiwillige Kauf- und Umtauschangebote,
- Sanierungsverfahren

zur Kenntnis geben. Eine Benachrichtigung des Kunden kann unterbleiben, wenn die Information bei der Bank nicht rechtzeitig eingegangen ist oder die vom Kunden zu ergreifenden Maßnahmen wirtschaftlich nicht zu vertreten sind, weil die anfallenden Kosten in einem Mißverhältnis zu den möglichen Ansprüchen des Kunden stehen.

17. Prüfungspflicht der Bank
Die Bank prüft anhand der Bekanntmachung in den „Wertpapier-Mitteilungen" einmalig bei der Einlieferung von Wertpapierurkunden, ob diese von Verlustmeldungen (Opposition), Zahlungssperren und dergleichen betroffen sind. Die Überprüfung auf Aufgebotsverfahren zur Kraftloserklärung von Wertpapierurkunden erfolgt auch nach Einlieferung

18. Umtausch sowie Ausbuchung und Vernichtung von Urkunden

(1) Urkundenumtausch
Die Bank darf ohne vorherige Benachrichtigung des Kunden einer in den „Wertpapier-Mitteilungen" bekanntgemachten Aufforderung zur Einreichung von Wertpapierurkunden Folge leisten, wenn diese Einreichung offensichtlich im Kundeninteresse liegt und damit auch keine Anlageentscheidung verbunden ist (wie z.B. nach der Fusion der Emittentin mit einer anderen Gesellschaft oder bei inhaltlicher Unrichtigkeit der Wertpapierurkunden). Der Kunde wird hierüber unterrichtet. 4

(2) Ausbuchung und Vernichtung nach Verlust der Wertpapiereigenschaft
Verlieren die für den Kunden verwahrten Wertpapierurkunden ihre Wertpapiereigenschaft durch Erlöschen der darin verbrieften Rechte, so können sie zum Zwecke der Vernichtung aus dem Depot des Kunden ausgebucht werden. Im Inland verwahrte Urkunden werden soweit möglich dem Kunden auf Verlangen zur Verfügung gestellt. Der Kunde wird über die Ausbuchung, die Möglichkeit der Auslieferung und die mögliche Vernichtung unterrichtet. Erteilt er keine Weisung, so kann die Bank die Urkunden nach Ablauf einer Frist von zwei Monaten nach Absendung der Mitteilung an den Kunden vernichten.

19. Haftung

(1) Inlandsverwahrung
Bei der Verwahrung von Wertpapieren im Inland haftet die Bank für jedes Verschulden ihrer Mitarbeiter und der Personen, die sie zur Erfüllung ihrer Verpflichtungen hinzuzieht. Soweit dem Kunden eine GS-Gutschrift erteilt wird, haftet die Bank auch für die Erfüllung der Pflichten der Deutscher Kassenverein AG.

(2) Auslandsverwahrung
Bei der Verwahrung von Wertpapieren im Ausland beschränkt sich die Haftung der Bank auf die sorgfältige Auswahl und Unterweisung des von ihr beauftragten ausländischen Verwahrers oder Zwischenverwahrers. Bei einer Zwischenverwahrung durch die Deutscher Auslandskassenverein AG oder einen anderen inländischen Zwischenverwahrer sowie einer Verwahrung durch eine eigene ausländische Geschäftsstelle haftet die Bank für deren Verschulden.

20. Sonstiges

(1) Auskunftsersuchen ausländischer Aktiengesellschaften
Ausländische Aktien. die ein Kunde von der Bank im Inland oder im Ausland verwahren läßt, unterliegen der Rechtsordnung des Staates, in dem die Aktiengesellschaft ihren Sitz hat. Die Rechte und Pflichten der Aktionäre bestimmen sich daher nach dieser Rechtsordnung. Danach ist die Aktiengesellschaft häufig berechtigt oder sogar verpflichtet, über ihre Aktionäre Informationen einzuholen. Soweit die Bank hiernach im Einzelfall zur Auskunftserteilung unter Offenlegung des Namens des Kunden verpflichtet ist, wird sie ihn benachrichtigen. Entsprechendes kann auch für andere Wertpapiere, insbesondere für Wandel- und Optionsanleihen gelten.

(2) Einlieferung/Überträge
Diese Sonderbedingungen gelten auch, wenn der Kunde der Bank in- oder ausländische Wertpapiere zur Verwahrung effektiv einliefert oder Depotguthaben von einem anderen Verwahrer übertragen läßt. Verlangt der Kunde die Verwahrung im Ausland, wird ihm eine WR-Gutschrift nach Maßgabe dieser Sonderbedingungen erteilt.

4

Sonderbedingungen für Börsentermingeschäfte

Stand 1990

Für Aufträge zum Abschluß von in- und ausländischen Börsentermingeschäften gelten die nachstehenden Sonderbedingungen:

1. Ausführungsart der Aufträge

(1) Börsentermingeschäfte in Kontrakten der Deutschen Terminbörse

Die Bank wird alle Aufträge, die sich auf die zum Handel an der Deutschen Terminbörse zugelassenen Options- und Futureskontrakte beziehen, soweit nichts anderes ausdrücklich vereinbart ist, als Kommissionär durch Selbsteintritt ausführen, ohne daß es einer ausdrücklichen Anzeige bedarf (§ 405 Handelsgesetzbuch), und an der Deutschen Terminbörse entsprechende Deckungsgeschäfte abschließen. Sie wird durch den Selbsteintritt unmittelbar Vertragspartner des Kunden aus dem zustandegekommenen Börsentermingeschäft. Für sämtliche Geschäfte mit dem Kunden in Kontrakten, die zum Handel an der Deutschen Terminbörse zugelassen sind, gelten die an diese Börse maßgeblichen Handels- und Clearingbedingungen sowie die Börsenordnung.

(2) Börsentermingeschäfte an ausländischen Terminmärkten

Aufträge zum Abschluß von Börsentermingeschäften an ausländischen Terminmärkten führt die Bank als Kommissionär im eigenen Namen für Rechnung des Kunden aus. Sie haftet nur für die sorgfältige Auswahl der im Ausland in die Ausführung des Kundenauftrages eingeschalteten Stellen; sie wird dem Kunden bei Leistungsstörungen ihre Ansprüche gegen die eingeschalteten Stellen abtreten. Die Bank darf solche Aufträge auch durch Selbsteintritt ausführen und wird den Kunden hierüber in der Abrechnung unterrichten.

Die Geschäfte in Kontrakten, die an ausländischen Terminmärkten gehandelt werden, unterliegen den dort geltenden Geschäftsbedingungen, Usancen und gesetzlichen Regelungen. Dies gilt auch für ihren Inhalt und ihre Abwicklung (z. B. hinsichtlich des Ausübungszeitpunktes, der Laufzeit oder der Anforderung von Sicherheiten, aber auch der Aussetzung oder Einstellung der Geschäftsabwicklung durch die an der Börse bestehenden Clearingstellen und/oder durch die sonstigen von der Bank in die Durchführung des Kundenauftrages eingeschalteten Stellen).

(3) Sonstige Börsentermingeschäfte

Bei allen sonstigen Börsentermingeschäften tritt die Bank als Eigenhändler auf. Die Bank darf solche Aufträge auch durch Selbsteintritt ausführen und wird den Kunden hierüber in der Abrechnung unterrichten. Bei einer Ausführung durch Selbsteintritt gelten Nr. 1 Abs. 2 Sätze 4 und 5 entsprechend.

2. Wahl des Ausführungsplatzes

Sind Aufträge an verschiedenen Börsen ausführbar, so trifft die Bank mangels anderweitiger Weisung die Wahl des Ausführungsplatzes. Die Regelung in Nr. 1 Abs. 1 bleibt hiervon unberührt.

3. Sicherheiten

(1) AGB-Pfandrecht

Das Pfandrecht der Bank nach *Nr. 19 Abs. 2*[1] ihrer Allgemeinen Geschäftsbedingungen (AGB-Pfandrecht) und sonstige Sicherheiten mit entsprechend weiter Sicherungszweckerklärung sichern uneingeschränkt auch alle bestehenden und künftigen – auch bedingten oder befristeten – Ansprüche der Bank gegen den Kunden aus Börsentermingeschäften. 4

(2) Unterhaltung ausreichender Vermögenswerte als Sicherheit

Die Bank kann verlangen, daß der Kunde bei ihr Vermögenswerte unterhält, die ihr im Rahmen des AGB-Pfandrechts zugleich als Sicherheit für alle Ansprüche aus Börsentermingeschäften dienen. Die Vermögenswerte müssen jeweils in der Höhe vorhanden sein, die die Bank nach ihrer Einschätzung der Zins-, Kurs- und Preisänderungsrisiken (Verlustrisiken) aus Börsentermingeschäften mit dem Kunden für erforderlich hält. Ändert sich die Risikoeinschätzung oder der Wert der vorhandenen Vermögenswerte, so kann die Bank jederzeit innerhalb angemessener Frist, die im Hinblick auf die Besonderheiten von Börsentermingeschäften sehr kurz bemessen sein kann, verlangen, daß der Kunde weitere Vermögenswerte als Sicherheit stellt.

(3) Separierung oder gesonderte Buchung der Vermögenswerte

Die Bank darf jederzeit Vermögenswerte des Kunden im Hinblick auf die Verlustrisiken aus Börsentermingeschäften getrennt buchen oder anderweitig separieren; über diese Vermögenswerte kann der Kunde nur noch mit Zustimmung der Bank verfügen. Durch eine getrennte Buchung oder eine anderweitige Separierung

[1] Ab Januar 1993 gelten neue AGBs.

wird das AGB-Pfandrecht der Bank für alle Ansprüche aus Börsentermingeschäften an den sonstigen Vermögenswerten des Kunden nicht berührt. Umgekehrt haften auch die separierten oder getrennt gebuchten Vermögenswerte unverändert für alle sonstigen Forderungen aus der Geschäftsverbindung.

(4) Unbegrenztes Verlustrisiko des Kunden
Das Verlustrisiko des Kunden aus Börsentermingeschäften ist nicht auf die getrennt gebuchten, anderweitig separierten oder sonst dem AGB-Pfandrecht unterliegenden Vermögenswerte beschränkt.

(5) Sicherheiten bei Börsentermingeschäften an der Deutschen Terminbörse
Bei allen Aufträgen zum Abschluß von Börsentermingeschäften an der Deutschen Terminbörse sind Sicherheiten mindestens in der Höhe zu stellen, die sich nach der Berechnungsmethode der Deutschen Terminbörse ergibt.

(6) Zwischen Gutschriften oder Belastungen bei laufenden Börsentermingeschäften
4
Ergeben sich aus der täglichen Bewertung von Börsentermingeschäften vor der endgültigen Abwicklung oder Glattstellung dieser Geschäfte vorläufige Gewinne oder Verluste, so wird die Bank dem Kunden – gegebenenfalls auf einem gesonderten Konto – entsprechend Gutschrift erteilen oder ihn belasten. Über diese Gutschrift kann der Kunde nur mit Zustimmung der Bank verfügen. Die Bank ist berechtigt, zum Ausgleich derartiger Belastungsbuchungen das laufende Konto des Kunden zu belasten, auch wenn hierdurch Kredit in Anspruch genommen wird. Die Bank wird den Kunden in regelmäßigen Abständen über die Buchungen unterrichten.

4. Folgen bei Ausbleiben von Sicherheiten; Konkurseröffnung

(1) Vorzeitige Beendigung und Glattstellung
Verlangt die Bank zusätzliche Sicherheiten und werden diese innerhalb der von ihr gesetzten Frist nicht gestellt oder wird die Stellung zusätzlicher Sicherheiten abgelehnt, so kann die Bank – sofern sie dies angedroht hat – die den offenen Positionen zugrunde liegenden Börsentermingeschäfte und Auftragsverhältnisse ohne Fristsetzung ganz oder teilweise beenden bzw. die aus solchen Geschäften resultierenden offenen Positionen ganz oder teilweise durch ein Gegengeschäft glattstellen. Das gleiche gilt, wenn der Kunde seiner Verpflichtung zum Ausgleich von vorläufigen Verlusten, die sich aus der täglichen Bewertung von Börsentermingeschäften ergeben, nicht nachkommt.

(2) Konkurseröffnung
Mit der Konkurseröffnung über das Vermögen des Kunden enden alle Börsentermingeschäfte der Bank mit dem Kunden und die Auftragsverhältnisse, die den für den Kunden abgeschlossenen Börsentermingeschäften zugrunde liegen.

(3) Schadensersatz
Die Bank hat in den vorgenannten Fällen einen Anspruch auf Schadensersatz gegen den Kunden.

5. Ausübung von Optionen durch den Kunden

(1) Spätester Ausübungszeitpunkt
Die Erklärung des Kunden, eine Option auszuüben, muß der Bank spätestens bis zu dem Zeitpunkt zugehen, den sie dem Kunden bekanntgegeben hat.
Erklärungen des Kunden, die der Bank nach diesem Zeitpunkt zugehen, werden für den nächsten Börsentag berücksichtigt, sofern die Option an diesem Börsentag noch ausgeübt werden kann.

(2) Vorverlegung des Zeitpunktes bei Umtausch- und Abfindungsangeboten
Findet bei Umtausch-, Abfindungs- und Kaufangeboten oder bei der Aufforderung zur Abgabe derartiger Angebote usancegemäß eine Verkürzung der Laufzeit der Option statt, so muß die Ausübungserklärung des Kunden der Bank bis zu dem in der Mitteilung über die Verkürzung der Laufzeit angegebenen vorverlegten Zeitpunkt zugegangen sein.

(3) Keine gesonderten Hinweispflichten
Darüber hinaus ist die Bank nicht verpflichtet, den Kunden auf den bevorstehenden Ablauf der Option und seine Erklärungsfrist aufmerksam zu machen.

6. Ausübung von Optionsrechten durch die Bank gegenüber dem Kunden

(1) Bevollmächtigung der Bank
Durch den Verkauf einer Option erteilt der Kunde der Bank unter Befreiung von den Beschränkungen des § 181 BGB unwiderruflich Vollmacht, die Erklärung der Bank über die Ausübung der Option für ihn entgegenzunehmen. Die Bank unterrichtet den Kunden unverzüglich über die Ausübung.

(2) Belastung des Kundendepots, Beschaffung der Basiswerte, Kosten, Schadensersatz
Bei Ausübung eine Kaufoption gegenüber dem Kunden ist die Bank berechtigt, den im Depot oder auf dem Konto des Kunden nicht verfügbaren Teil der für die Belieferung benötigten Basiswerte (z. B. Wertpapiere, Devisen, Edelmetalle) zu seinen Lasten anzuschaffen. Sofern es der Bank nicht möglich ist, die Basiswerte im Rahmen eines Anschaffungsgeschäfts bis zu dem Termin zu beschaffen, an dem sie selbst aufgrund der Inanspruchnahme aus einer im Kundenauftrag eingegangenen Stillhalterposition zur Lieferung verpflichtet ist, kann die Bank sich die benötigten Basiswerte anderweitig, z.B. im Wege der Wertpapier-Leihe, besorgen, um die Dauer der Lieferschwierigkeiten zu überbrücken. Die Kosten hierfür sowie für einen weitergehenden Verzugsschaden trägt ebenfalls der Kunde.

7. Auslosung bei Zuteilung von Optionsausübungen

Die Bank wird die auf sie nach einem Zufallsprinzip entfallenden Zuteilungen von Optionsausübungen durch eine interne neutrale Auslosung auf ihre Stillhalter-Kunden verteilen.

8. Abwicklung von belieferbaren Futures-Kontrakten

Der Kunde kann bei Futures-Kontrakten, die durch Lieferung zu erfüllen sind, die Lieferung oder die Abnahme der Basiswerte verlangen, sofern er die Kontrakte nicht durch ein Gegengeschäft glattgestellt hat. Die Weisung, daß die Bank die effektive Lieferung herbeiführen soll, muß bei der Bank spätestens bis zu dem von der Bank dem Kunden bekanntgegebenen Zeitpunkt vorliegen. Sofern die Bank keine rechtzeitige Weisung erhält oder der Kunde die für die Lieferung erforderlichen Wertpapiere bzw. Mittel bis zu diesem Zeitpunkt nicht angeschafft hat, wird sie sich bemühen, den Future-Kontrakt unverzüglich auf Rechnung des Kunden glattzustellen, um eine Abwicklung durch effektive Lieferung zu vermeiden.

9. Einwendungen

Einwendungen gegen die Ausführungsanzeigen/Abrechnungen müssen unverzüglich nach Zugang telegrafisch, fernschriftlich oder in den Geschäftsräumen der Bank erhoben werden. Andernfalls gelten die Anzeigen und Abrechnungen als genehmigt. Die Bank wird bei den Anzeigen und Abrechnungen auf diese Folge der Unterlassung rechtzeitiger Einwendungen besonders hinweisen. Einwendungen wegen Nichtausführung eines Kundenauftrages sind unverzüglich telegrafisch, fernschriftlich oder in den Geschäftsräumen der Bank nach dem Zeitpunkt zu erheben, an dem die Ausführungsanzeige oder die Abrechnung dem Kunden im gewöhnlichen Postlauf hätte zugehen müssen. 4

10. Geltung der Sonderbedingungen für Optionsgeschäfte

Soweit an deutschen Wertpapierbörsen Optionsgeschäfte abgeschlossen werden, gelten für Aufträge, die sich auf solche Optionsgeschäfte beziehen, weiterhin die Sonderbedingungen für Optionsgeschäfte.

Information über Verlustrisiken bei Börsentermingeschäften

Stand 1993

Sehr geehrte Kundin, sehr geehrter Kunde,
bei Börsentermingeschäften stehen den Gewinnchancen hohe Verlustrisiken gegenüber. Jeder Anleger, der ein Börsentermingeschäft eingehen will, muß zuvor über die Risiken bei Börsentermingeschäften informiert sein.

A. Grundsätzliches über Verlustrisiken bei Börsentermingeschäften

Das Börsengesetz (§ 53 Abs. 2) sieht vor, daß wir Sie über die nachfolgenden Risiken informieren:

Verfall oder Wertminderung
Die Rechte, die Sie aus Börsentermingeschäften erwerben, können verfallen oder an Wert verlieren, weil diese Geschäfte stets nur befristete Rechte verschaffen. Je kürzer die Frist, desto größer kann Ihr Risiko sein.

4

Unkalkulierbare Verluste
Bei Verbindlichkeiten aus Börsentermingeschäften kann Ihr Verlustrisiko unbestimmbar sein und auch über die von Ihnen geleisteten Sicherheiten hinaus Ihr sonstiges Vermögen erfassen.

Fehlende Absicherungsmöglichkeiten
Geschäfte, mit denen Risiken aus eingegangenen Börsentermingeschäften ausgeschlossen oder eingeschränkt werden sollen (Glattstellungsgeschäfte), können möglicherweise nicht oder nur zu einem für Sie verlustbringenden Preis getätigt werden.

Zusätzliches Verlustpotential bei Kreditaufnahme oder aus Wechselkursschwankungen
Ihr Verlustrisiko steigt, wenn Sie für Ihr Börsentermingeschäft einen Kredit in Anspruch nehmen. Dasselbe ist bei einem Termingeschäft der Fall, bei dem Ihre Verpflichtungen oder Ansprüche auf ausländische Währung oder eine Rechnungseinheit (z.B. ECU) lauten.

B. Die Risiken bei den einzelnen Geschäftsarten

I. Kauf von Optionen

1. Kauf einer Option auf Wertpapiere, Devisen oder Edelmetalle

Das Geschäft: Wenn Sie Optionen auf Wertpapiere, Devisen oder Edelmetalle kaufen, erwerben Sie den Anspruch auf Lieferung oder Abnahme der genannten Basiswerte zu dem beim Kauf der Option bereits festgelegten Preis.

Ihr Risiko: Eine Kursveränderung des Basiswertes, also z.B. der Aktie, die Ihrer Option als Vertragsgegenstand zugrunde liegt, kann den Wert Ihrer Option mindern. Zu einer Wertminderung kommt es im Fall einer Kaufoption (Call) bei Kursverlusten, im Fall einer Verkaufsoption (Put) bei Kursgewinnen des zugrundeliegenden Vertragsgegenstandes. Tritt eine Wertminderung ein, so erfolgt diese stets überproportional zur Kursveränderung des Basiswertes, sogar bis hin zur Wertlosigkeit Ihrer Option. Eine Wertminderung Ihrer Option kann aber auch dann eintreten, wenn der Kurs des Basiswertes sich nicht ändert, weil der Wert Ihrer Option von weiteren Preisbildungsfaktoren (z.B. Laufzeit oder Häufigkeit und Intensität der Preisschwankungen des Basiswerts) mitbestimmt wird. Wegen der begrenzten Laufzeit einer Option können Sie dann nicht darauf vertrauen, daß sich der Preis der Option rechtzeitig wieder erholen wird. Erfüllen sich Ihre Erwartungen bezüglich der Marktentwicklung nicht und verzichten Sie deshalb auf die Ausübung der Option oder versäumen Sie die Ausübung, so verfällt Ihre Option mit Ablauf ihrer Laufzeit. Ihr Verlust liegt dann in dem für die Option gezahlten Preis zuzüglich der Ihnen entstandenen Kosten.

2. Kauf einer Option auf Finanzterminkontrakte

Das Geschäft: Beim Kauf einer Option auf einen Finanzterminkontrakt erwerben Sie das Recht, zu im vorhinein fixierten Bedingungen einen Vertrag abzuschließen, durch den Sie sich zum Kauf oder Verkauf per Termin von z. B. Wertpapieren, Devisen oder Edelmetallen verpflichten.

Ihr Risiko: Auch diese Option unterliegt zunächst den unter 1 beschriebenen Risiken. Nach Ausübung der Option gehen Sie allerdings neue Risiken ein: Diese richten sich nach dem dann zustande kommenden Finanzterminkontrakt und können weit über Ihrem ursprünglichen Einsatz – das ist der für die Option gezahlte Preis – liegen. Sodann treffen Sie zusätzlich die Risiken aus den nachfolgend beschriebenen Börsentermingeschäften mit Erfüllung per Termin.

II. Verkauf von Optionen und Börsentermingeschäfte mit Erfüllung per Termin

1. Verkauf per Termin und Verkauf einer Kaufoption auf Wertpapiere, Devisen oder Edelmetalle

Das Geschäft: Als Verkäufer per Termin gehen Sie die Verpflichtung ein, Wertpapiere, Devisen oder Edelmetalle zu einem vereinbarten Kaufpreis zu liefern. Als Verkäufer einer Kaufoption trifft Sie diese Verpflichtung nur dann, wenn die Option ausgeübt wird.

Ihr Risiko: Steigen die Kurse, müssen Sie dennoch zu dem zuvor festgelegten Preis liefern, der dann ganz erheblich unter dem aktuellen Marktpreis liegen kann. Sofern sich der Vertragsgegenstand, den Sie zu liefern haben, bereits in Ihrem Besitz befindet, kommen Ihnen steigende Marktpreise nicht mehr zugute. Wenn Sie ihn erst später erwerben wollen, kann der aktuelle Marktpreis erheblich über dem im voraus festgelegten Preis liegen. In der Preisdifferenz liegt Ihr Risiko. Dieses Verlustrisiko ist im vorhinein nicht bestimmbar, d.h. theoretisch unbegrenzt. Es kann weit über von Ihnen geleistete Sicherheiten hinausgehen, wenn Sie den Liefergegenstand nicht besitzen, sondern sich erst bei Fälligkeit damit eindecken wollen. In diesem Fall können Ihnen erhebliche Verluste entstehen, da Sie je nach Marktsituation eventuell zu sehr hohen Preisen kaufen müssen oder aber entsprechende Ausgleichszahlungen zu leisten haben, wenn Ihnen die Eindeckung nicht möglich ist.

Beachten Sie: Befindet sich der Vertragsgegenstand, den Sie zu liefern haben, in Ihrem Besitz, so sind Sie zwar vor Eindeckungsverlusten geschützt. Werden aber diese Werte für die Laufzeit Ihres Börsentermingeschäftes (als Sicherheiten) ganz oder teilweise gesperrt gehalten, können Sie während dieser Zeit oder bis zur Glattstellung Ihres Terminkontraktes hierüber nicht verfügen und die Werte auch nicht verkaufen, um bei fallenden Kursen Verluste zu vermeiden.

2. Kauf per Termin und Verkauf einer Verkaufsoption auf Wertpapiere, Devisen oder Edelmetalle

Das Geschäft: Als Käufer per Termin oder als Verkäufer einer Verkaufsoption gehen Sie die Verpflichtungen ein, Wertpapiere, Devisen oder Edelmetalle zu einem festgelegten Preis abzunehmen.

Ihr Risiko: Auch bei sinkenden Kursen müssen Sie den Kaufgegenstand zum vereinbarten Preis abnehmen, der dann erheblich über dem aktuellen Marktpreis liegen kann. In der Differenz liegt Ihr Risiko. Dieses Verlustrisiko ist im vorhinein nicht bestimmbar und kann weit über eventuell von Ihnen geleistete Sicherheiten hinausgehen. Wenn Sie beabsichtigen, die Werte nach Abnahme sofort wieder zu verkaufen, sollten Sie beachten, daß Sie unter Umständen keinen oder nur schwer einen Käufer finden; je nach Marktentwicklung kann Ihnen dann ein Verkauf nur mit erheblichen Preisabschlägen möglich sein.

3. Verkauf einer Option auf Finanzterminkontrakte

Das Geschäft: Beim Verkauf einer Option auf einen Finanzterminkontrakt gehen Sie die Verpflichtung ein, zu im vorhinein fixierten Bedingungen einen Vertrag abzuschließen, durch den Sie sich zum Kauf oder Verkauf per Termin von z. B. Wertpapieren, Devisen oder Edelmetallen verpflichten. 4

Ihr Risiko: Sollte die von Ihnen verkaufte Option ausgeübt werden, so laufen Sie das Risiko eines Verkäufers oder Käufers per Termin, wie es unter Ziff. 1. und 2. dieses Abschnittes II. beschrieben ist.

III. Options- und Finanzterminkontrakte mit Differenzausgleich

Das Geschäft: Bei manchen Börsentermingeschäften findet nur ein Barausgleich statt. Hierbei handelt es sich insbesondere um:
- Options- oder Finanzterminkontrakte auf einen Index, also auf eine veränderliche Zahlengröße, die aus einem nach bestimmten Kriterien festgelegten Bestand von Wertpapieren errechnet wird und deren Veränderungen die Kursbewegungen dieser Wertpapiere widerspiegeln.
- Options- oder Finanzterminkontrakte auf den Zinssatz für eine Termineinlage mit standardisierter Laufzeit.

Ihr Risiko: Wenn Ihre Erwartungen nicht eintreten, haben Sie die Differenz zu zahlen, die zwischen dem bei Abschluß zugrunde gelegten Kurs und dem aktuellen Marktkurs bei Fälligkeit des Geschäfts besteht. Diese Differenz macht Ihren Verlust aus. Die maximale Höhe Ihres Verlustes läßt sich im vorhinein nicht bestimmen. Er kann weit über eventuelle von Ihnen geleistete Sicherheiten hinausgehen.

C. Weitere Risiken aus Börsentermingeschäften

I. Börsentermingeschäfte mit Währungsrisiko

Das Geschäft: Wenn Sie ein Börsentermingeschäft eingehen, bei dem Ihre Verpflichtung oder die von Ihnen zu beanspruchende Gegenleistung auf ausländische Währung oder eine Rechnungseinheit (z. B. ECU) lautet oder sich der Wert des Vertragsgegenstandes hiernach bestimmt (z. B. bei Gold), sind Sie einem zusätzlichen Risiko ausgesetzt.

Ihr Risiko: In diesem Fall ist Ihr Verlustrisiko nicht nur an die Wertentwicklung des zugrunde liegenden Vertragsgegenstandes gekoppelt. Vielmehr können Entwicklungen am Devisenmarkt die Ursache für zusätzliche unkalkulierbare Verluste sein: Wechselkursschwankungen können

- den Wert der erworbenen Option verringern
- den Vertragsgegenstand verteuern, den Sie zur Erfüllung des Börsentermingeschäfts liefern müssen, wenn er in ausländischer Währung oder einer Rechnungseinheit zu bezahlen ist. Dasselbe gilt für eine Zahlungsverpflichtung aus dem Börsentermingeschäft, die Sie in ausländischer Währung oder einer Rechnungseinheit erfüllen müssen.
- den Wert oder den Verkaufserlös des aus dem Börsentermingeschäft abzunehmenden Vertragsgegenstandes oder den Wert der erhaltenen Zahlung vermindern.

4

II. Risikoausschließende oder einschränkende Geschäfte

Vertrauen Sie nicht darauf, daß Sie während der Laufzeit jederzeit Geschäfte abschließen können, durch die Sie Ihre Risiken aus Börsentermingeschäften kompensieren oder einschränken können. Ob diese Möglichkeit besteht, hängt von den Marktverhältnissen und auch von der Ausgestaltung Ihres jeweiligen Börsentermingeschäfts ab. Unter Umständen können Sie ein entsprechendes Geschäft nicht oder nur zu einem ungünstigen Marktpreis tätigen, so daß Ihnen ein Verlust entsteht.

III. Inanspruchnahme von Kredit

Ihr Risiko erhöht sich, wenn Sie insbesondere den Erwerb von Optionen oder die Erfüllung Ihrer Liefer- oder Zahlungsverpflichtungen aus Börsentermingeschäften über Kredit finanzieren. In diesem Fall müssen Sie, wenn sich der Markt entgegen Ihren Erwartungen entwickelt, nicht nur den eingetretenen Verlust hinnehmen, sondern auch den Kredit verzinsen und zurückzahlen. Setzen Sie daher nie darauf, den Kredit aus den Gewinnen des Börsentermingeschäftes verzinsen und zurückzahlen zu können, sondern prüfen Sie vor Geschäftsabschluß Ihre wirtschaftlichen Verhältnisse daraufhin, ob Sie zur Verzinsung und gegebenenfalls kurzfristigen Tilgung des Kredits auch dann in der Lage sind, wenn statt der erwarteten Gewinne Verluste eintreten.

D. Verbriefung in Wertpapieren

Die Risiken aus den oben geschilderten Geschäften ändern sich nicht, wenn die Rechte und Pflichten in einem Wertpapier (z. B. Optionsscheine) verbrieft sind.

Nach § 53 Abs. 2 Satz 2 Börsengesetz ist diese Unterrichtungsschrift von Ihnen zu unterschreiben, wenn Sie Börsentermingeschäfte abschließen wollen.

Gesetz über die Verwahrung und Anschaffung von Wertpapieren

Vom Februar 1937, mit Änderungen bis zum 11. Januar 1995

§ 1. Allgemeine Vorschriften. (1) Wertpapiere im Sinne dieses Gesetzes sind Aktien, Kuxe, Zwischenscheine, Reichsbankanteilscheine, Zins-, Gewinnanteil- und Erneuerungsscheine, auf den Inhaber lautende oder durch Indossament übertragbare Schuldverschreibungen, ferner andere Wertpapiere, wenn diese vertretbar sind, mit Ausnahme von Banknoten und Papiergeld.

(2) Verwahrer im Sinne dieses Gesetzes ist ein Kaufmann, dem im Betriebe seines Handelsgewerbes Wertpapiere unverschlossen zur Verwahrung anvertraut werden.

(3) [1]Wertpapiersammelbanken sind Kreditinstitute, die von der nach Landesrecht zuständigen Stelle des Landes, in dessen Gebiet das Kreditinstitut seinen Sitz hat, als solche anerkannt sind. [2]Die Anerkennung des Kreditinstituts als Wertpapiersammelbank kann, auch nachträglich, im Interesse des Anlegerschutzes von der Erfüllung von Auflagen abhängig gemacht werden. [3]Die Anerkennung und deren Aufhebung sowie Auflagen sind öffentlich bekanntzugeben.

1. Abschnitt

Verwahrung

§ 2. Sonderverwahrung. [1]Der Verwahrer ist verpflichtet, die Wertpapiere unter äußerlich erkennbarer Bezeichnung jedes Hinterlegers gesondert von seinen eigenen Beständen und von denen Dritter aufzubewahren, wenn es sich um Wertpapiere handelt, die nicht zur Sammelverwahrung durch eine Wertpapiersammelbank zugelassen sind, oder wenn der Hinterleger die gesonderte Aufbewahrung verlangt. [2]Etwaige Rechte und Pflichten des Verwahrers, für den Hinterleger Verfügungen oder Verwaltungshandlungen vorzunehmen, werden dadurch nicht berührt.

§ 3. Drittverwahrung. (1) [1]Der Verwahrer ist berechtigt, die Wertpapiere unter seinem Namen einem anderen Verwahrer zur Verwahrung anzuvertrauen. [2]Zweigstellen eines Verwahrers gelten sowohl untereinander als auch in ihrem Verhältnis zur Hauptstelle als verschiedene Verwahrer im Sinne dieser Vorschrift.

(2) [1]Der Verwahrer der Wertpapiere von einem anderen Verwahrer verwahren läßt (Zwischenverwahrer), haftet für ein Verschulden des Drittverwahrers wie für eigenes Verschulden. [2]Für die Beobachtung der erforderlichen Sorgfalt bei der Auswahl des Drittverwahrers bleibt er auch dann verantwortlich, wenn ihm die Haftung für ein Verschulden des Drittverwahrers durch Vertrag erlassen worden ist, es sei denn, daß die Papiere auf ausdrückliche Weisung des Hinterlegers bei einem bestimmten Drittverwahrer verwahrt werden.

§ 4. Beschränkte Geltendmachung von Pfand- und Zurückbehaltungsrechten. (1) [1]Vertraut der Verwahrer die Wertpapiere einem Dritten an, so gilt als dem Dritten bekannt, daß die Wertpapiere dem Verwahrer nicht gehören. [2]Der Dritte kann an den Wertpapieren ein Pfandrecht oder ein Zurückbehaltungsrecht nur wegen solcher Forderungen geltend machen, die mit Bezug auf diese Wertpapiere entstanden sind oder für die diese Wertpapiere nach dem einzelnen über sie zwischen dem Verwahrer und dem Dritten vorgenommenen Geschäft haften sollen. 4

(2) Absatz 1 gilt nicht, wenn der Verwahrer dem Dritten für das einzelne Geschäft ausdrücklich und schriftlich mitteilt, daß er Eigentümer der Wertpapiere sei.

(3) [1]Vertraut ein Verwahrer, der nicht Bankgeschäfte betreibt, Wertpapiere einem Dritten an, so gilt Absatz 1 nicht. [2]Ist er nicht Eigentümer der Wertpapiere, so hat er dies dem Dritten mitzuteilen; in diesem Falle gilt Absatz 1 Satz 2.

§ 5. Sammelverwahrung. (1) [1]Der Verwahrer darf vertretbare Wertpapiere, die zur Sammelverwahrung durch eine Wertpapiersammelbank zugelassen sind, dieser zur Sammelverwahrung anvertrauen, es sei denn, der Hinterleger hat nach § 2 Satz 1 die gesonderte Aufbewahrung der Wertpapiere verlangt. [2]Anstelle der Sammelverwahrung durch eine Wertpapiersammelbank darf der Verwahrer die Wertpapiere ungetrennt von seinen Beständen derselben Art oder von solchen Dritter selbst aufbewahren oder einem Dritten zur Sammelverwahrung anvertrauen, wenn der Hinterleger ihn ausdrücklich und schriftlich ermächtigt hat. [3]Die Ermächtigung darf weder in Geschäftsbedingungen des Verwahrers enthalten sein noch auf andere Urkunden verweisen; sie muß für jedes Verwahrungsgeschäft besonders erteilt werden.

(2) Der Verwahrer kann, anstatt das eingelieferte Stück in Sammelverwahrung zu nehmen, dem Hinterleger einen entsprechenden Sammelbestandanteil übertragen.

(3) Auf die Sammelverwahrung bei einem Dritten ist § 3 anzuwenden.

(4) [1]Wertpapiersammelbanken dürfen einem ausländischen Verwahrer im Rahmen einer gegenseitigen Kontoverbindung, die zur Aufnahme eines grenzüberschreitenden Effektengiroverkehrs vereinbart wird, Wertpapiere zur Sammelverwahrung anvertrauen, sofern

1. der ausländische Verwahrer in seinem Sitzstaat die Aufgaben einer Wertpapiersammelbank wahrnimmt und einer öffentlichen Aufsicht oder einer anderen für den Anlegerschutz gleichwertigen Aufsicht unterliegt,
2. dem Hinterleger hinsichtlich des Sammelbestands dieses Verwahrers eine Rechtsstellung eingeräumt wird, die derjenigen nach diesem Gesetz gleichwertig ist,
3. dem Anspruch der Wertpapiersammelbank gegen den ausländischen Verwahrer auf Auslieferung der Wertpapiere keine Verbote des Sitzstaates dieses Verwahrers entgegenstehen und
4. die Wertpapiere
   a) im Inland zum amtlichen Handel oder zum geregelten Markt zugelassen oder in den Freiverkehr einbezogen sind oder
   b) im Sitzstaat des ausländischen Verwahrers zum amtlichen Handel oder zum Handel an einem anderen Markt zugelassen sind, der von staatlich anerkannten Stellen geregelt und überwacht wird, regelmäßig stattfindet und für das Publikum unmittelbar oder mittelbar zugänglich ist, oder
   c) Anteilscheine sind, die nach den Vorschriften des Gesetzes über Kapitalanlagegesellschaften oder von einer Investmentgesellschaft mit Sitz im Ausland nach den Bestimmungen der Richtlinie 85/611/EWG des Rates vom 20. Dezember 1985 zur Koordinierung der Rechts- und Verwaltungsvorschriften betreffend bestimmte Organismen für gemeinsame Anlagen in Wertpapieren (ABl. EG Nr. L 375 S. 3) ausgegeben werden.

4

[2]Die Haftung der Wertpapiersammelbanken nach § 3 Abs. 2 Satz 1 für ein Verschulden des ausländischen Verwahrers kann durch Vereinbarung nicht beschränkt werden.

§ 6. Miteigentum am Sammelbestand. Verwaltungsbefugnis des Verwahrers bei der Sammelverwahrung (1) [1]Werden Wertpapiere in Sammelverwahrung genommen, so entsteht mit dem Zeitpunkt des Eingangs beim Sammelverwahrer für die bisherigen Eigentümer Miteigentum nach Bruchteilen an den zum Sammelbestand des Verwahrers gehörenden Wertpapieren derselben Art. [2]Für die Bestimmung des Bruchteils ist der Wertpapiernennbetrag maßgebend, bei Wertpapieren ohne Nennbetrag die Stückzahl.

(2) [1]Der Sammelverwahrer kann aus dem Sammelbestand einem jeden der Hinterleger die diesem gebührende Menge ausliefern oder die ihm selbst gebührende Menge entnehmen, ohne daß er hierzu der Zustimmung der übrigen Beteiligten bedarf. [2]In anderer Weise darf der Sammelverwahrer den Sammelbestand nicht verringern. Diese Vorschriften sind im Falle der Drittverwahrung auf Zwischenverwahrer sinngemäß anzuwenden.

§ 7. Auslieferungsansprüche des Hinterlegers bei der Sammelverwahrung. (1) Der Hinterleger kann im Falle der Sammelverwahrung verlangen, daß ihm aus dem Sammelbestand Wertpapiere in Höhe des Nennbetrages, bei Wertpapieren ohne Nennbetrag in Höhe der Stückzahl der für ihn in Verwahrung genommenen Wertpapiere ausgeliefert werden; die von ihm eingelieferten Stücke kann er nicht zurückfordern.

(2) [1]Der Sammelverwahrer kann die Auslieferung insoweit verweigern, als sich infolge eines Verlustes am Sammelbestand die dem Hinterleger nach § 6 gebührende Menge verringert hat. [2]Er haftet dem Hinterleger für den Ausfall, es sei denn, daß der Verlust am Sammelbestand auf Umständen beruht, die er nicht zu vertreten hat.

§ 8. Ansprüche der Miteigentümer und sonstiger dinglich Berechtigter bei der Sammelverwahrung. Die für Ansprüche des Hinterlegers geltenden Vorschriften der § 6 Abs. 2 Satz 1 und des § 7 sind sinngemäß auf Ansprüche eines jeden Miteigentümers oder sonst dinglich Berechtigten anzuwenden.

§ 9. Beschränkte Geltendmachung von Pfand- und Zurückbehaltungsrechten bei der Sammelverwahrung. § 4 gilt sinngemäß auch für die Geltendmachung von Pfandrechten und Zurückbehaltungsrechten an Sammelbestandanteilen.

§ 9a. Sammelurkunde. (1) [1]Der Verwahrer hat ein Wertpapier, das mehrere Rechte verbrieft, die jedes für sich in vertretbaren Wertpapieren einer und derselben Art verbrieft sein könnten

(Sammelurkunde), einer Wertpapiersammelbank zur Verwahrung zu übergeben, es sei denn, der Hinterleger hat nach § 2 Satz 1 die gesonderte Aufbewahrung der Sammelurkunde verlangt.
[2]Der Aussteller kann jederzeit und ohne Zustimmung der übrigen Beteiligten
1. eine von der Wertpapiersammelbank in Verwahrung genommene Sammelurkunde ganz oder teilweise durch einzelne in Sammelverwahrung zu nehmende Wertpapiere oder
2. einzelne Wertpapiere eines Sammelbestandes einer Wertpapiersammelbank durch eine Sammelurkunde

ersetzen.

(2) Verwahrt eine Wertpapiersammelbank eine Sammelurkunde allein oder zusammen mit einzelnen Wertpapieren, die über Rechte der in der Sammelurkunde verbrieften Art ausgestellt sind, gelten die §§ 6 bis 9 sowie die sonstigen Vorschriften dieses Gesetzes über Sammelverwahrung und Sammelbestandanteile sinngemäß, soweit nicht in Absatz 3 etwas anderes bestimmt ist.

(3) [1]Wird auf Grund der §§ 7 und 8 die Auslieferung von einzelnen Wertpapieren verlangt, so hat der Aussteller die Sammelurkunde insoweit durch einzelne Wertpapiere zu ersetzen, als dies für die Auslieferung erforderlich ist; während des zur Herstellung der einzelnen Wertpapiere erforderlichen Zeitraumes darf die Wertpapiersammelbank die Auslieferung verweigern. [2]Ist der Aussteller nach dem zugrunde liegenden Rechtsverhältnis nicht verpflichtet, an die Inhaber der in der Sammelurkunde verbrieften Rechte einzelne Wertpapiere auszugeben, kann auch von der Wertpapiersammelbank die Auslieferung von einzelnen Wertpapieren nicht verlangt werden.

§ 10. Tauschverwahrung. (1) [1]Eine Erklärung, durch die der Hinterleger den Verwahrer ermächtigt, an Stelle ihm zur Verwahrung anvertrauter Wertpapiere Wertpapiere derselben Art zurückzugewähren, muß für das einzelne Verwahrungsgeschäft ausdrücklich und schriftlich abgegeben werden. [2]Sie darf weder in Geschäftsbedingungen des Verwahrers enthalten sein noch auf andere Urkunden verweisen.

(2) Derselben Form bedarf eine Erklärung, durch die der Hinterleger den Verwahrer ermächtigt, hinterlegte Wertpapiere durch Wertpapiere derselben Art zu ersetzen.

§ 11. Umfang der Ermächtigung zur Tauschverwahrung. [1]Eine Erklärung, durch die der Hinterleger den Verwahrer ermächtigt, an Stelle ihm zur Verwahrung anvertrauter Wertpapiere Wertpapiere derselben Art zurückzugewähren, umfaßt, wenn dies nicht in der Erklärung ausdrücklich ausgeschlossen ist, die Ermächtigung, die Wertpapiere schon vor der Rückgewähr durch Wertpapiere derselben Art zu ersetzen. [2]Sie umfaßt nicht die Ermächtigung zu Maßnahmen anderer Art und bedeutet nicht, daß schon durch ihre Entgegennahme das Eigentum an den Wertpapieren auf den Verwahrer übergehen soll.

§ 12. Ermächtigungen zur Verpfändung.

(1) [1]Der Verwahrer darf die Wertpapiere oder Sammelbestandanteile nur auf Grund einer Ermächtigung und nur im Zusammenhang mit einer Krediteinräumung für den Hinterleger und nur an einen Verwahrer verpfänden. [2]Die Ermächtigung muß für das einzelne Verwahrungsgeschäft ausdrücklich und schriftlich erteilt werden; sie darf weder in Geschäftsbedingungen des Verwahrers enthalten sein noch auf andere Urkunden verweisen.

(2) [1]Der Verwahrer darf auf die Wertpapiere oder Sammelbestandanteile Rückkredit nur bis zur Gesamtsumme der Kredite nehmen, die er für die Hinterlegung eingeräumt hat. [2]Die Wertpapiere oder Sammelbestandanteile dürfen nur mit Pfandrechten zur Sicherung dieses Rückkredits belastet werden. [3]Der Wert der verpfändeten Wertpapiere oder Sammelbestandanteile soll die Höhe des für den Hinterleger eingeräumten Kredits mindestens erreichen, soll diese jedoch nicht unangemessen übersteigen. 4

(3) [1]Ermächtigt der Hinterleger den Verwahrer nur, die Wertpapiere oder Sammelbestandanteile bis zur Höhe des Kredits zu verpfänden, den der Verwahrer für diesen Hinterleger eingeräumt hat (beschränkte Verpfändung), so bedarf die Ermächtigung nicht der Form des Absatzes 1 Satz 2. [2]Absatz 2 Satz 3 bleibt unberührt.

(4) [1]Ermächtigt der Hinterleger den Verwahrer, die Wertpapiere oder Sammelbestandanteile für alle Verbindlichkeiten des Verwahrers und ohne Rücksicht auf die Höhe des für den Hinterleger eingeräumten Kredits zu verpfänden (unbeschränkte Verpfändung), so muß in der Ermächtigung zum Ausdruck kommen, daß der Verwahrer das Pfandrecht unbeschränkt, also für alle seine Verbindlichkeiten und ohne Rücksicht auf die Höhe des für den Hinterleger eingeräumten Kredits bestellen kann. [2]Dies gilt sinngemäß, wenn der Hinterleger den Verwahrer von der Innehaltung einzelner Beschränkungen des Absatzes 2 befreit.

(5) Der Verwahrer, der zur Verpfändung von Wertpapieren oder Sammelbestandanteilen ermächtigt ist, darf die Ermächtigung so, wie sie ihm gegeben ist, weitergeben.

§ 12a. Verpfändung als Sicherheit für Verbindlichkeiten aus Börsengeschäften. (1) Abweichend von § 12 darf der Verwahrer die Wertpapiere oder Sammelbestandanteile aufgrund einer ausdrücklichen und schriftlichen Ermächtigung als Sicherheit für seine Verbindlichkeiten aus Geschäften an einer Börse, die einer gesetzlichen Aufsicht untersteht, an diese Börse, deren Träger oder eine von ihr mit der Abwicklung der Geschäfte unter ihrer Aufsicht beauftragte rechtsfähige Stelle, deren Geschäftsbetrieb auf diese Tätigkeit beschränkt ist, verpfänden, sofern aus einem inhaltsgleichen Geschäft des Hinterlegers mit dem Verwahrer Verbindlichkeiten des Hinterlegers bestehen. Der Wert der verpfändeten Wertpapiere oder Sammelbestandanteile soll die Höhe der Verbindlichkeiten des Hinterlegers gegenüber dem Verwahrer aus diesem Geschäft nicht unangemessen übersteigen. Die Ermächtigung des Hinterlegers nach Satz 1 kann im voraus für eine unbestimmte Zahl derartiger Verpfändungen erteilt werden.

4 (2) Der Verwahrer muß gegenüber dem Pfandgläubiger sicherstellen, daß die verpfändeten Wertpapiere oder Sammelbestandanteile für seine in Absatz 1 genannten Verbindlichkeiten nur insoweit in Anspruch genommen werden dürfen, als Verbindlichkeiten des Hinterlegers gegenüber dem Verwahrer nach Absatz 1 bestehen. Der Verwahrer haftet für ein Verschulden des Pfandgläubigers wie für eigenes Verschulden; diese Haftung kann durch Vereinbarung nicht beschränkt werden.

§ 13. Ermächtigung zur Verfügung über das Eigentum. (1) [1]Eine Erklärung, durch die der Verwahrer ermächtigt wird, sich die anvertrauten Wertpapiere anzueignen oder das Eigentum an ihnen auf einen Dritten zu übertragen, und alsdann nur verpflichtet sein soll, Wertpapiere derselben Art zurückzugewähren, muß für das einzelne Verwahrungsgeschäft ausdrücklich und schriftlich abgegeben werden. [2]In der Erklärung muß zum Ausdruck kommen, daß mit der Ausübung der Ermächtigung das Eigentum auf den Verwahrer oder einen Dritten übergehen soll und mithin für den Hinterleger nur ein schuldrechtlicher Anspruch auf Lieferung nach Art und Zahl bestimmter Wertpapiere entsteht. [3]Die Erklärung darf weder auf andere Urkunden verweisen noch mit anderen Erklärungen des Hinterlegers verbunden sein.

(2) Eignet sich der Verwahrer die Wertpapiere an oder überträgt er das Eigentum an ihnen auf einen Dritten, so sind von diesem Zeitpunkt an die Vorschriften dieses Abschnitts auf ein solches Verwahrungsgeschäft nicht mehr anzuwenden.

§ 14. Verwahrungsbuch. (1) [1]Der Verwahrer ist verpflichtet, ein Handelsbuch zu führen, in das jeder Hinterleger und Art, Nennbetrag oder Stückzahl, Nummern oder sonstige Bezeichnungsmerkmale der für ihn verwahrten Wertpapiere einzutragen sind. [2]Wenn sich die Nummern oder sonstigen Bezeichnungsmerkmale aus Verzeichnissen ergeben, die neben dem Verwahrungsbuch geführt werden, genügt insoweit die Bezugnahme auf diese Verzeichnisse.

(2) Die Eintragung eines Wertpapiers kann unterbleiben, wenn seine Verwahrung beendet ist, bevor die Eintragung bei ordnungsmäßigem Geschäftsgang erfolgen konnte.

(3) Die Vorschriften über die Führung eines Verwahrungsbuchs gelten sinngemäß auch für die Sammelverwahrung.

(4) [1]Vertraut der Verwahrer die Wertpapiere einem Dritten an, so hat er den Ort der Niederlassung des Dritten im Verwahrungsbuch anzugeben. [2]Ergibt sich der Name des Dritten nicht aus der sonstigen Buchführung, aus Verzeichnissen, die neben dem Verwahrungsbuch geführt werden, oder aus dem Schriftwechsel, so ist auch der Name des Dritten im Verwahrungsbuch anzugeben. [3]Ist der Verwahrer zur Sammelverwahrung nach § 5 Abs. 1 Satz 2, zur Tauschverwahrung, zur Verpfändung oder zur Verfügung über das Eigentum ermächtigt, so hat er auch dies in dem Verwahrungsbuch ersichtlich zu machen.

(5) Teilt ein Verwahrer dem Drittverwahrer mit, daß er nicht Eigentümer der von ihm dem Drittverwahrer anvertrauten Wertpapiere ist (§ 4 Abs. 3), so hat der Drittverwahrer dies bei der Eintragung im Verwahrungsbuch kenntlich zu machen.

§ 15. Unregelmäßige Verwahrung. Wertpapierdarlehen. (1) Wird die Verwahrung von Wertpapieren in der Art vereinbart, daß das Eigentum sofort auf den Verwahrer oder einen Dritten übergeht und der Verwahrer nur verpflichtet ist, Wertpapiere derselben Art zurückzugewähren, so sind die Vorschriften dieses Abschnitts auf ein solches Verwahrungsgeschäft nicht anzuwenden.

(2) [1]Eine Vereinbarung der in Absatz 1 bezeichneten Art ist nur gültig, wenn die Erklärung des Hinterlegers für das einzelne Geschäft ausdrücklich und schriftlich abgegeben wird. [2]In der Erklärung muß zum Ausdruck kommen, daß das Eigentum sofort auf den Verwahrer oder einen Dritten übergehen soll und daß mithin für den Hinterleger nur ein schuldrechtlicher Anspruch auf Lieferung nach Art und Zahl bestimmter Wertpapiere entsteht. [3]Die Erklärung darf weder auf andere Urkun-

den verweisen noch mit anderen Erklärungen des Hinterlegers verbunden sein.

(3) Diese Vorschriften gelten sinngemäß, wenn Wertpapiere einem Kaufmann im Betriebe seines Handelsgewerbes als Darlehen gewährt werden.

§ 16. Befreiung von Formvorschriften. Die Formvorschriften des § 5 Abs. 1 Satz 2 und 3 und der §§ 10, 12, 13, 15 Abs. 2 und 3 sind nicht anzuwenden, wenn der Verwahrer einer gesetzlichen Aufsicht unterstellt und der Hinterleger ein Kaufmann ist, der

1. in das Handelsregister oder Genossenschaftsregister eingetragen ist oder
2. nach § 36 des Handelsgesetzbuchs, im Falle einer juristischen Person des öffentlichen Rechts nach der für sie maßgebenden gesetzlichen Regelung, nicht eingetragen zu werden braucht oder
3. nicht eingetragen wird, weil er seinen Sitz oder seine Hauptniederlassung im Ausland hat.

§ 17. Pfandverwahrung. Werden einem Kaufmann im Betrieb seines Handelsgewerbes Wertpapiere unverschlossen als Pfand anvertraut, so hat der Pfandgläubiger die Pflichten und Befugnisse eines Verwahrers.

2. Abschnitt

Einkaufskommission

§ 18. Stückeverzeichnis. (1) [1]Führt ein Kommissionär (§§ 383, 406 des Handelsgesetzbuchs), einen Auftrag zum Einkauf von Wertpapieren aus, so hat er dem Kommittenten unverzüglich, spätestens binnen einer Woche ein Verzeichnis der gekauften Stücke zu übersenden. [2]In dem Stückeverzeichnis sind die Wertpapiere nach Gattung, Nennbetrag, Nummern oder sonstigen Bezeichnungsmerkmalen zu bezeichnen.

(2) Die Frist zur Übersendung des Stückeverzeichnisses beginnt, falls der Kommissionär bei der Anzeige über die Ausführung des Auftrags einen Dritten als Verkäufer namhaft gemacht hat, mit dem Erwerb der Stücke, andernfalls beginnt sie mit dem Ablauf des Zeitraums, innerhalb dessen der Kommissionär nach der Erstattung der Ausführungsanzeige die Stücke bei ordnungsmäßigem Geschäftsgang ohne schuldhafte Verzögerung beziehen oder das Stückeverzeichnis von einer zur Verwahrung der Stücke bestimmten dritten Stelle erhalten konnte.

(3) Mit der Absendung des Stückeverzeichnisses geht das Eigentum an den darin bezeichneten Wertpapieren, soweit der Kommissionär über sie zu verfügen berechtigt ist, auf den Kommittenten über, wenn es nicht nach den Bestimmungen des bürgerlichen Rechts schon früher auf ihn übergegangen ist.

§ 19. Aussetzung der Übersendung des Stückeverzeichnisses. (1) [1]Der Kommissionär darf die Übersendung des Stückeverzeichnisses aussetzen, wenn er wegen der Forderungen, die ihm aus der Ausführung des Auftrags zustehen, nicht befriedigt ist und auch nicht Stundung bewilligt hat. [2]Als Stundung gilt nicht die Einstellung des Kaufpreises ins Kontokorrent.

(2) [1]Der Kommissionär kann von der Befugnis des Absatzes 1 nur Gebrauch machen, wenn er dem Kommittenten erklärt, daß er die Übersendung des Stückeverzeichnisses und damit die Übertragung des Eigentums an den Papieren bis zur Befriedigung wegen seiner Forderungen aus der Ausführung des Auftrags aussetzen werde. [2]Die Erklärung muß, für das einzelne Geschäft gesondert, ausdrücklich und schriftlich abgegeben und binnen einer Woche nach Erstattung der Ausführungsanzeige abgesandt werden, sie darf nicht auf andere Urkunden verweisen.

(3) Macht der Kommissionär von der Befugnis des Absatzes 1 Gebrauch, so beginnt die Frist zur Übersendung des Stückeverzeichnisses frühestens mit dem Zeitpunkt, in dem der Kommissionär wegen seiner Forderungen aus der Ausführung des Auftrags befriedigt wird.

(4) [1]Stehen die Parteien miteinander im Kontokorrentverkehr (§ 355 des Handelsgesetzbuchs), so gilt der Kommissionär wegen der ihm aus der Ausführung des Auftrags zustehenden Forderungen als befriedigt, sobald die Summe der Habenposten die der Sollposten zum erstenmal erreicht oder übersteigt. [2]Hierbei sind alle Posten zu berücksichtigen, die mit Wertstellung auf denselben Tag zu buchen waren. [3]Führt der Kommissionär für den Kommittenten mehrere Konten, so ist das Konto, auf dem das Kommissionsgeschäft zu buchen war, allein maßgebend. 4

(5) Ist der Kommissionär teilweise befriedigt, so darf er die Übersendung des Stückeverzeichnisses nicht aussetzen, wenn die Aussetzung nach den Umständen, insbesondere wegen verhältnismäßiger Geringfügigkeit des rückständigen Teiles, gegen Treu und Glauben verstoßen würde.

§ 20. Übersendung des Stückeverzeichnisses auf Verlangen. (1) Wenn der Kommissionär einem Kommittenten, mit dem er im Kontokorrentverkehr (§ 355 des Handelsgesetzbuchs) steht, für die Dauer der Geschäftsverbindung oder für begrenzte Zeit zusagt, daß er in bestimmtem Umfange oder ohne besondere Begrenzung für ihn Aufträge zur Anschaffung von Wertpapieren auch ohne alsbaldige Berichtigung des Kaufpreises ausführen werde, so kann er sich dabei vorbehalten, Stückeverzeichnisse erst auf Verlangen des Kommittenten zu übersenden.

(2) Der Kommissionär kann von dem Vorbehalt des Absatzes 1 nur Gebrauch machen, wenn er dem Kommittenten bei der Erstattung der Ausführungsanzeige schriftlich mitteilt, daß er die Übersendung des Stückeverzeichnisses und damit die Übertragung des Eigentums an den Papieren erst auf Verlangen des Kommittenten ausführen werde.

4

(3) [1]Erklärt der Kommittent, daß er die Übersendung des Stückeverzeichnisses verlange, so beginnt die Frist zur Übersendung des Stückeverzeichnisses frühestens mit dem Zeitpunkt, in dem die Erklärung dem Kommissionär zugeht. [2]Die Aufforderung muß schriftlich erfolgen und die Wertpapiere, die in das Stückeverzeichnis aufgenommen werden sollen, genau bezeichnen.

§ 21. Befugnis zur Aussetzung und Befugnis zur Übersendung auf Verlangen. Will der Kommissionär die Übersendung des Stückeverzeichnisses sowohl deshalb aussetzen, weil er wegen seiner Forderungen nicht befriedigt ist (§ 19), als auch deshalb, weil er sich die Aussetzung mit Rücksicht auf die Besonderheit des Kontokorrentverkehrs mit dem Kommittenten vorbehalten hat (§ 20), so hat er dem Kommittenten bei Erstattung der Ausführungsanzeige schriftlich mitzuteilen, daß er die Übersendung des Stückeverzeichnisses und damit die Übertragung des Eigentums an den Papieren erst auf Verlangen des Kommittenten, frühestens jedoch nach Befriedigung wegen seiner Forderungen aus der Ausführung des Auftrags ausführen werde.

§ 22. Stückeverzeichnis beim Auslandsgeschäft. (1) [1]Wenn die Wertpapiere vereinbarungsgemäß im Ausland angeschafft und aufbewahrt werden, braucht der Kommissionär das Stückeverzeichnis erst auf Verlangen des Kommittenten zu übersenden. [2]Der Kommittent kann die Übersendung jederzeit verlangen, es sei denn, daß ausländisches Recht der Übertragung des Eigentums an den Wertpapieren durch Absendung des Stückeverzeichnisses entgegensteht oder daß der Kommissionär nach § 19 Abs. 1 berechtigt ist, die Übersendung auszusetzen.

(2) [1]Erklärt der Kommittent, daß er die Übersendung des Stückeverzeichnisses verlange, so beginnt die Frist zur Übersendung des Stückeverzeichnisses frühestens mit dem Zeitpunkt, in dem die Erklärung dem Kommissionär zugeht. [2]Die Aufforderung muß schriftlich erfolgen und die Wertpapiere, die in das Stückeverzeichnis aufgenommen werden sollen, genau bezeichnen.

§ 23. Befreiung von der Übersendung des Stückeverzeichnisses. Die Übersendung des Stückeverzeichnisses kann unterbleiben, soweit innerhalb der dafür bestimmten Frist (§§ 18 bis 22) die Wertpapiere dem Kommittenten ausgeliefert sind oder ein Auftrag des Kommittenten zur Wiederveräußerung ausgeführt ist.

§ 24. Erfüllung durch Übertragung von Miteigentum am Sammelbestand. (1) Der Kommissionär kann sich von seiner Verpflichtung, dem Kommittenten Eigentum an bestimmten Stükken zu verschaffen, dadurch befreien, daß er ihm Miteigentum an den zum Sammelbestand einer Wertpapiersammelbank gehörenden Wertpapieren verschafft; durch Verschaffung von Miteigentum an den zum Sammelbestand eines anderen Verwahrers gehörenden Wertpapieren kann er sich nur befreien, wenn der Kommittent im einzelnen Falle ausdrücklich und schriftlich zustimmt.

(2) [1]Mit der Eintragung des Übertragungsvermerks im Verwahrungsbuch des Kommissionärs geht, soweit der Kommissionär verfügungsberechtigt ist, das Miteigentum auf den Kommittenten über, wenn es nicht nach den Bestimmungen des bürgerlichen Rechts schon früher auf ihn übergegangen ist. [2]Der Kommissionär hat dem Kommittenten die Verschaffung des Miteigentums unverzüglich mitzuteilen.

(3) Kreditinstitute brauchen die Verschaffung des Miteigentums an einem Wertpapiersammelbestand und die Ausführung der Geschäftsbesorgung abweichend von Absatz 2 Satz 2 sowie von den §§ 675 und 666 des Bürgerlichen Gesetzbuchs und von § 384 Abs. 2 des Handelsgesetzbuchs den Kunden erst innerhalb von dreizehn Monaten mitzuteilen, sofern das Miteigentum jeweils auf Grund einer vertraglich vereinbarten gleichbleibenden monatlichen, zweimonatlichen oder vierteljährlichen Zahlung erworben wird und diese Zahlungen jährlich das Dreifache des höchsten Betrags nicht übersteigen, bis zu dem nach dem Vierten Vermögensbildungsgesetz in der jeweils geltenden Fassung vermögenswirksame Leistungen gefördert werden können.

§ 25. Rechte des Kommittenten bei Nichtübersendung des Stückeverzeichnisses. (1) [1]Unterläßt der Kommissionär, ohne hierzu nach den §§ 19 bis 24 befugt zu sein, die Übersendung des Stückeverzeichnisses und holt er das Versäumte auf eine nach Ablauf der Frist zur Übersendung des Stückeverzeichnisses an ihn ergangene Aufforderung des Kommittenten nicht binnen drei Tagen nach, so ist der Kommittent berechtigt, das Geschäft als nicht für seine Rechnung abgeschlossen zurückzuweisen und Schadensersatz wegen Nichterfüllung zu beanspruchen. [2]Dies gilt nicht, wenn die Unterlassung auf einem Umstand beruht, den der Kommissionär nicht zu vertreten hat.

(2) Die Aufforderung des Kommittenten verliert ihre Wirkung, wenn er dem Kommissionär nicht binnen drei Tagen nach dem Ablauf der Nachholungsfrist erklärt, daß er von dem in Absatz 1 bezeichneten Recht Gebrauch machen wolle.

§ 26. Stückeverzeichnis beim Auftrag zum Umtausch und zur Geltendmachung eines Bezugsrechts. [1]Der Kommissionär, der einen Auftrag zum Umtausch von Wertpapieren oder von Sammelbestandanteilen gegen Wertpapiere oder einen Auftrag zur Geltendmachung eines Bezugsrechts auf Wertpapiere ausführt, hat binnen zwei Wochen nach dem Empfang der neuen Stücke dem Kommittenten ein Verzeichnis der Stücke zu übersenden, soweit er ihm die Stücke nicht innerhalb dieser Frist aushändigt. [2]In dem Stückeverzeichnis sind die Wertpapiere nach Gattung, Nennbetrag, Nummern oder sonstigen Bezeichnungsmerkmalen zu bezeichnen. [3]Im übrigen finden die §§ 18 bis 24 Anwendung; § 25 ist insoweit anzuwenden, als der Kommittent nur Schadensersatz wegen Nichterfüllung verlangen kann.

§ 27. Verlust des Provisionsanspruchs. Der Kommissionär, der den in § 26 ihm auferlegten Pflichten nicht genügt, verliert das Recht, für die Ausführung des Auftrags Provision zu fordern (§ 396 Abs. 1 des Handelsgesetzbuchs).

§ 28. Unabdingbarkeit der Verpflichtungen des Kommissionärs. Die sich aus den §§ 18 bis 27 ergebenden Verpflichtungen des Kommissionärs können durch Rechtsgeschäft weder ausgeschlossen noch beschränkt werden, es sei denn, daß der Kommittent gewerbsmäßig Bankgeschäfte betreibt.

§ 29. Verwahrung durch den Kommissionär. Der Kommissionär hat bezüglich der in seinem Besitz befindlichen, in das Eigentum oder das Miteigentum des Kommittenten übergegangenen Wertpapiere die Pflichten und Befugnisse eines Verwahrers.

§ 30. Beschränkte Geltendmachung von Pfand- und Zurückbehaltungsrechten bei dem Kommissionsgeschäft. (1) Gibt der Kommissionär einen ihm erteilten Auftrag zur Anschaffung von Wertpapieren an einen Dritten weiter, so gilt als dem Dritten bekannt, daß die Anschaffung für fremde Rechnung geschieht. 4

(2) § 4 gilt sinngemäß.

§ 31. Eigenhändler. Selbsteintritt. Die §§ 18 bis 30 gelten sinngemäß, wenn ein Kaufmann im Betrieb seines Handelsgewerbes Wertpapiere als Eigenhändler verkauft oder umtauscht oder einen Auftrag zum Einkauf oder zum Umtausch von Wertpapieren im Wege des Selbsteintritts ausführt.

3. Abschnitt

Vorrang im Insolvenzverfahren

§ 32. Bevorrechtigte Gläubiger. (1) Im Konkurs über das Vermögen einer der in den §§ 1, 17 und 18 bezeichneten Verwahrer, Pfandgläubiger und Kommissionäre haben ein Vorrecht nach den Absätzen 3 und 4:

1. Kommittenten, die bei Eröffnung des Konkursverfahrens das Eigentum oder Miteigentum an Wertpapieren noch nicht erlangt, aber ihre Verpflichtungen aus dem Geschäft über diese Wertpapiere dem Kommissionär gegenüber vollständig erfüllt haben; dies gilt auch dann, wenn im Zeitpunkt der Eröffnung des Konkursverfahrens der Kommissionär die Wertpapiere noch nicht angeschafft hat;
2. Hinterleger, Verpfänder und Kommittenten, deren Eigentum oder Miteigentum an Wertpapieren durch eine rechtswidrige Verfügung des Verwahrers, Pfandgläubigers oder Kommissionärs oder ihrer Leute verletzt worden ist, wenn sie bei Eröffnung des Konkursverfahrens ihre Verpflichtungen aus dem Geschäft über diese Wertpapiere dem Gemeinschuldner gegenüber vollständig erfüllt haben;
3. die Gläubiger der Nummern 1 und 2, wenn der nichterfüllte Teil ihrer dort bezeichneten Verpflichtungen bei Eröffnung des Konkursverfahrens zehn vom Hundert des Wertes ihres Wertpapierlieferungsanspruchs nicht überschreitet und wenn sie binnen einer Woche nach Aufforderung des Konkursverwalters diese Verpflichtungen vollständig erfüllt haben.

(2) Entsprechendes gilt im Konkurs eines Eigenhändlers, bei dem jemand Wertpapiere gekauft oder erworben hat, und im Konkurs eines Kommissionärs, der den Auftrag zum Einkauf oder zum Umtausch von Wertpapieren im Wege des Selbsteintritts ausgeführt hat (§ 31).

(3) [1]Die nach den Absätzen 1 und 2 bevorrechtigten Forderungen werden vor den Forderungen aller anderen Konkursgläubiger aus einer Sondermasse beglichen; diese wird gebildet aus den in der Masse vorhandenen Wertpapieren derselben Art und aus den Ansprüchen auf Lieferung solcher Wertpapiere. [2]Die bevorrechtigten Forderungen werden durch Lieferung der vorhandenen Wertpapiere beglichen, soweit diese nach dem Verhältnis der Forderungsbeträge an alle bevorrechtigten Gläubiger verteilt werden können. [3]Soweit eine solche Verteilung nicht möglich ist, wird der volle Erlös der nichtverteilten Wertpapiere unter die bevorrechtigten Gläubiger im Verhältnis ihrer Forderungsbeträge verteilt.

(4) [1]Die Gläubiger der Absätze 1 und 2 haben das beanspruchte Vorrecht nach § 139 der Konkursordnung anzumelden. [2]Sie können aus dem sonstigen Vermögen des Schuldners nur unter entsprechender Anwendung der für die Absonderungsberechtigten geltenden Vorschriften der §§ 64,153, 155 und 156 und des § 168 Nr. 3 der Konkursordnung Befriedigung verlangen. [3]Im übrigen bewendet es für sie bei den Vorschriften der Konkursordnung über Konkursgläubiger.

(5) [1]Das Konkursgericht hat, wenn es nach Lage des Falles erforderlich ist, den bevorrechtigten Gläubigern zur Wahrung der ihnen zustehenden Rechte einen Pfleger zu bestellen. [2]Für die Pflegschaft tritt an die Stelle des Vormundschaftsgerichts das Konkursgericht. [3]§ 78 Abs. 2 bis 5 des Gesetzes über die privaten Versicherungsunternehmungen vom 6. Juni 1931 (Reichsgesetzbl. 1 S. 315) sind sinngemäß anzuwenden.

§ 33. Befriedigung der Verpfänder im Konkurs des Verwahrers. (1) Im Konkurs über das Vermögen eines Verwahrers, dessen Pfandgläubiger die ihm nach § 12 Abs. 2 verpfändeten Wertpapiere oder Sammelbestandanteile ganz oder zum Teil zu seiner Befriedigung verwertet hat, findet unter den Hinterlegern, die die dem Pfandgläubiger verpfändeten Wertpapiere oder Sammelbestandanteile dem Verwahrer anvertraut haben, ein Ausgleichsverfahren mit dem Ziele der gleichmäßigen Befriedigung statt.

(2) [1]Die am Ausgleichsverfahren beteiligten Hinterleger werden aus einer Sondermasse befriedigt. [2]In diese Sondermasse sind aufzunehmen:
1. die Wertpapiere oder Sammelbestandanteile, die dem Pfandgläubiger nach § 12 Abs. 2 verpfändet waren, von diesem aber nicht zu seiner Befriedigung verwertet worden sind;
2. der Erlös aus den Wertpapieren oder Sammelbestandanteilen, die der Pfandgläubiger verwertet hat, soweit er ihm zu seiner Befriedigung nicht gebührt;
3. die Forderungen gegen einen am Ausgleichsverfahren beteiligten Hinterleger aus dem ihm eingeräumten Kredit sowie Leistungen zur Abwendung einer drohenden Pfandverwertung.

(3) [1]Die Sondermasse ist unter den am Ausgleichsverfahren beteiligten Hinterlegern nach dem Verhältnis des Wertes der von ihnen dem Verwahrer anvertrauten Wertpapiere oder Sammelbestandanteile zu verteilen. [2]Maßgebend ist der Wert am Tage der Konkurseröffnung, es sei denn, daß die Wertpapiere oder Sammelbestandanteile erst später verwertet worden sind. [3]In diesem Falle ist der erzielte Erlös maßgebend. [4]Ein nach Befriedigung aller am Ausgleichsverfahren beteiligter Hinterleger in der Sondermasse verbleibender Betrag ist an die Konkursmasse abzuführen.

(4) [1]Jeder am Ausgleichsverfahren Beteiligte ist berechtigt und verpflichtet, die von ihm dem Verwahrer anvertrauten und in der Sondermasse vorhandenen Wertpapiere oder Sammelbestandanteile zu dem Schätzungswert des Tages der Konkurseröffnung zu übernehmen. [2]Übersteigt dieser Wert den ihm aus der Sondermasse gebührenden Betrag, so hat er den Unterschied zur Sondermasse einzuzahlen. [3]Die Wertpapiere oder Sammelbestandanteile haften als Pfand für diese Forderung.

(5) Jeder Hinterleger kann seine Forderungen, soweit er mit ihnen bei der Befriedigung aus der Sondermasse ausgefallen ist, zur Konkursmasse geltend machen.

(6) § 32 Abs. 4 und 5 sind sinngemäß anzuwenden.

4. Abschnitt

Strafbestimmungen

§ 34. Depotunterschlagung. (1) Ein Kaufmann, der, abgesehen von den Fällen der §§ 246 und 266 des Strafgesetzbuchs, eigenen oder fremden Vorteils wegen
1. über ein Wertpapier der in § 1 Abs. 1 bezeichneten Art, das ihm als Verwahrer oder

Pfandgläubiger anvertraut worden ist oder das er als Kommissionär für den Kommittenten im Besitz hat oder das er im Falle des § 31 für den Kunden im Besitz hat, rechtswidrig verfügt,
2. einen Sammelbestand solcher Wertpapiere oder den Anteil an einem solchen Bestand dem § 6 Abs. 2 zuwider verringert oder darüber rechtswidrig verfügt,

wird mit Freiheitsstrafe bis zu fünf Jahren oder mit Geldstrafe bestraft.

(2) *(weggefallen)*

§ 35. Unwahre Angaben über das Eigentum. Ein Kaufmann, der eigenen oder fremden Vorteils wegen eine Erklärung nach § 4 Abs. 2 wahrheitswidrig abgibt oder eine ihm nach § 4 Abs. 3 obliegende Mitteilung unterläßt, wird, wenn die Tat nicht nach anderen Vorschriften mit schwererer Strafe bedroht ist, mit Freiheitsstrafe bis zu einem Jahr oder mit Geldstrafe bestraft.

§ 36. Strafantrag. Ist in den Fällen der §§ 34 und 35 durch die Tat ein Angehöriger (§ 11 Abs. 1 Nr. 1 des Strafgesetzbuches) verletzt, so wird sie nur auf Antrag verfolgt.

§ 37. Strafbarkeit im Falle der Zahlungseinstellung oder der Konkurseröffnung. Ein Kaufmann, der einer Vorschrift der §§ 2 und 14 oder einer sich aus den §§ 18 bis 24, 26 und 43 ergebenden Pflicht zuwiderhandelt, wird mit Freiheitsstrafe bis zu zwei Jahren oder mit Geldstrafe bestraft, wenn er seine Zahlungen eingestellt hat oder über sein Vermögen das Konkursverfahren eröffnet worden ist und wenn durch die Zuwiderhandlung ein Anspruch des Berechtigten auf Aussonderung der Wertpapiere vereitelt oder die Durchführung eines solchen Anspruchs erschwert wird.

§§ 38–40 *(weggefallen)*

5. Abschnitt

4

Schlußbestimmungen

§ 41. Anwendung des Gesetzes auf öffentlich-rechtliche Banken sowie Sparkassen. Dieses Gesetz gilt für öffentlich-rechtliche Banken sowie für öffentliche oder dem öffentlichen Verkehr dienende Sparkassen auch dann, wenn sie keine Kaufmannseigenschaft haben.

§ 42. Anwendung auf Treuhänder. Erlaß weiterer Bestimmungen. (1) Der Reichsminister der Justiz kann im Einvernehmen mit dem Reichswirtschaftsminister und dem Reichsminister der Finanzen die Anwendung von Vorschriften dieses Gesetzes für Fälle vorschreiben, in denen Kaufleute als Treuhänder für Dritte Wertpapiere besitzen oder erwerben oder Beteiligungen oder Gläubigerrechte ausüben oder erwerben oder in öffentliche Schuldbücher oder sonstige Register eingetragen sind.

(2) *(gegenstandslos)*

(3) *(gegenstandslos)*

Bedingungen für die Vermietung von Schrankfächern[1)]

Stand 1989

Zur Aufbewahrung von Wertsachen vermieten wir in unserer Stahlkammer verschließbare Schrankfächer zu folgenden Bedingungen:

1. Dauer des Mietverhältnisses

Die Sparkasse vermietet das Schrankfach für die bei Abschluß des Mietvertrages vereinbarte Zeit. Räumt der Mieter das Schrankfach bis zum Ablauf der Mietdauer nicht, verlängert sich der Mietvertrag mangels einer abweichenden Vereinbarung zunächst bis zum Ende des laufenden Kalenderjahres, sodann jeweils um ein weiteres Jahr, wenn der Mietvertrag nicht zwei Wochen vor Ablauf des Kalenderjahres gekündigt wird.

Das Recht zur Kündigung aus wichtigem Grund bleibt unberührt. Die Sparkasse kann insbesondere den Mietvertrag fristlos kündigen, wenn der Mieter gegen die Verpflichtung aus Nr. 4 Absatz 2 verstößt oder wenn er mit der Entrichtung des fälligen Mietpreises länger als zwei Monate in Rückstand gerät und eine dem Mieter gesetzte angemessene Nachfrist zur Zahlung ergebnislos verstrichen ist.

4

Der Mietvertrag erlischt, wenn seit dem letzten Zahlungstermin zwei Monate verstrichen sind, ohne daß der fällige Mietpreis entrichtet worden ist, und wenn eine Zahlungsaufforderung mit angemessener Nachfristsetzung an die uns zuletzt bekannt gewordene Anschrift des Mieters nicht zugestellt werden konnte.

Der vereinbarte Mietpreis ist im voraus zu entrichten. Sofern nichts Abweichendes vereinbart ist, werden angefangene Kalenderjahre voll berechnet.

Die Rechte des Mieters aus dem Mietvertrag sind nicht übertragbar. Untervermietung ist nicht gestattet.

2. Mehrere Mieter

Mehrere Mieter können gemeinschaftlich ein Schrankfach mieten. Jeder einzelne Mieter hat Zutritt zu dem Schrankfach. Er ist berechtigt, über dessen Inhalt allein und unbeschränkt zu verfügen, den Mietvertrag aufzulösen oder auf seinen Namen umschreiben zu lassen sowie seine Rechte auf Dritte durch Vollmacht zu übertragen, es sei denn, daß uns die Mieter gemeinsam schriftlich eine gegenteilige Weisung erteilt haben. Für Verbindlichkeiten, die aus dem gemeinsamen Mietvertrag entstehen, haftet jeder Mieter in voller Höhe als Gesamtschuldner.

Mehreren Mietern gegenüber wird eine Willenserklärung auch dann wirksam, wenn sie nur einem von ihnen oder einem Zustellungsvertreter zugegangen ist.

3. Verschluß des Schrankfaches

Das Schrankfach steht unter dem Verschluß des Mieters und unserem Mitverschluß. Nur beide Parteien können gemeinsam das Fach öffnen. Das Schließen erfolgt durch den Mieter allein. Der Mieter erhält zu dem von ihm zu schließenden Schloß von uns zwei gleiche Schlüssel, die er – möglichst getrennt – sorgfältig aufzubewahren hat. Der Verlust eines Schlüssels ist uns sofort anzuzeigen. In diesem Falle werden wir die Änderung des Schlosses und die Anfertigung neuer Schlüssel veranlassen. Bei Verlust beider Schlüssel werden wir das Schrankfach öffnen lassen. Über die Öffnung und deren Termin werden wir den Mieter verständigen. Der Mieter haftet für alle Kosten und Schäden, die durch diese Maßnahmen oder die Unterlassung der Anzeige entstehen.

4. Zutritt, Schrankfachinhalt

Die Stahlkammer ist während der Kassenstunden geöffnet. Der Zutritt ist nur in Begleitung der dazu beauftragten Angestellten gestattet.

Die Schrankfächer und die darin befindlichen Kassetten dürfen nur zur Aufbewahrung von Wertpapieren, Urkunden, Edelmetallen, Schmuck und Sachen ähnlicher Art genutzt werden. Der Mieter haftet für jeden durch Zuwiderhandlung entstehenden Schaden. Wir nehmen grundsätzlich keine Kenntnis vom Inhalt des Schrankfachs, behalten uns jedoch vor, jederzeit Einsicht in den Inhalt des Schrankfachs zu verlangen, um uns von der Einhaltung der vorstehenden Bestimmungen überzeugen zu können.

Ein von uns beauftragter Angestellter erläutert dem Mieter die Benutzung des Schrankfachs. Dem Mieter kann eine Einlaßkarte ausgehändigt, ferner mit ihm ein Paßwort vereinbart werden. Der Besitz der Einlaßkarte und des Schlüssels sowie die Kenntnis des Paßwortes und der Schrankfach-Nummer berechtigen zum Zutritt zur Stahlkammer und zum Öffnen des Schrankfaches, ohne daß wir verpflichtet sind, die Identität des Benutzers zu prüfen. Vor Betreten der Stahlkammer bescheinigt der Mieter die Benutzung seines Schrankfachs an einem dafür vorgesehenen Vordruck.

[1)] Fassung der Sparkassen stimmt mit der Fassung der Kreditbanken und Kreditgenossenschaften überein.

5. Bevollmächtigung Dritter
Will der Mieter einem Dritten den Zutritt zu seinem Schrankfach verschaffen, so ist dies auf einem von uns gelieferten Vordruck zu erklären. Dieser ist im Beisein eines unserer Angestellten zu unterschreiben; anderenfalls bedarf es der notariellen Beglaubigung der Unterschrift des Mieters. Der Dritte muß außerdem von dem Mieter persönlich vorgestellt werden und in dessen Beisein vor einem unserer Angestellten seine Unterschrift abgeben. Ist eine persönliche Vorstellung nicht möglich, so genügt es, wenn die Unterschrift des Dritten in einer notariell beglaubigten Urkunde beigebracht wird. Wir sind berechtigt, aber nicht verpflichtet, uns statt dessen mit der Vorlage seines Personalausweises zu begnügen.

Wir behalten uns das Recht vor, die Zulassung des Dritten abzulehnen. Lassen wir ihn zu, so können wir ihm eine Einlaß-Nebenkarte aushändigen. Für den Dritten gelten bei Benutzung des Schrankfachs dieselben Bestimmungen wie für den Mieter.
Der Besitz der Einlaß-Nebenkarte und eines Schlüssels sowie die Kenntnis des Paßwortes und der Schrankfach-Nummer berechtigen zum Zutritt zur Stahlkammer und zum Öffnen des Schrankfachs, ohne daß wir verpflichtet sind, die Identität des Benutzers zu prüfen.
Die Bevollmächtigung eines Dritten kann uns gegenüber nur durch schriftlichen Widerruf und durch die Rückgabe der Einlaß-Nebenkarte zurückgenommen werden. Sie erlischt – falls der Mieter nichts anderes bestimmt – wenn uns der Tod des Mieters bekannt wird. Will der Mieter auch über seinen Tod hinaus einem Dritten das Recht einräumen, das Schrankfach zu öffnen, so hat er das in der Vollmacht ausdrücklich zu vermerken.

6. Ableben des Mieters
Stirbt der Mieter, so haben sich die Erben durch Erbschein, Testamentsvollstrecker durch Testamentsvollstreckerzeugnis auszuweisen. Wird uns eine Ausfertigung oder eine vom Gericht beglaubigte Abschrift einer Verfügung von Todes wegen und der Eröffnungsverhandlung vorgelegt, so dürfen wir mit befreiender Wirkung den zum Schrankfach zulassen, der in der Verfügung von Todes wegen zum Erben oder Testamentsvollstrecker berufen ist.
Sind mehrere Erben vorhanden, so können wir die Benennung eines Bevollmächtigten gemäß Nummer 5 verlangen.
Ist eine Vollmacht gemäß Nummer 5 für den Fall des Todes des Einlieferers erteilt, so können wir den Nachweis des Todes durch Vorlage der Sterbeurkunde verlangen.

7. Ablauf des Mietvertrages
Bei Ablauf des Mietvertrages hat der Mieter beide Schlüssel zum Schrankfach und gegebenenfalls eine zum Schrankfach gehörende Kassette sowie die Einlaßkarte nebst evtl. bestehenden Nebenkarten zurückzugeben.
Sofern der Mieter nach Ablauf der Mietzeit das Schrankfach nicht geräumt und die Schlüssel zurückgegeben hat, obwohl er durch Einschreibebrief dazu aufgefordert worden ist, sind wir berechtigt, vier Wochen nach Absendung dieser Aufforderung ohne Hinzuziehung des Mieters und ohne gerichtliches Verfahren das Schrankfach öffnen und auf seine Kosten das Schloß erneuern zu lassen. Die Öffnung des Schlosses erfolgt in Gegenwart von zwei Angestellten unter Aufnahme eines Protokolls über den Inhalt des Schrankfachs.
Wir können uns aus dem Inhalt des Schrankfachs wegen aller Ansprüche aus dem Mietvertrag sowie wegen sonstiger Forderungen befriedigen. Wir sind befugt, die Sachen auszuwählen, aus denen wir Befriedigung suchen wollen. Im übrigen werden sie nach den Vorschriften des BGB über Pfandverkauf (§§ 1235 ff.; Nr. 22 Absatz 2 AGB) verkauft. Die nicht veräußerten Sachen sowie einen etwa verbleibenden Überschuß können wir anderweitig gesichert aufbewahren oder einer staatlichen Hinterlegungsstelle übergeben. Soweit die gerichtliche Hinterlegung des Schrankfachinhalts unzulässig und uns seine Verwertung nicht möglich ist, dürfen wir ihn nach vorheriger Androhung unter Aufnahme eines Protokolls vernichten.
Bis zur Rückgabe aller Schlüssel bzw. bis zur Erneuerung des Schlosses ist der Mieter zur Zahlung der Miete verpflichtet.

8. Haftung
Wir können für Verlust oder Beschädigung nur bei eigenem Verschulden haften. Es bleibt dem Mieter überlassen, das sonstige Risiko durch eine Versicherung zu decken, deren Abschluß wir zu vermitteln bereit sind.
Dem Mieter obliegt es, die verwahrten Sachen sofort nach Entnahme aus dem Schließfach auf entstandene Schäden, Verluste usw. zu überprüfen.

9. Gerichtsstand
Soweit sich die Zuständigkeit unseres allgemeinen Gerichtsstandes nicht bereits aus § 29 ZPO ergibt, können wir unsere Ansprüche im Klage-

weg an unserem allgemeinen Gerichtsstand verfolgen, wenn der im Klageweg in Anspruch zu nehmende Vertragspartner Kaufmann oder eine juristische Person im Sinne der Ziffer 27[1] AGB ist oder nach Vertragsabschluß seinen Wohnsitz oder gewöhnlichen Aufenthaltsort aus der Bundesrepublik Deutschland oder dem Land Berlin verlegt oder sein Wohnsitz oder gewöhnlicher Aufenthaltsort im Zeitpunkt der Klageerhebung nicht bekannt ist.

[1] nach den neuen AGB vom 1.1.1993: Nr. 6

10. Allgemeine Geschäftsbedingungen
Es wird ausdrücklich darauf hingewiesen, daß ergänzend unsere Allgemeinen Geschäftsbedingungen (AGB) Bestandteil des Mietvertrages sind. Die Allgemeinen Geschäftsbedingungen liegen in unseren Geschäftsräumen zur Einsichtnahme aus.

4

Bedingungen für die Annahme von Verwahrstücken[1)]

Zur Aufbewahrung in unserer Stahlkammer nehmen wir Packstücke sowie Kisten, Koffer oder ähnliche Behältnisse – nachstehend Verwahrstücke genannt – zu folgenden Bedingungen entgegen.

1. Dauer der Aufbewahrung
Der Verwahrungsvertrag wird auf die im Antrag bestimmte Zeit geschlossen. Das Aufbewahrungsentgelt ist im voraus zu entrichten.
Der Vertrag ist jeweils für die gleiche Zeitdauer verlängert, wenn er nicht acht Tage vor Ablauf schriftlich gekündigt wird oder wenn der Einlieferer das Verwahrstück bei Beendigung des Verwahrungsvertrages nicht fristgemäß abholt.
Die Rechte des Einlieferer aus dem Verwahrungsvertrag sind nicht übertragbar.

2. Verpackung der Verwahrstücke
Die Verwahrstücke müssen sorgfältig eingepackt, mit dem Vornamen und Zunamen des Einlieferers deutlich bezeichnet und vom Einlieferer verschlossen oder so versiegelt bzw. verplombt sein, daß die Verpackung ohne Verletzung der Siegel bzw. Plomben nicht geöffnet werden kann.

3. Zutritt, Inhalt der Verwahrstücke
Die Annahme und Ausgabe von Verwahrstücken findet während der Kassenstunden statt. Der Zutritt zur Stahlkammer ist nur in Begleitung der dazu beauftragten Angestellten gestattet.
Feuergefährliche oder sonstige die Sicherheit gefährdende Sachen sind von der Aufbewahrung ausgeschlossen. Der Einlieferer haftet für jeden durch Zuwiderhandlung entstehenden Schaden, und zwar auch dann, wenn er die gefährliche Beschaffenheit der aufbewahrten Stücke nicht gekannt hat. Wir nehmen grundsätzlich keine Kenntnis vom Inhalt des Verwahrstückes, behalten uns jedoch vor, jederzeit Einsicht zu nehmen, um uns von der Einhaltung der vorstehenden Bestimmung überzeugen zu können.

4. Einlieferungsbescheinigung
Über jedes eingelieferte Verwahrstück erhält der Einlieferer eine mit laufender Nummer versehene Einlieferungsbescheinigung.

5. Bevollmächtigung Dritter
Die Bevollmächtigung eines Dritten, sich das Verwahrstück im Namen des Einlieferers aushändigen zu lassen, kann nur auf einem von uns gelieferten Vordruck erklärt werden. Dieser ist im Beisein eines unserer Angestellten zu unterschreiben; andernfalls bedarf es der notariellen Beglaubigung der Unterschrift des Einlieferers. Der Dritte muß außerdem von dem Einlieferer persönlich vorgestellt werden und in dessen Beisein vor einem unserer Angestellten seine Unterschrift abgeben. Ist eine persönliche Vorstellung nicht möglich, so genügt es, wenn die Unterschrift des Dritten in einer notariell beglaubigten Urkunde beigebracht wird. Wir sind berechtigt, aber nicht verpflichtet, uns statt dessen mit der Vorlage seines Personalausweises zu begnügen.
Die Vollmacht darf nicht mit einschränkenden Anweisungen, z.B. mit der Beschränkung auf bestimmte Sachen, versehen sein; andernfalls dürfen wir die Vollmacht zurückweisen.
Wir behalten uns das Recht vor, die Zulassung des Dritten abzulehnen. Für den Dritten gelten dieselben Bestimmungen wie für den Einlieferer.
Die Bevollmächtigung eines Dritten kann uns gegenüber nur durch schriftlichen Widerruf zurückgenommen werden. Eine nur bis zum Tod des Einlieferers erteilte Vollmacht erlischt erst, wenn uns der Tod des Einlieferers bekannt wird.

4

6. Rückgabe der Verwahrstücke
Wir geben das Verwahrstück dem Einlieferer oder seinem Bevollmächtigten gegen Quittung heraus. Wir sind berechtigt, aber nicht verpflichtet, dabei die Rückgabe der von uns erteilten Einlieferungsbescheinigung zu verlangen. Von mehreren gemeinsamen Einlieferern kann mangels anderer schriftlicher Bestimmung jeder allein die Herausgabe des Verwahrstückes verlangen oder einen Bevollmächtigten bestellen. Ein uns zugegangener schriftlicher Widerruf auch nur eines Einlieferers beseitigt das Recht der einzelnen Einlieferer und ihrer Bevollmächtigten, die Herausgabe zu verlangen.
Zu einer Übersendung des Verwahrstückes an den Einlieferer oder andere Personen sind wir nicht verpflichtet.

7. Ableben des Einlieferers
Stirbt der Einlieferer, so haben sich die Erben durch Erbschein, Testamentsvollstrecker durch Testamentsvollstreckerzeugnis auszuweisen. Wird uns eine Ausfertigung oder eine vom Gericht beglaubigte Abschrift einer Verfügung von Todes wegen und der Eröffnungsverhandlung vorgelegt, so dürfen wir mit befreiender Wirkung demjenigen das Verwahrstück heraus-

[1)] Fassung der Sparkassen stimmt mit der Fassung der Kreditbanken und Kreditgenossenschaften überein.

geben, der in der Verfügung von Todes wegen zum Erben oder Testamentsvollstrecker berufen ist.
Sind mehrere Erben vorhanden, so können wir die Benennung eines Bevollmächtigten gemäß Nummer 5 verlangen.
Ist eine Vollmacht gemäß Nummer 5 für den Fall des Todes des Einlieferers erteilt, so können wir den Nachweis des Todes durch Vorlage der Sterbeurkunde verlangen.

8. Ablauf des Verwahrungsvertrages
Bei Ablauf des Verwahrungsvertrages hat der Einlieferer das Verwahrstück abzuholen. Andernfalls hat der Einlieferer alle Kosten zu tragen, die durch die weitere Aufbewahrung entstehen, mindestens aber das bisherige Aufbewahrungsentgelt weiterzuzahlen.
Sofern der Einlieferer nach Ablauf der Verwahrungszeit das Verwahrstück nicht abgeholt hat, obwohl er durch Einschreibebrief dazu aufgefordert worden ist, sind wir berechtigt, vier Wochen nach Absendung dieser Aufforderung ohne Hinzuziehung des Einlieferers und ohne gerichtliches Verfahren das Verwahrstück öffnen zu lassen. Die Öffnung erfolgt in Gegenwart von zwei Angestellten unter Aufnahme eines Protokolls über den Inhalt.
Wir können uns aus dem Verwahrstück wegen aller Ansprüche aus dem Verwahrungsvertrag sowie wegen sonstiger Forderungen befriedigen. Bei mehreren Verwahrstücken sind wir befugt, diejenigen auszuwählen, aus denen wir Befriedigung suchen wollen. Im übrigen werden sie nach den Vorschriften des BGB über Pfandverkauf (§§ 1235 ff.; Nr. 22 Abs. 2 AGB) verkauft.

4

Die nicht veräußerten Sachen sowie einen etwa verbleibenden Überschuß können wir anderweitig gesichert aufbewahren oder einer staatlichen Hinterlegungsstelle übergeben. Soweit die gerichtliche Hinterlegung des Verwahrstückes unzulässig und uns seine Verwertung nicht möglich ist, dürfen wir es nach vorheriger Androhung unter Aufnahme eines Protokolls vernichten.

9. Haftung
Wir können für Verlust oder Beschädigung nur bei eigenem Verschulden haften. Es bleibt dem Einlieferer überlassen, das sonstige Risiko durch eine Versicherung zu decken, deren Abschluß wir zu vermitteln bereit sind.
Dem Einlieferer obliegt es, das Verwahrstück sofort nach Herausgabe auf entstandene Schäden, Verluste usw. zu überprüfen.

10. Gerichtsstand
Soweit sich die Zuständigkeit unseres allgemeinen Gerichtsstandes nicht bereits aus § 29 ZPO ergibt, können wir unsere Ansprüche im Klageweg an unserem allgemeinen Gerichtsstand verfolgen, wenn der im Klageweg in Anspruch zu nehmende Vertragspartner Kaufmann oder eine juristische Person im Sinne *der Ziffer 27*[1)] AGB ist oder nach Vertragsabschluß seinen Wohnsitz oder gewöhnlichen Aufenthaltsort aus der Bundesrepublik Deutschland oder dem Land Berlin verlegt oder sein Wohnsitz oder gewöhnlicher Aufenthaltsort im Zeitpunkt der Klageerhebung nicht bekannt ist.

1) nach dem neuen AGB vom 1.1.1993: Nr. 6

Gesetz über Kapitalanlagegesellschaften

In der Fassung vom 14. Januar 1970, mit Änderungen bis zum 31. März 1998

Erstes Kapitel
Kapitalanlagegesellschaften

1. Abschnitt

Allgemeine Vorschriften

§ 1. [Kapitalanlagegesellschaften; Spezialfonds; Aktien/Geschäftsanteile]. (1) Kapitalanlagegesellschaften sind Kreditinstitute deren Geschäftsbereich darauf gerichtet ist, bei ihnen eingelegtes Geld im eigenen Namen für gemeinschaftliche Rechnung der Einleger (Anteilinhaber) nach dem Grundsatz der Risikomischung in den nach diesem Gesetz zugelassenen Vermögensgegenständen gesondert vom eigenen Vermögen in Form von Geldmarkt-, Wertpapier-, Beteiligungs-, Investmentfondsanteil-, Grundstücks-, Gemischten Wertpapier- und Grundstücks- oder Altersvorsorge-Sondervermögen anzulegen und über die hieraus sich ergebenden Rechte der Anteilinhaber Urkunden (Anteilscheine) auszustellen.

(2) Spezialfonds im Sinne dieses Gesetzes sind Sondervermögen, deren Anteilscheine aufgrund schriftlicher Vereinbarungen mit der Kapitalanlagegesellschaft jeweils von nicht mehr als zehn Anteilinhabern, die nicht natürliche Personen sind, gehalten werden; mehrere Sondervermögen einer Kapitalanlagegesellschaft, für deren Rechnung die Kapitalanlagegesellschaft Anteile desselben Spezialfonds hält, gelten als ein Anteilinhaber. Die Kapitalanlagegesellschaft hat in der Vereinbarung mit den Anteilinhabern sicherzustellen, daß die Anteilscheine nur mit Zustimmung der Kapitalanlagegesellschaft von den Anteilinhabern übertragen werden dürfen.

(3) Kapitalanlagegesellschaften dürfen nur in der Rechtsform der Aktiengesellschaft oder der Gesellschaft mit beschänkter Haftung betrieben werden. Sie müssen ihren satzungsgemäßen Sitz und die Hauptverwaltung im Geltungsbereich dieses Gesetzes haben.

(4) Die Aktien einer in der Rechtsform der Aktiengesellschaft betriebenen Kapitalanlagegesellschaft müssen auf Namen lauten. Diese Aktien können nicht durch Blankoindossament übertragen werden; ein Blankoindossament wird auch durch nachträgliche Ausfüllung nicht wirksam. Als rechtmäßiger Inhaber einer solchen Aktie gilt abweichend von Artikel 16 Abs. 1 Satz 1 des Wechselgesetzes, wer die Aktie in Händen hat, sofern er sein Recht durch eine ununterbrochene Reihe von Indossamenten nachweist, die nicht Blankoindossamente sind, und zwar auch dann, wenn ein Indossament der Reihe ein erst nachträglich ausgefülltes Blankoindossament ist. Artikel 16 Abs. 1 Satz 3 des Wechselgesetzes findet keine Anwendung.

(5) Die Übertragung von Aktien (Geschäftsanteilen) einer Kapitalanlagegesellschaft bedarf der Zustimmung der Gesellschaft. Die Zustimmung erteilt der Vorstand (Geschäftsführer); bei Gesellschaften mit beschränkter Haftung kann der Gesellschaftsvertrag etwas anderes bestimmen.

(6) Kapitalanlagegesellschaften dürfen außer den in Absatz 1 genannten Geschäften folgende Geschäfte und Tätigkeiten betreiben:

1. Anteilscheine für andere verwahren und verwalten, die nach den Vorschriften dieses Gesetzes oder von einer ausländischen Investmentgesellschaft ausgegeben worden sind;
2. einzelne in Finanzinstrumenten im Sinne des § 1 Abs. 11 des Gesetzes über das Kreditwesen angelegte Vermögen für andere verwalten, sofern die Kapitalanlagegesellschaft befugt ist, Wertpapier- oder Beteiligungs-Sondervermögen zu verwalten;

2a. einzelne in Grundstücken angelegte Vermögen für andere verwalten, sofern die Kapitalanlagegesellschaft befugt ist, Grundstücks-Sondervermögen zu verwalten;

3. sonstige mit den in Absatz 1 genannten Geschäften unmittelbar verbundene Nebentätigkeiten;
4. sich an Unternehmen beteiligen, wenn der Geschäftszweck des Unternehmens gesetzlich oder satzungsmäßig im wesentlichen auf Geschäfte ausgerichtet ist, welche die Kapitalanlagegesellschaft selbst betreiben darf, und eine Haftung der Kapitalanlagegesellschaft aus der Beteiligung durch die Rechtsform des Unternehmens beschränkt ist.

Kapitalanlagegesellschaften, die ihre Absicht, Anteile an einem Wertpapier-Sondervermögen in einem anderen Mitgliedstaat der Europäischen Union oder in einem anderen Vertragsstaat des Abkommens über den Europäischen Wirtschaftsraum zu vertreiben, gemäß § 24b Abs. 1 angezeigt haben, dürfen das in Satz 1 Nr. 2 oder 2a genannte Geschäft nicht und das in Satz 1 Nr. 1 genannte Geschäft nur insoweit ausüben, als dieses Anteilscheine zum Gegenstand hat, die von der Kapitalanlagegesellschaft, einem Mutter-, Schwester- oder Tochterunternehmen der Kapitalanlagegesellschaft, das selbst eine Kapitalanlagegesellschaft oder eine ausländische Investmentgesellschaft ist, oder von einer anderen Kapitalanlagegesellschaft oder einer ausländischen Investmentgesellschaft, an der eine bedeutende Beteiligung der Kapitalanlagegesellschaft besteht, ausgegeben worden sind. Das Betreiben der Geschäfte nach Satz 1 Nr. 1 bis 2a durch Tochterunternehmen steht der Ausstellung einer Bescheinigung gemäß § 24b Abs. 1 Satz 2 nicht entgegen.

§ 2. [Aufsicht]. (1) Das Bundesaufsichtsamt für das Kreditwesen (Bankaufsichtsbehörde) übt die Aufsicht über die Kapitalanlagegesellschaften und Depotbanken nach den Vorschriften dieses Gesetzes und des Gesetzes über das Kreditwesen aus. Die Bankaufsichtsbehörde ist befugt, im Rahmen der Aufsicht alle Anordnungen zu treffen, die erforderlich und geeignet sind, um den Geschäftsbetrieb einer Kapitalanlagegesellschaft und die Tätigkeit einer Depotbank mit diesem Gesetz, den auf Grund dieses Gesetzes erlassenen Bestimmungen und den Vertragsbedingungen im Einklang zu erhalten.

4

(2) Die Erlaubnis zum Geschäftsbetrieb darf einer Kapitalanlagegesellschaft nur erteilt werden, wenn

a) das eingezahlte Nennkapital mindestens fünf Millionen Deutsche Mark beträgt,
b) die Geschäftsleiter der Kapitalanlagegesellschaft zuverlässig sind und die zur Leitung der Kapitalanlagegesellschaft erforderliche fachliche Eignung haben und
c) die Satzung (Gesellschaftsvertrag) der Kapitalanlagegesellschaft vorsieht, daß außer den Geschäften, die zur Anlage ihres eigenen Vermögens erforderlich sind, nur die in § 1 Abs. 1 und 6 Satz 1 genannten Geschäfte und Tätigkeiten betrieben werden.

§ 3. [Aufsichtsrat]

§ 4. [Aufsichtsratsmitglieder]

§ 5. [Unzulässige Rechtsgeschäfte]. Mitglieder des Vorstandes (Geschäftsführer) oder des Aufsichtsrats einer Kapitalanlagegesellschaft können Gegenstände des Sondervermögens weder von der Gesellschaft kaufen noch an diese verkaufen, sofern die Gesellschaft bei den Geschäften für gemeinsame Rechnung der Anteilinhaber handelt. Dies gilt nicht für den Erwerb und die Rückgabe von Anteilscheinen der Kapitalanlagegesellschaft.

§ 6. [Sondervermögen]. (1) Das bei der Kapitalanlagegesellschaft gegen Ausgabe von Anteilscheinen eingelegte Geld und die damit angeschafften Vermögensgegenstände bilden ein Sondervermögen. Die zum Sondervermögen gehörenden Gegenstände können nach Maßgabe der Vertragsbedingungen, nach denen sich das Rechtsverhältnis der Kapitalanlagegesellschaft zu den Anteilinhabern bestimmt, im Eigentum der Kapitalanlagegesellschaft oder im Miteigentum der Anteilinhaber stehen. Das Sondervermögen ist von dem eigenen Vermögen der Kapitalanlagegesellschaft getrennt zu halten.

(2) Zum Sondervermögen gehört auch alles, was die Kapitalanlagegesellschaft auf Grund eines zum Sondervermögen gehörenden Rechts oder durch ein Rechtsgeschäft erwirbt, das sich auf das Sondervermögen bezieht, oder was derjenige, dem das Sondervermögen zusteht, als Ersatz für ein zum Sondervermögen gehörendes Recht erwirbt.

(3) Die Kapitalanlagegesellschaft darf mehrere Sondervermögen bilden. Diese haben sich durch ihre Beziehungen zu unterscheiden und sind getrennt zu halten.

(4) Vermögensgegenstände die von der Kapitalanlagegesellschaft gemäß § 1 Abs. 6 Satz 1 Nr. 2 oder 2a verwaltet werden, bilden keine Sondervermögen.

§ 7. [Bezeichnungsschutz]

Zweiter Abschnitt

Besondere Vorschriften für Geldmarkt-Sondervermögen

§ 7a. [Begriff: Geldmarktinstrumente]. (1) Für Kapitalanlagegesellschaften, die das bei ihnen eingelegte Geld in Geldmarktinstrumenten und Bankguthaben (Geldmarkt-Sondervermögen) anlegen, gelten die Vorschriften des Dritten Abschnitts sinngemäß, soweit sich aus den nachfolgenden Vorschriften dieses Abschnitts nichts anderes ergibt.

(2) Geldmarktinstrumente sind verzinsliche Wertpapiere und Schuldscheindarlehen, die im Zeitpunkt ihres Erwerbs für das Sondervermö-

gen eine restliche Laufzeit von höchstens zwölf Monaten haben oder deren Verzinsung nach den Ausgabebedingungen während ihrer gesamten Laufzeit regelmäßig, mindestens aber einmal in zwölf Monaten, marktgerecht angepaßt wird.

§ 7b. [Anlagevorschriften]

§ 7c. [Anlage in Geldmarktinstrumenten desselben Ausstellers]

§ 7d. [Anlage von Mitteln des Geldmarkt-Sondervermögens]

Dritter Abschnitt

Besondere Vorschriften für Wertpapier-Sondervermögen

§ 8. [Anlagevorschriften]. (1) Das von der Kapitalanlagegesellschaft verwaltete Wertpapier-Sondervermögen darf vorbehaltlich der Absätze 2 und 3 und der §§ 8b, 8d bis 8l nur bestehen aus

1. Wertpapieren, die an einer Börse in einem Mitgliedstaat der Europäischen Union oder in einem anderen Vertragsstaat des Abkommens über den Europäischen Wirtschaftsraum zum amtlichen Handel zugelassen oder in einen anderen organisierten Markt in einem Mitgliedstaat oder in einem anderen Vertragsstaat des Abkommens über den Europäischen Wirtschaftsraum einbezogen sind, der anerkannt und für das Publikum offen ist und dessen Funktionsweise ordnungsgemäß ist (organisierter Markt),
2. Wertpapieren, deren Zulassung an einer Börse in einem Mitgliedstaat der Europäischen Union oder in einem anderen Vertragsstaat des Abkommens über den Europäischen Wirtschaftsraum zum amtlichen Handel oder deren Einbeziehung in einen anderen organisierten Markt in einem Mitgliedstaat oder in einem anderen Vertragsstaat des Abkommens über den Europäischen Wirtschaftsraum nach den Ausgabebedingungen zu beantragen ist, sofern die Zulassung oder Einbeziehung dieser Wertpapiere innerhalb eines Jahres nach ihrer Ausgabe erfolgt,
3. Wertpapieren, die ausschließlich an einer Börse außerhalb der Mitgliedstaaten der Europäischen Union oder außerhalb der anderen Vertragsstaaten des Abkommens über den Europäischen Wirtschaftsraum zum amtlichen Handel zugelassen oder dort in einen organisierten Markt einbezogen sind, sofern die Wahl dieser Börse oder dieses organisierten Marktes in den Vertragsbedingungen vorgesehen ist,
4. Wertpapieren, deren Zulassung an einer Börse zum amtlichen Handel oder Einbeziehung in einen organisierten Markt außerhalb der Mitgliedstaaten der Europäischen Union oder außerhalb der anderen Vertragsstaaten des Abkommens über den Europäischen Wirtschaftsraum nach den Ausgabebedingungen zu beantragen ist, sofern die Wahl dieser Börse oder dieses organisierten Marktes in den Vertragsbedingungen vorgesehen und die Zulassung oder Einbeziehung dieser Wertpapiere innerhalb eines Jahres nach der Ausgabe erfolgt,
5. Aktien, die dem Sondervermögen bei einer Kapitalerhöhung aus Gesellschaftsmitteln zustehen,
6. Wertpapieren, die in Ausübung von Bezugsrechten, die zum Sondervermögen gehören, erworben werden,
7. Bezugsrechten, sofern sich die Wertpapiere, aus denen die Bezugsrechte herrühren, im Sondervermögen befinden könnten.

(2) Bis zu 10 vom Hundert des Wertes des Sondervermögens dürfen insgesamt angelegt werden in

1. Wertpapieren, die nicht zum amtlichen Handel an einer Börse zugelassen oder in einen organisierten Markt einbezogen sind, mit Ausnahme der in Absatz 3 aufgeführten Geldmarktpapiere,

1a. Aktien, welche die Anforderungen des Absatzes 1 Nr. 2 oder 4 erfüllen,

2. Forderungen aus Gelddarlehen, die Teilbeträge eines von einem Dritten gewährten Gesamtdarlehens sind und über die ein Schuldschein ausgestellt ist (Schuldscheindarlehen), sofern diese Forderungen nach dem Erwerb für das Sondervermögen mindestens zweimal abgetreten werden können und das Darlehen gewährt wurde
   a) dem Bund, einem Sondervermögen des Bundes, einem Bundesland, der Europäischen Union oder einem Staat, der Mitglied der Organisation für wirtschaftliche Zusammenarbeit und Entwicklung ist,
   b) einer anderen inländischen Gebietskörperschaft oder einer Regionalregierung oder örtlichen Gebietskörperschaft eines anderen Mitgliedstaates der Europäischen Union oder eines anderen Vertragsstaates des Abkommens über den Europäischen Wirtschaftsraum, für die nach Artikel 7 der Richtlinie 89/647/EWG

4

des Rates vom 18. Dezember 1989 über einen Solvabilitätskoeffizienten für Kreditinstitute (ABl. EG Nr. L 386 S. 14) die Gewichtung Null bekanntgegeben worden ist,

c) sonstige Körperschaften oder Anstalten des öffentlichen Rechts mit Sitz im Inland oder in einem anderen Mitgliedstaat der Europäischen Union oder einem anderen Vertragsstaat des Abkommens über den Europäischen Wirtschaftsraum,

d) Unternehmen, die Wertpapiere ausgegeben haben, die an einer inländischen oder ausländischen Börse zum amtlichen Handel zugelassen sind, oder

e) gegen Übernahme der Gewährleistung für die Verzinsung und Rückzahlung durch eine der in den Buchstaben a bis c bezeichneten Stellen.

(2a) Die Kapitalanlagegesellschaft hat sicherzustellen, daß der Wert der Vermögensgegenstände nach den Absätzen 1 und 2 abzüglich der nach Absatz 3a anstelle von Bankguthaben oder Geldmarktpapieren gehaltenen Anteile und der in Wertpapieren verbrieften Finanzinstrumente 51 vom Hundert des Wertes des Sondervermögens nicht unterschreitet.

4

(3) Ein Anteil von bis zu 49 vom Hundert des Wertes des Sondervermögens darf in Bankguthaben und in Einlagenzertifikaten von Kreditinstituten, unverzinslichen Schatzanweisungen und Schatzwechseln des Bundes, der Sondervermögen des Bundes, der Bundesländer sowie in vergleichbaren Papieren der Europäischen Union oder von anderen Staaten, die Mitglieder der Organisation für wirtschaftliche Zusammenarbeit und Entwicklung sind, gehalten werden. Die vorgenannten Geldmarktpapiere dürfen im Zeitpunkt ihres Erwerbs für das Sondervermögen eine restliche Laufzeit von höchstens zwölf Monaten haben.

(3a) Abweichend von § 8b Abs. 1 Satz 1 dürfen innerhalb der in Absatz 3 Satz 1 genannten Grenze nach den Vertragsbedingungen anstelle von Bankguthaben oder Geldmarktpapieren gehalten werden

1. Anteile an einem oder mehreren Geldmarkt-Sondervermögen,
2. Anteile an einem oder mehreren nach dem Grundsatz der Risikomischung angelegten Vermögen, die von einer ausländischen Investmentgesellschaft ausgegeben wurden, welche einer wirksamen öffentlichen Aufsicht zum Schutz der Anteilinhaber unterliegt,

wenn nach den Vertragsbedingungen oder der Satzung der Kapitalanlagegesellschaft oder der ausländischen Investmentgesellschaft das Vermögen ausschließlich in Geldmarktpapieren nach Absatz 3 Satz 1 und 2 und in Bankguthaben bei der Depotbank oder einem anderen Kreditinstitut angelegt werden darf und diese Mitglieder einer Einlagensicherungseinrichtung oder einer entsprechenden ausländischen Sicherungseinrichtung sind, welche die Bankguthaben in vollem Umfang schützt. § 8b Abs. 1 Satz 4 ist nicht anzuwenden, wenn dieses Sondervermögen ein Spezialfonds ist. [...]

(4) Für Wertpapier-Sondervermögen dürfen Edelmetalle und Zertifikate über Edelmetalle nicht erworben werden.

(5) *(aufgehoben)*

§ 8a. [Anlage in Wertpapieren und Schuldscheindarlehen desselben Ausstellers]

§ 8b. [Verbot, Anteile anderer Sondervermögen und ausländische Investmentanteile zu erwerben]

§ 8c. [Überschreiten gesetzlich vorgeschriebener Anlagegrenzen in bestimmten Fällen]

§ 8d. [Zulassung von Kapitalanlagegesellschaften zum Wertpapier-Optionshandel]. (1) Die Kapitalanlagegesellschaft darf im Rahmen der ordnungsgemäßen Verwaltung eines Wertpapier-Sondervermögens für dessen Rechnung unter den Voraussetzungen der §§ 8e bis 8l nur folgende Geschäfte tätigen, die Finanzinstrumente zum Gegenstand haben:

1. einem Dritten gegen Entgelt das Recht einräumen, während einer bestimmten Zeit zu einem von vornherein genannten Preis (Basispreis) die Lieferung oder die Abnahme eines Wertpapiers oder die Zahlung eines Differenzbetrags zu verlangen, der sich an der Wertentwicklung eines Wertpapiers bemißt (Wertpapier-Optionsrechte), oder solche Optionsrechte erwerben;
2. Wertpapier-Terminkontrakte, Terminkontrakte auf einen anerkannten Wertpapierindex oder Zinsterminkontrakte (Finanzterminkontrakte) abschließen sowie Optionsrechte zum Erwerb oder zur Veräußerung eines Finanzterminkontraktes oder auf Zahlung eines Differenzbetrags, der sich an der Wertentwicklung eines Finanzterminkontraktes bemißt, einräumen oder erwerben;
3. Optionsrechte auf Zahlung eines Differenzbetrags, der sich an der Wertentwicklung eines anerkannten Wertpapierindexes bemißt (Wertpapierindex-Optionsrechte), einräumen oder erwerben;
4. Devisenterminkontrakte abschließen sowie Optionsrechte zum Erwerb oder zur Veräußerung von Devisen oder eines Devisenterminkontraktes oder auf Zahlung eines Differenz-

betrags, der sich an der Wertentwicklung von Devisen oder eines Devisenterminkontraktes bemißt, einräumen oder erwerben;
5. Austausch von Zahlungsverpflichtungen, die
   a) auf verschiedene Währung lauten,
   b) auf der Grundlage von verschiedenen Zinssätzen ermittelt werden oder
   c) auf verschiedene Währungen lauten und auf der Grundlage von verschiedenen Zinssätzen ermittelt werden,

   vereinbaren (Swaps).

(2) Optionsrechte im Sinne des Absatzes 1 Nr. 1 bis 4, deren Optionsbedingungen das Recht auf Zahlung eines Differenzbetrags einräumen, darf die Kapitalanlagegesellschaft nur einräumen oder erwerben, wenn die Optionsbedingungen vorsehen, daß
1. der Differenzbetrag zu ermitteln ist als ein Bruchteil, das Einfache oder das Mehrfache (Differenzbetragsmultiplikator) der Differenz zwischen dem
   a) Wert oder Indexstand des Basiswerts zum Ausübungszeitpunkt und dem Basispreis oder dem als Basispreis vereinbarten Indexstand oder
   b) Basispreis oder dem als Basispreis vereinbarten Indexstand und dem Wert oder Indexstand des Basiswerts zum Ausübungszeitpunkt,
2. bei negativem Differenzbetrag eine Zahlung entfällt.

(3) Die Kapitalanlagegesellschaft unterrichtet die Depotbank unverzüglich über den Abschluß und die Abwicklung von Geschäften für Rechnung des Wertpapier-Sondervermögens, die Finanzinstrumente zum Gegenstand haben.

§§ 8e bis 8m und §§ 9 bis 9d. [Nicht abgedruckt].

§ 9e. [Wertpapierpensionsgeschäfte]. (1) Die Kapitalanlagegesellschaft darf für Rechnung eines Wertpapier-Sondervermögens Pensionsgeschäfte im Sinne des § 340b Abs. 2 des Handelsgesetzbuchs mit Kreditinstituten oder Finanzdienstleistungsinstituten abschließen, wenn dies in den Vertragsbedingungen vorgesehen ist. Die Pensionsgeschäfte müssen Wertpapiere zum Gegenstand haben, die nach den Vertragsbedingungen für das Sondervermögen erworben werden dürfen. Die Pensionsgeschäfte dürfen höchstens eine Laufzeit von zwölf Monaten haben. Die in Pension genommenen Wertpapiere sind auf die Anlagegrenzen des § 8a Abs. 1 und 1a anzurechnen.

(2) Der von der Kapitalanlagegesellschaft als Pensionsgeber für Rechnung des Sondervermögens empfangene Betrag ist auf die in § 9 Abs. 4 Satz 1 für die Kreditaufnahme geltende Grenze anzurechnen. Die von der Kapitalanlagegesellschaft als Pensionsnehmer gezahlten Beträge sind auf die Grenze in § 8 Abs. 3 Satz 1 anzurechnen.

§ 10. [Verwaltung und Haftung des Sondervermögens]. (1) Die Kapitalanlagegesellschaft hat mit der Sorgfalt eines ordentlichen Kaufmanns das Sondervermögen für gemeinschaftliche Rechnung der Anteilinhaber zu verwalten. Sie handelt bei der Wahrnehmung ihrer Aufgaben unabhängig von der Depotbank und ausschließlich im Interesse der Anteilinhaber, insbesondere auch bei der Ausübung der mit dem Sondervermögen verbundenen Stimm- und Gläubigerrechte. Die Kapitalanlagegesellschaft soll das Stimmrecht aus Aktien von Gesellschaften, die ihren Sitz im Geltungsbereich dieses Gesetzes haben, im Regelfall selbst ausüben. Sie darf einen anderen zur Ausübung des Stimmrechts nur für den Einzelfall ermächtigen; dabei soll sie Weisungen für die Ausübung erteilen.

(1a) Die Kapitalanlagegesellschaft ist hinsichtlich der von ihr verwalteten Sondervermögen kein kontrolliertes Unternehmen im Sinne des § 22 Abs. 1 Nr. 2 des Wertpapierhandelsgesetzes. Stimmrechte aus Aktien, die zu einem von einer Kapitalanlagegesellschaft verwalteten Sondervermögen gehören, dessen Vermögensgegenstände im Miteigentum der Anteilinhaber stehen, gelten für die Anwendung des § 21 Abs. 1 des Wertpapierhandelsgesetzes als Stimmrechte der Kapitalanlagegesellschaft; stehen die Vermögensgegenstände des Sondervermögens im Eigentum der Kapitalanlagegesellschaft, ist auf die Stimmrechte § 22 Abs. 1 des Wertpapierhandelsgesetzes nicht anzuwenden. Stimmrechte aus Aktien, die zu einem von einer Kapitalanlagegesellschaft verwalteten Sondervermögen gehören, bleiben bei der Berechnung des Stimmrechtsanteils nach § 21 Abs. 1 des Wertpapierhandelsgesetzes unberücksichtigt, wenn der Stimmrechtsanteil unter Einbeziehung der Stimmrechte aus diesen Aktien unter 10 Prozent liegt.

(2) Das Sondervermögen haftet nicht für Verbindlichkeiten der Kapitalanlagegesellschaft; dies gilt auch für Verbindlichkeiten der Kapitalanlagegesellschaft aus Rechtsgeschäften, die sie für gemeinschaftliche Rechnung der Anteilinhaber schließt. Die Kapitalanlagegesellschaft ist nicht berechtigt, im Namen der Anteilinhaber Verbindlichkeiten einzugehen. Von den Vorschriften dieses Absatzes abweichende Vereinbarungen sind unwirksam.

(3) Die Kapitalanlagegesellschaft kann sich wegen ihrer Ansprüche auf Vergütung und auf Ersatz von Aufwendungen aus den für gemeinschaftliche Rechnung der Anteilinhaber getätigten Geschäfte sowie wegen der von ihr an die Depotbank nach § 12c Abs. 2 Satz 2 zu leistenden Beträge nur aus dem Sondervermögen befriedigen; die Anteilinhaber haften ihr nicht persönlich.

(4) Werden nicht voll eingezahlte Aktien in ein Sondervermögen aufgenommen, so haftet die Kapitalanlagegesellschaft für die Leistung der ausstehenden Einlagen nur mit dem eigenen Vermögen.

§ 11. [Aufhebungsanspruch; Auszahlungsanspruch]. (1) Kein Anteilinhaber kann die Aufhebung der in Ansehung des Sondervermögens bestehenden Gemeinschaft der Anteilinhaber verlangen; ein solches Recht steht auch nicht einem Pfandgläubiger oder Pfändungsgläubiger oder dem Konkursverwalter über das Vermögen eines Anteilinhabers zu.

4

(2) Jeder Anteilinhaber kann verlangen, daß ihm gegen Rückgabe des Anteilscheins sein Anteil an dem Sondervermögen aus diesem ausgezahlt wird; die Einzelheiten sind in den Vertragsbedingungen festzulegen. In den Vertragsbedingungen kann vorgesehen werden, daß die Kapitalanlagegesellschaft die Rücknahme der Anteilscheine aussetzen darf, wenn außergewöhnliche Umstände vorliegen, die eine Aussetzung unter Berücksichtigung der Interessen der Anteilinhaber erforderlich erscheinen lassen. Solange die Rücknahme ausgesetzt ist, dürfen keine Anteilscheine ausgegeben werden. Die Kapitalanlagegesellschaft hat der Bankaufsichtsbehörde, der Deutschen Bundesbank und den zuständigen Stellen der anderen Mitgliedstaaten der Europäischen Union oder anderen Vertragsstaaten des Abkommens über den Europäischen Wirtschaftsraum, in denen sie Anteile des Sondervermögens vertreibt, die Entscheidung zur Aussetzung der Rücknahme unverzüglich anzuzeigen. Die Kapitalanlagegesellschaft hat die Anteilinhaber in geeigneter Weise über die Aussetzung und die Wiederaufnahme der Rücknahme der Anteilscheine zu unterrichten. Die Sätze 4 und 5 sind nicht auf Spezialfonds (§ 1 Abs. 2) anzuwenden.

(3) Die Bankaufsichtsbehörde kann anordnen, daß die Kapitalanlagegesellschaft die Rücknahme der Anteilscheine auszusetzen hat, wenn dies im Interesse der Anteilinhaber erforderlich ist. Absatz 2 Satz 3, 5 und 6 ist entsprechend anzuwenden.

§ 12. [Depotbank]. (1) Mit der Verwaltung von Sondervermögen sowie mit der Ausgabe und Rücknahme von Anteilscheinen hat die Kapitalanlagegesellschaft ein anderes Kreditinstitut (Depotbank) zu beauftragen. Die Depotbank muß ihren Sitz im Geltungsbereich dieses Gesetzes haben. Als Depotbank kann auch eine Zweigniederlassung im Geltungsbereich dieses Gesetzes eines Kreditinstituts im Sinne des § 53b Abs. 1 Satz 1 des Gesetzes über das Kreditwesen beauftragt werden; die ordnungsgemäße Wahrnehmung der Depotbankaufgaben bei dieser Zweigniederlassung ist durch einen geeigneten Prüfer nach Maßgabe der Absätze 1a und 1b einmal jährlich zu prüfen. Geschäftsleiter, Prokuristen und die zum gesamten Geschäftsbetrieb ermächtigten Handlungsbevollmächtigten der Depotbank dürfen nicht gleichzeitig Angestellte der Kapitalanlagegesellschaft sein; Geschäftsleiter, Prokuristen und die zum gesamten Geschäftsbetrieb ermächtigten Handlungsbevollmächtigten der Kapitalanlagegesellschaft dürfen nicht gleichzeitig Angestellte der Depotbank sein. Die Depotbank muß ein haftendes Eigenkapital von mindestens zehn Millionen Deutsche Mark haben; dies gilt nicht, wenn die Depotbank eine Wertpapiersammelbank im Sinne von § 1 Abs. 3 des Depotgesetzes ist.

(1a) Die Prüfung gemäß Absatz 1 Satz 3 hat sich darauf zu erstrecken, ob die Zweigniederlassung ihre gesetzlichen oder vertraglichen Pflichten als Depotbank ordnungsgemäß erfüllt. Die Zweigniederlassung hat den Prüfer spätestens zwei Monate nach Ablauf des Kalenderjahres zu bestellen, auf das sich die Prüfung erstreckt. Geeignete Prüfer sind Wirtschaftsprüfer, die hinsichtlich des Prüfungsgegenstandes über ausreichende Erfahrung verfügen. Der Prüfer hat den Prüfungsbericht unverzüglich nach Beendigung der Prüfung der Bankaufsichtsbehörde und der Deutschen Bundesbank einzureichen. Die Zweigniederlassung hat den Prüfer vor der Erteilung des Prüfungsauftrags der Bankaufsichtsbehörde anzuzeigen. Die Bankaufsichtsbehörde kann innerhalb eines Monats nach Zugang der Anzeige die Bestellung eines anderen Prüfers verlangen, wenn dies zur Erreichung des Prüfungszweckes geboten ist; Widerspruch und Anfechtungsklage hiergegen haben keine aufschiebende Wirkung.

(1b) [...]

(2) Bei der Wahrnehmung ihrer Aufgaben handelt die Depotbank unabhängig von der Kapitalanlagegesellschaft und ausschließlich im Interesse der Anteilinhaber. Die Depotbank hat jedoch die Weisungen der Kapitalanlagege-

sellschaft auszuführen, sofern diese nicht gegen gesetzliche Vorschriften oder die Vertragsbedingungen verstoßen.

(3) Die Auswahl sowie jeder Wechsel der Depotbank bedürfen der Genehmigung der Bankaufsichtsbehörde. [...]

§ 12a. [Einrichtung gesperrter Depots und gesperrter Konten]. (1) Die zu einem Sondervermögen gehörenden Wertpapiere und Einlagenzertifikate sind von der Depotbank in ein gesperrtes Depot zu legen. Die Depotbank darf die Wertpapiere nur einer Wertpapiersammelbank im Sinne von § 1 Abs. 3 des Depotgesetzes zur Verwahrung anvertrauen; Wertpapiere, die an ausländischen Börsen zugelassen oder in ausländische organisierte Märkte einbezogen sind, oder sonstige ausländische Wertpapiere kann sie einer ausländischen Bank zur Verwahrung anvertrauen. Der Preis für die Ausgabe von Anteilscheinen ist an die Depotbank zu entrichten und, soweit er gemäß § 21 Abs. 1 Satz 2 dem Sondervermögen zuzuführen ist, von der Depotbank auf einem für das Sondervermögen eingerichteten gesperrten Konto zu verbuchen; dies gilt auch für den Kaufpreis aus dem Verkauf von Wertpapieren und sonstigen Vermögensgegenständen des Sondervermögens, für die anfallenden Erträge, Entgelte für Wertpapier-Darlehen und für den Optionspreis, den ein Dritter für das ihm für Rechnung des Sondervermögens eingeräumte Optionsrecht zahlt.

(2) Aus den gesperrten Konten oder Depots führt die Depotbank auf Weisung der Kapitalanlagegesellschaft die Bezahlung des Kaufpreises beim Erwerb von Wertpapieren oder sonstigen Vermögensgegenständen, die Leistung von Einschüssen beim Abschluß von Finanzterminkontrakten, die Lieferung beim Verkauf von Wertpapieren und sonstigen Vermögensgegenständen, die Lieferung bei der darlehensweisen Übertragung von Wertpapieren, die Zahlung des Rücknahmepreises bei der Rücknahme von Anteilen sowie die Ausschüttung der Gewinnanteile an die Anteilinhaber durch.

(3) Die Depotbank ist berechtigt und verpflichtet, auf den gesperrten Konten vorhandene Guthaben auf Sperrkonten bei einem anderen von der Kapitalanlagegesellschaft bezeichneten Kreditinstitut zu übertragen, wenn und soweit das Guthaben auf dem bei ihr geführten Sperrkonto den Betrag überschreitet, der durch eine Sicherungseinrichtung (§ 12 Abs. 3 Satz 2) geschützt wird. Die übertragenen Guthaben müssen bei dem anderen Kreditinstitut in vollem Umfang durch eine Sicherungseinrichtung geschützt sein.

(3a) Auf Weisung der Kapitalanlagegesellschaft dürfen Guthaben auf Sperrkonten bei anderen Kreditinstituten unterhalten werden, die Mitglied einer Einlagensicherungseinrichtung oder einer entsprechenden Sicherungseinrichtung eines anderen Mitgliedstaats der Europäischen Union oder eines anderen Vertragsstaats des Abkommens über den Europäischen Wirtschaftsraum sind, soweit die Guthaben durch die Sicherungseinrichtung in vollem Umfang geschützt sind. Die Anlage von Mitteln des Sondervermögens in Guthaben bei anderen Kreditinstituten sowie Verfügungen über diese Guthaben bedürfen der Zustimmung der Depotbank. Die Depotbank muß die Zustimmung erteilen, wenn die Anlage oder Verfügung mit den Vorschriften dieses Gesetzes und den Vertragsbedingungen vereinbar ist.

(4) Verfügungen über zum Sondervermögen gehörende Schuldscheindarlehen bedürfen der Zustimmung der Depotbank. Die Depotbank muß einer Verfügung zustimmen, wenn diese mit den Vorschriften dieses Gesetzes und den Vertragsbedingungen vereinbar ist. 4

(5) Der Erwerb von Wertpapieren und Bezugsrechten für das Sondervermögen darf höchstens zum Tageskurs, die Veräußerung muß mindestens zum Tageskurs erfolgen. Wertpapiere dürfen abweichend von Satz 1 zum vereinbarten Terminpreis oder Basispreis erworben oder veräußert werden, wenn dies zur Erfüllung eines Wertpapier-Terminkontraktes oder in Ausübung des einem Dritten eingeräumten Optionsrechtes geschieht. Wertpapiere, die nicht an einer Börse zugelassen oder in einen organisierten Markt einbezogen sind, Schuldscheindarlehen und Geldmarktpapiere dürfen höchstens zu einem Preis erworben werden, der unter Berücksichtigung der Bewertungsregeln nach § 21 Abs. 3 angemessen ist; bei der Veräußerung darf die Gegenleistung den von der Depotbank zuletzt ermittelten Wert nicht oder nur unwesentlich unterschreiten.

§ 12b. [Weitere Pflichten der Depotbank]. Die Depotbank hat dafür zu sorgen, daß

1. die Ausgabe und die Rücknahme von Anteilscheinen und die Berechnung des Wertes der Anteile den Vorschriften dieses Gesetzes und den Vertragsbedingungen entsprechen,
2. bei den für gemeinschaftliche Rechnung der Anteilinhaber getätigten Geschäften der Gegenwert innerhalb der üblichen Fristen in ihre Verwahrung gelangt und
3. die Erträge des Sondervermögens gemäß den Vorschriften dieses Gesetzes und den Vertragsbedingungen verwendet werden.

§ 12c. [Ansprüche zwischen Depotbank und Kapitalanlagegesellschaft]. (1) Die Depotbank darf der Kapitalanlagegesellschaft aus den zu einem Sondervermögen gehörenden Konten nur die ihr nach den Vertragsbedingungen für die Verwaltung des Sondervermögens zustehende Vergütung und den ihr zustehenden Ersatz von Aufwendungen auszahlen. Die ihr selbst für die Verwahrung des Sondervermögens zustehende Vergütung darf sie nur mit Zustimmung der Kapitalanlagegesellschaft entnehmen.

(2) Die Depotbank ist berechtigt und verpflichtet, im eigenen Namen

1. Ansprüche der Anteilinhaber gegen die Kapitalanlagegesellschaft geltend zu machen und
2. im Wege einer Klage nach § 771 der Zivilprozeßordnung Widerspruch zu erheben, wenn in ein Sondervermögen wegen eines Anspruchs vollstreckt wird, für den das Sondervermögen nicht haftet; die Anteilinhaber können nicht selbst Widerspruch gegen die Zwangsvollstreckung erheben.

4

Die Depotbank kann für diese Tätigkeit von der Kapitalanlagegesellschaft eine angemessene Vergütung und Ersatz der ihr entstehenden Aufwendungen verlangen. Satz 1 Nr. 1 schließt die Geltendmachung von Ansprüchen gegen die Kapitalanlagegesellschaft durch die Anteilinhaber nicht aus.

(3) Die Kapitalanlagegesellschaft ist berechtigt und verpflichtet, im eigenen Namen Ansprüche der Anteilinhaber gegen die Depotbank geltend zu machen. Dies schließt die Geltendmachung dieser Ansprüche durch die Anteilinhaber nicht aus.

§ 13. [Kündigung; Auflösung, Konkurs der Kapitalanlagegesellschaft]. (1) Die Kapitalanlagegesellschaft ist berechtigt, die Verwaltung eines Sondervermögens unter Einhaltung einer Kündigungsfrist von drei Monaten durch Bekanntmachung im Bundesanzeiger und im Rechenschaftsbericht oder Halbjahresbericht zu kündigen. Die Vertragsbedingungen können eine längere Kündigungsfrist vorsehen.

(2) Die Kapitalanlagegesellschaft kann ihre Auflösung nicht für einen früheren als den Zeitpunkt beschließen, in dem ihr Recht zur Verwaltung aller Sondervermögen erlischt. [...]

§ 14. [Abwicklung des Sondervermögens]. (1) Erlischt das Recht der Kapitalanlagegesellschaft, ein Sondervermögen zu verwalten, so geht, wenn das Sondervermögen im Eigentum der Kapitalanlagegesellschaft steht, das Sondervermögen, wenn es im Miteigentum der Anteilinhaber steht, das Verfügungsrecht über das Sondervermögen auf die Depotbank über.

(2) Die Depotbank hat das Sondervermögen abzuwickeln und an die Anteilinhaber zu verteilen. Mit Genehmigung der Bankaufsichtsbehörde kann sie von der Abwicklung und Verteilung absehen und einer anderen Kapitalanlagegesellschaft die Verwaltung des Sondervermögens nach Maßgabe der bisherigen Vertragsbedingungen übertragen. Die Bankaufsichtsbehörde kann die Genehmigung mit Nebenbestimmungen verbinden. § 415 des Bürgerlichen Gesetzbuchs ist nicht anzuwenden. Die Übertragung der Verwaltung eines Spezialfonds (§ 1 Abs. 2) auf eine andere Kapitalanlagegesellschaft bedarf nicht der Genehmigung der Bankaufsichtsbehörde.

§ 15. [Vertragsbedingungen]. (1) Die Vertragsbedingungen, nach denen sich das Rechtsverhältnis der Kapitalanlagegesellschaft zu den Anteilinhabern bestimmt, sind vor Ausgabe der Anteilscheine schriftlich festzulegen.

(2) Die Vertragsbedingungen sowie deren Änderungen, wenn sie die nach Absatz 3 Buchstabe a bis d und Buchstabe f bis l verlangten Angaben betreffen, bedürfen der Genehmigung der Bankaufsichtsbehörde, sofern es sich nicht um einen Spezialfonds (§ 1 Abs. 2) handelt. Die Genehmigung ist zu erteilen, wenn die Vertragsbedingungen den gesetzlichen Bestimmungen entsprechen und die Interessen der Anteilinhaber ausreichend gewahrt werden. Die Bankaufsichtsbehörde kann die Genehmigung mit Nebenbestimmungen verbinden. Die Kapitalanlagegesellschaft darf die Vertragsbedingungen dem Verkaufsprospekt (§ 19) nur beifügen, wenn die Genehmigung nach Satz 1 erteilt worden ist.

(3) Die Bankaufsichtsbehörde darf Vertragsbedingungen nur genehmigen, wenn sie folgende Angaben enthalten:

a) nach welchen Grundsätzen die Auswahl der zu beschaffenden Wertpapiere erfolgt, insbesondere ob Wertpapiere erworben werden sollen, die an ausländischen Börsen zum amtlichen Handel zugelassen oder in ausländische organisierte Märkte einbezogen sind;
b) ob die zum Sondervermögen gehörenden Gegenstände im Eigentum der Kapitalanlagegesellschaft oder im Miteigentum der Anteilinhaber stehen;
c) welcher Anteil des Sondervermögens höchstens in Bankguthaben und Geldmarktpapieren gemäß § 8 Abs. 3 gehalten werden darf;
d) ob und gegebenenfalls in welcher Höhe ein Mindestanteil des Sondervermögens in Bankguthaben gehalten wird;

e) nach welcher Methode, in welcher Höhe und aufgrund welcher Berechnung die Vergütungen und Aufwendungserstattungen aus dem Sondervermögen an die Kapitalanlagegesellschaft, die Depotbank und Dritte zu leisten sind;
f) wie hoch der Aufschlag bei der Ausgabe der Anteilscheine ist (§ 21 Abs. 2), welche weiteren Beträge von den Zahlungen des Anteilinhabers zur Deckung von Kosten verwendet und wie diese Kosten berechnet werden;
g) unter welchen Voraussetzungen zu welchen Bedingungen und bei welchen Stellen die Anteilinhaber die Rücknahme der Anteilscheine von der Kapitalanlagegesellschaft verlangen können;
h) in welcher Weise und zu welchen Stichtagen der Rechenschaftsbericht und der Halbjahresbericht über die Entwicklung des Sondervermögens und seine Zusammensetzung erstattet und der Öffentlichkeit zugänglich gemacht werden;
i) ob Erträge des Sondervermögens auszuschütten oder wiederanzulegen sind und ob auf Erträge entfallende Teile des Ausgabepreises für ausgegebene Anteilscheine zur Ausschüttung herangezogen werden können (Ertragsausgleichsverfahren);
j) ob, für welchen Zweck und in welchem Umfang für Rechnung des Sondervermögens Geschäfte getätigt werden dürfen, die Finanzinstrumente zum Gegenstand haben;
k) in welcher Weise das Sondervermögen, sofern es nur für eine begrenzte Dauer gebildet wird, abgewickelt und an die Anteilinhaber verteilt wird;
l) welcher Aktienindex nachgebildet werden soll, sofern die Auswahl der für das Sondervermögen zu erwerbenden Aktien nach § 8c Abs. 3 erfolgt.

(3a) Vorgesehene Änderungen der Vertragsbedingungen, die von der Bankaufsichtsbehörde genehmigt sind oder die Angaben nach Absatz 3 Buchstabe e betreffen, sind im Rechenschaftsbericht oder Halbjahresbericht bekanntzumachen. Im Bundesanzeiger ist auf die vorgesehenen Änderungen, ihr Inkrafttreten und die Stelle, an der der Rechenschaftsbericht oder Halbjahresbericht zu erhalten ist, hinzuweisen. Die Änderungen dürfen frühestens drei Monate nach der Bekanntmachung nach Satz 1 in Kraft treten, falls nicht mit Zustimmung der Bankaufsichtsbehörde ein früherer Zeitpunkt bestimmt wird.

(4) Wertpapier-Sondervermögen dürfen, wenn eine Genehmigung nach Absatz 2 erteilt wurde, nicht in Spezialfonds (§ 1 Abs. 2) oder andere Sondervermögen umgewandelt werden.

(5) Die Kapitalanlagegesellschaft hat der Bankaufsichtsbehörde und der Deutschen Bundesbank unverzüglich jeweils nach dem 30. Juni und 31. Dezember in der Form einer Sammelaufstellung die im abgelaufenen Halbjahr aufgelegten und geschlossenen Spezialfonds (§ 1 Abs. 2) anzuzeigen. In der Aufstellung sind außer der Bezeichnung der Sondervermögen die Zahl der Anleger, die Bezeichnung des anderen Sondervermögens und die Firma der Kapitalanlagegesellschaft, wenn diese für Rechnung des anderen Sondervermögens Anteilscheine des Spezialfonds hält, die Depotbank sowie das Geschäftsjahr anzugeben. Tritt bei einem bereits angezeigten Sondervermögen eine Änderung dieser Angaben ein, so ist dies der Bankaufsichtsbehörde und der Deutschen Bundesbank innerhalb von zwei Monaten nach Wirksamwerden der Änderung anzuzeigen.

§ 15a. [Gebühren]

§ 16. [Ausschüttung von Veräußerungsgewinnen]. Die Ausschüttung von Veräußerungsgewinnen ist nur zulässig, wenn die Vertragsbedingungen sie vorsehen.

4

§ 17. *[aufgehoben]*

§ 18. [Anteilscheine]. (1) In den Anteilscheinen werden die Ansprüche des Anteilinhabers gegenüber der Kapitalanlagegesellschaft verbrieft. Die Anteilscheine können auf den Inhaber oder auf Namen lauten. Lauten sie auf Namen, so gelten für sie die §§ 67, 68 des Aktiengesetzes entsprechend. Die Anteilscheine sind von der Kapitalanlagegesellschaft und von der Depotbank zu unterzeichnen. Die Unterzeichnung kann durch mechanische Vervielfältigung geschehen.

(2) Anteilscheine können über einen oder mehrere Anteile desselben Sondervermögens ausgestellt werden. Die Anteile an einem Sondervermögen dürfen nicht verschiedene Rechte haben und müssen sämtliche zu dem Sondervermögen gehörende Gegenstände umfassen.

(3) Stehen die zum Sondervermögen gehörenden Gegenstände den Anteilinhabern gemeinschaftlich zu, so geht mit der Übertragung der in dem Anteilschein verbrieften Ansprüche auch der Anteil des Veräußerers an den zum Sondervermögen gehörenden Gegenständen auf den Erwerber über. Entsprechendes gilt für sonstige rechtsgeschäftliche Verfügungen sowie für Verfügungen, die im Wege der Zwangsvollstreckung oder Arrestvollzie-

hung erfolgen. In anderer Weise kann über den Anteil an den zum Sondervermögen gehörenden Gegenständen nicht verfügt werden.

§ 19. [Verkaufsprospekt]. (1) Vor Vertragsabschluß ist dem Erwerber eines Anteilscheines ein datierter Verkaufsprospekt der Kapitalanlagegesellschaft kostenlos zur Verfügung zu stellen. Dem Verkaufsprospekt sind die Vertragsbedingungen, der zuletzt veröffentlichte Rechenschaftsbericht und der anschließende Halbjahresbericht, sofern er veröffentlicht ist, beizufügen. Dem Erwerber ist außerdem eine Durchschrift des Antrags auf Vertragsabschluß auszuhändigen oder eine Kaufabrechnung zu übersenden, die einen Hinweis auf die Höhe des Ausgabeaufschlags und auf die jährlich zu zahlende Vergütung enthalten müssen.

(2) Die Kapitalanlagegesellschaft hat für von ihr verwaltete Sondervermögen einen Verkaufsprospekt mit den Vertragsbedingungen der Öffentlichkeit zugänglich zu machen. Der Verkaufsprospekt muß alle Angaben enthalten, die im Zeitpunkt des Erwerbs für die Beurteilung der Anteilscheine von wesentlicher Bedeutung sind. Er muß mindestens folgende Angaben enthalten:

4

1. Firma, Rechtsform, Sitz und, wenn sich die Hauptverwaltung nicht am Sitz befindet, Ort der Hauptverwaltung der Kapitalanlagegesellschaft; Zeitpunkt ihrer Gründung; Höhe des gezeichneten und eingezahlten Kapitals; Namen der Mitglieder des Vorstands (der Geschäftsführer) und des Aufsichtsrats unter Angabe der außerhalb der Kapitalanlagegesellschaft ausgeübten Hauptfunktionen, wenn diese für die Kapitalanlagegesellschaft von Bedeutung sind;
2. Firma, Rechtsform, Sitz und, wenn sich die Hauptverwaltung nicht am Sitz befindet, Ort der Hauptverwaltung der Depotbank; Haupttätigkeit der Depotbank;
3. Bezeichnung und Zeitpunkt der Bildung des Sondervermögens; Art und Hauptmerkmale der Anteile, insbesondere Art der durch die Anteilscheine verbrieften Rechte oder Ansprüche; Angaben, ob die Anteilscheine auf den Inhaber oder auf Namen lauten und wie die Anteilscheine gestückelt sind;
4. Beschreibung der Anlageziele des Sondervermögens einschließlich der finanziellen Ziele (z.B. Kapital- oder Ertragssteigerung) und der Anlagepolitik (z.B. Spezialisierung auf geographische Gebiete oder Wirtschaftsbereiche) einschließlich etwaiger Beschränkungen bezüglich dieser Anlagepolitik; Zulässigkeit von Kreditaufnahmen für Rechnung des Sondervermögens;
5. Bedingungen für die Ausgabe und Rücknahme der Anteilscheine; Berechnung der Ausgabe- und Rücknahmepreise der Anteile unter Berücksichtigung der Methode und Häufigkeit der Berechnung dieser Preise und der mit der Ausgabe und der Rücknahme der Anteile verbundenen Kosten; Angaben über Art, Ort und Häufigkeit der Veröffentlichung der Ausgabe- und Rücknahmepreise der Anteile; Voraussetzungen, unter denen die Rücknahme von Anteilen ausgesetzt werden kann; Regeln für die Vermögensbewertung;
6. Beschreibung der Regeln für die Ermittlung und Verwendung der Erträge; Ende des Geschäftsjahres des Sondervermögens; Häufigkeit der Ausschüttung von Erträgen;
7. Kurzangaben über die für die Anteilinhaber bedeutsamen Steuervorschriften einschließlich der Angabe, ob ausgeschüttete Erträge des Sondervermögens einem Quellensteuerabzug unterliegen;
8. die Namen von Beratungsfirmen oder Anlageberatern, wenn ihre Dienste auf Vertragsbasis in Anspruch genommen und die Vergütungen hierfür dem Sondervermögen entnommen werden; Einzelheiten dieser Verträge, die für die Anteilinhaber von Interesse sind und nicht die Vergütungen betreffen; andere Tätigkeiten der Beratungsfirma oder des Anlageberaters von Bedeutung;
9. Angabe der Stellen, bei denen die Rechenschaftsberichte und Halbjahresberichte über das Sondervermögen erhältlich sind;
10. Name des Abschlußprüfers, der mit der Prüfung des Sondervermögens einschließlich des Rechenschaftsberichts beauftragt ist oder beauftragt werden soll;
11. Voraussetzungen für die Auflösung des Sondervermögens unter Angabe von Einzelheiten insbesondere bezüglich der Rechte der Anteilinhaber;
12. die getroffenen Maßnahmen, um die Zahlungen an die Anteilinhaber, die Rücknahme der Anteile sowie die Verbreitung der Berichte und sonstigen Informationen über das Sondervermögen vorzunehmen; falls Anteile in einem anderen Mitgliedstaat der Europäischen Union oder in einem anderen Vertragsstaat des Abkommens über den Europäischen Wirtschaftsraum vertrieben werden, sind Angaben über die in diesem Staat getroffenen Maßnahmen zu machen und in den dort bekanntzumachenden Prospekt aufzunehmen;
13. weitere Sondervermögen, die von der Kapitalanlagegesellschaft verwaltet werden;

14. Belehrung über das Recht des Käufers zum Widerruf nach § 23.

(3) Die Bankaufsichtsbehorde kann verlangen, daß in den Verkaufsprospekt weitere Angaben aufgenommen werden, wenn sie Grund zu der Annahme hat, daß die Angaben für die Erwerber erforderlich sind.

(4) In dem Verkaufsprospekt sind die Angaben von wesentlicher Bedeutung auf dem neuesten Stand zu halten.

(5) Die Kapitalanlagegesellschaft hat der Bankaufsichtsbehörde und der Deutschen Bundesbank den Verkaufsprospekt und seine Änderungen unverzüglich nach erster Verwendung einzureichen.

(6) Jede Werbung für den Erwerb von Anteilscheinen eines Sondervermögens muß auf den Verkaufsprospekt und die Stellen, wo dieser erhältlich ist, hinweisen. Jede schriftliche Werbung für den Erwerb von Anteilscheinen eines Wertpapier-Sondervermögens, nach dessen Vertragsbedingungen die Anlage von mehr als 20 vom Hundert des Wertes des Sondervermögens in Schuldverschreibungen eines der in § 8a Abs. 1a Satz 1 genannten Aussteller zulässig ist, muß diese Aussteller benennen.

(7) Die Absätze 1 bis 6 sind nicht auf Spezialfonds (§ 1 Abs. 2) anzuwenden.

§ 20. [Unrichtige Angaben im Verkaufsprospekt]. (1) Sind in einem Verkaufsprospekt (§ 19) Angaben, die für die Beurteilung der Anteilscheine von wesentlicher Bedeutung sind, unrichtig oder unvollständig, so kann derjenige, der auf Grund des Verkaufsprospekts Anteilscheine gekauft hat, von der Kapitalgesellschaft und von demjenigen, der diese Anteilscheine im eigenen Namen gewerbsmäßig verkauft hat, als Gesamtschuldner Übernahme der Anteilscheine gegen Erstattung des von ihm gezahlten Betrages verlangen. Ist der Käufer in dem Zeitpunkt, in dem er von der Unrichtigkeit oder Unvollständigkeit des Verkaufsprospektes Kenntnis erlangt hat, nicht mehr Inhaber des Anteilscheins, so kann er die Zahlung des Betrages verlangen, an den der von ihm gezahlte Betrag den Rücknahmepreis des Anteils im Zeitpunkt der Veräußerung übersteigt.

(2) Angaben von wesentlicher Bedeutung im Sinne des Absatzes 1 sind auch die nach § 19 Abs. 1 Satz 2 dem Verkaufsprospekt beizufügenden Berichte.

(3) Die Kapitalanlagegesellschaft oder diejenige Stelle, welche die Anteilscheine im eigenen Namen gewerbsmäßig verkauft hat, kann nach Absatz 1 nicht in Anspruch genommen werden, wenn sie nachweist, daß sie die Unrichtigkeit oder Unvollständigkeit des Verkaufsprospekts nicht gekannt hat und die Unkenntnis nicht auf grober Fahrlässigkeit beruht. Der Anspruch nach Absatz 1 besteht nicht, wenn der Käufer der Anteilscheine die Unrichtigkeit oder Unvollständigkeit des Verkaufsprospekts beim Kauf gekannt hat.

(4) Zur Übernahme nach Absatz 1 ist auch derjenige verpflichtet, der gewerbsmäßig den Verkauf der Anteilscheine vermittelt oder die Anteilscheine im fremden Namen verkauft hat, wenn er die Unrichtigkeit oder Unvollständigkeit des Verkaufsprospekts gekannt hat. Der Anspruch nach Absatz 1 besteht nicht, wenn auch der Käufer der Anteilscheine die Unrichtigkeit des Verkaufsprospekts beim Kauf gekannt hat.

(5) Der Anspruch verjährt in sechs Monaten seit dem Zeitpunkt, in dem der Käufer von der Unrichtigkeit oder Unvollständigkeit des Verkaufsprospekts Kenntnis erlangt hat, spätestens jedoch in drei Jahren seit dem Abschluß des Kaufvertrages.

4

§ 21. [Ausgabe von Anteilscheinen; Ausgabe- und Rücknahmepreis]. (1) Anteilscheine dürfen nur gegen volle Leistung des Ausgabepreises ausgegeben werden. Der Gegenwert abzüglich des Aufschlags gemäß Absatz 2 Satz 1, welcher der Kapitalanlagegesellschaft für die Abgeltung der Ausgabekosten zusteht, ist unverzüglich dem Sondervermögen zuzuführen. Sacheinlagen sind unzulässig. Sind Anteilscheine in den Verkehr gelangt, ohne daß der Anteilwert dem Sondervermögen zugeflossen ist, so hat die Kapitalanlagegesellschaft aus ihrem eigenen Vermögen den fehlenden Betrag in das Sondervermögen einzulegen.

(2) Der Ausgabepreis für einen Anteilschein muß dem Wert des Anteils am Sondervermögen zuzüglich eines in den Vertragsbedingungen festzusetzenden Aufschlags (§ 15 Abs. 3 Buchstabe f) entsprechen. Der Wert des Anteils ergibt sich aus der Teilung des Wertes des Sondervermögens durch die Zahl der in den Verkehr gelangten Anteile. Der Wert eines Sondervermögens ist aufgrund der jeweiligen Kurswerte der zu ihm gehörenden Wertpapiere, Bezugsrechte und Optionsrechte, zuzüglich des Wertes der außerdem zu ihm gehörenden sonstigen Vermögensgegenstände und abzüglich der aufgenommenen Kredite und sonstigen Verbindlichkeiten, von der Depotbank unter Mitwirkung der Kapitalanlagegesellschaft börsentäglich zu ermitteln; bei Spezialfonds (§ 1 Abs. 2) kann eine andere als die börsentägliche Ermittlung des Wertes des Sondervermögens vereinbart werden, wenn deren Anteilscheine

nicht von einer Kapitalanlagegesellschaft für Rechnung eines anderen Sondervermögens gehalten werden. Im Falle schwebender Verpflichtungsgeschäfte ist anstelle des von der Kapitalanlagegesellschaft zu liefernden Vermögensgegenstandes die von ihr zu fordernde Gegenleistung unmittelbar nach Abschluß des Geschäftes zu berücksichtigen. Für die Rückerstattungsansprüche aus Wertpapier-Darlehen ist der jeweilige Kurswert der als Darlehen übertragenen Wertpapiere maßgebend.

(3) Für Wertpapiere und Finanzinstrumente, die weder an einer Börse zum Handel zugelassen noch in einen organisierten Markt einbezogen sind, ist der Verkehrswert, der bei sorgfältiger Einschätzung unter Berücksichtigung der Gesamtumstände angemessen ist, zugrunde zu legen. Für die Bewertung von Schuldverschreibungen, die nicht an einer Börse zugelassen oder in einen organisierten Markt einbezogen sind, sowie von Schuldscheindarlehen sind die für vergleichbare Schuldverschreibungen und Schuldscheindarlehen vereinbarten Preise und gegebenenfalls die Kurswerte von Anleihen vergleichbarer Aussteller und entsprechender Laufzeit und Verzinsung, erforderlichenfalls mit einem Abschlag zum Ausgleich der geringeren Veräußerbarkeit, heranzuziehen. Geldmarktpapiere im Sinne von § 8 Abs. 3 sind zu den jeweiligen Marktsätzen zu bewerten.

4

(4) Für die Ermittlung der Kurswerte der zu einem Sondervermögen gehörenden Wertpapier-Optionsrechte und der Verbindlichkeiten aus Dritten eingeräumten Wertpapier-Optionsrechte, die zum Handel an einer Börse zugelassen oder in einen anderen organisierten Markt einbezogen sind, sind die jeweils zuletzt festgestellten Kurse maßgebend, zu denen zumindest ein Teil der Kauf- oder Verkaufserträge ausgeführt worden ist. Sind nach dem Abschluß von Wertpapier-Optionsgeschäften für Rechnung eines Sondervermögens derartige Kurse noch nicht festgestellt worden, so ist der Anschaffungswert der Optionsrechte zugrunde zu legen. Im Falle des Abschlusses von Finanzterminkontrakten oder Devisenterminkontrakten für Rechnung des Sondervermögens hat die Depotbank die geleisteten Einschüsse unter Einbeziehung der am Börsentag festgestellten Bewertungsgewinne und Bewertungsverluste dem Sondervermögen zuzurechnen. Die Sätze 1 und 2 gelten für Optionsrechte im Sinne des § 8d Abs. 1 Nr. 2 bis 4 entsprechend, wenn diese Optionsrechte zum Handel an einer Börse zugelassen oder in einen anderen organisierten Markt einbezogen sind.

(5) Der Rücknahmepreis entspricht dem von der Depotbank nach Absatz 2 ermittelten Anteilwert.

(6) Gibt die Kapitalanlagegesellschaft oder die Depotbank den Ausgabepreis bekannt, so ist sie verpflichtet, auch den Rücknahmepreis bekanntzugeben; wird der Rücknahmepreis bekanntgegeben, so ist auch der Ausgabepreis bekanntzugeben. Ausgabe- und Rücknahmepreis sind bei jeder Ausgabe oder Rücknahme von Anteilscheinen, mindestens jedoch zweimal im Monat, in einer hinreichend verbreiteten Wirtschafts- oder Tageszeitung zu veröffentlichen. Satz 2 ist nicht auf Spezialfonds (§ 1 Abs. 2) anzuwenden.

(7) Jedes Sondervermögen muß bei der Ausgabe des ersten Anteilscheins in so viele Anteile zerlegt werden, daß der Wert jedes Anteils (Absatz 2 Satz 2) im Zeitpunkt der Ausgabe des ersten Anteilscheins nicht mehr als hundert Deutsche Mark beträgt. Satz 1 ist nicht auf Spezialfonds (§ 1 Abs. 2) anzuwenden.

§ 22. [Kostenverteilung]

§ 23. [Widerruf von Willenserklärungen durch den Käufer]. (1) Ist der Käufer von Anteilscheinen durch mündliche Verhandlungen außerhalb der ständigen Gesellschaftsräume desjenigen, der die Anteilscheine verkauft oder den Verkauf vermittelt hat, dazu bestimmt worden, eine auf den Kauf gerichtete Willenserklärung abzugeben, so ist er an diese Erklärung nur gebunden, wenn er sie nicht der Kapitalanlagegesellschaft gegenüber binnen einer Frist von zwei Wochen schriftlich widerruft; dies gilt auch dann, wenn derjenige, der die Anteilscheine verkauft oder den Verkauf vermittelt, keine ständigen Geschäftsräume hat.

(2) Zur Wahrung der Frist genügt die rechtzeitige Absendung des Widerrufs. Der Lauf der Frist beginnt erst, wenn der Verkaufsprospekt dem Käufer ausgehändigt worden ist. Ist streitig, ob oder zu welchem Zeitpunkt der Verkaufsprospekt dem Käufer ausgehändigt wurde, so trifft die Beweislast den Verkäufer.

(3) Das Recht zum Widerruf besteht nicht, wenn der Verkäufer nachweist, daß

1. der Käufer die Anteilscheine im Rahmen seines Gewerbebetriebes erworben hat oder
2. er den Käufer zu den Verhandlungen, die zum Verkauf der Anteilscheine geführt haben, auf Grund vorhergehender Bestellung (§ 55 Abs. 1 der Gewerbeordnung) aufgesucht hat.

(4) Ist der Widerruf erfolgt und hat der Käufer bereits Zahlungen geleistet, so ist die Kapitalanlagegesellschaft verpflichtet, dem Käufer, gegebenenfalls Zug um Zug gegen Rückübertragung der erworbenen Anteilscheine, die bezahlten Kosten und einen Betrag auszuzah-

len, der dem Wert der bezahlten Anteile (§ 21 Abs. 2 Satz 2 und 3) am Tage nach dem Eingang der Widerrufserklärung entspricht.

(5) Auf das Recht zum Widerruf kann nicht verzichtet werden.

§ 24. [Verwahrung; abhanden gekommene, vernichtete oder beschädigte Anteilscheine].

(1) Anteilscheine dürfen in Sammelverwahrung im Sinne des Depotgesetzes nur genommen werden, wenn sie auf den Inhaber lauten oder blanko indossiert sind.

(2) Ist ein Anteilschein abhanden gekommen oder vernichtet, so kann die Urkunde, wenn nicht das Gegenteil darin bestimmt ist, im Aufgebotsverfahren für kraftlos erklärt werden. § 799 Abs. 2 und § 800 des Bürgerlichen Gesetzbuchs gelten sinngemäß. Sind Gewinnanteilscheine auf den Inhaber ausgegeben, so erlischt mit der Kraftloserklärung des Anteilscheins auch der Anspruch aus den noch nicht fälligen Gewinnanteilscheinen.

(3) Ist ein Anteilschein infolge einer Beschädigung oder einer Verunstaltung zum Umlauf nicht mehr geeignet, so kann der Berechtigte, wenn der wesentliche Inhalt und die Unterscheidungsmerkmale der Urkunde noch mit Sicherheit erkennbar sind, von der Gesellschaft die Erteilung einer neuen Urkunde gegen Aushändigung der alten verlangen. Die Kosten hat er zu tragen und vorzuschießen.

(4) Neue Gewinnanteile dürfen an den Inhaber des Erneuerungsscheins nicht ausgegeben werden, wenn der Besitzer des Anteilscheins der Ausgabe widerspricht. In diesem Fall sind die Scheine dem Besitzer des Anteilscheins auszuhändigen, wenn er die Haupturkunde vorlegt.

§ 24a. [Rechenschaftsbericht]. (1) Die Kapitalanlagegesellschaft hat für jedes Sondervermögen für den Schluß eines jeden Geschäftsjahres einen Rechenschaftsbericht zu erstatten und spätestens drei Monate nach Ablauf des Geschäftsjahres im Bundesanzeiger bekanntzumachen. Der Rechenschaftsbericht muß einen Bericht über die Tätigkeit der Kapitalanlagegesellschaft im abgelaufenen Geschäftsjahr und alle wesentlichen Angaben enthalten, die es den Anteilinhabern ermöglichen, sich ein Urteil über die Tätigkeit und die Ergebnisse des Sondervermögens zu bilden. Der Rechenschaftsbericht muß insbesondere folgende Angaben enthalten:

1. eine Vermögensaufstellung der zum Sondervermögen gehörenden Wertpapiere, Schuldscheindarlehen, Bankguthaben und sonstigen Vermögensgegenstände sowie der Verbindlichkeiten aus Kreditaufnahmen, Geschäfte die Finanzinstrumente zum Gegenstand haben, Pensionsgeschäfte und der sonstigen Verbindlichkeiten; die Vermögensgegenstände sind nach Art, Nennbetrag oder Zahl, Kurs und Kurswert aufzuführen; der Wertpapierbestand ist zu untergliedern in Wertpapiere mit einer Zulassung zum amtlichen Handel an einer Börse, in einen organisierten Markt einbezogene Wertpapiere, Wertpapiere aus Neuemissionen, die an einer Börse zugelassen oder in einen organisierten Markt einbezogen werden sollen, sonstige Wertpapiere gemäß § 8 Abs. 2 Nr. 1 und Schuldscheindarlehen, wobei eine weitere Gliederung nach geeigneten Kriterien unter Berücksichtigung der Anlagepolitik (z.B. nach wirtschaftlichen oder geographischen Bereichen sowie nach Währungen) nach prozentualen Anteilen am Wert des Sondervermögens vorzunehmen ist; für jeden Posten der Vermögensaufstellung ist sein Anteil am Wert des Sondervermögens anzugeben; für jeden Posten der Wertpapiere und Schuldscheindarlehen sind auch die während des Berichtszeitraumes getätigten Käufe und Verkäufe nach Nennbetrag oder Zahl aufzuführen; die während des Berichtszeitraumes abgeschlossenen Geschäfte die Finanzinstrumente zum Gegenstand haben. Pensionsgeschäfte und Wertpapier-Darlehen sind anzugeben, soweit sie nicht mehr in der Vermögensaufstellung erscheinen; Angabe des Nettobestandswertes; Angabe, inwieweit zum Sondervermögen gehörende Wertpapiere Gegenstand von Rechten Dritter sind;
2. die Anzahl der am Berichtsstichtag umlaufenden Anteile und der Wert eines Anteils gemäß § 21 Abs. 2 Satz 2;
3. eine nach Art der Erträge und Aufwendungen gegliederte Ertrags- und Aufwandsrechnung; sie ist so zu gestalten, daß aus ihr die Erträge aus Anlagen, sonstige Erträge, Aufwendungen für die Verwaltung des Sondervermögens und für die Depotbank sowie sonstige Aufwendungen und Gebühren und der Nettobetrag ersichtlich sind; außerdem eine Übersicht über die Entwicklung des Sondervermögens während des Berichtszeitraumes, die auch Angaben über ausgeschüttete und wieder angelegte Erträge, Erhöhungen und Verminderungen des Sondervermögens durch Veräußerungsgeschäfte (realisierte Gewinne und Verluste), Mehr- oder Minderwerte bei den ausgewiesenen Vermögensgegenständen (nicht realisierte Gewinne und Verluste) sowie Angaben über Mittelzuflüsse aus Anteilschein-Verkäufen und Mittelab-

4

flüsse durch Anteilschein-Rücknahmen enthalten muß;
4. eine vergleichende Übersicht der letzten drei Geschäftsjahre, wobei zum Ende jeden Geschäftsjahres der Wert des Sondervermögens und der Wert eines Anteils anzugeben sind.

(2) Die Kapitalanlagegesellschaft hat für die Mitte des Geschäftsjahres, sofern sie nicht für diesen Stichtag einen weiteren Rechenschaftsbericht erstattet, einen Halbjahresbericht zu erstatten, der die Angaben nach Absatz 1 Satz 3 Nr. 1 und 2 enthalten muß. Außerdem sind die Angaben nach Absatz 1 Satz 3 Nr. 3 aufzunehmen, wenn für das Halbjahr Zwischenausschüttungen erfolgt oder vorgesehen sind. Der Halbjahresbericht ist spätestens zwei Monate nach dem Stichtag im Bundesanzeiger bekanntzumachen.

(3) Die Kapitalanlagegesellschaft hat der Bankaufsichtsbehörde und der Deutschen Bundesbank den Rechenschaftsbericht und den Halbjahresbericht unverzüglich nach erster Verwendung einzureichen. Die Berichte sind den Anteilinhabern auf Verlangen kostenlos zur Verfügung zu stellen. Außerdem müssen die Bericht dem Publikum an den im Prospekt angegebenen Stellen zugänglich sein. Die Kapitalanlagegesellschaft hat die nach den Sätzen 1 und 4 einzureichenden Vermögensaufstellungen auf Anforderung der Bankaufsichtsbehörde ihr und der Deutschen Bundesbank auch auf Datenträgern durch elektronische Datenfernübertragung zu übermitteln. Die Kapitalanlagegesellschaft hat ferner auf Anforderung der Bankaufsichtsbehörde ihr und der Deutschen Bundesbank für jedes Sondervermögen Vermögensaufstellungen im Sinne von Absatz 1 Satz 3 Nr. 1 für die jeweils dazwischenliegenden Vierteljahre unverzüglich nach dem jeweiligen Stichtag einzureichen; die Vermögensaufstellungen sind von der Depotbank zu bestätigen.

(4) Der Rechenschaftsbericht des Sondervermögens ist durch den Abschlußprüfer zu prüfen, der den Jahresabschluß des Geschäftsjahres der Kapitalanlagegesellschaft prüft, in welches das Ende des Geschäftsjahres des Sondervermögens fällt. Die Prüfung hat sich ferner darauf zu erstrecken, ob bei der Verwaltung des Sondervermögens die Vorschriften dieses Gesetzes und die Bestimmungen der Vertragsbedingungen beachtet worden sind. Das Ergebnis der Prüfung hat der Abschlußprüfer in einem besonderen Vermerk festzulegen; der Vermerk ist mit dem vollen Wortlaut im Rechenschaftsbericht wiederzugeben. Der Abschlußprüfer hat den Bericht über die Prüfung des Sondervermögens unverzüglich nach Beendigung der Prüfung der Bankaufsichtsbehörde und der Deutschen Bundesbank einzureichen.

(5) Das Bundesministerium der Finanzen kann nach Anhörung der Deutschen Bundesbank durch Rechtsverordnung, die nicht der Zustimmung des Bundesrates bedarf, nähere Bestimmungen über Inhalt, Art, Umfang und Form der Datenübermittlung nach Absatz 3 Satz 4 und 5 sowie über den Inhalt der Prüfungsberichte für Sondervermögen erlassen, soweit dies zur Erfüllung der Aufgaben der Bankaufsichtsbehörde erforderlich ist, insbesondere um einheitliche Unterlagen zur Beurteilung der Tätigkeit der Kapitalanlagegesellschaft bei der Verwaltung von Sondervermögen zu erhalten.

(6) Bei Spezialfonds (§ 1 Abs. 2) kann der Rechenschaftsbericht auf die Angaben gemäß Absatz 1 Nr. 1 bis 3 beschränkt werden. Halbjahresberichte von Spezialfonds und die Berichte über die Prüfung der Rechenschaftsberichte sind der Bankaufsichtsbehörde und der Deutschen Bundesbank nur auf Anforderung einzureichen. Die Prüfung von Spezialfonds gemäß Absatz 4 ist zusätzlich auf die Übereinstimmung der Vertragsbedingungen mit den Vorschriften dieses Gesetzes zu erstrecken.

§ 24b. [Vertrieb von Anteilen in anderen Mitgliedstaaten der Europäischen Union]

§ 25. [Bankaufsichtliche Maßnahmen und Zusammenarbeit]

Vierter Abschnitt

Besondere Vorschriften für Beteiligungs-Sondervermögen

§ 25a. [Begriff]. Für Kapitalanlegegesellschaften, die das bei ihnen eingelegte Geld in Wertpapieren und Beteiligungen als stiller Gesellschafter (stille Beteiligungen) im Sinne des § 230 des Handelsgesetzbuchs (Beteiligungs-Sondervermögen) anlegen, gelten die Vorschriften des Dritten Abschnitts sinngemäß, soweit sich aus den nachfolgenden Vorschriften dieses Abschnitts nichts anderes ergibt.

§ 25b. [Anlagevorschriften]. (1) Die Kapitalanlagegesellschaft darf für ein Beteiligungs-Sondervermögen nur erwerben
1. Wertpapiere und Schuldscheindarlehen;
2. stille Beteiligungen an einem Unternehmen mit Sitz und Geschäftsleitung im Geltungsbereich dieses Gesetzes (Beteiligungsunternehmen), wenn
   a) Aktien des Beteiligungsunternehmens weder zum amtlichen Handel an einer Börse zugelassen noch in einen anderen organisierten Markt einbezogen sind und
   b) zuvor ein von der Kapitalanlagegesellschaft bestellter Abschlußprüfer im Sinne des § 319 Abs. 1 Satz 1 des Handelsgesetzbuchs, der nicht zugleich Abschlußprüfer der Kapitalanlagegesellschaft sein darf, bestätigt, daß für die aus dem Beteiligungs-Sondervermögen zu leistende Einlage eine Gegenleistung vereinbart ist, die zum Zeitpunkt der Leistung angemessen ist; er hat hierzu Jahresabschlüsse des Beteiligungsunternehmens, die zumindest für das letzte Geschäftsjahr entsprechend den für große Kapitalgesellschaften im Sinne des § 267 Abs. 3 des Handelsgesetzbuchs geltenden Vorschriften aufgestellt sind, heranzuziehen, die erwarteten Gewinnanteile und den erwarteten gewinnunabhängigen Mindestzins (erwarteter Ertrag), den erwarteten Rückzahlungsbetrag, die Veräußerbarkeit und das Risiko der stillen Beteiligung sowie die Rendite der umlaufenden börsennotierten Bundeswertpapiere mit annähernd gleicher Restlaufzeit nach Maßgabe der Rechtsverordnung nach § 25d Abs. 3 zu berücksichtigen und den erwarteten Ertrag und den erwarteten Rückzahlungsbetrag in der Bestätigung anzugeben; § 319 Abs. 2 bis 4 des Handelsgesetzbuchs ist auf den Abschlußprüfer entsprechend anzuwenden.

Dem Erwerb einer stillen Beteiligung steht die Verlängerung ihrer Dauer gleich.

(2) Stille Beteiligungen an einem Beteiligungsunternehmen dürfen für ein Beteiligungs-Sondervermögen nur insoweit erworben werden, als zur Zeit des Erwerbs ihr Wert zusammen mit dem Wert der bereits in dem Sondervermögen befindlichen stillen Beteiligungen an diesem Unternehmen 5 vom Hundert des Wertes des Sondervermögens nicht übersteigt. Stille Beteiligungen an Konzernunternehmen im Sinne des § 18 des Aktiengesetzes gelten als stille Beteiligungen an demselben Unternehmen.

(3) Stille Beteiligungen dürfen für ein Beteiligungs-Sondervermögen nur insoweit erworben werden, als zur Zeit des Erwerbs ihr Wert zusammen mit dem Wert der bereits in dem Sondervermögen befindlichen stillen Beteiligungen 30 vom Hundert des Wertes des Sondervermögens nicht übersteigt.

(4) Schuldverschreibungen und Schuldscheindarlehen dürfen für ein Beteiligungs-Sondervermögen nur insoweit erworben werden, als zur Zeit des Erwerbs ihr Wert zusammen mit dem Wert der bereits in dem Sondervermögen befindlichen Schuldverschreibungen und Schuldscheindarlehen 30 vom Hundert des Wertes des Sondervermögens nicht übersteigt.

(5) § 8a Abs. 2 Satz 4 und Abs. 3 gilt nicht für den Erwerb von stillen Beteiligungen.

(5a) § 15 Abs. 3 Buchstabe k ist nicht anzuwenden.

(6) Die Nichtbeachtung der Vorschriften der Absätze 1 bis 4 berührt die Wirksamkeit des Rechtsgeschäfts nicht.

§ 25c. [Inhalt des Beteiligungsvertrages]. (1) Im Gesellschaftsvertrag zwischen der Kapitalanlagegesellschaft und dem Beteiligungsunternehmen (Beteiligungsvertrag) sind festzulegen 4
a) die Zeit, für welche die stille Beteiligung eingegangen wird;
b) die Fälligkeit der der Kapitalanlagegesellschaft zustehenden Erträge sowie die Verpflichtung des Beteiligungsunternehmens, diese Erträge und den Rückzahlungsbetrag unverzüglich auf ein gesperrtes Konto bei der Depotbank einzuzahlen;
c) die Voraussetzungen, unter denen die stille Beteiligung an Dritte ohne Zustimmung des Beteiligungsunternehmens abgetreten werden darf und in welchem Umfang das Beteiligungsunternehmen im Falle der Abtretung an einen gewerbesteuerpflichtigen Erwerber diesem die Gewerbesteuer zu erstatten hat;
d) die Zustimmung des Beteiligungsunternehmens, daß im Falle des Erlöschens des Rechts, das Beteiligungs-Sondervermögen zu verwalten, an die Stelle der Kapitalanlagegesellschaft die Depotbank tritt und diese die stille Beteiligung im Falle des § 14 Abs. 2 Satz 2 und 4 auf eine andere Kapitalanlagegesellschaft übertragen kann;
e) die Verpflichtung des Beteiligungsunternehmens, seine Jahresabschlüsse entsprechend den für große Kapitalgesellschaften im Sinne des § 267 Abs. 3 des Handelsgesetzbuchs geltenden Vorschriften aufzustellen;
f) die Verpflichtung des Beteiligungsunternehmens, dem Abschlußprüfer für seine Tätigkeit nach § 25d Abs. 2 die Rechte nach § 320 Abs. 1 Satz 2, Abs. 2 Satz 1 des Handelsgesetzbuchs einzuräumen;

g) Informations-, Kontroll- und Zustimmungsrechte der Kapitalanlagegesellschaft zur Wahrung der Interessen der Anteilinhaber.

Die Depotbank hat zu überwachen, daß Regelungen gemäß den Bestimmungen des Satzes 1 in dem Beteiligungsvertrag festgelegt sind.

(2) Eine Vereinbarung, nach der die Kapitalanlagegesellschaft bei der Auseinandersetzung der stillen Gesellschaft an Veränderungen des Wertes des Vermögens des Beteiligungsunternehmens beteiligt sein soll, ist unwirksam.

§ 25d. [Laufende Bewertung der stillen Beteiligung]. (1) Eine stille Beteiligung muß nach ihrem Erwerb laufend bewertet werden. Bei der Bewertung sind in einem Ertragswertverfahren der erwartete Ertrag, der erwartete Rückzahlungsbetrag, die Veräußerbarkeit und das Risiko der stillen Beteiligung sowie die Rendite der umlaufenden börsennotierten Bundeswertpapiere mit annähernd gleicher Restlaufzeit zu berücksichtigen. Der erwartete Ertrag und der erwartete Rückzahlungsbetrag sind dabei jeweils mit dem Betrag anzusetzen, den der Abschlußprüfer nach Absatz 2 zuletzt festgestellt hat; liegt eine Feststellung nach Absatz 2 noch nicht vor, so sind die in der Bestätigung nach § 25b Abs. 1 Nr. 2 Buchstabe b angegebenen Beträge maßgebend. [...]

4

§ 25e. [Anforderungen an die Zusammensetzung des Beteiligungs-Sondervermögens]

§ 25f. [Eigentum an Gegenständen des Beteiligungs-Sondervermögens]. Abweichend von § 6 Abs. 1 Satz 2 können zum Beteiligungs-Sondervermögen gehörende Gegenstände nur im Eigentum der Kapitalanlagegesellschaft stehen; stiller Gesellschafter muß die Kapitalanlagegesellschaft sein.

§ 25g. [Aufgaben der Depotbank]. (1) Die Depotbank hat den Bestand an stillen Beteiligungen laufend zu überwachen und die stillen Beteiligungen nach § 25d Abs. 1 Satz 1 zu bewerten. [...]

§ 25h. [Rücknahme von Anteilscheinen]. Anteilscheine werden in der Reihenfolge ihrer Vorlage zur Rücknahme zu dem am Tage der Auszahlung ermittelten Rücknahmepreis zurückgenommen.

§ 25i. [Veräußerung einer stillen Beteiligung]. Stille Beteiligungen, die zu einem Beteiligungs-Sondervermögen gehören, dürfen nur veräußert werden, wenn die Gegenleistung den nach § 25d ermittelten Wert nicht oder nur unwesentlich unterschreitet. Die Nichtbeachtung dieser Vorschrift berührt die Wirksamkeit des Rechtsgeschäfts nicht.

§ 25j. [Informationspflichten; Rechenschaftsbericht]. (1) Die Vertragsbedingungen müssen Angaben darüber enthalten, welche Informations-, Kontroll- und Zustimmungsrechte die Kapitalanlagegesellschaft in allen Beteiligungsverträgen vereinbaren wird.

(2) Der Rechenschaftsbericht hat eine Darstellung der Entwicklung des Bestands der stillen Beteiligungen zu enthalten und insbesondere Abgänge durch Auflösung oder durch Veräußerung stiller Beteiligungen jeweils gesondert anzugeben.

(3) Die Kapitalanlagegesellschaft hat in den Vermögensaufstellungen (§ 24a) den Bestand der zum Beteiligungs-Sondervermögen gehörenden stillen Beteiligungen aufzuführen und über jedes Beteiligungsunternehmen mindestens folgende Angaben zu machen:

1. Firma, Rechtsform, Sitz und Gründungsjahr;
2. Gegenstand des Unternehmens;
3. Höhe des Eigenkapitals;
4. Höhe der stillen Beteiligung und des ermittelten Wertes;
5. Erwerbszeitpunkt und Laufzeit der stillen Beteiligung;
6. die Höhe der Erträge des letzten Geschäftsjahres aus der stillen Beteiligung.

In den Vermögensaufstellungen kann die Angabe der Firma und des Sitzes des Beteiligungsunternehmens unterbleiben und der Wert aller stillen Beteiligungen in einem Gesamtbetrag angegeben werden.

Fünfter Abschnitt

Besondere Vorschriften für Investmentfondsanteil-Sondervermögen

§ 25k. [Anwendbare Vorschriften]. Für Kapitalanlagegesellschaften, die das bei ihnen eingelegte Geld in Anteilen von Sondervermögen einer oder mehrerer Kapitalanlagegesellschaften oder in ausländischen Investmentanteilen anlegen (Investmentfondsanteil-Sondervermögen), gelten die Vorschriften des Dritten Abschnitts sinngemäß, soweit sich aus den nachfolgenden Vorschriften dieses Abschnitts nichts anderes ergibt.

§ 25l. [Rechtsgeschäfte]. (1) Die Kapitalanlagegesellschaft darf für ein Investmentfondsanteil-Sondervermögen nur erwerben
1. Anteile an Geldmarkt-, Wertpapier-, Beteiligungs-, Grundstücks-, Gemischten Wertpapiere- und Grundstücks- sowie Altersvorsorge-Sondervermögen, die keine Spezialfonds sind;
2. ausländische Investmentanteile, die nach dem Auslandinvestment-Gesetz im Inland öffentlich vertrieben werden dürfen und bei denen die Anteilinhaber das Recht zur Rückgabe der Anteile haben.

(2) Die Kapitalanlagegesellschaft darf Anteile an Sondervermögen und an ausländischen Investmentvermögen, die mehr als 5 vom Hundert des Wertes ihres Vermögens in Anteilen an anderen Sondervermögen oder ausländischen Investmentvermögen anlegen dürfen, nur erwerben, wenn diese Anteile nach den Vertragsbedingungen oder der Satzung der Kapitalanlagegesellschaft oder der ausländischen Investmentgesellschaft anstelle von Bankguthaben gehalten werden dürfen.

(3) Die Kapitalanlagegesellschaft darf in Anteilen an einem Sondervermögen oder an einem ausländischen Investmentvermögen nicht mehr als 20 vom Hundert des Wertes des Investmentfondsanteil-Sondervermögens anlegen. Für ein Investmentfondsanteil-Sondervermögen dürfen nicht mehr als 10 vom Hundert der ausgegebenen Anteile eines anderen Sondervermögens oder ausländischen Investmentvermögens erworben werden.

(4) § 8 Abs. 1, 2 und 4 und §§ 8a, 8b und 15 Abs. 3 Buchstabe k sind auf Investmentfondsanteil-Sondervermögen nicht anzuwenden.

(5) Die Kapitalanlagegesellschaft hat im Rechenschaftsbericht und im Halbjahresbericht für das Investmentfondsanteil-Sondervermögen den Betrag der Ausgabeaufschläge und Rücknahmeabschläge anzugeben, die dem Investmentfondsanteil-Sondervermögen im Berichtszeitraum für den Erwerb und die Rückgabe von Anteilen an anderen Sondervermögen oder an ausländischen Investmentvermögen berechnet worden sind, sowie die Vergütung anzugeben, die dem Sondervermögen von einer anderen Kapitalanlagegesellschaft oder einer ausländischen Investmentgesellschaft einschließlich ihrer Verwaltungsgesellschaft als Verwaltungsvergütung für die im Investmentfondsanteil-Sondervermögen gehaltenen Anteile berechnet wurde. Im Verkaufsprospekt ist darauf hinzuweisen, daß dem Investmentfondsanteil-Sondervermögen neben der Vergütung zur Verwaltung des Sondervermögens eine Verwaltungsvergütung für die im Investmentfondsanteil-Sondervermögen gehaltenen Anteile berechnet wird. Die Kapitalanlagegesellschaft darf dem Investmentfondsanteil-Sondervermögen keine Ausgabeaufschläge und Rücknahmeabschläge sowie keine Verwaltungsvergütung für die in Satz 1 genannten Anteile berechnen, wenn das betreffende Vermögen von ihr oder einer anderen Gesellschaft verwaltet wird, mit der die Kapitalanlagegesellschaft durch eine wesentliche unmittelbare oder mittelbare Beteiligung verbunden ist.

(6) Die Wirksamkeit der von der Kapitalanlagegesellschaft abgeschlossenen Rechtsgeschäfte wird durch einen Verstoß gegen die Vorschriften der Absätze 1 bis 3 nicht berührt.

§ 25m. [Angaben in den Vertragsbedingungen und im Verkaufsprospekt]. (1) In den Vertragsbedingungen sind anzugeben
1. die Grundsätze, nach denen die zu erwerbenden Anteile ausgewählt werden;
2. die Arten der Sondervermögen und der von ausländischen Investmentgesellschaften verwalteten Vermögen, deren Anteile für das Investmentfondsanteil-Sondervermögen erworben werden dürfen, sowie der Anteil des Sondervermögens, der höchstens in Anteilen der jeweiligen Art gehalten werden darf;
3. der Umfang, in dem für das Investmentfondsanteil-Sondervermögen ausländische Investmentanteile erworben werden dürfen, und die Staaten, in denen ausländische Investmentgesellschaften als Aussteller solcher Investmentanteile ihren Sitz und ihre Geschäftsleitung haben;
4. das in § 25l Abs. 5 Satz 1 geregelte Vergütungsverfahren.

(2) Der Verkaufsprospekt muß unbeschadet der Anforderungen nach § 19 Abs. 2 folgende Angaben enthalten:
1. Beschreibung der wesentlichen Merkmale der Sondervermögen und der ausländischen Investmentvermögen, deren Anteile für das Investmentfondsanteil-Sondervermögen erworben werden dürfen, einschließlich der maßgeblichen Anlagegrundsätze und Anlagegrenzen;
2. Art der möglichen Gebühren, Kosten, Steuern, Provisionen und sonstigen Aufwendungen, die mittelbar oder unmittelbar von den Anteilinhabern des Investmentfondsanteil-Sondervermögens zu tragen sind, sowie eine Beschreibung des in den Vertragsbedingungen geregelten Vergütungsverfahrens.

Sechster Abschnitt

Besondere Vorschriften für Grundstücks-Sondervermögen

§ 26. [Anwendbarkeit von Vorschriften]. Für Kapitalanlagegesellschaften (§ 1), die das bei ihnen eingelegte Geld in Grundstücken anlegen, gelten die Vorschriften des Dritten Abschnitts dieses Gesetzes sinngemäß, soweit sich aus den nachfolgenden Vorschriften dieses Abschnitts nichts anderes ergibt.

§ 27. [Anlagevorschriften]. (1) Die Kapitalanlagegesellschaft darf vorbehaltlich der Absätze 2 bis 4 für ein Grundstücks-Sondervermögen nur folgende in einem Mitgliedstaat der Europäischen Union oder in einem anderen Vertragsstaat des Abkommens über den Europäischen Wirtschaftsraum belegene Gegenstände erwerben:

1. Mietwohngrundstücke, Geschäftsgrundstücke und gemischtgenutzte Grundstücke;
2. Grundstücke im Zustand der Bebauung, wenn die genehmigte Bauplanung den in Nummer 1 genannten Voraussetzungen entspricht und nach den Umständen mit einem Abschluß der Bebauung in angemessener Zeit zu rechnen ist und wenn die Aufwendungen für die Grundstücke insgesamt 20 vom Hundert des Wertes des Sondervermögens nicht überschreiten;
3. unbebaute Grundstücke, die für eine alsbaldige eigene Bebauung nach Maßgabe der Nummer 1 bestimmt und geeignet sind, wenn zur Zeit des Erwerbs ihr Wert zusammen mit dem Wert der bereits in dem Sondervermögen befindlichen unbebauten Grundstücke 20 vom Hundert des Wertes des Sondervermögens nicht übersteigt;
4. Erbbaurechte unter den Voraussetzungen der Nummern 1 bis 3.

(2) Wenn die Vertragsbedingungen dies vorsehen und die Gegenstände einen dauernden Ertrag erwarten lassen, dürfen für ein Grundstücks-Sondervermögen auch erworben werden

1. andere in Mitgliedstaaten der Europäischen Union oder anderen Vertragsstaaten des Abkommens über den Europäischen Wirtschaftsraum belegene Grundstücke, Erbbaurechte sowie Rechte in der Form des Wohnungseigentums, Teileigentums, Wohnungserbbaurechts und Teilerbbaurechts sowie
2. außerhalb der Mitgliedstaaten der Europäischen Gemeinschaften oder außerhalb anderer Vertragsstaaten des Abkommens über den Europäischen Wirtschaftsraum belegene Grundstücke der in Absatz 1 Nr. 1 bis 3 bezeichneten Art.

Die Grundstücke und Rechte nach Nummer 1 dürfen nur erworben werden, wenn zur Zeit des Erwerbs ihr Wert zusammen mit dem Wert der bereits in dem Sondervermögen befindlichen Grundstücke und Rechte gleicher Art 10 vom Hundert des Wertes des Grundstücks-Sondervermögens nicht überschreitet. Die Grundstücke nach Nummer 2 dürfen nur erworben werden, wenn zur Zeit des Erwerbs ihr Wert zusammen mit dem Wert der bereits in dem Sondervermögen befindlichen Grundstücke dieser Art 20 vom Hundert des Wertes des Sondervermögens nicht überschreitet. Bei den Grundstücken nach Nummer 2 gelten ferner die Begrenzungen nach Absatz 1 Nr. 2 und 3 mit der Maßgabe, daß an die Stelle des Wertes des Sondervermögens der Wert der Grundstücke nach Nummer 2 tritt.

4

(3) Ein Vermögensgegenstand nach den Absätzen 1 und 2 darf nur erworben werden, wenn der Sachverständigenausschuß (§ 32) ihn zuvor bewertet hat und die aus dem Sondervermögen zu erbringende Gegenleistung den ermittelten Wert nicht oder nur unwesentlich übersteigt. Entsprechendes gilt für Vereinbarungen über die Bemessung des Erbbauzinses und seine etwaige spätere Änderung.

(4) Für ein Grundstücks-Sondervermögen dürfen auch Gegenstände erworben werden, die zur Bewirtschaftung der Gegenstände des Grundstücks-Sondervermögens erforderlich sind.

(5) Ein Grundstück im Sinne des Absatzes 1 Nr. 1 bis 3 oder des Absatzes 2 Satz 1 Nr. 1 darf die Kapitalanlagegesellschaft nur unter den in den Vertragsbedingungen näher festgelegten Bedingungen mit einem Erbbaurecht mit einer Laufzeit von bis zu 80 Jahren belasten. Der Sachverständigenausschuß (§ 32) muß vor der Bestellung des Erbbaurechts die Beachtung der Voraussetzungen in Satz 1 und die Angemessenheit des Erbbauzinses bestätigen und innerhalb von zwei Monaten nach der Bestellung den Wert des Grundstücks neu feststellen. Ein Erbbaurecht darf nicht bestellt werden, wenn der Wert des Grundstücks, an dem das Erbbaurecht bestellt werden soll, zusammen mit dem Wert der Grundstücke, an denen bereits Erbbaurechte bestellt worden sind, 10 vom Hundert des Wertes des Grundstücks-Sondervermögens übersteigt. Die Verlängerung eines Erbbaurechts gilt als Neubestellung, wobei für die Berechnung der in Satz 1 genannten

Höchstlaufzeit des Erbbaurechts der Zeitpunkt maßgebend ist, zu dem das Erbbaurecht erstmals bestellt worden ist.

(6) Die Nichtbeachtung der vorstehenden Vorschriften berührt die Wirksamkeit des Rechtsgeschäfts nicht.

§ 27a. [Erwerb von Grundstücks-Sondervermögen]. (1) Die Kapitalanlagegesellschaft darf für Rechnung des Grundstücks-Sondervermögens Beteiligungen an Grundstücks-Gesellschaften nach Maßgabe der Absätze 2 bis 6 nur erwerben und halten, wenn die Vertragsbedingungen dies vorsehen und die Beteiligung einen dauernden Ertrag erwarten läßt. Grundstücks-Gesellschaften im Sinne dieser Vorschrift sind Gesellschaften,

1. deren Unternehmensgegenstand im Gesellschaftsvertrag oder in der Satzung auf Tätigkeiten beschränkt ist, welche die Kapitalanlagegesellschaft für das Grundstücks-Sondervermögen ausüben darf, und
2. die nach dem Gesellschaftsvertrag oder der Satzung nur Vermögensgegenstände im Sinne des § 27 Abs. 1 und 2 Satz 1 sowie Abs. 4 erwerben dürfen, die nach den Vertragsbedingungen unmittelbar für das Grundstücks-Sondervermögen erworben werden dürfen.

(2) Vor dem Erwerb der Beteiligung an einer Grundstücks-Gesellschaft ist ihr Wert durch einen Abschlußprüfer im Sinne des § 319 Abs. 1 des Handelsgesetzbuchs zu ermitteln. Dabei ist von dem letzten mit dem Bestätigungsvermerk eines Abschlußprüfers versehenen Jahresabschluß der Grundstücks-Gesellschaft oder, wenn dieser mehr als drei Monate vor dem Bewertungsstichtag liegt, von den Vermögenswerten und Verbindlichkeiten der Grundstücks-Gesellschaft auszugehen, die in einer vom Abschlußprüfer geprüften aktuellen Vermögensaufstellung nachgewiesen sind. Für die Bewertung gilt § 27c Abs. 2.

(3) Die Kapitalanlagegesellschaft darf für Rechnung des Grundstücks-Sondervermögens eine Beteiligung an einer Grundstücks-Gesellschaft nur erwerben und halten, wenn sie bei der Grundstücksgesellschaft die für eine Änderung der Satzung erforderliche Stimmen- und Kapitalmehrheit hat und durch die Rechtsform der Grundstücks-Gesellschaft eine über die geleistete Einlage hinausgehende Nachschußpflicht ausgeschlossen ist.

(4) Die Einlagen der Gesellschafter einer Grundstücks-Gesellschaft an der die Kapitalanlagegesellschaft für Rechnung des Grundstücks-Sondervermögens beteiligt ist, müssen voll eingezahlt sein. Weitere Gesellschafter dürfen an der Grundstücks-Gesellschaft nur beteiligt sein, wenn sichergestellt ist, daß die Kapitalanlagegesellschaft bei einem Ausscheiden von Mitgesellschaftern deren Anteile für Rechnung des Grundstücks-Sondervermögens erwerben kann.

(5) Die Satzung oder der Gesellschaftsvertrag der Grundstücks-Gesellschaft muß sicherstellen, daß

1. von der Grundstücks-Gesellschaft nicht mehr als drei Gegenstände im Sinne des § 27 Abs. 1 und 2 Satz 1 gehalten werden dürfen,
2. diese Gegenstände im Staat des Sitzes der Grundstücks-Gesellschaft belegen sein müssen und
3. die Grundstücks-Gesellschaft ein Grundstück nur erwerben darf, wenn sein Wert zusammen mit dem Wert der bereits von der Grundstücks-Gesellschaft gehaltenen Grundstücke 15 vom Hundert des Wertes des Grundstücks-Sondervermögens, für dessen Rechnung eine Beteiligung an der Grundstücks-Gesellschaft gehalten wird, nicht übersteigt. § 28 Abs. 3 gilt entsprechend. Entsprechen der Gesellschaftsvertrag oder die Satzung der Grundstücks-Gesellschaft nicht den Vorschriften des Satzes 1 oder des Absatzes 1 Satz 2, darf die Kapitalanlagegesellschaft die Beteiligung an der Grundstücks-Gesellschaft nur erwerben, wenn eine entsprechende Änderung des Gesellschaftsvertrags oder der Satzung unverzüglich nach dem Erwerb der Beteiligung sichergestellt ist.

4

(6) Der Wert aller Gegenstände im Sinne des § 27 Abs. 1 und 2 Satz 1, die zum Vermögen der Grundstücks-Gesellschaften gehören, an denen die Kapitalanlagegesellschaft für Rechnung des Grundstücks-Sondervermögens beteiligt ist, darf 20 vom Hundert des Wertes des Grundstücks-Sondervermögens nicht übersteigen. Die Gegenstände im Sinne des § 27 Abs. 2 Satz 1 sind bei der Berechnung der in § 27 Abs. 2 Satz 2 bis 4 genannten Grenzen zu berücksichtigen.

§§ 27b bis 27e. [nicht abgedruckt]

§ 28. [Weitere Anlagevorschriften]. (1) Das Grundstücks-Sondervermögen muß aus mindestens zehn Grundstücken bestehen.

(2) Keines der Grundstücke darf zur Zeit seines Erwerbs den Wert von 15 vom Hundert des Wertes des Sondervermögens übersteigen.

(3) Als Grundstück im Sinne des Absatzes 1 ist auch eine aus mehreren Grundstücken bestehende wirtschaftliche Einheit anzusehen.

§ 29. [Weitere Anwendungsvorschriften]

§ 30. [Eigentum am Grundstücks-Vermögen]. Abweichend von § 6 Abs. 1 Satz 2 können zum

Grundstücks-Sondervermögen gehörende Gegenstände nur im Eigentum der Kapitalanlagegesellschaft stehen.

§ 31. [Depotbank]. (1) Mit der laufenden Überwachung des Bestandes an Grundstücken, der Verwahrung der zum Sondervermögen gehörenden Geldbeträge und Wertpapiere und mit der Ausgabe und Rücknahme von Anteilscheinen hat die Kapitalanlagegesellschaft ein anderes Kreditinstitut (Depotbank) zu beauftragen.

(2) Die Kapitalanlagegesellschaft darf nur mit Zustimmung der Depotbank über zum Grundstücks-Sondervermögen gehörende Gegenstände nach § 27 Abs. 1 und 2 verfügen. Eine Verfügung ohne die Zustimmung der Depotbank ist gegenüber den Anteilinhabern unwirksam. Die Vorschriften zugunsten derjenigen, welche Rechte von einem Nichtberechtigten herleiten, finden entsprechende Anwendung.

(3) bis (5) [nicht abgedruckt]

(6) Die zum Sondervermögen gehörenden Geldbeträge sind auf einem oder mehreren für Rechnung des Sondervermögens eingerichteten gesperrten Konten zu verbuchen. Die Konten sind von der Depotbank zu führen. § 12a Abs. 3a gilt entsprechend.

(7) Aus den gesperrten Konten führt die Depotbank auf Weisung der Kapitalanlagegesellschaft die Bezahlung des Kaufpreises beim Erwerb von Gegenständen für das Sondervermögen, die Zahlung des Rücknahmepreises bei der Rücknahme von Anteilen und die Ausschüttung der Gewinnanteile an die Anteilinhaber sowie die Begleichung sonstiger, durch die Verwaltung des Sondervermögens bedingter Verpflichtungen durch. Aus den gesperrten Depots stellt die Depotbank der Kapitalanlagegesellschaft auf deren Weisung Wertpapiere zur Beschaffung von Barmitteln oder zu sonstigen im Rahmen einer ordnungsgemäßen Wirtschaftsführung liegenden Zwecken zur Verfügung. [...]

§ 31a. [Weitere Aufgaben der Depotbank]

§ 32. [Sachverständigenausschuß]. (1) Die Kapitalanlagegesellschaft hat einen aus mindestens drei Mitgliedern bestehenden Sachverständigenausschuß zu bestellen, der in den durch dieses Gesetz oder die Vertragsbedingungen bestimmten Fällen für die Bewertung von Vermögensgegenständen zuständig ist. Die Kapitalanlagegesellschaft kann auch mehrere Sachverständigenausschüsse nach Satz 1 bestellen. [...]

§ 33. [Ausschüttung der Erträge]. (1) Die Vertragsbedingungen müssen vorsehen, daß Erträge des Sondervermögens insoweit nicht ausgeschüttet werden dürfen, als sie für künftige Instandsetzungen von Gegenständen des Sondervermögens erforderlich sind.

(2) Die Vertragsbedingungen müssen im Rahmen der Bestimmungen darüber, in welchem Umfang Erträge des Sondervermögens auszuschütten sind, angeben, ob und in welchem Umfang Erträge zum Ausgleich von Wertminderungen der Gegenstände des Sondervermögens einbehalten werden.

§ 34. [Angaben über Vermögensgegenstände; Ausgabe- und Rücknahmepreis]. (1) Die Kapitalanlagegesellschaft hat in den Vermögensaufstellungen (§ 24a) den Bestand der zum Sondervermögen gehörenden Grundstücke und sonstigen Vermögensgegenstände unter Angabe von Grundstücksgröße, Art und Lage, Bau- und Erwerbsjahr, Gebäudenutzfläche, Verkehrswert und sonstiger wesentlicher Merkmale aufzuführen. Der Verkehrswert kann in den Vermögensaufstellungen nach § 24a Abs. 1 Satz 3 Nr. 1 für Gruppen gleichartiger oder zusammengehöriger Grundstücke in einem Betrag angegeben werden. Die Gegenstände des Grundstücksvermögens sind mit dem Wert anzusetzen, der von dem Sachverständigenausschuß festgestellt wird. Für die Vermögensaufstellungen nach § 24a Abs. 3 Satz 4 können die für die Vermögensaufstellungen nach § 24a Abs. 1 Satz 3 Nr. 1 vorgenommenen Bewertungen zugrunde gelegt werden, wenn sie nicht älter als ein Jahr sind.

(2) Bei einer Beteiligung nach § 27a Abs. 1 hat die Kapitalanlagegesellschaft in den Vermögensaufstellungen die Angaben nach Absatz 1 Satz 1 für die Grundstücke und sonstigen Vermögensgegenstände der Grundstücks-Gesellschaft aufzuführen und besonders zu kennzeichnen. Zusätzlich sind anzugeben:

1. Firma, Rechtsform und Sitz der Grundstücks-Gesellschaft,
2. das Gesellschaftskapital,
3. die Höhe der Beteiligung und der Zeitpunkt ihres Erwerbs durch die Kapitalanlagegesellschaft und
4. Zahl und Beträge der durch die Kapitalanlagegesellschaft oder Dritte nach § 27b gewährten Darlehen.

Als Verkehrswert der Beteiligung ist der nach § 27c Abs. 2 ermittelte Wert anzusetzen.

(3) Mindestens jährlich ist unter Berücksichtigung der Bewertungen nach Absatz 1 Satz 3 und § 27c Abs. 2 der Wert des Anteils am Sondervermögen sowie der Ausgabe- und Rücknahmepreis eines Anteilscheins nach Maßgabe des § 21 Abs. 2 zu ermitteln.

§ 35. [Unterhaltung von liquiden Mitteln].

(1) Die Kapitalanlagegesellschaft hat von jedem Grundstücks-Sondervermögen einen Betrag, der mindestens 5 vom Hundert des Wertes des Sondervermögens entspricht, in Guthaben mit einer Kündigungsfrist von längstens einem Jahr bei der Depotbank oder in Wertpapieren zu unterhalten, die von der Deutschen Bundesbank zum Lombardverkehr zugelassen sind oder deren Zulassung nach den Emissionsbedingungen beantragt wird, sofern die Zulassung innerhalb eines Jahres nach ihrer Ausgabe erfolgt. Die Kapitalanlagegesellschaft darf anstelle der in Satz 1 genannten Werte Anteile an einem oder mehreren nach dem Grundsatz der Risikomischung angelegten Geldmarkt- oder Wertpapier-Sondervermögen erwerben, die von einer Kapitalanlagegesellschaft oder von einer ausländischen Investmentgesellschaft, die zum Schutz der Anteilinhaber einer wirksamen öffentlichen Aufsicht unterliegt, ausgegeben wurden, wenn nach den Vertragsbedingungen oder der Satzung der Kapitalanlagegesellschaft oder der ausländischen Investmentgesellschaft das Vermögen nur in Wertpapieren nach Satz 1, in Geldmarktpapieren nach § 8 Abs. 3 Satz 1 und 2 sowie in Bankguthaben bei der Depotbank oder einem anderen Kreditinstitut angelegt werden darf und diese Mitglied einer geeigneten inländischen oder ausländischen Einlagensicherungseinrichtung sind, welche die Bankguthaben in vollem Umfang schützt. § 8b Abs. 1 Satz 4 ist nicht anzuwenden, wenn dieses Sondervermögen ein Spezialfonds ist.

(2) Ein Anteil von bis zu 49 vom Hundert des Wertes des Grundstücks-Sondervermögens darf in den in Absatz 1 und § 8 Abs. 3 genannten Werten gehalten werden. Bei der Berechnung dieser Anlagegrenze sind folgende gebundene Mittel des Grundstücks-Sondervermögens abzuziehen:

1. die zur Sicherstellung einer ordnungsgemäßen laufenden Bewirtschaftung benötigten Mittel;
2. die für die nächste Ausschüttung vorgesehenen Mittel;
3. die zur Erfüllung von Verbindlichkeiten aus rechtswirksam geschlossenen Grundstückskauf- und Bauverträgen erforderlichen Mittel, sofern die Verbindlichkeiten in den folgenden zwei Jahren fällig werden.

(3) Die Kapitalanlagegesellschaft darf für Rechnung eines Grundstücks-Sondervermögens Wertpapier-Darlehen nur auf unbestimmte Zeit gewähren.

§ 36. [Auszahlungsanspruch; Rückzahlung]. Verlangt der Anteilinhaber, daß ihm gegen Rückgabe des Anteilscheins sein Anteil am Sondervermögen ausgezahlt wird, so kann die Kapitalanlagegesellschaft die Rückzahlung bis zum Ablauf einer in den Vertragsbedingungen festzusetzenden Frist verweigern, wenn die Bankguthaben und der Erlös nach § 35 gehaltener Wertpapiere zur Zahlung des Rücknahmepreises und zur Sicherstellung einer ordnungsgemäßen laufenden Bewirtschaftung nicht ausreichen oder nicht sogleich zur Verfügung stehen. Reichen nach Ablauf dieser Frist die nach § 35 angelegten Mittel nicht aus, so sind Gegenstände des Sondervermögens zu veräußern. Bis zur Veräußerung dieser Gegenstände zu angemessenen Bedingungen, längstens jedoch ein Jahr nach Vorlage des Anteilscheins zur Rücknahme, kann die Kapitalanlagegesellschaft die Rücknahme verweigern. Die Jahresfrist kann durch die Vertragsbedingungen auf zwei Jahre verlängert werden. Nach Ablauf dieser Frist darf die Kapitalanlagegesellschaft Gegenstände des Sondervermögens beleihen, wenn das erforderlich ist, um Mittel zur Rücknahme der Anteilscheine zu beschaffen. Sie ist verpflichtet, diese Belastungen durch Veräußerung von Gegenständen des Sondervermögens oder in sonstiger Weise abzulösen, sobald dies zu angemessenen Bedingungen möglich ist. Belastungen und ihre Ablösung sind der Bankaufsichtsbehörde unverzüglich anzuzeigen.

4

§ 37. [Verfügungen über Gegenstände des Sondervermögens]. (1) Die Veräußerung von Gegenständen nach § 27 Abs. 1 und 2 und Beteiligungen an Grundstücks-Gesellschaften nach § 27a Abs. 1, die zu einem Sondervermögen gehören, ist vorbehaltlich des § 36 nur zulässig, wenn dies in den Vertragsbedingungen vorgesehen ist und die Gegenleistung den vom Sachverständigenausschuß ermittelten Wert nicht oder nur unwesentlich unterschreitet.

(2) Von der Bewertung durch den Sachverständigenausschuß kann abgesehen werden, wenn Teile des Grundstücksvermögens auf behördliches Verlangen zu öffentlichen Zwecken veräußert, im Umlegungsverfahren oder um es abzuwenden gegen andere Grundstücke getauscht oder wenn zum Zwecke der Abrundung eigenen Grundbesitzes Grundstücke hinzuerworben werden und die hierfür zu entrichtende Gegenleistung die für eine gleich große Fläche des eigenen Grundstücks erbrachte Gegenleistung nicht oder nur unwesentlich überschreitet.

(3) Die Belastung von Gegenständen nach § 27 Abs. 1 und 2, die zu einem Sondervermögen gehören, ist vorbehaltlich des § 27 Abs. 3 Satz 2 und des § 36 zulässig, wenn dies in den Vertragsbedingungen vorgesehen und mit

einer ordnungsmäßigen Wirtschaftsführung vereinbar ist und wenn die Depotbank der Belastung zustimmt, weil sie die Bedingungen, unter denen die Belastung erfolgen soll, für marktüblich erachtet. Diese Belastung darf insgesamt 50 vom Hundert des Verkehrswertes der im Sondervermögen befindlichen Grundstücke nicht überschreiten. [...]

Siebter Abschnitt

Besondere Vorschriften für Gemischte Wertpapier- und Grundstücks-Sondervermögen

§ 37a. [Anwendungsbarkeit von Vorschriften]. Für Kapitalanlagegesellschaften, die das bei ihnen eingelegte Geld in Wertpapieren und Grundstücken (Gemischte Wertpapier- und Grundstücks-Sondervermögen) anlegen, gelten die Vorschriften des Dritten Abschnitts sinngemäß, soweit sich aus den nachfolgenden Vorschriften nichts anderes ergibt.

4

§ 37b. [Anlagevorschriften]. (1) Die Kapitalanlagegesellschaft darf für ein Gemischtes Wertpapier- und Grundstücks-Sondervermögen erwerben

1. Wertpapiere und Schuldscheindarlehen,
2. Mietwohngrundstücke, Geschäftsgrundstücke, gemischt genutzte Grundstücke, Grundstücke im Zustand der Bebauung, unbebaute Grundstücke, Erbbaurechte sowie Rechte in der Form des Wohnungseigentums, Teileigentums, Wohnungserbbaurechts und Teilerbbaurechts (Grundstücke) sowie Beteiligungen an Grundstücks-Gesellschaften, sofern beim Erwerb von Grundstücken die Voraussetzungen des § 27 Abs. 1 bis 3 und beim Erwerb von Beteiligungen an Grundstücks-Gesellschaften die Voraussetzungen des § 27a erfüllt sind.

(2) Die Vertragsbedingungen müssen Angaben darüber enthalten, welche der in Absatz 1 genannten Vermögensgegenstände für das Gemischte Wertpapier- und Grundstücks-Sondervermögen erworben werden dürfen.

(3) Für ein Gemischtes Wertpapier- und Grundstücks-Sondervermögen darf die Kapitalanlagegesellschaft Grundstücke und Beteiligungen an Grundstücks-Gesellschaften nur insoweit erwerben, als zur Zeit des Erwerbs ihr Wert zusammen mit dem Wert der bereits in dem Gemischten Wertpapier- und Grundstücks-Sondervermögen befindlichen Grundstücke und Beteiligungen an Grundstücks-Gesellschaften 30 vom Hundert des Wertes des Sondervermögens nicht übersteigt. Ein Grundstück darf zur Zeit seines Erwerbs den Wert von 15 vom Hundert des Wertes des Gemischten Wertpapier- und Grundstücks-Sondervermögens nicht übersteigen.

(4) Abweichend von § 8b Abs. 1 Satz 1 darf die Kapitalanlagegesellschaft bis zu 30 vom Hundert des Wertes des Gemischten Wertpapier- und Grundstücks-Sondervermögens nach Maßgabe der Vertragsbedingungen in Anteilen an Grundstücks-Sondervermögen anlegen, wenn der Erwerb von Grundstücken für Rechnung des Gemischten Wertpapier- und Grundstücks-Sondervermögens nach den Vertragsbedingungen nicht zulässig ist. In den Vertragsbedingungen sind die Grundsätze anzugeben, nach denen die für Rechnung des Gemischten Wertpapier- und Grundstücks-Sondervermögens zu erwerbenden Anteile an Grundstücks-Sondervermögen ausgewählt werden, und die wesentlichen Merkmale der Grundstücks-Sondervermögen zu beschreiben, deren Anteile für das Gemischte Wertpapier- und Grundstücks-Sondervermögen erworben werden dürfen. § 8 Abs. 1 Satz 4 ist nicht anzwenden, wenn dieses Sondervermögen ein Spezialfonds ist.

(5) Die Vertragsbedingungen müssen vorsehen, daß mindestens 10 vom Hundert des Wertes des Gemischten Wertpapier- und Grundstücks-Sondervermögens in

1. Grundstücken oder Beteiligungen an Grundstücks-Gesellschaften angelegt werden, wenn nach den Vertragsbedingungen der Erwerb solcher Vermögensgegenstände für Rechnung des Gemischten Wertpapier- und Grundstücks-Sondervermögens zulässig ist, oder
2. Anteilen an Grundstücks-Sondervermögen angelegt werden, wenn nach den Vertragsbedingungen der Erwerb von Grundstücken oder Beteiligungen an Grundstücks-Gesellschaften für Rechnung des Gemischten Wertpapier- und Grundstücks-Sondervermögens nicht zulässig ist.

Diese Mindestanlagegrenze ist für ein Gemischtes Wertpapier- und Grundstücks-Sondervermögen erst dann anzuwenden, wenn seit dem Zeitpunkt der Bildung des Sondervermögens im Falle des Satzes 1 Nr. 1 vier Jahre und im Falle des Satzes 1 Nr. 2 ein Jahr verstrichen sind.

(6) Eine aus mehreren Grundstücken bestehende wirtschaftliche Einheit ist als ein Grundstück anzusehen.

§ 37c. [Eigentum an Gegenständen des Wertpapier- und Grundstücks-Sondervermögens]. Abweichend von § 6 Abs. 1 Satz 2 können zum Gemischten Wertpapier- und Grundstücks-Sondervermögen gehörende Gegenstände nur im Eigentum der Kapitalanlagegesellschaft stehen.

§ 37d – 37e. [nicht abgedruckt]

§ 37f. [Veräußerung und Belastung von Grundstücken]. (1) Die Kapitalanlagegesellschaft darf Grundstücke, die zu einem Gemischten Wertpapier- und Grundstücks-Sondervermögen gehören, nur veräußern, wenn die Gegenleistung den vom Sachverständigenausschuß ermittelten Wert nicht oder nur unwesentlich unterschreitet. § 37 Abs. 2 gilt entsprechend.

(2) Die Belastung von Grundstücken, die zu einem Gemischten Wertpapier- und Grundstücks-Sondervermögen gehören, ist zulässig, wenn dies in den Vertragsbedingungen vorgesehen und mit einer ordnungsgemäßen Wirtschaftsführung vereinbar ist und wenn die Depotbank der Belastung zustimmt, weil sie die Bedingungen, unter denen die Belastung erfolgen soll, für marktüblich erachtet. Die Belastung darf insgesamt 50 vom Hundert des Verkehrswertes der im Sondervermögen befindlichen Grundstücke nicht überschreiten. Kredite, die nach Satz 1 für gemeinschaftliche Rechnung der Anteilinhaber aufgenommen werden, sind auf die in § 9 Abs. 4 Satz 1 bestimmte Grenze für die kurzfristige Kreditaufnahme nicht anzurechnen.

§ 37g. [Anwendungsvorschrift]. (1) § 15 Abs. 3 Buchstabe k ist nicht anzuwenden.

(2) Die §§ 25h und 25l Abs. 5 gelten entsprechend.

(3) Die Nichtbeachtung von Vorschriften dieses Abschnitts berührt die Wirksamkeit eines Rechtsgeschäfts oder einer Verfügung nicht, soweit in diesem Abschnitt ausdrücklich nichts anderes bestimmt ist.

4

Achter Abschnitt

Besondere Vorschriften für Altersvorsorge-Sondervermögen

§ 37h. [Anwendbare Vorschriften]. (1) Für Kapitalanlagegesellschaften, die das bei ihnen eingelegte Geld in Wertpapieren, Grundstücken und stillen Beteiligungen mit dem Ziel des langfristigen Vorsorgesparens (Altersvorsorge-Sondervermögen) anlegen, gelten die Vorschriften des Dritten Abschnitts sinngemäß, soweit sich aus den nachfolgenden Vorschriften nicht anderes ergibt.

(2) Erträge des Altersvorsorge-Sondervermögens dürfen nicht ausgeschüttet werden.

§ 37i. [Erwerb von Altersvorsorge-Sondervermögen]. (1) Die Kapitalanlagegesellschaft darf für ein Altersvorsorge-Sondervermögen erwerben

1. Wertpapiere und Schuldscheindarlehen,
2. Grundstücke im Sinne des § 37b Abs. 1 Nr. 2 sowie Beteiligungen an Grundstücks-Gesellschaften, sofern beim Erwerb von Grundstücken die Voraussetzungen des § 27 Abs. 1 bis 3 und beim Erwerb von Beteiligungen an Grundstücks-Gesellschaften die Voraussetzungen des § 27a erfüllt sind,
3. stille Beteiligungen, sofern die Voraussetzungen des § 25b Abs. 1 Satz 1 Nr. 2 erfüllt sind; § 25b Abs. 1 Satz 2 ist anzuwenden.

(2) Die Vertragsbedingungen müssen Angaben enthalten, ob und in welcher Höhe für das Altersvorsorge-Sondervermögen Grundstücke, Beteiligungen an Grundstücks-Gesellschaften und stille Beteiligungen erworben werden dürfen.

(3) § 37b Abs. 3 gilt entsprechend.

(4) Abweichend von § 8b Abs. 1 Satz 1 dürfen bis zu 30 vom Hundert des Wertes des Altersvorsorge-Sondervermögens nach Maßgabe der Vertragsbedingungen in Anteilen an Grundstücks-Sondervermögen angelegt werden; § 25l Abs. 5 sowie § 37b Abs. 4 Satz 2 und 3 gelten entsprechend. Die in Satz 1 bestimmte Grenze für die Anlage des Altersvorsorge-Sondervermögens in Anteilen an Grundstücks-Sondervermögen vermindert sich um den Wert der für Rechnung des Altersvorsorge-Sondervermögens gehaltenen Grundstücke und Beteiligungen an Grundstücks-Gesellschaften.

(5) Stille Beteiligungen dürfen für ein Altersvorsorge-Sondervermögen nur insoweit erworben werden, als ihr Wert zur Zeit des Erwerbs zusammen mit dem Wert der bereits im Sondervermögen befindlichen stillen Beteiligungen 10 vom Hundert des Wertes des Sondervermögens nicht übersteigt.

(6) Der Anteil der für Rechnung des Altersvorsorge-Sondervermögens gehaltenen Aktien und stillen Beteiligungen darf 75 vom Hundert des Wertes des Sondervermögens nicht übersteigen.

(7) Der Anteil der für Rechnung des Altersvorsorge-Sondervermögens gehaltenen Aktien, Grundstücke, Beteiligungen an Grundstücks-Gesellschaften und Anteilen an Grundstücks-Sondervermögen muß mindestens 51 vom Hundert des Wertes des Altersvorsorge-Sondervermögens betragen.

(8) Der Anteil der für Rechnung des Altersvorsorge-Sondervermögens gehaltenen Bankguthaben, Geldmarktpapiere, Anteile an Geldmarkt-Sondervermögen und ausländischen Investmentanteile darf höchstens 49 vom Hundert des Wertes des Altersvorsorge-Sondervermögens betragen; die Anteile an Geldmarkt-Sondervermögen und die ausländischen Investmentanteile müssen den Anforderungen des § 8 Abs. 3a genügen.

(9) Geschäfte, die Finanzinstrumente zum Gegenstand haben, dürfen nur zur Absicherung von im Altersvorsorge-Sondervermögen gehaltenen Vermögensgegenständen gegen einen Wertverlust getätigt werden. Der Abschluß von Gegengeschäften ist zulässig.

4

(10) Die für Rechnung eines Altersvorsorge-Sondervermögens gehaltenen Vermögensgegenstände dürfen nur insoweit einem Währungsrisiko unterliegen, als der Wert der einem solchen Risiko unterliegenden Vermögensgegenstände 30 vom Hundert des Wertes des Sondervermögens nicht übersteigt.

§ 37j. [Eigentum an Gegenständen des Altersvorsorge-Sondervermögens]. Abweichend von § 6 Abs. 1 Satz 2 können zum Altersvorsorge-Sondervermögen gehörende Gegenstände nur im Eigentum der Kapitalanlagegesellschaft stehen.

§ 37k. [Anwendungsvorschriften]

§ 37l. [Befugnisse und Verpflichtungen der Depotbank]. Ist der Kapitalanlagegesellschaft nach den Vertragsbedingungen gestattet, für Rechnung des Altersvorsorge-Sondervermögens Grundstücke oder Beteiligungen an Grundstücks-Gesellschaften zu erwerben, gilt für die Befugnisse und Verpflichtungen der Depotbank § 37e entsprechend. Ist ihr der Erwerb stiller Beteiligungen gestattet, bestimmen sich die Befugnisse und Verpflichtungen der Depotbank im Hinblick auf diese Vermögensgegenstände nach § 25g. Soweit die in Satz 1 und 2 genannten Vorschriften auch die Kapitalanlagegesellschaft verpflichten, gelten diese Verpflichtungen ebenfalls.

§ 37m. [Anteilschein-Sparer; Altersvorsorge-Sparplan]. (1) In den Vertragsbedingungen hat die Kapitalanlagegesellschaft dem Erwerber eines Anteilscheins (Anteilschein-Sparer) den Abschluß eines Vertrags mit einer Laufzeit von mindestens 18 Jahren oder mit einer Laufzeit bis mindestens zur Vollendung des 60. Lebensjahres des Anteilschein-Sparers anzubieten, durch den sich der Erwerber eines Anteilscheins verpflichtet, während der Vertragslaufzeit in regelmäßigem Abstand Geld bei der Kapitalanlagegesellschaft zum Bezug weiterer Anteilscheine einzulegen (Altersvorsorge-Sparplan). Im Vordruck des Antrags auf Vertragsabschluß und im Verkaufsprospekt ist ausdrücklich darauf hinzuweisen, daß sich die Kapitalanlagegesellschaft im Altersvorsorge-Sparplan nicht zur Auszahlung eines bestimmten Geldbetrags verpflichten kann und daß dies auch für den Fall der Arbeitslosigkeit, der völligen Erwerbsunfähigkeit oder des Todes des Anteilschein-Sparers gilt.

(2) Die Kapitalanlagegesellschaft hat dem Anteilschein-Sparer in dem Altersvorsorge-Sparplan das Recht einzuräumen, den Umtausch der erworbenen Anteilscheine an dem Altersvorsorge-Sondervermögen gegen Anteilscheine eines anderen von der Kapitalanlagegesellschaft verwalteten Sondervermögens nach Wahl des Anteilschein-Sparers ohne Berechnung eines Ausgabeaufschlags oder sonstiger Umtauschkosten zu verlangen. Die Kapitalanlagegesellschaft kann den kostenlosen Umtausch verweigern, wenn im Zeitpunkt des Umtauschverlangens noch nicht drei Viertel der vereinbarten Vertragslaufzeit abgelaufen sind.

(3) Der Anteilschein-Sparer kann den Altersvorsorge-Sparplan unter Einhaltung einer Kündigungsfrist von drei Monaten zum Ende eines Kalendervierteljahres kündigen. Die Kündigungsfrist beträgt vier Wochen zum Ende eines Kalendermonats, wenn der Anteilschein-Sparer nach Vertragsabschluß arbeitslos oder völlig erwerbsunfähig geworden ist.

(4) Die Kapitalanlagegesellschaft kann den Altersvorsorge-Sparplan nur aus wichtigem Grund kündigen. Als wichtiger Grund für eine Kündigung gilt nicht, wenn der Anteilschein-Sparer auf Grund einer nach Vertragsabschluß eingetretenen Arbeitslosigkeit oder Erwerbsunfähigkeit seine Verpflichtungen nach Absatz 1 nicht oder nur unvollständig erfüllt.

(5) In den Vertragsbedingungen hat die Kapitalanlagegesellschaft dem Anteilschein-Sparer den Abschluß eines Vertrags anzubieten, in dem sich die Kapitalanlagegesellschaft für Rechnung des Altersvorsorge-Sondervermögens verpflichtet, nach Beendigung des Altersvorsorge-Sparplans dem Anteilschein-Sparer gegen Rückgabe von Anteilscheinen nach § 11 Abs. 2 Satz 1 regelmäßig einen bestimmten Geldbetrag auszuzahlen.

Neunter Abschnitt

Steuerrechtliche Vorschriften

1. Titel

Geldmarkt-Sondervermögen

§ 37n. [Steuerrechtliche Behandlung der Geldmarkt-Sondervermögen]. Für Geldmarkt-Sondervermögen gelten die §§ 38 bis 42 entsprechend.

§ 37o. [Anwendungsvorschriften]

2. Titel

Wertpapier-Sondervermögen

§ 38. [Steuerliche Behandlung des Wertpapier-Sondervermögens]. (1) Das Wertpapier-Sondervermögen (§ 8) gilt als Zweckvermögen im Sinne des § 1 Abs. 1 Nr. 5 des Körperschaftsteuergesetzes. Das Wertpapier-Sondervermögen ist vorbehaltlich des § 38a von der Körperschaftsteuer und der Gewerbesteuer befreit.

(2) [...]

(3) Die von Kapitalerträgen des Wertpapier-Sondervermögens einbehaltene und abgeführte Kapitalertragsteuer wird auf Antrag an die Depotbank erstattet, soweit nicht nach § 44a des Einkommensteuergesetzes vom Steuerabzug Abstand zu nehmen ist; dies gilt auch für den als Zuschlag zur Kapitalertragsteuer einbehaltenen und abgeführten Solidaritätszuschlag. Für die Erstattung ist bei Kapitalerträgen im Sinne des § 43 Abs. 1 Nr. 1 und 2 des Einkommensteuergesetzes das Bundesamt für Finanzen und bei den übrigen Kapitalerträgen das Finanzamt zuständig, an das die Kapitalertragsteuer abgeführt worden ist. Im übrigen sind die Vorschriften des Einkommensteuergesetzes über die Abstandnahme vom Steuerabzug und über die Erstattung von Kapitalertragsteuer bei unbeschränkt steuerpflichtigen Anteilseignern sinngemäß anzuwenden. Absatz 2 Satz 3 gilt abweichend von § 44b Abs. 1 Satz 1 des Einkommensteuergesetzes entsprechend.

§ 38a. [Ausschüttungsbelastung]. (1) Für den Teil der Ausschüttungen auf Anteilscheine an einem Wertpapier-Sondervermögen, der nach § 39a Abs. 1 zur Anrechnung oder Vergütung von Körperschaftsteuer berechtigt, ist die Ausschüttungsbelastung mit Körperschaftsteuer nach § 27 des Körperschaftsteuergesetzes herzustellen. Die Körperschaftsteuer entsteht in dem Zeitpunkt, in dem die Ausschüttungen den Anteilscheininhabern zufließen. § 44 Abs. 2 des Einkommensteuergesetzes ist entsprechend anzuwenden. Die Körperschaftsteuer ist innerhalb eines Monats nach der Entstehung zu entrichten. Die Kapitalanlagegesellschaft hat bis zu diesem Zeitpunkt eine Steuererklärung nach amtlich vorgeschriebenem Vordruck abzugeben und darin die Steuer selbst zu berechnen.

(2) Für den Teil der nicht zur Ausschüttung oder Kostendeckung verwendeten Einnahmen des Wertpapier-Sondervermögens im Sinne des § 39 Abs. 1 Satz 2, der nach § 39a Abs. 2 zur Anrechnung oder Vergütung von Körperschaftsteuer berechtigt, gilt Absatz 1 entsprechend.

§ 38b. [Steuerabzug vom Kapitalertrag]. (1) Von dem Teil der Einnahmen eines Wertpapier-Sondervermögens, der zur Ausschüttung auf Anteilscheine an dem Sondervermögen verwendet wird, wird eine Kapitalertragsteuer von dem ausgeschütteten Betrag erhoben, soweit darin enthalten sind

1. Erträge des Sondervermögens, bei denen nach § 38 Abs. 3 in Verbindung mit § 44a des Einkommensteuergesetzes vom Steuerabzug Abstand zu nehmen ist, sowie der hierauf entfallende Teil des Ausgabepreises für ausgegebene Anteilscheine, 4
2. Erträge des Sondervermögens im Sinne des § 43 Abs. 1 Satz 1 Nr. 2 des Einkommensteuergesetzes, bei denen die Kapitalertragsteuer nach § 38 Abs. 3 erstattet wird, sowie der hierauf entfallende Teil des Ausgabepreises für ausgegebene Anteilscheine,
3. ausländische Erträge des Sondervermögens im Sinne des § 43 Abs. 1 Satz 1 Nr. 7 und 8 sowie Satz 2 des Einkommensteuergesetzes,
4. aber nicht Gewinne aus der Veräußerung von Wertpapieren und die hierauf entfallenden Teile des Ausgabepreises für ausgegebene Anteilscheine.

Die für den Steuerabzug von Kapitalerträgen im Sinne des § 43 Abs. 1 Satz 1 Nr. 7 und 8 sowie Satz 2 des Einkommensteuergesetzes geltenden Vorschriften des Einkommensteuergesetzes sind entsprechend anzuwenden. In der nach § 45a des Einkommensteuergesetzes zu erteilenden Bescheinigung ist der zur Anrechnung oder Erstattung von Kapitalertragsteuer berechtigende Teil der Ausschüttung gesondert anzugeben.

(2) Für den Teil der nicht zur Ausschüttung oder Kostendeckung verwendeten Einnahmen des Sondervermögens im Sinne des § 39 Abs. 1 Satz 2 gilt Absatz 1 entsprechend. Die darauf zu erhebende Kapitalertragsteuer ist von dem ausgeschütteten Betrag einzubehalten.

(3) Werden die Einnahmen des Sondervermögens im Sinne des § 39 Abs. 1 Satz 2 nicht zur Ausschüttung oder Kostendeckung verwendet, hat die Kapitalanlagegesellschaft den Steuerabzug vorzunehmen. Die §§ 44a und 45a Abs. 2 des Einkommensteuergesetzes sind nicht anzuwenden. Im übrigen gilt Absatz 1 entsprechend. Die Kapitalertragsteuer ist innerhalb eines Monats nach der Entstehung zu entrichten. Die Kapitalanlagegesellschaft hat bis zu diesem Zeitpunkt eine Steuererklärung nach amtlich vorgeschriebenem Vordruck abzugeben und darin die Steuer zu berechnen.

(4) Die Kapitalertragsteuer wird auch von Zwischengewinnen (§ 39 Abs. 1a) erhoben. Absatz 1 Sätze 2 und 3 gilt entsprechend.

§ 39. [Steuerliche Behandlung von Zinsen und Dividenden]. (1) Die Ausschüttungen auf Anteilscheine an einem Wertpapier-Sondervermögen sowie die von einem Wertpapier-Sondervermögen nicht zur Kostendeckung oder Ausschüttung verwendeten Einnahmen im Sinne des § 20 des Einkommensteuergesetzes gehören zu den Einkünften aus Kapitalvermögen im Sinne des § 20 Abs. 1 Nr. 1 des Einkommensteuergesetzes, wenn sie nicht Betriebseinnahmen des Steuerpflichtigen sind. Die vereinnahmten nicht zur Kostendeckung oder Ausschüttung verwendeten Zinsen und Dividenden gelten mit dem Ablauf des Geschäftsjahres, in dem sie vereinnahmt worden sind, als zugeflossen.

4

(1a) Zu den Einkünften im Sinne des Absatzes 1 Satz 1 gehört auch der Zwischengewinn. Zwischengewinn ist das Entgelt für die dem Anteilscheininhaber noch nicht zugeflossenen oder als zugeflossenen geltenden

1. Einnahmen des Wertpapier-Sondervermögens im Sinne des § 20 Abs. 1 Nr. 7 und Abs. 2 mit Ausnahme der Nummer 2 Buchstabe a des Einkommensteuergesetzes sowie für die angewachsenen Ansprüche des Wertpapier-Sondervermögens auf derartige Einnahmen; die Ansprüche sind auf der Grundlage des § 20 Abs. 2 des Einkommensteuergesetzes und des § 21 Abs. 2 und 3 zu bewerten;
2. Zwischengewinne des Wertpapier-Sondervermögens;
3. Einnahmen des Wertpapier-Sondervermögens aus Anteilscheinen an inländischen Sondervermögen, soweit darin Erträge im Sinne des § 38b Abs. 1 Nr. 1 bis 3 enthalten sind;
4. Einnahmen des Wertpapier-Sondervermögens aus ausländischen Investmentanteilen außer Veräußerungsgewinne im Sinne des § 17 Abs. 2 Nr. 1 des Auslandinvestment-Gesetzes;
5. zum Zeitpunkt der Rückgabe oder Veräußerung des Anteilscheins oder der Abtretung der Ansprüche aus dem Anteilschein veröffentlichten Zwischengewinne von inländischen und ausländischen Investmentvermögen, an denen das Wertpapier-Sondervermögen Anteile hält.

Der Zwischengewinn gilt als in den Einnahmen aus der Rückgabe oder Veräußerung von Anteilscheinen an einem Wertpapier-Sondervermögen oder aus der Abtretung der in den Anteilscheinen verbrieften Ansprüche enthalten.

(2) Von Kapitalerträgen im Sinne des § 38a wird kein Steuerabzug vorgenommen.

§ 39a. [Anrechnung oder Vergütung der Körperschaftsteuer]. (1) Für Ausschüttungen auf Anteilscheine an einem Wertpapier-Sondervermögen wird die Körperschaftsteuer nur angerechnet oder vergütet, soweit darin enthalten sind

1. Erträge des Sondervermögens, die nach § 38 Abs. 2 zur Vergütung von Körperschaftsteuer an die Depotbank berechtigen,
2. der auf Erträge im Sinne der Nummer 1 entfallende Teil des Ausgabepreises für ausgegebene Anteilscheine.

Für die Ermittlung des Teils der Ausschüttung, der zur Anrechnung oder Vergütung von Körperschaftsteuer berechtigt, ist die nach § 38a zu entrichtende Körperschaftsteuer von den in den Nummern 1 und 2 bezeichneten Beträgen abzuziehen. § 45 des Körperschaftsteuergesetzes gilt entsprechend. In der hiernach zu erteilenden Bescheinigung ist der zur Anrechnung oder Vergütung berechtigende Teil der Ausschüttung gesondert anzugeben.

(2) Gelten die nicht zur Ausschüttung oder Kostendeckung verwendeten Einnahmen des Wertpapier-Sondervermögens nach § 39 Abs. 1 Satz 2 als zugeflossen, so ist Absatz 1 Satz 1 und 2 entsprechend anzuwenden. An die Stelle der in § 45 des Körperschaftsteuergesetzes bezeichneten Bescheinigung tritt eine Bescheinigung im Sinne der Sätze 3 bis 5. Die Bescheinigung darf nur durch das Kreditinstitut erteilt werden, das im Zeitpunkt des Zufließens der Einnahmen ein auf den Namen des Empfängers der Bescheinigung lautendes Wertpapierdepot führt, in dem der Anteilschein verzeichnet ist. In der Bescheinigung sind die Zahl und die Bezeichnung der Anteile sowie der Name und die Anschrift des Anteilscheininhabers anzugeben. Für die Bescheinigung gelten im übrigen die Vorschriften des § 45 des Körperschaftsteuergesetzes sinngemäß. Der Steuererklärung oder dem Antrag auf Vergütung von Körperschaftsteuer ist ein Abdruck der Bekanntmachung im Sinne des § 42 beizufügen. Wird der Anteilschein aus dem Wertpapierdepot entnommen und ausgehändigt, so hat ihn das Kre-

ditinstitut unter Hinweis auf die zuletzt ausgestellte Bescheinigung zu kennzeichnen.

(3) Sind die in Absatz 2 bezeichneten Voraussetzungen für die Erteilung der Bescheinigung durch ein Kreditinstitut nicht erfüllt, so wird die Körperschaftsteuer nur angerechnet, wenn der Steuerpflichtige Tatsachen glaubhaft macht, aus denen sich ergibt, daß ihm die Einnahmen zuzurechnen sind. Absatz 2 Satz 6 gilt sinngemäß.

§ 39b. [Erstattung der Kapitalertragsteuer].

(1) Bei Kapitalerträgen im Sinne des § 38b Abs. 3, die einem unbeschränkt einkommensteuerpflichtigen oder einem von der Körperschaftsteuer befreiten Gläubiger als zugeflossen gelten, wird auf Antrag die einbehaltene Kapitalertragsteuer unter den Voraussetzungen des § 44b Abs. 1 Satz 1 des Einkommensteuergesetzes und in dem dort bestimmten Umfang von der Kapitalanlagegesellschaft erstattet. Im übrigen sind die für die Anrechnung und die Erstattung der Kapitalertragsteuer geltenden Vorschriften des Einkommensteuergesetzes entsprechend anzuwenden.

(2) Die Kapitalanlagegesellschaft erstattet die einbehaltene Kapitalertragsteuer auf Antrag auch in Fällen, in denen die Kapitalerträge im Sinne des § 38b Abs. 3 einem Gläubiger ohne Wohnsitz oder gewöhnlichen Aufenthalt im Inland als zugeflossen gelten. Sie hat sich zuvor Gewißheit über die Person des Gläubigers der Kapitalerträge zu verschaffen; § 154 der Abgabenordnung ist entsprechend anzuwenden. Wird der Antrag in Vertretung des Gläubigers der Kapitalerträge durch ein Kreditinstitut gestellt, das die Anteilscheine im Zeitpunkt des Zufließens der Einnahmen in einem auf den Namen des Gläubigers der Kapitalerträge lautenden Wertpapierdepot verwahrt, hat die Kapitalanlagegesellschaft sich von dem Kreditinstitut versichern zu lassen, daß der Gläubiger der Kapitalerträge nach den Depotunterlagen weder Wohnsitz noch gewöhnlichen Aufenthalt im Inland hat.

(3) Für die Anrechnung der einbehaltenen und abgeführten Kapitalertragsteuer nach § 36 Abs. 2 des Einkommensteuergesetzes oder deren Erstattung nach § 50d des Einkommensteuergesetzes gilt § 39a Abs. 3 entsprechend. § 36b Abs. 4 und 5, § 36c Abs. 1 und 5 des Einkommensteuergesetzes gelten sinngemäß.

§ 40. [Steuerfreiheit von Ausschüttungen].

(1) Die Ausschüttungen auf Anteilscheine an einem Wertpapier-Sondervermögen sind insoweit steuerfrei, als sie Gewinne aus der Veräußerung von Wertpapieren und Bezugsrechten auf Anteile an Kapitalgesellschaften enthalten, es sei denn, daß die Ausschüttungen Betriebseinnahmen des Steuerpflichtigen sind. Enthalten die Ausschüttungen Erträge aus der Veräußerung von Bezugsrechten auf Freianteile an Kapitalgesellschaften, so kommt die Steuerfreiheit insoweit nicht in Betracht, als die Erträge Kapitalerträge im Sinne des § 20 des Einkommensteuergesetzes sind.

(2) Die Ausschüttungen auf Anteilscheine an einem Wertpapier-Sondervermögen sind insoweit, als sie Zinsen im Sinne des § 43 Abs. 1 Nr. 5 des Einkommensteuergesetzes enthalten, bei der Einkommensteuer oder Körperschaftsteuer mit 30 vom Hundert dieses Teils der Ausschüttungen zu besteuern. Auf den so besteuerten Teil der Ausschüttungen ist § 9 Ziff. 6 des Gewerbesteuergesetzes entsprechend anzuwenden.

(3) Die Ausschüttungen auf Anteilscheine an einem Wertpapier-Sondervermögen sind bei der Veranlagung der Einkommensteuer oder Körperschaftsteuer insoweit außer Betracht zu lassen, als sie aus einem ausländischen Staat stammende Einkünfte enthalten, für die die Bundesrepublik Deutschland auf Grund eines Abkommens zur Vermeidung der Doppelbesteuerung auf die Ausübung des Besteuerungsrechts verzichtet hat. Die Einkommensteuer oder Körperschaftsteuer wird jedoch nach dem Satz erhoben, der für die Bemessungsgrundlage vor Anwendung des Satzes 1 (Gesamteinkommen) in Betracht kommt, wenn in dem Abkommen zur Vermeidung der Doppelbesteuerung ein entsprechender Progressionsvorbehalt vorgesehen ist. 4

(4) Sind in den Ausschüttungen auf Anteilscheine an einem Wertpapier-Sondervermögen aus einem ausländischen Staat stammende Einkünfte enthalten, die in diesem Staat zu einer nach § 34c Abs. 1 des Einkommensteuergesetzes oder § 26 Abs. 1 des Körperschaftsteuergesetzes oder nach einem Abkommen zur Vermeidung der Doppelbesteuerung auf die Einkommensteuer oder Körperschaftsteuer anrechenbaren Steuer herangezogen werden, so ist bei unbeschränkt steuerpflichtigen Anteilscheininhabern die festgesetzte und gezahlte und keinem Ermäßigungsanspruch unterliegende ausländische Steuer auf den Teil der Einkommensteuer oder Körperschaftsteuer anzurechnen, der auf diese ausländischen, um die anteilige ausländische Steuer erhöhten Einkünfte entfällt. Dieser Teil ist in der Weise zu ermitteln, daß die sich bei der Veranlagung des zu versteuernden Einkommens – einschließlich der ausländischen Einkünfte – nach den §§ 32a, 32b, 32c, 34 und 34b des Einkommensteuergesetzes ergebende Einkommensteuer oder nach § 23 des Körperschaftsteuergesetzes ergebende Körperschaftsteuer im Verhältnis dieser ausländischen Einkünfte zur Summe der Einkünfte

aufgeteilt wird. Der Höchstbetrag der anrechenbaren ausländischen Steuern ist für die Ausschüttungen aus jedem einzelnen Wertpapier-Sondervermögen zusammengefaßt zu berechnen. Bei der Anwendung der Sätze 1 und 2 ist der Berechnung der auf die ausländischen Einkünfte entfallenden inländischen Körperschaftsteuer die Körperschaftsteuer zugrunde zu legen, die sich vor Anwendung der Vorschriften des Vierten Teils des Körperschaftsteuergesetzes für das zu versteuernde Einkommen ergibt. § 34c Abs. 2 und 3 des Einkommensteuergesetzes ist sinngemäß anzuwenden.

(5) Den in den Ausschüttungen enthaltenen Beträgen im Sinne der Absätze 1 bis 4 stehen die hierauf entfallenden Teile des Ausgabepreises für ausgegebene Anteilscheine gleich.

§ 41. [Zusammensetzung der Ausschüttung].

(1) Die Kapitalanlagegesellschaft hat den Anteilscheininhabern bei jeder Ausschüttung bezogen auf einen Anteilschein an dem Wertpapier-Sondervermögen bekanntzumachen

4 1. den Betrag der Ausschüttung;
2. die in der Ausschüttung enthaltenen Beträge an
   a) Zinsen im Sinne des § 43 Abs. 1 Nr. 5 des Einkommensteuergesetzes (§ 40 Abs. 2),
   b) Veräußerungsgewinnen im Sinne des § 40 Abs. 1 Satz 1,
   c) Erträgen im Sinne des § 40 Abs. 1 Satz 2, soweit die Erträge nicht Kapitalerträge im Sinne des § 20 des Einkommensteuergesetzes sind,
   d) Einkünften im Sinne des § 40 Abs. 3,
   e) Einkünften im Sinne des § 40 Abs. 4;
3. den zur Anrechnung oder Vergütung von Körperschaftsteuer berechtigenden Teil der Ausschüttung;
4. den Betrag der anzurechnenden oder zu vergütenden Körperschaftsteuer;
5. den zur Anrechnung oder Erstattung von Kapitalertragsteuer berechtigenden Teil der Ausschüttung;
6. den Betrag der anzurechnenden oder zu erstattenden Kapitalertragsteuer;
7. den Betrag der nach § 34c Abs. 1 des Einkommensteuergesetzes anrechenbaren und nach § 34c Abs. 3 des Einkommensteuergesetzes abziehbaren ausländischen Steuern, der auf die in den Ausschüttungen enthaltenen Einkünfte im Sinne des § 40 Abs. 4 entfällt.

(2) Die Kapitalanlagegesellschaft hat auf Anforderung des für ihre Besteuerung nach dem Einkommen zuständigen Finanzamts den Nachweis über die Höhe der ausländischen Einkünfte und über die Festsetzung und Zahlung der ausländischen Steuern durch Vorlage entsprechender Urkunden, z.B. Steuerbescheid, Quittung über die Zahlung, zu führen. Sind diese Urkunden in einer fremden Sprache abgefaßt, so kann eine beglaubigte Übersetzung in die deutsche Sprache verlangt werden.

(3) [...]

(4) Die Kapitalanlagegesellschaft hat börsentäglich den Zwischengewinn (§ 39 Abs. 1a) zu ermitteln; sie hat ihn mit dem Rücknahmepreis zu veröffentlichen.

§§ 42, 43. [Anwendbarkeitsvorschriften]

3. Titel

Beteiligungs-Sondervermögen

§ 43a. [Steuerliche Behandlung des Beteiligungs-Sondervermögens]. Für das Beteiligungs-Sondervermögen, für die Ausschüttungen auf Anteilscheine an einem Beteiligungs-Sondervermögen, für die von einem Beteiligungs-Sondervermögen nicht zur Kostendeckung oder Ausschüttung verwendeten Einnahmen im Sinne des § 20 des Einkommensteuergesetzes einschließlich der Einnahmen aus einer stillen Beteiligung und für Erträge im Sinne des § 39 Abs. 1a gelten vorbehaltlich des Satzes 3 die §§ 37n bis 50d sinngemäß. Die Steuerbefreiung des Beteiligungs-Sondervermögens wird nicht dadurch ausgeschlossen, daß eine stille Beteiligung steuerrechtlich als Mitunternehmerschaft (§ 15 Abs. 1 Nr. 2 des Einkommensteuergesetzes) zu beurteilen ist. Auf Ausschüttungen auf Anteilscheine, die auf eine stille Beteiligung im Sinne des Satzes 2 entfallen, sowie auf die nicht zur Kostendeckung oder Ausschüttung verwendeten Einnahmen aus einer solchen Beteiligung ist § 39a nicht anzuwenden.

§ 43b. [Anwendungsvorschriften]

4. Titel

Investmentfondsanteil-Sondervermögen

§ 43c bis 43d. [Anwendungsvorschriften]. Für Investmentfondsanteil-Sondervermögen gelten die §§ 37n bis 50d entsprechend.[...].

5. Titel

Grundstücks-Sondervermögen

§ 44. [Steuerliche Behandlung des Grundstücks-Sondervermögens]. Für das Grundstücks-Sondervermögen (§ 27) gilt § 38 sinngemäß. Von Kapitalerträgen im Sinne des § 45 wird eine Kapitalertragsteuer erhoben. Im übrigen gelten die §§ 38b und 39b sinngemäß. Sind in den Ausschüttungen Gewinne aus der Veräußerung von Gegenständen im Sinne des § 27 enthalten, wird der Steuerabzug nur vorgenommen, wenn der Zeitraum zwischen Anschaffung und Veräußerung der Gegenstände nicht mehr als zwei Jahre betragen hat.

§ 45. [Steuerliche Behandlung von Ausschüttungen und Erträgen]. (1) Die Ausschüttungen auf Anteilscheine an einem Grundstücks-Sondervermögen sowie die von einem Grundstücks-Sondervermögen vereinnahmten nicht zur Kostendeckung oder Ausschüttung verwendeten Erträge aus der Vermietung und Verpachtung der in § 27 bezeichneten Gegenstände und Einnahmen aus der Beteiligung einer Grundstücks-Gesellschaft gehören zu den Einkünften aus Kapitalvermögen im Sinne des § 20 Abs. 1 Nr. 1 des Einkommensteuergesetzes, wenn sie nicht Betriebseinnahmen des Steuerpflichtigen sind. Zu den Kosten gehören auch Absetzungen für Abnutzung oder Substanzverringerung, soweit diese die nach § 7 des Einkommensteuergesetzes zulässigen Beträge nicht übersteigen. Die vereinnahmten nicht zur Kostendeckung oder Ausschüttung verwendeten Erträge gelten mit dem Ablauf des Geschäftsjahres, in dem sie vereinnahmt worden sind, als zugeflossen.

(2) § 39 Abs. 2 gilt sinngemäß.

§ 45a. *(aufgehoben)*

§ 46. [Steuerfreiheit von Ausschüttungen].

(1) Die Ausschüttungen auf Anteilscheine an einem Grundstück-Sondervermögen sind insoweit steuerfrei, als sie Gewinne aus der Veräußerung von Gegenständen im Sinne des § 27 enthalten, es sei denn, daß es sich um Veräußerungsgeschäfte handelt, bei denen der Zeitraum zwischen Anschaffung und Veräußerung nicht mehr als zwei Jahre betragen hat (§ 23 des Einkommensteuergesetzes) oder daß die Ausschüttung Betriebseinnahmen des Steuerpflichtigen sind. [...]

§ 47. [Zusammensetzung der Ausschüttung].

(1) Die Kapitalanlagegesellschaft hat den Anteilscheininhabern bei jeder Ausschüttung bezogen auf einen Anteilschein an dem Grundstücks-Sondervermögen bekanntzumachen

1. den Betrag der Ausschüttung;
2. die in der Ausschüttung enthaltenen Beträge an
   a) Veräußerungsgewinnen im Sinne des § 46 Abs. 1,
   b) Einkünften im Sinne des § 46 Abs. 2;
3. den Betrag der anzurechnenden oder zu erstattenden Kapitalertragsteuer;
4. den Betrag an anrechenbaren ausländischen Steuern, der auf die in den Ausschüttungen enthaltenen Einkünfte im Sinne des § 46 Abs. 2 entfällt, auf die § 40 Abs. 4 anzuwenden ist.

(2) § 41 Abs. 2 und 3 gilt sinngemäß.

§ 48. [Erträge im Sinne von § 45 Abs. 1]. Die Vorschriften des § 40 Abs. 3 und 4, §§ 44, 45 und 47 mit Ausnahme des Absatzes 1 Nr. 2 Buchstabe a gelten sinngemäß für die von dem Grundstücks-Sondervermögen vereinnahmten nicht zur Kostendeckung oder Ausschüttung verwendeten Erträge aus der Vermietung und Verpachtung der in § 27 bezeichneten Gegenstände (§ 45 Abs. 1). Die Angaben im Sinne des § 47 Abs. 1 sind spätestens drei Monate nach Ablauf des Geschäftsjahres bekanntzumachen.

4

§ 49. [Anwendbarkeitsvorschriften]

6. Titel

Gemischte Wertpapier- und Grundstücks-Sondervermögen

§§ 50a, 50b. [Anwendungsvorschriften]. Für Gemischte Wertpapier- und Grundstücks-Sondervermögen gelten die §§ 37n bis 50d entsprechend. [...]

7. Titel

Altersvorsorge-Sondervermögen

§§ 50c, 50d. [Anwendungsvorschriften]. Für Altersvorsorge-Sondervermögen gelten die §§ 37n bis 50d entsprechend. [...]

Zweites Kapitel
Investmentaktiengesellschaften

Erster Abschnitt

Allgemeine Vorschriften

§ 51. [Erlaubnis zum Geschäftsbetrieb]. (1) Ein Unternehmen, das unter der Bezeichnung „Investmentaktiengesellschaft" Geschäfte der in Absatz 3 beschriebenen Art betreiben will, bedarf der Erlaubnis zum Geschäftsbetrieb durch die Bankaufsichtsbehörde.

(2) Investmentaktiengesellschaften dürfen nur in der Rechtsform der Aktiengesellschaft betrieben werden. Ihre Aktien müssen auf den Inhaber lauten. Die Ausgabe von Aktien ohne Stimmrecht ist unzulässig. Sämtliche Aktien der Investmentaktiengesellschaft müssen denselben Anteil am Grundkapital verkörpern.

(3) Satzungsmäßig festgelegter Unternehmensgegenstand der Investmentaktiengesellschaft muß die Anlage und Verwaltung ihrer Mittel nach dem Grundsatz der Risikomischung in Wertpapieren oder in Wertpapieren und Beteiligungen als stiller Gesellschafter im Sinne des § 230 des Handelsgesetzbuchs (stille Beteiligungen) sein mit dem einzigen Ziel, ihre Anteilseigner an dem Gewinn aus der Verwaltung des Vermögens der Gesellschaft zu beteiligen. § 179 Abs. 2 Satz 2 des Aktiengesetzes gilt mit der Maßgabe, daß in der Satzung für eine Satzungsänderung stets nur eine größere Kapitalmehrheit bestimmt werden kann.

(4) Auf Investmentaktiengesellschaften sind die für Finanzdienstleistungsinstitute geltenden Vorschriften des Gesetzes über das Kreditwesen mit Ausnahme der §§ 10 bis 11, 12a bis 13b,
4
15 bis 17, 24 Abs. 1 Satz 1 Nr. 3, 7, 10, Satz 2 bis 4, Abs. 3 Satz 1 Nr. 2, Satz 2, §§ 25, 26 bis 29, 45, 45a und 53 des Gesetzes über das Kreditwesen entsprechend anzuwenden.

(5) Die Erlaubnis zum Geschäftsbetrieb darf der Investmentaktiengesellschaft nur erteilt werden, wenn

1. das eingezahlte Grundkapital mindestens zwei Millionen Deutsche Mark beträgt,
2. die Investmentaktiengesellschaft ihren Sitz und ihre Geschäftsleitung im Inland hat,
3. die Geschäftsleiter der Investmentaktiengesellschaft zuverlässig sind und die zur Leitung der Investmentaktiengesellschaft erforderliche fachliche Eignung haben,
4. die Satzung vorsieht, daß nur die in Absatz 3 genannten Geschäfte und die damit unmittelbar verbundenen Nebentätigkeiten betrieben werden, und die Satzung den Anforderungen des § 15 an die Vertragsbedingungen entspricht und
5. die Investmentaktiengesellschaft eine Depotbank nach § 12 Abs. 1 beauftragt hat.

Die Investmentaktiengesellschaft hat der Bankaufsichtsbehörde und der Deutschen Bundesbank das Absinken des Anfangskapitals unter die Mindestanforderungen nach Satz 1 Nr. 1 unverzüglich anzuzeigen.

(6) Die Erlaubnis kann außer nach den Vorschriften des Gesetzes über das Kreditwesen und des Verwaltungsverfahrensgesetzes aufgehoben werden, wenn innerhalb von zwölf Monaten nach der Erteilung der Erlaubnis zum Geschäftsbetrieb der Investmentaktiengesellschaft nicht mindestens 75 vom Hundert der ausgegebenen Aktien der Investmentaktiengesellschaft im Publikum gestreut sind.

(7) Die Investmentaktiengesellschaft kann auf die Erlaubnis zum Geschäftsbetrieb nur verzichten, indem sie den nach Absatz 3 Satz 1 satzungsmäßig festgelegten Unternehmensgegenstand ändert.

§ 52. [Mitglieder des Aufsichtsrats]. Die Mitglieder des Aufsichtsrats sollen ihrer Persönlichkeit und ihrer Sachkunde nach die Wahrung der Interessen der Aktionäre gewährleisten.

§ 53. [Nicht zulässige Rechtsgeschäfte]. Mitglieder des Vorstands oder des Aufsichtsrats der Investmentaktiengesellschaft dürfen Vermögensgegenstände weder an die Gesellschaft veräußern noch von dieser erwerben.

§ 54. [Bezeichnungsschutz]. Die Bezeichnung „Investmentaktiengesellschaft" darf in der Firma, als Zusatz zur Firma, zur Bezeichnung des Geschäftszwecks oder zu Werbezwecken nur von Investmentaktiengesellschaften, denen die Erlaubnis zum Geschäftsbetrieb erteilt ist, sowie von Kapitalanlagegesellschaften und ausländischen Investmentgesellschaften, Verwaltungsgesellschaften und Vertriebsgesellschaften (§ 2 Nr. 1, § 3 Abs. 2 Nr. 1 und § 15 des Auslandinvestment-Gesetzes) geführt werden. Satz 1 gilt nicht für Unternehmen, die die Worte „Investment", „Investor" oder „Invest" in einem Zusammenhang führen, der den Anschein ausschließt, daß der Inhalt des Geschäftsbetriebs auf die Anlage von Geldvermögen gerichtet ist. Die §§ 42 und 43 des Gesetzes über das Kreditwesen sind entsprechend anzuwenden.

Zweiter Abschnitt

Vorschriften über die Tätigkeit der Investmentaktiengesellschaften

Erster Unterabschnitt Geschäftskreis

§ 55. [Anwendungsvorschriften]

§ 56. [Erwerb von Aktien desselben Ausstellers]. Die Investmentaktiengesellschaft darf Aktien desselben Ausstellers nur insoweit erwerben, als die Stimmrechte, die der Investmentaktiengesellschaft aus Aktien desselben Ausstellers zustehen, 10 vom Hundert der gesamten Stimmrechte aus Aktien desselben Ausstellers nicht übersteigen.

§ 57. [Eingehen von Verpflichtungen]. (1) Die Investmentaktiengesellschaft darf weder Gelddarlehen gewähren noch Verpflichtungen aus einem Bürgschafts- oder einem Garantievertrag eingehen.

(2) Gegenstände des Gesellschaftsvermögens dürfen nur insoweit verpfändet oder sonst belastet, zur Sicherung übereignet oder zur Sicherung abgetreten werden, als nach Absatz 3 Kredite aufgenommen, einem Dritten Optionsrechte eingeräumt oder Finanzterminkontrakte abgeschlossen werden.

(3) Die Investmentaktiengesellschaft darf Kredite bis zur Höhe von 10 vom Hundert des Eigenkapitals, das sich aus der letzten geprüften Bilanz oder dem letzten Zwischenabschluß ergibt, aufnehmen, wenn dies in der Satzung vorgesehen ist und die Depotbank der Kreditaufnahme zustimmt. Die Depotbank darf nur zustimmen, wenn die Bedingungen der Kreditaufnahme marktüblich sind.

(4) Die Investmentaktiengesellschaft darf einem Dritten keine Genußrechte oder Beteiligungen als stiller Gesellschafter gewähren.

(5) Die Investmentaktiengesellschaft darf keine Wertpapiere verkaufen, die im Zeitpunkt des Geschäftsabschlusses nicht zum Gesellschaftsvermögen gehören.

§ 58. [Grenzwerte für den Erwerb bestimmter Aktien und stiller Beteiligungen]. (1) Bis zu 20 vom Hundert des Eigenkapitals der Investmentaktiengesellschaft dürfen in Aktien angelegt werden, die nicht zum amtlichen Handel an einer Börse zugelassen oder in einen anderen organisierten Markt einbezogen sind.

(2) Stille Beteiligungen dürfen insgesamt nur insoweit erworben werden, als diese Anlageform nach der Satzung zulässig ist und zur Zeit des Erwerbs ihre Anschaffungskosten zusammen mit dem Buchwert der bereits im Gesellschaftsvermögen befindlichen stillen Beteiligungen 50 vom Hundert des Eigenkapitals der Investmentaktiengesellschaft nicht übersteigen. Die in Satz 1 bestimmte Grenze für den Erwerb stiller Beteiligungen vermindert sich um den Wert der bereits im Gesellschaftsvermögen befindlichen Vermögensgegenstände nach Absatz 1.

(3) Die Einhaltung der Absätze 1 und 2 ist von der Depotbank zu überwachen.

§ 59. [Erwerb von Grundstücken, Gebäuden oder Betriebs- und Geschäftsausstattung]. Der Erwerb von Grundstücken, Gebäuden oder Betriebs- und Geschäftsausstattung ist der Investmentaktiengesellschaft nur insoweit gestattet, als er für die Ausübung ihrer Tätigkeit notwendig ist.

§ 60. [Wirksamkeit der Rechtsgeschäfte]. Verstöße gegen die §§ 56 bis 59 berühren die Wirksamkeit der Rechtsgeschäfte nicht.

Zweiter Unterabschnitt Öffentliches Angebot der Aktien

§ 61. [Frist für das Angebot von Aktien zum Erwerb]. (1) Innerhalb von sechs Monaten nach der Erteilung der Erlaubnis zum Geschäftsbetrieb der Investmentaktiengesellschaft müssen mindestens neun Zehntel ihrer Aktien öffentlich zum Erwerb angeboten werden.

(2) [...]

(3) Aktien der Investmentaktiengesellschaft dürfen öffentlich zum Erwerb nur angeboten werden, wenn sie zur amtlichen Notierung oder zum Handel im geregelten Markt an einer inländischen Börse zugelassen sind und die Investmentaktiengesellschaft einen Börsenzulassungsprospekt oder einen Unternehmensbericht veröffentlicht hat.

(4) Der Unternehmensbericht ist durch Abdruck in mindestens einer Zeitung mit weiter Verbreitung im Inland oder als Druckschrift zu veröffentlichen. Die Druckschrift muß am Sitz der Börse, an der die Aktien der Investmentaktiengesellschaft zum geregelten Markt zugelassen sind, sowie am Sitz der Investmentaktiengesellschaft und bei ihren Zahlstellen dem Publikum kostenlos zur Verfügung gestellt werden. Außerdem ist im Bundesanzeiger ein Hinweis bekanntzumachen, wo der Unternehmensbericht veröffentlicht und für das Publikum zu erhalten ist.

(5) Zwischen der Veröffentlichung des Börsenzulassungsprospekts oder des Unternehmensberichts und dem Beginn der Frist zur Abgabe eines verbindlichen Kaufangebots müssen mindestens zwölf Werktage liegen.

§ 62. [Zusätzliche Angaben im Börsenprospekt bei amtlicher Notierung an inländischer Börse]. (1) Werden Aktien der Investmentaktiengesellschaft zur amtlichen Notierung an einer inländischen Börse zugelassen, hat der Börsenzulassungsprospekt zusätzlich zu den nach § 36 Abs. 3 Satz 1 Nr. 2 des Börsengesetzes oder auf Grund einer nach § 38 Abs. 1 des Börsengesetzes erlassenen Rechtsverordnung erforderlichen Angaben folgende Angaben zu enthalten:

1. die Angaben nach § 19 Abs. 2 Satz 2 und 3 Nr. 1, 2, 4, 6 bis 8 und 10 mit der Maßgabe, daß an die Stelle des Wortes „Sondervermögen" jeweils das Wort „Gesellschaftsvermögen" tritt; § 19 Abs. 3 und 4 gilt entsprechend;
2. die Satzung;

4

3. den Inhalt des Erlaubnisbescheids der Bankaufsichtsbehörde;
4. die Börsen, an denen die Aktien der Investmentaktiengesellschaft bereits zum Handel zugelassen sind;
5. die Angabe, in welcher Zeitung und in welchem Zeitabstand (§ 63 Abs. 3) der Inventarwert veröffentlicht wird.

(2) Im Börsenzulassungsprospekt ist an herausgehobener Stelle ein ausdrücklicher und gesonderter Hinweis auf die speziellen Risiken des Erwerbs von Aktien einer Investmentaktiengesellschaft zu geben. Es ist insbesondere darauf hinzuweisen, daß ein Anspruch auf Rückgabe der Aktien an die Investmentaktiengesellschaft nicht besteht und der Inventarwert der Aktien in der Regel von ihrem Börsenpreis abweicht.

(3) Werden Aktien der Investmentaktiengesellschaft zum geregelten Markt an einer inländischen Börse zugelassen, hat der Unternehmensbericht zusätzlich zu den nach § 73 Abs. 1 Nr. 2 des Börsengesetzes erforderlichen Angaben die Angaben nach Absatz 1 Nr. 1 bis 5
4 sowie die Hinweise nach Absatz 2 zu enthalten.

§ 63. [Ausgabepreis von Aktien der Investmentgesellschaft]. (1) Aktien dürfen nur gegen volle Leistung des Ausgabepreises ausgegeben werden. Sacheinlagen sind unzulässig.

(2) Der Ausgabepreis, zu dem die Aktien der Investmentaktiengesellschaft öffentlich angeboten werden dürfen, muß dem anteiligen Inventarwert an dem Tag, an dem die Investmentaktiengesellschaft die Angebote des Publikums annimmt, zuzüglich eines in der Satzung festzusetzenden Aufschlags für die Transaktionskosten entsprechen. Der anteilige Inventarwert ergibt sich aus der Teilung des Wertes des Gesellschaftsvermögens durch die Zahl der in den Verkehr gelangten Aktien. § 21 Abs. 2 Satz 3 Teilsatz 1, Satz 4 und 5 ist sinngemäß anzuwenden.

(3) Der Inventarwert ist regelmäßig, mindestens wöchentlich zu ermitteln und unverzüglich in einer hinreichend verbreiteten Wirtschafts- oder Tageszeitung zu veröffentlichen.

Dritter Unterabschnitt: Erwerb eigener Aktien, Kapitalerhöhungen

§ 64. [Erwerb eigener Aktien]. (1) Unterschreitet der Börsenpreis der Aktien der Investmentaktiengesellschaft an einem Börsengeschäftstag 90 vom Hundert des anteiligen Inventarwerts der Aktien der Investmentaktiengesellschaft, kann diese eigene Aktien erwerben, um einer Vergrößerung der Differenz zwischen Börsenpreis und Inventarwert entgegenzuwirken. Der Rückkaufpreis darf den anteiligen Inventarwert abzüglich der Transaktionskosten nicht übersteigen.

(2) Die erworbenen eigenen Aktien sind einzuziehen. § 237 Abs. 2 bis 6 und §§ 238 bis 240 des Aktiengesetzes finden Anwendung.

(3) Im übrigen bleiben die §§ 71 bis 71e des Aktiengesetzes unberührt.

(4) Die Investmentaktiengesellschaft hat der Bankaufsichtsbehörde und der Deutschen Bundesbank jeweils nach Ablauf von drei Kalendermonaten unverzüglich mitzuteilen, in welchem Umfang, zu welchem Zeitpunkt und zu welchen Rückkaufpreisen sie innerhalb dieses Zeitraums eigene Aktien erworben hat.

§ 65. [Kapitalerhöhung; Aktienausgabe]. Aktien können im Wege der Kapitalerhöhung nach den §§ 182, 184 bis 191 des Aktiengesetzes mit folgenden Maßgaben ausgegeben werden:
1. § 186 Abs. 3 Satz 4 des Aktiengesetzes findet keine Anwendung;
2. der Ausgabebetrag der neuen Aktien darf den anteiligen Inventarwert nach § 63 Abs. 2 Satz 2 nicht unterschreiten.

Vierter Unterabschnitt Rechnungslegung

§ 66. [Rechnungslegung]. Die Investmentaktiengesellschaft hat den Jahresabschluß spätestens sechs Monate nach Ablauf des Geschäftsjahres im Bundesanzeiger bekanntzumachen. In den nach den §§ 284 bis 287 des Handelsgesetzbuchs zu erstellenden Anhang hat die Investmentaktiengesellschaft zusätzlich die in § 24a Abs. 1 Satz 3 und § 25j Abs. 3 vorgeschriebenen Angaben aufzunehmen. In den Lagebericht nach § 289 des Handelsgesetzbuchs hat die Investmentaktiengesellschaft zusätzlich die Hinweise nach § 62 Abs. 2 aufzunehmen. Die Prüfung des Jahresabschlusses und des Lageberichts durch den Abschlußprüfer hat sich auch auf die Einhaltung der Vorschriften dieses Gesetzes zu erstrecken. Das Ergebnis der Prüfung hat der Abschlußprüfer in den Bestätigungsvermerk zum Jahresabschluß aufzunehmen.

§ 67. [Zwischenberichte]. (1) Die Investmentaktiengesellschaft ist verpflichtet, innerhalb des Geschäftsjahres regelmäßig mindestens einen Zwischenbericht zu veröffentlichen, der alle wesentlichen Angaben enthalten muß, auf Grund derer es möglich ist, sich ein Urteil über die Tätigkeit der Investmentaktiengesellschaft und ihrer Finanzlage zu bilden. Der Zwischenbericht muß insbesondere die Angaben nach § 24a Abs. 1 Satz 3 Nr. 1 und 2 sowie die Hinweise nach § 62 Abs. 2 enthalten. Er ist innerhalb von zwei Monaten nach dem Ende des Berichtszeitraums entweder durch Abdruck in mindestens einem überregionalen Börsenpflichtblatt oder im Bundesanzeiger oder als Druckschrift zu veröffentlichen. Die Druckschrift wird dem Publikum bei den Zahlstellen auf Verlangen kostenlos zur Verfügung gestellt. Wird der Zwischenbericht nicht im Bundesanzeiger veröffentlicht, so ist im Bundesanzeiger ein Hinweis darauf bekanntzumachen, wo der Zwischenbericht veröffentlicht und für das Publikum zu erhalten ist.

(2) Die Investmentaktiengesellschaft hat der Bankaufsichtsbehörde und der Deutschen Bundesbank den Jahresabschluß unverzüglich nach der Feststellung und den Zwischenbericht unverzüglich nach der Erstellung einzureichen.

Drittes Kapitel

Bußgeld-, Übergangs- und Schlußvorschriften

§§ 68–70. [Nicht abgedruckt]

Einheitliche Richtlinien für Inkassi

(ERI 522, Revision 1995)

A. Allgemeine Regeln und Begriffsbestimmungen

Artikel 1. Anwendbarkeit der ERI 522

a Die Einheitlichen Richtlinien für Inkassi, Revision 1995, ICC-Publikation 522, gelten für alle Inkassi wie in Artikel 2 definiert, soweit sie in den Text eines „Inkassoauftrags" gemäß Artikel 4 einbezogen sind und sind für alle Beteiligten bindend, sofern nicht ausdrücklich anderweitige Vereinbarungen getroffen worden sind oder nicht nationale, staatliche oder örtliche Gesetze und/oder Verordnungen entgegenstehen, von denen nicht abgewichen werden darf.

b Banken sind nicht verpflichtet, ein Inkasso oder irgendeine Inkassoweisung oder spätere sich darauf beziehende Weisungen zu bearbeiten.

c Wenn eine Bank sich aus irgendeinem Grund entschließt, ein erhaltenes Inkasso oder sich darauf beziehende Weisungen nicht zu bearbeiten, muß sie unverzüglich denjenigen Beteiligten, von dem sie das Inkasso oder die Weisungen erhalten hat, durch Telekommunikation oder, wenn dies nicht möglich ist, auf anderem schnellen Wege davon unterrichten.

5 **Artikel 2. Definition des Inkassos**

Im Sinne dieser Richtlinien bedeuten:

a „Inkasso" die Bearbeitung von nachstehend unter Artikel 2(b) definierten Dokumenten durch Banken in Übereinstimmung mit erhaltenen Weisungen, um:
  i. Zahlung und/oder Akzeptierung zu erhalten oder
  ii. Dokumente gegen Zahlung und/oder Akzeptierung auszuhändigen oder
  iii. Dokumente unter anderen Bedingungen auszuhändigen.

b „Dokumente" Zahlungspapiere und/oder Handelspapiere:
  i. „Zahlungspapiere" Wechsel, Solawechsel, Schecks oder andere ähnliche zum Erlangen von Zahlungen dienende Dokumente;
  ii. „Handelspapiere" Rechnungen, Transportdokumente, Dispositions- oder andere ähnliche Dokumente sowie irgendwelche andere Dokumente, die keine Zahlungspapiere darstellen.

c „Einfaches Inkasso" das Inkasso von Zahlungspapieren, die nicht von Handelspapieren begleitet sind.

d „Dokumentäres Inkasso" das Inkasso von:
  i. Zahlungspapieren, die von Handelspapieren begleitet sind;
  ii. Handelspapieren, die nicht von Zahlungspapieren begleitet sind.

Artikel 3. Beteiligte an einem Inkasso

a Im Sinne dieser Richtlinien sind die „Beteiligten":
  i. der „Auftraggeber", das ist derjenige, der eine Bank mit der Bearbeitung eines Inkassos betraut;
  ii. die „Einreicherbank", das ist die vom Auftraggeber mit der Bearbeitung des Inkassos betraute Bank;
  iii. die „Inkassobank", das ist jede mit der Durchführung des Inkassos befaßte Bank mit Ausnahme der Einreicherbank;
  iv. die „vorlegende Bank", das ist diejenige Inkassobank, die gegenüber dem Bezogenen die Vorlegung vornimmt.

b Der „Bezogene" ist derjenige, demgegenüber in Übereinstimmung mit dem Inkassoauftrag die Vorlegung zu erfolgen hat.

B. Form und Gliederung von Inkassi

Artikel 4. Inkassoauftrag

a i. Alle zum Inkasso übersandten Dokumente müssen von einem Inkassoauftrag begleitet sein, der angibt, daß das Inkasso den ERI 522 unterliegt und in dem vollständige und genaue Weisungen erteilt werden. Banken sind nur berechtigt, gemäß den in einem solchen Inkassoauftrag erteilten Weisungen sowie in Übereinstimmung mit diesen Richtlinien zu verfahren.
  ii. Banken werden Dokumente nicht auf darin enthaltene Weisungen prüfen.
  iii. Sofern im Inkassoauftrag nicht anderweitig ermächtigt, werden Banken Weisungen von einem anderen Beteiligten/einer anderen Bank als dem Beteiligten/der Bank, von welchem/welcher sie das Inkasso erhalten haben, keine Beachtung schenken.

b Ein Inkassoauftrag sollte die folgenden Informationen, soweit anwendbar, enthalten:
  i. Einzelheiten über die Bank, von der das Inkasso zuging einschließlich des vollständigen Namens, Postanschrift, SWIFT Adresse, Telex-, Telefon-, Telefax-Nummern und Referenz.
  ii. Einzelheiten über den Auftraggeber ein-

schließlich des vollständigen Namens, Postanschrift und gegebenenfalls Telex-, Telefon-, Telefax-Nummern.

iii. Einzelheiten über den Bezogenen einschließlich des vollständigen Namens, Postanschrift oder der Domizilstelle, bei der die Vorlegung zu erfolgen hat und gegebenenfalls Telex-, Telefon-, Telefax-Nummern.

iv. Einzelheiten über die etwaige vorlegende Bank einschließlich des vollständigen Namens, Postanschrift und gegebenenfalls Telex-, Telefon-, Telefax-Nummern.

v. Einzuziehende(r) Beträge (Betrag und Währung(en).

vi. Auflistung der beigefügten Dokumente und Angabe der Anzahl jedes einzelnen Dokumentes.

vii. a. Bedingungen, unter denen Zahlung und/oder Akzeptierung zu erhalten ist.

b. Bedingungen für die Aushändigung von Dokumenten gegen:

1. Zahlung und/oder Akzeptierung
2. andere Bedingungen.

Der Beteiligte, der den Inkassoauftrag erstellt, ist verantwortlich dafür, daß die Bedingungen für die Aushändigung von Dokumenten klar und eindeutig angegeben sind, andernfalls übernehmen Banken für daraus resultierende Folgen keine Verantwortung.

viii. Einzuziehende Gebühren mit der Angabe, ob oder ob nicht auf sie verzichtet werden kann.

ix. Falls zutreffend, einzuziehende Zinsen mit der Angabe, ob oder ob nicht auf sie verzichtet werden kann, einschließlich:

a. Zinssatz
b. Berechnungszeitraum
c. Art der anzuwendenden Zinsberechnung (z.B. das Jahr zu 360 oder 365 Tagen).

x. Art der Zahlung und Form des Zahlungsavises.

xi. Weisungen für den Fall von Nichtzahlung, Nichtakzeptierung und/oder Nichterfüllung anderer Weisungen.

c i. Inkassoweisungen sollen die vollständige Anschrift des Bezogenen enthalten oder die Domizilstelle, bei der die Vorlage zu erfolgen hat. Wenn die Anschrift: unvollständig oder unrichtig ist, kann die Inkassobank ohne eigene Haftung und Verantwortlichkeit versuchen, die richtige Anschrift festzustellen.

ii. Die Inkassobank ist nicht haftbar oder verantwortlich für Verzögerungen aufgrund unvollständiger/unrichtiger Adresse.

C. Form der Vorlegung

Artikel 5. Vorlegung

a Im Sinne dieser Richtlinien bedeutet Vorlegung das Verfahren, mit dem die vorlegende Bank die Dokumente dem Bezogenen weisungsgemäß verfügbar macht.

b Der Inkassoauftrag sollte die genaue Frist angeben, innerhalb derer der Bezogene Maßnahmen zu ergreifen hat.

Ausdrücke wie „erster", „prompt", „unverzüglich" und ähnliche sollten nicht im Zusammenhang mit der Vorlegung oder in bezug auf eine Frist verwendet werden, innerhalb der die Dokumente aufzunehmen sind oder der Bezogene anderweitige Maßnahmen zu ergreifen hat. Wenn solche Ausdrücke verwendet werden, werden die Banken sie nicht beachten.

c Dokumente müssen dem Bezogenen in der Form vorgelegt werden, in der sie empfangen worden sind. Banken sind jedoch berechtigt, etwa notwendige Stempelmarken anzubringen, und zwar, sofern keine anderen Weisungen erteilt worden sind, auf Kosten des Beteiligten, von dem ihnen das Inkasso zugegangen ist, und etwa erforderliche Indossamente vorzunehmen oder irgendwelche Stempel oder andere Erkennungszeichen oder -symbole anzubringen, die für den Inkassovorgang üblich oder erforderlich sind.

d Um die Weisungen des Auftraggebers auszuführen, betraut die Einreicherbank als Inkassobank die vom Auftraggeber benannte Bank. Mangels einer solchen Benennung wird die Einreicherbank eine Bank nach eigener Wahl oder Wahl einer anderen Bank im Lande der Zahlung oder Akzeptierung oder in dem Land, in dem andere Bedingungen zu erfüllen sind, betrauen. 5

e Dokumente und Inkassoauftrag können von der Einreicherbank direkt oder über eine zwischengeschaltete andere Bank der Inkassobank übersandt werden.

f Falls die Einreicherbank keine spezielle vorlegende Bank benennt, kann sich die Inkassobank einer vorlegenden Bank nach eigener Wahl bedienen.

Artikel 6. Sicht/Akzeptierung

Bei Sicht zahlbare Dokumente muß die vorlegende Bank unverzüglich zur Zahlung vorlegen.

Nicht bei Sicht zahlbare Dokumente muß die vorlegende Bank im Falle verlangter Akzeptierung unverzüglich zur Akzeptierung – und im Falle verlangter Zahlung nicht später als – am betreffenden Fälligkeitsdatum zur Zahlung vorlegen.

Artikel 7. Freigabe von Handelspapieren
Dokumente gegen Akzept (D/A) und Dokumente gegen Zahlung (D/P)

a Inkassi sollten keine erst später fälligen Wechsel mit Weisungen enthalten, daß die Handelspapiere gegen Zahlung auszuhändigen sind.

b Wenn ein Inkasso einen erst später fälligen Wechsel enthält, sollte im Inkassoauftrag bestimmt werden, ob die Handelspapiere dem Bezogenen gegen Akzeptierung (D/A) oder gegen Zahlung (D/P) freizugeben sind. Fehlt eine solche Bestimmung, werden Handelspapiere nur gegen Zahlung freigegeben und die Inkassobank ist nicht verantwortlich für jegliche Folgen irgendwelcher Verzögerungen in der Aushändigung der Dokumente.

c Wenn ein Inkasso einen erst später fälligen Wechsel enthält und der Inkassoauftrag angibt, daß Handelspapiere gegen Zahlung freizugeben sind, werden die Dokumente nur gegen entsprechende Zahlung freigegeben und die Inkassobank ist nicht verantwortlich für jegliche Folgen irgendwelcher Verzögerungen in der Aushändigung der Dokumente.

Artikel 8. Erstellung von Dokumenten
Hat die Inkassobank oder der Bezogene gemäß Weisung der Einreicherbank Dokumente zu erstellen (Wechsel, Solawechsel, Trust Receipts, Verpflichtungsschreiben oder andere Dokumente), die nicht dem Inkasso beigefügt waren, müssen Form und Wortlaut derartiger Dokumente von der Einreicherbank vorgeschrieben werden; andernfalls ist die Inkassobank für Form und Wortlaut solcher von ihr und/oder dem Bezogenen gelieferten Dokumente nicht haftbar oder verantwortlich.

5

D. Haftung und Verantwortlichkeit

Artikel 9. Treu und Glauben und angemessene Sorgfalt
Banken handeln nach Treu und Glauben und mit angemessener Sorgfalt.

Artikel 10. Dokumente und Waren/Dienstleistungen/Leistungen

a Waren sollten nicht direkt an die Adresse einer Bank oder zur Verfügung oder an die Order einer Bank versandt werden, ohne daß diese Bank zuvor zugestimmt hat.
Wenn der Bank dennoch ohne ihre vorherige Zustimmung Waren direkt an ihre Adresse oder zu ihrer Verfügung oder an ihre Order zwecks Freigabe an einen Bezogenen gegen Zahlung, Akzeptierung oder unter anderen Bedingungen zugesandt werden, ist diese Bank nicht zur Entgegennahme der Waren verpflichtet, für welche Gefahr und Verantwortlichkeit beim Absender verbleiben.

b Banken sind nicht verpflichtet, irgendwelche Maßnahmen hinsichtlich der Waren zu ergreifen, auf die sich das dokumentäre Inkasso bezieht, einschließlich ihrer Einlagerung und Versicherung, selbst wenn spezielle Weisungen, dies zu tun, erteilt wurden. Banken werden derartige Maßnahmen nur ergreifen, wenn und in dem Ausmaß, in dem sie dazu im Einzelfall bereit sind. Ungeachtet der Bestimmungen des Artikels 1(c) findet diese Regelung auch bei Fehlen einer diesbezüglichen Benachrichtigung durch die Inkassobank Anwendung.

c Falls Banken dennoch, ob beauftragt oder nicht, Maßnahmen zum Schutze der Waren ergreifen, übernehmen sie keine Haftung oder Verantwortlichkeit für Schicksal und/oder Zustand der Waren und/oder irgendwelche Handlungen und/oder Unterlassungen Dritter, die mit der Verwahrung und/oder dem Schutz der Waren betraut wurden. Die Inkassobank muß jedoch diejenige Bank, von der ihr der Inkassoauftrag zuging, unverzüglich über alle ergriffenen Maßnahmen benachrichtigen.

d Alle Gebühren und/oder Auslagen, die den Banken im Zusammenhang mit irgendeiner Maßnahme zum Schutze der Ware entstanden sind, gehen zu Lasten des Beteiligten, von dem sie das Inkasso erhalten haben.

e i. Wenn die Waren, ungeachtet der Bestimmungen des Artikels 10(a), zur Verfügung der Inkassobank oder an deren Order gesandt werden und der Bezogene das Inkasso durch Zahlung, Akzeptierung oder andere Bedingungen honoriert hat und die Inkassobank die Freigabe der Ware veranlaßt, gilt die Inkassobank als von der Einreicherbank hierzu ermächtigt.

ii. Wenn eine Inkassobank auf Weisungen der Einreicherbank oder nach den vorstehenden Bedingungen von Artikel 10(e)i die Freigabe der Waren veranlaßt, muß die Einreicherbank diese Inkassobank für alle entstandenen Schäden und Auslagen entschädigen.

Artikel 11. Haftungsausschluß für Handlungen einer beauftragten Partei

a Bedienen sich Banken einer oder mehrerer anderer Banken, um die Weisungen des Auftraggebers auszuführen, tun sie dies für Rechnung und Gefahr dieses Auftraggebers.

b Die Banken übernehmen keine Haftung oder Verantwortung, wenn die von ihnen übermittelten Weisungen nicht ausgeführt werden sollten, auch wenn sie selbst die Auswahl dieser anderen Bank(en) getroffen haben.

c Ein Beteiligter, der einen anderen Beteiligten beauftragt, Leistungen zu erbringen, muß alle Verpflichtungen und Verantwortlichkeiten übernehmen, die auf ausländischen Gesetzen und Gebräuchen beruhen, und er muß den beauftragten Beteiligten für alle hieraus resultierenden Folgen schadlos halten.

Artikel 12. Haftungsausschluß für erhaltene Dokumente

a Die Banken müssen prüfen, ob die erhaltenen Dokumente den im Inkassoauftrag aufgelisteten Dokumenten zu entsprechen scheinen und vom Fehlen irgendwelcher Dokumente, oder, wenn andere als die aufgelisteten festgestellt wurden, denjenigen Beteiligten, von dem ihnen der Inkassoauftrag zuging, unverzüglich durch Telekommunikation oder, wenn dies nicht möglich ist, auf anderem schnellen Wege benachrichtigen.
Banken haben in dieser Hinsicht keine weitere Verpflichtung.

b Wenn die Dokumente nicht aufgelistet zu sein scheinen, kann die Einreicherbank nicht Art und Anzahl der von der Inkassobank erhaltenen Dokumente bestreiten.

c Unter Berücksichtigung der Artikel 5(c) und 12(a) und 12(b) werden Banken Dokumente wie erhalten, ohne weitere Prüfung vorlegen.

Artikel 13. Haftungsausschluß für Wirksamkeit von Dokumenten

Die Banken übernehmen keine Haftung oder Verantwortung für Form, Vollständigkeit, Genauigkeit, Echtheit, Verfälschung oder Rechtswirksamkeit von Dokumenten oder für die allgemeinen und/oder besonderen Bedingungen, die in den Dokumenten angegeben oder denselben hinzugefügt sind. Sie übernehmen auch keine Haftung oder Verantwortung für Bezeichnung, Menge, Gewicht, Qualität, Beschaffenheit, Verpackung, Lieferung, Wert oder Vorhandensein der durch Dokumente ausgewiesenen Waren, oder für Treu und Glauben oder Handlungen und/oder Unterlassungen sowie für Zahlungsfähigkeit, Leistungsvermögen oder Ruf der Absender, Frachtführer, Spediteure, Empfänger oder Versicherer der Waren oder irgendwelcher anderer Personen.

Artikel 14. Haftungsausschluß für Verzögerungen, Verlust bei Übermittlung und Übersetzung

a Die Banken übernehmen keine Haftung oder Verantwortung für die Folgen von Verzögerungen und/oder Verlusten bei Übermittlung von Nachrichten, Briefen oder Dokumenten, sowie für Verzögerung, Verstümmelung oder sonstige Irrtümer, die aus der Übermittlung einer Telekommunikation resultieren oder für Irrtümer bei der Übersetzung und/oder Auslegung von technischen Ausdrücken.

b Banken sind nicht haftbar oder verantwortlich für Verzögerungen, die aus der Notwendigkeit der Klärung erhaltener Weisungen resultieren.

Artikel 15. Höhere Gewalt

Die Banken übernehmen keine Haftung oder Verantwortung für die Folgen der Unterbrechung ihrer Geschäftstätigkeit durch Fälle höherer Gewalt, Unruhen, Aufruhr, Aufstand, Kriege oder irgendwelche anderen Ursachen, die außerhalb ihrer Kontrolle liegen, sowie durch Streiks oder Aussperrungen.

E. Zahlung

Artikel 16. Unverzügliche Zahlung

a Eingezogene Beträge (gegebenenfalls abzüglich Gebühren und/oder Aufwendungen und/oder Auslagen) müssen in Übereinstimmung mit dem Inkassoauftrag unverzüglich dem Beteiligten zur Verfügung gestellt werden, von dem der Inkassoauftrag zuging.

b Ungeachtet der Bestimmungen des Artikels 1(c) wird die Inkassobank, sofern sie keiner anderweitigen Vereinbarung zugestimmt hat; Zahlung des eingezogenen Betrages nur zugunsten der Einreicherbank vornehmen. 5

Artikel 17. Zahlung in inländischer Währung

Dokumente, die in der Währung des Zahlungslandes (inländische Währung) zahlbar sind, darf die vorlegende Bank, sofern im Inkassoauftrag keine anderen Weisungen erteilt worden sind, dem Bezogenen nur dann gegen Zahlung in inländischer Währung freigeben, wenn diese Währung gemäß der im Inkassoauftrag vorgeschriebenen Art sofort verfügbar ist.

Artikel 18. Zahlung in ausländischer Währung

Dokumente, die in einer anderen Währung als der des Zahlungslandes (ausländische Währung) zahlbar sind, darf die vorlegende Bank, sofern im Inkassoauftrag keine anderen Weisungen erteilt worden sind, dem Bezogenen nur dann gegen Zahlung in der betreffenden ausländischen Währung freigeben, wenn diese ausländische Währung gemäß der im Inkassoauftrag erteilten Weisungen sofort verfügbar ist.

Artikel 19. Teilzahlungen

a Bei einfachen Inkassi können Teilzahlungen angenommen werden, wenn und soweit Teilzahlungen nach dem am Zahlungsort geltenden Recht gestattet sind. Die Zahlungspapiere werden dem Bezogenen erst nach Erhalt der vollen Zahlung freigegeben.

b Bei dokumentären Inkassi werden Teilzahlungen nur angenommen, wenn der Inkassoauftrag eine ausdrückliche Ermächtigung hierzu enthält. Jedoch wird die vorlegende Bank, sofern keine anderen Weisungen erteilt worden sind, die Dokumente dem Bezogenen erst nach Erhalt der vollen Zahlung freigeben, und die vorlegende Bank ist nicht verantwortlich für Folgen von Verzögerungen in der Aushändigung von Dokumenten.

c In allen Fällen werden Teilzahlungen nur entsprechend den jeweils anwendbaren Bestimmungen der Artikel 17 oder 18 angenommen.
Angenommene Teilzahlungen werden gemäß den Bestimmungen des Artikels 16 behandelt.

F. Zinsen, Gebühren und Auslagen

Artikel 20. Zinsen

a Wenn der Inkassoauftrag angibt, daß Zinsen einzuziehen sind und der Bezogene deren Bezahlung verweigert, kann die vorlegende Bank das (die) Dokument(e) je nach Lage des Falles gegen Zahlung oder Akzeptierung oder unter anderen Bedingungen ohne Einzug solcher Zinsen aushändigen, sofern nicht Artikel 20(c) Anwendung findet.

5

b In Fällen, in denen solche Zinsen eingezogen werden sollen, muß der Inkassoauftrag den Zinssatz, den Berechnungszeitraum und die Art der Zinsberechnung angeben.

c In Fällen, in denen der Inkassoauftrag ausdrücklich vorschreibt, daß auf die Zinsen nicht verzichtet werden darf und der Bezogene sich weigert, solche Zinsen zu zahlen, wird die vorlegende Bank die Dokumente nicht aushändigen und keine Verantwortung für Folgen von Verzögerungen in der Aushändigung der Dokumente tragen. Wenn die Zahlung von Zinsen verweigert wurde, muß die vorlegende Bank unverzüglich die Bank, von der der Inkassoauftrag zuging, durch Telekommunikation oder, wenn dies nicht möglich ist, auf anderem schnellen Wege unterrichten.

Artikel 21. Gebühren und Auslagen

a Wenn der Inkassoauftrag angibt, daß Inkassogebühren und/oder Auslagen zu Lasten des Bezogenen gehen und der Bezogene deren Zahlung verweigert, kann die vorlegende Bank das (die) Dokument(e) je nach Lage des Falles gegen Zahlung oder Akzeptierung oder unter anderen Bedingungen ohne Einzug der Inkassogebühren und/oder Auslagen aushändigen, sofern nicht Artikel 21(b) Anwendung findet.
Wird so auf Inkassogebühren und/oder Auslagen verzichtet, gehen diese zu Lasten des Beteiligten, von dem das Inkasso zuging und dürfen vom Erlös abgezogen werden.

b In Fällen, in denen der Inkassoauftrag ausdrücklich vorschreibt, daß auf die Gebühren und/oder Auslagen nicht verzichtet werden darf und der Bezogene sich weigert, solche Gebühren und/oder Auslagen zu zahlen, wird die vorlegende Bank die Dokumente nicht aushändigen und keine Verantwortung für Folgen von Verzögerungen in der Aushändigung der Dokumente tragen. Wenn die Zahlung von Gebühren und/oder Auslagen verweigert worden ist, muß die vorlegende Bank unverzüglich die Bank, von der der Inkassoauftrag zuging, durch Telekommunikation oder, wenn dies nicht möglich ist, auf anderem schnellen Wege unterrichten.

c Sind gemäß den ausdrücklichen Bedingungen des Inkassoauftrags oder nach diesen Richtlinien Aufwendungen und/oder Auslagen und/oder Inkassogebühren vom Auftraggeber zu tragen, ist (sind) die Inkassobank(en) berechtigt, sich für ihre Aufwendungen, Auslagen und Gebühren sofort bei der Bank zu erholen, von der ihr (ihnen) der Inkassoauftrag zuging; die Einreicherbank ist berechtigt, sich für solche von ihr geleisteten Zahlungen sowie für eigene Aufwendungen, Auslagen und Gebühren unabhängig vom Ergebnis des Inkassos sofort beim Auftraggeber zu erholen.

d Banken behalten sich das Recht vor, von dem Beteiligten, von dem ihnen der Inkassoauftrag zuging, Zahlung von Gebühren und/oder Auslagen im voraus zu verlangen, um Kosten abzudecken, die im Zusammenhang mit der Ausführung von Weisungen entstehen; sie behalten sich das Recht vor, solche Weisungen bis zum Erhalt dieser Zahlung nicht auszuführen.

G. Andere Regeln

Artikel 22. Akzeptierung

Die vorlegende Bank ist dafür verantwortlich, darauf zu achten, daß die Form der Akzeptierung eines Wechsels vollständig und richtig erscheint, jedoch ist sie für die Echtheit von Unterschriften oder für die Zeichnungsberechtigung irgendeines Unterzeichners des Akzeptes nicht verantwortlich.

Artikel 23. Solawechsel und andere Dokumente
Die vorlegende Bank ist für die Echtheit von Unterschriften oder für die Zeichnungsberechtigung irgendeines Unterzeichners eines Solawechsels, einer Quittung oder anderer Dokumente nicht verantwortlich.

Artikel 24. Protest
Der Inkassoauftrag sollte spezielle Weisungen hinsichtlich des Protests (oder eines entsprechenden rechtlichen Verfahrens) im Falle der Nichtzahlung oder Nichtakzeptierung enthalten.
Bei Fehlen solcher speziellen Weisungen sind die mit dem Inkasso befaßten Banken nicht verpflichtet, die Dokumente wegen Nichtzahlung oder Nichtakzeptierung protestieren (oder einem entsprechenden rechtlichen Verfahren unterwerfen) zu lassen.
Alle Gebühren und/oder Auslagen, die den Banken im Zusammenhang mit einem solchen Protest oder entsprechenden rechtlichen Verfahren entstehen, gehen zu Lasten des Beteiligten, von dem ihnen der Inkassoauftrag zuging.

Artikel 25. Notadresse
Wenn der Auftraggeber einen Vertreter bestellt, der als Notadresse bei Nichtzahlung und/oder Nichtakzeptierung tätig werden soll, dann sollte der Inkassoauftrag die Befugnisse einer solchen Notadresse klar und vollständig angeben. Bei Fehlen einer solchen Angabe nehmen die Banken keinerlei Weisungen der Notadresse entgegen.

Artikel 26. Benachrichtigungen
Inkassobanken sind gehalten, Benachrichtigungen nach folgenden Regeln vorzunehmen:

a Form der Benachrichtigungen
Sämtliche Meldungen oder Nachrichten seitens der Inkassobank an diejenige Bank, von der ihr der Inkassoauftrag zuging, müssen geeignete Einzelheiten enthalten, und zwar in jedem Fall auch die Referenznummer des Inkassoauftrags der letzteren Bank.

b Art der Benachrichtigung
Die Einreicherbank ist verantwortlich dafür, daß der Inkassobank Weisungen über die Art der Übermittlung der in den Absätzen (c)i, (c)ii und (c)iii dieses Artikels beschriebenen Benachrichtigungen erteilt werden. Bei Fehlen solcher Weisungen wird der Inkassobank die Benachrichtigung nach eigener Wahl auf Kosten der Bank, von der ihr der Inkassoauftrag zuging, vorzunehmen.

c i. BEZAHLTMELDUNG
Die Inkassobank muß derjenigen Bank, von der ihr der Inkassoauftrag zuging, unverzüglich eine Bezahltmeldung zusenden mit detaillierter Angabe des eingezogenen Betrags oder der eingezogenen Beträge, der gegebenenfalls abgezogenen Gebühren und/oder Aufwendungen und/oder Auslagen sowie der Art der Verfügbarstellung des Erlöses.

ii. AKZEPTMELDUNG
Die Inkassobank muß derjenigen Bank, von der ihr der Inkassoauftrag zuging, unverzüglich eine Akzeptmeldung zusenden.

iii. MELDUNG ÜBER NICHTZAHLUNG UND/ODER NICHTAKZEPTIERUNG
Die vorlegende Bank sollte versuchen, die Gründe einer solchen Nichtzahlung und/oder Nichtakzeptierung festzustellen, und diejenige Bank unverzüglich entsprechend benachrichtigen, von der ihr der Inkassoauftrag zuging.
Die vorlegende Bank muß derjenigen Bank, von der ihr der Inkassoauftrag zuging, unverzüglich eine Meldung über Nichtzahlung und/oder Nichtakzeptierung zusenden.
Bei Erhalt einer solchen Benachrichtung muß die Einreicherbank geeignete Weisungen hinsichtlich der weiteren Behandlung der Dokumente erteilen. Falls die vorlegende Bank solche Weisungen nicht innerhalb von 60 Tagen nach ihrer Meldung über Nichtzahlung und/oder Nichtakzeptierung erhält, können die Dokumente ohne eine weitere Verantwortlichkeit seitens der vorlegenden Bank derjenigen Bank zurückgesandt werden, von der ihr der Inkassoauftrag zuging.

Einheitliche Richtlinien und Gebräuche für Dokumenten-Akkreditive

Revision 1993

A. Allgemeine Regeln und Begriffsbestimmungen

Artikel 1. Anwendbarkeit der ERA

Die Einheitlichen Richtlinien und Gebräuche für Dokumenten-Akkreditive, Revision 1993, ICC Publikation Nr. 500, gelten für alle Dokumenten-Akkreditive (einschließlich, soweit anwendbar, Standby Letters of Credit), in deren Akkreditivtext sie einbezogen sind. Sie sind für alle Beteiligten bindend, sofern im Akkreditiv nicht ausdrücklich etwas anderes vorgeschrieben ist.

Artikel 2. Wesen des Akkreditivs

Im Sinne dieser Richtlinien bedeuten die Ausdrücke „Dokumenten-Akkreditiv(e)" und Standby Letter(s) of Credit" (im folgenden Akkreditiv(e)" genannt) jede wie auch immer benannte oder bezeichnete Vereinbarung, wonach eine im Auftrag und nach den Weisungen eines Kunden („Auftraggeber") oder im eigenen Interesse handelnde Bank („eröffnende Bank") gegen vorgeschriebene Dokumente

I. eine Zahlung an einen Dritten („Begünstigter") oder dessen Order zu leisten oder vom Begünstigten gezogene Wechsel (Tratten) zu akzeptieren und zu bezahlen hat
oder

5

II. eine andere Bank zur Ausführung einer solchen Zahlung oder zur Akzeptierung und Bezahlung derartiger Wechsel (Tratten) ermächtigt
oder

III. eine andere Bank zur Negoziierung ermächtigt, sofern die Akkreditiv-Bedingungen erfüllt sind.

Im Sinne dieser Richtlinien gelten Filialen einer Bank in unterschiedlichen Ländern als andere Bank.

Artikel 3. Akkreditive und Verträge

a. Akkreditive sind ihrer Natur nach von den Kauf- oder anderen Verträgen, auf denen sie möglicherweise beruhen, getrennte Geschäfte, und die Banken haben in keiner Hinsicht etwas mit solchen Verträgen zu tun und sind nicht durch sie gebunden, selbst wenn im Akkreditiv auf solche Verträge in irgendeiner Weise Bezug genommen wird. Folglich ist die Verpflichtung einer Bank, zu zahlen, Tratten zu akzeptieren und zu bezahlen oder zu negoziieren und/oder irgendeine andere Verpflichtung unter dem Akkreditiv zu erfüllen, nicht abhängig von Gegenansprüchen oder Einreden des Auftraggebers, die sich aus seinen Beziehungen zur eröffnenden Bank oder zum Begünstigten ergeben.

b. Ein Begünstigter kann sich keinesfalls auf die vertraglichen Beziehungen berufen, die zwischen den Banken oder zwischen dem Auftraggeber und der eröffnenden Bank bestehen.

Artikel 4. Dokumente und Waren/Dienstleistungen/Leistungen

Im Akkreditiv-Geschäft befassen sich alle Beteiligten mit Dokumenten und nicht mit Waren, Dienstleistungen und/oder anderen Leistungen, auf die sich die Dokumente möglicherweise beziehen.

Artikel 5. Aufträge zur Eröffnung/Änderung von Akkreditiven

a. Aufträge zur Eröffnung eines Akkreditivs, das Akkreditiv selbst, Aufträge zur Akkreditiv-Änderung und die Änderung selbst müssen vollständig und genau sein.
Um Irrtümern und Mißverständnissen vorzubeugen, sollten die Banken jedem Versuch entgegentreten,
I. zu weit gehende Einzelheiten in das Akkreditiv oder in eine Akkreditiv-Änderung aufzunehmen;
II. Aufträge zur Eröffnung, Avisierung oder Bestätigung eines Akkreditivs durch Bezugnahme auf ein früher eröffnetes Akkreditiv (gleiches Akkreditiv) zu erteilen, wenn dieses frühere Akkreditiv Gegenstand angenommener und/oder nicht angenommener Änderungen war.

b. Alle Aufträge zur Akkreditiv-Eröffnung und das Akkreditiv selbst sowie gegebenenfalls alle Aufträge zur Akkreditiv-Änderung und die Änderung selbst müssen genau das (die) Dokument(e) angeben, gegen das (die) Zahlung, Akzeptleistung oder Negoziierung vorgenommen werden soll.

B. Form und Anzeige von Akkreditiven

Artikel 6. Widerrufliche und unwiderrufliche Akkreditive

a. Ein Akkreditiv kann entweder
I. widerruflich oder
II. unwiderruflich sein.

b. Das Akkreditiv soll daher eindeutig angeben, ob es widerruflich oder unwiderruflich ist.
c. Fehlt eine solche Angabe, gilt das Akkreditiv als unwiderruflich.

Artikel 7. Haftung der avisierenden Bank

a. Ein Akkreditiv kann dem Begünstigten durch eine andere Bank („avisierende Bank") ohne Verbindlichkeit für die avisierende Bank avisiert werden; diese Bank hat jedoch, wenn sie sich zur Avisierung des Akkreditivs entschließt, mit angemessener Sorgfalt die augenscheinliche Echtheit des zu avisierenden Akkreditivs zu überprüfen. Wenn die Bank sich dazu entschließt, das Akkreditiv nicht zu avisieren, muß sie die eröffnende Bank davon unverzüglich unterrichten.
b. Wenn die avisierende Bank diese augenscheinliche Echtheit nicht feststellen kann, muß sie die Bank, von der sie den Auftrag erhalten zu haben scheint, unverzüglich davon unterrichten, daß sie die Echtheit des Akkreditivs nicht feststellen konnte. Wenn sie sich trotzdem dazu entschließt, das Akkreditiv zu avisieren, muß sie den Begünstigten davon unterrichten, daß sie die Echtheit des Akkreditivs nicht feststellen konnte.

Artikel 8. Widerruf eines Akkreditivs

a. Ein widerrufliches Akkreditiv kann von der eröffnenden Bank jederzeit und ohne vorherige Nachricht an den Begünstigten geändert oder annulliert werden.
b. Die eröffnende Bank muß jedoch
   I. eine andere Bank, bei der ein widerrufliches Akkreditiv zur Sichtzahlung, Akzeptleistung oder Negoziierung benutzbar gestellt ist, für jede Zahlung, Akzeptleistung oder Negoziierung remboursieren, die von dieser Bank vor Erhalt einer Nachricht über die Änderung oder Annullierung gegen Dokumente vorgenommen wurde, die ihrer äußeren Aufmachung nach den Akkreditiv-Bedingungen zu entsprechen scheinen;
   II. eine andere Bank, bei der ein widerrufliches Akkreditiv zur hinausgeschobenen Zahlung benutzbar gestellt ist, remboursieren, wenn diese Bank vor Erhalt einer Nachricht über die Änderung oder Annullierung Dokumente aufgenommen hat, die ihrer äußeren Aufmachung nach den Akkreditiv-Bedingungen zu entsprechen scheinen.

Artikel 9. Haftung der eröffnenden und der bestätigenden Bank

a. Ein unwiderrufliches Akkreditiv begründet eine feststehende Verpflichtung der eröffnenden Bank, sofern die vorgeschriebenen Dokumente der benannten Bank oder der eröffnenden Bank vorgelegt werden und die Akkreditiv-Bedingungen erfüllt sind,
   I. wenn das Akkreditiv Sichtzahlung vorsieht – bei Sicht zu zahlen;
   II. wenn das Akkreditiv hinausgeschobene Zahlung vorsieht – an dem (den) nach den Bestimmungen des Akkreditivs bestimmbaren Datum (Daten) zu zahlen;
   III. wenn das Akkreditiv
a. Akzeptleistung durch die eröffnende Bank vorsieht – vom Begünstigten auf die eröffnende Bank gezogene Tratten zu akzeptieren und sie bei Fälligkeit zu bezahlen,
oder
b. Akzeptleistung durch eine andere bezogene Bank vorsieht – vom Begünstigten auf die eröffnende Bank gezogene Tratten zu akzeptieren und bei Fälligkeit zu bezahlen, falls die im Akkreditiv vorgeschriebene bezogene Bank auf sie gezogene Tratten nicht akzeptiert, oder Tratten zu bezahlen, falls diese von der bezogenen Bank akzeptiert, aber bei Fälligkeit nicht bezahlt wurden;
   IV. wenn das Akkreditiv Negoziierung vorsieht – vom Begünstigten gezogene Tratten und/oder unter dem Akkreditiv vorgelegte Dokumente ohne Rückgriff auf Aussteller und/oder gutgläubige Inhaber zu bezahlen. Ein Akkreditiv soll nicht durch Trattenziehungen auf den Auftraggeber benutzbar gestellt werden; wenn das Akkreditiv dennoch Trattenziehungen auf den Auftraggeber vorschreibt, betrachten Banken solche Tratten als zusätzliche Dokumente.
b. Die Bestätigung eines unwiderruflichen Akkreditivs durch eine andere Bank („bestätigende Bank") aufgrund der Ermächtigung oder des Auftrags der eröffnenden Bank begründet zusätzlich zu derjenigen der eröffnenden Bank eine feststehende Verpflichtung der bestätigenden Bank, sofern die vorgeschriebenen Dokumente der bestätigenden Bank oder einer anderen benannten Bank vorgelegt werden und die Akkreditiv-Bedingungen erfüllt sind,
   I. wenn das Akkreditiv Sichtzahlung vorsieht – bei Sicht zu zahlen;
   II. wenn das Akkreditiv hinausgeschoben Zahlung vorsieht – an dem (den) nach den Bestimmungen des Akkreditivs bestimmbaren Datum (Daten) zu zahlen;
   III. wenn das Akkreditiv
a. Akzeptleistung durch die bestätigende Bank vorsieht – vom Begünstigten auf die bestätigende Bank gezogene Tratten zu akzeptieren und sie bei Fälligkeit zu bezahlen,
oder

5

b. Akzeptleistung durch eine andere bezogene Bank vorsieht – vom Begünstigten auf die bestätigende Bank gezogene Tratten zu akzeptieren und bei Fälligkeit zu bezahlen, falls die im Akkreditiv vorgeschriebene bezogene Bank auf sie gezogene Tratten nicht akzeptiert, oder Tratten zu bezahlen, falls diese von der bezogenen Bank akzeptiert, aber bei Fälligkeit nicht bezahlt wurden;

IV. wenn das Akkreditiv Negoziierung vorsieht – vom Begünstigten gezogene Tratten und/oder unter dem Akkreditiv vorgelegte Dokumente ohne Rückgriff auf Aussteller und/oder gutgläubige Inhaber zu negoziieren. Ein Akkreditiv soll nicht durch Trattenziehungen auf den Auftraggeber benutzbar gestellt werden; wenn das Akkreditiv dennoch Trattenziehungen auf den Auftraggeber vorschreibt, betrachten Banken solche Tratten als zusätzliche Dokumente.

c. I. Wenn eine andere Bank von der eröffnenden Bank ermächtigt oder beauftragt wird, einem Akkreditiv ihre Bestätigung hinzuzufügen, hierzu aber nicht bereit ist, muß sie die eröffnende Bank davon unverzüglich unterrichten.

II. Sofern die eröffnende Bank in ihrer Ermächtigung oder ihrem Auftrag zur Hinzufügung einer Bestätigung nichts anderes vorschreibt, kann die avisierende Bank das Akkreditiv dem Begünstigten ohne Hinzufügung ihrer Bestätigung avisieren.

5

d. I. Soweit Artikel 48 nichts anderes vorsieht, kann ein unwiderrufliches Akkreditiv ohne die Zustimmung der eröffnenden Bank, der etwaigen bestätigenden Bank und des Begünstigten weder geändert noch annulliert werden.

II. Die eröffnende Bank ist an von ihr erstellte Änderungen vom Zeitpunkt der Erstellung dieser Änderungen unwiderruflich gebunden. Eine bestätigende Bank kann ihre Bestätigung auf eine Änderung erstrecken und ist vom Zeitpunkt ihrer Änderungsanzeige entsprechend unwiderruflich verpflichtet. Eine bestätigende Bank kann jedoch dem Begünstigten eine Änderung auch ohne ihre Bestätigung darauf zu erstrecken, anzeigen; sie muß dann allerdings die eröffnende Bank und den Begünstigten davon unverzüglich unterrichten.

III. Die Bedingungen des ursprünglichen Akkreditivs (oder eines Akkreditivs mit vorher angenommenen Änderungen) bleiben für den Begünstigten in Kraft, bis der Begünstigte seine Annahme der Änderung der Bank mitteilt, die ihm diese Änderung anzeigte. Der Begünstigte soll die Annahme oder Zurückweisung von Änderungen mitteilen. Wenn der Begünstigte diese Mitteilung unterläßt, gilt die Vorlage von Dokumenten bei der benannten oder eröffnenden Bank, die dem Akkreditiv und noch nicht angenommenen Änderungen entsprechen, als Mitteilung der Annahme dieser Änderungen durch den Begünstigten, und das Akkreditiv ist von diesem Zeitpunkt an geändert.

IV. Die teilweise Annahme von Änderungen, die in ein und derselben Änderungsanzeige enthalten sind, ist nicht gestattet und daher unwirksam.

Artikel 10. Akkreditivformen

a. Alle Akkreditive müssen eindeutig angeben, ob sie durch Sichtzahlung, durch hinausgeschobene Zahlung, durch Akzeptleistung oder durch Negoziierung benutzbar sind.

b. I. Sofern das Akkreditiv nicht vorschreibt, daß es nur bei der eröffnenden Bank benutzbar ist, müssen alle Akkreditive die Bank benennen („benannte Bank"), die ermächtigt ist, zu zahlen, eine Verpflichtung zur hinausgeschobenen Zahlung zu übernehmen, Tratten zu akzeptieren oder zu negoziieren. Bei einem frei negoziierbaren Akkreditiv ist jede Bank eine benannte Bank.
Dokumentenvorlage muß bei der eröffnenden Bank oder der etwaigen bestätigenden Bank oder einer anderen benannten Bank erfolgen.

II. Negoziierung bedeutet die Zahlung von Geld gegen Tratten und/oder Dokumente durch die zur Negoziierung ermächtigte Bank. Die alleinige Prüfung der Dokumente ohne Zahlung von Geld stellt keine Negoziierung dar.

c. Sofern die benannte Bank nicht die bestätigende Bank ist, begründet die Benennung durch die eröffnende Bank keine Verpflichtung der benannten Bank zur Zahlung, Übernahme einer Verpflichtung zur hinausgeschobenen Zahlung, Akzeptierung von Tratten oder Negoziierung. Ohne ausdrückliche Erklärung der benannten Bank und deren Übermittlung an den Begünstigten verpflichtet die Entgegennahme und/oder Prüfung und/oder Weiterleitung von Dokumenten durch die benannte Bank diese Bank nicht zur Zahlung, Übernahme einer Verpflichtung zur hinausgeschobenen Zahlung, Akzeptierung von Tratten oder Negoziierung.

d. Durch die Benennung einer anderen Bank oder die Zulassung der Negoziierung durch jede Bank oder die Ermächtigung oder Beauftragung einer anderen Bank, ihre Bestätigung hinzuzufügen, ermächtigt die eröffnende Bank diese Bank zur Zahlung, Akzeptierung von Tratten beziehungsweise Negoziierung gegen Dokumente, die ihrer äußeren Aufmachung nach den Akkreditiv-Bedingungen zu entsprechen scheinen, und verpflichtet sich, diese Bank gemäß den Bestimmungen dieser Richtlinien zu remboursieren.

Artikel 11. Akkreditive per Telekommunikation und Voravise

a. I. Wenn eine eröffnende Bank eine avisierende Bank durch eine authentisierte Telekommunikation beauftragt, ein Akkreditiv oder eine Akkreditiv-Änderung zu avisieren, gilt die Telekommunikation als das Instrument für die Inanspruchnahme des Akkreditivs oder als die maßgebliche Änderungsmitteilung; eine briefliche Bestätigung sollte dann nicht erfolgen. Sollte eine briefliche Bestätigung dennoch erfolgen, ist sie ohne Wirkung, und die avisierende Bank ist nicht verpflichtet, diese briefliche Bestätigung mit dem durch Telekommunikation erhaltenen Instrument für die Inanspruchnahme des Akkreditivs oder der durch Telekommunikation erhaltenen maßgeblichen Änderungsmitteilung zu vergleichen.

II. Wenn die Telekommunikation den Hinweis „vollständige Einzelheiten folgen" (oder Worte ähnlicher Bedeutung) enthält oder angibt, daß die briefliche Bestätigung das Instrument für die Inanspruchnahme des Akkreditivs oder die maßgebliche Änderungsmitteilung sein soll, dann wird die Telekommunikation nicht als das Instrument für die Inanspruchnahme des Akkreditivs oder als die maßgebliche Änderungsmitteilung angesehen. Die eröffnende Bank muß das Instrument für die Inanspruchnahme des Akkreditivs oder die maßgebliche Änderungsmitteilung der avisierenden Bank unverzüglich übersenden.

b. Bedient sich eine Bank zur Avisierung eines Akkreditivs an den Begünstigten der Dienste einer avisierenden Bank, so muß sie sich auch der Dienste dieser Bank für die Avisierung von Änderungen bedienen.

c. Eine Voranzeige (Voravis) über die Eröffnung oder Änderung eines unwiderruflichen Akkreditivs soll von einer eröffnenden Bank nur erteilt werden, wenn diese Bank bereit ist, das Instrument für die Inanspruchnahme des Akkreditivs oder die maßgebliche Änderungsmitteilung auszustellen. Sofern die eröffnende Bank in dieser Voranzeige nichts anderes angibt, ist eine eröffnende Bank, die ein solches Voravis erteilt hat, unwiderruflich verpflichtet, das Akkreditiv unverzüglich zu eröffnen oder zu ändern, und zwar zu Bedingungen, die nicht im Widerspruch zum Voravis stehen.

Artikel 12. Unvollständige oder unklare Weisungen

Eine Bank, die unvollständige oder unklare Weisungen zur Avisierung, Bestätigung oder Änderung eines Akkreditivs erhält, ist berechtigt, dem Begünstigten hiervon nur zu seiner vorläufigen Unterrichtung unverbindlich Kenntnis zu geben. Diese vorläufige Unterrichtung sollte eindeutig besagen, daß die Unterrichtung nur informationshalber und ohne Verbindlichkeit für die avisierende Bank erfolgt. In jedem Fall muß die avisierende Bank die eröffnende Bank über unternommene Schritte unterrichten und sie ersuchen, erforderliche Informationen zu übermitteln.

Die eröffnende Bank muß die erforderlichen Informationen unverzüglich nachliefern. Das Akkreditiv wird erst nach Erhalt vollständiger und klarer Weisungen avisiert, bestätigt oder geändert, falls die avisierende Bank dann bereit ist, weisungsgemäß zu handeln.

C. Haftung und Verantwortlichkeit

Artikel 13. Grundsatz der Dokumentenprüfung

a. Die Banken müssen alle im Akkreditiv vorgeschriebenen Dokumente mit angemessener Sorgfalt prüfen, um festzustellen, ob sie ihrer äußeren Aufmachung nach den Akkreditiv-Bedingungen zu entsprechen scheinen. Die Feststellung, ob vorgeschriebene Dokumente der äußeren Aufmachung nach den Akkreditiv-Bedingungen entsprechen, richtet sich nach dem Standard internationaler Bankpraxis, wie er sich in diesen Richtlinien widerspiegelt. Dokumente, die sich ihrer äußeren Aufmachung nach untereinander widersprechen, werden als ihrer äußeren Aufmachung nach nicht den Akkreditiv-Bedingungen entsprechend angesehen.

Im Akkreditiv nicht vorgeschriebene Dokumente werden von den Banken nicht geprüft. Wenn sie solche Dokumente erhalten, geben sie diese dem Einreicher zurück oder leiten diese unverbindlich weiter.

b. Der eröffnenden Bank, der etwaigen bestätigenden Bank oder einer für sie handelnden benannten Bank steht jeweils eine angemessene, sieben Bankarbeitstage nach dem Tag des Dokumentenerhalts nicht überschreitende Zeit zu, die Dokumente zu prüfen und zu entscheiden, ob sie die Dokumente aufnehmen oder zurückweisen will, und denjenigen entsprechend zu unterrichten, von dem sie die Dokumente erhielt.

c. Wenn ein Akkreditiv Bedingungen enthält, ohne das (die) zum Erfüllungsnachweis vorzulegende(n) Dokument(e) anzugeben, betrachten die Banken solche Bedingungen als nicht vorhanden und schenken ihnen keine Beachtung.

Artikel 14. Unstimmige Dokumente und Benachrichtigung

a. Wenn eine eröffnende Bank eine andere Bank ermächtigt, gegen Dokumente, die ihrer äußeren Aufmachung nach den Akkreditiv-Bedingungen zu entsprechen scheinen, zu zahlen, eine Verpflichtung zur hinausgeschobenen Zahlung zu übernehmen, Tratten zu akzeptieren oder zu negoziieren, sind die eröffnende Bank und eine etwaige bestätigende Bank verpflichtet,
   I. die benannte Bank, die gezahlt, eine Verpflichtung zur hinausgeschobenen Zahlung übernommen, Tratten akzeptiert oder negoziiert hat, zu remboursieren,
   II. die Dokumente aufzunehmen.

b. Bei Erhalt der Dokumente muß die eröffnende Bank und/oder die etwaige bestätigende Bank oder eine für sie handelnde benannte Bank allein aufgrund der Dokumente entscheiden, ob sie ihrer äußeren Aufmachung nach den Akkreditiv-Bedingungen zu entsprechen scheinen. Wenn die Dokumente ihrer äußeren Aufmachung nach nicht den Akkreditiv-Bedingungen zu entsprechen scheinen, können diese Banken die Aufnahme der Dokumente verweigern.

5

c. Wenn die eröffnende Bank entscheidet, daß die Dokumente ihrer äußeren Aufmachung nach nicht den Akkreditiv-Bedingungen zu entsprechen scheinen, kann sie sich wegen eines Verzichts auf Geltendmachung der Unstimmigkeit(en) nach eigenem Ermessen an den Auftraggeber wenden. Dadurch verlängert sich jedoch nicht der in Artikel 13 (b) erwähnte Zeitraum.

d. I. Wenn sich die eröffnende Bank und/oder die etwaige bestätigende Bank oder eine für sie handelnde benannte Bank zur Zurückweisung der Dokumente entscheidet, muß sie eine entsprechende Mitteilung unverzüglich, jedoch nicht später als am Ende des siebten Bankarbeitstages nach dem Tag des Dokumentenerhalts durch Telekommunikation oder, wenn dies nicht möglich ist, auf anderem schnellen Weg geben. Diese Mitteilung ist an die Bank zu richten, von der sie die Dokumente erhalten hat, oder an den Begünstigten, wenn sie die Dokumente unmittelbar von diesem erhalten hat.
   II. Diese Mitteilung muß alle Unstimmigkeiten nennen, aufgrund derer die Bank die Dokumente zurückweist, und muß auch besagen, ob die Dokumente zur Verfügung des Einreichers gehalten oder ihm zurückgesandt werden.
   III. Die eröffnende Bank und/oder die etwaige bestätigende Bank ist dann berechtigt, von der übersendenden Bank Rückerstattung des an diese Bank geleisteten Rembours mit Zinsen zu verlangen.

e. Wenn die eröffnende Bank und/oder die etwaige bestätigende Bank nicht gemäß den Bestimmungen dieses Artikels handelt und/oder wenn sie die Dokumente weder zur Verfügung des Einreichers hält, noch diesem zurücksendet, kann die eröffnende Bank und/oder die etwaige bestätigende Bank nicht geltend machen, daß die Dokumente nicht den Akkreditiv-Bedingungen entsprechen.

f. Wenn die übersendende Bank die eröffnende Bank und/oder die etwaige bestätigende Bank auf irgendeine (irgendwelche) Unstimmigkeit(en) in den Dokumenten hinweist oder diese Bank(en) davon benachrichtigt, daß sie aufgrund dieser Unstimmigkeit(en) unter Vorbehalt oder gegen eine Garantie gezahlt, eine Verpflichtung zur hinausgeschobenen Zahlung übernommen, Tratten akzeptiert oder negoziiert hat, wird die eröffnende Bank und/oder die etwaige bestätigende Bank dadurch von keiner ihrer Verpflichtungen aus den Bestimmungen dieses Artikels befreit. Ein solcher Vorbehalt oder eine solche Garantie betrifft allein das Verhältnis zwischen der übersendenden Bank und dem Beteiligten, dem gegenüber der Vorbehalt ausgesprochen oder von dem oder für den die Garantie gestellt ist.

Artikel 15. Haftungsausschluß für Wirksamkeit von Dokumenten

Die Banken übernehmen keine Haftung oder Verantwortung für Form, Vollständigkeit, Genauigkeit, Echtheit, Verfälschung oder Rechtswirksamkeit von Dokumenten oder für die allgemeinen und/oder besonderen Bedingungen, die in den Dokumenten angegeben oder denselben hinzugefügt sind. Sie übernehmen auch keine Haftung oder Verantwortung für Bezeichnung, Menge, Gewicht, Qualität, Beschaffenheit, Verpackung, Lieferung, Wert oder Vorhandensein der durch Dokumente vertretenen

Waren oder für Treu und Glauben oder Handlungen und/oder Unterlassungen sowie für Zahlungsfähigkeit, Leistungsvermögen oder Ruf der Absender, Frachtführer, Spediteure, Empfänger oder Versicherer der Waren oder irgendwelcher anderer Personen.

Artikel 16. Haftungsausschluß für Nachrichtenübermittlung
Die Banken übernehmen keine Haftung oder Verantwortung für die Folgen von Verzögerungen und/oder Verlusten bei Übermittlung von Nachrichten, Briefen oder Dokumenten sowie für Verzögerung, Verstümmelung oder sonstige Irrtümer, die aus der Übermittlung einer Telekommunikation resultieren. Die Banken übernehmen keine Haftung oder Verantwortung für Irrtümer bei der Übersetzung und/oder Auslegung von technischen Ausdrücken und behalten sich das Recht vor, Akkreditiv-Bedingungen unübersetzt weiterzugeben.

Artikel 17. Höhere Gewalt
Die Banken übernehmen keine Haftung oder Verantwortung für die Folgen der Unterbrechung ihrer Geschäftstätigkeit durch Fälle höherer Gewalt, Unruhen, Aufruhr, Aufstand, Kriege oder irgendwelche anderen Ursachen, die außerhalb ihrer Kontrolle liegen, sowie durch irgendwelche Streiks oder Aussperrungen. Sofern sie hierzu nicht ausdrücklich ermächtigt sind, werden die Banken bei Wiederaufnahme ihrer Geschäftstätigkeit unter Akkreditiven, die während einer solchen Unterbrechung ihrer Geschäftstätigkeit verfallen sind, nicht zahlen, keine Verpflichtung zur hinausgeschobenen Zahlung übernehmen, keine Tratten akzeptieren bzw. nicht negoziieren.

Artikel 18. Haftungsausschluß für Handlungen einer beauftragten Partei

a. Bedienen sich Banken einer oder mehrerer Banken, um die Weisungen des Auftraggebers auszuführen, tun sie dies für Rechnung und Gefahr dieses Auftraggebers.

b. Die Banken übernehmen keine Haftung oder Verantwortung, wenn die von ihnen erteilten Weisungen nicht ausgeführt werden, auch wenn sie selbst die Auswahl dieser anderen Bank(en) getroffen haben.

c. I. Eine Partei, die eine andere Partei beauftragt, Leistungen zu erbringen, haftet für alle Spesen einschließlich Provisionen, Gebühren, Kosten oder Auslagen, die bei der beauftragten Partei im Zusammenhang mit den Weisungen entstanden sind.

II. Schreibt ein Akkreditiv vor, daß diese Spesen für Rechnung einer anderen als der auftraggebenden Partei gehen, und können die Spesen nicht eingezogen werden, haftet die auftraggebende Partei letztlich für deren Bezahlung.

d. Der Auftraggeber muß alle Verpflichtungen und Verantwortlichkeiten übernehmen, die auf ausländischen Gesetzen und Gebräuchen beruhen, und er muß die Banken für alle hieraus resultierenden Folgen schadlos halten.

Artikel 19. Remboursvereinbarungen zwischen Banken

a. Wenn die eröffnende Bank bestimmt, daß eine zahlende, akzeptierende oder negoziierende Bank („Rembours beanspruchende Bank") den ihr zustehenden Rembours von einer anderen Stelle („Remboursbank") erhalten soll, hat die eröffnende Bank dieser Remboursbank rechtzeitig die ordnungsgemäße Weisung oder Ermächtigung zur Honorierung solcher Remboursansprüche zu erteilen.

b. Eröffnende Banken sollen von einer Rembours beanspruchenden Bank nicht verlangen, daß diese der Remboursbank die Erfüllung der Akkreditiv-Bedingungen bestätigt.

c. Eine eröffnende Bank wird von ihren Verpflichtungen zur Remboursleistung nicht befreit, wenn die Rembours beanspruchende Bank von der Remboursbank keinen Rembours erhält.

d. Die eröffnende Bank haftet der Rembours beanspruchenden Bank für jeglichen Verlust von Zinsen, wenn die Remboursbank den Rembours nicht auf erstes Anfordern beziehungsweise nicht in anderer Weise gemäß den Bestimmungen des Akkreditivs oder gegenseitiger Vereinbarung leistet. 5

e. Die Spesen der Remboursbank sollten zu Lasten der eröffnenden Bank gehen. Wenn jedoch die Spesen zu Lasten einer anderen Stelle gehen, liegt es in der Verantwortung der eröffnenden Bank, einen entsprechenden Hinweis in das Originalakkreditiv und in die Remboursermächtigung aufzunehmen. Wenn die Spesen der Remboursbank zu Lasten einer anderen Stelle gehen, müssen sie bei Inanspruchnahme des Akkreditivs bei der Rembours beanspruchenden Bank eingezogen werden. Wird das Akkreditiv nicht in Anspruch genommen, haftet die eröffnende Bank für Spesen der Remboursbank.

D. Dokumente

Artikel 20. Unklarheit über Aussteller von Dokumenten

a. Ausdrücke wie „erstklassig", „gut bekannt", „qualifiziert", „unabhängig", „offiziell", „kompetent", „örtlich" u. ä. sollen zur Klassifizierung der Aussteller irgendwelcher Dokumente, die unter einem Akkreditiv vorzulegen sind, nicht verwendet werden. Wenn solche Ausdrücke im Akkreditiv enthalten sind, nehmen die Banken die betreffenden Dokumente so an, wie sie vorgelegt werden, vorausgesetzt, daß sie ihrer äußeren Aufmachung nach den anderen Akkreditiv-Bedingungen zu entsprechen und nicht durch den Begünstigten ausgestellt zu sein scheinen.

b. Sofern im Akkreditiv nichts anderes vorgeschrieben ist, nehmen die Banken als Originaldokumente auch Dokumente an, die
   I. durch reprographische, automatisierte oder computerisierte Systeme,
   II. als Durchschläge erstellt sind oder zu sein scheinen, sofern sie als Originale gekennzeichnet sind und, soweit erforderlich, unterzeichnet zu sein scheinen.
   Die Unterzeichnung eines Dokuments kann handschriftlich, durch Faksimile-Unterschrift, durch perforierte Unterschrift, durch Stempel, durch Symbol oder durch irgendeine andere mechanische oder elektronische Authentisierungsmethode erfolgen.

c. I. Sofern im Akkreditiv nichts anderes vorgeschrieben ist, nehmen die Banken als Kopien Dokumente an, die entweder als Kopie bezeichnet oder nicht als Original gekennzeichnet sind, wobei Kopien keiner Unterzeichnung bedürfen.
   II. Akkreditive, die mehrfache Ausfertigungen von Dokumenten durch Ausdrücke wie „doppelt", „zweifach", „zwei Ausfertigungen" u.ä. verlangen, gelten als erfüllt, wenn ein Original und in verbleibender Anzahl Kopien vorgelegt werden, es sei denn, das Dokument gibt selbst etwas anderes an.

5

d. Sofern im Akkreditiv nichts anderes vorgeschrieben ist, gilt eine Akkreditiv-Bedingung, wonach ein verlangtes Dokument authentisiert, für gültig erklärt, legalisiert, mit Sichtvermerk versehen, beglaubigt sein oder ein ähnliches Erfordernis ausweisen soll, als erfüllt, wenn irgendein(e) Unterschrift, Zeichen, Stempel oder Aufkleber auf dem Dokument der äußeren Aufmachung nach die vorgenannte Bedingung zu erfüllen scheint.

Artikel 21. Unbestimmte Aussteller oder Inhalte von Dokumenten

Wenn andere Dokumente als Transportdokumente, Versicherungsdokumente und Handelsrechnungen verlangt werden, sollten Aussteller sowie Wortlaut oder Inhaltsmerkmale solcher Dokumente im Akkreditiv bestimmt werden. Wenn im Akkreditiv derartige Bestimmungen nicht enthalten sind, nehmen die Banken solche Dokumente so an, wie sie vorgelegt werden, vorausgesetzt, ihre Inhaltsmerkmale stehen nicht im Widerspruch zu irgendeinem anderen vorgeschriebenen Dokument, das vorgelegt wurde.

Artikel 22. Ausstellungsdatum von Dokumenten und Akkreditivdatum

Sofern im Akkreditiv nichts anderes vorgeschrieben ist, nehmen die Banken ein Dokument an, welches ein Ausstellungsdatum trägt, das vor dem des Akkreditivs liegt, wenn dieses Dokument innerhalb der im Akkreditiv und in diesen Richtlinien festgesetzten Fristen vorgelegt wird.

Artikel 23. Seekonnossement

a. Wenn ein Akkreditiv ein Konnossement für eine Hafen-zu-Hafen-Verladung verlangt, nehmen die Banken, sofern im Akkreditiv nichts anderes vorgeschrieben ist, ein wie auch immer bezeichnetes Dokument an, das
   I. seiner äußeren Aufmachung nach den Namen des Frachtführers auszuweisen scheint und vom
   Frachtführer oder von einem namentlich genannten Agenten für den Frachtführer oder vom
   Master oder von einem namentlich genannten Agenten für den Master
   unterzeichnet oder in anderer Weise authentisiert zu sein scheint;
   die Unterschrift oder Authentisierung des Frachtführers oder Masters muß als die jenige des Frachtführer beziehungsweise Masters gekennzeichnet sein; ein für den Frachtführer oder Master unterzeichnender oder authentisierender Agent muß auch den Namen und die Eigenschaft desjenigen, d.h. des Frachtführers oder Masters, angeben, für den dieser Agent handelt;
   und
   II. ausweist, daß die Ware an Bord eines namentlich genannten Schiffes verladen oder auf einem namentlich genannten Schiff verschifft worden ist;
   die Verladung an Bord eines namentlich genannten Schiffes oder die Verschiffung auf einem namentlich genannten Schiff kann durch einen vorgedruckten Wortlaut auf dem Konnossement ausgewiesen werden, wonach die Ware an Bord eines namentlich genannten Schiffes verladen oder auf einem namentlich genannten Schiff verschifft worden ist; in diesem Fall gilt das Ausstellungsdatum des Konnossements als Datum der Verladung an Bord und als Verladedatum;

in allen anderen Fällen muß die Verladung an Bord eines namentlich genannten Schiffes durch einen Vermerk auf dem Konnossement nachgewiesen werden, der das Datum angibt, an dem die Ware an Bord verladen worden ist; in diesem Fall gilt das Datum des An-Bord-Vermerks als Verladedatum;
enthält das Konnossement den Vermerk „intended vessel" oder einen ähnlichen Vorbehalt in bezug auf das Schiff, muß die Verladung an Bord eines namentlich genannten Schiffes durch einen An-Bord-Vermerk auf dem Konnossement nachgewiesen werden, der zusätzlich zum Datum, an dem die Ware an Bord verladen worden ist, auch den Namen des Schiffes enthält, auf dem die Ware verladen worden ist, und zwar auch dann, wenn sie auf dem als „intended vessel" bezeichneten Schiff verladen worden ist;
weist das Konnossement einen vom Verladehafen unterschiedlichen Empfangsort oder Übernahmeort aus, muß der An-Bord-Vermerk auch den im Akkreditiv vorgeschriebenen Verladehafen und den Namen des Schiffes enthalten, auf dem die Ware verladen worden ist, und zwar auch dann, wenn sie auf dem im Konnossement namentlich genannten Schiff verladen worden ist; diese Bestimmung gilt auch, wenn die Verladung an Bord des Schiffes durch einen auf dem Konnossement vorgedruckten Wortlaut ausgewiesen ist;
und

III. den im Akkreditiv vorgeschriebenen Verladehafen und Löschungshafen ausweist, unabhängig davon, ob es
   a. einen vom Verladehafen unterschiedlichen Übernahmeort und/oder einen vom Löschungshafen unterschiedlichen endgültigen Bestimmungsort ausweist
   und/oder
   b. den Hinweis „intended" oder einen ähnlichen Vorbehalt in bezug auf den Verladehafen und/oder den Löschungshafen enthält, sofern das Dokument auch den im Akkreditiv vorgeschriebenen Verladehafen und/oder Löschungshafen angibt,
   und

IV. aus einem einzigen Original-Konnossement oder, wenn es in mehr als einem Original ausgestellt ist, aus dem so ausgestellten vollen Satz besteht
und

V. sämtliche Beförderungsbedingungen oder einige dieser Bedingungen durch Hinweis auf eine andere Quelle oder ein anderes Dokument als das Konnossement (Kurzform-/Blanko-Rückseite-Konnossement) zu enthalten scheint, wobei die Banken den Inhalt dieser Bedingungen nicht prüfen,
und

VI. keinen Hinweis enthält, daß es einer Charterpartie unterworfen ist und/oder das befördernde Schiff nur durch Segel angetrieben wird,
und

VII. in jeder anderen Hinsicht den Akkreditiv-Bedingungen entspricht.

b. Im Sinne dieses Artikels bedeutet Umladung das Ausladen und Wiederverladen von einem Schiff auf ein anderes Schiff im Verlauf des Seetransports vom Verladehafen zum Löschungshafen, wie sie im Akkreditiv vorgeschrieben sind.

c. Sofern Umladung nach den Akkreditiv-Bedingungen nicht verboten ist, nehmen die Banken ein Konnossement an, das Umladung der Ware vorsieht, vorausgesetzt, daß der gesamte Seetransport durch ein und dasselbe Konnossement gedeckt ist.

d. Selbst wenn im Akkreditiv Umladung verboten ist, nehmen die Banken ein Konnossement an, das
   I. vorsieht, daß Umladung stattfinden wird, sofern gemäß Angabe im Konnossement das betreffende Frachtgut in Containern, Anhängern und/oder „LASH"-Leichtern verladen ist und der gesamte Seetransport durch ein und dasselbe Konnossement gedeckt ist, 5
   und/oder
   II. Klauseln enthält, mit denen sich der Frachtführer das Recht zur Umladung vorbehält.

Artikel 24. Nichtbegebbarer Seefrachtbrief

a. Wenn ein Akkreditiv einen nichtbegebbaren Seefrachtbrief für eine Hafen-zu-Hafen-Verladung verlangt, nehmen die Banken, sofern im Akkreditiv nichts anderes vorgeschrieben ist, ein wie auch immer bezeichnetes Dokument an, das
   I. seiner äußeren Aufmachung nach den Namen des Frachtführers auszuweisen scheint und vom
   - Frachtführer oder von einem namentlich genannten Agenten für den Frachtführer oder vom
   - Master oder von einem namentlich genannten Agenten für den Master

   unterzeichnet oder in anderer Weise authentisiert zu sein scheint;
   die Unterschrift oder Authentisierung des Frachtführers oder Masters muß als die-

jenige des Frachtführers beziehungsweise Masters gekennzeichnet sein; ein für den Frachtführer oder Master unterzeichnender oder authentisierender Agent muß auch den Namen und die Eigenschaft desjenigen, d.h. des Frachtführers oder Masters, angeben, für den dieser Agent handelt; und

II. ausweist, daß die Ware an Bord eines namentlich genannten Schiffes verladen oder auf einem namentlich genannten Schiff verschifft worden ist;
die Verladung an Bord eines namentlich genannten Schiffes oder die Verschiffung auf einem namentlich genannten Schiff kann durch einen vorgedruckten Wortlaut auf dem nichtbegebbaren Seefrachtbrief ausgewiesen werden, wonach die Ware an Bord eines namentlich genannten Schiffes verladen oder auf einem namentlich genannten Schiff verschifft worden ist; in diesem Fall gilt das Ausstellungsdatum des nichtbegebbaren Seefrachtbriefs als Datum der Verladung an Bord und als Verladedatum;
in allen anderen Fällen muß die Verladung an Bord eines namentlich genannten Schiffes durch einen Vermerk auf dem nichtbegebbaren Seefrachtbrief nachgewiesen werden, der das Datum angibt, an dem die Ware an Bord verladen worden ist; in diesem Fall gilt das Datum des An-Bord-Vermerks als Verladedatum;

5

enthält der nichtbegebbare Seefrachtbrief den Vermerk „intended vessel" oder einen ähnlichen Vorbehalt in bezug auf das Schiff, muß die Verladung an Bord eines namentlich genannten Schiffes durch einen An-Bord-Vermerk auf dem nichtbegebbaren Seefrachtbrief nachgewiesen werden, der zusätzlich zum Datum, an dem die Ware an Bord verladen worden ist, auch den Namen des Schiffes enthält, auf dem die Ware verladen worden ist, und zwar auch dann, wenn sie auf dem als „intended vessel" bezeichneten Schiff verladen worden ist;
weist der nichtbegebbare Seefrachtbrief einen vom Verladehafen unterschiedlichen Empfangsort oder Übernahmeort aus, muß der An-Bord-Vermerk auch den im Akkreditiv vorgeschriebenen Verladehafen und den Namen des Schiffes enthalten, auf dem die Ware verladen worden ist, und zwar auch dann, wenn sie auf dem im nichtbegebbaren Seefrachtbrief namentlich genannten Schiff verladen worden ist; diese Bestimmung gilt auch, wenn die Verladung an Bord des Schiffes durch einen auf dem nichtbegebbaren Seefrachtbrief vorgedruckten Wortlaut ausgewiesen ist;
und

III. den im Akkreditiv vorgeschriebenen Verladehafen und Löschungshafen ausweist, unabhängig davon, ob es

a. einen vom Verladehafen unterschiedlichen Übernahmeort und/oder einen vom Löschungshafen unterschiedlichen endgültigen Bestimmungsort ausweist
und/oder

b. den Hinweis „intended" oder einen ähnlichen Vorbehalt in bezug auf den Verladehafen und/oder den Löschungshafen enthält, sofern das Dokument auch den im Akkreditiv vorgeschriebenen Verladehafen und/oder Löschungshafen angibt,
und

IV. aus einem einzigen nichtbegebbaren Seefrachtbrief im Original oder, wenn es in mehr als einem Original ausgestellt ist, aus dem so ausgestellten vollen Satz besteht
und

V. sämtliche Beförderungsbedingungen oder einige dieser Bedingungen durch Hinweis auf eine andere Quelle oder ein anderes Dokument als den nichtbegebbaren Seefrachtbrief (Kurzform-/Blanko-Rückseitenichtbegebbarer Seefrachtbrief) zu enthalten scheint, wobei die Banken den Inhalt dieser Bedingungen nicht prüfen,
und

VI. keinen Hinweis enthält, daß es einer Charterpartie unterworfen ist und/oder das befördernde Schiff nur durch Segel angetrieben wird,
und

VII. in jeder anderen Hinsicht den Akkreditiv-Bedingungen entspricht.

b. Im Sinne dieses Artikels bedeutet Umladung das Ausladen und Wiederverladen von einem Schiff auf ein anderes Schiff im Verlauf des Seetransports vom Verladehafen zum Löschungshafen, wie sie im Akkreditiv vorgeschrieben sind.

c. Sofern Umladung nach den Akkreditiv-Bedingungen nicht verboten ist, nehmen die Banken einen nichtbegebbaren Seefrachtbrief an, der Umladung der Ware vorsieht, vorausgesetzt, daß der gesamte Seetransport durch ein und denselben nichtbegebbaren Seefrachtbrief gedeckt ist.

d. Selbst wenn im Akkreditiv Umladung verboten ist, nehmen die Banken einen nichtbegebbaren Seefrachtbrief an, der

I. vorsieht, daß Umladung stattfinden wird, sofern gemäß Angabe im nichtbegebbaren Seefrachtbrief das betreffende Frachtgut in Containern, Anhängern und/oder „LASH"-Leichtern verladen ist und der gesamte Seetransport durch ein und denselben nichtbegebbaren Seefrachtbrief gedeckt ist,
und/oder
II. Klauseln enthält, mit denen sich der Frachtführer das Recht zur Umladung vorbehält.

Artikel 25. Charterpartie-Konnossement

a. Wenn ein Akkreditiv ein Charterpartie-Konnossement verlangt oder gestattet, nehmen die Banken, sofern im Akkreditiv nichts anderes vorgeschrieben ist, ein wie auch immer bezeichnetes Dokument an, das
I. einen Hinweis enthält, daß es einer Charterpartie unterworfen ist, und
II. seiner äußeren Aufmachung nach vom Master oder von einem namentlich genannten Agenten für den Master oder vom
Schiffseigner oder von einem namentlich genannten Agenten für den Schiffseigner unterzeichnet oder in anderer Weise authentisiert zu sein scheint; die Unterschrift oder Authentisierung des Masters oder Schiffseigners muß als diejenige des Masters beziehungsweise Schiffseigners gekennzeichnet sein; ein für den Master oder Schiffseigner unterzeichnender oder authentisierender Agent muß auch den Namen und die Eigenschaft desjenigen, d.h. des Masters oder Schiffseigners, angeben, für den dieser Agent handelt;
und
III. den Namen des Frachtführers ausweist oder nicht ausweist und
IV. ausweist, daß die Ware an Bord eines namentlich genannten Schiffes verladen oder auf einem namentlich genannten Schiff verschifft worden ist;
die Verladung an Bord eines namentlich genannten Schiffes oder die Verschiffung auf einem namentlich genannten Schiff kann durch einen vorgedruckten Wortlaut auf dem Konnossement ausgewiesen werden, wonach die Ware an Bord eines namentlich genannten Schiffes verladen oder auf einem namentlich genannten Schiff verschifft worden ist; in diesem Fall gilt das Ausstellungsdatum des Konnossements als Datum der Verladung an Bord und als Verladedatum;
in allen anderen Fällen muß die Verladung an Bord eines namentlich genannten Schiffes durch einen Vermerk auf dem Konnossement nachgewiesen werden, der das Datum angibt, an dem die Ware an Bord verladen worden ist; in diesem Fall gilt das Datum des An-Bord-Vermerks als Verladedatum;
und
V. den im Akkreditiv vorgeschriebenen Verladehafen und Löschungshafen ausweist und
VI. aus einem einzigen Original-Konnossement oder, wenn es in mehr als einem Original ausgestellt ist, aus dem so ausgestellten vollen Satz besteht und
VII. keinen Hinweis enthält, daß das befördernde Schiff nur durch Segel angetrieben wird,
und
VIII. in jeder anderen Hinsicht den Akkreditiv-Bedingungen entspricht.

b. Selbst wenn das Akkreditiv im Zusammenhang mit einem Charterpartie-Konnossement die Vorlage eines Chartervertrags verlangt, prüfen die Banken den Chartervertrag nicht, sondern leiten ihn ohne eigene Verantwortung weiter.

Artikel 26. Multimodales Transportdokument

a. Wenn ein Akkreditiv ein Transportdokument verlangt, das sich auf mindestens zwei verschiedene Beförderungsarten erstreckt (multimodaler Transport), nehmen die Banken, sofern im Akkreditiv nichts anderes vorgeschrieben ist, ein wie auch immer bezeichnetes Dokument an, das
I. seiner äußeren Aufmachung nach den Namen des Frachtführers oder Multimodal Transport Operators auszuweisen scheint und vom
Frachtführer oder Multimodal Transport Operator oder von einem namentlich genannten Agenten für den Frachtführer oder Multimodal Transport Operator oder vom
Master oder von einem namentlich genannten Agenten für den Master
unterzeichnet oder in anderer Weise authentisiert zu sein scheint;
die Unterschrift oder Authentisierung des Frachtführers, Multimodal Transport Operators oder Masters muß als diejenige des Frachtführers beziehungsweise Multimodal Transport Operators oder Masters gekennzeichnet sein; ein für den Frachtführer, Multimodal Transport Operator oder Master unterzeichnender oder authentisierender Agent muß auch den Namen und die Eigenschaft desjenigen, d.h. des Frachtführers, Multimodal

5

Transport Operators oder Masters, angeben, für den dieser Agent handelt;

II. ausweist, daß die Ware versandt, übernommen oder an Bord verladen worden ist;
die Versendung, Übernahme oder Verladung an Bord kann durch einen entsprechenden Wortlaut auf dem multimodalen Transportdokument ausgewiesen werden, wobei das Ausstellungsdatum als Datum der Versendung, Übernahme oder Verladung an Bord und als Verladedatum gilt; weist das Dokument jedoch durch Stempel oder auf andere Weise ein Datum der Versendung, Übernahme oder Verladung an Bord aus, gilt dieses Datum als Verladedatum;
und

III a. den im Akkreditiv vorgeschriebenen Übernahmeort ausweist, der ein anderer als der Verladehafen, Verladeflughafen oder Verladeort sein kann, und den im Akkreditiv vorgeschriebenen endgültigen Bestimmungsort ausweist, der ein anderer als der Löschungshafen, Löschungsflughafen oder Löschungsort sein kann,
und/oder

b. den Hinweis „intended" oder einen ähnlichen Vorbehalt in bezug auf das Schiff und/oder den Verladehafen und/oder den Löschungshafen enthält
und

5

IV. aus einem einzigen multimodalen Transportdokument im Original oder, wenn es in mehr als einem Original ausgestellt ist, aus dem so ausgestellten vollen Satz besteht und

V. sämtliche Beförderungsbedingungen oder einige dieser Bedingungen durch Hinweis auf eine andere Quelle oder ein anderes Dokument als das multimodale Transport-Dokument (Kurzform-/Blanko-Rückseitemultimodales Transportdokument) zu enthalten scheint, wobei die Banken den Inhalt dieser Bedingungen nicht prüfen,
und

VI. keinen Hinweis enthält, daß es einer Charterpartie unterworfen ist und/oder das befördernde Schiff nur durch Segel angetrieben wird, und

VII. in jeder anderen Hinsicht den Akkreditiv-Bedingungen entspricht.

b. Selbst wenn im Akkreditiv Umladung verboten ist, nehmen die Banken ein multimodales Transportdokument an, das vorsieht, daß Umladung stattfinden wird oder kann, vorausgesetzt, daß der gesamte Transport durch ein und dasselbe multimodale Transportdokument gedeckt ist.

Artikel 27. Lufttransportdokument

a. Wenn ein Akkreditiv ein Lufttransportdokument verlangt, nehmen die Banken, sofern im Akkreditiv nichts anderes vorgeschrieben ist, ein wie auch immer bezeichnetes Dokument an, das

I. seiner äußeren Aufmachung nach den Namen des Frachtführers auszuweisen scheint und vom
Frachtführer oder von einem namentlich genannten Agenten
für den Frachtführer unterzeichnet oder in anderer Weise authentisiert zu sein scheint;
die Unterschrift oder Authentisierung des Frachtführers muß als diejenige des Frachtführers gekennzeichnet sein; ein für den Frachtführer unterzeichnender oder authentisierender Agent muß auch den Namen und die Eigenschaft desjenigen, d.h. des Frachtführers, angeben, für den dieser Agent handelt; und

II. ausweist, daß die Ware zur Beförderung angenommen worden ist, und

III. falls das Akkreditiv ein tatsächliches Abflugdatum verlangt, dieses Datum durch einen speziellen Vermerk ausweist, wobei das so auf dem Lufttransportdokument ausgewiesene Abflugdatum als Verladedatum gilt;
im Sinne dieses Artikels gelten die Angaben, die auf dem Lufttransportdokument in der mit „For Carrier Use Only" oder ähnlicher Bezeichnung versehenen Rubrik für Flugnummer und Flugdatum erscheinen, nicht als ein spezieller Vermerk dieses Abflugdatums, in allen anderen Fällen gilt das Ausstellungsdatum des Lufttransportdokuments als Verladedatum; und

IV. den im Akkreditiv vorgeschriebenen Abflughafen und Bestimmungsflughafen ausweist

V. das für den Absender bestimmte Original zu sein scheint, selbst wenn das Akkreditiv einen vollen Satz Originale oder ähnliches vorschreibt,
und

VI. sämtliche Beförderungsbedingungen oder einige dieser Bedingungen durch Hinweis auf eine andere Quelle oder ein anderes Dokument als das Lufttransportdokument zu enthalten scheint, wobei die Banken den Inhalt dieser Bedingungen nicht prüfen,
und

VII. in jeder anderen Hinsicht den Akkreditiv-Bedingungen entspricht.

b. Im Sinne dieses Artikels bedeutet Umladung das Ausladen und Wiederverladen von einem Flugzeug in ein anderes Flugzeug im Verlauf des Transports vom Abflughafen zum Bestimmungsflughafen, wie sie im Akkreditiv vorgeschrieben sind.

c. Selbst wenn im Akkreditiv Umladung verboten ist, nehmen die Banken ein Lufttransportdokument an, das vorsieht, daß Umladung stattfinden wird oder kann, vorausgesetzt, daß der gesamte Transport durch ein und dasselbe Lufttransportdokument gedeckt ist.

Artikel 28. Dokumente des Straßen-, Eisenbahn- oder Binnenschiffstransports

a. Wenn ein Akkreditiv ein Dokument des Straßen-, Eisenbahn- oder Binnenschiffstransports verlangt, nehmen die Banken, sofern im Akkreditiv nichts anderes vorgeschrieben ist, ein wie auch immer bezeichnetes Dokument des verlangten Typs an, das

I. seiner äußeren Aufmachung nach den Namen des Frachtführers auszuweisen scheint und vom Frachtführer oder von einem namentlich genannten Agenten für den Frachtführer unterzeichnet oder in anderer Weise authentisiert zu sein scheint und/oder einen Empfangsstempel oder einen anderen Empfangsnachweis des Frachtführers oder eines namentlich genannten Agenten für den Frachtführer zu tragen scheint;
die Unterschrift, die Authentisierung der Empfangsstempel oder andere Empfangsnachweise des Frachtführers muß ihrer (seiner) äußeren Aufmachung nach als solche(r) des Frachtführers gekennzeichnet sein; ein für den Frachtführer unterzeichnender oder authentisierender Agent muß auch den Namen und die Eigenschaft desjenigen, d. h. des Frachtführers, angeben, für den dieser Agent handelt;
und

II. ausweist, daß die Ware zur Verladung, Versendung oder Beförderung in Empfang genommen worden ist, oder einen entsprechenden Wortlaut enthält; das Ausstellungsdatum gilt als Verladedatum, sofern das Transportdokument nicht einen Empfangsstempel enthält, in welchem Fall das Datum des Empfangsstempels als Verladedatum gilt;
und

III. den im Akkreditiv vorgeschriebenen Verladeort und Bestimmungsort ausweist
und

IV. in jeder anderen Hinsicht den Akkreditiv-Bedingungen entspricht.

b. Fehlt auf dem Transportdokument eine Angabe zur ausgestellten Anzahl, nehmen die Banken das (die) vorgelegte(n) Transportdokument(e) als vollen Satz an. Die Banken nehmen das (die) Transportdokument(e) als Original(e) unabhängig davon an, ob es (sie) als Original(e) gekennzeichnet ist (sind) oder nicht.

c. Im Sinne dieses Artikels bedeutet Umladung das Ausladen und Wiederverladen von einem Beförderungsmittel auf ein anderes Beförderungsmittel unterschiedlicher Transportarten im Verlauf des Transports vom Verladeort zum Bestimmungsort, wie sie im Akkreditiv vorgeschrieben sind.

d. Selbst wenn im Akkreditiv Umladung verboten ist, nehmen die Banken ein Dokument des Straßen-, Eisenbahn- oder Binnenschiffstransports an, das vorsieht, daß Umladung stattfinden wird oder kann, vorausgesetzt, daß der gesamte Transport durch ein und dasselbe Transportdokument gedeckt ist und innerhalb derselben Transportart stattfindet.

Artikel 29. Kurierempfangsbestätigung und Posteinlieferungsschein

a. Wenn ein Akkreditiv einen Posteinlieferungsschein oder eine Postversandbescheinigung verlangt, nehmen die Banken, sofern im Akkreditiv nichts anderes vorgeschrieben ist, einen Posteinlieferungsschein oder eine Postversandbescheinigung an, der (die) 5

I. seiner (ihrer) äußeren Aufmachung nach an dem Ort, der im Akkreditiv als Verladeort oder Versandort der Ware vorgeschrieben ist, gestempelt oder in anderer Weise authentisiert und datiert zu sein scheint, wobei dieses Datum als Verladedatum oder Versanddatum gilt, und

II. in jeder anderen Hinsicht den Akkreditiv-Bedingungen entspricht.

b. Wenn ein Akkreditiv ein von einem Kurier oder Expressdienst ausgestelltes Dokument verlangt, das den Empfang der Ware zur Beförderung ausweist, nehmen die Banken, sofern im Akkreditiv nichts anderes vorgeschrieben ist, ein wie auch immer bezeichnetes Dokument an, das

I. seiner äußeren Aufmachung nach den Namen des Kuriers/Dienstes auszuweisen scheint und von diesem namentlich genannten Kurier/Dienst gestempelt, unterzeichnet oder in anderer Weise authentisiert zu sein scheint (sofern das Akkreditiv nicht ausdrücklich ein von einem bestimmten Kurier/Dienst ausgestelltes Dokument verlangt, nehmen die

Banken ein Dokument an, das von irgendeinem Kurier/Dienst ausgestellt ist) und

II. ein Abhol- oder Empfangsdatum oder etwas Entsprechendes ausweist, wobei dieses Datum als Verladedatum oder Versanddatum gilt, und

III. in jeder anderen Hinsicht den Akkreditiv-Bedingungen entspricht.

Artikel 30. Von Spediteuren ausgestellte Transportdokumente

Sofern im Akkreditiv nichts anderes zugelassen ist, nehmen die Banken ein Transportdokument, das von einem Spediteur ausgestellt ist, nur dann an, wenn es seiner äußeren Aufmachung nach

I. den Namen des Spediteurs als Frachtführer oder Multimodal Transport Operator auszuweisen und vom Spediteur als Frachtführer oder Multimodal Transport Operator unterzeichnet oder in anderer Weise authentisiert zu sein scheint oder

II. den Namen des Frachtführers oder Multimodal Transport Operators auszuweisen und vom Spediteur als namentlich genannter Agent für den Frachtführer oder den Multimodal Transport Operator unterzeichnet oder in anderer Weise authentisiert zu sein scheint.

5

Artikel 31. „An Deck", „Shipper's Load and Count", Absenderangabe

Sofern im Akkreditiv nichts anderes vorgeschrieben ist, nehmen die Banken ein Transportdokument an, das

I. im Fall des Seetransports oder des Transports durch mehrere, jedoch Seetransport einschließende Beförderungsmittel nicht ausweist, daß die Ware an Deck verladen ist oder verladen wird; die Banken nehmen jedoch ein Transportdokument an, das eine Klausel enthält, welche die Beförderung der Ware an Deck gestattet, vorausgesetzt, daß das Transportdokument nicht ausdrücklich ausweist, daß die Ware an Deck verladen ist oder verladen wird, und/oder

II. eine Klausel wie „shipper's load and count" oder „said by shipper to contain" oder Worte ähnlicher Bedeutung enthält, und/oder

III. als Absender der Ware einen anderen als den Begünstigten des Akkreditivs ausweist.

Artikel 32. Reine Transportdokumente

a. Reine Transportdokumente sind solche, die keine Klauseln oder Vermerke enthalten, die ausdrücklich einen mangelhaften Zustand der Ware und/oder der Verpackung vermerken.

b. Die Banken nehmen Transportdokumente nicht an, die solche Klauseln oder Vermerke enthalten, sofern im Akkreditiv nicht ausdrücklich die Klauseln oder Vermerke bezeichnet sind, die angenommen werden dürfen.

c. Die Banken sehen eine Akkreditiv-Bedingung nach der ein Transportdokument die Klausel „clean on board" enthalten soll, als erfüllt an, wenn ein solches Transportdokument den Anforderungen dieses Artikels und der Artikel 23, 24, 25, 26, 27, 28 oder 30 genügt.

Artikel 33. Transportdokumente mit Fracht-(voraus)zahlungsvermerk

a. Sofern im Akkreditiv nichts anderes vorgeschrieben ist oder keine Unvereinbarkeit mit irgendeinem der unter dem Akkreditiv vorgelegten Dokumente besteht, nehmen die Banken Transportdokumente an, die den Vermerk tragen, daß Fracht- oder Transportkosten (im folgenden „Fracht" genannt) noch zu zahlen sind.

b. Wenn ein Akkreditiv vorschreibt, daß das Transportdokument auszuweisen hat, daß die Fracht bezahlt oder vorausbezahlt worden ist, nehmen die Banken ein Transportdokument an, auf dem Worte, die eindeutig die Zahlung oder Vorauszahlung der Fracht ausweisen, durch Stempel oder auf andere Weise erscheinen oder auf dem die Zahlung oder Vorauszahlung der Fracht anderweitig ausgewiesen ist. Verlangt das Akkreditiv, daß Kurierkosten zu bezahlen oder vorauszubezahlen sind, nehmen die Banken auch ein von einem Kurier oder Expressdienst ausgestelltes Transportdokument an, aus dem hervorgeht, daß die Kurierkosten für Rechnung eines anderen als des Empfängers der Ware gehen.

c. Erscheinen die Worte „Fracht vorauszahlbar" oder „Fracht im voraus zu zahlen" oder Worte ähnlicher Bedeutung auf Transportdokumenten, werden sie nicht als Nachweis der erfolgten Frachtzahlung anerkannt.

d. Die Banken nehmen Transportdokumente an, die durch Stempel oder auf andere Weise auf zusätzlich zur Fracht anfallende Kosten hinweisen, wie Kosten der Beladung, Entladung oder ähnlicher Vorgänge oder damit im Zusammenhang stehende Auslagen, sofern die Akkreditiv-Bedingungen solche Hinweise nicht ausdrücklich verbieten.

Artikel 34. Versicherungsdokumente

a. Versicherungsdokumente müssen ihrer äußeren Aufmachung nach von Versicherungsgesellschaften oder Versicherern (underwriters) oder deren Agenten ausgestellt und unterzeichnet zu sein scheinen.

b. Wenn das Versicherungsdokument ausweist, daß es in mehr als einem Original ausgestellt ist, müssen alle Originale vorgelegt werden, sofern im Akkreditiv nichts anderes zugelassen ist.

c. Von Maklern ausgestellte Deckungsbestätigungen (cover notes) werden nicht angenommen, sofern dies im Akkreditiv nicht ausdrücklich zugelassen ist.

d. Sofern im Akkreditiv nichts anderes vorgeschrieben ist, nehmen die Banken ein Versicherungszertifikat oder eine „declaration" unter einem Open Cover (laufende Police) an, das (die) von Versicherungsgesellschaften oder Versicherern (underwriters) oder deren Agenten im voraus unterzeichnet ist. Schreibt ein Akkreditiv ausdrücklich ein Versicherungszertifikat oder eine „declaration" unter einem Open Cover (laufende Police) vor, nehmen die Banken an deren Stelle eine Versicherungspolice an.

e. Sofern im Akkreditiv nichts anderes vorgeschrieben ist oder aus dem Versicherungsdokument nicht hervorgeht, daß die Deckung spätestens am Tag der Verladung an Bord oder der Versendung oder der Übernahme der Ware wirksam wird, nehmen die Banken ein Versicherungsdokument nicht an, das ein späteres Ausstellungsdatum trägt als das Datum der Verladung an Bord oder der Versendung oder der Übernahme, wie es das Transportdokument ausweist.

f. I. Sofern im Akkreditiv nichts anderes vorgeschrieben ist, muß das Versicherungsdokument in derselben Währung ausgestellt sein wie das Akkreditiv.

II. Sofern im Akkreditiv nichts anderes vorgeschrieben ist, ist der Mindestbetrag, auf den die im Versicherungsdokument angegebene Versicherungsdeckung lauten muß, der CIF-Wert (Kosten, Versicherung, Fracht [... benannter Bestimmungshafen]) beziehungsweise der CIP-Wert (Frachtfrei versichert [...benannter Bestimmungsort]) der Ware zuzüglich 10 %, vorausgesetzt, der CIF- oder CIP-Wert kann aus der äußeren Aufmachung der Dokumente bestimmt werden. Andernfalls nehmen die Banken als Mindestbetrag 110 % des Betrags an, in dessen Höhe unter dem Akkreditiv Zahlung, Akzeptleistung oder Negoziierung verlangt wird, oder 110 % des Bruttobetrags der Handelsrechnung, je nachdem, welcher Betrag höher ist.

Artikel 35. Art der Versicherungsdeckung

a. In den Akkreditiven sollte vorgeschrieben werden, welche Art von Versicherung verlangt wird, und gegebenenfalls, welche zusätzlichen Risiken zu decken sind. Ungenaue Ausdrücke, wie „übliche Risiken" oder „handelsübliche Risiken", sollen nicht verwendet werden; werden sie jedoch verwendet, nehmen die Banken die Versicherungsdokumente so an, wie sie vorgelegt werden, und zwar ohne Verantwortung für irgendwelche nicht gedeckten Risiken.

b. Fehlen im Akkreditiv besondere Bestimmungen, nehmen die Banken die Versicherungsdokumente so an, wie sie vorgelegt werden, und zwar ohne Verantwortung für irgendwelche nicht gedeckten Risiken.

c. Sofern im Akkreditiv nichts anderes vorgeschrieben ist, nehmen die Banken ein Versicherungsdokument an, in dem angegeben ist, daß die Deckung einer Franchise oder einer Abzugsfranchise unterworfen ist.

Artikel 36. Versicherungsdeckung für alle Risiken

Wenn ein Akkreditiv „Versicherung gegen alle Risiken" vorschreibt, nehmen die Banken ein Versicherungsdokument an, das irgendeinen Vermerk oder irgendeine Klausel über „alle Risiken" enthält – gleichgültig, ob mit der Überschrift „alle Risiken" versehen oder nicht –, selbst wenn das Versicherungsdokument ausweist, daß bestimmte Risiken ausgeschlossen sind, und zwar ohne Verantwortung für irgendwelche nicht gedeckten Risiken.

Artikel 37. Handelsrechnungen

a. Sofern im Akkreditiv nichts anderes vorgeschrieben ist, müssen Handelsrechnungen

I. der äußeren Aufmachung nach von dem im Akkreditiv benannten Begünstigten (vorbehaltlich der Bestimmungen des Artikels 48 h) ausgestellt zu sein scheinen und

II. auf den Namen des Auftraggebers (vorbehaltlich der Bestimmungen des Artikels 48 h) lauten

III. nicht unterzeichnet sein.

b. Sofern im Akkreditiv nichts anderes vorgeschrieben ist, können die Banken Handelsrechnungen, die auf einen die Akkreditivsumme übersteigenden Betrag lauten, zurückweisen. Wenn jedoch eine Bank, die ermächtigt ist, unter einem Akkreditiv zu zahlen, eine Verpflichtung zur hinausgeschobenen Zahlung zu übernehmen, Tratten zu akzeptieren oder zu negoziieren, solche

Rechnungen annimmt, bindet deren Entscheidung alle Beteiligten, vorausgesetzt, daß diese Bank nicht in Höhe eines die Akkreditivsumme übersteigenden Betrags gezahlt, eine Verpflichtung zur hinausgeschobenen Zahlung übernommen, Tratten akzeptiert oder negoziiert hat.

c. Die Beschreibung der Ware in der Handelsrechnung muß mit der Beschreibung im Akkreditiv übereinstimmen. In allen anderen Dokumenten kann die Ware in allgemein gehaltenen Ausdrücken, die nicht im Widerspruch zur Warenbeschreibung im Akkreditiv stehen, beschrieben sein.

Artikel 38. Andere Dokumente

Wenn ein Akkreditiv bei anderen als Seetransporten einen Nachweis oder eine Bescheinigung des Gewichts verlangt, erkennen die Banken einen Wiegestempel oder einen Gewichtsvermerk an, der durch den Frachtführer oder dessen Agenten auf dem Transportdokument angebracht zu sein scheint, sofern das Akkreditiv nicht ausdrücklich vorschreibt, daß der Nachweis oder die Bescheinigung des Gewichts mittels eines separaten Dokuments erbracht werden muß.

E. Verschiedene Regeln

Artikel 39. Toleranzen bezüglich Akkreditivbetrag, Menge und Preis pro Einheit

5

a. Die Worte „etwa“, „ungefähr“, „circa“ oder ähnliche Ausdrücke, die in Verbindung mit dem Akkreditivbetrag oder der im Akkreditiv angegebenen Menge oder dem angegebenen Preis pro Einheit verwendet werden, sind dahin auszulegen, daß eine Abweichung bis zu 10 % nach oben oder bis zu 10 % nach unten von dem Betrag oder der Menge oder dem Preis pro Einheit, auf die sie sich beziehen, statthaft ist.

b. Sofern ein Akkreditiv nicht vorschreibt, daß die angegebene Warenmenge nicht über- oder unterschritten werden darf, ist eine Abweichung bis zu 5 % nach oben oder bis zu 5 % nach unten statthaft, immer vorausgesetzt, daß der Betrag der Inanspruchnahme nicht den Akkreditivbetrag überschreitet. Diese Abweichung ist nicht zulässig, wenn im Akkreditiv die Menge in einer bestimmten Anzahl von Verpackungseinheiten oder Stücken angegeben ist.

c. Sofern ein Akkreditiv, das Teilverladungen untersagt, nicht etwas anderes vorschreibt oder der vorstehende Absatz (b) nicht anwendbar ist, ist eine Minderinanspruchnahme um bis zu 5 % zulässig, vorausgesetzt, daß bei im Akkreditiv vorgeschriebener Warenmenge diese Warenmenge in vollem Umfang geliefert und bei einem im Akkreditiv vorgeschriebenen Preis pro Einheit dieser Preis nicht unterschritten wird. Diese Bestimmung gilt nicht, wenn im Akkreditiv Ausdrücke der im vorstehenden Absatz (a) genannten Art verwendet werden.

Artikel 40. Teilverladungen/Teilinanspruchnahmen

a. Teilinanspruchnahmen und/oder Teilverladungen sind zulässig, sofern das Akkreditiv nicht etwas anderes vorschreibt.

b. Transportdokumente, die ihrer äußeren Aufmachung nach auszuweisen scheinen, daß Verladung auf demselben Beförderungsmittel und für dieselbe Reise mit demselben Ziel erfolgte, gelten nicht als Teilverladungen abdeckend, selbst wenn die Transportdokumente ein unterschiedliches Verladedatum und/oder unterschiedliche Verladehäfen, Übernahme- oder Versandorte ausweisen.

c. Versendungen per Post oder Kurier gelten nicht als Teilverladungen, wenn die Posteinlieferungsscheine oder Postversandbescheinigungen oder Kurierempfangsbestätigungen oder Kurierversandnachweise an dem Ort, der im Akkreditiv als Versandort der Ware vorgeschrieben ist, und an demselben Tag gestempelt, unterzeichnet oder in anderer Weise authentisiert zu sein scheinen.

Artikel 41. Verladungen/Inanspruchnahmen in Raten

Sind im Akkreditiv Inanspruchnahmen und/oder Verladungen in Raten innerhalb bestimmter Zeiträume vorgeschrieben und ist irgendeine Rate nicht innerhalb des für sie vorgeschriebenen Zeitraums in Anspruch genommen und/oder verladen worden, kann das Akkreditiv für diese betreffende und jede weitere Rate nicht mehr benutzt werden, sofern im Akkreditiv nichts anderes vorgeschrieben ist.

Artikel 42. Verfalldatum und Ort für Dokumentenvorlage

a. Alle Akkreditive müssen ein Verfalldatum und einen Ort für die Dokumentenvorlage zwecks Zahlung, Akzeptleistung oder – mit Ausnahme frei negoziierbarer Akkreditive – einen Ort für die Dokumentenvorlage zwecks Negoziierung vorschreiben. Ein für Zahlung, Akzeptleistung oder Negoziierung vorgeschriebenes Verfalldatum wird als Verfalldatum für die Dokumentenvorlage ausgelegt.

b. Vorbehaltlich der Bestimmungen des Artikels 44(a) müssen Dokumente am oder vor dem Verfalldatum vorgelegt werden.

c. Wenn die eröffnende Bank angibt, daß das Akkreditiv „für einen Monat“, „für sechs

Monate" oder ähnlich benutzbar sein soll, aber nicht festlegt, wann diese Frist beginnen soll, wird das Datum der Eröffnung des Akkreditivs durch die eröffnende Bank als der erste Tag angesehen, an dem diese Frist beginnt. Die Banken sollten zu verhindern suchen, daß das Verfalldatum des Akkreditivs auf diese Weise angegeben wird.

Artikel 43. Verkürzung der Verfallfrist

a. Außer einem Verfalldatum für die Dokumentenvorlage sollte jedes Akkreditiv, das ein Transportdokument verlangt, auch eine genau bestimmte Frist nach dem Verladedatum vorschreiben, innerhalb welcher die Vorlage in Übereinstimmung mit den Akkreditiv-Bedingungen zu erfolgen hat. Ist eine derartige Frist nicht vorgeschrieben, nehmen die Banken Dokumente nicht an, die ihnen später als 21 Tage nach dem Verladedatum vorgelegt werden. In jedem Fall dürfen die Dokumente nicht später als am Verfalldatum des Akkreditivs vorgelegt werden.
b. In Fällen, in denen Artikel 40(b) Anwendung findet, gilt als Verladedatum das letzte Verladedatum auf einem der vorgelegten Transportdokumente.

Artikel 44. Verlängerung der Verfallfrist

a. Wenn das Verfalldatum des Akkreditivs und/oder der letzte Tag der im Akkreditiv vorgeschriebenen oder aufgrund des Artikels 43 anwendbaren Dokumentenvorlagefrist auf einen Tag fällt, an dem die Bank, der die Dokumente vorzulegen sind, aus anderen als den unter Artikel 17 genannten Gründen geschlossen ist, wird das vorgeschriebene Verfalldatum und/oder der letzte Tag der Frist nach dem Verladedatum für die Dokumentenvorlage auf den nächstfolgenden Tag, an dem diese Bank geöffnet ist, hinausgeschoben.
b. Durch das aufgrund des vorstehenden Absatzes (a) erfolgte Hinausschieben des Verfalldatums und/oder der Frist nach dem Verladedatum für die Dokumentenvorlage wird das letzte Verladedatum nicht hinausgeschoben. Ist im Akkreditiv oder in dazu erfolgten Änderungen kein letztes Verladedatum vorgeschrieben, nehmen die Banken Transportdokumente nicht an, die ein späteres Verladedatum als das im Akkreditiv oder in dazu erfolgten Änderungen vorgeschriebene Verfalldatum ausweisen.
c. Die Bank, der die Dokumente an einem solchen nächstfolgenden Arbeitstag vorgelegt werden, muß eine Erklärung abgeben, daß die Dokumente innerhalb der gemäß Artikel 44(a) der Einheitlichen Richtlinien und Gebräuche für Dokumenten-Akkreditive, Revision 1993, ICC Publikation Nr. 500, hinausgeschobenen Fristen vorgelegt wurden.

Artikel 45. Vorlegungszeiten

Die Banken sind nicht verpflichtet, Dokumente außerhalb ihrer Öffnungszeiten entgegenzunehmen.

Artikel 46. Allgemeine Ausdrücke für Verladetermine

a. Sofern im Akkreditiv nichts anderes vorgeschrieben ist, ist der zur Bestimmung eines frühesten und/oder eines letzten Verladedatums verwendete Ausdruck „Verladung" so zu verstehen, daß er Ausdrücke wie „Verladung an Bord", „Versendung", „angenommen zur Beförderung", „Posteinlieferungsdatum", „Abholdatum" und ähnliche und bei einem Akkreditiv, das ein multimodales Transportdokument verlangt, den Ausdruck Übernahme" einschließt.
b. Ausdrücke wie „prompt", „unverzüglich", „baldmöglichst" und ähnliche sollten nicht verwendet werden. Wenn sie verwendet werden, werden die Banken sie nicht beachten.
c. Wenn der Ausdruck „am oder um den" oder ähnliche Ausdrücke verwendet werden, legen die Banken sie als eine Bestimmung aus, daß die Verladung innerhalb des Zeitraums von 5 Tagen vor bis 5 Tage nach dem angegebenen Datum durchzuführen ist, wobei der erste und letzte Tag eingeschlossen sind. 5

Artikel 47. Zeitterminologie für Verladefristen

a. Die Worte „bis", „bis zum", „ab" und Ausdrücke ähnlicher Bedeutung, die sich im Akkreditiv auf irgendein Datum oder irgendeinen Zeitraum der Verladung beziehen, sind so zu verstehen, daß sie das angegebene Datum einschließen.
b. Das Wort „nach" ist so zu verstehen, daß es das angegebene Datum ausschließt.
c. Die Ausdrücke „erste Hälfte" und „zweite Hälfte" eines Monats bedeuten „1. bis 15. einschließlich" beziehungsweise „16. bis letzter Tag des Monats einschließlich".
d. Die Ausdrücke „Anfang", „Mitte" oder „Ende" eines Monats bedeuten „1. bis 10. einschließlich", „11. bis 20. einschließlich" beziehungsweise „21. bis letzter Tag des Monats einschließlich".

F. Übertragbares Akkreditiv

Artikel 48. Übertragbares Akkreditiv

a. Ein übertragbares Akkreditiv ist ein Akkreditiv, bei dem der Begünstigte (Erstbegünstigte) die zur Zahlung, Übernahme einer Verpflichtung zur hinausgeschobenen Zahlung, Akzeptleistung oder Negoziierung ermächtigte Bank („übertragende Bank") oder bei einem frei negoziierbaren Akkreditiv die im Akkreditiv ausdrücklich als übertragende Bank ermächtigte Bank beauftragen kann, das Akkreditiv im Ganzen oder zum Teil einem oder mehreren anderen Begünstigten (Zweitbegünstigten) verfügbar zu stellen.

b. Ein Akkreditiv kann nur übertragen werden, wenn es von der eröffnenden Bank ausdrücklich als „übertragbar" bezeichnet worden ist. Ausdrücke wie „divisible", „fractionable" „assignable" und „transmissible" machen das Akkreditiv nicht übertragbar. Werden solche Ausdrücke verwendet, sind sie nicht zu beachten.

c. Die übertragende Bank ist nicht verpflichtet, eine Übertragung vorzunehmen, außer in dem Umfang und in der Art, wie sie ausdrücklich zugestimmt hat.

d. Bei einem Übertragungsauftrag und vor Akkreditivübertragung muß der Erstbegünstigte die übertragende Bank unwiderruflich davon unterrichten, ob er sich das Recht vorbehält, der übertragenden Bank die Erlaubnis zu verweigern, dem (den) Zweitbegünstigten Änderungen anzuzeigen. Stimmt die übertragende Bank unter diesen Bedingungen der Übertragung zu, muß sie bei Übertragung den (die) Zweitbegünstigten über die Weisungen des Erstbegünstigten hinsichtlich Änderungen unterrichten.

5

e. Wird ein Akkreditiv an mehrere Zweitbegünstigte übertragen, läßt die Ablehnung einer Änderung durch einen oder mehrere Zweitbegünstigte(n) die Annahme durch den (die) anderen Zweitbegünstigten nicht hinfällig werden, dem (denen) gegenüber das Akkreditiv entsprechend geändert wird. Für den (die) Zweitbegünstigte(n), der (die) Änderung ablehnte(n), bleibt das Akkreditiv ungeändert.

f. Mit Übertragungen im Zusammenhang stehende Spesen der übertragenden Bank einschließlich Provisionen, Gebühren, Kosten und Auslagen sind vom Erstbegünstigten zu zahlen, sofern nichts anderes vereinbart ist. Stimmt die übertragende Bank der Akkreditivübertragung zu, ist sie nicht verpflichtet, die Übertragung vorzunehmen, bevor diese Spesen bezahlt sind.

g. Sofern im Akkreditiv nichts anderes angegeben ist, kann ein übertragbares Akkreditiv nur einmal übertragen werden. Folglich kann das Akkreditiv im Auftrag des Zweitbegünstigten nicht an einen nachfolgenden Drittbegünstigten übertragen werden. Im Sinne dieses Artikels stellt eine Rückübertragung an den Erstbegünstigten keine unzulässige Übertragung dar.
Teile eines übertragbaren Akkreditivs (die im Ganzen den Gesamtbetrag des Akkreditivs nicht überschreiten) können getrennt übertragen werden, sofern Teilverladungen/Teilinanspruchnahmen nicht untersagt sind; die Gesamtheit derartiger Übertragungen gilt als nur eine Übertragung des Akkreditivs.

h. Das Akkreditiv kann nur zu den im Originalakkreditiv angegebenen Bedingungen übertragen werden mit der Ausnahme, daß
- der Akkreditivbetrag,
- der im Akkreditiv etwa angegebene Preis pro Einheit,
- das Verfalldatum,
- das letzte Datum für die Vorlage der Dokumente gemäß Artikel 43,
- die Verladefrist

insgesamt oder einzeln ermäßigt oder verkürzt werden können.
Der Prozentsatz, auf den die Versicherungsdeckung lauten muß, kann in einer Weise erhöht werden, daß er den im Originalakkreditiv oder in diesen Richtlinien festgesetzten Deckungsbetrag erreicht.
Außerdem kann der Name des Erstbegünstigten an die Stelle des Auftraggebers gesetzt werden. Wenn jedoch im Originalakkreditiv ausdrücklich verlangt wird, daß der Name des Auftraggebers in irgendeinem (irgendwelchen) anderen Dokument(en) als der Rechnung erscheint, muß diese Bedingung erfüllt werden.

i. Der Erstbegünstigte hat das Recht, seine eigenen Rechnungen (und Tratten) an die Stelle derjenigen des (der) Zweitbegünstigten zu setzen, und zwar mit Beträgen, die den im Akkreditiv angegebenen Originalbetrag nicht übersteigen, und mit den im Akkreditiv gegebenenfalls angegebenen Originalpreisen pro Einheit. Bei einem solchen Rechnungs-(und Tratten-)Austausch kann der Erstbegünstigte unter dem Akkreditiv den Unterschiedsbetrag erheben, der gegebenenfalls zwischen seinen Rechnungen und denen des (der) Zweitbegünstigten besteht.
Wenn ein Akkreditiv übertragen worden ist und der Erstbegünstigte seine eigenen Rechnungen (und Tratten) an die Stelle der Rechnungen (und Tratten) des (der) Zweitbegünstigten setzen soll, der ersten Aufforderung hierzu aber nicht nachkommt, dann hat die übertragende Bank das Recht, der eröffnenden Bank die unter dem übertragenen

Akkreditiv erhaltenen Dokumente auszuliefern, einschließlich der Rechnungen (und Tratten) des (der) Zweitbegünstigten, und zwar ohne weitere Verantwortlichkeit gegenüber dem Erstbegünstigten.

j. Der Erstbegünstigte kann verlangen, daß die Zahlung oder Negoziierung an den Zweitbegünstigten an dem Ort vorgenommen wird, an den das Akkreditiv übertragen worden ist, und zwar bis zum Verfalldatum des Akkreditivs, sofern das Originalakkreditiv nicht ausdrücklich angibt, daß es an keinem anderen als dem im Akkreditiv vorgeschriebenen Ort zur Zahlung oder Negoziierung benutzbar gestellt werden darf. Dies gilt unbeschadet des Rechts des Erstbegünstigten, nachträglich seine eigenen Rechnungen (und Tratten) an die Stelle der Rechnungen (und Tratten) des (der) Zweitbegünstigten zu setzen und einen etwaigen, ihm zustehenden Unterschiedsbetrag zu fordern.

G. Abtretung von Akkreditiverlösen

Artikel 49. Abtretung von Akkreditiverlösen

Die Tatsache, daß ein Akkreditiv nicht als übertragbar bezeichnet ist, berührt nicht die Rechte des Begünstigten, seinen unter einem solchen Akkreditiv bestehenden oder künftig entstehenden Anspruch auf den Erlös gemäß den Bestimmungen des anzuwendenden Rechts abzutreten. Dieser Artikel bezieht sich nur auf die Abtretung des Akkreditiverlöses und nicht auf die Abtretung des Rechts auf Inanspruchnahme des Akkreditivs.

Incoterms

Frei Frachtführer (FCA)

(Free carrier)
(. . . benannter Ort)

„Frei Frachtführer" bedeutet, daß der Verkäufer seine Lieferverpflichtung erfüllt, wenn er die zur Ausfuhr freigemachte Ware dem vom Käufer benannten Frachtführer am benannten Ort oder an der benannten Stelle übergibt. Wenn der Käufer keine bestimmte Stelle angegeben hat, kann der Verkäufer innerhalb des festgelegten Orts oder Bereichs wählen, wo der Frachtführer die Ware übernehmen soll. Wird der Handelspraxis entsprechend die Unterstützung des Verkäufers benötigt, um den Vertrag mit dem Frachtführer abzuschließen (wie im Eisenbahn- oder Luftfrachtverkehr), so kann dies durch den Verkäufer auf Gefahr und Kosten des Käufers erfolgen.

Diese Klausel kann für jede Transportart verwendet werden, einschließlich des multimodalen Transports. „Frachtführer" ist, wer sich durch einen Beförderungsvertrag verpflichtet, die Beförderung per Schiene, Straße, See, Luft, Binnengewässer oder in einer Kombination dieser Transportarten durchzuführen oder durchführen zu lassen. Weist der Käufer den Verkäufer an, die Ware an eine Person, die nicht „Frachtführer" ist, z.B. einen Spediteur, zu liefern, hat der Verkäufer seine Lieferverpflichtung erfüllt, wenn die Ware in die Obhut dieser Person gelangt ist.

5 „Transportterminal" ist ein Güterbahnhof, eine Güterumschlagsanlage, ein Containerterminal oder Containerstellplatz, eine Mehrzweckumschlagsanlage oder jede ähnliche Güterannahmestelle.

Der Begriff „Container" schließt alle Einrichtungen zur Bildung von Ladungseinheiten ein, wie alle Containerarten und/oder Flats, unabhängig ob ISO-genormt oder nicht, sowie Anhänger, Wechselaufbauten, Ro-Ro-Einrichtungen und Iglus. Er gilt für alle Beförderungsarten.

A Der Verkäufer hat:

1. Lieferung vertragsgemäßer Ware

Die Ware in Übereinstimmung mit dem Kaufvertrag zu liefern sowie die Handelsrechnung oder die entsprechende elektronische Mitteilung und alle sonstigen vertragsgemäßen Belege hierfür zu erbringen.

2. Lizenzen, Genehmigungen und Formalitäten

Auf eigene Gefahr und Kosten die Ausfuhrbewilligung oder andere behördliche Genehmigung zu beschaffen sowie alle Zollformalitäten zu erledigen, die für die Ausfuhr der Ware erforderlich sind.

3. Beförderungs- und Versicherungsvertrag

a) Beförderungsvertrag

Keine Verpflichtung. Wenn es der Käufer jedoch verlangt, oder wenn es Handelspraxis ist und der Käufer nicht rechtzeitig eine gegenteilige Anweisung erteilt, kann der Verkäufer zu üblichen Bedingungen den Beförderungsvertrag auf Gefahr und Kosten des Käufers abschließen. Der Verkäufer kann es ablehnen, den Vertrag abzuschließen; in diesem Fall hat er den Käufer unverzüglich zu benachrichtigen.

b) Versicherungsvertrag

Keine Verpflichtung.

4. Lieferung

Die Ware dem Frachtführer oder einer anderen Person (z.B. einem Spediteur), vom Käufer benannt oder vom Verkäufer in Übereinstimmung mit A3a) ausgewählt, zu übergeben, und zwar in dem für die Lieferung vereinbarten Zeitpunkt oder innerhalb der vereinbarten Frist am benannten Ort oder der benannten Stelle (z.B. Transportterminal oder anderen Güterannahmestelle) und in der vereinbarten oder an diesem Ort üblichen Art und Weise. Wurde keine bestimmte Stelle vereinbart und kommen mehrere Stellen in Betracht, kann der Verkäufer die ihm am besten zusagende Stelle am Lieferort auswählen. Mangels genauer Anweisungen des Käufers kann der Verkäufer die Ware dem Frachtführer in der Weise übergeben, wie es die Beförderungsart des betreffenden Frachtführers und die Menge und/oder Art der Ware verlangen.

Die Lieferung an den Frachtführer ist abgeschlossen:

I) Im Falle des **Eisenbahntransports** hat der Verkäufer, wenn die Ware aus einer vollen Waggonladung besteht (oder eine Containerladung mit der Eisenbahn zu befördern ist), den Waggon oder den Container ordnungsgemäß zu beladen. Die Lieferung ist abgeschlossen, wenn der beladene Waggon oder Container von der Eisenbahn oder ihrem Beauftragten übernommen worden ist.
Bildet die Ware keine volle Waggon- oder Containerladung, ist die Lieferung abgeschlossen, wenn der Verkäufer die Ware an der Güterannahmestelle der Eisenbahn übergeben oder sie in ein von der Eisenbahn gestelltes Fahrzeug verladen hat.

II) Im Falle des **Straßentransports** ist, wenn die Verladung beim Verkäufer stattfindet, die Lieferung abgeschlossen, wenn die Ware auf das vom Käufer gestellte Fahrzeug verladen worden ist.

Wird die Ware beim Frachtführer angeliefert, ist die Lieferung abgeschlossen, wenn sie dem Straßenfrachtführer oder seinem Beauftragten übergeben worden ist.

III) Im Falle des **Binnenschiffstransports** ist, wenn die Verladung beim Verkäufer stattfindet, die Lieferung abgeschlossen, wenn die Ware auf das vom Käufer gestellte Schiff verladen worden ist.
Wird die Ware beim Frachtführer angeliefert, ist die Lieferung abgeschlossen, wenn sie dem Frachtführer des Binnenschiffstransports oder seinem Beauftragten übergeben worden ist.

IV) Im Falle des **Seetransports** ist, wenn die Ware einer vollen Containerladung entspricht (full container load, FCL), die Lieferung abgeschlossen, wenn der beladene Container vom Seefrachtführer übernommen worden ist. Wenn der Container zu einem für den Frachtführer handelnden Betreiber eines Transportterminals befördert worden ist, gilt die Ware als übernommen, sobald sich der Container auf dem Gelände dieses Terminals befindet. Wenn die Ware keiner Containerladung entspricht (less than a container load, LCL) oder nicht in einen Container verladen werden soll, hat der Verkäufer sie zum Transportterminal zu befördern. Die Lieferung ist abgeschlossen, wenn die Ware dem Seefrachtführer oder seinem Beauftragten übergeben worden ist.

V) Im Falle des **Lufttransports** ist die Lieferung abgeschlossen, wenn die Ware dem Luftfrachtführer oder seinem Beauftragten übergeben worden ist.

VI) Im Falle einer **unbenannten Transportart** ist die Lieferung abgeschlossen, wenn die Ware dem Frachtführer oder seinem Beauftragten übergeben worden ist.

VII) Im Falle des **multimodalen Transports** ist die Lieferung abgeschlossen, wenn die Ware je nach Lage des Falls, gemäß I) – VI) übergeben worden ist.

5. Gefahrenübergang

Vorbehaltlich der Bestimmungen von B.5, alle Gefahren des Verlusts oder der Beschädigung der Ware so lange zu tragen, bis sie gemäß A.4 geliefert worden ist.

6. Kostenteilung

Vorbehaltlich der Bestimmungen von B.6
- alle die Ware betreffenden Kosten so lange zu tragen, bis sie dem Frachtführer gemäß A.4 geliefert worden ist;
- die Kosten der Zollformalitäten sowie alle Zölle, Steuern und andere öffentliche Abgaben zu tragen, die bei der Ausfuhr der Waren anfallen.

7. Benachrichtigung des Käufers

Den Käufer in angemessener Weise zu benachrichtigen, daß die Ware an den Frachtführer übergeben worden ist. Sollte der Frachtführer die Ware nicht zum vereinbarten Zeitpunkt übernehmen, hat der Verkäufer den Käufer entsprechend zu benachrichtigen.

8. Liefernachweis, Transportdokument oder entsprechende elektronische Mitteilung

Dem Käufer auf Kosten des Verkäufers, falls handelsüblich, das übliche Dokument zum Nachweis der Lieferung gemäß A.4 zu beschaffen.
Sofern das im vorstehenden Absatz erwähnte Dokument nicht das Transportdokument ist, dem Käufer auf dessen Verlangen, Gefahr und Kosten bei der Beschaffung eines Transportdokuments zum Beförderungsvertrag (z.B. eines begebbaren Konnossements, eines nichtbegebbaren Seefrachtbriefs, eines Dokuments des Binnenschiffstransports, eines Luftfrachtbriefs, eines Eisenbahnfrachtbriefs, eines Straßenfrachtbriefs oder eines multimodalen Transportdokuments) jede Hilfe zu gewähren. Wenn sich Verkäufer und Käufer auf elektronische Datenkommunikation geeinigt haben, kann das im vorstehenden Absatz erwähnte Dokument durch eine entsprechende Mitteilung im elektronischen Datenaustausch (EDI message) ersetzt werden.

5

9. Prüfung – Verpackung – Kennzeichnung

Die Kosten der Prüfung (wie Qualitätsprüfung, Messen, Wiegen und Zählen) zu tragen, die für die Lieferung der Ware an den Frachtführer erforderlich ist.
Auf eigene Kosten für eine Verpackung zu sorgen (sofern es nicht handelsüblich ist, die im Vertrag beschriebene Ware unverpackt zu versenden), die für den Transport der Ware erforderlich ist, wenn und soweit die Transportmodalitäten (z.B. Transportart, Bestimmungsort) dem Verkäufer vor Abschluß des Kaufvertrags zur Kenntnis gebracht worden sind. Die Verpackung ist in geeigneter Weise zu kennzeichnen.

10. Sonstige Verpflichtungen

Dem Käufer auf dessen Verlangen, Gefahr und Kosten bei der Beschaffung aller anderen als in A.8 genannten Dokumente oder entsprechender elektronischer Mitteilungen, die im Liefer- und/oder Ursprungsland ausgestellt oder abgesendet werden und die der Käufer zur Einfuhr

der Ware und gegebenenfalls zur Durchfuhr durch ein drittes Land benötigt, jede Hilfe zu gewähren.
Dem Käufer auf dessen Verlangen die für die Versicherung der Ware erforderlichen Auskünfte zu erteilen.

B Der Käufer hat:

1. Zahlung des Kaufpreises

Den Preis vertragsgemäß zu zahlen.

2. Lizenzen, Genehmigungen und Formalitäten

Auf eigene Gefahr und Kosten die Einfuhrbewilligung oder andere behördliche Genehmigung zu beschaffen sowie alle erforderlichen Zollformalitäten für die Einfuhr der Ware und gegebenenfalls für ihre Durchfuhr durch ein drittes Land zu erledigen.

3. Beförderungsvertrag

Auf eigene Kosten den Vertrag über die Beförderung der Ware vom benannten Ort abzuschließen, vorbehaltlich der Bestimmungen von A.3.

4. Abnahme

Die Ware gemäß A.4 abzunehmen.

5. Gefahrenübergang

5 Alle Gefahren des Verlusts oder der Beschädigung der Ware von dem Zeitpunkt an zu tragen, in dem sie gemäß A.4 geliefert worden ist.
Sollte er die Benachrichtigung gemäß B.7 unterlassen oder sollte der von ihm benannte Frachtführer die Ware nicht übernehmen, alle Gefahren des Verlusts oder der Beschädigung der Ware von dem für die Lieferung vereinbarten Zeitpunkt oder vom Ablauf der hierfür vereinbarten Frist an zu tragen, vorausgesetzt, daß die Ware in geeigneter Weise konkretisiert, d. h. als der für den Käufer bestimmte Gegenstand abgesondert oder auf andere Art kenntlich gemacht worden ist.

6. Kostenteilung

Alle die Ware betreffenden Kosten von dem Zeitpunkt an zu tragen, in dem sie gemäß A.4 geliefert worden ist.
Alle zusätzlichen Kosten zu tragen, die entweder dadurch entstehen, daß er den Frachtführer nicht benennt oder der von ihm benannte Frachtführer die Ware im vereinbarten Zeitpunkt nicht übernimmt oder keine Benachrichtigung gemäß B.7 erfolgte, vorausgesetzt, daß die Ware in geeigneter Weise konkretisiert, d. h. als der für den Käufer bestimmte Gegenstand abgesondert oder auf anderer Art kenntlich gemacht worden ist. Alle Zölle, Steuern und andere öffentliche Abgaben sowie die Kosten der Zollformalitäten, die bei der Einfuhr der Ware und gegebenenfalls bei der Durchfuhr durch ein drittes Land anfallen, zu tragen.

7. Benachrichtigung des Verkäufers

Dem Verkäufer in angemessener Weise den Namen des Frachtführers anzugeben und, soweit erforderlich, die Transportart sowie den Zeitpunkt oder die Frist für die Lieferung der Ware und gegebenenfalls die Stelle innerhalb des Ortes, an dem die Ware dem Frachtführer übergeben werden soll, mitzuteilen.

8. Liefernachweis, Transportdokument oder entsprechende elektronische Mitteilung

Den in Übereinstimmung mit A.8 erbrachten Liefernachweis anzunehmen.

9. Prüfung der Ware

Mangels anderer Vereinbarung die Kosten von Warenkontrollen vor der Verladung (pre-shipment inspection) zu tragen, mit Ausnahme behördlich angeordneter Kontrollen des Ausfuhrlandes.

10. Sonstige Verpflichtungen

Alle Kosten und Gebühren für die Beschaffung der in A.10 genannten Dokumente oder entsprechender elektronischer Mitteilungen zu tragen und diejenigen des Verkäufers zu erstatten, die diesem bei der Hilfeleistung hierfür und beim Abschluß des Beförderungsvertrags gemäß A.3a) entstanden sind.
Dem Verkäufer zweckdienliche Anweisungen zu erteilen, wenn seine Hilfe beim Abschluß des Beförderungsvertrags gemäß A.3a) erforderlich ist.

Frei an Bord (FOB)

(Free on board)
(. . . benannter Verschiffungshafen)

„Frei an Bord" bedeutet, daß der Verkäufer seine Lieferverpflichtung erfüllt, wenn die Ware die Schiffsreling in dem benannten Verschiffungshafen überschritten hat. Dies bedeutet, daß der Käufer von diesem Zeitpunkt an alle Kosten und Gefahren des Verlusts oder der Beschädigung der Ware zu tragen hat.
Die FOB-Klausel verpflichtet den Verkäufer, die Ware zur Ausfuhr freizumachen.
Diese Klausel kann nur für den See- oder Binnenschiffstransport verwendet werden. Hat die Schiffsreling keine praktische Bedeutung, wie

bei Ro-Ro- oder Containertransporten, ist die FCA-Klausel geeigneter.

A Der Verkäufer hat:

1. Lieferung vertragsgemäßer Ware

Die Ware in Übereinstimmung mit dem Kaufvertrag zu liefern sowie die Handelsrechnung oder die entsprechende elektronische Mitteilung und alle sonstigen vertragsgemäßen Belege hierfür zu erbringen.

2. Lizenzen, Genehmigungen und Formalitäten

Auf eigene Gefahr und Kosten die Ausfuhrbewilligung oder andere behördliche Genehmigung zu beschaffen sowie alle Zollformalitäten zu erledigen, die für die Ausfuhr der Ware erforderlich sind.

3. Beförderungs- und Versicherungsvertrag

a) Beförderungsvertrag
Keine Verpflichtung.
b) Versicherungsvertrag
Keine Verpflichtung.

4. Lieferung

Die Ware an Bord des vom Käufer benannten Schiffs im benannten Verschiffungshafen in dem vereinbarten Zeitpunkt oder innerhalb der vereinbarten Frist und dem Hafenbrauch entsprechend zu liefern.

5. Gefahrenübergang

Vorbehaltlich der Bestimmungen von B.5, alle Gefahren des Verlusts oder der Beschädigung der Ware so lange zu tragen, bis sie die Schiffsreling im benannten Verschiffungshafen überschritten hat.

6. Kostenteilung

Vorbehaltlich der Bestimmungen von B.6
- alle die Ware betreffenden Kosten so lange zu tragen, bis sie die Schiffsreling im benannten Verschiffungshafen überschritten hat;
- die Kosten der für die Ausfuhr notwendigen Zollformalitäten sowie alle Zölle, Steuern und andere öffentliche Abgaben zu tragen, die bei der Ausfuhr der Ware anfallen.

7. Benachrichtigung des Käufers

Den Käufer in angemessener Weise zu benachrichtigen, daß die Ware an Bord geliefert worden ist.

8. Liefernachweis, Transportdokument oder entsprechende elektronische Mitteilung

Dem Käufer auf Kosten des Verkäufers das übliche Dokument zum Nachweis der Lieferung gemäß A.4 zu beschaffen.

Sofern das im vorstehenden Absatz erwähnte Dokument nicht das Transportdokument ist, dem Käufer auf dessen Verlangen, Gefahr und Kosten bei der Beschaffung eines Transportdokuments zum Beförderungsvertrag (z.B. eines begebbaren Konnossements, eines nichtbegebbaren Seefrachtbriefs, eines Dokuments des Binnenschiffstransports oder eines multimodalen Transportdokuments) jede Hilfe zu gewähren.
Wenn sich Verkäufer und Käufer auf elektronische Datenkommunikation geeinigt haben, kann das im vorstehenden Absatz erwähnte Dokument durch eine entsprechende Mitteilung im elektronischen Datenaustausch (EDI message) ersetzt werden.

9. Prüfung – Verpackung – Kennzeichnung

Die Kosten der Prüfung (wie Qualitätsprüfung, Messen, Wiegen und Zählen) zu tragen, die für die Lieferung der Ware gemäß A.4 erforderlich ist.
Auf eigene Kosten für eine Verpackung zu sorgen (sofern es nicht handelsüblich ist, die im Vertrag beschriebene Ware unverpackt zu verschiffen), die für den Transport der Ware erforderlich ist, wenn und soweit die Transportmodalitäten (z.B. Transportart, Bestimmungsort) dem Verkäufer vor Abschluß des Kaufvertrags zur Kenntnis gebracht worden sind. Die Verpackung ist in geeigneter Weise zu kennzeichnen.

10. Sonstige Verpflichtungen 5

Dem Verkäufer auf dessen Verlangen, Gefahr und Kosten bei der Beschaffung aller anderen als in A.8 genannten Dokumente oder entsprechender elektronischer Mitteilungen, die im Verschiffungs- und/oder Ursprungsland ausgestellt oder abgesendet werden und die der Käufer zur Einfuhr der Ware und gegebenenfalls zur Durchfuhr durch ein drittes Land benötigt, jede Hilfe zu gewähren.
Dem Käufer auf dessen Verlangen die für die Versicherung der Ware erforderlichen Auskünfte zu erteilen.

B. Der Käufer hat:

1. Zahlung des Kaufpreises

Den Preis vertragsgemäß zu zahlen.

2. Lizenzen, Genehmigungen und Formalitäten

Auf eigene Gefahr und Kosten die Einfuhrbewilligung oder andere behördliche Genehmigung zu beschaffen sowie alle erforderlichen Zollformalitäten für die Einfuhr der Ware und gegebenenfalls für ihre Durchfuhr durch ein drittes Land zu erledigen.

3. Beförderungsvertrag

Auf eigene Kosten den Vertrag über die Beförderung der Ware vom benannten Verschiffungshafen abzuschließen.

4. Abnahme

Die Ware gemäß A.4 abzunehmen.

5. Gefahrenübergang

Alle Gefahren des Verlusts oder der Beschädigung der Ware von dem Zeitpunkt an zu tragen, in dem sie die Schiffsreling im benannten Verschiffungshafen überschritten hat.
Sollte er die Benachrichtigung gemäß B.7 unterlassen oder sollte das von ihm benannte Schiff nicht rechtzeitig eintreffen oder die Ware nicht übernehmen können oder schon vor der festgesetzten Zeit keine Ladung mehr annehmen, alle Gefahren des Verlusts oder der Beschädigung der Ware von dem für die Lieferung vereinbarten Zeitpunkt oder vom Ablauf der hierfür vereinbarten Frist zu tragen, vorausgesetzt, daß die Ware in geeigneter Weise konkretisiert, d.h. als der für den Käufer bestimmte Gegenstand abgesondert oder auf andere Art kenntlich gemacht worden ist.

5

6. Kostenteilung

Alle die Ware betreffenden Kosten von dem Zeitpunkt an zu tragen, in dem sie die Schiffsreling im benannten Verschiffungshafen überschritten hat.
Alle zusätzlichen Kosten zu tragen, die entweder dadurch entstehen, daß das von ihm benannte Schiff nicht rechtzeitig eintrifft oder die Ware nicht übernehmen kann oder schon vor der festgesetzten Zeit keine Ladung mehr annimmt oder keine Benachrichtigung durch den Käufer gemäß B.7 erfolgte, vorausgesetzt, daß die Ware in geeigneter Weise konkretisiert, d.h. als der für den Käufer bestimmte Gegenstand abgesondert oder auf andere Art kenntlich gemacht worden ist.
Alle Zölle, Steuern und andere öffentliche Abgaben sowie die Kosten der Zollformalitäten, die bei der Einfuhr der Ware und gegebenenfalls bei der Durchfuhr durch ein drittes Land anfallen, zu tragen.

7. Benachrichtigung des Verkäufers

Dem Verkäufer in angemessener Weise den Namen des Schiffs, den Ladeplatz und die erforderliche Lieferzeit anzugeben.

8. Liefernachweis, Transportdokument oder entsprechende elektronische Mitteilung

Den in Übereinstimmung mit A.8 erbrachten Liefernachweis anzunehmen.

9. Prüfung der Ware

Mangels anderer Vereinbarung die Kosten von Warenkontrollen vor der Verladung (pre-shipment inspection) zu tragen, mit Ausnahme behördlich angeordneter Kontrollen des Ausfuhrlands.

10. Sonstige Verpflichtungen

Alle Kosten und Gebühren für die Beschaffung der in A.10 genannten Dokumente oder entsprechender elektronischer Mitteilungen zu tragen und diejenigen des Verkäufers zu erstatten, die diesem bei der Hilfeleistung hierfür entstanden sind.

Kosten, Versicherung, Fracht (CIF)

(Cost, insurance and freight)
(. . . benannter Bestimmungshafen)

„Kosten, Versicherung, Fracht" bedeutet, daß der Verkäufer die gleichen Verpflichtungen wie bei der CFR-Klausel hat, jedoch zusätzlich die Seetransportversicherung gegen die vom Käufer getragene Gefahr des Verlusts oder der Beschädigung der Ware während des Transports abzuschließen hat. Der Verkäufer schließt den Versicherungsvertrag ab und zahlt die Versicherungsprämie.
Der Käufer sollte beachten, daß gemäß dieser Klausel der Verkäufer nur verpflichtet ist, eine Versicherung zu Mindestbedingungen abzuschließen.
Die CIF-Klausel verpflichtet den Verkäufer, die Ware zur Ausfuhr freizumachen.
Diese Klausel kann nur für den See- oder Binnenschiffstransport verwendet werden. Hat die Schiffsreling keine praktische Bedeutung, wie bei Ro-Ro- oder Containertransporten, ist die CIP-Klausel geeigneter.

A Der Verkäufer hat:

1. Lieferung vertragsgemäßer Ware

Die Ware in Übereinstimmung mit dem Kaufvertrag zu liefern sowie die Handelsrechnung oder die entsprechende elektronische Mitteilung und alle sonstigen vertragsgemäßen Belege hierfür zu erbringen.

2. Lizenzen, Genehmigungen und Formalitäten

Auf eigene Gefahr und Kosten die Ausfuhrbewilligung oder andere behördliche Genehmigung zu beschaffen sowie alle Zollformalitäten zu erledigen, die für die Ausfuhr der Ware erforderlich sind.

3. Beförderungs- und Versicherungsvertrag

a) Beförderungsvertrag
Auf eigene Rechnung den Vertrag über die Beförderung der Ware auf dem üblichen Weg in der üblichen Weise bis zum benannten Bestimmungshafen in einem Seeschiff (bzw. gegebenenfalls einem Binnenschiff) der Bauart, die normalerweise für die Beförderung der im Vertrag genannten Ware verwendet wird, abzuschließen.

b) Versicherungsvertrag
Auf eigene Kosten die im Vertrag vereinbarte Transportversicherung zu beschaffen, die den Käufer oder eine andere Person mit versichertem Interesse an den Gütern berechtigt, direkt beim Versicherer Ansprüche geltend zu machen, und dem Käufer die Versicherungspolice oder einen sonstigen Nachweis über den Versicherungsschutz zu übermitteln.
Die Versicherung ist bei zuverlässigen Versicherern oder Versicherungsgesellschaften abzuschließen und muß mangels ausdrücklicher Vereinbarung von etwas Gegensätzlichem mit der Mindestdeckung der Institute Cargo Clauses (Institute of London Underwriters) oder einem ähnlichen Bedingungswerk übereinstimmen. Die Dauer der Versicherung muß B.5 und B.4 entsprechen. Auf Verlangen des Käufers hat der Verkäufer auf Kosten des Käufers eine Versicherung gegen die Gefahren Krieg, Streik, Aufruhr und bürgerliche Unruhen zu beschaffen, sofern dies möglich ist. Die Mindest-Versicherung muß den Kaufpreis zuzüglich 10 % (d.h. 110 %) decken und in der Währung des Kaufvertrags genommen werden.

4. Lieferung

Die Ware an Bord des Schiffs im Verschiffungshafen in dem vereinbarten Zeitpunkt oder innerhalb der vereinbarten Frist zu liefern.

5. Gefahrenübergang

Vorbehaltlich der Bestimmungen von B.5, alle Gefahren des Verlusts oder der Beschädigung der Ware so lange zu tragen, bis sie die Schiffsreling im Verschiffungshafen überschritten hat.

6. Kostenteilung

Vorbehaltlich der Bestimmungen von B.6

- alle die Ware betreffenden Kosten so lange zu tragen, bis sie gemäß A.4 geliefert worden ist, sowie die Fracht- und alle anderen aus A.3 entstehenden Kosten sowie die Kosten der Verladung der Ware an Bord und alle Ausladungskosten im Entladungshafen zu tragen, sofern sie von regulären Schiffahrtsgesellschaften beim Abschluß des Beförderungsvertrags erhoben werden;
- die Kosten der für die Ausfuhr notwendigen Zollformalitäten sowie alle Zölle, Steuern und andere öffentliche Abgaben zu tragen, die bei der Ausfuhr der Ware anfallen.

7. Benachrichtigung des Käufers

Den Käufer in angemessener Weise zu benachrichtigen, daß die Ware an Bord des Schiffs geliefert worden ist, sowie jede andere Nachricht zu geben, die der Käufer benötigt, um erforderliche Maßnahmen zur Übernahme der Ware treffen zu können.

8. Liefernachweis, Transportdokument oder entsprechende elektronische Mitteilung

Mangels anderer Vereinbarung auf eigene Kosten dem Käufer unverzüglich das übliche Transportdokument für den vereinbarten Bestimmungshafen zu beschaffen.
Dieses Dokument (z. B. ein begebbares Konnossement, ein nichtbegebbarer Seefrachtbrief oder ein Dokument des Binnenschiffstransports) muß über die vertraglich vereinbarte Ware lauten, ein innerhalb der für die Verschiffung vereinbarten Frist liegendes Datum tragen, den Käufer berechtigen, die Herausgabe der Ware am Bestimmungsort von dem Frachtführer zu verlangen, und mangels anderer Vereinbarung dem Käufer ermöglichen, die Ware während des Transports an einen nachfolgenden Käufer durch Übertragung des Dokuments (begebbares Konnossement) oder durch Mitteilung an den Frachtführer zu verkaufen. 5
Besteht ein solches Transportdokument aus mehreren Originalausfertigungen, muß dem Käufer der vollständige Satz übergeben werden. Wenn das Transportdokument einen Hinweis auf einen Chartervertrag enthält, so muß der Verkäufer außerdem ein Exemplar dieser Urkunde übergeben.
Wenn sich Verkäufer und Käufer auf elektronische Datenkommunikation geeinigt haben, kann das in den vorstehenden Absätzen erwähnte Dokument durch eine entsprechende Mitteilung im elektronischen Datenaustausch (EDI message) ersetzt werden.

9. Prüfung – Verpackung – Kennzeichnung

Die Kosten der Prüfung (wie Qualitätsprüfung, Messen, Wiegen und Zählen) zu tragen, die für die Lieferung der Ware gemäß A.4 erforderlich ist.
Auf eigene Kosten für eine Verpackung zu sorgen (sofern es nicht handelsüblich ist, die in

dem Vertrag beschriebene Ware unverpackt zu verschiffen), die für den von ihm besorgten Transport der Ware erforderlich ist. Die Verpackung ist in geeigneter Weise zu kennzeichnen.

10. Sonstige Verpflichtungen

Dem Käufer auf dessen Verlangen, Gefahr und Kosten bei der Beschaffung aller anderen als in A.8 genannten Dokumente oder entsprechender elektronischer Mitteilung, die im Verschiffungs- und/oder Ursprungsland ausgestellt oder abgesendet werden und die der Käufer zur Einfuhr der Ware und gegebenenfalls zur Durchfuhr durch ein drittes Land benötigt, jede Hilfe zu gewähren.

B Der Käufer hat:

1. Zahlung des Kaufpreises

Den Preis vertragsgemäß zu zahlen.

2. Lizenzen, Genehmigungen und Formalitäten

Auf eigene Gefahr und Kosten die Einfuhrbewilligung oder andere behördliche Genehmigung zu beschaffen sowie alle erforderlichen Zollformalitäten für die Einfuhr der Ware und gegebenenfalls für ihre Durchfuhr durch ein drittes Land zu erledigen.

3. Beförderungsvertrag

5 Keine Verpflichtung.

4. Abnahme

Anzuerkennen, daß die Ware in Übereinstimmung mit A.4 übergeben wird und die Ware dem Frachtführer im Bestimmungshafen abzunehmen.

5. Gefahrenübergang

Alle Gefahren des Verlusts oder der Beschädigung der Ware von dem Zeitpunkt an zu tragen, in dem sie die Schiffsreling im benannten Verschiffungshafen überschritten hat.
Sollte er die Benachrichtigung gemäß B.7 unterlassen, alle Gefahren des Verlusts oder der Beschädigung der Ware von dem für die Verschiffung vereinbarten Zeitpunkt oder vom Ablauf der hierfür vereinbarten Frist an zu tragen, vorausgesetzt, daß die Ware in geeigneter Weise konkretisiert, d.h. als der für den Käufer bestimmte Gegenstand abgesondert oder auf andere Art kenntlich gemacht worden ist.

6. Kostenteilung

Vorbehaltlich der Bestimmungen von A.3, alle die Ware betreffenden Kosten von dem Zeitpunkt an zu tragen, in dem sie gemäß A.4 geliefert worden ist und, sofern diese Kosten nicht von regulären Schiffahrtsgesellschaften beim Abschluß des Beförderungsvertrags erhoben worden sind, alle während des Transports bis zur Ankunft im Bestimmungshafen anfallenden, die Ware betreffenden Kosten einschließlich der Kosten für die Löschung und die Leichterung sowie die Kaigebühren zu tragen. Sollte er die Benachrichtigung gemäß B.7 unterlassen, von dem für die Verschiffung vereinbarten Zeitpunkt oder vom Ablauf der hierfür vereinbarten Frist an alle dadurch entstehenden zusätzlichen Kosten zu tragen, vorausgesetzt, daß die Ware in geeigneter Weise konkretisiert, d.h. als der für den Käufer bestimmte Gegenstand abgesondert oder auf andere Art kenntlich gemacht worden ist.
Alle Zölle, Steuern und andere öffentliche Abgaben sowie die Kosten der Zollformalitäten, die bei der Einfuhr der Ware und gegebenenfalls bei der Durchfuhr durch ein drittes Land anfallen, zu tragen.

7. Benachrichtigung des Verkäufers

Wenn er berechtigt ist, den Zeitpunkt für die Verschiffung der Ware und/oder den Bestimmungshafen festzulegen, den Verkäufer in angemessener Weise davon zu benachrichtigen.

8. Liefernachweis, Transportdokument oder entsprechende elektronische Mitteilung

Das Transportdokument gemäß A.8 anzunehmen, wenn es mit dem Kaufvertrag übereinstimmt.

9. Prüfung der Ware

Mangels anderer Vereinbarung die Kosten von Warenkontrollen vor der Verladung (pre-shipment inspection) zu tragen, mit Ausnahme behördlich angeordneter Kontrollen des Ausfuhrlands.

10. Sonstige Verpflichtungen

Alle Kosten und Gebühren für die Beschaffung der in A.10 genannten Dokumente oder entsprechender elektronischer Mitteilungen zu tragen und diejenigen des Verkäufers zu erstatten, die diesem bei der Hilfeleistung hierfür entstanden sind. Dem Verkäufer auf dessen Verlangen die für die Versicherung der Ware erforderlichen Auskünfte zu erteilen.

Bürgerliches Gesetzbuch

Vom 18. August 1896, mit Änderungen bis zum 25. August 1998

Erstes Buch. Allgemeiner Teil

Personen

▶ Natürliche Personen

§ 1. [Beginn der Rechtsfähigkeit] Die Rechtsfähigkeit des Menschen beginnt mit der Vollendung der Geburt.

§ 2. [Eintritt der Volljährigkeit] Die Volljährigkeit tritt mit der Vollendung des achtzehnten Lebensjahres ein.

§ 7. [Wohnsitz: Begründung und Aufhebung]
(1) Wer sich an einem Orte ständig niederläßt, begründet an diesem Orte seinen Wohnsitz.
(2) Der Wohnsitz kann gleichzeitig an mehreren Orten bestehen.
(3) Der Wohnsitz wird aufgehoben, wenn die Niederlassung mit dem Willen aufgehoben wird, sie aufzugeben.

§ 8. [Wohnsitz nicht voll Geschäftsfähiger]
(1) Wer geschäftsunfähig oder in der Geschäftsfähigkeit beschränkt ist, kann ohne den Willen seines gesetzlichen Vertreters einen Wohnsitz weder begründen noch aufheben.
(2) Ein Minderjähriger, der verheiratet ist oder war, kann selbständig einen Wohnsitz begründen und aufheben.

▶ Juristische Personen

§ 21. [Nichtwirtschaftlicher Verein] Ein Verein, dessen Zweck nicht auf einen wirtschaftlichen Geschäftsbetrieb gerichtet ist, erlangt Rechtsfähigkeit durch Eintragung in das Vereinsregister des zuständigen Amtsgerichts.

§ 26. [Vorstand: Vertretungsmacht] (1) [1]Der Verein muß einen Vorstand haben. [2]Der Vorstand kann aus mehreren Personen bestehen.
(2) [1]Der Vorstand vertritt den Verein gerichtlich und außergerichtlich; er hat die Stellung eines gesetzlichen Vertreters. [2]Der Umfang seiner Vertretungsmacht kann durch die Satzung mit Wirkung gegen Dritte beschränkt werden.

§ 41. [Auflösung] [1]Der Verein kann durch Beschluß der Mitgliederversammlung aufgelöst werden. [2]Zu dem Beschluß ist eine Mehrheit von drei Vierteilen der erschienenen Mitglieder erforderlich, wenn nicht die Satzung ein anderes bestimmt.

§ 45. [Anfall des Vereinsvermögens] (1) Mit der Auflösung des Vereins oder der Entziehung der Rechtsfähigkeit fällt das Vermögen an die in der Satzung bestimmten Personen.
(3) Fehlt es an einer Bestimmung der Anfallberechtigten, so fällt das Vermögen, wenn der Verein nach der Satzung ausschließlich den Interessen seiner Mitglieder diente, an die zur Zeit der Auflösung oder der Entziehung der Rechtsfähigkeit vorhandenen Mitglieder zu gleichen Teilen, andernfalls an den Fiskus des Bundesstaates, in dessen Gebiete der Verein seinen Sitz hatte.

§ 54. [Nichtrechtsfähige Vereine] [1]Auf Vereine, die nicht rechtsfähig sind, finden die Vorschriften über die Gesellschaft Anwendung. [2]Aus einem Rechtsgeschäfte, das im Namen eines solchen Vereins einem Dritten gegenüber vorgenommen wird, haftet der Handelnde persönlich; handeln mehrere, so haften sie als Gesamtschuldner.

Sachen. Tiere

§ 90. [Begriff] Sachen im Sinne des Gesetzes sind nur körperliche Gegenstände.

§ 90a. [Tiere] [1]Tiere sind keine Sachen. [2]Sie werden durch besondere Gesetze geschützt. [3]Auf sie sind die für Sachen geltenden Vorschriften entsprechend anzuwenden, soweit nicht etwas anderes bestimmt ist.

§ 91. [Vertretbare Sachen] Vertretbare Sachen im Sinne des Gesetzes sind bewegliche Sachen, die im Verkehre nach Zahl, Maß oder Gewicht bestimmt zu werden pflegen.

§ 92. [Verbrauchbare Sachen] (1) Verbrauchbare Sachen im Sinne des Gesetzes sind bewegliche Sachen, deren bestimmungsmäßiger Gebrauch in dem Verbrauch oder in der Veräußerung besteht.

§ 93. [Wesentliche Bestandteile] Bestandteile einer Sache, die von einander nicht getrennt werden können, ohne daß der eine oder der andere zerstört oder in seinem Wesen verändert wird (wesentliche Bestandteile), können nicht Gegenstand besonderer Rechte sein.

§ 94. [Wesentliche Bestandteile eines Grundstücks oder Gebäudes] (1) [1]Zu den wesentlichen Bestandteilen eines Grundstücks gehören die mit dem Grund und Boden fest verbundenen Sachen, insbesondere Gebäude, sowie die Erzeugnisse des Grundstücks, solange sie mit dem Boden zusammenhängen. [2]Samen wird mit dem Aussäen, eine Pflanze wird mit dem Einpflanzen wesentlicher Bestandteil des Grundstücks.

(2) Zu den wesentlichen Bestandteilen eines Gebäudes gehören die zur Herstellung des Gebäudes eingefügten Sachen.

§ 95. [Scheinbestandteile] (1) [1]Zu den Bestandteilen eines Grundstücks gehören solche Sachen nicht, die nur zu einem vorübergehenden Zwecke mit dem Grund und Boden verbunden sind. [2]Das gleiche gilt von einem Gebäude oder anderen Werke, das in Ausübung eines Rechtes an einem fremden Grundstücke von dem Berechtigten mit dem Grundstücke verbunden worden ist.

(2) Sachen, die nur zu einem vorübergehenden Zwecke in ein Gebäude eingefügt sind, gehören nicht zu den Bestandteilen des Gebäudes.

§ 96. [Rechte als Bestandteile eines Grundstücks] Rechte, die mit dem Eigentum an einem Grundstücke verbunden sind, gelten als Bestandteile des Grundstücks.

§ 97. [Zubehör] (1) [1]Zubehör sind bewegliche Sachen, die, ohne Bestandteile der Hauptsache zu sein, dem wirtschaftlichen Zwecke der Hauptsache zu dienen bestimmt sind und zu ihr in einem dieser Bestimmung entsprechenden räumlichen Verhältnisse stehen. [2]Eine Sache ist nicht Zubehör, wenn sie im Verkehre nicht als Zubehör angesehen wird.

6

(2) [1]Die vorübergehende Benutzung einer Sache für den wirtschaftlichen Zweck einer anderen begründet nicht die Zubehöreigenschaft. [2]Die vorübergehende Trennung eines Zubehörstücks von der Hauptsache hebt die Zubehöreigenschaft nicht auf.

§ 99. [Früchte.] (1) Früchte einer Sache sind die Erzeugnisse der Sache und die sonstige Ausbeute, welche aus der Sache ihrer Bestimmung gemäß gewonnen wird.

(2) Früchte eines Rechtes sind die Erträge, welche das Recht seiner Bestimmung gemäß gewährt. ...

§ 100. [Nutzungen] Nutzungen sind die Früchte einer Sache oder eines Rechtes sowie die Vorteile, welche der Gebrauch der Sache oder des Rechtes gewährt. ...

Rechtsgeschäfte

► Geschäftsfähigkeit

§ 104. [Geschäftsunfähigkeit] Geschäftsunfähig ist:

1. wer nicht das siebente Lebensjahr vollendet hat;
2. wer sich in einem die freie Willensbestimmung ausschließenden Zustande krankhafter Störung der Geistestätigkeit befindet, sofern nicht der Zustand seiner Natur nach ein vorübergehender ist.

§ 105. [Nichtigkeit der Willenserklärung]

(1) Die Willenserklärung eines Geschäftsunfähigen ist nichtig.

(2) Nichtig ist auch eine Willenserklärung, die im Zustande der Bewußtlosigkeit oder vorübergehender Störung der Geistestätigkeit abgegeben wird.

§ 106. [Beschränkte Geschäftsfähigkeit Minderjähriger] Ein Minderjähriger, der das siebente Lebensjahr vollendet hat, ist nach Maßgabe der §§ 107 bis 113 in der Geschäftsfähigkeit beschränkt.

§ 107. [Einwilligung des gesetzlichen Vertreters] Der Minderjährige bedarf zu einer Willenserklärung, durch die er nicht lediglich einen rechtlichen Vorteil erlangt, der Einwilligung seines gesetzlichen Vertreters.

§ 108. [Vertragsschluß ohne Einwilligung]

(1) Schließt der Minderjährige einen Vertrag ohne die erforderliche Einwilligung des gesetzlichen Vertreters, so hängt die Wirksamkeit des Vertrags von der Genehmigung des Vertreters ab.

(2) [1]Fordert der andere Teil den Vertreter zur Erklärung über die Genehmigung auf, so kann die Erklärung nur ihm gegenüber erfolgen; eine vor der Aufforderung dem Minderjährigen gegenüber erklärte Genehmigung oder Verweigerung der Genehmigung wird unwirksam. [2]Die Genehmigung kann nur bis zum Ablaufe von zwei Wochen nach dem Empfange der Aufforderung erklärt werden; wird sie nicht erklärt, so gilt sie als verweigert.

(3) Ist der Minderjährige unbeschränkt geschäftsfähig geworden, so tritt seine Genehmigung an die Stelle der Genehmigung des Vertreters.

§ 109. [Widerrufsrecht des anderen Teils]
(1) [1]Bis zur Genehmigung des Vertrages ist der andere Teil zum Widerrufe berechtigt. [2]Der Widerruf kann auch dem Minderjährigen gegenüber erklärt werden.
(2) [1]Hat der andere Teil die Minderjährigkeit gekannt, so kann er nur widerrufen, wenn der Minderjährige der Wahrheit zuwider die Einwilligung des Vertreters behauptet hat; er kann auch in diesem Fall nicht widerrufen, wenn ihm das Fehlen der Einwilligung bei dem Abschlusse des Vertrags bekannt war.

§ 110. [„Taschengeldparagraph"] Ein von dem Minderjährigen ohne Zustimmung des gesetzlichen Vertreters geschlossener Vertrag gilt als von Anfang an wirksam, wenn der Minderjährige die vertragsmäßige Leistung mit Mitteln bewirkt, die ihm zu diesem Zwecke oder zu freier Verfügung von dem Vertreter oder mit dessen Zustimmung von einem Dritten überlassen worden sind.

§ 111. [Einseitige Rechtsgeschäfte] [1]Ein einseitiges Rechtsgeschäft, das der Minderjährige ohne die erforderliche Einwilligung des gesetzlichen Vertreters vornimmt, ist unwirksam.

§ 112. [Selbständiger Betrieb eines Erwerbsgeschäfts] (1) [1]Ermächtigt der gesetzliche Vertreter mit Genehmigung des Vormundschaftsgerichts den Minderjährigen zum selbständigen Betrieb eines Erwerbsgeschäfts, so ist der Minderjährige für solche Rechtsgeschäfte unbeschränkt geschäftsfähig, welche der Geschäftsbetrieb mit sich bringt. [2]Ausgenommen sind Rechtsgeschäfte, zu denen der Vertreter der Genehmigung des Vormundschaftsgerichts bedarf.
(2) Die Ermächtigung kann von dem Vertreter nur mit Genehmigung des Vormundschaftsgerichts zurückgenommen werden.

§ 113. [Dienst- oder Arbeitsverhältnis]
(1) [1]Ermächtigt der gesetzliche Vertreter den Minderjährigen, in Dienst oder in Arbeit zu treten, so ist der Minderjährige für solche Rechtsgeschäfte unbeschränkt geschäftsfähig, welche die Eingehung oder Aufhebung eines Dienst- oder Arbeitsverhältnisses der gestatteten Art oder die Erfüllung der sich aus einem solchen Verhältnis ergebenden Verpflichtungen betreffen. [2]Ausgenommen sind Verträge, zu denen der Vertreter der Genehmigung des Vormundschaftsgerichts bedarf.
(2) Die Ermächtigung kann von dem Vertreter zurückgenommen oder eingeschränkt werden.

▶ Willenserklärung

§ 116. [Geheimer Vorbehalt] (1) [1]Eine Willenserklärung ist nicht deshalb nichtig, weil sich der Erklärende insgeheim vorbehält, das Erklärte nicht zu wollen. [2]Die Erklärung ist nichtig, wenn sie einem anderen gegenüber abzugeben ist und dieser den Vorbehalt kennt.

§ 117. [Scheingeschäfte] (1) Wird eine Willenserklärung, die einem anderen gegenüber abzugeben ist, mit dessen Einverständnisse nur zum Schein abgegeben, so ist sie nichtig.
(2) Wird durch ein Scheingeschäft ein anderes Rechtsgeschäft verdeckt, so finden die für das verdeckte Rechtsgeschäft geltenden Vorschriften Anwendung.

§ 118. [Mangel der Ernstlichkeit] Eine nicht ernstlich gemeinte Willenserklärung, die in der Erwartung abgegeben wird, der Mangel der Ernstlichkeit werde nicht verkannt werden, ist nichtig.

§ 119. [Anfechtbarkeit wegen Irrtums] (1) Wer bei der Abgabe einer Willenserklärung über deren Inhalt im Irrtume war oder eine Erklärung dieses Inhalts überhaupt nicht abgeben wollte, kann die Erklärung anfechten, wenn anzunehmen ist, daß er sie bei Kenntnis der Sachlage und bei verständiger Würdigung des Falles nicht abgegeben haben würde.
(2) Als Irrtum über den Inhalt der Erklärung gilt auch der Irrtum über solche Eigenschaften der Person oder Sache, die im Verkehr als wesentlich angesehen werden.

§ 120. [Anfechtbarkeit wegen falscher Übermittlung] Eine Willenserklärung, welche durch die zur Übermittelung verwendete Person oder Anstalt unrichtig übermittelt worden ist, kann unter der gleichen Voraussetzung angefochten werden wie nach § 119 eine irrtümlich abgegebene Willenserklärung. 6

§ 121. [Anfechtungsfrist] (1) [1]Die Anfechtung muß in den Fällen der §§ 119, 120 ohne schuldhaftes Zögern (unverzüglich) erfolgen, nachdem der Anfechtungsberechtigte von dem Anfechtungsgrunde Kenntnis erlangt hat. [2]Die einem Abwesenden gegenüber erfolgte Anfechtung gilt als rechtzeitig erfolgt, wenn die Anfechtungserklärung unverzüglich abgesendet worden ist.
(2) Die Anfechtung ist ausgeschlossen, wenn seit der Abgabe der Willenserklärung dreißig Jahre verstrichen sind.

§ 122. [Schadensersatzpflicht des Anfechtenden]
(1) Ist eine Willenserklärung nach § 118 nich-

tig oder auf Grund der §§ 119, 120 angefochten, so hat der Erklärende, wenn die Erklärung einem anderen gegenüber abzugeben war, diesem, andernfalls jedem Dritten den Schaden zu ersetzen, den der andere oder der Dritte dadurch erleidet, daß er auf die Gültigkeit der Erklärung vertraut, jedoch nicht über den Betrag des Interesses hinaus, welches der andere oder der Dritte an der Gültigkeit der Erklärung hat.

(2) Die Schadensersatzpflicht tritt nicht ein, wenn der Beschädigte den Grund der Nichtigkeit oder der Anfechtbarkeit kannte oder infolge von Fahrlässigkeit nicht kannte (kennen mußte).

§ 123. [Anfechtbarkeit wegen Täuschung oder Drohung] (1) Wer zur Abgabe einer Willenserklärung durch arglistige Täuschung oder widerrechtlich durch Drohung bestimmt worden ist, kann die Erklärung anfechten.

(2) [1]Hat ein Dritter die Täuschung verübt, so ist eine Erklärung, die einem anderen gegenüber abzugeben war, nur dann anfechtbar, wenn dieser die Täuschung kannte oder kennen mußte. [2]Soweit ein anderer als derjenige, welchem gegenüber die Erklärung abzugeben war, aus der Erklärung unmittelbar ein Recht erworben hat, ist die Erklärung ihm gegenüber anfechtbar, wenn er die Täuschung kannte oder kennen mußte.

§ 124. [Anfechtungsfrist] (1) Die Anfechtung einer nach § 123 anfechtbaren Willenserklärung kann nur binnen Jahresfrist erfolgen.

(2) [1]Die Frist beginnt im Falle der arglistigen Täuschung mit dem Zeitpunkt, in welchem der Anfechtungsberechtigte die Täuschung entdeckt, im Falle der Drohung mit dem Zeitpunkt, in welchem die Zwangslage aufhört. [2]Auf den Lauf der Frist finden die für die Verjährung geltenden Vorschriften des § 203 Abs. 2 und der §§ 206, 207 entsprechende Anwendung.

6

(3) Die Anfechtung ist ausgeschlossen, wenn seit der Abgabe der Willenserklärung dreißig Jahre verstrichen sind.

§ 125. [Nichtigkeit wegen Formmangels] [1]Ein Rechtsgeschäft, welches der durch Gesetz vorgeschriebenen Form ermangelt, ist nichtig. [2]Der Mangel der durch Rechtsgeschäft bestimmten Form hat im Zweifel gleichfalls Nichtigkeit zur Folge.

§ 126. [Gesetzliche Schriftform] (1) Ist durch Gesetz schriftliche Form vorgeschrieben, so muß die Urkunde von dem Aussteller eigenhändig durch Namensunterschrift oder mittels notariell beglaubigten Handzeichens unterzeichnet werden.

(2) [1]Bei einem Vertrage muß die Unterzeichnung der Parteien auf derselben Urkunde erfolgen. [2]Werden über den Vertrag mehrere gleichlautende Urkunden aufgenommen, so genügt es, wenn jede Partei die für die andere Partei bestimmte Urkunde unterzeichnet.

(3) Die schriftliche Form wird durch die notarielle Beurkundung ersetzt.

§ 127. [Gewillkürte Schriftform] [1]Die Vorschriften des § 126 gelten im Zweifel auch für die durch Rechtsgeschäft bestimmte schriftliche Form.

§ 128. [Notarielle Beurkundung] Ist durch Gesetz notarielle Beurkundung eines Vertrags vorgeschrieben, so genügt es, wenn zunächst der Antrag und sodann die Annahme des Antrags von einem Notar beurkundet wird.

§ 129. [Öffentliche Beglaubigung] (1) [1]Ist durch Gesetz für eine Erklärung öffentliche Beglaubigung vorgeschrieben, so muß die Erklärung schriftlich abgefaßt und die Unterschrift des Erklärenden von einem Notar beglaubigt werden. [2]Wird die Erklärung von dem Aussteller mittels Handzeichens unterzeichnet, so ist die im § 126 Abs. 1 vorgeschriebene Beglaubigung des Handzeichens erforderlich und genügend.

(2) Die öffentliche Beglaubigung wird durch die notarielle Beurkundung der Erklärung ersetzt.

§ 130. [Wirksamwerden der Willenserklärung gegenüber Abwesenden] (1) [1]Eine Willenserklärung, die einem anderen gegenüber abzugeben ist, wird, wenn sie in dessen Abwesenheit abgegeben wird, in dem Zeitpunkt wirksam, in welchem sie ihm zugeht. [2]Sie wird nicht wirksam, wenn dem anderen vorher oder gleichzeitig ein Widerruf zugeht.

§ 133. [Auslegung einer Willenserklärung] Bei der Auslegung einer Willenserklärung ist der wirkliche Wille zu erforschen und nicht an dem buchstäblichen Sinne des Ausdrucks zu haften.

§ 134. [Gesetzliches Verbot] Ein Rechtsgeschäft, das gegen ein gesetzliches Verbot verstößt, ist nichtig, wenn sich nicht aus dem Gesetz ein anderes ergibt.

§ 138. [Sittenwidriges Rechtsgeschäft; Wucher]

(1) Ein Rechtsgeschäft, das gegen die guten Sitten verstößt, ist nichtig.

(2) Nichtig ist insbesondere ein Rechtsgeschäft, durch das jemand unter Ausbeutung der Zwangslage, der Unerfahrenheit, des Mangels an Urteilsvermögen oder der erheblichen Willensschwäche eines anderen sich oder einem

Dritten für eine Leistung Vermögensvorteile versprechen oder gewähren läßt, die in einem auffälligen Mißverhältnis zu der Leistung stehen.

§ 139. [Teilnichtigkeit] Ist ein Teil eines Rechtsgeschäfts nichtig, so ist das ganze Rechtsgeschäft nichtig, wenn nicht anzunehmen ist, daß es auch ohne den nichtigen Teil vorgenommen sein würde.

§ 140. [Umdeutung] Entspricht ein nichtiges Rechtsgeschäft den Erfordernissen eines anderen Rechtsgeschäfts, so gilt das letztere, wenn anzunehmen ist, daß dessen Geltung bei Kenntnis der Nichtigkeit gewollt sein würde.

§ 142. [Wirkung der Anfechtung] (1) Wird ein anfechtbares Rechtsgeschäft angefochten, so ist es als von Anfang an nichtig anzusehen.

(2) Wer die Anfechtbarkeit kannte oder kennen mußte, wird, wenn die Anfechtung erfolgt, so behandelt, wie wenn er die Nichtigkeit des Rechtsgeschäfts gekannt hätte oder hätte kennen müssen.

§ 143. [Anfechtungserklärung] (1) Die Anfechtung erfolgt durch Erklärung gegenüber dem Anfechtungsgegner.

§ 144. [Bestätigung des anfechtbaren Rechtsgeschäfts] (1) Die Anfechtung ist ausgeschlossen, wenn das anfechtbare Rechtsgeschäft von dem Anfechtungsberechtigten bestätigt wird.

(2) Die Bestätigung bedarf nicht der für das Rechtsgeschäft bestimmten Form.

▶ Vertrag

§ 145. [Bindung an den Antrag] Wer einem anderen die Schließung eines Vertrags anträgt, ist an den Antrag gebunden, es sei denn, daß er die Gebundenheit ausgeschlossen hat.

§ 146. [Erlöschen des Antrags] Der Antrag erlischt, wenn er dem Antragenden gegenüber abgelehnt oder wenn er nicht diesem gegenüber nach den §§ 147 bis 149 rechtzeitig angenommen wird.

§ 147. [Annahmefrist] (1) [1]Der einem Anwesenden gemachte Antrag kann nur sofort angenommen werden. [2]Dies gilt auch von einem mittels Fernsprechers von Person zu Person gemachten Antrage.

(2) Der einem Abwesenden gemachte Antrag kann nur bis zu dem Zeitpunkt angenommen werden, in welchem der Antragende den Eingang der Antwort unter regelmäßigen Umständen erwarten darf.

§ 148. [Bestimmung einer Annahmefrist] Hat der Antragende für die Annahme des Antrags eine Frist bestimmt, so kann die Annahme nur innerhalb der Frist erfolgen.

§ 149. [Verspätet zugegangene Annahmeerklärung] [1]Ist eine dem Antragenden verspätet zugegangene Annahmeerklärung dergestalt abgesendet worden, daß sie bei regelmäßiger Beförderung ihm rechtzeitig zugegangen sein würde, und mußte der Antragende dies erkennen, so hat er die Verspätung dem Annehmenden unverzüglich nach dem Empfange der Erklärung anzuzeigen, sofern es nicht schon vorher geschehen ist. [2]Verzögert er die Absendung der Anzeige, so gilt die Annahme als nicht verspätet.

§ 150. [Verspätete und abändernde Annahme]

(1) Die verspätete Annahme eines Antrags gilt als neuer Antrag.

(2) Eine Annahme unter Erweiterungen, Einschränkungen oder sonstigen Änderungen gilt als Ablehnung verbunden mit einem neuen Antrage.

§ 151. [Annahme ohne Erklärung gegenüber dem Antragenden] [1]Der Vertrag kommt durch die Annahme des Antrags zustande, ohne daß die Annahme dem Antragenden gegenüber erklärt zu werden braucht, wenn eine solche Erklärung nach der Verkehrssitte nicht zu erwarten ist oder der Antragende auf sie verzichtet hat. [2]Der Zeitpunkt, in welchem der Antrag erlischt, bestimmt sich nach dem aus dem Antrag oder den Umständen zu entnehmenden Willen des Antragenden.

§ 154. [Offener Einigungsmangel; fehlende Beurkundung] (1) [1]Solange nicht die Parteien sich über alle Punkte eines Vertrags geeinigt haben, über die nach der Erklärung auch nur einer Partei eine Vereinbarung getroffen werden soll, ist im Zweifel der Vertrag nicht geschlossen. [2]Die Verständigung über einzelne Punkte ist auch dann nicht bindend, wenn eine Aufzeichnung stattgefunden hat.

(2) Ist eine Beurkundung des beabsichtigten Vertrags verabredet worden, so ist im Zweifel der Vertrag nicht geschlossen, bis die Beurkundung erfolgt ist.

§ 155. [Versteckter Einigungsmangel] Haben sich die Parteien bei einem Vertrage, den sie als geschlossen ansehen, über einen Punkt, über den eine Vereinbarung getroffen werden sollte, in Wirklichkeit nicht geeinigt, so gilt das Vereinbarte, sofern anzunehmen ist, daß der Vertrag auch ohne eine Bestimmung über diesen Punkt geschlossen sein würde.

§ 156. [Vertragsschluß bei Versteigerung] [1]Bei einer Versteigerung kommt der Vertrag erst durch den Zuschlag zustande. [2]Ein Gebot erlischt, wenn ein Übergebot abgegeben oder die Versteigerung ohne Erteilung des Zuschlags geschlossen wird.

§ 157. [Auslegung von Verträgen] Verträge sind so auszulegen, wie Treu und Glauben mit Rücksicht auf die Verkehrssitte es erfordern.

▶ Vertretung, Vollmacht

§ 164. [Wirkung der Erklärung des Vertreters]
(1) [1]Eine Willenserklärung, die jemand innerhalb der ihm zustehenden Vertretungsmacht im Namen des Vertretenen abgibt, wirkt unmittelbar für und gegen den Vertretenen. [2]Es macht keinen Unterschied, ob die Erklärung ausdrücklich im Namen des Vertretenen erfolgt oder ob die Umstände ergeben, daß sie in dessen Namen erfolgen soll.

§ 165. [Beschränkt geschäftsfähiger Vertreter] Die Wirksamkeit einer von oder gegenüber einem Vertreter abgegebenen Willenserklärung wird nicht dadurch beeinträchtigt, daß der Vertreter in der Geschäftsfähigkeit beschränkt ist.

§ 166. [Willensmängel, Kenntnis, Kennenmüssen; Vollmacht] (1) Soweit die rechtlichen Folgen einer Willenserklärung durch Willensmängel oder durch die Kenntnis oder das Kennenmüssen gewisser Umstände beeinflußt werden, kommt nicht die Person des Vertretenen, sondern die des Vertreters in Betracht.

(2) [1]Hat im Falle einer durch Rechtsgeschäft erteilten Vertretungsmacht (Vollmacht) der Vertreter nach bestimmten Weisungen des Vollmachtgebers gehandelt, so kann sich dieser in Ansehung solcher Umstände, die er selbst kannte, nicht auf die Unkenntnis des Vertreters berufen. [2]Dasselbe gilt von Umständen, die der Vollmachtgeber kennen mußte, sofern das Kennenmüssen der Kenntnis gleichsteht.

6

§ 167. [Erteilung der Vollmacht] (1) Die Erteilung der Vollmacht erfolgt durch Erklärung gegenüber dem zu Bevollmächtigenden oder dem Dritten, dem gegenüber die Vertretung stattfinden soll.

§ 170. [Wirkungsdauer der Vollmacht] Wird die Vollmacht durch Erklärung gegenüber einem Dritten erteilt, so bleibt sie diesem gegenüber in Kraft, bis ihm das Erlöschen von dem Vollmachtgeber angezeigt wird.

§ 171. [Wirkungsdauer bei Kundgebung]
(1) Hat jemand durch besondere Mitteilung an einen Dritten oder durch öffentliche Bekanntmachung kundgegeben, daß er einen anderen bevollmächtigt habe, so ist dieser auf Grund der Kundgebung im ersteren Falle dem Dritten gegenüber, im letzten Falle jedem Dritten gegenüber zur Vertretung befugt.

(2) Die Vertretungsmacht bleibt bestehen, bis die Kundgebung in derselben Weise, wie sie erfolgt ist, widerrufen wird.

§ 172. [Vollmachtsurkunde] (1) Der besonderen Mitteilung einer Bevollmächtigung durch den Vollmachtgeber steht es gleich, wenn dieser dem Vertreter eine Vollmachtsurkunde ausgehändigt hat und der Vertreter sie dem Dritten vorlegt.

(2) Die Vertretungsmacht bleibt bestehen, bis die Vollmachtsurkunde dem Vollmachtgeber zurückgegeben oder für kraftlos erklärt wird.

§ 177. [Vertragsschluß durch Vertreter ohne Vertretungsmacht] (1) Schließt jemand ohne Vertretungsmacht im Namen eines anderen einen Vertrag, so hängt die Wirksamkeit des Vertrags für und gegen den Vertretenen von dessen Genehmigung ab.

§ 178. [Widerrufsrecht des anderen Teils] [1]Bis zur Genehmigung des Vertrags ist der andere Teil zum Widerrufe berechtigt, es sei denn, daß er den Mangel der Vertretungsmacht bei dem Abschlusse des Vertrags gekannt hat. [2]Der Widerruf kann auch dem Vertreter gegenüber erklärt werden.

§ 179. [Haftung des Vertreters ohne Vertretungsmacht] (1) Wer als Vertreter einen Vertrag geschlossen hat, ist, sofern er nicht seine Vertretungsmacht nachweist, dem anderen Teile nach dessen Wahl zur Erfüllung oder zum Schadensersatze verpflichtet, wenn der Vertretene die Genehmigung des Vertrags verweigert.

(2) Hat der Vertreter den Mangel der Vertretungsmacht nicht gekannt, so ist er nur zum Ersatze desjenigen Schadens verpflichtet, welchen der andere Teil dadurch erleidet, daß er auf die Vertretungsmacht vertraut, jedoch nicht über den Betrag des Interesses hinaus, welches der andere Teil an der Wirksamkeit des Vertrags hat.

(3) [1]Der Vertreter haftet nicht, wenn der andere Teil den Mangel der Vertretungsmacht kannte oder kennen mußte. [2]Der Vertreter haftet auch dann nicht, wenn er in der Geschäftsfähigkeit beschränkt war, es sei denn, daß er mit Zustimmung seines gesetzlichen Vertreters gehandelt hat.

§ 181. [Selbstkontrahieren] Ein Vertreter kann, soweit nicht ein anderes ihm gestattet ist, im Namen des Vertretenen mit sich im eigenen Namen oder als Vertreter eines Dritten ein Rechtsgeschäft nicht vornehmen, es sei denn, daß das Rechtsgeschäft ausschließlich in der Erfüllung einer Verbindlichkeit besteht.

§ 183. [Widerruflichkeit der Einwilligung] [1]Die vorherige Zustimmung (Einwilligung) ist bis zur Vornahme des Rechtsgeschäfts widerruflich, soweit nicht aus dem ihrer Erteilung zugrunde liegenden Rechtsverhältnisse sich ein anderes ergibt. [2]Der Widerruf kann sowohl dem einen als dem anderen Teile gegenüber erklärt werden.

§ 184. [Rückwirkung der Genehmigung]
(1) Die nachträgliche Zustimmung (Genehmigung) wirkt auf den Zeitpunkt der Vornahme des Rechtsgeschäfts zurück, soweit nicht ein anderes bestimmt ist.

(2) Durch die Rückwirkung werden Verfügungen nicht unwirksam, die vor der Genehmigung über den Gegenstand des Rechtgeschäfts von dem Genehmigenden getroffen worden oder im Wege der Zwangsvollstreckung oder der Arrestvollziehung oder durch den Insolvenzverwalter erfolgt sind.

Fristen. Termine

§ 187. [Fristbeginn] (1) Ist für den Anfang einer Frist ein Ereignis oder ein in den Lauf eines Tages fallender Zeitpunkt maßgebend, so wird bei der Berechnung der Frist der Tag nicht mitgerechnet, in welchen das Ereignis oder der Zeitpunkt fällt.

(2) [1]Ist der Beginn eines Tages der für den Anfang einer Frist maßgebende Zeitpunkt, so wird dieser Tag bei der Berechnung der Frist mitgerechnet. [2]Das gleiche gilt von dem Tage der Geburt bei der Berechnung des Lebensalters.

§ 188. [Fristende] (1) Eine nach Tagen bestimmte Frist endigt mit dem Ablaufe des letzten Tages der Frist.

(2) Eine Frist, die nach Wochen, nach Monaten oder nach einem mehrere Monate umfassenden Zeitraume – Jahr, halbes Jahr, Vierteljahr – bestimmt ist, endigt im Falle des § 187 Abs. 1 mit dem Ablaufe desjenigen Tages der letzten Woche oder des letzten Monats, welcher durch seine Benennung oder seine Zahl dem Tage entspricht, in den das Ereignis oder der Zeitpunkt fällt, im Falle des § 187 Abs. 2 mit dem Ablaufe desjenigen Tages der letzten Woche oder des letzten Monats, welcher dem Tage vorhergeht, der durch seine Benennung oder seine Zahl dem Anfangstage der Frist entspricht.

(3) Fehlt bei einer nach Monaten bestimmten Frist in dem letzten Monate der für ihren Ablauf maßgebende Tag, so endigt die Frist mit dem Ablaufe des letzten Tages dieses Monats.

§ 193. [Sonn- und Feiertage; Samstage] Ist an einem bestimmten Tag oder innerhalb einer Frist eine Willenserklärung abzugeben oder eine Leistung zu bewirken und fällt der bestimmte Tag oder der letzte Tag der Frist auf einen Sonntag, einen am Erklärungs- oder Leistungsorte staatlich anerkannten allgemeinen Feiertag oder einen Sonnabend, so tritt an die Stelle eines solchen Tages der nächste Werktag.

Verjährung

§ 194. [Gegenstand der Verjährung] (1) Das Recht, von einem anderen ein Tun oder ein Unterlassen zu verlangen (Anspruch), unterliegt der Verjährung.

§ 195. [Regelmäßige Verjährungsfrist] Die regelmäßige Verjährungsfrist beträgt dreißig Jahre.

§ 196. [Zweijährige Verjährungsfrist] (1) In zwei Jahren verjähren die Ansprüche:

1. der Kaufleute, Fabrikanten, Handwerker und derjenigen, welche ein Kunstgewerbe betreiben, für Lieferung von Waren, Ausführung von Arbeiten und Besorgung fremder Geschäfte, mit Einschluß der Auslagen, es sei denn, daß die Leistung für den Gewerbebetrieb des Schuldners erfolgt;
3. der Eisenbahnunternehmungen, Frachtfuhrleute, Schiffer, Lohnkutscher und Boten wegen des Fahrgeldes, der Fracht, des Fuhr- und Botenlohns, mit Einschluß der Auslagen;
4. der Gastwirte und derjenigen, welche Speisen oder Getränke gewerbsmäßig verabreichen, für Gewährung von Wohnung und Beköstigung sowie für andere den Gästen zur Befriedigung ihrer Bedürfnisse gewährte Leistungen, mit Einschluß der Auslagen;
6. derjenigen, welche bewegliche Sachen gewerbsmäßig vermieten, wegen des Mietzinses;
8. derjenigen, welche im Privatdienste stehen, wegen des Gehalts, Lohnes oder anderer Dienstbezüge, mit Einschluß der Auslagen, sowie der Dienstberechtigten wegen der auf solche Ansprüche gewährten Vorschüsse;
9. der gewerblichen Arbeiter – Gesellen, Gehilfen, Lehrlinge, Fabrikarbeiter –, der Tagelöhner und Handarbeiter wegen des Lohnes und anderer anstelle oder als Teil des Lohnes vereinbarter Leistungen, mit Einschluß der Auslagen, sowie der Arbeitgeber wegen der auf solche Ansprüche gewährten Vorschüsse;

14. der Ärzte, insbesondere auch der Wundärzte, Geburtshelfer, Zahnärzte und Tierärzte, sowie der Hebammen für ihre Dienstleistungen, mit Einschluß der Auslagen;
15. der Rechtsanwälte, Notare sowie aller Personen, die zur Besorgung gewisser Geschäfte öffentlich bestellt oder zugelassen sind, wegen ihrer Gebühren und Auslagen, soweit nicht diese zur Staatskasse fließen;

(2) Soweit die im Absatz 1 Nr. 1, 2, 5 bezeichneten Ansprüche nicht der Verjährung von zwei Jahren unterliegen, verjähren sie in vier Jahren.

§ 197. [Vierjährige Verjährungsfrist] In vier Jahren verjähren die Ansprüche auf Rückstände von Zinsen, mit Einschluß der als Zuschlag zu den Zinsen zum Zwecke allmählicher Tilgung des Kapitals zu entrichtenden Beträge, die Ansprüche auf Rückstände von Miet- und Pachtzinsen, soweit sie nicht unter die Vorschrift des § 196 Abs. 1 Nr. 6 fallen, und die Ansprüche auf Rückstände von Renten, Auszugsleistungen, Besoldungen, Wartegeldern, Ruhegehalten, Unterhaltsbeiträgen und allen anderen regelmäßig wiederkehrenden Leistungen.

§ 198. [Regelmäßiger Verjährungsbeginn] [1]Die Verjährung beginnt mit der Entstehung des Anspruchs. [2]Geht der Anspruch auf ein Unterlassen, so beginnt die Verjährung mit der Zuwiderhandlung.

§ 201. [Beginn der kurzen Verjährung] [1]Die Verjährung der in den §§ 196, 197 bezeichneten Ansprüche beginnt mit dem Schlusse des Jahres, in welchem der nach den §§ 198 bis 200 maßgebende Zeitpunkt eintritt. [2]Kann die Leistung erst nach dem Ablauf einer über diesen Zeitpunkt hinausreichenden Frist verlangt werden, so beginnt die Verjährung mit dem Schlusse des Jahres, in welchem die Frist abläuft.

6

§ 202. [Hemmung der Verjährung aus Rechtsgründen] (1) Die Verjährung ist gehemmt, solange die Leistung gestundet oder der Verpflichtete aus einem anderen Grunde vorübergehend zur Verweigerung der Leistung berechtigt ist.

(2) Diese Vorschrift findet keine Anwendung auf die Einrede des Zurückbehaltungsrechts, des nicht erfüllten Vertrags, der mangelnden Sicherheitsleistung, der Vorausklage sowie auf die nach § 770 dem Bürgen und nach den §§ 2014, 2015 dem Erben zustehenden Einreden.

§ 203. [Hemmung aus tatsächlichen Gründen] (1) Die Verjährung ist gehemmt, solange der Berechtigte durch Stillstand der Rechtspflege innerhalb der letzten sechs Monate der Verjährungsfrist an der Rechtsverfolgung verhindert ist.

(2) Das gleiche gilt, wenn eine solche Verhinderung in anderer Weise durch höhere Gewalt herbeigeführt wird.

§ 205. [Wirkung der Hemmung] Der Zeitraum, während dessen die Verjährung gehemmt ist, wird in die Verjährungsfrist nicht eingerechnet.

§ 206. [Ablaufhemmung bei nicht voll Geschäftsfähigen] (1) [1]Ist eine geschäftsunfähige oder in der Geschäftsfähigkeit beschränkte Person ohne gesetzlichen Vertreter, so wird die gegen sie laufende Verjährung nicht vor dem Ablaufe von sechs Monaten nach dem Zeitpunkte vollendet, in welchem die Person unbeschränkt geschäftsfähig wird oder der Mangel der Vertretung aufhört. [2]Ist die Verjährungsfrist kürzer als sechs Monate, so tritt der für die Verjährung bestimmte Zeitraum an die Stelle der sechs Monate.

§ 208. [Unterbrechung der Verjährung durch Anerkenntnis] Die Verjährung wird unterbrochen, wenn der Verpflichtete dem Berechtigten gegenüber den Anspruch durch Abschlagzahlung, Zinszahlung, Sicherheitsleistung oder in anderer Weise anerkennt.

§ 209. [Unterbrechung durch gerichtliche Geltendmachung] (1) Die Verjährung wird unterbrochen, wenn der Berechtigte auf Befriedigung oder auf Feststellung des Anspruchs, auf Erteilung der Vollstreckungsklausel oder auf Erlassung des Vollstreckungsurteils Klage erhebt.

(2) Der Erhebung der Klage stehen gleich:
1. die Zustellung eines Mahnbescheids im Mahnverfahren;
1 a. die Geltendmachung eines Anspruchs durch Anbringung eines Güteantrags bei einer Gütestelle der im § 794 Abs. 1 Nr. 1 der Zivilprozeßordnung bezeichneten Art;
2. die Anmeldung des Anspruchs im Insolvenzverfahren oder im Seerechtlichen Verteilungsverfahren;
3. die Geltendmachung der Aufrechnung des Anspruchs im Prozesse;
4. die Streitverkündung in dem Prozesse, von dessen Ausgange der Anspruch abhängt;
5. die Vornahme einer Vollstreckungshandlung und, soweit die Zwangsvollstreckung den Gerichten oder anderen Behörden zugewiesen ist, die Stellung des Antrags auf Zwangsvollstreckung.

§ 217. [Wirkung der Unterbrechung] Wird die Verjährung unterbrochen, so kommt die bis zur

Unterbrechung verstrichene Zeit nicht in Betracht; eine neue Verjährung kann erst nach der Beendigung der Unterbrechung beginnen.

§ 218. [Verjährung des rechtskräftigen Anspruchs] (1) Ein rechtskräftig festgestellter Anspruch verjährt in dreißig Jahren, auch wenn er an sich einer kürzeren Verjährung unterliegt. [2] Das gleiche gilt von dem Anspruch aus einem vollstreckbaren Vergleich oder einer vollstreckbaren Urkunde sowie von einem Anspruche, welcher durch die im Insolvenzverfahren erfolgte Feststellung vollstreckbar geworden ist.

§ 222. [Wirkung der Verjährung] (1) Nach der Vollendung der Verjährung ist der Verpflichtete berechtigt, die Leistung zu verweigern.

(2) [1]Das zur Befriedigung eines verjährten Anspruchs Geleistete kann nicht zurückgefordert werden, auch wenn die Leistung in Unkenntnis der Verjährung bewirkt worden ist.

§ 223. [Wirkung bei gesicherten Rechten]
(1) Die Verjährung eines Anspruchs, für den eine Hypothek, eine Schiffshypothek oder ein Pfandrecht besteht, hindert den Berechtigten nicht, seine Befriedigung aus dem verhafteten Gegenstande zu suchen.

(2) Ist zur Sicherung eines Anspruchs ein Recht übertragen worden, so kann die Rückübertragung nicht auf Grund der Verjährung des Anspruchs gefordert werden.

§ 225. [Vereinbarungen über die Verjährung]
[1]Die Verjährung kann durch Rechtsgeschäft weder ausgeschlossen noch erschwert werden. [2]Erleichterung der Verjährung, insbesondere Abkürzung der Verjährungsfrist, ist zulässig.

Ausübung der Rechte

§ 226. [Schikaneverbot] Die Ausübung eines Rechtes ist unzulässig, wenn sie nur den Zweck haben kann, einem anderen Schaden zuzufügen.

Sicherheitsleistung

§ 232. [Arten] (1) Wer Sicherheit zu leisten hat, kann dies bewirken
durch Hinterlegung von Geld oder Wertpapieren,
durch Verpfändung von Forderungen, die in das *Reichsschuldbuch* oder in das Staatsschuldbuch eines *Bundesstaats* eingetragen sind,
durch Verpfändung beweglicher Sachen,
durch Bestellung von Schiffshypotheken an Schiffen oder Schiffsbauwerken, die in einem deutschen Schiffsregister oder Schiffsbauregister eingetragen sind,
durch Bestellung von Hypotheken an inländischen Grundstücken, durch Verpfändung von Forderungen, für die eine Hypothek an einem inländischen Grundstücke besteht, oder
durch Verpfändung von Grundschulden oder Rentenschulden an inländischen Grundstücken.

(2) Kann die Sicherheit nicht in dieser Weise geleistet werden, so ist die Stellung eines tauglichen Bürgen zulässig.

§ 233. [Wirkung der Hinterlegung] Mit der Hinterlegung erwirbt der Berechtigte ein Pfandrecht an dem hinterlegten Gelde oder an den hinterlegten Wertpapieren und, wenn das Geld oder die Wertpapiere in das Eigentum des Fiskus oder der als Hinterlegungsstelle bestimmten Anstalt übergehen, ein Pfandrecht an der Forderung auf Rückerstattung.

§ 234. [Geeignete Wertpapiere] (1) [1]Wertpapiere sind zur Sicherheitsleistung nur geeignet, wenn sie auf den Inhaber lauten, einen Kurswert haben und einer Gattung angehören, in der Mündelgeld angelegt werden darf. [2]Den Inhaberpapieren stehen Orderpapiere gleich, die mit Blankoindossament versehen sind.

(2) Mit den Wertpapieren sind die Zins-, Renten-, Gewinnanteil- und Erneuerungsscheine zu hinterlegen. 6

(3) Mit Wertpapieren kann Sicherheit nur in Höhe von drei Vierteilen des Kurswertes geleistet werden.

Zweites Buch. Recht der Schuldverhältnisse

Inhalt der Schuldverhältnisse

▶ Verpflichtung zur Leistung

§ 241. [Schuldverhältnis und Leistungspflicht]
[1]Kraft des Schuldverhältnisses ist der Gläubiger berechtigt, von dem Schuldner eine Leistung zu fordern. [2]Die Leistung kann auch in einem Unterlassen bestehen.

§ 242. [Leistung nach Treu und Glauben] Der Schuldner ist verpflichtet, die Leistung so zu bewirken, wie Treu und Glauben mit Rücksicht auf die Verkehrssitte es erfordern.

§ 243. [Gattungsschuld] (1) Wer eine nur der Gattung nach bestimmte Sache schuldet, hat eine Sache von mittlerer Art und Güte zu leisten.

(2) Hat der Schuldner das zur Leistung einer solchen Sache seinerseits Erforderliche getan, so beschränkt sich das Schuldverhältnis auf diese Sache.

§ 244. [Geldschuld] (1) Ist eine in ausländischer Währung ausgedrückte Geldschuld im Inlande zu zahlen, so kann die Zahlung in Reichswährung erfolgen, es sei denn, daß Zahlung in ausländischer Währung ausdrücklich bedungen ist.

(2) Die Umrechnung erfolgt nach dem Kurswerte, der zur Zeit der Zahlung für den Zahlungsort maßgebend ist.

§ 246. [Gesetzlicher Zinssatz] Ist eine Schuld nach Gesetz oder Rechtsgeschäft zu verzinsen, so sind vier vom Hundert für das Jahr zu entrichten, sofern nicht ein anderes bestimmt ist.

§ 248. [Zinseszinsen] (1) Eine im voraus getroffene Vereinbarung, daß fällige Zinsen wieder Zinsen tragen sollen, ist nichtig.

(2) [1]Sparkassen, Kreditanstalten und Inhaber von Bankgeschäften können im voraus vereinbaren, daß nicht erhobene Zinsen von Einlagen als neue verzinsliche Einlagen gelten sollen.

§ 249. [Art und Umfang des Schadensersatzes] [1]Wer zum Schadensersatze verpflichtet ist, hat den Zustand herzustellen, der bestehen würde, wenn der zum Ersatze verpflichtende Umstand nicht eingetreten wäre. [2]Ist wegen Verletzung einer Person oder wegen Beschädigung einer Sache Schadensersatz zu leisten, so kann der Gläubiger statt der Herstellung den dazu erforderlichen Geldbetrag verlangen.

§ 250. [Schadensersatz in Geld nach Fristsetzung] [1]Der Gläubiger kann dem Ersatzpflichtigen zur Herstellung eine angemessene Frist mit der Erklärung bestimmen, daß er die Herstellung nach dem Ablaufe der Frist ablehne. [2]Nach dem Ablaufe der Frist kann der Gläubiger den Ersatz in Geld verlangen, wenn nicht die Herstellung rechtzeitig erfolgt; der Anspruch auf die Herstellung ist ausgeschlossen.

6

§ 251. [Schadensersatz in Geld ohne Fristsetzung] (1) Soweit die Herstellung nicht möglich oder zur Entschädigung des Gläubigers nicht genügend ist, hat der Ersatzpflichtige den Gläubiger in Geld zu entschädigen.

(2) [1]Der Ersatzpflichtige kann den Gläubiger in Geld entschädigen, wenn die Herstellung nur mit unverhältnismäßigen Aufwendungen möglich ist.

§ 252. [Entgangener Gewinn] [1]Der zu ersetzende Schaden umfaßt auch den entgangenen Gewinn. [2]Als entgangen gilt der Gewinn, welcher nach dem gewöhnlichen Laufe der Dinge oder nach den besonderen Umständen, insbesondere nach den getroffenen Anstalten und Vorkehrungen, mit Wahrscheinlichkeit erwartet werden konnte.

§ 253. [Immaterieller Schaden] Wegen eines Schadens, der nicht Vermögensschaden ist, kann Entschädigung in Geld nur in den durch das Gesetz bestimmten Fällen gefordert werden.

§ 254. [Mitverschulden] (1) Hat bei der Entstehung des Schadens ein Verschulden des Beschädigten mitgewirkt, so hängt die Verpflichtung zum Ersatze sowie der Umfang des zu leistenden Ersatzes von den Umständen, insbesondere davon ab, inwieweit der Schaden vorwiegend von dem einen oder dem anderen Teile verursacht worden ist.

(2) [1]Dies gilt auch dann, wenn sich das Verschulden des Beschädigten darauf beschränkt, daß er unterlassen hat, den Schuldner auf die Gefahr eines ungewöhnlich hohen Schadens aufmerksam zu machen, die der Schuldner weder kannte noch kennen mußte, oder daß er unterlassen hat, den Schaden abzuwenden oder zu mindern. [2]Die Vorschrift des § 278 findet entsprechende Anwendung.

§ 266. [Teilleistungen] Der Schuldner ist zu Teilleistungen nicht berechtigt.

§ 267. [Leistung durch Dritte] (1) [1]Hat der Schuldner nicht in Person zu leisten, so kann auch ein Dritter die Leistung bewirken. [2]Die Einwilligung des Schuldners ist nicht erforderlich.

(2) Der Gläubiger kann die Leistung ablehnen, wenn der Schuldner widerspricht.

§ 269. [Leistungsort] (1) Ist ein Ort für die Leistung weder bestimmt noch aus den Umständen, insbesondere aus der Natur des Schuldverhältnisses, zu entnehmen, so hat die Leistung an dem Orte zu erfolgen, an welchem der Schuldner zur Zeit der Entstehung des Schuldverhältnisses seinen Wohnsitz hatte.

(2) Ist die Verbindlichkeit im Gewerbebetriebe des Schuldners entstanden, so tritt, wenn der Schuldner seine gewerbliche Niederlassung an einem anderen Orte hatte, der Ort der Niederlassung an die Stelle des Wohnsitzes.

(3) Aus dem Umstand allein, daß der Schuldner die Kosten der Versendung übernommen hat, ist nicht zu entnehmen, daß der Ort, nach welchem die Versendung zu erfolgen hat, der Leistungsort sein soll.

§ 270. [Zahlungsort] (1) Geld hat der Schuldner im Zweifel auf seine Gefahr und seine Kosten dem Gläubiger an dessen Wohnsitz zu übermitteln.

(2) Ist die Forderung im Gewerbebetriebe des Gläubigers entstanden, so tritt, wenn der Gläubiger seine gewerbliche Niederlassung an einem anderen Orte hat, der Ort der Niederlassung an die Stelle des Wohnsitzes.

(3) Erhöhen sich infolge einer nach der Entstehung des Schuldverhältnisses eintretenden Änderung des Wohnsitzes oder der gewerblichen Niederlassung des Gläubigers die Kosten oder die Gefahr der Übermittelung, so hat der Gläubiger im ersteren Falle die Mehrkosten, im letzteren Falle die Gefahr zu tragen.

(4) Die Vorschriften über den Leistungsort bleiben unberührt.

§ 271. [Leistungszeit] (1) Ist eine Zeit für die Leistung weder bestimmt noch aus den Umständen zu entnehmen, so kann der Gläubiger die Leistung sofort verlangen, der Schuldner sie sofort bewirken.

(2) Ist eine Zeit bestimmt, so ist im Zweifel anzunehmen, daß der Gläubiger die Leistung nicht vor dieser Zeit verlangen, der Schuldner aber sie vorher bewirken kann.

§ 272. [Zwischenzinsen] Bezahlt der Schuldner eine unverzinsliche Schuld vor der Fälligkeit, so ist er zu einem Abzuge wegen der Zwischenzinsen nicht berechtigt.

§ 273. [Zurückbehaltungsrecht] (1) Hat der Schuldner aus demselben rechtlichen Verhältnis, auf dem seine Verpflichtung beruht, einen fälligen Anspruch gegen den Gläubiger, so kann er, sofern nicht aus dem Schuldverhältnisse sich ein anderes ergibt, die geschuldete Leistung verweigern, bis die ihm gebührende Leistung bewirkt wird (Zurückbehaltungsrecht).

(3) [1]Der Gläubiger kann die Ausübung des Zurückbehaltungsrechts durch Sicherheitsleistung abwenden. [2]Die Sicherheitsleistung durch Bürgen ist ausgeschlossen.

§ 275. [Nicht zu vertretende Unmöglichkeit]

(1) Der Schuldner wird von der Verpflichtung zur Leistung frei, soweit die Leistung infolge eines nach der Entstehung des Schuldverhältnisses eintretenden Umstandes, den er nicht zu vertreten hat, unmöglich wird.

(2) Einer nach der Entstehung des Schuldverhältnisses eintretenden Unmöglichkeit steht das nachträglich eintretende Unvermögen des Schuldners zur Leistung gleich.

§ 276. [Haftung für eigenes Verschulden]

(1) [1]Der Schuldner hat, sofern nicht ein anderes bestimmt ist, Vorsatz und Fahrlässigkeit zu vertreten. [2]Fahrlässig handelt, wer die im Verkehr erforderliche Sorgfalt außer acht läßt. [3]Die Vorschriften der §§ 827, 828 finden Anwendung.

(2) Die Haftung wegen Vorsatzes kann dem Schuldner nicht im voraus erlassen werden.

§ 277. [Sorgfalt in eigenen Angelegenheiten; grobe Fahrlässigkeit] Wer nur für diejenige Sorgfalt einzustehen hat, welche er in eigenen Angelegenheiten anzuwenden pflegt, ist von der Haftung wegen grober Fahrlässigkeit nicht befreit.

§ 278. [Verschulden des Erfüllungsgehilfen] [1]Der Schuldner hat ein Verschulden seines gesetzlichen Vertreters und der Personen, deren er sich zur Erfüllung seiner Verbindlichkeit bedient, in gleichem Umfange zu vertreten wie eigenes Verschulden. [2]Die Vorschrift des § 276 Abs. 2 findet keine Anwendung.

§ 279. [Unvermögen bei Gattungsschuld] Ist der geschuldete Gegenstand nur der Gattung nach bestimmt, so hat der Schuldner, solange die Leistung aus der Gattung möglich ist, sein Unvermögen zur Leistung auch dann zu vertreten, wenn ihm ein Verschulden nicht zur Last fällt.

§ 280. [Haftung bei zu vertretender Unmöglichkeit] (1) Soweit die Leistung infolge eines von dem Schuldner zu vertretenden Umstandes unmöglich wird, hat der Schuldner dem Gläubiger den durch die Nichterfüllung entstehenden Schaden zu ersetzen.

(2) [1]Im Falle teilweiser Unmöglichkeit kann der Gläubiger unter Ablehnung des noch möglichen Teiles der Leistung Schadensersatz wegen Nichterfüllung der ganzen Verbindlichkeit verlangen, wenn die teilweise Erfüllung für ihn kein Interesse hat. [2]Die für das vertragsmäßige Rücktrittsrecht geltenden Vorschriften der §§ 346 bis 356 finden entsprechende Anwendung.

6

§ 284. [Verzug des Schuldners] (1) [1]Leistet der Schuldner auf eine Mahnung des Gläubigers nicht, die nach dem Eintritt der Fälligkeit erfolgt, so kommt er durch die Mahnung in Verzug. [2]Der Mahnung steht die Erhebung der Klage auf die Leistung sowie die Zustellung eines Mahnbescheids im Mahnverfahren gleich.

(2) [1]Ist für die Leistung eine Zeit nach dem Kalender bestimmt, so kommt der Schuldner ohne Mahnung in Verzug, wenn er nicht zu der bestimmten Zeit leistet.

§ 285. [Kein Verzug ohne Verschulden] Der Schuldner kommt nicht in Verzug, solange die Leistung infolge eines Umstandes unterbleibt, den er nicht zu vertreten hat.

§ 286. [Verzugsschaden] (1) Der Schuldner hat dem Gläubiger den durch den Verzug entstehenden Schaden zu ersetzen.

(2) [1]Hat die Leistung infolge des Verzugs für den Gläubiger kein Interesse, so kann dieser unter Ablehnung der Leistung Schadensersatz wegen Nichterfüllung verlangen. [2]Die für das vertragsmäßige Rücktrittsrecht geltenden Vorschriften der §§ 346 bis 356 finden entsprechende Anwendung.

§ 287. [Erweiterte Haftung] [1]Der Schuldner hat während des Verzugs jede Fahrlässigkeit zu vertreten. [2]Er ist auch für die während des Verzugs durch Zufall eintretende Unmöglichkeit der Leistung verantwortlich, es sei denn, daß der Schaden auch bei rechtzeitiger Leistung eingetreten sein würde.

§ 288. [Verzugszinsen] (1) [1]Eine Geldschuld ist während des Verzugs mit vier vom Hundert für das Jahr zu verzinsen. [2]Kann der Gläubiger aus einem anderen Rechtsgrunde höhere Zinsen verlangen, so sind diese fortzuentrichten.

(2) Die Geltendmachung eines weiteren Schadens ist nicht ausgeschlossen.

▶ Verzug des Gläubigers

§ 293. [Annahmeverzug] Der Gläubiger kommt in Verzug, wenn er die ihm angebotene Leistung nicht annimmt..

§ 294. [Tatsächliches Angebot] Die Leistung muß dem Gläubiger so, wie sie zu bewirken ist, tatsächlich angeboten werden,

§ 295. [Wörtliches Angebot] [1]Ein wörtliches Angebot des Schuldners genügt, wenn der Gläubiger ihm erklärt hat, daß er die Leistung
6 nicht annehmen werde, oder wenn zur Bewirkung der Leistung eine Handlung des Gläubigers erforderlich ist, insbesondere wenn der Gläubiger die geschuldete Sache abzuholen hat. [2]Dem Angebote der Leistung steht die Aufforderung an den Gläubiger gleich, die erforderliche Handlung vorzunehmen.

§ 296. [Überflüssiges Angebot] [1]Ist für die von dem Gläubiger vorzunehmende Handlung eine Zeit nach dem Kalender bestimmt, so bedarf es des Angebots nur, wenn der Gläubiger die Handlung rechtzeitig vornimmt. [2]Das gleiche gilt, wenn der Handlung eine Kündigung vorauszugehen hat und die Zeit für die Handlung in der Weise bestimmt ist, daß sie sich von der Kündigung ab nach dem Kalender berechnen läßt.

§ 300. [Wirkungen des Gläubigerverzugs; Haftungsminderung; Gefahrübergang] (1) Der Schuldner hat während des Verzugs des Gläubigers nur Vorsatz und grobe Fahrlässigkeit zu vertreten.

(2) Wird eine nur der Gattung nach bestimmte Sache geschuldet, so geht die Gefahr mit dem Zeitpunkt auf den Gläubiger über, in welchem er dadurch in Verzug kommt, daß er die angebotene Sache nicht annimmt.

§ 301. [Wegfall der Verzinsung] Von einer verzinslichen Geldschuld hat der Schuldner während des Verzugs des Gläubigers Zinsen nicht zu entrichten.

§ 304. [Ersatz von Mehraufwendungen] Der Schuldner kann im Falle des Verzugs des Gläubigers Ersatz der Mehraufwendungen verlangen, die er für das erfolglose Angebot sowie für die Aufbewahrung und Erhaltung des geschuldeten Gegenstandes machen mußte.

Schuldverhältnisse aus Verträgen

▶ Begründung. Inhalt des Vertrags

§ 305. [Begründung] Zur Begründung eines Schuldverhältnisses durch Rechtsgeschäft sowie zur Änderung des Inhalts eines Schuldverhältnisses ist ein Vertrag zwischen den Beteiligten erforderlich, soweit nicht das Gesetz ein anderes vorschreibt.

§ 306. [Unmögliche Leistung] Ein auf eine unmögliche Leistung gerichteter Vertrag ist nichtig.

§ 307. [Negatives Interesse] (1) [1]Wer bei der Schließung eines Vertrags, der auf eine unmögliche Leistung gerichtet ist, die Unmöglichkeit der Leistung kennt oder kennen muß, ist zum Ersatze des Schadens verpflichtet, den der andere Teil dadurch erleidet, daß er auf die Gültigkeit des Vertrags vertraut, jedoch nicht über den Betrag des Interesses hinaus, welches der andere Teil an der Gültigkeit des Vertrags hat. [2]Die Ersatzpflicht tritt nicht ein, wenn der andere Teil die Unmöglichkeit kennt oder kennen muß.

(2) Diese Vorschriften finden entsprechende Anwendung, wenn die Leistung nur teilweise unmöglich und der Vertrag in Ansehung des möglichen Teiles gültig ist oder wenn eine von mehreren wahlweise versprochenen Leistungen unmöglich ist.

§ 308. [Vorübergehende Unmöglichkeit]
(1) Die Unmöglichkeit der Leistung steht der Gültigkeit des Vertrags nicht entgegen, wenn die Unmöglichkeit gehoben werden kann und der Vertrag für den Fall geschlossen ist, daß die Leistung möglich wird.

(2) Wird eine unmögliche Leistung unter einer anderen aufschiebenden Bedingung oder unter Bestimmung eines Anfangstermins versprochen, so ist der Vertrag gültig, wenn die Unmöglichkeit vor dem Eintritte der Bedingung oder des Termins gehoben wird.

§ 309. [Gesetzwidriger Vertrag] Verstößt ein Vertrag gegen ein gesetzliches Verbot, so finden die Vorschriften der §§ 307, 308 entsprechende Anwendung.

§ 311. [Vertrag über gegenwärtiges Vermögen] Ein Vertrag, durch den sich der eine Teil verpflichtet, sein gegenwärtiges Vermögen oder einen Bruchteil seines gegenwärtigen Vermögens zu übertragen oder mit einem Nießbrauche zu belasten, bedarf der notariellen Beurkundung.

§ 313. [Vertrag über Übertragung oder Erwerb eines Grundstückseigentums] [1]Ein Vertrag, durch den sich der eine Teil verpflichtet, das Eigentum an einem Grundstück zu übertragen oder zu erwerben, bedarf der notariellen Beurkundung. [2]Ein ohne Beobachtung dieser Form geschlossener Vertrag wird seinem ganzen Inhalte nach gültig, wenn die Auflassung und die Eintragung in das Grundbuch erfolgen.

▶ Gegenseitiger Vertrag

§ 320. [Einrede des nichterfüllten Vertrags]
[1]Wer aus einem gegenseitigen Vertrage verpflichtet ist, kann die ihm obliegende Leistung bis zur Bewirkung der Gegenleistung verweigern, es sei denn, daß er vorzuleisten verpflichtet ist.

§ 323. [Nicht zu vertretendes Unmöglichwerden] (1) Wird die aus einem gegenseitigen Vertrage dem einen Teile obliegende Leistung infolge eines Umstandes unmöglich, den weder er noch der andere Teil zu vertreten hat, so verliert er den Anspruch auf die Gegenleistung; bei teilweiser Unmöglichkeit mindert sich die Gegenleistung nach Maßgabe der §§ 472, 473.

(3) Soweit die nach diesen Vorschriften nicht geschuldete Gegenleistung bewirkt ist, kann das Geleistete nach den Vorschriften über die Herausgabe einer ungerechtfertigten Bereicherung zurückgefordert werden.

§ 324. [Vom Gläubiger zu vertretendes Unmöglichwerden] (1) [1]Wird die aus einem gegenseitigen Vertrage dem einen Teile obliegende Leistung infolge eines Umstandes, den der andere Teil zu vertreten hat, unmöglich, so behält er den Anspruch auf die Gegenleistung. [2]Er muß sich jedoch dasjenige anrechnen lassen, was er infolge der Befreiung von der Leistung erspart oder durch anderweitige Verwendung seiner Arbeitskraft erwirbt oder zu erwerben böswillig unterläßt.

(2) Das gleiche gilt, wenn die dem einen Teile obliegende Leistung infolge eines von ihm nicht zu vertretenden Umstandes zu einer Zeit unmöglich wird, zu welcher der andere Teil im Verzuge der Annahme ist.

§ 325. [Vom Schuldner zu vertretendes Unmöglichwerden] (1) [1]Wird die aus einem gegenseitigen Vertrage dem einen Teile obliegende Leistung infolge eines Umstandes, den er zu vertreten hat, unmöglich, so kann der andere Teil Schadensersatz wegen Nichterfüllung verlangen oder von dem Vertrage zurücktreten. [2]Bei teilweiser Unmöglichkeit ist er, wenn die teilweise Erfüllung des Vertrags für ihn kein Interesse hat, berechtigt, Schadensersatz wegen Nichterfüllung der ganzen Verbindlichkeit nach Maßgabe des § 280 Abs. 2 zu verlangen oder von dem ganzen Vertrage zurückzutreten. [3]Statt des Anspruchs auf Schadensersatz und des Rücktrittsrechts kann er auch die für den Fall des § 323 bestimmten Rechte geltend machen.

§ 326. [Verzug; Fristsetzung mit Ablehnungsandrohung] (1) [1]Ist bei einem gegenseitigen Vertrage der eine Teil mit der ihm obliegenden Leistung im Verzuge, so kann ihm der andere Teil zur Bewirkung der Leistung eine angemessene Frist mit der Erklärung bestimmen, daß er die Annahme der Leistung nach dem Ablaufe der Frist ablehne. [2]Nach dem Ablaufe der Frist ist er berechtigt, Schadensersatz wegen Nichterfüllung zu verlangen oder von dem Vertrage zurückzutreten, wenn nicht die Leistung rechtzeitig erfolgt ist; der Anspruch auf Erfüllung ist ausgeschlossen. [3]Wird die Leistung bis zum Ablaufe der Frist teilweise nicht bewirkt, so findet die Vorschrift des § 325 Abs. 1 Satz 2 entsprechende Anwendung.

(2) Hat die Erfüllung des Vertrags infolge des Verzugs für den anderen Teil kein Interesse, so stehen ihm die im Absatz 1 bezeichneten Rechte zu, ohne daß es der Bestimmung einer Frist bedarf.

§ 327. [Regelung des gesetzlichen Rücktrittsrechts] [1]Auf das in den §§ 325, 326 bestimmte Rücktrittsrecht finden die für das vertragsmäßi-

6

ge Rücktrittsrecht geltenden Vorschriften der §§ 346 bis 356 entsprechende Anwendung. [2]Erfolgt der Rücktritt wegen eines Umstandes, den der andere Teil nicht zu vertreten hat, so haftet dieser nur nach den Vorschriften über die Herausgabe einer ungerechtfertigten Bereicherung.

▶ Versprechen der Leistung an einen Dritten

§ 328. [Vertrag zugunsten Dritter] (1) Durch Vertrag kann eine Leistung an einen Dritten mit der Wirkung bedungen werden, daß der Dritte unmittelbar das Recht erwirbt, die Leistung zu fordern.

(2) In Ermangelung einer besonderen Bestimmung ist aus den Umständen, insbesondere aus dem Zwecke des Vertrags, zu entnehmen, ob der Dritte das Recht erwerben, ob das Recht des Dritten sofort oder nur unter gewissen Voraussetzungen entstehen und ob den Vertragschließenden die Befugnis vorbehalten sein soll, das Recht des Dritten ohne dessen Zustimmung aufzuheben oder zu ändern.

§ 330. [Auslegungsregel bei Lebensversicherungs- oder Leibrentenvertrag] [1]Wird in einem Lebensversicherungs- oder einem Leibrentenvertrage die Zahlung der Versicherungssumme oder der Leibrente an einen Dritten bedungen, so ist im Zweifel anzunehmen, daß der Dritte unmittelbar das Recht erwerben soll, die Leistung zu fordern. [2]Das gleiche gilt, wenn bei einer unentgeltlichen Zuwendung dem Bedachten eine Leistung an einen Dritten auferlegt oder bei einer Vermögens- oder Gutsübernahme von dem Übernehmer eine Leistung an einen Dritten zum Zwecke der Abfindung versprochen wird.

6 **§ 331. [Leistung nach Todesfall]** (1) Soll die Leistung an den Dritten nach dem Tode desjenigen erfolgen, welchem sie versprochen wird, so erwirbt der Dritte das Recht auf die Leistung im Zweifel mit dem Tode des Versprechensempfängers.

(2) Stirbt der Versprechensempfänger vor der Geburt des Dritten, so kann das Versprechen, an den Dritten zu leisten, nur dann noch aufgehoben oder geändert werden, wenn die Befugnis dazu vorbehalten worden ist.

§ 332. [Änderung durch Verfügung von Todes wegen bei Vorbehalt] Hat sich der Versprechensempfänger die Befugnis vorbehalten, ohne Zustimmung des Versprechenden an die Stelle des in dem Vertrage bezeichneten Dritten einen anderen zu setzen, so kann dies im Zweifel auch in einer Verfügung von Todes wegen geschehen.

§ 333. [Zurückweisung des Rechts durch den Dritten] Weist der Dritte das aus dem Vertrag erworbene Recht dem Versprechenden gegenüber zurück, so gilt das Recht als nicht erworben.

▶ Vertragsstrafe

§ 339. [Verwirkung der Vertragsstrafe] [1]Verspricht der Schuldner dem Gläubiger für den Fall, daß er seine Verbindlichkeit nicht oder nicht in gehöriger Weise erfüllt, die Zahlung einer Geldsumme als Strafe, so ist die Strafe verwirkt, wenn er in Verzug kommt. [2]Besteht die geschuldete Leistung in einem Unterlassen, so tritt die Verwirkung mit der Zuwiderhandlung ein.

§ 340. [Strafversprechen für Nichterfüllung]
(1) [1]Hat der Schuldner die Strafe für den Fall versprochen, daß er seine Verbindlichkeit nicht erfüllt, so kann der Gläubiger die verwirkte Strafe statt der Erfüllung verlangen. [2]Erklärt der Gläubiger dem Schuldner, daß er die Strafe verlange, so ist der Anspruch auf Erfüllung ausgeschlossen.

(2) [1]Steht dem Gläubiger ein Anspruch auf Schadensersatz wegen Nichterfüllung zu, so kann er die verwirkte Strafe als Mindestbetrag des Schadens verlangen. [2]Die Geltendmachung eines weiteren Schadens ist nicht ausgeschlossen.

§ 341. [Strafversprechen für nicht gehörige Erfüllung] (1) Hat der Schuldner die Strafe für den Fall versprochen, daß er seine Verbindlichkeit nicht in gehöriger Weise, insbesondere nicht zu der bestimmten Zeit, erfüllt, so kann der Gläubiger die verwirkte Strafe neben der Erfüllung verlangen.

§ 343. [Herabsetzung der Strafe] (1) [1]Ist eine verwirkte Strafe unverhältnismäßig hoch, so kann sie auf Antrag des Schuldners durch Urteil auf den angemessenen Betrag herabgesetzt werden. [2]Bei der Beurteilung der Angemessenheit ist jedes berechtigte Interesse des Gläubigers, nicht bloß das Vermögensinteresse, in Betracht zu ziehen. [3]Nach der Entrichtung der Strafe ist die Herabsetzung ausgeschlossen.

▶ Rücktritt

§ 346. [Wirkung des Rücktritts] [1]Hat sich in einem Vertrag ein Teil den Rücktritt vorbehalten, so sind die Parteien, wenn der Rücktritt erfolgt, verpflichtet, einander die empfangenen

Leistungen zurückzugewähren. [2]Für geleistete Dienste sowie für die Überlassung der Benutzung einer Sache ist der Wert zu vergüten oder, falls in dem Vertrag eine Gegenleistung in Geld bestimmt ist, diese zu entrichten.

§ 348. [Erfüllung Zug um Zug] [1]Die sich aus dem Rücktritt ergebenden Verpflichtungen der Parteien sind Zug um Zug zu erfüllen.

§ 351. [Verschuldeter Untergang] [1]Der Rücktritt ist ausgeschlossen, wenn der Berechtigte eine wesentliche Verschlechterung, den Untergang oder die anderweitige Unmöglichkeit der Herausgabe des empfangenen Gegenstandes verschuldet hat.

§ 352. [Verarbeitung oder Umbildung] Der Rücktritt ist ausgeschlossen, wenn der Berechtigte die empfangene Sache durch Verarbeitung oder Umbildung in eine Sache anderer Art umgestaltet hat.

§ 353. [Veräußerung oder Belastung] (1) Hat der Berechtigte den empfangenen Gegenstand oder einen erheblichen Teil des Gegenstandes veräußert oder mit dem Rechte eines Dritten belastet, so ist der Rücktritt ausgeschlossen, wenn bei demjenigen, welcher den Gegenstand infolge der Verfügung erlangt hat, die Voraussetzungen des § 351 oder des § 352 eingetreten sind.

§ 361. [Rücktritt bei Fixgeschäft] Ist in einem gegenseitigen Vertrage vereinbart, daß die Leistung des einen Teils genau zu einer festbestimmten Zeit oder innerhalb einer festbestimmten Frist bewirkt werden soll, so ist im Zweifel anzunehmen, daß der andere Teil zum Rücktritte berechtigt sein soll, wenn die Leistung nicht zu der bestimmten Zeit oder innerhalb der bestimmten Frist erfolgt.

Erlöschen der Schuldverhältnisse

▶ Erfüllung

§ 362. [Erlöschen durch Leistung] (1) Das Schuldverhältnis erlischt, wenn die geschuldete Leistung an den Gläubiger bewirkt wird.

§ 364. [Annahme an Erfüllungs Statt] (1) Das Schuldverhältnis erlischt, wenn der Gläubiger eine andere als die geschuldete Leistung an Erfüllungs Statt annimmt.

§ 368. [Quittung] [1]Der Gläubiger hat gegen Empfang der Leistung auf Verlangen ein schriftliches Empfangsbekenntnis (Quittung) zu erteilen.

§ 369. [Kosten der Quittung] (1) Die Kosten der Quittung hat der Schuldner zu tragen und vorzuschießen, sofern nicht aus dem zwischen ihm und dem Gläubiger bestehenden Rechtsverhältnisse sich ein anderes ergibt.

§ 370. [Leistung an den Überbringer der Quittung] Der Überbringer einer Quittung gilt als ermächtigt, die Leistung zu empfangen, sofern nicht die dem Leistenden bekannten Umstände der Annahme einer solchen Ermächtigung entgegenstehen.

§ 371. [Rückgabe des Schuldscheins] [1]Ist über die Forderung ein Schuldschein ausgestellt worden, so kann der Schuldner neben der Quittung Rückgabe des Schuldscheins verlangen. [2]Behauptet der Gläubiger, zur Rückgabe außerstande zu sein, so kann der Schuldner das öffentlich beglaubigte Anerkenntnis verlangen, daß die Schuld erloschen sei.

▶ Hinterlegung

§ 372. [Voraussetzungen] [1]Geld, Wertpapiere und sonstige Urkunden sowie Kostbarkeiten kann der Schuldner bei einer dazu bestimmten öffentlichen Stelle für den Gläubiger hinterlegen, wenn der Gläubiger im Verzuge der Annahme ist.

§ 374. [Hinterlegungsort; Anzeigepflicht]

(1) Die Hinterlegung hat bei der Hinterlegungsstelle des Leistungsorts zu erfolgen; hinterlegt der Schuldner bei einer anderen Stelle, so hat er dem Gläubiger den daraus entstehenden Schaden zu ersetzen.

(2) [1]Der Schuldner hat dem Gläubiger die Hinterlegung unverzüglich anzuzeigen; im Falle der Unterlassung ist er zum Schadensersatze verpflichtet. [2]Die Anzeige darf unterbleiben, wenn sie untunlich ist. 6

§ 376. [Rücknahmerecht] (1) Der Schuldner hat das Recht, die hinterlegte Sache zurückzunehmen.

(2) Die Rücknahme ist ausgeschlossen:

1. wenn der Schuldner der Hinterlegungsstelle erklärt, daß er auf das Recht zur Rücknahme verzichte;
2. wenn der Gläubiger der Hinterlegungsstelle die Annahme erklärt;
3. wenn der Hinterlegungsstelle ein zwischen dem Gläubiger und dem Schuldner ergangenes rechtskräftiges Urteil vorgelegt wird, das die Hinterlegung für rechtmäßig erklärt.

§ 379. [Wirkung der Hinterlegung bei nicht ausgeschlossener Rücknahme] (3) Nimmt der Schuldner die hinterlegte Sache zurück, so gilt die Hinterlegung als nicht erfolgt.

§ 381. [Kosten der Hinterlegung] Die Kosten der Hinterlegung fallen dem Gläubiger zur Last, sofern nicht der Schuldner die hinterlegte Sache zurücknimmt.

§ 382. [Erlöschen des Gläubigerrechts] Das Recht des Gläubigers auf den hinterlegten Betrag erlischt mit dem Ablaufe von dreißig Jahren nach dem Empfange der Anzeige von der Hinterlegung, wenn nicht der Gläubiger sich vorher bei der Hinterlegungsstelle meldet; der Schuldner ist zur Rücknahme berechtigt, auch wenn er auf das Recht zur Rücknahme verzichtet hat.

§ 383. [Versteigerung hinterlegungsunfähiger Sachen] (1) [1]Ist die geschuldete bewegliche Sache zur Hinterlegung nicht geeignet, so kann der Schuldner sie im Falle des Verzugs des Gläubigers am Leistungsorte versteigern lassen und den Erlös hinterlegen. [2]Das gleiche gilt in den Fällen des § 372 Satz 2, wenn der Verderb der Sache zu besorgen oder die Aufbewahrung mit unverhältnismäßigen Kosten verbunden ist.

(2) Ist von der Versteigerung am Leistungsort ein angemessener Erfolg nicht zu erwarten, so ist die Sache an einem geeigneten anderen Orte zu versteigern

(3) [1]Die Versteigerung hat durch einen für den Versteigerungsort bestellten Gerichtsvollzieher oder zu Versteigerungen befugten anderen Beamten oder öffentlich angestellten Versteigerer öffentlich zu erfolgen (öffentliche Versteigerung). [2]Zeit und Ort der Versteigerung sind unter allgemeiner Bezeichnung der Sache öffentlich bekanntzumachen.

6

§ 384. [Androhung der Versteigerung] (1) Die Versteigerung ist erst zulässig, nachdem sie dem Gläubiger angedroht worden ist; die Androhung darf unterbleiben, wenn die Sache dem Verderb ausgesetzt und mit dem Aufschube der Versteigerung Gefahr verbunden ist.

(2) Der Schuldner hat den Gläubiger von der Versteigerung unverzüglich zu benachrichtigen; im Falle der Unterlassung ist er zum Schadensersatze verpflichtet.

(3) Die Androhung und die Benachrichtigung dürfen unterbleiben, wenn sie untunlich sind.

§ 385. [Freihändiger Verkauf] Hat die Sache einen Börsen- oder Marktpreis, so kann der Schuldner den Verkauf aus freier Hand durch einen zu solchen Verkäufen öffentlich ermächtigten Handelsmakler oder durch eine zur öffentlichen Versteigerung befugte Person zum laufenden Preise bewirken.

§ 386. [Kosten der Versteigerung] Die Kosten der Versteigerung oder des nach § 385 erfolgten Verkaufs fallen dem Gläubiger zur Last, sofern nicht der Schuldner den hinterlegten Erlös zurücknimmt.

▶ Aufrechnung

§ 387. [Voraussetzungen] Schulden zwei Personen einander Leistungen, die ihrem Gegenstande nach gleichartig sind, so kann jeder Teil seine Forderung gegen die Forderung des anderen Teiles aufrechnen, sobald er die ihm gebührende Leistung fordern und die ihm obliegende Leistung bewirken kann.

§ 388. [Erklärung der Aufrechnung] [1]Die Aufrechnung erfolgt durch Erklärung gegenüber dem anderen Teile. [2]Die Erklärung ist unwirksam, wenn sie unter einer Bedingung oder einer Zeitbestimmung abgegeben wird.

§ 389. [Wirkung der Aufrechnung] Die Aufrechnung bewirkt, daß die Forderungen, soweit sie sich decken, als in dem Zeitpunkt erloschen gelten, in welchem sie zur Aufrechnung geeignet einander gegenübergetreten sind.

▶ Erlaß

§ 397. [Erlaßvertrag; negatives Schuldanerkenntnis] (1) Das Schuldverhältnis erlischt, wenn der Gläubiger dem Schuldner durch Vertrag die Schuld erläßt.

(2) Das gleiche gilt, wenn der Gläubiger durch Vertrag mit dem Schuldner anerkennt, daß das Schuldverhältnis nicht bestehe.

Übertragung der Forderung

§ 398. [Abtretung] [1]Eine Forderung kann von dem Gläubiger durch Vertrag mit einem anderen auf diesen übertragen werden (Abtretung). [2]Mit dem Abschlusse des Vertrags tritt der neue Gläubiger an die Stelle des bisherigen Gläubigers.

§ 400. [Ausschluß bei unpfändbaren Forderungen] Eine Forderung kann nicht abgetreten werden, soweit sie der Pfändung nicht unterworfen ist.

§ 401. [Übergang der Neben- und Vorzugsrechte] (1) Mit der abgetretenen Forderung gehen die Hypotheken, Schiffshypotheken oder Pfandrechte, die für sie bestehen, sowie die Rechte aus einer für sie bestellten Bürgschaft auf den neuen Gläubiger über.

§ 402. [Auskunftspflicht; Urkundenauslieferung] Der bisherige Gläubiger ist verpflichtet, dem neuen Gläubiger die zur Geltendmachung der Forderung nötige Auskunft zu erteilen und ihm die zum Beweise der Forderung dienenden Urkunden, soweit sie sich in seinem Besitze befinden, auszuliefern.

§ 403. [Pflicht zur Beurkundung] [1]Der bisherige Gläubiger hat dem neuen Gläubiger auf Verlangen eine öffentlich beglaubigte Urkunde über die Abtretung auszustellen. [2]Die Kosten hat der neue Gläubiger zu tragen und vorzuschießen.

§ 404. [Einwendungen des Schuldners] Der Schuldner kann dem neuen Gläubiger die Einwendungen entgegensetzen, die zur Zeit der Abtretung der Forderung gegen den bisherigen Gläubiger begründet waren.

§ 407. [Leistung an den bisherigen Gläubiger] (1) Der neue Gläubiger muß eine Leistung, die der Schuldner nach der Abtretung an den bisherigen Gläubiger bewirkt, sowie jedes Rechtsgeschäft, das nach der Abtretung zwischen dem Schuldner und dem bisherigen Gläubiger in Ansehung der Forderung vorgenommen wird, gegen sich gelten lassen, es sei denn, daß der Schuldner die Abtretung bei der Leistung oder der Vornahme des Rechtsgeschäfts kennt.

(2) Ist in einem nach der Abtretung zwischen dem Schuldner und dem bisherigen Gläubiger anhängig gewordenen Rechtsstreit ein rechtskräftiges Urteil über die Forderung ergangen, so muß der neue Gläubiger das Urteil gegen sich gelten lassen, es sei denn, daß der Schuldner die Abtretung bei dem Eintritte der Rechtshängigkeit gekannt hat.

§ 408. [Mehrfache Abtretung] (1) Wird eine abgetretene Forderung von dem bisherigen Gläubiger nochmals an einen Dritten abgetreten, so finden, wenn der Schuldner an den Dritten leistet oder wenn zwischen dem Schuldner und dem Dritten ein Rechtsgeschäft vorgenommen oder ein Rechtsstreit anhängig wird, zugunsten des Schuldners die Vorschriften des § 407 dem früheren Erwerber gegenüber entsprechende Anwendung.

(2) Das gleiche gilt, wenn die bereits abgetretene Forderung durch gerichtlichen Beschluß einem Dritten überwiesen wird oder wenn der bisherige Gläubiger dem Dritten gegenüber anerkennt, daß die bereits abgetretene Forderung kraft Gesetzes auf den Dritten übergegangen sei.

§ 409. [Abtretungsanzeige] (1) [1]Zeigt der Gläubiger dem Schuldner an, daß er die Forderung abgetreten habe, so muß er dem Schuldner gegenüber die angezeigte Abtretung gegen sich gelten lassen, auch wenn sie nicht erfolgt oder nicht wirksam ist. [2]Der Anzeige steht es gleich, wenn der Gläubiger eine Urkunde über die Abtretung dem in der Urkunde bezeichneten neuen Gläubiger ausgestellt hat und dieser sie dem Schuldner vorlegt.

(2) Die Anzeige kann nur mit Zustimmung desjenigen zurückgenommen werden, welcher als der neue Gläubiger bezeichnet worden ist.

§ 410. [Aushändigung der Abtretungsurkunde] (1) [1]Der Schuldner ist dem neuen Gläubiger gegenüber zur Leistung nur gegen Aushändigung einer von dem bisherigen Gläubiger über die Abtretung ausgestellten Urkunde verpflichtet. [2]Eine Kündigung oder eine Mahnung des neuen Gläubigers ist unwirksam, wenn sie ohne Vorlegung einer solchen Urkunde erfolgt und der Schuldner sie aus diesem Grunde unverzüglich zurückweist.

(2) Diese Vorschriften finden keine Anwendung, wenn der bisherige Gläubiger dem Schuldner die Abtretung schriftlich angezeigt hat.

Schuldübernahme

§ 414. [Vertrag zwischen Gläubiger und Übernehmer] Eine Schuld kann von einem Dritten durch Vertrag mit dem Gläubiger in der Weise übernommen werden, daß der Dritte an die Stelle des bisherigen Schuldners tritt.

§ 419. [Vermögensübernahme; Haftung des Übernehmers] *(aufgehoben)*

Mehrheit von Schuldnern und Gläubigern

§ 420. [Teilbare Leistung] Schulden mehrere eine teilbare Leistung oder haben mehrere eine teilbare Leistung zu fordern, so ist im Zweifel jeder Schuldner nur zu einem gleichen Anteile verpflichtet, jeder Gläubiger nur zu einem gleichen Anteile berechtigt.

§ 421. [Gesamtschuldner] [1]Schulden mehrere eine Leistung in der Weise, daß jeder die ganze Leistung zu bewirken verpflichtet, der Gläubiger aber die Leistung nur einmal zu fordern berechtigt ist (Gesamtschuldner), so kann der Gläubiger die Leistung nach seinem Belieben von jedem der Schuldner ganz oder zu einem

Teile fordern. [2]Bis zur Bewirkung der ganzen Leistung bleiben sämtliche Schuldner verpflichtet.

§ 422. [Wirkung der Erfüllung] (1) [1]Die Erfüllung durch einen Gesamtschuldner wirkt auch für die übrigen Schuldner. [2]Das gleiche gilt von der Leistung an Erfüllungs Statt, der Hinterlegung und der Aufrechnung.

(2) Eine Forderung, die einem Gesamtschuldner zusteht, kann nicht von den übrigen Schuldnern aufgerechnet werden.

§ 426. [Ausgleichungspflicht der Gesamtschuldner] (1) [1]Die Gesamtschuldner sind im Verhältnisse zueinander zu gleichen Anteilen verpflichtet, soweit nicht ein anderes bestimmt ist [2]Kann von einem Gesamtschuldner der auf ihn entfallende Beitrag nicht erlangt werden, so ist der Ausfall von den übrigen zur Ausgleichung verpflichteten Schuldnern zu tragen.

(2) [1]Soweit ein Gesamtschuldner den Gläubiger befriedigt und von den übrigen Schuldnern Ausgleichung verlangen kann, geht die Forderung des Gläubigers gegen die übrigen Schuldner auf ihn über. [2]Der Übergang kann nicht zum Nachteile des Gläubigers geltend gemacht werden.

§ 427. [Gemeinschaftliche vertragliche Verpflichtung] Verpflichten sich mehrere durch Vertrag gemeinschaftlich zu einer teilbaren Leistung, so haften sie im Zweifel als Gesamtschuldner.

§ 428. [Gesamtgläubiger] [1]Sind mehrere eine Leistung in der Weise zu fordern berechtigt, daß jeder die ganze Leistung fordern kann, der Schuldner aber die Leistung nur einmal zu bewirken verpflichtet ist (Gesamtgläubiger), so kann der Schuldner nach seinem Belieben an jeden der Gläubiger leisten. [2]Dies gilt auch dann, wenn einer der Gläubiger bereits Klage auf die Leistung erhoben hat.

6

Einzelne Schuldverhältnisse

▶ Kauf. Tausch

Allgemeine Vorschriften

§ 433. [Grundpflichten des Verkäufers und des Käufers] [1]Durch den Kaufvertrag wird der Verkäufer einer Sache verpflichtet, dem Käufer die Sache zu übergeben und das Eigentum an der Sache zu verschaffen. [2]Der Verkäufer eines Rechtes ist verpflichtet, dem Käufer das Recht zu verschaffen und, wenn das Recht zum Besitz einer Sache berechtigt, die Sache zu übergeben.

(2) Der Käufer ist verpflichtet, dem Verkäufer den vereinbarten Kaufpreis zu zahlen und die gekaufte Sache abzunehmen.

§ 434. [Gewährleistung wegen Rechtsmängel] Der Verkäufer ist verpflichtet, dem Käufer den verkauften Gegenstand frei von Rechten zu verschaffen, die von Dritten gegen den Käufer geltend gemacht werden können.

§ 435. [Rechtsmängel bei Grundstücken]

(1) Der Verkäufer eines Grundstücks oder eines Rechtes an einem Grundstück ist verpflichtet, im Grundbuch eingetragene Rechte, die nicht bestehen, auf seine Kosten zur Löschung zu bringen, wenn sie im Falle ihres Bestehens das dem Käufer zu verschaffende Recht beeinträchtigen würden.

§ 437. [Gewährleistung bei Rechtskauf] (1) Der Verkäufer einer Forderung oder eines sonstigen Rechtes haftet für den rechtlichen Bestand der Forderung oder des Rechtes.

§ 438. [Haftung für Zahlungsfähigkeit] Übernimmt der Verkäufer einer Forderung die Haftung für die Zahlungsfähigkeit des Schuldners, so ist die Haftung im Zweifel nur auf die Zahlungsfähigkeit zur Zeit der Abtretung zu beziehen.

§ 439. [Kenntnis des Käufers vom Rechtsmangel] (1) Der Verkäufer hat einen Mangel im Rechte nicht zu vertreten, wenn der Käufer den Mangel bei dem Abschlusse des Kaufes kennt.

(2) [1]Eine Hypothek, eine Grundschuld, eine Rentenschuld, eine Schiffshypothek oder ein Pfandrecht hat der Verkäufer zu beseitigen, auch wenn der Käufer die Belastung kennt. [2]Das gleiche gilt von einer Vormerkung zur Sicherung des Anspruchs auf Bestellung eines dieser Rechte.

§ 440. [Rechte des Käufers] (1) Erfüllt der Verkäufer die ihm nach den §§ 433 bis 437, 439 obliegenden Verpflichtungen nicht, so bestimmen sich die Rechte des Käufers nach den Vorschriften der §§ 320 bis 327.

§ 442. [Beweislast für Rechtsmängel] Bestreitet der Verkäufer den vom Käufer geltend gemachten Mangel im Rechte, so hat der Käufer den Mangel zu beweisen.

§ 443. [Vertraglicher Ausschluß der Gewährleistung] Eine Vereinbarung, durch welche die nach den §§ 433 bis 437, 439 bis 442 wegen eines Mangels im Rechte dem Verkäufer obliegende Verpflichtung zur Gewährleistung erlassen oder beschränkt wird, ist nichtig, wenn der Verkäufer den Mangel arglistig verschweigt.

§ 445. [Kaufähnliche Verträge] Die Vorschriften der §§ 433 bis 444 finden auf andere Verträge, die auf Veräußerung oder Belastung eines Gegenstandes gegen Entgelt gerichtet sind, entsprechende Anwendung.

§ 446. [Gefahrübergang; Nutzungen; Lasten]
(1) [1]Mit der Übergabe der verkauften Sache geht die Gefahr des zufälligen Unterganges und einer zufälligen Verschlechterung auf den Käufer über. [2]Von der Übergabe an gebühren dem Käufer die Nutzungen und trägt er die Lasten der Sache.

(2) Wird der Käufer eines Grundstücks oder eines eingetragenen Schiffs oder Schiffsbauwerks vor der Übergabe als Eigentümer in das Grundbuch, das Schiffsregister oder das Schiffsbauregister eingetragen, so treten diese Wirkungen mit der Eintragung ein.

§ 447. [Gefahrübergang bei Versendungskauf]
(1) Versendet der Verkäufer auf Verlangen des Käufers die verkaufte Sache nach einem anderen Orte als dem Erfüllungsorte, so geht die Gefahr auf den Käufer über, sobald der Verkäufer die Sache dem Spediteur, dem Frachtführer oder der sonst zur Ausführung der Versendung bestimmten Person oder Anstalt ausgeliefert hat.

(2) Hat der Käufer eine besondere Anweisung über die Art der Versendung erteilt und weicht der Verkäufer ohne dringenden Grund von der Anweisung ab, so ist der Verkäufer dem Käufer für den daraus entstehenden Schaden verantwortlich.

§ 448. [Kosten der Übergabe] (1) Die Kosten der Übergabe der verkauften Sache, insbesondere die Kosten des Messens und Wägens, fallen dem Verkäufer, die Kosten der Abnahme und der Versendung der Sache nach einem anderen Orte als dem Erfüllungsorte fallen dem Käufer zur Last.

(2) Ist ein Recht verkauft, so fallen die Kosten der Begründung oder Übertragung des Rechtes dem Verkäufer zur Last.

§ 449. [Grundbuchkosten] (1) [1]Der Käufer eines Grundstücks hat die Kosten der Auflassung und der Eintragung, der Käufer eines Rechtes an einem Grundstücke hat die Kosten der zur Begründung oder Übertragung des Rechtes nötigen Eintragung in das Grundbuch, mit Einschluß der Kosten der zu der Eintragung erforderlichen Erklärungen, zu tragen. [2]Dem Käufer fallen in beiden Fällen auch die Kosten der Beurkundung des Kaufes zur Last.

§ 452. [Verzinsung des Kaufpreises] Der Käufer ist verpflichtet, den Kaufpreis von dem Zeitpunkt an zu verzinsen, von welchem an die Nutzungen des gekauften Gegenstandes ihm gebühren, sofern nicht der Kaufpreis gestundet ist.

§ 453. [Marktpreis] Ist als Kaufpreis der Marktpreis bestimmt, so gilt im Zweifel der für den Erfüllungsort zur Erfüllungszeit maßgebende Marktpreis als vereinbart.

§ 455. [Eigentumsvorbehalt] (1) Hat sich der Verkäufer einer beweglichen Sache das Eigentum bis zur Zahlung des Kaufpreises vorbehalten, so ist im Zweifel anzunehmen, daß die Übertragung des Eigentums unter der aufschiebenden Bedingung vollständiger Zahlung des Kaufpreises erfolgt und daß der Verkäufer zum Rücktritte von dem Vertrage berechtigt ist, wenn der Käufer mit der Zahlung in Verzug kommt.

(2) Die Vereinbarung eines Eigentumsvorbehalts ist nichtig, soweit der Eigentumsübergang davon abhängig gemacht wird, daß der Käufer Forderungen eines Dritten, insbesondere eines mit dem Verkäufer verbundenen Unternehmens, erfüllt.

Gewährleistung wegen Mängel der Sache

§ 459. [Haftung für Sachmängel] (1) [1]Der Verkäufer einer Sache haftet dem Käufer dafür, daß sie zu der Zeit, zu welcher die Gefahr auf den Käufer übergeht, nicht mit Fehlern behaftet ist, die den Wert oder die Tauglichkeit zu dem gewöhnlichen oder dem nach dem Vertrage vorausgesetzten Gebrauch aufheben oder mindern. [2]Eine unerhebliche Minderung des Wertes oder der Tauglichkeit kommt nicht in Betracht.

(2) Der Verkäufer haftet auch dafür, daß die Sache zur Zeit des Überganges der Gefahr die zugesicherten Eigenschaften hat.

§ 460. [Kenntnis des Käufers] [1]Der Verkäufer hat einen Mangel der verkauften Sache nicht zu vertreten, wenn der Käufer den Mangel bei dem Abschlusse des Kaufes kennt. [2]Ist dem Käufer ein Mangel der im § 459 Abs. 1 bezeichneten Art infolge grober Fahrlässigkeit unbekannt geblieben, so haftet der Verkäufer, sofern er nicht die Abwesenheit des Fehlers zugesichert hat, nur, wenn er den Fehler arglistig verschwiegen hat.

§ 461. [Pfandverkauf] Der Verkäufer hat einen Mangel der verkauften Sache nicht zu vertreten, wenn die Sache aufgrund eines Pfandrechts in öffentlicher Versteigerung unter der Bezeichnung als Pfand verkauft wird.

§ 462. [Wandelung; Minderung] Wegen eines Mangels, den der Verkäufer nach den Vorschriften der §§ 459, 460 zu vertreten hat, kann der Käufer Rückgängigmachung des Kaufes (Wandelung) oder Herabsetzung des Kaufpreises (Minderung) verlangen.

§ 463. [Schadensersatz wegen Nichterfüllung] [1]Fehlt der verkauften Sache zur Zeit des Kaufes eine zugesicherte Eigenschaft, so kann der Käufer statt der Wandelung oder der Minderung Schadensersatz wegen Nichterfüllung verlangen. [2]Das gleiche gilt, wenn der Verkäufer einen Fehler arglistig verschwiegen hat.

§ 464. [Vorbehalt bei Annahme] Nimmt der Käufer eine mangelhafte Sache an, obschon er den Mangel kennt, so stehen ihm die in den §§ 462, 463 bestimmten Ansprüche nur zu, wenn er sich seine Rechte wegen des Mangels bei der Annahme vorbehält.

§ 465. [Vollziehung der Wandelung oder Minderung] Die Wandelung oder die Minderung ist vollzogen, wenn sich der Verkäufer auf Verlangen des Käufers mit ihr einverstanden erklärt.

§ 467. [Durchführung der Wandelung] [1]Auf die Wandelung finden die für das vertragsmäßige Rücktrittsrecht geltenden Vorschriften der §§ 346 bis 348, 350 bis 354, 356 entsprechende Anwendung; im Falle des § 352 ist jedoch die Wandelung nicht ausgeschlossen, wenn der Mangel sich erst bei der Umgestaltung der Sache gezeigt hat. [2]Der Verkäufer hat dem Käufer auch die Vertragskosten zu ersetzen.

§ 472. [Berechnung der Minderung] (1) Bei der Minderung ist der Kaufpreis in dem Verhältnisse herabzusetzen, in welchem zur Zeit des Verkaufs der Wert der Sache in mangelfreiem Zustande zu dem wirklichen Werte gestanden haben würde.

(2) Findet im Falle des Verkaufs mehrerer Sachen für einen Gesamtpreis die Minderung nur wegen einzelner Sachen statt, so ist bei der Herabsetzung des Preises der Gesamtwert aller Sachen zugrunde zu legen.

6

§ 476. [Vertraglicher Ausschluß der Gewährleistung] Eine Vereinbarung, durch welche die Verpflichtung des Verkäufers zur Gewährleistung wegen Mängel der Sache erlassen oder beschränkt wird, ist nichtig, wenn der Verkäufer den Mangel arglistig verschweigt.

§ 476a. [Recht auf Nachbesserung] [1]Ist an Stelle des Rechts des Käufers auf Wandlung oder Minderung ein Recht auf Nachbesserung vereinbart, so hat der zur Nachbesserung verpflichtete Verkäufer auch die zum Zwecke der Nachbesserung erforderlichen Aufwendungen, insbesondere Transport-, Wege-, Arbeits- und Materialkosten, zu tragen. [2]Dies gilt nicht, soweit die Aufwendungen sich erhöhen, weil die gekaufte Sache nach der Lieferung an einen anderen Ort als den Wohnsitz oder die gewerbliche Niederlassung des Empfängers verbracht worden ist, es sei denn, das Verbringen entspricht dem bestimmungsgemäßen Gebrauch der Sache.

§ 477. [Verjährung der Gewährleistungsansprüche] (1) [1]Der Anspruch auf Wandelung oder auf Minderung sowie der Anspruch auf Schadensersatz wegen Mangels einer zugesicherten Eigenschaft verjährt, sofern nicht der Verkäufer den Mangel arglistig verschwiegen hat, bei beweglichen Sachen in sechs Monaten von der Ablieferung, bei Grundstücken in einem Jahre von der Übergabe an. [2]Die Verjährungsfrist kann durch Vertrag verlängert werden.

§ 480. [Gattungskauf] (1) [1]Der Käufer einer nur der Gattung nach bestimmten Sache kann statt der Wandelung oder der Minderung verlangen, daß ihm an Stelle der mangelhaften Sache eine mangelfreie geliefert wird. ...

(2) Fehlt der Sache zu der Zeit, zu welcher die Gefahr auf den Käufer übergeht, eine zugesicherte Eigenschaft oder hat der Verkäufer einen Fehler arglistig verschwiegen, so kann der Käufer statt der Wandelung, der Minderung oder der Lieferung einer mangelfreien Sache Schadensersatz wegen Nichterfüllung verlangen.

Besondere Arten des Kaufes

§ 494. [Kauf nach Probe] Bei einem Kaufe nach Probe oder nach Muster sind die Eigenschaften der Probe oder des Musters als zugesichert anzusehen.

§ 495. [Kauf auf Probe] (1) [1]Bei einem Kaufe auf Probe oder auf Besicht steht die Billigung des gekauften Gegenstandes im Belieben des Käufers. [2]Der Kauf ist im Zweifel unter der aufschiebenden Bedingung der Billigung geschlossen.

(2) Der Verkäufer ist verpflichtet, dem Käufer die Untersuchung des Gegenstandes zu gestatten.

§ 496. [Billigungsfrist] [1]Die Billigung eines auf Probe oder auf Besicht gekauften Gegenstandes kann nur innerhalb der vereinbarten Frist und in Ermangelung einer solchen nur bis zum Ablauf einer dem Käufer von dem Verkäufer bestimmten angemessenen Frist erklärt werden. [2]War die Sache dem Käufer zum Zwecke der Probe oder der Besichtigung übergeben, so gilt sein Schweigen als Billigung.

§ 504. [Voraussetzung der Ausübung] Wer in Ansehung eines Gegenstandes zum Vorkaufe berechtigt ist, kann das Vorkaufsrecht ausüben, sobald der Verpflichtete mit einem Dritten einen Kaufvertrag über den Gegenstand geschlossen hat.

§ 505. [Ausübung des Vorkaufsrecht] (1) [1]Die Ausübung des Vorkaufsrechts erfolgt durch Erklärung gegenüber dem Verpflichteten. [2]Die Erklärung bedarf nicht der für den Kaufvertrag bestimmten Form.

(2) Mit der Ausübung des Vorkaufsrechts kommt der Kauf zwischen dem Berechtigten und dem Verpflichteten unter den Bestimmungen zustande, welche der Verpflichtete mit dem Dritten vereinbart hat.

§ 510. [Mitteilungspflicht; Frist zur Ausübung]
(1) [1]Der Verpflichtete hat dem Vorkaufsberechtigten den Inhalt des mit dem Dritten geschlossenen Vertrags unverzüglich mitzuteilen. [2]Die Mitteilung des Verpflichteten wird durch die Mitteilung des Dritten ersetzt.

(2) [1]Das Vorkaufsrecht kann bei Grundstücken nur bis zum Ablaufe von zwei Monaten, bei anderen Gegenständen nur bis zum Ablauf einer Woche nach dem Empfange der Mitteilung ausgeübt werden. [2]Ist für die Ausübung eine Frist bestimmt, so tritt diese an die Stelle der gesetzlichen Frist.

Tausch

§ 515. [Tausch] Auf den Tausch finden die Vorschriften über den Kauf entsprechende Anwendung.

▶ Schenkung

§ 516. [Begriff] (1) Eine Zuwendung, durch die jemand aus seinem Vermögen einen anderen bereichert, ist Schenkung, wenn beide Teile darüber einig sind, daß die Zuwendung unentgeltlich erfolgt.

(2) [1]Ist die Zuwendung ohne den Willen des anderen erfolgt, so kann ihn der Zuwendende unter Bestimmung einer angemessenen Frist zur Erklärung über die Annahme auffordern. [2]Nach dem Ablaufe der Frist gilt die Schenkung als angenommen, wenn nicht der andere sie vorher abgelehnt hat.

§ 518. [Form des Schenkungsversprechens]
(1) [1]Zur Gültigkeit eines Vertrags, durch den eine Leistung schenkweise versprochen wird, ist die notarielle Beurkundung des Versprechens erforderlich.

(2) Der Mangel der Form wird durch die Bewirkung der versprochenen Leistung geheilt.

§ 530. [Widerruf der Schenkung] (1) Eine Schenkung kann widerrufen werden, wenn sich der Beschenkte durch eine schwere Verfehlung gegen den Schenker oder einen nahen Angehörigen des Schenkers groben Undankes schuldig macht.

▶ Miete – Pacht

§ 535. [Wesen des Mietvertrags] [1]Durch den Mietvertrag wird der Vermieter verpflichtet, dem Mieter den Gebrauch der vermieteten Sache während der Mietzeit zu gewähren. [2]Der Mieter ist verpflichtet, dem Vermieter den vereinbarten Mietzins zu entrichten.

§ 536. [Pflichten des Vermieters] Der Vermieter hat die vermietete Sache dem Mieter in einem zu dem vertragsmäßigen Gebrauche geeigneten Zustande zu überlassen und sie während der Mietzeit in diesem Zustande zu erhalten.

§ 548. [Abnutzung durch vertragsmäßigen Gebrauch] Veränderungen oder Verschlechterungen der gemieteten Sache, die durch den vertragsmäßigen Gebrauch herbeigeführt werden, hat der Mieter nicht zu vertreten.

§ 550b. [Mietkaution] (1) [1]Hat bei einem Mietverhältnis über Wohnraum der Mieter dem Vermieter für die Erfüllung seiner Verpflichtungen Sicherheit zu leisten, so darf diese das Dreifache des auf einen Monat entfallenden Mietzinses vorbehaltlich der Regelung in Absatz 2 Satz 3 nicht übersteigen. [2]Nebenkosten, über die gesondert abzurechnen ist, bleiben unberücksichtigt. [3]Ist eine Geldsumme bereitzustellen, so ist der Mieter zu drei gleichen monatlichen Teilleistungen berechtigt; die erste Teilleistung ist zu Beginn des Mietverhältnisses fällig.

(2) [1]Ist bei einem Mietverhältnis über Wohnraum eine als Sicherheit bereitzustellende Geldsumme dem Vermieter zu überlassen, so hat er sie von seinem Vermögen getrennt bei einem Kreditinstitut zu dem für Spareinlagen mit dreimonatiger Kündigungsfrist üblichen Zinssatz anzulegen. [2]Die Zinsen stehen dem Mieter zu. [3]Sie erhöhen die Sicherheit. 6

(3) Eine zum Nachteil des Mieters abweichende Vereinbarung ist unwirksam.

§ 551. [Entrichtung des Mietzinses] (1) [1]Der Mietzins ist am Ende der Mietzeit zu entrichten. [2]Ist der Mietzins nach Zeitabschnitten bemessen, so ist er nach dem Ablaufe der einzelnen Zeitabschnitte zu entrichten.

(2) Der Mietzins für ein Grundstück ist, sofern er nicht nach kürzeren Zeitabschnitten bemessen ist, nach dem Ablaufe je eines Kalendervierteljahres am ersten Werktag des folgenden Monats zu entrichten.

§ 556. [Rückgabe der Mietsache] (1) Der Mieter ist verpflichtet, die gemietete Sache nach der Beendigung des Mietverhältnisses zurückzugeben.

(2) Dem Mieter eines Grundstücks steht wegen seiner Ansprüche gegen den Vermieter ein Zurückbehaltungsrecht nicht zu.

§ 564a. [Schriftform der Kündigung] (1) [1]Die Kündigung eines Mietverhältnisses über Wohnraum bedarf der schriftlichen Form. [2]In dem Kündigungsschreiben sollen die Gründe der Kündigung angegeben werden.

(2) Der Vermieter von Wohnraum soll den Mieter auf die Möglichkeit des Widerspruchs nach § 556a sowie auf die Form und die Frist des Widerspruchs rechtzeitig hinweisen.

(3) [1]Die Absätze 1 und 2 gelten nicht für Mietverhältnisse der in § 564b Abs. 7 Nr. 1 und 2 genannten Art. [2]Absatz 1 Satz 2 und Absatz 2 gelten nicht für Mietverhältnisse der in § 564b Abs. 7 Nr. 4 und 5 genannten Art.

§ 566. [Schriftform des Mietvertrages] [1]Ein Mietvertrag über ein Grundstück, der für längere Zeit als ein Jahr geschlossen wird, bedarf der schriftlichen Form. [2]Wird die Form nicht beobachtet, so gilt der Vertrag als für unbestimmte Zeit geschlossen; die Kündigung ist jedoch nicht für eine frühere Zeit als für den Schluß des ersten Jahres zulässig.

§ 570b. [Vorkaufsrecht des Mieters] (1) [1]Werden vermietete Wohnräume, an denen nach der Überlassung an den Mieter Wohnungseigentum begründet worden ist oder begründet werden soll, an einen Dritten verkauft, so ist der Mieter zum Vorkauf berechtigt. [2]Dies gilt nicht, wenn der Vermieter die Wohnräume an eine zu seinem Hausstand gehörende Person oder an einen Familienangehörigen verkauft.

6

§ 571. [Kauf bricht nicht Miete] (1) Wird das vermietete Grundstück nach der Überlassung an den Mieter von dem Vermieter an einen Dritten veräußert, so tritt der Erwerber an Stelle des Vermieters in die sich während der Dauer seines Eigentums aus dem Mietverhältnis ergebenden Rechte und Verpflichtungen ein.

(2) [1]Erfüllt der Erwerber die Verpflichtungen nicht, so haftet der Vermieter für den von dem Erwerber zu ersetzenden Schaden wie ein Bürge, der auf die Einrede der Vorausklage verzichtet hat. [2]Erlangt der Mieter von dem Übergange des Eigentums durch Mitteilung des Vermieters Kenntnis, so wird der Vermieter von der Haftung befreit, wenn nicht der Mieter das Mietverhältnis für den ersten Termin kündigt, für den die Kündigung zulässig ist.

§ 581. [Wesen des Pachtvertrages; Anwendbarkeit des Mietrechts] (1) [1]Durch den Pachtvertrag wird der Verpächter verpflichtet, dem Pächter den Gebrauch des verpachteten Gegenstandes und den Genuß der Früchte, soweit sie nach den Regeln einer ordnungsmäßigen Wirtschaft als Ertrag anzusehen sind, während der Pachtzeit zu gewähren. [2]Der Pächter ist verpflichtet, dem Verpächter den vereinbarten Pachtzins zu entrichten.

▶ Leihe

§ 598. [Wesen der Leihe] Durch den Leihvertrag wird der Verleiher einer Sache verpflichtet, dem Entleiher den Gebrauch der Sache unentgeltlich zu gestatten.

§ 599. [Haftung des Verleihers] Der Verleiher hat nur Vorsatz und grobe Fahrlässigkeit zu vertreten.

§ 602. [Abnutzung der Sache] Veränderungen der Verschlechterungen der geliehenen Sache, die durch den vertragsmäßigen Gebrauch herbeigeführt werden, hat der Entleiher nicht zu vertreten.

§ 603. [Vertragsmäßiger Gebrauch] [1]Der Entleiher darf von der geliehenen Sache keinen anderen als den vertragsmäßigen Gebrauch machen. [2]Er ist ohne die Erlaubnis des Verleihers nicht berechtigt, den Gebrauch der Sache einem Dritten zu überlassen.

§ 604. [Rückgabepflicht] (1) Der Entleiher ist verpflichtet, die geliehene Sache nach dem Ablaufe der für die Leihe bestimmten Zeit zurückzugeben.

(2) [1]Ist eine Zeit nicht bestimmt, so ist die Sache zurückzugeben, nachdem der Entleiher den sich aus dem Zwecke der Leihe ergebenden Gebrauch gemacht hat. [2]Der Verleiher kann die Sache schon vorher zurückfordern, wenn so viel Zeit verstrichen ist, daß der Entleiher den Gebrauch hätte machen können.

(3) Ist die Dauer der Leihe weder bestimmt noch aus dem Zwecke zu entnehmen, so kann der Verleiher die Sache jederzeit zurückfordern.

(4) Überläßt der Entleiher den Gebrauch der Sache einem Dritten, so kann der Verleiher sie nach der Beendigung der Leihe auch von dem Dritten zurückfordern.

▶ Darlehen

§ 607. [Wesen des Darlehens] Wer Geld oder andere vertretbare Sachen als Darlehen empfangen hat, ist verpflichtet dem Darleiher das

Empfangene in Sachen von gleicher Art, Güte und Menge zurückzuerstatten.

(2) Wer Geld oder andere vertretbare Sachen aus einem anderen Grunde schuldet, kann mit dem Gläubiger vereinbaren, daß das Geld oder die Sachen als Darlehen geschuldet werden sollen.

§ 608. [Fälligkeit der Zinsen] Sind für ein Darlehen Zinsen bedungen, so sind sie, sofern nicht ein anderes bestimmt ist, nach dem Ablaufe je eines Jahres und, wenn das Darlehen vor dem Ablauf eines Jahres zurückzuerstatten ist, bei der Rückerstattung zu entrichten.

§ 609. [Fälligkeit der Rückerstattung] (1) Ist für die Rückerstattung eines Darlehens eine Zeit nicht bestimmt, so hängt die Fälligkeit davon ab, daß der Gläubiger oder der Schuldner kündigt.

(2) Die Kündigungsfrist beträgt bei Darlehen von mehr als dreihundert Deutsche Mark drei Monate, bei Darlehen von geringerem Betrag einen Monat.

(3) Sind Zinsen nicht bedungen, so ist der Schuldner auch ohne Kündigung zur Rückerstattung berechtigt.

§ 609a. [Kündigungsrecht des Schuldners]

(1) Der Schuldner kann ein Darlehen, bei dem für einen bestimmten Zeitraum ein fester Zinssatz vereinbart ist, ganz oder teilweise kündigen,

1. wenn die Zinsbindung vor der für die Rückzahlung bestimmten Zeit endet und keine neue Vereinbarung über den Zinssatz getroffen ist, unter Einhaltung einer Kündigungsfrist von einem Monat frühestens für den Ablauf des Tages, an dem die Zinsbindung endet; ist eine Anpassung des Zinssatzes in bestimmten Zeiträumen bis zu einem Jahr vereinbart, so kann der Schuldner jeweils nur für den Ablauf des Tages, an dem die Zinsbindung endet, kündigen;
2. wenn das Darlehen einer natürlichen Person gewährt und nicht durch ein Grund- oder Schiffspfandrecht gesichert ist, nach Ablauf von sechs Monaten nach dem vollständigen Empfang unter Einhaltung einer Kündigungsfrist von drei Monaten; dies gilt nicht, wenn das Darlehen ganz oder überwiegend für Zwecke einer gewerblichen oder beruflichen Tätigkeit bestimmt war;
3. in jedem Falle nach Ablauf von zehn Jahren nach dem vollständigen Empfang unter Einhaltung einer Kündigungsfrist von sechs Monaten; wird nach dem Empfang des Darlehens eine neue Vereinbarung über die Zeit der Rückzahlung oder den Zinssatz getroffen, so tritt der Zeitpunkt dieser Vereinbarung an die Stelle des Zeitpunkts der Auszahlung.

(2) Der Schuldner kann ein Darlehen mit veränderlichem Zinssatz jederzeit unter Einhaltung einer Kündigungsfrist von drei Monaten kündigen.

(3) Eine Kündigung des Schuldners nach den Absätzen 1 oder 2 gilt als nicht erfolgt, wenn er den geschuldeten Betrag nicht binnen zweier Wochen nach Wirksamwerden der Kündigung zurückzahlt.

§ 610. [Darlehensversprechen] Wer die Hingabe eines Darlehens verspricht, kann im Zweifel das Versprechen widerrufen, wenn in den Vermögensverhältnissen des anderen Teiles eine wesentliche Verschlechterung eintritt, durch die der Anspruch auf die Rückerstattung gefährdet wird.

▶ Dienstvertrag

§ 611. [Wesen des Dienstvertrags] (1) Durch den Dienstvertrag wird derjenige, welcher Dienste zusagt, zur Leistung der versprochenen Dienste, der andere Teil zur Gewährung der vereinbarten Vergütung verpflichtet.

(2) Gegenstand des Dienstvertrags können Dienste jeder Art sein.

§ 611a. [Benachteiligungsverbot] (1) [1]Der Arbeitgeber darf einen Arbeitnehmer bei einer Vereinbarung oder einer Maßnahme, insbesondere bei der Begründung des Arbeitsverhältnisses, beim beruflichen Aufstieg, bei einer Weisung oder einer Kündigung, nicht wegen seines Geschlechts benachteiligen. [2]Eine unterschiedliche Behandlung wegen des Geschlechts ist jedoch zulässig, soweit eine Vereinbarung oder eine Maßnahme die Art der vom Arbeitnehmer auszuübenden Tätigkeit zum Gegenstand hat und ein bestimmtes Geschlecht unverzichtbare Voraussetzung für diese Tätigkeit ist. [3]Wenn im Streitfall der Arbeitnehmer Tatsachen glaubhaft macht, die eine Benachteiligung wegen des Geschlechts vermuten lassen, trägt der Arbeitgeber die Beweislast dafür, daß nicht auf das Geschlecht bezogene, sachliche Gründe eine unterschiedliche Behandlung rechtfertigen oder das Geschlecht unverzichtbare Voraussetzung für die auszuübende Tätigkeit ist. 6

(2) Verstößt der Arbeitgeber gegen das in Absatz 1 geregelte Benachteiligungsverbot bei der Begründung eines Arbeitsverhältnisses, so kann der hierdurch benachteiligte Bewerber eine angemessene Entschädigung in Geld verlangen; ein Anspruch auf Begründung eines Arbeitsverhältnisses besteht nicht.

(3) Wäre der Bewerber auch bei benachteiligungsfreier Auswahl nicht eingestellt worden, so hat der Arbeitgeber eine angemessene Ent-

schädigung in Höhe von höchstens drei Monatsverdiensten zu leisten. Als Monatsverdienst gilt, was dem Bewerber bei regelmäßiger Arbeitszeit in dem Monat, in dem das Arbeitsverhältnis hätte begründet werden sollen, an Geld- und Sachbezügen zugestanden hätte.

(4) Ein Anspruch nach den Absätzen 2 und 3 muß innerhalb einer Frist, die mit Zugang der Ablehnung der Bewerbung beginnt, schriftlich geltend gemacht werden. Die Länge der Frist bemißt sich nach einer für die Geltendmachung von Schadenersatzansprüchen im angestrebten Arbeitsverhältnis vorgesehenen Ausschlußfrist; sie beträgt mindestens zwei Monate. Ist eine solche Frist für das angestrebte Arbeitsverhältnis nicht bestimmt, so beträgt die Frist sechs Monate.

(5) Die Absätze 2 bis 4 gelten beim beruflichen Aufstieg entsprechend, wenn auf den Aufstieg kein Anspruch besteht.

§ 611b. [Arbeitsplatzausschreibung] Der Arbeitgeber darf einen Arbeitsplatz weder öffentlich noch innerhalb des Betriebs nur für Männer oder nur für Frauen ausschreiben, es sei denn daß ein Fall des § 611a Abs. 1 Satz 2 vorliegt.

§ 612. [Vergütung] (1) Eine Vergütung gilt als stillschweigend vereinbart, wenn die Dienstleistung den Umständen nach nur gegen eine Vergütung zu erwarten ist.

(3) [1]Bei einem Arbeitsverhältnis darf für gleiche oder für gleichwertige Arbeit nicht wegen des Geschlechts des Arbeitnehmers eine geringere Vergütung vereinbart werden als bei einem Arbeitnehmer des anderen Geschlechts. [2]Die Vereinbarung einer geringeren Vergütung wird nicht dadurch gerechtfertigt, daß wegen des Geschlechts des Arbeitnehmers besondere Schutzvorschriften gelten. ...

§ 612a. [Maßregelungsverbot] Der Arbeitgeber darf einen Arbeitnehmer bei einer Vereinbarung oder einer Maßnahme nicht benachteiligen, weil der Arbeitnehmer in zulässiger Weise seine Rechte ausübt.

6

§ 613. [Höchstpersönliche Verpflichtung und Berechtigung] [1]Der zur Dienstleistung Verpflichtete hat die Dienste im Zweifel in Person zu leisten. [2]Der Anspruch auf die Dienste ist im Zweifel nicht übertragbar.

§ 613a. [Rechte und Pflichten bei Betriebsübergang] (1) [1]Geht ein Betrieb oder Betriebsteil durch Rechtsgeschäft auf einen anderen Inhaber über, so tritt dieser in die Rechte und Pflichten aus den im Zeitpunkt des Übergangs bestehenden Arbeitsverhältnissen ein. [2]Sind diese Rechte und Pflichten durch Rechtsnormen eines Tarifvertrages oder durch eine Betriebsvereinbarung geregelt, so werden sie Inhalt des Arbeitsverhältnisses zwischen dem neuen Inhaber und dem Arbeitnehmer und dürfen nicht vor Ablauf eines Jahres nach dem Zeitpunkt des Übergangs zum Nachteil des Arbeitnehmers geändert werden. [3]Satz 2 gilt nicht, wenn die Rechte und Pflichten bei dem neuen Inhaber durch Rechtsnormen eines anderen Tarifvertrages oder durch eine andere Betriebsvereinbarung geregelt werden. [4]Vor Ablauf der Frist nach Satz 2 können die Rechte und Pflichten geändert werden, wenn der Tarifvertrag oder die Betriebsvereinbarung nicht mehr gilt oder bei fehlender beiderseitiger Tarifgebundenheit im Geltungsbereich eines anderen Tarifvertrags dessen Anwendung zwischen dem neuen Inhaber und dem Arbeitnehmer vereinbart wird.

(4) [1]Die Kündigung des Arbeitsverhältnisses eines Arbeitnehmers durch den bisherigen Arbeitgeber oder durch den neuen Inhaber wegen des Übergangs eines Betriebs oder eines Betriebsteils ist unwirksam. [2]Das Recht zur Kündigung des Arbeitsverhältnisses aus anderen Gründen bleibt unberührt.

§ 614. [Fälligkeit der Vergütung] [1]Die Vergütung ist nach der Leistung der Dienste zu entrichten. [2]Ist die Vergütung nach Zeitabschnitten bemessen, so ist sie nach dem Ablaufe der einzelnen Zeitabschnitte zu entrichten.

§ 615. [Vergütung bei Annahmeverzug] [1]Kommt der Dienstberechtigte mit der Annahme der Dienste in Verzug, so kann der Verpflichtete für die infolge des Verzugs nicht geleisteten Dienste die vereinbarte Vergütung verlangen, ohne zur Nachleistung verpflichtet zu sein. [2]Er muß sich jedoch den Wert desjenigen anrechnen lassen, was er infolge des Unterbleibens der Dienstleistung erspart oder durch anderweitige Verwendung seiner Dienste erwirbt oder zu erwerben böswillig unterläßt.

§ 616. [Vorübergehende Verhinderung] [1]Der zur Dienstleistung Verpflichtete wird des Anspruchs auf die Vergütung nicht dadurch verlustig, daß er für eine verhältnismäßig nicht erhebliche Zeit durch einen in seiner Person liegenden Grund ohne sein Verschulden an der Dienstleistung verhindert wird. [2]Er muß sich jedoch den Betrag anrechnen lassen, welcher ihm für die Zeit der Verhinderung aus einer auf Grund gesetzlicher Verpflichtung bestehenden Kranken- oder Unfallversicherung zukommt.

§ 620. [Ende des Dienstverhältnisses] (1) Das Dienstverhältnis endigt mit dem Ablaufe der Zeit, für die es eingegangen ist.

(2) Ist die Dauer des Dienstverhältnisses weder bestimmt noch aus der Beschaffenheit oder dem Zwecke der Dienste zu entnehmen, so kann jeder Teil das Dienstverhältnis nach Maßgabe der §§ 621, 622 kündigen.

§ 621. [Allgemeine Kündigungsfristen] Bei einem Dienstverhältnis, das kein Arbeitsverhältnis im Sinne des § 622 ist, ist die Kündigung zulässig,
1. wenn die Vergütung nach Tagen bemessen ist, an jedem Tag für den Ablauf des folgenden Tages;
2. wenn die Vergütung nach Wochen bemessen ist, spätestens am ersten Werktag einer Woche für den Ablauf des folgenden Sonnabends;
3. wenn die Vergütung nach Monaten bemessen ist, spätestens am fünfzehnten eines Monats für den Schluß des Kalendermonats;
4. wenn die Vergütung nach Vierteljahren oder längeren Zeitabschnitten bemessen ist, unter Einhaltung einer Kündigungsfrist von sechs Wochen für den Schluß eines Kalendervierteljahres;
5. wenn die Vergütung nicht nach Zeitabschnitten bemessen ist, jederzeit; bei einem die Erwerbstätigkeit des Verpflichteten vollständig oder hauptsächlich in Anspruch nehmenden Dienstverhältnis ist jedoch eine Kündigungsfrist von zwei Wochen einzuhalten.

§ 622. [Kündigungsfrist bei Arbeitsverhältnissen] (1) [1]Das Arbeitsverhältnis eines Arbeiters oder eines Angestellten (Arbeitnehmers) kann mit einer Frist von vier Wochen zum Fünfzehnten oder zum Ende eines Kalendermonats gekündigt werden.

(2) [1]Für eine Kündigung durch den Arbeitgeber beträgt die Kündigungsfrist, wenn das Arbeitsverhältnis in dem Betrieb oder Unternehmen
1. zwei Jahre bestanden hat, einen Monat zum Ende eines Kalendermonats,
2. fünf Jahre bestanden hat, zwei Monate zum Ende einesKalendermonats,
3. acht Jahre bestanden hat, drei Monate zum Ende eines Kalendermonats,
4. zehn Jahre bestanden hat, vier Monate zum Ende eines Kalendermonats,
5. zwölf Jahre bestanden hat, fünf Monate zum Ende eines Kalendermonats,
6. fünfzehn Jahre bestanden hat, sechs Monate zum Ende eines Kalendermonats,
7. zwanzig Jahre bestanden hat, sieben Monate zum Ende eines Kalendermonats.

[2]Bei der Berechnung der Beschäftigungsdauer werden Zeiten, die vor der Vollendung des fünfundzwanzigsten Lebensjahres des Arbeitnehmers liegen, nicht berücksichtigt.

(3) Während einer vereinbarten Probezeit, längstens für die Dauer von sechs Monaten, kann das Arbeitsverhältnis mit einer Frist von zwei Wochen gekündigt werden.

(4) [1]Von den Absätzen 1 bis 3 abweichende Regelungen können durch Tarifvertrag vereinbart werden. [2]Im Geltungsbereich eines solchen Tarifvertrages gelten die abweichenden tarifvertraglichen Bestimmungen zwischen nichttarifgebundenen Arbeitgebern und Arbeitnehmern, wenn ihre Anwendung zwischen ihnen vereinbart ist.

(5) [1]Einzelvertraglich kann eine kürzere als die in Absatz 1 genannte Kündigungsfrist nur vereinbart werden,
1. wenn ein Arbeitnehmer zur vorübergehenden Aushilfe eingestellt ist; dies gilt nicht, wenn das Arbeitsverhältnis über die Zeit von drei Monaten hinaus fortgesetzt wird;
2. wenn der Arbeitgeber in der Regel nicht mehr als zwanzig Arbeitnehmer ausschließlich der zu ihrer Berufsbildung Beschäftigten beschäftigt und die Kündigungsfrist vier Wochen nicht unterschreitet. Bei der Feststellung der Zahl der beschäftigten Arbeitnehmer sind teilzeitbeschäftigte Arbeitnehmer mit einer regelmäßigen wöchentlichen Arbeitszeit von nicht mehr als zehn Stunden mit 0,25, nicht mehr als 20 Stunden mit 0,5 und nicht mehr als 30 Stunden mit 0,75 zu berücksichtigen.

[2]Die einzelvertragliche Vereinbarung längerer als der in den Absätzen 1 bis 3 genannten Kündigungsfristen bleibt hiervon unberührt.

(6) Für die Kündigung des Arbeitsverhältnisses durch den Arbeitnehmer darf keine längere Frist vereinbart werden als für die Kündigung durch den Arbeitgeber.

§ 626. [Fristlose Kündigung aus wichtigem Grund] (1) Das Dienstverhältnis kann von jedem Vertragsteil aus wichtigem Grund ohne Einhaltung einer Kündigungsfrist gekündigt werden, wenn Tatsachen vorliegen, auf Grund derer dem Kündigenden unter Berücksichtigung aller Umstände des Einzelfalles und unter Abwägung der Interessen beider Vertragsteile die Fortsetzung des Dienstverhältnisses bis zum Ablauf der Kündigungsfrlst oder bis zu der vereinbarten Beendigung des Dienstverhältnisses nicht zugemutet werden kann.

(2) [1]Die Kündigung kann nur innerhalb von zwei Wochen erfolgen. [2]Die Frist beginnt mit dem Zeitpunkt, in dem der Kündigungsberechtigte von den für die Kündigung maßgebenden Tatsachen Kenntnis erlangt. [3]Der Kündigende muß dem anderen Teil auf Verlangen den Kündigungsgrund unverzüglich schriftlich mitteilen.

§ 630. [Pflicht zur Zeugniserteilung] [1]Bei der Beendigung eines dauernden Dienstverhältnisses kann der Verpflichtete von dem anderen Teile ein schriftliches Zeugnis über das Dienstverhältnis und dessen Dauer fordern. [2]Das Zeugnis ist auf Verlangen auf die Leistungen und die Führung im Dienste zu erstrecken.

▶ Werkvertrag und ähnliche Verträge

§ 631. [Wesen des Werkvertrags] (1) Durch den Werkvertrag wird der Unternehmer zur Herstellung des versprochenen Werkes, der Besteller zur Entrichtung der vereinbarten Vergütung verpflichtet.

(2) Gegenstand des Werkvertrags kann sowohl die Herstellung oder Veränderung einer Sache als ein anderer durch Arbeit oder Dienstleistung herbeizuführender Erfolg sein.

§ 632. [Vergütung] (1) Eine Vergütung gilt als stillschweigend vereinbart, wenn die Herstellung des Werkes den Umständen nach nur gegen eine Vergütung zu erwarten ist.

(2) Ist die Höhe der Vergütung nicht bestimmt, so ist bei dem Bestehen einer Taxe die taxmäßige Vergütung, in Ermangelung einer Taxe die übliche Vergütung als vereinbart anzusehen.

§ 633. [Nachbesserung; Mängelbeseitigung] (1) Der Unternehmer ist verpflichtet, das Werk so herzustellen, daß es die zugesicherten Eigenschaften hat und nicht mit Fehlern behaftet ist, die den Wert oder die Tauglichkeit zu dem gewöhnlichen oder dem nach dem Vertrage vorausgesetzten Gebrauch aufheben oder mindern.

(2) [1]Ist das Werk nicht von dieser Beschaffenheit, so kann der Besteller die Beseitigung des Mangels verlangen. [2]§ 476a gilt entsprechend. [3]Der Unternehmer ist berechtigt, die Beseitigung zu verweigern, wenn sie einen unverhältnismäßigen Aufwand erfordert.

(3) Ist der Unternehmer mit der Beseitigung des Mangels im Verzuge, so kann der Besteller den Mangel selbst beseitigen und Ersatz der erforderlichen Aufwendungen verlangen.

6

§ 634. [Gewährleistung: Wandelung, Minderung] (1) [1]Zur Beseitigung eines Mangels der im § 633 bezeichneten Art kann der Besteller dem Unternehmer eine angemessene Frist mit der Erklärung bestimmen, daß er die Beseitigung des Mangels nach dem Ablaufe der Frist ablehne. [2]Zeigt sich schon vor der Ablieferung des Werkes ein Mangel, so kann der Besteller die Frist sofort bestimmen; die Frist muß so bemessen werden, daß sie nicht vor der für die Ablieferung bestimmten Frist abläuft. [3]Nach dem Ablaufe der Frist kann der Besteller Rückgängigmachung des Vertrags (Wandelung) oder Herabsetzung der Vergütung (Minderung) verlangen, wenn nicht der Mangel rechtzeitig beseitigt worden ist; der Anspruch auf Beseitigung des Mangels ist ausgeschlossen.

(2) Der Bestimmung einer Frist bedarf es nicht, wenn die Beseitigung des Mangels unmöglich ist oder von dem Unternehmer verweigert wird oder wenn die sofortige Geltendmachung des Anspruchs auf Wandelung oder auf Minderung durch ein besonderes Interesse des Bestellers gerechtfertigt wird.

(3) Die Wandelung ist ausgeschlossen, wenn der Mangel den Wert oder die Tauglichkeit des Werkes nur unerheblich mindert.

(4) Auf die Wandelung und die Minderung finden die für den Kauf geltenden Vorschriften der §§ 465 bis 467, 469 bis 475 entsprechende Anwendung.

§ 635. [Schadensersatz wegen Nichterfüllung] Beruht der Mangel des Werkes auf einem Umstande, den der Unternehmer zu vertreten hat, so kann der Besteller statt der Wandelung oder der Minderung Schadensersatz wegen Nichterfüllung verlangen.

§ 638. [Kurze Verjährung] (1) [1]Der Anspruch des Bestellers auf Beseitigung eines Mangels des Werkes sowie die wegen des Mangels dem Besteller zustehenden Ansprüche auf Wandelung, Minderung oder Schadensersatz verjähren, sofern nicht der Unternehmer den Mangel arglistig verschwiegen hat, in sechs Monaten, bei Arbeiten an einem Grundstück in einem Jahre, bei Bauwerken in fünf Jahren. [2]Die Verjährung beginnt mit der Abnahme des Werkes.

(2) Die Verjährungsfrist kann durch Vertrag verlängert werden.

§ 640. [Abnahme) (1) Der Besteller ist verpflichtet, das vertragsmäßig hergestellte Werk abzunehmen, sofern nicht nach der Beschaffenheit des Werkes die Abnahme ausgeschlossen ist.

(2) Nimmt der Besteller ein mangelhaftes Werk ab, obschon er den Mangel kennt, so stehen ihm die in den §§ 633, 634 bestimmten Ansprüche nur zu, wenn er sich seine Rechte wegen des Mangels bei der Abnahme vorbehält.

§ 651. [Werklieferungsvertrag] (1) [1]Verpflichtet sich der Unternehmer, das Werk aus einem von ihm zu beschaffenden Stoffe herzustellen, so hat er dem Besteller die hergestellte Sache zu übergeben und das Eigentum an der Sache zu verschaffen. [2]Auf einen solchen Vertrag finden die Vorschriften über den Kauf Anwendung; ist eine nicht vertretbare Sache herzustellen, so treten an die Stelle des § 433, des § 446 Abs. 1 Satz 1 und der §§ 447, 459, 460, 462 bis 464, 477 bis 479 die Vorschriften über den Werkvertrag mit Ausnahme der §§ 647 bis 648a.

(2) Verpflichtet sich der Unternehmer nur zur Beschaffung von Zutaten oder sonstigen Nebensachen, so finden ausschließlich die Vorschriften über den Werkvertrag Anwendung.

§ 651 a. [Reisevertrag] (1) [1]Durch den Reisevertrag wird der Reiseveranstalter verpflichtet, dem Reisenden eine Gesamtheit von Reiseleistungen (Reise) zu erbringen. [2]Der Reisende ist verpflichtet, dem Reiseveranstalter den vereinbarten Reisepreis zu zahlen.

(3) Der Reiseveranstalter kann den Reisepreis nur erhöhen, wenn dies mit genauen Angaben zur Berechnung des neuen Preises im Vertrag vorgesehen ist und damit einer Erhöhung der Beförderungskosten, der Abgaben für bestimmte Leistungen, wie Hafen- oder Flughafengebühren, oder einer Änderung der für die betreffenden Reise geltenden Wechselkurse Rechnung getragen wird. Eine Preiserhöhung, die ab dem zwanzigsten Tag vor dem vereinbarten Abreisetermin verlangt wird, ist unwirksam. § 11 Nr. 1 des Gesetzes zur Regelung des Rechts der Allgemeinen Geschäftsbedingungen bleibt unberührt.

▶ Maklervertrag

§ 652. [Entstehung des Lohnanspruchs]

(1) [1]Wer für den Nachweis der Gelegenheit zum Abschluß eines Vertrags oder für die Vermittlung eines Vertrags einen Mäklerlohn verspricht, ist zur Entrichtung des Lohnes nur verpflichtet, wenn der Vertrag infolge des Nachweises oder infolge der Vermittlung des Mäklers zustande kommt. [2]Wird der Vertrag unter einer aufschiebenden Bedingung geschlossen, so kann der Mäklerlohn erst verlangt werden, wenn die Bedingung eintritt.

(2) [1]Aufwendungen sind dem Mäkler nur zu ersetzen, wenn es vereinbart ist. [2]Dies gilt auch dann, wenn ein Vertrag nicht zustande kommt.

§ 653. [Mäklerlohn] (1) Ein Mäklerlohn gilt als stillschweigend vereinbart, wenn die dem Mäkler übertragene Leistung den Umständen nach nur gegen eine Vergütung zu erwarten ist.

(2) Ist die Höhe der Vergütung nicht bestimmt, so ist bei dem Bestehen einer Taxe der taxmäßige Lohn, in Ermangelung einer Taxe der übliche Lohn als vereinbart anzusehen.

▶ Auftrag

§ 662. [Wesen des Auftrags] Durch die Annahme eines Auftrags verpflichtet sich der Beauftragte, ein ihm von dem Auftraggeber übertragenes Geschäft für diesen unentgeltlich zu besorgen.

§ 670. [Ersatz von Aufwendungen] Macht der Beauftragte zum Zwecke der Ausführung des Auftrags Aufwendungen, die er den Umständen nach für erforderlich halten darf, so ist der Auftraggeber zum Ersatze verpflichtet.

§ 675. [Entgeltliche Geschäftsbesorgung] Auf einen Dienstvertrag oder einen Werkvertrag, der eine Geschäftsbesorgung zum Gegenstande hat, finden die Vorschriften der §§ 663, 665 bis 670, 672 bis 674 und, wenn dem Verpflichteten das Recht zusteht, ohne Einhaltung einer Kündigungsfrist zu kündigen, auch die Vorschriften des § 671 Abs. 2 entsprechende Anwendung.

§ 676. [Keine Haftung für Rat oder Empfehlung] Wer einem anderen einen Rat oder eine Empfehlung erteilt, ist, unbeschadet der sich aus einem Vertragsverhältnis oder einer unerlaubten Handlung ergebenden Verantwortlichkeit, zum Ersatze des aus der Befolgung des Rates oder der Empfehlung entstehenden Schadens nicht verpflichtet.

▶ Geschäftsführung ohne Auftrag

§ 677. [Pflichten des Geschäftsführers] Wer ein Geschäft für einen anderen besorgt, ohne von ihm beauftragt oder ihm gegenüber sonst dazu berechtigt zu sein, hat das Geschäft so zu führen, wie das Interesse des Geschäftsherrn mit Rücksicht auf dessen wirklichen oder mutmaßlichen Willen es erfordert.

§ 678. [Geschäftsführung gegen den Willen des Geschäftsherrn] Steht die Übernahme der Geschäftsführung mit dem wirklichen oder dem mutmaßlichen Willen des Geschäftsherrn in Widerspruch und mußte der Geschäftsführer dies erkennen, so ist er dem Geschäftsherrn zum Ersatze des aus der Geschäftsführung entstehenden Schadens auch dann verpflichtet, wenn ihm ein sonstiges Verschulden nicht zur Last fällt.

§ 680. [Geschäftsführung zur Gefahrenabwehr] Bezweckt die Geschäftsführung die Abwendung einer dem Geschäftsherrn drohenden dringenden Gefahr, so hat der Geschäftsführer nur Vorsatz und grobe Fahrlässigkeit zu vertreten.

§ 681. [Nebenpflichten des Geschäftsführers] [1]Der Geschäftsführer hat die Übernahme der Geschäftsführung, sobald es tunlich ist, dem Geschäftsherrn anzuzeigen und, wenn nicht mit dem Aufschube Gefahr verbunden ist, dessen Entschließung abzuwarten.

§ 683. [Ersatz von Aufwendungen] [1]Entspricht die Übernahme der Geschäftsführung dem Interesse und dem wirklichen oder dem mutmaßlichen Willen des Geschäftsherrn, so kann der Geschäftsführer wie ein Beauftragter Ersatz seiner Aufwendungen verlangen.

§ 684. [Herausgabe der Bereicherung] [1]Liegen die Voraussetzungen des § 683 nicht vor, so ist der Geschäftsherr verpflichtet, dem Geschäftsführer alles, was er durch die Geschäftsführung erlangt, nach den Vorschriften über die Herausgabe einer ungerechtfertigten Bereicherung herauszugeben. [2]Genehmigt der Geschäftsherr die Geschäftsführung, so steht dem Geschäftsführer der im § 683 bestimmte Anspruch zu.

▶ Verwahrung

§ 688. [Wesen der Verwahrung] Durch den Verwahrungsvertrag wird der Verwahrer verpflichtet, eine ihm von dem Hinterleger übergebene bewegliche Sache aufzubewahren.

§ 689. [Vergütung] Eine Vergütung für die Aufbewahrung gilt als stillschweigend vereinbart, wenn die Aufbewahrung den Umständen nach nur gegen eine Vergütung zu erwarten ist.

§ 690. [Haftung bei unentgeltlicher Verwahrung] Wird die Aufbewahrung unentgeltlich übernommen, so hat der Verwahrer nur für diejenige Sorgfalt einzustehen, welche er in eigenen Angelegenheiten anzuwenden pflegt.

§ 691. [Hinterlegung bei Dritten] [1]Der Verwahrer ist im Zweifel nicht berechtigt, die hinterlegte Sache bei einem Dritten zu hinterlegen. [2]Ist die Hinterlegung bei einem Dritten gestattet, so hat der Verwahrer nur ein ihm bei dieser Hinterlegung zur Last fallendes Verschulden zu vertreten. [3]Für das Verschulden eines Gehilfen ist er nach § 278 verantwortlich.

§ 692. [Änderung der Aufbewahrung] [1]Der Verwahrer ist berechtigt, die vereinbarte Art der Aufbewahrung zu ändern, wenn er den Umständen nach annehmen darf, daß der Hinterleger bei Kenntnis der Sachlage die Änderung billigen würde. [2]Der Verwahrer hat vor der Änderung dem Hinterleger Anzeige zu machen und dessen Entschließung abzuwarten, wenn nicht mit dem Aufschube Gefahr verbunden ist.

§ 693. [Ersatz von Aufwendungen] Macht der Verwahrer zum Zwecke der Aufbewahrung Aufwendungen, die er den Umständen nach für erforderlich halten darf, so ist der Hinterleger zum Ersatze verpflichtet.

§ 694. [Schadensersatzpflicht des Hinterlegers] Der Hinterleger hat den durch die Beschaffenheit der hinterlegten Sache dem Verwahrer entstehenden Schaden zu ersetzen, es sei denn, daß er die gefahrdrohende Beschaffenheit der Sache bei der Hinterlegung weder kennt noch kennen muß oder daß er sie dem Verwahrer angezeigt oder dieser sie ohne Anzeige gekannt hat.

§ 695. [Rückforderungsrecht des Hinterlegers] Der Hinterleger kann die hinterlegte Sache jederzeit zurückfordern, auch wenn für die Aufbewahrung eine Zeit bestimmt ist.

§ 696. [Rücknahmeanspruch des Verwahrers] [1]Der Verwahrer kann, wenn eine Zeit für die Aufbewahrung nicht bestimmt ist, jederzeit die Rücknahme der hinterlegten Sache verlangen. [2]Ist eine Zeit bestimmt, so kann er die vorzeitige Rücknahme nur verlangen, wenn ein wichtiger Grund vorliegt.

§ 697. [Rückgabeort] Die Rückgabe der hinterlegten Sache hat an dem Orte zu erfolgen, an welchem die Sache aufzubewahren war; der Verwahrer ist nicht verpflichtet, die Sache dem Hinterleger zu bringen.

§ 700. [Unregelmäßiger Verwahrungsvertrag] (1) [1]Werden vertretbare Sachen in der Art hinterlegt, daß das Eigentum auf den Verwahrer übergehen und dieser verpflichtet sein soll, Sachen von gleicher Art, Güte und Menge zurückzugewähren, so finden die Vorschriften über das Darlehen Anwendung.

▶ Gesellschaft

§ 705. [Inhalt des Gesellschaftsvertrages] Durch den Gesellschaftsvertrag verpflichten sich die Gesellschafter gegenseitig, die Erreichung eines gemeinsamen Zweckes in der durch den Vertrag bestimmten Weise zu fördern, insbesondere die vereinbarten Beiträge zu leisten.

§ 706. [Beiträge der Gesellschafter] (1) Die Gesellschafter haben in Ermangelung einer anderen Vereinbarung gleiche Beiträge zu leisten.

§ 707. [Erhöhung des vereinbarten Beitrags] Zur Erhöhung des vereinbarten Beitrags oder zur Ergänzung der durch Verlust verminderten Einlage ist ein Gesellschafter nicht verpflichtet.

§ 708. [Haftung der Gesellschafter] Ein Gesellschafter hat bei der Erfüllung der ihm obliegenden Verpflichtungen nur für diejenige Sorgfalt einzustehen, welche er in eigenen Angelegenheiten anzuwenden pflegt.

§ 709. [Gemeinschaftliche Geschäftsführung]
(1) Die Führung der Geschäfte der Gesellschaft steht den Gesellschaftern gemeinschaftlich zu; für jedes Geschäft ist die Zustimmung aller Gesellschafter erforderlich.

(2) Hat nach dem Gesellschaftsvertrage die Mehrheit der Stimmen zu entscheiden, so ist die Mehrheit im Zweifel nach der Zahl der Gesellschafter zu berechnen.

§ 710. [Übertragung der Geschäftsführung]
(1) [1]Ist in dem Gesellschaftsvertrage die Führung der Geschäfte einem Gesellschafter oder mehreren Gesellschaftern übertragen, so sind die übrigen Gesellschafter von der Geschäftsführung ausgeschlossen. [2]Ist die Geschäftsführung mehreren Gesellschaftern übertragen, so finden die Vorschriften des § 709 entsprechende Anwendung.

§ 711. [Widerspruchsrecht] [1]Steht nach dem Gesellschaftsvertrage die Führung der Geschäfte allen oder mehreren Gesellschaftern in der Art zu, daß jeder allein zu handeln berechtigt ist, so kann jeder der Vornahme eines Geschäfts durch den anderen widersprechen. [2]Im Falle des Widerspruchs muß das Geschäft unterbleiben.

§ 714. [Vertretungsmacht] Soweit einem Gesellschafter nach dem Gesellschaftsvertrag die Befugnis zur Geschäftsführung zusteht, ist er im Zweifel auch ermächtigt, die anderen Gesellschafter Dritten gegenüber zu vertreten.

§ 716. [Kontrollrecht der Gesellschafter]
(1) Ein Gesellschafter kann, auch wenn er von der Geschäftsführung ausgeschlossen ist, sich von den Angelegenheiten der Gesellschaft persönlich unterrichten, die Geschäftsbücher und die Papiere der Gesellschaft einsehen und sich aus ihnen eine Übersicht über den Stand des Gesellschaftsvermögens anfertigen.

§ 718. [Gesellschaftsvermögen] (1) Die Beiträge der Gesellschafter und die durch die Geschäftsführung für die Gesellschaft erworbenen Gegenstände werden gemeinschaftliches Vermögen der Gesellschafter (Gesellschaftsvermögen).

(2) Zu dem Gesellschaftsvermögen gehört auch, was auf Grund eines zu dem Gesellschaftsvermögen gehörenden Rechtes oder als Ersatz für die Zerstörung, Beschädigung oder Entziehung eines zu dem Gesellschaftsvermögen gehörenden Gegenstandes erworben wird.

§ 719. [Gesamthänderische Bindung]
(1) Ein Gesellschafter kann nicht über seinen Anteil an dem Gesellschaftsvermögen und an den einzelnen dazu gehörenden Gegenständen verfügen; er ist nicht berechtigt, Teilung zu verlangen.

(2) Gegen eine Forderung, die zum Gesellschaftsvermögen gehört, kann der Schuldner nicht eine ihm gegen einen einzelnen Gesellschafter zustehende Forderung aufrechnen.

§ 721. [Gewinn- und Verlustverteilung] (1) Ein Gesellschafter kann den Rechnungsabschluß und die Verteilung des Gewinns und Verlustes erst nach der Auflösung der Gesellschaft verlangen.

(2) Ist die Gesellschaft von längerer Dauer, so hat der Rechnungsabschluß und die Gewinnverteilung im Zweifel am Schlusse jedes Geschäftsjahres zu erfolgen.

§ 722. [Anteile am Gewinn und Verlust]
(1) Sind die Anteile der Gesellschafter am Gewinn und Verluste nicht bestimmt, so hat jeder Gesellschafter ohne Rücksicht auf die Art und die Größe seines Beitrags einen gleichen Anteil am Gewinn und Verluste.

(2) Ist nur der Anteil am Gewinn oder am Verluste bestimmt, so gilt die Bestimmung im Zweifel für Gewinn und Verlust.

§ 723. [Kündigung durch Gesellschafter] (1) [1]Ist die Gesellschaft nicht für eine bestimmte Zeit eingegangen, so kann jeder Gesellschafter sie jederzeit kündigen. [2]Ist eine Zeitdauer bestimmt, so ist die Kündigung vor dem Ablaufe der Zeit zulässig, wenn ein wichtiger Grund vorliegt. [3]Ein wichtiger Grund liegt insbesondere vor,

1. wenn ein anderer Gesellschafter eine ihm nach dem Gesellschaftsvertrag obliegende wesentliche Verpflichtung vorsätzlich oder aus grober Fahrlässigkeit verletzt hat oder wenn die Erfüllung einer solchen Verpflichtung unmöglich wird;
2. wenn der Gesellschafter das 18. Lebensjahr vollendet hat.

[4]Der volljährig Gewordene kann die Kündigung nach Nummer 2 nur binnen drei Monaten von dem Zeitpunkt an erklären, in welchem er von seiner Gesellschafterstellung Kenntnis hatte oder haben mußte. [5]Das Kündigungsrecht besteht nicht, wenn der Gesellschafter bezüglich des Gegenstandes der Gesellschaft zum selbständigen Betrieb eines Erwerbsgeschäftes gemäß § 112 ermächtigt war oder der Zweck der Gesellschaft allein der Befriedigung seiner persönlichen Bedürfnisse diente. [6]Unter den gleichen Voraussetzungen ist, wenn eine Kündigungsfrist bestimmt ist, die Kündigung ohne Einhaltung der Frist zulässig.

§ 726. [Auflösung wegen Erreichens oder Unmöglichwerdens des Zwecks] Die Gesellschaft endigt, wenn der vereinbarte Zweck erreicht oder dessen Erreichung unmöglich geworden ist.

6

§ 727. [Auflösung durch Tod eines Gesellschafters] (1) Die Gesellschaft wird durch den Tod eines der Gesellschafter aufgelöst, sofern nicht aus dem Gesellschaftsvertrage sich ein anderes ergibt.

§ 728. [Auflösung durch Insolvenz eines Gesellschafters] (1) Die Gesellschaft wird durch die Eröffnung des Insolvenzverfahrens über das Vermögen der Gesellschaft aufgelöst. Wird das Verfahren auf Antrag des Schuldners eingestellt oder nach der Bestätigung eines Insolvenzplans, der den Fortbestand der Gesellschaft vorsieht, aufgehoben, so können die Gesellschafter die Fortsetzung der Gesellschaft beschließen.

(2) Die Gesellschaft wird durch die Eröffnung des Insolvenzverfahrens über das Vermögen eines Gesellschafters aufgelöst. Die Vorschriften des § 727 Abs. 2 Satz 2, 3 finden Anwendung.

§ 736. [Ausscheiden eines Gesellschafters]
(1) Ist im Gesellschaftsvertrage bestimmt, daß, wenn ein Gesellschafter kündigt oder stirbt oder wenn das Insolvenzverfahren über sein Vermögen eröffnet wird, die Gesellschaft unter den übrigen Gesellschaftern fortbestehen soll, so scheidet bei dem Eintritt eines solchen Ereignisses der Gesellschafter, in dessen Person es eintritt, aus der Gesellschaft aus.

(2) Die für Personenhandelsgesellschaften geltenden Regelungen über die Begrenzung der Nachhaftung gelten sinngemäß.

▶ Bürgschaft

§ 765. [Wesen der Bürgschaft] (1) Durch den Bürgschaftsvertrag verpflichtet sich der Bürge gegenüber dem Gläubiger eines Dritten, für die Erfüllung der Verbindlichkeit des Dritten einzustehen.

(2) Die Bürgschaft kann auch für eine künftige oder eine bedingte Verbindlichkeit übernommen werden.

6

§ 766. [Schriftform der Bürgschaftserklärung] [1]Zur Gültigkeit des Bürgschaftsvertrags ist schriftliche Erteilung der Bürgschaftserklärung erforderlich. [2]Soweit der Bürge die Hauptverbindlichkeit erfüllt, wird der Mangel der Form geheilt.

§ 767. [Umfang der Bürgschaftsschuld] (1) [1]Für die Verpflichtung des Bürgen ist der jeweilige Bestand der Hauptverbindlichkeit maßgebend. [2]Dies gilt insbesondere auch, wenn die Hauptverbindlichkeit durch Verschulden oder Verzug des Hauptschuldners geändert wird. [3]Durch ein Rechtsgeschäft, das der Hauptschuldner nach der Übernahme der Bürgschaft vornimmt, wird die Verpflichtung des Bürgen nicht erweitert.

§ 768. [Einreden des Bürgen] (1) [1]Der Bürge kann die dem Hauptschuldner zustehenden Einreden geltend machen. [2]Stirbt der Hauptschuldner, so kann sich der Bürge nicht darauf berufen, daß der Erbe für die Verbindlichkeit nur beschränkt haftet.

(2) Der Bürge verliert eine Einrede nicht dadurch, daß der Hauptschuldner auf sie verzichtet.

§ 769. [Mitbürgschaft] Verbürgen sich mehrere für dieselbe Verbindlichkeit, so haften sie als Gesamtschuldner, auch wenn sie die Bürgschaft nicht gemeinschaftlich übernehmen.

§ 770. [Einreden der Anfechtbarkeit und der Aufrechenbarkeit] (1) Der Bürge kann die Befriedigung des Gläubigers verweigern, solange dem Hauptschuldner das Recht zusteht, das seiner Verbindlichkeit zugrunde liegende Rechtsgeschäft anzufechten.

(2) Die gleiche Befugnis hat der Bürge, solange sich der Gläubiger durch Aufrechnung gegen eine fällige Forderung des Hauptschuldners befriedigen kann.

§ 771. [Einrede der Vorausklage] Der Bürge kann die Befriedigung des Gläubigers verweigern, solange nicht der Gläubiger eine Zwangsvollstreckung gegen den Hauptschuldner ohne Erfolg versucht hat (Einrede der Vorausklage).

§ 773. [Ausschluß der Einrede der Vorausklage] (1) Die Einrede der Vorausklage ist ausgeschlossen:

1. wenn der Bürge auf die Einrede verzichtet, insbesondere wenn er sich als Selbstschuldner verbürgt hat;
2. wenn die Rechtsverfolgung gegen den Hauptschuldner infolge einer nach der Übernahme der Bürgschaft eingetretenen Änderung des Wohnsitzes, der gewerblichen Niederlassung oder des Aufenthaltsorts des Hauptschuldners wesentlich erschwert ist;
3. wenn über das Vermögen des Hauptschuldners das Insolvenzverfahren eröffnet ist;
4. wenn anzunehmen ist, daß die Zwangsvollstreckung in das Vermögen des Hauptschuldners nicht zur Befriedigung des Gläubigers führen wird.

(2) In den Fällen der Nummern 3, 4 ist die Einrede insoweit zulässig, als sich der Gläubiger aus einer beweglichen Sache des Hauptschuldners befriedigen kann, an der er ein Pfandrecht oder ein Zurückbehaltungsrecht hat; die Vorschrift des § 772 Abs. 2 Satz 2 findet Anwendung.

§ 774. [Gesetzlicher Forderungsübergang]
(1) Soweit der Bürge den Gläubiger befriedigt, geht die Forderung des Gläubigers gegen den Hauptschuldner auf ihn über.

§ 775. [Anspruch des Bürgen auf Befreiung]
(1) Hat sich der Bürge im Auftrage des Hauptschuldners verbürgt oder stehen ihm nach den Vorschriften über die Geschäftsführung ohne

Auftrag wegen der Übernahme der Bürgschaft die Rechte eines Beauftragten gegen den Hauptschuldner zu, so kann er von diesem Befreiung von der Bürgschaft verlangen:

1. wenn sich die Vermögensverhältnisse des Hauptschuldners wesentlich verschlechtert haben;
2. wenn die Rechtsverfolgung gegen den Hauptschuldner infolge einer nach der Übernahme der Bürgschaft eingetretenen Änderung des Wohnsitzes, der gewerblichen Niederlassung oder des Aufenthaltsorts des Hauptschuldners wesentlich erschwert ist;
3. wenn der Hauptschuldner mit der Erfüllung seiner Verbindlichkeit im Verzug ist;
4. wenn der Gläubiger gegen den Bürgen ein vollstreckbares Urteil auf Erfüllung erwirkt hat.

(2) Ist die Hauptverbindlichkeit noch nicht fällig, so kann der Hauptschuldner dem Bürgen, statt ihn zu befreien, Sicherheit leisten.

§ 776. [Aufgabe einer Sicherheit durch den Gläubiger] [1]Gibt der Gläubiger ein mit der Forderung verbundenes Vorzugsrecht, eine für sie bestehende Hypothek oder Schiffshypothek, ein für sie bestehendes Pfandrecht oder das Recht gegen einen Mitbürgen auf, so wird der Bürge insoweit frei, als er aus dem aufgegebenen Rechte nach § 774 hätte Ersatz erlangen können. [2]Dies gilt auch dann, wenn das aufgegebene Recht erst nach der Übernahme der Bürgschaft entstanden ist.

§ 777. [Bürgschaft auf Zeit] (1) [1]Hat sich der Bürge für eine bestehende Verbindlichkeit auf bestimmte Zeit verbürgt, so wird er nach dem Ablaufe der bestimmten Zeit frei, wenn nicht der Gläubiger die Einziehung der Forderung unverzüglich nach Maßgabe des § 772 betreibt, das Verfahren ohne wesentliche Verzögerung fortsetzt und unverzüglich nach der Beendigung des Verfahrens dem Bürgen anzeigt, daß er ihn in Anspruch nehme. [2]Steht dem Bürgen die Einrede der Vorausklage nicht zu, so wird er nach dem Ablaufe der bestimmten Zeit frei, wenn nicht der Gläubiger ihm unverzüglich diese Anzeige macht.

(2) Erfolgt die Anzeige rechtzeitig, so beschränkt sich die Haftung des Bürgen im Falle des Absatzes 1 Satz 1 auf den Umfang, den die Hauptverbindlichkeit zur Zeit der Beendigung des Verfahrens hat, im Falle des Absatzes 1 Satz 2 auf den Umfang, den die Hauptverbindlichkeit bei dem Ablaufe der bestimmten Zeit hat.

§ 778. [Kreditauftrag] Wer einen anderen beauftragt, im eigenen Namen und auf eigene Rechnung einem Dritten Kredit zu geben, haftet dem Beauftragten für die aus der Kreditgewährung entstehende Verbindlichkeit des Dritten als Bürge.

▶ Schuldversprechen, Schuldanerkenntnis

§ 780. [Schuldversprechen] Zur Gültigkeit eines Vertrags, durch den eine Leistung in der Weise versprochen wird, daß das Versprechen die Verpflichtung selbständig begründen soll (Schuldversprechen), ist, soweit nicht eine andere Form vorgeschrieben ist, schriftliche Erteilung des Versprechens erforderlich.

§ 781. [Schuldanerkenntnis] [1]Zur Gültigkeit eines Vertrags, durch den das Bestehen eines Schuldverhältnisses anerkannt wird (Schuldanerkenntnis), ist schriftliche Erteilung der Anerkennungserklärung erforderlich. [2]Ist für die Begründung des Schuldverhältnisses, dessen Bestehen anerkannt wird, eine andere Form vorgeschrieben, so bedarf der Anerkennungsvertrag dieser Form.

▶ Anweisung

§ 783. [Wesen der Anweisung] Händigt jemand eine Urkunde, in der er einen anderen anweist, Geld, Wertpapiere oder andere vertretbare Sachen an einen Dritten zu leisten, dem Dritten aus, so ist dieser ermächtigt, die Leistung bei dem Angewiesenen im eigenen Namen zu erheben; der Angewiesene ist ermächtigt, für Rechnung des Anweisenden an den Anweisungsempfänger zu leisten.

§ 784. [Annahme der Anweisung] (1) Nimmt der Angewiesene die Anweisung an, so ist er dem Anweisungsempfänger gegenüber zur Leistung verpflichtet; er kann ihm nur solche Einwendungen entgegensetzen, welche die Gültigkeit der Annahme betreffen oder sich aus dem Inhalte der Anweisung oder dem Inhalte der Annahme ergeben oder dem Angewiesenen unmittelbar gegen den Anweisungsempfänger zustehen. 6

(2) [1]Die Annahme erfolgt durch einen schriftlichen Vermerk auf der Anweisung.

§ 785. [Aushändigung der Anweisung] Der Angewiesene ist nur gegen Aushändigung der Anweisung zur Leistung verpflichtet.

▶ Schuldverschreibung auf den Inhaber

§ 793. [Wesen der Schuldverschreibung auf den Inhaber] (1) [1]Hat jemand eine Urkunde ausgestellt, in der er dem Inhaber der Urkunde eine Leistung verspricht (Schuldverschreibung auf den Inhaber), so kann der Inhaber von ihm die Leistung nach Maßgabe des Versprechens verlangen, es sei denn, daß er zur Verfügung über die Urkunde nicht berechtigt ist. 2Der Aussteller wird jedoch auch durch die Leistung an einen nicht zur Verfügung berechtigten Inhaber befreit.

(2) 1Die Gültigkeit der Unterzeichnung kann durch eine in die Urkunde aufgenommene Bestimmung von der Beobachtung einer besonderen Form abhängig gemacht werden. 2Zur Unterzeichnung genügt eine im Wege der mechanischen Vervielfältigung hergestellte Namensunterschrift.

§ 794. [Haftung des Ausstellers] (1) Der Aussteller wird aus einer Schuldverschreibung auf den Inhaber auch dann verpflichtet, wenn sie ihm gestohlen worden oder verlorengegangen oder wenn sie sonst ohne seinen Willen in den Verkehr gelangt ist.

§ 796. [Einwendungen des Ausstellers] Der Aussteller kann dem Inhaber der Schuldverschreibung nur solche Einwendungen entgegensetzen, welche die Gültigkeit der Ausstellung betreffen oder sich aus der Urkunde ergeben oder dem Aussteller unmittelbar gegen den Inhaber zustehen.

§ 797. [Leistungspflicht nur gegen Aushändigung] (1) 1Der Aussteller ist nur gegen Aushändigung der Schuldverschreibung zur Leistung verpflichtet. 2Mit der Aushändigung erwirbt er das Eigentum an der Urkunde, auch wenn der Inhaber zur Verfügung über sie nicht berechtigt ist.

§ 799. [Kraftloserklärung] (1) 1Eine abhanden gekommene oder vernichtete Schuldverschreibung auf den Inhaber kann, wenn nicht in der Urkunde das Gegenteil bestimmt ist, im Wege des Aufgebotsverfahrens für kraftlos erklärt werden.

6

§ 808. [Namenspapiere mit Inhaberklausel]

(1) 1Wird eine Urkunde, in welcher der Gläubiger benannt ist, mit der Bestimmung ausgegeben, daß die in der Urkunde versprochene Leistung an jeden Inhaber bewirkt werden kann, so wird der Schuldner durch die Leistung an den Inhaber der Urkunde befreit. 2Der Inhaber ist nicht berechtigt, die Leistung zu verlangen.

(2) 1Der Schuldner ist nur gegen Aushändigung der Urkunde zur Leistung verpflichtet. 2Ist die Urkunde abhanden gekommen oder vernichtet, so kann sie, wenn nicht ein anderes bestimmt ist, im Wege des Aufgebotsverfahrens für kraftlos erklärt werden. 3Die im § 802 für die Verjährung gegebenen Vorschriften finden Anwendung.

▶ Ungerechtfertigte Bereicherung

§ 812. [Grundsatz] (1) 1Wer durch die Leistung eines anderen oder in sonstiger Weise auf dessen Kosten etwas ohne rechtlichen Grund erlangt, ist ihm zur Herausgabe verpflichtet.

§ 816. [Verfügung eines Nichtberechtigten]

(1) 1Trifft ein Nichtberechtigter über einen Gegenstand eine Verfügung, die dem Berechtigten gegenüber wirksam ist, so ist er dem Berechtigten zur Herausgabe des durch die Verfügung Erlangten verpflichtet.

§ 822. [Herausgabepflicht Dritter] Wendet der Empfänger das Erlangte unentgeltlich einem Dritten zu, so ist, soweit infolgedessen die Verpflichtung des Empfängers zur Herausgabe der Bereicherung ausgeschlossen ist, der Dritte zur Herausgabe verpflichtet, wie wenn er die Zuwendung von dem Gläubiger ohne rechtlichen Grund erhalten hätte.

▶ Unerlaubte Handlungen

§ 823. [Schadensersatzpflicht] (1) Wer vorsätzlich oder fahrlässig das Leben, den Körper, die Gesundheit, die Freiheit, das Eigentum oder ein sonstiges Recht eines anderen widerrechtlich verletzt, ist dem anderen zum Ersatze des daraus entstehenden Schadens verpflichtet.

(2) 1Die gleiche Verpflichtung trifft denjenigen, welcher gegen ein den Schutz eines anderen bezweckendes Gesetz verstößt. 2Ist nach dem Inhalte des Gesetzes ein Verstoß gegen dieses auch ohne Verschulden möglich, so tritt die Ersatzpflicht nur im Falle des Verschuldens ein.

§ 824. [Kreditgefährdung] (1) Wer der Wahrheit zuwider eine Tatsache behauptet oder verbreitet, die geeignet ist, den Kredit eines anderen zu gefährden oder sonstige Nachteile für dessen Erwerb oder Fortkommen herbeizuführen, hat dem anderen den daraus entstehenden Schaden auch dann zu ersetzen, wenn er die Unwahrheit zwar nicht kennt, aber kennen muß.

§ 826. [Sittenwidrige vorsätzliche Schädigung] Wer in einer gegen die guten Sitten verstoßenden Weise einem anderen vorsätzlich Schaden zufügt, ist dem anderen zum Ersatze des Schadens verpflichtet.

§ 827. [Ausschluß und Minderung der Verantwortlichkeit] 1Wer im Zustande der Bewußtlosigkeit oder in einem die freie Willensbestimmung ausschließenden Zustande krankhafter Störung der Geistestätigkeit einem anderen

Schaden zufügt, ist für den Schaden nicht verantwortlich. [2]Hat er sich durch geistige Getränke oder ähnliche Mittel in einen vorübergehenden Zustand dieser Art versetzt, so ist er für einen Schaden, den er in diesem Zustande widerrechtlich verursacht, in gleicher Weise verantwortlich, wie wenn ihm Fahrlässigkeit zur Last fiele; die Verantwortlichkeit tritt nicht ein, wenn er ohne Verschulden in den Zustand geraten ist.

§ 828. [Minderjährige; Taubstumme] (1) Wer nicht das siebente Lebensjahr vollendet hat, ist für einen Schaden, den er einem anderen zufügt, nicht verantwortlich.

(2) [1]Wer das siebente, aber nicht das achtzehnte Lebensjahr vollendet hat, ist für einen Schaden, den er einem anderen zufügt, nicht verantwortlich, wenn er bei der Begehung der schädigenden Handlung nicht die zur Erkenntnis der Verantwortlichkeit erforderliche Einsicht hat. [2]Das gleiche gilt von einem Taubstummen.

§ 829. [Ersatzpflicht aus Billigkeitsgründen] Wer in einem der in den §§ 823 bis 826 bezeichneten Fälle für einen von ihm verursachten Schaden auf Grund des §§ 827, 828 nicht verantwortlich ist, hat gleichwohl, sofern der Ersatz des Schadens nicht von einem aufsichtspflichtigen Dritten erlangt werden kann, den Schaden insoweit zu ersetzen, als die Billigkeit nach den Umständen, insbesondere nach den Verhältnissen der Beteiligten, eine Schadloshaltung erfordert und ihm nicht die Mittel entzogen werden, deren er zum angemessenen Unterhalte sowie zur Erfüllung seiner gesetzlichen Unterhaltspflichten bedarf.

§ 831. [Haftung für den Verrichtungsgehilfen]

(1) [1]Wer einen anderen zu einer Verrichtung bestellt, ist zum Ersatze des Schadens verpflichtet, den der andere in Ausführung der Verrichtung einem Dritten widerrechtlich zufügt. [2]Die Ersatzpflicht tritt nicht ein, wenn der Geschäftsherr bei der Auswahl der bestellten Person und, sofern er Vorrichtungen oder Gerätschaften zu beschaffen oder die Ausführung der Verrichtung zu leiten hat, bei der Beschaffung oder der Leitung die im Verkehr erforderliche Sorgfalt beobachtet oder wenn der Schaden auch bei Anwendung dieser Sorgfalt entstanden sein würde.

§ 832. [Haftung des Aufsichtspflichtigen]

(1) [1]Wer kraft Gesetzes zur Führung der Aufsicht über eine Person verpflichtet ist, die wegen Minderjährigkeit oder wegen ihres geistigen oder körperlichen Zustandes der Beaufsichtigung bedarf, ist zum Ersatze des Schadens verpflichtet, den diese Person einem Dritten widerrechtlich zufügt. [2]Die Ersatzpflicht tritt nicht ein, wenn er seiner Aufsichtspflicht genügt oder wenn der Schaden auch bei gehöriger Aufsichtsführung entstanden sein würde.

§ 836. [Haftung bei Einsturz eines Bauwerkes]

(1) [1]Wird durch den Einsturz eines Gebäudes oder eines anderen mit einem Grundstücke verbundenen Werkes oder durch die Ablösung von Teilen des Gebäudes oder des Werkes ein Mensch getötet, der Körper oder die Gesundheit eines Menschen verletzt oder eine Sache beschädigt, so ist der Besitzer des Grundstücks, sofern der Einsturz oder die Ablösung die Folge fehlerhafter Errichtung oder mangelhafter Unterhaltung ist, verpflichtet, dem Verletzten den daraus entstehenden Schaden zu ersetzen. [2]Die Ersatzpflicht tritt nicht ein, wenn der Besitzer zum Zwecke der Abwendung der Gefahr die im Verkehr erforderliche Sorgfalt beobachtet hat.

§ 840. [Haftung mehrerer] (1) Sind für den aus einer unerlaubten Handlung entstehenden Schaden mehrere nebeneinander verantwortlich, so haften sie als Gesamtschuldner.

§ 842. [Umfang der Ersatzpflicht bei Verletzung einer Person] Die Verpflichtung zum Schadensersatze wegen einer gegen die Person gerichteten unerlaubten Handlung erstreckt sich auf die Nachteile, welche die Handlung für den Erwerb oder das Fortkommen des Verletzten herbeiführt.

§ 843. [Geldrente oder Kapitalabfindung]

(1) Wird infolge einer Verletzung des Körpers oder der Gesundheit die Erwerbsfähigkeit des Verletzten aufgehoben oder gemindert oder tritt eine Vermehrung seiner Bedürfnisse ein, so ist dem Verletzten durch Entrichtung einer Geldrente Schadensersatz zu leisten.

(3) Statt der Rente kann der Verletzte eine Abfindung in Kapital verlangen, wenn ein wichtiger Grund vorliegt.

(4) Der Anspruch wird nicht dadurch ausgeschlossen, daß ein anderer dem Verletzten Unterhalt zu gewähren hat.

§ 847. [Schmerzensgeld] (1) Im Falle der Verletzung des Körpers oder der Gesundheit sowie im Falle der Freiheitsentziehung kann der Verletzte auch wegen des Schadens, der nicht Vermögensschaden ist, eine billige Entschädigung in Geld verlangen.

§ 852. [Verjährung] (1) Der Anspruch auf Ersatz des aus einer unerlaubten Handlung entstandenen Schadens verjährt in drei Jahren von dem

Zeitpunkt an, in welchem der Verletzte von dem Schaden und der Person des Ersatzpflichtigen Kenntnis erlangt, ohne Rücksicht auf diese Kenntnis in dreißig Jahren von der Begehung der Handlung an.

(2) Schweben zwischen dem Ersatzpflichtigen und dem Ersatzberechtigten Verhandlungen über den zu leistenden Schadensersatz, so ist die Verjährung gehemmt, bis der eine oder der andere Teil die Fortsetzung der Verhandlungen verweigert.

(3) Hat der Ersatzpflichtige durch die unerlaubte Handlung auf Kosten des Verletzten etwas erlangt, so ist er auch nach der Vollendung der Verjährung zur Herausgabe nach den Vorschriften über die Herausgabe einer ungerechtfertigten Bereicherung verpflichtet

Drittes Buch. Sachenrecht

Besitz

§ 854. [Erwerb des Besitzes] (1) Der Besitz einer Sache wird durch die Erlangung der tatsächlichen Gewalt über die Sache erworben.

(2) Die Einigung des bisherigen Besitzers und des Erwerbers genügt zum Erwerbe, wenn der Erwerber in der Lage ist, die Gewalt über die Sache auszuüben

§ 855. [Besitzdiener] Übt jemand die tatsächliche Gewalt über eine Sache für einen anderen in dessen Haushalt oder Erwerbsgeschäft oder in einem ähnlichen Verhältnis aus, vermöge dessen er den sich auf die Sache beziehenden Weisungen des anderen Folge zu leisten hat, so ist nur der andere Besitzer.

§ 856. [Beendigung des Besitzes] (1) Der Besitz wird dadurch beendigt, daß der Besitzer die tatsächliche Gewalt über die Sache aufgibt oder in anderer Weise verliert.

§ 858. [Verbotene Eigenmacht] (1) Wer dem Besitzer ohne dessen Willen den Besitz entzieht oder ihn im Besitze stört, handelt, sofern nicht das Gesetz die Entziehung oder die Störung gestattet, widerrechtlich (verbotene Eigenmacht).

§ 859. [Selbsthilfe des Besitzers] (1) Der Besitzer darf sich verbotener Eigenmacht mit Gewalt
6 erwehren.

(2) Wird eine bewegliche Sache dem Besitzer mittels verbotener Eigenmacht weggenommen, so darf er sie dem auf frischer Tat betroffenen oder verfolgten Täter mit Gewalt wieder abnehmen.

§ 861. [Anspruch wegen Besitzentziehung]
(1) Wird der Besitz durch verbotene Eigenmacht dem Besitzer entzogen, so kann dieser die Wiedereinräumung des Besitzes von demjenigen verlangen, welcher ihm gegenüber fehlerhaft besitzt.

(2) Der Anspruch ist ausgeschlossen, wenn der entzogene Besitz dem gegenwärtigen Besitzer oder dessen Rechtsvorgänger gegenüber fehlerhaft war und in dem letzten Jahre vor der Entziehung erlangt worden ist.

§ 862. [Anspruch wegen Besitzstörung]
(1) [1]Wird der Besitzer durch verbotene Eigenmacht im Besitze gestört, so kann er von dem Störer die Beseitigung der Störung verlangen. [2]Sind weitere Störungen zu besorgen, so kann der Besitzer auf Unterlassung klagen.

(2) Der Anspruch ist ausgeschlossen, wenn der Besitzer dem Störer oder dessen Rechtsvorgänger gegenüber fehlerhaft besitzt und der Besitz in dem letzten Jahre vor der Störung erlangt worden ist.

§ 866. [Mitbesitz] Besitzen mehrere eine Sache gemeinschaftlich, so findet in ihrem Verhältnisse zueinander ein Besitzschutz insoweit nicht statt, als es sich um die Grenzen des den einzelnen zustehenden Gebrauchs handelt.

§ 868. [Mittelbarer Besitz] Besitzt jemand eine Sache als Nießbraucher, Pfandgläubiger, Pächter, Mieter, Verwahrer oder in einem ähnlichen Verhältnisse, vermöge dessen er einem anderen gegenüber auf Zeit zum Besitze berechtigt oder verpflichtet ist, so ist auch der andere Besitzer (mittelbarer Besitz).

§ 869. [Ansprüche des mittelbaren Besitzers]
[1]Wird gegen den Besitzer verbotene Eigenmacht verübt, so stehen die in den §§ 861, 862 bestimmten Ansprüche auch dem mittelbaren Besitzer zu.

§ 870. [Übertragung des mittelbaren Besitzes]
Der mittelbare Besitz kann dadurch auf einen anderen übertragen werden, daß diesem der Anspruch auf Herausgabe der Sache abgetreten wird.

§ 872. [Eigenbesitz] Wer eine Sache als ihm gehörend besitzt, ist Eigenbesitzer.

Allgemeine Vorschriften über Rechte an Grundstücken

§ 873. [Erwerb durch Einigung und Eintragung] (1) Zur Übertragung des Eigentums an einem Grundstücke, zur Belastung eines Grundstücks mit einem Rechte sowie zur Übertragung oder Belastung eines solchen Rechtes ist die Einigung des Berechtigten und des anderen Teiles über den Eintritt der Rechtsänderung und die Eintragung der Rechtsänderung in das Grundbuch erforderlich, soweit nicht das Gesetz ein anderes vorschreibt.

(2) Vor der Eintragung sind die Beteiligten an die Einigung nur gebunden, wenn die Erklärungen notariell beurkundet oder vor dem Grundbuchamt abgegeben oder bei diesem eingereicht sind oder wenn der Berechtigte dem anderen Teile eine den Vorschriften der Grundbuchordnung entsprechende Eintragungsbewilligung ausgehändigt hat.

§ 875. [Aufhebung eines Rechtes] (1) [1]Zur Aufhebung eines Rechtes an einem Grundstück ist, soweit nicht das Gesetz ein anderes vorschreibt, die Erklärung des Berechtigten, daß er das Recht aufgebe, und die Löschung des Rechtes im Grundbuch erforderlich. [2]Die Erklärung ist dem Grundbuchamt oder demjenigen gegenüber abzugeben, zu dessen Gunsten sie erfolgt.

§ 879. [Rangverhältnis mehrerer Rechte]
(1) [1]Das Rangverhältnis unter mehreren Rechten, mit denen ein Grundstück belastet ist, bestimmt sich, wenn die Rechte in derselben Abteilung des Grundbuchs eingetragen sind, nach der Reihenfolge der Eintragungen. [2]Sind die Rechte in verschiedenen Abteilungen eingetragen, so hat das unter Angabe eines früheren Tages eingetragene Recht den Vorrang; Rechte, die unter Angabe desselben Tages eingetragen sind, haben gleichen Rang.

§ 880. [Rangänderung] (1) Das Rangverhältnis kann nachträglich geändert werden.

§ 881. [Rangvorbehalt] (1) Der Eigentümer kann sich bei der Belastung des Grundstücks mit einem Rechte die Befugnis vorbehalten, ein anderes, dem Umfange nach bestimmtes Recht mit dem Range vor jenem Rechte eintragen zu lassen.

(2) Der Vorbehalt bedarf der Eintragung in das Grundbuch; die Eintragung muß bei dem Rechte erfolgen, das zurücktreten soll.

(3) Wird das Grundstück veräußert, so geht die vorbehaltene Befugnis auf den Erwerber über.

(4) Ist das Grundstück vor der Eintragung des Rechtes, dem der Vorrang beigelegt ist, mit einem Rechte ohne einen entsprechenden Vorbehalt belastet worden, so hat der Vorrang insoweit keine Wirkung, als das mit dem Vorbehalt eingetragene Recht infolge der inzwischen eingetretenen Belastung eine über den Vorbehalt hinausgehende Beeinträchtigung erleiden würde.

§ 883. [Wesen und Wirkung der Vormerkung]
(1) [1]Zur Sicherung des Anspruchs auf Einräumung oder Aufhebung eines Rechtes an einem Grundstück oder an einem das Grundstück belastenden Rechte oder auf Änderung des Inhalts oder des Ranges eines solchen Rechtes kann eine Vormerkung in das Grundbuch eingetragen werden. [2]Die Eintragung einer Vormerkung ist auch zur Sicherung eines künftigen oder eines bedingten Anspruchs zulässig.

§ 891. [Gesetzliche Vermutung] (1) Ist im Grundbuche für jemand ein Recht eingetragen, so wird vermutet, daß ihm das Recht zustehe.

(2) Ist im Grundbuch ein eingetragenes Recht gelöscht, so wird vermutet, daß das Recht nicht bestehe.

§ 892. [Öffentlicher Glaube des Grundbuchs]
(1) [1]Zugunsten desjenigen, welcher ein Recht an einem Grundstück oder ein Recht an einem solchen Rechte durch Rechtsgeschäft erwirbt, gilt der Inhalt des Grundbuchs als richtig, es sei denn, daß ein Widerspruch gegen die Richtigkeit eingetragen oder die Unrichtigkeit dem Erwerber bekannt ist. [2]Ist der Berechtigte in der Verfügung über ein im Grundbuch eingetragenes Recht zugunsten einer bestimmten Person beschränkt, so ist die Beschränkung dem Erwerber gegenüber nur wirksam, wenn sie aus dem Grundbuch ersichtlich oder dem Erwerber bekannt ist.

§ 899. [Eintragung eines Widerspruchs] (1) In den Fällen des § 894 kann ein Widerspruch gegen die Richtigkeit des Grundbuchs eingetragen werden.

(2) [1]Die Eintragung erfolgt auf Grund einer einstweiligen Verfügung oder auf Grund einer Bewilligung desjenigen, dessen Recht durch die Berichtigung des Grundbuchs betroffen wird. [2]Zur Erlassung der einstweiligen Verfügung ist nicht erforderlich, daß eine Gefährdung des Rechtes des Widersprechenden glaubhaft gemacht wird. 6

Eigentum

▶ Inhalt des Eigentums

§ 903. [Befugnisse des Eigentümers] [1]Der Eigentümer einer Sache kann, soweit nicht das Gesetz oder Rechte Dritter entgegenstehen, mit der Sache nach Belieben verfahren und andere von jeder Einwirkung ausschließen. [2]Der Eigentümer eines Tieres hat bei der Ausübung seiner Befugnisse die besonderen Vorschriften zum Schutz der Tiere zu beachten.

§ 904. [Notstand] [1]Der Eigentümer einer Sache ist nicht berechtigt, die Einwirkung eines anderen auf die Sache zu verbieten, wenn die Einwirkung zur Abwendung einer gegenwärtigen Gefahr notwendig und der drohende Schaden gegenüber dem aus der Einwirkung dem Eigentümer entstehenden Schaden unverhältnismäßig groß ist. [2]Der Eigentümer kann Ersatz des ihm entstehenden Schadens verlangen.

§ 905. [Begrenzung des Eigentums] [1]Das Recht des Eigentümers eines Grundstücks erstreckt sich auf den Raum über der Oberfläche und auf den Erdkörper unter der Oberfläche. [2]Der Eigentümer kann jedoch Einwirkungen nicht verbieten, die in solcher Höhe oder Tiefe vorgenommen werden, daß er an der Ausschließung kein Interesse hat.

§ 906. [Zuführung unwägbarer Stoffe] [1]Der Eigentümer eines Grundstücks kann die Zuführung von Gasen, Dämpfen, Gerüchen, Rauch, Ruß, Wärme, Geräusch, Erschütterungen und ähnliche von einem anderen Grundstück ausgehende Einwirkungen insoweit nicht verbieten, als die Einwirkung die Benutzung seines Grundstücks nicht oder nur unwesentlich beeinträchtigt. [2]Eine unwesentliche Beeinträchtigung liegt in der Regel vor, wenn die in Gesetzen oder Rechtsverordnungen festgelegten Grenz- oder Richtwerte von den nach diesen Vorschriften ermittelten und bewerteten Einwirkungen nicht überschritten werden. [3]Gleiches gilt für Werte in allgemeinen Verwaltungsvorschriften, die nach § 48 des Bundes-Immissionsschutzgesetzes erlassen worden sind und den Stand der Technik wiedergeben.

(2) [1]Das gleiche gilt insoweit, als eine wesentliche Beeinträchtigung durch eine ortsübliche Benutzung des anderen Grundstücks herbeigeführt wird und nicht durch Maßnahmen verhindert werden kann, die Benutzern dieser Art wirtschaftlich zumutbar sind. [2]Hat der Eigentümer hiernach eine Einwirkung zu dulden, so kann er von dem Benutzer des anderen Grundstücks einen angemessenen Ausgleich in Geld verlangen wenn die Einwirkung eine ortsübliche Benutzung seines Grundstücks oder dessen Ertrag über das zumutbare Maß hinaus beeinträchtigt.

6

▶ Erwerb und Verlust des Eigentums an Grundstücken

§ 925. [Auflassung] (1) [1]Die zur Übertragung des Eigentums an einem Grundstück nach § 873 erforderliche Einigung des Veräußerers und des Erwerbers (Auflassung) muß bei gleichzeitiger Anwesenheit beider Teile vor einer zuständigen Stelle erklärt werden. [2]Zur Entgegennahme der Auflassung ist, unbeschadet der Zuständigkeit weiterer Stellen, jeder Notar zuständig. [3]Eine Auflassung kann auch in einem gerichtlichen Vergleich oder in einem rechtskräftig bestätigten Insolvenzplan erklärt werden.

▶ Erwerb und Verlust des Eigentums an beweglichen Sachen

Übertragung

§ 929. [Einigung und Übergabe] [1]Zur Übertragung des Eigentums an einer beweglichen Sache ist erforderlich, daß der Eigentümer die Sache dem Erwerber übergibt und beide darüber einig sind, daß das Eigentum übergehen soll. [2]Ist der Erwerber im Besitze der Sache, so genügt die Einigung über den Übergang des Eigentums.

§ 930. [Besitzkonstitut] Ist der Eigentümer im Besitze der Sache, so kann die Übergabe dadurch ersetzt werden, daß zwischen ihm und dem Erwerber ein Rechtsverhältnis vereinbart wird, vermöge dessen der Erwerber den mittelbaren Besitz erlangt.

§ 931. [Abtretung des Herausgabeanspruchs] Ist ein Dritter im Besitze der Sache, so kann die Übergabe dadurch ersetzt werden, daß der Eigentümer dem Erwerber den Anspruch auf Herausgabe der Sache abtritt.

§ 932. [Gutgläubiger Erwerb vom Nichtberechtigten] (1) [1]Durch eine nach § 929 erfolgte Veräußerung wird der Erwerber auch dann Eigentümer, wenn die Sache nicht dem Veräußerer gehört, es sei denn, daß er zu der Zeit, zu der er nach diesen Vorschriften das Eigentum erwerben würde, nicht in gutem Glauben ist. [2]In dem Falle des § 929 Satz 2 gilt dies jedoch nur dann, wenn der Erwerber den Besitz von dem Veräußerer erlangt hatte.

(2) Der Erwerber ist nicht in gutem Glauben, wenn ihm bekannt oder infolge grober Fahrlässigkeit unbekannt ist, daß die Sache nicht dem Veräußerer gehört.

§ 933. [Gutgläubiger Erwerb bei Besitzkonstitut] Gehört eine nach § 930 veräußerte Sache nicht dem Veräußerer, so wird der Erwerber Eigentümer, wenn ihm die Sache von dem Veräußerer übergeben wird, es sei denn, daß er zu dieser Zeit nicht in gutem Glauben ist.

§ 934. [Gutgläubiger Erwerb bei Abtretung des Herausgabeanspruchs] Gehört eine nach § 931 veräußerte Sache nicht dem Veräußerer, so wird der Erwerber, wenn der Veräußerer mittelbarer Besitzer der Sache ist, mit der Abtretung des Anspruchs, anderenfalls dann Eigentümer, wenn er den Besitz der Sache von dem Dritten erlangt, es sei denn, daß er zur Zeit der Abtretung oder des Besitzerwerbes nicht in gutem Glauben ist.

§ 935. [Kein gutgläubiger Erwerb von abhanden gekommenen Sachen] (1) [1]Der Erwerb des Eigentums auf Grund der §§ 932 bis 934 tritt nicht ein, wenn die Sache dem Eigentümer gestohlen worden, verlorengegangen oder sonst abhanden gekommen war. [2]Das gleiche gilt, falls der Eigentümer nur mittelbarer Besitzer war, dann, wenn die Sache dem Besitzer abhanden gekommen war.

(2) Diese Vorschriften finden keine Anwendung auf Geld oder Inhaberpapiere sowie auf Sachen, die im Wege öffentlicher Versteigerung veräußert werden.

§ 936. [Erlöschen von Rechten Dritter] (1) [1]Ist eine veräußerte Sache mit dem Rechte eines Dritten belastet, so erlischt das Recht mit dem Erwerbe des Eigentums. [2]In dem Falle des § 929 Satz 2 gilt dies jedoch nur dann, wenn der Erwerber den Besitz von dem Veräußerer erlangt hatte.

Ersitzung

§ 937. [Voraussetzungen] (1) Wer eine bewegliche Sache zehn Jahre im Eigenbesitz hat, erwirbt das Eigentum (Ersitzung).

(2) Die Ersitzung ist ausgeschlossen, wenn der Erwerber bei dem Erwerbe des Eigenbesitzes nicht in gutem Glauben ist oder wenn er später erfährt, daß ihm das Eigentum nicht zusteht.

Verbindung. Vermischung. Verarbeitung

§ 946. [Verbindung mit einem Grundstück] Wird eine bewegliche Sache mit einem Grundstücke dergestalt verbunden, daß sie wesentlicher Bestandteil des Grundstücks wird, so erstreckt sich das Eigentum an dem Grundstück auf diese Sache.

§ 947. [Verbindung mit beweglichen Sachen]

(1) Werden bewegliche Sachen miteinander dergestalt verbunden, daß sie wesentliche Bestandteile einer einheitlichen Sache werden, so werden die bisherigen Eigentümer Miteigentümer dieser Sache; die Anteile bestimmen sich nach dem Verhältnisse des Wertes, den die Sachen zur Zeit der Verbindung haben.

(2) Ist eine der Sachen als die Hauptsache anzusehen, so erwirbt ihr Eigentümer das Alleineigentum.

§ 948. [Vermischung] (1) Werden bewegliche Sachen miteinander untrennbar vermischt oder vermengt, so finden die Vorschriften des § 947 entsprechende Anwendung.

(2) Der Untrennbarkeit steht es gleich, wenn die Trennung der vermischten oder vermengten Sachen mit unverhältnismäßigen Kosten verbunden sein würde.

§ 949. [Erlöschen von Rechten Dritter]
[1]Erlischt nach den §§ 946 bis 948 das Eigentum an einer Sache, so erlöschen auch die sonstigen an der Sache bestehenden Rechte. [2]Erwirbt der Eigentümer der belasteten Sache Miteigentum, so bestehen die Rechte an dem Anteile fort, der an die Stelle der Sache tritt. [3]Wird der Eigentümer der belasteten Sache Alleineigentümer, so erstrecken sich die Rechte auf die hinzutretende Sache.

§ 950. [Verarbeitung] (1) [1]Wer durch Verarbeitung oder Umbildung eines oder mehrerer Stoffe eine neue bewegliche Sache herstellt, erwirbt das Eigentum an der neuen Sache, sofern nicht der Wert der Verarbeitung oder der Umbildung erheblich geringer ist als der Wert des Stoffes. [2]Als Verarbeitung gilt auch das Schreiben, Zeichnen, Malen, Drucken, Gravieren oder eine ähnliche Bearbeitung der Oberfläche.

(2) Mit dem Erwerbe des Eigentums an der neuen Sache erlöschen die an dem Stoffe bestehenden Rechte.

§ 951. [Entschädigung für Rechtsverlust]

(1) [1]Wer infolge der Vorschriften der §§ 946 bis 950 einen Rechtsverlust erleidet, kann von demjenigen, zudessen Gunsten die Rechtsänderung eintritt, Vergütung in Geld nach den Vorschriften über die Herausgabe einer ungerechtfertigten Bereicherung fordern. [2]Die Wiederherstellung des früheren Zustandes kann nicht verlangt werden. 6

(2) [1]Die Vorschriften über die Verpflichtung zum Schadensersatze wegen unerlaubter Handlungen sowie die Vorschriften über den Ersatz von Verwendungen und über das Recht zur Wegnahme einer Einrichtung bleiben unberührt.

§ 952. [Eigentum an Schuldurkunden] (1) [1]Das Eigentum an dem über eine Forderung ausgestellten Schuldscheine steht dem Gläubiger zu. [2]Das Recht eines Dritten an der Forderung erstreckt sich auf den Schuldschein.

(2) Das gleiche gilt für Urkunden über andere Rechte, kraft deren eine Leistung gefordert werden kann, insbesondere für Hypotheken-, Grundschuld- und Rentenschuldbriefe.

Erwerb von Erzeugnissen und sonstigen Bestandteilen einer Sache

§ 953. [Grundsatz] Erzeugnisse und sonstige Bestandteile einer Sache gehören auch nach der Trennung dem Eigentümer der Sache, soweit sich nicht aus den §§ 954 bis 957 ein anderes ergibt.

§ 954. [Erwerb durch dinglich Berechtigten] Wer vermöge eines Rechtes an einer fremden Sache befugt ist, sich Erzeugnisse oder sonstige Bestandteile der Sache anzueignen, erwirbt das Eigentum an ihnen, unbeschadet der Vorschriften der §§ 955 bis 957, mit der Trennung.

§ 955. [Erwerb durch gutgläubigen Eigenbesitzer] (1) [1]Wer eine Sache im Eigenbesitze hat, erwirbt das Eigentum an den Erzeugnissen und sonstigen zu den Früchten der Sache gehörenden Bestandteilen, unbeschadet der Vorschriften der §§ 956, 957, mit der Trennung. [2]Der Erwerb ist ausgeschlossen, wenn der Eigenbesitzer nicht zum Eigenbesitz oder ein anderer vermöge eines Rechtes an der Sache zum Fruchtbezuge berechtigt ist und der Eigenbesitzer bei dem Erwerbe des Eigenbesitzes nicht in gutem Glauben ist oder vor der Trennung den Rechtsmangel erfährt.

(2) Dem Eigenbesitzer steht derjenige gleich, welcher die Sache zum Zwecke der Ausübung eines Nutzungsrechts an ihr besitzt.

§ 956. [Erwerb durch persönlich Berechtigten]

(1) [1]Gestattet der Eigentümer einem anderen, sich Erzeugnisse oder sonstige Bestandteile der Sache anzueignen, so erwirbt dieser das Eigentum an ihnen, wenn der Besitz der Sache ihm überlassen ist, mit der Trennung, anderenfalls mit der Besitzergreifung.

Aneignung

§ 958. [Grundsatz] (1) Wer eine herrenlose bewegliche Sache in Eigenbesitz nimmt, erwirbt das Eigentum an der Sache.

6

(2) Das Eigentum wird nicht erworben, wenn die Aneignung gesetzlich verboten ist oder wenn durch die Besitzergreifung das Aneignungsrecht eines anderen verletzt wird.

§ 959. [Aufgabe des Eigentums] Eine bewegliche Sache wird herrenlos, wenn der Eigentümer in der Absicht, auf das Eigentum zu verzichten, den Besitz der Sache aufgibt.

▶ Ansprüche aus dem Eigentume

§ 985. [Herausgabeanspruch] Der Eigentümer kann von dem Besitzer die Herausgabe der Sache verlangen.

§ 986. [Einwendungen des Besitzers] (1) [1]Der Besitzer kann die Herausgabe der Sache verweigern, wenn er oder der mittelbare Besitzer, von dem er sein Recht zum Besitz ableitet, dem Eigentümer gegenüber zum Besitze berechtigt ist.

§ 987. [Nutzungen nach Rechtshängigkeit]

(1) Der Besitzer hat dem Eigentümer die Nutzungen herauszugeben, die er nach dem Eintritte der Rechtshängigkeit zieht.

§ 989. [Schadensersatz nach Rechtshängigkeit] Der Besitzer ist von dem Eintritte der Rechtshängigkeit an dem Eigentümer für den Schaden verantwortlich, der dadurch entsteht, daß infolge seines Verschuldens die Sache verschlechtert wird, untergeht oder aus einem anderen Grunde von ihm nicht herausgegeben werden kann.

§ 1004. [Beseitigungs- und Unterlassungsanspruch] (1) [1]Wird das Eigentum in anderer Weise als durch Entziehung oder Vorenthaltung des Besitzes beeinträchtigt, so kann der Eigentümer von dem Störer die Beseitigung der Beeinträchtigung verlangen. [2]Sind weitere Beeinträchtigungen zu besorgen, so kann der Eigentümer auf Unterlassung klagen.

(2) Der Anspruch ist ausgeschlossen, wenn der Eigentümer zur Duldung verpflichtet ist.

§ 1006. [Eigentumsvermutung für Besitzer]

(1) [1]Zugunsten des Besitzers einer beweglichen Sache wird vermutet, daß er Eigentümer der Sache sei. [2]Dies gilt jedoch nicht einem früheren Besitzer gegenüber, dem die Sache gestohlen worden, verloren gegangen oder sonst abhanden gekommen ist, es sei denn, daß es sich um Geld oder Inhaberpapiere handelt.

(2) Zugunsten eines früheren Besitzers wird vermutet, daß er während der Dauer seines Besitzes Eigentümer der Sache gewesen sei.

(3) Im Falle eines mittelbaren Besitzes gilt die Vermutung für den mittelbaren Besitzer.

▶ Miteigentum

§ 1008. [Miteigentum nach Bruchteilen] Steht das Eigentum an einer Sache mehreren nach Bruchteilen zu, so gelten die Vorschriften der §§ 1009 bis 1011.

§ 1009. [Belastung zugunsten eines Miteigentümers] (1) Die gemeinschaftliche Sache kann auch zugunsten eines Miteigentümers belastet werden.

(2) Die Belastung eines gemeinschaftlichen Grundstücks zugunsten des jeweiligen Eigentümers eines anderen Grundstücks sowie die Belastung eines anderen Grundstücks zugunsten der jeweiligen Eigentümer des gemeinschaftlichen Grundstücks wird nicht dadurch ausgeschlossen, daß das andere Grundstück einem Miteigentümer des gemeinschaftlichen Grundstücks gehört.

Dienstbarkeiten

▶ Grunddienstbarkeiten

§ 1018. [Begriff] Ein Grundstück kann zugunsten des jeweiligen Eigentümers eines anderen Grundstücks in der Weise belastet werden, daß dieser das Grundstück in einzelnen Beziehungen benutzen darf oder daß auf dem Grundstücke gewisse Handlungen nicht vorgenommen werden dürfen oder daß die Ausübung eines Rechtes ausgeschlossen ist, das sich aus dem Eigentum an dem belasteten Grundstücke dem anderen Grundstücke gegenüber ergibt (Grunddienstbarkeit).

▶ Nießbrauch

§ 1030. [Begriff] (1) Eine Sache kann in der Weise belastet werden, daß derjenige, zu dessen Gunsten die Belastung erfolgt, berechtigt ist, die Nutzungen der Sache zu ziehen (Nießbrauch).

§ 1068. [Grundsatz] (1) Gegenstand des Nießbrauchs kann auch ein Recht sein.

▶ Beschränkte persönliche Dienstbarkeit

§ 1090. [Begriff] (1) Ein Grundstück kann in der Weise belastet werden, daß derjenige, zu dessen Gunsten die Belastung erfolgt, berechtigt ist, das Grundstück in einzelnen Beziehungen zu benutzen, oder daß ihm eine sonstige Befugnis zusteht, die den Inhalt einer Grunddienstbarkeit bilden kann (beschränkte persönliche Dienstbarkeit).

§ 1093. [Wohnungsrecht] (1) [1]Als beschränkte persönliche Dienstbarkeit kann auch das Recht bestellt werden, ein Gebäude oder einen Teil eines Gebäudes unter Ausschluß des Eigentümers als Wohnung zu benutzen.

(2) Der Berechtigte ist befugt, seine Familie sowie die zur standesmäßigen Bedienung und zur Pflege erforderlichen Personen in die Wohnung aufzunehmen.

(3) Ist das Recht auf einen Teil des Gebäudes beschränkt, so kann der Berechtigte die zum gemeinschaftlichen Gebrauche der Bewohner bestimmten Anlagen und Einrichtungen mitbenutzen.

Vorkaufsrecht

§ 1094. [Begriff; subjektiv-dingliches Vorkaufsrecht] (1) Ein Grundstück kann in der Weise belastet werden, daß derjenige, zu dessen Gunsten die Belastung erfolgt, dem Eigentümer gegenüber zum Vorkaufe berechtigt ist.

§ 1098. [Wirkung des Vorkaufsrechts] (1) [1]Das Rechtsverhältnis zwischen dem Berechtigten und dem Verpflichteten bestimmt sich nach den Vorschriften der §§ 504 bis 514. [2]Das Vorkaufsrecht kann auch dann ausgeübt werden, wenn das Grundstück von dem Insolvenzverwalter aus freier Hand verkauft wird.

Reallasten

§ 1105. [Begriff; subjektiv-dingliche Reallast]

(1) Ein Grundstück kann in der Weise belastet werden, daß an denjenigen, zu dessen Gunsten die Belastung erfolgt, wiederkehrende Leistungen aus dem Grundstücke zu entrichten sind (Reallast).

Hypothek. Grundschuld. Rentenschuld

▶ Hypothek

§ 1113. [Begriff] (1) Ein Grundstück kann in der Weise belastet werden, daß an denjenigen, zu dessen Gunsten die Belastung erfolgt, eine bestimmte Geldsumme zur Befriedigung wegen einer ihm zustehenden Forderung aus dem Grundstücke zu zahlen ist (Hypothek).

§ 1115. [Eintragung der Hypothek] (1) Bei der Eintragung der Hypothek müssen der Gläubiger, der Geldbetrag der Forderung und, wenn die Forderung verzinslich ist, der Zinssatz, wenn andere Nebenleistungen zu entrichten sind, ihr Geldbetrag im Grundbuch angegeben werden; im übrigen kann zur Bezeichnung der Forderung auf die Eintragungsbewilligung Bezug genommen werden. 6

(2) Bei der Eintragung der Hypothek für ein Darlehen einer Kreditanstalt, deren Satzung von der zuständigen Behörde öffentlich bekannt gemacht worden ist, genügt zur Bezeichnung der außer den Zinsen satzungsgemäß zu entrichtenden Nebenleistungen die Bezugnahme auf die Satzung.

§ 1116. [Brief- und Buchhypothek] (1) Über die Hypothek wird ein Hypothekenbrief erteilt.

(2) [1]Die Erteilung des Briefes kann ausgeschlossen werden. [2]Die Ausschließung kann auch nachträglich erfolgen. [3]Zu der Ausschließung ist die Einigung des Gläubigers und des Eigentümers sowie die Eintragung in das Grundbuch erforderlich, …

§ 1117. [Erwerb der Briefhypothek] (1) [1]Der Gläubiger erwirbt, sofern nicht die Erteilung des Hypothekenbriefs ausgeschlossen ist, die Hypothek erst, wenn ihm der Brief von dem Eigentümer des Grundstücks übergeben wird. [2]Auf die Übergabe finden die Vorschriften des § 929 Satz 2 und der §§ 930, 931 Anwendung.

(2) Die Übergabe des Briefes kann durch die Vereinbarung ersetzt werden, daß der Gläubiger berechtigt sein soll, sich den Brief von dem Grundbuchamt aushändigen zu lassen.

(3) Ist der Gläubiger im Besitze des Briefes, so wird vermutet, daß die Übergabe erfolgt sei.

§ 1118. [Haftung für Nebenforderungen] Kraft der Hypothek haftet das Grundstück auch für die gesetzlichen Zinsen der Forderung sowie für die Kosten der Kündigung und der die Befriedigung aus dem Grundstücke bezweckenden Rechtsverfolgung.

§ 1120. [Erstreckung auf Erzeugnisse, Bestandteile und Zubehör] Die Hypothek erstreckt sich auf die von dem Grundstücke getrennten Erzeugnisse und sonstigen Bestandteile, soweit sie nicht mit der Trennung nach den §§ 954 bis 957 in das Eigentum eines anderen als des Eigentümers oder des Eigenbesitzers des Grundstücks gelangt sind, sowie auf das Zubehör des Grundstücks mit Ausnahme der Zubehörstücke, welche nicht in das Eigentum des Eigentümers des Grundstücks gelangt sind.

§ 1123. [Erstreckung auf Miet- oder Pachtzinsforderung] (1) Ist das Grundstück vermietet oder verpachtet, so erstreckt sich die Hypothek auf die Miet- oder Pachtzinsforderung.

§ 1126. [Erstreckung auf wiederkehrende Leistungen] [1]Ist mit dem Eigentum an dem Grundstück ein Recht auf wiederkehrende Leistungen verbunden, so erstreckt sich die Hypothek auf die Ansprüche auf diese Leistungen. [2]Eine vor der Beschlagnahme erfolgte Verfügung über den Anspruch auf eine Leistung, die erst drei Monate nach der Beschlagnahme fällig wird, ist dem Hypothekengläubiger gegenüber unwirksam.

6

§ 1132. [Gesamthypothek] (1) [1]Besteht für die Forderung eine Hypothek an mehreren Grundstücken (Gesamthypothek), so haftet jedes Grundstück für die ganze Forderung. [2]Der Gläubiger kann die Befriedigung nach seinem Belieben aus jedem der Grundstücke ganz oder zu einem Teile suchen.

§ 1133. [Gefährdung der Sicherheit der Hypothek] [1]Ist infolge einer Verschlechterung des Grundstücks die Sicherheit der Hypothek gefährdet, so kann der Gläubiger dem Eigentümer eine angemessene Frist zur Beseitigung der Gefährdung bestimmen. [2]Nach dem Ablaufe der Frist ist der Gläubiger berechtigt, sofort Befriedigung aus dem Grundstücke zu suchen, wenn nicht die Gefährdung durch Verbesserung des Grundstücks oder durch anderweitige Hypothekenbestellung beseitigt worden ist.

§ 1134. [Unterlassungsklage] (1) Wirkt der Eigentümer oder ein Dritter auf das Grundstück in solcher Weise ein, daß eine die Sicherheit der Hypothek gefährdende Verschlechterung des Grundstücks zu besorgen ist, so kann der Gläubiger auf Unterlassung klagen.

(2) [1]Geht die Einwirkung von dem Eigentümer aus, so hat das Gericht auf Antrag des Gläubigers die zur Abwendung der Gefährdung erforderlichen Maßregeln anzuordnen. [2]Das gleiche gilt, wenn die Verschlechterung deshalb zu besorgen ist, weil der Eigentümer die erforderlichen Vorkehrungen gegen Einwirkungen Dritter oder gegen andere Beschädigungen unterläßt.

§ 1136. [Rechtsgeschäftliche Verfügungsbeschränkung] Eine Vereinbarung, durch die sich der Eigentümer dem Gläubiger gegenüber verpflichtet, das Grundstück nicht zu veräußern oder nicht weiter zu belasten, ist nichtig.

§ 1137. [Einreden des Eigentümers] (1) [1]Der Eigentümer kann gegen die Hypothek die dem persönlichen Schuldner gegen die Forderung sowie die nach § 770 einem Bürgen zustehenden Einreden geltend machen.

§ 1138. [Öffentlicher Glaube des Grundbuchs] Die Vorschriften der §§ 891 bis 899 gelten für die Hypothek auch in Ansehung der Forderung und der dem Eigentümer nach § 1137 zustehenden Einreden.

§ 1142. [Befriedigungsrecht des Eigentümers]

(1) Der Eigentümer ist berechtigt, den Gläubiger zu befriedigen, wenn die Forderung ihm gegenüber fällig geworden oder wenn der persönliche Schuldner zur Leistung berechtigt ist.

§ 1144. [Aushändigung der Urkunden] Der Eigentümer kann gegen Befriedigung des Gläubigers die Aushändigung des Hypothekenbriefs und der sonstigen Urkunden verlangen, die zur Berichtigung des Grundbuchs oder zur Löschung der Hypothek erforderlich sind.

§ 1147. [Befriedigung durch Zwangsvollstreckung] Die Befriedigung des Gläubigers aus dem Grundstück und den Gegenständen, auf die sich die Hypothek erstreckt, erfolgt im Wege der Zwangsvollstreckung.

§ 1152. [Teilhypothekenbrief] [1]Im Falle einer Teilung der Forderung kann, sofern nicht die Erteilung des Hypothekenbriefs ausgeschlossen ist, für jeden Teil ein Teilhypothekenbrief hergestellt werden; die Zustimmung des Eigentümers des Grundstücks ist nicht erforderlich. [2]Der Teilhypothekenbrief tritt für den Teil, auf den er sich bezieht, an die Stelle des bisherigen Briefes.

§ 1153. [Übertragung von Hypothek und Forderung] (1) Mit der Übertragung der Forderung geht die Hypothek auf den neuen Gläubiger über.

(2) Die Forderung kann nicht ohne die Hypothek, die Hypothek kann nicht ohne die Forderung übertragen werden.

§ 1154. [Abtretung der Forderung] (1) [1]Zur Abtretung der Forderung ist Erteilung der Abtretungserklärung in schriftlicher Form und Übergabe des Hypothekenbriefs erforderlich; die Vorschriften des § 1117 finden Anwendung. [2]Der bisherige Gläubiger hat auf Verlangen des neuen Gläubigers die Abtretungserklärung auf seine Kosten öffentlich beglaubigen zu lassen.

(2) Die schriftliche Form der Abtretungserklärung kann dadurch ersetzt werden, daß die Abtretung in das Grundbuch eingetragen wird.

§ 1162. [Aufgebot des Hypothekenbriefs] Ist der Hypothekenbrief abhanden gekommen oder vernichtet, so kann er im Wege des Aufgebotsverfahrens für kraftlos erklärt werden.

§ 1163. [Eigentümerhypothek] (1) [1]Ist die Forderung, für welche die Hypothek bestellt ist, nicht zur Entstehung gelangt, so steht die Hypothek dem Eigentümer zu. [2]Erlischt die Forderung, so erwirbt der Eigentümer die Hypothek.

(2) Eine Hypothek, für welche die Erteilung des Hypothekenbriefs nicht ausgeschlossen ist, steht bis zur Übergabe des Briefes an den Gläubiger dem Eigentümer zu.

§ 1164. [Übergang der Hypothek auf den Schuldner] (1) [1]Befriedigt der persönliche Schuldner den Gläubiger, so geht die Hypothek insoweit auf ihn über, als er von dem Eigentümer oder einem Rechtsvorgänger des Eigentümers Ersatz verlangen kann. [2]Ist dem Schuldner nur teilweise Ersatz zu leisten, so kann der Eigentümer die Hypothek, soweit sie auf ihn übergegangen ist, nicht zum Nachteile der Hypothek des Schuldners geltend machen.

(2) Der Befriedigung des Gläubigers steht es gleich, wenn sich Forderung und Schuld in einer Person vereinigen.

§ 1177. [Eigentümergrundschuld. Eigentümerhypothek] (1) [1]Vereinigt sich die Hypothek mit dem Eigentum in einer Person, ohne daß dem Eigentümer auch die Forderung zusteht, so verwandelt sich die Hypothek in eine Grundschuld. [2]In Ansehung der Verzinslichkeit, des Zinssatzes, der Zahlungszeit, der Kündigung und des Zahlungsorts bleiben die für die Forderung getroffenen Bestimmungen maßgebend.

(2) Steht dem Eigentümer auch die Forderung zu, so bestimmen sich seine Rechte aus der Hypothek, solange die Vereinigung besteht, nach den für eine Grundschuld des Eigentümers geltenden Vorschriften

§ 1179. [Löschungsvormerkung] Verpflichtet sich der Eigentümer einem anderen gegenüber, die Hypothek löschen zu lassen, wenn sie sich mit dem Eigentum in einer Person vereinigt, so kann zur Sicherung des Anspruchs auf Löschung eine Vormerkung in das Grundbuch eingetragen werden, wenn demjenigen, zu dessen Gunsten die Eintragung vorgenommen werden soll,

1. ein anderes gleichrangiges oder nachrangiges Recht als eine Hypothek, Grundschuld oder Rentenschuld am Grundstück zusteht oder
2. ein Anspruch auf Einräumung eines solchen anderen Rechts oder auf Übertragung des Eigentums am Grundstück zusteht; der Anspruch kann auch ein künftiger oder bedingter sein.

§ 1179a. [Löschungsanspruch bei fremden Rechten] (1) [1]Der Gläubiger einer Hypothek kann von dem Eigentümer verlangen, daß dieser eine vorrangige oder gleichrangige Hypothek löschen läßt, wenn sie im Zeitpunkt der Eintragung der Hypothek des Gläubigers mit dem Eigentum in einer Person vereinigt ist oder eine solche Vereinigung später eintritt. [2]Ist das Eigentum nach der Eintragung der nach Satz 1 begünstigten Hypothek durch Sondernachfolge auf einen anderen übergegangen, so ist jeder Eigentümer wegen der zur Zeit seines Eigentums bestehenden Vereinigungen zur Löschung verpflichtet. [3]Der Löschungsanspruch ist in gleicher Weise gesichert, als wenn zu seiner Sicherung gleichzeitig mit der begünstigten Hypothek eine Vormerkung in das Grundbuch eingetragen worden wäre.

(2) [1]Die Löschung einer Hypothek, die nach § 1163 Abs. 1 Satz 1 mit dem Eigentum in einer Person vereinigt ist, kann nach Absatz 1 erst verlangt werden, wenn sich ergibt, daß die zu sichernde Forderung nicht mehr entstehen wird; der Löschungsanspruch besteht von diesem Zeitpunkt ab jedoch auch wegen der vor-

her bestehenden Vereinigungen. [2]Durch die Vereinigung einer Hypothek mit dem Eigentum nach § 1163 Abs. 2 wird ein Anspruch nach Absatz 1 nicht begründet.

(3) Liegen bei der begünstigten Hypothek die Voraussetzungen des § 1163 vor, ohne daß das Recht für den Eigentümer oder seinen Rechtsnachfolger im Grundbuch eingetragen ist, so besteht der Löschungsanspruch für den eingetragenen Gläubiger oder seinen Rechtsnachfolger.

(4) Tritt eine Hypothek im Range zurück, so sind auf die Löschung der ihr infolge der Rangänderung vorgehenden oder gleichstehenden Hypothek die Absätze 1 bis 3 mit der Maßgabe entsprechend anzuwenden, daß an die Stelle des Zeitpunkts der Eintragung des zurückgetretenen Rechts der Zeitpunkt der Eintragung der Rangänderung tritt.

(5) [1]Als Inhalt einer Hypothek, deren Gläubiger nach den vorstehenden Vorschriften ein Anspruch auf Löschung zusteht, kann der Ausschluß dieses Anspruchs vereinbart werden; der Ausschluß kann auf einen bestimmten Fall der Vereinigung beschränkt werden. [2]Der Ausschluß ist unter Bezeichnung der Hypotheken, die dem Löschungsanspruch ganz oder teilweise nicht unterliegen, im Grundbuch anzugeben; ist der Ausschluß nicht für alle Fälle der Vereinigung vereinbart, so kann zur näheren Bezeichnung der erfaßten Fälle auf die Eintragungsbewilligung Bezug genommen werden. [3]Wird der Ausschluß aufgehoben, so entstehen dadurch nicht Löschungsansprüche für Vereinigungen, die nur vor dieser Aufhebung bestanden haben.

§ 1180. [Auswechslung der Forderung] (1) [1]An die Stelle der Forderung, für welche die Hypothek besteht, kann eine andere Forderung gesetzt werden. [2]Zu der Änderung ist die Einigung des Gläubigers und des Eigentümers sowie die Eintragung in das Grundbuch erforderlich; …

6

§ 1181. [Erlöschen durch Befriedigung aus dem Grundstück] (1) Wird der Gläubiger aus dem Grundstücke befriedigt, so erlischt die Hypothek.

(2) Erfolgt die Befriedigung des Gläubigers aus einem der mit einer Gesamthypothek belasteten Grundstücke, so werden auch die übrigen Grundstücke frei.

§ 1184. [Sicherungshypothek] (1) Eine Hypothek kann in der Weise bestellt werden, daß das Recht des Gläubigers aus der Hypothek sich nur nach der Forderung bestimmt und der Gläubiger sich zum Beweise der Forderung nicht auf die Eintragung berufen kann (Sicherungshypothek).

(2) Die Hypothek muß im Grundbuch als Sicherungshypothek bezeichnet werden.

§ 1185. [Buchhypothek; unanwendbare Vorschriften] (1) Bei der Sicherungshypothek ist die Erteilung des Hypothekenbriefs ausgeschlossen.

§ 1186. [Zulässige Umwandlungen] [1]Eine Sicherungshypothek kann in eine gewöhnliche Hypothek, eine gewöhnliche Hypothek kann in eine Sicherungshypothek umgewandelt werden. [2]Die Zustimmung der im Range gleich oder nachstehenden Berechtigten ist nicht erforderlich.

§ 1190. [Höchstbetragshypothek] (1) [1]Eine Hypothek kann in der Weise bestellt werden, daß nur der Höchstbetrag, bis zu dem das Grundstück haften soll, bestimmt, im übrigen die Feststellung der Forderung vorbehalten wird. [2]Der Höchstbetrag muß in das Grundbuch eingetragen werden.

(2) Ist die Forderung verzinslich, so werden die Zinsen in den Höchstbetrag eingerechnet.

(3) Die Hypothek gilt als Sicherungshypothek, auch wenn sie im Grundbuche nicht als solche bezeichnet ist.

▶ Grundschuld. Rentenschuld

Grundschuld

§ 1191. [Begriff] (1) Ein Grundstück kann in der Weise belastet werden, daß an denjenigen, zu dessen Gunsten die Belastung erfolgt, eine bestimmte Geldsumme aus dem Grundstücke zu zahlen ist (Grundschuld).

(2) Die Belastung kann auch in der Weise erfolgen, daß Zinsen von der Geldsumme sowie andere Nebenleistungen aus dem Grundstücke zu entrichten sind.

§ 1192. [Anwendbare Vorschriften] (1) Auf die Grundschuld finden die Vorschriften über die Hypothek entsprechende Anwendung, soweit sich nicht daraus ein anderes ergibt, daß die Grundschuld nicht eine Forderung voraussetzt.

(2) Für Zinsen der Grundschuld gelten die Vorschriften über die Zinsen einer Hypothekenforderung.

§ 1193. [Kündigung] (1) [1]Das Kapital der Grundschuld wird erst nach vorgängiger Kündigung fällig. [2]Die Kündigung steht sowohl dem Eigentümer als dem Gläubiger zu. [3]Die Kündigungsfrist beträgt sechs Monate.

(2) Abweichende Bestimmungen sind zulässig.

§ 1195. [Inhabergrundschuld] [1]Eine Grundschuld kann in der Weise bestellt werden, daß der Grundschuldbrief auf den Inhaber ausgestellt wird. [2]Auf einen solchen Brief finden die Vorschriften über Schuldverschreibungen auf den Inhaber entsprechende Anwendung.

§ 1196. [Eigentümergrundschuld] (1) Eine Grundschuld kann auch für den Eigentümer bestellt werden.

(2) Zu der Bestellung ist die Erklärung des Eigentümers gegenüber dem Grundbuchamte, daß die Grundschuld für ihn in das Grundbuch eingetragen werden soll, und die Eintragung erforderlich; ...

§ 1198. [Zulässige Umwandlungen] [1]Eine Hypothek kann in eine Grundschuld, eine Grundschuld kann in eine Hypothek umgewandelt werden. [2]Die Zustimmung der im Range gleich- oder nachstehenden Berechtigten ist nicht erforderlich.

Rentenschuld

§ 1199. [Begriff; Ablösungssumme] (1) Eine Grundschuld kann in der Weise bestellt werden, daß in regelmäßig wiederkehrenden Terminen eine bestimmte Geldsumme aus dem Grundstücke zu zahlen ist (Rentenschuld).

(2) [1]Bei der Bestellung der Rentenschuld muß der Betrag bestimmt werden, durch dessen Zahlung die Rentenschuld abgelöst werden kann. [2]Die Ablösungssumme muß im Grundbuch angegeben werden.

§ 1201. [Ablösungsrecht] (1) Das Recht zur Ablösung steht dem Eigentümer zu.

§ 1202. [Kündigung] (1) [1]Der Eigentümer kann das Ablösungsrecht erst nach vorgängiger Kündigung ausüben. [2]Die Kündigungsfrist beträgt sechs Monate, wenn nicht ein anderes bestimmt ist.

§ 1203. [Zulässige Umwandlungen] [1]Eine Rentenschuld kann in eine gewöhnliche Grundschuld, eine gewöhnliche Grundschuld kann in eine Rentenschuld umgewandelt werden. [2]Die Zustimmung der im Range gleich- oder nachstehenden Berechtigten ist nicht erforderlich.

Pfandrecht an beweglichen Sachen und an Rechten

► Pfandrecht an beweglichen Sachen

§ 1204. [Begriff] (1) Eine bewegliche Sache kann zur Sicherung einer Forderung in der Weise belastet werden, daß der Gläubiger berechtigt ist, Befriedigung aus der Sache zu suchen (Pfandrecht).

§ 1205. [Bestellung] (1) [1]Zur Bestellung des Pfandrechts ist erforderlich, daß der Eigentümer die Sache dem Gläubiger übergibt und beide darüber einig sind, daß dem Gläubiger das Pfandrecht zustehen soll. [2]Ist der Gläubiger im Besitze der Sache, so genügt die Einigung über die Entstehung des Pfandrechts.

(2) Die Übergabe einer im mittelbaren Besitze des Eigentümers befindlichen Sache kann dadurch ersetzt werden, daß der Eigentümer den mittelbaren Besitz auf den Pfandgläubiger überträgt und die Verpfändung dem Besitzer anzeigt.

§ 1206. [Übergabeersatz durch Einräumung des Mitbesitzes] Anstelle der Übergabe der Sache genügt die Einräumung des Mitbesitzes, wenn sich die Sache unter dem Mitverschlusse des Gläubigers befindet oder, falls sie im Besitz eines Dritten ist, die Herausgabe nur an den Eigentümer und den Gläubiger gemeinschaftlich erfolgen kann.

§ 1207. [Verpfändung durch Nichtberechtigte] Gehört die Sache nicht dem Verpfänder, so finden auf die Verpfändung die für den Erwerb des Eigentums geltenden Vorschriften der §§ 932, 934, 935 entsprechende Anwendung.

§ 1208. [Gutgläubiger Erwerb des Vorrangs] [1]Ist die Sache mit dem Rechte eines Dritten belastet, so geht das Pfandrecht dem Rechte vor, es sei denn, daß der Pfandgläubiger zur Zeit des Erwerbes des Pfandrechts in Ansehung des Rechtes nicht in gutem Glauben ist. [2]Die Vorschriften des § 932 Abs. 1 Satz 2, des § 935 und des § 936 Abs. 3 finden entsprechende Anwendung.

§ 1210. [Umfang der Haftung des Pfandes]

(1) [1]Das Pfand haftet für die Forderung in deren jeweiligem Bestand, insbesondere auch für Zinsen und Vertragsstrafen.

(2) Das Pfand haftet für die Ansprüche des Pfandgläubigers auf Ersatz von Verwendungen, für die dem Pfandgläubiger zu ersetzenden Kosten der Kündigung und der Rechtsverfolgung sowie für die Kosten des Pfandverkaufs.

§ 1212. [Erstreckung auf getrennte Erzeugnisse] Das Pfandrecht erstreckt sich auf die Erzeugnisse, die von dem Pfande getrennt werden.

§ 1213. [Nutzungspfand] (1) Das Pfandrecht kann in der Weise bestellt werden, daß der Pfandgläubiger berechtigt ist, die Nutzungen des Pfandes zu ziehen.

(2) Ist eine von Natur fruchttragende Sache dem Pfandgläubiger zum Alleinbesitz übergeben, so ist im Zweifel anzunehmen, daß der Pfandgläubiger zum Fruchtbezuge berechtigt sein soll.

§ 1214. [Pflichten des nutzungsberechtigten Pfandgläubigers] [1]Steht dem Pfandgläubiger das Recht zu, die Nutzungen zu ziehen, so ist er verpflichtet, für die Gewinnung der Nutzungen zu sorgen und Rechenschaft abzulegen.

(2) Der Reinertrag der Nutzungen wird auf die geschuldete Leistung und, wenn Kosten und Zinsen zu entrichten sind, zunächst auf diese angerechnet.

(3) Abweichende Bestimmungen sind zulässig.

§ 1215. [Verwahrungspflicht] Der Pfandgläubiger ist zur Verwahrung des Pfandes verpflichtet.

§ 1217. [Rechtsverletzung durch den Pfandgläubiger] (1) Verletzt der Pfandgläubiger die Rechte des Verpfänders in erheblichem Maße und setzt er das verletzende Verhalten ungeachtet einer Abmahnung des Verpfänders fort, so kann der Verpfänder verlangen, daß das Pfand auf Kosten des Pfandgläubigers hinterlegt oder, wenn es sich nicht zur Hinterlegung eignet, an einen gerichtlich zu bestellenden Verwahrer abgeliefert wird.

(2) [1]Statt der Hinterlegung oder der Ablieferung der Sache an einen Verwahrer kann der Verpfänder die Rückgabe des Pfandes gegen Befriedigung des Gläubigers verlangen.

§ 1218. [Rechte des Verpfänders bei drohendem Verderb] (1) Ist der Verderb des Pfandes oder eine wesentliche Minderung des Wertes zu besorgen, so kann der Verpfänder die Rückgabe des Pfandes gegen anderweitige Sicherheitsleistung verlangen; die Sicherheitsleistung durch Bürgen ist ausgeschlossen.

(2) Der Pfandgläubiger hat dem Verpfänder von dem drohenden Verderb unverzüglich Anzeige zu machen, sofern nicht die Anzeige untunlich ist.

6

§ 1219. [Rechte des Pfandgläubigers bei drohendem Verderb] (1) Wird durch den drohenden Verderb des Pfandes oder durch eine zu besorgende wesentliche Minderung des Wertes die Sicherheit des Pfandgläubigers gefährdet, so kann dieser das Pfand öffentlich versteigern lassen.

(2) [1]Der Erlös tritt an die Stelle des Pfandes. [2]Auf Verlangen des Verpfänders ist der Erlös zu hinterlegen.

§ 1220. [Androhung der Versteigerung]

(1) [1]Die Versteigerung des Pfandes ist erst zulässig, nachdem sie dem Verpfänder angedroht worden ist; die Androhung darf unterbleiben, wenn das Pfand dem Verderb ausgesetzt und mit dem Aufschube der Versteigerung Gefahr verbunden ist. [2]Im Falle der Wertminderung ist außer der Androhung erforderlich, daß der Pfandgläubiger dem Verpfänder zur Leistung anderweitiger Sicherheit eine angemessene Frist bestimmt hat und diese verstrichen ist.

(2) Der Pfandgläubiger hat den Verpfänder von der Versteigerung unverzüglich zu benachrichtigen; im Falle der Unterlassung ist er zum Schadensersatze verpflichtet.

§ 1221. [Freihändiger Verkauf] Hat das Pfand einen Börsen- oder Marktpreis, so kann der Pfandgläubiger den Verkauf aus freier Hand durch einen zu solchen Verkäufen öffentlich ermächtigten Handelsmäkler oder durch eine zur öffentlichen Versteigerung befugte Person zum laufenden Preise bewirken.

§ 1223. [Rückgabepflicht; Einlösungsrecht]

(1) Der Pfandgläubiger ist verpflichtet, das Pfand nach dem Erlöschen des Pfandrechts dem Verpfänder zurückzugeben.

§ 1224. [Befriedigung durch Hinterlegung oder Aufrechnung] Die Befriedigung des Pfandgläubigers durch den Verpfänder kann auch durch Hinterlegung oder durch Aufrechnung erfolgen.

§ 1228. [Befriedigung durch Pfandverkauf]

(1) Die Befriedigung des Pfandgläubigers aus dem Pfande erfolgt durch Verkauf.

(2) [1]Der Pfandgläubiger ist zum Verkaufe berechtigt, sobald die Forderung ganz oder zum Teil fällig ist.

§ 1230. [Auswahl unter mehreren Pfändern]

[1]Unter mehreren Pfändern kann der Pfandgläubiger, soweit nicht ein anderes bestimmt ist, diejenigen auswählen, welche verkauft werden sollen. [2]Er kann nur so viele Pfänder zum Verkaufe bringen, als zu seiner Befriedigung erforderlich sind.

§ 1233. [Ausführung des Verkaufs] (1) Der Verkauf des Pfandes ist nach den Vorschriften der §§ 1234 bis 1240 zu bewirken.

(2) Hat der Pfandgläubiger für sein Recht zum Verkauf einen vollstreckbaren Titel gegen den Eigentümer erlangt, so kann er den Verkauf auch nach den für den Verkauf einer gepfändeten Sache geltenden Vorschriften bewirken lassen.

§ 1234. [Verkaufsandrohung; Wartefrist]

(1) [1]Der Pfandgläubiger hat dem Eigentümer den Verkauf vorher anzudrohen und dabei den Geldbetrag zu bezeichnen, wegen dessen der Verkauf stattfinden soll.

(2) [1]Der Verkauf darf nicht vor dem Ablauf eines Monats nach der Androhung erfolgen.

§ 1235. [Öffentliche Versteigerung; freihändiger Verkauf] (1) Der Verkauf des Pfandes ist im Wege öffentlicher Versteigerung zu bewirken.

(2) Hat das Pfand einen Börsen- oder Marktpreis, so findet die Vorschrift des § 1221 Anwendung.

§ 1236. [Versteigerungsort] [1]Die Versteigerung hat an dem Orte zu erfolgen, an dem das Pfand aufbewahrt wird. [2]Ist von einer Versteigerung an dem Aufbewahrungsort ein angemessener Erfolg nicht zu erwarten, so ist das Pfand an einem geeigneten anderen Orte zu versteigern.

§ 1237. [Öffentliche Bekanntmachung] [1]Zeit und Ort der Versteigerung sind unter allgemeiner Bezeichnung des Pfandes öffentlich bekanntzumachen. [2]Der Eigentümer und Dritte, denen Rechte an dem Pfande zustehen, sind besonders zu benachrichtigen; ...

§ 1238. [Verkaufsbedingungen] (1) Das Pfand darf nur mit der Bestimmung verkauft werden, daß der Käufer den Kaufpreis sofort bar zu entrichten hat und seiner Rechte verlustig sein soll, wenn dies nicht geschieht.

§ 1239. [Mitbieten durch Gläubiger und Eigentümer] (1) [1]Der Pfandgläubiger und der Eigentümer können bei der Versteigerung mitbieten.

§ 1241. [Benachrichtigung des Eigentümers] Der Pfandgläubiger hat den Eigentümer von dem Verkaufe des Pfandes und dem Ergebnis unverzüglich zu benachrichtigen, sofern nicht die Benachrichtigung untunlich ist.

§ 1242. [Wirkungen der rechtmäßigen Veräußerung] (1) [1]Durch die rechtmäßige Veräußerung des Pfandes erlangt der Erwerber die gleichen Rechte, wie wenn er die Sache von dem Eigentümer erworben hätte. [2]Dies gilt auch dann, wenn dem Pfandgläubiger der Zuschlag erteilt wird.

(2) [1]Pfandrechte an der Sache erlöschen, auch wenn sie dem Erwerber bekannt waren. [2]Das gleiche gilt von einem Nießbrauch, es sei denn, daß er allen Pfandrechten im Range vorgeht.

§ 1247. [Erlös aus dem Pfand] [1]Soweit der Erlös aus dem Pfande dem Pfandgläubiger zu seiner Befriedigung gebührt, gilt die Forderung als von dem Eigentümer berichtigt. [2]Im übrigen tritt der Erlös an die Stelle des Pfandes.

§ 1250. [Übertragung der Forderung] (1) [1]Mit der Übertragung der Forderung geht das Pfandrecht auf den neuen Gläubiger über. [2]Das Pfandrecht kann nicht ohne die Forderung übertragen werden.

(2) Wird bei der Übertragung der Forderung der Übergang des Pfandrechts ausgeschlossen, so erlischt das Pfandrecht.

§ 1251. [Wirkung des Pfandrechtsüberganges]

(1) Der neue Pfandgläubiger kann von dem bisherigen Pfandgläubiger die Herausgabe des Pfandes verlangen.

(2) [1]Mit der Erlangung des Besitzes tritt der neue Pfandgläubiger an Stelle des bisherigen Pfandgläubigers in die mit dem Pfandrechte verbundenen Verpflichtungen gegen den Verpfänder ein. [2]Erfüllt er die Verpflichtungen nicht, so haftet für den von ihm zu ersetzenden Schaden der bisherige Pfandgläubiger wie ein Bürge, der auf die Einrede der Vorausklage verzichtet hat. [3]Die Haftung des bisherigen Pfandgläubigers tritt nicht ein, wenn die Forderung kraft Gesetzes auf den neuen Pfandgläubiger übergeht oder ihm aufgrund einer gesetzlichen Verpflichtung abgetreten wird.

§ 1252. [Erlöschen mit der Forderung] Das Pfandrecht erlischt mit der Forderung, für die es besteht.

§ 1253. [Erlöschen durch Rückgabe] (1) [1]Das Pfandrecht erlischt, wenn der Pfandgläubiger das Pfand dem Verpfänder oder dem Eigentümer zurückgibt. [2]Der Vorbehalt der Fortdauer des Pfandrechts ist unwirksam.

§ 1255. [Aufhebung des Pfandrechts] (1) Zur Aufhebung des Pfandrechts durch Rechtsgeschäft genügt die Erklärung des Pfandgläubigers gegenüber dem Verpfänder oder dem Eigentümer, daß er das Pfandrecht aufgebe.

(2) [1]Ist das Pfandrecht mit dem Rechte eines Dritten belastet, so ist die Zustimmung des Dritten erforderlich. [2]Die Zustimmung ist demjenigen gegenüber zu erklären, zu dessen Gunsten sie erfolgt; sie ist unwiderruflich.

§ 1256. [Zusammentreffen von Pfandrecht und Eigentum] (1) [1]Das Pfandrecht erlischt, wenn es mit dem Eigentum in derselben Person zusammentrifft.

§ 1257. [Gesetzliches Pfandrecht] Die Vorschriften über das durch Rechtsgeschäft bestellte Pfandrecht finden auf ein kraft Gesetzes entstandenes Pfandrecht entsprechende Anwendung.

▶ Pfandrecht an Rechten

§ 1273. [Grundsatz] (1) Gegenstand des Pfandrechts kann auch ein Recht sein.

(2) [1]Auf das Pfandrecht an Rechten finden die Vorschriften über das Pfandrecht an beweglichen Sachen entsprechende Anwendung, soweit sich nicht aus den §§ 1274 bis 1296 ein anderes ergibt. [2]Die Anwendung der Vorschriften des § 1208 und des § 1213 Abs. 2 ist ausgeschlossen.

§ 1279. [Pfandrecht an einer Forderung] Für das Pfandrecht an einer Forderung gelten die besonderen Vorschriften der §§ 1280 bis 1290.

§ 1280. [Anzeige an den Schuldner] Die Verpfändung einer Forderung, zu deren Übertragung der Abtretungsvertrag genügt, ist nur wirksam, wenn der Gläubiger sie dem Schuldner anzeigt.

§ 1282. [Leistung nach Fälligkeit] (1) [1]Sind die Voraussetzungen des § 1228 Abs. 2e eingetreten, so ist der Pfandgläubiger zur Einziehung der Forderung berechtigt und kann der Schuldner nur an ihn leisten.

§ 1292. [Verpfändung von Orderpapieren] Zur Verpfändung eines Wechsels oder eines anderen Papiers, das durch Indossament übertragen werden kann, genügt die Einigung des Gläubigers und des Pfandgläubigers und die Übergabe des indossierten Papiers.

§ 1293. [Pfandrecht an Inhaberpapieren] Für das Pfandrecht an einem Inhaberpapier gelten die Vorschriften über das Pfandrecht an beweglichen Sachen.

§ 1294. [Einziehung und Kündigung] Ist ein Wechsel, ein anderes Papier, das durch Indossament übertragen werden kann, oder ein Inhaberpapier Gegenstand des Pfandrechts, so ist, auch wenn die Voraussetzungen des § 1228 Abs. 2 noch nicht eingetreten sind, der Pfandgläubiger zur Einziehung und, falls Kündigung erforderlich ist, zur Kündigung berechtigt und kann der Schuldner nur an ihn leisten.

§ 1295. [Freihändiger Verkauf von Orderpapieren] Hat ein verpfändetes Papier, das durch Indossament übertragen werden kann, einen Börsen- oder Marktpreis, so ist der Gläubiger nach dem Eintritte der Voraussetzungen des § 1228 Abs. 2 berechtigt, das Papier nach § 1221 verkaufen zu lassen.

§ 1296. [Erstreckung auf Zinsscheine] [1]Das Pfandrecht an einem Wertpapier erstreckt sich auf die zu dem Papiere gehörenden Zins-, Renten- oder Gewinnanteilscheine nur dann, wenn sie dem Pfandgläubiger übergeben sind. [2]Der Verpfänder kann, sofern nicht ein anderes bestimmt ist, die Herausgabe der Scheine verlangen, soweit sie vor dem Eintritte der Voraussetzungen des § 1228 Abs. 2 fällig werden.

Viertes Buch. Familienrecht

Verwandtschaft

§ 1629. [Vertretung des Kindes] (1) Die elterliche Sorge umfaßt die Vertretung des Kindes. [2]Die Eltern vertreten das Kind gemeinschaftlich; ist eine Willenserklärung gegenüber dem Kind abzugeben, so genügt die Abgabe gegenüber einem Elternteil. [3]Ein Elternteil vertritt das Kind allein, soweit er die elterliche Sorge allein ausübt oder ihm die Entscheidung nach § 1628 übertragen ist. Bei Gefahr im Verzug ist jeder Elternteil dazu berechtigt, alle Rechtshandlungen vorzunehmen, die zum Wohl des Kindes notwendig sind; der andere Elternteil ist unverzüglich zu unterrichten.

6

(2) [1]Der Vater und die Mutter können das Kind insoweit nicht vertreten, als nach § 1795 ein Vormund von der Vertretung des Kindes ausgeschlossen ist. [2]Steht die elterliche Sorge für ein Kind den Eltern gemeinsam zu, so kann der Elternteil, in dessen Obhut sich das Kind befindet, Unterhaltsansprüche des Kindes gegen den anderen Elternteil geltend machen. [3]Das Familiengericht kann dem Vater und der Mutter nach § 1796 die Vertretung entziehen; dies gilt nicht für die Feststellung der Vaterschaft.

§ 1629a. [Haftung der Eltern] (1) Die Haftung für Verbindlichkeiten, die die Eltern im Rahmen ihrer gesetzlichen Vertretungsmacht oder sonstige vertretungsberechtigte Personen im Rahmen ihrer Vertretungsmacht durch Rechtsgeschäft oder eine sonstige Handlung mit Wirkung für das Kind begründet haben, oder die auf Grund eines während der Minderjährigkeit erfolgten Erwerbs von Todes wegen entstanden sind, beschränkt sich auf den Bestand des bei Eintritt der Volljährigkeit vorhandenen Vermögens des Kindes; dasselbe gilt für Verbindlichkeiten aus Rechtsgeschäften, die der Minderjährige gemäß §§ 107, 108 oder § 111 mit Zustimmung seiner Eltern vorgenommen hat oder für Verbindlichkeiten aus Rechtsgeschäften, zu denen die Eltern die Genehmigung des Vormundschaftsgerichts erhalten haben. Beruft sich der volljährig Gewordene auf die Beschränkung der Haftung, so finden die für die Haftung des Erben geltenden Vorschriften der §§ 1990, 1991 entsprechende Anwendung.

§ 1643. [Genehmigungspflichtige Rechtsgeschäfte] (1) Zu Rechtsgeschäften für das Kind bedürfen die Eltern der Genehmigung des Vormundschaftsgerichts in den Fällen, in denen nach § 1821 und nach § 1822 Nr. 1, 3, 5, 8 bis 11 ein Vormund der Genehmigung bedarf.

(2) [1]Das gleiche gilt für die Ausschlagung einer Erbschaft oder eines Vermächtnisses sowie der Verzicht auf einen Pflichtanteil.

Vormundschaft. Rechtliche Betreuung. Pflegschaft.

§ 1773. [Voraussetzungen] (1) Ein Minderjähriger erhält einen Vormund, wenn er nicht unter elterlicher Sorge steht oder wenn die Eltern weder in den die Person noch in den das Vermögen betreffenden Angelegenheiten zur Vertretung des Minderjährigen berechtigt sind.

(2) Ein Minderjähriger erhält einen Vormund auch dann, wenn sein Familienstand nicht zu ermitteln ist.

§ 1776. [Benennungsrecht der Eltern] (1) Als Vormund ist berufen, wer von den Eltern des Mündels als Vormund benannt ist.

(2) Haben der Vater und die Mutter verschiedene Personen benannt, so gilt die Benennung durch den zuletzt verstorbenen Elternteil.

§ 1793. [Aufgaben des Vormunds] [1]Der Vormund hat das Recht und die Pflicht, für die Person und das Vermögen des Mündels zu sorgen, insbesondere den Mündel zu vertreten.

§ 1807. [Regelmäßige Anlegung] (1) Die im § 1806 vorgeschriebene Anlegung von Mündelgeld soll nur erfolgen:

1. in Forderungen, für die eine sichere Hypothek an einem inländischen Grundstücke besteht, oder in sicheren Grundschulden oder Rentenschulden an inländischen Grundstücken;
2. in verbrieften Forderungen gegen das *Reich* oder einen *Bundesstaat* sowie in Forderungen, die in das *Reichsschuldbuch* oder in das Staatsschuldbuch eines *Bundesstaates* gewährleistet ist;
3. in verbrieften Forderungen, deren Verzinsung von dem *Reiche* oder einem *Bundesstaate* gewährleistet ist;
4. in Wertpapieren, insbesondere Pfandbriefen, sowie in verbrieften Forderungen jeder Art gegen eine inländische kommunale Körperschaft oder die Kreditanstalt einer solchen Körperschaft, sofern die Wertpapiere oder die Forderungen von der Bundesregierung mit Zustimmung des Bundesrats zur Anlegung von Mündelgeld für geeignete erklärt sind;
5. bei einer inländischen öffentlichen Sparkasse, wenn sie von der zuständigen Behörde des *Bundesstaats*, in welchem sie ihren Sitz hat, zur Anlegung von Mündelgeld für geeignet erklärt ist, oder bei einem anderen Kreditinstitut, das einer für die Anlage ausreichenden Sicherungseinrichtung angehört.

§ 1822. [Genehmigung für sonstige Geschäfte] Der Vormund bedarf der Genehmigung des Vormundschaftsgerichts:

1. zu einem Rechtsgeschäfte, durch das der Mündel zu einer Verfügung über sein Vermögen im ganzen oder über eine ihm angefallene Erbschaft oder über seinen künftigen gesetzlichen Erbteil oder seinen künftigen Pflichtteil verpflichtet wird, sowie zu einer Verfügung über den Anteil des Mündels an einer Erbschaft.
2. zur Ausschlagung einer Erbschaft oder eines Vermächtnisses, zum Verzicht auf einen Pflichtteil sowie zu einem Erbteilungsvertrage;
3. zu einem Vertrage, der auf den entgeltlichen Erwerb oder die Veräußerung eines Erwerbsgeschäfts gerichtet ist, sowie zu einem Gesellschaftsvertrage, der zum Betrieb eines Erwerbsgeschäfts eingegangen wird;
4. zu einem Pachtvertrag über ein Landgut oder einen gewerblichen Betrieb;
5. zu einem Miet- oder Pachtvertrag oder einem anderen Vertrage, durch den der Mündel zu wiederkehrenden Leistungen verpflichtet wird, wenn das Vertragsverhältnis länger als ein Jahr nach dem Eintritt der Volljährigkeit des Mündels fortdauern soll;
6. zu einem Lehrvertrag, der für längere Zeit als ein Jahr geschlossen wird;
7. zu einem auf die Eingehung eines Dienst- oder Arbeitsverhältnisses gerichteten Vertrage, wenn der Mündel zu persönlichen Leistungen für längere Zeit als ein Jahr verpflichtet werden soll;
8. zur Aufnahme von Geld auf den Kredit des Mündels;
9. zur Ausstellung einer Schuldverschreibung auf den Inhaber oder zur Eingehung einer Verbindlichkeit aus einem Wechsel oder einem anderen Papiere, das durch Indossament übertragen werden kann;
10. zur Übernahme einer fremden Verbindlichkeit, insbesondere zur Eingehung einer Bürgschaft;
11. zur Erteilung einer Prokura;
12. zu einem Vergleich oder einem Schiedsvertrag, es sei denn, daß der Gegenstand des Streites oder der Ungewißheit in Geld schätzbar ist und den Wert von fünftausend Deutsche Mark nicht übersteigt oder der Vergleich einem schriftlichen oder protokollierten gerichtlichen Vergleichsvorschlag entspricht;
13. zu einem Rechtsgeschäfte, durch das die für eine Forderung des Mündels bestehende Sicherheit aufgehoben oder gemindert oder die Verpflichtung dazu begründet wird.

§ 1829. [Nachträgliche Genehmigung des Vormundschaftsgerichts] (1) [1]Schließt der Vormund einen Vertrag ohne die erforderliche Genehmigung des Vormundschaftsgerichts, so hängt die Wirksamkeit des Vertrags von der nachträglichen Genehmigung des Vormundschaftsgerichts ab. [2]Die Genehmigung sowie deren Verweigerung wird dem anderen Teile gegenüber erst wirksam, wenn sie ihm durch den Vormund mitgeteilt wird.

(2) Fordert der andere Teil den Vormund zur Mitteilung darüber auf, ob die Genehmigung erteilt sei, so kann die Mitteilung der Genehmigung nur bis zum Ablaufe von zwei Wochen nach dem Empfange der Aufforderung erfolgen; erfolgt sie nicht, so gilt die Genehmigung als verweigert.

(3) Ist der Mündel volljährig geworden, so tritt seine Genehmigung an die Stelle der Genehmigung des Vormundschaftsgerichts.

§ 1896. [Voraussetzungen der Betreuung]
(1) [1]Kann ein Volljähriger auf Grund einer psychischen Krankheit oder einer körperlichen, geistigen oder seelischen Behinderung seine Angelegenheiten ganz oder teilweise nicht besorgen, so bestellt das Vormundschaftsgericht auf seinen Antrag oder von Amts wegen für ihn einen Betreuer. [2]Den Antrag kann auch ein Geschäftsunfähiger stellen. [3]Soweit der Volljährige auf Grund einer körperlichen Behinderung seine Angelegenheiten nicht besorgen kann, darf der Betreuer nur auf Antrag des Volljährigen bestellt werden, es sei denn, daß dieser seinen Willen nicht kundtun kann.

(2) [1]Ein Betreuer darf nur für Aufgabenkreise bestellt werden, in denen die Betreuung erforderlich ist.

§ 1901. [Pflichten des Betreuers] (1) Die Betreuung umfaßt alle Tätigkeiten, die erforderlich sind, um die Angelegenheiten des Betreuten nach Maßgabe der folgenden Vorschriften rechtlich zu besorgen.

(2) [1]Der Betreuer hat die Angelegenheiten des Betreuten so zu besorgen, wie es dessen Wohl entspricht. [2]Zum Wohl des Betreuten gehört auch die Möglichkeit, im Rahmen seiner Fähigkeiten sein Leben nach seinen eigenen Wünschen und Vorstellungen zu gestalten.

§ 1902. [Vertretung des Betreuten] In seinem Aufgabenkreis vertritt der Betreuer den Betreuten gerichtlich und außergerichtlich.

§ 1903. [Einwilligungsvorbehalt] (1) [1]Soweit dies zur Abwendung einer erheblichen Gefahr für die Person oder das Vermögen des Betreuten erforderlich ist, ordnet das Vormundschaftsgericht an, daß der Betreute zu einer Willenserklärung, die den Aufgabenkreis des Betreuers betrifft, dessen Einwilligung bedarf (Einwilligungsvorbehalt).

Fünftes Buch. Erbrecht

Erbfolge

§ 1922. [Gesamtrechtsnachfolge] (1) Mit dem Tode einer Person (Erbfall) geht deren Vermögen (Erbschaft) als Ganzes auf eine oder mehrere andere Personen (Erben) über.

6

(2) Auf den Anteil eines Miterben (Erbteil) finden die sich auf die Erbschaft beziehenden Vorschriften Anwendung.

§ 1937. [Erbeinsetzung durch Testament] Der Erblasser kann durch einseitige Verfügung von Todes wegen (Testament, letztwillige Verfügung) den Erben bestimmen.

Rechtliche Stellung des Erben

§ 1960. [Sicherung des Nachlasses; Nachlaßpfleger] (1) [1]Bis zur Annahme der Erbschaft hat das Nachlaßgericht für die Sicherung des Nachlasses zu sorgen, soweit ein Bedürfnis besteht. [2]Das gleiche gilt, wenn der Erbe unbekannt oder wenn ungewiß ist, ob er die Erbschaft angenommen hat.

(2) Das Nachlaßgericht kann insbesondere die Anlegung von Siegeln, die Hinterlegung von Geld, Wertpapieren und Kostbarkeiten sowie die Aufnahme eines Nachlaßverzeichnisses anordnen und für denjenigen, welcher Erbe wird, einen Pfleger (Nachlaßpfleger) bestellen.

(3) Die Vorschrift des § 1958 findet auf den Nachlaßpfleger keine Anwendung.

§ 1968. [Beerdigungskosten] Der Erbe trägt die Kosten der standesmäßigen Beerdigung des Erblassers.

§ 1969. [Dreißigster] (1) [1]Der Erbe ist verpflichtet, Familienangehörigen des Erblassers, die zur Zeit des Todes des Erblassers zu dessen Hausstande gehört und von ihm Unterhalt bezogen haben, in den ersten dreißig Tagen nach dem Eintritte des Erbfalls in demselben Umfange, wie der Erblasser es getan hat, Unterhalt zu gewähren und die Benutzung der Wohnung und der Haushaltsgegenstände zu gestatten. [2]Der Erblasser kann durch letztwillige Verfügung eine abweichende Anordnung treffen.

(2) Die Vorschriften über Vermächtnisse finden entsprechende Anwendung.

§ 1981. [Anordnung der Nachlaßverwaltung] (1) Die Nachlaßverwaltung ist von dem Nachlaßgericht anzuordnen, wenn der Erbe die Anordnung beantragt.

(2) [1]Auf Antrag eines Nachlaßgläubigers ist die Nachlaßverwaltung anzuordnen, wenn Grund zu der Annahme besteht, daß die Befriedigung der Nachlaßgläubiger aus dem Nachlasse durch das Verhalten oder die Vermögenslage des Erben gefährdet wird. [2]Der Antrag kann nicht mehr gestellt werden, wenn seit der Annahme der Erbschaft zwei Jahre verstrichen sind.

(3) Die Vorschriften des § 1785 finden keine Anwendung.

§ 1984. [Wirkung der Anordnung] (1) [1]Mit der Anordnung der Nachlaßverwaltung verliert der Erbe die Befugnis, den Nachlaß zu verwalten und über ihn zu verfügen. [2]Die Vorschriften der §§ 81 und 82 der Insolvenzordnung finden entsprechende Anwendung. [3]Ein Anspruch, der sich gegen den Nachlaß richtet, kann nur gegen den Nachlaßverwalter geltend gemacht werden.

(2) Zwangsvollstreckungen und Arreste in den Nachlaß zugunsten eines Gläubigers, der nicht Nachlaßgläubiger ist, sind ausgeschlossen.

§ 1985. [Pflichten und Haftung des Nachlaßverwalters] (1) Der Nachlaßverwalter hat den Nachlaß zu verwalten und die Nachlaßverbindlichkeiten aus dem Nachlasse zu berichtigen.

(2) [1]Der Nachlaßverwalter ist für die Verwaltung des Nachlasses auch den Nachlaßgläubigern verantwortlich. [2]Die Vorschriften des § 1978 Abs. 2 und der §§ 1979, 1980 finden entsprechende Anwendung.

§ 2032. [Erbengemeinschaft] (1) Hinterläßt der Erblasser mehrere Erben, so wird der Nachlaß gemeinschaftliches Vermögen der Erben.

§ 2033. [Verfügungsrecht des Miterben] (1) [1]Jeder Miterbe kann über seinen Anteil an dem Nachlasse verfügen. [2]Der Vertrag, durch den ein Miterbe über seinen Anteil verfügt, bedarf der notariellen Beurkundung.

(2) Über seinen Anteil an den einzelnen Nachlaßgegenständen kann ein Miterbe nicht verfügen.

§ 2034. [Vorkaufsrecht der Miterben gegenüber dem Verkäufer] (1) Verkauft ein Miterbe seinen Anteil an einen Dritten, so sind die übrigen Miterben zum Vorkaufe berechtigt.

(2) [1]Die Frist für die Ausübung des Vorkaufsrechts beträgt zwei Monate. [2]Das Vorkaufsrecht ist vererblich.

§ 2039. [Nachlaßforderungen; Leistung nur an alle Erben] [1]Gehört ein Anspruch zum Nachlasse, so kann der Verpflichtete nur an alle Erben gemeinschaftlich leisten und jeder Miterbe nur die Leistung an alle Erben fordern. [2]Jeder Miterbe kann verlangen, daß der Verpflichtete die zu leistende Sache für alle Erben hinterlegt oder, wenn sie sich nicht zur Hinterlegung eignet, an einen gerichtlich zu bestellenden Verwahrer abliefert.

§ 2040. [Verfügung über Nachlaßgegenstände; Aufrechnung] (1) Die Erben können über einen Nachlaßgegenstand nur gemeinschaftlich verfügen.

(2) Gegen eine zum Nachlasse gehörende Forderung kann der Schuldner nicht eine ihm gegen einen einzelnen Miterben zustehende Forderung aufrechnen.

§ 2058. [Gesamtschuldnerische Haftung] Die Erben haften für die gemeinschaftlichen Nachlaßverbindlichkeiten als Gesamtschuldner.

§ 2059. [Haftung bis zur Teilung] (1) [1]Bis zur Teilung des Nachlasses kann jeder Miterbe die Berichtigung der Nachlaßverbindlichkeiten aus dem Vermögen, das er außer seinem Anteil an dem Nachlasse hat, verweigern. [2]Haftet er für eine Nachlaßverbindlichkeit unbeschränkt, so steht ihm dieses Recht in Ansehung des seinem Erbteil entsprechenden Teiles der Verbindlichkeit nicht zu.

(2) Das Recht der Nachlaßgläubiger, die Befriedigung aus dem ungeteilten Nachlasse von sämtlichen Miterben zu verlangen, bleibt unberührt.

§ 2202. [Annahme und Ablehnung des Amtes] (1) Das Amt des Testamentsvollstreckers beginnt mit dem Zeitpunkt, in welchem der Ernannte das Amt annimmt.

§ 2211. [Verfügungsbeschränkung des Erben] (1) Über einen der Verwaltung des Testamentsvollstreckers unterliegenden Nachlaßgegenstand kann der Erbe nicht verfügen.

(2) Die Vorschriften zugunsten derjenigen, welche Rechte von einem Nichtberechtigten herleiten, finden entsprechende Anwendung.

Gesetz zur Regelung des Rechts der Allgemeinen Geschäftsbedingungen

Vom 9. Dezember 1976, mit Änderungen bis zum 17. Dezember 1997

Sachlich-rechtliche Vorschriften

▶ Allgemeine Vorschriften

§ 1. Begriffsbestimmung. (1) [1]Allgemeine Geschäftsbedingungen sind alle für eine Vielzahl von Verträgen vorformulierten Vertragsbedingungen, die eine Vertragspartei (Verwender) der anderen Vertragspartei bei Abschluß eines Vertrages stellt. [2]Gleichgültig ist, ob die Bestimmungen einen äußerlich gesonderten Bestandteil des Vertrages bilden oder in die Vertragsurkunde selbst aufgenommen werden, welchen Umfang sie haben, in welcher Schriftart sie verfaßt sind und welche Form der Vertrag hat.

(2) Allgemeine Geschäftsbedingungen liegen nicht vor, soweit die Vertragsbedingungen zwischen den Vertragsparteien im einzelnen ausgehandelt sind.

§ 2. Einbeziehung in den Vertrag. (1) Allgemeine Geschäftsbedingungen werden nur dann Bestandteil eines Vertrages, wenn der Verwender bei Vertragsabschluß

1. die andere Vertragspartei ausdrücklich oder, wenn ein ausdrücklicher Hinweis wegen der Art des Vertragsabschlusses nur unter unverhältnismäßigen Schwierigkeiten möglich ist, durch deutlich sichtbaren Aushang am Ort des Vertragsabschlusses auf sie hinweist und
2. der anderen Vertragspartei die Möglichkeit verschafft, in zumutbarer Weise von ihrem Inhalt Kenntnis zu nehmen,

und wenn die andere Vertragspartei mit ihrer Geltung einverstanden ist.

6

(2) Die Vertragsparteien können für eine bestimmte Art von Rechtsgeschäften die Geltung bestimmter Allgemeiner Geschäftsbedingungen unter Beachtung der in Absatz 1 bezeichneten Erfordernisse im voraus vereinbaren.

§ 3. Überraschende Klauseln. Bestimmungen in Allgemeinen Geschäftsbedingungen, die nach den Umständen, insbesondere nach dem äußeren Erscheinungsbild des Vertrags, so ungewöhnlich sind, daß der Vertragspartner des Verwenders mit ihnen nicht zu rechnen braucht, werden nicht Vertragsbestandteil.

§ 4. Vorrang der Individualabrede. Individuelle Vertragsabreden haben Vorrang vor Allgemeinen Geschäftsbedingungen.

§ 5. Unklarheitenregel. Zweifel bei der Auslegung Allgemeiner Geschäftsbedingungen gehen zu Lasten des Verwenders.

§ 6. Rechtsfolgen bei Nichteinbeziehung und Unwirksamkeit, (1) Sind Allgemeine Geschäftsbedingungen ganz oder teilweise nicht Vertragsbestandteil geworden oder unwirksam, so bleibt der Vertrag im übrigen wirksam.

(2) Soweit die Bestimmungen nicht Vertragsbestandteil geworden oder unwirksam sind, richtet sich der Inhalt des Vertrags nach den gesetzlichen Vorschriften.

(3) Der Vertrag ist unwirksam, wenn das Festhalten an ihm auch unter Berücksichtigung der nach Absatz 2 vorgesehenen Änderung eine unzumutbare Härte für eine Vertragspartei darstellen würde.

§ 7. Umgehungsverbot. Dieses Gesetz findet auch Anwendung, wenn seine Vorschriften durch anderweitige Gestaltungen umgangen werden.

▶ Unwirksame Klauseln

§ 8. Schranken der Inhaltskontrolle. Die §§ 9 bis 11 gelten nur für Bestimmungen in Allgemeinen Geschäftsbedingungen, durch die von Rechtsvorschriften abweichende oder diese ergänzende Regelungen vereinbart werden.

§ 9. Generalklausel. (1) Bestimmungen in Allgemeinen Geschäftsbedingungen sind unwirksam, wenn sie den Vertragspartner des Verwenders entgegen den Geboten von Treu und Glauben unangemessen benachteiligen.

(2) Eine unangemessene Benachteiligung ist im Zweifel anzunehmen, wenn eine Bestimmung

1. mit wesentlichen Grundgedanken der gesetzlichen Regelung, von der abgewichen wird, nicht zu vereinbaren ist, oder
2. wesentliche Rechte oder Pflichten, die sich aus der Natur des Vertrages ergeben, so einschränkt, daß die Erreichung des Vertragszwecks gefährdet ist.

§ 10. Klauselverbote mit Wertungsmöglichkeit. In Allgemeinen Geschäftsbedingungen ist insbesondere unwirksam

1. (Annahme- und Leistungsfrist)
eine Bestimmung, durch die sich der Ver-

wender unangemessen lange oder nicht hinreichend bestimmte Fristen für die Annahme oder Ablehnung eines Angebots oder die Erbringung einer Leistung vorbehält;

2. **(Nachfrist)**
eine Bestimmung, durch die sich der Verwender für die von ihm zu bewirkende Leistung entgegen § 326 Abs. 1 des Bürgerlichen Gesetzbuchs eine unangemessen lange oder nicht hinreichend bestimmte Nachfrist vorbehält;

3. **(Rücktrittsvorbehalt)**
die Vereinbarung eines Rechts des Verwenders, sich ohne sachlich gerechtfertigten und im Vertrag angegebenen Grund von seiner Leistungspflicht zu lösen; dies gilt nicht für Dauerschuldverhältnisse;

4. **(Änderungsvorbehalt)**
die Vereinbarung eines Rechts des Verwenders, die versprochene Leistung zu ändern oder von ihr abzuweichen, wenn nicht die Vereinbarung der Änderung oder Abweichung unter Berücksichtigung der Interessen des Verwenders für den anderen Vertragsteil zumutbar ist;

5. **(Fingierte Erklärungen)**
eine Bestimmung, wonach eine Erklärung des Vertragspartners des Verwenders bei Vornahme oder Unterlassung einer bestimmten Handlung als von ihm abgegeben oder nicht abgegeben gilt, es sei denn, daß
   a) dem Vertragspartner eine angemessene Frist zur Abgabe einer ausdrücklichen Erklärung eingeräumt ist und
   b) der Verwender sich verpflichtet, den Vertragspartner bei Beginn der Frist auf die vorgesehene Bedeutung seines Verhaltens besonders hinzuweisen;

6. **(Fiktion des Zugangs)**
eine Bestimmung, die vorsieht, daß eine Erklärung des Verwenders von besonderer Bedeutung dem anderen Vertragsteil als zugegangen gilt;

7. **(Abwicklung von Verträgen)**
eine Bestimmung, nach der der Verwender für den Fall, daß eine Vertragspartei vom Vertrage zurücktritt oder den Vertrag kündigt,
   a) eine unangemessen hohe Vergütung für die Nutzung oder den Gebrauch einer Sache oder eines Rechts oder für erbrachte Leistungen oder
   b) einen unangemessen hohen Ersatz von Aufwendungen verlangen kann.

§ 11. Klauselverbote ohne Wertungsmöglichkeit. In Allgemeinen Geschäftsbedingungen ist unwirksam

1. **(Kurzfristige Preiserhöhungen)**
eine Bestimmung, welche die Erhöhung des Entgelts für Waren oder Leistungen vorsieht, die innerhalb von vier Monaten nach Vertragsabschluß geliefert oder erbracht werden sollen; dies gilt nicht bei Waren oder Leistungen, die im Rahmen von Dauerschuldverhältnissen geliefert oder erbracht werden;

2. **(Leistungsverweigerungsrechte)**
eine Bestimmung, durch die
   a) das Leistungsverweigerungsrecht, das dem Vertragspartner des Verwenders nach § 320 des Bürgerlichen Gesetzbuchs zusteht, ausgeschlossen oder eingeschränkt wird, oder
   b) ein dem Vertragspartner des Verwenders zustehendes Zurückbehaltungsrecht, soweit es auf demselben Vertragsverhältnis beruht, ausgeschlossen oder eingeschränkt, insbesondere von der Anerkennung von Mängeln durch den Verwender abhängig gemacht wird;

3. **(Aufrechnungsverbot)**
eine Bestimmung, durch die dem Vertragspartner des Verwenders die Befugnis genommen wird, mit einer unbestrittenen oder rechtskräftig festgestellten Forderung aufzurechnen;

4. **(Mahnung, Fristsetzung)**
eine Bestimmung, durch die der Verwender von der gesetzlichen Obliegenheit freigestellt wird, den anderen Vertragsteil zu mahnen oder ihm eine Nachfrist zu setzen;

5. **(Pauschalierung von Schadensersatzansprüchen)**
die Vereinbarung eines pauschalierten Anspruchs des Verwenders auf Schadensersatz oder Ersatz einer Wertminderung, wenn
   a) die Pauschale den in den geregelten Fällen nach dem gewöhnlichen Lauf der Dinge zu erwartenden Schaden oder die gewöhnlich eintretende Wertminderung übersteigt, oder
   b) dem anderen Vertragsteil der Nachweis abgeschnitten wird, ein Schaden oder eine Wertminderung sei überhaupt nicht entstanden oder wesentlich niedriger als die Pauschale;

6. **(Vertragsstrafe)**
eine Bestimmung, durch die dem Verwender für den Fall der Nichtabnahme oder verspäteten Abnahme der Leistung, des Zahlungsverzugs oder für den Fall, daß der andere Vertragsteil sich vom Vertrag löst, Zahlung einer Vertragsstrafe versprochen wird;

7. **(Haftung bei grobem Verschulden)**
ein Ausschluß oder eine Begrenzung der Haftung für einen Schaden, der auf einer grob fahrlässigen Vertragsverletzung des Verwenders oder auf einer vorsätzlichen oder

grob fahrlässigen Vertragsverletzung eines gesetzlichen Vertreters oder Erfüllungsgehilfen des Verwenders beruht; dies gilt auch für Schäden aus der Verletzung von Pflichten bei den Vertragsverhandlungen;

8. (Verzug, Unmöglichkeit)
eine Bestimmung, durch die für den Fall des Leistungsverzugs des Verwenders oder der von ihm zu vertretenden Unmöglichkeit der Leistung
a) das Recht des anderen Vertragsteils, sich vom Vertrag zu lösen, ausgeschlossen oder eingeschränkt oder
b) das Recht des anderen Vertragsteils, Schadensersatz zu verlangen, ausgeschlossen oder entgegen Nummer 7 eingeschränkt wird;

9. (Teilverzug, Teilunmöglichkeit)
eine Bestimmung, die für den Fall des teilweisen Leistungsverzugs des Verwenders oder bei von ihm zu vertretender teilweiser Unmöglichkeit der Leistung das Recht der anderen Vertragspartei ausschließt, Schadensersatz wegen Nichterfüllung der ganzen Verbindlichkeit zu verlangen oder von dem ganzen Vertrag zurückzutreten, wenn die teilweise Erfüllung des Vertrages für ihn kein Interesse hat;

10. (Gewährleistung)
eine Bestimmung, durch die bei Verträgen über Lieferungen neu hergestellter Sachen und Leistungen
a) (Ausschluß und Verweisung auf Dritte)
die Gewährleistungsansprüche gegen den Verwender einschließlich etwaiger Nachbesserungs- und Ersatzlieferungsansprüche insgesamt oder bezüglich einzelner Teile ausgeschlossen, auf die Einräumung von Ansprüchen gegen Dritte beschränkt oder von der vorherigen gerichtlichen Inanspruchnahme Dritter abhängig gemacht werden;
b) (Beschränkung auf Nachbesserung)
die Gewährleistungsansprüche gegen den Verwender insgesamt oder bezüglich einzelner Teile auf ein Recht auf Nachbesserung oder Ersatzlieferung beschränkt werden, sofern dem anderen Vertragsteil nicht ausdrücklich das Recht vorbehalten wird, bei Fehlschlagen der Nachbesserung oder Ersatzlieferung Herabsetzung der Vergütung oder, wenn nicht eine Bauleistung Gegenstand der Gewährleistung ist, nach seiner Wahl Rückgängigmachung des Vertrags zu verlangen;
c) (Aufwendungen bei Nachbesserung)
die Verpflichtung des gewährleistungspflichtigen Verwenders ausgeschlossen oder beschränkt wird, die Aufwendungen zu tragen, die zum Zweck der Nachbesserung erforderlich werden, insbesondere Transport-, Wege-, Arbeits- und Materialkosten;
d) (Vorenthalten der Mängelbeseitigung)
der Verwender die Beseitigung eines Mangels oder die Ersatzlieferung einer mangelfreien Sache von der vorherigen Zahlung des vollständigen Entgelts oder eines unter Berücksichtigung des Mangels unverhältnismäßig hohen Teils des Entgelts abhängig macht;
e) (Ausschlußfrist für Mängelanzeige)
der Verwender dem anderen Vertragsteil für die Anzeige nicht offensichtlicher Mängel eine Ausschlußfrist setzt, die kürzer ist als die Verjährungsfrist für den gesetzlichen Gewährleistungsanspruch;
f) (Verkürzung von Gewährleistungsfristen)
die gesetzlichen Gewährleistungsfristen verkürzt werden;

11. (Haftung für zugesicherte Eigenschaften)
eine Bestimmung, durch die bei einem Kauf-, Werk- oder Werklieferungsvertrag Schadensersatzansprüche gegen den Verwender nach den §§ 463, 480 Abs. 2, § 635 des Bürgerlichen Gesetzbuchs wegen Fehlens zugesicherter Eigenschaften ausgeschlossen oder eingeschränkt werden;

12. (Laufzeit bei Dauerschuldverhältnissen)
bei einem Vertragsverhältnis, das die regelmäßige Lieferung von Waren oder die regelmäßige Erbringung von Dienst- oder Werkleistungen durch den Verwender zum Gegenstand hat,
a) eine den anderen Vertragsteil länger als zwei Jahre bindende Laufzeit des Vertrags,
b) eine den anderen Vertragsteil bindende stillschweigende Verlängerung des Vertragsverhältnisses um jeweils mehr als ein Jahr oder
c) zu Lasten des anderen Vertragsteils eine längere Kündigungsfrist als drei Monate vor Ablauf der zunächst vorgesehenen oder stillschweigend verlängerten Vertragsdauer;

13. (Wechsel des Vertragspartners)
eine Bestimmung, wonach bei Kauf-, Dienst- oder Werkverträgen ein Dritter an Stelle des Verwenders in die sich aus dem Vertrag ergebenden Rechte und Pflichten eintritt oder eintreten kann, es sei denn, in der Bestimmung wird
a) der Dritte namentlich bezeichnet, oder
b) dem anderen Vertragsteil das Recht eingeräumt, sich vom Vertrag zu lösen;

14. (Haftung des Abschlußvertreters)
eine Bestimmung, durch die der Verwender einem Vertreter, der den Vertrag für den anderen Vertragsteil abschließt,
a) ohne hierauf gerichtete ausdrückliche und gesonderte Erklärung eine eigene Haftung oder Einstandspflicht oder
b) im Falle vollmachtsloser Vertretung eine über § 179 des Bürgerlichen Gesetzbuchs hinausgehende Haftung auferlegt;

15. (Beweislast)
eine Bestimmung, durch die der Verwender die Beweislast zum Nachteil des anderen Vertragsteils ändert, insbesondere indem er
a) diesem die Beweislast für Umstände auf erlegt, die im Verantwortungsbereich des Verwenders liegen;
b) den anderen Vertragsteil bestimmte Tatsachen bestätigen läßt.
Buchstabe b gilt nicht für gesondert unterschriebene Empfangsbekenntnisse;

16. (Form von Anzeigen und Erklärungen)
eine Bestimmung, durch die Anzeigen oder Erklärungen, die dem Verwender oder einem Dritten gegenüber abzugeben sind, an eine strengere Form als die Schriftform oder an besondere Zugangserfordernisse gebunden werden.

Kollisionsrecht

§ 12. Internationaler Geltungsbereich. Unterliegt ein Vertrag ausländischem Recht ..., so sind die Vorschriften dieses Gesetzes gleichwohl anzuwenden, wenn der Vertrag einen engen Zusammenhang mit dem Gebiet der Bundesrepublik Deutschland aufweist. Ein enger Zusammenhang ist insbesondere anzunehmen, wenn
1. der Vertrag auf Grund eines öffentlichen Angebots, einer öffentlichen Werbung oder einer ähnlichen im Geltungsbereich dieses Gesetzes entfalteten geschäftlichen Tätigkeit des Verwenders zustande kommt und
2. der andere Vertragsteil bei Abgabe seiner auf den Vertragsschluß gerichteten Erklärung seinen Wohnsitz oder gewöhnlichen Aufenthalt im Geltungsbereich dieses Gesetzes hat und seine Willenserklärung im Geltungsbereich dieses Gesetzes abgibt.

Verfahren

§ 13. Unterlassungs- und Widerrufsanspruch.
(1) Wer in Allgemeinen Geschäftsbedingungen Bestimmungen, die nach §§ 9 bis 11 dieses Gesetzes unwirksam sind, verwendet oder für den rechtsgeschäftlichen Verkehr empfiehlt, kann auf Unterlassung und im Fall des Empfehlens auch auf Widerruf in Anspruch genommen werden.

(2) Die Ansprüche auf Unterlassung und auf Widerruf können nur geltend gemacht werden
1. von rechtsfähigen Verbänden, zu deren satzungsgemäßen Aufgaben es gehört, die Interessen der Verbraucher durch Aufklärung und Beratung wahrzunehmen, wenn sie in diesem Aufgabenbereich tätige Verbände oder mindestens fünfundsiebzig natürliche Personen als Mitglieder haben,
2. von rechtsfähigen Verbänden zur Förderung gewerblicher Interessen oder
3. von den Industrie- und Handelskammern oder den Handwerkskammern.

(3) Die in Absatz 2 Nr. 1 bezeichneten Verbände können Ansprüche auf Unterlassung und auf Widerruf nicht geltend machen, wenn Allgemeine Geschäftsbedingungen gegenüber einem Kaufmann verwendet werden und der Vertrag zum Betriebe seines Handelsgewerbes gehört oder wenn Allgemeine Geschäftsbedingungen zur ausschließlichen Verwendung zwischen Kaufleuten empfohlen werden.

(4) Die Ansprüche nach Absatz 1 verjähren in zwei Jahren von dem Zeitpunkt an, in welchem der Anspruchsberechtigte von der Verwendung oder Empfehlung der unwirksamen Allgemeinen Geschäftsbedingungen Kenntnis erlangt hat, ohne Rücksicht auf diese Kenntnis in vier Jahren von der jeweiligen Verwendung oder Empfehlung an.

§ 14. Zuständigkeit. (1) [1]Für Klagen nach § 13 dieses Gesetzes ist das Landgericht ausschließlich zuständig, in dessen Bezirk der Beklagte seine gewerbliche Niederlassung oder in Ermangelung einer solchen seinen Wohnsitz hat. [2]Hat der Beklagte im Inland weder eine gewerbliche Niederlassung noch einen Wohnsitz, so ist das Gericht des inländischen Aufenthaltsorts zuständig, in Ermangelung eines solchen das Gericht, in dessen Bezirk die nach §§ 9 bis 11 dieses Gesetzes unwirksamen Bestimmungen in Allgemeinen Geschäftsbedingungen verwendet wurden.

6

§ 15. Verfahren. (1) Auf das Verfahren sind die Vorschriften der Zivilprozeßordnung anzuwenden, soweit sich aus diesem Gesetz nicht etwas anderes ergibt.

(2) Der Klageantrag muß auch enthalten:
1. den Wortlaut der beanstandeten Bestimmungen in Allgemeinen Geschäftsbedingungen;
2. die Bezeichnung der Art der Rechtsgeschäfte, für die die Bestimmungen beanstandet werden.

Anwendungsbereich

§ 23. Sachlicher Anwendungsbereich. (1) Dieses Gesetz findet keine Anwendung bei Verträgen auf dem Gebiet des Arbeits-, Erb-, Familien- und Gesellschaftsrechts.

§ 24. Persönlicher Anwendungsbereich. [1]Die Vorschriften der §§ 2, 10, 11 und 12 finden keine Anwendung auf Allgemeine Geschäftsbedingungen,

1. die gegenüber einem Kaufmann verwendet werden, wenn der Vertrag zum Betriebe seines Handelsgewerbes gehört;
2. die gegenüber einer juristischen Person des öffentlichen Rechts oder einem öffentlich-rechtlichen Sondervermögen verwendet werden.

[2]§ 9 ist in den Fällen des Satzes 1 auch insoweit anzuwenden, als dies zur Unwirksamkeit von in den §§ 10 und 11 genannten Vertragsbestimmungen führt; auf die im Handelsverkehr geltenden Gewohnheiten und Gebräuche ist angemessen Rücksicht zu nehmen.

§ 24a. Verbraucherverträge. Bei Verträgen zwischen einer Person, die in Ausübung ihrer gewerblichen oder beruflichen Tätigkeit handelt (Unternehmer) und einer natürlichen Person, die den Vertrag zu einem Zweck abschließt, der weder einer gewerblichen noch einer selbständigen beruflichen Tätigkeit zugerechnet werden kann (Verbraucher), sind die Vorschriften dieses Gesetzes mit folgenden Maßgaben anzuwenden:

1. Allgemeine Geschäftsbedingungen gelten als vom Unternehmer gestellt, es sei denn, daß sie durch den Verbraucher in den Vertrag eingeführt wurden;
2. die §§ 5, 6 und 8 bis 12 sind auf vorformulierte Vertragsbedingungen auch dann anzuwenden, wenn diese nur zur einmaligen Verwendung bestimmt sind und soweit der Verbraucher auf Grund der Vorformulierung auf ihren Inhalt keinen Einfluß nehmen konnte;
3. bei der Beurteilung der unangemessenen Benachteiligung nach § 9 sind auch die den Vertragsabschluß begleitenden Umstände zu berücksichtigen.

6

Gesetz über den Widerruf von Haustürgeschäften und ähnlichen Geschäften

In der Fassung vom 16. Januar 1986, mit Änderungen bis zum 17. Dezember 1990

§ 1. Widerrufsrecht. (1) Eine auf den Abschluß eines Vertrags über eine entgeltliche Leistung gerichtete Willenserklärung, zu der der Erklärende (Kunde)
1. durch mündliche Verhandlungen an seinem Arbeitsplatz oder im Bereich einer Privatwohnung,
2. anläßlich einer von der anderen Vertragspartei oder von einem Dritten zumindest auch in ihrem Interesse durchgeführten Freizeitveranstaltung oder
3. im Anschluß an ein überraschendes Ansprechen in Verkehrsmitteln oder im Bereich öffentlich zugänglicher Verkehrswege

bestimmt worden ist, wird erst wirksam, wenn der Kunde sie nicht binnen einer Frist von einer Woche schriftlich widerruft.

(2) Ein Recht auf Widerruf besteht nicht, wenn
1. im Fall von Absatz 1 Nr. 1 die mündlichen Verhandlungen, auf denen der Abschluß des Vertrags beruht, auf vorhergehende Bestellung des Kunden geführt worden sind oder
2. die Leistung bei Abschluß der Verhandlungen sofort erbracht und bezahlt wird und das Entgelt achtzig Deutsche Mark nicht übersteigt oder
3. die Willenserklärung von einem Notar beurkundet worden ist.

§ 2. Ausübung des Widerrufsrechts; Belehrung. (1) [1]Zur Wahrung der Frist genügt die rechtzeitige Absendung des Widerrufs. [2]Der Lauf der Frist beginnt erst, wenn die andere Vertragspartei dem Kunden eine drucktechnisch deutlich gestaltete schriftliche Belehrung über sein Recht zum Widerruf einschließlich Namen und Anschrift des Widerrufsempfängers sowie einschließlich der Bestimmung des Satzes 1 ausgehändigt hat. [3]Die Belehrung darf keine anderen Erklärungen enthalten und ist vom Kunden zu unterschreiben. [4]Unterbleibt diese Belehrung, so erlischt das Widerrufsrecht des Kunden erst einen Monat nach beiderseits vollständiger Erbringung der Leistung.

(2) Ist streitig, ob oder zu welchem Zeitpunkt die Belehrung dem Kunden ausgehändigt worden ist, so trifft die Beweislast die andere Vertragspartei.

§ 3. Rechtsfolgen des Widerrufs. (1) [1]Im Falle des Widerrufs ist jeder Teil verpflichtet, dem anderen Teil die empfangenen Leistungen zurückzugewähren. [2]Der Widerruf wird durch eine Verschlechterung, den Untergang oder die anderweitige Unmöglichkeit der Herausgabe des empfangenen Gegenstands nicht ausgeschlossen. [3]Hat der Kunde die Verschlechterung, den Untergang oder die anderweitige Unmöglichkeit zu vertreten, so hat er der anderen Vertragspartei die Wertminderung oder den Wert zu ersetzen.

(2) Ist der Kunde nicht nach § 2 belehrt worden und hat er auch nicht anderweitig Kenntnis von seinem Recht zum Widerruf erlangt, so hat er eine Verschlechterung, den Untergang oder die anderweitige Unmöglichkeit nur dann zu vertreten, wenn er diejenige Sorgfalt nicht beachtet hat, die er in eigenen Angelegenheiten anzuwenden pflegt.

(3) Für die Überlassung des Gebrauchs oder die Benutzung einer Sache sowie für sonstige Leistungen bis zu dem Zeitpunkt der Ausübung des Widerrufs ist deren Wert zu vergüten; die durch die bestimmungsgemäße Ingebrauchnahme einer Sache oder Inanspruchnahme einer sonstigen Leistung eingetretene Wertminderung bleibt außer Betracht.

(4) Der Kunde kann für die auf die Sache gemachten notwendigen Aufwendungen Ersatz von der anderen Vertragspartei verlangen.

§ 4. Zug-um-Zug-Verpflichtung. Die sich nach § 3 ergebenden Verpflichtungen der Vertragsparteien sind Zug um Zug zu erfüllen.

§ 6. Anwendungsbereich. Die Vorschriften dieses Gesetzes finden keine Anwendung,
1. wenn der Kunde den Vertrag in Ausübung einer selbständigen Erwerbstätigkeit abschließt oder die andere Vertragspartei nicht geschäftsmäßig handelt,
2. beim Abschluß von Versicherungsverträgen.

§ 7. Ausschließlicher Gerichtsstand. (1) Für Klagen aus Geschäften im Sinne des § 1 ist das Gericht ausschließlich zuständig, in dessen Bezirk der Kunde zur Zeit der Klageerhebung seinen Wohnsitz, in Ermangelung eines solchen seinen gewöhnlichen Aufenthaltsort hat.

(2) Eine abweichende Vereinbarung ist jedoch zulässig für den Fall, daß der Kunde nach Vertragsschluß seinen Wohnsitz oder gewöhnlichen Aufenthaltsort aus dem Geltungsbereich dieses Gesetzes verlegt oder sein Wohnsitz oder gewöhnlicher Aufenthaltsort im Zeitpunkt der Klageerhebung nicht bekannt ist.

Zivilprozeßordnung

In der Fassung vom 12. September 1950,
mit Änderungen bis zum 25. August 1998

Erstes Buch. Allgemeine Vorschriften

Gerichte

▶ Gerichtsstand

§ 12. [Allgemeiner Gerichtsstand; Begriff] Das Gericht, bei dem eine Person ihren allgemeinen Gerichtsstand hat, ist für alle gegen sie zu erhebenden Klagen zuständig, sofern nicht für eine Klage ein ausschließlicher Gerichtsstand begründet ist.

§ 13. [Allgemeiner Gerichtsstand des Wohnsitzes] Der allgemeine Gerichtsstand einer Person wird durch den Wohnsitz bestimmt.

§ 17. [Allg. Gerichtsstand juristischer Personen usw.] (1) [1]Der allgemeine Gerichtsstand der Gemeinden, der Korporationen sowie derjenigen Gesellschaften, Genossenschaften oder anderen Vereine und derjenigen Stiftungen, Anstalten und Vermögensmassen, die als solche verklagt werden können, wird durch ihren Sitz bestimmt. [2]Als Sitz gilt, wenn sich nichts anderes ergibt, der Ort, wo die Verwaltung geführt wird.

§ 29. [Besonderer Gerichtsstand des Erfüllungsortes] (1) Für Streitigkeiten aus einem Vertragsverhältnis und über dessen Bestehen ist das Gericht des Ortes zuständig, an dem die streitige Verpflichtung zu erfüllen ist.

6 (2) Eine Vereinbarung über den Erfüllungsort begründet die Zuständigkeit nur, wenn die Vertragsparteien Kaufleute, juristische Personen des öffentlichen Rechts oder öffentlich-rechtliche Sondervermögen sind.

§ 29a. [Ausschließlicher Gerichtsstand in Mietsachen] (1) [1]Für Streitigkeiten über Ansprüche aus Miet- oder Pachtverhältnissen über Räume oder über das Bestehen solcher Verhältnisse ist das Gericht ausschließlich zuständig, in dessen Bezirk sich die Räume befinden.

▶ Vereinbarung über die Zuständigkeit der Gerichte

§ 38. [Zugelassene Gerichtsstandsvereinbarung] (1) Ein an sich unzuständiges Gericht des ersten Rechtszuges wird durch ausdrückliche oder stillschweigende Vereinbarung der Parteien zuständig, wenn die Vertragsparteien Kaufleute, juristische Personen des öffentlichen Rechts oder öffentlich-rechtliche Sondervermögen sind.

(3) Im übrigen ist eine Gerichtsstandsvereinbarung nur zulässig, wenn sie ausdrücklich und schriftlich

1. nach dem Entstehen der Streitigkeit oder
2. für den Fall geschlossen wird, daß die im Klageweg in Anspruch zu nehmende Partei nach Vertragsschluß ihren Wohnsitz oder gewöhnlichen Aufenthaltsort aus dem Geltungsbereich dieses Gesetzes verlegt oder ihr Wohnsitz oder gewöhnlicher Aufenthalt im Zeitpunkt der Klageerhebung nicht bekannt ist.

§ 39. [Zuständigkeit infolge rügeloser Verhandlung] [1]Die Zuständigkeit eines Gerichts des ersten Rechtszuges wird ferner dadurch begründet, daß der Beklagte, ohne die Unzuständigkeit geltend zu machen, zur Hauptsache mündlich verhandelt.

Parteien

▶ Parteifähigkeit. Prozeßfähigkeit

§ 50. [Parteifähigkeit] (1) Parteifähig ist, wer rechtsfähig ist.

(2) Ein Verein, der nicht rechtsfähig ist, kann verklagt werden; in dem Rechtsstreit hat der Verein die Stellung eines rechtsfähigen Vereins.

§ 52. [Umfang der Prozeßfähigkeit] (1) Eine Person ist insoweit prozeßfähig, als sie sich durch Verträge verpflichten kann.

Verfahren

▶ Mündliche Verhandlung

§ 128. [Grundsatz der Mündlichkeit] (1) Die Parteien verhandeln über den Rechtsstreit vor dem erkennenden Gericht mündlich.

(2) [1]Mit Zustimmung der Parteien, die nur bei einer wesentlichen Änderung der Prozeßlage widerruflich ist, kann das Gericht eine Entscheidung ohne mündliche Verhandlung treffen.

§ 129a. [Abgabe von Anträgen und Erklärungen] (1) Anträge und Erklärungen, deren Abgabe vor dem Urkundsbeamten der Geschäftsstelle zulässig ist, können vor der Geschäftsstelle eines jeden Amtsgerichts zu Protokoll abgegeben werden.

§ 130. [Inhalt der Schriftsätze] Die vorbereitenden Schriftsätze sollen enthalten:
1. die Bezeichnung der Parteien und ihrer gesetzlichen Vertreter nach Namen, Stand oder Gewerbe, Wohnort und Parteistellung; die Bezeichnung des Gerichts und des Streitgegenstandes; die Zahl der Anlagen;
2. die Anträge, welche die Partei in der Gerichtssitzung zu stellen beabsichtigt;
3. die Angabe der zur Begründung der Anträge dienenden tatsächlichen Verhältnisse;
4. die Erklärung über die tatsächlichen Behauptungen des Gegners;
5. die Bezeichnung der Beweismittel, deren sich die Partei zum Nachweis oder zur Widerlegung tatsächlicher Behauptungen bedienen will, sowie die Erklärung über die von dem Gegner bezeichneten Beweismittel;
6. in Anwaltsprozessen die Unterschrift des Anwalts, in anderen Prozessen die Unterschrift der Partei selbst oder desjenigen, der für sie als Bevollmächtigter oder als Geschäftsführer ohne Auftrag handelt.

§ 131. [Beifügung von Urkunden] (1) Dem vorbereitenden Schriftsatz sind die in den Händen der Partei befindlichen Urkunden, auf die in dem Schriftsatz Bezug genommen wird, in Urschrift oder in Abschrift beizufügen.

▶ Verfahren bei Zustellungen

§ 166. [Zustellung durch Gerichtsvollzieher]
(1) Die von den Parteien zu betreibenden Zustellungen erfolgen durch Gerichtsvollzieher.

§ 190. [Zustellungsurkunde] (1) Über die Zustellung ist eine Urkunde aufzunehmen.

§ 191. [Inhalt der Zustellungsurkunde] Die Zustellungsurkunde muß enthalten:
1. Ort und Zeit der Zustellung;
2. die Bezeichnung der Person, für die zugestellt werden soll;
3. die Bezeichnung der Person, an die zugestellt werden soll;
4. die Bezeichnung der Person, der zugestellt ist; ...
5. im Falle der Verweigerung der Annahme die Erwähnung, daß die Annahme verweigert und das zu übergebende Schriftstück am Ort der Zustellung zurückgelassen ist;
6. die Bemerkung, daß eine Ausfertigung oder eine beglaubigte Abschrift des zuzustellenden Schriftstücks und daß eine beglaubigte Abschrift der Zustellungsurkunde übergeben oder der Tag der Zustellung auf dem zu übergebenden Schriftstück vermerkt ist;
7. die Unterschrift des die Zustellung vollziehenden Beamten.

§ 193. [Zustellung durch die Post] Zustellungen können auch durch die Post erfolgen.

Zweites Buch. Verfahren im ersten Rechtszuge

Verfahren vor den Landgerichten

▶ Verfahren bis zum Urteil

§ 253. [Klageschrift] (1) Die Erhebung der Klage erfolgt durch Zustellung eines Schriftsatzes (Klageschrift).

(2) Die Klageschrift muß enthalten:
1. die Bezeichnung der Parteien und des Gerichts;
2. die bestimmte Angabe des Gegenstandes und des Grundes des erhobenen Anspruchs, sowie einen bestimmten Antrag.

(3) Die Klageschrift soll ferner die Angabe des Wertes des Streitgegenstandes enthalten, wenn hiervon die Zuständigkeit des Gerichts abhängt und der Streitgegenstand nicht in einer bestimmten Geldsumme besteht, sowie eine Äußerung dazu, ob einer Übertragung der Sache auf den Einzelrichter Gründe entgegenstehen.

6

(4) Außerdem sind die allgemeinen Vorschriften über die vorbereitenden Schriftsätze auch auf die Klageschrift anzuwenden.

(5) Die Klageschrift sowie sonstige Anträge und Erklärungen einer Partei, die zugestellt werden sollen, sind bei dem Gericht schriftlich unter Beifügung der für ihre Zustellung oder Mitteilung erforderlichen Zahl von Abschriften einzureichen.

§ 271. [Zustellung der Klageschrift] (1) Die Klageschrift ist unverzüglich zuzustellen.

(2) Mit der Zustellung ist der Beklagte aufzufordern, einen bei dem Prozeßgericht zugelassenen Rechtsanwalt zu bestellen, wenn er eine Verteidigung gegen die Klage beabsichtigt.

§ 274. [Ladung der Parteien; Einlassungsfrist]
(1) Nach der Bestimmung des Termins zur mündlichen Verhandlung ist die Ladung der Parteien durch die Geschäftsstelle zu veranlassen.

(2) Die Ladung ist dem Beklagten mit der Klageschrift zuzustellen, wenn das Gericht einen frühen ersten Verhandlungstermin bestimmt.

(3) [1]Zwischen der Zustellung der Klageschrift und dem Termin zur mündlichen Verhandlung muß ein Zeitraum von mindestens zwei Wochen liegen (Einlassungsfrist). [2]Ist die Zustellung im Ausland vorzunehmen, so hat der Vorsitzende bei der Festsetzung des Termins die Einlassungsfrist zu bestimmen.

§ 277. [Klageerwiderung] (1) [1]In der Klageerwiderung hat der Beklagte seine Verteidigungsmittel vorzubringen, soweit es nach der Prozeßlage einer sorgfältigen und auf Förderung des Verfahrens bedachten Prozeßführung entspricht.

§ 278. [Haupttermin] (1) [1]Im Haupttermin führt das Gericht in den Sach- und Streitstand ein. [2]Die erschienenen Parteien sollen hierzu persönlich gehört werden.

▶ Urteil

§ 300. [Endurteil] (1) Ist der Rechtsstreit zur Endentscheidung reif, so hat das Gericht sie durch Endurteil zu erlassen.

§ 306. [Verzicht] Verzichtet der Kläger bei der mündlichen Verhandlung auf den geltend gemachten Anspruch, so ist er auf Grund des Verzichts mit dem Anspruch abzuweisen, wenn der Beklagte die Abweisung beantragt.

6

§ 307. [Anerkenntnis] (1) Erkennt eine Partei den gegen sie geltend gemachten Anspruch bei der mündlichen Verhandlung ganz oder zum Teil an, so ist sie auf Antrag dem Anerkenntnis gemäß zu verurteilen.

§ 310. [Verkündungstermin] (1) [1]Das Urteil wird in dem Termin, in dem die mündliche Verhandlung geschlossen wird, oder in einem sofort anzuberaumenden Termin verkündet. [2]Dieser wird nur dann über drei Wochen hinaus angesetzt, wenn wichtige Gründe, insbesondere der Umfang oder die Schwierigkeit der Sache, dies erfordern.

(3) Bei einem Anerkenntnisurteil und einem Versäumnisurteil, die nach § 307 Abs. 2, § 331 Abs. 3 ohne mündliche Verhandlung ergehen, wird die Verkündung durch die Zustellung des Urteils ersetzt.

§ 312. [Anwesenheit der Parteien] (1) [1]Die Wirksamkeit der Verkündung eines Urteils ist von der Anwesenheit der Parteien nicht abhängig.

§ 313. [Inhalt des Urteils] (1) Das Urteil enthält:
1. die Bezeichnung der Parteien, ihrer gesetzlichen Vertreter und der Prozeßbevollmächtigten;
2. die Bezeichnung des Gerichts und die Namen der Richter, die bei der Entscheidung mitgewirkt haben;
3. den Tag, an dem die mündliche Verhandlung geschlossen worden ist;
4. die Urteilsformel;
5. den Tatbestand;
6. die Entscheidungsgründe.

▶ Versäumnisurteil

§ 330. [Versäumnisurteil gegen den Kläger] Erscheint der Kläger im Termin zur mündlichen Verhandlung nicht, so ist auf Antrag das Versäumnisurteil dahin zu erlassen, daß der Kläger mit der Klage abzuweisen sei.

§ 331. [Versäumnisurteil gegen den Beklagten]
(1) [1]Beantragt der Kläger gegen den im Termin zur mündlichen Verhandlung nicht erschienenen Beklagten das Versäumnisurteil, so ist das tatsächliche mündliche Vorbringen des Klägers als zugestanden anzunehmen.

(2) Soweit es den Klageantrag rechtfertigt, ist nach dem Antrag zu erkennen; soweit dies nicht der Fall, ist die Klage abzuweisen.

(3) [1]Hat der Beklagte entgegen § 276 Abs. 1 Satz 1, Abs. 2 nicht rechtzeitig angezeigt, daß er sich gegen die Klage verteidigen wolle, so trifft auf Antrag des Klägers das Gericht die Entscheidung ohne mündliche Verhandlung; ...

§ 338. [Einspruch] Der Partei, gegen die ein Versäumnisurteil erlassen ist, steht gegen das Urteil der Einspruch zu.

§ 339. [Einspruchsfrist] (1) Die Einspruchsfrist beträgt zwei Wochen; sie ist eine Notfrist und beginnt mit der Zustellung des Versäumnisurteils.

§ 340. [Einspruchsschrift] (1) Der Einspruch wird durch Einreichung der Einspruchsschrift bei dem Prozeßgericht eingelegt.

§ 340a. [Zustellung der Einspruchsschrift] [1]Die Einspruchsschrift ist der Gegenpartei zuzustellen. [2]Dabei ist mitzuteilen, wann das Versäumnisurteil zugestellt und Einspruch eingelegt worden ist. [3]Die erforderliche Zahl von Abschriften soll die Partei mit der Einspruchsschrift einreichen.

§ 341a. [Termin zur mündlichen Verhandlung] Wird der Einspruch nicht durch Beschluß als unzulässig verworfen, so ist der Termin zur mündlichen Verhandlung über den Einspruch und die Hauptsache zu bestimmen und den Parteien bekanntzumachen.

§ 342. [Wirkung des zulässigen Einspruchs] Ist der Einspruch zulässig, so wird der Prozeß, soweit der Einspruch reicht, in die Lage zurückversetzt, in der er sich vor Eintritt der Versäumnis befand.

▶ Beweis durch Augenschein

§ 371. [Beweisantritt] Der Beweis durch Augenschein wird durch die Bezeichnung des Gegenstandes des Augenscheins und durch die Angabe der zu beweisenden Tatsachen angetreten.

▶ Zeugenbeweis

§ 373. [Beweisantritt] Der Zeugenbeweis wird durch die Benennung der Zeugen und die Bezeichnung der Tatsachen, über welche die Vernehmung der Zeugen stattfinden soll, angetreten.

§ 391. [Beeidigung] Ein Zeuge ist ... zu beeidigen, wenn das Gericht dies mit Rücksicht auf die Bedeutung der Aussage oder zur Herbeiführung einer wahrheitsgemäßen Aussage für geboten erachtet und die Parteien auf die Beeidigung nicht verzichten.

▶ Beweis durch Sachverständige

§ 402. [Anwendbarkeit der Vorschriften für Zeugen] Für den Beweis durch Sachverständige gelten die Vorschriften über den Beweis durch Zeugen entsprechend, insoweit nicht in den nachfolgenden Paragraphen abweichende Vorschriften enthalten sind.

§ 404. [Auswahl] (1) [1]Die Auswahl der zuzuziehenden Sachverständigen und die Bestimmung ihrer Anzahl erfolgt durch das Prozeßgericht. [2]Es kann sich auf die Ernennung eines einzigen Sachverständigen beschränken.

▶ Beweis durch Urkunden

§ 415. [Beweiskraft öffentlicher Urkunden über Erklärungen] (1) Urkunden, die von einer öffentlichen Behörde innerhalb der Grenzen ihrer Amtsbefugnisse oder von einer mit öffentlichem Glauben versehenen Person innerhalb des ihr zugewiesenen Geschäftskreises in der vorgeschriebenen Form aufgenommen sind (öffentliche Urkunden), begründen, wenn sie über eine vor der Behörde oder der Urkundsperson abgegebene Erklärung errichtet sind, vollen Beweis des durch die Behörde oder die Urkundsperson beurkundeten Vorganges.

(2) Der Beweis, daß der Vorgang unrichtig beurkundet sei, ist zulässig.

§ 416. [Beweiskraft von Privaturkunden] Privaturkunden begründen, sofern sie von den Ausstellern unterschrieben oder mittels notariell beglaubigten Handzeichens unterzeichnet sind, vollen Beweis dafür, daß die in ihnen enthaltenen Erklärungen von den Ausstellern abgegeben sind.

▶ Beweis durch Parteivernehmung

§ 445. [Antrag auf Vernehmung des Beweisgegners] (1) Eine Partei, die den ihr obliegenden Beweis mit anderen Beweismitteln nicht vollständig geführt oder andere Beweismittel nicht vorgebracht hat, kann den Beweis dadurch antreten, daß sie beantragt, den Gegner über die zu beweisenden Tatsachen zu vernehmen.

(2) Der Antrag ist nicht zu berücksichtigen, wenn er Tatsachen betrifft, deren Gegenteil das Gericht für erwiesen erachtet.

▶ Abnahme von Eiden und Bekräftigungen

6

§ 478. [Persönliche Eidesleistung] Der Eid muß von dem Schwurpflichtigen in Person geleistet werden.

Drittes Buch. Rechtsmittel

Berufung

§ 511. [Zulässigkeit] Die Berufung findet gegen die im ersten Rechtszuge erlassenen Endurteile statt.

§ 511a. [Berufungssumme] (1) [1]Die Berufung ist unzulässig, wenn der Wert des Beschwerdegegenstandes eintausendfünfhundert Deutsche Mark nicht übersteigt. [2]Der Berufungskläger hat diesen Wert glaubhaft zu machen; zur Versicherung an Eides Statt darf er nicht zugelassen werden.

§ 525. [Neue Verhandlung] Vor dem Berufungsgericht wird der Rechtsstreit in den durch die Anträge bestimmten Grenzen von neuem verhandelt.

Revision

§ 545. [Zulässigkeit] (1) Die Revision findet gegen die in der Berufungsinstanz von den Oberlandesgerichten erlassenen Endurteile nach Maßgabe der folgenden Vorschriften statt.

(2) [1]Gegen Urteile, durch die über die Anordnung, Abänderung oder Aufhebung eines Arrestes oder einer einstweiligen Verfügung entschieden wird, ist die Revision nicht zulässig. [2]Dasselbe gilt für Urteile über die vorzeitige Besitzeinweisung im Enteignungsverfahren oder im Umlegungsverfahren.

§ 546. [Revisionssumme; Zulassung der Revision] (1) [1]In Rechtsstreitigkeiten über vermögensrechtliche Ansprüche, bei denen der Wert der Beschwer sechzigtausend Deutsche Mark nicht übersteigt, und über nichtvermögensrechtliche Ansprüche findet die Revision nur statt, wenn das Oberlandesgericht sie in dem Urteil zugelassen hat.

§ 549. [Revisionsgründe] (1) Die Revision kann nur darauf gestützt werden, daß die Entscheidung auf der Verletzung des Bundesrechts oder einer Vorschrift beruht, deren Geltungsbereich sich über den Bezirk eines Oberlandesgerichts hinaus erstreckt.

§ 550. [Begriff der Gesetzesverletzung] Das Gesetz ist verletzt, wenn eine Rechtsnorm nicht oder nicht richtig angewendet worden ist.

Fünftes Buch. Urkunden- und Wechselprozeß

§ 592. [Zulässigkeit] [1]Ein Anspruch, welcher die Zahlung einer bestimmten Geldsumme oder die Leistung einer bestimmten Menge anderer vertretbarer Sachen oder Wertpapiere zum Gegenstand hat, kann im Urkundenprozeß geltend gemacht werden, wenn die sämtlichen zur Begründung des Anspruchs erforderlichen Tatsachen durch Urkunden bewiesen werden können.

§ 595. [Keine Widerklage; Beweismittel]

(1) Widerklagen sind nicht statthaft.

(2) Als Beweismittel sind bezüglich der Echtheit oder, Unechtheit einer Urkunde sowie bezüglich anderer als der im § 592 erwähnten Tatsachen nur Urkunden und Antrag auf Parteivernehmung zulässig.

(3) Der Urkundenbeweis kann nur durch Vorlegung der Urkunden angetreten werden.

6

§ 598. [Zurückweisung von Einwendungen] Einwendungen des Beklagten sind, wenn der dem Beklagten obliegende Beweis nicht mit den im Urkundenprozeß zulässigen Beweismitteln angetreten oder mit solchen Beweismitteln nicht vollständig geführt ist, als im Urkundenprozeß unstatthaft zurückzuweisen.

§ 602. [Wechselprozeß] Werden im Urkundenprozeß Ansprüche aus Wechseln im Sinne des Wechselgesetzes geltend gemacht (Wechselprozeß), so sind die nachfolgenden besonderen Vorschriften anzuwenden.

§ 603. [Gerichtsstand] (1) Wechselklagen können sowohl bei dem Gericht des Zahlungsortes als bei dem Gericht angestellt werden, bei dem der Beklagte seinen allgemeinen Gerichtsstand hat.

§ 604. [Klage; Ladungsfrist] (1) Die Klage muß die Erklärung enthalten, daß im Wechselprozeß geklagt werde.

(2) [1]Die Ladungsfrist beträgt mindestens vierundzwanzig Stunden, wenn die Ladung an dem Ort, der Sitz des Prozeßgerichts ist, zugestellt wird. [2]In Anwaltsprozessen beträgt sie mindestens drei Tage, wenn die Ladung an einem anderen Ort zugestellt wird, der im Bezirk des Prozeßgerichts liegt oder von dem ein Teil zu dessen Bezirk gehört.

(3) In den höheren Instanzen beträgt die Ladungsfrist mindestens vierundzwanzig Stunden, wenn die Zustellung der Berufungs- oder Revisionsschrift oder der Ladung an dem Ort erfolgt, der Sitz des höheren Gerichts ist; mindestens drei Tage, wenn die Zustellung an einem anderen Ort erfolgt, der ganz oder zum Teil in dem Landgerichtsbezirk liegt, in dem das höhere Gericht seinen Sitz hat; mindestens eine Woche, wenn die Zustellung sonst im Inland erfolgt.

§ 605. [Beweisvorschriften] (1) Soweit es zur Erhaltung des wechselmäßigen Anspruchs der rechtzeitigen Protesterhebung nicht bedarf, ist als Beweismittel bezüglich der Vorlegung des Wechsels der Antrag auf Parteivernehmung zulässig.

(2) Zur Berücksichtigung einer Nebenforderung genügt, daß sie glaubhaft gemacht ist.

§ 605a. [Scheckprozeß] Werden im Urkundenprozeß Ansprüche aus Schecks im Sinne des Scheckgesetzes geltend gemacht (Scheckprozeß), so sind die §§ 602 bis 605 entsprechend anzuwenden.

Siebentes Buch. Mahnverfahren

§ 688. [Zulässigkeit] (1) Wegen eines Anspruchs, der die Zahlung einer bestimmten Geldsumme in Euro oder Deutsche Mark zum Gegenstand hat, ist auf Antrag des Antragstellers ein Mahnbescheid zu erlassen.

(2) Das Mahnverfahren findet nicht statt:

1. für Ansprüche des Kreditgebers, wenn der nach dem Verbraucherkreditgesetz anzugebende effektive oder anfängliche effektive Jahreszins den bei Vertragsabschluß geltenden Diskontsatz der Deutschen Bundesbank zuzüglich zwölf vom Hundert übersteigt;
2. wenn die Geltendmachung des Anspruchs von einer noch nicht erbrachten Gegenleistung abhängig ist;
3. wenn die Zustellung des Mahnbescheids durch öffentliche Bekanntmachung erfolgen müßte.

§ 689. [Zuständigkeit] (1) [1]Das Mahnverfahren wird von den Amtsgerichten durchgeführt. [2]Eine maschinelle Bearbeitung ist zulässig. [3]Bei dieser Bearbeitung sollen Eingänge spätestens an dem Arbeitstag erledigt sein, der dem Tag des Eingangs folgt.

(2) [1]Ausschließlich zuständig ist das Amtsgericht, bei dem der Antragsteller seinen allgemeinen Gerichtsstand hat.

§ 690. [Mahnantrag] (1) Der Antrag muß auf den Erlaß eines Mahnbescheids gerichtet sein und enthalten:

1. die Bezeichnung der Parteien, ihrer gesetzlichen Vertreter und der Prozeßbevollmächtigten;
2. die Bezeichnung des Gerichts, bei dem der Antrag gestellt wird;
3. die Bezeichnung des Anspruchs unter bestimmter Angabe der verlangten Leistung; Haupt- und Nebenforderungen sind gesondert und einzeln zu bezeichnen, Ansprüche aus Verträgen, für die das gilt, auch unter Angabe des Datums des Vertragsabschlusses und des nach dem Verbraucherkreditgesetz anzugebenden effektiven oder anfänglichen effektiven Jahreszinses;
4. die Erklärung, daß der Anspruch nicht von einer Gegenleistung abhängt oder daß die Gegenleistung erbracht ist;
5. die Bezeichnung des Gerichts, das für ein streitiges Verfahren zuständig ist.

(2) Der Antrag bedarf der handschriftlichen Unterzeichnung.

(3) Der Antrag kann in einer nur maschinell lesbaren Form übermittelt werden, wenn diese dem Gericht für seine maschinelle Bearbeitung geeignet erscheint; der handschriftlichen Unterzeichnung bedarf es nicht, wenn in anderer Weise gewährleistet ist, daß der Antrag nicht ohne den Willen des Antragstellers übermittelt wird.

§ 692. [Mahnbescheid] (1) Der Mahnbescheid enthält:

1. die in § 690 Abs. 1 bis 5 bezeichneten Erfordernisse des Antrags;
2. den Hinweis, daß das Gericht nicht geprüft hat, ob dem Antragsteller der geltend gemachte Anspruch zusteht;
3. die Aufforderung, innerhalb von zwei Wochen seit der Zustellung des Mahnbescheids, soweit der geltend gemachte Anspruch als begründet angesehen wird, die behauptete Schuld nebst den geforderten Zinsen und der dem Betrage nach bezeichneten Kosten zu begleichen oder dem Gericht mitzuteilen, ob und in welchem Umfang dem geltend gemachten Anspruch widersprochen wird;
4. den Hinweis, daß ein dem Mahnbescheid entsprechender Vollstreckungsbescheid ergehen kann, aus dem der Antragsteller die Zwangsvollstreckung betreiben kann, falls der Antragsgegner nicht bis zum Fristablauf Widerspruch erhoben hat;
5. für den Fall, daß Vordrucke eingeführt sind, den Hinweis, daß der Widerspruch mit einem Vordruck der beigefügten Art erhoben werden soll, der auch bei jedem Amtsgericht erhältlich ist und ausgefüllt werden kann;
6. für den Fall des Widerspruchs die Ankündigung, an welches Gericht die Sache abgegeben wird, mit dem Hinweis, daß diesem Gericht die Prüfung seiner Zuständigkeit vorbehalten bleibt.

(2) An Stelle einer handschriftlichen Unterzeichnung genügt ein entsprechender Stempelabdruck.

§ 693. [Zustellung des Mahnbescheids] (1) Der Mahnbescheid wird dem Antragsgegner zugestellt. 6

(2) Soll durch die Zustellung eine Frist gewahrt oder die Verjährung unterbrochen werden, so tritt die Wirkung, wenn die Zustellung demnächst erfolgt, bereits mit der Einreichung oder Anbringung des Antrags auf Erlaß des Mahnbescheids ein.

(3) Die Geschäftsstelle setzt den Antragsteller von der Zustellung des Mahnbescheids in Kenntnis.

§ 694. [Widerspruch des Antragsgegners]

(1) Der Antragsgegner kann gegen den Anspruch oder einen Teil des Anspruchs bei dem Gericht, das den Mahnbescheid erlassen hat, schriftlich Widerspruch erheben, solange der Vollstreckungsbescheid nicht verfügt ist.

(2) [1]Ein verspäteter Widerspruch wird als Einspruch behandelt. [2]Dies ist dem Antragsgegner, der den Widerspruch erhoben hat, mitzuteilen.

§ 695. [Mitteilung des Widerspruchs; Abschriften] [1]Das Gericht hat den Antragsteller von dem Widerspruch und dem Zeitpunkt seiner Erhebung in Kenntnis zu setzen.

§ 696. [Verfahren nach Widerspruch]

(1) [1]Wird rechtzeitig Widerspruch erhoben und beantragt eine Partei die Durchführung des streitigen Verfahrens, so gibt das Gericht, das den Mahnbescheid erlassen hat, den Rechtsstreit von Amts wegen an das Gericht ab, das in dem Mahnbescheid gemäß § 692 Abs. 1 Nr. 1 bezeichnet worden ist, wenn die Parteien übereinstimmend die Abgabe an ein anderes Gericht verlangen, an dieses. [2]Der Antrag kann in den Antrag auf Erlaß des Mahnbescheids aufgenommen werden. [3]Die Abgabe ist den Parteien mitzuteilen; sie ist nicht anfechtbar. [4]Mit Eingang der Akten bei dem Gericht, an das er abgegeben wird, gilt der Rechtsstreit als dort anhängig.

(2) [1]Ist das Mahnverfahren maschinell bearbeitet worden, so tritt an die Stelle der Akten ein maschinell erstellter Aktenausdruck. [2]Für diesen gelten die Vorschriften über die Beweiskraft öffentlicher Urkunden entsprechend.

(3) Die Streitsache gilt als mit Zustellung des Mahnbescheides rechtshängig geworden, wenn sie alsbald nach der Erhebung des Widerspruches abgegeben wird.

(4) [1]Der Antrag auf Durchführung des streitigen Verfahrens kann bis zum Beginn der mündlichen Verhandlung des Antragsgegners zur Hauptsache zurückgenommen werden. [2]Die Zurücknahme kann vor der Geschäftsstelle zu Protokoll erklärt werden. [3]Mit der Zurücknahme ist die Streitsache als nicht rechtshängig geworden anzusehen.

§ 697. [Einleitung des Streitverfahrens] (1) Die Geschäftsstelle des Gerichts, an das die Streitsache abgegeben wird, hat dem Antragsteller unverzüglich aufzugeben, seinen Anspruch binnen zwei Wochen in einer der Klageschrift entsprechenden Form zu begründen.

(2) [1]Bei Eingang der Anspruchsbegründung ist wie nach Eingang einer Klage weiter zu verfahren. [2]Zur schriftlichen Klageerwiderung im Vorverfahren nach § 276 kann auch eine mit der Zustellung der Anspruchsbegründung beginnende Frist gesetzt werden.

(3) [1]Geht die Anspruchsbegründung nicht rechtzeitig ein, so wird bis zu ihrem Eingang Termin zur mündlichen Verhandlung nur auf Antrag des Antraggegners bestimmt. [2]Mit der Terminbestimmung setzt der Vorsitzende dem Antragsteller eine Frist zur Begründung des Anspruchs; ...

(4) [1]Der Antragsgegner kann den Widerspruch bis zum Beginn seiner mündlichen Verhandlung zur Hauptsache zurücknehmen, jedoch nicht nach Erlaß eines Versäumnisurteils gegen ihn. [2]Die Zurücknahme kann zu Protokoll der Geschäftsstelle erklärt werden.

§ 699. [Vollstreckungsbescheid] (1) [1]Auf der Grundlage des Mahnbescheids erläßt das Gericht auf Antrag einen Vollstreckungsbescheid, wenn der Antragsgegner nicht rechtzeitig Widerspruch erhoben hat. [2]Der Antrag kann nicht vor Ablauf der Widerspruchsfrist gestellt werden; er hat die Erklärung zu enthalten, ob und welche Zahlungen auf den Mahnbescheid geleistet worden sind; ...

(3) [1]In den Vollstreckungsbescheid sind die bisher entstandenen Kosten des Verfahrens aufzunehmen. [2]Der Antragsteller braucht die Kosten nur zu berechnen, wenn das Mahnverfahren nicht maschinell bearbeitet wird; im übrigen genügen die zur maschinellen Berechnung erforderlichen Angaben.

(4) [1]Der Vollstreckungsbescheid wird dem Antragsgegner von Amts wegen zugestellt, wenn nicht der Antragsteller die Übergabe an sich zur Zustellung im Parteibetrieb beantragt hat. ...

§ 700. [Wirkung des Vollstreckungsbescheids; Einspruch] (1) Der Vollstreckungsbescheid steht einem für vorläufig vollstreckbar erklärten Versäumnisurteil gleich.

(2) Die Streitsache gilt als mit der Zustellung des Mahnbescheids rechtshängig geworden.

(3) [1]Wird Einspruch eingelegt, so gibt das Gericht, das den Vollstreckungsbescheid erlassen hat, den Rechtsstreit von Amts wegen an das Gericht ab, das in dem Mahnbescheid gemäß § 692 Abs. 1 Nr. 1 bezeichnet worden ist, ...

§ 701. [Wegfall der Wirkung des Mahnbescheids] [1]Ist Widerspruch nicht erhoben und beantragt der Antragsteller den Erlaß des Vollstreckungsbescheids nicht binnen einer sechsmonatigen Frist, die mit der Zustellung des Mahnbescheids beginnt, so fällt die Wirkung des Mahnbescheids weg. [2]Dasselbe gilt, wenn der Vollstreckungsbescheid rechtzeitig beantragt ist, der Antrag aber zurückgewiesen wird.

§ 702. [Besondere Verfahrensvorschriften]

(1) [1]Im Mahnverfahren können die Anträge und Erklärungen vor dem Urkundsbeamten der

Geschäftsstelle abgegeben werden. [2]Soweit Vordrucke eingeführt sind, werden diese ausgefüllt; der Urkundsbeamte vermerkt unter Angabe des Gerichts und des Datums, daß er den Antrag oder die Erklärung aufgenommen hat. [3]Auch soweit Vordrucke nicht eingeführt sind, ist für den Antrag auf Erlaß eines Mahnbescheids oder eines Vollstreckungsbescheids bei dem für das Mahnverfahren zuständigen Gericht die Aufnahme eines Protokolls nicht erforderlich.

(2) Der Antrag auf Erlaß eines Mahnbescheids oder eines Vollstreckungsbescheids wird dem Antragsgegner nicht mitgeteilt.

§ 703a. [Urkunden-, Wechsel- und Scheckmahnbescheid] (1) Ist der Antrag des Antragstellers auf den Erlaß eines Urkunden-, Wechsel- oder Scheckmahnbescheids gerichtet, so wird der Mahnbescheid als Urkunden-, Wechsel- oder Scheckmahnbescheid bezeichnet.

(2) [1]Für das Urkunden-, Wechsel- und Scheckmahnverfahren gelten folgende besondere Vorschriften:
1. die Bezeichnung als Urkunden-, Wechsel- oder Scheckmahnbescheid hat die Wirkung, daß die Streitsache, wenn rechtzeitig Widerspruch erhoben wird, im Urkunden , Wechsel- oder Scheckprozeß anhängig wird;
2. die Urkunden sollen in dem Antrag auf Erlaß des Mahnbescheids und in dem Mahnbescheid bezeichnet werden; ist die Sache an das Streitgericht abzugeben, so müssen die Urkunden in Urschrift oder in Abschrift der Anspruchsbegründung beigefügt werden;
3. im Mahnverfahren ist nicht zu prüfen, ob die gewählte Prozeßart statthaft ist;
4. beschränkt sich der Widerspruch auf den Antrag, dem Beklagten die Ausführung seiner Rechte vorzubehalten, so ist der Vollstreckungsbescheid unter diesem Vorbehalt zu erlassen. [2]Auf das weitere Verfahren ist die Vorschrift des § 600 entsprechend anzuwenden.

§ 703b. [Sonderregelungen für maschinelle Bearbeitung; Verfahrensablaufplan] (1) Bei maschineller Bearbeitung werden Beschlüsse, Verfügungen und Ausfertigungen mit dem Gerichtssiegel versehen; einer Unterschrift bedarf es nicht.

Achtes Buch. Zwangsvollstreckung

Allgemeine Vorschriften

§ 704. [Vollstreckbare Endurteile] (1) Die Zwangsvollstreckung findet statt aus Endurteilen, die rechtskräftig oder für vorläufig vollstreckbar erklärt sind.

§ 753. [Vollstreckung durch Gerichtsvollzieher; Vollstreckungsantrag] (1) Die Zwangsvollstreckung wird, soweit sie nicht den Gerichten zugewiesen ist, durch Gerichtsvollzieher durchgeführt, die sie im Auftrag des Gläubigers zu bewirken haben.

§ 754. [Wirkung des Vollstreckungsantrages] In dem schriftlichen oder mündlichen Auftrag zur Zwangsvollstreckung in Verbindung mit der Übergabe der vollstreckbaren Ausfertigung liegt die Beauftragung des Gerichtsvollziehers, die Zahlungen oder sonstigen Leistungen in Empfang zu nehmen, über das Empfangene wirksam zu quittieren und dem Schuldner, wenn dieser seiner Verbindlichkeit genügt hat, die vollstreckbare Ausfertigung auszuliefern.

§ 755. [Ermächtigung des Gerichtsvollziehers] [1]Schuldner und Dritten gegenüber wird der Gerichtsvollzieher zur Vornahme der Zwangsvollstreckung und der im § 754 bezeichneten Handlungen durch den Besitz der vollstreckbaren Ausfertigung ermächtigt. [2]Der Mangel oder die Beschränkung des Auftrags kann diesen Personen gegenüber von dem Gläubiger nicht geltend gemacht werden.

§ 757. [Übergabe des Titels; Quittung] (1) Der Gerichtsvollzieher hat nach Empfang der Leistungen dem Schuldner die vollstreckbare Ausfertigung nebst einer Quittung auszuliefern, bei teilweiser Leistung diese auf der vollstreckbaren Ausfertigung zu vermerken und dem Schuldner Quittung zu erteilen.

§ 758. [Durchsuchung; Gewaltanwendung]
(1) Der Gerichtsvollzieher ist befugt, die Wohnung und die Behältnisse des Schuldners zu durchsuchen, soweit der Zweck der Vollstreckung dies erfordert.

(2) Er ist befugt, die verschlossenen Haustüren, Zimmertüren und Behältnisse öffnen zu lassen.

(3) Er ist, wenn er Widerstand findet, zur Anwendung von Gewalt befugt und kann zu diesem Zwecke die Unterstützung der polizeilichen Vollzugsorgane nachsuchen.

§ 771. [Widerspruchsklage] (1) Behauptet ein Dritter, daß ihm an dem Gegenstand der Zwangsvollstreckung ein die Veräußerung hinderndes Recht zustehe, so ist der Widerspruch gegen die Zwangsvollstreckung im Wege der Klage bei dem Gericht geltend zu machen, in dessen Bezirk die Zwangsvollstreckung erfolgt.

Zwangsvollstreckung wegen Geldforderungen

▶ Zwangsvollstreckung in das bewegliche Vermögen

Allgemeine Vorschriften

§ 803. [Pfändung] (1) [1]Die Zwangsvollstreckung in das bewegliche Vermögen erfolgt durch Pfändung. [2]Sie darf nicht weiter ausgedehnt werden, als es zur Befriedigung des Gläubigers und zur Deckung der Kosten der Zwangsvollstreckung erforderlich ist.

(2) Die Pfändung hat zu unterbleiben, wenn sich von der Verwertung der zu pfändenden Gegenstände ein Überschuß über die Kosten der Zwangsvollstreckung nicht erwarten läßt.

§ 804. [Pfändungspfandrecht] (1) Durch die Pfändung erwirbt der Gläubiger ein Pfandrecht an dem gepfändeten Gegenstande.

(2) Das Pfandrecht gewährt dem Gläubiger im Verhältnis zu anderen Gläubigern dieselben Rechte wie ein durch Vertrag erworbenes Faustpfandrecht; es geht Pfand- und Vorzugsrechten vor, die für den Fall eines Insolvenzverfahrens den Faustpfandrechten nicht gleichgestellt sind.

(3) Das durch eine frühere Pfändung begründete Pfandrecht geht demjenigen vor, das durch eine spätere Pfändung begründet wird.

§ 805. [Klage auf vorzugsweise Befriedigung]

(1) Der Pfändung einer Sache kann ein Dritter, der sich nicht im Besitz der Sache befindet, auf Grund eines Pfand- oder Vorzugsrechts nicht widersprechen; er kann jedoch seinen Anspruch auf vorzugsweise Befriedigung aus dem Erlös im Wege der Klage geltend machen, ohne Rücksicht darauf, ob seine Forderung fällig ist oder nicht.

6

§ 806. [Keine Gewähr bei Pfandverkauf] Wird ein Gegenstand auf Grund der Pfändung veräußert, so steht dem Erwerber wegen eines Mangels im Recht oder wegen eines Mangels der veräußerten Sache ein Anspruch auf Gewährleistung nicht zu.

§ 807. [Eidesstattliche Versicherung] (1) [1]Hat die Pfändung zu einer vollständigen Befriedigung des Gläubigers nicht geführt oder macht dieser glaubhaft, daß er durch Pfändung seine Befriedigung nicht vollständig erlangen könne, so ist der Schuldner auf Antrag verpflichtet, ein Verzeichnis seines Vermögens vorzulegen und für seine Forderungen den Grund und die Beweismittel zu bezeichnen. [2]Aus dem Vermögensverzeichnis müssen auch ersichtlich sein.

1. die in den letzten zwei Jahren vor dem ersten zur Abgabe der eidesstattlichen Versicherung anberaumten Termin vorgenommenen entgeltlichen Veräußerungen des Schuldners an eine nahestehende Person (§ 138 der Insolvenzordnung);
2. die in den letzten vier Jahren vor dem ersten zur Abgabe der eidesstattlichen Versicherung anberaumten Termin von dem Schuldner vorgenommenen unentgeltlichen Leistungen, sofern sie sich nicht auf gebräuchliche Gelegenheitsgeschenke geringen Werts richteten.

[3]Sachen, die nach § 811 Nr. 1, 2 der Pfändung offensichtlich nicht unterworfen sind, brauchen in dem Vermögensverzeichnis nicht angegeben zu werden, es sei denn, daß eine Austauschpfändung in Betracht kommt.

(2) [1]Der Schuldner hat zu Protokoll an Eides Statt zu versichern, daß er die von ihm verlangten Angaben nach bestem Wissen und Gewissen richtig und vollständig gemacht habe.

Zwangsvollstreckung in körperliche Sachen

§ 808. [Pfändung beim Schuldner] (1) Die Pfändung der im Gewahrsam des Schuldners befindlichen körperlichen Sachen wird dadurch bewirkt, daß der Gerichtsvollzieher sie in Besitz nimmt.

(2) [1]Andere Sachen als Geld, Kostbarkeiten und Wertpapiere sind im Gewahrsam des Schuldners zu belassen, sofern nicht hierdurch die Befriedigung des Gläubigers gefährdet wird. [2]Werden die Sachen im Gewahrsam des Schuldners belassen, so ist die Wirksamkeit der Pfändung dadurch bedingt, daß durch Anlegung von Siegeln oder auf sonstige Weise die Pfändung ersichtlich gemacht ist.

(3) Der Gerichtsvollzieher hat den Schuldner von der erfolgten Pfändung in Kenntnis zu setzen.

§ 809. [Pfändung beim Gläubiger oder bei Dritten] Die vorstehenden Vorschriften sind auf die Pfändung von Sachen, die sich im Gewahrsam des Gläubigers oder eines zur Herausgabe bereiten Dritten befinden, entsprechend anzuwenden.

§ 811. [Unpfändbare Sachen] Folgende Sachen sind der Pfändung nicht unterworfen:

1. die dem persönlichen Gebrauch oder dem Haushalt dienenden Sachen, insbesondere Kleidungsstücke, Wäsche, Betten, Haus- und Küchengeräte, soweit der Schuldner ihrer zu einer seiner Berufstätigkeit und seiner Verschuldung angemessenen, bescheidenen Lebens- und Haushaltsführung bedarf; ferner Gartenhäuser, Wohnlauben und ähnliche Wohnzwecken dienende Einrichtungen, die der Zwangsvollstreckung in das bewegliche Vermögen unterliegen und deren der Schuldner oder seine Familie zur ständigen Unterkunft bedarf;
2. die für den Schuldner, seine Familie und seine Hausangehörigen, die ihm im Haushalt helfen, auf vier Wochen erforderlichen Nahrungs-, Feuerungs- und Beleuchtungsmittel oder, soweit für diesen Zeitraum solche Vorräte nicht vorhanden und ihre Beschaffung auf anderem Wege nicht gesichert ist, der zur Beschaffung erforderliche Geldbetrag;
5. bei Personen, die aus ihrer körperlichen oder geistigen Arbeit oder sonstigen persönlichen Leistungen ihren Erwerb ziehen, die zur Fortsetzung dieser Erwerbstätigkeit erforderlichen Gegenstände.
8. bei Personen, die wiederkehrende Einkünfte der in den §§ 850 bis 850b bezeichneten Art beziehen, ein Geldbetrag, der dem der Pfändung nicht unterworfenen Teil der Einkünfte für die Zeit von der Pfändung bis zu dem nächsten Zahlungstermin entspricht; ...

§ 811a. [Austauschpfändung] (1) Die Pfändung einer nach § 811 Nr. 1, 5 und 6 unpfändbaren Sache kann zugelassen werden, wenn der Gläubiger dem Schuldner vor der Wegnahme der Sache ein Ersatzstück, das dem geschützten Verwendungszweck genügt, oder den zur Beschaffung eines solchen Ersatzstückes erforderlichen Geldbetrag überläßt; ist dem Gläubiger die rechtzeitige Ersatzbeschaffung nicht möglich oder nicht zuzumuten, so kann die Pfändung mit der Maßgabe zugelassen werden, daß dem Schuldner der zur Ersatzbeschaffung erforderliche Geldbetrag aus dem Vollstreckungserlös überlassen wird (Austauschpfändung).

§ 814. [Öffentliche Versteigerung] Die gepfändeten Sachen sind von dem Gerichtsvollzieher öffentlich zu versteigern.

§ 815. [Gepfändetes Geld] (1) Gepfändetes Geld ist dem Gläubiger abzuliefern.

§ 816. [Zeit und Ort der Versteigerung] (1) Die Versteigerung der gepfändeten Sachen darf nicht vor Ablauf einer Woche seit dem Tage der Pfändung geschehen, sofern nicht der Gläubiger und der Schuldner über eine frühere Versteigerung sich einigen oder diese erforderlich ist, um die Gefahr einer beträchtlichen Wertverringerung der zu versteigernden Sache abzuwenden oder um unverhältnismäßige Kosten einer längeren Aufbewahrung zu vermeiden.

(2) Die Versteigerung erfolgt in der Gemeinde, in der die Pfändung geschehen ist, oder an einem anderen Ort im Bezirk des Vollstreckungsgerichts, sofern nicht der Gläubiger und der Schuldner über einen dritten Ort sich einigen.

(3) Zeit und Ort der Versteigerung sind unter allgemeiner Bezeichnung der zu versteigernden Sachen öffentlich bekanntzumachen.

(4) Bei der Versteigerung gelten die Vorschriften des § 1239 Abs. 1 Satz 1, Abs. 2 des Bürgerlichen Gesetzbuchs entsprechend.

§ 817a. [Mindestgebot] (1) [1]Der Zuschlag darf nur auf ein Gebot erteilt werden, das mindestens die Hälfte des gewöhnlichen Verkaufswertes der Sache erreicht (Mindestgebot). [2]Der gewöhnliche Verkaufswert und das Mindestgebot sollen bei dem Ausbieten bekanntgegeben werden.

§ 818. [Einstellung der Versteigerung] Die Versteigerung wird eingestellt, sobald der Erlös zur Befriedigung des Gläubigers und zur Deckung der Kosten der Zwangsvollstreckung hinreicht.

§ 821. [Verwertung von Wertpapieren] Gepfändete Wertpapiere sind, wenn sie einen Börsen- oder Marktpreis haben, von dem Gerichtsvollzieher aus freier Hand zum Tageskurse zu verkaufen und, wenn sie einen solchen Preis nicht haben, nach den allgemeinen Bestimmungen zu versteigern.

6

Zwangsvollstreckung in Forderungen und andere Vermögensrechte

§ 828. [Zuständigkeit] (1) Die gerichtlichen Handlungen, welche die Zwangsvollstreckung in Forderungen und andere Vermögensrechte zum Gegenstand haben, erfolgen durch das Vollstreckungsgericht.

(2) Als Vollstreckungsgericht ist das Amtsgericht, bei dem der Schuldner im Inland seinen allgemeinen Gerichtsstand hat, und sonst das Amtsgericht zuständig; ...

§ 829. [Pfändung von Geldforderungen]
(1) [1]Soll eine Geldforderung gepfändet werden, so hat das Gericht dem Drittschuldner zu verbieten, an den Schuldner zu zahlen. [2]Zugleich hat das Gericht an den Schuldner das Gebot zu erlassen, sich jeder Verfügung über die Forderung, insbesondere ihrer Einziehung, zu enthalten.
(2) [1]Der Gläubiger hat den Beschluß dem Drittschuldner zustellen zu lassen.
(3) Mit der Zustellung des Beschlusses an den Drittschuldner ist die Pfändung als bewirkt anzusehen.

§ 830. [Pfändung von Hypothekenforderungen]
(1) [1]Zur Pfändung einer Forderung, für die eine Hypothek besteht, ist außer dem Pfändungsbeschluß die Übergabe des Hypothekenbriefes an den Gläubiger erforderlich. [2]Wird die Übergabe im Wege der Zwangsvollstreckung erwirkt, so gilt sie als erfolgt, wenn der Gerichtsvollzieher den Brief zum Zwecke der Ablieferung an den Gläubiger wegnimmt. [3]Ist die Erteilung des Hypothekenbriefes ausgeschlossen, so ist die Eintragung der Pfändung in das Grundbuch erforderlich; die Eintragung erfolgt auf Grund des Pfändungsbeschlusses.

§ 831. [Pfändung indossabler Papiere] Die Pfändung von Forderungen aus Wechseln und anderen Papieren, die durch Indossament übertragen werden können, wird dadurch bewirkt, daß der Gerichtsvollzieher diese Papiere in Besitz nimmt.

§ 832. [Pfändungsumfang bei fortlaufenden Bezügen] Das Pfandrecht, das durch die Pfändung einer Gehaltsforderung oder einer ähnlichen in fortlaufenden Bezügen bestehenden Forderung erworben wird, erstreckt sich auch auf die nach der Pfändung fällig werdenden Beträge.

§ 835. [Überweisung von Geldforderungen]
(1) Die gepfändete Geldforderung ist dem Gläubiger nach seiner Wahl zur Einziehung oder an Zahlungs Statt zum Nennwert zu überweisen.
(2) Im letzteren Falle geht die Forderung auf den Gläubiger mit der Wirkung über, daß er, soweit die Forderung besteht, wegen seiner Forderung an den Schuldner als befriedigt anzusehen ist.

836. [Wirkung der Überweisung] (1) Die Überweisung ersetzt die förmlichen Erklärungen des Schuldners, von denen nach den Vorschriften des bürgerlichen Rechts die Berechtigung zur Einziehung der Forderung abhängig ist.

§ 840. [Erklärungspflicht des Drittschuldners]
(1) Auf Verlangen des Gläubigers hat der Drittschuldner binnen zwei Wochen, von der Zustellung des Pfändungsbeschlusses an gerechnet, dem Gläubiger zu erklären:
1. ob und inwieweit er die Forderung als begründet anerkenne und Zahlung zu leisten bereit sei;
2. ob und welche Ansprüche andere Personen an die Forderung machen;
3. ob und wegen welcher Ansprüche die Forderung bereits für andere Gläubiger gepfändet sei.

(2) [1]Die Aufforderung zur Abgabe dieser Erklärungen muß in die Zustellungsurkunde aufgenommen werden. [2]Der Drittschuldner haftet dem Gläubiger für den aus der Nichterfüllung seiner Verpflichtung entstehenden Schaden.
(3) [1]Die Erklärungen des Drittschuldners können bei Zustellung des Pfändungsbeschlusses oder innerhalb der im ersten Absatz bestimmten Frist an den Gerichtsvollzieher erfolgen. [2]Im ersteren Fall sind sie in die Zustellungsurkunde aufzunehmen und von dem Drittschuldner zu unterschreiben.

§ 850. [Pfändungsschutz für Arbeitseinkommen] (1) Arbeitseinkommen, das in Geld zahlbar ist, kann nur nach Maßgabe der §§ 850a bis 850i gepfändet werden

§ 850a. [Unpfändbare Bezüge] Unpfändbar sind
1. zur Hälfte die für die Leistung von Mehrarbeitsstunden gezahlten Teile des Arbeitseinkommens;
2. die für die Dauer eines Urlaubs über das Arbeitseinkommen hinaus gewährten Bezüge, Zuwendungen aus Anlaß eines besonderen Betriebsereignisses und Treugelder, soweit sie den Rahmen des Üblichen nicht übersteigen;
3. Aufwandsentschädigungen, Auslösungsgelder und sonstige soziale Zulagen für auswärtige Beschäftigungen, das Entgelt für selbstgestelltes Arbeitsmaterial, Gefahrenzulagen sowie Schmutz- und Erschwerniszulagen, soweit diese Bezüge den Rahmen des Üblichen nicht übersteigen;
4. Weihnachtsvergütungen bis zum Betrage der Hälfte des monatlichen Arbeitseinkommens, höchstens aber bis zum Betrage von 540 Deutsche Mark;
5. Heirats- und Geburtsbeihilfen, sofern die Vollstreckung wegen anderer als der aus Anlaß der Heirat oder der Geburt entstandenen Ansprüche betrieben wird;

6

6. Erziehungsgelder, Studienbeihilfen und ähnliche Bezüge;
7. Sterbe- und Gnadenbezüge aus Arbeits- oder Dienstverhältnissen;
8. Blindenzulagen.

§ 850b. [Bedingt pfändbare Bezüge]

(1) Unpfändbar sind ferner
1. Renten, die wegen einer Verletzung des Körpers oder der Gesundheit zu entrichten sind;
2. Unterhaltsrenten, die auf gesetzlicher Vorschrift beruhen, sowie die wegen Entziehung einer solchen Forderung zu entrichtenden Renten;
3. fortlaufende Einkünfte, die ein Schuldner aus Stiftungen oder sonst auf Grund der Fürsorge und Freigebigkeit eines Dritten oder auf Grund eines Altenteils oder Auszugsvertrags bezieht;
4. Bezüge aus Witwen-, Waisen-, Hilfs- und Krankenkassen, die ausschließlich oder zu einem wesentlichen Teil zu Unterstützungszwecken gewährt werden, ferner Ansprüche aus Lebensversicherungen, die nur auf den Todesfall des Versicherungsnehmers abgeschlossen sind, wenn die Versicherungssumme 4140 Deutsche Mark nicht übersteigt.

(2) Diese Bezüge können nach den für Arbeitseinkommen geltenden Vorschriften gepfändet werden, wenn die Vollstreckung in das sonstige bewegliche Vermögen des Schuldners zu einer vollständigen Befriedigung des Gläubigers nicht geführt hat oder voraussichtlich nicht führen wird und wenn nach den Umständen des Falles, insbesondere nach der Art des beizutreibenden Anspruchs und der Höhe der Bezüge, die Pfändung der Billigkeit entspricht.

(3) Das Vollstreckungsgericht soll vor seiner Entscheidung die Beteiligten hören.

§ 850c. [Pfändungsgrenzen für Arbeitseinkommen] (1) [1]Arbeitseinkommen ist unpfändbar, wenn es, je nach dem Zeitraum, für den es gezahlt wird, nicht mehr als

1209,00 Deutsche Mark monatlich,
279,00 Deutsche Mark wöchentlich oder
55,80 Deutsche Mark täglich beträgt.

[2]Gewährt der Schuldner aufgrund einer gesetzlichen Verpflichtung seinem Ehegatten, einem früheren Ehegatten oder einem Verwandten oder ... einem Elternteil Unterhalt, so erhöht sich der Betrag, bis zu dessen Höhe Arbeitseinkommen unpfändbar ist, auf bis zu 3081,00 Deutsche Mark monatlich, 711,00 Deutsche Mark wöchentlich oder 142,20 Deutsche Mark täglich und zwar um 468,00 Deutsche Mark monatlich, 108,00 Deutsche Mark wöchentlich oder 21,60 Deutsche Mark täglich für die erste Person, der Unterhalt gewährt wird, und um je 351 Deutsche Mark monatlich, 81 Deutsche Mark wöchentlich oder 16,20 Deutsche Mark täglich für die zweite bis fünfte Person.

(2) [1]Übersteigt das Arbeitseinkommen den Betrag, bis zu dessen Höhe es je nach der Zahl der Personen, denen der Schuldner Unterhalt gewährt, nach Absatz 1 unpfändbar ist, so ist es hinsichtlich des überschießenden Betrages zu einem Teil unpfändbar, und zwar in Höhe von drei Zehnteln, wenn der Schuldner keiner der in Absatz 1 genannten Personen Unterhalt gewährt, zwei weiteren Zehntel für die erste Person, der Unterhalt gewährt wird und je einem weiteren Zehntel für die zweite bis fünfte Person. [2]Der Teil des Arbeitseinkommens, der 3796 Deutsche Mark monatlich (876 Deutsche Mark wöchentlich, 175,20 Deutsche Mark täglich) übersteigt, bleibt bei der Berechnung des unpfändbaren Betrages unberücksichtigt.

§ 850k. [Pfändungsschutz für Bankguthaben]

(1) Werden wiederkehrende Einkünfte der in den §§ 850 bis 850b bezeichneten Art auf das Konto des Schuldners bei einem Geldinstitut überwiesen, so ist eine Pfändung des Guthabens auf Antrag des Schuldners vom Vollstreckungsgericht insoweit aufzuheben, als das Guthaben dem der Pfändung nicht unterworfenen Teil der Einkünfte für die Zeit von der Pfändung bis zu dem nächsten Zahlungstermin entspricht.

(2) [1]Das Vollstreckungsgericht hebt die Pfändung des Guthabens für den Teil vorab auf, dessen der Schuldner bis zum nächsten Zahlungstermin dringend bedarf, um seinen notwendigen Unterhalt zu bestreiten und seine laufenden gesetzlichen Unterhaltspflichten gegenüber den dem Gläubiger vorgehenden Berechtigten zu erfüllen oder die dem Gläubiger gleichstehenden Unterhaltsberechtigten gleichmäßig zu befriedigen.

6

▶ Zwangsvollstreckung in das unbewegliche Vermögen

§ 866. [Arten der Vollstreckung in ein Grundstück] (1) Die Zwangsvollstreckung in ein Grundstück erfolgt durch Eintragung einer Sicherungshypothek für die Forderung, durch Zwangsversteigerung und durch Zwangsverwaltung.

§ 869. [Zwangsversteigerung und Zwangsverwaltung] Die Zwangsversteigerung und die Zwangsverwaltung werden durch ein besonderes Gesetz geregelt.

Eidesstattliche Versicherung und Haft

§ 899. [Zuständiges Amtsgericht] Für die Abnahme der eidesstattlichen Versicherung ... ist das Amtsgericht, in dessen Bezirk der Schuldner im Inland seinen Wohnsitz oder in Ermangelung eines solchen seinen Aufenthaltsort hat, als Vollstreckungsgericht zuständig.

§ 900. [Verfahren zur Abnahme der eidesstattlichen Versicherung] (1) [1]Das Verfahren beginnt mit dem Antrag des Gläubigers auf Bestimmung eines Termins zur Abgabe der eidesstattlichen Versicherung. [2]Dem Antrag sind der Vollstreckungstitel und die sonstigen Urkunden, aus denen sich die Verpflichtung des Schuldners zur Abgabe der eidesstattlichen Versicherung ergibt, beizufügen.

§ 901. [Anordnung der Haft] Gegen den Schuldner, der in dem zur Abgabe der eidesstattlichen Versicherung bestimmten Termin nicht erscheint oder die Abgabe der eidesstattlichen Versicherung ohne Grund verweigert, hat das Gericht zur Erzwingung der Abgabe auf Antrag die Haft anzuordnen.

§ 902. [Eidesstattliche Versicherung des Verhafteten] (1) [1]Der verhaftete Schuldner kann zu jeder Zeit bei dem Amtsgericht des Haftorts beantragen, ihm die eidesstattliche Versicherung abzunehmen. [2]Dem Antrag ist ohne Verzug stattzugeben.

(2) Nach Abgabe der eidesstattlichen Versicherung wird der Schuldner aus der Haft entlassen und der Gläubiger hiervon in Kenntnis gesetzt.

§ 913. [Haftdauer] [1]Die Haft darf die Dauer von sechs Monaten nicht übersteigen. [2]Nach Ablauf der sechs Monate wird der Schuldner von Amts wegen aus der Haft entlassen.

6

§ 915. [Schuldnerverzeichnis] (1) [1]Das Vollstreckungsgericht führt ein Verzeichnis der Personen, die in einem bei ihm anhängigen Verfahren die eidesstattliche Versicherung nach § 807 abgegeben haben oder gegen die nach § 901 die Haft angeordnet ist. In dieses Schuldverzeichnis sind auch die Personen aufzunehmen, die eine eidesstattliche Versicherung nach § 284 der Abgabenordung abgegeben haben. Die Vollstreckung einer Haft ist in dem Verzeichnis zu vermerken, wenn sie sechs Monate gedauert hat. Geburtsdaten der Personen sind, soweit bekannt, einzutragen.

(2) Personenbezogene Informationen aus dem Schuldverzeichnis dürfen nur für die Zwecke der Zwangsvollstreckung verwendet werden, sowie um gesetzliche Pflichten zur Prüfung der wirtschaftlichen Zuverlässigkeit zu erfüllen, um Voraussetzungen für die Gewährung von öffentlichen Leistungen zu prüfen oder um wirtschaftliche Nachteile abzuwenden, die daraus entstehen können, daß Schuldner ihren Zahlungsverpflichtungen nicht nachkommen, oder soweit dies zur Verfolgung von Straftaten erforderlich ist. Die Informationen dürfen nur für den Zweck verwendet werden, für den sie übermittelt worden sind. Nichtöffentliche Stellen sind darauf bei der Übermittlung hinzuweisen.

§ 915a. [Eintragung in das Schuldnerverzeichnis] (1) [1]Eine Eintragung im Schuldnerverzeichnis wird nach Ablauf von drei Jahren seit dem Ende des Jahres gelöscht, in dem die eidesstattliche Versicherung abgegeben, die Haft angeordnet oder die sechsmonatige Haftvollstreckung beendet worden ist.

(2) Eine Eintragung im Schuldnerverzeichnis wird vorzeitig gelöscht, wenn

1. Die Befriedigung des Gläubigers, der gegen den Schuldner das Verfahren zur Abnahme der eidesstattlichen Versicherung betrieben hat, nachgewiesen worden ist oder
2. der Wegfall des Eintragungsgrundes dem Vollstreckungsgericht bekanntgeworden ist.

Arrest und einstweilige Verfügung

§ 916. [Arrestanspruch] (1) Der Arrest findet zur Sicherung der Zwangsvollstreckung in das bewegliche oder unbewegliche Vermögen wegen einer Geldforderung oder wegen eines Anspruches statt, der in eine Geldforderung übergehen kann.

Handelsgesetzbuch

Vom 10. Mai 1897, mit Änderungen bis zum 29. Juni 1998

Erstes Buch. Handelsstand

Kaufleute

§ 1. [Istkaufmann] (1) Kaufmann im Sinne dieses Gesetzbuchs ist, wer ein Handelsgewerbe betreibt.

(2) Handelsgewerbe ist jeder Gewerbebetrieb, es sei denn, daß das Unternehmen nach Art oder Umfang einen in kaufmännischer Weise eingerichteten Geschäftsbetrieb nicht erfordert.

§ 2. [Kannkaufmann] Ein gewerbliches Unternehmen, dessen Gewerbebetrieb nicht schon nach § 1 Abs. 2 Handelsgewerbe ist, gilt als Handelsgewerbe im Sinne dieses Gesetzbuchs, wenn die Firma des Unternehmens in das Handelsregister eingetragen ist. Der Unternehmer ist berechtigt, aber nicht verpflichtet, die Eintragung nach den für die Eintragung kaufmännischer Firmen geltenden Vorschriften herbeizuführen. Ist die Eintragung erfolgt, so findet eine Löschung der Firma auch auf Antrag des Unternehmers statt, sofern nicht die Voraussetzung des § 1 Abs. 2 eingetreten ist.

§ 3. [Land- und Forstwirtschaft; Kannkaufmann] (1) Auf den Betrieb der Land- und Forstwirtschaft finden die Vorschriften des § 1 keine Anwendung.

(2) Für ein land- oder forstwirtschaftliches Unternehmen, das nach Art und Umfang einen in kaufmännischer Weise eingerichteten Geschäftsbetrieb erfordert, gilt § 2 mit der Maßgabe, daß nach Eintragung in das Handelsregister eine Löschung der Firma nur nach den allgemeinen Vorschriften stattfindet, welche für die Löschung kaufmännischer Firmen gelten.

(3) Ist mit dem Betrieb der Land- oder Forstwirtschaft ein Unternehmen verbunden, das nur ein Nebengewerbe des land- oder forstwirtschaftlichen Unternehmens darstellt, so finden auf das im Nebengewerbe betriebene Unternehmen die Vorschriften der Absätze 1 und 2 entsprechende Anwendung

§ 5. [Kaufmann kraft Eintragung] Ist eine Firma im Handelsregister eingetragen, so kann gegenüber demjenigen, welcher sich auf die Eintragung beruft, nicht geltend gemacht werden, daß das unter der Firma betriebene Gewerbe kein Handelsgewerbe sei.

§ 6. [Handelsgesellschaften; Formkaufmann]

(1) Die in betreff der Kaufleute gegebenen Vorschriften finden auch auf die Handelsgesellschaften Anwendung.

(2) Die Rechte und Pflichten eines Vereins, dem das Gesetz ohne Rücksicht auf den Gegenstand des Unternehmens die Eigenschaft eines Kaufmanns beilegt, bleiben unberührt, auch wenn die Voraussetzungen des § 1 Abs. 2 nicht vorliegen.

Handelsregister

§ 8. [Führung des Registers] Das Handelsregister wird von den Gerichten geführt.

§ 8a. [Ermächtigungen der Landesregierungen; automatisierte Dateien] (1) Die Landesregierungen können durch Rechtsverordnung bestimmen, daß und in welchem Umfang das Handelsregister einschließlich der zu seiner Führung erforderlichen Verzeichnisse in maschineller Form als automatisierte Datei geführt wird. Hierbei muß gewährleistet sein, daß

1. die Grundsätze einer ordnungsgemäßen Datenverarbeitung eingehalten, insbesondere Vorkehrungen gegen einen Datenverlust getroffen sowie die erforderlichen Kopien der Datenbestände mindestens tagesaktuell gehalten und die originären Datenbestände sowie deren Kopien sicher aufbewahrt werden,
2. die vorzunehmenden Eintragungen alsbald in einen Datenspeicher aufgenommen und auf Dauer inhaltlich unverändert in lesbarer Form wiedergegeben werden können,

…

(2) Eine Eintragung wird wirksam, sobald sie in den für die Handelsregistereintragungen bestimmten Datenspeicher aufgenommen ist und auf Dauer inhaltlich unverändert in lesbarer Form wiedergegeben werden kann.

(3) Die zum Handelsregister eingereichten Schriftstücke können zur Ersetzung der Urschrift auch als Wiedergabe auf einem Bildträger oder auf anderen Datenträgern aufbewahrt werden, wenn sichergestellt ist, daß die Wiedergaben oder die Daten innerhalb angemessener Zeit lesbar gemacht werden können. ...

§ 9. [Einsicht des Handelsregisters; Abschriften; Bescheinigungen] (1) Die Einsicht des Handelsregisters sowie der zum Handelsregister eingereichten Schriftstücke ist jedem gestattet.

(2) [1]Von den Eintragungen und den zum Handelsregister eingereichten Schriftstücken kann eine Abschrift gefordert werden. [2]Werden die Schriftstücke nach § 8a Abs. 3 aufbewahrt, so kann eine Abschrift nur von der Wiedergabe gefordert werden. [3]Die Abschrift ist von der Geschäftsstelle zu beglaubigen, sofern nicht auf die Beglaubigung verzichtet wird.

(3) [1]Der Nachweis, wer der Inhaber einer in das Handelsregister eingetragenen Firma eines Einzelkaufmanns ist, kann Behörden gegenüber durch ein Zeugnis des Gerichts über die Eintragung geführt werden. [2]Das gleiche gilt von dem Nachweis der Befugnis zur Vertretung eines Einzelkaufmanns oder einer Handelsgesellschaft. ...

§ 10. [Bekanntmachung der Eintragungen]

(1) [1]Das Gericht hat die Eintragungen in das Handelsregister durch den Bundesanzeiger und durch mindestens ein anderes Blatt bekanntzumachen. [2]Soweit nicht das Gesetz ein anderes vorschreibt, werden die Eintragungen ihrem ganzen Inhalte nach veröffentlicht.

(2) Mit dem Ablaufe des Tages, an welchem das letzte der die Bekanntmachung enthaltenden Blätter erschienen ist, gilt die Bekanntmachung als erfolgt.

6

§ 12. [Anmeldungen; Zeichnung von Unterschriften; Nachweis der Rechtsnachfolge]

(1) Die Anmeldungen zur Eintragung in das Handelsregister sowie die zur Aufbewahrung bei dem Gerichte bestimmten Zeichnungen von Unterschriften sind in öffentlich beglaubigter Form einzureichen. ...

§ 14. [Festsetzung von Zwangsgeld] [1]Wer seiner Pflicht zur Anmeldung, zur Zeichnung der Unterschrift oder zur Einreichung von Schriftstücken zum Handelsregister nicht nachkommt, ist hierzu von dem Registergericht durch Festsetzung von Zwangsgeld anzuhalten. [2]Das einzelne Zwangsgeld darf den Betrag von zehntausend Deutsche Mark nicht übersteigen.

§ 15. [Publizität des Handelsregisters]

(1) Solange eine in das Handelsregister einzutragende Tatsache nicht eingetragen und bekanntgemacht ist, kann sie von demjenigen, in dessen Angelegenheiten sie einzutragen war, einem Dritten nicht entgegengesetzt werden, es sei denn, daß sie diesem bekannt war.

(2) [1]Ist die Tatsache eingetragen und bekanntgemacht worden, so muß ein Dritter sie gegen sich gelten lassen. [2]Dies gilt nicht bei Rechtshandlungen, die innerhalb von fünfzehn Tagen nach der Bekanntmachung vorgenommen werden, sofern der Dritte beweist, daß er die Tatsache weder kannte noch kennen mußte.

(3) Ist eine einzutragende Tatsache unrichtig bekanntgemacht, so kann sich ein Dritter demjenigen gegenüber, in dessen Angelegenheiten die Tatsache einzutragen war, auf die bekanntgemachte Tatsache berufen, es sei denn, daß er die Unrichtigkeit kannte.

(4) Für den Geschäftsverkehr mit einer in das Handelsregister eingetragenen Zweigniederlassung ist im Sinne dieser Vorschriften die Eintragung und Bekanntmachung durch das Gericht der Zweigniederlassung entscheidend.

Handelsfirma

§ 17. [Begriff] (1) Die Firma eines Kaufmanns ist der Name, unter dem er seine Geschäfte betreibt und die Unterschrift abgibt.

(2) Ein Kaufmann kann unter seiner Firma klagen und verklagt werden.

§ 18. [Firma des Einzelkaufmanns] (1) Die Firma muß zur Kennzeichnung des Kaufmanns geeignet sein und Unterscheidungskraft besitzen.

(2) Die Firma darf keine Angaben enthalten, die geeignet sind, über geschäftliche Verhältnisse, die für die angesprochenen Verkehrskreise wesentlich sind, irrezuführen. Im Verfahren vor dem Registergericht wird die Eignung zur Irreführung nur berücksichtigt, wenn sie ersichtlich ist.

§ 19. [Bezeichnung der Firma bei Einzelkaufleuten, einer OHG oder KG] (1) Die Firma muß, auch wenn sie nach den §§ 21, 22, 24 oder nach anderen gesetzlichen Vorschriften fortgeführt wird, enthalten:

1. bei Einzelkaufleuten die Bezeichnung „eingetragener Kaufmann", „eingetragene Kauffrau" oder eine allgemein verständliche Abkürzung dieser Bezeichnung, insbesondere „e.K.", „e.Kfm." oder „e.Kfr.";
2. bei einer offenen Handelsgesellschaft die Bezeichnung „offene Handelsgesellschaft"

oder eine allgemein verständliche Abkürzung dieser Bezeichnung;

3. bei einer Kommanditgesellschaft die Bezeichnung „Kommanditgesellschaft" oder eine allgemein verständliche Abkürzung dieser Bezeichnung.

(2) Wenn in einer offenen Handelsgesellschaft oder Kommanditgesellschaft keine natürliche Person persönlich haftet, muß die Firma, auch wenn sie nach den §§ 21, 22, 24 oder nach anderen gesetzlichen Vorschriften fortgeführt wird, eine Bezeichnung enthalten, welche die Haftungsbeschränkung kennzeichnet.

§ 21. [Fortführung bei Namensänderung] Wird ohne eine Änderung der Person der in der Firma enthaltene Name des Geschäftsinhabers oder eines Gesellschafters geändert, so kann die bisherige Firma fortgeführt werden.

§ 22. [Fortführung bei Erwerb des Handelsgeschäfts] (1) Wer ein bestehendes Handelsgeschäft unter Lebenden oder von Todes wegen erwirbt, darf für das Geschäft die bisherige Firma, auch wenn sie den Namen des bisherigen Geschäftsinhabers enthält, mit oder ohne Beifügung eines das Nachfolgeverhältnis andeutenden Zusatzes fortführen, wenn der bisherige Geschäftsinhaber oder dessen Erben in die Fortführung der Firma ausdrücklich willigen.

(2) Wird ein Handelsgeschäft auf Grund eines Nießbrauchs, eines Pachtvertrags oder eines ähnlichen Verhältnisses übernommen, so finden diese Vorschriften entsprechende Anwendung.

§ 23. [Veräußerungsverbot] Die Firma kann nicht ohne das Handelsgeschäft, für welches sie geführt wird, veräußert werden.

§ 24. [Fortführung bei Änderungen im Gesellschafterbestand] (1) Wird jemand in ein bestehendes Handelsgeschäft als Gesellschafter aufgenommen oder tritt ein neuer Gesellschafter in eine Handelsgesellschaft ein oder scheidet aus einer solchen ein Gesellschafter aus, so kann ungeachtet dieser Veränderung die bisherige Firma fortgeführt werden.

(2) Bei dem Ausscheiden eines Gesellschafters, dessen Name in der Firma enthalten ist, bedarf es zur Fortführung der Firma der ausdrücklichen Einwilligung des Gesellschafters oder seiner Erben.

§ 25. [Haftung des Erwerbers bei Firmenfortführung] (1) [1]Wer ein unter Lebenden erworbenes Handelsgeschäft unter der bisherigen Firma mit oder ohne Beifügung eines das Nachfolgeverhältnis andeutenden Zusatzes fortführt, haftet für alle im Betriebe des Geschäfts begründeten Verbindlichkeiten des früheren Inhabers. [2]Die in dem Betriebe begründeten Forderungen gelten den Schuldnern gegenüber als auf den Erwerber übergegangen, falls der bisherige Inhaber oder seine Erben in die Fortführung der Firma gewilligt haben.

(2) Eine abweichende Vereinbarung ist einem Dritten gegenüber nur wirksam, wenn sie in das Handelsregister eingetragen und bekanntgemacht oder von dem Erwerber oder dem Veräußerer dem Dritten mitgeteilt worden ist.

(3) Wird die Firma nicht fortgeführt, so haftet der Erwerber eines Handelsgeschäfts für die früheren Geschäftsverbindlichkeiten nur, wenn ein besonderer Verpflichtungsgrund vorliegt, insbesondere wenn die Übernahme der Verbindlichkeiten in handelsüblicher Weise von dem Erwerber bekanntgemacht worden ist.

§ 26. [Verjährung gegen den früheren Inhaber; Fristen] (1) [1]Ist der Erwerber des Handelsgeschäfts auf Grund der Fortführung der Firma oder auf Grund der in § 25 Abs. 3 bezeichneten Kundmachung für die früheren Geschäftsverbindlichkeiten haftbar, so haftet der frühere Geschäftsinhaber für diese Verbindlichkeiten nur, wenn sie vor Ablauf von fünf Jahren fällig und daraus Ansprüche gegen ihn gerichtlich geltend gemacht sind; bei öffentlich-rechtlichen Verbindlichkeiten genügt zur Geltendmachung der Erlaß eines Verwaltungsakts. [2]Die Frist beginnt im Falle des § 25 Abs. 1 mit dem Ende des Tages, an dem der neue Inhaber der Firma in das Handelsregister des Gerichts der Hauptniederlassung eingetragen wird, im Falle des § 25 Abs. 3 mit dem Ende des Tages, an dem die Übernahme kundgemacht wird. [3]Die für die Verjährung geltenden §§ 203, 206, 207, 210, 212 bis 216 und 220 des Bürgerlichen Gesetzbuches sind entsprechend anzuwenden.

(2) Einer gerichtlichen Geltendmachung bedarf es nicht, soweit der frühere Geschäftsinhaber den Anspruch schriftlich anerkannt hat.

§ 27. [Haftung des Erben bei Geschäftsfortführung] (1) Wird ein zu einem Nachlasse gehörendes Handelsgeschäft von dem Erben fortgeführt, so finden auf die Haftung des Erben für die früheren Geschäftsverbindlichkeiten die Vorschriften des § 25 entsprechende Anwendung.

(2) [1]Die unbeschränkte Haftung nach § 25 Abs. 1 tritt nicht ein, wenn die Fortführung des Geschäfts vor dem Ablaufe von drei Monaten nach dem Zeitpunkt, in welchem der Erbe von dem Anfalle der Erbschaft Kenntnis erlangt hat, eingestellt wird. [2]Auf den Lauf der Frist finden

die für die Verjährung geltenden Vorschriften des § 206 des Bürgerlichen Gesetzbuchs entsprechende Anwendung. [3]Ist bei dem Ablaufe der drei Monate das Recht zur Ausschlagung der Erbschaft noch nicht verloren, so endigt die Frist nicht vor dem Ablaufe der Ausschlagungsfrist.

§ 28. [Eintritt in das Geschäft eines Einzelkaufmanns] (1) [1]Tritt jemand als persönlich haftender Gesellschafter oder als Kommanditist in das Geschäft eines Einzelkaufmanns ein, so haftet die Gesellschaft, auch wenn sie die frühere Firma nicht fortführt, für alle im Betriebe des Geschäfts entstandenen Verbindlichkeiten des früheren Geschäftsinhabers. [2]Die in dem Betriebe begründeten Forderungen gelten den Schuldnern gegenüber als auf die Gesellschaft übergegangen.

(2) Eine abweichende Vereinbarung ist einem Dritten gegenüber nur wirksam, wenn sie in das Handelsregister eingetragen und bekanntgemacht oder von einem Gesellschafter dem Dritten mitgeteilt worden ist.

(3) [1]Wird der frühere Geschäftsinhaber Kommanditist und haftet die Gesellschaft für die im Betrieb seines Geschäfts entstandenen Verbindlichkeiten, so ist für die Begrenzung seiner Haftung § 26 entsprechend mit der Maßgabe anzuwenden, daß die in § 26 Abs. 1 bestimmte Frist mit dem Ende des Tages beginnt, an dem die Gesellschaft in das Handelsregister eingetragen wird. [2]Dies gilt auch, wenn er in der Gesellschaft oder einem ihr als Gesellschafter angehörenden Unternehmen geschäftsführend tätig wird. [3]Seine Haftung als Kommanditist bleibt unberührt.

§ 29. [Anmeldung der Firma] Jeder Kaufmann ist verpflichtet, seine Firma und den Ort seiner Handelsniederlassung bei dem Gericht, in dessen Bezirke sich die Niederlassung befindet, zur Eintragung in das Handelsregister anzumelden; er hat seine Namensunterschrift unter Angabe der Firma zur Aufbewahrung bei dem Gericht zu zeichnen.

§ 30. [Unterscheidbarkeit] (1) Jede neue Firma muß sich von allen an demselben Ort oder in derselben Gemeinde bereits bestehenden und in das Handelsregister oder in das Genossenschaftsregister eingetragenen Firmen deutlich unterscheiden.

(2) Hat ein Kaufmann mit einem bereits eingetragenen Kaufmanne die gleichen Vornamen und den gleichen Familiennamen und will auch er sich dieser Namen als seiner Firma bedienen, so muß er der Firma einen Zusatz beifügen, durch den sie sich von der bereits eingetragenen Firma deutlich unterscheidet.

(3) Besteht an dem Orte oder in der Gemeinde, wo eine Zweigniederlassung errichtet wird, bereits eine gleiche eingetragene Firma, so muß der Firma für die Zweigniederlassung ein der Vorschrift des Absatzes 2 entsprechender Zusatz beigefügt werden.

§ 31. [Änderung der Firma; Erlöschen] (1) Eine Änderung der Firma oder ihrer Inhaber sowie die Verlegung der Niederlassung an einen anderen Ort ist nach den Vorschriften des § 29 zur Eintragung in das Handelsregister anzumelden.

(2) [1]Das gleiche gilt, wenn die Firma erlischt.

§ 32. [Insolvenzverfahren] (1) Wird über das Vermögen eines Kaufmanns das Insolvenzverfahren eröffnet, so ist dies von Amts wegen in das Handelsregister einzutragen. Das gleiche gilt für

1. die Aufhebung des Eröffnungsbeschlusses,
2. die Bestellung eines vorläufigen Insolvenzverwalters, wenn zusätzlich dem Schuldner ein allgemeines Verfügungsverbot auferlegt oder angeordnet wird, daß Verfügungen des Schuldners nur mit Zustimmung des vorläufigen Insolvenzverwalters wirksam sind, und die Aufhebung einer derartigen Sicherungsmaßnahme,
3. die Einstellung und die Aufhebung des Verfahrens und
4. die Überwachung der Erfüllung eines Insolvenzplans und die Aufhebung der Überwachung.

§ 33. [Juristische Person] (1) Eine juristische Person, deren Eintragung in das Handelsregister mit Rücksicht auf den Gegenstand oder auf die Art und den Umfang ihres Gewerbebetriebes zu erfolgen hat, ist von sämtlichen Mitgliedern des Vorstandes zur Eintragung anzumelden.

(2) [1]Der Anmeldung sind die Satzung der juristischen Person und die Urkunden über die Bestellung des Vorstandes in Urschrift oder in öffentlich beglaubigter Abschrift beizufügen. [2]Bei der Eintragung sind die Firma und der Sitz der juristischen Person, der Gegenstand des Unternehmens und die Mitglieder des Vorstandes anzugeben.

(3) Die Errichtung einer Zweigniederlassung ist durch den Vorstand unter Beifügung einer öffentlich beglaubigten Abschrift der Satzung anzumelden.

§ 34. [Anmeldung und Eintragung von Änderungen] (1) Jede Änderung der ... Satzung, die Auflösung der juristischen Person, falls sie nicht die Folge der Eröffnung des Insolvenzverfahrens ist, sowie die Personen der Liquidatoren und die besonderen Bestimmungen über ihre Vertretungsbefugnis sind zur Eintragung in das Handelsregister anzumelden.

§ 35. [Unterschriftszeichnung] Die Mitglieder des Vorstandes und die Liquidatoren einer juristischen Person haben ihre Unterschrift zur Aufbewahrung bei dem Gerichte zu zeichnen.

§ 37. [Unzulässiger Firmengebrauch] (1) Wer eine nach den Vorschriften dieses Abschnitts ihm nicht zustehende Firma gebraucht, ist von dem Registergerichte zur Unterlassung des Gebrauchs der Firma durch Festsetzung von Ordnungsgeld anzuhalten.

(2) [1]Wer in seinen Rechten dadurch verletzt wird, daß ein anderer eine Firma unbefugt gebraucht, kann von diesem die Unterlassung des Gebrauchs der Firma verlangen. [2]Ein nach sonstigen Vorschriften begründeter Anspruch auf Schadensersatz bleibt unberührt.

§ 37a. [Angaben auf Geschäftsbriefen] (1) Auf allen Geschäftsbriefen des Kaufmanns, die an einen bestimmtem Empfänger gerichtet werden, müssen seine Firma, die Bezeichnung nach § 19 Abs. 1 Nr. 1, der Ort seiner Handelsniederlassung, das Registergericht und die Nummer, unter der die Firma in das Handelsregister eintragen ist, angegeben werden.

(2) Der Angaben nach Absatz 1 bedarf es nicht bei Mitteilungen oder Berichten, die im Rahmen einer bestehenden Geschäftsverbindung ergehen und für die üblicherweise Vordrucke verwendet werden, in denen lediglich die im Einzelfall erforderlichen besonderen Angaben eingefügt zu werden brauchen.

(3) Bestellscheine gelten als Geschäftsbriefe im Sinne des Absatzes 1. Absatz 2 ist auf sie nicht anzuwenden.

(4) Wer seiner Pflicht nach Absatz 1 nicht nachkommt, ist hierzu von dem Registergericht durch Festsetzung von Zwangsgeld anzuhalten. § 14 Satz 2 gilt entsprechend.

Prokura und Handlungsvollmacht

§ 48. [Erteilung der Prokura; Gesamtprokura]

(1) Die Prokura kann nur von dem Inhaber des Handelsgeschäfts oder seinem gesetzlichen Vertreter und nur mittels ausdrücklicher Erklärung erteilt werden.

(2) Die Erteilung kann an mehrere Personen gemeinschaftlich erfolgen (Gesamtprokura).

§ 49. [Umfang der Prokura] (1) Die Prokura ermächtigt zu allen Arten von gerichtlichen und außergerichtlichen Geschäften und Rechtshandlungen, die der Betrieb eines Handelsgewerbes mit sich bringt.

(2) Zur Veräußerung und Belastung von Grundstücken ist der Prokurist nur ermächtigt, wenn ihm diese Befugnis besonders erteilt ist.

§ 50. [Beschränkung des Umfanges]

(1) Eine Beschränkung des Umfanges der Prokura ist Dritten gegenüber unwirksam.

(2) Dies gilt insbesondere von der Beschränkung, daß die Prokura nur für gewisse Geschäfte oder gewisse Arten von Geschäften oder nur unter gewissen Umständen oder für eine gewisse Zeit oder an einzelnen Orten ausgeübt werden soll.

(3) [1]Eine Beschränkung der Prokura auf den Betrieb einer von mehreren Niederlassungen des Geschäftsinhabers ist Dritten gegenüber nur wirksam, wenn die Niederlassungen unter verschiedenen Firmen betrieben werden. [2]Eine Verschiedenheit der Firmen im Sinne dieser Vorschrift wird auch dadurch begründet, daß für eine Zweigniederlassung der Firma ein Zusatz beigefügt wird, der sie als Firma der Zweigniederlassung bezeichnet.

§ 51. [Zeichnung des Prokuristen] Der Prokurist hat in der Weise zu zeichnen, daß er der Firma seinen Namen mit einem die Prokura andeutenden Zusatze beifügt.

§ 52. [Widerruflichkeit; Unübertragbarkeit; Tod des Inhabers] (1) Die Prokura ist ohne Rücksicht auf das der Erteilung zugrunde liegende Rechtsverhältnis jederzeit widerruflich, unbeschadet des Anspruchs auf die Vertragsmäßige Vergütung.

(2) Die Prokura ist nicht übertragbar.

(3) Die Prokura erlischt nicht durch den Tod des Inhabers des Handelsgeschäfts.

§ 53. [Anmeldung der Erteilung und des Erlöschens; Zeichnung des Prokuristen] (1) [1]Die Erteilung der Prokura ist von dem Inhaber des Handelsgeschäfts zur Eintragung in das Handelsregister anzumelden. [2]Ist die Prokura als Gesamtprokura erteilt, so muß auch dies zur Eintragung angemeldet werden.

(2) Der Prokurist hat seine Namensunterschrift unter Angabe der Firma und eines die Prokura andeutenden Zusatzes zur Aufbewahrung bei dem Gericht zu zeichnen.

(3) Das Erlöschen der Prokura ist in gleicher Weise wie die Erteilung zur Eintragung anzumelden.

§ 54. [Handlungsvollmacht] (1) Ist jemand ohne Erteilung der Prokura zum Betrieb eines Handelsgewerbes oder zur Vornahme einer bestimmten zu einem Handelsgewerbe gehörigen Art von Geschäften oder zur Vornahme einzelner zu einem Handelsgewerbe gehöriger Geschäfte ermächtigt, so erstreckt sich die Vollmacht (Handlungsvollmacht) auf alle Geschäfte und Rechtshandlungen, die der Betrieb eines derartigen Handelsgewerbes oder die Vornahme derartiger Geschäfte gewöhnlich mit sich bringt.

(2) Zur Veräußerung oder Belastung von Grundstücken, zur Eingehung von Wechselverbindlichkeiten, zur Aufnahme von Darlehen und zur Prozeßführung ist der Handlungsbevollmächtigte nur ermächtigt, wenn ihm eine solche Befugnis besonders erteilt ist.

(3) Sonstige Beschränkungen der Handlungsvollmacht braucht ein Dritter nur dann gegen sich gelten zu lassen, wenn er sie kannte oder kennen mußte.

§ 55. [Abschlußvertreter] (1) Die Vorschriften des § 54 finden auch Anwendung auf Handlungsbevollmächtigte, die Handelsvertreter sind oder die als Handlungsgehilfen damit betraut sind, außerhalb des Betriebes des Prinzipals Geschäfte in dessen Namen abzuschließen.

(2) Die ihnen erteilte Vollmacht zum Abschluß von Geschäften bevollmächtigt sie nicht, abgeschlossene Verträge zu ändern, insbesondere Zahlungsfristen zu gewähren.

(3) Zur Annahme von Zahlungen sind sie nur berechtigt, wenn sie dazu bevollmächtigt sind.

(4) Sie gelten als ermächtigt, die Anzeige von Mängeln einer Ware, die Erklärung, daß eine Ware zur Verfügung gestellt werde, sowie ähnliche Erklärungen, durch die ein Dritter seine Rechte aus mangelhafter Leistung geltend macht oder sie vorbehält, entgegenzunehmen; sie können die dem Unternehmer (Prinzipal) zustehenden Rechte auf Sicherung des Beweises geltend machen.

6

§ 56. [Angestellte in Laden oder Warenlager] Wer in einem Laden oder in einem offenen Warenlager angestellt ist, gilt als ermächtigt zu Verkäufen und Empfangnahmen, die in einem derartigen Laden oder Warenlager gewöhnlich geschehen.

§ 57. [Zeichnung des Handlungsbevollmächtigten] Der Handlungsbevollmächtigte hat sich bei der Zeichnung jedes eine Prokura andeutenden Zusatzes zu enthalten; er hat mit einem das Vollmachtsverhältnis ausdrückenden Zusatze zu zeichnen.

§ 58. [Unübertragbarkeit der Handlungsvollmacht] Der Handlungsbevollmächtigte kann ohne Zustimmung des Inhabers des Handelsgeschäfts seine Handlungsvollmacht auf einen anderen nicht übertragen.

Handlungsgehilfen und Handlungslehrlinge

§ 59. [Handlungsgehilfe] [1]Wer in einem Handelsgewerbe zur Leistung kaufmännischer Dienste gegen Entgelt angestellt ist (Handlungsgehilfe), hat soweit nicht besondere Vereinbarungen über die Art und den Umfang seiner Dienstleistungen oder über die ihm zukommende Vergütung getroffen sind, die dem Ortsgebrauch entsprechenden Dienste zu leisten sowie die dem Ortsgebrauch entsprechende Vergütung zu beanspruchen. [2]In Ermangelung eines Ortsgebrauchs gelten die den Umständen nach angemessenen Leistungen als vereinbart.

§ 60. [Gesetzliches Wettbewerbsverbot] (1) Der Handlungsgehilfe darf ohne Einwilligung des Prinzipals weder ein Handelsgewerbe betreiben noch in dem Handelszweig des Prinzipals für eigene oder fremde Rechnung Geschäfte machen.

(2) Die Einwilligung zum Betrieb eines Handelsgewerbes gilt als erteilt, wenn dem Prinzipal bei der Anstellung des Gehilfen bekannt ist, daß er das Gewerbe betreibt, und der Prinzipal die Aufgabe des Betriebs nicht ausdrücklich vereinbart.

§ 61. [Verletzung des Wettbewerbsverbots]

(1) Verletzt der Handlungsgehilfe die ihm nach § 60 obliegende Verpflichtung, so kann der Prinzipal Schadensersatz fordern; er kann statt dessen verlangen, daß der Handlungsgehilfe die für eigene Rechnung gemachten Geschäfte als für Rechnung des Prinzipals eingegangen gelten lasse und die aus Geschäften für fremde Rechnung bezogene Vergütung herausgebe oder seinen Anspruch auf die Vergütung abtrete.

(2) Die Ansprüche verjähren in drei Monaten von dem Zeitpunkt an, in welchem der Prinzipal Kenntnis von dem Abschlusse des Geschäfts erlangt; sie verjähren ohne Rücksicht auf diese Kenntnis in fünf Jahren von dem Abschlusse des Geschäfts an.

§ 62. [Fürsorgepflicht des Arbeitgebers] (1) Der Prinzipal ist verpflichtet, die Geschäftsräume und die für den Geschäftsbetrieb bestimmten Vorrichtungen und Gerätschaften so einzurichten und zu unterhalten, auch den Geschäftsbetrieb und die Arbeitszeit so zu regeln, daß der Handlungsgehilfe gegen eine Gefährdung seiner Gesundheit, soweit die Natur des Betriebs es gestattet, geschützt und die Aufrechterhaltung der guten Sitten und des Anstandes gesichert ist.

(2) Ist der Handlungsgehilfe in die häusliche Gemeinschaft aufgenommen, so hat der Prinzipal in Ansehung des Wohn- und Schlafraums, der Verpflegung sowie der Arbeits- und Erholungszeit diejenigen Einrichtungen und Anordnungen zu treffen, welche mit Rücksicht auf die Gesundheit, die Sittlichkeit und die Religion des Handlungsgehilfen erforderlich sind.

(3) Erfüllt der Prinzipal die ihm in Ansehung des Lebens und der Gesundheit des Handlungsgehilfen obliegenden Verpflichtungen nicht, so finden auf seine Verpflichtung zum Schadensersatze die für unerlaubte Handlungen geltenden Vorschriften der §§ 842 bis 846 des Bürgerlichen Gesetzbuchs entsprechende Anwendung.

(4) Die dem Prinzipal hiernach obliegenden Verpflichtungen können nicht im voraus durch Vertrag aufgehoben oder beschränkt werden.

§ 63. [Dienstverhinderung] *aufgehoben durch Artikel 59 PflegeVG vom 26. 5. 1994*

§ 64. [Gehaltszahlung] [1]Die Zahlung des dem Handlungsgehilfen zukommenden Gehalts hat am Schlusse jedes Monats zu erfolgen. [2]Eine Vereinbarung, nach der die Zahlung des Gehalts später erfolgen soll, ist nichtig.

§ 65. [Provision] Ist bedungen, daß der Handlungsgehilfe für Geschäfte, die von ihm geschlossen oder vermittelt werden, Provision erhalten solle, so sind die für die Handelsvertreter geltenden Vorschriften des § 87 Abs. 1 und 3 sowie der §§ 87a bis 87c anzuwenden.

§§ 66–72. *aufgehoben durch 1. Arbeitsrechtsbereinigungsgesetz v. 14. 8. 1969*

§ 73. [Anspruch auf Zeugnis] [1]Bei der Beendigung des Dienstverhältnisses kann der Handlungsgehilfe ein schriftliches Zeugnis über die Art und Dauer der Beschäftigung fordern. [2]Das Zeugnis ist auf Verlangen des Handlungsgehilfen auch auf die Führung und die Leistungen auszudehnen.

§ 74. [Vertragliches Wettbewerbsverbot; bezahlte Karenz] (1) Eine Vereinbarung zwischen dem Prinzipal und dem Handlungsgehilfen, die den Gehilfen für die Zeit nach Beendigung des Dienstverhältnisses in seiner gewerblichen Tätigkeit beschränkt (Wettbewerbsverbot), bedarf der Schriftform und der Aushändigung einer vom Prinzipal unterzeichneten, die vereinbarten Bestimmungen enthaltenden Urkunde an den Gehilfen.

(2) Das Wettbewerbsverbot ist nur verbindlich, wenn sich der Prinzipal verpflichtet, für die Dauer des Verbots eine Entschädigung zu zahlen, die für jedes Jahr des Verbots mindestens die Hälfte der von dem Handlungsgehilfen zuletzt bezogenen vertragsmäßigen Leistungen erreicht.

§ 74a. [Unverbindliches oder nichtiges Verbot] (1) [1]Das Wettbewerbsverbot ist insoweit unverbindlich, als es nicht zum Schutze eines berechtigten geschäftlichen Interesses des Prinzipals dient. [2]Es ist ferner unverbindlich, soweit es unter Berücksichtigung der gewährten Entschädigung nach Ort, Zeit oder Gegenstand eine unbillige Erschwerung des Fortkommens des Gehilfen enthält. [3]Das Verbot kann nicht auf einen Zeitraum von mehr als zwei Jahren von der Beendigung des Dienstverhältnisses an erstreckt werden.

(2) [1]Das Verbot ist nichtig, wenn die dem Gehilfen zustehenden jährlichen vertragsmäßigen Leistungen den Betrag von *fünfzehnhundert** Deutsche Mark nicht übersteigen. [2]Das gleiche gilt, wenn der Gehilfe zur Zeit des Abschlusses minderjährig ist oder wenn sich der Prinzipal die Erfüllung auf Ehrenwort oder unter ähnlichen Versicherungen versprechen läßt. [3]Nichtig ist auch die Vereinbarung, durch die ein Dritter an Stelle des Gehilfen die Verpflichtung übernimmt, daß sich der Gehilfe nach der Beendigung des Dienstverhältnisses in seiner gewerblichen Tätigkeit beschränken werde.

(3) Unberührt bleiben die Vorschriften des § 138 des Bürgerlichen Gesetzbuchs über die Nichtigkeit von Rechtsgeschäften, die gegen die guten Sitten verstoßen.

6

§ 74b. [Zahlung und Berechnung der Entschädigung] (1) Die nach § 74 Abs. 2 dem Handlungsgehilfen zu gewährende Entschädigung ist am Schlusse jedes Monats zu zahlen.

(2) [1]Soweit die dem Gehilfen zustehenden vertragsmäßigen Leistungen in einer Provision oder in anderen wechselnden Bezügen bestehen, sind sie bei der Berechnung der Entschädigung nach dem Durchschnitt der letzten drei Jahre in Ansatz zu bringen.

* Diese Grundzahl ist mit der jeweiligen Teuerungszahl zu vervielfachen. Als Teuerungszahl gilt die Indexziffer für die Lebenshaltungskosten.

§ 75. [Unwirksamwerden des Wettbewerbsverbots] (1) Löst der Gehilfe das Dienstverhältnis gemäß den Vorschriften der §§ 70 und 71 wegen vertragswidrigen Verhaltens des Prinzipals auf, so wird das Wettbewerbsverbot unwirksam, wenn der Gehilfe vor Ablauf eines Monats nach der Kündigung schriftlich erklärt, daß er sich an die Vereinbarung nicht gebunden erachte.

(2) [1]In gleicher Weise wird das Wettbewerbsverbot unwirksam, wenn der Prinzipal das Dienstverhältnis kündigt, es sei denn, daß für die Kündigung ein erheblicher Anlaß in der Person des Gehilfen vorliegt oder daß sich der Prinzipal bei der Kündigung bereit erklärt, während der Dauer der Beschränkung dem Gehilfen die vollen zuletzt von ihm bezogenen vertragsmäßigen Leistungen zu gewähren. [2]Im letzteren Falle finden die Vorschriften des § 74b entsprechende Anwendung.

§ 75c. [Vertragsstrafe] (1) [1]Hat der Handlungsgehilfe für den Fall, daß er die in der Vereinbarung übernommene Verpflichtung nicht erfüllt, eine Strafe versprochen, so kann der Prinzipal Ansprüche nur nach Maßgabe der Vorschriften des § 340 des Bürgerlichen Gesetzbuchs geltend machen. [2]Die Vorschriften des Bürgerlichen Gesetzbuchs über die Herabsetzung einer unverhältnismäßig hohen Vertragsstrafe bleiben unberührt.

§ 83. [Andere Arbeitnehmer] Hinsichtlich der Personen, welche in dem Betrieb eines Handelsgewerbes andere als kaufmännische Dienste leisten, bewendet es bei den für das Arbeitsverhältnis dieser Personen geltenden Vorschriften.

Handelsvertreter

6

§ 84. [Begriff des Handelsvertreters] (1) [1]Handelsvertreter ist, wer als selbständiger Gewerbetreibender ständig damit betraut ist, für einen anderen Unternehmer (Unternehmer) Geschäfte zu vermitteln oder in dessen Namen abzuschließen. [2]Selbständig ist, wer im wesentlichen frei seine Tätigkeit gestalten und seine Arbeitszeit bestimmen kann.

(2) Wer, ohne selbständig im Sinne des Absatzes 1 zu sein, ständig damit betraut ist, für einen Unternehmer Geschäfte zu vermitteln oder in dessen Namen abzuschließen, gilt als Angestellter.

(3) Der Unternehmer kann auch ein Handelsvertreter sein.

§ 85. [Vertragsurkunde] [1]Jeder Teil kann verlangen, daß der Inhalt des Vertrages sowie spätere Vereinbarungen zu dem Vertrag in eine vom anderen Teil unterzeichnete Urkunde aufgenommen werden. [2]Dieser Anspruch kann nicht ausgeschlossen werden.

§ 86. [Pflichten des Handelsvertreters] (1) Der Handelsvertreter hat sich um die Vermittlung oder den Abschluß von Geschäften zu bemühen; er hat hierbei das Interesse des Unternehmers wahrzunehmen.

(2) Er hat dem Unternehmer die erforderlichen Nachrichten zu geben, namentlich ihm von jeder Geschäftsvermittlung und von jedem Geschäftsabschluß unverzüglich Mitteilung zu machen.

(3) Er hat seine Pflichten mit der Sorgfalt eines ordentlichen Kaufmanns wahrzunehmen.

(4) Von den Absätzen 1 und 2 abweichende Vereinbarungen sind unwirksam.

§ 86a. [Pflichten des Unternehmers] (1) Der Unternehmer hat dem Handelsvertreter die zur Ausübung seiner Tätigkeit erforderlichen Unterlagen, wie Muster, Zeichnungen, Preislisten, Werbedrucksachen, Geschäftsbedingungen, zur Verfügung zu stellen.

(2) [1]Der Unternehmer hat dem Handelsvertreter die erforderlichen Nachrichten zu geben. [2]Er hat ihm unverzüglich die Annahme oder Ablehnung eines vom Handelsvertreter vermittelten oder ohne Vertretungsmacht abgeschlossenen Geschäfts und die Nichtausführung eines von ihm vermittelten oder abgeschlossenen Geschäfts mitzuteilen. [3]Er hat ihn unverzüglich zu unterrichten, wenn er Geschäfte voraussichtlich nur in erheblich geringerem Umfange abschließen kann oder will, als der Handelsvertreter unter gewöhnlichen Umständen erwarten konnte.

(3) Von den Absätzen 1 und 2 abweichende Vereinbarungen sind unwirksam.

§ 86b. [Delkredereprovision] (1) [1]Verpflichtet sich ein Handelsvertreter, für die Erfüllung der Verbindlichkeit aus einem Geschäft einzustehen, so kann er eine besondere Vergütung (Delkredereprovision) beanspruchen; der Anspruch kann im voraus nicht ausgeschlossen werden. [2]Die Verpflichtung kann nur für ein bestimmtes Geschäft oder für solche Geschäfte mit bestimmten Dritten übernommen werden, die der Handelsvertreter vermittelt oder abschließt. [3]Die Übernahme bedarf der Schriftform.

(2) Der Anspruch auf die Delkredereprovision entsteht mit dem Abschluß des Geschäfts.

§ 87. [Provisionspflichtige Geschäfte] (1) [1]Der Handelsvertreter hat Anspruch auf Provision für alle während des Vertragsverhältnisses abgeschlossenen Geschäfte, die auf seine Tätigkeit zurückzuführen sind oder mit Dritten abgeschlossen werden, die er als Kunden für Geschäfte der gleichen Art geworben hat. [2]Ein Anspruch auf Provision besteht für ihn nicht, wenn und soweit die Provision nach Absatz 3 dem ausgeschiedenen Handelsvertreter zusteht.

(2) [1]Ist dem Handelsvertreter ein bestimmter Bezirk oder ein bestimmter Kundenkreis zugewiesen, so hat er Anspruch auf Provision auch für die Geschäfte, die ohne seine Mitwirkung mit Personen seines Bezirkes oder seines Kundenkreises während des Vertragsverhältnisses abgeschlossen sind. [2]Dies gilt nicht, wenn und soweit die Provision nach Absatz 3 dem ausgeschiedenen Handelsvertreter zusteht.

(3) [1]Für ein Geschäft, das erst nach Beendigung des Vertragsverhältnisses abgeschlossen ist, hat der Handelsvertreter Anspruch auf Provision nur, wenn

1. er das Geschäft vermittelt hat oder es eingeleitet und so vorbereitet hat, daß der Abschluß überwiegend auf seine Tätigkeit zurückzuführen ist, und das Geschäft innerhalb einer angemessenen Frist nach Beendigung des Vertragsverhältnisses abgeschlossen worden ist oder
2. vor Beendigung des Vertragsverhältnisses das Angebot des Dritten zum Abschluß eines Geschäfts, für das der Handelsvertreter nach Absatz 1 Satz 1 oder Absatz 2 Satz 1 Anspruch auf Provision hat, dem Handelsvertreter oder dem Unternehmer zugegangen ist.

[2]Der Anspruch auf Provision nach Satz 1 steht dem nachfolgenden Handelsvertreter anteilig zu, wenn wegen besonderer Umstände eine Teilung der Provision der Billigkeit entspricht.

(4) Neben dem Anspruch auf Provision für abgeschlossene Geschäfte hat der Handelsvertreter Anspruch auf Inkassoprovision für die von ihm auftragsgemäß eingezogenen Beträge.

§ 87a. [Fälligkeit der Provision] (1) [1]Der Handelsvertreter hat Anspruch auf Provision, sobald und soweit der Unternehmer das Geschäft ausgeführt hat.

(2) Steht fest, daß der Dritte nicht leistet, so entfällt der Anspruch auf Provision; bereits empfangene Beträge sind zurückzugewähren.

(3) [1]Der Handelsvertreter hat auch dann einen Anspruch auf Provision, wenn feststeht, daß der Unternehmer das Geschäft ganz oder teilweise nicht oder nicht so ausführt, wie es abgeschlossen worden ist. [2]Der Anspruch entfällt im Falle der Nichtausführung, wenn und soweit diese auf Umständen beruht, die vom Unternehmer nicht zu vertreten sind.

(4) Der Anspruch auf Provision wird am letzten Tag des Monats fällig, in dem nach § 87c Abs. 1 über den Anspruch abzurechnen ist.

§ 87b. [Höhe der Provision] (1) Ist die Höhe der Provision nicht bestimmt, so ist der übliche Satz als vereinbart anzusehen.

(2) [1]Die Provision ist von dem Entgelt zu berechnen, das der Dritte oder der Unternehmer zu leisten hat. [2]Nachlässe bei Barzahlung sind nicht abzuziehen; dasselbe gilt für Nebenkosten, namentlich für Fracht, Verpackung, Zoll, Steuern, es sei denn, daß die Nebenkosten dem Dritten besonders in Rechnung gestellt sind. [3]Die Umsatzsteuer, die lediglich auf Grund der steuerrechtlichen Vorschriften in der Rechnung gesondert ausgewiesen ist, gilt nicht als besonders in Rechnung gestellt.

§ 87c. [Abrechnung über die Provision] (1) [1]Der Unternehmer hat über die Provision, auf die der Handelsvertreter Anspruch hat, monatlich abzurechnen; der Abrechnungszeitraum kann auf höchstens drei Monate erstreckt werden. [2]Die Abrechnung hat unverzüglich, spätestens bis zum Ende des nächsten Monats, zu erfolgen.

(2) Der Handelsvertreter kann bei der Abrechnung einen Buchauszug über alle Geschäfte verlangen, für die ihm nach § 87 Provision gebührt.

(3) Der Handelsvertreter kann außerdem Mitteilung über alle Umstände verlangen, die für den Provisionsanspruch, seine Fälligkeit und seine Berechnung wesentlich sind.

(4) Wird der Buchauszug verweigert oder bestehen begründete Zweifel an der Richtigkeit oder Vollständigkeit der Abrechnung oder des Buchauszuges, so kann der Handelsvertreter verlangen, daß nach Wahl des Unternehmers entweder ihm oder einem von ihm zu bestimmenden Wirtschaftsprüfer oder vereidigten Buchsachverständigen Einsicht in die Geschäftsbücher oder die sonstigen Urkunden soweit gewährt wird, wie dies zur Feststellung der Richtigkeit oder Vollständigkeit der Abrechnung oder des Buchauszuges erforderlich ist.

(5) Diese Rechte des Handelsvertreters können nicht ausgeschlossen oder beschränkt werden.

§ 87d. [Ersatz von Aufwendungen] Der Handelsvertreter kann den Ersatz seiner im regelmäßigen Geschäftsbetrieb entstandenen Aufwendungen nur verlangen, wenn dies handelsüblich ist.

§ 88. [Verjährung der Ansprüche] Die Ansprüche aus dem Vertragsverhältnis verjähren in vier Jahren, beginnend mit dem Schluß des Jahres, in dem sie fällig geworden sind.

§ 89. [Kündigung des Vertrages] (1) [1]Ist das Vertragsverhältnis auf unbestimmte Zeit eingegangen, so kann es im ersten Jahr der Vertragsdauer mit einer Frist von einem Monat, im zweiten Jahr mit einer Frist von zwei Monaten und im dritten bis fünften Jahr mit einer Frist von drei Monaten gekündigt werden. [2]Nach einer Vertragsdauer von fünf Jahren kann das Vertragsverhältnis mit einer Frist von sechs Monaten gekündigt werden. [3]Die Kündigung ist nur für den Schluß eines Kalendermonats zulässig, sofern keine abweichende Vereinbarung getroffen ist.

(2) [1]Die Kündigungsfristen nach Absatz 1 Satz 1 und 2 können durch Vereinbarung verlängert werden; die Frist darf für den Unternehmer nicht kürzer sein als für den Handelsvertreter. [2]Bei Vereinbarung einer kürzeren Frist für den Unternehmer gilt die für den Handelsvertreter vereinbarte Frist.

(3) [1]Ein für eine bestimmte Zeit eingegangenes Vertragsverhältnis, das nach Ablauf der vereinbarten Laufzeit von beiden Teilen fortgesetzt wird, gilt als auf unbestimmte Zeit verlängert. [2]Für die Bestimmung der Kündigungsfristen nach Absatz 1 Satz 1 und 2 ist die Gesamtdauer des Vertragsverhältnisses maßgeblich.

89a. [Fristlose Kündigung] (1) [1]Das Vertragsverhältnis kann von jedem Teil aus wichtigem Grunde ohne Einhaltung einer Kündigungsfrist gekündigt werden. [2]Dieses Recht kann nicht ausgeschlossen oder beschränkt werden.

(2) Wird die Kündigung durch ein Verhalten veranlaßt, das der andere Teil zu vertreten hat, so ist dieser zum Ersatz des durch die Aufhebung des Vertragsverhältnisses entstehenden Schadens verpflichtet.

§ 89b. [Ausgleichsanspruch] (1) [1]Der Handelsvertreter kann von dem Unternehmer nach Beendigung des Vertragsverhältnisses einen angemessenen Ausgleich verlangen, wenn und soweit

1. der Unternehmer aus der Geschäftsverbindung mit neuen Kunden, die der Handelsvertreter geworben hat, auch nach Beendigung des Vertragsverhältnisses erhebliche Vorteile hat,
2. der Handelsvertreter infolge der Beendigung des Vertragsverhältnisses Ansprüche auf Provision verliert, die er bei Fortsetzung desselben aus bereits abgeschlossenen oder künftig zustande kommenden Geschäften mit den von ihm geworbenen Kunden hätte, und
3. die Zahlung eines Ausgleichs unter Berücksichtigung aller Umstände der Billigkeit entspricht.

(2) Der Ausgleich beträgt höchstens eine nach dem Durchschnitt der letzten fünf Jahre der Tätigkeit des Handelsvertreters berechnete Jahresprovision oder sonstige Jahresvergütung; bei kürzerer Dauer des Vertragsverhältnisses ist der Durchschnitt während der Dauer der Tätigkeit maßgebend.

(3) Der Anspruch besteht nicht, wenn

1. der Handelsvertreter das Vertragsverhältnis gekündigt hat, es sei denn, daß ein Verhalten des Unternehmers hierzu begründeten Anlaß gegeben hat oder dem Handelsvertreter eine Fortsetzung seiner Tätigkeit wegen seines Alters oder wegen Krankheit nicht zugemutet werden kann, oder
2. der Unternehmer das Vertragsverhältnis gekündigt hat und für die Kündigung ein wichtiger Grund wegen schuldhaften Verhaltens des Handelsvertreters vorlag oder
3. aufgrund einer Vereinbarung zwischen dem Unternehmer und dem Handelsvertreter ein Dritter anstelle des Handelsvertreters in das Vertragsverhältnis eintritt; die Vereinbarung kann nicht vor Beendigung des Vertragsverhältnisses getroffen werden.

(4) [1]Der Anspruch kann im voraus nicht ausgeschlossen werden. [2]Er ist innerhalb eines Jahres nach Beendigung des Vertragsverhältnisses geltend zu machen.

§ 90. [Geschäfts- und Betriebsgeheimnisse] Der Handelsvertreter darf Geschäfts- und Betriebsgeheimnisse, die ihm anvertraut oder als solche durch seine Tätigkeit für den Unternehmer bekanntgeworden sind, auch nach Beendigung des Vertragsverhältnisses nicht verwerten oder anderen mitteilen, soweit dies nach den gesamten Umständen der Berufsauffassung eines ordentlichen Kaufmannes widersprechen würde.

§ 90a. [Wettbewerbsabrede] (1) [1]Eine Vereinbarung, die den Handelsvertreter nach Beendigung des Vertragsverhältnisses in seiner gewerblichen Tätigkeit beschränkt (Wettbewerbsabrede), bedarf der Schriftform und der Aushändigung einer vom Unternehmer unterzeichneten, die vereinbarten Bestimmungen enthaltenden Urkunde an den Handelsvertreter. [2]Die Abrede kann nur für längstens zwei Jahre von der Beendigung des Vertragsverhältnisses an getroffen werden; sie darf sich nur auf den dem Handelsvertreter zugewiesenen Bezirk oder Kundenkreis und nur auf die Gegenstände erstrecken, hinsichtlich deren sich der Handelsvertreter um die Vermittlung oder den Abschluß von Geschäften für den Unternehmer zu bemühen hat. [3]Der Unternehmer ist verpflichtet, den Handelsvertreter für die Dauer der Wettbewerbsbeschränkung eine angemessene Entschädigung zu zahlen.

(2) [1]Der Unternehmer kann bis zum Ende des Vertragsverhältnisses schriftlich auf die Wettbewerbsbeschränkung mit der Wirkung verzichten, daß er mit dem Ablauf von sechs Monaten seit der Erklärung von der Verpflichtung zur Zahlung der Entschädigung frei wird.

(3) Kündigt ein Teil das Vertragsverhältnis aus wichtigem Grund wegen schuldhaften Verhaltens des anderen Teils, kann er sich durch schriftliche Erklärung binnen einem Monat nach der Kündigung von der Wettbewerbsabrede lossagen.

(4) Abweichende für den Handelsvertreter nachteilige Vereinbarungen können nicht getroffen werden.

§ 91. [Vollmachten des Handelsvertreters]

(1) § 55 gilt auch für einen Handelsvertreter, der zum Abschluß von Geschäften von einem Unternehmen bevollmächtigt ist, der nicht Kaufmann ist.

(2) [1]Ein Handelsvertreter gilt, auch wenn ihm keine Vollmacht zum Abschluß von Geschäften erteilt ist, als ermächtigt, die Anzeige von Mängeln einer Ware, die Erklärung, daß eine Ware zur Verfügung gestellt werde, sowie ähnliche Erklärungen, durch die ein Dritter seine Rechte aus mangelhafter Leistung geltend macht oder sich vorbehält, entgegenzunehmen; er kann die dem Unternehmer zustehenden Rechte auf Sicherung des Beweises geltend machen. [2]Eine Beschränkung dieser Rechte braucht ein Dritter gegen sich nur gelten zu lassen, wenn er sie kannte oder kennen mußte.

§ 91a. [Mangel der Vertretungsmacht] (1) Hat ein Handelsvertreter, der nur mit der Vermittlung von Geschäften betraut ist, ein Geschäft im Namen des Unternehmers abgeschlossen, und war dem Dritten der Mangel an Vertretungsmacht nicht bekannt, so gilt das Geschäft als von dem Unternehmer genehmigt, wenn dieser nicht unverzüglich, nachdem er von dem Handelsvertreter oder dem Dritten über Abschluß und wesentlichen Inhalt benachrichtigt worden ist, dem Dritten gegenüber das Geschäft ablehnt.

(2) Das gleiche gilt, wenn ein Handelsvertreter, der mit dem Abschluß von Geschäften betraut ist, ein Geschäft im Namen des Unternehmers abgeschlossen hat, zu dessen Abschluß er nicht bevollmächtigt ist.

§ 92. [Versicherungs- und Bausparkassenvertreter] (1) Versicherungsvertreter ist, wer als Handelsvertreter damit betraut ist, Versicherungsverträge zu vermitteln oder abzuschließen.

Handelsmakler

§ 93. [Begriff] (1) Wer gewerbsmäßig für andere Personen, ohne von ihnen aufgrund eines Vertragsverhältnisses ständig damit betraut zu sein, die Vermittlung von Verträgen über Anschaffung oder Veräußerung von Waren oder Wertpapieren, über Versicherungen, Güterbeförderungen, Schiffsmiete oder sonstige Gegenstände des Handelsverkehrs übernimmt, hat die Rechte und Pflichten eines Handelsmaklers.

(2) Auf die Vermittlung anderer als der bezeichneten Geschäfte, insbesondere auf die Vermittlung von Geschäften über unbewegliche Sachen, finden, auch wenn die Vermittlung durch einen Handelsmakler erfolgt, die Vorschriften dieses Abschnitts keine Anwendung.

§ 94. [Schlußnote] (1) Der Handelsmakler hat, sofern nicht die Parteien ihm dies erlassen oder der Ortsgebrauch mit Rücksicht auf die Gattung der Ware davon entbindet, unverzüglich nach dem Abschlusse des Geschäfts jeder Partei eine von ihm unterzeichnete Schlußnote zuzustellen, welche die Parteien, den Gegenstand und die Bedingungen des Geschäfts, insbesondere bei Verkäufen von Waren oder Wertpapieren deren Gattung und Menge sowie den Preis und die Zeit der Lieferung, enthält.

(2) Bei Geschäften, die nicht sofort erfüllt werden sollen, ist die Schlußnote den Parteien zu ihrer Unterschrift zuzustellen und jeder Partei die von der anderen unterschriebene Schlußnote zu übersenden.

(3) Verweigert eine Partei die Annahme oder Unterschrift der Schlußnote, so hat der Handelsmakler davon der anderen Partei unverzüglich Anzeige zu machen.

§ 95. [Vorbehaltene Aufgabe] (1) Nimmt eine Partei eine Schlußnote an, in der sich der Handelsmakler die Bezeichnung der anderen Partei vorbehalten hat, so ist sie an das Geschäft mit der Partei, welche ihr nachträglich bezeichnet wird, gebunden, es sei denn, daß gegen diese begründete Einwendungen zu erheben sind.

(2) Die Bezeichnung der anderen Partei hat innerhalb der ortsüblichen Frist, in Ermangelung einer solchen innerhalb einer den Umständen nach angemessenen Frist zu erfolgen.

(3) [1]Unterbleibt die Bezeichnung oder sind gegen die bezeichnete Person oder Firma begründete Einwendungen zu erheben, so ist die Partei befugt, den Handelsmakler auf die Erfüllung des Geschäfts in Anspruch zu nehmen. [2]Der Anspruch ist ausgeschlossen, wenn sich die Partei auf die Aufforderung des Handelsmaklers nicht unverzüglich darüber erklärt, ob sie Erfüllung verlange.

§ 96. [Aufbewahrung von Proben] [1]Der Handelsmakler hat, sofern nicht die Parteien ihm dies erlassen oder der Ortsgebrauch mit Rücksicht auf die Gattung der Ware davon entbindet, von jeder durch seine Vermittlung nach Probe verkauften Ware die Probe, falls sie ihm übergeben ist, so lange aufzubewahren, bis die Ware ohne Einwendung gegen ihre Beschaffenheit angenommen oder das Geschäft in anderer Weise erledigt wird. [2]Er hat die Probe durch ein Zeichen kenntlich zu machen.

§ 97. [Keine Inkassovollmacht] Der Handelsmakler gilt nicht als ermächtigt, eine Zahlung oder eine andere im Vertrage bedungene Leistung in Empfang zu nehmen.

§ 98. [Haftung gegenüber beiden Parteien] Der Handelsmakler haftet jeder der beiden Parteien für den durch sein Verschulden entstehenden Schaden.

§ 99. [Lohnanspruch gegen beide Parteien] Ist unter den Parteien nichts darüber vereinbart, wer den Maklerlohn bezahlen soll, so ist er in Ermangelung eines abweichenden Ortsgebrauchs von jeder Partei zur Hälfte zu entrichten.

§ 100. [Tagebuch] (1) [1]Der Handelsmakler ist verpflichtet, ein Tagebuch zu führen und in dieses alle abgeschlossenen Geschäfte täglich einzutragen. [2]Die Eintragungen sind nach der Zeitfolge zu bewirken; sie haben die in § 94 Abs. 1 bezeichneten Angaben zu enthalten. [3]Das Eingetragene ist von dem Handelsmakler täglich zu unterzeichnen.

§ 101. [Auszüge aus dem Tagebuch] Der Handelsmakler ist verpflichtet, den Parteien jederzeit auf Verlangen Auszüge aus dem Tagebuche zu geben, die von ihm unterzeichnet sind und alles enthalten, was von ihm in Ansehung des vermittelten Geschäfts eingetragen ist.

§ 102. [Vorlegung im Rechtsstreit] Im Laufe eines Rechtsstreits kann das Gericht auch ohne Antrag einer Partei die Vorlegung des Tagebuchs anordnen, um es mit der Schlußnote, den Auszügen oder anderen Beweismitteln zu vergleichen.

§ 103. [Ordnungswidrigkeiten] (1) Ordnungswidrig handelt, wer als Handelsmakler

1. vorsätzlich oder fahrlässig ein Tagebuch über die abgeschlossenen Geschäfte zu führen unterläßt oder das Tagebuch in einer Weise führt, die dem § 100 Abs. 1 widerspricht oder
2. ein solches Tagebuch vor Ablauf der gesetzlichen Aufbewahrungsfrist vernichtet.

(2) Die Ordnungswidrigkeit kann mit einer Geldbuße bis zu zehntausend Deutsche Mark geahndet werden.

Zweites Buch. Handelsgesellschaften und Stille Gesellschaft

Offene Handelsgesellschaft

▸ Errichtung der Gesellschaft

6

§ 105. [Begriff der OHG; Anwendbarkeit des BGB] (1) Eine Gesellschaft, deren Zweck auf den Betrieb eines Handelsgewerbes unter gemeinschaftlicher Firma gerichtet ist, ist eine offene Handelsgesellschaft, wenn bei keinem der Gesellschafter die Haftung gegenüber den Gesellschaftsgläubigern beschränkt ist.

(2) Eine Gesellschaft, deren Gewerbebetrieb nicht schon nach § 1 Abs. 2 Handelsgewerbe ist oder die nur eigenes Vermögen verwaltet, ist offene Handelsgesellschaft, wenn die Firma des Unternehmens in das Handelsregister eingetragen ist. § 2 Satz 2 und 3 gilt entsprechend.

(3) Auf die offene Handelsgesellschaft finden, soweit nicht in diesem Abschnitt ein anderes vorgeschrieben ist, die Vorschriften des Bürgerlichen Gesetzbuchs über die Gesellschaft Anwendung.

§ 106. [Anmeldung zum Handelsregister]

(1) Die Gesellschaft ist bei dem Gericht, in dessen Bezirke sie ihren Sitz hat, zur Eintragung in das Handelsregister anzumelden.

(2) Die Anmeldung hat zu enthalten:

1. den Namen, Vornamen, Geburtsdatum und Wohnort jedes Gesellschafters;
2. die Firma der Gesellschaft und den Ort, wo sie ihren Sitz hat;
3. den Zeitpunkt, mit welchem die Gesellschaft begonnen hat.

§ 107. [Anzumeldende Änderungen] Wird die Firma einer Gesellschaft geändert oder der Sitz der Gesellschaft an einen anderen Ort verlegt oder tritt ein neuer Gesellschafter in die Gesellschaft ein, so ist dies ebenfalls zur Eintragung in das Handelsregister anzumelden.

§ 108. [Anmeldung durch alle Gesellschafter; Aufbewahrung der Unterschriften] (1) Die Anmeldungen sind von sämtlichen Gesellschaftern zu bewirken.

(2) Die Gesellschafter, welche die Gesellschaft vertreten sollen, haben ihre Namensunterschrift unter Angabe der Firma zur Aufbewahrung bei dem Gericht zu zeichnen.

▶ Rechtsverhältnis der Gesellschafter untereinander

§ 109. [Gesellschaftsvertrag] Das Rechtsverhältnis der Gesellschafter untereinander richtet sich zunächst nach dem Gesellschaftsvertrage; die Vorschriften der §§ 110 bis 122 finden nur insoweit Anwendung, als nicht durch den Gesellschaftsvertrag ein anderes bestimmt ist.

§ 110. [Ersatz für Aufwendungen und Verluste] (1) Macht der Gesellschafter in den Gesellschaftsangelegenheiten Aufwendungen, die er den Umständen nach für erforderlich halten darf, oder erleidet er unmittelbar durch seine Geschäftsführung oder aus Gefahren, die mit ihr untrennbar verbunden sind, Verluste, so ist ihm die Gesellschaft zum Ersatze verpflichtet.

(2) Aufgewendetes Geld hat die Gesellschaft von der Zeit der Aufwendung an zu verzinsen.

§ 111. [Verzinsungspflicht] (1) Ein Gesellschafter, der seine Geldeinlage nicht zur rechten Zeit einzahlt oder eingenommenes Gesellschaftsgeld nicht zur rechten Zeit an die Gesellschaftskasse abliefert oder unbefugt Geld aus der Gesellschaftskasse für sich entnimmt, hat Zinsen von dem Tage an zu entrichten, an welchem die Zahlung oder die Ablieferung hätte geschehen sollen oder die Herausnahme des Geldes erfolgt ist.

(2) Die Geltendmachung eines weiteren Schadens ist nicht ausgeschlossen.

§ 112. [Wettbewerbsverbot] (1) Ein Gesellschafter darf ohne Einwilligung der anderen Gesellschafter weder in dem Handelszweige der Gesellschaft Geschäfte machen noch an einer anderen gleichartigen Handelsgesellschaft als persönlich haftender Gesellschafter teilnehmen.

(2) Die Einwilligung zur Teilnahme an einer anderen Gesellschaft gilt als erteilt, wenn den übrigen Gesellschaftern bei Eingehung der Gesellschaft bekannt ist, daß der Gesellschafter an einer anderen Gesellschaft als persönlich haftender Gesellschafter teilnimmt, und gleichwohl die Aufgabe dieser Beteiligung nicht ausdrücklich bedungen wird.

§ 113. [Verletzung des Wettbewerbsverbots] (1) Verletzt ein Gesellschafter die ihm nach § 112 obliegende Verpflichtung, so kann die Gesellschaft Schadensersatz fordern; sie kann statt dessen von dem Gesellschafter verlangen, daß er die für eigene Rechnung gemachten Geschäfte als für Rechnung der Gesellschaft eingegangen gelten lasse und die aus Geschäften für fremde Rechnung bezogene Vergütung herausgebe oder seinen Anspruch auf die Vergütung abtrete.

(2) Über die Geltendmachung dieser Ansprüche beschließen die übrigen Gesellschafter.

(3) Die Ansprüche verjähren in drei Monaten von dem Zeitpunkt an, in welchem die übrigen Gesellschafter von dem Abschlusse des Geschäfts oder von der Teilnahme des Gesellschafters an der anderen Gesellschaft Kenntnis erlangen; sie verjähren ohne Rücksicht auf diese Kenntnis in fünf Jahren von ihrer Entstehung an.

§ 114. [Geschäftsführung] (1) Zur Führung der Geschäfte der Gesellschaft sind alle Gesellschafter berechtigt und verpflichtet.

(2) Ist im Gesellschaftsvertrage die Geschäftsführung einem Gesellschafter oder mehreren Gesellschaftern übertragen, so sind die übrigen Gesellschafter von der Geschäftsführung ausgeschlossen.

§ 115. [Geschäftsführung durch mehrere Gesellschafter] (1) Steht die Geschäftsführung allen oder mehreren Gesellschaftern zu, so ist jeder von ihnen allein zu handeln berechtigt; widerspricht jedoch ein anderer geschäftsführender Gesellschafter der Vornahme einer Handlung, so muß diese unterbleiben.

(2) Ist im Gesellschaftsvertrage bestimmt, daß die Gesellschafter, denen die Geschäftsführung zusteht, nur zusammen handeln können, so bedarf es für jedes Geschäft der Zustimmung aller geschäftsführenden Gesellschafter, es sei denn, daß Gefahr im Verzug ist.

§ 116. [Umfang der Geschäftsführungsbefugnis] (1) Die Befugnis zur Geschäftsführung erstreckt sich auf alle Handlungen, die der gewöhnliche Betrieb des Handelsgewerbes der Gesellschaft mit sich bringt.

(2) Zur Vornahme von Handlungen, die darüber hinausgehen, ist ein Beschluß sämtlicher Gesellschafter erforderlich. 6

(3) [1]Zur Bestellung eines Prokuristen bedarf es der Zustimmung aller geschäftsführenden Gesellschafter, es sei denn, daß Gefahr im Verzug ist. [2]Der Widerruf der Prokura kann von jedem der zur Erteilung oder zur Mitwirkung bei der Erteilung befugten Gesellschafter erfolgen.

§ 117. [Entziehung der Geschäftsführungsbefugnis] Die Befugnis zur Geschäftsführung kann einem Gesellschafter auf Antrag der übrigen Gesellschafter durch gerichtliche Entscheidung entzogen werden, wenn ein wichtiger Grund vorliegt; ein solcher Grund ist insbesondere grobe Pflichtverletzung oder Unfähigkeit zur ordnungsmäßigen Geschäftsführung.

§ 118. [Kontrollrecht der Gesellschafter] (1) Ein Gesellschafter kann, auch wenn er von der Geschäftsführung ausgeschlossen ist, sich von den Angelegenheiten der Gesellschaft persönlich unterrichten, die Handelsbücher und die Papiere der Gesellschaft einsehen und sich aus ihnen eine Bilanz und einen Jahresabschluß anfertigen.

§ 119. [Beschlußfassung] (1) Für die von den Gesellschaftern zu fassenden Beschlüsse bedarf es der Zustimmung aller zur Mitwirkung bei der Beschlußfassung berufenen Gesellschafter.

(2) Hat nach dem Gesellschaftsvertrage die Mehrheit der Stimmen zu entscheiden, so ist die Mehrheit im Zweifel nach der Zahl der Gesellschafter zu berechnen.

§ 120. [Gewinn und Verlust] (1) Am Schlusse jedes Geschäftsjahrs wird auf Grund der Bilanz der Gewinn oder der Verlust des Jahres ermittelt und für jeden Gesellschafter sein Anteil daran berechnet.

(2) Der einem Gesellschafter zukommende Gewinn wird dem Kapitalanteile des Gesellschafters zugeschrieben; der auf einen Gesellschafter entfallende Verlust sowie das während des Geschäftsjahrs auf den Kapitalanteil entnommene Geld wird davon abgeschrieben.

§ 121. [Verteilung von Gewinn und Verlust]

(1) [1]Von dem Jahresgewinne gebührt jedem Gesellschafter zunächst ein Anteil in Höhe von vier vom Hundert seines Kapitalanteils. [2]Reicht der Jahresgewinn hierzu nicht aus, so bestimmen sich die Anteile nach einem entsprechend niedrigeren Satze.

(2) [1]Bei der Berechnung des nach Absatz 1 einem Gesellschafter zukommenden Gewinnanteils werden Leistungen, die der Gesellschafter im Laufe des Geschäftsjahrs als Einlage gemacht hat, nach dem Verhältnisse der seit der Leistung abgelaufenen Zeit berücksichtigt. [2]Hat der Gesellschafter im Laufe des Geschäftsjahrs Geld auf seinen Kapitalanteil entnommen, so werden die entnommenen Beträge nach dem Verhältnisse der bis zur Entnahme abgelaufenen Zeit berücksichtigt.

6

(3) Derjenige Teil des Jahresgewinns, welcher die nach den Absätzen 1 und 2 zu berechnenden Gewinnanteile übersteigt, sowie der Verlust eines Geschäftsjahrs wird unter die Gesellschafter nach Köpfen verteilt.

§ 122. [Entnahmen] (1) Jeder Gesellschafter ist berechtigt, aus der Gesellschaftskasse Geld bis zum Betrage von vier vom Hundert seines für das letzte Geschäftsjahr festgestellten Kapitalanteils zu seinen Lasten zu erheben und, soweit es nicht zum offenbaren Schaden der Gesellschaft gereicht, auch die Auszahlung seines den bezeichneten Betrag übersteigenden Anteils am Gewinne des letzten Jahres zu verlangen.

(2) Im übrigen ist ein Gesellschafter nicht befugt, ohne Einwilligung der anderen Gesellschafter seinen Kapitalanteil zu vermindern.

▶ Rechtsverhältnis der Gesellschafter zu Dritten

§ 123. [Wirksamkeit im Verhältnis zu Dritten]

(1) Die Wirksamkeit der offenen Handelsgesellschaft tritt im Verhältnisse zu Dritten mit dem Zeitpunkt ein, in welchem die Gesellschaft in das Handelsregister eingetragen wird.

(2) Beginnt die Gesellschaft ihre Geschäfte schon vor der Eintragung, so tritt die Wirksamkeit mit dem Zeitpunkte des Geschäftsbeginns ein, soweit nicht aus § 2 oder § 105 Abs. 2 sich ein anderes ergibt.

(3) Eine Vereinbarung, daß die Gesellschaft erst mit einem späteren Zeitpunkt ihren Anfang nehmen soll, ist Dritten gegenüber unwirksam.

§ 124. [Rechtliche Selbständigkeit; Zwangsvollstreckung in Gesellschaftsvermögen]

(1) Die offene Handelsgesellschaft kann unter ihrer Firma Rechte erwerben und Verbindlichkeiten eingehen, Eigentum und andere dingliche Rechte an Grundstücken erwerben, vor Gericht klagen und verklagt werden.

(2) Zur Zwangsvollstreckung in das Gesellschaftsvermögen ist ein gegen die Gesellschaft gerichteter vollstreckbarer Schuldtitel erforderlich.

§ 125. [Vertretung der Gesellschaft] (1) Zur Vertretung der Gesellschaft ist jeder Gesellschafter ermächtigt, wenn er nicht durch den Gesellschaftsvertrag von der Vertretung ausgeschlossen ist.

(2) [1]Im Gesellschaftsvertrage kann bestimmt werden, daß alle oder mehrere Gesellschafter nur in Gemeinschaft zur Vertretung der Gesellschaft ermächtigt sein sollen (Gesamtvertretung). [2]Die zur Gesamtvertretung berechtigten Gesellschafter können einzelne von ihnen zur Vornahme bestimmter Geschäfte oder bestimmter Arten von Geschäften ermächtigen. [3]Ist der Gesellschaft gegenüber eine Willenserklärung abzugeben, so genügt die Abgabe gegenüber einem der zur Mitwirkung bei der Vertretung befugten Gesellschafter.

(3) [1]Im Gesellschaftsvertrage kann bestimmt werden, daß die Gesellschafter, wenn nicht

mehrere zusammen handeln, nur in Gemeinschaft mit einem Prokuristen zur Vertretung der Gesellschaft ermächtigt sein sollen. [2]Die Vorschriften des Absatzes 2 Satz 2 und 3 finden in diesem Falle entsprechende Anwendung.

(4) Der Ausschluß eines Gesellschafters von der Vertretung, die Anordnung einer Gesamtvertretung oder eine gemäß Absatz 3 Satz 1 getroffene Bestimmung sowie jede Änderung in der Vertretungsmacht eines Gesellschafters ist von sämtlichen Gesellschaftern zur Eintragung in das Handelsregister anzumelden.

§ 125a. [Angaben auf Geschäftsbriefen] (1) [1]Auf allen Geschäftsbriefen der Gesellschaft, die an einen bestimmten Empfänger gerichtet werden, müssen die Rechtsform und der Sitz der Gesellschaft, das Registergericht und die Nummer, unter der die Gesellschaft in das Handelsregister eingetragen ist, angegeben werden. [2]Bei einer Gesellschaft, bei der kein Gesellschafter eine natürliche Person ist, sind auf den Geschäftsbriefen der Gesellschaft ferner die Firmen der Gesellschafter anzugeben sowie für die Gesellschafter die nach § 35a des Gesetzes betreffend die Gesellschaften mit beschränkter Haftung oder § 80 des Aktiengesetzes für Geschäftsbriefe vorgeschriebenen Angaben zu machen. [3]Die Angaben nach Satz 2 sind nicht erforderlich, wenn zu den Gesellschaftern der Gesellschaft eine offene Handelsgesellschaft oder Kommanditgesellschaft gehört, bei der ein persönlich haftender Gesellschafter eine natürliche Person ist.

(2) Für Vordrucke und Bestellscheine ist § 37a Abs. 2 und 3, für Zwangsgelder gegen die zur Vertretung der Gesellschaft ermächtigten Gesellschafter oder deren organschaftliche Vertreter und die Liquidatoren ist § 37a Abs. 4 entsprechend anzuwenden.

§ 126. [Umfang der Vertretungsmacht] (1) Die Vertretungsmacht der Gesellschafter erstreckt sich auf alle gerichtlichen und außergerichtlichen Geschäfte und Rechtshandlungen einschließlich der Veräußerung und Belastung von Grundstücken sowie der Erteilung und des Widerrufs einer Prokura.

(2) Eine Beschränkung des Umfanges der Vertretungsmacht ist Dritten gegenüber unwirksam; dies gilt insbesondere von der Beschränkung, daß sich die Vertretung nur auf gewisse Geschäfte oder Arten von Geschäften erstrecken oder daß sie nur unter gewissen Umständen oder für eine gewisse Zeit oder an einzelnen Orten stattfinden soll.

§ 127. [Entziehung der Vertretungsmacht] Die Vertretungsmacht kann einem Gesellschafter auf Antrag der übrigen Gesellschafter durch gerichtliche Entscheidung entzogen werden, wenn ein wichtiger Grund vorliegt; ein solcher Grund ist insbesondere grobe Pflichtverletzung oder Unfähigkeit zur ordnungsgemäßen Vertretung der Gesellschaft.

§ 128. [Persönliche Haftung der Gesellschafter] [1]Die Gesellschafter haften für die Verbindlichkeiten der Gesellschaft den Gläubigern als Gesamtschuldner persönlich. [2]Eine entgegenstehende Vereinbarung ist Dritten gegenüber unwirksam.

§ 130. [Haftung des eintretenden Gesellschafters] (1) Wer in eine bestehende Gesellschaft eintritt, haftet gleich den anderen Gesellschaftern nach Maßgabe der §§ 128 und 129 für die vor seinem Eintritte begründeten Verbindlichkeiten der Gesellschaft, ohne Unterschied, ob die Firma eine Änderung erleidet oder nicht.

(2) Eine entgegenstehende Vereinbarung ist Dritten gegenüber unwirksam.

§ 130a. [Antragspflicht bei Zahlungsunfähigkeit oder Überschuldung] (1) [1]Wird eine Gesellschaft, bei der kein Gesellschafter eine natürliche Person ist, zahlungsunfähig oder ergibt sich die Überschuldung der Gesellschaft, so ist die Eröffnung des Insolvenzverfahrens zu beantragen; dies gilt nicht, wenn zu den Gesellschaftern der offenen Handelsgesellschaft eine andere offene Handelsgesellschaft oder Kommanditgesellschaft gehört, bei der ein persönlich haftender Gesellschafter eine natürliche Person ist. [2]Antragspflichtig sind die organschaftlichen Vertreter der zur Vertretung der Gesellschaft ermächtigten Gesellschafter und die Liquidatoren. [3]Der Antrag ist ohne schuldhaftes Zögern, spätestens aber drei Wochen nach Eintritt der Zahlungsunfähigkeit oder der Überschuldung der Gesellschaft zu stellen. [4]Der Antrag ist nicht schuldhaft verzögert, wenn die Antragspflichtigen die Eröffnung des gerichtlichen Vergleichsverfahrens mit der Sorgfalt eines ordentlichen und gewissenhaften Geschäftsleiters betreiben. 6

(2) [1]Nachdem die Zahlungsunfähigkeit der Gesellschaft eingetreten ist oder sich ihre Überschuldung ergeben hat, dürfen die organschaftlichen Vertreter der zur Vertretung der Gesellschaft ermächtigten Gesellschafter und die Liquidatoren für die Gesellschaft keine Zahlungen leisten. [2]Dies gilt nicht von Zahlungen, die auch nach diesem Zeitpunkt mit der Sorgfalt eines ordentlichen und gewissenhaften Geschäftsleiters vereinbar sind.

(3) [1]Wird entgegen Absatz 1 die Eröffnung des Konkursverfahrens oder des gerichtlichen Vergleichsverfahrens nicht oder nicht rechtzeitig

beantragt oder werden entgegen Absatz 2 Zahlungen geleistet, nachdem die Zahlungsunfähigkeit der Gesellschaft eingetreten ist oder sich ihre Überschuldung ergeben hat, so sind die organschaftlichen Vertreter der zur Vertretung der Gesellschaft ermächtigten Gesellschafter und die Liquidatoren der Gesellschaft gegenüber zum Ersatz des daraus entstehenden Schadens als Gesamtschuldner verpflichtet. [2]Ist dabei streitig, ob sie die Sorgfalt eines ordentlichen und gewissenhaften Geschäftsleiters angewandt haben, so trifft sie die Beweislast. [3]Die Ersatzpflicht kann durch Vereinbarung mit den Gesellschaftern weder eingeschränkt noch ausgeschlossen werden.

▶ Auflösung der Gesellschaft und Ausscheiden von Gesellschaftern

§ 131. [Auflösungsgründe] (1) Die offene Handelsgesellschaft wird aufgelöst:

1. durch den Ablauf der Zeit, für welche sie eingegangen ist;
2. durch Beschluß der Gesellschafter;
3. durch die Eröffnung des Insolvenzverfahrens über das Vermögen der Gesellschaft;
4. durch gerichtliche Entscheidung.

(2) Folgende Gründe führen mangels abweichender vertraglicher Bestimmung zum Ausscheiden eines Gesellschafters:

1. Tod des Gesellschafters,
2. Eröffnung des Konkurses über das Vermögen des Gesellschafters,
3. Kündigung des Gesellschafters,
4. Kündigung durch den Privatgläubiger des Gesellschafters,
5. Eintritt von weiteren im Gesellschaftsvertrag vorgesehenen Fällen,
6. Beschluß der Gesellschafter.

6 Der Gesellschafter scheidet mit dem Eintritt des ihn betreffenden Ereignisses aus, im Falle der Kündigung aber nicht vor Ablauf der Kündigungsfrist.

§ 132. [Kündigung eines Gesellschafters] Die Kündigung eines Gesellschafters kann, wenn die Gesellschaft für unbestimmte Zeit eingegangen ist, nur für den Schluß eines Geschäftsjahrs erfolgen; sie muß mindestens sechs Monate vor diesem Zeitpunkte stattfinden.

§ 133. [Auflösung durch gerichtliche Entscheidung] (1) Auf Antrag eines Gesellschafters kann die Auflösung der Gesellschaft vor dem Ablaufe der für ihre Dauer bestimmten Zeit oder bei einer für unbestimmte Zeit eingegangenen Gesellschaft ohne Kündigung durch gerichtliche Entscheidung ausgesprochen werden, wenn ein wichtiger Grund vorliegt.

(2) Ein solcher Grund ist insbesondere vorhanden, wenn ein anderer Gesellschafter eine ihm nach dem Gesellschaftsvertrag obliegende wesentliche Verpflichtung vorsätzlich oder aus grober Fahrlässigkeit verletzt oder wenn die Erfüllung einer solchen Verpflichtung unmöglich wird.

(3) Eine Vereinbarung, durch welche das Recht des Gesellschafters, die Auflösung der Gesellschaft zu verlangen, ausgeschlossen oder diesen Vorschriften zuwider beschränkt wird, ist nichtig.

§ 139. [Fortsetzung mit den Erben] (1) Ist im Gesellschaftsvertrag bestimmt, daß im Falle des Todes eines Gesellschafters die Gesellschaft mit dessen Erben fortgesetzt werden soll, so kann jeder Erbe sein Verbleiben in der Gesellschaft davon abhängig machen, daß ihm unter Belassung des bisherigen Gewinnanteils die Stellung eines Kommanditisten eingeräumt und der auf ihn fallende Teil der Einlage des Erblassers als seine Kommanditeinlage anerkannt wird.

(2) Nehmen die übrigen Gesellschafter einen dahingehenden Antrag des Erben nicht an, so ist dieser befugt, ohne Einhaltung einer Kündigungsfrist sein Ausscheiden aus der Gesellschaft zu erklären.

§ 140. [Ausschließung eines Gesellschafters]

(1) Tritt in der Person eines Gesellschafters ein Umstand ein, der nach § 133 für die übrigen Gesellschafter das Recht begründet, die Auflösung der Gesellschaft zu verlangen, so kann vom Gericht anstatt der Auflösung die Ausschließung dieses Gesellschafters aus der Gesellschaft ausgesprochen werden, sofern die übrigen Gesellschafter dies beantragen. Der Ausschließungsklage steht nicht entgegen, daß nach der Ausschließung nur ein Gesellschafter verbleibt.

(2) Für die Auseinandersetzung zwischen der Gesellschaft und dem ausgeschlossenen Gesellschafter ist die Vermögenslage der Gesellschaft in dem Zeitpunkte maßgebend, in welchem die Klage auf Ausschließung erhoben ist.

§ 143. [Anmeldung von Auflösung und Ausscheiden] (1) Die Auflösung der Gesellschaft ist von sämtlichen Gesellschaftern zur Eintragung in das Handelsregister anzumelden. Dies gilt nicht in den Fällen der Eröffnung oder der Ablehnung der Eröffnung des Insolvenzverfahrens über das Vermögen der Gesellschaft (§ 131 Abs. 1 Nr. 3 und Abs. 2 Nr. 1). In diesen Fällen hat das Gericht die Auflösung und ihren Grund von Amts wegen einzutragen. Im Falle der

Löschung der Gesellschaft (§ 131 Abs. 2 Nr. 2) entfällt die Eintragung der Auflösung.

(2) Absatz 1 Satz 1 gilt entsprechend für das Ausscheiden eines Gesellschafters aus der Gesellschaft.

► Liquidation der Gesellschaft

§ 145. [Notwendigkeit der Liquidation]
(1) Nach der Auflösung der Gesellschaft findet die Liquidation statt, sofern nicht eine andere Art der Auseinandersetzung von den Gesellschaftern vereinbart oder über das Vermögen der Gesellschaft das Insolvenzverfahren eröffnet ist.

(2) Ist die Gesellschaft durch Kündigung des Gläubigers eines Gesellschafters oder durch die Eröffnung des Insolvenzverfahrens über das Vermögen eines Gesellschafters aufgelöst, so kann die Liquidation nur mit Zustimmung des Gläubigers oder des Insolvenzverwalters unterbleiben.

§ 155. [Verteilung des Gesellschaftsvermögens] (1) Das nach Berichtigung der Schulden verbleibende Vermögen der Gesellschaft ist von den Liquidatoren nach dem Verhältnisse der Kapitalanteile, wie sie sich auf Grund der Schlußbilanz ergeben, unter die Gesellschafter zu verteilen.

► Verjährung. Zeitliche Begrenzung der Haftung

§ 159. [Ansprüche gegen einen Gesellschafter]
(1) Die Ansprüche gegen einen Gesellschafter aus Verbindlichkeiten der Gesellschaft verjähren in fünf Jahren nach der Auflösung der Gesellschaft, sofern nicht der Anspruch gegen die Gesellschaft einer kürzeren Verjährung unterliegt.

(4) Die Unterbrechung der Verjährung gegenüber der aufgelösten Gesellschaft wirkt auch gegenüber den Gesellschaftern, die der Gesellschaft zur Zeit der Auflösung angehört haben.

§ 160. [Haftung des ausscheidenden Gesellschafters] (1) [1]Scheidet ein Gesellschafter aus der Gesellschaft aus, so haftet er für ihre bis dahin begründeten Verbindlichkeiten, wenn sie vor Ablauf von fünf Jahren nach dem Ausscheiden fällig und daraus Ansprüche gegen ihn gerichtlich geltend gemacht sind; bei öffentlich-rechtlichen Verbindlichkeiten genügt zur Geltendmachung der Erlaß eines Verwaltungsakts. [2]Die Frist beginnt mit dem Ende des Tages, an dem das Ausscheiden in das Handelsregister des für den Sitz der Gesellschaft zuständigen Gerichts eingetragen wird. ...

Kommanditgesellschaft

§ 161. [Begriff der KG; Anwendbarkeit der OHG-Vorschriften] (1) Eine Gesellschaft, deren Zweck auf den Betrieb eines Handelsgewerbes unter gemeinschaftlicher Firma gerichtet ist, ist eine Kommanditgesellschaft, wenn bei einem oder bei einigen von den Gesellschaftern die Haftung gegenüber den Gesellschaftsgläubigern auf den Betrag einer bestimmten Vermögenseinlage beschränkt ist (Kommanditisten), während bei dem anderen Teile der Gesellschafter eine Beschränkung der Haftung nicht stattfindet (persönlich haftende Gesellschafter).

(2) Soweit nicht in diesem Abschnitt ein anderes vorgeschrieben ist, finden auf die Kommanditgesellschaft die für die offene Handelsgesellschaft geltenden Vorschriften Anwendung.

§ 162. [Anmeldung zum Handelsregister]
(1) Die Anmeldung der Gesellschaft hat außer den in § 106 Abs. 2 vorgesehenen Angaben die Bezeichnung der Kommanditisten und den Betrag der Einlage eines jeden von ihnen zu enthalten.

(2) Bei der Bekanntmachung der Eintragung ist nur die Zahl der Kommanditisten anzugeben; der Name, das Geburtsdatum und der Wohnort der Kommanditisten sowie der Betrag ihrer Einlagen werden nicht bekanntgemacht.

(3) Diese Vorschriften finden im Falle des Eintritts eines Kommanditisten in eine bestehende Handelsgesellschaft und im Falle des Ausscheidens eines Kommanditisten aus einer Kommanditgesellschaft entsprechende Anwendung. 6

§ 163. [Rechtsverhältnis der Gesellschafter untereinander] Für das Verhältnis der Gesellschafter untereinander gelten in Ermangelung abweichender Bestimmungen des Gesellschaftsvertrags die besonderen Vorschriften der §§ 164 bis 169.

§ 164. [Geschäftsführung] [1]Die Kommanditisten sind von der Führung der Geschäfte der Gesellschaft ausgeschlossen; sie können einer Handlung der persönlich haftenden Gesellschafter nicht widersprechen, es sei denn, daß die Handlung über den gewöhnlichen Betrieb des Handelsgewerbes der Gesellschaft hinausgeht. [2]Die Vorschriften des § 116 Abs. 3 bleiben unberührt.

§ 165. [Wettbewerbsverbot] Die §§ 112 und 113 finden auf die Kommanditisten keine Anwendung.

§ 166. [Kontrollrecht] (1) Der Kommanditist ist berechtigt, die abschriftliche Mitteilung des Jahresabschlusses zu verlangen und dessen Richtigkeit unter Einsicht der Bücher und Papiere zu prüfen.

(2) Die in § 118 dem von der Geschäftsführung ausgeschlossenen Gesellschafter eingeräumten weiteren Rechte stehen dem Kommanditisten nicht zu.

(3) Auf Antrag eines Kommanditisten kann das Gericht, wenn wichtige Gründe vorliegen, die Mitteilung einer Bilanz und eines Jahresabschlusses oder sonstiger Aufklärungen sowie die Vorlegung der Bücher und Papiere jederzeit anordnen.

§ 167. [Gewinn und Verlust] (1) Die Vorschriften des § 120 über die Berechnung des Gewinns oder Verlustes gelten auch für den Kommanditisten.

(2) Jedoch wird der einem Kommanditisten zukommende Gewinn seinem Kapitalanteil nur so lange zugeschrieben, als dieser den Betrag der bedungenen Einlage nicht erreicht.

(3) An dem Verluste nimmt der Kommanditist nur bis zum Betrage seines Kapitalanteils und seiner noch rückständigen Einlage teil.

§ 168. [Verteilung von Gewinn und Verlust]

(1) Die Anteile der Gesellschafter am Gewinne bestimmen sich, soweit der Gewinn den Betrag von vier vom Hundert der Kapitalanteile nicht übersteigt, nach den Vorschriften des § 121 Abs. 1 und 2.

6

(2) In Ansehung des Gewinns, welcher diesen Betrag übersteigt, sowie in Ansehung des Verlustes gilt, soweit nicht ein anderes vereinbart ist, ein den Umständen nach angemessenes Verhältnis der Anteile als bedungen.

§ 169. [Gewinnauszahlung] (1) [1]§ 122 findet auf den Kommanditisten keine Anwendung. [2]Dieser hat nur Anspruch auf Auszahlung des ihm zukommenden Gewinns; er kann auch die Auszahlung des Gewinns nicht fordern, solange sein Kapitalanteil durch Verlust unter den auf die bedungene Einlage geleisteten Betrag herabgemindert ist oder durch die Auszahlung unter diesen Betrag herabgemindert werden würde.

(2) Der Kommanditist ist nicht verpflichtet, den bezogenen Gewinn wegen späterer Verluste zurückzuzahlen.

§ 170. [Vertretung der KG] Der Kommanditist ist zur Vertretung der Gesellschaft nicht ermächtigt.

§ 171. [Haftung des Kommanditisten] (1) Der Kommanditist haftet den Gläubigern der Gesellschaft bis zur Höhe seiner Einlage unmittelbar; die Haftung ist ausgeschlossen, soweit die Einlage geleistet ist.

§ 172. [Umfang der Haftung] (1) Im Verhältnisse zu den Gläubigern der Gesellschaft wird nach der Eintragung in das Handelsregister die Einlage eines Kommanditisten durch den in der Eintragung angegebenen Betrag bestimmt.

(3) Eine Vereinbarung der Gesellschafter, durch die einem Kommanditisten die Einlage erlassen oder gestundet wird, ist den Gläubigern gegenüber unwirksam.

(4) [1]Soweit die Einlage eines Kommanditisten zurückbezahlt wird, gilt sie den Gläubigern gegenüber als nicht geleistet. [2]Das gleiche gilt, soweit ein Kommanditist Gewinnanteile entnimmt, während sein Kapitalanteil durch Verlust unter den Betrag der geleisteten Einlage herabgemindert ist, oder soweit durch die Entnahme der Kapitalanteil unter den bezeichneten Betrag herabgemindert wird.

§ 173. [Haftung bei Eintritt als Kommanditist]

(1) Wer in eine bestehende Handelsgesellschaft als Kommanditist eintritt, haftet nach Maßgabe der §§ 171 und 172 für die vor seinem Eintritt begründeten Verbindlichkeiten der Gesellschaft, ohne Unterschied, ob die Firma eine Änderung erleidet oder nicht.

(2) Eine entgegenstehende Vereinbarung ist Dritten gegenüber unwirksam.

§ 176. [Haftung vor Eintragung] (1) [1]Hat die Gesellschaft ihre Geschäfte begonnen, bevor sie in das Handelsregister des Gerichts, in dessen Bezirke sie ihren Sitz hat, eingetragen ist, so haftet jeder Kommanditist, der dem Geschäftsbeginne zugestimmt hat, für die bis zur Eintragung begründeten Verbindlichkeiten der Gesellschaft gleich einem persönlich haftenden Gesellschafter, es sei denn, daß seine Beteiligung als Kommanditist dem Gläubiger bekannt war. [2]Diese Vorschrift kommt nicht zur Anwendung, soweit sich aus § 2 oder § 105 Abs. 2 ein anderes ergibt.

§ 177. [Tod des Kommanditisten] Beim Tod eines Kommanditisten wird die Gesellschaft mangels abweichender vertraglicher Bestimmung mit den Erben fortgesetzt.

Stille Gesellschaft

§ 230. [Begriff und Wesen der stillen Gesellschaft] (1) Wer sich als stiller Gesellschafter an dem Handelsgewerbe, das ein anderer betreibt, mit einer Vermögenseinlage beteiligt, hat die Einlage so zu leisten, daß sie in das Vermögen des Inhabers des Handelsgeschäfts übergeht.

(2) Der Inhaber wird aus den in dem Betriebe geschlossenen Geschäften allein berechtigt und verpflichtet.

§ 231. [Gewinn und Verlust] (1) Ist der Anteil des stillen Gesellschafters am Gewinn und Verluste nicht bestimmt, so gilt ein den Umständen nach angemessener Anteil als bedungen.

(2) Im Gesellschaftsvertrage kann bestimmt werden, daß der stille Gesellschafter nicht am Verluste beteiligt sein soll; seine Beteiligung am Gewinne kann nicht ausgeschlossen werden.

§ 232. [Gewinn- und Verlustrechnung] (1) Am Schlusse jedes Geschäftsjahrs wird der Gewinn und Verlust berechnet und der auf den stillen Gesellschafter fallende Gewinn ihm ausbezahlt.

(2) [1]Der stille Gesellschafter nimmt an dem Verluste nur bis zum Betrage seiner eingezahlten oder rückständigen Einlage teil. [2]Er ist nicht verpflichtet, den bezogenen Gewinn wegen späterer Verluste zurückzuzahlen; jedoch wird, solange seine Einlage durch Verlust vermindert ist, der jährliche Gewinn zur Deckung des Verlustes verwendet.

§ 233. [Kontrollrecht des stillen Gesellschafters] (1) Der stille Gesellschafter ist berechtigt, die abschriftliche Mitteilung des Jahresabschlusses zu verlangen und dessen Richtigkeit unter Einsicht der Bücher und Papiere zu prüfen.

§ 234. [Kündigung der Gesellschaft; Tod des stillen Gesellschafters] (1) [1]Auf die Kündigung der Gesellschaft durch einen der Gesellschafter oder durch einen Gläubiger des stillen Gesellschafters finden die Vorschriften der §§ 132, 134 und 135 entsprechende Anwendung. [2]Die Vorschriften des § 723 des Bürgerlichen Gesetzbuchs über das Recht, die Gesellschaft aus wichtigen Gründen ohne Einhaltung einer Frist zu kündigen, bleiben unberührt.

(2) Durch den Tod des stillen Gesellschafters wird die Gesellschaft nicht aufgelöst.

Drittes Buch. Handelsbücher

Vorschriften für alle Kaufleute

▶ Buchführung und Inventar

§ 238. Buchführungspflicht. (1) [1]Jeder Kaufmann ist verpflichtet, Bücher zu führen und in diesen seine Handelsgeschäfte und die Lage seines Vermögens nach den Grundsätzen ordnungsmäßiger Buchführung ersichtlich zu machen. [2]Die Buchführung muß so beschaffen sein, daß sie einem sachverständigen Dritten innerhalb angemessener Zeit einen Überblick über die Geschäftsvorfälle und über die Lage des Unternehmens vermitteln kann. [3]Die Geschäftsvorfälle müssen sich in ihrer Entstehung und Abwicklung verfolgen lassen.

(2) Der Kaufmann ist verpflichtet, eine mit der Urschrift übereinstimmende Wiedergabe der abgesandten Handelsbriefe (Kopie, Abdruck, Abschrift oder sonstige Wiedergabe des Wortlauts auf einem Schrift-, Bild- oder anderen Datenträger) zurückzubehalten.

§ 239. Führung der Handelsbücher. (1) [1]Bei der Führung der Handelsbücher und bei den sonst erforderlichen Aufzeichnungen hat sich der Kaufmann einer lebenden Sprache zu bedienen. [2]Werden Abkürzungen, Ziffern, Buchstaben oder Symbole verwendet, muß im Einzelfall deren Bedeutung eindeutig festliegen. 6

(2) Die Eintragungen in Büchern und die sonst erforderlichen Aufzeichnungen müssen vollständig, richtig, zeitgerecht und geordnet vorgenommen werden.

(3) [1]Eine Eintragung oder eine Aufzeichnung darf nicht in einer Weise verändert werden, daß der ursprüngliche Inhalt nicht mehr feststellbar ist. [2]Auch solche Veränderungen dürfen nicht vorgenommen werden, deren Beschaffenheit es ungewiß läßt, ob sie ursprünglich oder erst später gemacht worden sind.

(4) [1]Die Handelsbücher und die sonst erforderlichen Aufzeichnungen können auch in der geordneten Ablage von Belegen bestehen oder

auf Datenträgern geführt werden, soweit diese Formen der Buchführung einschließlich des dabei angewandten Verfahrens den Grundsätzen ordnungsmäßiger Buchführung entsprechen. [2]Bei der Führung der Handelsbücher und der sonst erforderlichen Aufzeichnungen auf Datenträgern muß insbesondere sichergestellt sein, daß die Daten während der Dauer der Aufbewahrungsfrist verfügbar sind und jederzeit innerhalb angemessener Frist lesbar gemacht werden können. [3]Absätze 1 bis 3 gelten sinngemäß.

§ 240. Inventar. (1) Jeder Kaufmann hat zu Beginn seines Handelsgewerbes seine Grundstücke, seine Forderungen und Schulden, den Betrag seines baren Geldes sowie seine sonstigen Vermögensgegenstände genau zu verzeichnen und dabei den Wert der einzelnen Vermögensgegenstände und Schulden anzugeben.

(2) [1]Er hat demnächst für den Schluß eines jeden Geschäftsjahrs ein solches Inventar aufzustellen. [2]Die Dauer des Geschäftsjahres darf zwölf Monate nicht überschreiten. [3]Die Aufstellung des Inventars ist innerhalb der einem ordnungsmäßigen Geschäftsgang entsprechenden Zeit zu bewirken.

(3) [1]Vermögensgegenstände des Sachanlagevermögens sowie Roh-, Hilfs- und Betriebsstoffe können, wenn sie regelmäßig ersetzt werden und ihr Gesamtwert für das Unternehmen von nachrangiger Bedeutung ist, mit einer gleichbleibenden Menge und einem gleichbleibenden Wert angesetzt werden, sofern ihr Bestand in seiner Größe, seinem Wert und seiner Zusammensetzung nur geringen Veränderungen unterliegt. [2]Jedoch ist in der Regel alle drei Jahre eine körperliche Bestandsaufnahme durchzuführen.

6 (4) Gleichartige Vermögensgegenstände des Vorratsvermögens sowie andere gleichartige oder annähernd gleichwertige bewegliche Vermögensgegenstände und Schulden können jeweils zu einer Gruppe zusammengefaßt und mit dem gewogenen Durchschnittswert angesetzt werden.

§ 241. Inventurvereinfachungsverfahren.

(1) [1]Bei der Aufstellung des Inventars darf der Bestand der Vermögensgegenstände nach Art, Menge und Wert auch mit Hilfe anerkannter mathematisch-statistischer Methoden auf Grund von Stichproben ermittelt werden. [2]Das Verfahren muß den Grundsätzen ordnungsmäßiger Buchführung entsprechen. [3]Der Aussagewert des auf diese Weise aufgestellten Inventars muß dem Aussagewert eines auf Grund einer körperlichen Bestandsaufnahme aufgestellten Inventars gleichkommen.

(2) Bei der Aufstellung des Inventars für den Schluß eines Geschäftsjahrs bedarf es einer körperlichen Bestandsaufnahme der Vermögensgegenstände für diesen Zeitpunkt nicht, soweit durch Anwendung eines den Grundsätzen ordnungsmäßiger Buchführung entsprechenden anderen Verfahrens gesichert ist, daß der Bestand der Vermögensgegenstände nach Art, Menge und Wert auch ohne die körperliche Bestandsaufnahme für diesen Zeitpunkt festgestellt werden kann.

(3) In dem Inventar für den Schluß eines Geschäftsjahrs brauchen Vermögensgegenstände nicht verzeichnet zu werden, wenn

1. der Kaufmann ihren Bestand auf Grund einer körperlichen Bestandsaufnahme oder auf Grund eines nach Absatz 2 zulässigen anderen Verfahrens nach Art, Menge und Wert in einem besonderen Inventar verzeichnet hat, das für einen Tag innerhalb der letzten drei Monate vor oder der ersten beiden Monate nach dem Schluß des Geschäftsjahrs aufgestellt ist, und
2. auf Grund des besonderen Inventars durch Anwendung eines den Grundsätzen ordnungsmäßiger Buchführung entsprechenden Fortschreibungs- oder Rückrechnungsverfahrens gesichert ist, daß der am Schluß des Geschäftsjahrs vorhandene Bestand der Vermögensgegenstände für diesen Zeitpunkt ordnungsgemäß bewertet werden kann.

▸ Eröffnungsbilanz und Jahresabschluß

Allgemeine Vorschriften

§ 242. Pflicht zur Aufstellung. (1) [1]Der Kaufmann hat zu Beginn seines Handelsgewerbes und für den Schluß eines jeden Geschäftsjahrs einen das Verhältnis seines Vermögens und seiner Schulden darstellenden Abschluß (Eröffnungsbilanz, Bilanz) aufzustellen. [2]Auf die Eröffnungsbilanz sind die für den Jahresabschluß geltenden Vorschriften entsprechend anzuwenden, soweit sie sich auf die Bilanz beziehen.

(2) Er hat für den Schluß eines jeden Geschäftsjahrs eine Gegenüberstellung der Aufwendungen und Erträge des Geschäftsjahrs (Gewinn- und Verlustrechnung) aufzustellen.

(3) Die Bilanz und die Gewinn- und Verlustrechnung bilden den Jahresabschluß.

§ 243. Aufstellungsgrundsatz. (1) Der Jahresabschluß ist nach den Grundsätzen ordnungsmäßiger Buchführung aufzustellen.

(2) Er muß klar und übersichtlich sein.

(3) Der Jahresabschluß ist innerhalb der einem ordnungsmäßigen Geschäftsgang entsprechenden Zeit aufzustellen.

§ 244. Sprache. Währungseinheit. Der Jahresabschluß ist in deutscher Sprache und in Euro aufzustellen.

§ 245. Unterzeichnung. [1]Der Jahresabschluß ist vom Kaufmann unter Angabe des Datums zu unterzeichnen. [2]Sind mehrere persönlich haftende Gesellschafter vorhanden, so haben sie alle zu unterzeichnen.

Ansatzvorschriften

§ 246. Vollständigkeit. Verrechnungsverbot.

(1) [1]Der Jahresabschluß hat sämtliche Vermögensgegenstände, Schulden, Rechnungsabgrenzungsposten, Aufwendungen und Erträge zu enthalten, soweit gesetzlich nichts anderes bestimmt ist. [2]Vermögensgegenstände, die unter Eigentumsvorbehalt erworben oder an Dritte für eigene oder fremde Verbindlichkeiten verpfändet oder in anderer Weise als Sicherheit übertragen worden sind, sind in die Bilanz des Sicherungsgebers aufzunehmen. [3]In die Bilanz des Sicherungsnehmers sind sie nur aufzunehmen, wenn es sich um Bareinlagen handelt.

(2) Posten der Aktivseite dürfen nicht mit Posten der Passivseite, Aufwendungen nicht mit Erträgen, Grundstücksrechte nicht mit Grundstückslasten verrechnet werden.

§ 247. Inhalt der Bilanz. (1) In der Bilanz sind das Anlage- und das Umlaufvermögen, das Eigenkapital, die Schulden sowie die Rechnungsabgrenzungsposten gesondert auszuweisen und hinreichend aufzugliedern.

(2) Beim Anlagevermögen sind nur die Gegenstände auszuweisen, die bestimmt sind, dauernd dem Geschäftsbetrieb zu dienen.

(3) [1]Passivposten, die für Zwecke der Steuern vom Einkommen und vom Ertrag zulässig sind, dürfen in der Bilanz gebildet werden. [2]Sie sind als Sonderposten mit Rücklageanteil auszuweisen und nach Maßgabe des Steuerrechts aufzulösen. [3]Einer Rückstellung bedarf es insoweit nicht.

§ 248. Bilanzierungsverbote. (1) Aufwendungen für die Gründung des Unternehmens und für die Beschaffung des Eigenkapitals dürfen in die Bilanz nicht als Aktivposten aufgenommen werden.

(2) Für immaterielle Vermögensgegenstände des Anlagevermögens, die nicht entgeltlich erworben wurden, darf ein Aktivposten nicht angesetzt werden.

(3) Aufwendungen für den Abschluß von Versicherungsverträgen dürfen nicht aktiviert werden.

§ 249. Rückstellungen. (1) [1]Rückstellungen sind für ungewisse Verbindlichkeiten und für drohende Verluste aus schwebenden Geschäften zu bilden. [2]Ferner sind Rückstellungen zu bilden für
1. im Geschäftsjahr unterlassene Aufwendungen für Instandhaltung, die im folgenden Geschäftsjahr innerhalb von drei Monaten, oder für Abraumbeseitigung, die im folgenden Geschäftsjahr nachgeholt werden,
2. Gewährleistungen, die ohne rechtliche Verpflichtung erbracht werden.

[3]Rückstellungen dürfen für unterlassene Aufwendungen für Instandhaltung auch gebildet werden, wenn die Instandhaltung nach Ablauf der Frist nach Satz 2 Nr. 1 innerhalb des Geschäftsjahrs nachgeholt wird.

(2) Rückstellungen dürfen außerdem für ihrer Eigenart nach genau umschriebene, dem Geschäftsjahr oder einem früheren Geschäftsjahr zuzuordnende Aufwendungen gebildet werden, die am Abschlußstichtag wahrscheinlich oder sicher, aber hinsichtlich ihrer Höhe oder des Zeitpunkts ihres Eintritts unbestimmt sind.

(3) [1]Für andere als die in den Absätzen 1 und 2 bezeichneten Zwecke dürfen Rückstellungen nicht gebildet werden. [2]Rückstellungen dürfen nur aufgelöst werden, soweit der Grund hierfür entfallen ist.

§ 250. Rechnungsabgrenzungsposten. (1) [1]Als Rechnungsabgrenzungsposten sind auf der Aktivseite Ausgaben vor dem Abschlußstichtag auszuweisen, soweit sie Aufwand für eine bestimmte Zeit nach diesem Tag darstellen. [2]Ferner dürfen ausgewiesen werden
1. als Aufwand berücksichtigte Zölle und Verbrauchsteuern, soweit sie auf am Abschlußstichtag auszuweisende Vermögensgegenstände des Vorratsvermögens entfallen,
2. als Aufwand berücksichtigte Umsatzsteuer auf am Abschlußstichtag auszuweisende oder von den Vorräten offen abgesetzte Anzahlungen.

(2) Auf der Passivseite sind als Rechnungsabgrenzungsposten Einnahmen vor dem Abschlußstichtag auszuweisen, soweit sie Ertrag für eine bestimmte Zeit nach diesem Tag darstellen.

(3) [1]Ist der Rückzahlungsbetrag einer Verbindlichkeit höher als der Ausgabebetrag, so darf der Unterschiedsbetrag in den Rechnungsabgrenzungsposten auf der Aktivseite aufgenommen werden. [2]Der Unterschiedsbetrag ist durch planmäßige jährliche Abschreibungen zu tilgen, die auf die gesamte Laufzeit der Verbindlichkeit verteilt werden können.

§ 251. Haftungsverhältnisse. [1]Unter der Bilanz sind, sofern sie nicht auf der Passivseite auszuweisen sind, Verbindlichkeiten aus der Begebung und Übertragung von Wechseln, aus Bürgschaften, Wechsel- und Scheckbürgschaften und aus Gewährleistungsverträgen sowie Haftungsverhältnisse aus der Bestellung von Sicherheiten für fremde Verbindlichkeiten zu vermerken; sie dürfen in einem Betrag angegeben werden. [2]Haftungsverhältnisse sind auch anzugeben, wenn ihnen gleichwertige Rückgriffsforderungen gegenüberstehen.

Bewertungsvorschriften

§ 252. Allgemeine Bewertungsgrundsätze.

(1) Bei der Bewertung der im Jahresabschluß ausgewiesenen Vermögensgegenstände und Schulden gilt insbesondere folgendes:

1. Die Wertansätze in der Eröffnungsbilanz des Geschäftsjahrs müssen mit denen der Schlußbilanz des vorhergehenden Geschäftsjahrs übereinstimmen.
2. Bei der Bewertung ist von der Fortführung der Unternehmenstätigkeit auszugehen, sofern dem nicht tatsächliche oder rechtliche Gegebenheiten entgegenstehen.
3. Die Vermögensgegenstände und Schulden sind zum Abschlußstichtag einzeln zu bewerten.
4. Es ist vorsichtig zu bewerten, namentlich sind alle vorhersehbaren Risiken und Verluste, die bis zum Abschlußstichtag entstanden sind, zu berücksichtigen, selbst wenn diese erst zwischen dem Abschlußstichtag und dem Tag der Aufstellung des Jahresabschlusses bekanntgeworden sind; Gewinne sind nur zu berücksichtigen, wenn sie am Abschlußstichtag realisiert sind.
5. Aufwendungen und Erträge des Geschäftsjahrs sind unabhängig von den Zeitpunkten der entsprechenden Zahlungen im Jahresabschluß zu berücksichtigen.
6. Die auf den vorhergehenden Jahresabschluß angewandten Bewertungsmethoden sollen beibehalten werden.

6

(2) Von den Grundsätzen des Absatzes 1 darf nur in begründeten Ausnahmefällen abgewichen werden.

§ 253. Wertansätze der Vermögensgegenstände und Schulden. (1) [1]Vermögensgegenstände sind höchstens mit den Anschaffungs- oder Herstellungskosten, vermindert um Abschreibungen nach den Absätzen 2 und 3 anzusetzen. [2]Verbindlichkeiten sind zu ihrem Rückzahlungsbetrag, Rentenverpflichtungen, für die eine Gegenleistung nicht mehr zu erwarten ist, zu ihrem Barwert und Rückstellungen nur in Höhe des Betrags anzusetzen, der nach vernünftiger kaufmännischer Beurteilung notwendig ist; Rückstellungen dürfen nur abgezinst werden, soweit die ihnen zugrundeliegenden Verbindlichkeiten einen Zinsanteil enthalten.

(2) [1]Bei Vermögensgegenständen des Anlagevermögens, deren Nutzung zeitlich begrenzt ist, sind die Anschaffungs- oder Herstellungskosten um planmäßige Abschreibungen zu vermindern. [2]Der Plan muß die Anschaffungs- oder Herstellungskosten auf die Geschäftsjahre verteilen, in denen der Vermögensgegenstand voraussichtlich genutzt werden kann. [3]Ohne Rücksicht darauf, ob ihre Nutzung zeitlich begrenzt ist, können bei Vermögensgegenständen des Anlagevermögens außerplanmäßige Abschreibungen vorgenommen werden, um die Vermögensgegenstände mit dem niedrigeren Wert anzusetzen, der ihnen am Abschlußstichtag beizulegen ist; sie sind vorzunehmen bei einer voraussichtlich dauernden Wertminderung.

(3) [1]Bei Vermögensgegenständen des Umlaufvermögens sind Abschreibungen vorzunehmen, um diese mit einem niedrigeren Wert anzusetzen, der sich aus einem Börsen- oder Marktpreis am Abschlußstichtag ergibt. [2]Ist ein Börsen- oder Marktpreis nicht festzustellen und übersteigen die Anschaffungs- oder Herstellungskosten den Wert, der den Vermögensgegenständen am Abschlußstichtag beizulegen ist, so ist auf diesen Wert abzuschreiben. [3]Außerdem dürfen Abschreibungen vorgenommen werden, soweit diese nach vernünftiger kaufmännischer Beurteilung notwendig sind, um zu verhindern, daß in der nächsten Zukunft der Wertansatz dieser Vermögensgegenstände auf Grund von Wertschwankungen geändert werden muß.

(4) Abschreibungen sind außerdem im Rahmen vernünftiger kaufmännischer Beurteilung zulässig.

(5) Ein niedrigerer Wertansatz nach Absatz 2 Satz 3, Absatz 3 oder 4 darf beibehalten werden, auch wenn die Gründe dafür nicht mehr bestehen.

§ 254. Steuerrechtliche Abschreibungen. [1]Abschreibungen können auch vorgenommen werden, um Vermögensgegenstände des Anlage- oder Umlaufvermögens mit dem niedrigeren Wert anzusetzen, der auf einer nur steuerrechtlich zulässigen Abschreibung beruht. [2]§ 253 Abs. 5 ist entsprechend anzuwenden.

§ 255. Anschaffungs- und Herstellungskosten.

(1) [1]Anschaffungskosten sind die Aufwendungen, die geleistet werden, um einen Vermögensgegenstand zu erwerben und ihn in einen

betriebsbereiten Zustand zu versetzen, soweit sie dem Vermögensgegenstand einzeln zugeordnet werden können. [2]Zu den Anschaffungskosten gehören auch die Nebenkosten sowie die nachträglichen Anschaffungskosten. [3]Anschaffungspreisminderungen sind abzusetzen.

(2) [1]Herstellungskosten sind die Aufwendungen, die durch den Verbrauch von Gütern und die Inanspruchnahme von Diensten für die Herstellung eines Vermögensgegenstands, seine Erweiterung oder für eine über seinen ursprünglichen Zustand hinausgehende wesentliche Verbesserung entstehen. [2]Dazu gehören die Materialkosten, die Fertigungskosten und die Sonderkosten der Fertigung. [3]Bei der Berechnung der Herstellungskosten dürfen auch angemessene Teile der notwendigen Materialgemeinkosten, der notwendigen Fertigungsgemeinkosten und des Wertverzehrs des Anlagevermögens, soweit er durch die Fertigung veranlaßt ist, eingerechnet werden. [4]Kosten der allgemeinen Verwaltung sowie Aufwendungen für soziale Einrichtungen des Betriebs, für freiwillige soziale Leistungen und für betriebliche Altersversorgung brauchen nicht eingerechnet zu werden. [5]Aufwendungen im Sinne der Sätze 3 und 4 dürfen nur insoweit berücksichtigt werden, als sie auf den Zeitraum der Herstellung entfallen. [6]Vertriebskosten dürfen nicht in die Herstellungskosten einbezogen werden.

(3) [1]Zinsen für Fremdkapital gehören nicht zu den Herstellungskosten. [2]Zinsen für Fremdkapital, das zur Finanzierung der Herstellung eines Vermögensgegenstands verwendet wird, dürfen angesetzt werden, soweit sie auf den Zeitraum der Herstellung entfallen; in diesem Falle gelten sie als Herstellungskosten des Vermögensgegenstands.

(4) [1]Als Geschäfts- oder Firmenwert darf der Unterschiedsbetrag angesetzt werden, um den die für die Übernahme eines Unternehmens bewirkte Gegenleistung den Wert der einzelnen Vermögensgegenstände des Unternehmens abzüglich der Schulden im Zeitpunkt der Übernahme übersteigt. [2]Der Betrag ist in jedem folgenden Geschäftsjahr zu mindestens einem Viertel durch Abschreibungen zu tilgen. [3]Die Abschreibung des Geschäfts- oder Firmenwerts kann aber auch planmäßig auf die Geschäftsjahre verteilt werden, in denen er voraussichtlich genutzt wird.

§ 256. Bewertungsvereinfachungsverfahren. [1]Soweit es den Grundsätzen ordnungsmäßiger Buchführung entspricht, kann für den Wertansatz gleichartiger Vermögensgegenstände des Vorratsvermögens unterstellt werden, daß die zuerst oder daß die zuletzt angeschafften oder hergestellten Vermögensgegenstände zuerst oder in einer sonstigen bestimmten Folge verbraucht oder veräußert worden sind. [2]§ 240 Abs. 3 und 4 ist auch auf den Jahresabschluß anwendbar.

▶ Aufbewahrung und Vorlage

§ 257. Aufbewahrung von Unterlagen. Aufbewahrungsfristen. (1) Jeder Kaufmann ist verpflichtet, die folgenden Unterlagen geordnet aufzubewahren:
1. Handelsbücher, Inventare, Eröffnungsbilanzen, Jahresabschlüsse, Lageberichte, Konzernabschlüsse, Konzernlageberichte sowie die zu ihrem Verständnis erforderlichen Arbeitsanweisungen und sonstigen Organisationsunterlagen,
2. die empfangenen Handelsbriefe,
3. Wiedergaben der abgesandten Handelsbriefe,
4. Belege für Buchungen in den von ihm nach § 238 Abs. 1 zu führenden Büchern (Buchungsbelege).

(2) Handelsbriefe sind nur Schriftstücke, die ein Handelsgeschäft betreffen.

(3) [1]Mit Ausnahme der Eröffnungsbilanzen, Jahresabschlüsse und der Konzernabschlüsse können die in Absatz 1 aufgeführten Unterlagen auch als Wiedergabe auf einem Bildträger oder auf anderen Datenträgern aufbewahrt werden, wenn dies den Grundsätzen ordnungsmäßiger Buchführung entspricht und sichergestellt ist, daß die Wiedergabe oder die Daten
1. mit den empfangenen Handelsbriefen und den Buchungsbelegen bildlich und mit den anderen Unterlagen inhaltlich übereinstimmen, wenn sie lesbar gemacht werden,
2. während der Dauer der Aufbewahrungsfrist verfügbar sind und jederzeit innerhalb angemessener Frist lesbar gemacht werden können.

[2]Sind Unterlagen auf Grund des § 239 Abs. 4 Satz 1 auf Datenträgern hergestellt worden, können statt des Datenträgers die Daten auch ausgedruckt aufbewahrt werden; die ausgedruckten Unterlagen können auch nach Satz 1 aufbewahrt werden. 6

(4) Die in Absatz 1 Nr. 1 aufgeführten Unterlagen sind zehn Jahre und die sonstigen in Absatz 1 aufgeführten Unterlagen sechs Jahre aufzubewahren.

(5) Die Aufbewahrungsfrist beginnt mit dem Schluß des Kalenderjahrs, in dem die letzte Eintragung in das Handelsbuch gemacht, das Inventar aufgestellt, die Eröffnungsbilanz oder der Jahresabschluß festgestellt, der Konzernabschluß aufgestellt, der Handelsbrief empfangen oder abgesandt worden oder der Buchungsbeleg entstanden ist.

Ergänzende Vorschriften für Kapitalgesellschaften (Aktiengesellschaften, Kommanditgesellschaften auf Aktien und Gesellschaften mit beschränkter Haftung)

▶ Jahresabschluß der Kapitalgesellschaft und Lagebericht

Allgemeine Vorschriften

§ 264. Pflicht zur Aufstellung. (1) [1]Die gesetzlichen Vertreter einer Kapitalgesellschaft haben den Jahresabschluß (§ 242) um einen Anhang zu erweitern, der mit der Bilanz und der Gewinn- und Verlustrechnung eine Einheit bildet, sowie einen Lagebericht aufzustellen. [2]Der Jahresabschluß und der Lagebericht sind von den gesetzlichen Vertretern in den ersten drei Monaten des Geschäftsjahrs für das vergangene Geschäftsjahr aufzustellen. [3]Kleine Kapitalgesellschaften (§ 267 Abs. 1) brauchen den Lagebericht nicht aufzustellen; sie dürfen den Jahresabschluß auch später aufstellen, wenn dies einem ordnungsgemäßen Geschäftsgang entspricht; jedoch innerhalb der ersten sechs Monate des Geschäftsjahrs.

(2) [1]Der Jahresabschluß der Kapitalgesellschaft hat unter Beachtung der Grundsätze ordnungsmäßiger Buchführung ein den tatsächlichen Verhältnissen entsprechendes Bild der Vermögens-, Finanz- und Ertragslage der Kapitalgesellschaft zu vermitteln. [2]Führen besondere Umstände dazu, daß der Jahresabschluß ein den tatsächlichen Verhältnissen entsprechendes Bild im Sinne des Satzes 1 nicht vermittelt, so sind im Anhang zusätzliche Angaben zu machen.

6

§ 265. Allgemeine Grundsätze für die Gliederung. (1) [1]Die Form der Darstellung, insbesondere die Gliederung der aufeinanderfolgenden Bilanzen und Gewinn- und Verlustrechnungen, ist beizubehalten, soweit nicht in Ausnahmefällen wegen besonderer Umstände Abweichungen erforderlich sind. [2]Die Abweichungen sind im Anhang anzugeben und zu begründen.

(2) [1]In der Bilanz sowie in der Gewinn- und Verlustrechnung ist zu jedem Posten der entsprechende Betrag des vorhergehenden Geschäftsjahrs anzugeben. [2]Sind die Beträge nicht vergleichbar, so ist dies im Anhang anzugeben und zu erläutern. [3]Wird der Vorjahresbetrag angepaßt, so ist auch dies im Anhang anzugeben und zu erläutern.

(3) [1]Fällt ein Vermögensgegenstand oder eine Schuld unter mehrere Posten der Bilanz, so ist die Mitzugehörigkeit zu anderen Posten bei dem Posten, unter dem der Ausweis erfolgt ist, zu vermerken oder im Anhang anzugeben, wenn dies zur Aufstellung eines klaren und übersichtlichen Jahresabschlusses erforderlich ist. [2]Eigene Anteile dürfen unabhängig von ihrer Zweckbestimmung nur unter dem dafür vorgesehenen Posten im Umlaufvermögen ausgewiesen werden.

(4) [1]Sind mehrere Geschäftszweige vorhanden und bedingt dies die Gliederung des Jahresabschlusses nach verschiedenen Gliederungsvorschriften, so ist der Jahresabschluß nach der für einen Geschäftszweig vorgeschriebenen Gliederung aufzustellen und nach der für die anderen Geschäftszweige vorgeschriebenen Gliederung zu ergänzen. [2]Die Ergänzung ist im Anhang anzugeben und zu begründen.

(5) [1]Eine weitere Untergliederung der Posten ist zulässig; dabei ist jedoch die vorgeschriebene Gliederung zu beachten. [2]Neue Posten dürfen hinzugefügt werden, wenn ihr Inhalt nicht von einem vorgeschriebenen Posten gedeckt wird.

(6) Gliederung und Bezeichnung der mit arabischen Zahlen versehenen Posten der Bilanz und der Gewinn- und Verlustrechnung sind zu ändern, wenn dies wegen Besonderheiten der Kapitalgesellschaft zur Aufstellung eines klaren und übersichtlichen Jahresabschlusses erforderlich ist.

(7) Die mit arabischen Zahlen versehenen Posten der Bilanz und der Gewinn- und Verlustrechnung können, wenn nicht besondere Formblätter vorgeschrieben sind, zusammengefaßt ausgewiesen werden, wenn

1. sie einen Betrag enthalten, der für die Vermittlung eines den tatsächlichen Verhältnissen entsprechenden Bildes im Sinne des § 264 Abs. 2 nicht erheblich ist, oder
2. dadurch die Klarheit der Darstellung vergrößert wird; in diesem Falle müssen die zusammengefaßten Posten jedoch im Anhang gesondert ausgewiesen werden.

(8) Ein Posten der Bilanz oder der Gewinn- und Verlustrechnung, der keinen Betrag ausweist, braucht nicht aufgeführt zu werden, es sei denn, daß im vorhergehenden Geschäftsjahr unter diesem Posten ein Betrag ausgewiesen wurde.

Bilanz

§ 266. Gliederung der Bilanz. (1) [1]Die Bilanz ist in Kontoform aufzustellen. [2]Dabei haben große und mittelgroße Kapitalgesellschaften (§ 267 Abs. 3, 2) auf der Aktivseite die in Absatz 2 und auf der Passivseite die in Absatz 3 bezeichneten Posten gesondert und in der vorgeschriebenen Reihenfolge auszuweisen. [3]Kleine Kapitalgesellschaften (§ 267 Abs. 1) brauchen nur eine verkürzte Bilanz aufzustellen, in die nur die in den Absätzen 2 und 3 mit Buchstaben und römischen Zahlen bezeichneten Posten gesondert und in der vorgeschriebenen Reihenfolge aufgenommen werden.

(2) Aktivseite

A. Anlagevermögen:
- I. Immaterielle Vermögensgegenstände:
  1. Konzessionen, gewerbliche Schutzrechte und ähnliche Rechte und Werte sowie Lizenzen an solchen Rechten und Werten;
  2. Geschäfts- oder Firmenwert;
  3. geleistete Anzahlungen;
- II. Sachanlagen:
  1. Grundstücke, grundstücksgleiche Rechte und Bauten einschließlich der Bauten auf fremden Grundstücken;
  2. technische Anlagen und Maschinen;
  3. andere Anlagen, Betriebs- und Geschäftsausstattung;
  4. geleistete Anzahlungen und Anlagen im Bau;
- III. Finanzanlagen:
  1. Anteile an verbundenen Unternehmen;
  2. Ausleihungen an verbundene Unternehmen;
  3. Beteiligungen;
  4. Ausleihungen an Unternehmen, mit denen ein Beteiligungsverhältnis besteht;
  5. Wertpapiere des Anlagevermögens;
  6. sonstige Ausleihungen.

B. Umlaufvermögen:
- I. Vorräte:
  1. Roh-, Hilfs- und Betriebsstoffe;
  2. unfertige Erzeugnisse, unfertige Leistungen;
  3. fertige Erzeugnisse und Waren;
  4. geleistete Anzahlungen;
- II. Forderungen und sonstige Vermögensgegenstände:
  1. Forderungen aus Lieferungen und Leistungen;
  2. Forderungen gegen verbundene Unternehmen;
  3. Forderungen gegen Unternehmen, mit denen ein Beteiligungsverhältnis besteht;
  4. sonstige Vermögensgegenstände;
- III. Wertpapiere:
  1. Anteile an verbundenen Unternehmen;
  2. eigene Anteile;
  3. sonstige Wertpapiere;
- IV. Schecks, Kassenbestand, Bundesbank- und Postgiroguthaben, Guthaben bei Kreditinstituten.

C. Rechnungsabgrenzungsposten.

(3) Passivseite

A. Eigenkapital:
- I. Gezeichnetes Kapital;
- II. Kapitalrücklage;
- III. Gewinnrücklagen:
  1. gesetzliche Rücklage;
  2. Rücklage für eigene Anteile;
  3. satzungsmäßige Rücklagen;
  4. andere Gewinnrücklagen;
- IV. Gewinnvortrag/Verlustvortrag;
- V. Jahresüberschuß/Jahresfehlbetrag.

B. Rückstellungen:
1. Rückstellungen für Pensionen und ähnliche Verpflichtungen;
2. Steuerrückstellungen;
3. sonstige Rückstellungen.

C. Verbindlichkeiten:
1. Anleihen, davon konvertibel;
2. Verbindlichkeiten gegenüber Kreditinstituten;
3. erhaltene Anzahlungen auf Bestellungen;
4. Verbindlichkeiten aus Lieferungen und Leistungen;
5. Verbindlichkeiten aus der Annahme gezogener Wechsel und der Ausstellung eigener Wechsel;
6. Verbindlichkeiten gegenüber verbundenen Unternehmen;
7. Verbindlichkeiten gegenüber Unternehmen, mit denen ein Beteiligungsverhältnis besteht;
8. sonstige Verbindlichkeiten,
   davon aus Steuern,
   davon im Rahmen der sozialen Sicherheit.

D. Rechnungsabgrenzungsposten.

§ 267. Umschreibung der Größenklassen.

(1) Kleine Kapitalgesellschaften sind solche, die mindestens zwei der drei nachstehenden Merkmale nicht überschreiten:
1. Fünf Millionen dreihundertzehntausend Deutsche Mark Bilanzsumme nach Abzug eines auf der Aktivseite ausgewiesenen Fehlbetrags (§ 268 Abs. 3).
2. Zehn Millionen sechshundertzwanzigtausend Deutsche Mark Umsatzerlöse in den zwölf Monaten vor dem Abschlußstichtag.
3. Im Jahresdurchschnitt fünfzig Arbeitnehmer.

(2) Mittelgroße Kapitalgesellschaften sind solche, die mindestens zwei der drei in Absatz 1 bezeichneten Merkmale überschreiten und jeweils mindestens zwei der drei nachstehenden Merkmale nicht überschreiten:
1. Einundzwanzig Millionen zweihundertvierzigtausend Deutsche Mark Bilanzsumme nach Abzug eines auf der Aktivseite ausgewiesenen Fehlbetrags (§ 268 Abs. 3).
2. Zweiundvierzig Millionen vierhundertacht-

zigtausend Deutsche Mark Umsatzerlöse in den zwölf Monaten vor dem Abschlußstichtag.
3. Im Jahresdurchschnitt zweihundertfünfzig Arbeitnehmer.

(3) [1]Große Kapitalgesellschaften sind solche, die mindestens zwei der drei in Absatz 2 bezeichneten Merkmale überschreiten. [2]Eine Kapitalgesellschaft gilt stets als große, wenn Aktien oder andere von ihr ausgegebene Wertpapiere an einer Börse in einem Mitgliedstaat der Europäischen Wirtschaftsgemeinschaft zum amtlichen Handel oder zum geregelten Markt zugelassen sind oder die Zulassung zum amtlichen Handel oder zum geregelten Markt beantragt ist.

(4) [1]Die Rechtsfolgen der Merkmale nach den Absätzen 1 bis 3 Satz 1 treten nur ein, wenn sie an den Abschlußstichtagen von zwei aufeinanderfolgenden Geschäftsjahren über- oder unterschritten werden. [2]Im Falle der Umwandlung oder Neugründung treten die Rechtsfolgen schon ein, wenn die Voraussetzungen des Absatzes 1, 2 oder 3 am ersten Abschlußstichtag nach der Verschmelzung, Umwandlung oder Neugründung vorliegen.

(5) Als durchschnittliche Zahl der Arbeitnehmer gilt der vierte Teil der Summe aus den Zahlen der jeweils am 31. März, 30. Juni, 30. September und 31. Dezember beschäftigten Arbeitnehmer einschließlich der im Ausland beschäftigten Arbeitnehmer, jedoch ohne die zu ihrer Berufsausbildung Beschäftigten.

(6) Informations- und Auskunftsrechte der Arbeitnehmervertretung nach anderen Gesetzen bleiben unberührt.

§ 268. Vorschriften zu einzelnen Posten der Bilanz. Bilanzvermerke. (1) [1]Die Bilanz darf auch unter Berücksichtigung der vollständigen oder teilweisen Verwendung des Jahresergebnisses aufgestellt werden. [2]Wird die Bilanz unter Berücksichtigung der teilweisen Verwendung des Jahresergebnisses aufgestellt, so tritt an die Stelle der Posten „Jahresüberschuß/Jahresfehlbetrag" und „Gewinnvortrag/Verlustvortrag" der Posten „Bilanzgewinn/Bilanzverlust"; ein vorhandener Gewinn- oder Verlustvortrag ist in den Posten „Bilanzgewinn/Bilanzverlust" einzubeziehen und in der Bilanz oder im Anhang gesondert anzugeben.

6

(2) [1]In der Bilanz oder im Anhang ist die Entwicklung der einzelnen Posten des Anlagevermögens und des Postens „Aufwendungen für die Ingangsetzung und Erweiterung des Geschäftsbetriebs" darzustellen. [2]Dabei sind, ausgehend von den gesamten Anschaffungs- und Herstellungskosten, die Zugänge, Abgänge, Umbuchungen und Zuschreibungen des Geschäftsjahrs sowie die Abschreibungen in ihrer gesamten Höhe gesondert aufzuführen. [3]Die Abschreibungen des Geschäftsjahrs sind entweder in der Bilanz bei dem betreffenden Posten zu vermerken oder im Anhang in einer der Gliederung des Anlagevermögens entsprechenden Aufgliederung anzugeben.

(3) Ist das Eigenkapital durch Verluste aufgebraucht und ergibt sich ein Überschuß der Passivposten über die Aktivposten, so ist dieser Betrag am Schluß der Bilanz auf der Aktivseite gesondert unter der Bezeichnung „Nicht durch Eigenkapital gedeckter Fehlbetrag" auszuweisen.

(4) [1]Der Betrag der Forderungen mit einer Restlaufzeit von mehr als einem Jahr ist bei jedem gesondert ausgewiesenen Posten zu vermerken. [2]Werden unter dem Posten „sonstige Vermögensgegenstände" Beträge für Vermögensgegenstände ausgewiesen, die erst nach dem Abschlußstichtag rechtlich entstehen, so müssen Beträge, die einen größeren Umfang haben, im Anhang erläutert werden.

(5) [1]Der Betrag der Verbindlichkeiten mit einer Restlaufzeit bis zu einem Jahr ist bei jedem gesondert ausgewiesenen Posten zu vermerken. [2]Erhaltene Anzahlungen auf Bestellungen sind, soweit Anzahlungen auf Vorräte nicht von dem Posten „Vorräte" offen abgesetzt werden, unter den Verbindlichkeiten gesondert auszuweisen. [3]Sind unter dem Posten „Verbindlichkeiten" Beträge für Verbindlichkeiten ausgewiesen, die erst nach dem Abschlußstichtag rechtlich entstehen, so müssen Beträge, die einen größeren Umfang haben, im Anhang erläutert werden.

(6) Ein nach § 250 Abs. 3 in den Rechnungsabgrenzungsposten auf der Aktivseite aufgenommener Unterschiedsbetrag ist in der Bilanz gesondert auszuweisen oder im Anhang anzugeben.

(7) Die in § 251 bezeichneten Haftungsverhältnisse sind jeweils gesondert unter der Bilanz oder im Anhang unter Angabe der gewährten Pfandrechte und sonstigen Sicherheiten anzugeben; bestehen solche Verpflichtungen gegenüber verbundenen Unternehmen, so sind sie gesondert anzugeben.

§ 269. Aufwendungen für die Ingangsetzung und Erweiterung des Geschäftsbetriebs. [1]Die Aufwendungen für die Ingangsetzung des Geschäftsbetriebs und dessen Erweiterung dürfen, soweit sie nicht bilanzierungsfähig sind, als Bilanzierungshilfe aktiviert werden; der Posten ist in der Bilanz unter der Bezeichnung „Aufwendungen für die Ingangsetzung und Erweiterung des Geschäftsbetriebs" vor dem Anlagevermögen auszuweisen und im Anhang zu erläutern. [2]Werden solche Aufwendungen in der Bilanz ausgewiesen, so dürfen Gewinne nur ausgeschüttet werden, wenn die nach der Ausschüttung verbleibenden jederzeit auflösbaren Gewinnrücklagen zuzüglich eines Gewinnvortrags und abzüglich eines Verlustvortrags dem angesetzten Betrag mindestens entsprechen.

§ 270. Bildung bestimmter Posten. (1) [1]Einstellungen in die Kapitalrücklage und deren Auflösung sind bereits bei der Aufstellung der Bilanz vorzunehmen. [2]Satz 1 ist auf Einstellungen in den Sonderposten mit Rücklageanteil und dessen Auflösung anzuwenden.

(2) Wird die Bilanz unter Berücksichtigung der vollständigen oder teilweisen Verwendung des Jahresergebnisses aufgestellt, so sind Entnahmen aus Gewinnrücklagen sowie Einstellungen in Gewinnrücklagen, die nach Gesetz, Gesellschaftsvertrag oder Satzung vorzunehmen sind oder auf Grund solcher Vorschriften beschlossen worden sind, bereits bei der Aufstellung der Bilanz zu berücksichtigen.

§ 271. Beteiligungen. Verbundene Unternehmen. (1) [1]Beteiligungen sind Anteile an anderen Unternehmen, die bestimmt sind, dem eigenen Geschäftsbetrieb durch Herstellung einer dauernden Verbindung zu jenen Unternehmen zu dienen. [2]Dabei ist es unerheblich, ob die Anteile in Wertpapieren verbrieft sind oder nicht. [3]Als Beteiligung gelten im Zweifel Anteile an einer Kapitalgesellschaft, die insgesamt den fünften Teil des Neunkapitals dieser Gesellschaft überschreiten. [4]Auf die Berechnung ist § 16 Abs. 2 und 4 des Aktiengesetzes entsprechend anzuwenden. [5]Die Mitgliedschaft in einer eingetragenen Genossenschaft gilt nicht als Beteiligung im Sinne dieses Buches.

(2) Verbundene Unternehmen im Sinne dieses Buches sind solche Unternehmen, die als Mutter- oder Tochterunternehmen (§ 290) in den Konzernabschluß eines Mutterunternehmens nach den Vorschriften über die Vollkonsolidierung einzubeziehen sind, das als oberstes Mutterunternehmen den am weitestgehenden Konzernabschluß nach dem Zweiten Unterabschnitt aufzustellen hat, auch wenn die Aufstellung unterbleibt, oder das einen befreienden Konzernabschluß nach § 291 oder nach einer nach § 292 erlassenen Rechtsverordnung aufstellt oder aufstellen könnte; Tochterunternehmen, die nach § 295 oder § 296 nicht einbezogen werden, sind ebenfalls verbundene Unternehmen.

§ 272. Eigenkapital. (1) [1]Gezeichnetes Kapital ist das Kapital, auf das die Haftung der Gesellschafter für die Verbindlichkeiten der Kapitalgesellschaft gegenüber den Gläubigern beschränkt ist. [2]Die ausstehenden Einlagen auf das gezeichnete Kapital sind auf der Aktivseite vor dem Anlagevermögen gesondert auszuweisen und entsprechend zu bezeichnen; die davon eingeforderten Einlagen sind zu vermerken. [3]Die nicht eingeforderten ausstehenden Einlagen dürfen auch von dem Posten „Gezeichnetes Kapital" offen abgesetzt werden; in diesem Falle ist der verbleibende Betrag als Posten „Eingefordertes Kapital" in der Hauptspalte der Passivseite auszuweisen und ist außerdem der eingeforderte, aber noch nicht eingezahlte Betrag unter den Forderungen gesondert auszuweisen und entsprechend zu bezeichnen. Der Nennbetrag oder, falls ein solcher nicht vorhanden ist, der rechnerische Wert von nach § 71 Abs. 1 Nr. 6 oder 8 des Aktiengesetzes zur Einziehung erworbenen Aktien ist in der Vorspalte offen von dem Posten „Gezeichnetes Kapital" als Kapitalrückzahlung abzusetzen. Ist der Erwerb der Aktien nicht zur Einziehung erfolgt, ist Satz 4 auch anzuwenden, soweit in dem Beschluß über den Rückkauf die spätere Veräußerung von einem Beschluß der Hauptversammlung in entsprechender Anwendung des § 182 Abs. 1 Satz 1 des Aktiengesetzes abhängig gemacht worden ist. Wird der Nennbetrag oder der rechnerische Wert von Aktien nach Satz 4 abgesetzt, ist der Unterschiedsbetrag dieser Aktien zwischen ihrem Nennbetrag oder dem rechnerischen Wert und ihrem Kaufpreis mit den anderen Gewinnrücklagen (§ 266 Abs. 3 A.III.4.) zu verrechnen; weitergehende Anschaffungskosten sind als Aufwand des Geschäftsjahres zu berücksichtigen.

(2) Als Kapitalrücklage sind auszuweisen

1. der Betrag, der bei der Ausgabe von Anteilen einschließlich von Bezugsanteilen über den Nennbetrag oder falls ein Nennbetrag nicht vorhanden ist, über den rechnerischen Wert hinaus erzielt wird;
2. der Betrag, der bei der Ausgabe von Schuldverschreibungen für Wandlungsrechte und Optionsrechte zum Erwerb von Anteilen erzielt wird;
3. der Betrag von Zuzahlungen, die Gesellschafter gegen Gewährung eines Vorzugs für ihre Anteile leisten;
4. der Betrag von anderen Zuzahlungen, die Gesellschafter in das Eigenkapital leisten.

(3) [1]Als Gewinnrücklagen dürfen nur Beträge ausgewiesen werden, die im Geschäftsjahr oder in einem früheren Geschäftsjahr aus dem Ergebnis gebildet worden sind. [2]Dazu gehören aus dem Ergebnis zu bildende gesetzliche oder auf Gesellschaftsvertrag oder Satzung beruhende Rücklagen und andere Gewinnrücklagen.

(4) [1]In eine Rücklage für eigene Anteile ist ein Betrag einzustellen, der dem auf der Aktivseite der Bilanz für die eigenen Anteile anzusetzenden Betrag entspricht. [2]Die Rücklage darf nur aufgelöst werden, soweit die eigenen

Anteile ausgegeben, veräußert oder eingezogen werden oder soweit nach § 253 Abs. 3 auf der Aktivseite ein niedrigerer Betrag angesetzt wird. [3]Die Rücklage, die bereits bei der Aufstellung der Bilanz vorzunehmen ist, darf aus vorhandenen Gewinnrücklagen gebildet werden, soweit diese frei verfügbar sind. [4]Die Rücklage nach Satz 1 ist auch für Anteile eines herrschenden oder eines mit Mehrheit beteiligten Unternehmens zu bilden.

§ 273. Sonderposten mit Rücklageanteil. [1]Der Sonderposten mit Rücklageanteil (§ 247 Abs. 3) darf nur insoweit gebildet werden, als das Steuerrecht die Anerkennung des Wertansatzes bei der steuerrechtlichen Gewinnermittlung davon abhängig macht, daß der Sonderposten in der Bilanz gebildet wird. [2]Er ist auf der Passivseite vor den Rückstellungen auszuweisen; die Vorschriften, nach denen er gebildet worden ist, sind in der Bilanz oder im Anhang anzugeben.

§ 274. Steuerabgrenzung. (1) [1]Ist der dem Geschäftsjahr und früheren Geschäftsjahren zuzurechnende Steueraufwand zu niedrig, weil der nach den steuerrechtlichen Vorschriften zu versteuernde Gewinn niedriger als das handelsrechtliche Ergebnis ist, und gleicht sich der zu niedrige Steueraufwand des Geschäftsjahrs und früherer Geschäftsjahre in späteren Geschäftsjahren voraussichtlich aus, so ist in Höhe der voraussichtlichen Steuerbelastung nachfolgender Geschäftsjahre eine Rückstellung nach § 249 Abs. 1 Satz 1 zu bilden und in der Bilanz oder im Anhang gesondert anzugeben. [2]Die Rückstellung ist aufzulösen, sobald die höhere Steuerbelastung eintritt oder mit ihr voraussichtlich nicht mehr zu rechnen ist.

(2) [1]Ist der dem Geschäftsjahr und früheren Geschäftsjahren zuzurechnende Steueraufwand zu hoch, weil der nach den steuerrechtlichen Vorschriften zu versteuernde Gewinn höher als das handelsrechtliche Ergebnis ist, und gleicht sich der zu hohe Steueraufwand des Geschäftsjahrs und früherer Geschäftsjahre in späteren Geschäftsjahren voraussichtlich aus, so darf in Höhe der voraussichtlichen Steuerentlastung nachfolgender Geschäftsjahre ein Abgrenzungsposten als Bilanzierungshilfe auf der Aktivseite der Bilanz gebildet werden. [2]Dieser Posten ist unter entsprechender Bezeichnung gesondert auszuweisen und im Anhang zu erläutern. [3]Wird ein solcher Posten ausgewiesen, so dürfen Gewinne nur ausgeschüttet werden, wenn die nach Ausschüttung verbleibenden jederzeit auflösbaren Gewinnrücklagen zuzüglich eines Gewinnvortrags und abzüglich eines Verlustvortrags dem angesetzten Betrag mindestens entsprechen. [4]Der Betrag ist aufzulösen, sobald die Steuerentlastung eintritt oder mit ihr voraussichtlich nicht mehr zu rechnen ist.

§ 274a. Größenabhängige Erleichterungen. Kleine Kapitalgesellschaften sind von der Anwendung der folgenden Vorschriften befreit:
1. § 268 Abs. 2 über die Aufstellung eines Anlagengitters,
2. § 268 Abs. 4 Satz 2 über die Pflicht zur Erläuterung bestimmter Forderungen im Anhang,
3. § 268 Abs. 5 Satz 3 über die Erläuterung bestimmter Verbindlichkeiten im Anhang,
4. § 268 Abs. 6 über den Rechnungsabgrenzungsposten nach § 250 Abs. 3,
5. § 269 Satz 1 insoweit, als die Aufwendungen für die Ingangsetzung und Erweiterung des Geschäftsbetriebs im Anhang erläutert werden müssen.

Gewinn- und Verlustrechnung

§ 275. Gliederung. (1) [1]Die Gewinn- und Verlustrechnung ist in Staffelform nach dem Gesamtkostenverfahren oder dem Umsatzkostenverfahren aufzustellen. [2]Dabei sind die in Absatz 2 oder 3 bezeichneten Posten in der angegebenen Reihenfolge gesondert auszuweisen.

(2) Bei Anwendung des Gesamtkostenverfahrens sind auszuweisen:
1. Umsatzerlöse
2. Erhöhung oder Verminderung des Bestands an fertigen und unfertigen Erzeugnissen
3. andere aktivierte Eigenleistungen
4. sonstige betriebliche Erträge
5. Materialaufwand:
   a) Aufwendungen für Roh-, Hilfs- und Betriebsstoffe und für bezogene Waren
   b) Aufwendungen für bezogene Leistungen
6. Personalaufwand:
   a) Löhne und Gehälter
   b) soziale Abgaben und Aufwendungen für Altersversorgung und für Unterstützung, davon für Altersversorgung
7. Abschreibungen:
   a) auf immaterielle Vermögensgegenstände des Anlagevermögens und Sachanlagen sowie auf aktivierte Aufwendungen für die Ingangsetzung und Erweiterung des Geschäftsbetriebs
   b) auf Vermögensgegenstände des Umlaufvermögens, soweit diese die in der Kapitalgesellschaft üblichen Abschreibungen überschreiten
8. sonstige betriebliche Aufwendungen,
9. Erträge aus Beteiligungen, davon aus verbundenen Unternehmen
10. Erträge aus anderen Wertpapieren und Ausleihungen des Finanzanlagevermögens, davon aus verbundenen Unternehmen
11. sonstige Zinsen und ähnliche Erträge, davon aus verbundenen Unternehmen

12. Abschreibungen auf Finanzanlagen und auf Wertpapiere des Umlaufvermögens
13. Zinsen und ähnliche Aufwendungen, davon an verbundene Unternehmen
14. Ergebnis der gewöhnlichen Geschäftstätigkeit
15. außerordentliche Erträge
16. außerordentliche Aufwendungen
17. außerordentliches Ergebnis
18. Steuern vom Einkommen und vom Ertrag
19. sonstige Steuern
20. Jahresüberschuß/Jahresfehlbetrag.

(3) Bei Anwendung des Umsatzkostenverfahrens sind auszuweisen:

1. Umsatzerlöse
2. Herstellungskosten der zur Erzielung der Umsatzerlöse erbrachten Leistungen
3. Bruttoergebnis vom Umsatz
4. Vertriebskosten
5. allgemeine Verwaltungskosten
6. sonstige betriebliche Erträge
7. sonstige betriebliche Aufwendungen
8. Erträge aus Beteiligungen, davon aus verbundenen Unternehmen
9. Erträge aus anderen Wertpapieren und Ausleihungen des Finanzanlagevermögens, davon aus verbundenen Unternehmen
10. sonstige Zinsen und ähnliche Erträge, davon aus verbundenen Unternehmen
11. Abschreibungen auf Finanzanlagen und auf Wertpapiere des Umlaufvermögens
12. Zinsen und ähnliche Aufwendungen, davon an verbundene Unternehmen
13. Ergebnis der gewöhnlichen Geschäftstätigkeit
14. außerordentliche Erträge
15. außerordentliche Aufwendungen
16. außerordentliches Ergebnis
17. Steuern vom Einkommen und vom Ertrag
18. sonstige Steuern
19. Jahresüberschuß/Jahresfehlbetrag

(4) Veränderungen der Kapital- und Gewinnrücklagen dürfen in der Gewinn- und Verlustrechnung erst nach dem Posten „Jahresüberschuß/Jahresfehlbetrag" ausgewiesen werden.

§ 276. Größenabhängige Erleichterungen. [1]Kleine und mittelgroße Kapitalgesellschaften (§ 267 Abs. 1, 2) dürfen die Posten § 275 Abs. 2 Nr. 1 bis 3 oder Abs. 3 Nr. 1 bis 3 und 6 zu einem Posten unter der Bezeichnung „Rohergebnis" zusammenfassen. [2]Kleine Kapitalgesellschaften brauchen außerdem die in § 277 Abs. 4 Satz 2 und 3 verlangten Erläuterungen zu den Posten „außerordentliche Erträge" und „außerordentliche Aufwendungen" nicht zu machen.

§ 277. Vorschriften zu einzelnen Posten der Gewinn- und Verlustrechnung. (1) Als Umsatzerlöse sind die Erlöse aus dem Verkauf und der Vermietung oder Verpachtung von für die gewöhnliche Geschäftstätigkeit der Kapitalgesellschaft typischen Erzeugnissen und Waren sowie aus von für die gewöhnliche Geschäftstätigkeit der Kapitalgesellschaft typischen Dienstleistungen nach Abzug von Erlösschmälerungen und der Umsatzsteuer auszuweisen.

(2) Als Bestandsveränderungen sind sowohl Änderungen der Menge als auch solche des Wertes zu berücksichtigen; Abschreibungen jedoch nur, soweit diese die in der Kapitalgesellschaft sonst üblichen Abschreibungen nicht überschreiten.

(3) [1]Außerplanmäßige Abschreibungen nach § 253 Abs. 2 Satz 3 sowie Abschreibungen nach § 253 Abs. 3 Satz 3 sind jeweils gesondert auszuweisen oder im Anhang anzugeben. [2]Erträge und Aufwendungen aus Verlustübernahme und auf Grund einer Gewinngemeinschaft, eines Gewinnabführungs- oder eines Teilgewinnabführungsvertrags erhaltene oder abgeführte Gewinne sind jeweils gesondert unter entsprechender Bezeichnung auszuweisen.

(4) [1]Unter den Posten „außerordentliche Erträge" und „außerordentliche Aufwendungen" sind Erträge und Aufwendungen auszuweisen, die außerhalb der gewöhnlichen Geschäftstätigkeit der Kapitalgesellschaft anfallen. [2]Die Posten sind hinsichtlich ihres Betrags und ihrer Art im Anhang zu erläutern, soweit die ausgewiesenen Beträge für die Beurteilung der Ertragslage nicht von untergeordneter Bedeutung sind. [3]Satz 2 gilt auch für Erträge und Aufwendungen, die einem anderen Geschäftsjahr zuzurechnen sind.

§ 278. Steuern. [1]Die Steuern vom Einkommen und vom Ertrag sind auf der Grundlage des Beschlusses über die Verwendung des Ergebnisses zu berechnen; liegt ein solcher Beschluß im Zeitpunkt der Feststellung des Jahresabschlusses nicht vor, so ist vom Vorschlag über die Verwendung des Ergebnisses auszugehen. [2]Weicht der Beschluß über die Verwendung des Ergebnisses vom Vorschlag ab, so braucht der Jahresabschluß nicht geändert zu werden.

6

Bewertungsvorschriften

§ 279. Nichtanwendung von Vorschriften. Abschreibungen. (1) [1]§ 253 Abs. 4 ist nicht anzuwenden. [2]§ 253 Abs. 2 Satz 3 darf, wenn es sich nicht um eine voraussichtlich dauernde Wertminderung handelt, nur auf Vermögensgegenstände, die Finanzanlagen sind, angewendet werden.

(2) Abschreibungen nach § 254 dürfen nur insoweit vorgenommen werden, als das Steuer-

recht ihre Anerkennung bei der steuerrechtlichen Gewinnermittlung davon abhängig macht, daß sie sich aus der Bilanz ergeben.

§ 280. Wertaufholungsgebot. (1) [1]Wird bei einem Vermögensgegenstand eine Abschreibung nach § 253 Abs. 2 Satz 3 oder Abs. 3 oder § 254 Satz 1 vorgenommen und stellt sich in einem späteren Geschäftsjahr heraus, daß die Gründe dafür nicht mehr bestehen, so ist der Betrag dieser Abschreibung im Umfang der Werterhöhung unter Berücksichtigung der Abschreibungen, die inzwischen vorzunehmen gewesen wären, zuzuschreiben. [2]§ 253 Abs. 5, § 254 Satz 2 sind insoweit nicht anzuwenden.

(2) Von der Zuschreibung nach Absatz 1 kann abgesehen werden, wenn der niedrigere Wertansatz bei der steuerrechtlichen Gewinnermittlung beibehalten werden kann und wenn Voraussetzung für die Beibehaltung ist, daß der niedrigere Wertansatz auch in der Bilanz beibehalten wird.

(3) Im Anhang ist der Betrag der im Geschäftsjahr aus steuerrechtlichen Gründen unterlassenen Zuschreibungen anzugeben und hinreichend zu begründen.

§ 281. Berücksichtigung steuerrechtlicher Vorschriften. (1) [1]Die nach § 254 zulässigen Abschreibungen dürfen auch in der Weise vorgenommen werden, daß der Unterschiedsbetrag zwischen der nach § 253 in Verbindung mit § 279 und der nach § 254 zulässigen Bewertung in den Sonderposten mit Rücklageanteil eingestellt wird. [2]In der Bilanz oder im Anhang sind die Vorschriften anzugeben, nach denen die Wertberichtigung gebildet worden ist. [3]Unbeschadet steuerrechtlicher Vorschriften über die Auflösung ist die Wertberichtigung insoweit aufzulösen, als die Vermögensgegenstände, für die sie gebildet worden ist, aus dem Vermögen ausscheiden oder die steuerrechtliche Wertberichtigung durch handelsrechtliche Abschreibungen ersetzt wird.

(2) [1]Im Anhang ist der Betrag der im Geschäftsjahr allein nach steuerrechtlichen Vorschriften vorgenommenen Abschreibungen, getrennt nach Anlage- und Umlaufvermögen, anzugeben, soweit er sich nicht aus der Bilanz oder der Gewinn- und Verlustrechnung ergibt, und hinreichend zu begründen. [2]Erträge aus der Auflösung des Sonderpostens mit Rücklageanteil sind in dem Posten „sonstige betriebliche Erträge", Einstellungen in den Sonderposten mit Rücklageanteil sind in dem Posten „sonstige betriebliche Aufwendungen" der Gewinn- und Verlustrechnung gesondert auszuweisen oder im Anhang anzugeben.

§ 282. Abschreibung der Aufwendungen für die Ingangsetzung und Erweiterung des Geschäftsbetriebs. Für die Ingangsetzung und Erweiterung des Geschäftsbetriebs ausgewiesene Beträge sind in jedem folgenden Geschäftsjahr zu mindestens einem Viertel durch Abschreibungen zu tilgen.

§ 283. Wertansatz des Eigenkapitals. Das gezeichnete Kapital ist zum Nennbetrag anzusetzen.

Anhang

§ 284. Erläuterung der Bilanz und der Gewinn- und Verlustrechnung. (1) In den Anhang sind diejenigen Angaben aufzunehmen, die zu den einzelnen Posten der Bilanz oder der Gewinn- und Verlustrechnung vorgeschrieben oder die im Anhang zu machen sind, weil sie in Ausübung eines Wahlrechts nicht in die Bilanz oder in die Gewinn- und Verlustrechnung aufgenommen wurden.

(2) Im Anhang müssen

1. die auf die Posten der Bilanz und der Gewinn- und Verlustrechnung angewandten Bilanzierungs- und Bewertungsmethoden angegeben werden;
2. die Grundlagen für die Umrechnung in Euro angegeben werden, soweit der Jahresabschluß Posten enthält, denen Beträge zugrunde liegen, die auf fremde Währung lauten oder ursprünglich auf fremde Währung lauteten;
3. Abweichungen von Bilanzierungs- und Bewertungsmethoden angegeben und begründet werden; deren Einfluß auf die Vermögens-, Finanz- und Ertragslage ist gesondert darzustellen;
4. bei Anwendung einer Bewertungsmethode nach § 240 Abs. 4, § 256 Satz 1 die Unterschiedsbeträge pauschal für die jeweilige Gruppe ausgewiesen werden, wenn die Bewertung im Vergleich zu einer Bewertung auf der Grundlage des letzten vor dem Abschlußstichtag bekannten Börsenkurses oder Marktpreises einen erheblichen Unterschied aufweist;
5. Angaben über die Einbeziehung von Zinsen für Fremdkapital in die Herstellungskosten gemacht werden.

§ 285. Sonstige Pflichtangaben. Ferner sind im Anhang anzugeben:

1. zu den in der Bilanz ausgewiesenen Verbindlichkeiten
   a) der Gesamtbetrag der Verbindlichkeiten mit einer Restlaufzeit von mehr als fünf Jahren,

6

b) der Gesamtbetrag der Verbindlichkeiten, die durch Pfandrechte oder ähnliche Rechte gesichert sind, unter Angabe von Art und Form der Sicherheiten;
2. Die Aufgliederung der in Nummer 1 verlangten Angaben für jeden Posten der Verbindlichkeiten nach dem vorgeschriebenen Gliederungsschema, sofern sich diese Angaben nicht aus der Bilanz ergeben;
3. der Gesamtbetrag der sonstigen finanziellen Verpflichtungen, die nicht in der Bilanz erscheinen und auch nicht nach § 251 anzugeben sind, sofern diese Angabe für die Beurteilung der Finanzlage von Bedeutung ist; davon sind Verpflichtungen gegenüber verbundenen Unternehmen gesondert anzugeben;
4. die Aufgliederung der Umsatzerlöse nach Tätigkeitsbereichen sowie nach geographisch bestimmten Märkten, soweit sich, unter Berücksichtigung der Organisation des Verkaufs von für die gewöhnliche Geschäftstätigkeit der Kapitalgesellschaft typischen Erzeugnissen und der für die gewöhnliche Geschäftstätigkeit der Kapitalgesellschaft typischen Dienstleistungen, die Tätigkeitsbereiche und geographisch bestimmten Märkte untereinander erheblich unterscheiden;
5. das Ausmaß, in dem das Jahresergebnis dadurch beeinflußt wurde, daß bei Vermögensgegenständen im Geschäftsjahr oder in früheren Geschäftsjahren Abschreibungen nach §§ 254, 280 Abs. 2 auf Grund steuerrechtlicher Vorschriften vorgenommen oder beibehalten wurden oder ein Sonderposten nach § 273 gebildet wurde; ferner das Ausmaß erheblicher künftiger Belastungen, die sich aus einer solchen Bewertung ergeben;
6. in welchem Umfang die Steuern vom Einkommen und vom Ertrag das Ergebnis der gewöhnlichen Geschäftstätigkeit und das außerordentliche Ergebnis belasten;
7. die durchschnittliche Zahl der während des Geschäftsjahrs beschäftigten Arbeitnehmer getrennt nach Gruppen;
8. bei Anwendung des Umsatzkostenverfahrens (§ 275 Abs. 3)
   a) Der Materialaufwand des Geschäftsjahrs, gegliedert nach § 275 Abs. 2 Nr. 5,
   b) der Personalaufwand des Geschäftsjahrs, gegliedert nach § 275 Abs. 2 Nr. 6;
9. für die Mitglieder des Geschäftsführungsorgans, eines Aufsichtsrats, eines Beirats oder einer ähnlichen Einrichtung jeweils für jede Personengruppe
   a) die für die Tätigkeit im Geschäftsjahr gewährten Gesamtbezüge (Gehälter, Gewinnbeteiligungen, Bezugsrechte, Aufwandsentschädigungen, Versicherungsentgelte, Provisionen und Nebenleistungen jeder Art). In die Gesamtbezüge sind auch Bezüge einzurechnen, die nicht ausgezahlt, sondern in Ansprüche anderer Art umgewandelt oder zur Erhöhung anderer Ansprüche verwendet werden. Außer den Bezügen für das Geschäftsjahr sind die weiteren Bezüge anzugeben, die im Geschäftsjahr gewährt, bisher aber in keinem Jahresabschluß angegeben worden sind;
   b) die Gesamtbezüge (Abfindungen, Ruhegehälter, Hinterbliebenenbezüge und Leistungen verwandter Art) der früheren Mitglieder der bezeichneten Organe und ihrer Hinterbliebenen. Buchstabe a Satz 2 und 3 ist entsprechend anzuwenden. Ferner ist der Betrag der für diese Personengruppe gebildeten Rückstellungen für laufende Pensionen und Anwartschaften auf Pensionen und der Betrag der für diese Verpflichtungen nicht gebildeten Rückstellungen anzugeben;
   c) die gewährten Vorschüsse und Kredite unter Angabe der Zinssätze, der wesentlichen Bedingungen und der gegebenenfalls im Geschäftsjahr zurückgezahlten Beträge sowie die zugunsten dieser Personen eingegangenen Haftungsverhältnisse;
10. alle Mitglieder des Geschäftsführungsorgans und eines Aufsichtsrats, auch wenn sie im Geschäftsjahr oder später ausgeschieden sind, mit dem Familiennamen und mindestens einem ausgeschriebenen Vornamen einschließlich des ausgeübten Berufs und bei börsennotierten Gesellschaften auch der Mitgliedschaft in Aufsichtsräten und anderen Kontrollgremien im Sinne des § 125 Abs. 1 Satz 3 des Aktiengesetzes. Der Vorsitzende eines Aufsichtsrats, seine Stellvertreter und ein etwaiger Vorsitzender des Geschäftsführungsorgans sind als solche zu bezeichnen;
11. Name und Sitz anderer Unternehmen, von denen die Kapitalgesellschaft oder eine für Rechnung der Kapitalgesellschaft handelnde Person mindestens den fünften Teil der Anteile besitzt; außerdem sind die Höhe des Anteils am Kapital, das Eigenkapital und das Ergebnis des letzten Geschäftsjahrs dieser Unternehmen anzugeben, für das ein Jahresabschluß vorliegt; auf die Berechnung der Anteile ist § 16 Abs. 2 und 4 des Aktiengesetzes entsprechend anzuwenden; ferner sind von börsennotierten Kapitalgesellschaf-

ten zusätzlich alle Beteiligungen an großen Kapitalgesellschaften anzugeben, die fünf vom Hundert der Stimmrechte überschreiten;
12. Rückstellungen, die in der Bilanz unter dem Posten „sonstige Rückstellungen" nicht gesondert ausgewiesen werden, sind zu erläutern, wenn sie einen nicht unerheblichen Umfang haben;
13. bei Anwendung des § 255 Abs. 4 Satz 3 die Gründe für die planmäßige Abschreibung des Geschäfts- oder Firmenwerts;
14. Name und Sitz des Mutterunternehmens der Kapitalgesellschaft, das den Konzernabschluß für den größten Kreis von Unternehmen aufstellt, und ihres Mutterunternehmens, das den Konzernabschluß für den kleinsten Kreis von Unternehmen aufstellt, sowie im Falle der Offenlegung der von diesen Mutterunternehmen aufgestellten Konzernabschlüsse der Ort, wo diese erhältlich sind.

§ 287. Aufstellung des Anteilsbesitzes. [1]Die in § 285 Nr. 11 verlangten Angaben dürfen statt im Anhang auch in einer Aufstellung des Anteilsbesitzes gesondert gemacht werden. [2]Die Aufstellung ist Bestandteil des Anhangs. [3]Auf die besondere Aufstellung des Anteilsbesitzes und den Ort ihrer Hinterlegung ist im Anhang hinzuweisen.

§ 288. Größenabhängige Erleichterungen. Kleine Kapitalgesellschaften im Sinne des § 267 Abs. 1 brauchen die Angaben nach § 284 Abs. 2 Nr. 4, § 285 Nr. 2 bis 8 Buchstabe a, Nr. 9 Buchstabe a und b und Nr. 12 nicht zu machen. [2]Mittelgroße Kapitalgesellschaften im Sinne des § 267 Abs. 2 brauchen die Angaben nach § 285 Nr. 4 nicht zu machen.

6

Lagebericht

§ 289. (1) Im Lagebericht sind zumindest der Geschäftsverlauf und die Lage der Kapitalgesellschaft so darzustellen, daß ein den tatsächlichen Verhältnissen entsprechendes Bild vermittelt wird; dabei ist auch auf die Risiken der künftigen Entwicklung einzugehen.

(2) Der Lagebericht soll auch eingehen auf:
1. Vorgänge von besonderer Bedeutung, die nach dem Schluß des Geschäftsjahrs eingetreten sind;
2. die voraussichtliche Entwicklung der Kapitalgesellschaft;
3. den Bereich Forschung und Entwicklung;
4. bestehende Zweigniederlassungen der Gesellschaft.

Ergänzende Vorschriften für eingetragene Genossenschaften

§ 336. Pflicht zur Aufstellung von Jahresabschluß und Lagebericht. (1) [1]Der Vorstand einer Genossenschaft hat den Jahresabschluß (§ 242) um einen Anhang zu erweitern, der mit der Bilanz und der Gewinn- und Verlustrechnung eine Einheit bildet, sowie einen Lagebericht aufzustellen. [2]Der Jahresabschluß und der Lagebericht sind in den ersten fünf Monaten des Geschäftsjahrs für das vergangene Geschäftsjahr aufzustellen.

(2) [1]Auf den Jahresabschluß und den Lagebericht sind, soweit in den folgenden Vorschriften nichts anderes bestimmt ist, § 264 Abs. 2, §§ 265 bis 289 über den Jahresabschluß und den Lagebericht entsprechend anzuwenden; § 277 Abs. 3 Satz 1, §§ 279, 280, 281 Abs. 2 Satz 1, § 285 Nr. 5, 6 brauchen jedoch nicht angewendet zu werden. [2]Sonstige Vorschriften, die durch den Geschäftszweig bedingt sind, bleiben unberührt.

(3) § 330 Abs. 1 über den Erlaß von Rechtsverordnungen ist entsprechend anzuwenden.

§ 337. Vorschriften zur Bilanz. (1) [1]An Stelle des gezeichneten Kapitals ist der Betrag der Geschäftsguthaben der Genossen auszuweisen. [2]Dabei ist der Betrag der Geschäftsguthaben der mit Ablauf des Geschäftsjahrs ausgeschiedenen Genossen gesondert anzugeben. [3]Werden rückständige fällige Einzahlungen auf Geschäftsanteile in der Bilanz als Geschäftsguthaben ausgewiesen, so ist der entsprechende Betrag auf der Aktivseite unter der Bezeichnung „Rückständige fällige Einzahlungen auf Geschäftsanteile" einzustellen. [4]Werden rückständige fällige Einzahlungen nicht als Geschäftsguthaben ausgewiesen, so ist der Betrag bei dem Posten „Geschäftsguthaben" zu vermerken. [5]In beiden Fällen ist der Betrag mit dem Nennwert anzusetzen.

(2) An Stelle der Gewinnrücklagen sind die Ergebnisrücklagen auszuweisen und wie folgt aufzugliedern:
1. Gesetzliche Rücklage;
2. andere Ergebnisrücklagen; die Ergebnisrücklage nach § 73 Abs. 3 des Gesetzes betreffend die Erwerbs- und Wirtschaftsgenossenschaften und die Beträge, die aus dieser Ergebnisrücklage an ausgeschiedene Genossen auszuzahlen sind, müssen vermerkt werden.

(3) Bei den Ergebnisrücklagen sind gesondert aufzuführen:
1. Die Beträge, welche die Generalversammlung aus dem Bilanzgewinn des Vorjahrs eingestellt hat;

2. die Beträge, die aus dem Jahresüberschuß des Geschäftsjahrs eingestellt werden;
3. die Beträge, die für das Geschäftsjahr entnommen werden.

§ 338. Vorschriften zum Anhang. (1) [1]Im Anhang sind auch Angaben zu machen über die Zahl der im Laufe des Geschäftsjahrs eingetretenen oder ausgeschiedenen sowie die Zahl der am Schluß des Geschäftsjahrs der Genossenschaft angehörenden Genossen. [2]Ferner sind der Gesamtbetrag, um welchen in diesem Jahr die Geschäftsguthaben sowie die Haftsummen der Genossen sich vermehrt oder vermindert haben, und der Betrag der Haftsummen anzugeben, für welche am Jahresschluß alle Genossen zusammen aufzukommen haben.

(2) Im Anhang sind ferner anzugeben:
1. Name und Anschrift des zuständigen Prüfungsverbandes, dem die Genossenschaft angehört;
2. alle Mitglieder des Vorstands und des Aufsichtsrats, auch wenn sie im Geschäftsjahr oder später ausgeschieden sind, mit dem Familiennamen und mindestens einem ausgeschriebenen Vornamen; ein etwaiger Vorsitzender des Aufsichtsrats ist als solcher zu bezeichnen.

(3) [1]An Stelle der in § 285 Nr. 9 vorgeschriebenen Angaben über die an Mitglieder von Organen geleisteten Bezüge, Vorschüsse und Kredite sind lediglich die Forderungen anzugeben, die der Genossenschaft gegen Mitglieder des Vorstands oder Aufsichtsrats zustehen. [2]Die Beträge dieser Forderungen können für jedes Organ in einer Summe zusammengefaßt werden.

§ 339. Offenlegung. (1) [1]Der Vorstand hat unverzüglich nach der Generalversammlung über den Jahresabschluß den festgestellten Jahresabschluß, den Lagebericht und den Bericht des Aufsichtsrats zum Genossenschaftsregister des Sitzes der Genossenschaft einzureichen. [2]Ist die Erteilung eines Bestätigungsvermerks nach § 58 Abs. 2 des Gesetzes betreffend die Erwerbs- und Wirtschaftsgenossenschaften vorgeschrieben, so ist dieser mit dem Jahresabschluß einzureichen; hat der Prüfungsverband die Bestätigung des Jahresabschlusses versagt, so muß dies auf dem eingereichten Jahresabschluß vermerkt und der Vermerk vom Prüfungsverband unterschrieben sein. [3]Ist die Prüfung des Jahresabschlusses im Zeitpunkt der Einreichung der Unterlagen nach Satz 1 nicht abgeschlossen, so ist der Bestätigungsvermerk oder der Vermerk über seine Versagung unverzüglich nach Abschluß der Prüfung einzureichen. [4]Wird der Jahresabschluß oder der Lagebericht nach der Einreichung geändert, so ist auch die geänderte Fassung einzureichen.

(2) [1]Der Vorstand einer Genossenschaft, die die Größenmerkmale des § 267 Abs. 3 erfüllt, hat ferner unverzüglich nach der Generalversammlung über den Jahresabschluß den festgestellten Jahresabschluß mit dem Bestätigungsvermerk in den für die Bekanntmachungen der Genossenschaft bestimmten Blättern bekanntzumachen und die Bekanntmachung zu dem Genossenschaftsregister des Sitzes der Genossenschaft einzureichen. [2]Ist die Prüfung des Jahresabschlusses im Zeitpunkt der Generalversammlung nicht abgeschlossen, so hat die Bekanntmachung nach Satz 1 unverzüglich nach dem Abschluß der Prüfung zu erfolgen.

(3) Die §§ 326 bis 329 über die größenabhängigen Erleichterungen bei der Offenlegung, über Form und Inhalt der Unterlagen bei der Offenlegung, Veröffentlichung und Vervielfältigung sowie über die Prüfungspflicht des Registergerichts sind entsprechend anzuwenden.

Ergänzende Vorschriften für Unternehmen bestimmter Geschäftszweige

Ergänzende Vorschriften für Kreditinstitute

► Anwendungsbereich

§ 340. Anwendungsbereich. (1) [1]Dieser Unterabschnitt ist auf Kreditinstitute im Sinne des § 1 Abs. 1 des Gesetzes über das Kreditwesen anzuwenden, soweit sie nach dessen § 2 Abs. 1, 4 oder 5 von der Anwendung nicht ausgenommen sind, sowie auf Zweigstellen von Unternehmen mit Sitz in einem Staat, der nicht Mitglied der Europäischen Wirtschaftsgemeinschaft und auch nicht Vertragsstaat des Abkommens über den Europäischen Wirtschaftsraum ist, sofern die Zweigstelle nach § 53 Abs. 1 des Gesetzes über das Kreditwesen als Kreditinstitut gilt. [2]§ 340 l Abs. 2 bis 4 ist außerdem auf Zweigstellen im Sinne des § 53b Abs. 1 Satz 1 und Abs. 7 des Gesetzes über das Kreditwesen, auch in Verbindung mit einer Rechtsverordnung nach § 53c Nr. 1 dieses Gesetzes, anzuwenden, sofern diese Zweigstellen Bankgeschäfte im Sinne des § 1 Abs. 1 Satz 2 Nr. 1 bis 5 und 7 bis 9 dieses Gesetzes betreiben. [3]Zusätzliche Anforderungen auf Grund von Vorschriften, die wegen der Rechtsform oder für Zweigstellen bestehen, bleiben unberührt.

(2) Dieser Unterabschnitt ist auf Unternehmen der in § 2 Abs. 1 Nr. 4 und 5 des Gesetzes über das Kreditwesen bezeichneten Art inso-

weit ergänzend anzuwenden, als sie Bankgeschäfte betreiben, die nicht zu den ihnen eigentümlichen Geschäften gehören.

(3) Dieser Unterabschnitt ist auf Wohnungsunternehmen mit Spareinrichtung nicht anzuwenden.

(4) Dieser Unterabschnitt ist auch auf Finanzdienstleistungsinstitute im Sinne des § 1 Abs. 1a des Gesetzes über das Kreditwesen anzuwenden, ...

▶ Jahresabschluß, Lagebericht, Zwischenabschluß

§ 340a. Anzuwendende Vorschriften. (1) Kreditinstitute, auch wenn sie nicht in der Rechtsform einer Kapitalgesellschaft betrieben werden, haben auf ihren Jahresabschluß die für große Kapitalgesellschaften geltenden Vorschriften des Ersten Unterabschnitts des Zweiten Abschnitts anzuwenden, soweit in den Vorschriften dieses Unterabschnitts nichts anderes bestimmt ist; Kreditinstitute haben außerdem einen Lagebericht nach § 289 aufzustellen.

(2) [1]§ 265 Abs. 6 und 7, §§ 267, 268 Abs. 4 Satz 1, Abs. 5 Satz 1 und 2, §§ 276, 277 Abs. 1, 2, 3 Satz 1, § 279 Abs. 1 Satz 2, § 284 Abs. 2 Nr. 4, § 285 Nr. 8 und 12, § 288 sind nicht anzuwenden. [2]An Stelle von § 247 Abs. 1, §§ 251, 266, 268 Abs. 2 und 7, §§ 275, 285 Nr. 1, 2, 4 und 9 Buchstabe c sind die durch Rechtsverordnung erlassenen Formblätter und anderen Vorschriften anzuwenden. [3]§ 246 Abs. 2 ist nicht anzuwenden, soweit abweichende Vorschriften bestehen.

(3) Sofern Kreditinstitute Zwischenabschlüsse zur Ermittlung von Zwischenergebnissen im Sinne des § 10 Abs. 7 Satz 3 des Gesetzes über das Kreditwesen aufstellen, gelten die Bestimmungen über den Jahresabschluß und § 340k über die Prüfung entsprechend.

(4) Zusätzlich haben Kreditinstitute im Anhang zum Jahresabschluß anzugeben:

6

1. alle Mandate in gesetzlich zu bildenden Aufsichtsgremien von großen Kapitalgesellschaften (§ 267 Abs. 3), die von gesetzlichen Vertretern oder anderen Mitarbeitern wahrgenommen werden;
2. alle Beteiligungen an großen Kapitalgesellschaften, die fünf vom Hundert der Stimmrechte überschreiten.

§ 340b. Pensionsgeschäfte. (1) Pensionsgeschäfte sind Verträge, durch die ein Kreditinstitut oder der Kunde eines Kreditinstituts (Pensionsgeber) ihm gehörende Vermögensgegenstände einem anderen Kreditinstitut oder einem seiner Kunden (Pensionsnehmer) gegen Zahlung eines Betrags überträgt und in denen gleichzeitig vereinbart wird, daß die Vermögensgegenstände später gegen Entrichtung des empfangenen oder eines im voraus vereinbarten anderen Betrags an den Pensionsgeber zurückübertragen werden müssen oder können.

(2) Übernimmt der Pensionsnehmer die Verpflichtung, die Vermögensgegenstände zu einem bestimmten oder vom Pensionsgeber zu bestimmenden Zeitpunkt zurückzuübertragen, so handelt es sich um ein echtes Pensionsgeschäft.

(3) Ist der Pensionsnehmer lediglich berechtigt, die Vermögensgegenstände zu einem vorher bestimmten oder von ihm noch zu bestimmenden Zeitpunkt zurückzuübertragen, so handelt es sich um ein unechtes Pensionsgeschäft.

(4) [1]Im Falle von echten Pensionsgeschäften sind die übertragenen Vermögensgegenstände in der Bilanz des Pensionsgebers weiterhin auszuweisen. [2]Der Pensionsgeber hat in Höhe des für die Übertragung erhaltenen Betrags eine Verbindlichkeit gegenüber dem Pensionsnehmer auszuweisen. [3]Ist für die Rückübertragung ein höherer oder ein niedrigerer Betrag vereinbart, so ist der Unterschiedsbetrag über die Laufzeit des Pensionsgeschäfts zu verteilen. [4]Außerdem hat der Pensionsgeber den Buchwert der in Pension gegebenen Vermögensgegenstände im Anhang anzugeben. [5]Der Pensionsnehmer darf die ihm in Pension gegebenen Vermögensgegenstände nicht in seiner Bilanz ausweisen; er hat in Höhe des für die Übertragung gezahlten Betrags eine Forderung an den Pensionsgeber in seiner Bilanz auszuweisen. [6]Ist für die Rückübertragung ein höherer oder ein niedrigerer Betrag vereinbart, so ist der Unterschiedsbetrag über die Laufzeit des Pensionsgeschäfts zu verteilen.

(5) [1]Im Falle von unechten Pensionsgeschäften sind die Vermögensgegenstände nicht in der Bilanz des Pensionsgebers, sondern in der Bilanz des Pensionsnehmers auszuweisen. [2]Der Pensionsgeber hat unter der Bilanz den für den Fall der Rückübertragung vereinbarten Betrag anzugeben.

(6) Devisentermingeschäfte, Börsentermingeschäfte und ähnliche Geschäfte sowie die Ausgabe eigener Schuldverschreibungen auf abgekürzte Zeit gelten nicht als Pensionsgeschäfte im Sinne dieser Vorschrift.

§ 340c. Vorschriften zur Gewinn- und Verlustrechnung und zum Anhang. (1) [1]Als Ertrag oder Aufwand aus Finanzgeschäften ist der Unterschiedsbetrag der Erträge und Aufwendungen aus Geschäften mit Wertpapieren des Handelsbestands, Finanzinstrumenten, Devisen und Edelmetallen sowie der Erträge aus Zuschreibungen und der Aufwendungen aus Abschreibungen bei diesen Vermögensgegenständen auszuweisen. [2]In die Verrechnung sind außerdem die Aufwendungen für die Bildung von Rückstellungen für drohende Verluste aus den in Satz 1 bezeichneten Geschäften und die Erträge aus der Auflösung dieser Rückstellungen einzubeziehen.

(2) [1]Die Aufwendungen aus Abschreibungen auf Beteiligungen, Anteile an verbundenen Unternehmen und wie Anlagevermögen behandelte Wertpapiere dürfen mit den Erträgen aus Zuschreibungen zu solchen Vermögensgegenständen verrechnet und in einem Aufwand- oder Ertragsposten ausgewiesen werden. [2]In die Verrechnung nach Satz 1 dürfen auch die Aufwendungen und Erträge aus Geschäften mit solchen Vermögensgegenständen einbezogen werden.

(3) Kreditinstitute, die dem haftenden Eigenkapital nicht realisierte Reserven nach § 10 Abs. 4a Satz 1 Nr. 4 des Gesetzes über das Kreditwesen zurechnen, haben den Betrag, mit dem diese Reserven dem haftenden Eigenkapital zugerechnet werden, im Anhang zur Bilanz und zur Gewinn- und Verlustrechnung anzugeben.

§ 340d. Fristengliederung. [1]Die Forderungen und Verbindlichkeiten sind im Anhang nach der Fristigkeit zu gliedern. [2]Für die Gliederung nach der Fristigkeit ist die Restlaufzeit am Bilanzstichtag maßgebend.

▶ Bewertungsvorschriften

§ 340e. Bewertung von Vermögensgegenständen. (1) [1]Kreditinstitute haben Beteiligungen einschließlich der Anteile an verbundenen Unternehmen, Konzessionen, gewerbliche Schutzrechte und ähnliche Rechte und Werte sowie Lizenzen an solchen Rechten und Werten, Grundstücke, grundstücksgleiche Rechte und Bauten einschließlich der Bauten auf fremden Grundstücken, technische Anlagen und Maschinen, andere Anlagen, Betriebs- und Geschäftsausstattung sowie Anlagen im Bau nach den für das Anlagevermögen geltenden Vorschriften zu bewerten, es sei denn, daß sie nicht dazu bestimmt sind, dauernd dem Geschäftsbetrieb zu dienen; in diesem Falle sind sie nach Satz 2 zu bewerten. [2]Andere Vermögensgegenstände, insbesondere Forderungen und Wertpapiere, sind nach den für das Umlaufvermögen geltenden Vorschriften zu bewerten, es sei denn, daß sie dazu bestimmt werden, dauernd dem Geschäftsbetrieb zu dienen; in diesem Falle sind sie nach Satz 1 zu bewerten. [3]§ 253 Abs. 2 Satz 3 darf auf die in Satz 1 bezeichneten Vermögensgegenstände mit Ausnahme der Beteiligungen und der Anteile an verbundenen Unternehmen nur angewendet werden, wenn es sich um eine voraussichtlich dauernde Wertminderung handelt.

(2) [1]Abweichend von § 253 Abs. 1 Satz 1 dürfen Hypothekendarlehen und andere Forderungen mit ihrem Nennbetrag angesetzt werden, soweit der Unterschiedsbetrag zwischen dem Nennbetrag und dem Auszahlungsbetrag oder den Anschaffungskosten Zinscharakter hat. [2]Ist der Nennbetrag höher als der Auszahlungsbetrag oder die Anschaffungskosten, so ist der Unterschiedsbetrag in den Rechnungsabgrenzungsposten auf der Passivseite aufzunehmen; er ist planmäßig aufzulösen und in seiner jeweiligen Höhe in der Bilanz oder im Anhang gesondert anzugeben. [3]Ist der Nennbetrag niedriger als der Auszahlungsbetrag oder die Anschaffungskosten, so darf der Unterschiedsbetrag in den Rechnungsabgrenzungsposten auf der Aktivseite aufgenommen werden; er ist planmäßig aufzulösen und in seiner jeweiligen Höhe in der Bilanz oder im Anhang gesondert anzugeben.

§ 340f. Vorsorge für allgemeine Bankrisiken.

(1) [1]Kreditinstitute dürfen Forderungen an Kreditinstitute und Kunden, Schuldverschreibungen und andere festverzinsliche Wertpapiere sowie Aktien und andere nicht festverzinsliche Wertpapiere, die weder wie Anlagevermögen behandelt werden noch Teil des Handelsbestands sind, mit einem niedrigeren als dem nach § 253 Abs. 1 Satz 1, Abs. 3 vorgeschriebenen oder zugelassenen Wert ansetzen, soweit dies nach vernünftiger kaufmännischer Beurteilung zur Sicherung gegen die besonderen Risiken des Geschäftszweigs der Kreditinstitute notwendig ist. [2]Der Betrag der auf diese Weise gebildeten Vorsorgereserven darf vier vom Hundert des Gesamtbetrags der in Satz 1 bezeichneten Vermögensgegenstände, der sich bei deren Bewertung nach § 253 Abs. 1 Satz 1, Abs. 3 ergibt, nicht übersteigen.

(2) Ein niedrigerer Wertansatz nach Absatz 1 darf beibehalten werden; § 280 ist auf die in Absatz 1 bezeichneten Vermögensgegenstände nicht anzuwenden. [2]In der Bilanz oder im Anhang brauchen die in § 281 Abs. 1 Satz 2, Abs. 2 verlangten Angaben und Aufgliederungen nicht gemacht zu werden, soweit Satz 1 angewendet wird.

(3) Aufwendungen und Erträge aus der Anwendung von Absatz 1 und aus Geschäften mit in Absatz 1 bezeichneten Wertpapieren und Aufwendungen aus Abschreibungen sowie Erträge aus Zuschreibungen zu diesen Wertpapieren dürfen mit den Aufwendungen aus Abschreibungen auf Forderungen, Zuführungen

zu Rückstellungen für Eventualverbindlichkeiten und für Kreditrisiken sowie mit den Erträgen aus Zuschreibungen zu Forderungen oder aus deren Eingang nach teilweiser oder vollständiger Abschreibung und aus Auflösungen von Rückstellungen für Eventualverbindlichkeiten und für Kreditrisiken verrechnet und in der Gewinn- und Verlustrechnung in einem Aufwand- oder Ertragsposten ausgewiesen werden.

(4) Angaben über die Bildung und Auflösung von Vorsorgereserven nach Absatz 1 sowie über vorgenommene Verrechnungen nach Absatz 3 brauchen im Jahresabschluß, Lagebericht, Konzernabschluß und Konzernlagebericht nicht gemacht zu werden.

§ 340g. Sonderposten für allgemeine Bankrisiken. (1) Kreditinstitute dürfen auf der Passivseite ihrer Bilanz zur Sicherung gegen allgemeine Bankrisiken einen Sonderposten „Fonds für allgemeine Bankrisiken" bilden, soweit dies nach vernünftiger kaufmännischer Beurteilung wegen der besonderen Risiken des Geschäftszweigs der Kreditinstitute notwendig ist.

(2) Die Zuführungen zum Sonderposten oder die Erträge aus der Auflösung des Sonderpostens sind in der Gewinn- und Verlustrechnung gesondert auszuweisen.

▶ Währungsumrechnung

§ 340h. (1) [1]Auf ausländische Währung lautende Vermögensgegenstände, die wie Anlagevermögen behandelt werden, sind, soweit sie weder durch Verbindlichkeiten noch durch Termingeschäfte in derselben Währung besonders gedeckt sind, mit ihrem Anschaffungskurs in Euro umzurechnen. [2]Andere auf ausländische Währung lautende Vermögensgegenstände und Schulden sowie am Bilanzstichtag nicht abgewickelte Kassageschäfte sind mit dem Kassakurs am Bilanzstichtag in Deutsche Mark umzurechnen. [3]Nicht abgewickelte Termingeschäfte sind zum Terminkurs am Bilanzstichtag umzurechnen.

6

(2) [1]Aufwendungen, die sich aus der Währungsumrechnung ergeben, sind in der Gewinn- und Verlustrechnung zu berücksichtigen. [2]Erträge, die sich aus der Währungsumrechnung ergeben, sind in der Gewinn- und Verlustrechnung zu berücksichtigen, soweit die Vermögensgegenstände, Schulden oder Termingeschäfte durch Vermögensgegenstände, Schulden oder andere Termingeschäfte in derselben Währung besonders gedeckt sind. [3]Liegt keine besondere Deckung vor, aber eine Deckung in derselben Währung, so dürfen Erträge nach Satz 2 berücksichtigt werden, soweit sie einen nur vorübergehend wirksamen Aufwand aus den zur Deckung dienenden Geschäften ausgleichen. [4]In allen anderen Fällen dürfen Erträge aus der Währungsumrechnung nicht berücksichtigt werden; sie dürfen auch mit Aufwendungen nach Satz 1 nicht verrechnet werden.

▶ Konzernabschluß, Konzernlagebericht, Konzernzwischenabschluß

§ 340i. Pflicht zur Aufstellung. (1) [1]Kreditinstitute, auch wenn sie nicht in der Rechtsform einer Kapitalgesellschaft betrieben werden, haben unabhängig von ihrer Größe einen Konzernabschluß und einen Konzernlagebericht nach den Vorschriften des Zweiten Unterabschnitts des Zweiten Anschnitts über den Konzernabschluß und Konzernlagebericht aufzustellen, soweit in den Vorschriften dieses Unterabschnitts nichts anderes bestimmt ist. [2]Zusätzliche Anforderungen auf Grund von Vorschriften, die wegen der Rechtsform bestehen, bleiben unberührt.

(2) [1]Auf den Konzernabschluß sind, soweit seine Eigenart keine Abweichung bedingt, die §§ 340a bis 340g über den Jahresabschluß und die für die Rechtsform und den Geschäftszweig der in den Konzernabschluß einbezogenen Unternehmen mit Sitz im Geltungsbereich dieses Gesetzes geltenden Vorschriften entsprechend anzuwenden, soweit sie für große Kapitalgesellschaften gelten. [2]Die §§ 293, 298 Abs. 1 und 2, § 314 Abs. 1 Nr. 1, 3, 6 Buchstabe c sind nicht anzuwenden.

(3) Als Kreditinstitute im Sinne dieses Titels gelten auch Mutterunternehmen, deren einziger Zweck darin besteht, Beteiligungen an Tochterunternehmen zu erwerben sowie die Verwaltung und Verwertung dieser Beteiligungen wahrzunehmen, sofern diese Tochterunternehmen ausschließlich oder überwiegend Kreditinstitute sind.

(4) Sofern Kreditinstitute Konzernzwischenabschlüsse zur Ermittlung von Konzernzwischenergebnissen im Sinne des § 10a Abs. 1 Satz 2 in Verbindung mit § 10 Abs. 7 Satz 3 des Gesetzes über das Kreditwesen aufstellen, gelten die Bestimmungen über den Konzernabschluß und § 340k über die Prüfung entsprechend.

§ 340j. Einzubeziehende Unternehmen.

(1) Eine unterschiedliche Tätigkeit im Sinne des § 295 Abs. 1 liegt nicht vor, wenn das Tochterunternehmen eines Kreditinstituts eine Tätigkeit ausübt, die eine unmittelbare Verlängerung der Banktätigkeit oder eine Hilfstätigkeit für das Mutterunternehmen darstellt.

(2) Bezieht ein Kreditinstitut ein Tochterunternehmen, das Kreditinstitut ist, nach § 296 Abs. 1 Nr. 3 in seinen Konzernabschluß nicht ein und ist der vorübergehende Besitz von Ak-

tien oder Anteilen dieses Unternehmens auf eine finanzielle Stützungsaktion zur Sanierung oder Rettung des genannten Unternehmens zurückzuführen, so hat es den Jahresabschluß dieses Unternehmens seinem Konzernabschluß beizufügen und im Konzernanhang zusätzliche Angaben über die Art und die Bedingungen der finanziellen Stützungsaktion zu machen

▶ Prüfung

§ 340k. (1) [1]Kreditinstitute haben unabhängig von ihrer Größe ihren Jahresabschluß und Lagebericht sowie ihren Konzernabschluß und Konzernlagebericht unbeschadet der Vorschriften der §§ 28 bis 30 des Gesetzes über das Kreditwesen nach den Vorschriften des Dritten Unterabschnitts des Zweiten Abschnitts über die Prüfung prüfen zu lassen; § 319 Abs. 1 Satz 2 ist nicht anzuwenden. [2]Die Prüfung ist spätestens vor Ablauf des fünften Monats des dem Abschlußstichtag nachfolgenden Geschäftsjahrs vorzunehmen. [3]Der Jahresabschluß ist nach der Prüfung unverzüglich festzustellen.

(2) [1]Ist das Kreditinstitut eine Genossenschaft oder ein rechtsfähiger wirtschaftlicher Verein, so ist die Prüfung abweichend von § 319 Abs. 1 Satz 1 von dem Prüfungsverband durchzuführen, dem das Kreditinstitut als Mitglied angehört, sofern mehr als die Hälfte der Mitglieder des Vorstands dieses Prüfungsverbands Wirtschaftsprüfer sind. [2]Hat der Prüfungsverband nur zwei Vorstandsmitglieder, so muß einer von ihnen Wirtschaftsprüfer sein. [3]§ 319 Abs. 2 und 3 ist entsprechend anzuwenden; § 319 Abs. 3 Nr. 5 ist nicht anzuwenden, sofern sichergestellt ist, daß der Abschlußprüfer die Prüfung unabhängig von den Weisungen durch das Aufsichtsorgan des Prüfungsverbands durchführen kann. [4]Ist das Mutterunternehmen eine Genossenschaft, so ist der Prüfungsverband, dem die Genossenschaft angehört, unter den Voraussetzungen der Sätze 1 bis 3 auch Abschlußprüfer des Konzernabschlusses und des Konzernlageberichts.

(3) [1]Ist das Kreditinstitut eine Sparkasse, so dürfen die nach Absatz 1 vorgeschriebenen Prüfungen abweichend von § 319 Abs. 1 Satz 1 von der Prüfungsstelle eines Sparkassen- und Giroverbands durchgeführt werden. [2]Die Prüfung darf von der Prüfungsstelle jedoch nur durchgeführt werden, wenn der Leiter der Prüfungsstelle die Voraussetzungen des § 319 erfüllt. [3]Außerdem muß sichergestllt sein, daß der Abschlußprüfer die Prüfung unabhängig von den Weisungen der Organe des Sparkassen- und Giroverbands durchführen kann.

▶ Offenlegung

§ 340l. (1) [1]Kreditinstitute haben den Jahresabschluß und den Lagebericht sowie den Konzernabschluß und den Konzernlagebericht und die anderen in § 325 bezeichneten Unterlagen nach § 325 Abs. 2 bis 5, §§ 328, 329 Abs. 1 offenzulegen. [2]Kreditinstitute, die nicht Zweigstellen sind, haben die in Satz 1 bezeichneten Unterlagen außerdem in jedem anderen Mitgliedstaat der Europäischen Wirtschaftsgemeinschaft und in jedem anderen Vertragsstaat des Abkommens über den Europäischen Wirtschaftsraum offenzulegen, in dem sie eine Zweigstelle errichtet haben. [3]Die Offenlegung (Einreichnung zu einem Register, Bekanntmachung in einem Amtsblatt) richtet sich nach dem Recht des jeweiligen Mitgliedstaats oder Vertragsstaats.

(2) [1]Zweigstellen im Geltungsbereich dieses Gesetzes von Unternehmen mit Sitz in einem anderen Staat haben die im Absatz 1 Satz 1 bezeichneten Unterlagen ihrer Hauptniederlassung, die nach deren Recht aufgestellt und geprüft worden sind, nach § 325 Abs. 2 bis 5, §§ 328, 329 Abs. 1 offenzulegen. [2]Zweigstellen im Geltungsbereich dieses Gesetzes von Unternehmen mit Sitz in einem Staat, der nicht Mitglied der Europäischen Wirtschaftsgemeinschaft und auch nicht Vertragsstaat des Abkommens über den Europäischen Wirtschaftsraum ist, brauchen auf ihre eigene Geschäftstätigkeit bezogene gesonderte Rechnungslegungsunterlagen nach Absatz 1 Satz 1 nicht offenzulegen, sofern die nach Satz 1 offenzulegenden Unterlagen nach einem an die Richtlinie 86/635/EWG angepaßten Recht aufgestellt und geprüft worden oder den nach einem dieser Rechte aufgestellten Unterlagen gleichwertig sind. [3]Sind die Unterlagen nicht in deutscher Sprache erstellt, so ist jeweils eine Übersetzung in deutscher Sprache beizufügen.

(3) [1]Ist das Kreditinstitut eine Genossenschaft, so tritt an die Stelle des Handelsregisters das Genossenschaftsregister. [2]§ 339 ist auf Kreditinstitute, die Genossenschaften sind, nicht anzuwenden.

(4) [1]Kreditinstitute, deren Bilanzsumme am Bilanzstichtag 300 Millionen Deutsche Mark nicht übersteigt, dürfen an Stelle von § 325 Abs. 2 auf die Offenlegung § 325 Abs. 1 anwenden. [2]Satz 1 ist auf Zweigstellen im Sinne des Absatzes 2 mit der Maßgabe anzuwenden, daß bei der Offenlegung von Unterlagen der Hauptniederlassung die zum Bilanzstichtag in Deutsche Mark umgerechnete Bilanzsumme des Kreditinstituts mit Sitz in einem anderen Staat maßgeblich ist.

▶ Straf- und Bußgeldvorschriften, Zwangsgelder

§ 340m. Strafvorschriften. [1]Die Strafvorschriften der §§ 331 bis 333 sind auch auf nicht in der Rechtsform einer Kapitalgesellschaft betriebene Kreditinstitute anzuwenden. [2]§ 331 ist darüber hinaus auch anzuwenden auf die Verletzung von Pflichten durch den Geschäftsleiter (§ 1 Abs. 2 Satz 1 des Gesetzes über das Kreditwesen) eines nicht in der Rechtsform einer Kapitalgesellschaft betriebenen Kreditinstituts, durch den Inhaber eines in der Rechtsform des Einzelkaufmanns betriebenen Kreditinstituts oder durch den Geschäftsleiter im Sinne des § 53, Abs. 2 Nr. 1 des Gesetzes über das Kreditwesen.

§ 340n. Bußgeldvorschriften. (1) Ordnungswidrig handelt, wer als Geschäftsleiter im Sinne des § 1 Abs. 2 Satz 1 oder des § 53 Abs. 2 Nr. 1 des Gesetzes über das Kreditwesen oder als Inhaber eines in der Rechtsform des Einzelkaufmanns betriebenen Kreditinstituts oder als Mitglied des Aufsichtsrats

1. bei der Aufstellung oder Feststellung des Jahresabschlusses oder bei der Aufstellung des Zwischenabschlusses gemäß § 340a Abs. 3 einer Vorschrift
   a) des § 243 Abs. 1 oder 2, der §§ 244, 245, 246, Abs. 1 oder 2, dieser in Verbindung mit § 340a Abs. 2 Satz 3, des § 247 Abs. 2 oder 3, der §§ 248, 249 Abs. 1 Satz 1 oder Abs. 3, des § 250 Abs. 1 Satz 1 oder Abs. 2, des § 264 Abs. 2, des § 340b Abs. 4 oder 5 oder des § 340c Abs. 1 über Form oder Inhalt,
   b) des § 253 Abs. 1 Satz 1 in Verbindung mit § 255 Abs. 1 oder 2 Satz 1, 2 oder 6, des § 253 Abs. 1 Satz 2 oder Abs. 2 Satz 1, 2 oder 3, dieser in Verbindung mit § 340e Abs. 1 Satz 3, des § 253 Abs. 3 Satz 1 oder 2, des § 280 Abs. 1 in Verbindung mit § 340f Abs. 2, der §§ 282, 283, des § 340e Abs. 1, des § 340f Abs. 1 Satz 2 oder des § 340g Abs. 2 über die Bewertung
   c) des § 265 Abs. 2, 3 oder 4, des § 268 Abs. 3 oder 6, der §§ 272, 273, 274 Abs. 1 oder des § 277 Abs. 3 Satz 2 oder Abs. 4 über die Gliederung,
   d) des § 280 Abs. 3, des § 281 Abs. 1 Satz 2, dieser in Verbindung mit § 340f Abs. 2 Satz 2 oder des § 281 Abs. 1 Satz 3 oder Abs. 2 Satz 1, dieser in Verbindung mit § 340f Abs. 2 Satz 2, des § 284 Abs. 1, 2 Nr. 1, 3 oder 5 oder des § 285 Nr. 3, 5 bis 7, 9 Buchstabe a oder b, Nr. 10, 11, 13 oder 14 über die in der Bilanz oder im Anhang zu machenden Angaben oder
2. bei der Aufstellung des Konzernabschlusses oder des Konzernzwischenabschlusses gemäß § 340i Abs. 4 einer Vorschrift
   a) des § 294 Abs. 1 über den Konsolidierungskreis,
   b) des § 297 Abs. 2 oder 3 oder des § 340i Abs. 2 Satz 1 in Verbindung mit einer der in Nummer 1 Buchstabe a bezeichneten Vorschriften über Form oder Inhalt.
   c) des § 300 über die Konsolidierungsgrundsätze oder das Vollständigkeitsgebot.
   d) des § 308 Abs. 1 Satz 1 in Verbindung mit den in Nummer 1 Buchstabe b bezeichneten Vorschriften oder des § 308 Abs. 2 über die Bewertung,
   e) des § 311 Abs. 1 Satz 1 in Verbindung mit § 312 über die Behandlung assoziierter Unternehmen oder
   f) des § 308 Abs. 1 Satz 3, des § 313 oder des § 314 über die im Anhang zu machenden Angaben.
3. bei der Aufstellung des Lageberichts einer Vorschrift des § 289 Abs. 1 über den Inhalt des Lageberichts,
4. bei der Aufstellung des Konzernlageberichts einer Vorschrift des § 315 Abs. 1 über den Inhalt des Konzernlageberichts,
5. bei der Offenlegung, Veröffentlichung oder Vervielfältigung einer Vorschrift des § 328 über Form oder Inhalt oder
6. einer auf Grund des § 330 Abs. 2 in Verbindung mit Abs. 1 Satz 1 erlassenen Rechtsverordnung, soweit sie für einen bestimmten Tatbestand auf diese Bußgeldvorschrift verweist,

zuwiderhandelt.

(2) Ordnungswidrig handelt auch, wer zu einem Jahresabschluß oder einem Konzernabschluß, der auf Grund gesetzlicher Vorschriften zu prüfen ist, einen Vermerk nach § 322 erteilt, obwohl nach § 319 Abs. 2 er, nach § 319 Abs. 3 die Wirtschaftprüfungsgesellschaft oder nach § 340k Abs. 2 oder 3 der Prüfungsverband, für die oder für den er tätig wird, nicht Abschlußprüfer sein darf.

(3) Die Ordnungswidrigkeit kann mit einer Geldbuße bis zu fünfzigtausend Deutsche Mark geahndet werden.

§ 340o. Festsetzung von Zwangsgeld. [1]Personen, die

1. als Geschäftsleiter im Sinne des § 1 Abs. 2 Satz 1 des Gesetzes über das Kreditwesen eines Kreditinstituts, das nicht Kapitalgesellschaft ist, oder als Inhaber eines in der Rechtsform des Einzelkaufmanns betriebenen Kreditinstituts
   a) eine der in § 335 Satz 1 Nr. 1, 3 bis 6 bezeichneten Vorschriften oder
   b) § 340i Abs. 1 Satz 1 oder
2. als Geschäftsleiter von Zweigstellen im Sinne des § 53 Abs. 1 des Gesetzes über das Kreditwesen § 340l Abs. 1 oder 2 über die Offenlegung der Rechnungslegungsunterlagen

nicht befolgen, sind hierzu vom Registergericht durch Festsetzung von Zwangsgeld nach § 132 Abs. 1 des Gesetzes über die Angelegenheiten der freiwilligen Gerichtsbarkeit anzuhalten. [2]§ 335 Satz 2 bis 8 ist anzuwenden.

6

Viertes Buch. Handelsgeschäfte

Allgemeine Vorschriften

§ 343. [Begriff der Handelsgeschäfte]
(1) Handelsgeschäfte sind alle Geschäfte eines Kaufmanns, die zum Betriebe seines Handelsgewerbes gehören.

§ 344. [Vermutung für das Handelsgeschäft]
(1) Die von einem Kaufmanne vorgenommenen Rechtsgeschäfte gelten im Zweifel als zum Betriebe seines Handelsgewerbes gehörig.
(2) Die von einem Kaufmanne gezeichneten Schuldscheine gelten als im Betriebe seines Handelsgewerbes gezeichnet, sofern nicht aus der Urkunde sich das Gegenteil ergibt.

§ 345. [Einseitige Handelsgeschäfte] Auf ein Rechtsgeschäft, das für einen der beiden Teile ein Handelsgeschäft ist, kommen die Vorschriften über Handelsgeschäfte für beide Teile gleichmäßig zur Anwendung, soweit nicht aus diesen Vorschriften sich ein anderes ergibt.

§ 346. [Handelsbräuche] Unter Kaufleuten ist in der Bedeutung und Wirkung von Handlungen und Unterlassungen auf die im Handelsverkehr geltenden Gewohnheiten und Gebräuche Rücksicht zu nehmen.

§ 347. [Sorgfaltspflicht] (1) Wer aus einem Geschäfte, das auf seiner Seite ein Handelsgeschäft ist, einem anderen zur Sorgfalt verpflichtet ist, hat für die Sorgfalt eines ordentlichen Kaufmanns einzustehen.
(2) Unberührt bleiben die Vorschriften des Bürgerlichen Gesetzbuchs, nach welchen der Schuldner in bestimmten Fällen nur grobe Fahrlässigkeit zu vertreten oder nur für diejenige Sorgfalt einzustehen hat, welche er in eigenen Angelegenheiten anzuwenden pflegt.

§ 348. [Vertragsstrafe] Eine Vertragsstrafe, die von einem Kaufmann im Betriebe seines Handelsgewerbes versprochen ist, kann nicht auf Grund der Vorschriften des § 343 des Bürgerlichen Gesetzbuchs herabgesetzt werden.

§ 349. [Keine Einrede der Vorausklage] [1]Dem Bürgen steht, wenn die Bürgschaft für ihn ein Handelsgeschäft ist, die Einrede der Vorausklage nicht zu. [2]Das gleiche gilt unter der bezeichneten Voraussetzung für denjenigen, welcher aus einem Kreditauftrag als Bürge haftet.

§ 350. [Formfreiheit] Auf eine Bürgschaft, ein Schuldversprechen oder ein Schuldanerkenntnis finden, sofern die Bürgschaft auf der Seite des Bürgen, das Versprechen oder das Anerkenntnis auf der Seite des Schuldners ein Handelsgeschäft ist, die Formvorschriften des § 766 Satz 1, des § 780 und des § 781 Satz 1 des Bürgerlichen Gesetzbuches keine Anwendung.

§ 352. [Gesetzlicher Zinssatz] (1) [1]Die Höhe der gesetzlichen Zinsen, mit Einschluß der Verzugszinsen, ist bei beiderseitigen Handelsgeschäften fünf vom Hundert für das Jahr. [2]Das gleiche gilt, wenn für eine Schuld aus einem solchen Handelsgeschäfte Zinsen ohne Bestimmung des Zinsfußes versprochen sind.
(2) Ist in diesem Gesetzbuche die Verpflichtung zur Zahlung von Zinsen ohne Bestimmung der Höhe ausgesprochen, so sind darunter Zinsen zu fünf vom Hundert für das Jahr zu verstehen.

§ 353. [Fälligkeitszinsen] [1]Kaufleute untereinander sind berechtigt, für ihre Forderungen aus beiderseitigen Handelsgeschäften vom Tage der Fälligkeit an Zinsen zu fordern. [2]Zinsen von Zinsen können auf Grund dieser Vorschrift nicht gefordert werden.

§ 354. [Provision; Lagergeld; Zinsen] (1) Wer in Ausübung seines Handelsgewerbes einem anderen Geschäfte besorgt oder Dienste leistet, kann dafür auch ohne Verabredung Provision und, wenn es sich um Aufbewahrung handelt, Lagergeld nach den an dem Orte üblichen Sätzen fordern.
(2) Für Darlehen, Vorschüsse, Auslagen und andere Verwendungen kann er vom Tage der Leistung an Zinsen berechnen.

§ 354a. [Abtretung einer Geldforderung] Ist die Abtretung einer Geldforderung durch Vereinbarung mit dem Schuldner gemäß § 399 des Bürgerlichen Gesetzbuchs ausgeschlossen und ist das Rechtsgeschäft, das diese Forderung begründet hat, für beide Teile ein Handelsgeschäft, oder ist der Schuldner eine juristische Person des öffentlichen Rechts oder ein öffentlich-rechtliches Sondervermögen, so ist die Abtretung gleichwohl wirksam. Der Schuldner kann jedoch mit befreiender Wirkung an den bisherigen Gläubiger leisten. Abweichende Vereinbarungen sind unwirksam. 6

§ 355. [Laufende Rechnung, Kontokorrent]
(1) Steht jemand mit einem Kaufmanne derart in Geschäftsverbindung, daß die aus der Verbindung entspringenden beiderseitigen Ansprüche und Leistungen nebst Zinsen in Rechnung gestellt und in regelmäßigen Zeitabschnitten durch Verrechnung und Feststellung des für den einen oder anderen Teil sich ergebenden Überschusses ausgeglichen werden (laufende Rech-

nung, Kontokorrent), so kann derjenige, welchem bei dem Rechnungsabschluß ein Überschuß gebührt, von dem Tage des Abschlusses an Zinsen von dem Überschusse verlangen, auch soweit in der Rechnung Zinsen enthalten sind.

(2) Der Rechnungsabschluß geschieht jährlich einmal, sofern nicht ein anderes bestimmt ist.

(3) Die laufende Rechnung kann im Zweifel auch während der Dauer einer Rechnungsperiode jederzeit mit der Wirkung gekündigt werden, daß derjenige, welchem nach der Rechnung ein Überschuß gebührt, dessen Zahlung beanspruchen kann.

§ 356. [Sicherheiten] (1) Wird eine Forderung, die durch Pfand, Bürgschaft oder in anderer Weise gesichert ist, in die laufende Rechnung aufgenommen, so wird der Gläubiger durch die Anerkennung des Rechnungsabschlusses nicht gehindert, aus der Sicherheit insoweit Befriedigung zu suchen, als sein Guthaben aus der laufenden Rechnung und die Forderung sich decken.

§ 357. [Pfändung des Saldos] [1]Hat der Gläubiger eines Beteiligten die Pfändung und Überweisung des Anspruchs auf dasjenige erwirkt, was seinem Schuldner als Überschuß aus der laufenden Rechnung zukommt, so können dem Gläubiger gegenüber Schuldposten, die nach der Pfändung durch neue Geschäfte entstehen, nicht in Rechnung gestellt werden. [2]Geschäfte, die auf Grund eines schon vor der Pfändung bestehenden Rechtes oder einer schon vor diesem Zeitpunkte bestehenden Verpflichtung des Drittschuldners vorgenommen werden, gelten nicht als neue Geschäfte im Sinne dieser Vorschrift.

6

§ 358. [Zeit der Leistung] Bei Handelsgeschäften kann die Leistung nur während der gewöhnlichen Geschäftszeit bewirkt und gefordert werden.

§ 359. [Vereinbarte Zeit der Leistung; „acht Tage"] (1) Ist als Zeit der Leistung das Frühjahr oder der Herbst oder ein in ähnlicher Weise bestimmter Zeitpunkt vereinbart, so entscheidet im Zweifel der Handelsgebrauch des Ortes der Leistung.

(2) Ist eine Frist von acht Tagen vereinbart, so sind hierunter im Zweifel volle acht Tage zu verstehen.

§ 360. [Gattungsschuld] Wird eine nur der Gattung nach bestimmte Ware geschuldet, so ist Handelsgut mittlerer Art und Güte zu leisten.

§ 361. [Maß, Gewicht, Währung, Zeitrechnung und Entfernungen] Maß, Gewicht, Währung, Zeitrechnung und Entfernungen, die an dem Orte gelten, wo der Vertrag erfüllt werden soll, sind Im Zweifel als die vertragsmäßigen zu betrachten.

§ 362. [Schweigen des Kaufmanns auf Anträge] (1) [1]Geht einem Kaufmanne, dessen Gewerbebetrieb die Besorgung von Geschäften für andere mit sich bringt, ein Antrag über die Besorgung solcher Geschäfte von jemand zu, mit dem er in Geschäftsverbindung steht, so ist er verpflichtet, unverzüglich zu antworten; sein Schweigen gilt als Annahme des Antrags. [2]Das gleiche gilt, wenn einem Kaufmann ein Antrag über die Besorgung von Geschäften von jemand zugeht, dem gegenüber er sich zur Besorgung solcher Geschäfte erboten hat.

(2) Auch wenn der Kaufmann den Antrag ablehnt, hat er die mitgesendeten Waren auf Kosten des Antragstellers, soweit er für diese Kosten gedeckt ist und soweit es ohne Nachteil für ihn geschehen kann, einstweilen vor Schaden zu bewahren.

§ 363. [Kaufmännische Orderpapiere] (1) [1]Anweisungen, die auf einen Kaufmann über die Leistung von Geld, Wertpapieren oder anderen vertretbaren Sachen ausgestellt sind, ohne daß darin die Leistung von einer Gegenleistung abhängig gemacht ist, können durch Indossament übertragen werden, wenn sie an Order lauten. [2]Dasselbe gilt von Verpflichtungsscheinen, die von einem Kaufmann über Gegenstände der bezeichneten Art an Order ausgestellt sind, ohne daß darin die Leistung von einer Gegenleistung abhängig gemacht ist.

(2) Ferner können Konnossemente der Verfrachter, Ladescheine der Frachtführer, Lagerscheine sowie Transportversicherungspolicen durch Indossament übertragen werden, wenn sie an Order lauten.

§ 364. [Indossament] (1) Durch das Indossament gehen alle Rechte aus dem indossierten Papier auf den Indossatar über.

(2) Dem legitimierten Besitzer der Urkunde kann der Schuldner nur solche Einwendungen entgegensetzen, welche die Gültigkeit seiner Erklärung in der Urkunde betreffen oder sich aus dem Inhalte der Urkunde ergeben oder ihm unmittelbar gegen den Besitzer zustehen.

(3) Der Schuldner ist nur gegen Aushändigung der quittierten Urkunde zur Leistung verpflichtet.

§ 366. [Gutgläubiger Erwerb von beweglichen Sachen] (1) Veräußert oder verpfändet ein Kaufmann im Betriebe seines Handelsgewerbes eine ihm nicht gehörige bewegliche Sache, so finden die Vorschriften des Bürgerlichen Gesetzbuchs zugunsten derjenigen, welche Rechte von einem Nichtberechtigten herleiten, auch dann Anwendung, wenn der gute Glaube des Erwerbers die Befugnis des Veräußerers oder Verpfänders, über die Sache für den Eigentümer zu verfügen, betrifft.

(2) Ist die Sache mit dem Rechte eines Dritten belastet, so finden die Vorschriften des Bürgerlichen Gesetzbuchs zugunsten derjenigen, welche Rechte von einem Nichtberechtigten herleiten, auch dann Anwendung, wenn der gute Glaube die Befugnis des Veräußerers oder Verpfänders, ohne Vorbehalt des Rechtes über die Sache zu verfügen, betrifft.

(3) Das gesetzliche Pfandrecht des Kommissionärs, des Frachtführers, des Spediteurs und des Lagerhalters steht hinsichtlich des Schutzes des guten Glaubens einem gemäß Absatz 1 durch Vertrag erworbenen Pfandrechte gleich, …

§ 367. [Gutgläubiger Erwerb gewisser Wertpapiere] (1) Wird ein Inhaberpapier, das dem Eigentümer gestohlen worden, verlorengegangen oder sonst abhanden gekommen ist, an einen Kaufmann, der Bankier- oder Geldwechslergeschäfte betreibt, veräußert oder verpfändet, so gilt dessen guter Glaube als ausgeschlossen, wenn zur Zeit der Veräußerung oder Verpfändung der Verlust des Papiers im Bundesanzeiger bekanntgemacht und seit dem Ablauf des Jahres, in dem die Veröffentlichung erfolgt ist, nicht mehr als ein Jahr verstrichen war. [2]Inhaberpapieren stehen an Order lautende Anleiheschuldverschreibungen sowie Namensaktien, Zwischenscheine und Reichsbankanteilscheine gleich, falls sie mit einem Blankoindossament versehen sind.

(2) Der gute Glaube des Erwerbers wird durch die Veröffentlichung im Bundesanzeiger nicht ausgeschlossen, wenn der Erwerber die Veröffentlichung infolge besonderer Umstände nicht kannte und seine Unkenntnis nicht auf grober Fahrlässigkeit beruht.

(3) Auf Zins-, Renten- und Gewinnanteilscheine, die nicht später als in dem nächsten auf die Veräußerung oder Verpfändung folgenden Einlösungstermin fällig werden, auf unverzinsliche Inhaberpapiere, die auf Sicht zahlbar sind, und auf Banknoten sind diese Vorschriften nicht anzuwenden.

§ 368. [Pfandverkauf] (1) Bei dem Verkauf eines Pfandes tritt, wenn die Verpfändung auf der Seite des Pfandgläubigers und des Verpfänders ein Handelsgeschäft ist, an die Stelle der in § 1234 des Bürgerlichen Gesetzbuchs bestimmten Frist von einem Monat eine solche von einer Woche.

(2) Diese Vorschrift findet auf das gesetzliche Pfandrecht des Kommissionärs, des Spediteurs, des Lagerhalters und des Frachtführers entsprechende Anwendung, auf das Pfandrecht des Spediteurs und des Frachtführers auch dann, wenn nur auf ihrer Seite der Speditions- oder Frachtvertrag ein Handelsgeschäft ist.

§ 369. [Kaufmännisches Zurückbehaltungsrecht] (1) [1]Ein Kaufmann hat wegen der fälligen Forderungen, welche ihm gegen einen anderen Kaufmann aus den zwischen ihnen geschlossenen beiderseitigen Handelsgeschäften zustehen, ein Zurückbehaltungsrecht an den beweglichen Sachen und Wertpapieren des Schuldners, welche mit dessen Willen auf Grund von Handelsgeschäften in seinen Besitz gelangt sind, sofern er sie noch im Besitze hat, insbesondere mittels Konnossements, Ladescheins oder Lagerscheins darüber verfügen kann. [2]Das Zurückbehaltungsrecht ist auch dann begründet, wenn das Eigentum an dem Gegenstande von dem Schuldner auf den Gläubiger übergegangen oder von einem Dritten für den Schuldner auf den Gläubiger übertragen, aber auf den Schuldner zurückzuübertragen ist.

(2) Einem Dritten gegenüber besteht das Zurückbehaltungsrecht insoweit, als dem Dritten die Einwendungen gegen den Anspruch des Schuldners auf Herausgabe des Gegenstandes entgegengesetzt werden können.

§ 371. [Befriedigungsrecht] (1) [1]Der Gläubiger ist kraft des Zurückbehaltungsrechts befugt, sich aus dem zurückbehaltenen Gegenstande für seine Forderung zu befriedigen. [2]Steht einem Dritten ein Recht an dem Gegenstande zu, gegen welches das Zurückbehaltungsrecht nach § 369 Abs. 2 geltend gemacht werden kann, so hat der Gläubiger in Ansehung der Befriedigung aus dem Gegenstande den Vorrang.

(2) [1]Die Befriedigung erfolgt nach den für das Pfandrecht geltenden Vorschriften des Bürgerlichen Gesetzbuchs. [2]An die Stelle der in § 1234 des Bürgerlichen Gesetzbuchs bestimmten Frist von einem Monate tritt eine solche von einer Woche.

Handelskauf

§ 373. [Annahmeverzug des Käufers] (1) Ist der Käufer mit der Annahme der Ware im Verzuge, so kann der Verkäufer die Ware auf Gefahr und Kosten des Käufers in einem öffentlichen Lagerhaus oder sonst in sicherer Weise hinterlegen.

(2) [1]Er ist ferner befugt, nach vorgängiger Androhung die Ware öffentlich versteigern zu lassen; er kann, wenn die Ware einen Börsen- oder Marktpreis hat, nach vorgängiger Androhung den Verkauf auch aus freier Hand durch einen zu solchen Verkäufen öffentlich ermächtigten Handelsmakler oder durch eine zur öffentlichen Versteigerung befugte Person zum laufenden Preise bewirken. [2]Ist die Ware dem Verderb ausgesetzt und Gefahr im Verzuge, so bedarf es der vorgängigen Androhung nicht; dasselbe gilt, wenn die Androhung aus anderen Gründen untunlich ist.

(3) Der Selbsthilfeverkauf erfolgt für Rechnung des säumigen Käufers.

(4) Der Verkäufer und der Käufer können bei der öffentlichen Versteigerung mitbieten.

(5) [1]Im Falle der öffentlichen Versteigerung hat der Verkäufer den Käufer von der Zeit und dem Orte der Versteigerung vorher zu benachrichtigen; von dem vollzogenen Verkaufe hat er bei jeder Art des Verkaufs dem Käufer unverzüglich Nachricht zu geben. [2]Im Falle der Unterlassung ist er zum Schadensersatze verpflichtet. [3]Die Benachrichtigungen dürfen unterbleiben, wenn sie untunlich sind.

§ 374. [Vorschriften des BGB über Annahmeverzug] Durch die Vorschriften des § 373 werden die Befugnisse nicht berührt, welche dem Verkäufer nach dem Bürgerlichen Gesetzbuche zustehen, wenn der Käufer im Verzuge der Annahme ist.

§ 375. [Bestimmungskauf] (1) Ist bei dem Kaufe einer beweglichen Sache dem Käufer die nähere Bestimmung über Form, Maß oder ähnliche Verhältnisse vorbehalten, so ist der Käufer verpflichtet, die vorbehaltene Bestimmung zu treffen.

(2) [1]Ist der Käufer mit der Erfüllung dieser Verpflichtung im Verzuge, so kann der Verkäufer die Bestimmung statt des Käufers vornehmen oder gemäß § 326 des Bürgerlichen Gesetzbuchs Schadensersatz wegen Nichterfüllung fordern oder vom Vertrage zurücktreten. [2]Im ersteren Falle hat der Verkäufer die von ihm getroffene Bestimmung dem Käufer mitzuteilen und ihm zugleich eine angemessene Frist zur Vornahme einer anderweitigen Bestimmung zu setzen. [3]Wird eine solche innerhalb der Frist von dem Käufer nicht vorgenommen, so ist die von dem Verkäufer getroffene Bestimmung maßgebend.

§ 376. [Fixhandelskauf] (1) [1]Ist bedungen, daß die Leistung des einen Teiles genau zu einer festbestimmten Zeit oder innerhalb einer festbestimmten Frist bewirkt werden soll, so kann der andere Teil, wenn die Leistung nicht zu der bestimmten Zeit oder nicht innerhalb der bestimmten Frist erfolgt, von dem Vertrage zurücktreten oder, falls der Schuldner im Verzug ist, statt der Erfüllung Schadensersatz wegen Nichterfüllung verlangen. [2]Erfüllung kann er nur beanspruchen, wenn er sofort nach dem Ablaufe der Zeit oder der Frist dem Gegner anzeigt, daß er auf Erfüllung bestehe.

(2) Wird Schadensersatz wegen Nichterfüllung verlangt und hat die Ware einen Börsen- oder Marktpreis, so kann der Unterschied des Kaufpreises und des Börsen- oder Marktpreises zur Zeit und am Orte der geschuldeten Leistung gefordert werden.

§ 377. [Untersuchungs- und Rügepflicht] (1) Ist der Kauf für beide Teile ein Handelsgeschäft, so hat der Käufer die Ware unverzüglich nach der Ablieferung durch den Verkäufer, soweit dies nach ordnungsmäßigem Geschäftsgange tunlich ist, zu untersuchen und, wenn sich ein Mangel zeigt, dem Verkäufer unverzüglich Anzeige zu machen.

(2) Unterläßt der Käufer die Anzeige, so gilt die Ware als genehmigt, es sei denn, daß es sich um einen Mangel handelt, der bei der Untersuchung nicht erkennbar war.

(3) Zeigt sich später ein solcher Mangel, so muß die Anzeige unverzüglich nach der Entdeckung gemacht werden; anderenfalls gilt die Ware auch in Ansehung dieses Mangels als genehmigt.

(4) Zur Erhaltung der Rechte des Käufers genügt die rechtzeitige Absendung der Anzeige.

(5) Hat der Verkäufer den Mangel arglistig verschwiegen, so kann er sich auf diese Vorschriften nicht berufen.

§ 378. [Untersuchungs- und Rügepflicht bei Falschlieferung oder Mengenfehlern] Die Vorschriften des § 377 finden auch dann Anwendung, wenn eine andere als die bedungene Ware oder eine andere als die bedungene Menge von Waren geliefert ist, sofern die gelieferte Ware nicht offensichtlich von der Bestellung so erheblich abweicht, daß der Verkäufer die Genehmigung des Käufers als ausgeschlossen betrachten mußte.

§ 379. [Einstweilige Aufbewahrung; Notverkauf] (1) Ist der Kauf für beide Teile ein Handelsgeschäft, so ist der Käufer, wenn er die ihm von einem anderen Orte übersendete Ware beanstandet, verpflichtet, für ihre einstweilige Aufbewahrung zu sorgen.

(2) Er kann die Ware, wenn sie dem Verderb ausgesetzt und Gefahr im Verzug ist, unter Beobachtung der Vorschriften des § 373 verkaufen lassen.

§ 380. [Taragewicht] (1) Ist der Kaufpreis nach dem Gewichte der Ware zu berechnen, so kommt das Gewicht der Verpackung (Taragewicht) in Abzug, wenn nicht aus dem Vertrag oder dem Handelsgebrauche des Ortes, an welchem der Verkäufer zu erfüllen hat, sich ein anderes ergibt.

(2) Ob und in welcher Höhe das Taragewicht nach einem bestimmten Ansatz oder Verhältnisse statt nach genauer Ausmittelung abzuziehen ist, sowie, ob und wieviel als Gutgewicht zugunsten des Käufers zu berechnen ist oder als Vergütung für schadhafte oder unbrauchbare Teile (Refaktie) gefordert werden kann, bestimmt sich nach dem Vertrag oder dem Handelsgebrauche des Ortes, an welchem der Verkäufer zu erfüllen hat.

§ 381. [Kauf von Wertpapieren; Werklieferungsvertrag] (1) Die in diesem Abschnitte für den Kauf von Waren getroffenen Vorschriften gelten auch für den Kauf von Wertpapieren.

(2) Sie finden auch Anwendung, wenn aus einem von dem Unternehmer zu beschaffenden Stoffe eine nicht vertretbare bewegliche Sache herzustellen ist.

Kommissionsgeschäft

§ 383. [Kommissionär; Kommissionsvertrag]

(1) Kommissionär ist, wer es gewerbsmäßig übernimmt, Waren oder Wertpapiere für Rechnung eines anderen (des Kommittenten) in eigenem Namen zu kaufen oder zu verkaufen.

§ 384. [Pflichten des Kommissionärs] (1) Der Kommissionär ist verpflichtet, das übernommene Geschäft mit der Sorgfalt eines ordentlichen Kaufmanns auszuführen; er hat hierbei das Interesse des Kommittenten wahrzunehmen und dessen Weisungen zu befolgen.

(2) Er hat dem Kommittenten die erforderlichen Nachrichten zu geben, insbesondere von der Ausführung der Kommission unverzüglich Anzeige zu machen; er ist verpflichtet, dem Kommittenten über das Geschäft Rechenschaft abzulegen und ihm dasjenige herauszugeben, was er aus der Geschäftsbesorgung erlangt hat.

(3) Der Kommissionär haftet dem Kommittenten für die Erfüllung des Geschäfts, wenn er ihm nicht zugleich mit der Anzeige von der Ausführung der Kommission den Dritten namhaft macht, mit dem er das Geschäft abgeschlossen hat.

§ 385. [Weisungen des Kommittenten] (1) Handelt der Kommissionär nicht gemäß den Weisungen des Kommittenten, so ist er diesem zum Ersatze des Schadens verpflichtet; der Kommittent braucht das Geschäft nicht für seine Rechnung gelten zu lassen.

§ 386. [Preisgrenzen] (1) Hat der Kommissionär unter dem ihm gesetzten Preise verkauft oder hat er den ihm für den Einkauf gesetzten Preis überschritten, so muß der Kommittent, falls er das Geschäft als nicht für seine Rechnung abgeschlossen zurückweisen will, dies unverzüglich auf die Anzeige von der Ausführung des Geschäfts erklären; anderenfalls gilt die Abweichung von der Preisbestimmung als genehmigt.

(2) [1]Erbietet sich der Kommissionär zugleich mit der Anzeige von der Ausführung des Geschäfts zur Deckung des Preisunterschieds, so ist der Kommittent zur Zurückweisung nicht berechtigt. [2]Der Anspruch des Kommittenten auf den Ersatz eines den Preisunterschied übersteigenden Schadens bleibt unberührt.

§ 387. [Vorteilhafterer Abschluß] (1) Schließt der Kommissionär zu vorteilhafteren Bedingungen ab, als sie ihm von dem Kommittenten gesetzt worden sind, so kommt dies dem Kommittenten zustatten.

(2) Dies gilt insbesondere, wenn der Preis, für welchen der Kommissionär verkauft, den von dem Kommittenten bestimmten niedrigsten Preis übersteigt oder wenn der Preis, für welchen er einkauft, den von dem Kommittenten bestimmten höchsten Preis nicht erreicht.

§ 388. [Beschädigtes oder mangelhaftes Kommissionsgut] (1) Befindet sich das Gut, welches dem Kommissionär zugesendet ist, bei der Ablieferung in einem beschädigten oder mangelhaften Zustande, der äußerlich erkennbar ist, so hat der Kommissionär die Rechte gegen den Frachtführer oder Schiffer zu wahren, für den Beweis des Zustandes zu sorgen und dem Kommittenten unverzüglich Nachricht zu geben; Im Falle der Unterlassung ist er zum Schadensersatze verpflichtet. 6

(2) Ist das Gut dem Verderb ausgesetzt oder treten später Veränderungen an dem Gute ein, die dessen Entwertung befürchten lassen, und ist keine Zeit vorhanden, die Verfügung des Kommittenten einzuholen, oder ist der Kommittent in der Erteilung der Verfügung säumig, so kann der Kommissionär den Verkauf des Gutes nach Maßgabe der Vorschriften des § 373 bewirken.

§ 389. [Hinterlegung; Selbsthilfeverkauf] Unterläßt der Kommittent über das Gut zu verfügen, obwohl er dazu nach Lage der Sache verpflichtet ist, so hat der Kommissionär die nach § 373 dem Verkäufer zustehenden Rechte.

§ 390. [Haftung des Kommissionärs für das Gut]
(1) Der Kommissionär ist für den Verlust und die Beschädigung des in seiner Verwahrung befindlichen Gutes verantwortlich, es sei denn, daß der Verlust oder die Beschädigung auf Umständen beruht, die durch die Sorgfalt eines ordentlichen Kaufmanns nicht abgewendet werden konnten.

(2) Der Kommissionär ist wegen der Unterlassung der Versicherung des Gutes nur verantwortlich, wenn er von dem Kommittenten angewiesen war, die Versicherung zu bewirken.

§ 391. [Untersuchungs- und Rügepflicht; Aufbewahrung; Notverkauf] [1]Ist eine Einkaufskommission erteilt, die für beide Teile ein Handelsgeschäft ist, so finden in bezug auf die Verpflichtung des Kommittenten, das Gut zu untersuchen und dem Kommissionär von den entdeckten Mängeln Anzeige zu machen, sowie in bezug auf die Sorge für die Aufbewahrung des beanstandeten Gutes und auf den Verkauf bei drohendem Verderbe die für den Käufer geltenden Vorschriften der §§ 377 bis 379 entsprechende Anwendung. [2]Der Anspruch des Kommittenten auf Abtretung der Rechte, die dem Kommissionär gegen den Dritten zustehen, von welchem er das Gut für Rechnung des Kommittenten gekauft hat, wird durch eine verspätete Anzeige des Mangels nicht berührt.

§ 392. [Forderungen aus dem Kommissionsgeschäft] (1) Forderungen aus einem Geschäfte, das der Kommissionär abgeschlossen hat, kann der Kommittent dem Schuldner gegenüber erst nach der Abtretung geltend machen.

(2) Jedoch gelten solche Forderungen, auch wenn sie nicht abgetreten sind, im Verhältnisse zwischen dem Kommittenten und dem Kommissionär oder dessen Gläubigern als Forderungen des Kommittenten.

§ 396. [Provision des Kommissionärs; Ersatz von Aufwendungen] (1) [1]Der Kommissionär kann die Provision fordern, wenn das Geschäft zur Ausführung gekommen ist. [2]Ist das Geschäft nicht zur Ausführung gekommen, so hat er gleichwohl den Anspruch auf die Auslieferungsprovision, sofern eine solche ortsgebräuchlich ist; auch kann er die Provision verlangen, wenn die Ausführung des von ihm abgeschlossenen Geschäfts nur aus einem in der Person des Kommittenten liegenden Grunde unterblieben ist.

(2) Zu dem von dem Kommittenten für Aufwendungen des Kommissionärs nach den §§ 670 und 675 des Bürgerlichen Gesetzbuchs zu leistenden Ersatz gehört auch die Vergütung für die Benutzung der Lagerräume und der Beförderungsmittel des Kommissionärs

§ 397. [Gesetzliches Pfandrecht] Der Kommissionär hat an dem Kommissionsgute, sofern er es im Besitze hat, insbesondere mittels Konnossements, Ladescheins oder Lagerscheins darüber verfügen kann, ein Pfandrecht wegen der auf das Gut verwendeten Kosten, der Provision, der auf das Gut gegebenen Vorschüsse und Darlehen, der mit Rücksicht auf das Gut gezeichneten Wechsel oder in anderer Weise eingegangenen Verbindlichkeiten sowie wegen aller Forderungen aus laufender Rechnung in Kommissionsgeschäften.

§ 398. [Befriedigung aus eigenem Kommissionsgut] Der Kommissionär kann sich, auch wenn er Eigentümer des Kommissionsguts ist, für die in § 397 bezeichneten Ansprüche nach Maßgabe der für das Pfandrecht geltenden Vorschriften aus dem Gute befriedigen.

§ 399. [Befriedigung aus Forderungen] Aus den Forderungen, welche durch das für Rechnung des Kommittenten geschlossene Geschäft begründet sind, kann sich der Kommissionär für die in § 397 bezeichneten Ansprüche vor dem Kommittenten und dessen Gläubigern befriedigen.

§ 400. [Selbsteintritt des Kommissionärs]
(1) Die Kommission zum Einkauf oder zum Verkaufe von Waren, die einen Börsen- oder Marktpreis haben, sowie von Wertpapieren, bei denen ein Börsen- oder Marktpreis amtlich festgestellt wird, kann, wenn der Kommittent nicht ein anderes bestimmt hat, von dem Kommissionär dadurch ausgeführt werden, daß er das Gut, welches er einkaufen soll, selbst als Verkäufer liefert oder das Gut, welches er verkaufen soll, selbst als Käufer übernimmt.

(2) [1]Im Falle einer solchen Ausführung der Kommission beschränkt sich die Pflicht des Kommissionärs, Rechenschaft über die Abschließung des Kaufes oder Verkaufs abzulegen, auf den Nachweis, daß bei dem berechneten Preise der zur Zeit der Ausführung der Kommission bestehende Börsen- oder Marktpreis eingehalten ist. [2]Als Zeit der Ausführung gilt der Zeitpunkt, in welchem der Kommissionär die Anzeige von der Ausführung zur Absendung an den Kommittenten abgegeben hat.

(5) Bei Wertpapieren und Waren, für welche der Börsen- oder Marktpreis amtlich festgestellt wird, kann der Kommissionär im Falle der Ausführung der Kommission durch Selbsteintritt dem Kommittenten keinen ungünstigeren Preis als den amtlich festgestellten in Rechnung stellen.

§ 403. [Provision bei Selbsteintritt] Der Kommissionär, der das Gut selbst als Verkäufer liefert oder als Käufer übernimmt, ist zu der gewöhnlichen Provision berechtigt und kann die bei Kommissionsgeschäften sonst regelmäßig vorkommenden Kosten berechnen.

§ 404. [Gesetzliches Pfandrecht] Die Vorschriften der §§ 397 und 398 finden auch im Falle der Ausführung der Kommission durch Selbsteintritt Anwendung.

§ 405. [Ausführungsanzeige und Selbsteintritt; Widerruf der Kommission] (1) Zeigt der Kommissionär die Ausführung der Kommission an, ohne ausdrücklich zu bemerken, daß er selbst eintreten wolle, so gilt dies als Erklärung, daß die Ausführung durch Abschluß des Geschäfts mit einem Dritten für Rechnung des Kommittenten erfolgt sei.

(2) Eine Vereinbarung zwischen dem Kommittenten und dem Kommissionär, daß die Erklärung darüber, ob die Kommission durch Selbsteintritt oder durch Abschluß mit einem Dritten ausgeführt sei, später als am Tage der Ausführungsanzeige abgegeben werden dürfe, ist nichtig.

(3) Widerruft der Kommittent die Kommission und geht der Widerruf dem Kommissionär zu, bevor die Ausführungsanzeige zur Absendung abgegeben ist, so steht dem Kommissionär das Recht des Selbsteintritts nicht mehr zu.

§ 406. [Ähnliche Geschäfte] (1) [1]Die Vorschriften dieses Abschnitts kommen auch zur Anwendung, wenn ein Kommissionär im Betriebe seines Handelsgewerbes ein Geschäft anderer als der in § 383 bezeichneten Art für Rechnung eines anderen in eigenem Namen zu schließen übernimmt. [2]Das gleiche gilt, wenn ein Kaufmann, der nicht Kommissionär ist, im Betriebe seines Handelsgewerbes ein Geschäft in der bezeichneten Weise zu schließen übernimmt.

(2) Als Einkaufs- und Verkaufskommission im Sinne dieses Abschnitts gilt auch eine Kommission, welche die Lieferung einer nicht vertretbaren beweglichen Sache, die aus einem von dem Unternehmer zu beschaffenden Stoffe herzustellen ist, zum Gegenstande hat.

Gesetz über die Haftung für fehlerhafte Produkte

In der Fassung vom 15. Dezember 1989, mit Änderungen bis zum 25. Oktober 1994

§ 1. Haftung. (1) [1]Wird durch den Fehler eines Produkts jemand getötet, sein Körper oder seine Gesundheit verletzt oder eine Sache beschädigt, so ist der Hersteller des Produkts verpflichtet, dem Geschädigten den daraus entstehenden Schaden zu ersetzen. [2]Im Falle der Sachbeschädigung gilt dies nur, wenn eine andere Sache als das fehlerhafte Produkt beschädigt wird und diese andere Sache ihrer Art nach gewöhnlich für den privaten Ge- oder Verbrauch bestimmt und hierzu von dem Geschädigten hauptsächlich verwendet worden ist.

(2) Die Ersatzpflicht des Herstellers ist ausgeschlossen, wenn

1. er das Produkt nicht in den Verkehr gebracht hat,
2. nach den Umständen davon auszugehen ist, daß das Produkt den Fehler, der den Schaden verursacht hat, noch nicht hatte, als der Hersteller es in den Verkehr brachte,
3. er das Produkt weder für den Verkauf oder eine andere Form des Vertriebs mit wirtschaftlichem Zweck hergestellt noch im Rahmen seiner beruflichen Tätigkeit hergestellt oder vertrieben hat,
4. der Fehler darauf beruht, daß das Produkt in dem Zeitpunkt, in dem der Hersteller es in den Verkehr brachte, dazu zwingenden Rechtsvorschriften entsprochen hat, oder
5. der Fehler nach dem Stand der Wissenschaft und Technik in dem Zeitpunkt, in dem der Hersteller das Produkt in den Verkehr brachte, nicht erkannt werden konnte.

(3) [1]Die Ersatzpflicht des Herstellers eines Teilprodukts ist ferner ausgeschlossen, wenn der Fehler durch die Konstruktion des Produkts, in welches das Teilprodukt eingearbeitet wurde, oder durch die Anleitungen des Herstellers des Produkts verursacht worden ist. [2]Satz 1 ist auf den Hersteller eines Grundstoffs entsprechend anzuwenden.

6

(4) [1]Für den Fehler, den Schaden und den ursächlichen Zusammenhang zwischen Fehler und Schaden trägt der Geschädigte die Beweislast. [2]Ist streitig, ob die Ersatzpflicht gemäß Absatz 2 oder 3 ausgeschlossen ist, so trägt der Hersteller die Beweislast.

§ 2. Produkt. [1]Produkt im Sinne dieses Gesetzes ist jede bewegliche Sache, auch wenn sie einen Teil einer anderen beweglichen Sache oder einer unbeweglichen Sache bildet, sowie Elektrizität. [2]Ausgenommen sind landwirtschaftliche Erzeugnisse des Bodens, der Tierhaltung, der Imkerei und der Fischerei (landwirtschaftliche Naturprodukte), die nicht einer ersten Verarbeitung unterzogen worden sind; gleiches gilt für Jagderzeugnisse.

§ 3. Fehler. (1) Ein Produkt hat einen Fehler, wenn es nicht die Sicherheit bietet, die unter Berücksichtigung aller Umstände, insbesondere

a) seiner Darbietung,

b) des Gebrauchs, mit dem billigerweise gerechnet werden kann,

c) des Zeitpunkts, in dem es in den Verkehr gebracht wurde,

berechtigterweise erwartet werden kann.

(2) Ein Produkt hat nicht allein deshalb einen Fehler, weil später ein verbessertes Produkt in den Verkehr gebracht wurde.

§ 4. Hersteller. (1) [1]Hersteller im Sinne dieses Gesetzes ist, wer das Endprodukt, einen Grundstoff oder ein Teilprodukt hergestellt hat. [2]Als Hersteller gilt auch jeder, der sich durch das Anbringen seines Namens, seiner Marke oder eines anderen unterscheidungskräftigen Kennzeichens als Hersteller ausgibt.

(2) [1]Als Hersteller gilt ferner, wer ein Produkt zum Zweck des Verkaufs, der Vermietung, des Mietkaufs oder einer anderen Form des Vertriebs mit wirtschaftlichem Zweck im Rahmen seiner geschäftlichen Tätigkeit in den Geltungsbereich des Abkommens über den Europäischen Wirtschaftsraum einführt oder verbringt. [2]Satz 1 gilt für das Einführen oder das Verbringen in den Geltungsbereich des Vertrages zur Gründung der Europäischen Wirtschaftsgemeinschaft aus einem Staat, der Mitglied der Europäischen Freihandelsassoziation ist, entsprechend.

(3) [1]Kann der Hersteller des Produkts nicht festgestellt werden, so gilt jeder Lieferant als dessen Hersteller, es sei denn, daß er dem Geschädigten innerhalb eines Monats, nachdem ihm dessen diesbezügliche Aufforderung zugegangen ist, den Hersteller oder diejenige Person benennt, die ihm das Produkt geliefert hat. [2]Dies gilt auch für ein eingeführtes Produkt, wenn sich bei diesem die in Absatz 2 genannte Person nicht feststellen läßt, selbst wenn der Name des Herstellers bekannt ist.

§ 5. Mehrere Ersatzpflichtige. [1]Sind für denselben Schaden mehrere Hersteller nebeneinander zum Schadensersatz verpflichtet, so haften sie als Gesamtschuldner. [2]Im Verhältnis der Ersatzpflichtigen zueinander hängt, soweit nichts anderes bestimmt ist, die Verpflichtung zum Ersatz sowie der Umfang des zu leistenden Ersatzes von den Umständen, insbesondere davon ab, inwieweit der Schaden vorwiegend von dem einen oder dem anderen Teil verursacht worden ist; im übrigen gelten die §§ 421 bis 425 sowie § 426 Abs. 1 Satz 2 und Abs. 2 des Bürgerlichen Gesetzbuchs,

§ 6. Haftungsminderung. (1) Hat bei der Entstehung des Schadens ein Verschulden des Geschädigten mitgewirkt, so gilt § 254 des Bürgerlichen Gesetzbuchs; im Falle der Sachbeschädigung steht das Verschulden desjenigen, der die tatsächliche Gewalt über die Sache ausübt, dem Verschulden des Geschädigten gleich.

(2) [1]Die Haftung des Herstellers wird nicht gemindert, wenn der Schaden durch einen Fehler des Produkts und zugleich durch die Handlung eines Dritten verursacht worden ist. § 5 Satz 2 gilt entsprechend.

§ 7. Umfang der Ersatzpflicht bei Tötung.

(1) [1]Im Falle der Tötung ist Ersatz der Kosten einer versuchten Heilung sowie des Vermögensnachteils zu leisten, den der Getötete dadurch erlitten hat, daß während der Krankheit seine Erwerbsfähigkeit aufgehoben oder gemindert war oder seine Bedürfnisse vermehrt waren. [2]Der Ersatzpflichtige hat außerdem die Kosten der Beerdigung demjenigen zu ersetzen, der diese Kosten zu tragen hat.

(2) [1]Stand der Getötete zur Zeit der Verletzung zu einem Dritten in einem Verhältnis, aus dem er diesem gegenüber kraft Gesetzes unterhaltspflichtig war oder unterhaltspflichtig werden konnte, und ist dem Dritten infolge der Tötung das Recht auf Unterhalt entzogen, so hat der Ersatzpflichtige dem Dritten insoweit Schadenersatz zu leisten, als der Getötete während der mutmaßlichen Dauer seines Lebens zur Gewährung des Unterhalts verpflichtet gewesen wäre. [2]Die Ersatzpflicht tritt auch ein, wenn der Dritte zur Zeit der Verletzung gezeugt, aber noch nicht geboren war.

§ 8. Umfang der Ersatzpflicht bei Körperverletzung. Im Falle der Verletzung des Körpers oder der Gesundheit ist Ersatz der Kosten der Heilung sowie des Vermögensnachteils zu leisten, den der Verletzte dadurch erleidet, daß infolge der Verletzung zeitweise oder dauernd seine Erwerbsfähigkeit aufgehoben oder gemindert ist oder seine Bedürfnisse vermehrt sind.

§ 9. Schadensersatz durch Geldrente. (1) Der Schadensersatz wegen Aufhebung oder Minderung der Erwerbsfähigkeit und wegen vermehrter Bedürfnisse des Verletzten sowie der nach § 7 Abs. 2 einem Dritten zu gewährende Schadensersatz ist für die Zukunft durch eine Geldrente zu leisten.

(2) § 843 Abs. 2 bis 4 des Bürgerlichen Gesetzbuchs ist entsprechend anzuwenden.

§ 10. Haftungshöchstbetrag. (1) Sind Personenschäden durch ein Produkt oder gleiche Produkte mit demselben Fehler verursacht worden, so haftet der Ersatzpflichtige nur bis zu einem Höchstbetrag von 160 Millionen Deutsche Mark.

(2) Übersteigen die den mehreren Geschädigten zu leistenden Entschädigungen den in Absatz 1 vorgesehenen Höchstbetrag, so verringern sich die einzelnen Entschädigungen in dem Verhältnis, in dem ihr Gesamtbetrag zu dem Höchstbetrag steht.

§ 11. Selbstbeteiligung bei Sachbeschädigung. Im Falle der Sachbeschädigung hat der Geschädigte einen Schaden bis zu einer Höhe von 1125 Deutsche Mark selbst zu tragen.

§ 12. Verjährung. (1) Der Anspruch nach § 1 verjährt in drei Jahren von dem Zeitpunkt an, in dem der Ersatzberechtigte von dem Schaden, dem Fehler und von der Person des Ersatzpflichtigen Kenntnis erlangt hat oder hätte erlangen müssen.

(2) Schweben zwischen dem Ersatzpflichtigen und dem Ersatzberechtigten Verhandlungen über den zu leistenden Schadensersatz, so ist die Verjährung gehemmt, bis die Fortsetzung der Verhandlungen verweigert wird.

(3) Im übrigen sind die Vorschriften des Bürgerlichen Gesetzbuchs über die Verjährung anzuwenden.

§ 13. Erlöschen von Ansprüchen. (1) [1]Der Anspruch nach § 1 erlischt zehn Jahre nach dem Zeitpunkt, in dem der Hersteller das Produkt, das den Schaden verursacht hat, in den Verkehr gebracht hat. [2]Dies gilt nicht, wenn über den Anspruch ein Rechtsstreit oder ein Mahnverfahren anhängig ist,

(2) [1]Auf den rechtskräftig festgestellten Anspruch oder auf den Anspruch aus einem anderen Vollstreckungstitel ist Absatz 1 Satz 1 nicht anzuwenden. [2]Gleiches gilt für den Anspruch, der Gegenstand eines außergerichtlichen Vergleichs ist oder der durch rechtsgeschäftliche Erklärung anerkannt wurde.

§ 14. Unabdingbarkeit. [1]Die Ersatzpflicht des Herstellers nach diesem Gesetz darf im voraus weder ausgeschlossen noch beschränkt werden. [2]Entgegenstehende Vereinbarungen sind nichtig.

§ 15. Arzneimittelhaftung; Haftung nach anderen Rechtsvorschriften.

(1) Wird infolge der Anwendung eines zum Gebrauch bei Menschen bestimmten Arzneimittels, das im Geltungsbereich des Arzneimittelgesetzes an den Verbraucher abgegeben wurde und der Pflicht zur Zulassung unterliegt oder durch Rechtsverordnung von der Zulassung befreit worden ist, jemand getötet, sein Körper oder seine Gesundheit verletzt, so sind die Vorschriften des Produkthaftungsgesetzes nicht anzuwenden.

(2) Eine Haftung aufgrund anderer Vorschriften bleibt unberührt.

§ 16. Übergangsvorschrift. Dieses Gesetz ist nicht auf Produkte anwendbar, die vor seinem Inkrafttreten in den Verkehr gebracht worden sind.

Aktiengesetz

In der Fassung vom 6. September 1965, mit Änderungen bis zum 22. Juli 1998

Erstes Buch. Aktiengesellschaft

Allgemeine Vorschriften

§ 1. Wesen der Aktiengesellschaft. (1) [1]Die Aktiengesellschaft ist eine Gesellschaft mit eigener Rechtspersönlichkeit. [2]Für die Verbindlichkeiten der Gesellschaft haftet den Gläubigern nur das Gesellschaftsvermögen.

(2) Die Aktiengesellschaft hat ein in Aktien zerlegtes Grundkapital.

§ 2. Gründerzahl. An der Feststellung des Gesellschaftsvertrags (der Satzung) müssen sich eine oder mehrere Personen beteiligen, welche die Aktien gegen Einlagen übernehmen.

§ 3. Formkaufmann; Börsennotierung. (1) Die Aktiengesellschaft gilt als Handelsgesellschaft, auch wenn der Gegenstand des Unternehmens nicht im Betrieb eines Handelsgewerbes besteht.

(2) Börsennotiert im Sinne dieses Gesetzes sind Gesellschaften, deren Aktien zu einem Markt zugelassen sind, der von staatlich anerkannten Stellen geregelt und überwacht wird, regelmäßig stattfindet und für das Publikum mittelbar oder unmittelbar zugänglich ist.

§ 4. Firma. (1) Die Firma der Aktiengesellschaft muß, auch wenn sie nach § 22 des Handelsgesetzbuchs oder nach anderen gesetzlichen Vorschriften fortgeführt wird, die Bezeichnung „Aktiengesellschaft" oder eine allgemein verständliche Abkürzung dieser Bezeichnung enthalten.

(2) Führt die Aktiengesellschaft die Firma eines auf sie übergegangenen Handelsgeschäfts fort (§ 22 des Handelsgesetzbuchs), so muß sie die Bezeichnung „Aktiengesellschaft" in die Firma aufnehmen.

§ 5. Sitz. (1) Sitz der Gesellschaft ist der Ort, den die Satzung bestimmt.

(2) Die Satzung hat als Sitz in der Regel den Ort, wo die Gesellschaft einen Betrieb hat, oder den Ort zu bestimmen, wo sich die Geschäftsleitung befindet oder die Verwaltung geführt wird.

§ 6. Grundkapital. Das Grundkapital muß auf einen Nennbetrag in Euro lauten.

§ 7. Mindestnennbetrag des Grundkapitals. Der Mindestnennbetrag des Grundkapitals ist fünfzigtausend Euro.

§ 8. Form und Mindestbeträge der Aktien.

(1) Die Aktien können entweder als Nennbetragsaktien oder als Stückaktien begründet werden.

(2) Nennbetragsaktien müssen auf mindestens einen Euro lauten. Aktien über einen geringeren Nennbetrag sind nichtig. Für den Schaden aus der Ausgabe sind die Ausgeber den Inhabern als Gesamtschuldner verantwortlich. Höhere Aktiennennbeträge müssen auf volle Euro lauten.

(3) Stückaktien lauten auf keinen Nennbetrag. Die Stückaktien einer Gesellschaft sind am Grundkapital in gleichem Umfang beteiligt. Der auf die einzelne Aktie entfallende anteilige Betrag des Grundkapitals darf einen Euro nicht unterschreiten. Absatz 2 Satz 2 und 3 findet entsprechende Anwendung.

(4) Der Anteil am Grundkapital bestimmt sich bei Nennbetragsaktien nach dem Verhältnis ihres Nennbetrags zum Grundkapital, bei Stückaktien nach der Zahl der Aktien.

(5) Die Aktien sind unteilbar.

(6) Diese Vorschriften gelten auch für Anteilscheine, die den Aktionären vor der Ausgabe der Aktien erteilt werden (Zwischenscheine).

§ 9. Ausgabebetrag der Aktien. (1) Für einen geringeren Betrag als den Nennbetrag oder dem auf die einzelne Stückaktie entfallenden anteiligen Betrag des Grundkapitals dürfen Aktien nicht ausgegeben werden (geringster Ausgabebetrag).

(2) Für einen höheren Betrag ist die Ausgabe zulässig.

§ 10. Aktien und Zwischenscheine. (1) Die Aktien können auf den Inhaber oder auf Namen lauten.

(2) [1]Sie müssen auf Namen lauten, wenn sie vor der vollen Leistung des Ausgabebetrags ausgegeben werden. [2]Der Betrag der Teilleistungen ist in der Aktie anzugeben.

(3) Zwischenscheine müssen auf Namen lauten.

(4) [1]Zwischenscheine auf den Inhaber sind nichtig. [2]Für den Schaden aus der Ausgabe sind die Ausgeber den Inhabern als Gesamtschuldner verantwortlich.

(5) In der Satzung kann der Anspruch des Aktionärs auf Verbriefung seines Anteils ausgeschlossen oder eingeschränkt werden.

§ 11. Aktien besonderer Gattung. [1]Die Aktien können verschiedene Rechte gewähren, namentlich bei der Verteilung des Gewinns und des Gesellschaftsvermögens. [2]Aktien mit gleichen Rechten bilden eine Gattung.

§ 12. Stimmrecht. Keine Mehrstimmrechte.
(1) [1]Jede Aktie gewährt das Stimmrecht. [2]Vorzugsaktien können nach den Vorschriften des Gesetzes als Aktien ohne Stimmrecht ausgegeben werden.

(2) [1]Mehrstimmrechte sind unzulässig.

§ 13. Unterzeichnung der Aktien. [1]Zur Unterzeichnung von Aktien und Zwischenscheinen genügt eine vervielfältigte Unterschrift. [2]Die Gültigkeit der Unterzeichnung kann von der Beachtung einer besonderen Form abhängig gemacht werden. [3]Die Formvorschrift muß in der Urkunde enthalten sein.

§ 14. Zuständigkeit. Gericht im Sinne dieses Gesetzes ist, wenn nichts anderes bestimmt ist, das Gericht des Sitzes der Gesellschaft.

§ 15. Verbundene Unternehmen. Verbundene Unternehmen sind rechtlich selbständige Unternehmen, die im Verhältnis zueinander in Mehrheitsbesitz stehende Unternehmen und mit Mehrheit beteiligte Unternehmen (§ 16), abhängige und herrschende Unternehmen (§ 17), Konzernunternehmen (§ 18), wechselseitig beteiligte Unternehmen (§ 19) oder Vertragsteile eines Unternehmensvertrags (§§ 291, 292) sind.

§ 16. In Mehrheitsbesitz stehende Unternehmen und mit Mehrheit beteiligte Unternehmen. (1) Gehört die Mehrheit der Anteile eines rechtlich selbständigen Unternehmens einem anderen Unternehmen oder steht einem anderen Unternehmen die Mehrheit der Stimmrechte zu (Mehrheitsbeteiligung), so ist das Unternehmen ein in Mehrheitsbesitz stehendes Unternehmen, das andere Unternehmen ein an ihm mit Mehrheit beteiligtes Unternehmen.

§ 17. Abhängige und herrschende Unternehmen.
6
(1) Abhängige Unternehmen sind rechtlich selbständige Unternehmen, auf die ein anderes Unternehmen (herrschendes Unternehmen) unmittelbar oder mittelbar einen beherrschenden Einfluß ausüben kann.

(2) Von einem in Mehrheitsbesitz stehenden Unternehmen wird vermutet, daß es von dem an ihm mit Mehrheit beteiligten Unternehmen abhängig ist.

§ 18. Konzern und Konzernunternehmen.
(1) [1]Sind ein herrschendes und ein oder mehrere abhängige Unternehmen unter der einheitlichen Leitung des herrschenden Unternehmens zusammengefaßt, so bilden sie einen Konzern; die einzelnen Unternehmen sind Konzernunternehmen. [2]Unternehmen, zwischen denen ein Beherrschungsvertrag (§ 291) besteht oder von denen das eine in das andere eingegliedert ist (§ 319), sind als unter einheitlicher Leitung zusammengefaßt anzusehen. [3]Von einem abhängigen Unternehmen wird vermutet, daß es mit dem herrschenden Unternehmen einen Konzern bildet.

(2) Sind rechtlich selbständige Unternehmen, ohne daß das eine Unternehmen von dem anderen abhängig ist, unter einheitlicher Leitung zusammengefaßt, so bilden sie auch einen Konzern; die einzelnen Unternehmen sind Konzernunternehmen.

§ 19. Wechselseitig beteiligte Unternehmen.
(1) [1]Wechselseitig beteiligte Unternehmen sind Unternehmen mit Sitz im Inland in der Rechtsform einer Kapitalgesellschaft, die dadurch verbunden sind, daß jedem Unternehmen mehr als der vierte Teil der Anteile des anderen Unternehmens gehört. [2]Für die Feststellung, ob einem Unternehmen mehr als der vierte Teil der Anteile des anderen Unternehmens gehört, gilt § 16 Abs. 2 Satz 1, Abs. 4.

(2) Gehört einem wechselseitig beteiligten Unternehmen an dem anderen Unternehmen eine Mehrheitsbeteiligung oder kann das eine auf das andere Unternehmen unmittelbar oder mittelbar einen beherrschenden Einfluß ausüben, so ist das eine als herrschendes, das andere als abhängiges Unternehmen anzusehen.

(3) Gehört jedem der wechselseitig beteiligten Unternehmen an dem anderen Unternehmen eine Mehrheitsbeteiligung oder kann jedes auf das andere unmittelbar oder mittelbar einen beherrschenden Einfluß ausüben, so gelten beide Unternehmen als herrschend und als abhängig.

§ 20. Mitteilungspflichten. (1) [1]Sobald einem Unternehmen mehr als der vierte Teil der Aktien einer Aktiengesellschaft mit Sitz im Inland gehört, hat es dies der Gesellschaft unverzüglich schriftlich mitzuteilen. [2]Für die Feststellung, ob dem Unternehmen mehr als der vierte Teil der Aktien gehört, gilt § 16 Abs. 2 Satz 1, Abs. 4.

(6) [1]Die Gesellschaft hat das Bestehen einer Beteiligung, die ihr nach Absatz 1 oder 4 mitgeteilt worden ist, unverzüglich in den Gesellschaftsblättern bekanntzumachen; dabei ist das Unternehmen anzugeben, dem die Beteiligung gehört. [2]Wird der Gesellschaft mitgeteilt, daß die Beteiligung in der nach Absatz 1 oder 4 mitteilungspflichtigen Höhe nicht mehr besteht, so ist auch dies unverzüglich in den Gesellschaftsblättern bekanntzumachen.

(7) Rechte aus Aktien, die einem nach Absatz 1 oder 4 mitteilungspflichtigen Unternehmen ge-

hören, bestehen für die Zeit, für die das Unternehmen die Mitteilungspflicht nicht erfüllt, weder für das Unternehmen noch für ein von ihm abhängiges Unternehmen oder für einen anderen, der für Rechnung des Unternehmens oder eines von diesem abhängigen Unternehmens handelt. Dies gilt nicht für Ansprüche nach § 58 Abs. 4 und § 271, wenn die Mitteilung nicht vorsätzlich unterlassen wurde und nachgeholt worden ist.

Gründung der Gesellschaft

§ 23. Feststellung der Satzung. (1) [1]Die Satzung muß durch notarielle Beurkundung festgestellt werden. [2]Bevollmächtigte bedürfen einer notariell beglaubigten Vollmacht.

(2) In der Urkunde sind anzugeben
1. die Gründer;
2. bei Nennbetragsaktien der Nennbetrag, bei Stückaktien die Zahl, der Ausgabebetrag und, wenn mehrere Gattungen bestehen, die Gattung der Aktien, die jeder Gründer übernimmt;
3. der eingezahlte Betrag des Grundkapitals.

(3) Die Satzung muß bestimmen
1. die Firma und den Sitz der Gesellschaft;
2. den Gegenstand des Unternehmens; namentlich ist bei Industrie- und Handelsunternehmen die Art der Erzeugnisse und Waren, die hergestellt und gehandelt werden sollen, näher anzugeben;
3. die Höhe des Grundkapitals;
4. die Nennbeträge der Aktien und die Zahl der Aktien jeden Nennbetrags sowie, wenn mehrere Gattungen bestehen, die Gattung der Aktien und die Zahl der Aktien jeder Gattung;
5. ob die Aktien auf den Inhaber oder auf den Namen ausgestellt werden;
6. die Zahl der Mitglieder des Vorstands oder die Regeln, nach denen diese Zahl festgelegt wird.

(4) Die Satzung muß ferner Bestimmungen über die Form der Bekanntmachungen der Gesellschaft enthalten.

(5) [1]Die Satzung kann von den Vorschriften dieses Gesetzes nur abweichen, wenn es ausdrücklich zugelassen ist. [2]Ergänzende Bestimmungen der Satzung sind zulässig, es sei denn, daß dieses Gesetz eine abschließende Regelung enthält.

§ 24. Umwandlung von Aktien. Die Satzung kann bestimmen, daß auf Verlangen eines Aktionärs seine Inhaberaktie in eine Namensaktie oder seine Namensaktie in eine Inhaberaktie umzuwandeln ist.

§ 25. Bekanntmachungen der Gesellschaft. [1]Bestimmt das Gesetz oder die Satzung, daß eine Bekanntmachung der Gesellschaft durch die Gesellschaftsblätter erfolgen soll, so ist sie in den Bundesanzeiger einzurücken. [2]Daneben kann die Satzung andere Blätter als Gesellschaftsblätter bezeichnen.

§ 26. Sondervorteile. Gründungsaufwand. (1) Jeder einem einzelnen Aktionär oder einem Dritten eingeräumte besondere Vorteil muß in der Satzung unter Bezeichnung des Berechtigten festgesetzt werden.

§ 27. Sacheinlagen. Sachübernahmen. (1) [1]Sollen Aktionäre Einlagen machen, die nicht durch Einzahlung des Ausgabebetrags der Aktien zu leisten sind (Sacheinlagen), oder soll die Gesellschaft vorhandene oder herzustellende Anlagen oder andere Vermögensgegenstände übernehmen (Sachübernahmen), so müssen in der Satzung festgesetzt werden der Gegenstand der Sacheinlage oder der Sachübernahme, die Person, von der die Gesellschaft den Gegenstand erwirbt, und der Nennbetrag, bei Stückaktien die Zahl der bei der Sacheinlage zu gewährenden Aktien oder die bei der Sachübernahme zu gewährende Vergütung.

§ 28. Gründer. Die Aktionäre, die die Satzung festgestellt haben, sind die Gründer der Gesellschaft.

§ 29. Errichtung der Gesellschaft. Mit der Übernahme aller Aktien durch die Gründer ist die Gesellschaft errichtet.

§ 30. Bestellung des Aufsichtsrats, des Vorstands und des Abschlußprüfers. (1) [1]Die Gründer haben den ersten Aufsichtsrat der Gesellschaft und den Abschlußprüfer für das erste Voll- oder Rumpfgeschäftsjahr zu bestellen. [2]Die Bestellung bedarf notarieller Beurkundung.

(2) Auf die Zusammensetzung und die Bestellung des ersten Aufsichtsrats sind die Vorschriften über die Bestellung von Aufsichtsratsmitgliedern der Arbeitnehmer nicht anzuwenden.

(3) [1]Die Mitglieder des ersten Aufsichtsrats können nicht für längere Zeit als bis zur Beendigung der Hauptversammlung bestellt werden, die über die Entlastung für das erste Voll- oder Rumpfgeschäftsjahr beschließt. [2]Der Vorstand hat rechtzeitig vor Ablauf der Amtszeit des ersten Aufsichtsrats bekanntzumachen, nach welchen gesetzlichen Vorschriften der nächste Aufsichtsrat nach seiner Ansicht zusammenzusetzen ist; §§ 96 bis 99 sind anzuwenden.

(4) Der Aufsichtsrat bestellt den ersten Vorstand.

6

§ 31. Bestellung des Aufsichtsrats bei Sachgründung. (1) [1]Ist in der Satzung als Gegenstand einer Sacheinlage oder Sachübernahme die Einbringung oder Übernahme eines Unternehmens oder eines Teils eines Unternehmens festgesetzt worden, so haben die Gründer nur so viele Aufsichtsratsmitglieder zu bestellen, wie nach den gesetzlichen Vorschriften, die nach ihrer Ansicht nach der Einbringung oder Übernahme für die Zusammensetzung des Aufsichtsrats maßgebend sind, von der Hauptversammlung ohne Bindung an Wahlvorschläge zu wählen sind. [2]Sie haben jedoch, wenn dies nur zwei Aufsichtsratsmitglieder sind, drei Aufsichtsratsmitglieder zu bestellen.

(2) Der nach Absatz 1 Satz 1 bestellte Aufsichtsrat ist, soweit die Satzung nichts anderes bestimmt, beschlußfähig, wenn die Hälfte, mindestens jedoch drei seiner Mitglieder an der Beschlußfassung teilnehmen.

§ 32. Gründungsbericht. (1) Die Gründer haben einen schriftlichen Bericht über den Hergang der Gründung zu erstatten (Gründungsbericht).

§ 33. Gründungsprüfung. Allgemeines. (1) Die Mitglieder des Vorstands und des Aufsichtsrats haben den Hergang der Gründung zu prüfen.

§ 36. Anmeldung der Gesellschaft. (1) Die Gesellschaft ist bei dem Gericht von allen Gründern und Mitgliedern des Vorstands und des Aufsichtsrats zur Eintragung in das Handelsregister anzumelden.

(2) [1]Die Anmeldung darf erst erfolgen, wenn auf jede Aktie, soweit nicht Sacheinlagen vereinbart sind, der eingeforderte Betrag ordnungsgemäß eingezahlt worden ist (§ 54 Abs. 3) und, soweit er nicht bereits zur Bezahlung der bei der Gründung angefallenen Steuern und Gebühren verwandt wurde, endgültig zur freien Verfügung des Vorstands steht. [2]Wird die
6 Gesellschaft nur durch eine Person errichtet, so hat der Gründer zusätzlich für den Teil der Geldeinlage, der den eingeforderten Betrag übersteigt, eine Sicherung zu bestellen.

§ 36a. Leistung der Einlagen. (1) Bei Bareinlagen muß der eingeforderte Betrag (§ 36 Abs. 2) mindestens ein Viertel des geringsten Ausgabebetrags und bei Ausgabe der Aktien für einen höheren als diesen auch den Mehrbetrag umfassen.

(2) [1]Sacheinlagen sind vollständig zu leisten.

§ 37. Inhalt der Anmeldung. (1) [1]In der Anmeldung ist zu erklären, daß die Voraussetzungen des § 36 Abs. 2 und des § 36a erfüllt sind; dabei sind der Betrag, zu dem die Aktien ausgegeben werden, und der darauf eingezahlte Betrag anzugeben. [2]Es ist nachzuweisen, daß der eingezahlte Betrag endgültig zur freien Verfügung des Vorstands steht. [3]Ist der Betrag durch Gutschrift auf ein Konto der Gesellschaft oder des Vorstands bei der Deutschen Bundesbank oder einem Kreditinstitut (§ 54 Abs. 3) eingezahlt worden, so ist der Nachweis durch eine schriftliche Bestätigung des Instituts zu führen. [4]Für die Richtigkeit der Bestätigung ist das Institut der Gesellschaft verantwortlich. [5]Sind von dem eingezahlten Betrag Steuern und Gebühren bezahlt worden, so ist dies nach Art und Höhe der Beträge nachzuweisen.

(3) In der Anmeldung ist ferner anzugeben, welche Vertretungsbefugnis die Vorstandsmitglieder haben.

(4) Der Anmeldung sind beizufügen

1. die Satzung und die Urkunden, in denen die Satzung festgestellt worden ist und die Aktien von den Gründern übernommen worden sind;
2. im Fall der §§ 26 und 27 die Verträge, die den Festsetzungen zugrunde liegen oder zu ihrer Ausführung geschlossen worden sind, und eine Berechnung des der Gesellschaft zur Last fallenden Gründungsaufwands; in der Berechnung sind die Vergütungen nach Art und Höhe und die Empfänger einzeln anzuführen;
3. die Urkunden über die Bestellung des Vorstands und des Aufsichtsrats;
4. der Gründungsbericht und die Prüfungsberichte der Mitglieder des Vorstands und des Aufsichtsrats sowie der Gründungsprüfer nebst ihren urkundlichen Unterlagen;
5. wenn der Gegenstand des Unternehmens oder eine andere Satzungsbestimmung der staatlichen Genehmigung bedarf, die Genehmigungsurkunde.

(5) Die Vorstandsmitglieder haben ihre Namensunterschrift zur Aufbewahrung beim Gericht zu zeichnen.

(6) Die eingereichten Schriftstücke werden beim Gericht in Urschrift, Ausfertigung oder öffentlich beglaubigter Abschrift aufbewahrt.

§ 38. Prüfung durch das Gericht. (1) [1]Das Gericht hat zu prüfen, ob die Gesellschaft ordnungsgemäß errichtet und angemeldet ist. [2]Ist dies nicht der Fall, so hat es die Eintragung abzulehnen.

§ 39. Inhalt der Eintragung. (1) [1]Bei der Eintragung der Gesellschaft sind die Firma und der Sitz der Gesellschaft, der Gegenstand des Unternehmens, die Höhe des Grundkapitals, der Tag der Feststellung der Satzung und die Vorstandsmitglieder anzugeben. [2]Ferner ist einzutragen, welche Vertretungsbefugnis die Vorstandsmitglieder haben.

§ 40. Bekanntmachung der Eintragung. (1) In die Bekanntmachung der Eintragung sind außer deren Inhalt aufzunehmen
1. die Festsetzungen nach § 23 Abs. 3 und 4, §§ 24, 25, Satz 2, §§ 26 und 27 sowie Bestimmungen der Satzung über die Zusammensetzung des Vorstands;
2. der Ausgabebetrag der Aktien;
3. Name und Wohnort der Gründer;
4. Name, Beruf und Wohnort der Mitglieder des ersten Aufsichtsrats.

(2) Zugleich ist bekanntzumachen, daß die mit der Anmeldung eingereichten Schriftstücke, namentlich die Prüfungsberichte der Mitglieder des Vorstands und des Aufsichtsrats sowie der Gründungsprüfer, bei dem Gericht eingesehen werden können.

§ 41. Handeln im Namen der Gesellschaft vor der Eintragung. Verbotene Aktienausgabe.
(1) [1]Vor der Eintragung in das Handelsregister besteht die Aktiengesellschaft als solche nicht. [2]Wer vor der Eintragung der Gesellschaft in ihrem Namen handelt, haftet persönlich; handeln mehrere, so haften sie als Gesamtschuldner.

§ 42. Einpersonen-Gesellschaft. Gehören alle Aktien allein oder neben der Gesellschaft einem Aktionär, ist unverzüglich eine entsprechende Mitteilung unter Angabe von Name, Vorname, Geburtsdatum und Wohnort des alleinigen Aktionärs zum Handelsregister einzureichen.

Rechtsverhältnisse der Gesellschaft und der Gesellschafter

§ 53a. Gleichbehandlung der Aktionäre. Aktionäre sind unter gleichen Voraussetzungen gleich zu behandeln.

§ 54. Hauptverpflichtung der Aktionäre.
(1) Die Verpflichtung der Aktionäre zur Leistung der Einlagen wird durch den Ausgabebetrag der Aktien begrenzt.

(2) Soweit nicht in der Satzung Sacheinlagen festgesetzt sind, haben die Aktionäre den Ausgabebetrag der Aktien einzuzahlen.

§ 55. Nebenverpflichtungen der Aktionäre.
(1) [1]Ist die Übertragung der Aktien an die Zustimmung der Gesellschaft gebunden, so kann die Satzung Aktionären die Verpflichtung auferlegen, neben den Einlagen auf das Grundkapital wiederkehrende, nicht in Geld bestehende Leistungen zu erbringen.

§ 57. Keine Rückgewähr, keine Verzinsung der Einlagen. (1) [1]Den Aktionären dürfen die Einlagen nicht zurückgewährt werden. [2]Als Rückgewähr von Einlagen gilt nicht die Zahlung des Erwerbspreises beim zulässigen Erwerb eigener Aktien.

(2) Den Aktionären dürfen Zinsen weder zugesagt noch ausgezahlt werden.

(3) Vor Auflösung der Gesellschaft darf unter die Aktionären nur der Bilanzgewinn verteilt werden.

§ 58. Verwendung des Jahresüberschusses.
(1) [1]Die Satzung kann nur für den Fall, daß die Hauptversammlung den Jahresabschluß feststellt, bestimmen, daß Beträge aus dem Jahresüberschuß in andere Gewinnrücklagen einzustellen sind. [2]Auf Grund einer solchen Satzungsbestimmung kann höchstens die Hälfte des Jahresüberschusses in andere Gewinnrücklagen eingestellt werden. [3]Dabei sind Beträge, die in die gesetzliche Rücklage einzustellen sind, und ein Verlustvortrag vorab vom Jahresüberschuß abzuziehen.

(2) [1]Stellen Vorstand und Aufsichtsrat den Jahresabschluß fest, so können sie einen Teil des Jahresüberschusses, höchstens jedoch die Hälfte, in andere Gewinnrücklagen einstellen. [2]Die Satzung kann Vorstand und Aufsichtsrat zur Einstellung eines größeren oder kleineren Teils, bei börsennotierten Gesellschaften nur eines größeren Teils des Jahresüberschusses ermächtigen. [3]Auf Grund einer solchen Satzungsbestimmung dürfen Vorstand und Aufsichtsrat keine Beträge in andere Gewinnrücklagen einstellen, wenn die anderen Gewinnrücklagen die Hälfte des Grundkapitals übersteigen oder soweit sie nach der Einstellung die Hälfte übersteigen würden. [4]Absatz 1 Satz 3 gilt sinngemäß.

(2a) [1]Unbeschadet der Absätze 1 und 2 können Vorstand und Aufsichtsrat den Eigenkapitalanteil von Wertaufholungen bei Vermögensgegenständen des Anlage- und Umlaufvermögens und von bei der steuerrechtlichen Gewinnermittlung gebildeten Passivposten, die nicht im Sonderposten mit Rücklageanteil ausgewiesen werden dürfen, in andere Gewinnrücklagen einstellen. [2]Der Betrag dieser Rücklagen ist entweder in der Bilanz gesondert auszuweisen oder im Anhang anzugeben.

(3) [1]Die Hauptversammlung kann im Beschluß über die Verwendung des Bilanzgewinns weitere Beträge in Gewinnrücklagen einstellen oder als Gewinn vortragen. [2]Sie kann ferner, wenn die Satzung sie hierzu ermächtigt, auch eine andere Verwendung als nach Satz 1 oder als die Verteilung unter die Aktionäre beschließen.

(4) [1]Die Aktionäre haben Anspruch auf den Bilanzgewinn, soweit er nicht nach Gesetz oder Satzung, durch Hauptversammlungsbeschluß

nach Absatz 3 oder als zusätzlicher Aufwand auf Grund des Gewinnverwendungsbeschlusses von der Verteilung unter die Aktionäre ausgeschlossen ist.

§ 60. Gewinnverteilung. (1) Die Anteile der Aktionäre am Gewinn bestimmen sich nach ihrem Verhältnis am Grundkapital.

§ 67. Eintragung im Aktienbuch. (1) Namensaktien sind unter Bezeichnung des Inhabers nach Namen, Wohnort und Beruf in das Aktienbuch der Gesellschaft einzutragen.

(2) Im Verhältnis zur Gesellschaft gilt als Aktionär nur, wer als solcher im Aktienbuch eingetragen ist.

§ 68. Übertragung von Namensaktien. Umschreibung im Aktienbuch. (1) [1]Namensaktien können durch Indossament übertragen werden. [2]Für die Form des Indossaments, den Rechtsausweis des Inhabers und seine Verpflichtung zur Herausgabe gelten sinngemäß Artikel 12, 13 und 16 des Wechselgesetzes.

(2) [1]Die Satzung kann die Übertragung an die Zustimmung der Gesellschaft binden. [2]Die Zustimmung erteilt der Vorstand. [3]Die Satzung kann jedoch bestimmen, daß der Aufsichtsrat oder die Hauptversammlung über die Erteilung der Zustimmung beschließt. [4]Die Satzung kann die Gründe bestimmen, aus denen die Zustimmung verweigert werden darf.

(3) [1]Geht die Namensaktie auf einen anderen über, so ist dies bei der Gesellschaft anzumelden. [2]Die Aktie ist vorzulegen und der Übergang nachzuweisen. [3]Die Gesellschaft vermerkt den Übergang im Aktienbuch.

(4) Die Gesellschaft ist verpflichtet, die Ordnungsmäßigkeit der Reihe der Indossamente und der Abtretungserklärungen, aber nicht die Unterschriften zu prüfen.

(5) Diese Vorschriften gelten sinngemäß für Zwischenscheine.

6

§ 71. Erwerb eigener Aktien. (1) Die Gesellschaft darf eigene Aktien nur erwerben,

1. wenn der Erwerb notwendig ist, um einen schweren, unmittelbar bevorstehenden Schaden von der Gesellschaft abzuwenden,
2. wenn die Aktien Personen, die im Arbeitsverhältnis zu der Gesellschaft oder einem mit ihr verbundenen Unternehmen stehen oder standen, Unternehmen zum Erwerb angeboten werden sollen,
3. wenn der Erwerb geschieht, um Aktionäre nach § 305 Abs. 2, § 320b oder nach § 29 Abs. 1, § 125 Satz 1 in Verbindung mit § 29 Abs. 1, § 207 Abs. 1 Satz 1 des Umwandlungsgesetzes abzufinden,
4. wenn der Erwerb unentgeltlich geschieht oder ein Kreditinstitut mit dem Erwerb eine Einkaufskommission ausführt,
5. durch Gesamtrechtsnachfolge,
6. auf Grund eines Beschlusses der Hauptversammlung zur Einziehung nach den Vorschriften über die Herabsetzung des Grundkapitals,
7. wenn sie ein Kreditinstitut, Finanzdienstleistungsinstitut oder Finanzunternehmen ist, aufgrund eines Beschlusses der Hauptversammlung zum Zwecke des Wertpapierhandels. Der Beschluß muß bestimmen, daß der Handelsbestand der zu diesem Zweck zu erwerbenden Aktien fünf vom Hundert des Grundkapitals am Ende jeden Tages nicht übersteigen darf; er muß den niedrigsten und höchsten Gegenwert festlegen. Die Ermächtigung darf höchstens 18 Monate gelten; oder
8. aufgrund einer höchstens 18 Monate geltenden Ermächtigung der Hauptversammlung, die den niedrigsten und höchsten Gegenwert sowie den Anteil am Grundkapital, der zehn vom Hundert nicht übersteigen darf, festlegt. Als Zweck ist der Handel in eigenen Aktien ausgeschlossen. § 53a ist auf Erwerb und Veräußerung anzuwenden. Erwerb und Veräußerung über die Börse genügen dem. Eine andere Veräußerung kann die Hauptversammlung beschließen; § 186 Abs. 3, 4 und § 193 Abs. 2 Nr. 4 sind in diesem Fall entsprechend anzuwenden. Die Hauptversammlung kann den Vorstand ermächtigen, die eigenen Aktien ohne weiteren Hauptversammlungsbeschluß einzuziehen.

(2) [1]Auf die zu den Zwecken nach Absatz 1 Nr. 1 bis 3, 7 und 8 erworbenen Aktien dürfen zusammen mit anderen Aktien der Gesellschaft, welche die Gesellschaft bereits erworben hat und noch besitzt, nicht mehr als zehn vom Hundert des Grundkapitals entfallen. [2]Dieser Erwerb ist ferner nur zulässig, wenn die Gesellschaft die nach § 272 Abs. 4 des Handelsgesetzbuchs vorgeschriebene Rücklage für eigene Aktien bilden kann, ohne das Grundkapital oder eine nach Gesetz oder Satzung zu bildende Rücklage zu mindern, die nicht zu Zahlungen an die Aktionäre verwandt werden darf. [3]In den Fällen des Absatzes 1 Nr. 1, 2, 4, 7 und 8 ist der Erwerb nur zulässig, wenn auf die Aktien der Ausgabebetrag voll geleistet ist.

§ 72. Kraftloserklärung von Aktien im Aufgebotsverfahren. (1) [1]Ist eine Aktie oder ein Zwischenschein abhanden gekommen oder vernichtet, so kann die Urkunde im Aufgebotsverfahren nach der Zivilprozeßordnung für kraftlos erklärt werden.

(2) Sind Gewinnanteilscheine auf den Inhaber ausgegeben, so erlischt mit der Kraftloserklärung der Aktie oder des Zwischenscheins auch der Anspruch aus den noch nicht fälligen Gewinnanteilscheinen.

Verfassung der Aktiengesellschaft

▶ Vorstand

§ 76. Leitung der Aktiengesellschaft. (1) Der Vorstand hat unter eigener Verantwortung die Gesellschaft zu leiten.

(2) [1]Der Vorstand kann aus einer oder mehreren Personen bestehen. [2]Bei Gesellschaften mit einem Grundkapital von mehr als drei Millionen Euro hat er aus mindestens zwei Personen zu bestehen, es sei denn, die Satzung bestimmt, daß er aus einer Person besteht. [3]Die Vorschriften über die Bestellung eines Arbeitsdirektors bleiben unberührt.

§ 77. Geschäftsführung. (1) [1]Besteht der Vorstand aus mehreren Personen, so sind sämtliche Vorstandsmitglieder nur gemeinschaftlich zur Geschäftsführung befugt.

§ 78. Vertretung. (1) Der Vorstand vertritt die Gesellschaft gerichtlich und außergerichtlich.

(2) [1]Besteht der Vorstand aus mehreren Personen, so sind, wenn die Satzung nichts anderes bestimmt, sämtliche Vorstandsmitglieder nur gemeinschaftlich zur Vertretung der Gesellschaft befugt. [2]Ist eine Willenserklärung gegenüber der Gesellschaft abzugeben, so genügt die Abgabe gegenüber einem Vorstandsmitglied.

(3) [1]Die Satzung kann auch bestimmen, daß einzelne Vorstandsmitglieder allein oder in Gemeinschaft mit einem Prokuristen zur Vertretung der Gesellschaft befugt sind.

§ 79. Zeichnung durch Vorstandsmitglieder. Vorstandsmitglieder zeichnen für die Gesellschaft, indem sie der Firma der Gesellschaft oder der Benennung des Vorstands ihre Namensunterschrift hinzufügen.

§ 80. Angaben auf Geschäftsbriefen. (1) [1]Auf allen Geschäftsbriefen, die an einen bestimmten Empfänger gerichtet werden, müssen die Rechtsform und der Sitz der Gesellschaft, das Registergericht des Sitzes der Gesellschaft und die Nummer, unter der die Gesellschaft in das Handelsregister eingetragen ist, sowie alle Vorstandsmitglieder und der Vorsitzende des Aufsichtsrats mit dem Familiennamen und mindestens einem ausgeschriebenen Vornamen angegeben werden. [2]Der Vorsitzende des Vorstands ist als solcher zu bezeichnen.

§ 81. Änderung des Vorstands und der Vertretungsbefugnis seiner Mitglieder. (1) Jede Änderung des Vorstands oder der Vertretungsbefugnis eines Vorstandsmitglieds hat der Vorstand zur Eintragung in das Handelsregister anzumelden.

§ 84. Bestellung und Abberufung des Vorstands. (1) [1]Vorstandsmitglieder bestellt der Aufsichtsrat auf höchstens fünf Jahre. [2]Eine wiederholte Bestellung oder Verlängerung der Amtszeit, jeweils für höchstens fünf Jahre, ist zulässig.

(2) Werden mehrere Personen zu Vorstandsmitgliedern bestellt, so kann der Aufsichtsrat ein Mitglied zum Vorsitzenden des Vorstands ernennen.

(3) [1]Der Aufsichtsrat kann die Bestellung zum Vorstandsmitglied und die Ernennung zum Vorsitzenden des Vorstands widerrufen, wenn ein wichtiger Grund vorliegt.

§ 85. Bestellung durch das Gericht. (1) [1]Fehlt ein erforderliches Vorstandsmitglied, so hat in dringenden Fällen das Gericht auf Antrag eines Beteiligten das Mitglied zu bestellen. [2]Gegen die Entscheidung ist die sofortige Beschwerde zulässig.

§ 86. Gewinnbeteiligung der Vorstandsmitglieder. (1) [1]Den Vorstandsmitgliedern kann für ihre Tätigkeit eine Beteiligung am Gewinn gewährt werden. [2]Sie soll in der Regel in einem Anteil am Jahresgewinn der Gesellschaft bestehen.

(2) [1]Wird den Vorstandsmitgliedern ein Anteil am Jahresgewinn der Gesellschaft gewährt, so berechnet sich der Anteil nach dem Jahresüberschuß, vermindert um einen Verlustvortrag aus dem Vorjahr und um die Beträge, die nach Gesetz oder Satzung aus dem Jahresüberschuß in Gewinnrücklagen einzustellen sind. [2]Entgegenstehende Festsetzungen sind nichtig.

§ 87. Grundsätze für die Bezüge der Vorstandsmitglieder. (1) [1]Der Aufsichtsrat hat bei der Festsetzung der Gesamtbezüge des einzelnen Vorstandsmitglieds (Gehalt, Gewinnbeteiligungen, Aufwandsentschädigungen, Versicherungsentgelte, Provisionen und Nebenleistungen jeder Art) dafür zu sorgen, daß die Gesamtbezüge in einem angemessenen Verhältnis zu den Aufgaben des Vorstandsmitglieds und zur Lage der Gesellschaft stehen. [2]Dies gilt sinngemäß für Ruhegehalt, Hinterbliebenenbezüge und Leistungen verwandter Art.

§ 88. Wettbewerbsverbot. (1) [1]Die Vorstandsmitglieder dürfen ohne Einwilligung des Aufsichtsrats weder ein Handelsgewerbe betreiben noch im Geschäftszweig der Gesellschaft für eigene oder fremde Rechnung Geschäfte machen. [2]Sie dürfen ohne Einwilligung auch nicht Mitglied des Vorstands oder Geschäftsführer oder persönlich haftender Gesellschafter einer anderen Handelsgesellschaft sein. [3]Die

6

Einwilligung des Aufsichtsrats kann nur für bestimmte Handelsgewerbe oder Handelsgesellschaften oder für bestimmte Arten von Geschäften erteilt werden.

(2) [1]Verstößt ein Vorstandsmitglied gegen dieses Verbot, so kann die Gesellschaft Schadenersatz fordern. [2]Sie kann statt dessen von dem Mitglied verlangen, daß es die für eigene Rechnung gemachten Geschäfte als für Rechnung der Gesellschaft eingegangen gelten läßt und die aus Geschäften für fremde Rechnung bezogene Vergütung herausgibt oder seinen Anspruch auf die Vergütung abtritt.

§ 89. Kreditgewährung an Vorstandsmitglieder. (1) [1]Die Gesellschaft darf ihren Vorstandsmitgliedern Kredit nur auf Grund eines Beschlusses des Aufsichtsrats gewähren.

§ 90. Berichte an den Aufsichtsrat. [1]Der Vorstand hat dem Aufsichtsrat zu berichten über

1. die beabsichtigte Geschäftspolitik und andere grundsätzliche Fragen der Unternehmensplanung (insbesondere die Finanz-, Investitions- und Personalplanung);
2. die Rentabilität der Gesellschaft, insbesondere die Rentabilität des Eigenkapitals;
3. den Gang der Geschäfte, insbesondere den Umsatz, und die Lage der Gesellschaft;
4. Geschäfte, die für die Rentabilität oder Liquidität der Gesellschaft von erheblicher Bedeutung sein können.

[2]Außerdem ist dem Vorsitzenden des Aufsichtsrats aus sonstigen wichtigen Anlässen zu berichten; als wichtiger Anlaß ist auch ein dem Vorstand bekanntgewordener geschäftlicher Vorgang bei einem verbundenen Unternehmen anzusehen, der auf die Lage der Gesellschaft von erheblichem Einfluß sein kann.

(3) [1]Der Aufsichtsrat kann vom Vorstand jederzeit einen Bericht verlangen über Angelegenheiten der Gesellschaft, über ihre rechtlichen und geschäftlichen Beziehungen zu verbundenen Unternehmen sowie über geschäftliche Vorgänge bei diesen Unternehmen, die auf die Lage der Gesellschaft von erheblichem Einfluß sein können.

(4) Die Berichte haben den Grundsätzen einer gewissenhaften und getreuen Rechenschaft zu entsprechen.

(5) [1]Jedes Aufsichtsratsmitglied hat das Recht, von den Berichten Kenntnis zu nehmen.

§ 91. Organisation und Buchführung. (1) Der Vorstand hat dafür zu sorgen, daß die erforderlichen Handelsbücher geführt werden.

(2) Der Vorstand hat geeignete Maßnahmen zu treffen, insbesondere ein Überwachungssystem einzurichten, damit den Fortbestand der Gesellschaft gefährdende Entwicklungen früh erkannt werden.

§ 92. Vorstandspflichten bei Verlust, Überschuldung oder Zahlungsunfähigkeit. (1) Ergibt sich bei Aufstellung der Jahresbilanz oder einer Zwischenbilanz oder ist bei pflichtmäßigem Ermessen anzunehmen, daß ein Verlust in Höhe der Hälfte des Grundkapitals besteht, so hat der Vorstand unverzüglich die Hauptversammlung einzuberufen und ihr dies anzuzeigen.

(2) [1]Wird die Gesellschaft zahlungsunfähig, so hat der Vorstand ohne schuldhaftes Zögern, spätestens aber drei Wochen nach Eintritt der Zahlungsunfähigkeit, die Eröffnung des Insolvenzverfahrens zu beantragen. [2]Dies gilt sinngemäß, wenn sich eine Überschuldung der Gesellschaft ergibt.

(3) [1]Nachdem die Zahlungsunfähigkeit der Gesellschaft eingetreten ist oder sich ihre Überschuldung ergeben hat, darf der Vorstand keine Zahlungen leisten.

§ 93. Sorgfaltspflicht und Verantwortlichkeit der Vorstandsmitglieder. (1) [1]Die Vorstandsmitglieder haben bei ihrer Geschäftsführung die Sorgfalt eines ordentlichen und gewissenhaften Geschäftsleiters anzuwenden. [2]Über vertrauliche Angaben und Geheimnisse der Gesellschaft, namentlich Betriebs- oder Geschäftsgeheimnisse, die ihnen durch ihre Tätigkeit im Vorstand bekanntgeworden sind, haben sie Stillschweigen zu bewahren.

(2) [1]Vorstandsmitglieder, die ihre Pflichten verletzen, sind der Gesellschaft zum Ersatz des daraus entstehenden Schadens als Gesamtschuldner verpflichtet.

▶ Aufsichtsrat

§ 95. Zahl der Aufsichtsratsmitglieder. [1]Der Aufsichtsrat besteht aus drei Mitgliedern. [2]Die Satzung kann eine bestimmte höhere Zahl festsetzen. [3]Die Zahl muß durch drei teilbar sein. [4]Die Höchstzahl der Aufsichtsratsmitglieder beträgt bei Gesellschaften mit einem Grundkapital

bis zu	1500 000 Euro
neun,	
von mehr als	1500 000 Euro
fünfzehn,	
von mehr als	10 000 000 Euro
einundzwanzig.	

§ 96. Zusammensetzung des Aufsichtsrats.

(1) Der Aufsichtsrat setzt sich zusammen
bei Gesellschaften, für die das Mitbestimmungsgesetz gilt, aus Aufsichtsratsmitgliedern der Aktionäre und der Arbeitnehmer,
bei Gesellschaften, für die das Montan-Mitbestimmungsgesetz gilt, aus Aufsichtsratsmitgliedern der Aktionäre und der Arbeitnehmer und aus weiteren Mitgliedern,

bei Gesellschaften, für die die §§ 5 bis 13 des Mitbestimmungsergänzungsgesetzes gelten, aus Aufsichtsratsmitgliedern der Aktionäre und der Arbeitnehmer und aus einem weiteren Mitglied,
bei Gesellschaften, für die § 76 Abs. 1 des Betriebsverfassungsgesetzes 1952 gilt, aus Aufsichtsratsmitgliedern der Aktionäre und der Arbeitnehmer, bei den übrigen Gesellschaften nur aus Aufsichtsratsmitgliedern der Aktionäre.

§ 100. Persönliche Voraussetzungen für Aufsichtsratsmitglieder. (1) Mitglied des Aufsichtsrats kann nur eine natürliche, unbeschränkt geschäftsfähige Person sein.

(2) [1]Mitglied des Aufsichtsrats kann nicht sein, wer
1. bereits in zehn Handelsgesellschaften, die gesetzlich einen Aufsichtsrat zu bilden haben, Aufsichtsratsmitglied ist,
2. gesetzlicher Vertreter eines von der Gesellschaft abhängigen Unternehmens ist, oder
3. gesetzlicher Vertreter einer anderen Kapitalgesellschaft ist, deren Aufsichtsrat ein Vorstandsmitglied der Gesellschaft angehört.

§ 101. Bestellung der Aufsichtsratsmitglieder. (1) [1]Die Mitglieder des Aufsichtsrats werden von der Hauptversammlung gewählt, soweit sie nicht in den Aufsichtsrat zu entsenden oder als Aufsichtsratsmitglieder der Arbeitnehmer nach dem Mitbestimmungsgesetz, dem Mitbestimmungsergänzungsgesetz oder dem Betriebsverfassungsgesetz 1952 zu wählen sind.

§ 102. Amtszeit der Aufsichtsratsmitglieder. (1) [1]Aufsichtsratsmitglieder können nicht für längere Zeit als bis zur Beendigung der Hauptversammlung bestellt werden, die über die Entlastung für das vierte Geschäftsjahr nach dem Beginn der Amtszeit beschließt. [2]Das Geschäftsjahr, in dem die Amtszeit beginnt, wird nicht mitgerechnet.

(2) Das Amt des Ersatzmitglieds erlischt spätestens mit Ablauf der Amtszeit des weggefallenen Aufsichtsratsmitglieds.

§ 103. Abberufung der Aufsichtsratsmitglieder. (1) [1]Aufsichtsratsmitglieder, die von der Hauptversammlung ohne Bindung an einen Wahlvorschlag gewählt worden sind, können von ihr vor Ablauf der Amtszeit abberufen werden. [2]Der Beschluß bedarf einer Mehrheit, die mindestens drei Viertel der abgegebenen Stimmen umfaßt. [3]Die Satzung kann eine andere Mehrheit und weitere Erfordernisse bestimmen.

§ 105. Unvereinbarkeit der Zugehörigkeit zum Vorstand und zum Aufsichtsrat. (1) Ein Aufsichtsratsmitglied kann nicht zugleich Vorstandsmitglied, dauernd Stellvertreter von Vorstandsmitgliedern, Prokurist oder zum gesamten Geschäftsbetrieb ermächtigter Handlungsbevollmächtigter der Gesellschaft sein.

§ 106. Bekanntmachung der Änderungen im Aufsichtsrat. Der Vorstand hat jeden Wechsel der Aufsichtsratsmitglieder unverzüglich in den Gesellschaftsblättern bekanntzumachen und die Bekanntmachung zum Handelsregister einzureichen.

§ 107. Innere Ordnung des Aufsichtsrats. (1) [1]Der Aufsichtsrat hat nach näherer Bestimmung der Satzung aus seiner Mitte einen Vorsitzenden und mindestens einen Stellvertreter zu wählen. [2]Der Vorstand hat zum Handelsregister anzumelden, wer gewählt ist. [3]Der Stellvertreter hat nur dann die Rechte und Pflichten des Vorsitzenden, wenn dieser behindert ist.

(2) [1]Über die Sitzungen des Aufsichtsrats ist eine Niederschrift anzufertigen, die der Vorsitzende zu unterzeichnen hat.

§ 110. Einberufung des Aufsichtsrats. (1) [1]Jedes Aufsichtsratsmitglied oder der Vorstand kann unter Angabe des Zwecks und der Gründe verlangen, daß der Vorsitzende des Aufsichtsrats unverzüglich den Aufsichtsrat einberuft.

(3) Der Aufsichtsrat soll einmal im Kalendervierteljahr, er muß einmal und bei börsennotierten Gesellschaften zweimal im Kalenderhalbjahr zusammentreten.

§ 111. Aufgaben und Rechte des Aufsichtsrats. (1) Der Aufsichtsrat hat die Geschäftsführung zu überwachen.

(2) [1]Der Aufsichtsrat kann die Bücher und Schriften der Gesellschaft sowie die Vermögensgegenstände, namentlich die Gesellschaftskasse und die Bestände an Wertpapieren und Waren, einsehen und prüfen. [2]Er kann damit auch einzelne Mitglieder oder für bestimmte Aufgaben besondere Sachverständige beauftragen.

(3) [1]Der Aufsichtsrat hat eine Hauptversammlung einzuberufen, wenn das Wohl der Gesellschaft es fordert. [2]Für den Beschluß genügt die einfache Mehrheit.

(4) [1]Maßnahmen der Geschäftsführung können dem Aufsichtsrat nicht übertragen werden. [2]Die Satzung oder der Aufsichtsrat kann jedoch bestimmen, daß bestimmte Arten von Geschäften nur mit seiner Zustimmung vorgenommen werden dürfen. [3]Verweigert der Aufsichtsrat seine Zustimmung, so kann der Vorstand verlangen, daß die Hauptversammlung über die Zustimmung beschließt.

(5) Die Aufsichtsratsmitglieder können ihre Aufgaben nicht durch andere wahrnehmen lassen.

§ 112. Vertretung der Gesellschaft gegenüber Vorstandsmitgliedern. Vorstandsmitgliedern gegenüber vertritt der Aufsichtsrat die Gesellschaft gerichtlich und außergerichtlich.

§ 113. Vergütung der Aufsichtsratsmitglieder.
(1) [1]Den Aufsichtsratsmitgliedern kann für ihre Tätigkeit eine Vergütung gewährt werden. [2]Sie kann in der Satzung festgesetzt oder von der Hauptversammlung bewilligt werden. [3]Sie soll in einem angemessenen Verhältnis zu den Aufgaben der Aufsichtsratsmitglieder und zur Lage der Gesellschaft stehen. [4]Ist die Vergütung in der Satzung festgesetzt, so kann die Hauptversammlung eine Satzungsänderung, durch welche die Vergütung herabgesetzt wird, mit einfacher Stimmenmehrheit beschließen.

(3) [1]Wird den Aufsichtsratsmitgliedern ein Anteil am Jahresgewinn der Gesellschaft gewährt, so berechnet sich der Anteil nach dem Bilanzgewinn, vermindert um einen Betrag von mindestens vier vom Hundert der auf den geringsten Ausgabebetrag der Aktien geleisteten Einlagen. [2]Entgegenstehende Festsetzungen sind nichtig.

§ 115. Kreditgewährung an Aufsichtsratsmitglieder. (1) [1]Die Gesellschaft darf ihren Aufsichtsratsmitgliedern Kredit nur mit Einwilligung des Aufsichtsrats gewähren. [2]Eine herrschende Gesellschaft darf Kredite an Aufsichtsratsmitglieder eines abhängigen Unternehmens nur mit Einwilligung ihres Aufsichtsrats, eine abhängige Gesellschaft darf Kredite an Aufsichtsratsmitglieder des herrschenden Unternehmens nur mit Einwilligung des Aufsichtsrats des herrschenden Unternehmens gewähren.

§ 116. Sorgfaltspflicht und Verantwortlichkeit der Aufsichtsratsmitglieder. Für die Sorgfaltspflicht und Verantwortlichkeit der Aufsichtsratsmitglieder gilt § 93 über die Sorgfaltspflicht und Verantwortlichkeit der Vorstandsmitglieder sinngemäß.

6

► Hauptversammlung

Rechte der Hauptversammlung

§ 118. Allgemeines. (1) Die Aktionäre üben ihre Rechte in den Angelegenheiten der Gesellschaft in der Hauptversammlung aus, soweit das Gesetz nichts anderes bestimmt.

(2) Die Mitglieder des Vorstands und des Aufsichtsrats sollen an der Hauptversammlung teilnehmen.

§ 119. Rechte der Hauptversammlung. (1) Die Hauptversammlung beschließt in den im Gesetz und in der Satzung ausdrücklich bestimmten Fällen, namentlich über

1. die Bestellung der Mitglieder des Aufsichtsrats, soweit sie nicht in den Aufsichtsrat zu entsenden oder als Aufsichtsratsmitglieder der Arbeitnehmer nach dem Mitbestimmungsgesetz, dem Mitbestimmungsergänzungsgesetz oder dem Betriebsverfassungsgesetz 1952 zu wählen sind;
2. die Verwendung des Bilanzgewinns;
3. die Entlastung der Mitglieder des Vorstands und des Aufsichtsrats;
4. die Bestellung des Abschlußprüfers;
5. Satzungsänderungen;
6. Maßnahmen der Kapitalbeschaffung und der Kapitalherabsetzung;
7. die Bestellung von Prüfern zur Prüfung von Vorgängen bei der Gründung oder der Geschäftsführung;
8. die Auflösung der Gesellschaft.

(2) Über Fragen der Geschäftsführung kann die Hauptversammlung nur entscheiden, wenn der Vorstand es verlangt.

§ 120. Entlastung. (1) [1]Die Hauptversammlung beschließt alljährlich in den ersten acht Monaten des Geschäftsjahrs über die Entlastung der Mitglieder des Vorstands und über die Entlastung der Mitglieder des Aufsichtsrats.

(2) [1]Durch die Entlastung billigt die Hauptversammlung die Verwaltung der Gesellschaft durch die Mitglieder des Vorstands und des Aufsichtsrats. [2]Die Entlastung enthält keinen Verzicht auf Ersatzansprüche.

Einberufung der Hauptversammlung

§ 121. Allgemeines. (1) Die Hauptversammlung ist in den durch Gesetz oder Satzung bestimmten Fällen sowie dann einzuberufen, wenn das Wohl der Gesellschaft es fordert.

(2) [1]Die Hauptversammlung wird durch den Vorstand einberufen, der darüber mit einfacher Mehrheit beschließt.

(4) Sind die Aktionäre der Gesellschaft namentlich bekannt, so kann die Hauptversammlung mit eingeschriebenem Brief einberufen werden; der Tag der Absendung gilt als Tag der Bekanntmachung. Die §§ 125 bis 127 gelten sinngemäß.

(6) Sind alle Aktionäre erschienen oder vertreten, kann die Hauptversammlung Beschlüsse ohne Einhaltung der Bestimmungen dieses Unterabschnitts fassen, soweit kein Aktionär der Beschlußfassung widerspricht.

§ 122. Einberufung auf Verlangen einer Minderheit. (1) [1]Die Hauptversammlung ist einzuberufen, wenn Aktionäre, deren Anteile zusammen den zwanzigsten Teil des Grundkapitals erreichen, die Einberufung schriftlich unter Angabe des Zwecks und der Gründe verlangen; das Verlangen ist an den Vorstand zu richten.

§ 124. Bekanntmachung der Tagesordnung.

(1) [1]Die Tagesordnung der Hauptversammlung ist bei der Einberufung in den Gesellschaftsblättern bekanntzumachen.

§ 125. Mitteilungen für die Aktionäre und an Aufsichtsratsmitglieder. (1) Der Vorstand hat binnen zwölf Tagen nach der Bekanntmachung der Einberufung der Hauptversammlung im Bundesanzeiger den Kreditinstituten und den Vereinigungen von Aktionären, die in der letzten Hauptversammlung Stimmrechte für Aktionäre ausgeübt oder die die Mitteilung verlangt haben, die Einberufung der Hauptversammlung, die Bekanntmachung der Tagesordnung und etwaige Anträge und Wahlvorschläge von Aktionären einschließlich des Namens des Aktionärs, der Begründung und einer etwaigen Stellungnahme der Verwaltung mitzuteilen. In der Mitteilung ist auf die Möglichkeiten der Ausübung des Stimmrechts durch einen Bevollmächtigten, auch durch eine Vereinigung von Aktionären, hinzuweisen. Bei börsennotierten Gesellschaften sind einem Vorschlag zur Wahl von Aufsichtsratsmitgliedern Angaben zu deren Mitgliedschaft in anderen gesetzlich zu bildenden Aufsichtsräten beizufügen; Angaben zu ihrer Mitgliedschaft in vergleichbaren in- und ausländischen Kontrollgremien von Wirtschaftsunternehmen sollen beigefügt werden.

§ 128. Abstimmungsvorschlag im Aktionärsinteresse; Weitergabe von Mitteilungen. (1) Verwahrt ein Kreditinstitut für Aktionäre Aktien der Gesellschaft, so hat es die Mitteilungen nach § 125 Abs. 1 unverzüglich an sie weiterzugeben.

(2) [1]Beabsichtigt das Kreditinstitut, in der Hauptversammlung das Stimmrecht für Aktionäre auszuüben oder ausüben zu lassen, so hat es dem Aktionär außerdem eigene Vorschläge für die Ausübung des Stimmrechts zu den einzelnen Gegenständen der Tagesordnung mitzuteilen. [2]Bei den Vorschlägen hat sich das Kreditinstitut vom Interesse des Aktionärs leiten zu lassen und organisatorische Vorkehrungen dafür zu treffen, daß Eigeninteressen aus anderen Geschäftsbereichen nicht einfließen; es hat ein Mitglied der Geschäftsleitung zu benennen, das die Einhaltung dieser Pflichten sowie die ordnungsgemäße Ausübung des Stimmrechts und deren Dokumentation zu überwachen hat. [3]Das Kreditinstitut hat den Aktionär ferner um Erteilung von Weisungen für die Ausübung des Stimmrechts zu bitten und darauf hinzuweisen, daß es, wenn der Aktionär nicht rechtzeitig eine andere Weisung erteilt, das Stimmrecht entsprechend seinen nach Satz 1 mitgeteilten Vorschlägen ausüben werde. [4]Das Kreditinstitut hat der Bitte um Erteilung von Weisungen ein Formblatt beizufügen, durch dessen Ausfüllung der Aktionär Weisungen für die Ausübung des Stimmrechts zu den einzelnen Gegenständen der Tagesordnung erteilen kann.

(3) Soweit ein Aktionär nach Einberufung der Hauptversammlung dem Kreditinstitut zu den einzelnen Gegenständen der Tagesordnung schriftlich Weisungen für die Ausübung des Stimmrechts erteilt hat, braucht das Kreditinstitut keine eigenen Vorschläge nach Absatz 2 mitzuteilen und den Aktionär nicht um Erteilung von Weisungen zu bitten.

Verhandlungsniederschrift. Auskunftsrecht

§ 129. Geschäftsordnung; Verzeichnis der Teilnehmer. (1) [1]Die Hauptversammlung kann sich mit einer Mehrheit, die mindestens drei Viertel des bei der Beschlußfassung vertretenen Grundkapitals umfaßt, eine Geschäftsordnung mit Regeln für die Vorbereitung und Durchführung der Hauptversammlung geben. [2]In der Hauptversammlung ist ein Verzeichnis der erschienenen oder vertretenen Aktionäre und der Vertreter von Aktionären mit Angabe ihres Namens und Wohnorts sowie des Betrags der von jedem vertretenen Aktien unter Angabe ihrer Gattung aufzustellen.

(2) [1]Sind einem Kreditinstitut oder einer in § 135 Abs. 9 bezeichneten Person Vollmachten zur Ausübung des Stimmrechts erteilt worden und übt der Bevollmächtigte das Stimmrecht im Namen dessen, den es angeht, aus, so sind der Betrag und die Gattung der Aktien, für die ihm Vollmachten erteilt worden sind, zur Aufnahme in das Verzeichnis gesondert anzugeben. [2]Die Namen der Aktionäre, welche Vollmachten erteilt haben, brauchen nicht angegeben zu werden.

§ 130. Niederschrift. (1) [1]Jeder Beschluß der Hauptversammlung ist durch eine über die Verhandlung notariell aufgenommene Niederschrift zu beurkunden. [3]Bei nichtbörsennotierten Gesellschaften reicht eine vom Vorsitzenden des Aufsichtsrats zu unterzeichnende Niederschrift aus, soweit keine Beschlüsse gefaßt werden, für die das Gesetz eine Dreiviertel- oder größere Mehrheit bestimmt.

6

§ 131. Auskunftsrecht des Aktionärs. (1) [1]Jedem Aktionär ist auf Verlangen in der Hauptversammlung vom Vorstand Auskunft über Angelegenheiten der Gesellschaft zu geben, soweit sie zur sachgemäßen Beurteilung des Gegenstands der Tagesordnung erforderlich ist.

§ 132. Gerichtliche Entscheidung über das Auskunftsrecht. (1) [1]Ob der Vorstand die Auskunft zu geben hat, entscheidet auf Antrag ausschließlich das Landgericht, in dessen Bezirk die Gesellschaft ihren Sitz hat.

Stimmrecht

§ 133. Grundsatz der einfachen Stimmenmehrheit. (1) Die Beschlüsse der Hauptversammlung bedürfen der Mehrheit der abgegebenen Stimmen (einfache Stimmenmehrheit), soweit nicht Gesetz oder Satzung eine größere Mehrheit oder weitere Erfordernisse bestimmen.

(2) Für Wahlen kann die Satzung andere Bestimmungen treffen.

§ 134. Stimmrecht. (1) [1]Das Stimmrecht wird nach Aktiennennbeträgen, bei Stückaktien nach deren Zahl ausgeübt. [2]Für den Fall, daß einem Aktionär mehrere Aktien gehören, kann bei einer nichtbörsennotierten Gesellschaft die Satzung das Stimmrecht durch Festsetzung eines Höchstbetrags oder von Abstufungen beschränken. [3]Die Satzung kann außerdem bestimmen, daß zu den Aktien, die dem Aktionär gehören, auch die Aktien rechnen, die einem anderen für seine Rechnung gehören.

(3) [1]Das Stimmrecht kann durch einen Bevollmächtigten ausgeübt werden. [2]Für die Vollmacht ist die schriftliche Form erforderlich und genügend.

§ 135. Ausübung des Stimmrechts durch Kreditinstitute und geschäftsmäßig Handelnde.

6

(1) [1]Ein Kreditinstitut darf das Stimmrecht für Inhaberaktien, die ihm nicht gehören, nur ausüben oder ausüben lassen, wenn es schriftlich bevollmächtigt ist. [2]In der eigenen Hauptversammlung darf das bevollmächtigte Kreditinstitut das Stimmrecht auf Grund der Vollmacht nur ausüben, soweit der Aktionär eine ausdrückliche Weisung zu den einzelnen Gegenständen der Tagesordnung erteilt hat. In der Hauptversammlung einer Gesellschaft, an der es mit mehr als fünf vom Hundert des Grundkapitals unmittelbar oder über eine Mehrheitsbeteiligung mittelbar beteiligt ist, darf es das Stimmrecht nur ausüben oder ausüben lassen, soweit der Aktionär eine ausdrückliche Weisung zu den einzelnen Gegenständen der Tagesordnung erteilt hat; dies gilt nicht, wenn es eigene Stimmrechte weder ausübt noch ausüben läßt.

(4) [1]Auf Grund der Vollmacht kann das Kreditinstitut das Stimmrecht unter Benennung des Aktionärs in dessen Namen ausüben. [2]Wenn es die Vollmacht bestimmt, kann das Kreditinstitut das Stimmrecht auch im Namen dessen, den es angeht, ausüben. [3]Übt das Kreditinstitut das Stimmrecht unter Benennung des Aktionärs in dessen Namen aus, ist die Vollmachtsurkunde der Gesellschaft vorzulegen und von dieser zu verwahren. [4]Übt es das Stimmrecht im Namen dessen, den es angeht, aus, genügt zum Nachweis seiner Stimmberechtigung gegenüber der Gesellschaft die Erfüllung der in der Satzung für die Ausübung des Stimmrechts vorgesehenen Erfordernisse; enthält die Satzung darüber keine Bestimmungen, genügt die Vorlegung der Aktien oder einer Bescheinigung über die Hinterlegung der Aktien bei einem Notar oder einer Wertpapiersammelbank.

(5) Hat der Aktionär dem Kreditinstitut keine Weisung für die Ausübung des Stimmrechts erteilt, so hat das Kreditinstitut das Stimmrecht entsprechend seinen eigenen, den Aktionären nach § 128 Abs. 2 mitgeteilten Vorschlägen auszuüben, es sei denn, daß das Kreditinstitut den Umständen nach annehmen darf, daß der Aktionär bei Kenntnis der Sachlage die abweichende Ausübung des Stimmrechts billigen würde.

§ 136. Ausschluß des Stimmrechts. (1) [1]Niemand kann für sich oder für einen andern das Stimmrecht ausüben, wenn darüber Beschluß gefaßt wird, ob er zu entlasten oder von einer Verbindlichkeit zu befreien ist oder ob die Gesellschaft gegen ihn einen Anspruch geltend machen soll. [2]Für Aktien, aus denen der Aktionär nach Satz 1 das Stimmrecht nicht ausüben kann, kann das Stimmrecht auch nicht durch einen anderen ausgeübt werden.

(2) [1]Ein Vertrag, durch den sich ein Aktionär verpflichtet, nach Weisung der Gesellschaft, des Vorstands oder des Aufsichtsrats der Gesellschaft oder nach Weisung eines abhängigen Unternehmens das Stimmrecht auszuüben, ist nichtig. [2]Ebenso ist ein Vertrag nichtig, durch den sich ein Aktionär verpflichtet, für die jeweiligen Vorschläge des Vorstands oder des Aufsichtsrats der Gesellschaft zu stimmen.

Vorzugsaktien ohne Stimmrecht

§ 139. Wesen. (1) Für Aktien, die mit einem nachzuzahlenden Vorzug bei der Verteilung des Gewinns ausgestattet sind, kann das Stimmrecht ausgeschlossen werden (Vorzugsaktien ohne Stimmrecht).

(2) Vorzugsaktien ohne Stimmrecht dürfen nur bis zur Hälfte des Grundkapitals ausgegeben werden.

§ 140. Rechte der Vorzugsaktionäre. (1) Die Vorzugsaktien ohne Stimmrecht gewähren mit Ausnahme des Stimmrechts die jedem Aktionär aus der Aktie zustehenden Rechte.

(2) [1]Wird der Vorzugsbetrag in einem Jahr nicht oder nicht vollständig gezahlt und der Rückstand im nächsten Jahr nicht neben dem vollen Vorzug dieses Jahres nachgezahlt, so haben die Vorzugsaktionäre das Stimmrecht, bis die Rückstände nachgezahlt sind.

Sonderprüfung

§ 142. Bestellung der Sonderprüfer. (1) [1]Zur Prüfung von Vorgängen bei der Gründung oder der Geschäftsführung, namentlich auch bei Maßnahmen der Kapitalbeschaffung und Kapitalherabsetzung, kann die Hauptversammlung mit einfacher Stimmenmehrheit Prüfer (Sonderprüfer) bestellen.

Rechnungslegung. Gewinnverwendung

► Jahresabschluß und Lagebericht

§ 150. Gesetzliche Rücklage, Kapitalrücklage.

(1) In der Bilanz des nach den §§ 242, 264 des Handelsgesetzbuchs aufzustellenden Jahresabschlusses ist eine gesetzliche Rücklage zu bilden.

(2) In diese ist der zwanzigste Teil des um einen Verlustvortrag aus dem Vorjahr geminderten Jahresüberschusses einzustellen, bis die gesetzliche Rücklage und die Kapitalrücklagen nach § 272 Abs. 2 Nr. 1 bis 3 des Handelsgesetzbuchs zusammen den zehnten oder den in der Satzung bestimmten höheren Teil des Grundkapitals erreichen.

(3) Übersteigen die gesetzliche Rücklage und die Kapitalrücklagen nach § 272 Abs. 2 Nr. 1 bis 3 des Handelsgesetzbuchs zusammen nicht den zehnten oder den in der Satzung bestimmten höheren Teil des Grundkapitals, so dürfen sie nur verwandt werden

1. zum Ausgleich eines Jahresfehlbetrags, soweit er nicht durch einen Gewinnvortrag aus dem Vorjahr gedeckt ist und nicht durch Auflösung anderer Gewinnrücklagen ausgeglichen werden kann;
2. zum Ausgleich eines Verlustvortrags aus dem Vorjahr, soweit er nicht durch einen Jahresüberschuß gedeckt ist und nicht durch Auflösung anderer Gewinnrücklagen ausgeglichen werden kann.

(4) [1]Übersteigen die gesetzliche Rücklage und die Kapitalrücklagen nach § 272 Abs. 2 Nr. 1 bis 3 des Handelsgesetzbuchs zusammen den zehnten oder den in der Satzung bestimmten höheren Teil des Grundkapitals, so darf der übersteigende Betrag verwandt werden

1. zum Ausgleich eines Jahresfehlbetrags, soweit er nicht durch einen Gewinnvortrag aus dem Vorjahr gedeckt ist;
2. zum Ausgleich eines Verlustvortrags aus dem Vorjahr, soweit er nicht durch einen Jahresüberschuß gedeckt ist;
3. zur Kapitalerhöhung aus Gesellschaftsmitteln nach den §§ 207 bis 220.

[2]Die Verwendung nach den Nummern 1 und 2 ist nicht zulässig, wenn gleichzeitig Gewinnrücklagen zur Gewinnausschüttung aufgelöst werden.

§ 152. Vorschriften zur Bilanz. (1) [1]Das Grundkapital ist in der Bilanz als gezeichnetes Kapital auszuweisen. [2]Dabei ist der auf jede Aktiengattung entfallende Betrag des Grundkapitals gesondert anzugeben. [3]Bedingtes Kapital ist mit dem Nennbetrag zu vermerken. [4]Bestehen Mehrstimmrechtsaktien, so sind beim gezeichneten Kapital die Gesamtstimmenzahl der Mehrstimmrechtsaktien und die der übrigen Aktien zu vermerken.

(2) Zu dem Posten „Kapitalrücklage" sind in der Bilanz oder im Anhang gesondert anzugeben

1. der Betrag, der während des Geschäftsjahrs eingestellt wurde;
2. der Betrag, der für das Geschäftsjahr entnommen wird.

(3) Zu den einzelnen Posten der Gewinnrücklagen sind in der Bilanz oder im Anhang jeweils gesondert anzugeben

1. die Beträge, die die Hauptversammlung aus dem Bilanzgewinn des Vorjahrs eingestellt hat;
2. die Beträge, die aus dem Jahresüberschuß des Geschäftsjahrs eingestellt werden;
3. die Beträge, die für das Geschäftsjahr entnommen werden.

§ 158. Vorschriften zur Gewinn- und Verlustrechnung. (1) [1]Die Gewinn- und Verlustrechnung ist nach dem Posten „Jahresüberschuß/Jahresfehlbetrag" in Fortführung der Numerierung um die folgenden Posten zu ergänzen: 6

1. Gewinnvortrag/Verlustvortrag aus dem Vorjahr
2. Entnahmen aus der Kapitalrücklage
3. Entnahmen aus Gewinnrücklagen
   a) aus der gesetzlichen Rücklage
   b) aus der Rücklage für eigene Aktien
   c) aus satzungsmäßigen Rücklagen
   d) aus anderen Gewinnrücklagen
4. Einstellungen in Gewinnrücklagen
   a) in die gesetzliche Rücklage
   b) in die Rücklage für eigene Aktien
   c) in satzungsmäßige Rücklagen
   d) in andere Gewinnrücklagen
5. Bilanzgewinn/Bilanzverlust.

[2]Die Angaben nach Satz 1 können auch im Anhang gemacht werden.

(2) [1]Von dem Ertrag aus einem Gewinnabführungs- oder Teilgewinnabführungsvertrag ist ein vertraglich zu leistender Ausgleich für außenstehende Gesellschafter abzusetzen; übersteigt dieser den Ertrag, so ist der übersteigende Betrag unter den Aufwendungen aus Verlustübernahme auszuweisen. [2]Andere Beträge dürfen nicht abgesetzt werden.

§ 160. Vorschriften zum Anhang. (1) In jedem Anhang sind auch Angaben zu machen über

1. den Bestand und den Zugang an Aktien, die ein Aktionär für Rechnung der Gesellschaft oder eines abhängigen oder eines im Mehrheitsbesitz der Gesellschaft stehenden Unternehmens oder ein abhängiges oder im Mehrheitsbesitz der Gesellschaft stehendes Unternehmen als Gründer oder Zeichner oder in Ausübung eines bei einer bedingten Kapitalerhöhung eingeräumten Umtausch- oder Bezugrechts übernommen hat; sind solche Aktien im Geschäftsjahr verwertet worden, so ist auch über die Verwertung unter Angabe des Erlöses und die Verwendung des Erlöses zu berichten;
2. den Bestand an eigenen Aktien der Gesellschaft, die sie, ein abhängiges oder im Mehrheitsbesitz der Gesellschaft stehendes Unternehmen oder ein anderer für Rechnung der Gesellschaft oder eines abhängigen oder eines im Mehrheitsbesitz der Gesellschaft stehenden Unternehmens erworben oder als Pfand genommen hat; dabei sind die Zahl dieser Aktien und der auf sie entfallende Betrag des Grundkapitals sowie deren Anteil am Grundkapital, für erworbene Aktien ferner der Zeitpunkt des Erwerbs und die Gründe für den Erwerb anzugeben. Sind solche Aktien im Geschäftsjahr erworben oder veräußert worden, so ist auch über den Erwerb oder die Veräußerung unter Angabe der Zahl dieser Aktien, des auf sie entfallenden Betrags des Grundkapitals, des Anteils am Grundkapital und des Erwerbs- oder Veräußerungspreises, sowie über die Verwendung des Erlöses zu berichten;
3. die Zahl und bei Nennbetragsaktien den Nennbetrag der Aktien jeder Gattung, sofern sich diese Angaben nicht aus der Bilanz ergeben; davon sind Aktien, die bei einer bedingten Kapitalerhöhung oder einem genehmigten Kapital im Geschäftsjahr gezeichnet wurden, jeweils gesondert anzugeben;
4. das genehmigte Kapital;
5. die Zahl der Bezugsrechte gemäß § 192 Abs. 2 Nr. 3, der Wandelschuldverschreibungen und vergleichbaren Wertpapiere unter Angabe der Rechte, die sie verbriefen;
6. Genußrechte, Rechte aus Besserungsscheinen und ähnliche Rechte unter Angabe der Art und Zahl der jeweiligen Rechte sowie der im Geschäftsjahr neu entstandenen Rechte;
7. das Bestehen einer wechselseitigen Beteiligung unter Angabe des Unternehmens;
8. das Bestehen einer Beteiligung an der Gesellschaft, die ihr nach § 20 Abs. 1 oder 4 mitgeteilt worden ist; dabei ist anzugeben, wem die Beteiligung gehört und ob sie den vierten Teil aller Aktien der Gesellschaft übersteigt oder eine Mehrheitsbeteiligung (§ 16 Abs. 1) ist.

(2) Die Berichterstattung hat insoweit zu unterbleiben, als es für das Wohl der Bundesrepublik Deutschland oder eines ihrer Länder erforderlich ist.

► Prüfung des Jahresabschlusses

Prüfung durch den Aufsichtsrat

§ 170. Vorlage an den Aufsichtsrat. (1) [1]Der Vorstand hat den Jahresabschluß und den Lagebericht unverzüglich nach ihrer Aufstellung dem Aufsichtsrat vorzulegen.

§ 171. Prüfung durch den Aufsichtsrat. (1) [1]Der Aufsichtsrat hat den Jahresabschluß, den Lagebericht und den Vorschlag für die Verwendung des Bilanzgewinns zu prüfen, ... [2]Ist der Jahresabschluß durch einen Abschlußprüfer zu prüfen, so hat dieser an den Verhandlungen des Aufsichtsrats oder eines Ausschusses über diese Vorlagen teilzunehmen und über die wesentlichen Ergebnisse seiner Prüfung zu berichten.

(2) [1]Der Aufsichtsrat hat über das Ergebnis der Prüfung schriftlich an die Hauptversammlung zu berichten. [2]In dem Bericht hat der Aufsichtsrat auch mitzuteilen, in welcher Art und in welchem Umfang er die Geschäftsführung der Gesellschaft während des Geschäftsjahrs geprüft hat; bei börsennotierten Gesellschaften hat er insbesondere anzugeben, welche Ausschüsse gebildet worden sind, sowie die Zahl seiner Sitzungen und die der Ausschüsse mitzuteilen. [3]Ist der Jahresabschluß durch einen Abschlußprüfer zu prüfen, so hat der Aufsichtsrat ferner zu dem Ergebnis der Prüfung des Jahresabschlusses durch den Abschlußprüfer Stellung zu nehmen. [4]Am Schluß des Berichts hat der Aufsichtsrat zu erklären, ob nach dem abschließenden Ergebnis seiner Prüfung Einwendungen zu erheben sind und ob er den vom Vorstand aufgestellten Jahresabschluß billigt.

(3) [1]Der Aufsichtsrat hat seinen Bericht innerhalb eines Monats, nachdem ihm die Vorlagen

zugegangen sind, dem Vorstand zuzuleiten. [2]Wird der Bericht dem Vorstand nicht innerhalb der Frist zugeleitet, hat der Vorstand dem Aufsichtsrat unverzüglich eine weitere Frist von nicht mehr als einem Monat zu setzen. [3]Wird der Bericht dem Vorstand nicht vor Ablauf der weiteren Frist zugeleitet, gilt der Jahresabschluß als vom Aufsichtsrat nicht gebilligt.

▶ Feststellung des Jahresabschlusses. Gewinnverwendung

Feststellung des Jahresabschlusses

§ 172. Feststellung durch Vorstand und Aufsichtsrat. [1]Billigt der Aufsichtsrat den Jahresabschluß, so ist dieser festgestellt, sofern nicht Vorstand und Aufsichtsrat beschließen, die Feststellung des Jahresabschlusses der Hauptversammlung zu überlassen.

§ 173. Feststellung durch die Hauptversammlung. (1) Haben Vorstand und Aufsichtsrat beschlossen, die Feststellung des Jahresabschlusses der Hauptversammlung zu überlassen, oder hat der Aufsichtsrat den Jahresabschluß nicht gebilligt, so stellt die Hauptversammlung den Jahresabschluß fest.

(2) [1]Auf den Jahresabschluß sind bei der Feststellung die für seine Aufstellung geltenden Vorschriften anzuwenden. [2]Die Hauptversammlung darf bei der Feststellung des Jahresabschlusses nur die Beträge in Gewinnrücklagen einstellen, die nach Gesetz oder Satzung einzustellen sind.

Gewinnverwendung

§ 174. (1) [1]Die Hauptversammlung beschließt über die Verwendung des Bilanzgewinns. [2]Sie ist hierbei an den festgestellten Jahresabschluß gebunden.

(2) In dem Beschluß ist die Verwendung des Bilanzgewinns im einzelnen darzulegen, namentlich sind anzugeben
1. der Bilanzgewinn;
2. der an die Aktionäre auszuschüttende Betrag;
3. die in Gewinnrücklagen einzustellenden Beträge;
4. ein Gewinnvortrag;
5. der zusätzliche Aufwand auf Grund des Beschlusses.

(3) Der Beschluß führt nicht zu einer Änderung des festgestellten Jahresabschlusses.

Ordentliche Hauptversammlung

§ 175. Einberufung. (1) [1]Unverzüglich nach Eingang des Berichts des Aufsichtsrats hat der Vorstand die Hauptversammlung zur Entgegennahme des festgestellten Jahresabschlusses und des Lageberichts sowie zur Beschlußfassung über die Verwendung eines Bilanzgewinns einzuberufen. [2]Die Hauptversammlung hat in den ersten acht Monaten des Geschäftsjahrs stattzufinden.

Satzungsänderung. Maßnahmen der Kapitalbeschaffung und Kapitalherabsetzung

▶ Satzungsänderung

§ 179. Beschluß der Hauptversammlung.

(1) [1]Jede Satzungsänderung bedarf eines Beschlusses der Hauptversammlung. [2]Die Befugnis zu Änderungen, die nur die Fassung betreffen, kann die Hauptversammlung dem Aufsichtsrat übertragen.

(2) [1]Der Beschluß der Hauptversammlung bedarf einer Mehrheit, die mindestens drei Viertel des bei der Beschlußfassung vertretenen Grundkapitals umfaßt. [2]Die Satzung kann eine andere Kapitalmehrheit, für eine Änderung des Gegenstands des Unternehmens jedoch nur eine größere Kapitalmehrheit bestimmen. [3]Sie kann weitere Erfordernisse aufstellen.

§ 181. Eintragung der Satzungsänderung.

(1) [1]Der Vorstand hat die Satzungsänderung zur Eintragung in das Handelsregister anzumelden.

▶ Maßnahmen der Kapitalbeschaffung

Kapitalerhöhung gegen Einlagen

§ 182. Voraussetzungen. (1) [1]Eine Erhöhung des Grundkapitals gegen Einlagen kann nur mit einer Mehrheit beschlossen werden, die mindestens drei Viertel des bei der Beschlußfassung vertretenen Grundkapitals umfaßt. [2]Die Satzung kann eine andere Kapitalmehrheit, für die Ausgabe von Vorzugsaktien ohne Stimmrecht jedoch nur eine größere Kapitalmehrheit bestimmen. [3]Sie kann weitere Erfordernisse aufstellen. [4]Die Kapitalerhöhung kann nur durch Ausgabe neuer Aktien ausgeführt werden. [5]Bei Gesellschaften mit Stückaktien muß sich die Zahl der Aktien in demselben Verhältnis wie das Grundkapital erhöhen. 6

§ 183. Kapitalerhöhung mit Sacheinlagen.

(1) [1]Wird eine Sacheinlage (§ 27 Abs. 1 und 2) gemacht, so müssen ihr Gegenstand, die Person, von der die Gesellschaft den Gegenstand erwirbt, und der Nennbetrag, bei Stückaktien

die Zahl der bei der Sacheinlage zu gewährenden Aktien im Beschluß über die Erhöhung des Grundkapitals festgesetzt werden.

§ 184. Anmeldung des Beschlusses. (1) [1]Der Vorstand und der Vorsitzende des Aufsichtsrats haben den Beschluß über die Erhöhung des Grundkapitals zur Eintragung in das Handelsregister anzumelden. [2]Der Bericht über die Prüfung von Sacheinlagen ... ist der Anmeldung beizufügen.

(2) In der Anmeldung ist anzugeben, welche Einlagen auf das bisherige Grundkapital noch nicht geleistet sind und warum sie nicht erlangt werden können.

§ 185. Zeichnung der neuen Aktien. (1) [1]Die Zeichnung der neuen Aktien geschieht durch schriftliche Erklärung (Zeichnungsschein), aus der die Beteiligung nach der Zahl und bei Nennbetragsaktien dem Nennbetrag und, wenn mehrere Gattungen ausgegeben werden, der Gattung der Aktien hervorgehen muß. [2]Der Zeichnungsschein soll doppelt ausgestellt werden.

§ 186. Bezugsrecht. (1) [1]Jedem Aktionär muß auf sein Verlangen ein seinem Anteil an dem bisherigen Grundkapital entsprechender Teil der neuen Aktien zugeteilt werden. [2]Für die Ausübung des Bezugsrechts ist eine Frist von mindestens zwei Wochen zu bestimmen.

(2) Der Vorstand hat den Ausgabebetrag und zugleich eine nach Absatz 1 bestimmte Frist in den Gesellschaftsblättern bekanntzumachen.

(3) [1]Das Bezugsrecht kann ganz oder zum Teil nur im Beschluß über die Erhöhung des Grundkapitals ausgeschlossen werden. [2]In diesem Fall bedarf der Beschluß neben den in Gesetz oder Satzung für die Kapitalerhöhung aufgestellten Erfordernissen einer Mehrheit, die mindestens drei Viertel des bei der Beschlußfassung vertretenen Grundkapitals um-
6 faßt. [3]Die Satzung kann eine größere Kapitalmehrheit und weitere Erfordernisse bestimmen. [4]Ein Ausschluß des Bezugsrechts ist insbesondere dann zulässig, wenn die Kapitalerhöhung gegen Bareinlagen zehn vom Hundert des Grundkapitals nicht übersteigt und der Ausgabebetrag den Börsenpreis nicht wesentlich unterschreitet.

(4) [1]Ein Beschluß, durch den das Bezugsrecht ganz oder zum Teil ausgeschlossen wird, darf nur gefaßt werden, wenn die Ausschließung ausdrücklich und ordnungsgemäß (§ 124 Abs. 1) bekanntgemacht worden ist. [2]Der Vorstand hat der Hauptversammlung einen schriftlichen Bericht über den Grund für den teilweisen oder vollständigen Ausschluß des Bezugsrechts vorzulegen; in dem Bericht ist der vorgeschlagene Ausgabebetrag zu begründen.

(5) [1]Als Ausschluß des Bezugsrechts ist es nicht anzusehen, wenn nach dem Beschluß die neuen Aktien von einem Kreditinstitut oder einem nach § 53 Abs. 1 Satz 1 oder § 53b Abs. 1 Satz 1 oder 7 des Gesetzes über das Kreditwesen tätigen Unternehmen mit der Verpflichtung übernommen werden sollen, sie den Aktionären zum Bezug anzubieten. [2]Der Vorstand hat das Bezugsangebot des Kreditinstituts unter Angabe des für die Aktien zu leistenden Entgelts und einer für die Annahme des Angebots gesetzten Frist in den Gesellschaftsblättern bekanntzumachen; gleiches gilt, wenn die neuen Aktien von einem anderen als einem Kreditinstitut mit der Verpflichtung übernommen werden sollen, sie den Aktionären zum Bezug anzubieten.

§ 187. Zusicherung von Rechten auf den Bezug neuer Aktien. (1) Rechte auf den Bezug neuer Aktien können nur unter Vorbehalt des Bezugsrechts der Aktionäre zugesichert werden.

(2) Zusicherungen vor dem Beschluß über die Erhöhung des Grundkapitals sind der Gesellschaft gegenüber unwirksam.

§ 188. Anmeldung und Eintragung der Durchführung. (1) Der Vorstand und der Vorsitzende des Aufsichtsrats haben die Durchführung der Erhöhung des Grundkapitals zur Eintragung in das Handelsregister anzumelden.

§ 189. Wirksamwerden der Kapitalerhöhung. Mit der Eintragung der Durchführung der Erhöhung des Grundkapitals ist das Grundkapital erhöht.

§ 190. Bekanntmachung. [1]In die Bekanntmachung der Eintragung (§ 188) sind außer deren Inhalt der Ausgabebetrag der Aktien, die bei einer Kapitalerhöhung mit Sacheinlagen vorgesehenen Festsetzungen und ein Hinweis auf den Bericht über die Prüfung von Sacheinlagen ... aufzunehmen. [2]Bei der Bekanntmachung dieser Festsetzungen genügt die Bezugnahme auf die beim Gericht eingereichten Urkunden.

§ 191. Verbotene Ausgabe von Aktien und Zwischenscheinen. [1]Vor der Eintragung der Durchführung der Erhöhung des Grundkapitals können die neuen Anteilsrechte nicht übertragen, neue Aktien und Zwischenscheine nicht ausgegeben werden. [2]Die vorher ausgegebenen neuen Aktien und Zwischenscheine sind nichtig. [3]Für den Schaden aus der Ausgabe sind die Ausgeber den Inhabern als Gesamtschuldner verantwortlich.

Bedingte Kapitalerhöhung

§ 192. Voraussetzungen. (1) Die Hauptversammlung kann eine Erhöhung des Grundkapitals beschließen, die nur so weit durchgeführt werden soll, wie von einem Umtausch- oder Bezugsrecht Gebrauch gemacht wird, das die Gesellschaft auf die neuen Aktien (Bezugsaktien) einräumt (bedingte Kapitalerhöhung).

(2) Die bedingte Kapitalerhöhung soll nur zu folgenden Zwecken beschlossen werden:
1. zur Gewährung von Umtausch- oder Bezugsrechten an Gläubiger von Wandelschuldverschreibungen;
2. zur Vorbereitung des Zusammenschlusses mehrerer Unternehmen;
3. zur Gewährung von Bezugsrechten an Arbeitnehmer und Mitglieder der Geschäftsführung der Gesellschaft oder eines verbundenen Unternehmens im Wege des Zustimmungs- oder Ermächtigungsbeschlusses.

(3) Der Nennbetrag des bedingten Kapitals darf die Hälfte und der Nennbetrag des nach Absatz 2 Nr. 3 beschlossenen Kapitals den zehnten Teil des Grundkapitals, das zur Zeit der Beschlußfassung über die bedingte Kapitalerhöhung vorhanden ist, nicht übersteigen. § 182 Abs. 1 Satz 5 gilt sinngemäß.

(4) Ein Beschluß der Hauptversammlung, der dem Beschluß über die bedingte Kapitalerhöhung entgegensteht, ist nichtig.

(5) Die folgenden Vorschriften über das Bezugsrecht gelten sinngemäß für das Umtauschrecht.

§ 193. Erfordernisse des Beschlusses. (1) [1]Der Beschluß über die bedingte Kapitalerhöhung bedarf einer Mehrheit, die mindestens drei Viertel des bei der Beschlußfassung vertretenen Grundkapitals umfaßt. [2]Die Satzung kann eine größere Kapitalmehrheit und weitere Erfordernisse bestimmen. [3]§ 182 Abs. 2 und § 187 Abs. 2 gelten.

(2) Im Beschluß müssen auch festgestellt werden:
1. der Zweck der bedingten Kapitalerhöhung;
2. der Kreis der Bezugsberechtigten;
3. der Ausgabebetrag oder die Grundlagen, nach denen dieser Betrag errechnet wird, sowie
4. bei Beschlüssen nach § 192 Abs. 2 Nr. 3 auch die Aufteilung der Bezugsrechte auf die Mitglieder der Geschäftsführung und Arbeitnehmer, Erfolgsziele, Erwerbs- und Ausübungszeiträume und Wartezeit für die erstmalige Ausübung (mindestens zwei Jahre).

§ 194. Bedingte Kapitalerhöhung mit Sacheinlagen. (1) [1]Wird eine Sacheinlage gemacht, so müssen ihr Gegenstand, die Person, von der die Gesellschaft den Gegenstand erwirbt, und der Nennbetrag, bei Stückaktien die Zahl der bei der Sacheinlage zu gewährenden Aktien im Beschluß über die bedingte Kapitalerhöhung festgesetzt werden. [2]Als Sacheinlage gilt nicht die Hingabe von Schuldverschreibungen im Umtausch gegen Bezugsaktien. [3]Der Beschluß darf nur gefaßt werden, wenn die Einbringung von Sacheinlagen ausdrücklich und ordnungsgemäß (§ 124 Abs. 1) bekanntgemacht worden ist.

§ 195. Anmeldung des Beschlusses. (1) Der Vorstand und der Vorsitzende des Aufsichtsrats haben den Beschluß über die bedingte Kapitalerhöhung zur Eintragung in das Handelsregister anzumelden.

§ 197. Verbotene Aktienausgabe. [1]Vor der Eintragung des Beschlusses über die bedingte Kapitalerhöhung können die Bezugsaktien nicht ausgegeben werden. [2]Ein Anspruch des Bezugsberechtigten entsteht vor diesem Zeitpunkt nicht. [3]Die vorher ausgegebenen Bezugsaktien sind nichtig. [4]Für den Schaden aus der Ausgabe sind die Ausgeber den Inhabern als Gesamtschuldner verantwortlich.

§ 198. Bezugserklärung. (1) [1]Das Bezugsrecht wird durch schriftliche Erklärung ausgeübt. [2]Die Erklärung (Bezugserklärung) soll doppelt ausgestellt werden. [3]Sie hat die Beteiligung nach der Zahl und bei Nennbetragsaktien dem Nennbetrag und, wenn mehrere Gattungen ausgegeben werden, der Gattung der Aktien, die Feststellungen nach § 193 Abs. 2, die nach § 194 bei der Einbringung von Sacheinlagen vorgesehenen Festsetzungen sowie den Tag anzugeben, an dem der Beschluß über die bedingte Kapitalerhöhung gefaßt worden ist.

(2) [1]Die Bezugserklärung hat die gleiche Wirkung wie eine Zeichnungserklärung. [2]Bezugserklärungen, deren Inhalt nicht dem Absatz 1 entspricht oder die Beschränkungen der Verpflichtung des Erklärenden enthalten, sind nichtig.

6

§ 199. Ausgabe der Bezugsaktien. (1) Der Vorstand darf die Bezugsaktien nur in Erfüllung des im Beschluß über die bedingte Kapitalerhöhung festgesetzten Zwecks und nicht vor der vollen Leistung des Gegenwerts ausgeben, der sich aus dem Beschluß ergibt.

§ 200. Wirksamwerden der bedingten Kapitalerhöhung. Mit der Ausgabe der Bezugsaktien ist das Grundkapital erhöht.

§ 201. Anmeldung der Ausgabe von Bezugsaktien. (1) Der Vorstand hat innerhalb eines Monats nach Ablauf des Geschäftsjahrs zur Eintragung in das Handelsregister anzumelden, in welchem Umfang im abgelaufenen Geschäftsjahr Bezugsaktien ausgegeben worden sind.

Genehmigtes Kapital

§ 202. Voraussetzungen. (1) Die Satzung kann den Vorstand für höchstens fünf Jahre nach Eintragung der Gesellschaft ermächtigen, das Grundkapital bis zu einem bestimmten Nennbetrag (genehmigtes Kapital) durch Ausgabe neuer Aktien gegen Einlagen zu erhöhen.

(2) [1]Die Ermächtigung kann auch durch Satzungsänderung für höchstens fünf Jahre nach Eintragung der Satzungsänderung erteilt werden. [2]Der Beschluß der Hauptversammlung bedarf einer Mehrheit, die mindestens drei Viertel des bei der Beschlußfassung vertretenen Grundkapitals umfaßt. [3]Die Satzung kann eine größere Kapitalmehrheit und weitere Erfordernisse bestimmen. [4]§ 182 Abs. 2 gilt.

(3) [1]Der Nennbetrag des genehmigten Kapitals darf die Hälfte des Grundkapitals, das zur Zeit der Ermächtigung vorhanden ist, nicht übersteigen. [2]Die neuen Aktien sollen nur mit Zustimmung des Aufsichtsrats ausgegeben werden. § 182 Abs. 1 Satz 5 gilt sinngemäß.

(4) Die Satzung kann auch vorsehen, daß die neuen Aktien an Arbeitnehmer der Gesellschaft ausgegeben werden.

§ 203. Ausgabe der neuen Aktien. (1) [1]Für die Ausgabe der neuen Aktien gelten sinngemäß, soweit sich aus den folgenden Vorschriften nichts anderes ergibt, §§ 185 bis 191 über die Kapitalerhöhung gegen Einlagen. [2]An die Stelle des Beschlusses über die Erhöhung des Grundkapitals tritt die Ermächtigung der Satzung zur Ausgabe neuer Aktien.

(2) [1]Die Ermächtigung kann vorsehen, daß der Vorstand über den Ausschluß des Bezugsrechts entscheidet. [2]Wird eine Ermächtigung, die dies vorsieht, durch Satzungsänderung erteilt, so gilt § 186 Abs. 4 sinngemäß.

6 (3) [1]Die neuen Aktien sollen nicht ausgegeben werden, solange ausstehende Einlagen auf das bisherige Grundkapital noch erlangt werden können.

§ 204. Bedingungen der Aktienausgabe.

(1) [1]Über den Inhalt der Aktienrechte und die Bedingungen der Aktienausgabe entscheidet der Vorstand, soweit die Ermächtigung keine Bestimmungen enthält. [2]Die Entscheidung des Vorstands bedarf der Zustimmung des Aufsichtsrats; gleiches gilt für die Entscheidung des Vorstands nach § 203 Abs. 2 über den Ausschluß des Bezugsrechts.

(2) Sind Vorzugsaktien ohne Stimmrecht vorhanden, so können Vorzugsaktien, die bei der Verteilung des Gewinns oder des Gesellschaftsvermögens ihnen vorgehen oder gleichstehen, nur ausgegeben werden, wenn die Ermächtigung es vorsieht.

(3) [1]Weist ein Jahresabschluß, der mit einem uneingeschränkten Bestätigungsvermerk versehen ist, einen Jahresüberschuß aus, so können Aktien an Arbeitnehmer der Gesellschaft auch in der Weise ausgegeben werden, daß die auf sie zu leistende Einlage aus dem Teil des Jahresüberschusses gedeckt wird, den nach § 58 Abs. 2 Vorstand und Aufsichtsrat in andere Gewinnrücklagen einstellen können. [2]Für die Ausgabe der neuen Aktien gelten die Vorschriften über eine Kapitalerhöhung gegen Bareinlagen, ausgenommen § 188 Abs. 2.

§ 205. Ausgabe gegen Sacheinlagen. (1) Gegen Sacheinlagen dürfen Aktien nur ausgegeben werden, wenn die Ermächtigung es vorsieht.

(2) [1]Der Gegenstand der Sacheinlage, die Person, von der die Gesellschaft den Gegenstand erwirbt, und der Nennbetrag, bei Stückaktien die Zahl der bei der Sacheinlage zu gewährenden Aktien sind, wenn sie nicht in der Ermächtigung festgesetzt sind, vom Vorstand festzusetzen und in den Zeichnungsschein aufzunehmen. [2]Der Vorstand soll die Entscheidung nur mit Zustimmung des Aufsichtsrats treffen.

Kapitalerhöhung aus Gesellschaftsmitteln

§ 207. Voraussetzungen. (1) Die Hauptversammlung kann eine Erhöhung des Grundkapitals durch Umwandlung der Kapitalrücklage und von Gewinnrücklagen in Grundkapital beschließen.

(2) Für den Beschluß und für die Anmeldung des Beschlusses gelten § 182 Abs. 1, § 184 Abs. 1 sinngemäß. Gesellschaften mit Stückaktien können ihr Grundkapital auch ohne Ausgabe neuer Aktien erhöhen; der Beschluß über die Kapitalerhöhung muß die Art der Erhöhung angeben.

(3) Die Erhöhung kann erst beschlossen werden, nachdem der Jahresabschluß für das letzte vor der Beschlußfassung über die Kapitalerhöhung abgelaufene Geschäftsjahr (letzter Jahresabschluß) festgestellt ist.

(4) Dem Beschluß ist eine Bilanz zugrunde zu legen.

§ 208. Umwandlungsfähigkeit von Kapital- und Gewinnrücklagen. (1) [1]Die Kapitalrücklage und die Gewinnrücklagen, die in Grundkapital umgewandelt werden sollen, müssen in der letzten Jahresbilanz und, wenn dem Beschluß eine andere Bilanz zugrunde gelegt wird, auch in dieser Bilanz unter „Kapitalrücklage" oder „Gewinnrücklagen" oder im letzten Beschluß über die Verwendung des Jahresüberschusses oder des Bilanzgewinns als Zuführung zu diesen Rücklagen ausgewiesen sein. [2]Vorbehaltlich des Absatzes 2 können andere Gewinnrücklagen und deren Zuführungen in voller Höhe, die Kapitalrücklage und die gesetzliche Rücklage sowie deren Zuführungen nur, soweit sie zusammen den zehnten oder den in der Satzung bestimmten höheren Teil des bisherigen Grundkapitals übersteigen, in Grundkapital umgewandelt werden.

(2) [1]Die Kapitalrücklage und die Gewinnrücklagen sowie deren Zuführungen können nicht umgewandelt werden, soweit in der zugrunde gelegten Bilanz ein Verlust einschließlich eines Verlustvortrags ausgewiesen ist. [2]Gewinnrücklagen und deren Zuführungen, die für einen bestimmten Zweck bestimmt sind, dürfen nur umgewandelt werden, soweit dies mit ihrer Zweckbestimmung vereinbar ist.

§ 209. Zugrunde gelegte Bilanz. (1) Dem Beschluß kann die letzte Jahresbilanz zugrunde gelegt werden, wenn die Jahresbilanz geprüft und die festgestellte Jahresbilanz mit dem uneingeschränkten Bestätigungsvermerk des Abschlußprüfers versehen ist und wenn ihr Stichtag höchstens acht Monate vor der Anmeldung des Beschlusses zur Eintragung in das Handelsregister liegt.

§ 210. Anmeldung und Eintragung des Beschlusses. (1) [1]Der Anmeldung des Beschlusses zur Eintragung in das Handelsregister ist für das Gericht des Sitzes der Gesellschaft die der Kapitalerhöhung zugrunde gelegte Bilanz mit Bestätigungsvermerk, im Fall des § 209 Abs. 2 bis 6 außerdem die letzte Jahresbilanz, sofern sie noch nicht eingereicht ist, beizufügen. [2]Die Anmeldenden haben dem Gericht gegenüber zu erklären, daß nach ihrer Kenntnis seit dem Stichtag der zugrunde gelegten Bilanz bis zum Tag der Anmeldung keine Vermögensminderung eingetreten ist, die der Kapitalerhöhung entgegenstünde, wenn sie am Tag der Anmeldung beschlossen worden wäre.

§ 211. Wirksamwerden der Kapitalerhöhung. Mit der Eintragung des Beschlusses über die Erhöhung des Grundkapitals ist das Grundkapital erhöht.

§ 212. Aus der Kapitalerhöhung Berechtigte. [1]Neue Aktien stehen den Aktionären im Verhältnis ihrer Anteile am bisherigen Grundkapital zu. [2]Ein entgegenstehender Beschluß der Hauptversammlung ist nichtig.

Wandelschuldverschreibungen. Gewinnschuldverschreibungen

§ 221. (1) [1]Schuldverschreibungen, bei denen den Gläubigern ein Umtausch- oder Bezugsrecht auf Aktien eingeräumt wird (Wandelschuldverschreibungen), und Schuldverschreibungen, bei denen die Rechte der Gläubiger mit Gewinnanteilen von Aktionären in Verbindung gebracht werden (Gewinnschuldverschreibungen), dürfen nur auf Grund eines Beschlusses der Hauptversammlung ausgegeben werden. [2]Der Beschluß bedarf einer Mehrheit, die mindestens drei Viertel des bei der Beschlußfassung vertretenen Grundkapitals umfaßt. [3]Die Satzung kann eine andere Kapitalmehrheit und weitere Erfordernisse bestimmen. [4]§ 182 Abs. 2 gilt.

(2) [1]Eine Ermächtigung des Vorstandes zur Ausgabe von Wandelschuldverschreibungen kann höchstens für fünf Jahre erteilt werden.

(3) Absatz 1 gilt sinngemäß für die Gewährung von Genußrechten.

(4) [1]Auf Wandelschuldverschreibungen, Gewinnschuldverschreibungen und Genußrechte haben die Aktionäre ein Bezugsrecht. [2]§ 186 gilt sinngemäß.

► Maßnahmen der Kapitalherabsetzung

Ordentliche Kapitalherabsetzung

§ 222. Voraussetzungen. (1) [1]Eine Herabsetzung des Grundkapitals kann nur mit einer Mehrheit beschlossen werden, die mindestens drei Viertel des bei der Beschlußfassung vertretenen Grundkapitals umfaßt. [2]Die Satzung kann eine größere Kapitalmehrheit und weitere Erfordernisse bestimmen.

(2) [1]Sind mehrere Gattungen von stimmberechtigten Aktien vorhanden, so bedarf der Beschluß der Hauptversammlung zu seiner Wirksamkeit der Zustimmung der Aktionäre jeder Gattung. [2]Über die Zustimmung haben die Aktionäre jeder Gattung einen Sonderbeschluß zu fassen. [3]Für diesen gilt Absatz 1.

(3) In dem Beschluß ist festzusetzen, zu welchem Zweck die Herabsetzung stattfindet, namentlich ob Teile des Grundkapitals zurückgezahlt werden sollen. 6

(4) Die Herabsetzung des Grundkapitals erfordert bei Gesellschaften mit Nennbetragsaktien die Herabsetzung des Nennbetrags der Aktien. Soweit der auf die einzelne Aktie entfallende anteilige Betrag des herabgesetzten Grundkapitals den Mindestbetrag nach § 8 Abs. 2 Satz 1 oder Abs. 3 Satz 3 unterschreiten würde, erfolgt die Herabsetzung durch Zusammenlegung der Aktien. Der Beschluß muß die Art der Herabsetzung angeben.

§ 223. Anmeldung des Beschlusses. Der Vorstand und der Vorsitzende des Aufsichtsrats haben den Beschluß über die Herabsetzung des Grundkapitals zur Eintragung in das Handelsregister anzumelden.

§ 224. Wirksamwerden der Kapitalherabsetzung. Mit der Eintragung des Beschlusses über die Herabsetzung des Grundkapitals ist das Grundkapital herabgesetzt.

§ 227. Anmeldung der Durchführung. (1) Der Vorstand hat die Durchführung der Herabsetzung des Grundkapitals zur Eintragung in das Handelsregister anzumelden.

(2) Anmeldung und Eintragung der Durchführung der Herabsetzung des Grundkapitals können mit Anmeldung und Eintragung des Beschlusses über die Herabsetzung verbunden werden.

Vereinfachte Kapitalherabsetzung

§ 229. Voraussetzungen. (1) [1]Eine Herabsetzung des Grundkapitals, die dazu dienen soll, Wertminderungen auszugleichen, sonstige Verluste zu decken oder Beträge in die Kapitalrücklage einzustellen, kann in vereinfachter Form vorgenommen werden. [2]Im Beschluß ist festzusetzen, daß die Herabsetzung zu diesen Zwecken stattfindet.

(2) [1]Die vereinfachte Kapitalherabsetzung ist nur zulässig, nachdem der Teil der gesetzlichen Rücklage und der Kapitalrücklage, um den diese zusammen über zehn vom Hundert des nach der Herabsetzung verbleibenden Grundkapitals hinausgehen, sowie die Gewinnrücklagen vorweg aufgelöst sind. [2]Sie ist nicht zulässig, solange ein Gewinnvortrag vorhanden ist.

§ 230. Verbot von Zahlungen an die Aktionäre. [1]Die Beträge, die aus der Auflösung der Kapital- oder Gewinnrücklagen und aus der Kapitalherabsetzung gewonnen werden, dürfen nicht zu Zahlungen an die Aktionäre und nicht dazu verwandt werden, die Aktionäre von der Verpflichtung zur Leistung von Einlagen zu befreien. [2]Sie dürfen nur verwandt werden, um Wertminderungen auszugleichen, sonstige Verluste zu decken und Beträge in die Kapitalrücklage oder in die gesetzliche Rücklage einzustellen. [3]Auch eine Verwendung zu einem dieser Zwecke ist nur zulässig, soweit sie im Beschluß als Zweck der Herabsetzung angegeben ist.

§ 231. Beschränkte Einstellung in die Kapitalrücklage und in die gesetzliche Rücklage. [1]Die Einstellung der Beträge, die aus der Auflösung von anderen Gewinnrücklagen gewonnen werden, in die gesetzliche Rücklage und der Beträge, die aus der Kapitalherabsetzung gewonnen werden, in die Kapitalrücklage ist nur zulässig, soweit die Kapitalrücklage und die gesetzliche Rücklage zusammen zehn vom Hundert des Grundkapitals nicht übersteigen. [2]Als Grundkapital gilt dabei der Nennbetrag, der sich durch die Herabsetzung ergibt, mindestens aber der in § 7 bestimmte Mindestnennbetrag. [3]Bei der Bemessung der zulässigen Höhe bleiben Beträge, die in der Zeit nach der Beschlußfassung über die Kapitalherabsetzung in die Kapitalrücklage einzustellen sind, auch dann außer Betracht, wenn ihre Zahlung auf einem Beschluß beruht, der zugleich mit dem Beschluß über die Kapitalherabsetzung gefaßt wird.

§ 233. Gewinnausschüttung. Gläubigerschutz. (1) [1]Gewinn darf nicht ausgeschüttet werden, bevor die gesetzliche Rücklage und die Kapitalrücklage zusammen zehn vom Hundert des Grundkapitals erreicht haben. [2]Als Grundkapital gilt dabei der Nennbetrag, der sich durch die Herabsetzung ergibt, mindestens aber der in § 7 bestimmte Mindestnennbetrag.

(2) [1]Die Zahlung eines Gewinnanteils von mehr als vier vom Hundert ist erst für ein Geschäftsjahr zulässig, das später als zwei Jahre nach der Beschlußfassung über die Kapitalherabsetzung beginnt. [2]Dies gilt nicht, wenn die Gläubiger, deren Forderungen vor der Bekanntmachung der Eintragung des Beschlusses begründet worden waren, befriedigt oder sichergestellt sind, soweit sie sich binnen sechs Monaten nach der Bekanntmachung des Jahresabschlusses, auf Grund dessen die Gewinnverteilung beschlossen ist, zu diesem Zweck gemeldet haben. [3]Einer Sicherstellung der Gläubiger bedarf es nicht, die im Fall des Insolvenzverfahrens ein Recht auf vorzugsweise Befriedigung aus einer Deckungsmasse haben, die nach gesetzlicher Vorschrift zu ihrem Schutz errichtet und staatlich überwacht ist. [4]Die Gläubiger sind in der Bekanntmachung nach § 325 Abs. 1 Satz 2 oder Abs. 2 Satz 1 des Handelsgesetzbuchs auf die Befriedigung oder Sicherstellung hinzuweisen.

(3) Die Beträge, die aus der Auflösung von Kapital- und Gewinnrücklagen und aus der Kapitalherabsetzung gewonnen sind, dürfen auch nach diesen Vorschriften nicht als Gewinn ausgeschüttet werden.

§ 236. Offenlegung. Die Offenlegung des Jahresabschlusses nach § 325 des Handelsgesetzbuchs darf im Fall des § 234 erst nach Eintragung des Beschlusses über die Kapitalherabsetzung, im Fall des § 235 erst ergehen, nachdem die Beschlüsse über die Kapitalherabsetzung und Kapitalerhöhung und die Durchführung der Kapitalerhöhung eingetragen worden sind.

Kapitalherabsetzung durch Einziehung von Aktien

§ 237. Voraussetzungen. (1) [1]Aktien können zwangsweise oder nach Erwerb durch die Gesellschaft eingezogen werden. [2]Eine Zwangseinziehung ist nur zulässig, wenn sie in der ursprünglichen Satzung oder durch eine Satzungsänderung vor Übernahme oder Zeichnung der Aktien angeordnet oder gestattet war.

(2) [1]Bei der Einziehung sind die Vorschriften über die ordentliche Kapitalherabsetzung zu befolgen. [2]In der Satzung oder in dem Beschluß der Hauptversammlung sind die Voraussetzungen für eine Zwangseinziehung und die Einzelheiten ihrer Durchführung festzulegen. [3]Für die Zahlung des Entgelts, das Aktionären bei einer Zwangseinziehung oder bei einem Erwerb von Aktien zum Zwecke der Einziehung gewährt wird, und für die Befreiung dieser Aktionäre von der Verpflichtung zur Leistung von Einlagen gilt § 225 Abs. 2 sinngemäß.

(3) Die Vorschriften über die ordentliche Kapitalherabsetzung brauchen nicht befolgt zu werden, wenn Aktien, auf die der Ausgabebetrag voll geleistet ist,

1. der Gesellschaft unentgeltlich zur Verfügung gestellt oder
2. zu Lasten des Bilanzgewinns oder einer anderen Gewinnrücklage, soweit sie zu diesem Zweck verwandt werden können, eingezogen werden.

(4) [1]Auch in den Fällen des Absatzes 3 kann die Kapitalherabsetzung durch Einziehung nur von der Hauptversammlung beschlossen werden. [2]Für den Beschluß genügt die einfache Stimmenmehrheit. [3]Die Satzung kann eine größere Mehrheit und weitere Erfordernisse bestimmen. [4]Im Beschluß ist der Zweck der Kapitalherabsetzung festzusetzen. [5]Der Vorstand und der Vorsitzende des Aufsichtsrats haben den Beschluß zur Eintragung in das Handelsregister anzumelden.

(5) In den Fällen des Absatzes 3 ist in die Kapitalrücklage ein Betrag einzustellen, der dem auf die eingezogenen Aktien entfallenden Betrag des Grundkapitals gleichkommt.

(6) [1]Soweit es sich um eine durch die Satzung angeordnete Zwangseinziehung handelt, bedarf es eines Beschlusses der Hauptversammlung nicht. [2]In diesem Fall tritt für die Anwendung der Vorschriften über die ordentliche Kapitalherabsetzung an die Stelle des Hauptversammlungsbeschlusses die Entscheidung des Vorstands über die Einziehung.

Nichtigkeit von Hauptversammlungsbeschlüssen und des festgestellten Jahresabschlusses. Sonderprüfung wegen unzulässiger Unterbewertung.

► Nichtigkeit von Hauptversammlungsbeschlüssen

Allgemeines

§ 243. Anfechtungsgründe. (1) Ein Beschluß der Hauptversammlung kann wegen Verletzung des Gesetzes oder der Satzung durch Klage angefochten werden.

Auflösung und Nichtigerklärung der Gesellschaft

► Auflösung

Auflösungsgründe und Anmeldung

§ 262. Auflösungsgründe. (1) Die Aktiengesellschaft wird aufgelöst

1. durch Ablauf der in der Satzung bestimmten Zeit;
2. durch Beschluß der Hauptversammlung; dieser bedarf einer Mehrheit, die mindestens drei Viertel des bei der Beschlußfassung vertretenen Grundkapitals umfaßt; die Satzung kann eine größere Kapitalmehrheit und weitere Erfordernisse bestimmen;
3. durch die Eröffnung des Insolvenzverfahrens über das Vermögen der Gesellschaft;
4. mit der Rechtskraft des Beschlusses, durch den die Eröffnung des Konkursverfahrens mangels einer der Kosten des Verfahrens entsprechenden Konkursmasse abgelehnt wird; ...

§ 263. Anmeldung und Eintragung der Auflösung. [1]Der Vorstand hat die Auflösung der Gesellschaft zur Eintragung in das Handelsregister anzumelden.

6

Zweites Buch. Kommanditgesellschaft auf Aktien

§ 278. Wesen der Kommanditgesellschaft auf Aktien. (1) Die Kommanditgesellschaft auf Aktien ist eine Gesellschaft mit eigener Rechtspersönlichkeit, bei der mindestens ein Gesellschafter den Gesellschaftsgläubigern unbeschränkt haftet (persönlich haftender Gesellschafter) und die übrigen an dem in Aktien zerlegten Grundkapital beteiligt sind, ohne persönlich für die Verbindlichkeiten der Gesellschaft zu haften (Kommanditaktionäre).

(2) Das Rechtsverhältnis der persönlich haftenden Gesellschafter untereinander und gegenüber der Gesamtheit der Kommanditaktionäre sowie gegenüber Dritten, namentlich die Befugnis der persönlich haftenden Gesellschafter zur Geschäftsführung und zur Vertretung der Gesellschaft, bestimmt sich nach den Vorschriften des Handelsgesetzbuchs über die Kommanditgesellschaft.

(3) Im übrigen gelten für die Kommanditgesellschaft auf Aktien, soweit sich aus den folgenden Vorschriften oder aus dem Fehlen eines Vorstands nichts anderes ergibt, die Vorschriften des Ersten Buchs über die Aktiengesellschaft sinngemäß.

§ 279. Firma. (1) Die Firma der Kommanditgesellschaft auf Aktien muß, auch wenn sie nach § 22 des Handelsgesetzbuchs oder nach anderen gesetzlichen Vorschriften fortgeführt wird, die Bezeichnung „Kommanditgesellschaft auf Aktien" oder eine allgemein verständliche Abkürzung dieser Bezeichnung enthalten.

(2) Wenn in der Gesellschaft keine natürliche Person persönlich haftet, muß die Firma, auch wenn sie nach § 22 des Handelsgesetzbuchs oder nach anderen gesetzlichen Vorschriften fortgeführt wird, eine Bezeichnung enthalten, welche die Haftungsbeschränkung kennzeichnet.

§ 280. Feststellung der Satzung. Gründer.

(1) [1]Die Satzung muß von mindestens fünf Personen durch notarielle Beurkundung festgestellt werden.

§ 285. Hauptversammlung. (1) [1]In der Hauptversammlung haben die persönlich haftenden Gesellschafter nur ein Stimmrecht für ihre Aktien. [2]Sie können das Stimmrecht weder für sich noch für einen anderen ausüben bei Beschlußfassungen über

1. die Wahl und Abberufung des Aufsichtsrats;
2. die Entlastung der persönlich haftenden Gesellschafter und der Mitglieder des Aufsichtsrats;
3. die Bestellung von Sonderprüfern;
4. die Geltendmachung von Ersatzansprüchen;
5. den Verzicht auf Ersatzansprüche;
6. die Wahl von Abschlußprüfern.

[3]Bei diesen Beschlußfassungen kann ihr Stimmrecht auch nicht durch einen anderen ausgeübt werden.

(2) [1]Die Beschlüsse der Hauptversammlung bedürfen der Zustimmung der persönlich haftenden Gesellschafter, soweit sie Angelegenheiten betreffen, für die bei einer Kommanditgesellschaft das Einverständnis der persönlich haftenden Gesellschafter und der Kommanditisten erforderlich ist. ...

Drittes Buch. Verbundene Unternehmen

Unternehmensverträge

▶ Arten von Unternehmensverträgen

§ 291. Beherrschungsvertrag. Gewinnabführungsvertrag. (1) [1]Unternehmensverträge sind Verträge, durch die eine Aktiengesellschaft oder Kommanditgesellschaft auf Aktien die Leitung ihrer Gesellschaft einem anderen Unternehmen unterstellt (Beherrschungsvertrag) oder sich verpflichtet, ihren ganzen Gewinn an ein anderes Unternehmen abzuführen (Gewinnabführungsvertrag). [2]Als Vertrag über die Abführung des ganzen Gewinns gilt auch ein Vertrag, durch den eine Aktiengesellschaft oder Kommanditgesellschaft auf Aktien es übernimmt, ihr Unternehmen für Rechnung eines anderen Unternehmens zu führen.

6

(2) Stellen sich Unternehmen, die voneinander nicht abhängig sind, durch Vertrag unter einheitliche Leitung, ohne daß dadurch eines von ihnen von einem anderen vertragschließenden Unternehmen abhängig wird, so ist dieser Vertrag kein Beherrschungsvertrag.

(3) Leistungen der Gesellschaft auf Grund eines Beherrschungs- oder eines Gewinnabführungsvertrags gelten nicht als Verstoß gegen die §§ 57, 58 und 60.

§ 292. Andere Unternehmensverträge. (1) Unternehmensverträge sind ferner Verträge, durch die eine Aktiengesellschaft oder Kommanditgesellschaft auf Aktien

1. sich verpflichtet, ihren Gewinn oder den Gewinn einzelner ihrer Betriebe ganz oder zum Teil mit dem Gewinn anderer Unternehmen oder einzelner Betriebe anderer Unternehmen zur Aufteilung eines gemeinschaftlichen Gewinns zusammenzulegen (Gewinngemeinschaft),
2. sich verpflichtet, einen Teil ihres Gewinns oder den Gewinn einzelner ihrer Betriebe ganz oder zum Teil an einen anderen abzuführen (Teilgewinnabführungsvertrag),
3. den Betrieb ihres Unternehmens einem anderen verpachtet oder sonst überläßt (Betriebspachtvertrag, Betriebsüberlassungsvertrag).

► Abschluß, Änderung und Beendigung von Unternehmensverträgen

§ 293. Zustimmung der Hauptversammlung.
(1) [1]Ein Unternehmensvertrag wird nur mit Zustimmung der Hauptversammlung wirksam. [2]Der Beschluß bedarf einer Mehrheit, die mindestens drei Viertel des bei der Beschlußfassung vertretenen Grundkapitals umfaßt. [3]Die Satzung kann eine größere Kapitalmehrheit und weitere Erfordernisse bestimmen. [4]Auf den Beschluß sind die Bestimmungen des Gesetzes und der Satzung über Satzungsänderungen nicht anzuwenden.

(2) [1]Ein Beherrschungs- oder ein Gewinnabführungsvertrag wird, wenn der andere Vertragsteil eine Aktiengesellschaft oder Kommanditgesellschaft auf Aktien ist, nur wirksam, wenn auch die Hauptversammlung dieser Gesellschaft zustimmt. [2]Für den Beschluß gilt Absatz 1 Satz 2 bis 4 sinngemäß.

§ 294. Eintragung. Wirksamwerden. (1) [1]Der Vorstand der Gesellschaft hat das Bestehen und die Art des Unternehmensvertrags sowie den Namen des anderen Vertragsteils, bei Teilgewinnabführungsverträgen außerdem die Vereinbarung über die Höhe des abzuführenden Gewinns, zur Eintragung in das Handelsregister anzumelden.

(2) Der Vertrag wird erst wirksam, wenn sein Bestehen in das Handelsregister des Sitzes der Gesellschaft eingetragen worden ist.

Leitungsmacht und Verantwortlichkeit bei Abhängigkeit von Unternehmen

§ 308. Leitungsmacht. (1) [1]Besteht ein Beherrschungsvertrag, so ist das herrschende Unternehmen berechtigt, dem Vorstand der Gesellschaft hinsichtlich der Leitung der Gesellschaft Weisungen zu erteilen.

Eingegliederte Gesellschaften

§ 319. Eingliederung. (1) [1]Die Hauptversammlung einer Aktiengesellschaft kann die Eingliederung der Gesellschaft in eine andere Aktiengesellschaft mit Sitz im Inland (Hauptgesellschaft) beschließen, wenn sich alle Aktien der Gesellschaft in der Hand der zukünftigen Hauptgesellschaft befinden. [2]Auf den Beschluß sind die Bestimmungen des Gesetzes und der Satzung über Satzungsänderungen nicht anzuwenden.

(2) [1]Der Beschluß über die Eingliederung wird nur wirksam, wenn die Hauptversammlung der zukünftigen Hauptgesellschaft zustimmt. [2]Der Beschluß über die Zustimmung bedarf einer Mehrheit, die mindestens drei Viertel des bei der Beschlußfassung vertretenen Grundkapitals umfaßt. [3]Die Satzung kann eine größere Kapitalmehrheit und weitere Erfordernisse bestimmen. [4]Absatz 1 Satz 2 ist anzuwenden.

► Rechnungslegung im Konzern

§ 337. Vorlage des Konzernabschlusses und des Konzernlageberichts. (1) [1]Der Vorstand des Mutterunternehmens hat den Konzernabschluß und den Konzernlagebericht unverzüglich nach ihrer Aufstellung dem Aufsichtsrat des Mutterunternehmens vorzulegen. [2]Im übrigen ist § 170 Abs. 3 anzuwenden.

(2) [1]Ist der Konzernabschluß auf den Stichtag des Jahresabschlusses des Mutterunternehmens aufgestellt worden, so sind der Konzernabschluß und der Konzernlagebericht der Hauptversammlung vorzulegen, die diesen Jahresabschluß entgegennimmt oder festzustellen hat. [2]Weicht der Stichtag des Konzernabschlusses vom Stichtag des Jahresabschlusses des Mutterunternehmens ab, so sind der Konzernabschluß und der Konzernlagebericht der Hauptversammlung vorzulegen, die den nächsten auf den Stichtag des Konzernabschlusses folgenden Jahresabschluß entgegennimmt oder festzustellen hat.

(3) Auf die Auslegung des Konzernabschlusses und des Konzernlageberichts und die Erteilung von Abschriften ist § 175 Abs. 2, auf die Vorlage an die Hauptversammlung und die Berichterstattung des Vorstandes ist § 176 Abs. 1 entsprechend anzuwenden.

(4) Die Auskunftspflicht des Vorstands des Mutterunternehmens in der Hauptversammlung, der der Konzernabschluß und der Konzernlagebericht vorgelegt werden, erstreckt sich auch auf die Lage des Konzerns und der in den Konzernabschluß einbezogenen Unternehmen.

Gesetz betreffend die Gesellschaften mit beschränkter Haftung

In der Fassung vom 20. April 1892, mit Änderungen bis zum 26. Juni 1998

Errichtung der Gesellschaft

§ 1. [Zweck] Gesellschaften mit beschränkter Haftung können nach Maßgabe der Bestimmungen dieses Gesetzes zu jedem gesetzlich zulässigen Zweck durch eine oder mehrere Personen errichtet werden.

§ 2. [Form des Gesellschaftsvertrags]

(1) [1]Der Gesellschaftsvertrag bedarf notarieller Form. [2]Er ist von sämtlichen Gesellschaftern zu unterzeichnen.

§ 3. [Inhalt des Gesellschaftsvertrags]

(1) Der Gesellschaftsvertrag muß enthalten:
1. die Firma und den Sitz der Gesellschaft,
2. den Gegenstand des Unternehmens,
3. den Betrag des Stammkapitals,
4. den Betrag der von jedem Gesellschafter auf das Stammkapital zu leistenden Einlage (Stammeinlage).

§ 4. [Firma] Die Firma der Gesellschaft muß, auch wenn sie nach § 22 des Handelsgesetzbuchs oder nach anderen gesetzlichen Vorschriften fortgeführt wird, die Bezeichnung „Gesellschaft mit beschränkter Haftung" oder eine allgemein verständliche Abkürzung dieser Bezeichnung enthalten.

§ 4a. [Sitz der Gesellschaft] (1) Sitz der Gesellschaft ist der Ort, den der Gesellschaftsvertrag bestimmt.

(2) Als Sitz der Gesellschaft hat der Gesellschaftsvertrag in der Regel den Ort, an dem die Gesellschaft einen Betrieb hat, oder den Ort zu bestimmen, an dem sich die Geschäftsleitung befindet oder die Verwaltung geführt wird.

6

§ 5. [Stammkapital; Stammeinlage] (1) Das Stammkapital der Gesellschaft muß mindestens fünfundzwanzigtausend Euro, die Stammeinlage jedes Gesellschafters muß mindestens hundert Euro betragen.

(2) Kein Gesellschafter kann bei Errichtung der Gesellschaft mehrere Stammeinlagen übernehmen.

(3) [1]Der Betrag der Stammeinlage kann für die einzelnen Gesellschafter verschieden bestimmt werden. [2]Er muß in Deutscher Mark durch hundert teilbar sein. [3]Der Gesamtbetrag der Stammeinlagen muß mit dem Stammkapital übereinstimmen.

(4) [1]Sollen Sacheinlagen geleistet werden, so müssen der Gegenstand der Sacheinlage und der Betrag der Stammeinlage, auf die sich die Sacheinlage bezieht, im Gesellschaftsvertrag festgesetzt werden. [2]Die Gesellschafter haben in einem Sachgründungsbericht die für die Angemessenheit der Leistungen für Sacheinlagen wesentlichen Umstände darzulegen und beim Übergang eines Unternehmens auf die Gesellschaft die Jahresergebnisse der beiden letzten Geschäftsjahre anzugeben.

§ 6. [Geschäftsführer] (1) Die Gesellschaft muß einen oder mehrere Geschäftsführer haben.

(2) [1]Geschäftsführer kann nur eine natürliche, unbeschränkt geschäftsfähige Person sein. ... [2]Wer wegen einer Straftat nach den §§ 83 bis 283d des Strafgesetzbuchs verurteilt worden ist, kann auf die Dauer von fünf Jahren seit der Rechtskraft des Urteils nicht Geschäftsführer sein; ...

(3) [1]Zu Geschäftsführern können Gesellschafter oder andere Personen bestellt werden. [2]Die Bestellung erfolgt entweder im Gesellschaftsvertrag oder nach Maßgabe der Bestimmungen des dritten Abschnitts.

(4) Ist im Gesellschaftsvertrag bestimmt, daß sämtliche Gesellschafter zur Geschäftsführung berechtigt sein sollen, so gelten nur die der Gesellschaft bei Festsetzung dieser Bestimmung angehörenden Personen als die bestellten Geschäftsführer.

§ 7. [Anmeldung] (1) Die Gesellschaft ist bei dem Gericht, in dessen Bezirk sie ihren Sitz hat, zur Eintragung in das Handelsregister anzumelden.

(2) [1]Die Anmeldung darf erst erfolgen, wenn auf jede Stammeinlage, soweit nicht Sacheinlagen vereinbart sind, ein Viertel eingezahlt ist. [2]Insgesamt muß auf das Stammkapital mindestens soviel eingezahlt sein, daß der Gesamtbetrag der eingezahlten Geldeinlagen zuzüglich des Gesamtbetrags der Stammeinlagen, für die Sacheinlagen zu leisten sind, die Hälfte des Mindeststammkapitals gemäß § 5 Abs. 1 erreicht. [3]Wird die Gesellschaft nur durch eine Person errichtet, so darf die Anmeldung erst erfolgen, wenn mindestens die nach den Sätzen 1 und 2 vorgeschriebenen Einzahlungen geleistet sind und der Gesellschafter für den übrigen Teil der Geldeinlage eine Sicherung bestellt hat.

(3) Die Sacheinlagen sind vor der Anmeldung der Gesellschaft zur Eintragung in das Handelsregister so an die Gesellschaft zu bewirken, daß sie endgültig zur freien Verfügung der Geschäftsführer stehen.

§ 9. [Geldeinlage statt Sacheinlage] (1) Erreicht der Wert einer Sacheinlage im Zeitpunkt der Anmeldung der Gesellschaft zur Eintragung in das Handelsregister nicht den Betrag der dafür übernommenen Stammeinlage, hat der Gesellschafter in Höhe des Fehlbetrags eine Einlage in Geld zu leisten.

(2) Der Anspruch der Gesellschaft verjährt in fünf Jahren seit der Eintragung der Gesellschaft in das Handelsregister.

§ 9a. [Ersatzansprüche der Gesellschaft]

(1) Werden zum Zweck der Errichtung der Gesellschaft falsche Angaben gemacht, so haben die Gesellschafter und Geschäftsführer der Gesellschaft als Gesamtschuldner fehlende Einzahlungen zu leisten, eine Vergütung, die nicht unter den Gründungsaufwand aufgenommen ist, zu ersetzen und für den sonst entstehenden Schaden Ersatz zu leisten.

(2) Wird die Gesellschaft von Gesellschaftern durch Einlagen oder Gründungsaufwand vorsätzlich oder aus grober Fahrlässigkeit geschädigt, so sind ihr alle Gesellschafter als Gesamtschuldner zum Ersatz verpflichtet.

(3) Von diesen Verpflichtungen ist ein Gesellschafter oder ein Geschäftsführer befreit, wenn er die die Ersatzpflicht begründenden Tatsachen weder kannte noch bei Anwendung der Sorgfalt eines ordentlichen Geschäftsmannes kennen mußte.

(4) [1]Neben den Gesellschaftern sind in gleicher Weise Personen verantwortlich, für deren Rechnung die Gesellschafter Stammeinlagen übernommen haben. [2]Sie können sich auf ihre eigene Unkenntnis nicht wegen solcher Umstände berufen, die ein für ihre Rechnung handelnder Gesellschafter kannte oder bei Anwendung der Sorgfalt eines ordentlichen Geschäftsmannes kennen mußte.

§ 9b. [Verzicht auf Ersatzansprüche] (1) [1]Ein Verzicht der Gesellschaft auf Ersatzansprüche nach § 9a oder ein Vergleich der Gesellschaft über diese Ansprüche ist unwirksam, soweit der Ersatz zur Befriedigung der Gläubiger der Gesellschaft erforderlich ist. [2]Dies gilt nicht, wenn der Ersatzpflichtige zahlungsunfähig ist und sich zur Abwendung des Insolvenzverfahrens mit seinen Gläubigern vergleicht oder wenn die Ersatzpflicht in einem Insolvenzplan geregelt ist.

(2) [1]Ersatzansprüche der Gesellschaft nach § 9a verjähren in fünf Jahren. [2]Die Verjährung beginnt mit der Eintragung der Gesellschaft in das Handelsregister oder, wenn die zum Ersatz verpflichtende Handlung später begangen worden ist, mit der Vornahme der Handlung.

§ 9c. [Ablehnung der Eintragung] (1) [1]Ist die Gesellschaft nicht ordnungsgemäß errichtet und angemeldet, so hat das Gericht die Eintragung abzulehnen. [2]Dies gilt auch, wenn Sacheinlagen überbewertet worden sind.

§ 10. [Eintragung in das Handelsregister]

(1) [1]Bei der Eintragung in das Handelsregister sind die Firma und der Sitz der Gesellschaft, der Gegenstand des Unternehmens, die Höhe des Stammkapitals, der Tag des Abschlusses des Gesellschaftsvertrages und die Personen der Geschäftsführer anzugeben. [2]Ferner ist einzutragen, welche Vertretungsbefugnis die Geschäftsführer haben.

§ 11. [Rechtszustand vor der Eintragung]

(1) Vor der Eintragung in das Handelsregister des Sitzes der Gesellschaft besteht die Gesellschaft mit beschränkter Haftung als solche nicht.

(2) Ist vor der Eintragung im Namen der Gesellschaft gehandelt worden, so haften die Handelnden persönlich und solidarisch.

Rechtsverhältnisse der Gesellschaft und der Gesellschafter

§ 13. [Juristische Person; Handelsgesellschaft]

(1) Die Gesellschaft mit beschränkter Haftung als solche hat selbständig ihre Rechte und Pflichten; sie kann Eigentum und andere dingliche Rechte an Grundstücken erwerben, vor Gericht klagen und verklagt werden.

(2) Für die Verbindlichkeiten der Gesellschaft haftet den Gläubigern derselben nur das Gesellschaftsvermögen.

(3) Die Gesellschaft gilt als Handelsgesellschaft im Sinne des Handelsgesetzbuchs.

§ 14. [Geschäftsanteil] Der Geschäftsanteil jedes Gesellschafters bestimmt sich nach dem Betrage der von ihm übernommenen Stammeinlage.

§ 15. [Übertragung von Geschäftsanteilen]

(1) Die Geschäftsanteile sind veräußerlich und vererblich.

(2) Erwirbt ein Gesellschafter zu seinem ursprünglichen Geschäftsanteil weitere Geschäftsanteile, so behalten dieselben ihre Selbständigkeit.

(3) Zur Abtretung von Geschäftsanteilen durch Gesellschafter bedarf es eines in notarieller Form geschlossenen Vertrages.

§ 16. [Rechtsstellung von Veräußerer und Erwerber] (1) Der Gesellschaft gegenüber gilt im Fall der Veräußerung des Geschäftsanteils nur derjenige als Erwerber, dessen Erwerb unter Nachweis des Übergangs bei der Gesellschaft angemeldet ist.

§ 17. [Veräußerung von Teilen eines Geschäftsanteils] (1) Die Veräußerung von Teilen eines Geschäftsanteils kann nur mit Genehmigung der Gesellschaft stattfinden.

(2) Die Genehmigung bedarf der schriftlichen Form; sie muß die Person des Erwerbers und den Betrag bezeichnen, welcher von der Stammeinlage des ungeteilten Geschäftsanteils auf jeden der durch die Teilung entstehenden Geschäftsanteile entfällt.

(3) Im Gesellschaftsvertrag kann bestimmt werden, daß für die Veräußerung von Teilen eines Geschäftsanteils an andere Gesellschafter, sowie für die Teilung von Geschäftsanteilen verstorbener Gesellschafter unter deren Erben eine Genehmigung der Gesellschaft nicht erforderlich ist.

(4) Die Bestimmungen in § 5 Abs. 1 und 3 über den Betrag der Stammeinlagen finden bei der Teilung von Geschäftsanteilen entsprechende Anwendung.

(5) Eine gleichzeitige Übertragung mehrerer Teile von Geschäftsanteilen eines Gesellschafters an denselben Erwerber ist unzulässig.

(6) [1]Außer dem Fall der Veräußerung und Vererbung findet eine Teilung von Geschäftsanteilen nicht statt. [2]Sie kann im Gesellschaftsvertrag auch für diese Fälle ausgeschlossen werden.

§ 19. [Einzahlungen auf die Stammeinlage]

(1) Die Einzahlungen auf die Stammeinlagen sind nach dem Verhältnis der Geldeinlagen zu leisten.

(2) [1]Von der Verpflichtung zur Leistung der Einlagen können die Gesellschafter nicht befreit werden. [2]Gegen den Anspruch der Gesellschaft ist die Aufrechnung nicht zulässig. [3]An dem Gegenstand einer Sacheinlage kann wegen Forderungen, welche sich nicht auf den Gegenstand beziehen, kein Zurückbehaltungsrecht geltend gemacht werden.

(3) Durch eine Kapitalherabsetzung können die Gesellschafter von der Verpflichtung zur Leistung von Einlagen höchstens in Höhe des Betrags befreit werden, um den das Stammkapital herabgesetzt worden ist.

(4) Vereinigen sich innerhalb von drei Jahren nach der Eintragung der Gesellschaft in das Handelsregister alle Geschäftsanteile in der Hand eines Gesellschafters oder daneben in der Hand der Gesellschaft, so hat der Gesellschafter innerhalb von drei Monaten seit der Vereinigung der Geschäftsanteile alle Geldeinlagen voll einzuzahlen oder der Gesellschaft für die Zahlung der noch ausstehenden Beträge eine Sicherung zu bestellen oder einen Teil der Geschäftsanteile an einen Dritten zu übertragen.

(5) Eine Leistung auf die Stammeinlage, welche nicht in Geld besteht oder welche durch Aufrechnung einer für die Überlassung von Vermögensgegenständen zu gewährenden Vergütung bewirkt wird, befreit den Gesellschafter von seiner Verpflichtung nur, soweit sie in Ausführung einer nach § 5 Abs. 4 Satz 1 getroffenen Bestimmung erfolgt.

§ 20. [Verzugszinsen] Ein Gesellschafter, welcher den auf die Stammeinlage eingeforderten Betrag nicht zur rechten Zeit einzahlt, ist zur Entrichtung von Verzugszinsen von Rechts wegen verpflichtet.

§ 21. [Kaduzierung] (1) [1]Im Fall verzögerter Einzahlung kann an den säumigen Gesellschafter eine erneute Aufforderung zur Zahlung binnen einer zu bestimmenden Nachfrist unter Androhung seines Ausschlusses mit dem Geschäftsanteil, auf welchen die Zahlung zu erfolgen hat, erlassen werden. [2]Die Aufforderung erfolgt mittels eingeschriebenen Briefes. [3]Die Nachfrist muß mindestens einen Monat betragen.

(2) [1]Nach fruchtlosem Ablauf der Frist ist der säumige Gesellschafter seines Geschäftsanteils und der geleisteten Teilzahlungen zugunsten der Gesellschaft verlustig zu erklären. [2]Die Erklärung erfolgt mittels eingeschriebenen Briefes.

(3) Wegen des Ausfalls, welchen die Gesellschaft an dem rückständigen Betrag oder den später auf den Geschäftsanteil eingeforderten Beträgen der Stammeinlage erleidet, bleibt ihr der ausgeschlossene Gesellschafter verhaftet.

§ 23. [Versteigerung des Geschäftsanteils] [1]Ist die Zahlung des rückständigen Betrages von Rechtsvorgängern nicht zu erlangen, so kann die Gesellschaft den Geschäftsanteil im Wege öffentlicher Versteigerung verkaufen lassen. [2]Eine andere Art des Verkaufs ist nur mit Zustimmung des ausgeschlossenen Gesellschafters zulässig.

§ 24. [Aufbringung von Fehlbeträgen] [1]Soweit eine Stammeinlage weder von den Zahlungspflichtigen eingezogen, noch durch Verkauf des Geschäftsanteils gedeckt werden kann, haben die übrigen Gesellschafter den Fehlbetrag nach Verhältnis ihrer Geschäftsanteile aufzubringen. [2]Beiträge, welche von einzelnen

Gesellschaftern nicht zu erlangen sind, werden nach dem bezeichneten Verhältnis auf die übrigen verteilt.

§ 25. [Zwingende Vorschriften] Von den in den §§ 21 bis 24 bezeichneten Rechtsfolgen können die Gesellschafter nicht befreit werden.

§ 26. [Nachschußpflicht] (1) Im Gesellschaftsvertrag kann bestimmt werden, daß die Gesellschafter über den Betrag der Stammeinlagen hinaus die Einforderung von weiteren Einzahlungen (Nachschüssen) beschließen können.

(2) Die Einzahlung der Nachschüsse hat nach Verhältnis der Geschäftsanteile zu erfolgen.

(3) Die Nachschußpflicht kann im Gesellschaftsvertrag auf einen bestimmten, nach Verhältnis der Geschäftsanteile festzusetzenden Betrag beschränkt werden.

§ 27. [Unbeschränkte Nachschußpflicht] (1) [1]Ist die Nachschußpflicht nicht auf einen bestimmten Betrag beschränkt, so hat jeder Gesellschafter, falls er die Stammeinlage vollständig eingezahlt hat, das Recht, sich von der Zahlung des auf den Geschäftsanteil eingeforderten Nachschusses dadurch zu befreien, daß er innerhalb eines Monats nach der Aufforderung zur Einzahlung den Geschäftsanteil der Gesellschaft zur Befriedigung aus demselben zur Verfügung stellt. [2]Ebenso kann die Gesellschaft, wenn der Gesellschafter binnen der angegebenen Frist weder von der bezeichneten Befugnis Gebrauch macht, noch die Einzahlung leistet, demselben mittels eingeschriebenen Briefes erklären, daß sie den Geschäftsanteil als zur Verfügung gestellt betrachte.

(2) [1]Die Gesellschaft hat den Geschäftsanteil innerhalb eines Monats nach der Erklärung des Gesellschafters oder der Gesellschaft im Wege öffentlicher Versteigerung verkaufen zu lassen. [2]Eine andere Art des Verkaufs ist nur mit Zustimmung des Gesellschafters zulässig. [3]Ein nach Deckung der Verkaufskosten und des rückständigen Nachschusses verbleibender Überschuß gebührt dem Gesellschafter.

(3) [1]Ist die Befriedigung der Gesellschaft durch den Verkauf nicht zu erlangen, so fällt der Geschäftsanteil der Gesellschaft zu. [2]Dieselbe ist befugt, den Anteil für eigene Rechnung zu veräußern.

(4) Im Gesellschaftsvertrag kann die Anwendung der vorstehenden Bestimmungen auf den Fall beschränkt werden, daß die auf den Geschäftsanteil eingeforderten Nachschüsse einen bestimmten Betrag überschreiten.

§ 28. [Beschränkte Nachschußpflicht] (1) [1]Ist die Nachschußpflicht auf einen bestimmten Betrag beschränkt, so finden, wenn im Gesellschaftsvertrag nicht ein anderes festgesetzt ist, im Fall verzögerter Einzahlung von Nachschüssen die auf die Einzahlung der Stammeinlagen bezüglichen Vorschriften der §§ 21 bis 23 entsprechende Anwendung. [2]Das gleiche gilt im Fall des § 27 Abs. 4 auch bei unbeschränkter Nachschußpflicht, soweit die Nachschüsse den im Gesellschaftsvertrag festgesetzten Betrag nicht überschreiten.

§ 29. [Gewinnverwendung] (1) [1]Die Gesellschafter haben Anspruch auf den Jahresüberschuß zuzüglich eines Gewinnvortrags und abzüglich eines Verlustvortrags, soweit der sich ergebende Betrag nicht nach Gesetz oder Gesellschaftsvertrag, durch Beschluß nach Absatz 2 oder als zusätzlicher Aufwand auf Grund des Beschlusses über die Verwendung des Ergebnisses von der Verteilung unter die Gesellschafter ausgeschlossen ist. [2]Wird die Bilanz unter Berücksichtigung der teilweisen Ergebnisverwendung aufgestellt oder werden Rücklagen aufgelöst, so haben die Gesellschafter abweichend von Satz 1 Anspruch auf den Bilanzgewinn.

(2) Im Beschluß über die Verwendung des Ergebnisses können die Gesellschafter, wenn der Gesellschaftsvertrag nichts anderes bestimmt, Beträge in Gewinnrücklagen einstellen oder als Gewinn vortragen.

(3) [1]Die Verteilung erfolgt nach Verhältnis der Geschäftsanteile. [2]Im Gesellschaftsvertrag kann ein anderer Maßstab der Verteilung festgesetzt werden.

§ 30. [Rückzahlungen] (1) Das zur Erhaltung des Stammkapitals erforderliche Vermögen der Gesellschaft darf an die Gesellschafter nicht ausgezahlt werden.

§ 32a. [Rückgewähr von Darlehen] (1) [1]Hat ein Gesellschafter der Gesellschaft in einem Zeitpunkt, in dem ihr die Gesellschafter als ordentliche Kaufleute Eigenkapital zugeführt hätten (Krise der Gesellschaft), statt dessen ein Darlehen gewährt, so kann er den Anspruch auf Rückgewähr des Darlehens im Insolvenzverfahren über das Vermögen der Gesellschaft nur als nachrangiger Insolvenzgläubiger geltend machen.

(2) Hat ein Dritter der Gesellschaft in einem Zeitpunkt, in dem ihr die Gesellschafter als ordentliche Kaufleute Eigenkapital zugeführt hätten, statt dessen ein Darlehen gewährt und hat ihm ein Gesellschafter für die Rückgewähr des Darlehens eine Sicherung bestellt oder hat er sich dafür verbürgt, so kann der Dritte im Insolvenzverfahren über das Vermögen der Gesellschaft nur für den Betrag verhältnismäßige

Befriedigung verlangen, mit dem er bei der Inanspruchnahme der Sicherung oder des Bürgen ausgefallen ist.

(3) Diese Vorschriften gelten sinngemäß für andere Rechtshandlungen eines Gesellschafters oder eines Dritten, die der Darlehensgewährung nach Absatz 1 oder 2 wirtschaftlich entsprechen. Die Regeln über den Eigenkapitalersatz gelten nicht für den nicht geschäftsführenden Gesellschafter, der mit zehn vom Hundert oder weniger am Stammkapital beteiligt ist. Erwirbt ein Darlehensgeber in der Krise der Gesellschaft Geschäftsanteile zum Zweck der Überwindung der Krise, führt dies für seine bestehenden oder neugewährten Kredite nicht zur Anwendung der Regeln über den Eigenkapitalersatz.

Vertretung und Geschäftsführung

§ 35. [Vertretung durch Geschäftsführer]

(1) Die Gesellschaft wird durch die Geschäftsführer gerichtlich und außergerichtlich vertreten.

(2) [1]Dieselben haben in der durch den Gesellschaftsvertrag bestimmten Form ihre Willenserklärungen kundzugeben und für die Gesellschaft zu zeichnen. [2]Ist nichts darüber bestimmt, so muß die Erklärung und Zeichnung durch sämtliche Geschäftsführer erfolgen. [3]Ist der Gesellschaft gegenüber eine Willenserklärung abzugeben, so genügt es, wenn dieselbe an einen der Geschäftsführer erfolgt.

(3) Die Zeichnung geschieht in der Weise, daß die Zeichnenden zu der Firma der Gesellschaft ihre Namensunterschrift beifügen.

(4) [1]Befinden sich alle Geschäftsanteile der Gesellschaft in der Hand eines Gesellschafters oder daneben in der Hand der Gesellschaft und ist er zugleich deren alleiniger Geschäftsführer, so ist auf seine Rechtsgeschäfte mit der Gesellschaft § 181 des Bürgerlichen Gesetzbuchs anzuwenden.

6

§ 35a. [Angaben auf Geschäftsbriefen] (1) [1]Auf allen Geschäftsbriefen, die an einen bestimmten Empfänger gerichtet werden, müssen die Rechtsform und der Sitz der Gesellschaft, das Registergericht des Sitzes der Gesellschaft und die Nummer, unter der die Gesellschaft in das Handelsregister eingetragen ist, sowie alle Geschäftsführer und, sofern die Gesellschaft einen Aufsichtsrat gebildet und dieser einen Vorsitzenden hat, der Vorsitzende des Aufsichtsrats mit dem Familiennamen und mindestens einem ausgeschriebenen Vornamen angegeben werden. [2]Werden Angaben über das Kapital der Gesellschaft gemacht, so müssen in jedem Falle das Stammkapital sowie, wenn nicht alle in Geld zu leistenden Einlagen eingezahlt sind, der Gesamtbetrag der ausstehenden Einlagen angegeben werden.

(2) Der Angaben nach Absatz 1 Satz 1 bedarf es nicht bei Mitteilungen oder Berichten, die im Rahmen einer bestehenden Geschäftsverbindung ergehen und für die üblicherweise Vordrucke verwendet werden, in denen lediglich die im Einzelfall erforderlichen besonderen Angaben eingefügt zu werden brauchen.

(3) [1]Bestellscheine gelten als Geschäftsbriefe im Sinne des Absatzes 1. [2]Absatz 2 ist auf sie nicht anzuwenden.

(4) Auf allen Geschäftsbriefen und Bestellscheinen, die von einer Zweigniederlassung einer Gesellschaft mit beschränkter Haftung mit Sitz im Ausland verwendet werden, müssen das Register, bei dem die Zweigniederlassung geführt wird, und die Nummer des Registereintrags angegeben werden.

§ 36. [Wirkung der Vertretung] Die Gesellschaft wird durch die in ihrem Namen von den Geschäftsführern vorgenommenen Rechtsgeschäfte berechtigt und verpflichtet; …

§ 37. [Beschränkung der Vertretungsbefugnis]

(1) Die Geschäftsführer sind der Gesellschaft gegenüber verpflichtet, die Beschränkungen einzuhalten, welche für den Umfang ihrer Befugnis, die Gesellschaft zu vertreten, durch den Gesellschaftsvertrag oder, soweit dieser nicht ein anderes bestimmt, durch die Beschlüsse der Gesellschafter festgesetzt sind.

(2) [1]Gegen dritte Personen hat eine Beschränkung der Befugnis der Geschäftsführer, die Gesellschaft zu vertreten, keine rechtliche Wirkung. [2]Dies gilt insbesondere für den Fall, daß die Vertretung sich nur auf gewisse Geschäfte oder Arten von Geschäften erstrecken oder nur unter gewissen Umständen oder für eine gewisse Zeit oder an einzelnen Orten stattfinden soll, oder daß die Zustimmung der Gesellschafter oder eines Organs der Gesellschaft für einzelne Geschäfte erfordert ist.

§ 38. [Widerruf der Bestellung] (1) Die Bestellung der Geschäftsführer ist zu jeder Zeit widerruflich, unbeschadet der Entschädigungsansprüche aus bestehenden Verträgen.

(2) [1]Im Gesellschaftsvertrag kann die Zulässigkeit des Widerrufs auf den Fall beschränkt werden, daß wichtige Gründe denselben notwendig machen. [2]Als solche Gründe sind insbesondere grobe Pflichtverletzung oder Unfähigkeit zur ordnungsmäßigen Geschäftsführung anzusehen.

§ 41. [Buchführung] (1) Die Geschäftsführer sind verpflichtet, für die ordnungsmäßige Buchführung der Gesellschaft zu sorgen.

§ 42. [Bilanz] (1) In der Bilanz des nach den §§ 242, 264 des Handelsgesetzbuchs aufzustellenden Jahresabschlusses ist das Stammkapital als gezeichnetes Kapital auszuweisen.

(2) [1]Das Recht der Gesellschaft zur Einziehung von Nachschüssen der Gesellschafter ist in der Bilanz insoweit zu aktivieren, als die Einziehung bereits beschlossen ist und den Gesellschaftern ein Recht, durch Verweisung auf den Geschäftsanteil sich von der Zahlung der Nachschüsse zu befreien, nicht zusteht. [2]Der nachzuschießende Betrag ist auf der Aktivseite unter den Forderungen gesondert unter der Bezeichnung „Eingeforderte Nachschüsse" auszuweisen, soweit mit der Zahlung gerechnet werden kann. [3]Ein dem Aktivposten entsprechender Betrag ist auf der Passivseite in dem Posten „Kapitalrücklage" gesondert auszuweisen.

(3) Ausleihungen, Forderungen und Verbindlichkeiten gegenüber Gesellschaftern sind in der Regel als solche jeweils gesondert auszuweisen oder im Anhang anzugeben; werden sie unter anderen Posten ausgewiesen, so muß diese Eigenschaft vermerkt werden.

§ 42a. [Vorlage des Jahresabschlusses und des Lageberichts] (1) [1]Die Geschäftsführer haben den Jahresabschluß und den Lagebericht unverzüglich nach der Aufstellung den Gesellschaftern zum Zwecke der Feststellung des Jahresabschlusses vorzulegen. [2]Ist der Jahresabschluß durch einen Abschlußprüfer zu prüfen, so haben die Geschäftsführer ihn zusammen mit dem Lagebericht und dem Prüfungsbericht des Abschlußprüfers unverzüglich nach Eingang des Prüfungsberichts vorzulegen. [3]Hat die Gesellschaft einen Aufsichtsrat, so ist dessen Bericht über das Ergebnis seiner Prüfung ebenfalls unverzüglich vorzulegen.

(2) [1]Die Gesellschafter haben spätestens bis zum Ablauf der ersten acht Monate oder, wenn es sich um eine kleine Gesellschaft handelt (§ 267 Abs. 1 des Handelsgesetzbuchs), bis zum Ablauf der ersten elf Monate des Geschäftsjahrs über die Feststellung des Jahresabschlusses und über die Ergebnisverwendung zu beschließen. [2]Der Gesellschaftsvertrag kann die Frist nicht verlängern. [3]Auf den Jahresabschluß sind bei der Feststellung die für seine Aufstellung geltenden Vorschriften anzuwenden.

(3) Hat ein Abschlußprüfer den Jahresabschluß geprüft, so hat er auf Verlangen eines Gesellschafters an den Verhandlungen über die Feststellung des Jahresabschlusses teilzunehmen.

(4) Ist die Gesellschaft zur Aufstellung eines Konzernabschlusses und eines Konzernlageberichts verpflichtet, so ist Absatz 1 mit der Maßgabe anzuwenden, daß es der Feststellung des Konzernabschlusses nicht bedarf.

§ 43. [Haftung der Geschäftsführer] (1) Die Geschäftsführer haben in den Angelegenheiten der Gesellschaft die Sorgfalt eines ordentlichen Geschäftsmannes anzuwenden.

(2) Geschäftsführer, welche ihre Obliegenheiten verletzen, haften der Gesellschaft solidarisch für den entstandenen Schaden.

§ 43a. [Kredit aus Gesellschaftsvermögen] [1]Den Geschäftsführern, anderen gesetzlichen Vertretern, Prokuristen oder zum gesamten Geschäftsbetrieb ermächtigten Handlungsbevollmächtigten darf Kredit nicht aus dem zur Erhaltung des Stammkapitals erforderlichen Vermögen der Gesellschaft gewährt werden. [2]Ein entgegen Satz 1 gewährter Kredit ist ohne Rücksicht auf entgegenstehende Vereinbarungen sofort zurückzugewähren.

§ 45. [Rechte der Gesellschafter im allgemeinen] (1) Die Rechte, welche den Gesellschaftern in den Angelegenheiten der Gesellschaft, insbesondere in bezug auf die Führung der Geschäfte zustehen, sowie die Ausübung derselben bestimmen sich, soweit nicht gesetzliche Vorschriften entgegenstehen, nach dem Gesellschaftsvertrag.

§ 46. [Aufgabenkreis der Gesellschafter] Der Bestimmung der Gesellschafter unterliegen:

1. die Feststellung des Jahresabschlusses und die Verwendung des Ergebnisses;
2. die Einforderung von Einzahlungen auf die Stammeinlagen;
3. die Rückzahlung von Nachschüssen;
4. die Teilung sowie die Einziehung von Geschäftsanteilen;
5. die Bestellung und die Abberufung von Geschäftsführern sowie die Entlastung derselben;
6. die Maßregeln zur Prüfung und Überwachung der Geschäftsführung;
7. die Bestellung von Prokuristen und von Handlungsbevollmächtigten zum gesamten Geschäftsbetrieb;
8. die Geltendmachung von Ersatzansprüchen, welche der Gesellschaft aus der Gründung oder Geschäftsführung gegen Geschäftsführer oder Gesellschafter zustehen, sowie die Vertretung der Gesellschaft in Prozessen, welche sie gegen die Geschäftsführer zu führen hat.

§ 47. [Abstimmung] (1) Die von den Gesellschaftern in den Angelegenheiten der Gesellschaft zu treffenden Bestimmungen erfolgen durch Beschlußfassung nach der Mehrheit der abgegebenen Stimmen.

(2) Jede fünfzig Euro eines Geschäftsanteils gewähren eine Stimme.

(3) Vollmachten bedürfen zu ihrer Gültigkeit der schriftlichen Form.

§ 48. [Gesellschafterversammlung] (1) Die Beschlüsse der Gesellschafter werden in Versammlungen gefaßt.

(2) Der Abhaltung einer Versammlung bedarf es nicht, wenn sämtliche Gesellschafter schriftlich mit der zu treffenden Bestimmung oder mit der schriftlichen Abgabe der Stimmen sich einverstanden erklären.

§ 51a. [Auskunfts- und Einsichtsrecht] (1) Die Geschäftsführer haben jedem Gesellschafter auf Verlangen unverzüglich Auskunft über die Angelegenheiten der Gesellschaft zu geben und die Einsicht der Bücher und Schriften zu gestatten.

(2) [1]Die Geschäftsführer dürfen die Auskunft und die Einsicht verweigern, wenn zu besorgen ist, daß der Gesellschafter sie zu gesellschaftsfremden Zwecken verwenden und dadurch der Gesellschaft oder einem verbundenen Unternehmen einen nicht unerheblichen Nachteil zufügen wird. [2]Die Verweigerung bedarf eines Beschlusses der Gesellschafter.

(3) Von diesen Vorschriften kann im Gesellschaftsvertrag nicht abgewichen werden.

§ 51b. [Gerichtliche Entscheidung über das Auskunfts- und Einsichtsrecht] [1]Für die gerichtliche Entscheidung über das Auskunfts- und Einsichtsrecht findet § 132 Abs. 1, 3 bis 5 des Aktiengesetzes entsprechende Anwendung. [2]Antragsberechtigt ist jeder Gesellschafter, dem die verlangte Auskunft nicht gegeben oder die verlangte Einsicht nicht gestattet worden ist.

6

§ 52. [Aufsichtsrat] (1) Ist nach dem Gesellschaftsvertrag ein Aufsichtsrat zu bestellen, so sind § 90 Abs. 3, 4, 5 Satz 1 und 2, § 95 Satz 1, § 100 Abs. 1 und 2 Nr. 2, § 101 Abs. 1 Satz 1, § 103 Abs. 1 Satz 1 und 2, §§ 105, 110 bis 114, 116 des Aktiengesetzes in Verbindung mit § 93 Abs. 1 und 2 des Aktiengesetzes, §§ 170, 171, 337 des Aktiengesetzes entsprechend anzuwenden, soweit nicht im Gesellschaftsvertrag ein anderes bestimmt ist.

Abänderungen des Gesellschaftsvertrages

§ 53. [Form der Satzungsänderung] (1) Eine Abänderung des Gesellschaftsvertrages kann nur durch Beschluß der Gesellschafter erfolgen.

(2) [1]Der Beschluß muß notariell beurkundet werden, derselbe bedarf einer Mehrheit von drei Vierteilen der abgegebenen Stimmen. [2]Der Gesellschaftsvertrag kann noch andere Erfordernisse aufstellen.

(3) Eine Vermehrung der den Gesellschaftern nach dem Gesellschaftsvertrag obliegenden Leistungen kann nur mit Zustimmung sämtlicher beteiligter Gesellschafter beschlossen werden.

§ 58. [Herabsetzung des Stammkapitals]

(1) Eine Herabsetzung des Stammkapitals kann nur unter Beobachtung der nachstehenden Bestimmungen erfolgen:

1. der Beschluß auf Herabsetzung des Stammkapitals muß von den Geschäftsführern zu drei verschiedenen Malen durch die in § 30 Abs. 2 bezeichneten Blätter bekanntgemacht werden.
2. Die Gläubiger, welche sich bei der Gesellschaft melden und der Herabsetzung nicht zustimmen, sind wegen der erhobenen Ansprüche zu befriedigen oder sicherzustellen;
3. die Anmeldung des Herabsetzungsbeschlusses zur Eintragung in das Handelsregister erfolgt nicht vor Ablauf eines Jahres seit dem Tage, an welchem die Aufforderung der Gläubiger in den öffentlichen Blättern zum dritten Mal stattgefunden hat; ...

§ 58a. [Vereinfachte Kapitalherabsetzung]

(1) Eine Herabsetzung des Stammkapitals, die dazu dienen soll, Wertminderungen auszugleichen oder sonstige Verluste zu decken, kann als vereinfachte Kapitalherabsetzung vorgenommen werden.

(2) Die vereinfachte Kapitalherabsetzung ist nur zulässig, nachdem der Teil der Kapital- und Gewinnrücklagen, der zusammen über zehn vom Hundert des nach der Herabsetzung verbleibenden Stammkapitals hinausgeht, vorweg aufgelöst ist. Sie ist nicht zulässig, solange ein Gewinnvortrag vorhanden ist.

(3) Im Beschluß über die vereinfachte Kapitalherabsetzung sind die Nennbeträge der Geschäftsanteile dem herabgesetzten Stammkapital anzupassen. ...

§ 58b. [Auflösung der Kapital- u. Gewinnrücklagen] (1) Die Beträge, die aus der Auflösung der Kapital- oder Gewinnrücklagen und aus der Kapitalherabsetzung gewonnen werden, dürfen nur verwandt werden, um Wertminderungen auszugleichen und sonstige Verluste zu decken.

(2) Daneben dürfen die gewonnenen Beträge in die Kapitalrücklage eingestellt werden, soweit diese zehn vom Hundert des Stammka-

pitals nicht übersteigt. Als Stammkapital gilt dabei der Nennbetrag, der sich durch die Herabsetzung ergibt, mindestens aber der nach § 5 Abs. 1 zulässigen Mindestnennbeträge.

§ 58d. [Gewinnausschüttung] (1) Gewinn darf vor Ablauf des fünften nach der Beschlußfassung über die Kapitalherabsetzung beginnenden Geschäftsjahrs nur ausgeschüttet werden, wenn die Kapital- und Gewinnrücklagen zusammen zehn vom Hundert des Stammkapitals erreichen. Als Stammkapital gilt dabei der Nennbetrag, der sich durch die Herabsetzung ergibt, mindestens aber der nach § 5 Abs. 1 zulässige Mindestnennbetrag.

(2) Die Zahlung eines Gewinnanteils von mehr als vier vom Hundert ist erst für ein Geschäftsjahr zulässig, das später als zwei Jahre nach der Beschlußfassung über die Kapitalherabsetzung beginnt.

Auflösung und Nichtigkeit der Gesellschaft

§ 60. [Auflösungsgründe] (1) Die Gesellschaft mit beschränkter Haftung wird aufgelöst:

1. durch Ablauf der im Gesellschaftsvertrag bestimmten Zeit;
2. durch Beschluß der Gesellschafter; derselbe bedarf, sofern im Gesellschaftsvertrag nicht ein anderes bestimmt ist, einer Mehrheit von drei Vierteilen der abgegebenen Stimmen;
3 durch gerichtliches Urteil oder durch Entscheidung des Verwaltungsgerichts oder der Verwaltungsbehörde in den Fällen der §§ 61 und 62;
4. durch die Eröffnung des Insolvenzverfahrens; wird das Verfahren auf Antrag des Schuldners eingestellt oder nach Bestätigung eines Insolvenzplans, der den Fortbestand der Gesellschaft vorsieht, aufgehoben, so können die Gesellschafter die Fortsetzung der Gesellschaft beschließen;
5. mit der Rechtskraft des Beschlusses, durch den die Eröffnung des Insolvenzverfahrens mangels Masse abgelehnt worden ist;
6. mit der Rechtskraft einer Verfügung des Registergerichts, durch welche nach den §§ 144a, 144b des Gesetzes über die Angelegenheiten der freiwilligen Gerichtsbarkeit ein Mangel des Gesellschaftsvertrags oder die Nichteinhaltung der Verpflichtungen nach § 19 Abs. 4 dieses Gesetzes festgestellt worden ist.

(2) Im Gesellschaftsvertrag können weitere Auflösungsgründe festgesetzt werden.

§ 66. [Liquidatoren] (1) In den Fällen der Auflösung außer dem Fall des Insolvenzverfahrens erfolgt die Liquidation durch die Geschäftsführer, wenn nicht dieselbe durch den Gesellschaftsvertrag oder durch Beschluß der Gesellschafter anderen Personen übertragen wird.

§ 70. [Aufgaben der Liquidatoren] [1]Die Liquidatoren haben die laufenden Geschäfte zu beendigen, die Verpflichtungen der aufgelösten Gesellschaft zu erfüllen, die Forderungen derselben einzuziehen und das Vermögen der Gesellschaft in Geld umzusetzen; sie haben die Gesellschaft gerichtlich und außergerichtlich zu vertreten.

§ 72. [Vermögensverteilung] [1]Das Vermögen der Gesellschaft wird unter die Gesellschafter nach Verhältnis ihrer Geschäftsanteile verteilt. [2]Durch den Gesellschaftsvertrag kann ein anderes Verhältnis für die Verteilung bestimmt werden.

Gesetz betreffend die Erwerbs- und Wirtschaftsgenossenschaften

Neufassung vom 19. August 1994, mit Änderungen bis zum 26. Juni 1998

Errichtung der Genossenschaft

§ 1. [Begriff der „eingetragenen Genossenschaft"; Genossenschaftsarten] (1) Gesellschaften von nicht geschlossener Mitgliederzahl, welche die Förderung des Erwerbes oder der Wirtschaft ihrer Mitglieder mittels gemeinschaftlichen Geschäftsbetriebes bezwecken (Genossenschaften), namentlich:
1. Vorschuß- und Kreditvereine,
2. Rohstoffvereine,
3. Vereine zum gemeinschaftlichen Verkauf landwirtschaftlicher oder gewerblicher Erzeugnisse (Absatzgenossenschaften, Magazinvereine),
4. Vereine zur Herstellung von Gegenständen und zum Verkauf derselben auf gemeinschaftliche Rechnung (Produktivgenossenschaften),
5. Vereine zum gemeinschaftlichen Einkauf von Lebens- oder Wirtschaftsbedürfnissen im großen und Ablaß im kleinen (Konsumvereine),
6. Vereine zur Beschaffung von Gegenständen des landwirtschaftlichen oder gewerblichen Betriebes und zur Benutzung derselben auf gemeinschaftliche Rechnung,
7. Vereine zur Herstellung von Wohnungen,

erwerben die Rechte einer „eingetragenen Genossenschaft" nach Maßgabe dieses Gesetzes.

(2) Eine Beteiligung an Gesellschaften und sonstigen Personenvereinigungen einschließlich der Körperschaften des öffentlichen Rechts ist zulässig, wenn sie
1. der Förderung des Erwerbes oder der Wirtschaft der Mitglieder der Genossenschaft oder,
2. ohne den alleinigen oder überwiegenden Zweck der Genossenschaft zu bilden, gemeinnützigen Bestrebungen der Genossenschaft

zu dienen bestimmt ist.

6

§ 2. [Haftung für Verbindlichkeiten] Für die Verbindlichkeiten der Genossenschaft haftet den Gläubigern nur das Vermögen der Genossenschaft.

§ 3. [Firma der Genossenschaft; „eingetragene Genossenschaft"] (1) Die Firma der Genossenschaft muß, auch wenn sie nach § 22 des Handelsgesetzbuchs oder nach anderen gesetzlichen Vorschriften fortgeführt wird, die Bezeichnung „eingetragene Genossenschaft" oder die Abkürzung „eG" enthalten. § 30 des Handelsgesetzbuchs gilt entsprechend

(2) Der Firma darf kein Zusatz beigefügt werden, der darauf hindeutet, ob und in welchem Umfang die Genossen zur Leistung von Nachschüssen verpflichtet sind.

§ 4. [Mindestzahl der Genossen] Die Zahl der Genossen muß mindestens sieben betragen.

§ 5. [Form des Statuts] Das Statut der Genossenschaft bedarf der schriftlichen Form.

§ 6. [Mußvorschriften für das Statut] Das Statut muß enthalten:
1. die Firma und den Sitz der Genossenschaft;
2. den Gegenstand des Unternehmens;
3. Bestimmungen darüber, ob die Genossen für den Fall, daß die Gläubiger im Insolvenzverfahren der Genossenschaft nicht befriedigt werden, Nachschüsse zur Konkursmasse unbeschränkt, beschränkt auf eine bestimmte Summe (Haftsumme) oder überhaupt nicht zu leisten haben;
4. Bestimmungen über die Form für die Berufung der Generalversammlung der Genossen sowie für die Beurkundung ihrer Beschlüsse und über den Vorsitz in der Versammlung; die Berufung der Generalversammlung muß durch unmittelbare Benachrichtigung sämtlicher Genossen oder durch Bekanntmachung in einem öffentlichen Blatt erfolgen; das Gericht kann hiervon Ausnahmen zulassen. Die Bekanntmachung im Bundesanzeiger genügt nicht;
5. Bestimmungen über die Form, in welcher die von der Genossenschaft ausgehenden Bekanntmachungen erfolgen, sowie über die öffentlichen Blätter, in welche dieselben aufzunehmen sind.

§ 7. [Weitere Mußvorschriften für das Statut] Das Statut muß ferner bestimmen:
1. den Betrag, bis zu welchem sich die einzelnen Genossen mit Einlagen beteiligen können (Geschäftsanteil), sowie die Einzahlungen auf den Geschäftsanteil, zu welchen jeder Genosse verpflichtet ist; dieselben müssen bis zu einem Gesamtbetrage von mindestens einem Zehnteile des Geschäftsanteils nach Betrag und Zeit bestimmt sein;
2. die Bildung einer gesetzlichen Rücklage, welche zur Deckung eines aus der Bilanz sich

ergebenden Verlustes zu dienen hat, sowie die Art dieser Bildung, insbesondere den Teil des Jahresüberschusses, welcher in diese Rücklage einzustellen ist, und den Mindestbetrag der letzteren, bis zu dessen Erreichung die Einstellung zu erfolgen hat.

§ 7a. [Kannvorschriften über mehrere Geschäftsanteile] (1) [1]Das Statut kann bestimmen, daß sich ein Genosse mit mehr als einem Geschäftsanteil beteiligen darf. [2]Das Statut kann eine Höchstzahl festsetzen und weitere Voraussetzungen aufstellen.

(2) [1]Das Statut kann auch bestimmen, daß die Genossen sich mit mehreren Geschäftsanteilen zu beteiligen haben (Pflichtbeteiligung). [2]Die Pflichtbeteiligung muß für alle Genossen gleich sein oder sich nach dem Umfang der Inanspruchnahme von Einrichtungen oder anderen Leistungen der Genossenschaft durch die Genossen oder nach bestimmten wirtschaftlichen Merkmalen der Betriebe der Genossen richten.

§ 8. [Weitere Kannvorschriften für das Statut; Geschäfte mit Nichtmitgliedern] (1) Der Aufnahme in das Statut bedürfen Bestimmungen, nach welchen:
1. die Genossenschaft auf eine bestimmte Zeit beschränkt wird;
2. Erwerb und Fortdauer der Mitgliedschaft an den Wohnsitz innerhalb eines bestimmten Bezirks geknüpft wird;
3. das Geschäftsjahr, insbesondere das erste, auf ein mit dem Kalenderjahr nicht zusammenfallendes Jahr oder auf eine kürzere Dauer als auf ein Jahr bemessen wird;
4. über gewisse Gegenstände die Generalversammlung nicht schon durch einfache Stimmenmehrheit, sondern nur durch eine größere Stimmenmehrheit oder nach anderen Erfordernissen Beschluß fassen kann;
5. die Ausdehnung des Geschäftsbetriebes auf Personen, welche nicht Mitglieder der Genossenschaft sind, zugelassen wird.

§ 9. [Vorstand; Aufsichtsrat] (1) Die Genossenschaft muß einen Vorstand und einen Aufsichtsrat haben.

(2) [1]Die Mitglieder des Vorstandes und des Aufsichtsrats müssen Genossen sein. ...

§ 10. [Eintragungen in das Genossenschaftsregister] (1) Das Statut sowie die Mitglieder des Vorstandes sind in das Genossenschaftsregister bei dem Gericht einzutragen, in dessen Bezirk die Genossenschaft ihren Sitz hat.

(2) Das Genossenschaftsregister wird bei dem zur Führung des Handelsregisters zuständigen Gericht geführt.

§ 11. [Anmeldung zur Eintragung] (1) Die Anmeldung behufs der Eintragung liegt dem Vorstand ob.

(2) Der Anmeldung sind beizufügen:
1. das Statut, welches von den Genossen unterzeichnet sein muß, und eine Abschrift desselben;
2. eine Abschrift der Urkunden über die Bestellung des Vorstands und des Aufsichtsrats;
3. die Bescheinigung eines Prüfungsverbandes, daß die Genossenschaft zum Beitritt zugelassen ist, sowie eine gutachtliche Äußerung des Prüfungsverbandes, ob nach den persönlichen oder wirtschaftlichen Verhältnissen, insbesondere der Vermögenslage der Genossenschaft, eine Gefährdung der Belange der Genossen oder der Gläubiger der Genossenschaft zu besorgen ist.

(3) In der Anmeldung ist ferner anzugeben, welche Vertretungsbefugnis die Vorstandsmitglieder haben.

(4) Die Mitglieder des Vorstandes haben zugleich die Zeichnung ihrer Unterschrift in öffentlich beglaubigter Form einzureichen.

(5) [1]Die Abschrift des Statuts wird von dem Gericht beglaubigt und, mit der Bescheinigung der erfolgten Eintragung versehen, zurückgegeben. [2]Die übrigen Schriftstücke werden bei dem Gericht aufbewahrt.

§ 12. [Veröffentlichung des Statuts] (1) Das eingetragene Statut ist von dem Gericht im Auszug zu veröffentlichen.

(2) Die Veröffentlichung muß enthalten:
1. das Datum des Statuts,
2. die Firma und den Sitz der Genossenschaft,
3. den Gegenstand des Unternehmens,
4. die Mitglieder des Vorstands sowie deren Vertretungsbefugnis,
5. die Zeitdauer der Genossenschaft, falls diese auf eine bestimmte Zeit beschränkt ist.

§ 13. [Rechtszustand vor der Eintragung] Vor der Eintragung in das Genossenschaftsregister ihres Sitzes hat die Genossenschaft die Rechte einer eingetragenen Genossenschaft nicht.

§ 15. [Beitrittserklärung] (1) Nach der Anmeldung des Statuts zum Genossenschaftsregister wird die Mitgliedschaft durch eine schriftliche, unbedingte Beitrittserklärung und die Zulassung des Beitritts durch die Genossenschaft erworben.

(2) [1]Der Genosse ist unverzüglich in die Mitgliederliste einzutragen und hiervon unverzüglich zu benachrichtigen. [2]Lehnt die Genossenschaft die Zulassung ab, hat sie dies dem Antragsteller unverzüglich unter Rückgabe seiner Beitrittserklärung mitzuteilen.

§ 16. [Änderung des Statuts] (1) Eine Abänderung des Statuts oder die Fortsetzung einer auf bestimmte Zeit beschränkten Genossenschaft kann nur durch die Generalversammlung beschlossen werden.

(2) [1]Für folgende Änderungen des Statuts bedarf es einer Mehrheit, die mindestens drei Viertel der abgegebenen Stimmen umfaßt:
1. Änderung des Gegenstandes des Unternehmens,
2. Erhöhung des Geschäftsanteils,
3. Einführung oder Erweiterung einer Pflichtbeteiligung mit mehreren Geschäftsanteilen,
4. Einführung oder Erweiterung der Verpflichtung der Genossen zur Leistung von Nachschüssen,
5. Verlängerung der Kündigungsfrist auf eine längere Frist als zwei Jahre,
6. Einführung oder Erweiterung der Beteiligung ausscheidender Genossen an der Ergebnisrücklage nach § 73 Abs. 3,
7. Einführung oder Erweiterung von Mehrstimmrechten,
8. Zerlegung von Geschäftsanteilen.

[2]Das Statut kann noch weitere Erfordernisse aufstellen.

(3) [1]Zu einer Änderung des Statuts, durch die eine Verpflichtung der Genossen zur Inanspruchnahme von Einrichtungen oder anderen Leistungen der Genossenschaft oder zur Leistung von Sachen oder Diensten eingeführt oder erweitert wird, bedarf es einer Mehrheit, die mindestens neun Zehntel der abgegebenen Stimmen umfaßt. [2]Das Statut kann noch weitere Erfordernisse aufstellen.

(4) Zu sonstigen Änderungen des Statuts bedarf es einer Mehrheit, die mindestens drei Viertel der abgegebenen Stimmen umfaßt, sofern nicht das Statut andere Erfordernisse aufstellt.

6

(6) Der Beschluß hat keine rechtliche Wirkung, bevor er in das Genossenschaftsregister des Sitzes der Genossenschaft eingetragen ist.

Rechtsverhältnisse der Genossenschaft und der Genossen

§ 17. [Juristische Person, Formkaufmann]

(1) Die eingetragene Genossenschaft als solche hat selbständig ihre Rechte und Pflichten; sie kann Eigentum und andere dingliche Rechte an Grundstücken erwerben, vor Gericht klagen und verklagt werden.

(2) Genossenschaften gelten als Kaufleute im Sinne des Handelsgesetzbuchs, soweit dieses Gesetz keine abweichenden Vorschriften enthält.

§ 18. [Rechtsverhältnis zwischen Genossenschaft und Genossen] [1]Das Rechtsverhältnis der Genossenschaft und der Genossen richtet sich zunächst nach dem Statut. [2]Letzteres darf von den Bestimmungen dieses Gesetzes nur insoweit abweichen, als dies ausdrücklich für zulässig erklärt ist.

§ 19. [Gewinn- und Verlustverteilung] (1) [1]Der bei Feststellung des Jahresabschlusses für die Genossen sich ergebende Gewinn oder Verlust des Geschäftsjahres ist auf diese zu verteilen. [2]Die Verteilung geschieht für das erste Geschäftsjahr nach dem Verhältnis ihrer auf den Geschäftsanteil geleisteten Einzahlungen, für jedes folgende nach dem Verhältnis ihrer durch die Zuschreibung von Gewinn oder die Abschreibung von Verlust zum Schluß des vorhergegangenen Geschäftsjahres ermittelten Geschäftsguthaben. [3]Die Zuschreibung des Gewinns erfolgt so lange, als nicht der Geschäftsanteil erreicht ist.

(2) [1]Das Statut kann einen anderen Maßstab für die Verteilung von Gewinn und Verlust aufstellen, sowie Bestimmung darüber treffen, inwieweit der Gewinn vor Erreichung des Geschäftsanteils an die Genossen auszuzahlen ist. [2]Bis zur Wiederergänzung eines durch Verlust verminderten Guthabens findet eine Auszahlung des Gewinns nicht statt.

§ 20. [Ausschluß der Gewinnverteilung] Durch das Statut kann festgesetzt werden, daß der Gewinn nicht verteilt, sondern der gesetzlichen Rücklage und anderen Ergebnisrücklagen zugeschrieben wird.

§ 21. [Verbot der Verzinsung der Geschäftsguthaben] (1) Für das Geschäftsguthaben werden vorbehaltlich des § 21a Zinsen von bestimmter Höhe nicht vergütet, auch wenn der Genosse Einzahlungen in höheren als den geschuldeten Beträgen geleistet hat.

(2) Auch können Genossen, welche mehr als die geschuldeten Einzahlungen geleistet haben, im Fall eines Verlustes andere Genossen nicht aus dem Grunde in Anspruch nehmen, daß von letzteren nur diese Einzahlungen geleistet sind.

§ 22. [Herabsetzung des Geschäftsanteils; Verbot der Auszahlung des Geschäftsguthabens]

(1) Werden der Geschäftsanteil oder die auf ihn zu leistenden Einzahlungen herabgesetzt oder die für die Einzahlungen festgesetzten Fristen verlängert, so ist der wesentliche Inhalt des Beschlusses der Generalversammlung durch das Gericht bei der Bekanntmachung der Eintragung in das Genossenschaftsregister anzugeben.

(2) [1]Den Gläubigern der Genossenschaft ist, wenn sie sich binnen sechs Monaten nach der Bekanntmachung bei der Genossenschaft zu diesem Zweck melden, Sicherheit zu leisten, soweit sie nicht Befriedigung verlangen können. [2]In der Bekanntmachung ist darauf hinzuweisen.

(3) Genossen, die zur Zeit der Eintragung des Beschlusses der Genossenschaft angehörten, können sich auf die Änderung erst berufen, wenn die Bekanntmachung erfolgt ist und die Gläubiger, die sich rechtzeitig gemeldet haben, wegen der erhobenen Ansprüche befriedigt oder sichergestellt sind.

(4) [1]Das Geschäftsguthaben eines Genossen darf, solange er nicht ausgeschieden ist, von der Genossenschaft nicht ausgezahlt oder im geschäftlichen Betrieb zum Pfand genommen, eine geschuldete Einzahlung darf nicht erlassen werden. [2]Die Genossenschaft darf den Genossen keinen Kredit zum Zweck der Leistung von Einzahlungen auf den Geschäftsanteil gewähren.

(5) Gegen eine geschuldete Einzahlung kann der Genosse nicht aufrechnen.

§ 23. [Haftung der Genossen] (1) Für die Verbindlichkeiten der Genossenschaft haften die Genossen nach Maßgabe dieses Gesetzes.

(2) Wer in die Genossenschaft eintritt, haftet auch für die vor seinem Eintritt eingegangenen Verbindlichkeiten.

(3) Ein den vorstehenden Bestimmungen zuwiderlaufender Vertrag ist ohne rechtliche Wirkung.

Vertretung und Geschäftsführung

§ 24. [Vorstand] (1) Die Genossenschaft wird durch den Vorstand gerichtlich und außergerichtlich vertreten.

(2) [1]Der Vorstand besteht aus zwei Mitgliedern und wird von der Generalversammlung gewählt. [2]Durch das Statut kann eine höhere Mitgliederzahl sowie eine andere Art der Bestellung festgesetzt werden.

(3) [1]Die Mitglieder des Vorstandes können besoldet oder unbesoldet sein. [2]Ihre Bestellung ist zu jeder Zeit widerruflich, unbeschadet der Entschädigungsansprüche aus bestehenden Verträgen.

§ 25. [Vertretung; Zeichnung durch Vorstandsmitglieder] (1) [1]Die Mitglieder des Vorstands sind nur gemeinschaftlich zur Vertretung der Genossenschaft befugt. [2]Das Statut kann Abweichendes bestimmen. [3]Ist eine Willenserklärung gegenüber der Genossenschaft abzugeben, so genügt die Abgabe gegenüber einem Vorstandsmitglied.

(2) [1]Das Statut kann auch bestimmen, daß einzelne Vorstandsmitglieder allein oder in Gemeinschaft mit einem Prokuristen zur Vertretung der Genossenschaft befugt sind. [2]Absatz 1 Satz 3 gilt in diesen Fällen sinngemäß.

(3) [1]Zur Gesamtvertretung befugte Vorstandsmitglieder können einzelne von ihnen zur Vornahme bestimmter Geschäfte oder bestimmter Arten von Geschäften ermächtigen. [2]Dies gilt sinngemäß, falls ein einzelnes Vorstandsmitglied in Gemeinschaft mit einem Prokuristen zur Vertretung der Genossenschaft befugt ist.

(4) Vorstandsmitglieder zeichnen für die Genossenschaft, indem sie der Firma der Genossenschaft oder der Benennung des Vorstands ihre Namensunterschrift beifügen.

§ 26. [Vertretungsbefugnis des Vorstandes]
(1) Die Genossenschaft wird durch die von dem Vorstand in ihrem Namen geschlossenen Rechtsgeschäfte berechtigt und verpflichtet; ...

§ 27. [Beschränkung der Vertretungsbefugnis]
(1) [1]Der Vorstand hat die Genossenschaft unter eigener Verantwortung zu leiten. [2]Er hat dabei die Beschränkungen zu beachten, die durch das Statut festgesetzt worden sind.

(2) [1]Gegen dritte Personen hat eine Beschränkung der Befugnis des Vorstandes, die Genossenschaft zu vertreten, keine rechtliche Wirkung.

§ 29. [Publizität des Genossenschaftsregisters]
(1) Solange eine Änderung des Vorstands oder der Vertretungsbefugnis eines Vorstandsmitglieds nicht in das Genossenschaftsregister eingetragen und bekanntgemacht ist, kann sie von der Genossenschaft einem Dritten nicht entgegengesetzt werden, es sei denn, daß sie diesem bekannt war.

(2) [1]Ist die Änderung eingetragen und bekanntgemacht worden, so muß ein Dritter sie gegen sich gelten lassen. [2]Dies gilt nicht bei Rechtshandlungen, die innerhalb von fünfzehn Tagen nach der Bekanntmachung vorgenommen werden, sofern der Dritte beweist, daß er die Änderung weder kannte noch kennen mußte.

(3) [1]Ist die Änderung unrichtig bekanntgemacht, so kann sich ein Dritter auf die Bekanntmachung der Änderung berufen, es sei denn, daß er die Unrichtigkeit kannte.

§ 30. [Mitgliederliste; Aufbewahrungsfrist für Unterlagen] (1) Der Vorstand ist verpflichtet, die Mitgliederliste zu führen.

(2) [1]In die Mitgliederliste ist jeder Genosse mit folgenden Angaben einzutragen:

1. Familienname, Vornamen und Anschrift, bei juristischen Personen und Personenhandelsgesellschaften Firma und Anschrift, bei anderen Personenvereinigungen Bezeichnung und Anschrift der Vereinigung oder Familiennamen, Vornamen und Anschriften ihrer Mitglieder.
2. Zahl der von ihm übernommenen weiteren Geschäftsanteile,
3. Ausscheiden aus der Genossenschaft.

[2]Der Zeitpunkt, zu dem die eingetragene Angabe wirksam wird oder geworden ist, sowie die die Eintragung begründenden Tatsachen sind anzugeben.

(3) [1]Die Unterlagen, aufgrund deren die Eintragung in die Mitgliederliste erfolgt, sind drei Jahre aufzubewahren. [2]Die Frist beginnt mit dem Schluß des Kalenderjahres, in dem der Genosse aus der Genossenschaft ausgeschieden ist.

§ 31. [Einsicht in die Mitgliederliste] (1) [1]Die Mitgliederliste kann von jedem Genossen sowie von einem Dritten, der ein berechtigtes Interesse darlegt, bei der Genossenschaft eingesehen werden. [2]Abschriften aus der Mitgliederliste sind dem Genossen hinsichtlich der ihn betreffenden Eintragungen auf Verlangen zu erteilen.

(2) [1]Der Dritte darf die übermittelten Daten nur für den Zweck verarbeiten und nutzen, zu dessen Erfüllung sie ihm übermittelt werden; eine Verarbeitung und Nutzung für andere Zwecke ist nur zulässig, soweit die Daten auch dafür hätten übermittelt werden dürfen. [2]Ist der Empfänger eine nicht öffentliche Stelle, hat die Genossenschaft ihn darauf hinzuweisen; eine Verarbeitung und Nutzung für andere Zwecke bedarf in diesem Fall der Zustimmung der Genossenschaft.

6 **§ 32. [Vorlage beim Gericht]** Der Vorstand hat dem Gericht (§ 10) auf dessen Verlangen eine Abschrift der Mitgliederliste unverzüglich einzureichen.

§ 33. [Buchführung; Jahresabschluß und Lagebericht] (1) [1]Der Vorstand hat dafür zu sorgen, daß die erforderlichen Bücher der Genossenschaft ordnungsgemäß geführt werden. [2]Der Jahresabschluß und der Lagebericht sind unverzüglich nach ihrer Aufstellung dem Aufsichtsrat und mit dessen Bemerkungen der Generalversammlung vorzulegen.

(2) Mit einer Verletzung der Vorschriften über die Gliederung der Bilanz und der Gewinn- und Verlustrechnung sowie mit einer Nichtbeachtung von Formblättern kann, wenn hierdurch die Klarheit des Jahresabschlusses nur unwesentlich beeinträchtigt wird, eine Anfechtung nicht begründet werden.

(3) Ergibt sich bei Aufstellung der Jahresbilanz oder einer Zwischenbilanz oder ist bei pflichtgemäßem Ermessen anzunehmen, daß ein Verlust besteht, der durch die Hälfte des Gesamtbetrages der Geschäftsguthaben und die Rücklagen nicht gedeckt ist, so hat der Vorstand unverzüglich die Generalversammlung einzuberufen und ihr dies anzuzeigen.

§ 34. [Sorgfaltspflicht und Verantwortlichkeit der Vorstandsmitglieder] (1) [1]Die Vorstandsmitglieder haben bei ihrer Geschäftsführung die Sorgfalt eines ordentlichen und gewissenhaften Geschäftsleiters einer Genossenschaft anzuwenden.

(2) Über vertrauliche Angaben und Geheimnisse der Genossenschaft, namentlich Betriebs- oder Geschäftsgeheimnisse, die ihnen durch die Tätigkeit im Vorstand bekanntgeworden sind, haben sie Stillschweigen zu bewahren. [1]Vorstandsmitglieder, die ihre Pflichten verletzen, sind der Genossenschaft zum Ersatz des daraus entstehenden Schadens als Gesamtschuldner verpflichtet. [2]Ist streitig, ob sie die Sorgfalt eines ordentlichen und gewissenhaften Geschäftsleiters einer Genossenschaft angewandt haben, so trifft sie die Beweislast.

§ 36. [Aufsichtsrat] (1) [1]Der Aufsichtsrat besteht, sofern nicht das Statut eine höhere Zahl festsetzt, aus drei von der Generalversammlung zu wählenden Mitgliedern. [2]Die zu einer Beschlußfassung erforderliche Zahl ist durch das Statut zu bestimmen.

(2) Die Mitglieder dürfen keine nach dem Geschäftsergebnis bemessene Vergütung (Tantieme) beziehen.

§ 37. [Unvereinbarkeit von Ämtern] (1) [1]Die Mitglieder des Aufsichtsrats dürfen nicht zugleich Mitglieder des Vorstandes oder dauernd Stellvertreter derselben sein, auch nicht als Beamte die Geschäfte der Genossenschaft führen.

§ 38. [Aufgaben des Aufsichtsrats] (1) [1]Der Aufsichtsrat hat den Vorstand bei seiner Geschäftsführung in allen Zweigen der Verwaltung zu überwachen und zu dem Zweck sich von dem Gange der Angelegenheiten der Genossenschaft zu unterrichten. [2]Er kann jederzeit über dieselben Berichterstattung von dem Vorstand verlangen und selbst oder durch einzelne von ihm zu bestimmende Mitglieder die Bücher und Schriften der Genossenschaft einsehen, sowie den Bestand der Genossenschaftskasse und die Bestände an Effekten, Handelspapieren und Waren untersuchen. [3]Der Aufsichtsrat hat den

Jahresabschluß, den Lagebericht und den Vorschlag für die Verwendung des Jahresüberschusses oder die Deckung des Jahresfehlbetrags zu prüfen; über das Ergebnis der Prüfung hat er der Generalversammlung vor der Feststellung des Jahresabschlusses zu berichten.

(2) Er hat eine Generalversammlung zu berufen, wenn dies im Interesse der Genossenschaft erforderlich ist.

(3) Weitere Obliegenheiten des Aufsichtsrats werden durch das Statut bestimmt.

(4) Die Mitglieder des Aufsichtsrats können die Ausübung ihrer Obliegenheiten nicht anderen Personen übertragen.

§ 39. [Vertretungsbefugnis des Aufsichtsrats]

(1) Der Aufsichtsrat ist ermächtigt, die Genossenschaft bei Abschließung von Verträgen mit dem Vorstande zu vertreten und gegen die Mitglieder desselben die Prozesse zu führen, welche die Generalversammlung beschließt.

§ 41. [Sorgfaltspflicht und Verantwortlichkeit der Aufsichtsratsmitglieder] Für die Sorgfaltspflicht und Verantwortlichkeit der Aufsichtsratsmitglieder gilt § 34 über die Verantwortlichkeit der Vorstandsmitglieder sinngemäß.

§ 42. [Prokura; Handlungsvollmacht] (1) [1]Die Genossenschaft kann Prokura nach Maßgabe der §§ 48 bis 53 des Handelsgesetzbuchs erteilen. [2]An die Stelle der Eintragung in das Handelsregister tritt die Eintragung in das Genossenschaftsregister. [3]§ 28 Abs. 1 Satz 3, § 29 gelten entsprechend.

(2) [1]Die Genossenschaft kann auch Handlungsvollmacht erteilen. [2]§ 54 des Handelsgesetzbuchs ist anzuwenden.

§ 43. [Generalversammlung; Stimmrechte der Genossen] (1) Die Genossen üben ihre Rechte in den Angelegenheiten der Genossenschaft in der Generalversammlung aus, soweit das Gesetz nichts anderes bestimmt.

(2) [1]Die Generalversammlung beschließt mit der Mehrheit der abgegebenen Stimmen (einfache Stimmenmehrheit), soweit nicht Gesetz oder Statut eine größere Mehrheit oder weitere Erfordernisse bestimmen. [2]Für Wahlen kann das Statut eine abweichende Regelung treffen.

(3) [1]Jeder Genosse hat eine Stimme. [2]Das Statut kann die Gewährung von Mehrstimmrechten vorsehen. [3]Mehrstimmrechte sollen nur für Genossen begründet werden, die den Geschäftsbetrieb der Genossenschaft besonders fördern. [4]Die Voraussetzungen für die Gewährung von Mehrstimmrechten müssen im Statut festgesetzt werden. [5]Keinem Genossen können mehr als drei Stimmen gewährt werden. [6]Bei Beschlüssen, die nach dem Gesetz einer Mehrheit von drei Vierteln der abgegebenen Stimmen oder einer größeren Mehrheit bedürfen und für die das Statut eine geringere als die gesetzlich vorgeschriebene Mehrheit nicht bestimmen kann, sowie bei Beschlüssen über die Aufhebung oder Einschränkung der Bestimmungen des Statuts über Mehrstimmrechte hat ein Genosse, auch wenn ihm ein Mehrstimmrecht gewährt ist, nur eine Stimme.

§ 43a. [Vertreterversammlung] (1) Bei Genossenschaften mit mehr als 1500 Mitgliedern kann das Statut bestimmen, daß die Generalversammlung aus Vertretern der Genossen (Vertreterversammlung) besteht.

(2) Als Vertreter kann jede natürliche, unbeschränkt geschäftsfähige Person, die Mitglied der Genossenschaft ist und nicht dem Vorstand oder Aufsichtsrat angehört, gewählt werden.

(3) [1]Die Vertreterversammlung besteht aus mindestens fünfzig Vertretern, die von den Genossen gewählt werden. [2]Die Vertreter können nicht durch Bevollmächtigte vertreten werden. [3]Mehrstimmrechte können ihnen nicht eingeräumt werden.

(4) [1]Die Vertreter werden in allgemeiner, unmittelbarer, gleicher und geheimer Wahl gewählt; Mehrstimmrechte bleiben unberührt.

(5) [1]Fällt ein Vertreter vor Ablauf der Amtszeit weg, muß ein Ersatzvertreter an seine Stelle treten. [2]Seine Amtszeit erlischt spätestens mit Ablauf der Amtszeit des weggefallenen Vertreters. Auf die Wahl des Ersatzvertreters sind die für den Vertreter geltenden Vorschriften anzuwenden.

(6) [1]Eine Liste der gewählten Vertreter und der gewählten Ersatzvertreter ist zwei Wochen lang in dem Geschäftsraum der Genossenschaft zur Einsicht der Genossen auszulegen. [2]Die Auslegung ist in einem öffentlichen Blatt bekanntzumachen. [3]Die Auslegungsfrist beginnt mit der Bekanntmachung. [4]Auf Verlangen ist jedem Genossen unverzüglich eine Abschrift der Liste zu erteilen.

§ 44. [Berufung der Generalversammlung]

(1) Die Generalversammlung wird durch den Vorstand berufen, soweit nicht nach dem Statut oder diesem Gesetze auch andere Personen dazu befugt sind.

§ 47. [Niederschrift über Beschlüsse der Generalversammlung] (1) [1]Über die Beschlüsse der Generalversammlung ist eine Niederschrift anzufertigen.

§ 48. [Zuständigkeit der Generalversammlung]

(1) [1]Die Generalversammlung stellt den Jahresabschluß fest. [2]Sie beschließt über die Verwendung des Jahresüberschusses oder die

Deckung eines Jahresfehlbetrags sowie über die Entlastung des Vorstands und des Aufsichtsrats. [3]Die Generalversammlung hat in den ersten sechs Monaten des Geschäftsjahres stattzufinden.

(2) [1]Auf den Jahresabschluß sind bei der Feststellung die für seine Aufstellung geltenden Vorschriften anzuwenden. [2]Wird der Jahresabschluß bei der Feststellung geändert und ist die Prüfung nach § 53 bereits abgeschlossen, so werden vor der erneuten Prüfung gefaßte Beschlüsse über die Feststellung des Jahresabschlusses und über die Ergebnisverwendung erst wirksam, wenn auf Grund einer erneuten Prüfung ein hinsichtlich der Änderung uneingeschränkter Bestätigungsvermerk erteilt worden ist.

(3) [1]Der Jahresabschluß, der Lagebericht sowie der Bericht des Aufsichtsrats sollen mindestens eine Woche vor der Versammlung in dem Geschäftsraum der Genossenschaft oder an einer anderen durch den Vorstand bekanntzumachenden geeigneten Stelle zur Einsicht der Genossen ausgelegt oder ihnen sonst zur Kenntnis gebracht werden. [2]Jeder Genosse ist berechtigt, auf seine Kosten eine Abschrift des Jahresabschlusses, des Lageberichts und des Berichts des Aufsichtsrats zu verlangen.

§ 49. [Beschränkungen für Kredite] Die Generalversammlung hat die Beschränkungen festzusetzen, die bei Gewährung von Kredit an denselben Schuldner eingehalten werden sollen.

Prüfung und Prüfungsverbände

§ 53. [Zweijährliche oder jährliche Pflichtprüfung] (1) [1]Zwecks Feststellung der wirtschaftlichen Verhältnisse und der Ordnungsmäßigkeit der Geschäftsführung sind die Einrichtungen, die Vermögenslage sowie die Geschäftsführung der Genossenschaft einschließlich der Führung der Mitgliederliste mindestens in jedem zweiten Geschäftsjahr zu prüfen. [2]Bei Genossenschaften, deren Bilanzsumme zwei Millionen Euro übersteigt, muß die Prüfung in jedem Geschäftsjahr stattfinden.

6

(2) [1]Im Rahmen der Prüfung nach Absatz 1 ist der Jahresabschluß unter Einbeziehung der Buchführung und des Lageberichts zu prüfen. [2]§ 316 Abs. 3, § 317 Abs. 1 Satz 2 und 3, Abs. 2 des Handelsgesetzbuchs sind entsprechend anzuwenden.

§ 54. [Pflichtmitgliedschaft bei Prüfungsverband] Die Genossenschaft muß einem Verband angehören, dem das Prüfungsrecht verliehen ist (Prüfungsverband).

§ 55. [Prüfung durch den Verband] (1) [1]Die Genossenschaft wird durch den Verband geprüft, dem sie angehört. [2]Der Verband bedient sich zum Prüfen der von ihm angestellten Prüfer. [3]Diese sollen im genossenschaftlichen Prüfungswesen ausreichend vorgebildet und erfahren sein.

§ 58. [Prüfungsbericht] (1) [1]Der Verband hat über das Ergebnis der Prüfung schriftlich zu berichten. [2]Auf den Prüfungsbericht ist, soweit er den Jahresabschluß und den Lagebericht betrifft, § 321 Abs. 1 bis 3 des Handelsgesetzbuchs entsprechend anzuwenden.

(2) Auf die Prüfung von Genossenschaften, die die Größenmerkmale des § 267 Abs. 3 des Handelsgesetzbuchs erfüllen, ist § 322 des Handelsgesetzbuchs über den Bestätigungsvermerk entsprechend anzuwenden.

(3) [1]Der Prüfungsbericht ist vom Verband zu unterzeichnen und dem Vorstand der Genossenschaft unter gleichzeitiger Benachrichtigung des Vorsitzenden des Aufsichtsrats vorzulegen. [2]Jedes Mitglied des Aufsichtsrats ist berechtigt, den Prüfungsbericht einzusehen.

(4) [1]Über das Ergebnis der Prüfung haben Vorstand und Aufsichtsrat der Genossenschaft in gemeinsamer Sitzung unverzüglich nach Eingang des Prüfungsberichts zu beraten. [2]Verband und Prüfer sind berechtigt, an der Sitzung teilzunehmen; der Vorstand ist verpflichtet, den Verband von der Sitzung in Kenntnis zu setzen.

§ 59. [Prüfungsbericht und Generalversammlung] (1) Der Vorstand hat eine Bescheinigung des Verbandes, daß die Prüfung stattgefunden hat, zum Genossenschaftsregister einzureichen und den Prüfungsbericht bei der Berufung der nächsten Generalversammlung als Gegenstand der Beschlußfassung anzukündigen.

(2) In der Generalversammlung hat sich der Aufsichtsrat über wesentliche Feststellungen oder Beanstandungen der Prüfung zu erklären.

(3) Der Verband ist berechtigt, an der Generalversammlung beratend teilzunehmen; auf seinen Antrag oder auf Beschluß der Generalversammlung ist der Bericht ganz oder in bestimmten Teilen zu verlesen.

Ausscheiden einzelner Genossen

§ 65. [Kündigung durch einen Genossen]

(1) Jeder Genosse hat das Recht, mittels Aufkündigung seinen Austritt aus der Genossenschaft zu erklären.

(2) [1]Die Aufkündigung findet nur zum Schluß eines Geschäftsjahres statt. [2]Sie muß mindestens drei Monate vorher schriftlich erfolgen.

[3]Durch das Statut kann eine längere, jedoch höchstens fünfjährige Kündigungsfrist festgesetzt werden.

§ 68. [Ausschließung eines Genossen] (1) [1]Ein Genosse kann wegen der Mitgliedschaft in einer anderen Genossenschaft, welche an demselben Ort ein gleichartiges Geschäft betreibt, zum Schluß des Geschäftsjahres aus der Genossenschaft ausgeschlossen werden. [2]Aus Vorschuß- und Kreditvereinen kann die Ausschließung wegen der Mitgliedschaft in einer anderen solchen Genossenschaft auch dann erfolgen, wenn die letztere ihr Geschäft nicht an demselben Ort betreibt.

(2) Durch das Statut können sonstige Gründe der Ausschließung festgesetzt werden.

§ 73. [Auseinandersetzung mit dem ausgeschiedenen Mitglied] (1) Die Auseinandersetzung des Ausgeschiedenen mit der Genossenschaft bestimmt sich nach der Vermögenslage derselben und dem Bestand der Mitglieder zur Zeit seines Ausscheidens.

(2) [1]Die Auseinandersetzung erfolgt auf Grund der Bilanz. [2]Das Geschäftsguthaben des Genossen ist binnen sechs Monaten nach dem Ausscheiden auszuzahlen; auf die Rücklagen und das sonstige Vermögen der Genossenschaft hat er vorbehaltlich des Absatzes 3 keinen Anspruch. [3]Reicht das Vermögen einschließlich der Rücklagen und aller Geschäftsguthaben zur Deckung der Schulden nicht aus, so hat der Ausgeschiedene von dem Fehlbetrag den ihn treffenden Anteil an die Genossenschaft zu zahlen, wenn und soweit er im Falle des Insolvenzverfahrens Nachschüsse an sie zu leisten gehabt hätte; der Anteil wird in Ermangelung einer anderen Bestimmung des Statuts nach der Kopfzahl der Mitglieder berechnet.

(3) [1]Das Statut kann Genossen, die ihren Geschäftsanteil voll eingezahlt haben, für den Fall des Ausscheidens einen Anspruch auf Auszahlung eines Anteils an einer zu diesem Zweck aus dem Jahresüberschuß zu bildenden Ergebnisrücklage einräumen. [2]Das Statut kann den Anspruch von einer Mindestdauer der Mitgliedschaft der Genossen abhängig machen sowie weitere Erfordernisse aufstellen und Beschränkungen des Anspruchs vorsehen. [3]Für die Auszahlung des Anspruchs gilt Absatz 2 Satz 2 Halbsatz 1.

§ 76. [Übertragung des Geschäftsguthabens] (1) [1]Ein Genosse kann zu jeder Zeit, auch im Laufe des Geschäftsjahres, sein Geschäftsguthaben mittels schriftlicher Übereinkunft einem anderen übertragen und hierdurch aus der Genossenschaft ohne Auseinandersetzung mit ihr austreten, sofern der Erwerber an seiner Stelle Genosse wird oder sofern derselbe schon Genosse ist und dessen bisheriges Guthaben mit dem ihm zuzuschreibenden Betrag den Geschäftsanteil nicht übersteigt. [2]Das Statut kann eine solche Übertragung ausschließen oder an weitere Voraussetzungen knüpfen.

(2) Das Ausscheiden des übertragenden Genossen ist unverzüglich in die Mitgliederliste einzutragen; der Genosse ist hiervon unverzüglich zu benachrichtigen.

§ 77. [Tod eines Genossen] (1) [1]Mit dem Tode des Genossen geht die Mitgliedschaft auf den Erben über. [2]Sie endet mit dem Schluß des Geschäftsjahres, in dem der Erbfall eingetreten ist. [3]Mehrere Erben können das Stimmrecht in der Generalversammlung nur durch einen gemeinschaftlichen Vertreter ausüben.

(2) [1]Das Statut kann bestimmen, daß im Falle des Todes eines Genossen dessen Mitgliedschaft in der Genossenschaft durch dessen Erben fortgesetzt wird.

(3) [1]Der Tod des Genossen sowie der Zeitpunkt der Beendigung der Mitgliedschaft, im Falle des Absatzes 2 auch die Fortsetzung der Mitgliedschaft durch einen oder mehrere Erben, sind unverzüglich in die Mitgliederliste einzutragen. [2]Die Erben des verstorbenen Genossen sind unverzüglich von der Eintragung zu benachrichtigen.

Auflösung und Nichtigkeit der Genossenschaft

§ 78. [Auflösung durch Beschluß der Generalversammlung] (1) [1]Die Genossenschaft kann durch Beschluß der Generalversammlung jederzeit aufgelöst werden; der Beschluß bedarf einer Mehrheit, die mindestens drei Viertel der abgegebenen Stimmen umfaßt.

§ 79. [Auflösung durch Zeitablauf] (1) In dem Falle, daß durch das Statut die Zeitdauer der Genossenschaft beschränkt ist, tritt die Auflösung derselben durch Ablauf der bestimmten Zeit ein.

6

§ 80. [Auflösung durch das Gericht] (1) Beträgt die Zahl der Genossen weniger als sieben, so hat das Gericht (§ 10) auf Antrag des Vorstandes und, wenn der Antrag nicht binnen sechs Monaten erfolgt, von Amts wegen nach Anhörung des Vorstands die Auflösung der Genossenschaft auszusprechen.

(2) [1]Der Beschluß ist der Genossenschaft zuzustellen. [2]Gegen denselben steht ihr die sofortige Beschwerde nach Maßgabe der Zivilprozeßordnung zu. [3]Die Auflösung tritt mit der Rechtskraft des Beschlusses in Wirksamkeit.

§ 81. [Auflösung wegen gesetzwidriger Handlungen] (1) Wenn eine Genossenschaft sich gesetzwidriger Handlungen oder Unterlassungen schuldig macht, durch welche das Gemeinwohl gefährdet wird, oder wenn sie andere als die in diesem Gesetz (§ 1) bezeichneten geschäftlichen Zwecke verfolgt, so kann sie aufgelöst werden, ohne daß deshalb ein Anspruch auf Entschädigung stattfindet.

§ 81a. [Auflösung wegen Vermögenslosigkeit] Die Genossenschaft wird aufgelöst
1. mit der Rechtskraft des Beschlusses, durch den die Eröffnung des Insolvenzverfahrens mangels Masse abgelehnt worden ist;
2. durch die Löschung wegen Vermögenslosigkeit nach § 141a des Gesetzes über die Angelegenheiten der freiwilligen Gerichtsbarkeit.

§ 82. [Eintragung der Auflösung] (1) Die Auflösung der Genossenschaft ist von dem Gericht ohne Verzug in das Genossenschaftsregister einzutragen.

(2) [1]Sie muß von den Liquidatoren durch die für die Bekanntmachungen der Genossenschaft bestimmten Blätter bekanntgemacht werden. [2]Durch die Bekanntmachung sind zugleich die Gläubiger aufzufordern, sich bei der Genossenschaft zu melden.

§ 83. [Bestellung und Abberufung der Liquidatoren] (1) Die Liquidation erfolgt durch den Vorstand, wenn nicht dieselbe durch das Statut oder durch Beschluß der Generalversammlung anderen Personen übertragen wird.

§ 89. [Rechte und Pflichten der Liquidatoren] [1]Die Liquidatoren ... unterliegen ... der Überwachung des Aufsichtsrats. [2]Sie haben sofort bei Beginn der Liquidation und demnächst in jedem Jahr eine Bilanz aufzustellen. [3]Die erste Bilanz ist zu veröffentlichen; die Bekanntmachung ist zu dem Genossenschaftsregister einzureichen.

6

§ 91. [Verteilung des Vermögens unter die Genossen] (1) [1]Die Verteilung des Vermögens unter die einzelnen Genossen erfolgt bis zum Gesamtbetrag ihrer auf Grund der ersten Liquidationsbilanz (§ 89) ermittelten Geschäftsguthaben nach dem Verhältnis der letzteren.

Insolvenzverfahren und Haftpflicht der Genossen

§ 98. [Voraussetzungen für die Eröffnung des Insolvenzverfahrens] Abweichend von § 19 Abs. 1 der Insolvenzordnung ist bei einer Genossenschaft die Überschuldung nur dann Grund für die Eröffnung des Insolvenzverfahrens, wenn
1. die Genossen Nachschüsse bis zu einer Haftsumme zu leisten haben und die Überschuldung ein Viertel des Gesamtbetrages der Haftsummen aller Genossen übersteigt,
2. die Genossen keine Nachschüsse zu leisten haben oder
3. die Genossenschaft aufgelöst ist.

§ 99. [Antragspflicht des Vorstandes] (1) [1]Wird die Genossenschaft zahlungsunfähig, so hat der Vorstand, bei einer aufgelösten Genossenschaft der Liquidator, ohne schuldhaftes Zögern, spätestens aber drei Wochen nach Eintritt der Zahlungsunfähigkeit, die Eröffnung des Insolvenzverfahrens zu beantragen. [2]Dies gilt sinngemäß, wenn eine Überschuldung besteht, die für die Genossenschaft nach § 98 Grund für die Eröffnung des Insolvenzverfahrens ist. [3]Der Antrag ist nicht schuldhaft verzögert, wenn der Vorstand die Eröffnung des gerichtlichen Vergleichsverfahrens mit der Sorgfalt eines ordentlichen und gewissenhaften Geschäftsleiters einer Genossenschaft betreibt.

(2) [1]Der Vorstand darf keine Zahlung mehr leisten, sobald die Genossenschaft zahlungsunfähig geworden ist oder sich eine Überschuldung ergeben hat, die für die Genossenschaft nach § 98 Grund für die Eröffnung des Insolvenzverfahrens ist. [2]Dies gilt nicht für Zahlungen, die auch nach diesem Zeitpunkt mit der Sorgfalt eines ordentlichen und gewissenhaften Geschäftsleiters einer Genossenschaft vereinbar sind.

§ 105. [Nachschußpflicht der Genossen] (1) Soweit die Ansprüche der Massegläubiger oder die bei der Schlußverteilung (§ 196 der Insolvenzordnung) berücksichtigten Forderungen der Insolvenzgläubiger aus dem vorhandenen Vermögen der Genossenschaft nicht berichtigt werden, sind die Genossen verpflichtet, Nachschlüsse zur Insolvenzmasse zu leisten, es sei denn, daß das Statut die Nachschußpflicht ausschließt. Im Falle eines rechtskräftig bestätigten Insolvenzplans besteht die Nachschußpflicht insoweit, als sie im gestaltenden Teil des Plans vorgesehen ist.

(2) Die Nachschüsse sind von den Genossen, wenn nicht das Statut ein anderes Beitragsverhältnis festsetzt, nach Köpfen zu leisten.

(3) Beiträge, zu deren Leistung einzelne Genossen unvermögend sind, werden auf die übrigen verteilt.

(4) [1]Zahlungen, welche Genossen über die von ihnen nach den vorstehenden Bestimmungen geschuldeten Beiträge hinaus leisten, sind ihnen, nachdem die Befriedigung der Gläubiger erfolgt ist, aus den Nachschüssen zu erstatten.

(5) Gegen die Nachschüsse kann der Genosse eine Forderung an die Genossenschaft aufrechnen, sofern die Voraussetzungen vorliegen, unter welchen er als Insolvenzgläubiger Befriedigung wegen der Forderung aus den Nachschüssen zu beanspruchen hat.

Haftsumme

§ 119. [Bestimmung der Haftsumme im Statut] Bestimmt das Statut, daß die Genossen beschränkt auf eine Haftsumme Nachschüsse zur Insolvenzmasse zu leisten haben, so darf die Haftsumme im Statut nicht niedriger als der Geschäftsanteil festgesetzt werden.

§ 121. [Haftsumme bei mehreren Geschäftsanteilen] [1]Ist ein Genosse mit mehr als einem Geschäftsanteil beteiligt, so erhöht sich die Haftsumme, wenn sie niedriger als der Gesamtbetrag der Geschäftsanteile ist, auf den Gesamtbetrag. [2]Das Statut kann einen noch höheren Betrag festsetzen. [3]Es kann auch bestimmen, daß durch die Beteiligung mit weiteren Geschäftsanteilen eine Erhöhung der Haftsumme nicht eintritt.

Verweise auf HGB

Gesetz über Partnerschaftsgesellschaften Angehöriger Freier Berufe (Partnerschaftsgesellschaftsgesetz)

Vom 25. Juli 1994, mit Änderungen bis zum 29. Juli 1998

§ 1. Voraussetzungen der Partnerschaft.

(1) [1]Die Partnerschaft ist eine Gesellschaft, in der sich Angehörige Freier Berufe zur Ausübung ihrer Berufe zusammenschließen. [2]Sie übt kein Handelsgewerbe aus. [3]Angehörige einer Partnerschaft können nur natürliche Personen sein.

(2) Die Freien Berufe haben im allgemeinen auf der Grundlage besonderer beruflicher Qualifikation oder schöpferischer Begabung die persönliche, eigenverantwortliche und fachlich unabhängige Erbringung von Dienstleistungen höherer Art im Interesse der Auftraggeber und der Allgemeinheit zum Inhalt. Ausübung eines Freien Berufs im Sinne dieses Gesetzes ist die selbständige Berufstätigkeit der Ärzte, Zahnärzte, Tierärzte, Heilpraktiker, Krankengymnasten, Hebammen, Heilmasseure, Diplom-Psychologen, Mitglieder der Rechtsanwaltskammern, Patentanwälte, Wirtschaftsprüfer, Steuerberater, beratenden Volks- und Betriebswirte, vereidigten Buchprüfer (vereidigte Buchrevisoren), Steuerbevollmächtigten, Ingenieure, Architekten, Handelschemiker, Lotsen, hauptberuflichen Sachverständigen, Journalisten, Bildberichterstatter, Dolmetscher, Übersetzer und ähnlicher Berufe sowie der Wissenschaftler, Künstler, Schriftsteller, Lehrer und Erzieher.

(3) Die Berufsausübung in der Partnerschaft kann in Vorschriften über einzelne Berufe ausgeschlossen oder von weiteren Voraussetzungen abhängig gemacht werden.

6 (4) Auf die Partnerschaft finden, soweit in diesem Gesetz nichts anderes bestimmt ist, die Vorschriften des Bürgerlichen Gesetzbuchs über die Gesellschaft Anwendung.

§ 2. Name der Partnerschaft. (1) Der Name der Partnerschaft muß den Namen mindestens eines Partners, den Zusatz „und Partner" oder „Partnerschaft" sowie die Berufsbezeichnungen aller in der Partnerschaft vertretenen Berufe enthalten. Die Beifügung von Vornamen ist nicht erforderlich. Die Namen anderer Personen als der Partner dürfen nicht in den Namen der Partnerschaft aufgenommen werden.

(2) § 18 Abs. 2, §§ 21, 22 Abs. 1, §§ 23, 24, 30, 31 Abs. 2, §§ 32 und 37 des Handelsgesetzbuchs sind entsprechend anzuwenden; § 24 Abs. 2 des Handelsgesetzbuchs gilt auch bei Umwandlung einer Gesellschaft bürgerlichen Rechts in eine Partnerschaft.

§ 3. Partnerschaftsvertrag. (1) Der Partnerschaftsvertrag bedarf der Schriftform.

(2) Der Partnerschaftsvertrag muß enthalten
1. den Namen und den Sitz der Partnerschaft;
2. den Namen und den Vornamen sowie den in der Partnerschaft ausgeübten Beruf und den Wohnort jedes Partners;
3. den Gegenstand der Partnerschaft.

§ 4. Anmeldung der Partnerschaft. (1) [1]Auf die Anmeldung der Partnerschaft in das Partnerschaftsregister sind § 106 Abs. 1 und § 108 des Handelsgesetzbuchs entsprechend anzuwenden. [2]Die Anmeldung hat die in § 3 Abs. 2 vorgeschriebenen Angaben zu enthalten. [3]Änderungen dieser Angaben sind gleichfalls zur Eintragung in das Partnerschaftsregister anzumelden.

(2) [1]In der Anmeldung ist die Zugehörigkeit jedes Partners zu dem Freien Beruf, den er in der Partnerschaft ausübt, anzugeben. [2]Das Registergericht legt bei der Eintragung die Angaben der Partner zugrunde, es sei denn, ihm ist deren Unrichtigkeit bekannt.

§ 5. Inhalt der Eintragung; anzuwendende Vorschriften. (1) Die Eintragung hat die in § 3 Abs. 2 genannten Angaben zu enthalten.

(2) Auf das Partnerschaftsregister und die registerrechtliche Behandlung von Zweigniederlassungen sind die §§ 8 bis 12, 13, 13c, 13d, 13h, 14 bis 16 des Handelsgesetzbuchs über das Handelsregister entsprechend anzuwenden.

§ 6. Rechtsverhältnis der Partner untereinander. (1) Die Partner erbringen ihre beruflichen Leistungen unter Beachtung des für sie geltenden Berufsrechts.

(2) Einzelne Partner können im Partnerschaftsvertrag nur von der Führung der sonstigen Geschäfte ausgeschlossen werden.

(3) [1]Im übrigen richtet sich das Rechtsverhältnis der Partner untereinander nach dem Partnerschaftsvertrag. [2]Soweit der Partnerschaftsvertrag keine Bestimmungen enthält, sind die §§ 110 bis 116 Abs. 2, §§ 117 bis 119 des Handelsgesetzbuchs entsprechend anzuwenden.

§ 7. Wirksamkeit im Verhältnis zu Dritten; rechtliche Selbständigkeit; Vertretung. (1) Die Partnerschaft wird im Verhältnis zu Dritten mit ihrer Eintragung in das Partnerschaftsregister wirksam.

(2) § 124 des Handelsgesetzbuchs ist entsprechend anzuwenden.

(3) Auf die Vertretung der Partnerschaft sind die Vorschriften des § 125 Abs. 1, 2 und 4 sowie der §§ 126 und 127 des Handelsgesetzbuchs entsprechend anzuwenden.

(4) Für die Angaben auf Geschäftsbriefen der Partnerschaft ist § 125a Abs. 1 Satz 1, Abs. 2 des Handelsgesetzbuchs entsprechend anzuwenden.

§ 8. Haftung für Verbindlichkeiten der Partnerschaft. (1) [1]Für Verbindlichkeiten der Partnerschaft haften den Gläubigern neben dem Vermögen der Partnerschaft die Partner als Gesamtschuldner. [2]Die §§ 129 und 130 des Handelsgesetzbuchs sind entsprechend anzuwenden.

(2) Waren nur einzelne Partner mit der Bearbeitung eines Auftrags befaßt, so haften nur sie gemäß Absatz 1 für berufliche Fehler neben der Partnerschaft; ausgenommen sind Bearbeitungsbeiträge von untergeordneter Bedeutung.

(3) Durch Gesetz kann für einzelne Berufe eine Beschränkung der Haftung für Ansprüche aus Schäden wegen fehlerhafter Berufsausübung auf einen bestimmten Höchstbetrag zugelassen werden, wenn zugleich eine Pflicht zum Abschluß einer Berufshaftpflichtversicherung der Partner oder der Partnerschaft begründet wird.

§ 9. Ausscheiden eines Partners; Auflösung der Partnerschaft. (1) Auf das Ausscheiden eines Partners und die Auflösung der Partnerschaft sind, soweit im folgenden nichts anderes bestimmt ist, die §§ 131 bis 144 des Handelsgesetzbuchs entsprechend anzuwenden.

(2) Verliert ein Partner eine erforderliche Zulassung zu dem Freien Beruf, den er in der Partnerschaft ausübt, so scheidet er mit deren Verlust aus der Partnerschaft aus.

(3) [1]Die Beteiligung an einer Partnerschaft ist nicht vererblich. [2]Der Partnerschaftsvertrag kann jedoch bestimmen, daß sie an Dritte vererblich ist, die Partner im Sinne des § 1 Abs. 1 und 2 sein können. [3]§ 139 des Handelsgesetzbuchs ist nur insoweit anzuwenden, als der Erbe der Beteiligung befugt ist, seinen Austritt aus der Partnerschaft zu erklären.

§ 10. Liquidation der Partnerschaft; Nachhaftung. (1) Für die Liquidation der Partnerschaft sind die Vorschriften über die Liquidation der offenen Handelsgesellschaft entsprechend anwendbar.

(2) Nach der Auflösung der Partnerschaft oder nach dem Ausscheiden des Partners bestimmt sich die Haftung der Partner aus Verbindlichkeiten der Partnerschaft nach den §§ 159, 160 des Handelsgesetzbuchs.

§ 11. Übergangsvorschrift. [1]Den Zusatz „Partnerschaft" oder „und Partner" dürfen nur Partnerschaften nach diesem Gesetz führen. [2]Gesellschaften, die eine solche Bezeichnung bei Inkrafttreten dieses Gesetzes in ihrem Namen führen, ohne Partnerschaft im Sinne dieses Gesetzes zu sein, dürfen diese Bezeichnung noch bis zum Ablauf von zwei Jahren nach Inkrafttreten dieses Gesetzes weiterverwenden. [3]Nach Ablauf dieser Frist dürfen sie eine solche Bezeichnung nur noch weiterführen, wenn sie in ihrem Namen der Bezeichnung „Partnerschaft" oder „und Partner" einen Hinweis auf die andere Rechtsform hinzufügen.

6

Insolvenzordnung[1)]

Vom 5. Oktober 1996, mit Änderungen bis zum 29. Juli 1998

Allgemeine Vorschriften

§ 1. Ziele des Insolvenzverfahrens. [1]Das Insolvenzverfahren dient dazu, die Gläubiger eines Schuldners gemeinschaftlich zu befriedigen, indem das Vermögen des Schuldners verwertet und der Erlös verteilt oder in einem Insolvenzplan eine abweichende Regelung insbesondere zum Erhalt des Unternehmens getroffen wird. [2]Dem redlichen Schuldner wird Gelegenheit gegeben, sich von seinen restlichen Verbindlichkeiten zu befreien.

§ 2. Amtsgericht als Insolvenzgericht. (1) Für das Insolvenzverfahren ist das Amtsgericht, in dessen Bezirk ein Landgericht seinen Sitz hat, als Insolvenzgericht für den Bezirk dieses Landgerichts ausschließlich zuständig.

§ 3. Örtliche Zuständigkeit. (1) [1]Örtlich zuständig ist ausschließlich das Insolvenzgericht, in dessen Bezirk der Schuldner seinen allgemeinen Gerichtsstand hat. [2]Liegt der Mittelpunkt einer selbständigen wirtschaftlichen Tätigkeit des Schuldners an einem anderen Ort, so ist ausschließlich das Insolvenzgericht zuständig, in dessen Bezirk dieser Ort liegt.

(2) Sind mehrere Gerichte zuständig, so schließt das Gericht, bei dem zuerst die Eröffnung des Insolvenzverfahrens beantragt worden ist, die übrigen aus.

§ 4. Anwendbarkeit der Zivilprozeßordnung. Für das Insolvenzverfahren gelten, soweit dieses Gesetz nichts anderes bestimmt, die Vorschriften der Zivilprozeßordnung entsprechend.

6

§ 5. Verfahrensgrundsätze. (1) [1]Das Insolvenzgericht hat von Amts wegen alle Umstände zu ermitteln, die für das Insolvenzverfahren von Bedeutung sind. [2]Es kann zu diesem Zweck insbesondere Zeugen und Sachverständige vernehmen.

(2) [1]Die Entscheidungen des Gerichts können ohne mündliche Verhandlung ergehen. ...

(3) Tabellen und Verzeichnisse können maschinell hergestellt und bearbeitet werden.

§ 6. Sofortige Beschwerde. (1) Die Entscheidungen des Insolvenzgerichts unterliegen nur in den Fällen einem Rechtsmittel, in denen dieses Gesetz die sofortige Beschwerde vorsieht.

(2) [1]Die Beschwerdefrist beginnt mit der Verkündung der Entscheidung oder, wenn diese nicht verkündet wird, mit deren Zustellung. [2]Das Insolvenzgericht kann der Beschwerde abhelfen.

(3) [1]Die Entscheidung des Landgerichts über die Beschwerde wird erst mit der Rechtskraft wirksam. [2]Das Landgericht kann jedoch die sofortige Wirksamkeit der Entscheidung anordnen.

§ 9. Öffentliche Bekanntmachung. (1) [1]Die öffentliche Bekanntmachung erfolgt durch Veröffentlichung in dem für amtliche Bekanntmachungen des Gerichts bestimmten Blatt; die Veröffentlichung kann auszugsweise geschehen. [2]Dabei ist der Schuldner genau zu bezeichnen, insbesondere sind seine Anschrift und sein Geschäftszweig anzugeben. [3]Die Bekanntmachung gilt als bewirkt, sobald nach dem Tag der Veröffentlichung zwei weitere Tage verstrichen sind.

Eröffnung des Insolvenzverfahrens. Erfaßtes Vermögen und Verfahrensbeteiligte

▶ Eröffnungsvoraussetzungen und Eröffnungsverfahren

§ 11. Zulässigkeit des Insolvenzverfahrens. (1) [1]Ein Insolvenzverfahren kann über das Vermögen jeder natürlichen und jeder juristischen Person eröffnet werden. [2]Der nicht rechtsfähige Verein steht insoweit einer juristischen Person gleich.

(2) Ein Insolvenzverfahren kann ferner eröffnet werden:

1. über das Vermögen einer Gesellschaft ohne Rechtspersönlichkeit (offene Handelsgesellschaft, Kommanditgesellschaft, Partnerschaftsgesellschaft, Gesellschaft des Bürgerlichen Rechts, Partenreederei, Europäische wirtschaftliche Interessenvereinigung);

[1)] Die Insolvenzordnung ersetzt mit Wirkung vom 01. Januar 1999 die Konkursordnung und die Vergleichsordnung.

§ 13. Eröffnungsantrag. (1) [1]Das Insolvenzverfahren wird nur auf Antrag eröffnet. [2]Antragsberechtigt sind die Gläubiger und der Schuldner.

(2) Der Antrag kann zurückgenommen werden, bis das Insolvenzverfahren eröffnet oder der Antrag rechtskräftig abgewiesen ist.

§ 14. Antrag eines Gläubigers. (1) Der Antrag eines Gläubigers ist zulässig, wenn der Gläubiger ein rechtliches Interesse an der Eröffnung des Insolvenzverfahrens hat und seine Forderung und den Eröffnungsgrund glaubhaft macht.

(2) Ist der Antrag zulässig, so hat das Insolvenzgericht den Schuldner zu hören.

§ 15. Antragsrecht bei juristischen Personen und Gesellschaften ohne Rechtspersönlichkeit. (1) Zum Antrag auf Eröffnung eines Insolvenzverfahrens über das Vermögen einer juristischen Person oder einer Gesellschaft ohne Rechtspersönlichkeit ist außer den Gläubigern jedes Mitglied des Vertretungsorgans, bei einer Gesellschaft ohne Rechtspersönlichkeit oder bei einer Kommanditgesellschaft auf Aktien jeder persönlich haftende Gesellschafter, sowie jeder Abwickler berechtigt.

§ 16. Eröffnungsgrund. Die Eröffnung des Insolvenzverfahrens setzt voraus, daß ein Eröffnungsgrund gegeben ist.

§ 17. Zahlungsunfähigkeit. (1) Allgemeiner Eröffnungsgrund ist die Zahlungsunfähigkeit.

(2) [1]Der Schuldner ist zahlungsunfähig, wenn er nicht in der Lage ist, die fälligen Zahlungspflichten zu erfüllen. [2]Zahlungsunfähigkeit ist in der Regel anzunehmen, wenn der Schuldner seine Zahlungen eingestellt hat.

§ 18. Drohende Zahlungsunfähigkeit. (1) Beantragt der Schuldner die Eröffnung des Insolvenzverfahrens, so ist auch die drohende Zahlungsunfähigkeit Eröffnungsgrund.

(2) Der Schuldner droht zahlungsunfähig zu werden, wenn er voraussichtlich nicht in der Lage sein wird, die bestehenden Zahlungspflichten im Zeitpunkt der Fälligkeit zu erfüllen.

§ 19. Überschuldung. (1) Bei einer juristischen Person ist auch die Überschuldung Eröffnungsgrund.

(2) [1]Überschuldung liegt vor, wenn das Vermögen des Schuldners die bestehenden Verbindlichkeiten nicht mehr deckt. [2]Bei der Bewertung des Vermögens des Schuldners ist jedoch die Fortführung des Unternehmens zugrunde zu legen, wenn diese nach den Umständen überwiegend wahrscheinlich ist.

§ 21. Anordnung von Sicherungsmaßnahmen.
(1) Das Insolvenzgericht hat alle Maßnahmen zu treffen, die erforderlich erscheinen, um bis zur Entscheidung über den Antrag eine den Gläubigern nachteilige Veränderung in der Vermögenslage des Schuldners zu verhüten.

§ 22. Rechtsstellung des vorläufigen Insolvenzverwalters. (1) [1]Wird ein vorläufiger Insolvenzverwalter bestellt und dem Schuldner ein allgemeines Verfügungsverbot auferlegt, so geht die Verwaltungs- und Verfügungsbefugnis über das Vermögen des Schuldners auf den vorläufigen Insolvenzverwalter über. [2]In diesem Fall hat der vorläufige Insolvenzverwalter:
1. das Vermögen des Schuldners zu sichern und zu erhalten;
2. ein Unternehmen, das der Schuldner betreibt, bis zur Entscheidung über die Eröffnung des Insolvenzverfahrens fortzuführen, soweit nicht das Insolvenzgericht einer Stillegung zustimmt, um eine erhebliche Verminderung des Vermögens zu vermeiden;
3. zu prüfen, ob das Vermögen des Schuldners die Kosten des Verfahrens decken wird; das Gericht kann ihn zusätzlich beauftragen, als Sachverständiger zu prüfen, ob ein Eröffnungsgrund vorliegt und welche Aussichten für eine Fortführung des Unternehmens des Schuldners bestehen.

§ 26. Abweisung mangels Masse. (1) [1]Das Insolvenzgericht weist den Antrag auf Eröffnung des Insolvenzverfahrens ab, wenn das Vermögen des Schuldners voraussichtlich nicht ausreichen wird, um die Kosten des Verfahrens zu decken. [2]Die Abweisung unterbleibt, wenn ein ausreichender Geldbetrag vorgeschossen wird.

(2) [1]Das Gericht hat die Schuldner, bei denen der Eröffnungsantrag mangels Masse abgewiesen worden ist, in ein Verzeichnis einzutragen (Schuldnerverzeichnis). [2]Die Vorschriften über das Schuldnerverzeichnis nach der Zivilprozeßordnung gelten entsprechend; jedoch beträgt die Löschungsfrist fünf Jahre.

6

§ 27. Eröffnungsbeschluß. (1) [1]Wird das Insolvenzverfahren eröffnet, so ernennt das Insolvenzgericht einen Insolvenzverwalter. ...

§ 28. Aufforderung an die Gläubiger und die Schuldner. (1) [1]Im Eröffnungsbeschluß sind die Gläubiger aufzufordern, ihre Forderungen innerhalb einer bestimmten Frist unter Beachtung des § 174 beim Insolvenzverwalter anzumelden. [2]Die Frist ist auf einen Zeitraum von mindestens zwei Wochen und höchstens drei Monaten festzusetzen.

(2) [1]Im Eröffnungsbeschluß sind die Gläubiger aufzufordern, dem Verwalter unverzüglich mitzuteilen, welche Sicherungsrechte sie an beweglichen Sachen oder an Rechten des Schuldners in Anspruch nehmen. [2]Der Gegenstand, an dem das Sicherungsrecht beansprucht wird, die Art und der Entstehungsgrund des Sicherungsrechts sowie die gesicherte Forderung sind zu bezeichnen. [3]Wer die Mitteilung schuldhaft unterläßt oder verzögert, haftet für den daraus entstehenden Schaden.

(3) Im Eröffnungsbeschluß sind die Personen, die Verpflichtungen gegenüber dem Schuldner haben, aufzufordern, nicht mehr an den Schuldner zu leisten, sondern an den Verwalter.

§ 29. Terminbestimmungen. (1) Im Eröffnungsbeschluß bestimmt das Insolvenzgericht Termine für:
1. eine Gläubigerversammlung, in der auf der Grundlage eines Berichts des Insolvenzverwalters über den Fortgang des Insolvenzverfahrens beschlossen wird (Berichtstermin); der Termin soll nicht über sechs Wochen und darf nicht über drei Monate hinaus angesetzt werden;
2. eine Gläubigerversammlung, in der die angemeldeten Forderungen geprüft werden (Prüfungstermin); der Zeitraum zwischen dem Ablauf der Anmeldefrist und dem Prüfungstermin soll mindestens eine Woche und höchstens zwei Monate betragen.

(2) Die Termine können verbunden werden.

§ 30. Bekanntmachung des Eröffnungsbeschlusses. Hinweis auf Restschuldbefreiung.
(1) [1]Die Geschäftsstelle des Insolvenzgerichts hat den Eröffnungsbeschluß sofort öffentlich bekanntzumachen. [2]Die Bekanntmachung ist, unbeschadet des § 9, auszugsweise im Bundesanzeiger zu veröffentlichen.

6

(2) Den Gläubigern und Schuldnern des Schuldners und dem Schuldner selbst ist der Beschluß besonders zuzustellen.

§ 31. Handels-, Genossenschafts- und Vereinsregister. Ist der Schuldner im Handels-, Genossenschafts- oder Vereinsregister eingetragen, so hat die Geschäftsstelle des Insolvenzgerichts dem Registergericht zu übermitteln:
1. im Falle der Eröffnung des Insolvenzverfahrens eine Ausfertigung des Eröffnungsbeschlusses;
2. im Falle der Abweisung des Eröffnungsantrags mangels Masse eine Ausfertigung des abweisenden Beschlusses, wenn der Schuldner eine juristische Person oder eine Gesellschaft ohne Rechtspersönlichkeit ist, die durch die Abweisung mangels Masse aufgelöst wird.

§ 32. Grundbuch. (1) Die Eröffnung des Insolvenzverfahrens ist in das Grundbuch einzutragen:
1. bei Grundstücken, als deren Eigentümer der Schuldner eingetragen ist;
2. bei den für den Schuldner eingetragenen Rechten an Grundstücken und an eingetragenen Rechten, wenn nach der Art des Rechts und den Umständen zu befürchten ist, daß ohne die Eintragung die Insolvenzgläubiger benachteiligt würden.

(2) [1]Soweit dem Insolvenzgericht solche Grundstücke oder Rechte bekannt sind, hat es das Grundbuchamt von Amts wegen um die Eintragung zu ersuchen. [2]Die Eintragung kann auch vom Insolvenzverwalter beim Grundbuchamt beantragt werden.

(3) [1]Werden ein Grundstück oder ein Recht, bei denen die Eröffnung des Verfahrens eingetragen worden ist, vom Verwalter freigegeben oder veräußert, so hat das Insolvenzgericht auf Antrag das Grundbuchamt um Löschung der Eintragung zu ersuchen. [2]Die Löschung kann auch vom Verwalter beim Grundbuchamt beantragt werden.

§ 34. Rechtsmittel. (1) Wird die Eröffnung des Insolvenzverfahrens abgelehnt, so steht dem Antragsteller und, wenn die Abweisung des Antrags nach § 26 erfolgt, dem Schuldner die sofortige Beschwerde zu.

(2) Wird das Insolvenzverfahren eröffnet, so steht dem Schuldner die sofortige Beschwerde zu.

▶ Insolvenzmasse. Einteilung der Gläubiger

§ 35. Begriff der Insolvenzmasse. Das Insolvenzverfahren erfaßt das gesamte Vermögen, das dem Schuldner zur Zeit der Eröffnung des Verfahrens gehört und das er während des Verfahrens erlangt (Insolvenzmasse).

§ 36. Unpfändbare Gegenstände. (1) Gegenstände, die nicht der Zwangsvollstreckung unterliegen, gehören nicht zur Insolvenzmasse.

(2) Zur Insolvenzmasse gehören jedoch
1. die Geschäftsbücher des Schuldners; gesetzliche Pflichten zur Aufbewahrung von Unterlagen bleiben unberührt;
2. die Sachen, die nach § 811 Nr. 4 und 9 der Zivilprozeßordnung nicht der Zwangsvollstreckung unterliegen.

(3) Sachen, die zum gewöhnlichen Hausrat gehören und im Haushalt des Schuldners gebraucht werden, gehören nicht zur Insolvenzmasse, wenn ohne weiteres ersichtlich ist, daß durch ihre Verwertung nur ein Erlös erzielt werden würde, der zu dem Wert außer allem Verhältnis steht.

§ 38. Begriff der Insolvenzgläubiger. Die Insolvenzmasse dient zur Befriedigung der persönlichen Gläubiger, die einen zur Zeit der Eröffnung des Insolvenzverfahrens begründeten Vermögensanspruch gegen den Schuldner haben (Insolvenzgläubiger).

§ 39. Nachrangige Insolvenzgläubiger. (1) Im Rang nach den übrigen Forderungen der Insolvenzgläubiger werden in folgender Rangfolge, bei gleichem Rang nach dem Verhältnis ihrer Beträge, berichtigt:
1. die seit der Eröffnung des Insolvenzverfahrens laufenden Zinsen der Forderungen der Insolvenzgläubiger;
2. die Kosten, die den einzelnen Insolvenzgläubigern durch ihre Teilnahme am Verfahren erwachsen;
3. Geldstrafen, Geldbußen, Ordnungsgelder und Zwangsgelder sowie solche Nebenfolgen einer Straftat oder Ordnungswidrigkeit, die zu einer Geldzahlung verpflichten;
4. Forderungen auf eine unentgeltliche Leistung des Schuldners;
5. Forderungen auf Rückgewähr des kapitalersetzenden Darlehens eines Gesellschafters oder gleichgestellte Forderungen.

§ 41. Nicht fällige Forderungen. (1) Nicht fällige Forderungen gelten als fällig.

(2) [1]Sind sie unverzinslich, so sind sie mit dem gesetzlichen Zinssatz abzuzinsen. [2]Sie vermindern sich dadurch auf den Betrag, der bei Hinzurechnung der gesetzlichen Zinsen für die Zeit von der Eröffnung des Insolvenzverfahrens bis zur Fälligkeit dem vollen Betrag der Forderung entspricht.

§ 47. Aussonderung. [1]Wer auf Grund eines dinglichen oder persönlichen Rechts geltend machen kann, daß ein Gegenstand nicht zur Insolvenzmasse gehört, ist kein Insolvenzgläubiger. [2]Sein Anspruch auf Aussonderung des Gegenstands bestimmt sich nach den Gesetzen, die außerhalb des Insolvenzverfahrens gelten.

§ 49. Abgesonderte Befriedigung aus unbeweglichen Gegenständen. Gläubiger, denen ein Recht auf Befriedigung aus Gegenständen zusteht, die der Zwangsvollstreckung in das unbewegliche Vermögen unterliegen (unbewegliche Gegenstände), sind nach Maßgabe des Gesetzes über die Zwangsversteigerung und die Zwangsverwaltung zur abgesonderten Befriedigung berechtigt.

§ 50. Abgesonderte Befriedigung der Pfandgläubiger. (1) Gläubiger, die an einem Gegenstand der Insolvenzmasse ein rechtsgeschäftliches Pfandrecht, ein durch Pfändung erlangtes Pfandrecht oder ein gesetzliches Pfandrecht haben, sind nach Maßgabe der §§ 166 bis 173 für Hauptforderung, Zinsen und Kosten zur abgesonderten Befriedigung aus dem Pfandgegenstand berechtigt.

§ 51. Sonstige Absonderungsberechtigte. Den in § 50 genannten Gläubigern stehen gleich:
1. Gläubiger, denen der Schuldner zur Sicherung eines Anspruchs eine bewegliche Sache übereignet oder ein Recht übertragen hat;
2. Gläubiger, denen ein Zurückbehaltungsrecht an einer Sache zusteht, weil sie etwas zum Nutzen der Sache verwendet haben, soweit ihre Forderung aus der Verwendung den noch vorhandenen Vorteil nicht übersteigt;
3. Gläubiger, denen nach dem Handelsgesetzbuch ein Zurückbehaltungsrecht zusteht;
4. Bund, Länder, Gemeinden und Gemeindeverbände, soweit ihnen zoll- und steuerpflichtige Sachen nach gesetzlichen Vorschriften als Sicherheit für öffentliche Abgaben dienen.

§ 53. Massegläubiger. Aus der Insolvenzmasse sind die Kosten des Insolvenzverfahrens und die sonstigen Masseverbindlichkeiten vorweg zu berichtigen.

§ 54. Kosten des Insolvenzverfahrens. Kosten des Insolvenzverfahrens sind:
1. die Gerichtskosten für das Insolvenzverfahren;
2. die Vergütungen und die Auslagen des vorläufigen Insolvenzverwalters, des Insolvenzverwalters und der Mitglieder des Gläubigerausschusses.

§ 55. Sonstige Masseverbindlichkeiten.

(1) Masseverbindlichkeiten sind weiter die Verbindlichkeiten:
1. die durch Handlungen des Insolvenzverwalters oder in anderer Weise durch die Verwaltung, Verwertung und Verteilung der Insolvenzmasse begründet werden, ohne zu den Kosten des Insolvenzverfahrens zu gehören;
2. aus gegenseitigen Verträgen, soweit deren Erfüllung zur Insolvenzmasse verlangt wird oder für die Zeit nach der Eröffnung des Insolvenzverfahrens erfolgen muß;
3. aus einer ungerechtfertigten Bereicherung der Masse.

▶ Insolvenzverwalter. Organe der Gläubiger

§ 56. Bestellung des Insolvenzverwalters.

(1) Zum Insolvenzverwalter ist eine für den jeweiligen Einzelfall geeignete, insbesondere geschäftskundige und von den Gläubigern und dem Schuldner unabhängige natürliche Person zu bestellen.

(2) [1]Der Verwalter erhält eine Urkunde über seine Bestellung. [2]Bei Beendigung seines Amtes hat er die Urkunde dem Insolvenzgericht zurückzugeben.

§ 58. Aufsicht des Insolvenzgerichts. (1) [1]Der Insolvenzverwalter steht unter der Aufsicht des Insolvenzgerichts. [2]Das Gericht kann jederzeit einzelne Auskünfte oder einen Bericht über den Sachstand und die Geschäftsführung von ihm verlangen.

§ 60. Haftung des Insolvenzverwalters. (1) [1]Der Insolvenzverwalter ist allen Beteiligten zum Schadenersatz verpflichtet, wenn er schuldhaft die Pflichten verletzt, die ihm nach diesem Gesetz obliegen. [2]Er hat für die Sorgfalt eines ordentlichen und gewissenhaften Insolvenzverwalters einzustehen.

§ 66. Rechnungslegung. (1) Der Insolvenzverwalter hat bei der Beendigung seines Amtes einer Gläubigerversammlung Rechnung zu legen.

§ 77. Feststellung des Stimmrechts. (1) [1]Ein Stimmrecht gewähren die Forderungen, die angemeldet und weder vom Insolvenzverwalter noch von einem stimmberechtigten Gläubiger bestritten worden sind. [2]Nachrangige Gläubiger sind nicht stimmberechtigt.

Wirkungen der Eröffnung des Insolvenzverfahrens

▶ Allgemeine Wirkungen

§ 80. Übergang des Verwaltungs- und Verfügungsrechts. (1) Durch die Eröffnung des Insolvenzverfahrens geht das Recht des Schuldners, das zur Insolvenzmasse gehörende Vermögen zu verwalten und über es zu verfügen, auf den Insolvenzverwalter über.

6

§ 81. Verfügungen des Schuldners. (1) [1]Hat der Schuldner nach der Eröffnung des Insolvenzverfahrens über einen Gegenstand der Insolvenzmasse verfügt, so ist diese Verfügung unwirksam.

§ 88. Vollstreckung vor Verfahrenseröffnung. Hat ein Insolvenzgläubiger im letzten Monat vor dem Antrag auf Eröffnung des Insolvenzverfahrens oder nach diesem Antrag durch Zwangsvollstreckung eine Sicherung an dem zur Insolvenzmasse gehörenden Vermögen des Schuldners erlangt, so wird diese Sicherung mit der Eröffnung des Verfahrens unwirksam.

§ 89. Vollstreckungsverbot. (1) Zwangsvollstreckungen für einzelne Insolvenzgläubiger sind während der Dauer des Insolvenzverfahrens weder in die Insolvenzmasse noch in das sonstige Vermögen des Schuldners zulässig.

§ 100. Unterhalt aus der Insolvenzmasse.

(1) Die Gläubigerversammlung beschließt, ob und in welchem Umfang dem Schuldner und seiner Familie Unterhalt aus der Insolvenzmasse gewährt werden soll.

▶ Erfüllung der Rechtsgeschäfte. Mitwirkung des Betriebsrats

§ 107. Eigentumsvorbehalt. (1) [1]Hat vor der Eröffnung des Insolvenzverfahrens der Schuldner eine bewegliche Sache unter Eigentumsvorbehalt verkauft und dem Käufer den Besitz an der Sache übertragen, so kann der Käufer die Erfüllung des Kaufvertrages verlangen.

§ 113. Kündigung eines Dienstverhältnisses.

(1) [1]Ein Dienstverhältnis, bei dem der Schuldner der Dienstberechtigte ist, kann vom Insolvenzverwalter und vom anderen Teil ohne Rücksicht auf eine vereinbarte Vertragsdauer oder einen vereinbarten Ausschluß des Rechts zur ordentlichen Kündigung gekündigt werden. [2]Die Kündigungsfrist beträgt drei Monate zum Monatsende, wenn nicht eine kürzere Frist maßgeblich ist. [3]Kündigt der Verwalter, so kann der andere Teil wegen der vorzeitigen Beendigung des Dienstverhältnisses als Insolvenzgläubiger Schadenersatz verlangen.

§ 123. Umfang des Sozialplans. (1) In einem Sozialplan, der nach der Eröffnung des Insolvenzverfahrens aufgestellt wird, kann für den Ausgleich oder die Milderung der wirtschaftlichen Nachteile, die den Arbeitnehmern infolge der geplanten Betriebsänderung entstehen, ein Gesamtbetrag von bis zu zweieinhalb Monatsverdiensten (§ 10 Abs. 3 des Kündigungsschutzgesetzes) der von einer Entlassung betroffenen Arbeitnehmer vorgesehen werden.

(2) [1]Die Verbindlichkeiten aus einem solchen Sozialplan sind Masseverbindlichkeiten. [2]Jedoch darf, wenn nicht ein Insolvenzplan zustande kommt, für die Berichtigung von Sozialplanforderungen nicht mehr als ein Drittel der Masse verwendet werden, die ohne einen Sozialplan für die Verteilung an die Insolvenzgläubiger zur Verfügung stünde. [3]Übersteigt der Gesamtbetrag aller Sozialplanforderungen diese Grenze, so sind die einzelnen Forderungen anteilig zu kürzen.

▶ Insolvenzanfechtung

§ 129. Grundsatz. (1) Rechtshandlungen, die vor der Eröffnung des Insolvenzverfahrens vorgenommen worden sind und die Insolvenzgläubiger benachteiligen, kann der Insolvenzverwalter nach Maßgabe der §§ 130 bis 146 anfechten.

(2) Eine Unterlassung steht einer Rechtshandlung gleich.

§ 130. Kongruente Deckung. (1) Anfechtbar ist eine Rechtshandlung, die einem Insolvenzgläubiger eine Sicherung oder Befriedigung gewährt oder ermöglicht hat,

1. wenn sie in den letzten drei Monaten vor dem Antrag auf Eröffnung des Insolvenzverfahrens vorgenommen worden ist, wenn zur Zeit der Handlung der Schuldner zahlungsunfähig war und wenn der Gläubiger zu dieser Zeit die Zahlungsunfähigkeit kannte oder
2. wenn sie nach dem Eröffnungsantrag vorgenommen worden ist und wenn der Gläubiger zur Zeit der Handlung die Zahlungsunfähigkeit oder den Eröffnungsantrag kannte.

(2) Der Kenntnis der Zahlungsunfähigkeit oder des Eröffnungsantrags steht die Kenntnis von Umständen gleich, die zwingend auf die Zahlungsunfähigkeit oder den Eröffnungsantrag schließen lassen.

(3) Gegenüber einer Person, die dem Schuldner zur Zeit der Handlung nahestand (§ 138), wird vermutet, daß sie die Zahlungsunfähigkeit oder den Eröffnungsantrag kannte.

§ 131. Inkongruente Deckung. (1) Anfechtbar ist eine Rechtshandlung, die einem Insolvenzgläubiger eine Sicherung oder Befriedigung gewährt oder ermöglicht hat, die er nicht oder nicht in der Art oder nicht zu der Zeit zu beanspruchen hatte,

1. wenn die Handlung im letzten Monat vor dem Antrag auf Eröffnung des Insolvenzverfahrens oder nach diesem Antrag vorgenommen worden ist.
2. wenn die Handlung innerhalb des zweiten oder dritten Monats vor dem Eröffnungsantrag vorgenommen worden ist und der Schuldner zur Zeit der Handlung zahlungsunfähig war oder
3. wenn die Handlung innerhalb des zweiten oder dritten Monats vor dem Eröffnungsantrag vorgenommen worden ist und dem Gläubiger zur Zeit der Handlung bekannt war, daß sie die Insolvenzgläubiger benachteiligte.

§ 133. Vorsätzliche Benachteiligung. (1) [1]Anfechtbar ist eine Rechtshandlung, die der Schuldner in den letzten zehn Jahren vor dem Antrag auf Eröffnung des Insolvenzverfahrens oder nach diesem Antrag mit dem Vorsatz, seine Gläubiger zu benachteiligen, vorgenommen hat, wenn der andere Teil zur Zeit der Handlung den Vorsatz des Schuldners kannte. [2]Diese Kenntnis wird vermutet, wenn der andere Teil wußte, daß die Zahlungsunfähigkeit des Schuldners drohte und daß die Handlung die Gläubiger benachteiligte.

(2) [1]Anfechtbar ist ein vom Schuldner mit einer nahestehenden Person (§ 138) geschlossener entgeltlicher Vertrag, durch den die Insolvenzgläubiger unmittelbar benachteiligt werden. [2]Die Anfechtung ist ausgeschlossen, wenn der Vertrag früher als zwei Jahre vor dem Eröffnungsantrag geschlossen worden ist oder wenn dem anderen Teil zur Zeit des Vertragsschlusses ein Vorsatz des Schuldners, die Gläubiger zu benachteiligen, nicht bekannt war.

§ 134. Unentgeltliche Leistung. (1) Anfechtbar ist eine unentgeltliche Leistung des Schuldners, es sei denn, sie ist früher als vier Jahre vor dem Antrag auf Eröffnung des Insolvenzverfahrens vorgenommen worden.

§ 138. Nahestehende Personen. (1) Ist der Schuldner eine natürliche Person, so sind nahestehende Personen:

1. der Ehegatte des Schuldners, auch wenn die Ehe erst nach der Rechtshandlung geschlossen oder im letzten Jahr vor der Handlung aufgelöst worden ist;
2. Verwandte des Schuldners oder des in Nummer 1 bezeichneten Ehegatten in auf- und absteigender Linie und voll- und halbbürtige Geschwister des Schuldners oder des in Nummer 1 bezeichneten Ehegatten sowie die Ehegatten dieser Personen;
3. Personen, die in häuslicher Gemeinschaft mit dem Schuldner leben oder im letzten Jahr vor der Handlung in häuslicher Gemeinschaft mit dem Schuldner gelebt haben.

Verwaltung und Verwertung der Insolvenzmasse

▶ Sicherung der Insolvenzmasse

§ 148. Übernahme der Insolvenzmasse.
(1) Nach der Eröffnung des Insolvenzverfahrens hat der Insolvenzverwalter das gesamte zur Insolvenzmasse gehörende Vermögen sofort in Besitz und Verwaltung zu nehmen.

6

§ 151. Verzeichnis der Massegegenstände.
(1) [1]Der Insolvenzverwalter hat ein Verzeichnis der einzelnen Gegenstände der Insolvenzmasse aufzustellen. [2]Der Schuldner ist hinzuzuziehen, wenn dies ohne eine nachteilige Verzögerung möglich ist.

(2) [1]Bei jedem Gegenstand ist dessen Wert anzugeben.

§ 152. Gläubigerverzeichnis. (1) Der Insolvenzverwalter hat ein Verzeichnis aller Gläubiger des Schuldners aufzustellen, die ihm aus den Büchern und Geschäftspapieren des Schuldners, durch sonstige Angaben des Schuldners, durch die Anmeldung ihrer Forderungen oder auf andere Weise bekannt geworden sind.

(2) [1]In dem Verzeichnis sind die absonderungsberechtigten Gläubiger und die einzelnen Rangklassen der nachrangigen Insolvenzgläubiger gesondert aufzuführen. [2]Bei jedem Gläubiger sind die Anschrift sowie der Grund und der Betrag seiner Forderung anzugeben. [3]Bei den absonderungsberechtigten Gläubigern sind zusätzlich der Gegenstand, an dem das Absonderungsrecht besteht, und die Höhe des mutmaßlichen Ausfalls zu bezeichnen; § 151 Abs. 2 Satz 2 gilt entsprechend.

§ 153. Vermögensübersicht. (1) [1]Der Insolvenzverwalter hat auf den Zeitpunkt der Eröffnung des Insolvenzverfahrens eine geordnete Übersicht aufzustellen, in der die Gegenstände der Insolvenzmasse und die Verbindlichkeiten des Schuldners aufgeführt und einander gegenübergestellt werden.

▶ Gegenstände mit Absonderungsrechten

§ 165. Verwertung unbeweglicher Gegenstände. Der Insolvenzverwalter kann beim zuständigen Gericht die Zwangsversteigerung oder die Zwangsverwaltung eines unbeweglichen Gegenstands der Insolvenzmasse betreiben, auch wenn an dem Gegenstand ein Absonderungsrecht besteht.

§ 166. Verwertung beweglicher Gegenstände.

(1) Der Insolvenzverwalter darf eine bewegliche Sache, an der ein Absonderungsrecht besteht, freihändig verwerten, wenn er die Sache in seinem Besitz hat.

(2) Der Verwalter darf eine Forderung, die der Schuldner zur Sicherung eines Anspruchs abgetreten hat, einziehen oder in anderer Weise verwerten.

6

§ 167. Unterrichtung des Gläubigers. (1) [1]Ist der Insolvenzverwalter nach § 166 Abs. 1 zur Verwertung einer beweglichen Sache berechtigt, so hat er dem absonderungsberechtigten Gläubiger auf dessen Verlangen Auskunft über den Zustand der Sache zu erteilen. [2]Anstelle der Auskunft kann er dem Gläubiger gestatten, die Sache zu besichtigen.

(2) [1]Ist der Verwalter nach § 166 Abs. 2 zur Einziehung einer Forderung berechtigt, so hat er dem absonderungsberechtigten Gläubiger auf dessen Verlangen Auskunft über die Forderung zu erteilen. [2]Anstelle der Auskunft kann er dem Gläubiger gestatten, Einsicht in die Bücher und Geschäftspapiere des Schuldners zu nehmen.

Befriedigung der Insolvenzgläubiger. Einstellung des Verfahrens

▶ Feststellung der Forderungen

§ 174. Anmeldung der Forderungen. (1) [1]Die Insolvenzgläubiger haben ihre Forderungen schriftlich beim Insolvenzverwalter anzumelden. [2]Der Anmeldung sollen die Urkunden, aus denen sich die Forderung ergibt, in Abdruck beigefügt werden.

(2) Bei der Anmeldung sind der Grund und der Betrag der Forderung anzugeben.

(3) [1]Die Forderungen nachrangiger Gläubiger sind nur anzumelden, soweit das Insolvenzgericht besonders zur Anmeldung dieser Forderungen auffordert. [2]Bei der Anmeldung solcher Forderungen ist auf den Nachrang hinzuweisen und die dem Gläubiger zustehende Rangstelle zu bezeichnen.

▶ Verteilung

§ 187. Befriedigung der Insolvenzgläubiger.

(1) Mit der Befriedigung der Insolvenzgläubiger kann erst nach dem allgemeinen Prüfungstermin begonnen werden.

(2) [1]Verteilungen an die Insolvenzgläubiger können stattfinden, sooft hinreichende Barmittel in der Insolvenzmasse vorhanden sind. [2]Nachrangige Insolvenzgläubiger sollen bei Abschlagsverteilungen nicht berücksichtigt werden.

(3) [1]Die Verteilungen werden vom Insolvenzverwalter vorgenommen. [2]Vor jeder Verteilung hat er die Zustimmung des Gläubigerausschusses einzuholen, wenn ein solcher bestellt ist.

§ 196. Schlußverteilung. (1) Die Schlußverteilung erfolgt, sobald die Verwertung der Insolvenzmasse beendet ist.

(2) Die Schlußverteilung darf nur mit Zustimmung des Insolvenzgerichts vorgenommen werden.

§ 200. Aufhebung des Insolvenzverfahrens.

(1) Sobald die Schlußverteilung vollzogen ist, beschließt das Insolvenzgericht die Aufhebung des Insolvenzverfahrens.

(2) [1]Der Beschluß und der Grund der Aufhebung sind öffentlich bekanntzumachen. [2]Die Bekanntmachung ist, unbeschadet des § 9, auszugsweise im Bundesanzeiger zu veröffentlichen. [3]Die §§ 31 bis 33 gelten entsprechend.

▶ Einstellung des Verfahrens

§ 207. Einstellung mangels Masse. (1) [1]Stellt sich nach der Eröffnung des Insolvenzverfahrens heraus, daß die Insolvenzmasse nicht ausreicht, um die Kosten des Verfahrens zu decken, so stellt das Insolvenzgericht das Verfahren ein.

§ 208. Anzeige der Masseunzulänglichkeit.
(1) [1]Sind die Kosten des Insolvenzverfahrens gedeckt, reicht die Insolvenzmasse jedoch nicht aus, um die fälligen sonstigen Masseverbindlichkeiten zu erfüllen, so hat der Insolvenzverwalter dem Insolvenzgericht anzuzeigen, daß Masseunzulänglichkeit vorliegt. [2]Gleiches gilt, wenn die Masse voraussichtlich nicht ausreichen wird, um die bestehenden sonstigen Masseverbindlichkeiten im Zeitpunkt der Fälligkeit zu erfüllen.

§ 209. Befriedigung der Massegläubiger.
(1) Der Insolvenzverwalter hat die Masseverbindlichkeiten nach folgender Rangordnung zu berichtigen, bei gleichem Rang nach dem Verhältnis ihrer Beträge:
1. die Kosten des Insolvenzverfahrens;
2. die Masseverbindlichkeiten, die nach der Anzeige der Masseunzulänglichkeit begründet worden sind, ohne zu den Kosten des Verfahrens zu gehören;
3. die übrigen Masseverbindlichkeiten, unter diesen zuletzt der nach den §§ 100, 101 Abs. 1 Satz 3 bewilligte Unterhalt.

Restschuldbefreiung

§ 286. Grundsatz. Ist der Schuldner eine natürliche Person, so wird er nach Maßgabe der §§ 287 bis 303 von den im Insolvenzverfahren nicht erfüllten Verbindlichkeiten gegenüber den Insolvenzgläubigern befreit.

§ 297. Insolvenzstraftaten. (1) Das Insolvenzgericht versagt die Restschuldbefreiung auf Antrag eines Insolvenzgläubigers, wenn der Schuldner in dem Zeitraum zwischen Schlußtermin und Aufhebung des Insolvenzverfahrens oder während der Laufzeit der Abtretungserklärung wegen einer Straftat nach den §§ 283 bis 283c des Strafgesetzbuchs rechtskräftig verurteilt wird.

Verbraucherinsolvenzverfahren und sonstige Kleinverfahren

▶ Anwendungsbereich

§ 304. Grundsatz. (1) Ist der Schuldner eine natürliche Person, die keine oder nur eine geringfügige selbständige wirtschaftliche Tätigkeit ausübt, so gelten für das Verfahren die allgemeinen Vorschriften, soweit in diesem Teil nichts anderes bestimmt ist.

(2) Eine selbständige wirtschaftliche Tätigkeit ist insbesondere dann geringfügig im Sinne des Absatzes 1, wenn sie nach Art oder Umfang einen in kaufmännischer Weise eingerichteten Geschäftsbetrieb nicht erfordert.

▶ Schuldenbereinigungsplan

§ 305. Eröffnungsantrag des Schuldners.
(1) Mit dem Antrag auf Eröffnung des Insolvenzverfahrens (§ 311) oder unverzüglich nach diesem Antrag hat der Schuldner vorzulegen:
1. eine Bescheinigung, die von einer geeigneten Person oder Stelle ausgestellt ist und aus der sich ergibt, daß eine außergerichtliche Einigung mit den Gläubigern über die Schuldenbereinigung auf der Grundlage eines Plans innerhalb der letzten sechs Monate vor dem Eröffnungsantrag erfolglos versucht worden ist; die Länder können bestimmen, welche Personen oder Stellen als geeignet anzusehen sind;
2. den Antrag auf Erteilung von Restschuldbefreiung (§ 287) oder die Erklärung, daß Restschuldbefreiung nicht beantragt werden soll;
3. ein Verzeichnis des vorhandenen Vermögens und des Einkommens (Vermögensverzeichnis), ein Verzeichnis der Gläubiger und ein Verzeichnis der gegen ihn gerichteten Forderungen; den Verzeichnissen ist die Erklärung beizufügen, daß die in diesen enthaltenen Angaben richtig und vollständig sind;
4. einen Schuldenbereinigungsplan; dieser kann alle Regelungen enthalten, die unter Berücksichtigung der Gläubigerinteressen sowie der Vermögens-, Einkommens- und Familienverhältnisse des Schuldners geeignet sind, zu einer angemessenen Schuldenbereinigung zu führen; in den Plan ist aufzunehmen, ob und inwieweit Bürgschaften, Pfandrechte und andere Sicherheiten der Gläubiger vom Plan berührt werden sollen.

(2) [1]In dem Verzeichnis der Forderungen nach Absatz 1 Nr. 3 kann auch auf beigefügte Forderungsaufstellungen der Gläubiger Bezug genommen werden. [2]Auf Aufforderung des Schuldners sind die Gläubiger verpflichtet, auf ihre Kosten dem Schuldner zur Vorbereitung des Forderungsverzeichnisses eine schriftliche Aufstellung ihrer gegen diesen gerichteten Forderungen zu erteilen; insbesondere haben sie ihm die Höhe ihrer Forderungen und deren Aufgliederung in Hauptforderung, Zinsen und Kosten anzugeben. [3]Die Aufforderung des Schuldners muß einen Hinweis auf einen bereits bei Gericht eingereichten oder in naher Zukunft beabsichtigten Antrag auf Eröffnung eines Insolvenzverfahrens enthalten.

(3) [1]Hat der Schuldner die in Absatz 1 genannten Erklärungen und Unterlagen nicht vollständig abgegeben, so fordert ihn das Insolvenzgericht auf, das Fehlende unverzüglich zu ergänzen. [2]Kommt der Schuldner dieser Aufforderung nicht binnen eines Monats nach, so gilt sein Antrag auf Eröffnung des Insolvenzverfahrens als zurückgenommen.

Tarifvertragsgesetz

In der Fassung vom 25. August 1969, mit Änderungen bis zum 31. August 1990

§ 1. Inhalt und Form des Tarifvertrages. (1) Der Tarifvertrag regelt die Rechte und Pflichten der Tarifvertragsparteien und enthält Rechtsnormen, die den Inhalt, den Abschluß und die Beendigung von Arbeitsverhältnissen sowie betriebliche und betriebsverfassungsrechtliche Fragen ordnen können.

(2) Tarifverträge bedürfen der Schriftform.

§ 2. Tarifvertragsparteien. (1) Tarifvertragsparteien sind Gewerkschaften, einzelne Arbeitgeber sowie Vereinigungen von Arbeitgebern.

(2) Zusammenschlüsse von Gewerkschaften und von Vereinigungen von Arbeitgebern (Spitzenorganisationen) können im Namen der ihnen angeschlossenen Verbände Tarifverträge abschließen, wenn sie eine entsprechende Vollmacht haben.

(3) Spitzenorganisationen können selbst Parteien eines Tarifvertrages sein, wenn der Abschluß von Tarifverträgen zu ihren satzungsgemäßen Aufgaben gehört.

(4) In den Fällen der Absätze 2 und 3 haften sowohl die Spitzenorganisationen wie die ihnen angeschlossenen Verbände für die Erfüllung der gegenseitigen Verpflichtungen der Tarifvertragsparteien.

§ 3. Tarifgebundenheit. (1) Tarifgebunden sind die Mitglieder der Tarifvertragsparteien und der Arbeitgeber, der selbst Partei des Tarifvertrages ist.

(2) Rechtsnormen des Tarifvertrages über betriebliche und betriebsverfassungsrechtliche Fragen gelten für alle Betriebe, deren Arbeitgeber tarifgebunden ist.

(3) Die Tarifgebundenheit bleibt bestehen, bis der Tarifvertrag endet.

§ 4. Wirkung der Rechtsnormen. (1) Die Rechtsnormen des Tarifvertrages, die den Inhalt, den Abschluß oder die Beendigung von Arbeitsverhältnissen ordnen, gelten unmittelbar und zwingend zwischen den beiderseits Tarifgebundenen, die unter den Geltungsbereich des Tarifvertrages fallen. Diese Vorschrift gilt entsprechend für Rechtsnormen des Tarifvertrages über betriebliche und betriebsverfassungsrechtliche Fragen.

7

(3) Abweichende Abmachungen sind nur zulässig, soweit sie durch den Tarifvertrag gestattet sind oder eine Änderung der Regelungen zugunsten des Arbeitnehmers enthalten.

(4) Ein Verzicht auf entstandene tarifliche Rechte ist nur in einem von den Tarifvertragsparteien gebilligten Vergleich zulässig. Die Verwirkung von tariflichen Rechten ist ausgeschlossen. Ausschlußfristen für die Geltendmachung tariflicher Rechte können nur im Tarifvertrag vereinbart werden.

(5) Nach Ablauf des Tarifvertrages gelten seine Rechtsnormen weiter, bis sie durch eine andere Abmachung ersetzt werden.

§ 5. Allgemeinverbindlichkeit. (1) Der Bundesminister für Arbeit und Sozialordnung kann einen Tarifvertrag im Einvernehmen mit einem aus je drei Vertretern der Spitzenorganisationen der Arbeitgeber und der Arbeitnehmer bestehenden Ausschuß auf Antrag einer Tarifvertragspartei für allgemeinverbindlich erklären, wenn

1. die tarifgebundenen Arbeitgeber nicht weniger als 50 vom Hundert der unter den Geltungsbereich des Tarifvertrages fallenden Arbeitnehmer beschäftigen und
2. die Allgemeinverbindlicherklärung im öffentlichen Interesse geboten erscheint.

Von den Voraussetzungen der Nummern 1 und 2 kann abgesehen werden, wenn die Allgemeinverbindlicherklärung zur Behebung eines sozialen Notstandes erforderlich erscheint.

(2) Vor der Entscheidung über den Antrag ist Arbeitgebern und Arbeitnehmern, die von der Allgemeinverbindlicherklärung betroffen werden würden, den am Ausgang des Verfahrens interessierten Gewerkschaften und Vereinigungen der Arbeitgeber sowie den obersten Arbeitsbehörden der Länder, auf deren Bereich sich der Tarifvertrag erstreckt, Gelegenheit zur schriftlichen Stellungnahme sowie zur Äußerung in einer mündlichen und öffentlichen Verhandlung zu geben.

(3) Erhebt die oberste Arbeitsbehörde eines beteiligten Landes Einspruch gegen die beantragte Allgemeinverbindlicherklärung, so kann der Bundesminister für Arbeit und Sozialordnung dem Antrag nur mit Zustimmung der Bundesregierung stattgeben.

(4) Mit der Allgemeinverbindlicherklärung erfassen die Rechtsnormen des Tarifvertrags in seinem Geltungsbereich auch die bisher nicht tarifgebundenen Arbeitgeber und Arbeitnehmer.

(5) Der Bundesminister für Arbeit und Sozialordnung kann die Allgemeinverbindlicherklärung eines Tarifvertrages im Einvernehmen mit dem in Abs. 1 genannten Ausschuß aufheben, wenn die Aufhebung im öffentlichen Inter-

esse geboten erscheint. Die Absätze 2 und 3 gelten entsprechend. Im übrigen endet die Allgemeinverbindlichkeit eines Tarifvertrages mit dessen Ablauf.

(6) Der Bundesminister für Arbeit und Sozialordnung kann der obersten Arbeitsbehörde eines Landes für einzelne Fälle das Recht zur Allgemeinverbindlicherklärung sowie zur Aufhebung der Allgemeinverbindlichkeit übertragen.

(7) Die Allgemeinverbindlicherklärung und die Aufhebung der Allgemeinverbindlichkeit bedürfen der öffentlichen Bekanntmachung.

§ 6. Tarifregister. Bei dem Bundesminister für Arbeit und Sozialordnung wird ein Tarifregister geführt, in das der Abschluß, die Änderung und die Aufhebung der Tarifverträge sowie der Beginn und die Beendigung der Allgemeinverbindlichkeit eingetragen werden.

§ 8. Bekanntgabe des Tarifvertrages. Die Arbeitgeber sind verpflichtet, die für ihren Betrieb maßgebenden Tarifverträge an geeigneter Stelle im Betrieb auszulegen.

Berufsbildungsgesetz

Vom 14. August 1969, mit Änderungen bis zum 25. März 1998

Erster Teil. Allgemeine Vorschriften

§ 1. Berufsbildung. (1) Berufsbildung im Sinne dieses Gesetzes sind die Berufsausbildung, die berufliche Fortbildung und die berufliche Umschulung.

(2) Die Berufsausbildung hat eine breit angelegte berufliche Grundbildung und die für die Ausübung einer qualifizierten beruflichen Tätigkeit notwendigen fachlichen Fertigkeiten und Kenntnisse in einem geordneten Ausbildungsgang zu vermitteln. Sie hat ferner den Erwerb der erforderlichen Berufserfahrungen zu ermöglichen.

(3) Die berufliche Fortbildung soll es ermöglichen, die beruflichen Kenntnisse und Fertigkeiten zu erhalten, zu erweitern, der technischen Entwicklung anzupassen oder beruflich aufzusteigen.

(4) Die berufliche Umschulung soll zu einer anderen beruflichen Tätigkeit befähigen.

(5) Berufsbildung wird durchgeführt in Betrieben der Wirtschaft, in vergleichbaren Einrichtungen außerhalb der Wirtschaft, insbesondere des öffentlichen Dienstes, der Angehörigen freier Berufe und in Haushalten (betriebliche Berufsbildung) sowie in berufsbildenden Schulen und sonstigen Berufsbildungseinrichtungen außerhalb der schulischen und betrieblichen Berufsbildung.

§ 2. Geltungsbereich. (1) Dieses Gesetz gilt für die Berufsbildung, soweit sie nicht in berufsbildenden Schulen durchgeführt wird, die den Schulgesetzen der Länder unterstehen.

(2) Dieses Gesetz gilt nicht für

1. die Berufsbildung in einem öffentlich-rechtlichen Dienstverhältnis; ...

Zweiter Teil. Berufsausbildungsverhältnis

Begründung des Berufsausbildungsverhältnisses

§ 3. Vertrag. (1) Wer einen anderen zur Berufsausbildung einstellt (Ausbildender), hat mit dem Auszubildenden einen Berufsausbildungsvertrag zu schließen.

(2) Auf den Berufsausbildungsvertrag sind, soweit sich aus seinem Wesen und Zweck und aus diesem Gesetz nichts anderes ergibt, die für den Arbeitsvertrag geltenden Rechtsvorschriften und Rechtsgrundsätze anzuwenden.

(3) Schließen Eltern mit ihrem Kind einen Berufsausbildungsvertrag, so sind sie von dem Verbot des § 181 des Bürgerlichen Gesetzbuches befreit.

(4) Ein Mangel in der Berechtigung, Auszubildende einzustellen oder auszubilden, berührt die Wirksamkeit des Berufsausbildungsvertrages nicht.

7

§ 4. Vertragsniederschrift. (1) Der Ausbildende hat unverzüglich nach Abschluß des Berufsausbildungsvertrages, spätestens vor Beginn der Berufsausbildung, den wesentlichen Inhalt des Vertrages schriftlich niederzulegen. In die Niederschrift sind mindestens aufzunehmen

1. Art, sachliche und zeitliche Gliederung sowie Ziel der Berufsausbildung, insbesondere die Berufstätigkeit, für die ausgebildet werden soll,
2. Beginn und Dauer der Berufsausbildung,
3. Ausbildungsmaßnahmen außerhalb der Ausbildungsstätte,
4. Dauer der regelmäßigen täglichen Ausbildungszeit,
5. Dauer der Probezeit,
6. Zahlung und Höhe der Vergütung,
7. Dauer des Urlaubs,
8. Voraussetzungen, unter denen der Berufsausbildungsvertrag gekündigt werden kann;
9. ein in allgemeiner Form gehaltener Hinweis auf die Tarifverträge, Betriebs- und Dienstvereinbarungen, die auf das Berufsausbildungsverhältnis anzuwenden sind.

(2) Die Niederschrift ist von dem Ausbildenden, dem Auszubildenden und dessen gesetzlichen Vertreter zu unterzeichnen.

(3) Der Ausbildende hat dem Auszubildenden und dessen gesetzlichem Vertreter eine Ausfertigung der unterzeichneten Niederschrift unverzüglich auszuhändigen.

(4) Bei Änderungen des Berufsausbildungsvertrages gelten die Absätze 1 bis 3 entsprechend.

§ 5. Nichtige Vereinbarungen. (1) Eine Vereinbarung, die den Auszubildenden für die Zeit nach Beendigung des Berufsausbildungsverhältnisses in der Ausübung seiner beruflichen Tätigkeit beschränkt, ist nichtig. Dies gilt nicht, wenn sich der Auszubildende innerhalb der letzten sechs Monate des Berufsausbildungsverhältnisses dazu verpflichtet, nach dessen Beendigung mit dem Ausbildenden ein Arbeitsverhältnis einzugehen,

(2) Nichtig ist eine Vereinbarung über

1. die Verpflichtung des Auszubildenden, für die Berufsausbildung eine Entschädigung zu zahlen,
2. Vertragsstrafen,
3. den Ausschluß oder die Beschränkung von Schadensersatzansprüchen,
4. die Festsetzung der Höhe eines Schadensersatzes in Pauschbeträgen.

Inhalt des Berufsausbildungsverhältnisses

▶ Pflichten des Ausbildenden

§ 6. Berufsausbildung. (1) Der Ausbildende hat

1. dafür zu sorgen, daß dem Auszubildenden die Fertigkeiten und Kenntnisse vermittelt werden, die zum Erreichen des Ausbildungszieles erforderlich sind, und die Berufsausbildung in einer durch ihren Zweck gebotenen Form planmäßig, zeitlich und sachlich gegliedert so durchzuführen, daß das Ausbildungsziel in der vorgesehenen Ausbildungszeit erreicht werden kann,
2. selbst auszubilden oder einen Ausbilder ausdrücklich damit zu beauftragen,
3. dem Auszubildenden kostenlos die Ausbildungsmittel, insbesondere Werkzeuge und Werkstoffe zur Verfügung zu stellen, die zur Berufsausbildung und zum Ablegen von Zwischen- und Abschlußprüfungen, auch soweit solche nach Beendigung des Berufsausbildungsverhältnisses stattfinden, erforderlich sind,
4. den Auszubildenden zum Besuch der Berufsschule sowie zum Führen von Berichtsheften anzuhalten, soweit solche im Rahmen der Berufsausbildung verlangt werden, und diese durchzusehen,
5. dafür zu sorgen, das der Auszubildende charakterlich gefördert sowie sittlich und körperlich nicht gefährdet wird.

(2) Dem Auszubildenden dürfen nur Verrichtungen übertragen werden, die dem Ausbildungszweck dienen und seinen körperlichen Kräften angemessen sind.

§ 7. Freistellung. Der Ausbildende hat den Auszubildenden für die Teilnahme am Berufsschulunterricht und an Prüfungen freizustellen. Das gleiche gilt, wenn Ausbildungsmaßnahmen außerhalb der Ausbildungsstätte durchzuführen sind.

§ 8. Zeugnis. (1) Der Ausbildende hat dem Auszubildenden bei Beendigung des Berufsausbildungsverhältnisses ein Zeugnis auszustellen. Hat der Ausbildende die Berufsausbildung nicht selbst durchgeführt, so soll auch der Ausbilder das Zeugnis unterschreiben.

(2) Das Zeugnis muß Angaben enthalten über Art, Dauer und Ziel der Berufsausbildung sowie über die erworbenen Fertigkeiten und Kenntnisse des Auszubildenden. Auf Verlangen des Auszubildenden sind auch Angaben über Führung, Leistung und besondere fachliche Fähigkeiten aufzunehmen.

▶ Pflichten des Auszubildenden

§ 9. Verhalten während der Berufsausbildung. Der Auszubildende hat sich zu bemühen, die Fertigkeiten und Kenntnisse zu erwerben, die erforderlich sind, um das Ausbildungsziel zu erreichen. Er ist insbesondere verpflichtet,

1. die ihm im Rahmen seiner Berufsausbildung aufgetragenen Verrichtungen sorgfältig auszuführen,
2. an Ausbildungsmaßnahmen teilzunehmen, für die er nach § 7 freigestellt wird,
3. den Weisungen zu folgen, die ihm im Rahmen der Berufsausbildung vom Ausbildenden, vom Ausbilder oder von anderen weisungsberechtigten Personen erteilt werden,
4. die für die Ausbildungsstätte geltende Ordnung zu beachten,
5. Werkzeug, Maschinen und sonstige Einrichtungen pfleglich zu behandeln,
6. über Betriebs- und Geschäftsgeheimnisse Stillschweigen zu wahren.

▶ Vergütung

§ 10. Vergütungsanspruch. (1) Der Ausbildende hat dem Auszubildenden eine angemessene Vergütung zu gewähren. Sie ist nach dem Lebensalter des Auszubildenden so zu bemessen, daß sie mit fortschreitender Berufsausbildung, mindestens jährlich, ansteigt.

(3) Eine über die vereinbarte regelmäßige tägliche Ausbildungszeit hinausgehende Beschäftigung ist besonders zu vergüten oder durch entsprechende Freizeit auszugleichen.

§ 11. Bemessung und Fälligkeit der Vergütung.

(1) Die Vergütung bemißt sich nach Monaten. Bei Berechnung der Vergütung für einzelne Tage wird der Monat zu dreißig Tagen gerechnet.

(2) Die Vergütung für den laufenden Kalendermonat ist spätestens am letzten Arbeitstag des Monats zu zahlen.

§ 12. Fortzahlung der Vergütung. (1) Dem Auszubildenden ist die Vergütung auch zu zahlen
1. für die Zeit der Freistellung (§ 7),
2. bis zur Dauer von sechs Wochen, wenn er
   a) sich für die Berufsausbildung bereit hält, diese aber ausfällt, oder
   b) aus einem sonstigen, in seiner Person liegenden Grund unverschuldet verhindert ist, seine Pflichten aus dem Berufsausbildungsverhältnis zu erfüllen.

Wenn der Auszubildende infolge einer unverschuldeten Krankheit, einer Maßnahme der medizinischen Vorsorge oder Rehabilitation, einer Sterilisation oder eines Abbruchs der Schwangerschaft durch einen Arzt an der Berufsausbildung nicht teilnehmen kann, findet das Entgeltfortzahlungsgesetz Anwendung.

Beginn und Beendigung des Berufsausbildungsverhältnisses

§ 13. Probezeit. Das Berufsausbildungsverhältnis beginnt mit der Probezeit. Sie muß mindestens einen Monat und darf höchstens drei Monate betragen.

§ 14. Beendigung. (1) Das Berufsausbildungsverhältnis endet mit dem Ablauf der Ausbildungszeit.

(2) Besteht der Auszubildende vor Ablauf der Ausbildungszeit die Abschlußprüfung, so endet das Berufsausbildungsverhältnis mit Bestehen der Abschlußprüfung.

7 (3) Besteht der Auszubildende die Abschlußprüfung nicht, so verlängert sich das Berufsausbildungsverhältnis auf sein Verlangen bis zur nächstmöglichen Wiederholungsprüfung, höchstens um ein Jahr.

§ 15. Kündigung. (1) Während der Probezeit kann das Berufsausbildungsverhältnis jederzeit ohne Einhalten einer Kündigungsfrist gekündigt werden.

(2) Nach der Probezeit kann das Berufsausbildungsverhältnis nur gekündigt werden
1. aus einem wichtigen Grund ohne Einhalten einer Kündigungsfrist
2. vom Auszubildenden mit einer Kündigungsfrist von vier Wochen, wenn er die Berufsausbildung aufgeben oder sich für eine andere Berufstätigkeit ausbilden lassen will.

(3) Die Kündigung muß schriftlich und in den Fällen des Absatzes 2 unter Angabe der Kündigungsgründe erfolgen.

(4) Eine Kündigung aus einem wichtigen Grund ist unwirksam, wenn die ihr zugrunde liegenden Tatsachen dem zur Kündigung Berechtigten länger als zwei Wochen bekannt sind. Ist ein vorgesehenes Güteverfahren vor einer außergerichtlichen Stelle eingeleitet, so wird bis zu dessen Beendigung der Lauf dieser Frist gehemmt.

§ 16. Schadensersatz bei vorzeitiger Beendigung. (1) Wird das Berufsausbildungsverhältnis nach der Probezeit vorzeitig gelöst, so kann der Ausbildende oder der Auszubildende Ersatz des Schadens verlangen, wenn der andere den Grund für die Auflösung zu vertreten hat. Dies gilt nicht im Falle des § 15 Abs. 2 Nr. 2.

(2) Der Anspruch erlischt, wenn er nicht innerhalb von drei Monaten nach Beendigung des Berufsausbildungsverhältnisses geltend gemacht wird.

Sonstige Vorschriften

§ 17. Weiterarbeit. Wird der Auszubildende im Anschluß an das Berufsausbildungsverhältnis beschäftigt, ohne daß hierüber ausdrücklich etwas vereinbart worden ist, so gilt ein Arbeitsverhältnis auf unbestimmte Zeit als begründet.

§ 18. Unabdingbarkeit. Eine Vereinbarung, die zuungunsten des Auszubildenden von den Vorschriften dieses Teils des Gesetzes abweicht, ist nichtig.

§ 19. Andere Vertragsverhältnisse. Soweit nicht ein Arbeitsverhältnis vereinbart ist, gelten für Personen, die eingestellt werden, um berufliche Kenntnisse, Fertigkeiten oder Erfahrungen zu erwerben, ohne daß es sich um eine Berufsausbildung im Sinne dieses Gesetzes handelt, die §§ 3 bis 18 mit der Maßgabe, daß die gesetzliche Probezeit abgekürzt, auf die Vertragsniederschrift verzichtet und bei vorzeitiger Lösung des Vertragsverhältnisses nach Ablauf der Probezeit abweichend von § 16 Abs. 1 Satz 1 Schadensersatz nicht verlangt werden kann.

Dritter Teil. Ordnung der Berufsbildung

Berechtigung zum Einstellen und Ausbilden

§ 20. Persönliche und fachliche Eignung.
(1) Auszubildende darf nur einstellen, wer persönlich geeignet ist. Auszubildende darf nur ausbilden, wer persönlich und fachlich geeignet ist.

(2) Persönlich nicht geeignet ist insbesondere, wer
1. Kinder und Jugendliche nicht beschäftigen darf oder
2. wiederholt oder schwer gegen dieses Gesetz oder die auf Grund dieses Gesetzes erlassenen Vorschriften und Bestimmungen verstoßen hat.

(3) Fachlich nicht geeignet ist, wer
1. die erforderlichen beruflichen Fertigkeiten und Kenntnisse oder
2. die erforderlichen berufs- und arbeitspädagogischen Kenntnisse nicht besitzt.

(4) Wer fachlich nicht geeignet ist oder wer nicht selbst ausbildet, darf Auszubildende nur dann einstellen, wenn er einen Ausbilder bestellt, der persönlich und fachlich für die Berufsausbildung geeignet ist.

§ 22. Eignung der Ausbildungsstätte. (1) Auszubildende dürfen nur eingestellt werden, wenn
1. die Ausbildungsstätte nach Art und Einrichtung für die Berufsausbildung geeignet ist,
2. die Zahl der Auszubildenden in einem angemessenen Verhältnis zur Zahl der Ausbildungsplätze oder zur Zahl der beschäftigten Fachkräfte steht, es sei denn, daß andernfalls die Berufsausbildung nicht gefährdet wird.

(2) Eine Ausbildungsstätte, in der die erforderlichen Kenntnisse und Fertigkeiten nicht in vollem Umfang vermittelt werden können, gilt als geeignet, wenn dieser Mangel durch Ausbildungsmaßnahmen außerhalb der Ausbildungsstätte behoben wird.

§ 23. Eignungsfeststellung. (1) Die zuständige Stelle hat darüber zu wachen, daß die persönliche und fachliche Eignung sowie die Eignung der Ausbildungsstätte vorliegen.

(2) Werden Mängel der Eignung festgestellt, so hat die zuständige Stelle, falls der Mangel zu beheben und eine Gefährdung des Auszubildenden nicht zu erwarten ist, den Ausbildenden aufzufordern, innerhalb einer von ihr gesetzten Frist den Mangel zu beseitigen. Ist der Mangel der Eignung nicht zu beheben oder ist eine Gefährdung des Auszubildenden zu erwarten oder wird der Mangel nicht innerhalb der gesetzten Frist beseitigt, so hat die zuständige Stelle dies der nach Landesrecht zuständigen Behörde mitzuteilen.

§ 24. Untersagung des Einstellens und Ausbildens. (1) Die nach Landesrecht zuständige Behörde hat das Einstellen und Ausbilden zu untersagen, wenn die persönliche oder fachliche Eignung nicht oder nicht mehr vorliegt.

(2) Die nach Landesrecht zuständige Behörde kann ferner für eine bestimmte Ausbildungsstätte das Einstellen und Ausbilden untersagen, wenn die Voraussetzungen nach § 22 nicht oder nicht mehr vorliegen.

(3) Vor der Untersagung sind die Beteiligten und die zuständige Stelle zu hören. Dies gilt nicht im Falle des § 20 Abs. 2 Nr. 1.

Anerkennung von Ausbildungsberufen, Änderung der Ausbildungszeit

§ 25. Ausbildungsordnung. (1) Als Grundlage für eine geordnete und einheitliche Berufsausbildung sowie zu ihrer Anpassung an die technischen, wirtschaftlichen und gesellschaftlichen Erfordernisse und deren Entwicklung kann das Bundesministerium für Wirtschaft oder das sonst zuständige Fachministerium im Einvernehmen mit dem Bundesministerium für Bildung, Wissenschaft, Forschung und Technologie durch Rechtsverordnung, die nicht der Zustimmung des Bundesrates bedarf, Ausbildungsberufe staatlich anerkennen, die Anerkennung aufheben und für die Ausbildungsberufe Ausbildungsordnungen erlassen.

(2) Die Ausbildungsordnung hat mindestens festzulegen
1. die Bezeichnung des Ausbildungsberufes,
2. die Ausbildungsdauer; sie soll nicht mehr als drei und nicht weniger als zwei Jahre betragen,
3. die Fertigkeiten und Kenntnisse, die Gegenstand der Berufsausbildung sind (Ausbildungsberufsbild),
4. eine Anleitung zur sachlichen und zeitlichen Gliederung der Fertigkeiten und Kenntnisse (Ausbildungsrahmenplan),
5. die Prüfungsanforderungen.

(3) Wird die Anerkennung eines Ausbildungsberufes aufgehoben und das Berufsausbildungsverhältnis nicht gekündigt (§ 15 Abs. 2 Nr. 2), so gelten für die weitere Berufsausbildung die bisherigen Vorschriften.

§ 26. Stufenausbildung. (1) Die Ausbildungsordnung kann sachlich und zeitlich besonders geordnete, aufeinander aufbauende Stufen der

Berufsausbildung festlegen. Nach den einzelnen Stufen soll sowohl ein Ausbildungsabschluß, der zu einer Berufstätigkeit befähigt, die dem erreichten Ausbildungsstand entspricht, als auch die Fortsetzung der Berufsausbildung in weiteren Stufen möglich sein.

(2) In einer ersten Stufe beruflicher Grundbildung sollen als breite Grundlage für die weiterführende berufliche Fachbildung und als Vorbereitung auf eine vielseitige berufliche Tätigkeit Grundfertigkeiten und Grundkenntnisse vermittelt sowie Verhaltensweisen geweckt werden, die einem möglichst großen Bereich von Tätigkeiten gemeinsam sind.

(3) In einer darauf aufbauenden Stufe allgemeiner beruflicher Fachbildung soll die Berufsausbildung für möglichst mehrere Fachrichtungen gemeinsam fortgeführt werden. Dabei ist besonders das fachliche Verständnis zu vertiefen und die Fähigkeit des Auszubildenden zu fördern, sich schnell in neue Aufgaben und Tätigkeiten einzuarbeiten.

(4) In weiteren Stufen der besonderen beruflichen Fachbildung sollen die zur Ausübung einer qualifizierten Berufstätigkeit erforderlichen praktischen und theoretischen Kenntnisse und Fertigkeiten vermittelt werden.

(5) Die Ausbildungsordnung kann bestimmen, daß bei Prüfungen, die vor Abschluß einzelner Stufen abgenommen werden, die Vorschriften über die Abschlußprüfung entsprechend gelten.

(6) In den Fällen des Absatzes 1 kann die Ausbildungsdauer (§ 25 Abs. 2 Nr. 2) unterschritten werden.

§ 27. Berufsausbildung außerhalb der Ausbildungsstätte. Die Ausbildungsordnung kann festlegen, daß die Berufsausbildung in geeigneten Einrichtungen außerhalb der Ausbildungsstätte durchgeführt wird, wenn und soweit es die Berufsausbildung erfordert.

§ 28. Ausschließlichkeitsgrundsatz. (1) Für einen anerkannten Ausbildungsberuf darf nur nach der Ausbildungsordnung ausgebildet werden.

(2) In anderen als anerkannten Ausbildungsberufen dürfen Jugendliche unter achtzehn Jahren nicht ausgebildet werden, soweit die Berufsausbildung nicht auf den Besuch weiterführender Bildungsgänge vorbereitet.

§ 29. Abkürzung und Verlängerung der Ausbildungszeit. (1) Das Bundesministerium für Wirtschaft oder das sonst zuständige Fachministerium kann im Einvernehmen mit dem Bundesministerium für Bildung, Wissenschaft, Forschung und Technologie nach Anhören des Ständigen Ausschusses des Bundesinstituts für Berufsbildung durch Rechtsverordnung bestimmen, daß der Besuch einer berufsbildenden Schule oder die Berufsausbildung in einer sonstigen Einrichtung ganz oder teilweise auf die Ausbildungszeit anzurechnen ist.

(2) Die zuständige Stelle hat auf Antrag die Ausbildungszeit zu kürzen, wenn zu erwarten ist, daß der Auszubildende das Ausbildungsziel in der gekürzten Zeit erreicht.

(3) In Ausnahmefällen kann die zuständige Stelle auf Antrag des Auszubildenden die Ausbildungszeit verlängern, wenn die Verlängerung erforderlich ist, um das Ausbildungsziel zu erreichen.

(4) Vor der Entscheidung nach den Absätzen 2 und 3 sind die Beteiligten zu hören,

Verzeichnis der Berufsausbildungsverhältnisse

§ 31. Einrichten, Führen. Die zuständige Stelle hat für anerkannte Ausbildungsberufe ein Verzeichnis der Berufsausbildungsverhältnisse einzurichten und zu führen, in das der wesentliche Inhalt des Berufsausbildungsvertrages einzutragen ist. Die Eintragung ist für den Auszubildenden gebührenfrei.

§ 32. Eintragen, Ändern, Löschen. (1) Ein Berufsausbildungsvertrag und Änderungen seines wesentlichen Inhalts sind in das Verzeichnis einzutragen, wenn

1. der Berufsausbildungsvertrag diesem Gesetz und der Ausbildungsordnung entspricht,
2. die persönliche und fachliche Eignung sowie die Eignung der Ausbildungsstätte für das Einstellen und Ausbilden vorliegen und
3. für Auszubildende unter 18 Jahren die ärztliche Bescheinigung über die Erstuntersuchung nach § 32 Abs. 1 des Jugendarbeitsschutzgesetzes zur Einsicht vorgelegt wird.

§ 33. Antrag. (1) Der Ausbildende hat unverzüglich nach Abschluß des Berufsausbildungsvertrages die Eintragung in das Verzeichnis zu beantragen. Eine Ausfertigung der Vertragsniederschrift ist beizufügen. Entsprechendes gilt bei Änderungen des wesentlichen Vertragsinhalts.

(2) Der Ausbildende hat anzuzeigen

1. eine vorausgegangene allgemeine und berufliche Ausbildung des Auszubildenden,
2. die Bestellung von Ausbildern.

Prüfungswesen

§ 34. Abschlußprüfung. (1) In den anerkannten Ausbildungsberufen sind Abschlußprüfungen durchzuführen. Die Abschlußprüfung kann zweimal wiederholt werden.

(2) Dem Prüfling ist ein Zeugnis auszustellen.

(3) Die Abschlußprüfung ist für den Auszubildenden gebührenfrei.

§ 35. Prüfungsgegenstand. Durch die Abschlußprüfung ist festzustellen, ob der Prüfling die erforderlichen Fertigkeiten beherrscht, die notwendigen praktischen und theoretischen Kenntnisse besitzt und mit dem ihm im Berufsschulunterricht vermittelten, für die Berufsausbildung wesentlichen Lehrstoff vertraut ist. Die Ausbildungsordnung ist zugrunde zu legen.

§ 36. Prüfungsausschüsse. Für die Abnahme der Abschlußprüfung errichtet die zuständige Stelle Prüfungsausschüsse. Mehrere zuständige Stellen können bei einer von ihnen gemeinsame Prüfungsausschüsse errichten.

§ 37. Zusammensetzung, Berufung. (1) Der Prüfungsausschuß besteht aus mindestens drei Mitgliedern. Die Mitglieder müssen für die Prüfungsgebiete sachkundig und für die Mitwirkung im Prüfungswesen geeignet sein.

(2) Dem Prüfungsausschuß müssen als Mitglieder Beauftragte der Arbeitgeber und Arbeitnehmer in gleicher Zahl sowie mindestens ein Lehrer einer berufsbildenden Schule angehören. Mindestens zwei Drittel der Gesamtzahl der Mitglieder müssen Beauftragte der Arbeitgeber und Arbeitnehmer sein. Die Mitglieder haben Stellvertreter.

(3) Die Mitglieder werden von der zuständigen Stelle für längstens fünf Jahre berufen. Die Arbeitnehmermitglieder werden auf Vorschlag der im Bezirk der zuständigen Stelle bestehenden Gewerkschaften und selbständigen Vereinigungen von Arbeitnehmern mit sozial- oder berufspolitischer Zwecksetzung berufen. Der Lehrer einer berufsbildenden Schule wird im Einvernehmen mit der Schulaufsichtsbehörde oder der von ihr bestimmten Stelle berufen. …

(4) Die Tätigkeit im Prüfungsausschuß ist ehrenamtlich. Für bare Auslagen und für Zeitversäumnis ist, soweit eine Entschädigung nicht von anderer Seite gewährt wird, eine angemessene Entschädigung zu zahlen, deren Höhe von der zuständigen Stelle mit Genehmigung der obersten Landesbehörde festgesetzt wird.

§ 38. Vorsitz, Beschlußfähigkeit, Abstimmung.

(1) Der Prüfungsausschuß wählt aus seiner Mitte einen Vorsitzenden und dessen Stellvertreter. Der Vorsitzende und sein Stellvertreter sollen nicht derselben Mitgliedergruppe angehören.

(2) Der Prüfungsausschuß ist beschlußfähig, wenn zwei Drittel der Mitglieder, mindestens drei, mitwirken. Er beschließt mit der Mehrheit der abgegebenen Stimmen. Bei Stimmengleichheit gibt die Stimme des Vorsitzenden den Ausschlag.

§ 39. Zulassung zur Abschlußprüfung. (1) Zur Abschlußprüfung ist zuzulassen,

1. wer die Ausbildungszeit zurückgelegt hat oder wessen Ausbildungszeit nicht später als zwei Monate nach dem Prüfungstermin endet,
2. wer an vorgeschriebenen Zwischenprüfungen teilgenommen sowie vorgeschriebene Berichtshefte geführt hat und
3. wessen Berufsausbildungsverhältnis in das Verzeichnis der Berufsausbildungsverhältnisse eingetragen oder aus einem Grund nicht eingetragen ist, den weder der Auszubildende noch dessen gesetzlicher Vertreter zu vertreten hat.

(2) Über die Zulassung zur Abschlußprüfung entscheidet die zuständige Stelle. Hält sie die Zulassungsvoraussetzungen nicht für gegeben, so entscheidet der Prüfungsausschuß.

§ 40. Zulassung in besonderen Fällen. (1) Der Auszubildende kann nach Anhören des Ausbildenden und der Berufsschule vor Ablauf seiner Ausbildungszeit zur Abschlußprüfung zugelassen werden, wenn seine Leistungen dies rechtfertigen.

(2) Zur Abschlußprüfung ist auch zuzulassen, wer nachweist, daß er mindestens das Zweifache der Zeit, die als Ausbildungszeit vorgeschrieben ist, in dem Beruf tätig gewesen ist, in dem er die Prüfung ablegen will. Hiervon kann abgesehen werden, wenn durch Vorlage von Zeugnissen oder auf andere Weise glaubhaft dargetan wird, daß der Bewerber Kenntnisse und Fertigkeiten erworben hat, die die Zulassung zur Prüfung rechtfertigen.

(3) Zur Abschlußprüfung ist ferner zuzulassen, wer in einer berufsbildenden Schule oder einer sonstigen Einrichtung ausgebildet worden ist, wenn diese Ausbildung der Berufsausbildung in einem anerkannten Ausbildungsberuf entspricht.

§ 41. Prüfungsordnung. Die zuständige Stelle hat eine Prüfungsordnung für die Abschlußprüfung zu erlassen. Die Prüfungsordnung muß die Zulassung, die Gliederung der Prüfung, die Bewertungsmaßstäbe, die Erteilung der Prüfungszeugnisse, die Folgen von Verstößen gegen die Prüfungsordnung und die Wiederholungsprüfung regeln. Dem Ausbildenden werden auf dessen Verlangen die Ergebnisse der Zwischen- und Abschlußprüfung des Auszubildenden übermittelt.

§ 42. Zwischenprüfungen. Während der Berufsausbildung ist zur Ermittlung des Ausbildungsstandes mindestens eine Zwischenprüfung entsprechend der Ausbildungsordnung durchzuführen, bei der Stufenausbildung für jede Stufe. §§ 34 bis 36 gelten entsprechend.

Berufliche Fortbildung, berufliche Umschulung

§ 46. Berufliche Fortbildung. (1) Zum Nachweis von Kenntnissen, Fertigkeiten und Erfahrungen, die durch berufliche Fortbildung erworben worden sind, kann die zuständige Stelle Prüfungen durchführen; sie müssen den besonderen Erfordernissen beruflicher Erwachsenenbildung entsprechen.

§ 47. Berufliche Umschulung. (1) Maßnahmen der beruflichen Umschulung müssen nach Inhalt, Art, Ziel und Dauer den besonderen Erfordernissen der beruflichen Erwachsenenbildung entsprechen.

Sechster Teil. Besondere Vorschriften für einzelne Wirtschafts- und Berufszweige

Berufsbildung im Handwerk

§ 73. Anwendung der Handwerksordnung. [1]Für die Berufsbildung in Gewerben der Anlage A der Handwerksordnung, die als Handwerk betrieben werden, gelten die §§ 20 bis 49, 56 bis 59, 98 und 99 nicht; insoweit gilt die Handwerksordnung.

§ 74. Zuständige Stelle. Für die Berufsbildung in Handwerksbetrieben oder handwerksähnlichen Betrieben ist die Handwerkskammer zuständige Stelle im Sinne dieses Gesetzes.

Siebenter Teil. Bußgeldvorschriften

§ 99. Ordnungswidrigkeiten. (1) Ordnungswidrig handelt, wer

1. entgegen § 4 Abs. 1 oder 4 den wesentlichen Inhalt des Vertrages oder seine wesentlichen Änderungen nicht schriftlich niederlegt,
2. entgegen § 4 Abs. 3 oder 4 dem Auszubildenden oder dessen gesetzlichem Vertreter die unterzeichnete Niederschrift nicht aushändigt,
3. dem Auszubildenden Aufgaben überträgt, die dem Ausbildungszweck nicht dienen,
4. entgegen § 7 dem Auszubildenden die für die Teilnahme am Berufsschulunterricht, an Prüfungen oder an Ausbildungsmaßnahmen außerhalb der Ausbildungsstätte erforderliche Zeit nicht gewährt,
5. Auszubildende einstellt oder ausbildet, obwohl er nach § 20 Abs. 2 Nr. 1 persönlich oder nach § 20 Abs. 3 fachlich nicht geeignet ist,
6. entgegen § 20 Abs. 4 einen Ausbilder bestellt, obwohl dieser nach § 20 Abs. 2 Nr. 1 persönlich oder nach § 20 Abs. 3 fachlich nicht geeignet ist oder diesem die Ausbildung nach § 24 untersagt worden ist,
7. Auszubildende einstellt oder ausbildet, obwohl ihm das Einstellen oder Ausbilden nach § 24 untersagt worden ist,
8. entgegen § 33 die Eintragung in das Verzeichnis nicht oder nicht rechtzeitig beantragt oder eine Ausfertigung der Vertragsniederschrift nicht beifügt.

(2) Die Ordnungswidrigkeiten nach Absatz 1 Nr. 1, 2, 8 bis 10 können mit einer Geldbuße bis zu zweitausend Deutsche Mark, die Ordnungswidrigkeiten nach Absatz 1 Nr. 3 bis 7 mit einer Geldbuße bis zu zehntausend Deutsche Mark geahndet werden.

7

Gesetz über den Nachweis der für ein Arbeitsverhältnis geltenden wesentlichen Bedingungen

Vom 20. Juli 1995, mit Änderungen bis zum 29. Juni 1998

§ 1. Anwendungsbereich. Dieses Gesetz gilt für Arbeitnehmer, die nicht
1. zu vorübergehender Aushilfe oder einer anderen gelegentlichen Tätigkeit, deren Gesamtdauer 400 Stunden innerhalb eines Jahres nicht übersteigt, eingestellt werden oder
2. hauswirtschaftliche, erzieherische oder pflegerische Tätigkeiten in einem Familienhaushalt ausüben, wenn die Tätigkeit die Grenzen des § 8 Abs. 1 des Vierten Buches Sozialgesetzbuch nicht überschreitet.

§ 2. Nachweispflicht. (1) Der Arbeitgeber hat spätestens einen Monat nach dem vereinbarten Beginn des Arbeitsverhältnisses die wesentlichen Vertragsbedingungen schriftlich niederzulegen, die Niederschrift zu unterzeichnen und dem Arbeitnehmer auszuhändigen. In die Niederschrift sind mindestens aufzunehmen:
1. der Name und die Anschrift der Vertragsparteien,
2. der Zeitpunkt des Beginns des Arbeitsverhältnisses,
3. bei befristeten Arbeitsverhältnissen: die vorhersehbare Dauer des Arbeitsverhältnisses,
4. der Arbeitsort oder, falls der Arbeitnehmer nicht nur an einem bestimmten Arbeitsort tätig sein soll, ein Hinweis darauf, daß der Arbeitnehmer an verschiedenen Orten beschäftigt werden kann.
5. eine kurze Charakterisierung oder Beschreibung der vom Arbeitnehmer zu leistenden Tätigkeit,
6. die Zusammensetzung und die Höhe des Arbeitsentgelts einschließlich der Zuschläge, der Zulagen, Prämien und Sonderzahlungen sowie anderer Bestandteile des Arbeitsentgelts und deren Fälligkeit,
7. die vereinbarte Arbeitszeit,
8. die Dauer des jährlichen Erholungsurlaubs,
9. die Fristen für die Kündigung des Arbeitsverhältnisses,
10. ein in allgemeiner Form gehaltener Hinweis auf die Tarifverträge, Betriebs- oder Dienstvereinbarungen, die auf das Arbeitsverhältnis anzuwenden sind.

(3) Die Angaben nach Absatz 1 Satz 2 Nr. 6 bis 9 und Absatz 2 Nr. 2 und 3 können ersetzt werden durch einen Hinweis auf die einschlägigen Tarifverträge, Betriebs- oder Dienstvereinbarungen und ähnlichen Regelungen, die für das Arbeitsverhältnis gelten. Ist in den Fällen des Absatzes 1 Satz 2 Nr. 8 und 9 die jeweilige gesetzliche Regelung maßgebend, so kann hierauf verwiesen werden.

(4) Wenn dem Arbeitnehmer ein schriftlicher Arbeitsvertrag ausgehändigt worden ist, entfällt die Verpflichtung nach den Absätzen 1 und 2, soweit der Vertrag die in den Absätzen 1 bis 3 geforderten Angaben enthält.

§ 3. Änderung der Angaben. Eine Änderung der wesentlichen Vertragsbedingungen ist dem Arbeitnehmer spätestens einen Monat nach der Änderung schriftlich mitzuteilen. Satz 1 gilt nicht bei einer Änderung der gesetzlichen Vorschriften, Tarifverträge, Betriebs- oder Dienstvereinbarungen und ähnlichen Regelungen, die für das Arbeitsverhältnis gelten.

Kündigungsschutzgesetz

In der Fassung vom 25. August 1969, mit Änderungen bis zum 24. März 1997

Allgemeiner Kündigungsschutz

§ 1. Sozial ungerechtfertigte Kündigungen.

(1) Die Kündigung des Arbeitsverhältnisses gegenüber einem Arbeitnehmer, dessen Arbeitsverhältnis in demselben Betrieb oder Unternehmen ohne Unterbrechung länger als sechs Monate bestanden hat, ist rechtsunwirksam, wenn sie sozial ungerechtfertigt ist.

(2) Sozial ungerechtfertigt ist die Kündigung, wenn sie nicht durch Gründe, die in der Person oder in dem Verhalten des Arbeitnehmers liegen, oder durch dringende betriebliche Erfordernisse, die einer Wiederbeschäftigung des Arbeitnehmers in diesem Betrieb entgegenstehen, bedingt ist. Die Kündigung ist auch sozial ungerechtfertigt, wenn

1. in Betrieben des privaten Rechts
   a) die Kündigung gegen eine Richtlinie nach § 95 des Betriebsverfassungsgesetzes verstößt,
   b) der Arbeitnehmer an einem anderen Arbeitsplatz in demselben Betrieb oder in einem anderen Betrieb des Unternehmens weiterbeschäftigt werden kann und der Betriebsrat oder eine andere nach dem Betriebsverfassungsgesetz insoweit zuständige Vertretung der Arbeitnehmer aus einem dieser Gründe der Kündigung innerhalb der Frist des § 102 Abs. 2 Satz 1 des Betriebsverfassungsgesetzes schriftlich widersprochen hat, …

(3) [1]Ist einem Arbeitnehmer aus dringenden, betrieblichen Erfordernissen im Sinne des Absatzes 2 gekündigt worden, so ist die Kündigung trotzdem sozial ungerechtfertigt, wenn der Arbeitgeber bei der Auswahl des Arbeitnehmers die Dauer der Betriebszugehörigkeit, das Lebensalter und die Unterhaltspflichten des Arbeitnehmers nicht oder nicht ausreichend berücksichtigt hat; auf Verlangen des Arbeitnehmers hat der Arbeitgeber dem Arbeitnehmer die Gründe anzugeben, die zu der getroffenen sozialen Auswahl geführt haben. In die soziale Auswahl nach Satz 1 sind Arbeitnehmer nicht einzubeziehen, deren Weiterbeschäftigung, insbesondere wegen ihrer Kenntnisse, Fähigkeiten und Leistungen oder zur Sicherung einer ausgewogenen Personalstruktur des Betriebes, im berechtigten betrieblichen Interesse liegt. …

7

(4) Ist in einem Tarifvertrag, in einer Betriebsvereinbarung nach § 95 des Betriebsverfassungsgesetzes oder in einer entsprechenden Richtlinie nach den Personalvertretungsgesetzen festgelegt, wie die sozialen Gesichtspunkte nach Absatz 3, Satz 1 im Verhältnis zueinander zu bewerten sind, so kann die Bewertung nur auf grobe Fehlerhaftigkeit überprüft werden. Das gleiche gilt für eine Richtlinie mit Regelungen im Sinne des Satzes 1, die ein Arbeitgeber in Betrieben oder Verwaltungen ohne gewählte Arbeitnehmervertretung mit Zustimmung von mindestens zwei Dritteln der Arbeitnehmer des Betriebes oder der Dienststelle schriftlich erläßt. Satz 2 ist auf Kündigungen anwendbar, die nach Ablauf von sechs Monaten nach Erlaß der Richtlinie erklärt werden.

(5) Sind bei einer Kündigung auf Grund einer Betriebsänderung nach § 111 des Betriebsverfassungsgesetzes die Arbeitnehmer, denen gekündigt werden soll, in einem Interessenausgleich zwischen Arbeitgeber und Betriebsrat namentlich bezeichnet, so wird vermutet, daß die Kündigung durch dringende betriebliche Erfordernisse im Sinne des Absatzes 2 bedingt ist. Die soziale Auswahl der Arbeitnehmer kann nur auf grobe Fehlerhaftigkeit überprüft werden. Die Sätze 1 und 2 gelten nicht, soweit sich die Sachlage nach Zustandekommen des Interessenausgleichs wesentlich geändert hat. Der Interessenausgleich nach Satz 1 ersetzt die Stellungnahme des Betriebsrats nach § 17 Abs. 3 Satz 2.

§ 2. Änderungskündigung. Kündigt der Arbeitgeber das Arbeitsverhältnis und bietet er dem Arbeitnehmer im Zusammenhang mit der Kündigung die Fortsetzung des Arbeitsverhältnisses zu geänderten Arbeitsbedingungen an, so kann der Arbeitnehmer dieses Angebot unter dem Vorbehalt annehmen, daß die Änderung der Arbeitsbedingungen nicht sozial ungerechtfertigt ist (§ 1 Abs. 2 Satz 1 bis 3, Abs. 3 Satz 1 und 2). Diesen Vorbehalt muß der Arbeitnehmer dem Arbeitgeber innerhalb der Kündigungsfrist, spätestens jedoch innerhalb von drei Wochen nach Zugang der Kündigung erklären.

§ 3. Kündigungseinspruch. Hält der Arbeitnehmer eine Kündigung für sozial ungerechtfertigt, so kann er binnen einer Woche nach der Kündigung Einspruch beim Betriebsrat einlegen. Erachtet der Betriebsrat den Einspruch für begründet, so hat er zu versuchen, eine Verständigung mit dem Arbeitgeber herbeizuführen. Er hat seine Stellungnahme zu dem Einspruch dem Arbeitnehmer und dem Arbeitgeber auf Verlangen schriftlich mitzuteilen.

§ 4. Anrufung des Arbeitsgerichtes. Will ein Arbeitnehmer geltend machen, daß eine Kündigung sozial ungerechtfertigt ist, so muß er innerhalb von drei Wochen nach Zugang der Kündigung Klage beim Arbeitsgericht auf Feststellung erheben, daß das Arbeitsverhältnis durch die Kündigung nicht aufgelöst ist. Im Falle des § 2 ist die Klage auf Feststellung zu erheben, daß die Änderung der Arbeitsbedingungen sozial ungerechtfertigt ist.

§ 9. Auflösung des Arbeitsverhältnisses durch Urteil des Gerichts; Abfindung des Arbeitnehmers. (1) Stellt das Gericht fest, daß das Arbeitsverhältnis durch die Kündigung nicht aufgelöst ist, ist jedoch dem Arbeitnehmer die Fortsetzung des Arbeitsverhältnisses nicht zuzumuten, so hat das Gericht auf Antrag des Arbeitnehmers das Arbeitsverhältnis aufzulösen und den Arbeitgeber zur Zahlung einer angemessenen Abfindung zu verurteilen. Die gleiche Entscheidung hat das Gericht auf Antrag des Arbeitgebers zu treffen, wenn Gründe vorliegen, die eine den Betriebszwecken dienliche weitere Zusammenarbeit zwischen Arbeitgeber und Arbeitnehmer nicht erwarten lassen. Arbeitnehmer und Arbeitgeber können den Antrag auf Auflösung des Arbeitsverhältnisses bis zum Schluß der letzten mündlichen Verhandlung in der Berufungsinstanz stellen.

(2) Das Gericht hat für die Auflösung des Arbeitsverhältnisses den Zeitpunkt festzusetzen, an dem es bei sozial gerechtfertigter Kündigung geendet hätte.

§ 10. Höhe der Abfindung. (1) Als Abfindung ist ein Betrag bis zu zwölf Monatsverdiensten festzusetzen.

(2) Hat der Arbeitnehmer das fünfzigste Lebensjahr vollendet und hat das Arbeitsverhältnis mindestens fünfzehn Jahre bestanden, so ist ein Betrag bis zu fünfzehn Monatsverdiensten, hat der Arbeitnehmer das fünfundfünfzigste Lebensjahr vollendet und hat das Arbeitsverhältnis mindestens zwanzig Jahre bestanden, so ist ein Betrag bis zu achtzehn Monatsverdiensten festzusetzen.

Kündigungsschutz im Rahmen der Betriebsverfassung und Personalvertretung

§ 15. Unzulässigkeit der Kündigung. (1) Die Kündigung eines Mitglieds eines Betriebsrats, einer Jugend- und Auszubildendenvertretung, einer Bordvertretung oder eines Seebetriebsrats ist unzulässig, es sei denn, daß Tatsachen vorliegen, die den Arbeitgeber zur Kündigung aus wichtigem Grund ohne Einhaltung einer Kündigungsfrist berechtigen, und daß die nach § 103 des Betriebsverfassungsgesetzes erforderliche Zustimmung vorliegt oder durch gerichtliche Entscheidung ersetzt ist. Nach Beendigung der Amtszeit ist die Kündigung eines Mitglieds eines Betriebsrats, einer Jugend- und Auszubildendenvertretung oder eines Seebetriebsrats innerhalb eines Jahres, die Kündigung eines Mitglieds einer Bordvertretung innerhalb von sechs Monaten, jeweils vom Zeitpunkt der Beendigung der Amtszeit an gerechnet, unzulässig, es sei denn, daß Tatsachen vorliegen, die den Arbeitgeber zur Kündigung aus wichtigem Grund ohne Einhaltung einer Kündigungsfrist berechtigen; dies gilt nicht, wenn die Beendigung der Mitgliedschaft auf einer gerichtlichen Entscheidung beruht.

Anzeigepflichtige Entlassungen

§ 17. Anzeigepflicht. (1) Der Arbeitgeber ist verpflichtet, dem Arbeitsamt Anzeige zu erstatten, bevor er

1. in Betrieben mit in der Regel mehr als 20 und weniger als 60 Arbeitnehmern mehr als 5 Arbeitnehmer,
2. in Betrieben mit in der Regel mindestens 60 und weniger als 500 Arbeitnehmern 10 vom Hundert der im Betrieb regelmäßig beschäftigten Arbeitnehmer oder aber mehr als 25 Arbeitnehmer,
3. in Betrieben mit in der Regel mindestens 500 Arbeitnehmern mindestens 30 Arbeitnehmer

innerhalb von 30 Kalendertagen entläßt.

Den Entlassungen stehen andere Beendigungen des Arbeitsverhältnisses gleich, die vom Arbeitgeber veranlaßt werden.

(2) Beabsichtigt der Arbeitgeber, nach Absatz 1 anzeigepflichtige Entlassungen vorzunehmen, hat er dem Betriebsrat rechtzeitig die zweckdienlichen Auskünfte zu erteilen und ihn schriftlich insbesondere zu unterrichten über

1. die Gründe für die geplanten Entlassungen,
2. die Zahl und die Berufsgruppen der zu entlassenden Arbeitnehmer;
3. die Zahl und die Berufsgruppen der in der Regel beschäftigten Arbeitnehmer,
4. den Zeitraum, in dem die Entlassungen vorgenommen werden sollen,
5. die vorgesehenen Kriterien für die Auswahl der zu entlassenden Arbeitnehmer,
6. die für die Berechnung etwaiger Abfindungen vorgesehenen Kriterien.

§ 18. Entlassungssperre. (1) Entlassungen, die nach § 17 anzuzeigen sind, werden vor Ablauf eines Monats nach Eingang der Anzeige beim

Arbeitsamt nur mit Zustimmung des Landesarbeitsamtes wirksam; ...

§ 19. Zulässigkeit von Kurzarbeit. (1) Ist der Arbeitgeber nicht in der Lage, die Arbeitnehmer bis zu dem in § 18 Abs. 1 und 2 bezeichneten Zeitpunkt voll zu beschäftigen, so kann das Landesarbeitsamt zulassen, daß der Arbeitgeber für die Zwischenzeit Kurzarbeit einführt.

(2) Der Arbeitgeber ist im Falle der Kurzarbeit berechtigt, Lohn oder Gehalt der mit verkürzter Arbeitszeit beschäftigten Arbeitnehmer entsprechend zu kürzen; die Kürzung des Arbeitsentgelts wird jedoch erst von dem Zeitpunkt an wirksam, an dem das Arbeitsverhältnis nach den allgemeinen gesetzlichen oder den vereinbarten Bestimmungen enden würde.

Schlußbestimmungen

§ 23. Geltungsbereich. (1) Die Vorschriften des Ersten und Zweiten Abschnitts gelten für Betriebe und Verwaltungen des privaten und des öffentlichen Rechts, vorbehaltlich der Vorschriften des § 24 für die Seeschiffahrts-, Binnenschiffahrts- und Luftverkehrsbetriebe. Die Vorschriften des Ersten Abschnitts gelten nicht für Betriebe und Verwaltungen, in denen in der Regel zehn oder weniger Arbeitnehmer ausschließlich der zu ihrer Berufsbildung Beschäftigten beschäftigt werden. Bei der Feststellung der Zahl der beschäftigten Arbeitnehmer nach Satz 2 sind teilzeitbeschäftigte Arbeitnehmer mit einer regelmäßigen Arbeitszeit von nicht mehr als zehn Stunden mit 0,25, nicht mehr als 20 Stunden mit 0,5 und nicht mehr als 30 Stunden mit 0,75 zu berücksichtigen.

(2) Die Vorschriften des Dritten Abschnitts gelten für Betriebe und Verwaltungen des privaten Rechts sowie für Betriebe, die von einer öffentlichen Verwaltung geführt werden, soweit sie wirtschaftliche Zwecke verfolgen. Sie gelten nicht für Seeschiffe und ihre Besatzung.

§ 25. Kündigung in Arbeitskämpfen. Die Vorschriften dieses Gesetzes finden keine Anwendung auf Kündigungen und Entlassungen, die lediglich als Maßnahmen in wirtschaftlichen Kämpfen zwischen Arbeitgebern und Arbeitnehmern vorgenommen werden.

Gesetz über die Zahlung des Arbeitsentgelts an Feiertagen und im Krankheitsfall

Vom 26. Mai 1994, mit Änderungen bis zum 12. Dezember 1996

§ 1. Anwendungsbereich. (1) Dieses Gesetz regelt die Zahlung des Arbeitsentgelts an gesetzlichen Feiertagen und die Fortzahlung des Arbeitsentgelts im Krankheitsfall an Arbeitnehmer sowie die wirtschaftliche Sicherung im Bereich der Heimarbeit für gesetzliche Feiertage und im Krankheitsfall.

(2) Arbeitnehmer im Sinne dieses Gesetzes sind Arbeiter und Angestellte sowie die zu ihrer Berufsbildung Beschäftigten.

§ 2. Entgeltzahlung an Feiertagen. (1) Für Arbeitszeit, die infolge eines gesetzlichen Feiertages ausfällt, hat der Arbeitgeber dem Arbeitnehmer das Arbeitsentgelt zu zahlen, das er ohne den Arbeitsausfall erhalten hätte.

(2) Die Arbeitszeit, die an einem gesetzlichen Feiertag gleichzeitig infolge von Kurzarbeit ausfällt und für die an anderen Tagen als an gesetzlichen Feiertagen Kurzarbeitergeld geleistet wird, gilt als infolge eines gesetzlichen Feiertages nach Absatz 1 ausgefallen.

(3) Arbeitnehmer, die am letzten Arbeitstag vor oder am ersten Arbeitstag nach Feiertagen unentschuldigt der Arbeit fernbleiben, haben keinen Anspruch auf Bezahlung für diese Feiertage.

§ 3. Anspruch auf Entgeltfortzahlung im Krankheitsfall. (1) Wird ein Arbeitnehmer durch Arbeitsunfähigkeit infolge Krankheit an seiner Arbeitsleistung verhindert, ohne daß ihn ein Verschulden trifft, so hat er Anspruch auf Entgeltfortzahlung im Krankheitsfall durch den Arbeitgeber für die Zeit der Arbeitsunfähigkeit bis zur Dauer von sechs Wochen. Wird der Arbeitnehmer infolge derselben Krankheit erneut arbeitsunfähig, so verliert er wegen der erneuten Arbeitsunfähigkeit den Anspruch nach Satz 1 für einen weiteren Zeitraum von höchstens sechs Wochen nicht, wenn

1. er vor der erneuten Arbeitsunfähigkeit mindestens sechs Monate nicht infolge derselben Krankheit arbeitsunfähig war oder
2. seit Beginn der ersten Arbeitsunfähigkeit infolge derselben Krankheit eine Frist von zwölf Monaten abgelaufen ist.

(2) Als unverschuldete Arbeitsunfähigkeit im Sinne des Absatzes 1 gilt auch eine Arbeitsverhinderung, die infolge einer nicht rechtswidrigen Sterilisation oder eines nicht rechtswidrigen Abbruchs der Schwangerschaft eintritt. Dasselbe gilt für einen Abbruch der Schwangerschaft, wenn die Schwangerschaft innerhalb von zwölf Wochen nach der Empfängnis durch einen Arzt abgebrochen wird, die schwangere Frau den Abbruch verlangt und dem Arzt durch eine Bescheinigung nachgewiesen hat, daß sie sich mindestens drei Tage vor dem Eingriff von einer anerkannten Beratungsstelle hat beraten lassen.

(3) Der Anspruch nach Absatz 1 entsteht nach vierwöchiger ununterbrochener Dauer des Arbeitsverhältnisses.

§ 4. Höhe des fortzuzahlenden Arbeitsentgelts. (1) Die Höhe der Entgeltfortzahlung im Krankheitsfall für den in § 3 Abs. 1 bezeichneten Zeitraum beträgt 80 vom Hundert des dem Arbeitnehmer bei der für ihn maßgebenden regelmäßigen Arbeitszeit zustehenden Arbeitsentgelts. Erleidet ein Arbeitnehmer infolge einer den Versicherungsschutz nach § 2 Abs. 1 Nr. 1 oder 3 des Siebten Buches Sozialgesetzbuch begründenden Tätigkeit einen Arbeitsunfall oder eine Berufskrankheit im Sinne des Siebten Buches Sozialgesetzbuch, so bemißt sich die Höhe der Entgeltfortzahlung abweichend von Satz 1 nach dem Arbeitsentgelt, das dem Arbeitnehmer bei der für ihn maßgebenden regelmäßigen Arbeitszeit zusteht; dies gilt bei Arbeitsunfällen nur in dem Arbeitsverhältnis, in dem der Arbeitsunfall eingetreten ist, und bei Versicherungsschutz nach § 2 Abs. 1 Nr. 3 des Siebten Buches Sozialgesetzbuch nur in den Fällen, in denen Maßnahmen auf Grund von Arbeitsschutz- oder Unfallverhütungsvorschriften veranlaßt worden sind.

(1a) Zum Arbeitsentgelt nach Absatz 1 gehören nicht Leistungen für Aufwendungen des Arbeitnehmers, soweit der Anspruch auf sie im Falle der Arbeitsfähigkeit davon abhängig ist, daß dem Arbeitnehmer entsprechende Aufwendungen tatsächlich entstanden sind, und dem Arbeitnehmer solche Aufwendungen während der Arbeitsunfähigkeit nicht entstehen. Erhält der Arbeitnehmer eine auf das Ergebnis der Arbeit abgestellte Vergütung, so ist der von dem Arbeitnehmer in der für ihn maßgebenden regelmäßigen Arbeitszeit erzielbare Durchschnittsverdienst der Berechnung zugrunde zu legen.

(2) Ist der Arbeitgeber für Arbeitszeit, die gleichzeitig infolge eines gesetzlichen Feiertages ausgefallen ist, zur Fortzahlung des Arbeitsentgelts nach § 3 verpflichtet, bemißt sich die Höhe des fortzuzahlenden Arbeitsentgelts für diesen Feiertag nach § 2.

(3) Wird in dem Betrieb verkürzt gearbeitet und würde deshalb das Arbeitsentgelt des Arbeitnehmers im Falle seiner Arbeitsunfähig-

keit gemindert, so ist die verkürzte Arbeitszeit für ihre Dauer als die für den Arbeitnehmer maßgebende regelmäßige Arbeitszeit im Sinne des Absatzes 1 anzusehen. Dies gilt nicht im Falle des § 2 Abs. 2

(4) Durch Tarifvertrag kann eine von den Absätzen 1, 1a und 3 abweichende Bemessungsgrundlage des fortzuzahlenden Arbeitsentgelts festgelegt werden. Im Geltungsbereich eines solchen Tarifvertrages kann zwischen nichttarifgebundenen Arbeitgebern und Arbeitnehmern die Anwendung der tarifvertraglichen Regelung über die Fortzahlung des Arbeitsentgelts im Krankheitsfalle vereinbart werden.

§ 4a. Anrechnung auf den Erholungsurlaub.

(1) Im Falle des § 4 Abs. 1 Satz 1 kann der Arbeitnehmer vom Arbeitgeber spätestens bis zum dritten Arbeitstag nach dem Ende der Arbeitsunfähigkeit verlangen, daß ihm von je fünf Tagen, an denen der Arbeitnehmer infolge Krankheit an seiner Arbeitsleistung verhindert ist, der erste Tag auf den Erholungsurlaub angerechnet wird. Mehrere Zeiträume, in denen der Arbeitnehmer arbeitsunfähig erkrankt ist, werden zusammengerechnet. Die angerechneten Tage gelten als Urlaubstage; insoweit besteht kein Anspruch des Arbeitnehmers nach § 3 Abs. 1 Satz 1. Für die übrigen Tage bemißt sich die Höhe der Entgeltfortzahlung abweichend von § 4 Abs. 1 Satz 1 nach dem Arbeitsentgelt, das dem Arbeitnehmer bei der für ihn maßgebenden regelmäßigen Arbeitszeit zusteht. § 4 Abs. 1a bis 4 sind anzuwenden. § 9 des Bundesurlaubsgesetzes und § 4 Abs. 4 Satz 1 des Tarifvertragsgesetzes sind nicht anzuwenden.

(2) Durch die Anrechnung nach Absatz 1 dürfen der gesetzliche Jahresurlaub nach § 3 des Bundesurlaubsgesetzes, § 19 des Jugendarbeitsschutzgesetzes und den §§ 53, 54 des Seemannsgesetzes sowie der Zusatzurlaub nach § 47 des Schwerbehindertengesetzes nicht unterschritten werden.

(3) Absatz 1 Satz 1 gilt nicht für den Teil des Urlaubs, der aus betrieblichen Gründen für alle Arbeitnehmer oder für bestimmte Gruppen von Arbeitnehmern einheitlich festgelegt ist, und nicht, soweit der Urlaub üblicherweise durch arbeitsfreie Zeiträume als abgegolten gilt.

7

§ 5. Anzeige- und Nachweispflichten. (1) Der Arbeitnehmer ist verpflichtet, dem Arbeitgeber die Arbeitsunfähigkeit und deren voraussichtliche Dauer unverzüglich mitzuteilen. Dauert die Arbeitsunfähigkeit länger als drei Kalendertage, hat der Arbeitnehmer eine ärztliche Bescheinigung über das Bestehen der Arbeitsunfähigkeit sowie deren voraussichtliche Dauer spätestens an dem darauffolgenden Arbeitstag vorzulegen. Der Arbeitgeber ist berechtigt, die Vorlage der ärztlichen Bescheinigung früher zu verlangen. Dauert die Arbeitsunfähigkeit länger als in der Bescheinigung angegeben, ist der Arbeitnehmer verpflichtet, eine neue ärztliche Bescheinigung vorzulegen. Ist der Arbeitnehmer Mitglied einer gesetzlichen Krankenkasse, muß die ärztliche Bescheinigung einen Vermerk des behandelnden Arztes darüber enthalten, daß der Krankenkasse unverzüglich eine Bescheinigung über die Arbeitsunfähigkeit mit Angaben über den Befund und die voraussichtliche Dauer der Arbeitsunfähigkeit übersandt wird.

§ 7. Leistungsverweigerungsrecht des Arbeitgebers. (1) Der Arbeitgeber ist berechtigt, die Fortzahlung des Arbeitsentgelts zu verweigern,

1. solange der Arbeitnehmer die von ihm nach § 5 Abs. 1 vorzulegende ärztliche Bescheinigung nicht vorlegt oder den ihm nach § 5 Abs. 2 obliegenden Verpflichtungen nicht nachkommt;
2. wenn der Arbeitnehmer den Übergang eines Schadensersatzanspruchs gegen einen Dritten auf den Arbeitgeber (§ 6) verhindert.

(2) Absatz 1 gilt nicht, wenn der Arbeitnehmer die Verletzung dieser ihm obliegenden Verpflichtungen nicht zu vertreten hat.

§ 8. Beendigung des Arbeitsverhältnisses.

(1) Der Anspruch auf Fortzahlung des Arbeitsentgelts wird nicht dadurch berührt, daß der Arbeitgeber das Arbeitsverhältnis aus Anlaß der Arbeitsunfähigkeit kündigt. Das gleiche gilt, wenn der Arbeitnehmer das Arbeitsverhältnis aus einem vom Arbeitgeber zu vertretenden Grunde kündigt, der den Arbeitnehmer zur Kündigung aus wichtigem Grund ohne Einhaltung einer Kündigungsfrist berechtigt.

(2) Endet das Arbeitsverhältnis vor Ablauf der in § 3 Abs. 1 bezeichneten Zeit nach dem Beginn der Arbeitsunfähigkeit, ohne daß es einer Kündigung bedarf, oder infolge einer Kündigung aus anderen als den in Absatz 1 bezeichneten Gründen, so endet der Anspruch mit dem Ende des Arbeitsverhältnisses.

§ 9. Maßnahmen der medizinischen Vorsorge und Rehabilitation. (1) Die Vorschriften der §§ 3, 4 und 6 bis 8 gelten entsprechend für die Arbeitsverhinderung infolge einer Maßnahme der medizinischen Vorsorge oder Rehabilitation, die ein Träger der gesetzlichen Renten-, Kranken- oder Unfallversicherung, eine Verwaltungsbehörde der Kriegsopferversorgung oder ein sonstiger Sozialleistungsträger bewilligt hat und die in einer Einrichtung der medizinischen Vorsorge oder Rehabilitation stationär durchgeführt wird. Ist der Arbeitnehmer nicht Mitglied einer gesetzlichen Krankenkasse oder nicht in der gesetzlichen Rentenversicherung versichert, gelten die §§ 3, 4 und 6 bis 8 entsprechend, wenn eine Maßnahme der medizinischen Vorsorge oder Rehabilitation ärztlich verordnet worden ist und stationär in einer Einrichtung der medizinischen Vorsorge oder Rehabilitation oder einer vergleichbaren Einrichtung durchgeführt wird.

(2) Der Arbeitnehmer ist verpflichtet, dem Arbeitgeber den Zeitpunkt des Antritts der Maßnahme, die voraussichtliche Dauer und die Verlängerung der Maßnahme im Sinne des Absatzes 1 unverzüglich mitzuteilen und ihm

a) eine Bescheinigung über die Bewilligung der Maßnahme durch einen Sozialleistungsträger nach Absatz 1 Satz 1 oder
b) eine ärztliche Bescheinigung über die Erforderlichkeit der Maßnahme im Sinne des Absatzes 1 Satz 2

unverzüglich vorzulegen.

§ 12. Unabdingbarkeit. Abgesehen von § 4 Abs. 4 kann von den Vorschriften dieses Gesetzes nicht zuungunsten des Arbeitnehmers oder der nach § 10 berechtigten Personen abgewichen werden.

Gesetz zur Vereinheitlichung und Flexibilisierung des Arbeitszeitrechts

Vom 6. Juni 1994, mit Änderungen bis zum 9. Juni 1998

Allgemeine Vorschriften

§ 1. Zweck des Gesetzes. Zweck des Gesetzes ist es,

1. die Sicherheit und den Gesundheitsschutz der Arbeitnehmer bei der Arbeitszeitgestaltung zu gewährleisten und die Rahmenbedingungen für flexible Arbeitszeiten zu verbessern sowie
2. den Sonntag und die staatlich anerkannten Feiertage als Tage der Arbeitsruhe und der seelischen Erhebung der Arbeitnehmer zu schützen.

§ 2. Begriffsbestimmungen. (1) Arbeitszeit im Sinne dieses Gesetzes ist die Zeit vom Beginn bis zum Ende der Arbeit ohne die Ruhepausen; Arbeitszeiten bei mehreren Arbeitgebern sind zusammenzurechnen. Im Bergbau unter Tage zählen die Ruhepausen zur Arbeitszeit.

(2) Arbeitnehmer im Sinne dieses Gesetzes sind Arbeiter und Angestellte sowie die zu ihrer Berufsbildung Beschäftigten.

(3) Nachtzeit im Sinne dieses Gesetzes ist die Zeit von 23 bis 6 Uhr.

(4) Nachtarbeit im Sinne dieses Gesetzes ist jede Arbeit, die mehr als zwei Stunden der Nachtzeit umfaßt.

Werktägliche Arbeitszeit und arbeitsfreie Zeiten

§ 3. Arbeitszeit der Arbeitnehmer. Die werktägliche Arbeitszeit der Arbeitnehmer darf acht Stunden nicht überschreiten. Sie kann auf bis zu zehn Stunden nur verlängert werden, wenn innerhalb von sechs Kalendermonaten oder innerhalb von 24 Wochen im Durchschnitt acht Stunden werktäglich nicht überschritten werden.

§ 4. Ruhepausen. Die Arbeit ist durch im voraus feststehende Ruhepausen von mindestens 30 Minuten bei einer Arbeitszeit von mehr als sechs bis zu neun Stunden und 45 Minuten bei einer Arbeitszeit von mehr als neun Stunden insgesamt zu unterbrechen. Die Ruhepausen nach Satz 1 können in Zeitabschnitte von jeweils mindestens 15 Minuten aufgeteilt werden. Länger als sechs Stunden hintereinander dürfen Arbeitnehmer nicht ohne Ruhepause beschäftigt werden.

7

§ 5. Ruhezeit. (1) Die Arbeitnehmer müssen nach Beendigung der täglichen Arbeitszeit eine ununterbrochene Ruhezeit von mindestens elf Stunden haben.

(2) Die Dauer der Ruhezeit des Absatzes 1 kann in Krankenhäusern und anderen Einrichtungen zur Behandlung, Pflege und Betreuung von Personen, in Gaststätten und anderen Einrichtungen zur Bewirtung und Beherbergung, in Verkehrsbetrieben, beim Rundfunk sowie in der Landwirtschaft und in der Tierhaltung um bis zu eine Stunde verkürzt werden, wenn jede Verkürzung der Ruhezeit innerhalb eines Kalendermonats oder innerhalb von vier Wochen durch Verlängerung einer anderen Ruhezeit auf mindestens zwölf Stunden ausgeglichen wird.

§ 6. Nacht- und Schichtarbeit. (1) Die Arbeitszeit der Nacht- und Schichtarbeitnehmer ist nach den gesicherten arbeitswissenschaftlichen Erkenntnissen über die menschengerechte Gestaltung der Arbeit festzulegen.

(2) Die werktägliche Arbeitszeit der Nachtarbeitnehmer darf acht Stunden nicht überschreiten. Sie kann auf bis zu zehn Stunden nur verlängert werden, wenn abweichend von § 3 innerhalb von einem Kalendermonat oder innerhalb von vier Wochen im Durchschnitt acht Stunden werktäglich nicht überschritten werden.

§ 7. Abweichende Regelungen. (1) In einem Tarifvertrag oder auf Grund eines Tarifvertrags in einer Betriebsvereinbarung kann zugelassen werden,

1. abweichend von § 3
   a) die Arbeitszeit über zehn Stunden werktäglich, auch ohne Ausgleich zu verlängern, wenn in die Arbeitszeit regelmäßig und in erheblichem Umfang Arbeitsbereitschaft fällt,
   b) einen anderen Ausgleichszeitraum festzulegen,
   c) ohne Ausgleich die Arbeitszeit auf bis zu zehn Stunden werktäglich an höchstens 60 Tagen im Jahr zu verlängern,
2. abweichend von § 4 Satz 2 die Gesamtdauer der Ruhepausen in Schichtbetrieben und Verkehrsbetrieben auf Kurzpausen von angemessener Dauer aufzuteilen,
3. abweichend von § 5 Abs. 1 die Ruhezeit um bis zu zwei Stunden zu kürzen, wenn die Art der Arbeit dies erfordert und die Kürzung der Ruhezeit innerhalb eines festzulegenden Ausgleichszeitraums ausgeglichen wird,
4. abweichend von § 6 Abs. 2
   a) die Arbeitszeit über zehn Stunden werktäglich hinaus auch ohne Ausgleich zu verlängern, wenn in die Arbeitszeit regelmäßig und in erheblichem Umfang Arbeitsbereitschaft fällt,

b) einen anderen Ausgleichszeitraum festzulegen,
5. Den Beginn des siebenstündigen Nachtzeitraums des § 2 Abs. 3 auf die Zeit zwischen 22 und 24 Uhr festzulegen.

Sonn- und Feiertagsruhe

§ 9. Sonn- und Feiertagsruhe. (1) Arbeitnehmer dürfen an Sonn- und gesetzlichen Feiertagen von 0 bis 24 Uhr nicht beschäftigt werden.

(2) In mehrschichtigen Betrieben mit regelmäßiger Tag- und Nachtschicht kann Beginn oder Ende der Sonn- und Feiertagsruhe um bis zu sechs Stunden vor- oder zurückverlegt werden, wenn für die auf den Beginn der Ruhezeit folgenden 24 Stunden der Betrieb ruht.

(3) Für Kraftfahrer und Beifahrer kann der Beginn der 24stündigen Sonn- und Feiertagsruhe um bis zu zwei Stunden vorverlegt werden.

§ 10. Sonn- und Feiertagsbeschäftigung. (1) Sofern die Arbeiten nicht an Werktagen vorgenommen werden können, dürfen Arbeitnehmer an Sonn- und Feiertagen abweichend von § 9 beschäftigt werden.

1. in Not- und Rettungsdiensten sowie bei der Feuerwehr,
2. zur Aufrechterhaltung der öffentlichen Sicherheit und Ordnung sowie der Funktionsfähigkeit von Gerichten und Behörden und für Zwecke der Verteidigung,
3. in Krankenhäusern und anderen Einrichtungen zur Behandlung, Pflege und Betreuung von Personen,
4. in Gaststätten und anderen Einrichtungen zur Bewirtung und Beherbergung sowie im Haushalt,
5. bei Musikaufführungen, Theatervorstellungen, Filmvorführungen, Schaustellungen, Darbietungen und anderen ähnlichen Veranstaltungen,
6. bei nichtgewerblichen Aktionen und Veranstaltungen der Kirchen, Religionsgesellschaften, Verbände, Vereine, Parteien und anderer ähnlicher Vereinigungen,
7. beim Sport und in Freizeit-, Erholungs- und Vergnügungseinrichtungen, beim Fremdenverkehr sowie in Museen und wissenschaftlichen Präsenzbibliotheken,
8. beim Rundfunk, bei der Tages- und Sportpresse, bei Nachrichtenagenturen sowie bei den der Tagesaktualität dienenden Tätigkeiten für andere Presseerzeugnisse einschließlich des Austragens, bei der Herstellung von Satz, Filmen und Druckformen für tagesaktuelle Nachrichten und Bilder, bei tagesaktuellen Aufnahmen auf Ton- und Bildträger sowie beim Transport und Kommissionieren von Presseerzeugnissen, deren Erscheinungstag am Montag oder am Tag nach einem Feiertag liegt,
9. bei Messen, Ausstellungen und Märkten im Sinne des Titels IV der Gewerbeordnung sowie bei Volksfesten,
10. in Verkehrsbetrieben sowie beim Transport und Kommissionieren von leichtverderblichen Waren im Sinne des § 30 Abs. 3 Nr. 2 der Straßenverkehrsordnung,
14. bei der Reinigung und Instandhaltung von Betriebseinrichtungen, soweit hierdurch der regelmäßige Fortgang des eigenen oder eines fremden Betriebs bedingt ist, bei der Vorbereitung der Wiederaufnahme des vollen werktägigen Betriebs sowie bei der Aufrechterhaltung der Funktionsfähigkeit von Datennetzen und Rechnersystemen,
15. zur Verhütung des Verderbens von Naturerzeugnissen oder Rohstoffen oder des Mißlingens von Arbeitsergebnissen sowie bei kontinuierlich durchzuführenden Forschungsarbeiten,
16. zur Vermeidung einer Zerstörung oder erheblichen Beschädigung der Produktionseinrichtungen.

(2) Abweichend von § 9 dürfen Arbeitnehmer an Sonn- und Feiertagen mit den Produktionsarbeiten beschäftigt werden, wenn die infolge der Unterbrechung der Produktion nach Absatz 1 Nr. 14 zulässigen Arbeiten den Einsatz von mehr Arbeitnehmern als bei durchgehender Produktion erfordern.

(4) Sofern die Arbeiten nicht an Werktagen vorgenommen werden können, dürfen Arbeitnehmer zur Durchführung des Eil- und Großbetragszahlungsverkehrs und des Geld-, Devisen-, Wertpapier- und Derivatehandels abweichend von § 9 Abs. 1 an den auf einen Werktag fallenden Feiertagen beschäftigt werden, die nicht in allen Mitgliedstaaten der Europäischen Union Feiertage sind.

Durchführung des Gesetzes

§ 16. Aushang und Arbeitszeitnachweise. (1) Der Arbeitgeber ist verpflichtet, einen Abdruck dieses Gesetzes, der auf Grund dieses Gesetzes erlassenen, für den Betrieb geltenden Rechtsverordnungen und der für den Betrieb geltenden Tarifverträge und Betriebsvereinbarungen im Sinne des § 7 Abs. 1 bis 3 und des § 12 an geeigneter Stelle im Betrieb zur Einsichtnahme auszulegen oder auszuhängen.

(2) Der Arbeitgeber ist verpflichtet, die über die werktägliche Arbeitszeit des § 3 Satz 1 hinausgehende Arbeitszeit der Arbeitnehmer aufzuzeichnen. Die Aufzeichnungen sind mindestens zwei Jahre aufzubewahren.

Mindesturlaubsgesetz für Arbeitnehmer

Vom 8. Januar 1963, mit Änderungen bis zum 25. September 1996

§ 1. Urlaubsanspruch. Jeder Arbeitnehmer hat in jedem Kalenderjahr Anspruch auf bezahlten Erholungsurlaub.

§ 2. Geltungsbereich. Arbeitnehmer im Sinne des Gesetzes sind Arbeiter und Angestellte sowie die zu ihrer Berufsausbildung Beschäftigten. Als Arbeitnehmer gelten auch Personen, die wegen ihrer wirtschaftlichen Unselbständigkeit als arbeitnehmerähnliche Personen anzusehen sind; für den Bereich der Heimarbeit gilt § 12.

§ 3. Dauer des Urlaubs. (1) Der Urlaub beträgt jährlich mindestens 24 Werktage.

(2) Als Werktage gelten alle Kalendertage, die nicht Sonn- oder gesetzliche Feiertage sind.

§ 4. Wartezeit. Der volle Urlaubsanspruch wird erstmalig nach sechsmonatigem Bestehen des Arbeitsverhältnisses erworben.

§ 5. Teilurlaub. (1) Anspruch auf ein Zwölftel des Jahresurlaubs für jeden vollen Monat des Bestehens des Arbeitsverhältnisses hat der Arbeitnehmer

a) für Zeiten eines Kalenderjahres, für die er wegen Nichterfüllung der Wartezeit in diesem Kalenderjahr keinen vollen Urlaubsanspruch erwirbt;

b) wenn er vor erfüllter Wartezeit aus dem Arbeitsverhältnis ausscheidet;

c) wenn er nach erfüllter Wartezeit in der ersten Hälfte eines Kalenderjahres aus dem Arbeitsverhältnis ausscheidet.

(2) Bruchteile von Urlaubstagen, die mindestens einen halben Tag ergeben, sind auf volle Urlaubstage aufzurunden.

(3) Hat der Arbeitnehmer im Falle des Absatzes 1 Buchstabe c bereits Urlaub über den ihm zustehenden Umfang hinaus erhalten, so kann das dafür gezahlte Urlaubsentgelt nicht zurückgefordert werden.

7

§ 6. Ausschluß von Doppelansprüchen. (1) Der Anspruch auf Urlaub besteht nicht, soweit dem Arbeitnehmer für das laufende Kalenderjahr bereits von einem früheren Arbeitgeber Urlaub gewährt worden ist.

(2) Der Arbeitgeber ist verpflichtet, bei Beendigung des Arbeitsverhältnisses dem Arbeitnehmer eine Bescheinigung über den im laufenden Kalenderjahr gewährten oder abgegoltenen Urlaub auszuhändigen.

§ 7. Zeitpunkt, Übertragbarkeit und Abgeltung des Urlaubs. (1) Bei der zeitlichen Festlegung des Urlaubs sind die Urlaubswünsche des Arbeitnehmers zu berücksichtigen, es sei denn, daß Ihrer Berücksichtigung dringende betriebliche Belange oder Urlaubswünsche anderer Arbeitnehmer, die unter sozialen Gesichtspunkten den Vorrang verdienen, entgegenstehen. Der Urlaub ist zu gewähren, wenn der Arbeitnehmer dies im Anschluß an eine Maßnahme der medizinischen Vorsorge oder Rehabilitation verlangt.

(2) Der Urlaub ist zusammenhängend zu gewähren, es sei denn, daß dringende betriebliche oder in der Person des Arbeitnehmers liegende Gründe eine Teilung des Urlaubs erforderlich machen. Kann der Urlaub aus diesen Gründen nicht zusammenhängend gewährt werden, und hat der Arbeitnehmer Anspruch auf Urlaub von mehr als zwölf Werktagen, so muß einer der Urlaubsteile mindestens zwölf aufeinanderfolgende Werktage umfassen.

(3) Der Urlaub muß im laufenden Kalenderjahr gewährt und genommen werden. Eine Übertragung des Urlaubs auf das nächste Kalenderjahr ist nur statthaft, wenn dringende betriebliche oder in der Person des Arbeitnehmers liegende Gründe dies rechtfertigen. Im Fall der Übertragung muß der Urlaub in den ersten drei Monaten des folgenden Kalenderjahres gewährt und genommen werden. Auf Verlangen des Arbeitnehmers ist ein nach § 5 Abs. 1 Buchstabe a entstehender Teilurlaub jedoch auf das nächste Kalenderjahr zu übertragen.

(4) Kann der Urlaub wegen Beendigung des Arbeitsverhältnisses ganz oder teilweise nicht mehr gewährt werden, so ist er abzugelten.

§ 8. Erwerbstätigkeit während des Urlaubs. Während des Urlaubs darf der Arbeitnehmer keine dem Urlaubszweck widersprechende Erwerbstätigkeit leisten.

§ 9. Erkrankung während des Urlaubs. Erkrankt ein Arbeitnehmer während des Urlaubs, so werden die durch ärztliches Zeugnis nachgewiesenen Tage der Arbeitsunfähigkeit auf den Jahresurlaub nicht angerechnet.

§ 10. Maßnahmen der medizinischen Vorsorge oder Rehabilitation. (1) Der Arbeitgeber ist berechtigt, von je fünf Tagen, an denen der Arbeitnehmer infolge einer Maßnahme der medizinischen Vorsorge oder Rehabilitation (§ 9 Abs. 1 des Entgeltfortzahlungsgesetzes) an seiner Arbeitsleistung verhindert ist, die ersten zwei Tage auf den Erholungsurlaub anzurechnen. Die angerechneten Tage gelten als Urlaubstage; insoweit besteht kein Anspruch des Arbeitnehmers auf Entgeltfortzahlung im Krankheitsfall. Satz 1 gilt nicht.

1. bei Arbeitsunfähigkeit des Arbeitnehmers nach § 3 des Entgeltfortzahlungsgesetzes,
2. für Maßnahmen, deren unmittelbarer Anschluß an eine Krankenhausbehandlung medizinisch notwendig ist (Anschlußrehabilitation); als unmittelbar gilt auch, wenn die Maßnahme innerhalb von 14 Tagen beginnt,
3. für Vorsorgekuren für Mütter nach § 24 des Fünften Buches Sozialgesetzbuch sowie für Müttergenesungskuren nach § 41 des Fünften Buches Sozialgesetzbuch,
4. für Kuren von Beschädigten nach § 11 Abs. 2 des Bundesversorgungsgesetzes.

(2) Durch die Anrechnung nach Absatz 1 dürfen der gesetzliche Jahresurlaub nach § 3 Abs. 1, § 19 des Jugendarbeitsschutzgesetzes und den §§ 53, 54 des Seemannsgesetzes sowie der Zusatzurlaub nach § 47 des Schwerbehindertengesetzes nicht unterschritten werden.

(3) Soweit eine Anrechnung auf den Erholungsurlaub nach Absatz 1 nicht oder nur teilweise möglich ist, weil der Arbeitnehmer den für die Anrechnungsmöglichkeit des Arbeitgebers zur Verfügung stehenden Urlaub ganz oder teilweise bereits erhalten hat, darf der Arbeitgeber eine Anrechnung auf den Urlaub des nächsten Kalenderjahres vornehmen. Die Absätze 1 und 2 gelten entsprechend.

§ 11. Urlaubsentgelt. (1) Das Urlaubsentgelt bemißt sich nach dem durchschnittlichen Arbeitsverdienst, das der Arbeitnehmer in den letzten dreizehn Wochen vor dem Beginn des Urlaubs erhalten hat, mit Ausnahme des zusätzlich für Überstunden gezahlten Arbeitsverdienstes. Bei Verdiensterhöhungen nicht nur vorübergehender Natur, die während des Berechnungszeitraums oder des Urlaubs eintreten, ist von dem erhöhten Verdienst auszugehen. Verdienstkürzungen, die im Berechnungszeitraum infolge von Kurzarbeit, Arbeitsausfällen oder unverschuldetem Arbeitsversäumnis eintreten, bleiben für die Berechnung des Urlaubsentgelts außer Betracht. Zum Arbeitsentgelt gehörende Sachbezüge, die während des Urlaubs nicht weitergewährt werden, sind für die Dauer des Urlaubs angemessen in bar abzugelten.

(2) Das Urlaubsentgelt ist vor Antritt des Urlaubs auszuzahlen.

§ 13. Unabdingbarkeit. (1) Von den vorstehenden Vorschriften mit Ausnahme der §§ 1, 2 und 3 Abs. 1 kann in Tarifverträgen abgewichen werden.

Gesetz zur Bekämpfung der Schwarzarbeit

In der Neufassung vom 6. Februar 1995, mit Änderungen bis zum 17. Dezember 1997

§ 1. Schwarzarbeit. (1) Ordnungswidrig handelt, wer Dienst- oder Werkleistungen in erheblichem Umfang erbringt, obwohl er

1. der Mitteilungspflicht gegenüber einer Dienststelle der Bundesanstalt für Arbeit, einem Träger der gesetzlichen Kranken-, Pflege-, Unfall- oder Rentenversicherung oder einem Träger der Sozialhilfe nach § 60 Abs. 1 Satz 1 Nr. 2 des Ersten Buches Sozialgesetzbuch oder der Meldepflicht nach § 8a des Asylbewerberleistungsgesetzes nicht nachgekommen ist,
2. der Verpflichtung zur Anzeige vom Beginn des selbständigen Betriebes eines stehenden Gewerbes (§ 14 der Gewerbeordnung) nicht nachgekommen ist oder die erforderliche Reisegewerbekarte (§ 55 der Gewerbeordnung) nicht erworben hat oder
3. ein Handwerk als stehendes Gewerbe selbständig betreibt, ohne in der Handwerksrolle eingetragen zu sein (§ 1 der Handwerksordnung).

(2) Die Ordnungswidrigkeit kann mit einer Geldbuße bis zu zweihunderttausend Deutsche Mark geahndet werden.

(3) Absatz 1 gilt nicht für Dienst- oder Werkleistungen, die auf Gefälligkeit oder Nachbarschaftshilfe beruhen, …

§ 2. Beauftragung mit Schwarzarbeit. (1) Ordnungswidrig handelt, wer Dienst- oder Werkleistungen in erheblichem Umfange ausführen läßt, indem er eine oder mehrere Personen beauftragt, die diese Leistungen unter Verstoß gegen die in § 1 Abs. 1 genannten Vorschriften erbringen.

(2) Die Ordnungswidrigkeit kann mit einer Geldbuße bis zu zweihunderttausend Deutsche Mark geahndet werden.

Arbeitsgerichtsgesetz

In der Fassung der Bekanntmachung vom 2. Juli 1979,
mit Änderungen bis zum 29. Juni 1998

Allgemeine Vorschriften

§ 1. Gerichte für Arbeitssachen. Die Gerichtsbarkeit in Arbeitssachen – §§ 2 bis 3 – wird ausgeübt durch die Arbeitsgerichte – §§ 14 bis 31 –, die Landesarbeitsgerichte – §§ 33 bis 39 – und das Bundesarbeitsgericht – §§ 40 bis 45 – (Gerichte für Arbeitssachen).

§ 2. Zuständigkeit im Urteilsverfahren. (1) Die Gerichte für Arbeitssachen sind ausschließlich zuständig für

1. bürgerliche Rechtsstreitigkeiten zwischen Tarifvertragsparteien oder zwischen diesen und Dritten aus Tarifverträgen oder über das Bestehen oder Nichtbestehen von Tarifverträgen;
2. bürgerliche Rechtsstreitigkeiten zwischen tariffähigen Parteien oder zwischen diesen und Dritten aus unerlaubten Handlungen, soweit es sich um Maßnahmen zum Zwecke des Arbeitskampfes oder um Fragen der Vereinigungsfreiheit einschließlich des hiermit im Zusammenhang stehenden Betätigungsrechts der Vereinigungen handelt;
3. bürgerliche Rechtsstreitigkeiten zwischen Arbeitnehmern und Arbeitgebern
   a) aus dem Arbeitsverhältnis;
   b) über das Bestehen oder Nichtbestehen eines Arbeitsverhältnisses;
   c) aus Verhandlungen über die Eingehung eines Arbeitsverhältnisses und aus dessen Nachwirkungen;
   d) aus unerlaubten Handlungen, soweit diese mit dem Arbeitsverhältnis im Zusammenhang stehen;
   e) über Arbeitspapiere;
4. bürgerliche Rechtsstreitigkeiten zwischen Arbeitnehmern oder ihren Hinterbliebenen und
   a) Arbeitgebern über Ansprüche, die mit dem Arbeitsverhältnis in rechtlichem oder unmittelbar wirtschaftlichem Zusammenhang stehen;
   b) gemeinsamen Einrichtungen der Tarifvertragsparteien oder Sozialeinrichtungen des privaten Rechts über Ansprüche aus dem Arbeitsverhältnis oder Ansprüche, die mit dem Arbeitsverhältnis in rechtlichem oder unmittelbar wirtschaftlichem Zusammenhang stehen, soweit nicht die ausschließliche Zuständigkeit eines anderen Gerichts gegeben ist; ...

9. bürgerliche Rechtsstreitigkeiten zwischen Arbeitnehmern aus gemeinsamer Arbeit und aus unerlaubten Handlungen, soweit diese mit dem Arbeitsverhältnis im Zusammenhang stehen.

§ 2a. Zuständigkeit im Beschlußverfahren.
(1) Die Gerichte für Arbeitssachen sind ferner ausschließlich zuständig für

1. Angelegenheiten aus dem Betriebsverfassungsgesetz, soweit nicht für Maßnahmen nach seinen §§ 119 bis 121 die Zuständigkeit eines anderen Gerichts gegeben ist;
3. Angelegenheiten aus dem Mitbestimmungsgesetz, dem Mitbestimmungsergänzungsgesetz und dem Betriebsverfassungsgesetz 1952, soweit über die Wahl von Vertretern der Arbeitnehmer in den Aufsichtsrat und über ihre Abberufung mit Ausnahme der Abberufung nach § 103 Abs. 3 des Aktiengesetzes zu entscheiden ist;

3a. Angelegenheiten aus § 54c des Schwerbehindertengesetzes;

4. die Entscheidung über die Tariffähigkeit und die Tarifzuständigkeit einer Vereinigung.

(2) In Streitigkeiten nach diesen Vorschriften findet das Beschlußverfahren statt.

§ 5. Begriff des Arbeitnehmers. (1) Arbeitnehmer im Sinne dieses Gesetzes sind Arbeiter und Angestellte sowie die zu ihrer Berufsausbildung Beschäftigten. Als Arbeitnehmer gelten auch die in Heimarbeit Beschäftigten und die ihnen Gleichgestellten (§ 1 des Heimarbeitsgesetzes vom 14. März 1951 – Bundesgesetzbl. I S. 191 –) sowie sonstige Personen, die wegen ihrer wirtschaftlichen Unselbständigkeit als arbeitnehmerähnliche Personen anzusehen sind. Als Arbeitnehmer gelten nicht in Betrieben einer juristischen Person oder einer Personengesamtheit Personen, die kraft Gesetzes, Satzung oder Gesellschaftsvertrags allein oder als Mitglieder des Vertretungsorgans zur Vertretung der juristischen Person oder der Personengesamtheit berufen sind.

(2) Beamte sind als solche keine Arbeitnehmer.

§ 6. Besetzung der Gerichte für Arbeitssachen.
(1) Die Gerichte für Arbeitssachen sind mit Berufsrichtern und mit ehrenamtlichen Richtern aus den Kreisen der Arbeitnehmer und Arbeitgeber besetzt.

§ 8. Gang des Verfahrens. (1) Im ersten Rechtszug sind die Arbeitsgerichte zuständig.

(2) Gegen die Urteile der Arbeitsgerichte findet die Berufung an die Landesarbeitsgerichte nach Maßgabe des § 64 Abs. 1 statt.

(3) Gegen die Urteile der Landesarbeitsgerichte findet die Revision an das Bundesarbeitsgericht nach Maßgabe des § 72 Abs. 1 statt.

(4) Gegen die Beschlüsse der Arbeitsgerichte und ihrer Vorsitzenden im Beschlußverfahren findet die Beschwerde an das Landesarbeitsgericht nach Maßgabe des § 87 statt.

(5) Gegen die Beschlüsse der Landesarbeitsgerichte im Beschlußverfahren findet die Rechtsbeschwerde an das Bundesarbeitsgericht nach Maßgabe des § 92 statt.

§ 10. Parteifähigkeit. Parteifähig im arbeitsgerichtlichen Verfahren sind auch Gewerkschaften und Vereinigungen von Arbeitgebern sowie Zusammenschlüsse solcher Verbände; ...

§ 11. Prozeßvertretung. (1) Die Parteien können vor den Arbeitsgerichten den Rechtsstreit selbst führen oder sich vertreten lassen. Eine Vertretung durch Vertreter von Gewerkschaften oder von Vereinigungen von Arbeitgebern oder von Zusammenschlüssen solcher Verbände ist zulässig, wenn diese Personen kraft Satzung oder Vollmacht zur Vertretung befugt sind und der Zusammenschluß, der Verband oder deren Mitglieder Partei sind. Das gleiche gilt für die Prozeßvertretung durch Vertreter von selbständigen Vereinigungen von Arbeitnehmern mit sozial- oder berufspolitischer Zwecksetzung.

(2) Vor den Landesarbeitsgerichten und vor dem Bundesarbeitsgericht müssen die Parteien sich durch Rechtsanwälte als Prozeßbevollmächtigte vertreten lassen; zur Vertretung berechtigt ist jeder bei einem deutschen Gericht zugelassene Rechtsanwalt. An ihre Stelle können vor den Landesarbeitsgerichten Vertreter von Gewerkschaften oder von Vereinigungen von Arbeitgebern oder von Zusammenschlüssen solcher Verbände treten, wenn sie kraft Satzung oder Vollmacht zur Vertretung befugt sind und der Zusammenschluß, der Verband oder deren Mitglieder Partei sind.

7

Aufbau der Gerichte für Arbeitssachen

§ 16. Zusammensetzung. (1) Das Arbeitsgericht besteht aus der erforderlichen Zahl von Vorsitzenden und ehrenamtlichen Richtern. Die ehrenamtlichen Richter werden je zur Hälfte aus den Kreisen der Arbeitnehmer und der Arbeitgeber entnommen.

(2) Jede Kammer des Arbeitsgerichts wird in der Besetzung mit einem Vorsitzenden und je einem ehrenamtlichen Richter aus Kreisen der Arbeitnehmer und der Arbeitgeber tätig.

Verfahren vor den Gerichten für Arbeitssachen

§ 54. Güteverfahren. (1) Die mündliche Verhandlung beginnt mit einer Verhandlung vor dem Vorsitzenden zum Zwecke der gütlichen Einigung der Parteien (Güteverhandlung). Der Vorsitzende hat zu diesem Zwecke das gesamte Streitverhältnis mit den Parteien unter freier Würdigung aller Umstände zu erörtern. Zur Aufklärung des Sachverhalts kann er alle Handlungen vornehmen, die sofort erfolgen können. Eidliche Vernehmungen sind jedoch ausgeschlossen.

Schiedsvertrag in Arbeitsstreitigkeiten

§ 101. Grundsatz. (1) Für bürgerliche Rechtsstreitigkeiten zwischen Tarifvertragsparteien aus Tarifverträgen oder über das Bestehen oder Nichtbestehen von Tarifverträgen können die Parteien des Tarifvertrags die Arbeitsgerichtsbarkeit allgemein oder für den Einzelfall durch die ausdrückliche Vereinbarung ausschließen, daß die Entscheidung durch ein Schiedsgericht erfolgen soll.

(3) Die Vorschriften der Zivilprozeßordnung über das schiedsrichterliche Verfahren finden in Arbeitssachen keine Anwendung.

§ 107. Vergleich. Ein vor dem Schiedsgericht geschlossener Vergleich ist unter Angabe des Tages seines Zustandekommens von den Streitparteien und den Mitgliedern des Schiedsgerichts zu unterschreiben.

§ 108. Schiedsspruch. (1) Der Schiedsspruch ergeht mit einfacher Mehrheit der Stimmen der Mitglieder des Schiedsgerichts, falls der Schiedsvertrag nichts anderes bestimmt.

(4) Der Schiedsspruch hat unter den Parteien dieselben Wirkungen wie ein rechtskräftiges Urteil des Arbeitsgerichts.

Betriebsverfassungsgesetz

Vom 15. Januar 1972 in der Fassung der Bekanntmachung vom 23. Dezember 1988, mit Änderungen bis zum 24. März 1997

Erster Teil. Allgemeine Vorschriften

§ 1. Errichtung von Betriebsräten. In Betrieben mit in der Regel mindestens fünf ständigen wahlberechtigten Arbeitnehmern, von denen drei wählbar sind, werden Betriebsräte gewählt.

§ 2. Stellung der Gewerkschaften und Vereinigungen der Arbeitgeber. (1) Arbeitgeber und Betriebsrat arbeiten unter Beachtung der geltenden Tarifverträge vertrauensvoll und im Zusammenwirken mit den im Betrieb vertretenen Gewerkschaften und Arbeitgebervereinigungen zum Wohl der Arbeitnehmer und des Betriebs zusammen.

(2) Zur Wahrnehmung der in diesem Gesetz genannten Aufgaben und Befugnisse der im Betrieb vertretenen Gewerkschaften ist deren Beauftragten nach Unterrichtung des Arbeitgebers oder seines Vertreters Zugang zum Betrieb zu gewähren, soweit dem nicht unumgängliche Notwendigkeiten des Betriebsablaufs, zwingende Sicherheitsvorschriften oder der Schutz von Betriebsgeheimnissen entgegenstehen.

(3) Die Aufgaben der Gewerkschaften und der Vereinigungen der Arbeitgeber, insbesondere die Wahrnehmung der Interessen ihrer Mitglieder, werden durch dieses Gesetz nicht berührt.

§ 3. Zustimmungsbedürftige Tarifverträge.

(1) Durch Tarifvertrag können bestimmt werden:

1. zusätzliche betriebsverfassungsrechtliche Vertretungen der Arbeitnehmer bestimmter Beschäftigungsarten oder Arbeitsbereiche (Arbeitsgruppen), wenn dies nach den Verhältnissen der vom Tarifvertrag erfaßten Betriebe der zweckmäßigeren Gestaltung der Zusammenarbeit des Betriebsrates mit den Arbeitnehmern dient;

§ 5. Arbeitnehmer. (1) Arbeitnehmer im Sinne dieses Gesetzes sind Arbeiter und Angestellte einschließlich der zu ihrer Berufsausbildung Beschäftigten.

(2) Als Arbeitnehmer im Sinne dieses Gesetzes gelten nicht

1. in Betrieben einer juristischen Person die Mitglieder des Organs, das zur gesetzlichen Vertretung der juristischen Person berufen ist;
2. die Gesellschafter einer offenen Handelsgesellschaft oder die Mitglieder einer anderen Personengesamtheit, soweit sie durch Gesetz, Satzung oder Gesellschaftsvertrag zur Vertretung der Personengesamtheit oder zur Geschäftsführung berufen sind, in deren Betrieben;
3. Personen, deren Beschäftigung nicht in erster Linie ihrem Erwerb dient, sondern vorwiegend durch Beweggründe karitativer oder religiöser Art bestimmt ist;
4. Personen, deren Beschäftigung nicht in erster Linie ihrem Erwerb dient und die vorwiegend zu ihrer Heilung, Wiedereingewöhnung, sittlichen Besserung oder Erziehung beschäftigt werden;
5. der Ehegatte, Verwandte und Verschwägerte ersten Grades, die in häuslicher Gemeinschaft mit dem Arbeitgeber leben.

(3) Dieses Gesetz findet, soweit in ihm nicht ausdrücklich etwas anderes bestimmt ist, keine Anwendung auf leitende Angestellte. Leitender Angestellter ist, wer nach Arbeitsvertrag und Stellung im Unternehmen oder im Betrieb

1. zur selbständigen Einstellung und Entlassung von im Betrieb oder in der Betriebsabteilung beschäftigten Arbeitnehmern berechtigt ist oder
2. Generalvollmacht oder Prokura hat und die Prokura auch im Verhältnis zum Arbeitgeber nicht unbedeutend ist oder
3. regelmäßig sonstige Aufgaben wahrnimmt, die für den Bestand und die Entwicklung des Unternehmens oder eines Betriebs von Bedeutung sind und deren Erfüllung besondere Erfahrungen und Kenntnisse voraussetzt, wenn er dabei entweder die Entscheidungen im wesentlichen frei von Weisungen trifft oder sie maßgeblich beeinflußt; dies kann auch bei Vorgaben insbesondere auf Grund von Rechtsvorschriften, Plänen oder Richtlinien sowie bei Zusammenarbeit mit anderen leitenden Angestellten gegeben sein.

(4) Leitender Angestellter nach Absatz 3 Nr. 3 ist im Zweifel, wer

1. aus Anlaß der letzten Wahl des Betriebsrats, des Sprecherausschusses oder von Aufsichtsratsmitgliedern der Arbeitnehmer oder durch rechtskräftige gerichtliche Entscheidung den leitenden Angestellten zugeordnet worden ist oder
2. einer Leitungsebene angehört, auf der in dem Unternehmen überwiegend leitende Angestellte vertreten sind, oder

3. ein regelmäßiges Jahresarbeitsentgelt erhält, das für leitende Angestellte in dem Unternehmen üblich ist, oder, …

§ 6. Arbeiter und Angestellte. (1) Arbeiter im Sinne dieses Gesetzes sind Arbeitnehmer einschließlich der zu ihrer Berufsausbildung Beschäftigten, die eine arbeiterrentenversicherungspflichtigen Beschäftigung ausüben, auch wenn sie nicht versicherungspflichtig sind. Als Arbeiter gelten auch die in Heimarbeit Beschäftigten, die in der Hauptsache für den Betrieb arbeiten.

(2) Angestellte im Sinne dieses Gesetzes sind Arbeitnehmer, die eine durch das Sechste Buch Sozialgesetzbuch als Angestelltentätigkeit bezeichnete Beschäftigung ausüben, auch wenn sie nicht versicherungspflichtig sind. Als Angestellte gelten auch Beschäftigte, die sich in Ausbildung zu einem Angestelltenberuf befinden, …

Zweiter Teil. Betriebsrat, Betriebsversammlung, Gesamt- und Konzernbetriebsrat

Zusammensetzung und Wahl des Betriebsrats

§ 7. Wahlberechtigung. Wahlberechtigt sind alle Arbeitnehmer, die das 18. Lebensjahr vollendet haben.

§ 8. Wählbarkeit. (1) Wählbar sind alle Wahlberechtigten, die sechs Monate dem Betrieb angehören oder als in Heimarbeit Beschäftigte in der Hauptsache für den Betrieb gearbeitet haben. Auf diese sechsmonatige Betriebszugehörigkeit werden Zeiten angerechnet, in denen der Arbeitnehmer unmittelbar vorher einem anderen Betrieb desselben Unternehmens oder Konzerns (§ 8 Absatz 1 des Aktiengesetzes) angehört hat. Nicht wählbar ist, wer infolge strafgerichtlicher Verurteilung die Fähigkeit, Rechte aus öffentlichen Wahlen zu erlangen, nicht besitzt.

(2) Besteht der Betrieb weniger als sechs Monate, so sind abweichend von der Vorschrift in Absatz 1 über die sechsmonatige Betriebszugehörigkeit diejenigen Arbeitnehmer wählbar, die bei der Einleitung der Betriebswahl im Betrieb beschäftigt sind und die übrigen Voraussetzungen für die Wählbarkeit erfüllen.

§ 9. Zahl der Betriebsratsmitglieder. Der Betriebsrat besteht in Betrieben mit in der Regel

5 bis 20 wahlberechtigten Arbeitnehmern aus einer Person,

21 bis 50 wahlberechtigten Arbeitnehmern aus 3 Mitgliedern,

51 wahlberechtigten Arbeitnehmern bis 150 Arbeitnehmern aus 5 Mitgl.,

151 bis 300 Arbeitnehmern aus 7 Mitgl.,
301 bis 600 Arbeitnehmern aus 9 Mitgl.,
601 bis 1000 Arbeitnehmern aus 11 Mitgl.,
1001 bis 2000 Arbeitnehmern aus 15 Mitgl.,
2001 bis 3000 Arbeitnehmern aus 19 Mitgl.,
3001 bis 4000 Arbeitnehmern aus 23 Mitgl.,
4001 bis 5000 Arbeitnehmern aus 27 Mitgl.,
5001 bis 7000 Arbeitnehmern aus 29 Mitgl.,
7001 bis 9000 Arbeitnehmern aus 31 Mitgl.,

In Betrieben mit mehr als 9000 Arbeitnehmern erhöht sich die Zahl der Mitglieder des Betriebsrats für je angefangene weitere 3000 Arbeitnehmer um 2 Mitglieder.

§ 10. Vertretung der Minderheitsgruppen.
(1) Arbeiter und Angestellte müssen entsprechend ihrem zahlenmäßigen Verhältnis im Betriebsrat vertreten sein, wenn dieser aus mindestens drei Mitgliedern besteht.

(2) Die Minderheitsgruppe erhält mindestens bei

bis zu 50 Gruppenangehörigen 1 Vertreter,
51 bis 200 Gruppenangehörigen 2 Vertreter,
201 bis 600 Gruppenangehörigen 3 Vertreter,
601 bis 1000 Gruppenangehörigen 4 Vertreter,
1001 bis 3000 Gruppenangehörigen 5 Vertreter,
3001 bis 5000 Gruppenangehörigen 6 Vertreter,
5001 bis 9000 Gruppenangehörigen 7 Vertreter,
9001 bis 15000 Gruppenangehörigen 8 Vertreter,
über 15000 Gruppenangehörigen 9 Vertreter.

(3) Eine Minderheitsgruppe erhält keine Vertretung, wenn ihr nicht mehr als fünf Arbeitnehmer angehören und diese nicht mehr als ein Zwanzigstel der Arbeitnehmer des Betriebs darstellen.

§ 11. Ermäßigte Zahl der Betriebsratsmitglieder. Hat ein Betrieb nicht die ausreichende Zahl von wählbaren Arbeitnehmern, so ist die Zahl der Betriebsratsmitglieder der nächstniedrigeren Betriebsgröße zugrunde zu legen.

§ 13. Zeitpunkt der Betriebsratswahlen. (1) Die regelmäßigen Betriebsratswahlen finden alle vier Jahre in der Zeit vom 1. März bis 31. Mai statt. Sie sind zeitgleich mit den regelmäßigen Wahlen nach § 5 Absatz 1 des Sprecherausschußgesetzes einzuleiten.

§ 14. Wahlvorschriften. (1) Der Betriebsrat wird in geheimer und unmittelbarer Wahl gewählt.

(3) Die Wahl erfolgt nach den Grundsätzen der Verhältniswahl; wird nur ein Wahlvorschlag eingereicht, so erfolgt die Wahl nach den Grundsätzen der Mehrheitswahl.

(5) Zur Wahl des Betriebsrats können die wahlberechtigten Arbeitnehmer und die im Betrieb vertretenen Gewerkschaften Wahlvorschläge machen.

(6) Jeder Wahlvorschlag der Arbeitnehmer muß von mindestens einem Zwanzigstel der wahlberechtigten Gruppenangehörigen, jedoch von mindestens drei wahlberechtigten Gruppenangehörigen unterzeichnet sein; in Betrieben mit in der Regel bis zu zwanzig wahlberechtigten Arbeitnehmern genügt die Unterzeichnung durch zwei Wahlberechtigte, bei bis zu zwanzig wahlberechtigten Gruppenangehörigen genügt die Unterzeichnung durch zwei wahlberechtigte Gruppenangehörige. In jedem Fall genügt die Unterzeichnung durch fünfzig wahlberechtigte Gruppenangehörige.

§ 15. Zusammensetzung nach Beschäftigungsarten und Geschlechtern. (1) Der Betriebsrat soll sich möglichst aus Arbeitnehmern der einzelnen Betriebsabteilungen und der unselbständigen Nebenbetriebe zusammensetzen. Dabei sollen möglichst auch Vertreter der verschiedenen Beschäftigungsarten der im Betrieb tätigen Arbeitnehmer berücksichtigt werden.

(2) Die Geschlechter sollen entsprechend ihrem zahlenmäßigen Verhältnis vertreten sein.

§ 19. Wahlanfechtung. (1) Die Wahl kann beim Arbeitsgericht angefochten werden, wenn gegen wesentliche Vorschriften über das Wahlrecht, die Wählbarkeit oder das Wahlverfahren verstoßen worden ist und eine Berichtigung nicht erfolgt ist, es sei denn, daß durch den Verstoß das Wahlergebnis nicht geändert oder beeinflußt werden konnte.

(2) Zur Anfechtung berechtigt sind mindestens drei Wahlberechtigte, eine im Betrieb vertretene Gewerkschaft oder der Arbeitgeber. Die Wahlanfechtung ist nur binnen einer Frist von zwei Wochen, vom Tage der Bekanntgabe des Wahlergebnisses an gerechnet, zulässig.

§ 20. Wahlschutz und Wahlkosten. (1) Niemand darf die Wahl des Betriebsrats behindern. Insbesondere darf kein Arbeitnehmer in der Ausübung des aktiven und passiven Wahlrechts beschränkt werden.

(2) Niemand darf die Wahl des Betriebsrats durch Zufügung oder Androhung von Nachteilen oder durch Gewährung oder Versprechen von Vorteilen beeinflussen.

(3) Die Kosten der Wahl trägt der Arbeitgeber. Versäumnis von Arbeitszeit, die zur Ausübung des Wahlrechts, zur Betätigung im Wahlvorstand oder zur Tätigkeit als Vermittler (§ 18a) erforderlich ist, berechtigt den Arbeitgeber nicht zur Minderung des Arbeitsentgelts.

Amtszeit des Betriebsrats

§ 21. Amtszeit. Die regelmäßige Amtszeit des Betriebsrats beträgt vier Jahre.

§ 24. Erlöschen der Mitgliedschaft. Die Mitgliedschaft im Betriebsrat erlischt durch
1. Ablauf der Amtszeit,
2. Niederlegung des Betriebsratsamtes,
3. Beendigung des Arbeitsverhältnisses,
4. Verlust der Wählbarkeit,
5. Ausschluß aus dem Betriebsrat oder Auflösung des Betriebsrats auf Grund einer gerichtlichen Entscheidung,
6. gerichtliche Entscheidung über die Feststellung der Nichtwählbarkeit nach Ablauf der in § 19 Abs. 2 bezeichneten Frist, es sei denn, der Mangel liegt nicht mehr vor.

Geschäftsführung des Betriebsrats

§ 26. Vorsitzender. (1) Der Betriebsrat wählt aus seiner Mitte den Vorsitzenden und dessen Stellvertreter. Besteht der Betriebsrat aus Vertretern beider Gruppen, so sollen der Vorsitzende und sein Stellvertreter nicht derselben Gruppe angehören.

§ 27. Betriebsausschuß. (1) Hat ein Betriebsrat neun oder mehr Mitglieder, so bildet er einen Betriebsausschuß.

(3) Der Betriebsausschuß führt die laufenden Geschäfte des Betriebsrats.

§ 30. Betriebsratssitzungen. Die Sitzungen des Betriebsrats finden in der Regel während der Arbeitszeit statt. Der Betriebsrat hat bei der Ansetzung von Betriebsratssitzungen auf die betrieblichen Notwendigkeiten Rücksicht zu nehmen. Der Arbeitgeber ist vom Zeitpunkt der Sitzung vorher zu verständigen. Die Sitzungen des Betriebsrats sind nicht öffentlich.

§ 31. Teilnahme der Gewerkschaften. Auf Antrag von einem Viertel der Mitglieder oder der Mehrheit einer Gruppe des Betriebsrats kann ein Beauftragter einer im Betriebsrat vertretenen Gewerkschaft an den Sitzungen beratend teilnehmen; in diesem Fall sind der Zeitpunkt der Sitzung und die Tagesordnung der Gewerkschaft rechtzeitig mitzuteilen.

§ 33. Beschlüsse des Betriebsrats. (1) Die Beschlüsse des Betriebsrats werden, soweit in diesem Gesetz nichts anderes bestimmt ist, mit der Mehrheit der Stimmen der anwesenden Mitglieder gefaßt. Bei Stimmengleichheit ist ein Antrag abgelehnt.

(2) Der Betriebsrat ist nur beschlußfähig, wenn mindestens die Hälfte der Betriebsrats-

mitglieder an der Beschlußfassung teilnimmt; Stellvertretung durch Ersatzmitglieder ist zulässig.

(3) Nimmt die Jugend- und Auszubildendenvertretung an der Beschlußfassung teil, so werden die Stimmen der Jugend- und Auszubildendenvertreter bei der Feststellung der Stimmenmehrheit mitgezählt.

§ 34. Sitzungsniederschrift. (1) Über jede Verhandlung des Betriebsrats ist eine Niederschrift aufzunehmen, die mindestens den Wortlaut der Beschlüsse und die Stimmenmehrheit, mit der sie gefaßt sind enthält.

§ 35. Aussetzung von Beschlüssen. (1) Erachtet die Mehrheit der Vertreter einer Gruppe oder der Jugend- und Auszubildendenvertretung einen Beschluß des Betriebsrats als eine erhebliche Beeinträchtigung wichtiger Interessen der durch sie vertretenen Arbeitnehmer, so ist auf ihren Antrag der Beschluß auf die Dauer von einer Woche vom Zeitpunkt der Beschlußfassung an auszusetzen, damit in dieser Frist eine Verständigung, gegebenenfalls mit Hilfe der im Betrieb vertretenen Gewerkschaften, versucht werden kann.

(2) Nach Ablauf der Frist ist über die Angelegenheit neu zu beschließen. Wird der erste Beschluß bestätigt, so kann der Antrag auf Aussetzung nicht wiederholt werden; dies gilt auch, wenn der erste Beschluß nur unerheblich geändert wird.

§ 37. Ehrenamtliche Tätigkeit, Arbeitsversäumnis. (1) Die Mitglieder des Betriebsrats führen ihr Amt unentgeltlich als Ehrenamt.

(2) Mitglieder des Betriebsrats sind von ihrer beruflichen Tätigkeit ohne Minderung des Arbeitsentgelts zu befreien, wenn und soweit es nach Umfang und Art des Betriebs zur ordnungsgemäßen Durchführung ihrer Aufgaben erforderlich ist.

(3) Zum Ausgleich für Betriebsratstätigkeit, die aus betriebsbedingten Gründen außerhalb der Arbeitszeit durchzuführen ist, hat das Betriebsratsmitglied Anspruch auf entsprechende Arbeitsbefreiung unter Fortzahlung des Arbeitsentgelts. Die Arbeitsbefreiung ist vor Ablauf eines Monats zu gewähren; ist dies aus betriebsbedingten Gründen nicht möglich, so ist die aufgewendete Zeit wie Mehrarbeit zu vergüten.

7

§ 39. Sprechstunden. (1) Der Betriebsrat kann während der Arbeitszeit Sprechstunden einrichten. Zeit und Ort sind mit dem Arbeitgeber zu vereinbaren. Kommt eine Einigung nicht zustande, so entscheidet die Einigungsstelle. Der Spruch der Einigungsstelle ersetzt die Einigung zwischen Arbeitgeber und Betriebsrat.

(3) Versäumnis von Arbeitszeit, die zum Besuch der Sprechstunden oder durch sonstige Inanspruchnahme des Betriebsrats erforderlich ist, berechtigt den Arbeitgeber nicht zur Minderung des Arbeitsentgelts des Arbeitnehmers.

§ 40. Kosten und Sachaufwand des Betriebsrats. (1) Die durch die Tätigkeit des Betriebsrats entstehenden Kosten trägt der Arbeitgeber.

(2) Für die Sitzungen, die Sprechstunden und die laufende Geschäftsführung hat der Arbeitgeber in erforderlichem Umfang Räume, sachliche Mittel und Büropersonal zur Verfügung zu stellen.

§ 41. Umlageverbot. Die Erhebung und Leistung von Beiträgen der Arbeitnehmer für Zwecke des Betriebsrats ist unzulässig.

Betriebsversammlung

§ 42. Zusammensetzung Teilversammlung, Abteilungsversammlung. (1) Die Betriebsversammlung besteht aus den Arbeitnehmern des Betriebs; sie wird von dem Vorsitzenden des Betriebsrats geleitet. Sie ist nicht öffentlich. Kann wegen der Eigenart des Betriebs eine Versammlung aller Arbeitnehmer zum gleichen Zeitpunkt nicht stattfinden, so sind Teilversammlungen durchzuführen.

(2) Arbeitnehmer organisatorisch oder räumlich abgegrenzter Betriebsteile sind vom Betriebsrat zu Abteilungsversammlungen zusammenzufassen, wenn dies für die Erörterung der besonderen Belange der Arbeitnehmer erforderlich ist.

§ 43. Regelmäßige Betriebs- und Abteilungsversammlungen. (1) Der Betriebsrat hat einmal in jedem Kalendervierteljahr eine Betriebsversammlung einzuberufen und in ihr einen Tätigkeitsbericht zu erstatten. Liegen die Voraussetzungen des § 42 Abs. 2 Satz 1 vor, so hat der Betriebsrat in jedem Kalenderjahr zwei der in Satz 1 genannten Betriebsversammlungen als Abteilungsversammlungen durchzuführen.

(2) Der Arbeitgeber ist zu den Betriebs- und Abteilungsversammlungen unter Mitteilung der Tagesordnung einzuladen. Er ist berechtigt, in den Versammlungen zu sprechen. Der Arbeitgeber oder sein Vertreter hat mindestens einmal in jedem Kalenderjahr in einer Betriebsversammlung über das Personal- und Sozialwesen des Betriebs und über die wirtschaftliche Lage und Entwicklung des Betriebs zu berichten, soweit dadurch nicht Betriebs- oder Geschäftsgeheimnisse gefährdet werden.

§ 44. Zeitpunkt und Verdienstausfall. (1) Die in den §§ 17 und 43 Abs. 1 bezeichneten und die auf Wunsch des Arbeitgebers einberufenen Versammlungen finden während der Arbeitszeit statt, soweit nicht die Eigenart des Betriebs eine andere Regelung zwingend erfordert. Die Zeit der Teilnahme an diesen Versammlungen einschließlich der zusätzlichen Wegezeiten ist den Arbeitnehmern wie Arbeitszeit zu vergüten. Dies gilt auch dann, wenn die Versammlungen wegen der Eigenart des Betriebs außerhalb der Arbeitszeit stattfinden; Fahrkosten, die den Arbeitnehmern durch die Teilnahme an diesen Versammlungen entstehen, sind vom Arbeitgeber zu erstatten.

§ 46. Beauftragte der Verbände. (1) An den Betriebs- oder Abteilungsversammlungen können Beauftragte der im Betrieb vertretenen Gewerkschaften beratend teilnehmen. Nimmt der Arbeitgeber an Betriebs- oder Abteilungsversammlungen teil, so kann er einen Beauftragten der Vereinigung der Arbeitgeber, der er angehört, hinzuziehen.

(2) Der Zeitpunkt und die Tagesordnung der Betriebs- oder Abteilungsversammlungen sind den im Betriebsrat vertretenen Gewerkschaften rechtzeitig schriftlich mitzuteilen.

Gesamtbetriebsrat

§ 47. Voraussetzungen der Errichtung, Mitgliederzahl, Stimmengewicht. (1) Bestehen in einem Unternehmen mehrere Betriebsräte, so ist ein Gesamtbetriebsrat zu errichten.

Dritter Teil. Jugend- und Auszubildendenvertretung

Betriebliche Jugend- und Auszubildendenvertretung

§ 60. Errichtung und Aufgabe. (1) In Betrieben mit in der Regel mindestens fünf Arbeitnehmern die das 18. Lebensjahr noch nicht vollendet haben (jugendliche Arbeitnehmer) oder die zu ihrer Berufsausbildung beschäftigt sind und das 25. Lebensjahr noch nicht vollendet haben, werden Jugend- und Auszubildendenvertretungen gewählt.

(2) Die Jugend- und Auszubildendenvertretung nimmt nach Maßgabe der folgenden Vorschriften die besonderen Belange der in Absatz 1 genannten Arbeitnehmer wahr.

§ 61. Wahlberechtigung und Wählbarkeit.

(1) Wahlberechtigt sind alle in § 60 Abs. 1 genannten Arbeitnehmer des Betriebs.

(2) Wählbar sind alle Arbeitnehmer des Betriebs, die das 25. Lebensjahr noch nicht vollendet haben; § 8 Abs. 1 Satz 3 findet Anwendung. Mitglieder des Betriebsrats können nicht zu Jugend- und Auszubildendenvertretern gewählt werden.

§ 62. Zahl der Jugend- und Auszubildendenvertreter, Zusammensetzung der Jugend- und Auszubildendenvertretung. (1) Die Jugend- und Auszubildendenvertretung besteht in Betrieben mit in der Regel

5 bis 20 der in § 60 Abs. 1 genannten Arbeitnehmer aus 1 Jugend- und Auszubildendenvertreter,

21 bis 50 der in § 60 Abs. 1 genannten Arbeitnehmer aus 3 Jugend- und Auszubildendenvertretern,

51 bis 200 der in § 60 Abs. 1 genannten Arbeitnehmer aus 5 Jugend- und Auszubildendenvertretern,

201 bis 300 der in § 60 Abs. 1 genannten Arbeitnehmer aus 7 Jugend- und Auszubildendenvertretern,

301 bis 600 der in § 60 Abs. 1 genannten Arbeitnehmer aus 9 Jugend- und Auszubildendenvertretern,

601 bis 1000 der in § 60 Abs. 1 genannten Arbeitnehmer aus 11 Jugend- und Auszubildendenvertretern,

mehr als 1000 der in § 60 Abs. 2 genannten Arbeitnehmer aus 13 Jugend- und Auszubildendenvertretern.

(3) Die Geschlechter sollen entsprechend ihrem zahlenmäßigen Verhältnis vertreten sein.

§ 64. Zeitpunkt der Wahlen und Amtszeit.

(1) Die regelmäßigen Wahlen der Jugend- und Auszubildendenvertretung finden alle zwei Jahre in der Zeit vom 1. Oktober bis 30. November statt.

(2) Die regelmäßige Amtszeit der Jugend- und Auszubildendenvertretung beträgt zwei Jahre.

§ 66. Aussetzung von Beschlüssen des Betriebsrats. (1) Erachtet die Mehrheit der Jugend- und Auszubildendenvertreter einen Beschluß des Betriebsrats als eine erhebliche Beeinträchtigung wichtiger Interessen der in § 60 Abs. 1 genannten Arbeitnehmer, so ist auf ihren Antrag der Beschluß auf die Dauer von einer Woche auszusetzen, damit in dieser Frist eine Verständigung, gegebenenfalls mit Hilfe der im Betrieb vertretenen Gewerkschaften, versucht werden kann.

§ 67. Teilnahme an Betriebsratssitzungen.

(1) Die Jugend- und Auszubildendenvertretung kann zu allen Betriebsratssitzungen einen Vertreter entsenden. Werden Angelegenheiten behandelt, die besonders die in § 60 Abs. 1 genannten Arbeitnehmer betreffen, so hat zu diesen Tagesordnungspunkten die gesamte Jugend- und Auszubildendenvertretung ein Teilnahmerecht.

(2) Die Jugend- und Auszubildendenvertreter haben Stimmrecht, soweit die zu fassenden Beschlüsse des Betriebsrats überwiegend die in § 60 Abs. 1 genannten Arbeitnehmer betreffen.

(3) Die Jugend- und Auszubildendenvertretung kann beim Betriebsrat beantragen, Angelegenheiten, die besonders die in § 60 Abs. 1 genannten Arbeitnehmer betreffen und über die sie beraten hat, auf die nächste Tagesordnung zu setzen. Der Betriebsrat soll Angelegenheiten, die besonders die in § 60 Abs. 1 genannten Arbeitnehmer betreffen, der Jugend- und Auszubildendenvertretung zur Beratung zuleiten.

§ 68. Teilnahme an gemeinsamen Besprechungen. Der Betriebsrat hat die Jugend- und Auszubildendenvertretung zu Besprechungen zwischen Arbeitgeber und Betriebsrat beizuziehen, wenn Angelegenheiten behandelt werden, die besonders die in § 60 Abs. 1 genannten Arbeitnehmer betreffen.

§ 69. Sprechstunden. In Betrieben, die in der Regel mehr als fünfzig der in § 60 Abs. 1 genannten Arbeitnehmer beschäftigen, kann die Jugend- und Auszubildendenvertretung Sprechstunden während der Arbeitszeit einrichten. Zeit und Ort sind durch Betriebsrat und Arbeitgeber zu vereinbaren. § 39 Abs. 1 Satz 3 und 4 und Abs. 3 gilt entsprechend. An den Sprechstunden der Jugend- und Auszubildendenvertretung kann der Betriebsratsvorsitzende oder ein beauftragtes Betriebsratsmitglied beratend teilnehmen.

§ 70. Allgemeine Aufgaben. (1) Die Jugend und Auszubildendenvertretung hat folgende allgemeine Aufgaben:

1. Maßnahmen, die den in § 60 Abs. 1 genannten Arbeitnehmern dienen, insbesondere in Fragen der Berufsbildung, beim Betriebsrat zu beantragen;
2. darüber zu wachen, daß die zugunsten der in § 60 Abs. 1 genannten Arbeitnehmer geltenden Gesetze, Verordnungen, Unfallverhütungsvorschriften, Tarifverträge und Betriebsvereinbarungen durchgeführt werden;
3. Anregungen von in § 60 Abs. 1 genannten, insbesondere in Fragen der Berufsbildung, entgegenzunehmen und, falls sie berechtigt erscheinen, beim Betriebsrat auf eine Erledigung hinzuwirken. Die Jugend- und Auszubildendenvertretung hat die betroffenen in § 60 Abs. 1 genannten Arbeitnehmer über den Stand und das Ergebnis der Verhandlungen zu informieren.

§ 71. Jugend- und Auszubildendenversammlung. Die Jugend- und Auszubildendenvertretung kann vor oder nach jeder Betriebsversammlung im Einvernehmen mit dem Betriebsrat eine betriebliche Jugend- und Auszubildendenversammlung einberufen.

Vierter Teil. Mitwirkung und Mitbestimmung der Arbeitnehmer

Allgemeines

§ 74. Grundsätze für die Zusammenarbeit.

(1) Arbeitgeber und Betriebsrat sollen mindestens einmal im Monat zu einer Besprechung zusammentreten. Sie haben über strittige Fragen mit dem ernsten Willen zur Einigung zu verhandeln und Vorschläge für die Beilegung von Meinungsverschiedenheiten zu machen.

(2) Maßnahmen des Arbeitskampfes zwischen Arbeitgeber und Betriebsrat sind unzulässig; Arbeitskämpfe tariffähiger Parteien werden hierdurch nicht berührt. Arbeitgeber und Betriebsrat haben Betätigungen zu unterlassen, durch die der Arbeitsablauf oder der Frieden des Betriebs beeinträchtigt werden. Sie haben jede parteipolitische Betätigung im Betrieb zu unterlassen; die Behandlung von Angelegenheiten tarifpolitischer, sozialpolitischer und wirtschaftlicher Art, die den Betrieb oder seine Arbeitnehmer unmittelbar betreffen, wird hierdurch nicht berührt.

(3) Arbeitnehmer, die im Rahmen dieses Gesetzes Aufgaben übernehmen, werden hierdurch in der Betätigung für ihre Gewerkschaft auch im Betrieb nicht beschränkt.

§ 75. Grundsätze für die Behandlung der Betriebsangehörigen. (1) Arbeitgeber und Betriebsrat haben darüber zu wachen, daß alle im Betrieb tätigen Personen nach den Grundsätzen von Recht und Billigkeit behandelt werden, insbesondere, daß jede unterschiedliche Behandlung von Personen wegen ihrer Abstammung, Religion, Nationalität, Herkunft, politischen oder gewerkschaftlichen Betätigung oder Einstellung oder wegen ihres Geschlechts unterbleibt. Sie haben darauf zu achten, daß Ar-

7

beitnehmer nicht wegen Überschreitung bestimmter Altersstufen benachteiligt werden.

(2) Arbeitgeber und Betriebsrat haben die freie Entfaltung der Persönlichkeit der im Betrieb beschäftigten Arbeitnehmer zu schützen und zu fördern.

§ 76. Einigungsstelle. (1) Zur Beilegung von Meinungsverschiedenheiten zwischen Arbeitgeber und Betriebsrat, Gesamtbetriebsrat oder Konzernbetriebsrat ist bei Bedarf eine Einigungsstelle zu bilden. Durch Betriebsvereinbarung kann eine ständige Einigungsstelle errichtet werden.

(2) Die Einigungsstelle besteht aus einer gleichen Anzahl von Beisitzern, die vom Arbeitgeber und Betriebsrat bestellt werden, und einem unparteiischen Vorsitzenden, auf dessen Person sich beide Seiten einigen müssen. Kommt eine Einigung über die Person des Vorsitzenden nicht zustande, so bestellt ihn das Arbeitsgericht. Dieses entscheidet auch, wenn kein Einverständnis über die Zahl der Beisitzer erzielt wird.

(3) Die Einigungsstelle faßt ihre Beschlüsse nach mündlicher Beratung mit Stimmenmehrheit. Bei der Beschlußfassung hat sich der Vorsitzende zunächst der Stimme zu enthalten; kommt eine Stimmenmehrheit nicht zustande, so nimmt der Vorsitzende nach weiterer Beratung an der erneuten Beschlußfassung teil. Die Beschlüsse der Einigungsstelle sind schriftlich niederzulegen, vom Vorsitzenden zu unterschreiben und Arbeitgeber und Betriebsrat zuzuleiten.

(8) Durch Tarifvertrag kann bestimmt werden, daß an die Stelle der in Absatz 1 bezeichneten Einigungsstelle eine tarifliche Schlichtungsstelle tritt.

§ 76a. Kosten der Einigungsstelle. (1) Die Kosten der Einigungsstelle trägt der Arbeitgeber.

§ 77. Durchführung gemeinsamer Beschlüsse, Betriebsvereinbarungen. (1) Vereinbarungen zwischen Betriebsrat und Arbeitgeber, auch soweit sie auf einem Spruch der Einigungsstelle beruhen, führt der Arbeitgeber durch, es sei denn, daß im Einzelfall etwas anderes vereinbart ist. Der Betriebsrat darf nicht durch einseitige Handlungen in die Leitung des Betriebs eingreifen.

(2) Betriebsvereinbarungen sind von Betriebsrat und Arbeitgeber gemeinsam zu beschließen und schriftlich niederzulegen. ...

(3) Arbeitsentgelte und sonstige Arbeitsbedingungen, die durch Tarifvertrag geregelt sind oder üblicherweise geregelt werden, können nicht Gegenstand einer Betriebsvereinbarung sein. Dies gilt nicht, wenn ein Tarifvertrag den Abschluß ergänzender Betriebsvereinbarungen ausdrücklich zuläßt.

(4) Betriebsvereinbarungen gelten unmittelbar und zwingend. Werden Arbeitnehmern durch die Betriebsvereinbarung Rechte eingeräumt, so ist ein Verzicht auf sie nur mit Zustimmung des Betriebsrats zulässig.

§ 78. Schutzbestimmungen. Die Mitglieder des Betriebsrats, des Gesamtbetriebsrats, des Konzernbetriebsrats, der Jugend- und Auszubildendenvertretung, der Gesamt- Jugend- und Auszubildendenvertretung; des Wirtschaftsausschusses, der Bordvertretung, des Seebetriebsrats, der in § 3 Abs. 1 Nr. 1 und 2 genannten Vertretungen der Arbeitnehmer, der Einigungsstelle, einer tariflichen Schlichtungsstelle (§ 76 Abs. 8) und einer betrieblichen Beschwerdestelle (§ 86) dürfen in der Ausübung ihrer Tätigkeit nicht gestört oder behindert werden. Sie dürfen wegen ihrer Tätigkeit nicht benachteiligt oder begünstigt werden; dies gilt auch für ihre berufliche Entwicklung.

§ 78a. Schutz Auszubildender in besonderen Fällen. (1) Beabsichtigt der Arbeitgeber, einen Auszubildenden, der Mitglied der Jugend- und Auszubildendenvertretung, des Betriebsrats, der Bordvertretung oder des Seebetriebsrats ist, nach Beendigung des Berufsausbildungsverhältnisses nicht in ein Arbeitsverhältnis auf unbestimmte Zeit zu übernehmen, so hat er dies drei Monate vor Beendigung des Berufsausbildungsverhältnisses dem Auszubildenden schriftlich mitzuteilen.

(2) Verlangt ein in Absatz 1 genannter Auszubildender innerhalb der letzten drei Monate vor Beendigung des Berufsausbildungsverhältnisses schriftlich vom Arbeitgeber die Weiterbeschäftigung, so gilt zwischen Auszubildenden und Arbeitgeber im Anschluß an das Berufsausbildungsverhältnis ein Arbeitsverhältnis auf unbestimmte Zeit als begründet. Auf dieses Arbeitsverhältnis ist insbesondere § 37 Abs. 4 und 5 entsprechend anzuwenden.

(3) Die Absätze 1 und 2 gelten auch, wenn das Berufsausbildungsverhältnis vor Ablauf eines Jahres nach Beendigung der Amtszeit der Jugend- und Auszubildendenvertretung, des Betriebsrats, der Bordvertretung oder des Seebetriebsrats endet.

§ 79. Geheimhaltungspflicht. (1) Die Mitglieder und Ersatzmitglieder des Betriebsrats sind verpflichtet, Betriebs- oder Geschäftsgeheimnisse, die ihnen wegen ihrer Zugehörigkeit zum Betriebsrat bekanntgeworden und vom Arbeitgeber ausdrücklich als geheimhaltungsbedürftig bezeichnet worden sind, nicht zu offenbaren und nicht zu verwerten. Dies gilt auch nach dem Ausscheiden aus dem Betriebsrat. Die Verpflichtung gilt nicht gegenüber Mitgliedern des Betriebsrats.

§ 80. Allgemeine Aufgaben. (1) Der Betriebsrat hat folgende allgemeine Aufgaben:

1. darüber zu wachen, daß die zugunsten der Arbeitnehmer geltenden Gesetze, Verordnungen, Unfallverhütungsvorschriften, Tarifverträge und Betriebsvereinbarungen durchgeführt werden;
2. Maßnahmen, die dem Betrieb und der Belegschaft dienen, beim Arbeitgeber zu beantragen;

2a. die Durchsetzung der tatsächlichen Gleichberechtigung von Frauen und Männern, insbesondere bei der Einstellung, Beschäftigung, Aus-, Fort- und Weiterbildung und dem beruflichen Aufstieg, zu fördern;

3. Anregungen von Arbeitnehmern und der Jugend- und Auszubildendenvertretung entgegenzunehmen und, falls sie berechtigt erscheinen, durch Verhandlungen mit dem Arbeitgeber auf eine Erledigung hinzuwirken; er hat die betreffenden Arbeitnehmer über den Stand und das Ergebnis der Verhandlungen zu unterrichten;
4. die Eingliederung Schwerbehinderter und sonstiger besonders schutzbedürftiger Personen zu fördern;
5. die Wahl einer Jugend- und Auszubildendenvertretung vorzubereiten und durchzuführen und mit dieser zur Förderung der Belange der in § 60 Abs. 1 genannten Arbeitnehmer eng zusammenzuarbeiten; er kann von der Jugend- und Auszubildendenvertretung Vorschläge und Stellungnahmen anfordern;
6. die Beschäftigung älterer Arbeitnehmer im Betrieb zu fördern;
7. die Eingliederung ausländischer Arbeitnehmer im Betrieb und das Verständnis zwischen ihnen und den deutschen Arbeitnehmern zu fördern.

(2) Zur Durchführung seiner Aufgaben nach diesem Gesetz ist der Betriebsrat rechtzeitig und umfassend vom Arbeitgeber zu unterrichten. Ihm sind auf Verlangen jederzeit die zur Durchführung seiner Aufgaben erforderlichen Unterlagen zur Verfügung zu stellen; in diesem Rahmen ist der Betriebsausschuß oder ein nach § 28 gebildeter Ausschuß berechtigt, in die Listen über die Bruttolöhne und -gehälter Einblick zu nehmen.

7

Mitwirkungs- und Beschwerderecht des Arbeitnehmers

§ 81. Unterrichtungs- und Erörterungspflicht des Arbeitgebers. (1) Der Arbeitgeber hat den Arbeitnehmer über dessen Aufgabe und Verantwortung sowie über die Art seiner Tätigkeit und ihre Einordnung in den Arbeitsablauf des Betriebs zu unterrichten. Er hat den Arbeitnehmer vor Beginn der Beschäftigung über die Unfall- und Gesundheitsgefahren, denen dieser bei der Beschäftigung ausgesetzt ist, sowie über die Maßnahmen und Einrichtungen zur Abwendung dieser Gefahren und die nach § 10 Abs. 2 des Arbeitsschutzgesetzes getroffenen Maßnahmen zu belehren.

(2) Über Veränderungen in seinem Arbeitsbereich ist der Arbeitnehmer rechtzeitig zu unterrichten. Absatz 1 gilt entsprechend.

(3) In Betrieben, in denen kein Betriebsrat besteht, hat der Arbeitgeber die Arbeitnehmer zu allen Maßnahmen zu hören, die Auswirkungen auf Sicherheit und Gesundheit der Arbeitnehmer haben können.

(4) Der Arbeitgeber hat den Arbeitnehmer über die auf Grund einer Planung von technischen Anlagen, von Arbeitsverfahren und Arbeitsabläufen oder der Arbeitsplätze vorgesehenen Maßnahmen und ihre Auswirkungen auf seinen Arbeitsplatz, die Arbeitsumgebung sowie auf Inhalt und Art seiner Tätigkeit zu unterrichten. Sobald feststeht, daß sich die Tätigkeit des Arbeitnehmers ändern wird und seine beruflichen Kenntnisse und Fähigkeiten zur Erfüllung seiner Aufgaben nicht ausreichen, hat der Arbeitgeber mit dem Arbeitnehmer zu erörtern, wie dessen berufliche Kenntnisse und Fähigkeiten im Rahmen der betrieblichen Möglichkeiten den künftigen Anforderungen angepaßt werden können. Der Arbeitnehmer kann bei der Erörterung ein Mitglied des Betriebsrats hinzuziehen.

§ 82. Anhörungs- und Erörterungsrecht des Arbeitnehmers. (1) Der Arbeitnehmer hat das Recht, in betrieblichen Angelegenheiten, die seine Person betreffen, von den nach Maßgabe des organisatorischen Aufbaus des Betriebs hierfür zuständigen Personen gehört zu werden. Er ist berechtigt, zu Maßnahmen des Arbeitgebers, die ihn betreffen, Stellung zu nehmen sowie Vorschläge für die Gestaltung des Arbeitsplatzes und des Arbeitsablaufs zu machen.

(2) Der Arbeitnehmer kann verlangen, daß ihm die Berechnung und Zusammensetzung seines Arbeitsentgelts erläutert und daß mit ihm die Beurteilung seiner Leistungen sowie die Möglichkeiten seiner beruflichen Entwick-

lung im Betrieb erörtert werden. Er kann ein Mitglied des Betriebsrats hinzuziehen. Das Mitglied des Betriebsrats hat über den Inhalt dieser Verhandlungen Stillschweigen zu bewahren, soweit es vom Arbeitnehmer im Einzelfall nicht von dieser Verpflichtung entbunden wird.

§ 83. Einsicht in die Personalakten. (1) Der Arbeitnehmer hat das Recht, in die über ihn geführten Personalakten Einsicht zu nehmen. Er kann hierzu ein Mitglied des Betriebsrats hinzuziehen. Das Mitglied des Betriebsrats hat über den Inhalt der Personalakte Stillschweigen zu bewahren, soweit es vom Arbeitnehmer im Einzelfall nicht von dieser Verpflichtung entbunden wird.

(2) Erklärungen des Arbeitnehmers zum Inhalt der Personalakte sind dieser auf sein Verlangen beizufügen.

§ 84. Beschwerderecht. (1) Jeder Arbeitnehmer hat das Recht, sich bei den zuständigen Stellen des Betriebs zu beschweren, wenn er sich vom Arbeitgeber oder von Arbeitnehmern des Betriebs benachteiligt oder ungerecht behandelt oder in sonstiger Weise beeinträchtigt fühlt. Er kann ein Mitglied des Betriebsrats zur Unterstützung oder Vermittlung hinzuziehen.

(2) Der Arbeitgeber hat den Arbeitnehmer über die Behandlung der Beschwerde zu bescheiden und, soweit er die Beschwerde für berechtigt erachtet, ihr abzuhelfen.

(3) Wegen der Erhebung einer Beschwerde dürfen dem Arbeitnehmer keine Nachteile entstehen.

§ 85. Behandlung von Beschwerden durch den Betriebsrat. (1) Der Betriebsrat hat Beschwerden von Arbeitnehmern entgegenzunehmen und, falls er sie für berechtigt erachtet, beim Arbeitgeber auf Abhilfe hinzuwirken.

(2) Bestehen zwischen Betriebsrat und Arbeitgeber Meinungsverschiedenheiten über die Berechtigung der Beschwerde, so kann der Betriebsrat die Einigungsstelle anrufen. Der Spruch der Einigungsstelle ersetzt die Einigung zwischen Arbeitgeber und Betriebsrat. Dies gilt nicht, soweit Gegenstand der Beschwerde ein Rechtsanspruch ist.

(3) Der Arbeitgeber hat den Betriebsrat über die Behandlung der Beschwerde zu unterrichten. § 84 Abs. 2 bleibt unberührt.

§ 86. Ergänzende Vereinbarungen. Durch Tarifvertrag oder Betriebsvereinbarungen können die Einzelheiten des Beschwerdeverfahrens geregelt werden. Hierbei kann bestimmt werden, daß in den Fällen des § 85 Abs. 2 an die Stelle der Einigungsstelle eine betriebliche Beschwerdestelle tritt.

Soziale Angelegenheiten

§ 87. Mitbestimmungsrechte. (1) Der Betriebsrat hat, soweit eine gesetzliche oder tarifliche Regelung nicht besteht, in folgenden Angelegenheiten mitzubestimmen:

1. Fragen der Ordnung des Betriebes und des Verhaltens der Arbeitnehmer im Betrieb;
2. Beginn und Ende der täglichen Arbeitszeit einschließlich der Pausen sowie Verteilung der Arbeitszeit auf die einzelnen Wochentage;
3. vorübergehende Verkürzung oder Verlängerung der betriebsüblichen Arbeitszeit;
4. Zeit, Ort und Art der Auszahlung der Arbeitsentgelte;
5. Aufstellung allgemeiner Urlaubsgrundsätze und des Urlaubsplans sowie die Festsetzung der zeitlichen Lage des Urlaubs für einzelne Arbeitnehmer, wenn zwischen dem Arbeitgeber und den beteiligten Arbeitnehmern kein Einverständnis erzielt wird;
6. Einführung und Anwendung von technischen Einrichtungen, die dazu bestimmt sind, das Verhalten oder die Leistung der Arbeitnehmer zu überwachen;
7. Regelungen über die Verhütung von Arbeitsunfällen und Berufskrankheiten sowie über den Gesundheitsschutz im Rahmen der gesetzlichen Vorschriften oder der Unfallverhütungsvorschriften;
8. Form, Ausgestaltung und Verwaltung von Sozialeinrichtungen, deren Wirkungsbereich auf den Betrieb, das Unternehmen oder den Konzern beschränkt ist;
9. Zuweisung und Kündigung von Wohnräumen die den Arbeitnehmern mit Rücksicht auf das Bestehen des Arbeitsverhältnisses vermietet werden, sowie die allgemeine Festlegung der Nutzungsbedingungen;
10. Fragen der betrieblichen Lohngestaltung, insbesondere die Aufstellung von Entlohnungsgrundsätzen und die Einführung und Anwendung von neuen Entlohnungsmethoden sowie deren Änderung;
11. Festsetzung der Akkord- und Prämiensätze und vergleichbarer leistungsbezogener Entgelte, einschließlich der Geldfaktoren;
12. Grundsätze über das betriebliche Vorschlagswesen.

(2) Kommt eine Einigung über eine Angelegenheit nach Absatz 1 nicht zustande, so entscheidet die Einigungsstelle. Der Spruch der Einigungsstelle ersetzt die Einigung zwischen Arbeitgeber und Betriebsrat.

§ 88. Freiwillige Betriebsvereinbarungen. Durch Betriebsvereinbarung können insbesondere geregelt werden

1. zusätzliche Maßnahmen zur Verhütung von Arbeitsunfällen und Gesundheitsschädigungen;
2. die Errichtung von Sozialeinrichtungen, deren Wirkungsbereich auf den Betrieb, das Unternehmen oder den Konzern beschränkt ist;
3. Maßnahmen zur Förderung der Vermögensbildung.

§ 89. Arbeitsschutz. (1) Der Betriebsrat hat bei der Bekämpfung von Unfall- und Gesundheitsgefahren die für den Arbeitsschutz zuständigen Behörden, die Träger der gesetzlichen Unfallversicherung und die sonstigen in Betracht kommenden Stellen durch Anregung, Beratung und Auskunft zu unterstützen sowie sich für die Durchführung der Vorschriften über den Arbeitsschutz und die Unfallverhütung im Betrieb einzusetzen.

Gestaltung von Arbeitsplatz, Arbeitsablauf und Arbeitsumgebung

§ 90. Unterrichtungs- und Beratungsrechte.

(1) Der Arbeitgeber hat den Betriebsrat über die Planung
1. von Neu-, Um- und Erweiterungsbauten von Fabrikations-, Verwaltungs- und sonstigen betrieblichen Räumen,
2. von technischen Anlagen,
3. von Arbeitsverfahren und Arbeitsabläufen oder
4. der Arbeitsplätze

rechtzeitig unter Vorlage der erforderlichen Unterlagen zu unterrichten.

(2) Der Arbeitgeber hat mit dem Betriebsrat die vorgesehenen Maßnahmen und ihre Auswirkungen auf die Arbeitnehmer, insbesondere auf die Art ihrer Arbeit sowie die sich daraus ergebenden Anforderungen an die Arbeitnehmer so rechtzeitig zu beraten, daß Vorschläge und Bedenken des Betriebsrats bei der Planung berücksichtigt werden können. Arbeitgeber und Betriebsrat sollen dabei auch die gesicherten arbeitswissenschaftlichen Erkenntnisse über die menschengerechte Gestaltung der Arbeit berücksichtigen.

7

§ 91. Mitbestimmungsrecht. Werden die Arbeitnehmer durch Änderungen der Arbeitsplätze, des Arbeitsablaufs oder der Arbeitsumgebung, die den gesicherten arbeitswissenschaftlichen Erkenntnissen über die menschengerechte Gestaltung der Arbeit offensichtlich widersprechen, in besonderer Weise belastet, so kann der Betriebsrat angemessene Maßnahmen zur Abwendung, Milderung oder zum Ausgleich der Belastung verlangen. Kommt eine Einigung nicht zustande, so entscheidet die Einigungsstelle. Der Spruch der Einigungsstelle ersetzt die Einigung zwischen Arbeitgeber und Betriebsrat.

Personelle Angelegenheiten

▶ Allgemeine personelle Angelegenheiten

§ 92. Personalplanung. (1) Der Arbeitgeber hat den Betriebsrat über die Personalplanung, insbesondere über den gegenwärtigen und künftigen Personalbedarf sowie über die sich daraus ergebenden personellen Maßnahmen und Maßnahmen der Berufsbildung an Hand von Unterlagen rechtzeitig und umfassend zu unterrichten. Er hat mit dem Betriebsrat über Art und Umfang der erforderlichen Maßnahmen und über die Vermeidung von Härten zu beraten.

(2) Der Betriebsrat kann dem Arbeitgeber Vorschläge für die Einführung einer Personalplanung einschließlich Maßnahmen im Sinne des § 80 Abs. 1 Nr. 2a und ihre Durchführung machen.

§ 93. Ausschreibung von Arbeitsplätzen. Der Betriebsrat kann verlangen, daß Arbeitsplätze, die besetzt werden sollen, allgemein oder für bestimmte Arten von Tätigkeiten vor ihrer Besetzung innerhalb des Betriebs ausgeschrieben werden. Er kann anregen, daß sie auch als Teilzeitarbeitsplätze ausgeschrieben werden. Ist der Arbeitgeber bereit, Arbeitsplätze auch mit Teilzeitbeschäftigten zu besetzen, ist hierauf in der Ausschreibung hinzuweisen.

§ 94. Personalfragebogen, Beurteilungsgrundsätze. (1) Personalfragebogen bedürfen der Zustimmung des Betriebsrats. Kommt eine Einigung über ihren Inhalt nicht zustande, so entscheidet die Einigungsstelle. Der Spruch der Einigungsstelle ersetzt die Einigung zwischen Arbeitgeber und Betriebsrat.

(2) Absatz 1 gilt entsprechend für persönliche Angaben in schriftlichen Arbeitsverträgen, die allgemein für den Betrieb verwendet werden sollen, sowie für die Aufstellung allgemeiner Beurteilungsgrundsätze.

§ 95. Auswahlrichtlinien. (1) Richtlinien über die personelle Auswahl bei Einstellungen, Versetzungen, Umgruppierungen und Kündigungen bedürfen der Zustimmung des Betriebsrats. Kommt eine Einigung über die Richtlinien oder ihren Inhalt nicht zustande, so entscheidet auf Antrag des Arbeitgebers die Einigungsstelle. Der Spruch der Einigungsstelle ersetzt die Einigung zwischen Arbeitgeber und Betriebsrat.

▶ Berufsbildung

§ 96. Förderung der Berufsbildung. (1) Arbeitgeber und Betriebsrat haben im Rahmen der betrieblichen Personalplanung und in Zusammenarbeit mit den für die Berufsbildung und den für die Förderung der Berufsbildung zuständigen Stellen die Berufsbildung der Arbeitnehmer zu fördern. Der Arbeitgeber hat auf Verlangen des Betriebsrats mit diesem Fragen der Berufsbildung der Arbeitnehmer des Betriebs zu beraten. Hierzu kann der Betriebsrat Vorschläge machen.

(2) Arbeitgeber und Betriebsrat haben darauf zu achten, daß unter Berücksichtigung der betrieblichen Notwendigkeiten den Arbeitnehmern die Teilnahme an betrieblichen oder außerbetrieblichen Maßnahmen der Berufsbildung ermöglicht wird. Sie haben dabei auch die Belange älterer Arbeitnehmer, Teilzeitbeschäftigter und von Arbeitnehmern mit Familienpflichten zu berücksichtigen.

§ 97. Einrichtungen und Maßnahmen der Berufsbildung. Der Arbeitgeber hat mit dem Betriebsrat über die Errichtung und Ausstattung betrieblicher Einrichtungen zur Berufsbildung, die Einführung betrieblicher Berufsbildungsmaßnahmen und die Teilnahme an außerbetrieblichen Berufsbildungsmaßnahmen zu beraten.

§ 98. Durchführung betrieblicher Bildungsmaßnahmen. (1) Der Betriebsrat hat bei der Durchführung von Maßnahmen der betrieblichen Berufsbildung mitzubestimmen.

(2) Der Betriebsrat kann der Bestellung einer mit der Durchführung der betrieblichen Berufsbildung beauftragten Person widersprechen oder ihre Abberufung verlangen, wenn diese die persönliche oder fachliche, insbesondere die berufs- und arbeitspädagogische Eignung im Sinne des Berufsbildungsgesetzes nicht besitzt oder ihre Aufgaben vernachlässigt.

(3) Führt der Arbeitgeber betriebliche Maßnahmen der Berufsbildung durch oder stellt er für außerbetriebliche Maßnahmen der Berufsbildung Arbeitnehmer frei oder trägt er die durch die Teilnahme von Arbeitnehmern an solchen Maßnahmen entstehenden Kosten ganz oder teilweise, so kann der Betriebsrat Vorschläge für die Teilnahme von Arbeitnehmern oder Gruppen von Arbeitnehmern des Betriebs an diesen Maßnahmen der beruflichen Bildung machen.

(4) Kommt im Fall des Absatzes 1 oder über die nach Absatz 3 vom Betriebsrat vorgeschlagenen Teilnehmer eine Einigung nicht zustande, so entscheidet die Einigungsstelle. Der Spruch der Einigungsstelle ersetzt die Einigung zwischen Arbeitgeber und Betriebsrat.

▶ Personelle Einzelmaßnahmen

§ 99. Mitbestimmung bei personellen Einzelmaßnahmen. (1) In Betrieben mit in der Regel mehr als zwanzig wahlberechtigten Arbeitnehmern hat der Arbeitgeber den Betriebsrat vor jeder Einstellung, Eingruppierung, Umgruppierung und Versetzung zu unterrichten, ihm die erforderlichen Bewerbungsunterlagen vorzulegen und Auskunft über die Person der Beteiligten zu geben; er hat dem Betriebsrat unter Vorlage der erforderlichen Unterlagen Auskunft über die Auswirkungen der geplanten Maßnahme zu geben und die Zustimmung des Betriebsrats zu der geplanten Maßnahme einzuholen. Bei Einstellungen und Versetzungen hat der Arbeitgeber insbesondere den in Aussicht genommenen Arbeitsplatz und die vorgesehene Eingruppierung mitzuteilen. Die Mitglieder des Betriebsrats sind verpflichtet, über die ihnen im Rahmen der personellen Maßnahmen nach den Sätzen 1 und 2 bekanntgewordenen persönlichen Verhältnisse und Angelegenheiten der Arbeitnehmer, die ihre Bedeutung oder ihrem Inhalt nach einer vertraulichen Behandlung bedürfen, Stillschweigen zu bewahren; § 79 Abs. 1 Satz 2 bis 4 gilt entsprechend.

(2) Der Betriebsrat kann die Zustimmung verweigern, wenn

1. die personelle Maßnahme gegen ein Gesetz, eine Verordnung, eine Unfallverhütungsvorschrift oder gegen eine Bestimmung in einem Tarifvertrag oder in einer Betriebsvereinbarung oder gegen eine gerichtliche Entscheidung oder eine behördliche Anordnung verstoßen würde,
2. die personelle Maßnahme gegen eine Richtlinie nach § 95 verstoßen würde,
3. die durch Tatsachen begründete Besorgnis besteht, daß infolge der personellen Maßnahme im Betrieb beschäftigte Arbeitnehmer gekündigt werden oder sonstige Nachteile erleiden, ohne daß dies aus betrieblichen oder persönlichen Gründen gerechtfertigt ist,
4. der betroffene Arbeitnehmer durch die personelle Maßnahme benachteiligt wird, ohne daß dies aus betrieblichen oder in der Person des Arbeitnehmers liegenden Gründen gerechtfertigt ist,
5. eine nach § 93 erforderliche Ausschreibung im Betrieb unterblieben ist oder
6. die durch Tatsachen begründete Besorgnis besteht, daß der für die personelle Maßnahme in Aussicht genommene Bewerber oder Arbeitnehmer den Betriebsfrieden durch

gesetzwidriges Verhalten oder durch grobe Verletzung der in § 75 Abs. 1 enthaltenen Grundsätze stören werde.

(3) Verweigert der Betriebsrat seine Zustimmung, so hat er dies unter Angabe von Gründen innerhalb einer Woche nach Unterrichtung durch den Arbeitgeber diesem schriftlich mitzuteilen. Teilt der Betriebsrat dem Arbeitgeber die Verweigerung seiner Zustimmung nicht innerhalb der Frist schriftlich mit, so gilt die Zustimmung als erteilt.

(4) Verweigert der Betriebsrat seine Zustimmung, so kann der Arbeitgeber beim Arbeitsgericht beantragen, die Zustimmung zu ersetzen.

§ 100. Vorläufige personelle Maßnahmen.

(1) Der Arbeitgeber kann, wenn dies aus sachlichen Gründen dringend erforderlich ist, die personelle Maßnahme im Sinne des § 99 Abs. 1 Satz 1 vorläufig durchführen, bevor der Betriebsrat sich geäußert oder wenn er die Zustimmung verweigert hat. Der Arbeitgeber hat den Arbeitnehmer über die Sach- und Rechtslage aufzuklären.

(2) Der Arbeitgeber hat den Betriebsrat unverzüglich von der vorläufigen personellen Maßnahme zu unterrichten.

§ 102. Mitbestimmung bei Kündigungen.

(1) Der Betriebsrat ist vor jeder Kündigung zu hören. Der Arbeitgeber hat ihm die Gründe für die Kündigung mitzuteilen. Eine ohne Anhörung des Betriebsrats ausgesprochene Kündigung ist unwirksam.

(2) Hat der Betriebsrat gegen eine ordentliche Kündigung Bedenken, so hat er diese unter Angabe der Gründe dem Arbeitgeber spätestens innerhalb einer Woche schriftlich mitzuteilen. Äußert er sich innerhalb dieser Frist nicht, gilt seine Zustimmung zur Kündigung als erteilt. Hat der Betriebsrat gegen eine außerordentliche Kündigung Bedenken, so hat er diese unter Angabe der Gründe dem Arbeitgeber unverzüglich, spätestens jedoch innerhalb von drei Tagen, schriftlich mitzuteilen. Der Betriebsrat soll, soweit dies erforderlich erscheint, vor seiner Stellungnahme den betroffenen Arbeitnehmer hören. § 99 Abs. 1 Satz 3 gilt entsprechend.

7

(3) Der Betriebsrat kann innerhalb der Frist des Absatzes 2 Satz 1 der ordentlichen Kündigung widersprechen, wenn

1. der Arbeitgeber bei der Auswahl des zu kündigenden Arbeitnehmers soziale Gesichtspunkte nicht oder nicht ausreichend berücksichtigt hat,
2. die Kündigung gegen eine Richtlinie nach § 95 verstößt,
3. der zu kündigende Arbeitnehmer an einem anderen Arbeitsplatz im selben Betrieb oder in einem anderen Betrieb des Unternehmens weiterbeschäftigt werden kann,
4. die Weiterbeschäftigung des Arbeitnehmers nach zumutbaren Umschulungs- oder Fortbildungsmaßnahmen möglich ist oder
5. eine Weiterbeschäftigung des Arbeitnehmers unter geänderten Vertragsbedingungen möglich ist und der Arbeitnehmer sein Einverständnis hiermit erklärt hat.

§ 103. Außerordentliche Kündigung in besonderen Fällen. (1) Die außerordentliche Kündigung von Mitgliedern des Betriebsrats, der Jugend- und Auszubildendenvertretung, der Bordvertretung und des Seebetriebsrats, des Wahlvorstands sowie von Wahlbewerbern bedarf der Zustimmung des Betriebsrats.

(2) Verweigert der Betriebsrat seine Zustimmung, so kann das Arbeitsgericht sie auf Antrag des Arbeitgebers ersetzen, wenn die außerordentliche Kündigung unter Berücksichtigung aller Umstände gerechtfertigt ist. In dem Verfahren vor dem Arbeitsgericht ist der betroffene Arbeitnehmer Beteiligter.

§ 104. Entfernung betriebsstörender Arbeitnehmer. Hat ein Arbeitnehmer durch gesetzwidriges Verhalten oder durch grobe Verletzung der in § 75 Abs. 1 enthaltenen Grundsätze den Betriebsfrieden wiederholt ernstlich gestört, so kann der Betriebsrat vom Arbeitgeber die Entlassung oder Versetzung verlangen. ...

§ 105. Leitende Angestellte. Eine beabsichtigte Einstellung oder personelle Veränderung eines in § 5 Abs. 3 genannten leitenden Angestellten ist dem Betriebsrat rechtzeitig mitzuteilen.

Wirtschaftliche Angelegenheiten

▶ Unterrichtung in wirtschaftlichen Angelegenheiten

§ 106. Wirtschaftsausschuß. (1) In allen Unternehmen mit in der Regel mehr als einhundert ständig beschäftigten Arbeitnehmern ist ein Wirtschaftsausschuß zu bilden. Der Wirtschaftsausschuß hat die Aufgabe, wirtschaftliche Angelegenheiten mit dem Unternehmen zu beraten und den Betriebsrat zu unterrichten.

(2) Der Unternehmer hat den Wirtschaftsausschuß rechtzeitig und umfassend über die wirtschaftlichen Angelegenheiten des Unternehmens unter Vorlage der erforderlichen Unterlagen zu unterrichten, soweit dadurch nicht die Betriebs- und Geschäftsgeheimnisse des Unternehmens gefährdet werden, sowie die sich daraus ergebenden Auswirkungen auf die Personalplanung darzustellen.

(3) Zu den wirtschaftlichen Angelegenheiten im Sinne dieser Vorschrift gehören insbesondere

1. die wirtschaftliche und finanzielle Lage des Unternehmens;
2. die Produktions- und Absatzlage;
3. das Produktions- und Investitionsprogramm;
4. Rationalisierungsvorhaben;
5. Fabrikations- und Arbeitsmethoden, insbesondere die Einführung neuer Arbeitsmethoden;
6. die Einschränkung oder Stillegung von Betrieben oder von Betriebsteilen;
7. die Verlegung von Betrieben oder Betriebsteilen;
8. der Zusammenschluß oder die Spaltung von Unternehmen oder Betrieben;
9. die Änderung der Betriebsorganisation oder des Betriebszwecks sowie
10. sonstige Vorgänge und Vorhaben, welche die Interessen der Arbeitnehmer des Unternehmens wesentlich berühren können.

§ 107. Bestellung und Zusammensetzung des Wirtschaftsausschusses. (1) Der Wirtschaftsausschuß besteht aus mindestens drei und höchstens sieben Mitgliedern, die dem Unternehmen angehören müssen, darunter mindestens einem Betriebsratsmitglied. Zu Mitgliedern des Wirtschaftsausschusses können auch die in § 5 Abs. 3 genannten Angestellten bestimmt werden. Die Mitglieder sollen die zur Erfüllung ihrer Aufgaben erforderliche fachliche und persönliche Eignung besitzen.

(2) Die Mitglieder des Wirtschaftsausschusses werden vom Betriebsrat für die Dauer seiner Amtszeit bestimmt.

§ 108. Sitzungen. (1) Der Wirtschaftsausschuß soll monatlich einmal zusammentreten.

(2) An den Sitzungen des Wirtschaftsausschusses hat der Unternehmer oder sein Vertreter teilzunehmen.

(5) Der Jahresabschluß ist dem Wirtschaftsausschuß unter Beteiligung des Betriebsrats zu erläutern.

▶ Betriebsänderungen

§ 111. Betriebsänderungen. Der Unternehmer hat in Betrieben mit in der Regel mehr als zwanzig wahlberechtigten Arbeitnehmern den Betriebsrat über geplante Betriebsänderungen, die wesentliche Nachteile für die Belegschaft oder erhebliche Teile der Belegschaft zur Folge haben können, rechtzeitig und umfassend zu unterrichten und die geplanten Betriebsänderungen mit dem Betriebsrat zu beraten. Als Betriebsänderungen im Sinne des Satzes 1 gelten

1. Einschränkung und Stillegung des ganzen Betriebs oder von wesentlichen Betriebsteilen,
2. Verlegung des ganzen Betriebs oder von wesentlichen Betriebsteilen,
3. Zusammenschluß mit anderen Betrieben oder die Spaltung von Betrieben,
4. grundlegende Änderungen der Betriebsorganisation, des Betriebszwecks oder der Betriebsanlagen,
5. Einführung grundlegend neuer Arbeitsmethoden und Fertigungsverfahren.

§ 112. Interessenausgleich über die Betriebsänderung, Sozialplan. (1) Kommt zwischen Unternehmer und Betriebsrat ein Interessenausgleich über die geplante Betriebsänderung zustande, so ist dieser schriftlich niederzulegen und vom Unternehmer und Betriebsrat zu unterschreiben. Das gleiche gilt für eine Einigung über den Ausgleich oder die Milderung der wirtschaftlichen Nachteile, die den Arbeitnehmern infolge der geplanten Betriebsänderung entstehen (Sozialplan). Der Sozialplan hat die Wirkung einer Betriebsvereinbarung. § 77 Abs. 3 ist auf den Sozialplan nicht anzuwenden.

(2) Kommt ein Interessenausgleich über die geplante Betriebsänderung oder eine Einigung über den Sozialplan nicht zustande, so können der Unternehmer oder der Betriebsrat den Präsidenten des Landesarbeitsamtes um Vermittlung ersuchen. Geschieht dies nicht oder bleibt der Vermittlungsversuch ergebnislos, so können der Unternehmer oder der Betriebsrat die Einigungsstelle anrufen. Auf Ersuchen des Vorsitzenden der Einigungsstelle nimmt der Präsident des Landesarbeitsamtes an der Verhandlung teil.

(3) Unternehmer und Betriebsrat sollen der Einigungsstelle Vorschläge zur Beilegung der Meinungsverschiedenheiten über den Interessenausgleich und den Sozialplan machen. Die Einigungsstelle hat eine Einigung der Parteien zu versuchen. Kommt eine Einigung zustande, so ist sie schriftlich niederzulegen und von den Parteien und vom Vorsitzenden zu unterschreiben.

(4) Kommt eine Einigung über den Sozialplan nicht zustande, so entscheidet die Einigungsstelle über die Aufstellung eines Sozialplans. Der Spruch der Einigungsstelle ersetzt die Einigung zwischen Arbeitgeber und Betriebsrat.

(5) Die Einigungsstelle hat bei ihrer Entscheidung nach Absatz 4 sowohl die sozialen Belange der betroffenen Arbeitnehmer zu berücksichtigen als auch auf die wirtschaftliche Ver-

tretbarkeit ihrer Entscheidung für das Unternehmen zu achten. Dabei hat die Einigungsstelle sich im Rahmen billigen Ermessens insbesondere von folgenden Grundsätzen leiten zu lassen:

1. Sie soll beim Ausgleich oder bei der Milderung wirtschaftlicher Nachteile, insbesondere durch Einkommensminderung, Wegfall von Sonderleistungen oder Verlust von Anwartschaften auf betriebliche Altersversorgung, Umzugskosten oder erhöhte Fahrtkosten, Leistungen vorsehen, die in der Regel den Gegebenheiten des Einzelfalles Rechnung tragen.
2. Sie hat die Aussichten der betroffenen Arbeitnehmer auf dem Arbeitsmarkt zu berücksichtigen. Sie soll Arbeitnehmer von Leistungen ausschließen, die in einem zumutbaren Arbeitsverhältnis im selben Betrieb oder in einem anderen Betrieb des Unternehmens oder eines zum Konzern gehörenden Unternehmens weiterbeschäftigt werden können und die Weiterbeschäftigung ablehnen; die mögliche Weiterbeschäftigung an einem anderen Ort begründet für sich allein nicht die Unzumutbarkeit.
3. Sie hat bei der Bemessung des Gesamtbetrages der Sozialplanleistungen darauf zu achten, daß der Fortbestand des Unternehmens oder die nach Durchführung der Betriebsänderung verbleibenden Arbeitsplätze nicht gefährdet werden.

§ 112a. Erzwingbarer Sozialplan bei Personalabbau, Neugründungen. (1) Besteht eine geplante Betriebsänderung im Sinne des § 111 Satz 2 Nr. 1 allein in der Entlassung von Arbeitnehmern, so findet § 112 Abs. 4 und 5 nur Anwendung, wenn

1. in Betrieben mit in der Regel mehr als 20 und weniger als 60 Arbeitnehmern 20 vom Hundert der regelmäßig beschäftigten Arbeitnehmer, aber mindestens 6 Arbeitnehmer,
2. in Betrieben mit in der Regel mindestens 60 und weniger als 250 Arbeitnehmern 20 vom Hundert der regelmäßig beschäftigten Arbeitnehmer oder mindestens 37 Arbeitnehmer,
3. in Betrieben mit in der Regel mindestens 250 und weniger als 500 Arbeitnehmern 15 vom Hundert der regelmäßig beschäftigten Arbeitnehmer oder mindestens 60 Arbeitnehmer,
4. in Betrieben mit in der Regel mindestens 500 Arbeitnehmern 10 vom Hundert der regelmäßig beschäftigten Arbeitnehmer, aber mindestens 60 Arbeitnehmer

aus betriebsbedingten Gründen entlassen werden sollen. Als Entlassung gilt auch das vom Arbeitgeber aus Gründen der Betriebsänderung veranlaßte Ausscheiden von Arbeitnehmern auf Grund von Aufhebungsverträgen.

(2) § 112 Abs. 4 und 5 findet keine Anwendung auf Betriebe eines Unternehmens in den ersten vier Jahren nach seiner Gründung. Dies gilt nicht für Neugründungen im Zusammenhang mit der rechtlichen Umstrukturierung von Unternehmen und Konzernen. Maßgebend für den Zeitpunkt der Gründung ist die Aufnahme einer Erwerbstätigkeit, die nach § 138 der Abgabenordnung dem Finanzamt mitzuteilen ist.

Achter Teil. Übergangs- und Schlußvorschriften

§ 129. Außerkrafttreten von Vorschriften.

(1) Mit dem Inkrafttreten dieses Gesetzes tritt das Betriebsverfassungsgesetz vom 11. Oktober 1952 ... mit Ausnahme der §§ 76 bis 77a, 81, 85 und 87 außer Kraft.

Das Betriebsverfassungsgesetz vom 11. Oktober 1952 erhält die Bezeichnung „Betriebsverfassungsgesetz 1952".

§ 130. Öffentlicher Dienst. Dieses Gesetz findet keine Anwendung auf Verwaltungen und Betriebe des Bundes, der Länder, der Gemeinden und sonstiger Körperschaften, Anstalten und Stiftungen des öffentlichen Rechts.

Betriebsverfassungsgesetz 1952

Vom 11. Oktober 1952
In der Fassung des Betriebsverfassungsgesetzes vom 15. Januar 1972,
mit Änderungen bis zum 2. August 1994

§ 76. [Vertretungen der Arbeitnehmer im Aufsichtsrat] (1) Der Aufsichtsrat einer Aktiengesellschaft oder einer Kommanditgesellschaft auf Aktien muß zu einem Drittel aus Vertretern der Arbeitnehmer bestehen.

(2) Die Vertreter der Arbeitnehmer werden in allgemeiner, geheimer, gleicher und unmittelbarer Wahl von allen nach *§ 6* wahlberechtigten Arbeitnehmern der Betriebe des Unternehmens für die Zeit gewählt, die im Gesetz oder in der Satzung für die von der Hauptversammlung zu wählenden Aufsichtsratsmitglieder bestimmt ist. Ist ein Vertreter der Arbeitnehmer zu wählen, so muß dieser in einem Betrieb des Unternehmens als Arbeitnehmer beschäftigt sein. Sind zwei oder mehr Vertreter der Arbeitnehmer zu wählen, so müssen sich unter diesen mindestens zwei Arbeitnehmer aus den Betrieben des Unternehmens, darunter ein Arbeiter und ein Angestellter, befinden; § 10 Abs. 3 gilt entsprechend. Sind in den Betrieben des Unternehmens mehr als die Hälfte der Arbeitnehmer Frauen, so soll mindestens eine von ihnen Arbeitnehmervertreter im Aufsichtsrat sein.

(6) Auf Aktiengesellschaften, die weniger als fünfhundert Arbeitnehmer beschäftigen, finden die Vorschriften über die Beteiligung der Arbeitnehmer im Aufsichtsrat keine Anwendung; für Aktiengesellschaften, die vor dem 10. August 1994 eingetragen worden sind, gilt dies nur, wenn sie Familiengesellschaften sind. Als Familiengesellschaften gelten solche Aktiengesellschaften, deren Aktionär eine einzelne natürliche Person ist oder deren Aktionäre untereinander im Sinne von § 15 Abs. 1 Nr. 2 bis 8, Abs. 2 der Abgabenordnung verwandt oder verschwägert sind. Dies gilt entsprechend für Kommanditgesellschaften auf Aktien.

§ 77. [Bildung von Aufsichtsräten bei der GmbH] (1) Bei Gesellschaften mit beschränkter Haftung und bergrechtlichen Gewerkschaften mit eigener Rechtspersönlichkeit mit mehr als fünfhundert Arbeitnehmern ist ein Aufsichtsrat zu bilden.

(3) Auf Erwerbs- und Wirtschaftsgenossenschaften mit mehr als fünfhundert Arbeitnehmern findet § 76 Anwendung; § 96 Abs. 2 und die §§ 97 bis 99 des Aktiengesetzes sind entsprechend anzuwenden …

Gesetz über die Mitbestimmung der Arbeitnehmer

Vom 4. Mai 1976, mit Änderungen bis zum 28. Oktober 1994

Erster Teil. Geltungsbereich

§ 1. Erfaßte Unternehmen. (1) In Unternehmen, die

1. in der Rechtsform einer Aktiengesellschaft, einer Kommanditgesellschaft auf Aktien, einer Gesellschaft mit beschränkter Haftung, einer bergrechtlichen Gewerkschaft mit eigener Rechtspersönlichkeit oder einer Erwerbs- und Wirtschaftsgenossenschaft betrieben werden und
2. in der Regel mehr als 2000 Arbeitnehmer beschäftigen,

haben die Arbeitnehmer ein Mitbestimmungsrecht nach Maßgabe dieses Gesetzes.

(2) Dieses Gesetz ist nicht anzuwenden auf die Mitbestimmung in Organen von Unternehmen, in denen die Arbeitnehmer nach

1. dem Gesetz über die Mitbestimmung der Arbeitnehmer in den Aufsichtsräten und Vorständen der Unternehmen des Bergbaus und der Eisen und Stahl erzeugenden Industrie vom 21. Mai 1951 – Montan-Mitbestimmungsgesetz –, ein Mitbestimmungsrecht haben.

(3) Die Vertretung der Arbeitnehmer in den Aufsichtsräten von Unternehmen, in denen die Arbeitnehmer nicht nach Absatz 1 oder nach den in Absatz 2 bezeichneten Gesetzen ein Mitbestimmungsrecht haben, bestimmt sich nach den Vorschriften des Betriebsverfassungsgesetzes 1952 ...

(4) Dieses Gesetz ist nicht anzuwenden auf Unternehmen, die unmittelbar und überwiegend

1. politischen, koalitionspolitischen, konfessionellen, karitativen, erzieherischen, wissenschaftlichen oder künstlerischen Bestimmungen oder
2. Zwecken der Berichterstattung oder Meinungsäußerung, auf die Artikel 5 Abs. 1 Satz 2 des Grundgesetzes anzuwenden ist,

dienen. Dieses Gesetz ist nicht anzuwenden auf Religionsgemeinschaften und ihre karitativen und erzieherischen Einrichtungen unbeschadet deren Rechtsform.

§ 2. Anteilseigner.
Anteilseigner im Sinne dieses Gesetzes sind je nach der Rechtsform der in § 1 Abs. 1 Nr. 1 bezeichneten Unternehmen Aktionäre, Gesellschafter, Gewerken oder Genossen.

§ 3. Arbeitnehmer.
(1) Arbeitnehmer im Sinne dieses Gesetzes sind Arbeiter und Angestellte. Die in § 5 Abs. 2 des Betriebsverfassungsgesetzes bezeichneten Personen sind keine Arbeitnehmer im Sinne dieses Gesetzes.

(2) Arbeiter im Sinne dieses Gesetzes sind die in § 6 Abs. 1 des Betriebsverfassungsgesetzes bezeichneten Arbeitnehmer.

(3) Angestellte im Sinne dieses Gesetzes sind

1. die in § 6 Abs. 2 des Betriebsverfassungsgesetzes bezeichneten Arbeitnehmer mit Ausnahme der in § 5 Abs. 3 des Betriebsverfassungsgesetzes bezeichneten leitenden Angestellten,
2. die in § 5 Abs. 3 des Betriebsverfassungsgesetzes bezeichneten leitenden Angestellten.

Zweiter Teil. Aufsichtsrat

Bildung und Zusammensetzung

§ 6. Grundsatz.
(1) Bei den in § 1 Abs. 1 bezeichneten Unternehmen ist ein Aufsichtsrat zu bilden, soweit sich dies nicht schon aus anderen gesetzlichen Vorschriften ergibt.

7

§ 7. Zusammensetzung des Aufsichtsrats.
(1) Der Aufsichtsrat eines Unternehmens

1. mit in der Regel nicht mehr als 10 000 Arbeitnehmern setzt sich zusammen aus je sechs Aufsichtsratsmitgliedern der Anteilseigner und der Arbeitnehmer;
2. mit in der Regel mehr als 10 000, jedoch nicht mehr als 20 000 Arbeitnehmern setzt sich zusammen aus je acht Aufsichtsratsmitgliedern der Anteilseigner und der Arbeitnehmer;
3. mit in der Regel mehr als 20 000 Arbeitnehmern setzt sich zusammen aus je zehn Aufsichtsratsmitgliedern der Anteilseigner und der Arbeitnehmer. ...

(2) Unter den Aufsichtsratsmitgliedern der Arbeitnehmer müssen sich befinden

1. in einem Aufsichtsrat, dem sechs Aufsichtsratsmitglieder der Arbeitnehmer angehören, vier Arbeitnehmer des Unternehmens und zwei Vertreter von Gewerkschaften;
2. in einem Aufsichtsrat, dem acht Aufsichtsratsmitglieder der Arbeitnehmer angehören,

sechs Arbeitnehmer des Unternehmens und zwei Vertreter von Gewerkschaften;
3. in einem Aufsichtsrat, dem zehn Aufsichtsratsmitglieder der Arbeitnehmer angehören, sieben Arbeitnehmer des Unternehmens und drei Vertreter von Gewerkschaften.

(3) Die in Absatz 2 bezeichneten Arbeitnehmer des Unternehmens müssen das 18. Lebensjahr vollendet haben, ein Jahr dem Unternehmen angehören und die weiteren Wählbarkeitsvoraussetzungen des § 8 des Betriebsverfassungsgesetzes erfüllen.

(4) Die in Absatz 2 bezeichneten Gewerkschaften müssen in dem Unternehmen selbst oder in einem anderen Unternehmen vertreten sein, dessen Arbeitnehmer nach diesem Gesetz an der Wahl von Aufsichtsratsmitgliedern des Unternehmens teilnehmen.

Bestellung der Aufsichtsratsmitglieder

▶ Aufsichtsratsmitglieder der Anteilseigner

§ 8. (1) Die Aufsichtsratsmitglieder der Anteilseigner werden durch das nach Gesetz, Satzung, Gesellschaftsvertrag oder Statut zur Wahl von Mitgliedern des Aufsichtsrats befugte Organ (Wahlorgan) und, soweit gesetzliche Vorschriften dem nicht entgegenstehen, nach Maßgabe der Satzung, des Gesellschaftsvertrags oder des Statuts bestellt.

(2) § 101 Abs. 2 des Aktiengesetzes bleibt unberührt.

Aufsichtsratsmitglieder der Arbeitnehmer, Grundsatz

§ 9. (1) Die Aufsichtsratsmitglieder der Arbeitnehmer (§ 7 Abs. 2) eines Unternehmens mit in der Regel mehr als 8000 Arbeitnehmern werden durch Delegierte gewählt, sofern nicht die wahlberechtigten Arbeitnehmer die unmittelbare Wahl beschließen.

(2) Die Aufsichtsratsmitglieder der Arbeitnehmer (§ 7 Abs. 2) eines Unternehmens mit in der Regel nicht mehr als 8000 Arbeitnehmern werden in unmittelbarer Wahl gewählt, sofern nicht die wahlberechtigten Arbeitnehmer die Wahl durch Delegierte beschließen.

(3) Zur Abstimmung darüber, ob die Wahl durch Delegierte oder unmittelbar erfolgen soll, bedarf es eines Antrags, der von einem Zwanzigstel der wahlberechtigten Arbeitnehmer des Unternehmens unterzeichnet sein muß. Die Abstimmung ist geheim. Ein Beschluß nach Absatz 1 oder 2 kann nur unter Beteiligung von mindestens der Hälfte der wahlberechtigten Arbeitnehmer und nur mit der Mehrheit der abgegebenen Stimmen gefaßt werden.

Wahl der Aufsichtsratsmitglieder der Arbeitnehmer durch Delegierte

§ 10. Wahl der Delegierten.

(1) In jedem Betrieb des Unternehmens wählen die Arbeiter (§ 3 Abs. 2) und die Angestellten (§ 3 Abs. 3) in getrennter Wahl, geheim und nach den Grundsätzen der Verhältniswahl Delegierte.

(3) Wahlberechtigt für die Wahl von Delegierten sind die Arbeitnehmer des Unternehmens, die das 18. Lebensjahr vollendet haben.

(4) Zu Delegierten wählbar sind die in Absatz 3 bezeichneten Arbeitnehmer, die die weiteren Wählbarkeitsvoraussetzungen des § 8 des Betriebsverfassungsgesetzes erfüllen.

§ 11. Errechnung der Zahl der Delegierten.

(1) In jedem Betrieb entfällt auf je 60 Wahlberechtigte Arbeitnehmer ein Delegierter. Ergibt die Errechnung nach Satz 1 in einem Betrieb für eine Gruppe mehr als
1. 30 Delegierte, so vermindert sich die Zahl der zu wählenden Delegierten auf die Hälfte; diese Delegierten erhalten je zwei Stimmen;
2. 90 Delegierte, so vermindert sich die Zahl der zu wählenden Delegierten auf ein Drittel; diese Delegierte erhalten je drei Stimmen;
3. 150 Delegierte, so vermindert sich die Zahl der zu wählenden Delegierten auf ein Viertel; diese Delegierten erhalten je vier Stimmen.

Bei der Errechnung der Zahl der Delegierten werden Teilzahlen voll gezählt, wenn sie mindestens die Hälfte der vollen Zahl betragen.

(2) Die Arbeiter und die Angestellten müssen unter den Delegierten in jedem Betrieb entsprechend ihrem zahlenmäßigen Verhältnis vertreten sein. Unter den Delegierten der Angestellten müssen die in § 3 Abs. 3 Nr. 1 bezeichneten Angestellten und die leitenden Angestellten entsprechend ihrem zahlenmäßigen Verhältnis vertreten sein. Sind in einem Betrieb mindestens neun Delegierte zu wählen, so entfällt auf die Arbeiter, die in § 3 Abs. 3 Nr. 1 bezeichneten Angestellten und die leitenden Angestellten mindestens ein Delegierter; dies gilt nicht, soweit in dem Betrieb nicht mehr als fünf Arbeiter, in § 3 Abs. 3 Nr. 1 bezeichneten Angestellte oder leitende Angestellte wahlberechtigt sind. Soweit auf die Arbeiter, die in § 3 Abs. 3 Nr. 1 bezeichneten Angestellten und die leitenden Angestellten lediglich nach Satz 3 Delegierte entfallen, vermehrt sich die nach Absatz 1 errechnete Zahl der Delegierten des Betriebs entsprechend.

(3) Soweit nach Absatz 2 auf die Arbeiter, die in § 3 Abs. 3 Nr. 1 bezeichneten Angestellten und die leitenden Angestellten eines Betriebs nicht mindestens je ein Delegierter entfällt, gelten diese für die Wahl der Delegierten als Arbeitnehmer des Betriebs der Hauptniederlassung des Unternehmens. Soweit nach Absatz 2 und nach Satz 1 auf die Arbeiter, die in § 3 Abs. 3 Nr. 1 bezeichneten Angestellten und die leitenden Angestellten des Betriebs der Hauptniederlassung nicht mindestens je ein Delegierter entfällt, gelten diese für die Wahl der Delegierten als Arbeitnehmer des nach der Zahl der wahlberechtigten Arbeitnehmer größten Betriebs des Unternehmens.

(4) Entfällt auf einen Betrieb kein Delegierter, so ist Absatz 3 entsprechend anzuwenden.

(5) Die Eigenschaft eines Delegierten als Delegierter der Arbeiter oder der Angestellten bleibt bei einem Wechsel der Gruppenzugehörigkeit erhalten. Satz 1 ist entsprechend anzuwenden, wenn ein Delegierter der Angestellten oder der Angestellten seine Eigenschaft als in § 3 Abs. 3 Nr. 1 bezeichneter Angestellter oder leitender Angestellter wechselt.

§ 12. Wahlvorschläge für Delegierte. (1) Zur Wahl der Delegierten können die wahlberechtigten Arbeitnehmer des Betriebs Wahlvorschläge machen.

§ 15. Wahl der unternehmensangehörigen Aufsichtsratsmitglieder der Arbeitnehmer. (1) Die Delegierten wählen die Aufsichtsratsmitglieder, die nach § 7 Abs. 2 Arbeitnehmer des Unternehmens sein müssen, geheim und nach den Grundsätzen der Verhältniswahl für die Zeit, die im Gesetz oder in der Satzung (im Gesellschaftsvertrag, im Statut) für die durch das Wahlorgan der Anteilseigner zu wählenden Mitglieder des Aufsichtsrats bestimmt ist.

(2) Unter den nach Absatz 1 zu wählenden Mitgliedern des Aufsichtsrats müssen sich Arbeiter und Angestellte entsprechend ihrem zahlenmäßigen Verhältnis im Unternehmen befinden. Unter den Aufsichtsratsmitgliedern der Angestellten müssen sich in § 3 Abs. 3 Nr. 1 bezeichnete Angestellte und leitende Angestellte entsprechend ihrem zahlenmäßigen Verhältnis befinden. Dem Aufsichtsrat müssen mindestens ein Arbeiter, ein in § 3 Abs. 3 Nr. 1 bezeichneter Angestellter und ein leitender Angestellter angehören.

7

(3) Die Aufsichtsratsmitglieder der Arbeiter werden von den Delegierten der Arbeiter, die Aufsichtsratsmitglieder der Angestellten von den Delegierten der Angestellten gewählt. Abweichend von Satz 1 werden die Mitglieder des Aufsichtsrats in gemeinsamer Wahl gewählt, wenn die Delegierten der Arbeiter und die Delegierten der Angestellten dies in getrennten, geheimen Abstimmungen beschließen; § 10 Abs. 2 Satz 2 ist entsprechend anzuwenden.

§ 16. Wahl der Vertreter von Gewerkschaften in den Aufsichtsrat. (1) Die Delegierten wählen die Aufsichtsratsmitglieder, die nach § 7 Abs. 2 Vertreter von Gewerkschaften sind, in gemeinsamer Wahl, geheim und nach den Grundsätzen der Verhältniswahl für die in § 15 Abs. 1 bestimmte Zeit.

(2) Die Wahl erfolgt auf Grund von Wahlvorschlägen der Gewerkschaften, die in dem Unternehmen selbst oder in einem anderen Unternehmen vertreten sind, dessen Arbeitnehmer nach diesem Gesetz an der Wahl von Aufsichtsratsmitgliedern des Unternehmens teilnehmen. Wird nur ein Wahlvorschlag gemacht, so findet abweichend von Satz 1 Mehrheitswahl statt.

Innere Ordnung, Rechte und Pflichten des Aufsichtsrats

§ 26. Schutz von Aufsichtsratsmitgliedern vor Benachteiligung. Aufsichtsratsmitglieder der Arbeitnehmer dürfen in der Ausübung ihrer Tätigkeit nicht gestört oder behindert werden. Sie dürfen wegen ihrer Tätigkeit im Aufsichtsrat eines Unternehmens, dessen Arbeitnehmer sie sind oder als dessen Arbeitnehmer sie nach § 4 oder § 5 gelten, nicht benachteiligt werden. Dies gilt auch für ihre berufliche Entwicklung.

§ 27. Vorsitz im Aufsichtsrat. (1) Der Aufsichtsrat wählt mit einer Mehrheit von zwei Dritteln der Mitglieder, aus denen er insgesamt zu bestehen hat, aus seiner Mitte einen Aufsichtsratsvorsitzenden und einen Stellvertreter.

(2) Wird bei der Wahl des Aufsichtsratsvorsitzenden oder seines Stellvertreters die nach Absatz 1 erforderliche Mehrheit nicht erreicht, so findet für die Wahl des Aufsichtsratsvorsitzenden und seines Stellvertreters ein zweiter Wahlgang statt. In diesem Wahlgang wählen die Aufsichtsratsmitglieder der Anteilseigner den Aufsichtsratsvorsitzenden und die Aufsichtsratsmitglieder der Arbeitnehmer den Stellvertreter jeweils mit der Mehrheit der abgegebenen Stimmen.

(3) Unmittelbar nach der Wahl des Aufsichtsratsvorsitzenden und seines Stellvertreters bildet der Aufsichtsrat zur Wahrnehmung der in § 31 Abs. 3 Satz 1 bezeichneten Aufgabe einen Ausschuß, dem der Aufsichtsratsvorsitzende, sein Stellvertreter sowie je ein von den Aufsichtsratsmitgliedern der Arbeitnehmer und von den Aufsichtsratsmitgliedern der Anteilseigner mit der Mehrheit der abgegebenen Stimmen gewähltes Mitglied angehören.

§ 28. Beschlußfähigkeit. Der Aufsichtsrat ist nur beschlußfähig, wenn mindestens die Hälfte der Mitglieder, aus denen er insgesamt zu bestehen hat, an der Beschlußfassung teilnimmt. § 108 Abs. 2 Satz 4 des Aktiengesetzes ist anzuwenden.

§ 29. Abstimmungen. (1) Beschlüsse des Aufsichtsrats bedürfen der Mehrheit der abgegebenen Stimmen, soweit nicht in Absatz 2 und in den §§ 27, 31 und 32 etwas anderes bestimmt ist.

(2) Ergibt eine Abstimmung im Aufsichtsrat Stimmengleichheit, so hat bei einer erneuten Abstimmung über denselben Gegenstand, wenn auch sie Stimmengleichheit ergibt, der Aufsichtsratsvorsitzende zwei Stimmen. § 108 Abs. 3 des Aktiengesetzes ist auch auf die Abgabe der zweiten Stimme anzuwenden. Dem Stellvertreter steht die zweite Stimme nicht zu.

Dritter Teil. Gesetzliches Vertretungsorgan

§ 30. Grundsatz. Die Zusammensetzung, die Rechte und Pflichten des zur gesetzlichen Vertretung des Unternehmens befugten Organs sowie die Bestellung seiner Mitglieder bestimmen sich nach den für die Rechtsform des Unternehmens geltenden Vorschriften, soweit sich aus den §§ 31 bis 33 nichts anderes ergibt.

§ 33. Arbeitsdirektor. (1) Als gleichberechtigtes Mitglied des zur gesetzlichen Vertretung des Unternehmens befugten Organs wird ein Arbeitsdirektor bestellt. Dies gilt nicht für Kommanditgesellschaften auf Aktien.

(2) Der Arbeitsdirektor hat wie die übrigen Mitglieder des zur gesetzlichen Vertretung des Unternehmens befugten Organs seine Aufgaben im engsten Einvernehmen mit dem Gesamtorgan auszuüben. Das Nähere bestimmt die Geschäftsordnung.

(3) Bei Erwerbs- und Wirtschaftsgenossenschaften ist auf den Arbeitsdirektor § 9 Abs. 2 des Gesetzes betreffend die Erwerbs- und Wirtschaftsgenossenschaften nicht anzuwenden.

Gesetz zum Schutze der arbeitenden Jugend

Vom 12. April 1976, mit Änderungen bis zum 26. Januar 1998

Erster Abschnitt. Allgemeine Vorschriften

§ 1. Geltungsbereich. (1) Dieses Gesetz gilt für die Beschäftigung von Personen, die noch nicht 18 Jahre alt sind,

1. in der Berufsausbildung,
2. als Arbeitnehmer oder Heimarbeiter,
3. mit sonstigen Dienstleistungen, die der Arbeitsleistung von Arbeitnehmern oder Heimarbeitern ähnlich sind,
4. in einem der Berufsausbildung ähnlichen Ausbildungsverhältnis.

(2) Dieses Gesetz gilt nicht

1. für geringfügige Hilfeleistungen, soweit sie gelegentlich
   a) aus Gefälligkeit,
   b) auf Grund familienrechtlicher Vorschriften,
   c) in Einrichtungen der Jugendhilfe,
   d) in Einrichtungen zur Eingliederung Behinderter erbracht werden,
2. für die Beschäftigung durch die Personensorgeberechtigten im Familienhaushalt.

§ 2. Kind, Jugendlicher. (1) Kind im Sinne dieses Gesetzes ist, wer noch nicht 15 Jahre alt ist.

(2) Jugendlicher im Sinne dieses Gesetzes ist, wer 15, aber noch nicht 18 Jahre alt ist.

(3) Auf Jugendliche, die der Vollzeitschulpflicht unterliegen, finden die für Kinder geltenden Vorschriften Anwendung.

§ 3. Arbeitgeber. Arbeitgeber im Sinne dieses Gesetzes ist, wer ein Kind oder einen Jugendlichen gemäß § 1 beschäftigt.

§ 4. Arbeitszeit. (1) Tägliche Arbeitszeit ist die Zeit vom Beginn bis zum Ende der täglichen Beschäftigung ohne die Ruhepausen (§ 11).

(2) Schichtzeit ist die tägliche Arbeitszeit unter Hinzurechnung der Ruhepausen (§ 11).

(4) Für die Berechnung der wöchentlichen Arbeitszeit ist als Woche die Zeit von Montag bis einschließlich Sonntag zugrunde zu legen. Die Arbeitszeit, die an einem Werktag infolge eines gesetzlichen Feiertags ausfällt, wird auf die wöchentliche Arbeitszeit angerechnet.

(5) Wird ein Kind oder ein Jugendlicher von mehreren Arbeitgebern beschäftigt, so werden die Arbeits- und Schichtzeiten sowie die Arbeitstage zusammengerechnet.

Zweiter Abschnitt. Beschäftigung von Kindern

§ 5. Verbot der Beschäftigung von Kindern.

(1) Die Beschäftigung von Kindern (§ 2 Abs. 1 und 3) ist verboten.

(2) Das Verbot des Absatzes 1 gilt nicht für die Beschäftigung von Kindern

1. zum Zwecke der Beschäftigungs- und Arbeitstherapie,
2. im Rahmen des Betriebspraktikums während der Vollzeitschulpflicht,
3. in Erfüllung einer richterlichen Weisung. Auf die Beschäftigung finden § 7 Satz 1 Nr. 2 und die §§ 9 bis 46 entsprechende Anwendung.

7 (3) Das Verbot des Absatzes 1 gilt ferner nicht für die Beschäftigung von Kindern über 13 Jahre mit Einwilligung des Personensorgeberechtigten, soweit die Beschäftigung leicht und für Kinder geeignet ist. Die Beschäftigung ist leicht, wenn sie auf Grund ihrer Beschaffenheit und der besonderen Bedingungen, unter denen sie ausgeführt wird,

1. die Sicherheit, Gesundheit und Entwicklung der Kinder,
2. ihren Schulbesuch, ihre Beteiligung an Maßnahmen zur Berufswahlvorbereitung oder Berufsausbildung, die von der zuständigen Stelle anerkannt sind, und
3. ihre Fähigkeit, dem Unterricht mit Nutzen zu folgen,

nicht nachteilig beeinflußt. Die Kinder dürfen nicht mehr als zwei Stunden täglich, in landwirtschaftlichen Familienbetrieben nicht mehr als drei Stunden täglich, nicht zwischen 18 und 8 Uhr, nicht vor dem Schulunterricht und nicht während des Schulunterrichts beschäftigt werden. Auf die Beschäftigung finden die §§ 15 bis 31 entsprechende Anwendung.

(4) Das Verbot des Absatzes 1 gilt ferner nicht für die Beschäftigung von Jugendlichen (§ 2 Abs. 3) während der Schulferien für höchstens vier Wochen im Kalenderjahr. Auf die Beschäftigung finden die §§ 8 bis 31 entsprechende Anwendung.

(5) Für Veranstaltungen kann die Aufsichtsbehörde Ausnahmen gemäß § 6 bewilligen.

§ 7. Beschäftigung von nicht vollzeitschulpflichtigen Kindern. Kinder, die der Vollzeitschulpflicht nicht mehr unterliegen, dürfen
1. im Berufsausbildungsverhältnis,
2. außerhalb eines Berufsausbildungsverhältnisses nur mit leichten und für sie geeigneten Tätigkeiten bis zu sieben Stunden täglich und 35 Stunden wöchentlich

beschäftigt werden. Auf die Beschäftigung finden die §§ 8 bis 46 entsprechende Anwendung.

Dritter Abschnitt. Beschäftigung Jugendlicher

Arbeitszeit und Freizeit

§ 8. Dauer der Arbeitszeit. (1) Jugendliche dürfen nicht mehr als acht Stunden täglich und nicht mehr als 40 Stunden wöchentlich beschäftigt werden.

(2) Wenn in Verbindung mit Feiertagen an Werktagen nicht gearbeitet wird, damit die Beschäftigten eine längere zusammenhängende Freizeit haben, so darf die ausfallende Arbeitszeit auf die Werktage von fünf zusammenhängenden, die Ausfalltage einschließenden Wochen nur dergestalt verteilt werden, daß die Wochenarbeitszeit im Durchschnitt dieser fünf Wochen 40 Stunden nicht überschreitet. Die tägliche Arbeitszeit darf hierbei achteinhalb Stunden nicht überschreiten.

(2a) Wenn an einzelnen Werktagen die Arbeitszeit auf weniger als acht Stunden verkürzt ist, können Jugendliche an den übrigen Werktagen derselben Woche achteinhalb Stunden beschäftigt werden.

(3) In der Landwirtschaft dürfen Jugendliche über 16 Jahre während der Erntezeit nicht mehr als neun Stunden täglich und nicht mehr als 85 Stunden in der Doppelwoche beschäftigt werden.

§ 9. Berufsschule. (1) Der Arbeitgeber hat den Jugendlichen für die Teilnahme am Berufsschulunterricht freizustellen. Er darf den Jugendlichen nicht beschäftigen
1. vor einem vor 9 Uhr beginnenden Unterricht; dies gilt auch für Personen, die über 18 Jahre alt und noch berufsschulpflichtig sind,
2. an einem Berufsschultag mit mehr als fünf Unterrichtsstunden von mindestens je 45 Minuten, einmal in der Woche,
3. in Berufsschulwochen mit einem planmäßigen Blockunterricht von mindestens 25 Stunden an mindestens fünf Tagen; zusätzliche betriebliche Ausbildungsveranstaltungen bis zu zwei Stunden wöchentlich sind zulässig.

(2) Auf die Arbeitszeit werden angerechnet
1. Berufsschultage nach Absatz 1 Nr. 2 mit acht Stunden,
2. Berufsschulwochen nach Absatz 1 Nr. 3 mit 40 Stunden,
3. im übrigen die Unterrichtszeit einschließlich der Pausen.

(3) Ein Entgeltausfall darf durch den Besuch der Berufsschule nicht eintreten.

(4) *(aufgehoben)*

§ 10. Prüfungen und außerbetriebliche Ausbildungsmaßnahmen. (1) Der Arbeitgeber hat den Jugendlichen
1. für die Teilnahme an Prüfungen und Ausbildungsmaßnahmen, die auf Grund öffentlich-rechtlicher oder vertraglicher Bestimmungen außerhalb der Ausbildungsstätte durchzuführen sind,
2. an dem Arbeitstag, der der schriftlichen Abschlußprüfung unmittelbar vorangeht,

freizustellen.

§ 11. Ruhepausen, Aufenthaltsräume.
(1) Jugendlichen müssen im voraus feststehende Ruhepausen von angemessener Dauer gewährt werden. Die Ruhepausen müssen mindestens betragen
1. 30 Minuten bei einer Arbeitszeit von mehr als viereinhalb bis zu sechs Stunden,
2. 60 Minuten bei einer Arbeitszeit von mehr als sechs Stunden.

Als Ruhepause gilt nur eine Arbeitsunterbrechung von mindestens 15 Minuten.

(2) Die Ruhepausen müssen in angemessener zeitlicher Lage gewährt werden, frühestens eine Stunde nach Beginn und spätestens eine Stunde vor Ende der Arbeitszeit. Länger als viereinhalb Stunden hintereinander dürfen Jugendliche nicht ohne Ruhepause beschäftigt werden.

(3) Der Aufenthalt während der Ruhepausen in Arbeitsräumen darf den Jugendlichen nur gestattet werden, wenn die Arbeit in diesen Räumen während dieser Zeit eingestellt ist und auch sonst die notwendige Erholung nicht beeinträchtigt wird.

§ 12. Schichtzeit. Bei der Beschäftigung Jugendlicher darf die Schichtzeit (§ 4 Abs. 2) 10 Stunden, im Bergbau unter Tage 8 Stunden, im Gaststättengewerbe, in der Landwirtschaft, in der Tierhaltung, auf Bau- und Montagestellen 11 Stunden nicht überschreiten.

§ 13. Tägliche Freizeit. Nach Beendigung der täglichen Arbeitszeit dürfen Jugendliche nicht vor Ablauf einer ununterbrochenen Freizeit von mindestens 12 Stunden beschäftigt werden.

§ 14. Nachtruhe. (1) Jugendliche dürfen nur in der Zeit von 6 bis 20 Uhr beschäftigt werden.

(2) Jugendliche über 16 Jahre dürfen
1. im Gaststätten- und Schaustellergewerbe bis 22 Uhr,
2. in mehrschichtigen Betrieben bis 23 Uhr,
3. in der Landwirtschaft ab 5 Uhr oder bis 21 Uhr,
4. in Bäckereien und Konditoreien ab 5 Uhr

beschäftigt werden.

(3) Jugendliche über 17 Jahre dürfen in Bäckereien ab 4 Uhr beschäftigt werden.

(4) An dem einem Berufsschultag unmittelbar vorangehenden Tag dürfen Jugendliche auch nach Absatz 2 Nr. 1 bis 3 nicht nach 20 Uhr beschäftigt werden, wenn der Berufsschulunterricht am Berufsschultag vor 9 Uhr beginnt.

§ 15. Fünf-Tage-Woche. Jugendliche dürfen nur an fünf Tagen in der Woche beschäftigt werden. Die beiden wöchentlichen Ruhetage sollen nach Möglichkeit aufeinander folgen.

§ 16. Samstagsruhe. (1) An Samstagen dürfen Jugendliche nicht beschäftigt werden.

(2) Zulässig ist die Beschäftigung Jugendlicher an Samstagen nur
1. in Krankenanstalten sowie in Alten-, Pflege- und Kinderheimen,
2. in offenen Verkaufsstellen, in Betrieben mit offenen Verkaufsstellen, in Bäckereien und Konditoreien, im Friseurhandwerk und im Marktverkehr,
3. im Verkehrswesen,
4. in der Landwirtschaft und Tierhaltung,
5. im Familienhaushalt,
6. im Gaststätten- und Schaustellergewerbe,
7. bei Musikaufführungen, Theatervorstellungen und anderen Aufführungen, bei Aufnahmen im Rundfunk (Hörfunk und Fernsehen), auf Ton- und Bildträger sowie bei Film- und Fotoaufnahmen,
8. bei außerbetrieblichen Ausbildungsmaßnahmen,
9. beim Sport.
10. im ärztlichen Notdienst,
11. in Reparaturwerkstätten für Kraftfahrzeuge.

Mindestens zwei Samstage im Monat sollen beschäftigungsfrei bleiben.

(3) Werden Jugendliche am Samstag beschäftigt, ist ihnen die Fünf-Tage-Woche (§ 15) durch Freistellung an einem anderen berufsschulfreien Arbeitstag derselben Woche sicherzustellen. In Betrieben mit einem Betriebsruhetag in der Woche kann die Freistellung auch an diesem Tage erfolgen, wenn die Jugendlichen an diesem Tage keinen Berufsschulunterricht haben.

(4) Können Jugendliche in den Fällen des Absatzes 2 Nr. 2 am Samstag nicht acht Stunden beschäftigt werden, kann der Unterschied zwischen tatsächlichen und der nach § 8 Abs. 1 höchstzulässigen Arbeitszeit an dem Tage bis 13 Uhr ausgeglichen werden, an dem die Jugendlichen nach Absatz 3 Satz 1 freizustellen sind.

§ 17. Sonntagsruhe. (1) An Sonntagen dürfen Jugendliche nicht beschäftigt werden.

(2) Zulässig ist die Beschäftigung Jugendlicher an Sonntagen nur
1. in Krankenanstalten sowie in Alten-, Pflege- und Kinderheimen,
2. in der Landwirtschaft und Tierhaltung mit Arbeiten, die auch an Sonn- und Feiertagen naturnotwendig vorgenommen werden müssen,
3. im Familienhaushalt, wenn der Jugendliche in die häusliche Gemeinschaft aufgenommen ist,
4. im Schaustellergewerbe,
5. bei Musikaufführungen, Theatervorstellungen und anderen Aufführungen sowie bei Direktsendungen im Rundfunk (Hörfunk und Fernsehen),
6. beim Sport,
7. im ärztlichen Notdienst,
8. im Gaststättengewerbe.

Jeder zweite Sonntag soll, mindestens zwei Sonntage im Monat müssen beschäftigungsfrei bleiben.

(3) Werden Jugendliche am Sonntag beschäftigt, ist ihnen die Fünf-Tage-Woche (§ 15) durch Freistellung an einem anderen berufsschulfreien Arbeitstag derselben Woche sicherzustellen. In Betrieben mit einem Betriebsruhetag in der Woche kann die Freistellung auch an diesem Tage erfolgen, wenn die Jugendlichen an diesem Tage keinen Berufsschulunterricht haben.

§ 18. Feiertagsruhe. (1) Am 24. und 31. Dezember nach 14 Uhr und an gesetzlichen Feiertagen dürfen Jugendliche nicht beschäftigt werden.

(2) Zulässig ist die Beschäftigung Jugendlicher an gesetzlichen Feiertagen in den Fällen des § 17 Abs. 2, ausgenommen am 25. Dezember, am 1. Januar, am ersten Osterfeiertag und am 1. Mai.

(3) Für die Beschäftigung an einem gesetzlichen Feiertag, der auf einen Werktag fällt, ist der Jugendliche an einem anderen berufsschulfreien Arbeitstag derselben oder der folgenden Woche freizustellen. In Betrieben mit einem Betriebsruhetag in der Woche kann die Freistellung auch an diesem Tage erfolgen, wenn die Jugendlichen an diesem Tage keinen Berufsschulunterricht haben.

§ 19. Urlaub. (1) Der Arbeitgeber hat Jugendlichen für jedes Kalenderjahr einen bezahlten Erholungsurlaub zu gewähren.

(2) Der Urlaub beträgt jährlich

1. mindestens 30 Werktage, wenn der Jugendliche zu Beginn des Kalenderjahres noch nicht 16 Jahre alt ist,
2. mindestens 27 Werktage, wenn der Jugendliche zu Beginn des Kalenderjahres noch nicht 17 Jahre alt ist,
3. mindestens 25 Werktage, wenn der Jugendliche zu Beginn des Kalenderjahres noch nicht 18 Jahre alt ist.

Jugendliche, die im Bergbau unter Tage beschäftigt werden, erhalten in jeder Altersgruppe einen zusätzlichen Urlaub von drei Werktagen.

(3) Der Urlaub soll Berufsschülern in der Zeit der Berufsschulferien gegeben werden. Soweit er nicht in den Berufsschulferien gegeben wird, ist für jeden Berufsschultag, an dem die Berufsschule während des Urlaubs besucht wird, ein weiterer Urlaubstag zu gewähren.

(4) Im übrigen gelten für den Urlaub der Jugendlichen § 3 Abs. 2, §§ 4 bis 12 und § 13 Abs. 3 des Bundesurlaubsgesetzes.

§ 21a. Abweichende Regelungen. (1) In einem Tarifvertrag oder auf Grund eines Tarifvertrages in einer Betriebsvereinbarung kann zugelassen werden

1. abweichend von den §§ 8, 15, 16 Abs. 3 und 4, § 17 Abs. 3 und § 18 Abs. 3 die Arbeitszeit bis zu neun Stunden täglich, 44 Stunden wöchentlich und bis zu fünfeinhalb Tagen in der Woche anders zu verteilen, jedoch nur unter Einhaltung einer durchschnittlichen Wochenarbeitszeit von 40 Stunden in einem Ausgleichszeitraum von zwei Monaten,
2. abweichend von § 11 Abs. 1 Satz 2 Nr. 2 und Abs. 2 die Ruhepausen bis zu 15 Minuten zu kürzen und die Lage der Pausen anders zu bestimmen,
3. abweichend von § 12 die Schichtzeit mit Ausnahme des Bergbaus unter Tage bis zu einer Stunde täglich zu verlängern,
4. abweichend von § 16 Abs. 1 und 2 Jugendliche an 26 Samstagen im Jahr oder an jedem Samstag zu beschäftigen, wenn statt dessen der Jugendliche an einem anderen Werktag derselben Woche von der Beschäftigung freigestellt wird,
5. abweichend von den §§ 15, 16 Abs. 3 und 4, § 17 Abs. 3 und § 18 Abs. 3 Jugendliche bei einer Beschäftigung an einem Samstag oder an einem Sonn- oder Feiertag unter vier Stunden an einem anderen Arbeitstag derselben oder der folgenden Woche vor- oder nachmittags von der Beschäftigung freizustellen,
6. abweichend von § 17 Abs. 2 Satz 2 Jugendliche im Gaststätten- und Schaustellergewerbe sowie in der Landwirtschaft während der Saison oder der Erntezeit an drei Sonntagen im Monat zu beschäftigen.

(2) Im Geltungsbereich eines Tarifvertrages nach Absatz 1 kann die abweichende tarifvertragliche Regelung im Betrieb eines nicht tarifgebundenen Arbeitgebers durch Betriebsvereinbarung oder, wenn ein Betriebsrat nicht besteht, durch schriftliche Vereinbarung zwischen dem Arbeitgeber und dem Jugendlichen übernommen werden.

(3) Die Kirchen und die öffentlich-rechtlichen Religionsgesellschaften können die in Absatz 1 genannten Abweichungen in ihren Regelungen vorsehen.

Beschäftigungsverbote und -beschränkungen

§ 22. Gefährliche Arbeiten. (1) Jugendliche dürfen nicht beschäftigt werden

1. mit Arbeiten, die ihre physische und psychische Leistungsfähigkeit übersteigen,
2. mit Arbeiten, bei denen sie sittlichen Gefahren ausgesetzt sind,
3. mit Arbeiten, die mit Unfallgefahren verbunden sind, von denen anzunehmen ist, daß Jugendliche sie wegen mangelnden Sicherheitsbewußtseins oder mangelnder Erfahrung nicht erkennen oder nicht abwenden können,
4. mit Arbeiten, bei denen ihre Gesundheit durch außergewöhnliche Hitze oder Kälte oder starke Nässe gefährdet wird,
5. mit Arbeiten, bei denen sie schädlichen Einwirkungen von Lärm, Erschütterungen, Strahlen oder von giftigen, ätzenden oder reizenden Stoffen ausgesetzt sind,
6. mit Arbeiten, bei denen sie schädlichen Einwirkungen von Gefahrstoffen im Sinne des Chemikaliengesetzes ausgesetzt sind,
7. mit Arbeiten, bei denen sie schädlichen Einwirkungen von biologischen Arbeitsstoffen im Sinne der Richtlinie 90/679/EWG des Rates vom 26. November 1990 zum Schutze der Arbeitnehmer gegen Gefährdung durch biologische Arbeitsstoffe bei der Arbeit ausgesetzt sind.

(2) Absatz 1 Nr. 3 bis 7 gilt nicht für die Beschäftigung Jugendlicher über 16 Jahre, soweit

1. dies zur Erreichung ihres Ausbildungszieles erforderlich ist,
2. ihr Schutz durch die Aufsicht eines Fachkundigen gewährleistet ist und
3. der Luftgrenzwert bei gefährlichen Stoffen (Absatz 1 Nr. 6) unterschritten wird.

Werden sie in einem Betrieb beschäftigt, für den ein Betriebsarzt oder eine Fachkraft für Arbeitssicherheit verpflichtet ist, muß ihre betriebsärztliche oder sicherheitstechnische Betreuung sichergestellt sein.

§ 23. Akkordarbeit; tempoabhängige Arbeiten.
(1) Jugendliche dürfen nicht beschäftigt werden

1. mit Akkordarbeit und sonstigen Arbeiten, bei denen durch ein gesteigertes Arbeitstempo ein höheres Entgelt erzielt werden kann,
2. in einer Arbeitsgruppe mit erwachsenen Arbeitnehmern, die mit Arbeiten nach Nummer 1 beschäftigt werden,
3. mit Arbeiten, bei denen ihr Arbeitstempo nicht nur gelegentlich vorgeschrieben, vorgegeben oder auf andere Weise erzwungen wird.

(2) Absatz 1 Nr. 2 gilt nicht für die Beschäftigung Jugendlicher,

1. soweit dies zur Erreichung ihres Ausbildungszieles erforderlich ist oder
2. wenn sie eine Berufsausbildung für diese Beschäftigung abgeschlossen haben

und ihr Schutz durch die Aufsicht eines Fachkundigen gewährleistet ist.

Sonstige Pflichten des Arbeitgebers

§ 28. Menschengerechte Gestaltung der Arbeit. Der Arbeitgeber hat bei der Einrichtung und der Unterhaltung der Arbeitsstätte einschließlich der Maschinen, Werkzeuge und Geräte und bei der Regelung der Beschäftigung die Vorkehrungen und Maßnahmen zu treffen, die zum Schutze der Jugendlichen gegen Gefahren für Leben und Gesundheit sowie zur Vermeidung einer Beeinträchtigung der körperlichen oder seelisch-geistigen Entwicklung der Jugendlichen erforderlich sind. Hierbei sind das mangelnde Sicherheitsbewußtsein, die mangelnde Erfahrung und der Entwicklungsstand der Jugendlichen zu berücksichtigen und die allgemein anerkannten sicherheitstechnischen und arbeitsmedizinischen Regeln sowie die sonstigen gesicherten arbeitswissenschaftlichen Erkenntnisse zu beachten.

§ 31. Züchtigungsverbot; Verbot der Abgabe von Alkohol und Tabak. Wer Jugendliche beschäftigt oder im Rahmen eines Rechtsverhältnisses im Sinne des § 1 beaufsichtigt, anweist oder ausbildet, darf sie nicht körperlich züchtigen.

(2) Wer Jugendliche beschäftigt, muß sie vor körperlicher Züchtigung und Mißhandlung und vor sittlicher Gefährdung durch andere bei ihm Beschäftigte und durch Mitglieder seines Haushalts an der Arbeitsstätte und in seinem Hause schützen. Er darf Jugendlichen unter 16 Jahren keine alkoholischen Getränke und Tabakwaren, Jugendlichen über 16 Jahre keinen Branntwein geben.

Gesundheitliche Betreuung

§ 32. Erstuntersuchung. (1) Ein Jugendlicher, der in das Berufsleben eintritt, darf nur beschäftigt werden, wenn

1. er innerhalb der letzten vierzehn Monate von einem Arzt untersucht worden ist (Erstuntersuchung) und
2. dem Arbeitgeber eine von diesem Arzt ausgestellte Bescheinigung vorliegt.

(2) Absatz 1 gilt nicht für eine nur geringfügige oder eine nicht länger als zwei Monate dauernde Beschäftigung mit leichten Arbeiten, von denen keine gesundheitlichen Nachteile für den Jugendlichen zu befürchten sind.

§ 33. Erste Nachuntersuchung. (1) Ein Jahr nach Aufnahme der ersten Beschäftigung hat sich der Arbeitgeber die Bescheinigung eines Arztes darüber vorlegen zu lassen, daß der Jugendliche nachuntersucht worden ist (erste Nachuntersuchung).

(3) Der Jugendliche darf nach Ablauf, von 14 Monaten nach Aufnahme der ersten Beschäftigung nicht weiterbeschäftigt werden, solange er die Bescheinigung nicht vorgelegt hat.

Vierter Abschnitt. Durchführung des Gesetzes

7

Aushänge und Verzeichnisse

§ 48. Aushang über Arbeitszeit und Pausen. Arbeitgeber, die regelmäßig mindestens drei Jugendliche beschäftigen, haben einen Aushang über Beginn und Ende der regelmäßigen täglichen Arbeitszeit und der Pausen der Jugendlichen an geeigneter Stelle im Betrieb anzubringen.

Gesetz zum Schutze der erwerbstätigen Mutter

In der Fassung vom 17. Januar 1997

Allgemeine Vorschriften

§ 1. Geltungsbereich. Dieses Gesetz gilt
1. für Frauen, die in einem Arbeitsverhältnis stehen, …

§ 2. Gestaltung des Arbeitsplatzes. (1) Wer eine werdende oder stillende Mutter beschäftigt, hat bei der Einrichtung und der Unterhaltung des Arbeitsplatzes einschließlich der Maschinen, Werkzeuge und Geräte und bei der Regelung der Beschäftigung die erforderlichen Vorkehrungen und Maßnahmen zum Schutze von Leben und Gesundheit der werdenden oder stillenden Mutter zu treffen.

Beschäftigungsverbote

§ 3. Beschäftigungsverbote für werdende Mütter. (1) Werdende Mütter dürfen nicht beschäftigt werden, soweit nach ärztlichem Zeugnis Leben oder Gesundheit von Mutter oder Kind bei Fortdauer der Beschäftigung gefährdet ist.

(2) Werdende Mütter dürfen in den letzten sechs Wochen vor der Entbindung nicht beschäftigt werden, es sei denn, daß sie sich zur Arbeitsleistung ausdrücklich bereit erklären; die Erklärung kann jederzeit widerrufen werden.

§ 4. Weitere Beschäftigungsverbote. (1) Werdende Mütter dürfen nicht mit schweren körperlichen Arbeiten und nicht mit Arbeiten beschäftigt werden, bei denen sie schädlichen Einwirkungen von gesundheitsgefährdenden Stoffen oder Strahlen, von Staub, Gasen oder Dämpfen, von Hitze, Kälte oder Nässe, von Erschütterungen oder Lärm ausgesetzt sind.

(3) Die Beschäftigung von werdenden Müttern mit
1. Akkordarbeit und sonstigen Arbeiten, bei denen durch ein gesteigertes Arbeitstempo ein höheres Entgelt erzielt werden kann,
2. Fließarbeit mit vorgeschriebenem Arbeitstempo

ist verboten.

§ 5. Mitteilungspflicht, ärztliches Zeugnis.

(1) Werdende Mütter sollen dem Arbeitgeber ihre Schwangerschaft und den mutmaßlichen Tag der Entbindung mitteilen, sobald ihnen ihr Zustand bekannt ist. Auf Verlangen des Arbeitgebers sollen sie das Zeugnis eines Arztes oder einer Hebamme vorlegen. Der Arbeitgeber hat die Aufsichtsbehörde unverzüglich von der Mitteilung der werdenden Mutter zu benachrichtigen. Er darf die Mitteilung der werdenden Mutter Dritten nicht unbefugt bekanntgeben.

(2) Für die Berechnung der in § 3 Abs. 2 bezeichneten Zeiträume vor der Entbindung ist das Zeugnis eines Arztes oder einer Hebamme maßgebend; das Zeugnis soll den mutmaßlichen Tag der Entbindung angeben.

§ 6. Beschäftigungsverbote nach der Entbindung. (1) Wöchnerinnen dürfen bis zum Ablauf von acht Wochen nach der Entbindung nicht beschäftigt werden. Für Mütter nach Früh- und Mehrlingsgeburten verlängert sich diese Frist auf zwölf Wochen, bei Frühgeburten zusätzlich um den Zeitraum, der nach § 3 Abs. 2 nicht in Anspruch genommen werden konnte. Beim Tode ihres Kindes kann die Mutter auf ihr ausdrückliches Verlangen schon vor Ablauf dieser Fristen wieder beschäftigt werden, wenn nach ärztlichem Zeugnis nichts dagegen spricht. Sie kann ihre Erklärung jederzeit widerrufen.

(2) Frauen, die in den ersten Monaten nach der Entbindung nach ärztlichem Zeugnis nicht voll leistungsfähig sind, dürfen nicht zu einer ihre Leistungsfähigkeit übersteigenden Arbeit herangezogen werden.

§ 8. Mehrarbeit, Nacht- und Sonntagsarbeit.

(1) Werdende und stillende Mütter dürfen nicht mit Mehrarbeit, nicht in der Nacht zwischen 20 und 6 Uhr und nicht an Sonn- und Feiertagen beschäftigt werden.

Kündigung

§ 9. Kündigungsverbot. (1) Die Kündigung gegenüber einer Frau während der Schwangerschaft und bis zum Ablauf von vier Monaten nach der Entbindung ist unzulässig, wenn dem Arbeitgeber zur Zeit der Kündigung die Schwangerschaft oder Entbindung bekannt war oder innerhalb zweier Wochen nach Zugang der Kündigung mitgeteilt wird.

(2) Kündigt eine schwangere Frau, gilt § 5 Abs. 1 Satz 3 entsprechend.

§ 10. Erhaltung von Rechten. (1) Eine Frau kann während der Schwangerschaft und während der Schutzfrist nach der Entbindung (§ 6 Abs. 1) das Arbeitsverhältnis ohne Einhaltung einer Frist zum Ende der Schutzfrist nach der Entbindung kündigen.

(2) Wird das Arbeitsverhältnis nach Absatz 1 aufgelöst und wird die Frau innerhalb eines Jahres nach der Entbindung in ihrem bisherigen Betrieb wieder eingestellt, so gilt, soweit Rechte aus dem Arbeitsverhältnis von der Dauer der Betriebs- oder Berufszugehörigkeit oder von der Dauer der Beschäftigungs- oder Dienstzeit abhängen, das Arbeitsverhältnis als nicht unterbrochen. Dies gilt nicht, wenn die Frau in der Zeit von der Auflösung des Arbeitsverhältnisses bis zur Wiedereinstellung bei einem anderen Arbeitgeber beschäftigt war.

Leistungen

§ 13. Mutterschaftsgeld. (1) Frauen, die Mitglied einer Krankenkasse sind, erhalten für die Zeit der Schutzfristen des § 3 Abs. 2 und des § 6 Abs. 1 sowie für den Entbindungstag Mutterschaftsgeld nach den Vorschriften der Reichsversicherungsordnung oder des Gesetzes über die Krankenversicherung der Landwirte über das Mutterschaftsgeld.

§ 15. Sonstige Leistungen bei Schwangerschaft und Mutterschaft. Frauen, die in der gesetzlichen Krankenversicherung versichert sind, erhalten auch die folgenden Leistungen bei Schwangerschaft und Mutterschaft nach den Vorschriften der Reichsversicherungsordnung oder des Gesetzes über die Krankenversicherung der Landwirte:

1. ärztliche Betreuung und Hebammenhilfe,
2. Versorgung mit Arznei-, Verband- und Heilmittel,
3. stationäre Entbindung,
4. häusliche Pflege,
5. Haushaltshilfe,
6. Entbindungsgeld.

Durchführung des Gesetzes

§ 18. Auslage des Gesetzes. (1) In Betrieben und Verwaltungen, in denen regelmäßig mehr als drei Frauen beschäftigt werden, ist ein Abdruck dieses Gesetzes an geeigneter Stelle zur Einsicht auszulegen oder auszuhängen.

Gesetz zur Sicherung der Eingliederung Schwerbehinderter in Arbeit, Beruf und Gesellschaft

Vom 28. August 1986, mit Änderungen bis zum 19. Dezember 1997

Geschützter Personenkreis

§ 1. Schwerbehinderte. Schwerbehinderte im Sinne dieses Gesetzes sind Personen mit einem Grad der Behinderung von wenigstens 50, sofern sie ihren Wohnsitz, ihren gewöhnlichen Aufenthalt oder ihre Beschäftigung auf einem Arbeitsplatz im Sinne des § 7 Abs. 1 rechtmäßig im Geltungsbereich dieses Gesetzes haben.

§ 2. Gleichgestellte. (1) Personen mit einem Grad der Behinderung von weniger als 50, aber wenigstens 30, bei denen im übrigen die Voraussetzungen des § 1 vorliegen, sollen auf Grund einer Feststellung nach § 4 auf ihren Antrag vom Arbeitsamt Schwerbehinderten gleichgestellt werden, wenn sie infolge ihrer Behinderung ohne die Gleichstellung einen geeigneten Arbeitsplatz im Sinne des § 7 Abs. 1 nicht erlangen oder nicht behalten können.

§ 3. Behinderung. (1) Behinderung im Sinne dieses Gesetzes ist die Auswirkung einer nicht nur vorübergehenden Funktionsbeeinträchtigung, die auf einem regelwidrigen körperlichen, geistigen oder seelischen Zustand beruht. Regelwidrig ist der Zustand, der von dem für das Lebensalter typischen abweicht. Als nicht nur vorübergehend gilt ein Zeitraum von mehr als 6 Monaten. Bei mehreren sich gegenseitig beeinflussenden Funktionsbeeinträchtigungen ist deren Gesamtauswirkung maßgeblich.

§ 4. Feststellung der Behinderung, Ausweise.

(1) Auf Antrag des Behinderten stellen die für die Durchführung des Bundesversorgungsgesetzes zuständigen Behörden das Vorliegen einer Behinderung und den Grad der Behinderung fest. Das Gesetz über das Verwaltungsverfahren der Kriegsopferversorgung ist entsprechend anzuwenden, soweit nicht das Sozialgesetzbuch Anwendung findet.

Beschäftigungspflicht der Arbeitgeber

§ 5. Umfang der Beschäftigungspflicht. (1) Private Arbeitgeber und Arbeitgeber der öffentlichen Hand (Arbeitgeber), die über mindestens 16 Arbeitsplätze im Sinne des § 7 Abs. 1 verfügen, haben auf wenigstens 6 vom Hundert der Arbeitsplätze Schwerbehinderte zu beschäftigen.

§ 11. Ausgleichsabgabe. (1) Solange Arbeitgeber die vorgeschriebene Zahl Schwerbehinderter nicht beschäftigen, haben sie für jeden unbesetzten Pflichtplatz monatlich eine Ausgleichsabgabe zu entrichten. Die Zahlung der Ausgleichsabgabe hebt die Pflicht zur Beschäftigung Schwerbehinderter nicht auf.

Sonstige Pflichten der Arbeitgeber

§ 13. Pflichten der Arbeitgeber gegenüber der Bundesanstalt für Arbeit und den Hauptfürsorgestellen. (1) Die Arbeitgeber haben, gesondert für jeden Betrieb und jede Dienststelle, ein Verzeichnis der bei ihnen beschäftigten Schwerbehinderten, Gleichgestellten und sonstigen anrechnungsfähigen Personen laufend zu führen und den Vertretern des Arbeitsamtes und der Hauptfürsorgestelle, die für den Sitz des Betriebes oder der Dienststelle zuständig sind, auf Verlangen vorzuzeigen.

Kündigungsschutz

§ 15. Erfordernis der Zustimmung. Die Kündigung des Arbeitsverhältnisses eines Schwerbehinderten durch den Arbeitgeber bedarf der vorherigen Zustimmung der Hauptfürsorgestelle.

§ 16. Kündigungsfrist. Die Kündigungsfrist beträgt mindestens 4 Wochen.

§ 17. Antragsverfahren. (1) [1]Die Zustimmung zur Kündigung hat der Arbeitgeber bei der für den Sitz des Betriebes oder der Dienststelle zuständigen Hauptfürsorgestelle schriftlich, und zwar in doppelter Ausfertigung zu beantragen. [2]Der Begriff des Betriebes und der Begriff der Dienststelle im Sinne dieses Gesetzes bestimmen sich nach dem Betriebsverfassungsgesetz und dem Personalvertretungsrecht.

(2) [1]Die Hauptfürsorgestelle holt eine Stellungnahme des zuständigen Arbeitsamtes, des Betriebsrates oder Personalrates und der Schwerbehindertenvertretung ein. [2]Sie hat ferner den Schwerbehinderten zu hören.

(3) Die Hauptfürsorgestelle hat in jeder Lage des Verfahrens auf eine gütliche Einigung hinzuwirken.

§ 21. Außerordentliche Kündigung. (1) Die Vorschriften dieses Abschnitts gelten mit Ausnahme von § 16 auch bei außerordentlicher Kündigung, soweit sich aus den folgenden Bestimmungen nichts Abweichendes ergibt.

Sonstige Vorschriften

§ 45. Arbeitsentgelt und Dienstbezüge. (1) Bei der Bemessung des Arbeitsentgelts und der Dienstbezüge aus einem bestehenden Beschäftigungsverhältnis dürfen Renten und vergleichbare Leistungen, die wegen der Behinderung bezogen werden, nicht berücksichtigt werden. Vor allem ist es unzulässig, sie ganz oder teilweise auf das Arbeitsentgelt oder die Dienstbezüge anzurechnen.

§ 46. Mehrarbeit. Schwerbehinderte sind auf ihr Verlangen von Mehrarbeit freizustellen.

§ 47. Zusatzurlaub. Schwerbehinderte haben Anspruch auf einen bezahlten zusätzlichen Urlaub von 5 Arbeitstagen im Urlaubsjahr; verteilt sich die regelmäßige Arbeitszeit des Schwerbehinderten auf mehr oder weniger als 5 Arbeitstage in der Kalenderwoche, erhöht oder vermindert sich der Zusatzurlaub entsprechend. Soweit tarifliche, betriebliche oder sonstige Urlaubsregelungen für Schwerbehinderte einen längeren Zusatzurlaub vorsehen, bleiben sie unberührt.

Unentgeltliche Beförderung Schwerbehinderter im öffentlichen Personenverkehr

§ 59. Pflicht zur unentgeltlichen Beförderung, Anspruch auf Erstattung der Fahrgeldausfälle.

(1) Schwerbehinderte, die infolge ihrer Behinderung in ihrer Bewegungsfähigkeit im Straßenverkehr erheblich beeinträchtigt oder hilflos oder gehörlos sind, sind von Unternehmern, die öffentlichen Personenverkehr betreiben, gegen Vorzeigen eines entsprechend gekennzeichneten Ausweises nach § 4 Abs. 5 im Nahverkehr i. S. des § 61 Abs. 1 unentgeltlich zu befördern; das Recht zur unentgeltlichen Beförderung entbindet nicht von der Zahlung eines tarifmäßigen Zuschlages bei der Benutzung zuschlagpflichtiger Züge des Nahverkehrs.

§ 61. Nah- und Fernverkehr. (1) Nahverkehr im Sinne dieses Gesetzes ist der öffentliche Personenverkehr mit

1. Straßenbahnen und Obussen im Sinne des Personenbeförderungsgesetzes,
2. Kraftfahrzeugen mit Linienverkehr nach den §§ 42 und 43 des Personenbeförderungsgesetzes auf Linien, bei denen die Mehrzahl der Beförderungen eine Strecke von 50 km nicht übersteigt, es sei denn, daß bei den Verkehrsformen nach § 43 des Personenbeförderungsgesetzes die Genehmigungsbehörde auf die Einhaltung der Vorschriften über die Beförderungsentgelte gemäß § 45 Abs. 4 des Personenbeförderungsgesetzes ganz oder teilweise verzichtet hat,
3. S-Bahnen in der 2. Wagenklasse,
4. Eisenbahnen in der 2. Wagenklasse in Zügen und auf Strecken und Streckenabschnitten, die in ein von mehreren Unternehmern gebildetes, mit den unter den Nummern 1, 2 oder 7 genannten Verkehrsmitteln zusammenhängendes Liniennetz mit einheitlichen oder verbundenen Beförderungsentgelten einbezogen sind, …

7

Abgabenordnung (AO 1977)

Vom 16. März 1976, mit Änderungen bis zum 17. Dezember 1997

Erster Teil. Einleitende Vorschriften

Steuerliche Begriffsbestimmungen

§ 3. Steuern, steuerliche Nebenleistungen.

(1) [1]Steuern sind Geldleistungen, die nicht eine Gegenleistung für eine besondere Leistung darstellen und von einem öffentlich-rechtlichen Gemeinwesen zur Erzielung von Einnahmen allen auferlegt werden, bei denen der Tatbestand zutrifft, an den das Gesetz die Leistungspflicht knüpft; die Erzielung von Einnahmen kann Nebenzweck sein. [2]Zölle und Abschöpfungen sind Steuern im Sinne dieses Gesetzes.

(2) Realsteuern sind die Grundsteuer und die Gewerbesteuer.

(3) Steuerliche Nebenleistungen sind Verspätungszuschläge (§ 152), Zinsen ..., Säumniszuschläge ..., Zwangsgelder ... und Kosten ....

Steuergeheimnis

§ 30. Steuergeheimnis.

(1) Amtsträger haben das Steuergeheimnis zu wahren.

§ 30a. Schutz von Bankkunden.

(1) Bei der Ermittlung des Sachverhalts (§ 88) haben die Finanzbehörden auf das Vertrauensverhältnis zwischen den Kreditinstituten und deren Kunden besonders Rücksicht zu nehmen.

(2) Die Finanzbehörden dürfen von den Kreditinstituten zum Zwecke der allgemeinen Überwachung die einmalige oder periodische Mitteilung von Konten bestimmter Art oder bestimmter Höhe nicht verlangen.

(3) Die Guthabenkonten oder Depots, bei deren Errichtung eine Legitimationsprüfung nach § 154 Abs. 2 vorgenommen worden ist, dürfen anläßlich der Außenprüfung bei einem Kreditinstitut nicht zwecks Nachprüfung der ordnungsmäßigen Versteuerung festgestellt oder abgeschrieben werden. Die Ausschreibung von Kontrollmitteilungen soll insoweit unterbleiben.

(4) In Vordrucken für Steuererklärungen soll die Angabe der Nummern von Konten und Depots, die der Steuerpflichtige bei Kreditinstituten unterhält, nicht verlangt werden, soweit nicht steuermindernde Ausgaben oder Vergünstigungen geltend gemacht werden oder die Abwicklung des Zahlungsverkehrs mit dem Finanzamt dies bedingt.

(5) Für Auskunftsersuchen an Kreditinstitute gilt § 93. Ist die Person des Steuerpflichtigen bekannt und gegen ihn kein Verfahren wegen einer Steuerstraftat oder einer Steuerordnungswidrigkeit eingeleitet, soll auch im Verfahren nach § 208 Abs. 1 Satz 1 ein Kreditinstitut erst um Auskunft und Vorlage von Urkunden gebeten werden, wenn ein Auskunftsersuchen an den Steuerpflichtigen nicht zum Ziele führt oder keinen Erfolg verspricht.

Dritter Teil. Allgemeine Verfahrensvorschriften

Besteuerungsgrundsätze, Beweismittel

▶ Allgemeines

§ 90. Mitwirkungspflichten der Beteiligten.

(1) Die Beteiligten sind zur Mitwirkung bei der Ermittlung des Sachverhaltes verpflichtet. Sie kommen der Mitwirkungspflicht insbesondere dadurch nach, daß sie die für die Besteuerung erheblichen Tatsachen vollständig und wahrheitsgemäß offenlegen und die ihnen bekannten Beweismittel angeben. Der Umfang dieser Pflichten richtet sich nach den Umständen des Einzelfalles.

Vierter Teil. Durchführung der Besteuerung

Erfassung der Steuerpflichtigen

▶ Anzeigepflichten

§ 138. Anzeigen über die Erwerbstätigkeit.

(1) [1]Wer einen Betrieb der Land- und Forstwirtschaft, einen gewerblichen Betrieb oder eine Betriebsstätte eröffnet, hat dies auf amtlich vorbeschriebenem Vordruck der Gemeinde mitzuteilen, in der der Betrieb oder die Betriebsstätte eröffnet wird; die Gemeinde unterrichtet unverzüglich das nach § 22 Abs. 1 zuständige Finanzamt von dem Inhalt der Mitteilung.

Mitwirkungspflichten

▶ Führung von Büchern und Aufzeichnungen

§ 140. Buchführungs- und Aufzeichnungspflichten nach anderen Gesetzen.
Wer nach anderen Gesetzen als den Steuergesetzen Bücher und Aufzeichnungen zu führen hat, die für die Besteuerung von Bedeutung sind, hat die Verpflichtungen, die ihm nach den anderen Gesetzen obliegen, auch für die Besteuerung zu erfüllen.

§ 141. Buchführungspflicht bestimmter Steuerpflichtiger.

(1) [1]Gewerbliche Unternehmer sowie Land- und Forstwirte, die nach den Feststellungen der Finanzbehörde für den einzelnen Betrieb

1. Umsätze einschließlich der steuerfreien Umsätze, ausgenommen die Umsätze nach § 4 Nr. 8 bis 10 des Umsatzsteuergesetzes, von mehr als 500 000 Deutsche Mark im Kalenderjahr oder
2. *(aufgehoben)*
3. selbstbewirtschaftete land- und forstwirtschaftliche Flächen mit einem Wirtschaftswert ... von mehr als 40 000 Deutsche Mark oder
4. einen Gewinn aus Gewerbebetrieb von mehr als 48 000 Deutsche Mark im Wirtschaftsjahr oder
5. einen Gewinn aus Land- und Forstwirtschaft von mehr als 48 000 Deutsche Mark im Kalenderjahr

gehabt haben, sind auch dann verpflichtet, für diesen Betrieb Bücher zu führen und auf Grund jährlicher Bestandsaufnahmen Abschlüsse zu machen, wenn sich eine Buchführungspflicht nicht aus § 140 ergibt ....

§ 143. Aufzeichnung des Wareneingangs.

(1) Gewerbliche Unternehmer müssen den Wareneingang gesondert aufzeichnen.

(2) [1]Aufzuzeichnen sind alle Waren einschließlich der Rohstoffe, unfertige Erzeugnisse, Hilfsstoffe und Zutaten, die der Unternehmer im Rahmen seines Gewerbebetriebes zur Weiterveräußerung oder zum Verbrauch entgeltlich oder unentgeltlich, für eigene oder für fremde Rechnung, erwirbt; dies gilt auch dann, wenn die Waren vor der Weiterveräußerung oder dem Verbrauch be- oder verarbeitet werden sollen. Waren, die nach Art des Betriebes üblicherweise für den Betrieb zur Weiterveräußerung oder zum Verbrauch erworben werden, sind auch dann aufzuzeichnen, wenn sie für betriebsfremde Zwecke verwendet werden.

(3) Die Aufzeichnungen müssen die folgenden Angaben enthalten:

1. den Tag des Wareneingangs oder das Datum der Rechnung,
2. den Namen oder die Firma und die Anschrift des Lieferers,
3. die handelsübliche Bezeichnung der Ware,
4. den Preis der Ware,
5. einen Hinweis auf den Beleg.

§ 144. Aufzeichnung des Warenausgangs.

(1) Gewerbliche Unternehmer, die nach der Art ihres Geschäftsbetriebes Waren regelmäßig an andere gewerbliche Unternehmer zur Weiterveräußerung oder zum Verbrauch als Hilfsstoffe liefern, müssen den erkennbar für diese Zwecke bestimmten Warenausgang gesondert aufzeichnen.

(3) Die Aufzeichnungen müssen die folgenden Angaben enthalten:

1. den Tag des Warenausgangs oder das Datum der Rechnung,
2. den Namen oder die Firma und die Anschrift des Abnehmers,
3. die handelsübliche Bezeichnung der Ware,
4. den Preis der Ware,
5. einen Hinweis auf den Beleg.

(4) [1]Der Unternehmer muß über jeden Ausgang der in den Absätzen 1 und 2 genannten Waren einen Beleg erteilen, der die in Absatz 3 bezeichneten Angaben sowie seinen Namen oder die Firma und seine Anschrift enthält.

§ 145. Allgemeine Anforderungen an Buchführung und Aufzeichnungen.

(1) [1]Die Buchführung muß so beschaffen sein, daß sie einem sachverständigen Dritten innerhalb angemessener Zeit einen Überblick über die Geschäftsvorfälle und über die Lage des Unternehmens vermitteln kann. [2]Die Geschäftsvorfälle müssen sich in ihrer Entstehung und Abwicklung verfolgen lassen.

(2) Aufzeichnungen sind so vorzunehmen, daß der Zweck, den sie für die Besteuerung erfüllen sollen, erreicht wird.

§ 146. Ordnungsvorschriften für die Buchführung und für Aufzeichnungen.

(1) [1]Die Buchungen und die sonst erforderlichen Aufzeichnungen sind vollständig, richtig, zeitgerecht und geordnet vorzunehmen. [2]Kasseneinnahmen und Kassenausgaben sollen täglich festgehalten werden.

(2) [1]Bücher und die sonst erforderlichen Aufzeichnungen sind im Geltungsbereich dieses Gesetzes zu führen und aufzubewahren. [2]Dies gilt nicht, soweit für Betriebsstätten außerhalb des Geltungsbereichs dieses Gesetzes nach dortigem Recht eine Verpflichtung besteht, Bücher

und Aufzeichnungen zu führen, und diese Verpflichtung erfüllt wird. [3]In diesem Falle sowie bei Organgesellschaften außerhalb des Geltungsbereichs dieses Gesetzes müssen die Ergebnisse der dortigen Buchführung in die Buchführung des hiesigen Unternehmens übernommen werden, soweit sie für die Besteuerung von Bedeutung sind. [4]Dabei sind die erforderlichen Anpassungen an die steuerrechtlichen Vorschriften im Geltungsbereich dieses Gesetzes vorzunehmen und kenntlich zu machen.

(3) [1]Die Buchungen und die sonst erforderlichen Aufzeichnungen sind in einer lebenden Sprache vorzunehmen. [2]Wird eine andere als die deutsche Sprache verwendet, so kann die Finanzbehörde Übersetzungen verlangen. [3]Werden Abkürzungen, Ziffern, Buchstaben oder Symbole verwendet, muß im Einzelfall deren Bedeutung eindeutig festliegen.

(4) [1]Eine Buchung oder eine Aufzeichnung darf nicht in einer Weise verändert werden, daß der ursprüngliche Inhalt nicht mehr feststellbar ist. [2]Auch solche Veränderungen dürfen nicht vorgenommen werden, deren Beschaffenheit es ungewiß läßt, ob sie ursprünglich oder erst später gemacht worden sind.

(5) [1]Die Bücher und die sonst erforderlichen Aufzeichnungen können auch in der geordneten Ablage von Belegen bestehen oder auf Datenträgern geführt werden, soweit diese Formen der Buchführung einschließlich des dabei angewandten Verfahrens den Grundsätzen ordnungsmäßiger Buchführung entsprechen; bei Aufzeichnungen, die allein nach den Steuergesetzen vorzunehmen sind, bestimmt sich die Zulässigkeit des angewendeten Verfahrens nach dem Zweck, den die Aufzeichnungen für die Besteuerung erfüllen sollen. [2]Bei der Führung der Bücher und der sonst erforderlichen Aufzeichnungen auf Datenträgern muß insbesondere sichergestellt sein, daß die Daten während der Dauer der Aufbewahrungsfrist verfügbar sind und jederzeit innerhalb angemessener Frist lesbar gemacht werden können. [3]Absätze 1 bis 4 gelten sinngemäß.

(6) Die Ordnungsvorschriften gelten auch dann, wenn der Unternehmer Bücher und Aufzeichnungen, die für die Besteuerung von Bedeutung sind, führt, ohne hierzu verpflichtet zu sein.

§ 147. Ordnungsvorschriften für die Aufbewahrung von Unterlagen.

(1) Die folgenden Unterlagen sind geordnet aufzubewahren.

1. Bücher und Aufzeichnungen, Inventare, Jahresabschlüsse, Lageberichte, die Eröffnungsbilanz sowie die zu ihrem Verständnis erforderlichen Arbeitsanweisungen und sonstigen Organisationsunterlagen,
2. die empfangenen Handels- oder Geschäftsbriefe,
3. Wiedergaben der abgesandten Handels- oder Geschäftsbriefe,
4. Buchungsbelege,
5. sonstige Unterlagen, soweit sie für die Besteuerung von Bedeutung sind.

(2) [1]Mit Ausnahme der Jahresabschlüsse und der Eröffnungsbilanz können die in Absatz 1 aufgeführten Unterlagen auch als Wiedergabe auf einem Bildträger oder auf anderen Datenträgern aufbewahrt werden, wenn dies den Grundsätzen ordnungsmäßiger Buchführung entspricht und sichergestellt ist, daß die Wiedergabe oder die Daten

1. mit den empfangenen Handels- oder Geschäftsbriefen und den Buchungsbelegen bildlich und mit den anderen Unterlagen inhaltlich übereinstimmen, wenn sie lesbar gemacht werden.
2. während der Dauer der Aufbewahrungsfrist verfügbar sind und jederzeit innerhalb angemessener Frist lesbar gemacht werden können.

[2]Sind Unterlagen auf Grund des § 146 Abs. 5 auf Datenträgern hergestellt worden, können statt der Datenträger die Daten auch ausgedruckt aufbewahrt werden; die ausgedruckten Unterlagen können auch nach Satz 1 aufbewahrt werden.

(3) [1]Die in Absatz 1 Nr. 1 aufgeführten Unterlagen sind zehn Jahre, die sonstigen in Absatz 1 aufgeführten Unterlagen sechs Jahre aufzubewahren, sofern nicht in anderen Steuergesetzen kürzere Aufbewahrungsfristen zugelassen sind. [2]Die Aufbewahrungsfrist läuft jedoch nicht ab, soweit und solange die Unterlagen für Steuern von Bedeutung sind, für welche die Festsetzungsfrist noch nicht abgelaufen ist ...;

(4) Die Aufbewahrungsfrist beginnt mit dem Schluß des Kalenderjahrs, in dem die letzte Eintragung in das Buch gemacht, das Inventar, die Eröffnungsbilanz, der Jahresabschluß oder der Lagebericht aufgestellt, der Handels- oder Geschäftsbrief empfangen oder abgesandt worden oder der Buchungsbeleg entstanden ist, ferner die Aufzeichnung vorgenommen worden ist oder die sonstigen Unterlagen entstanden sind.

(5) Wer aufzubewahrende Unterlagen nur in der Form einer Wiedergabe auf einem Bildträger oder auf anderen Datenträgern vorlegen kann, ist verpflichtet, auf seine Kosten diejenigen Hilfsmittel zur Verfügung zu stellen, die erforderlich sind, um die Unterlagen lesbar zu machen; auf Verlangen der Finanzbehörde hat er auf seine Kosten die Unterlagen unverzüglich ganz oder teilweise auszudrucken oder ohne Hilfsmittel lesbare Reproduktionen beizubringen.

▶ Steuererklärungen

§ 152. Verspätungszuschlag.

(1) [1]Gegen denjenigen, der seiner Verpflichtung zur Abgabe einer Steuererklärung nicht oder nicht fristgemäß nachkommt, kann ein Verspätungszuschlag festgesetzt werden. [2]Von der Festsetzung eines Verspätungszuschlages ist abzusehen, wenn das Versäumnis entschuldbar erscheint. [3]Das Verschulden eines gesetzlichen Vertreters oder eines Erfüllungsgehilfen steht dem eigenen Verschulden gleich.

§ 154. Kontenwahrheit.

(1) Niemand darf auf einen falschen oder erdichteten Namen für sich oder einen Dritten ein Konto errichten oder Buchungen vornehmen lassen, Wertsachen (Geld, Wertpapiere, Kostbarkeiten) in Verwahrung geben oder verpfänden oder sich ein Schließfach geben lassen.

(2) [1]Wer ein Konto führt, Wertsachen verwahrt oder als Pfand nimmt oder ein Schließfach überläßt, hat sich zuvor Gewißheit über die Person und Anschrift des Verfügungsberechtigten zu verschaffen und die entsprechenden Angaben in geeigneter Form, bei Konten auf dem Konto, festzuhalten. [2]Er hat sicherzustellen, daß er jederzeit Auskunft darüber geben kann, über welche Konten oder Schließfächer eine Person verfügungsberechtigt ist.

(3) Ist gegen Absatz 1 verstoßen worden, so dürfen Guthaben, Wertsachen und der Inhalt eines Schließfachs nur mit Zustimmung des für die Einkommen- und Körperschaftsteuer des Verfügungsberechtigten zuständigen Finanzamts herausgegeben werden.

Anwendungserlaß zur AO 1977 (AEAO)

Zu § 154 – Kontenwahrheit:

1. [1]Das Verbot, falsche oder erdichtete Namen zu verwenden, richtet sich an denjenigen, der als Kunde bei einem anderen ein Konto errichten lassen will oder Buchungen vornehmen läßt. [2](Wegen des Verbots, im eigenen Geschäftsbetrieb falsche oder erdichtete Namen für Konten zu gebrauchen, Hinweis auf § 146 Abs. 1.)
2. [1]Es ist zulässig, Konten auf den Namen Dritter zu errichten, hierbei ist die Existenz des Dritten nachzuweisen. [2]Der ausdrücklichen Zustimmung des Dritten bedarf es nicht.
3. [1]Jeder, der für einen anderen Konten führt, Wertsachen verwahrt oder von ihm als Pfand nimmt oder ihm ein Schließfach überläßt, hat sich Gewißheit über die Person des Verfügungsberechtigten zu verschaffen. [2]Die Vorschrift ist nicht auf Kreditinstitute beschränkt, sondern gilt auch im gewöhnlichen Geschäftsverkehr und für Privatpersonen. [3]Verboten ist die Abwicklung von Geschäftsvorfällen über sog. CpD-Konten, wenn der Name des Beteiligten bekannt ist oder unschwer ermittelt werden kann und für ihn bereits ein entsprechendes Konto geführt wird.
4. [1]Das Kreditinstitut hat sich vor Erledigung von Aufträgen, die über ein Konto abgewickelt werden sollen, bzw. vor Überlassung eines Schließfachs Gewißheit über die Person und Anschrift des (der) Verfügungsberechtigten zu verschaffen. [2]Gewißheit über die Person besteht im allgemeinen nur, wenn der vollständige Name, das Geburtsdatum und der Wohnsitz bekannt sind. [3]Eine vorübergehende Anschrift (Hoteladresse) reicht nicht aus. [4]Bei einer juristischen Person (Körperschaft des öffentlichen Rechts, AG, GmbH usw.) reicht die Bezugnahme auf eine amtliche Veröffentlichung oder ein amtliches Register unter Angabe der Register-Nr. aus. [5]Wird ein Konto auf den Namen eines verfügungsberechtigten Dritten errichtet, müssen die Angaben über Person und Anschrift sowohl des Kontoinhabers als auch desjenigen, der das Konto errichtet, festgehalten werden. [6]Steht der Verfügungsberechtigte noch nicht fest (z.B. der unbekannte Erbe), reicht es aus, wenn das Kreditinstitut sich zunächst Gewißheit über die Person und Anschrift des das Konto Errichtenden (z.B. des Nachlaßpflegers) verschafft; die Legitimation des Kontoinhabers ist so bald wie möglich nachzuholen.
5. [1]Diese Angaben sind auf dem Kontostammblatt zu machen. [2]Es ist unzulässig, Name und Anschrift des Verfügungsberechtigten lediglich in einer vertraulichen Liste zu führen und das eigentliche Konto nur mit einer Nummer zu kennzeichnen. [3]Die Führung sog. Nummernkonten bleibt verboten. [4]Bei Auflösung des ersten Kontos müssen die Identifikationsmerkmale auf das zweite bzw. weitere Konto bzw. auf die betreffenden Kontounterlagen übertragen werden.
6. [1]Das Kreditinstitut ist nach § 154 Abs. 2 Satz 2 verpflichtet, ein besonderes alphabetisch geführtes Namensverzeichnis der Verfügungsberechtigten zu führen, um jederzeit über die Konten und Schließfächer eines Verfügungsberechtigten Auskunft geben zu können. [2]Eines derartigen Verzeichnisses bedarf es nicht, wenn die Erfüllung der Verpflichtung auf andere Weise sichergestellt werden kann. [3]Die Verpflichtung besteht noch sechs Jahre nach Beendigung.

8. [1]Bei einem Verstoß gegen § 154 Abs. 3 haftet der Zuwiderhandelnde nach Maßgabe des § 72. [2]Waren über ein Konto usw. mehrere Personen verfügungsberechtigt (mit Ausnahme der in Nummer 7 Satz 4 genannten Fälle), bedarf es u.U. der Zustimmung aller beteiligten Finanzämter zur Herausgabe.
9. Wegen der Ahndung einer Verletzung des § 154 Abs. 1 als Ordnungswidrigkeit Hinweis auf § 379 Abs. 2 Nr. 2.
10. Die Verletzung der Verpflichtungen nach § 154 Abs. 2 führt allein noch nicht unmittelbar zu einer Haftung oder Ahndung wegen Ordnungswidrigkeit. [2]Es kann sich jedoch um eine Steuergefährdung im Sinne des § 379 Abs. 1 Nr. 2 handeln, soweit nicht sogar der Tatbestand des § 370 erfüllt ist. [3]Wird festgestellt, daß die nach § 154 Abs. 2 bestehenden Verpflichtungen nicht erfüllt sind, soll die für Straf- und Bußgeldsachen zuständige Stelle unterrichtet werden. [4]Die Möglichkeit der Erzwingung der Verpflichtungen (§§ 328 ff.) bleibt unberührt.

Festsetzungs- und Feststellungsverfahren

▶ Steuerfestsetzung

Allgemeine Vorschriften

§ 162. Schätzung von Besteuerungsgrundlagen.
(1) [1]Soweit die Finanzbehörde die Besteuerungsgrundlagen nicht ermitteln oder berechnen kann, hat sie sie zu schätzen. [2]Dabei sind alle Umstände zu berücksichtigen, die für die Schätzung von Bedeutung sind.

(2) [1]Zu schätzen ist insbesondere dann, wenn der Steuerpflichtige über seine Angaben keine ausreichenden Aufklärungen zu geben vermag oder weitere Auskunft oder eine Versicherung an Eides Statt verweigert oder seine Mitwirkungspflicht nach § 90 Abs. 2 verletzt. [2]Das gleiche gilt, wenn der Steuerpflichtige Bücher oder Aufzeichnungen, die er nach den Steuergesetzen zu führen hat, nicht vorlegen kann oder wenn die Buchführung oder die Aufzeichnungen der Besteuerung nicht nach § 158 zugrunde gelegt werden.

Steuerfahndung (Zollfahndung)

§ 210. Befugnisse der Finanzbehörde.
(1) Die von der Finanzbehörde mit der Steueraufsicht betrauten Amtsträger sind berechtigt, Grundstücke und Räume von Personen, die eine gewerbliche oder berufliche Tätigkeit selbständig ausüben und denen ein der Steueraufsicht unterliegender Sachverhalt zuzurechnen ist, während der Geschäfts- und Arbeitszeiten zu betreten, um Prüfungen vorzunehmen oder sonst Feststellungen zu treffen, die für die Besteuerung erheblich sein können (Nachschau).

Fünfter Teil. Erhebungsverfahren

Verwirklichung, Fälligkeit und Erlöschen von Ansprüchen aus dem Steuerschuldverhältnis

▶ Zahlungsverjährung

§ 228. Gegenstand der Verjährung, Verjährungsfrist.
[1]Ansprüche aus dem Steuerschuldverhältnis unterliegen einer besonderen Zahlungsverjährung. [2]Die Verjährungsfrist beträgt fünf Jahre.

§ 229. Beginn der Verjährung.
(1) [1]Die Verjährung beginnt mit Ablauf des Kalenderjahres, in dem der Anspruch erstmals fällig geworden ist.

§ 230. Hemmung der Verjährung.
Die Verjährung ist gehemmt, solange der Anspruch wegen höherer Gewalt innerhalb der letzten sechs Monate der Verjährungsfrist nicht verfolgt werden kann.

§ 231. Unterbrechung der Verjährung.
(1) [1]Die Verjährung wird unterbrochen durch schriftliche Geltendmachung des Anspruches, durch Zahlungsaufschub, durch Stundung, durch Aussetzung der Vollziehung, durch Sicherheitsleistung, durch Vollstreckungsaufschub, durch eine Vollstreckungsmaßnahme, durch Anmeldung im Konkurs und durch Ermittlungen der Finanzbehörde nach dem Wohnsitz oder dem Aufenthaltsort des Zahlungspflichtigen.

(3) Mit Ablauf des Kalenderjahres, in dem die Unterbrechung geendet hat, beginnt eine neue Verjährungsfrist.

§ 232. Wirkung der Verjährung.
Durch die Verjährung erlöschen der Anspruch aus dem Steuerschuldverhältnis und die von ihm abhängenden Zinsen.

Siebenter Teil. Außergerichtliches Rechtsbehelfsverfahren

Zulässigkeit der Rechtsbehelfe

§ 347. Statthaftigkeit des Einspruchs.

(1) Gegen Verwaltungsakte

1. in Abgabenangelegenheiten, auf die dieses Gesetz Anwendung findet,
2. in Verfahren zur Vollstreckung von Verwaltungsakten in anderen als den in Nummer 1 bezeichneten Angelegenheiten, soweit die Verwaltungsakte durch Bundesfinanzbehörden oder Landesfinanzbehörden nach den Vorschriften dieses Gesetzes zu vollstrecken sind,
3. in öffentlich-rechtlichen und berufsrechtlichen Angelegenheiten, auf die dieses Gesetz nach § 164a des Steuerberatungsgesetzes Anwendung findet,
4. in anderen durch die Finanzbehörden verwalteten Angelegenheiten, soweit die Vorschriften über die außergerichtlichen Rechtsbehelfe durch Gesetz für anwendbar erklärt worden sind oder erklärt werden,

ist als Rechtsbehelf der Einspruch statthaft. ...

Verfahrensvorschriften

§ 355. Einspruchsfrist.

(1) Der Einspruch nach § 347 Abs. 1 Satz 1 ist innerhalb eines Monats nach Bekanntgabe des Verwaltungsaktes einzulegen. Ein Einspruch gegen eine Steueranmeldung ist innerhalb eines Monats nach Eingang der Steueranmeldung bei der Finanzbehörde, in den Fällen des § 168 Satz 2 innerhalb eines Monats nach Bekanntwerden der Zustimmung, einzulegen.

(2) Der Einspruch nach § 347 Abs. 1 Satz 2 ist unbefristet.

§ 356. Rechtsbehelfsbelehrung.

(1) Ergeht ein Verwaltungsakt schriftlich, so beginnt die Frist für die Einlegung des Einspruchs nur, wenn der Beteiligte über den Einspruch und die Finanzbehörde, bei der er einzulegen ist, deren Sitz und die einzuhaltende Frist schriftlich belehrt worden ist.

§ 357. Einlegung des Einspruchs.

(1) Der Einspruch ist schriftlich einzureichen oder zur Niederschrift zu erklären. Es genügt, wenn aus dem Schriftstück hervorgeht, wer den Einspruch eingelegt hat. Einlegung durch Telegramm ist zulässig. Unrichtige Bezeichnung des Einspruchs schadet nicht.

(2) Der Einspruch ist bei der Behörde anzubringen, deren Verwaltungsakt angefochten wird oder bei der ein Antrag auf Erlaß eines Verwaltungsaktes gestellt worden ist. ...

Achter Teil. Straf- und Bußgeldvorschriften; Straf- und Bußgeldverfahren

Strafvorschriften

§ 370. Steuerhinterziehung.

(1) Mit Freiheitsstrafe bis zu 5 Jahren oder mit Geldstrafe wird bestraft, wer

1. den Finanzbehörden oder anderen Behörden über steuerlich erhebliche Tatsachen unrichtige oder unvollständige Angaben macht,
2. die Finanzbehörden pflichtwidrig über steuerlich erhebliche Tatsachen in Unkenntnis läßt oder
3. pflichtwidrig die Verwendung von Steuerzeichen oder Steuerstemplern unterläßt

und dadurch Steuern verkürzt oder für sich oder einen anderen nicht gerechtfertigte Steuervorteile erlangt.

(2) Der Versuch ist strafbar.

(3) In besonders schweren Fällen ist die Strafe Freiheitsstrafe von sechs Monaten bis zu zehn Jahren ...

§ 371. Selbstanzeige bei Steuerhinterziehung.

(1) Wer in den Fällen des § 370 unrichtige oder unvollständige Angaben bei der Finanzbehörde berichtigt oder ergänzt oder unterlassene Angaben nachholt, wird insoweit straffrei.

Bewertungsgesetz

In der Fassung der Bekanntmachung vom 1. Februar 1991,
mit Änderungen bis zum 29. Oktober 1997

Allgemeine Bewertungsvorschriften

§ 1. Geltungsbereich.

(1) Die allgemeinen Bewertungsvorschriften (§§ 2 bis 16) gelten für alle öffentlich-rechtlichen Abgaben, die durch Bundesrecht geregelt sind, soweit sie durch Bundesfinanzbehörden oder durch Landesfinanzbehörden verwaltet werden.

(2) Die allgemeinen Bewertungsvorschriften gelten nicht, soweit im Zweiten Teil dieses Gesetzes oder in anderen Steuergesetzen besondere Bewertungsvorschriften enthalten sind.

§ 2. Wirtschaftliche Einheit.

(1) [1]Jede wirtschaftliche Einheit ist für sich zu bewerten. [2]Ihr Wert ist im ganzen festzustellen. [3]Was als wirtschaftliche Einheit zu gelten hat, ist nach den Anschauungen des Verkehrs zu entscheiden. [4]Die örtliche Gewohnheit, die tatsächliche Übung, die Zweckbestimmung und die wirtschaftliche Zusammengehörigkeit der einzelnen Wirtschaftsgüter sind zu berücksichtigen.

(2) Mehrere Wirtschaftsgüter kommen als wirtschaftliche Einheit nur insoweit in Betracht, als sie demselben Eigentümer gehören.

(3) Die Vorschriften der Absätze 1 und 2 gelten nicht, soweit eine Bewertung der einzelnen Wirtschaftsgüter vorgeschrieben ist.

§ 3. Wertermittlung bei mehreren Beteiligten.

Steht ein Wirtschaftsgut mehreren Personen zu, so ist sein Wert im ganzen zu ermitteln. Der Wert ist auf die Beteiligten nach dem Verhältnis ihrer Anteile zu verteilen, soweit nicht nach dem maßgebenden Steuergesetz die Gemeinschaft selbständig steuerpflichtig ist.

§ 9. Bewertungsgrundsatz, gemeiner Wert.

(1) Bei Bewertungen ist, soweit nichts anderes vorgeschrieben ist, der gemeine Wert zugrunde zu legen.

(2) [1]Der gemeine Wert wird durch den Preis bestimmt, der im gewöhnlichen Geschäftsverkehr nach der Beschaffenheit des Wirtschaftsgutes bei einer Veräußerung zu erzielen wäre. [2]Dabei sind alle Umstände, die den Preis beeinflussen, zu berücksichtigen. [3]Ungewöhnliche oder persönliche Verhältnisse sind nicht zu berücksichtigen.

§ 10. Begriff des Teilwerts.

[1]Wirtschaftsgüter, die einem Unternehmen dienen, sind, soweit nichts anderes vorgeschrieben ist, mit dem Teilwert anzusetzen. [2]Teilwert ist der Betrag, den ein Erwerber des ganzen Unternehmens im Rahmen des Gesamtkaufpreises für das einzelne Wirtschaftsgut ansetzen würde. [3]Dabei ist davon auszugehen, daß der Erwerber das Unternehmen fortführt.

§ 11. Wertpapiere und Anteile.

(1) [1]Wertpapiere und Schuldbuchforderungen, die am Stichtag an einer deutschen Börse zum amtlichen Handel zugelassen sind, werden mit dem niedrigsten am Stichtag für sie im amtlichen Handel notierten Kurs angesetzt. [2]Liegt am Stichtag eine Notierung nicht vor, so ist der letzte innerhalb von 30 Tagen vor dem Stichtag im amtlichen Handel notierte Kurs maßgebend. [3]Entsprechend sind die Wertpapiere zu bewerten, die zum geregelten Markt zugelassen oder in den Freiverkehr einbezogen sind.

(2) [1]Anteile an Kapitalgesellschaften (Aktiengesellschaften, Kommanditgesellschaften auf Aktien, Gesellschaften mit beschränkter Haftung, bergrechtlichen Gewerkschaften), die nicht unter Absatz 1 fallen, sind mit dem gemeinen Wert anzusetzen. [2]Läßt sich der gemeine Wert nicht aus Verkäufen ableiten, die weniger als ein Jahr zurückliegen, so ist er unter Berücksichtigung des Vermögens und der Ertragsaussichten der Kapitalgesellschaft zu schätzen.

(3) Ist der gemeine Wert einer Anzahl von Anteilen an einer Kapitalgesellschaft, die einer Person gehören, infolge besonderer Umstände (z.B. weil die Höhe der Beteiligung die Beherrschung der Kapitalgesellschaft ermöglicht) höher als der Wert, der sich auf Grund der Kurswerte (Absatz 1) oder der gemeinen Werte (Absatz 2) für die einzelnen Anteile insgesamt ergibt, so ist der gemeine Wert der Beteiligung maßgebend.

(4) Wertpapiere, die Rechte der Einleger (Anteilinhaber) gegen eine Kapitalanlagegesellschaft oder einen sonstigen Fonds verbriefen (Anteilscheine), sind mit dem Rücknahmepreis anzusetzen.

§ 12. Kapitalforderungen und Schulden.

(1) [1]Kapitalforderungen, die nicht im § 11 bezeichnet sind, und Schulden sind mit dem Nennwert anzusetzen, wenn nicht besondere Umstände einen höheren oder geringeren Wert begründen.

(2) Forderungen, die uneinbringlich sind, bleiben außer Ansatz.

(3) [1]Der Wert unverzinslicher Forderungen oder Schulden, deren Laufzeit mehr als ein Jahr beträgt und die zu einem bestimmten Zeitpunkt fällig sind, ist der Betrag, der vom Nennwert nach Abzug von Zwischenzinsen unter Berück-

sichtigung von Zinseszinsen verbleibt. [2]Dabei ist von einem Zinssatz von 5,5 vom Hundert auszugehen.

(4) Noch nicht fällige Ansprüche aus Lebens-, Kapital- oder Rentenversicherungen werden mit zwei Dritteln der in Deutscher Mark oder in einer ausländischen Währung eingezahlten Prämien oder Kapitalbeiträge bewertet. [2]Weist der Steuerpflichtige den Rückkaufswert nach, so ist dieser maßgebend. [3]Rückkaufswert ist der Betrag, den das Versicherungsunternehmen dem Versicherungsnehmer im Falle der vorzeitigen Aufhebung des Vertragsverhältnisses zu erstatten hat. [4]Die Berechnung des Werts, insbesondere die Berücksichtigung von ausgeschütteten und gutgeschriebenen Gewinnanteilen kann durch Rechtsverordnung geregelt werden.

Besondere Bewertungsvorschriften

§ 95. Begriff des Betriebsvermögens.

(1) [1]Das Betriebsvermögen umfaßt alle Teile eines Gewerbebetriebs im Sinne des § 15 Abs. 1 und des Einkommensteuergesetzes, die bei der steuerlichen Gewinnermittlung zum Betriebsvermögen gehören; § 92 Abs. 5 und § 99 bleiben unberührt. [2]Ausgleichsposten im Falle der Organschaft sind nicht anzusetzen.

(2) Als Gewerbebetrieb gilt unbeschadet des § 97 nicht die Land- und Forstwirtschaft, wenn sie den Hauptzweck des Unternehmens bildet.

Einkommensteuergesetz 1997 (EStG 1997)

In der Fassung der Bekanntmachung vom 16. April 1997, mit Änderungen bis zum 15. Juni 1998

I. Steuerpflicht

§ 1. (1) [1]Natürliche Personen, die im Inland einen Wohnsitz oder ihren gewöhnlichen Aufenthalt haben, sind unbeschränkt einkommensteuerpflichtig.

(2) Unbeschränkt einkommensteuerpflichtig sind auch deutsche Staatsangehörige, die

1. im Inland weder einen Wohnsitz noch ihren gewöhnlichen Aufenthalt haben und
2. zu einer inländischen juristischen Person des öffentlichen Rechts in einem Dienstverhältnis stehen und dafür Arbeitslohn aus einer inländischen öffentlichen Kasse beziehen, sowie zu ihrem Haushalt gehörende Angehörige, die die deutsche Staatsangehörigkeit besitzen oder keine Einkünfte oder nur Einkünfte beziehen, die ausschließlich im Inland einkommensteuerpflichtig sind.

II. Einkommen

Sachliche Voraussetzungen für die Besteuerung

§ 2. Umfang der Besteuerung, Begriffsbestimmungen.

(1) [1]Der Einkommensteuer unterliegen

1. Einkünfte aus Land- und Forstwirtschaft,
2. Einkünfte aus Gewerbebetrieb,
3. Einkünfte aus selbständiger Arbeit,
4. Einkünfte aus nichtselbständiger Arbeit,
5. Einkünfte aus Kapitalvermögen,
6. Einkünfte aus Vermietung und Verpachtung,
7. sonstige Einkünfte im Sinne des § 22.

(2) Einkünfte sind

1. bei Land- und Forstwirtschaft, Gewerbebetrieb und selbständiger Arbeit der Gewinn (§§ 4 bis 7g),
2. bei den anderen Einkunftsarten der Überschuß der Einnahmen über die Werbungskosten (§§ 8 bis 9a).

(3) Die Summe der Einkünfte, vermindert um den Altersentlastungsbetrag und den Abzug nach § 13 Abs. 3, ist der Gesamtbetrag der Einkünfte.

(4) Der Gesamtbetrag der Einkünfte, vermindert um die Sonderausgaben und die außergewöhnlichen Belastungen, ist das Einkommen.

(5) Das Einkommen, vermindert um den Kinderfreibetrag nach den §§ 31 und 32, den Haushaltsfreibetrag nach § 32 Abs. 7 und um die sonstigen vom Einkommen abzuziehenden Beträge, ist das zu versteuernde Einkommen; dieses bildet die Bemessungsgrundlage für die tarifliche Einkommensteuer.

(6) Die tarifliche Einkommensteuer, vermindert um den Entlastungsbetrag nach § 32c, die anzurechnenden ausländischen Steuern und die Steuerermäßigungen, vermehrt um ..., ist die festzusetzende Einkommensteuer. Wurde das Einkommen in den Fällen des § 31 um den Kinderfreibetrag vermindert, ist für die Ermittlung der festzusetzenden Einkommensteuer das Kindergeld der tariflichen Einkommensteuer hinzuzurechnen.

(7) [1]Die Einkommensteuer ist eine Jahressteuer. [2]Die Grundlagen für ihre Festsetzung sind jeweils für ein Kalenderjahr zu ermitteln. ...

Steuerfreie Einnahmen

§ 3.

Steuerfrei sind

1. a) Leistungen aus einer Krankenversicherung, aus einer Pflegeversicherung und aus der gesetzlichen Unfallversicherung,
   b) Sachleistungen und Kinderzuschüsse aus den gesetzlichen Rentenversicherungen einschließlich der Sachleistungen nach dem Gesetz über die Alterssicherung der Landwirte,
   c) Übergangsgeld nach dem Sechsten Buch Sozialgesetzbuch und Geldleistungen nach den §§ 7, 8 des Gesetzes über §§ 10, 36 bis 39 des Gesetzes über die Alterssicherung der Landwirte,
   d) das Mutterschaftsgeld nach dem Mutterschutzgesetz,
2. das Arbeitslosengeld, das Teilarbeitslosengeld, das Kurzarbeitergeld, das Winterausfallgeld, die Arbeitslosenhilfe, das Übergangsgeld, das Unterhaltsgeld, die Eingliederungshilfe, das Überbrückungsgeld nach dem Dritten Buch Sozialgesetzbuch oder dem Arbeitsförderungsgesetz sowie das aus dem Europäischen Sozialfonds finanzierte Unterhaltsgeld ...;

2a. die Arbeitslosenbeihilfe und die Arbeitslosenhilfe nach dem Soldatenversorgungsgesetz;

3. Kapitalabfindungen auf Grund der gesetzlichen Rentenversicherung und auf Grund der Beamten-(Pensions-)Gesetze;

9. Abfindungen wegen einer vom Arbeitgeber veranlaßten oder gerichtlich ausgesprochenen Auflösung des Dienstverhältnisses, höchstens jedoch 24 000 Deutsche Mark. [2]Hat der Arbeitnehmer das 50. Lebensjahr vollendet und hat das Dienstverhältnis mindestens 15 Jahre bestanden, so beträgt der Höchstbetrag 30 000 Deutsche Mark, hat der Arbeitnehmer das 55. Lebensjahr vollendet und hat das Dienstverhältnis mindestens 20 Jahre bestanden, so beträgt der Höchstbetrag 36 000 Deutsche Mark;
14. Zuschüsse eines Trägers der gesetzlichen Rentenversicherung zu den Aufwendungen eines Rentners für seine Kranken- und Pflegeversicherung;
15. Zuwendungen, die Arbeitnehmer anläßlich ihrer Eheschließung oder der Geburt eines Kindes von ihrem Arbeitgeber erhalten, soweit sie jeweils 700 Deutsche Mark nicht übersteigen;
16. die Vergütungen, die Arbeitnehmer außerhalb des öffentlichen Dienstes von ihrem Arbeitgeber zur Erstattung von Reisekosten, Umzugskosten oder Mehraufwendungen bei doppelter Haushaltsführung erhalten, soweit sie die beruflich veranlaßten Mehraufwendungen, bei Verpflegungsmehraufwendungen die Pauschbeträge nach § 4 Abs. 5 Satz 1 Nr. 5 und bei Familienheimfahrten mit einem eigenen oder außerhalb des Dienstverhältnisses zur Nutzung überlassenen Kraftfahrzeug die Pauschbeträge nach § 9 Abs. 1 Satz 3 Nr. 4 nicht übersteigen;
24. Leistungen, die auf Grund des Bundeskindergeldgesetzes gewährt werden;
30. Entschädigungen für die betriebliche Benutzung von Werkzeugen eines Arbeitnehmers (Werkzeuggeld), soweit sie die entsprechenden Aufwendungen des Arbeitnehmers nicht offensichtlich übersteigen;
31. die typische Berufskleidung, die der Arbeitgeber seinem Arbeitnehmer unentgeltlich überläßt;
32. die unentgeltliche oder verbilligte Sammelbeförderung eines Arbeitnehmers zwischen Wohnung und Arbeitsstätte mit einem vom Arbeitgeber gestellten Kraftfahrzeug, ...
33. zusätzlich zum ohnehin geschuldeten Arbeitslohn erbrachte Leistungen des Arbeitgebers zur Unterbringung und Betreuung von nicht schulpflichtigen Kindern des Arbeitnehmers in Kindergärten oder vergleichbaren Einrichtungen;
34. Zuschüsse des Arbeitgebers, die zusätzlich zum ohnehin geschuldeten Arbeitslohn zu den Aufwendungen des Arbeitnehmers für Fahrten zwischen Wohnung und Arbeitsstätte mit öffentlichen Verkehrsmitteln im Linienverkehr gezahlt werden.
36. Einnahmen für Leistungen zur Grundpflege oder hauswirtschaftlichen Versorgung bis zur Höhe des Pflegegeldes nach § 37 des Elften Buches Sozialgesetzbuch, wenn diese Leistungen von Angehörigen des Pflegebedürftigen oder von anderen Personen, die damit eine sittliche Pflicht im Sinne des § 33 Abs. 2 gegenüber dem Pflegebedürftigen erfüllen, erbracht werden.
47. Leistungen nach § 14a Abs. 4 und § 14b des Arbeitsplatzschutzgesetzes;
51. Trinkgelder, die dem Arbeitnehmer von Dritten gezahlt werden, ohne daß ein Rechtsanspruch darauf besteht, soweit sie 2400 Deutsche Mark im Kalenderjahr nicht übersteigen;
58. das Wohngeld nach dem Wohngeldgesetz ...
67. das Erziehungsgeld nach dem Bundeserziehungsgeldgesetz und vergleichbare Leistungen der Länder sowie Leistungen für Kindererziehung ... und der Kindererziehungszuschlag nach dem Kindererziehungszuschlagsgesetz.

§ 3b. Steuerfreiheit von Zuschlägen für Sonntags-, Feiertags- oder Nachtarbeit.

(1) Steuerfrei sind Zuschläge, die für tatsächlich geleistete Sonntags-, Feiertags- oder Nachtarbeit neben dem Grundlohn gezahlt werden, soweit sie
1. für Nachtarbeit 25 vom Hundert,
2. vorbehaltlich der Nummern 3 und 4 für Sonntagsarbeit 50 vom Hundert,
3. vorbehaltlich der Nummer 4 für Arbeit am 31. Dezember ab 14 Uhr und an den gesetzlichen Feiertagen 125 vom Hundert,
4. für Arbeit am 24. Dezember ab 14 Uhr, am 25. und 26. Dezember sowie am 1. Mai 150 vom Hundert

des Grundlohns nicht übersteigen.

Gewinn

§ 4. Gewinnbegriff im allgemeinen.

(1) [1]Gewinn ist der Unterschiedsbetrag zwischen dem Betriebsvermögen am Schluß des Wirtschaftsjahrs und dem Betriebsvermögen am Schluß des vorangegangenen Wirtschaftsjahrs, vermehrt um den Wert der Entnahmen und vermindert um den Wert der Einlagen. [2]Entnahmen sind alle Wirtschaftsgüter (Barentnahmen, Waren, Erzeugnisse, Nutzungen und Leistungen), die der Steuerpflichtige dem Betrieb für sich, für seinen Haushalt oder für andere betriebsfremde Zwecke im Laufe des

Wirtschaftsjahrs entnommen hat. [3]Ein Wirtschaftsgut wird nicht dadurch entnommen, daß der Steuerpflichtige zur Gewinnermittlung nach Absatz 3 oder nach § 13a übergeht. [4]Eine Änderung der Nutzung eines Wirtschaftsguts, die bei Gewinnermittlung nach Satz 1 keine Entnahme ist, ist auch bei Gewinnermittlung nach Absatz 3 oder nach § 13a keine Entnahme. [5]Einlagen sind alle Wirtschaftsgüter (Bareinzahlungen und sonstige Wirtschaftsgüter), die der Steuerpflichtige dem Betrieb im Laufe des Wirtschaftsjahrs zugeführt hat. [6]Bei der Ermittlung des Gewinns sind die Vorschriften über die Betriebsausgaben, über die Bewertung und über die Absetzung für Abnutzung oder Substanzverringerung zu befolgen.

(2) [1]Der Steuerpflichtige darf die Vermögensübersicht (Bilanz) auch nach ihrer Einreichung beim Finanzamt ändern, soweit sie den Grundsätzen ordnungsmäßiger Buchführung unter Befolgung der Vorschriften dieses Gesetzes nicht entspricht. [2]Darüber hinaus ist eine Änderung der Vermögensübersicht (Bilanz) nur mit Zustimmung des Finanzamts zulässig.

(3) [1]Steuerpflichtige, die nicht auf Grund gesetzlicher Vorschriften verpflichtet sind, Bücher zu führen und regelmäßig Abschlüsse zu machen, und die auch keine Bücher führen und keine Abschlüsse machen, können als Gewinn den Überschuß der Betriebseinnahmen über die Betriebsausgaben ansetzen. [2]Hierbei scheiden Betriebseinnahmen und Betriebsausgaben aus, die im Namen und für Rechnung eines anderen vereinnahmt und verausgabt werden (durchlaufende Posten). [3]Die Vorschriften über die Absetzung für Abnutzung oder Substanzverringerung sind zu befolgen.

(4) Betriebsausgaben sind die Aufwendungen, die durch den Betrieb veranlaßt sind.

(5) [1]Die folgenden Betriebsausgaben dürfen den Gewinn nicht mindern:

1. Aufwendungen für Geschenke an Personen, die nicht Arbeitnehmer des Steuerpflichtigen sind. [2]Satz 1 gilt nicht, wenn die Anschaffungs- oder Herstellungskosten der dem Empfänger im Wirtschaftsjahr zugewendeten Gegenstände insgesamt 75 Deutsche Mark nicht übersteigen;
2. Aufwendungen für die Bewirtung von Personen aus geschäftlichem Anlaß, soweit sie 80 vom Hundert der Aufwendungen übersteigen, die nach der allgemeinen Verkehrsauffassung als angemessen anzusehen und deren Höhe und betriebliche Veranlassung nachgewiesen sind.
3. Aufwendungen für Einrichtungen des Steuerpflichtigen, soweit sie der Bewirtung, Beherbergung oder Unterhaltung von Personen, die nicht Arbeitnehmer des Steuerpflichtigen sind, dienen (Gästehäuser) und sich außerhalb des Orts eines Betriebs des Steuerpflichtigen befinden;

(6) Aufwendungen zur Förderung staatspolitischer Zwecke (§ 10b Abs. 2) sind keine Betriebsausgaben.

§ 5. Gewinn bei Vollkaufleuten und bei bestimmten anderen Gewerbetreibenden.

(1) [1]Bei Gewerbetreibenden, die auf Grund gesetzlicher Vorschriften verpflichtet sind, Bücher zu führen und regelmäßig Abschlüsse zu machen, oder die ohne eine solche Verpflichtung Bücher führen und regelmäßig Abschlüsse machen, ist für den Schluß des Wirtschaftsjahrs das Betriebsvermögen anzusetzen (§ 4 Abs. 1 Satz 1), das nach den handelsrechtlichen Grundsätzen ordnungsmäßiger Buchführung auszuweisen ist. [2]Steuerrechtliche Wahlrechte bei der Gewinnermittlung sind in Übereinstimmung mit der handelsrechtlichen Jahresbilanz auszuüben.

(2) Für immaterielle Wirtschaftsgüter des Anlagevermögens ist ein Aktivposten nur anzusetzen, wenn sie entgeltlich erworben wurden.

(4a) Rückstellungen für drohende Verluste aus schwebenden Geschäften dürfen nicht gebildet werden.

(5) Als Rechnungsabgrenzungsposten sind nur anzusetzen

1. auf der Aktivseite Ausgaben vor dem Abschlußstichtag, soweit sie Aufwand für eine bestimmte Zeit nach diesem Tag darstellen;
2. auf der Passivseite Einnahmen vor dem Abschlußstichtag, soweit sie Ertrag für eine bestimmte Zeit nach diesem Tag darstellen.

(6) Die Vorschriften über die Entnahmen und die Einlagen, über die Zulässigkeit der Bilanzänderung, über die Betriebsausgaben, über die Bewertung und über die Absetzung sind zu befolgen.

§ 6. Bewertung.

(1) Für die Bewertung der einzelnen Wirtschaftsgüter, die nach § 4 Abs. 1 oder nach § 5 als Betriebsvermögen anzusetzen sind, gilt das Folgende:

1. [1]Wirtschaftsgüter des Anlagevermögens, die der Abnutzung unterliegen, sind mit den Anschaffungs- oder Herstellungskosten, vermindert um die Absetzungen für Abnutzung nach § 7, anzusetzen. [2]Ist der Teilwert niedriger, so kann dieser angesetzt werden. [3]Teilwert ist der Betrag, den ein Erwerber des ganzen Betriebs im Rahmen des Gesamtkaufpreises für das einzelne Wirtschaftsgut ansetzen würde; dabei ist davon auszugehen,

daß der Erwerber den Betrieb fortführt. [4]Bei Wirtschaftsgütern, die bereits am Schluß der vorangegangenen Wirtschaftsjahrs zum Anlagevermögen des Steuerpflichtigen gehört haben, kann der Steuerpflichtige in den folgenden Wirtschaftsjahren den Teilwert auch dann ansetzen, wenn er höher ist als der letzte Bilanzansatz; es dürfen jedoch höchstens die Anschaffungs- oder Herstellungskosten oder der nach Nummer 5 oder 6 an deren Stelle tretende Wert, vermindert um die Absetzungen für Abnutzung nach § 7, angesetzt werden.

2. [1]Andere als die in Nummer 1 bezeichneten Wirtschaftsgüter des Betriebs (Grund und Boden, Beteiligungen, Umlaufvermögen) sind mit den Anschaffungs- oder Herstellungskosten anzusetzen. [2]Statt der Anschaffungs- oder Herstellungskosten kann der niedrigere Teilwert (Nummer 1 Satz 3) angesetzt werden. [3]Bei Wirtschaftsgütern, die bereits am Schluß des vorangegangenen Wirtschaftsjahrs zum Betriebsvermögen gehört haben, kann der Steuerpflichtige in den folgenden Wirtschaftsjahren den Teilwert auch dann ansetzen, wenn er höher ist als der letzte Bilanzansatz; es dürfen jedoch höchstens die Anschaffungs- oder Herstellungskosten oder der nach Nummer 5 oder 6 an deren Stelle tretende Wert angesetzt werden. [4]Bei land- und forstwirtschaftlichen Betrieben ist auch der Ansatz des höheren Teilwerts zulässig, wenn das den Grundsätzen ordnungsmäßiger Buchführung entspricht.

2a. [1]Steuerpflichtige, die den Gewinn nach § 5 ermitteln, können für den Wertansatz gleichartiger Wirtschaftsgüter des Vorratsvermögens unterstellen, daß die zuletzt angeschafften oder hergestellten Wirtschaftsgüter zuerst verbraucht oder veräußert worden sind, soweit dies den handelsrechtlichen Grundsätzen ordnungsmäßiger Buchführung entspricht und kein Bewertungsabschlag nach § 51 Abs. 1 Nr. 2 Buchstabe m vorgenommen wird. [2]Der Vorratsbestand am Schluß des Wirtschaftsjahrs, das der erstmaligen Anwendung der Bewertung nach Satz 1 vorangeht, gilt mit seinem Bilanzansatz als erster Zugang des neuen Wirtschaftsjahrs. [3]Auf einen im Bilanzansatz berücksichtigten Bewertungsabschlag nach § 51 Abs. 1 Nr. 2 Buchstabe m ist Satz 2 dieser Vorschrift entsprechend anzuwenden. [4]Von der Verbrauchs- oder Veräußerungsfolge nach Satz 1 kann in den folgenden Wirtschaftsjahren nur mit Zustimmung des Finanzamts abgewichen werden.

3. Verbindlichkeiten sind unter sinngemäßer Anwendung der Vorschriften der Nummer 2 anzusetzen.

4. [1]Entnahmen des Steuerpflichtigen für sich, für seinen Haushalt oder für andere betriebsfremde Zwecke sind mit dem Teilwert anzusetzen. [2]Die private Nutzung eines Kraftfahrzeugs ist für jeden Kalendermonat mit 1 vom Hundert des inländischen Listenpreises im Zeitpunkt der Erstzulassung zuzüglich der Kosten für Sonderausstattungen einschließlich der Umsatzsteuer anzusetzen. Die private Nutzung kann abweichend von Satz 2 mit den auf die Privatfahrten anfallenden Aufwendungen angesetzt werden, wenn die für das Kraftfahrzeug insgesamt entstehenden Aufwendungen durch Belege und das Verhältnis der privaten zu den übrigen Fahrten durch ein ordnungsgemäßes Fahrtenbuch nachgewiesen werden.

5. [1]Einlagen sind mit dem Teilwert für den Zeitpunkt der Zuführung anzusetzen; sie sind jedoch höchstens mit den Anschaffungs- oder Herstellungskosten anzusetzen, wenn das zugeführte Wirtschaftsgut
   a) innerhalb der letzten drei Jahre vor dem Zeitpunkt der Zuführung angeschafft oder hergestellt worden ist oder
   b) ein Anteil an einer Kapitalgesellschaft ist und der Steuerpflichtige an der Gesellschaft im Sinne des § 17 Abs. 1 beteiligt ist; § 17 Abs. 2 Satz 3 gilt entsprechend.

   Ist die Einlage ein abnutzbares Wirtschaftsgut, so sind die Anschaffungs- oder Herstellungskosten um Absetzungen für Abnutzung zu kürzen, die auf den Zeitraum zwischen der Anschaffung oder Herstellung des Wirtschaftsguts und der Einlage entfallen. [3]Ist die Einlage ein Wirtschaftsgut, das vor der Zuführung aus einem Betriebsvermögen des Steuerpflichtigen entnommen worden ist, so tritt an die Stelle der Anschaffungs- oder Herstellungskosten der Wert, mit dem die Entnahme angesetzt worden ist, und an die Stelle des Zeitpunkts der Anschaffung oder Herstellung der Zeitpunkt der Entnahme.

6. Bei Eröffnung eines Betriebs ist Nummer 5 entsprechend anzuwenden.

7. Bei entgeltlichem Erwerb eines Betriebs sind die Wirtschaftsgüter mit dem Teilwert, höchstens jedoch mit den Anschaffungs- oder Herstellungskosten anzusetzen.

(2) [1]Die Anschaffungs- oder Herstellungskosten oder der nach Absatz 1 Nr. 5 oder 6 an deren Stelle tretende Wert von abnutzbaren beweglichen Wirtschaftsgütern des Anlagevermögens, die einer selbständigen Nutzung fähig sind, können im Wirtschaftsjahr der Anschaf-

fung, Herstellung oder Einlage des Wirtschaftsguts oder der Eröffnung des Betriebs in voller Höhe als Betriebsausgaben abgesetzt werden, wenn die Anschaffungs- oder Herstellungskosten, vermindert um einen darin enthaltenen Vorsteuerbetrag (§ 9 Abs. 1), oder der nach Absatz 1 Nr. 5 oder 6 an deren Stelle tretende Wert für das einzelne Wirtschaftsgut 800 Deutsche Mark nicht übersteigen. [2]Ein Wirtschaftsgut ist einer selbständigen Nutzung nicht fähig, wenn es nach seiner betrieblichen Zweckbestimmung nur zusammen mit anderen Wirtschaftsgütern des Anlagevermögens genutzt werden kann und die in den Nutzungszusammenhang eingefügten Wirtschaftsgüter technisch aufeinander abgestimmt sind. [3]Das gilt auch, wenn das Wirtschaftsgut aus dem betrieblichen Nutzungszusammenhang gelöst und in einen anderen betrieblichen Nutzungszusammenhang eingefügt werden kann. [4]Satz 1 ist nur bei Wirtschaftsgütern anzuwenden, die unter Angabe des Tages der Anschaffung, Herstellung oder Einlage des Wirtschaftsguts oder der Eröffnung des Betriebs und der Anschaffungs- oder Herstellungskosten oder des nach Absatz 1 Nr. 5 oder 6 an deren Stelle tretenden Werts in einem besonderen, laufend zu führenden Verzeichnis aufgeführt sind. [5]Das Verzeichnis braucht nicht geführt zu werden, wenn diese Angaben aus der Buchführung ersichtlich sind.

§ 6a. Pensionsrückstellung.

(1) Für eine Pensionsverpflichtung darf eine Rückstellung (Pensionsrückstellung) nur gebildet werden, wenn und soweit

1. der Pensionsberechtigte einen Rechtsanspruch auf einmalige oder laufende Pensionsleistungen hat,
2. die Pensionszusage keine Pensionsleistungen in Abhängigkeit von künftigen gewinnabhängigen Bezügen vorsieht und keinen Vorbehalt enthält, daß die Pensionsanwartschaft oder die Pensionsleistung gemindert oder entzogen werden kann, oder ein solcher Vorbehalt sich nur auf Tatbestände erstreckt, bei deren Vorliegen nach allgemeinen Rechtsgrundsätzen unter Beachtung billigen Ermessens eine Minderung oder ein Entzug der Pensionsanwartschaft oder der Pensionsleistung zulässig ist, und
3. die Pensionszulage schriftlich erteilt ist.

(3) [1]Eine Pensionsrückstellung darf höchstens mit dem Teilwert der Pensionsverpflichtung angesetzt werden. ... Bei der Berechnung des Teilwertes der Pensionsverpflichtung sind ein Rechnungszinsfuß vom 6 vom Hundert und anerkannten Regeln der Versicherungsmathematik anzuwenden.

§ 7. Absetzung für Abnutzung oder Substanzverringerung.

(1) Bei Wirtschaftsgütern, deren Verwendung oder Nutzung durch den Steuerpflichtigen zur Erzielung von Einkünften sich erfahrungsgemäß auf einen Zeitraum von mehr als einem Jahr erstreckt, ist jeweils für ein Jahr der Teil der Anschaffungs- oder Herstellungskosten abzusetzen, der bei gleichmäßiger Verteilung dieser Kosten auf die Gesamtdauer der Verwendung oder Nutzung auf ein Jahr entfällt (Absetzung für Abnutzung in gleichen Jahresbeträgen). [2]Die Absetzung bemißt sich hierbei nach der betriebsgewöhnlichen Nutzungsdauer des Wirtschaftsguts. [3]Als betriebsgewöhnliche Nutzungsdauer des Geschäfts- oder Firmenwerts eines Gewerbebetriebs oder eines Betriebs der Land- und Forstwirtschaft gilt ein Zeitraum von 15 Jahren. [4]Bei beweglichen Wirtschaftsgütern des Anlagevermögens, bei denen es wirtschaftlich begründet ist, die Absetzung für Abnutzung nach Maßgabe der Leistung des Wirtschaftsguts vorzunehmen, kann der Steuerpflichtige dieses Verfahren statt der Absetzung für Abnutzung in gleichen Jahresbeträgen anwenden, wenn er den auf das einzelne Jahr entfallenden Umfang der Leistung nachweist. [5]Absetzungen für außergewöhnliche technische oder wirtschaftliche Abnutzung sind zulässig.

(2) Bei beweglichen Wirtschaftsgütern des Anlagevermögens kann der Steuerpflichtige statt der Absetzung für Abnutzung in gleichen Jahresbeträgen die Absetzung für Abnutzung in fallenden Jahresbeträgen bemessen. [2]Die Absetzung für Abnutzung in fallenden Jahresbeträgen kann nach einem unveränderlichen Hundertsatz vom jeweiligen Buchwert (Restwert) vorgenommen werden; der dabei anzuwendende Hundertsatz darf höchstens das Dreifache des bei der Absetzung für Abnutzung in gleichen Jahresbeträgen in Betracht kommenden Hundertsatzes betragen und 30 vom Hundert nicht übersteigen. [3]§ 7a Abs. 8 gilt entsprechend. [4]Bei Wirtschaftsgütern, bei denen die Absetzung für Abnutzung in fallenden Jahresbeträgen bemessen wird, sind Absetzungen für außergewöhnliche technische oder wirtschaftliche Abnutzung nicht zulässig.

(3) [1]Der Übergang von der Absetzung für Abnutzung in fallenden Jahresbeträgen zur Absetzung für Abnutzung in gleichen Jahresbeträgen ist zulässig. [2]In diesem Fall bemißt sich die Absetzung für Abnutzung vom Zeitpunkt des Übergangs an nach dem dann noch vorhandenen Restwert und der Restnutzungsdauer des einzelnen Wirtschaftsguts. [3]Der Übergang von der Absetzung für Abnutzung in gleichen Jahresbeträgen zur Absetzung für Abnutzung in fallenden Jahresbeträgen ist nicht zulässig.

(4) [1]Bei Gebäuden sind abweichend von Absatz 1 als Absetzung für Abnutzung die folgenden Beträge bis zur vollen Absetzung abzuziehen:

1. bei Gebäuden, soweit sie zu einem Betriebsvermögen gehören und nicht Wohnzwecken dienen und für die der Bauantrag nach dem 31. März 1985 gestellt worden ist, jährlich 4 vom Hundert.
2. bei Gebäuden, soweit sie die Voraussetzungen der Nummer 1 nicht erfüllen und die
   a) nach dem 31. Dezember 1924 fertiggestellt worden sind, jährlich 2 vom Hundert,
   b) vor dem 1. Januar 1925 fertiggestellt worden sind, jährlich 2,5 vom Hundert

   der Anschaffungs- oder Herstellungskosten.

[2]Beträgt die tatsächliche Nutzungsdauer eines Gebäudes in den Fällen der Nummer 1 weniger als 25 Jahre, in den Fällen der Nummer 2 Buchstabe a weniger als 50 Jahre, in den Fällen der Nummer 2 Buchstabe b weniger als 40 Jahre, so können an Stelle der Absetzungen nach Satz 1 die der tatsächlichen Nutzungsdauer entsprechenden Absetzungen für Abnutzung vorgenommen werden. [3]Absatz 1 letzter Satz bleibt unberührt. [4]Bei Gebäuden im Sinne der Nummer 2 rechtfertigt die für Gebäude im Sinne der Nummer 1 geltende Regelung weder die Anwendung des Absatzes 1 letzter Satz noch den Ansatz des niedrigeren Teilwerts (§ 6 Abs. 1 Nr. 1 Satz 2).

(5) Bei im Inland belegenen Gebäuden, die vom Steuerpflichtigen hergestellt oder bis zum Ende des Jahres der Fertigstellung angeschafft worden sind, können abweichend von Absatz 4 als Absetzung für Abnutzung die folgenden Beträge abgezogen werden:

1. bei Gebäuden im Sinne des Absatzes 4 Satz 1 Nr. 1, die vom Steuerpflichtigen auf Grund eines vor dem 1. Januar 1994 gestellten Bauauftrags hergestellt oder auf Grund eines vor diesem Zeitpunkt rechtswirksam abgeschlossenen obligatorischen Vertrags angeschafft worden sind,
   im Jahr der Fertigstellung und in den folgenden 3 Jahren
   jeweils 10 vom Hundert,
   in den darauffolgenden 3 Jahren
   jeweils 5 vom Hundert,
   in den darauffolgenden 19 Jahren
   jeweils 2,5 vom Hundert,
2. bei Gebäuden im Sinne des Absatzes 4 Satz 1 Nr. 2, die vom Steuerpflichtigen auf Grund eines vor dem 1. Januar 1995 gestellten Bauantrags hergestellt oder auf Grund eines vor diesem Zeitpunkt rechtswirksam abgeschlossenen obligatorischen Vertrags angeschafft worden sind, im Jahr der Fertigstellung und in den folgenden 7 Jahren
   jeweils 5 vom Hundert,
   in den darauffolgenden 6 Jahren
   jeweils 2,5 vom Hundert,
   in den darauffolgenden 36 Jahren
   jeweils 1,25 vom Hundert
3. bei Gebäuden im Sinne des Absatzes 4 Satz 1 Nr. 2, soweit sie Wohnzwecken dienen, die vom Steuerpflichtigen
   a) auf Grund eines nach dem 28. Februar 1989 und vor dem 1. Januar 1996 gestellten Bauantrags hergestellt oder nach dem 28. Februar 1989 auf Grund eines nach dem 28. Februar 1989 und vor dem 1. Januar 1996 rechtswirksam abgeschlossenen obligatorischen Vertrags angeschafft worden sind,
      - im Jahr der Fertigstellung und in den folgenden drei Jahren jeweils 7 vom Hundert,
      - In den darauffolgenden sechs Jahren jeweils 5 vom Hundert
      - in den darauffolgenden sechs Jahren jeweils 2 vom Hundert,
      - in den darauffolgenden 24 Jahren jeweils 1,25 vom Hundert,
   b) auf Grund eines nach dem 31. Dezember 1995 gestellten Bauantrags hergestellt oder auf Grund eines nach diesem Zeitpunkt rechtswirksam abgeschlossenen obligatorischen Vertrags angeschafft worden sind,
      - im Jahr der Fertigstellung und in den folgenden sieben Jahren jeweils 5 vom Hundert,
      - in den darauffolgenden sechs Jahren jeweils 2,5 vom Hundert,
      - in den darauffolgenden 36 Jahren jeweils 1,25 vom Hundert,

der Anschaffungs- oder Herstellungskosten. Im Fall der Anschaffung kann Satz 1 nur angewendet werden, wenn der Hersteller für das veräußerte Gebäude weder Absetzungen für Abnutzung nach Satz 1 vorgenommen noch erhöhte Absetzungen oder Sonderabschreibungen in Anspruch genommen hat.

(5a) Die Absätze 4 und 5 sind auf Gebäudeteile, die selbständige unbewegliche Wirtschaftsgüter sind, sowie auf Eigentumswohnungen und auf im Teileigentum stehende Räume entsprechend anzuwenden.

(6) Bei Bergbauunternehmen, Steinbrüchen und anderen Betrieben, die einen Verbrauch der Substanz mit sich bringen, ist Absatz 1 entsprechend anzuwenden; dabei sind Absetzungen nach Maßgabe des Substanzverzehrs zulässig (Absetzung für Substanzverringerung).

§ 7g. Sonderabschreibungen und Ansparabschreibungen zur Förderung kleiner und mittlerer Betriebe.

(1) Bei neuen beweglichen Wirtschaftsgütern

des Anlagevermögens können unter den Voraussetzungen des Absatzes 2 im Jahr der Anschaffung oder Herstellung und in den vier folgenden Jahren neben den Absetzungen für Abnutzung nach § 7 Abs. 1 oder 2 Sonderabschreibungen bis zu insgesamt 20 vom Hundert der Anschaffungs- oder Herstellungskosten in Anspruch genommen werden.

(2) Die Sonderabschreibungen nach Absatz 1 können nur in Anspruch genommen werden, wenn

1. a) das Betriebsvermögen des Gewerbebetriebs oder des der selbständigen Arbeit dienenden Betriebs, zu dessen Anlagevermögen das Wirtschaftsgut gehört, zum Schluß des der Anschaffung oder Herstellung des Wirtschaftsguts vorangehenden Wirtschaftsjahrs nicht mehr als 400 000 Deutsche Mark beträgt; diese Voraussetzung gilt bei Betrieben, die den Gewinn nach § 4 Abs. 3 ermitteln, als erfüllt;
   b) der Einheitswert des Betriebs der Land- und Forstwirtschaft, zu dessen Anlagevermögen das Wirtschaftsgut gehört, im Zeitpunkt der Anschaffung oder Herstellung des Wirtschaftsguts nicht mehr als 240 000 Deutsche Mark beträgt und
2. das Wirtschaftsgut
   a) mindestens ein Jahr nach seiner Anschaffung oder Herstellung in einer inländischen Betriebsstätte dieses Betriebs verbleibt und
   b) im Jahr der Inanspruchnahme von Sonderabschreibungen im Betrieb des Steuerpflichtigen ausschließlich oder fast ausschließlich betrieblich genutzt wird.

(3) Steuerpflichtige können für die künftige Anschaffung oder Herstellung eines Wirtschaftsguts im Sinne des Absatzes 1 eine den Gewinn mindernde Rücklage bilden (Ansparabschreibung). Die Rücklage darf 50 vom Hundert der Anschaffungs- oder Herstellungskosten des begünstigten Wirtschaftsguts nicht überschreiten, das der Steuerpflichtige voraussichtlich bis zum Ende des zweiten auf die Bildung der Rücklage folgenden Wirtschaftsjahres anschaffen oder herstellen wird. Eine Rücklage darf nur gebildet werden, wenn

1. der Steuerpflichtige den Gewinn nach § 4 Abs. 1 oder § 5 ermittelt, …

Eine Rücklage kann auch gebildet werden, wenn dadurch ein Verlust entsteht oder sich erhöht. Die am Bilanzstichtag insgesamt nach Satz 1 gebildeten Rücklagen dürfen je Betrieb des Steuerpflichtigen den Betrag von 300 000 Deutsche Mark nicht übersteigen.

(4) Sobald für das begünstigte Wirtschaftsgut Abschreibungen vorgenommen werden dürfen, ist die Rücklage in Höhe von 50 vom Hundert der Anschaffungs- oder Herstellungskosten gewinnerhöhend aufzulösen. Ist eine Rücklage am Ende des zweiten auf ihre Bildung folgenden Wirtschaftsjahrs noch vorhanden, so ist sie zu diesem Zeitpunkt gewinnerhöhend aufzulösen.

(5) Soweit die Auflösung einer Rücklage nicht auf Absatz 4 Satz 1 beruht, ist der Gewinn des Wirtschaftsjahrs, in dem die Rücklage aufgelöst wird, für jedes volle Wirtschaftsjahr, in dem die Rücklage bestanden hat, um 6 vom Hundert des aufgelösten Rücklagenbetrags zu erhöhen.

(6) Ermittelt der Steuerpflichtige den Gewinn nach § 4 Abs. 3, so sind die Absätze 3 bis 5 mit Ausnahme von Absatz 3 Nr. 1 mit der Maßgabe entsprechend anzuwenden, daß die Bildung der Rücklage als Betriebsausgabe (Abzug) und ihre Auflösung als Betriebseinnahme (Zuschlag) zu behandeln ist, …

Überschuß der Einnahmen über die Werbungskosten

§ 8. Einnahmen.

(1) Einnahmen sind alle Güter, die in Geld oder Geldeswert bestehen und dem Steuerpflichtigen im Rahmen einer der Einkunftsarten des § 2 Abs. 1 Nr. 4 bis 7 zufließen.

(2) [1]Einnahmen, die nicht in Geld bestehen (Wohnung, Kost, Waren, Dienstleistungen und sonstige Sachbezüge), sind mit den um übliche Preisnachlässe geminderten üblichen Endpreisen am Abgabeort anzusetzen.

(3) [1]Erhält ein Arbeitnehmer auf Grund seines Dienstverhältnisses Waren oder Dienstleistungen, die vom Arbeitgeber nicht überwiegend für den Bedarf seiner Arbeitnehmer hergestellt, vertrieben oder erbracht werden und deren Bezug nicht nach § 40 pauschal versteuert wird, so gelten als deren Werte abweichend von Absatz 2 die um vier vom Hundert geminderten Endpreise, zu denen der Arbeitgeber oder der dem Abgabeort nächstansässige Abnehmer die Waren oder Dienstleistungen fremden Letztverbrauchern im allgemeinen Geschäftsverkehr anbietet. [2]Die sich nach Abzug der vom Arbeitnehmer gezahlten Entgelte ergebenden Vorteile sind steuerfrei soweit sie aus dem Dienstverhältnis insgesamt 2 400 Deutsche Mark im Kalenderjahr nicht übersteigen.

§ 9. Werbungskosten.

(1) [1]Werbungskosten sind Aufwendungen zur Erwerbung, Sicherung und Erhaltung der Einnahmen. [2]Sie sind bei der Einkunftsart abzuziehen, bei der sie erwachsen sind. [3]Werbungskosten sind auch

1. Schuldzinsen und auf besonderen Verpflichtungsgründen beruhende Renten und dauernde Lasten, soweit sie mit einer Einkunftsart in wirtschaftlichem Zusammenhang stehen.
2. Steuern vom Grundbesitz, sonstige öffentliche Abgaben und Versicherungsbeiträge, soweit solche Ausgaben sich auf Gebäude oder auf Gegenstände beziehen, die dem Steuerpflichtigen zur Einnahmeerzielung dienen;
3. Beiträge zu Berufsständen und sonstigen Berufsverbänden, deren Zweck nicht auf einen wirtschaftlichen Geschäftsbetrieb gerichtet ist;
4. Aufwendungen des Arbeitnehmers für Fahrten zwischen Wohnung und Arbeitsstätte. Fährt der Arbeitnehmer an einem Arbeitstag mehrmals zwischen Wohnung und Arbeitsstätte hin und her, so sind die zusätzlichen Fahrten nur zu berücksichtigen, soweit sie durch einen zusätzlichen Arbeitseinsatz außerhalb der regelmäßigen Arbeitszeit oder durch eine Arbeitszeitunterbrechung von mindestens vier Stunden veranlaßt sind. [3]Hat ein Arbeitnehmer mehrere Wohnungen, so sind die Fahrten von oder zu einer Wohnung, die nicht der Arbeitsstätte am nächsten liegt, nur zu berücksichtigen, wenn sie den Mittelpunkt der Lebensinteressen des Arbeitnehmers bildet und nicht nur gelegentlich aufgesucht wird. [4]Bei Fahrten mit einem eigenen oder zur Nutzung überlassenen Kraftfahrzeug sind die Aufwendungen mit den folgenden Pauschalbeträgen anzusetzen:
   a) bei Benutzung eines Kraftwagens 0,70 Deutsche Mark,
   b) bei Benutzung eines Motorrads oder Motorrollers 0,33 Deutsche Mark

   für jeden Kilometer der Entfernung zwischen Wohnung und Arbeitsstätte; für die Bestimmung der Entfernung ist die kürzeste benutzbare Straßenverbindung maßgebend;
5. notwendige Mehraufwendungen, die einem Arbeitnehmer wegen einer aus beruflichem Anlaß begründeten doppelten Haushaltsführung entstehen. Eine doppelte Haushaltsführung liegt vor, wenn der Arbeitnehmer außerhalb des Ortes, in dem er einen eigenen Hausstand unterhält, beschäftigt ist und auch am Beschäftigungsort wohnt. Der Abzug der Aufwendungen ist bei einer Beschäftigung am selben Ort auf insgesamt zwei Jahre begrenzt. Aufwendungen für Fahrten vom Beschäftigungsort zum Ort des eigenen Hausstands und zurück (Familienheimfahrten) können jeweils nur für eine Familienheimfahrt wöchentlich als Werbungskosten abgezogen werden. Bei Familienheimfahrten mit einem eigenen oder zur Nutzung überlassenen Kraftfahrzeug ist je Kilometer der Entfernung zwischen dem Ort des eigenen Hausstands und dem Beschäftigungsort Nummer 4 Satz 4 entsprechend anzuwenden; Aufwendungen für Familienheimfahrten mit einem dem Steuerpflichtigen im Rahmen einer Einkunftsart überlassenen Kraftfahrzeug werden nicht berücksichtigt;
6. Aufwendungen für Arbeitsmittel, zum Beispiel für Werkzeuge und typische Berufskleidung.
7. Absetzungen für Abnutzung und für Substanzverringerung und erhöhte Absetzungen. § 6 Abs. 2 Satz 1 bis 3 ist in Fällen der Anschaffung oder Herstellung von Wirtschaftsgütern entsprechend anzuwenden.

§ 9a. Pauschbeträge für Werbungskosten.

Für Werbungskosten sind bei der Ermittlung der Einkünfte folgende Pauschbeträge abzuziehen,

1. wenn nicht höhere Werbungskosten nachgewiesen werden:
   a) von den Einnahmen aus nichtselbständiger Arbeit:
   ein Arbeitnehmer-Pauschbetrag von 2000 Deutsche Mark;
   b) von den Einnahmen aus Kapitalvermögen:
   ein Pauschbetrag von 100 Deutsche Mark; bei Ehegatten, die nach den §§ 26, 26b zusammen veranlagt werden, erhöht sich dieser Pauschbetrag auf insgesamt 200 Deutsche Mark;
   c) von den Einnahmen im Sinne des § 22 Nr. 1 und 1a:
   ein Pauschbetrag von insgesamt 200 Deutsche Mark;
2. wenn der Steuerpflichtige bei Gebäuden, soweit sie Wohnzwecken dienen, die Werbungskosten pauschal ermittelt:
   von den Einnahmen aus Vermietung und Verpachtung:
   Ein Pauschbetrag von 42 Deutsche Mark pro Quadratmeter Wohnfläche. Neben dem Pauschbetrag können die nach § 9 Abs. 1 Satz 3 Nr. 1 abziehbaren Schuldzinsen, Absetzungen für Abnutzung und für Substanzverringerung, erhöhte Absetzungen und Sonderabschreibungen abgezogen werden. Der Steuerpflichtige kann für den folgenden Veranlagungszeitraum die tatsächlichen Werbungskosten abziehen. In diesem Fall ist eine erneute Anwendung des Werbungskosten-Pauschbetrags erst nach Ablauf der vier folgenden Veranlagungszeiträume zulässig. Für Zeiträume, in denen das Gebäude

nicht Wohnzwecken oder der Erzielung von Einkünften aus Vermietung und Verpachtung dient, ist der Pauschbetrag nicht abzuziehen. Sind mehrere Steuerpflichtige Eigentümer des Gebäudes und sind sie an den Einkünften aus Vermietung und Verpachtung beteiligt, können sie das Wahlrecht nur einheitlich ausüben. Die vorstehenden Sätze sind auf Gebäudeteile, die selbständige unbewegliche Wirtschaftsgüter sind, sowie auf Eigentumswohnungen entsprechend anzuwenden.

Der Arbeitnehmer-Pauschbetrag darf nur bis zur Höhe der um den Versorgungs-Freibetrag (§ 19 Abs. 2) geminderten Einnahmen, die Pauschbeträge nach Satz 1 Nr. 1 Buchstabe b und c dürfen nur bis zur Höhe der Einnahmen abgezogen werden.

Sonderausgaben

§ 10.

(1) Sonderausgaben sind die folgenden Aufwendungen, wenn sie weder Betriebsausgaben noch Werbungskosten sind:

1. Unterhaltsleistungen an den geschiedenen oder dauernd getrennt lebenden unbeschränkt einkommensteuerpflichtigen Ehegatten, wenn der Geber dies mit Zustimmung des Empfängers beantragt, bis zu 27 000 Deutsche Mark im Kalenderjahr. [2]Der Antrag kann jeweils nur für ein Kalenderjahr gestellt und nicht zurückgenommen werden. [3]Die Zustimmung ist mit Ausnahme der nach § 894 Abs. 1 der Zivilprozeßordnung als erteilt geltenden bis auf Widerruf wirksam. [4]Der Widerruf ist vor Beginn des Kalenderjahrs, für das die Zustimmung erstmals nicht gelten soll, gegenüber dem Finanzamt zu erklären. [5]Die Sätze 1 bis 4 gelten für alle Fälle der Nichtigkeit oder der Aufhebung der Ehe entsprechend;

1.a auf besonderen Verpflichtungsgründen beruhende Renten und dauernde Lasten, die nicht mit Einkünften in wirtschaftlichem Zusammenhang stehen, die bei der Veranlagung außer Betracht bleiben.

2a) Beiträge zu Kranken-, Pflege-, Unfall- und Haftpflichtversicherungen, zu den gesetzlichen Rentenversicherungen und an die Bundesanstalt für Arbeit;

b) Beiträge zu den … Versicherungen auf den Erlebens- oder Todesfall;

c) Beiträge zu einer zusätzlichen freiwilligen Pflegeversicherung;

4. gezahlte Kirchensteuer;
5. Zinsen nach den §§ 233a, 234 und 237 der Abgabenordnung;
6. Steuerberatungskosten;
7. Aufwendungen des Steuerpflichtigen für seine Berufsausbildung oder seine Weiterbildung in einem nicht ausgeübten Beruf bis zu 1800 Deutsche Mark im Kalenderjahr. Dieser Betrag erhöht sich auf 2400 Deutsche Mark, wenn der Steuerpflichtige wegen der Ausbildung oder Weiterbildung außerhalb des Orts untergebracht ist, in dem er einen eigenen Hausstand unterhält. [3]Die Sätze 1 und 2 gelten entsprechend, wenn dem Steuerpflichtigen Aufwendungen für eine Berufsausbildung oder Weiterbildung seines Ehegatten erwachsen …
8. Aufwendungen des Steuerpflichtigen, soweit sie nicht in unmittelbarem wirtschaftlichen Zusammenhang mit steuerfreien Einnahmen stehen, bis zu 18 000 Deutsche Mark im Kalenderjahr für hauswirtschaftliche Beschäftigungsverhältnisse, wenn auf Grund der Beschäftigungsverhältnisse Pflichtbeiträge zur inländischen gesetzlichen Rentenversicherung entrichtet werden. Leben zwei Alleinstehende in einem Haushalt zusammen, können sie den Höchstbetrag insgesamt nur einmal in Anspruch nehmen. Für jeden vollen Kalendermonat, in dem die Voraussetzungen nach Satz 1 nicht vorgelegen haben, ermäßigt sich der Höchstbetrag nach Satz 1 um ein Zwölftel;

(3) Für Vorsorgeaufwendungen gelten je Kalenderjahr folgende Höchstbeträge:

1. ein Grundhöchstbetrag von 2610 Deutsche Mark, im Fall der Zusammenveranlagung von Ehegatten von 5220 Deutsche Mark;
2. ein Vorwegabzug von 6000 Deutsche Mark, im Fall der Zusanmenveranlagung von Ehegatten von 12 000 Deutsche Mark.
   Diese Beträge sind zu kürzen um 16 vom Hundert der Summe der Einnahmen
   a) aus nichtselbständiger Arbeit im Sinne des § 19 ohne Versorgungsbezüge im Sinne des § 19 Abs. 2, wenn für die Zukunftssicherung des Steuerpflichtigen Leistungen im Sinne des § 3 Nr. 62 erbracht werden oder der Steuerpflichtige zum Personenkreis des § 10c Abs. 3 Nr. 1 oder 2 gehört, und
   b) aus der Ausübung eines Mandats im Sinne des § 22 Nr. 4;
3. für Beiträge nach Absatz 1 Nr. 2 Buchstabe c ein zusätzlicher Höchstbetrag von 360 Deutsche Mark für Steuerpflichtige, die nach dem 31. Dezember 1957 geboren sind;
4. Vorsorgeaufwendungen, die die nach den Nummern 1 bis 3 abziehbaren Beträge übersteigen, können zur Hälfte, höchstens bis zu 50 vom Hundert des Grundhöchstbetrags abgezogen werden (hälftiger Höchstbetrag).

§ 10b. Steuerbegünstigte Zwecke.

(1) [1]Ausgaben zur Förderung mildtätiger, kirchlicher, religiöser, wissenschaftlicher und der als besonders förderungswürdig anerkannten gemeinnützigen Zwecke sind bis zur Höhe von insgesamt 5 vom Hundert des Gesamtbetrags der Einkünfte oder 2 vom Tausend der Summe der gesamten Umsätze und der im Kalenderjahr aufgewendeten Löhne und Gehälter als Sonderausgaben abzugsfähig. [2]Für wissenschaftliche, mildtätige und als besonders förderungswürdig anerkannte kulturelle Zwecke erhöht sich der Vomhundertsatz von 5 um weitere 5 vom Hundert. [3]Überschreitet eine Einzelzuwendung von mindestens 50 000 Deutsche Mark zur Förderung wissenschaftlicher, mildtätiger oder als besonders förderungswürdig anerkannter kultureller Zwecke diese Höchstsätze, ist sie im Rahmen der Höchstsätze im Veranlagungszeitraum der Zuwendung, in den zwei vorangegangenen und in den fünf folgenden Veranlagungszeiträumen abzuziehen. [4]§ 10d gilt entsprechend.

(2) [1]Mitgliedsbeiträge und Spenden an politische Parteien im Sinne des § 2 des Parteiengesetzes sind bis zur Höhe von insgesamt 3000 Deutsche Mark und im Fall der Zusammenveranlagung von Ehegatten bis zur Höhe von insgesamt 6000 Deutsche Mark im Kalenderjahr abzugsfähig. [2]Sie können nur insoweit als Sonderausgaben abgezogen werden, als für sie nicht eine Steuerermäßigung nach § 34g gewährt worden ist.

§ 10c. Sonderausgaben-Pauschalbetrag, Vorsorgepauschale.

(1) [1]Für Sonderausgaben nach § 10 Abs. 1 Nr. 1, 1a, 4 bis 9 und nach § 10b wird ein Pauschbetrag von 108 Deutsche Mark abgezogen (Sonderausgaben-Pauschbetrag), wenn der Steuerpflichtige nicht höhere Aufwendungen nachweist.

(2) [1]Hat der Steuerpflichtige Arbeitslohn bezogen, so wird für Vorsorgeaufwendungen (§ 10 Abs. 1 Nr. 2) eine Vorsorgepauschale abgezogen, wenn der Steuerpflichtige nicht Aufwendungen nachweist, die zu einem höheren Abzug führen. [2]Die Vorsorgepauschale beträgt 20 vom Hundert des Arbeitslohns, jedoch

1. höchstens 6000 Deutsche Mark abzüglich 16 vom Hundert des Arbeitslohns zuzüglich
2. höchstens 2610 Deutsche Mark, soweit der Teilbetrag nach Nummer 1 überschritten wird, zuzüglich
3. höchstens die Hälfte bis zu 1305 Deutsche Mark, soweit die Teilbeträge nach den Nummern 1 und 2 überschritten werden.

[3]Die Vorsorgepauschale ist auf den nächsten durch 54 ohne Rest teilbaren vollen Deutsche-Mark-Betrag abzurunden, wenn sie nicht bereits durch 54 ohne Rest teilbar ist. [4]Arbeitslohn im Sinne der Sätze 1 und 2 ist der um den Versorgungs-Freibetrag (§ 19 Abs. 2) und den Altersentlastungsbetrag (§ 24a) verminderte Arbeitslohn.

(3) Für Arbeitnehmer, die während des ganzen oder eines Teils des Kalenderjahrs

1. in der gesetzlichen Rentenversicherung versicherungsfrei oder auf Antrag des Arbeitgebers von der Versicherungspflicht befreit waren und denen für den Fall ihres Ausscheidens aus der Beschäftigung auf Grund des Beschäftigungsverhältnisses eine lebenslängliche Versorgung oder an deren Stelle eine Abfindung zusteht oder die in der gesetzlichen Rentenversicherung nachzuversichern sind oder
2. nicht der gesetzlichen Rentenversicherungspflicht unterliegen, eine Berufstätigkeit ausgeübt und im Zusammenhang damit auf Grund vertraglicher Vereinbarungen Anwartschaftsrechte auf eine Altersversorgung ganz oder teilweise ohne eigene Beitragsleistung erworben haben oder
3. Versorgungsbezüge im Sinne des § 19 Abs. 2 Nr. 1 erhalten haben oder
4. Altersrente aus der gesetzlichen Rentenversicherung erhalten haben,

beträgt die Vorsorgepauschale 20 vom Hundert des Arbeitslohns, jedoch höchstens 2214 Deutsche Mark.

(4) [1]Im Fall der Zusammenveranlagung von Ehegatten zur Einkommensteuer sind

1. die Deutsche-Mark-Beträge nach Absatz 2 Nr. 1 bis 3 und Absatz 3 zu verdoppeln und
2. Absatz 2 Satz 4 auf den Arbeitslohn jedes Ehegatten gesondert anzuwenden.

[2]Wenn beide Ehegatten Arbeitslohn bezogen haben und ein Ehegatte zu dem Personenkreis des Absatzes 3 gehört, ist die höhere Vorsorgepauschale abzuziehen, die sich ergibt, wenn entweder die Deutsche-Mark-Beträge nach Absatz 2 Satz 2 Nr. 1 bis 3 verdoppelt und der sich für den Ehegatten im Sinne des Absatzes 3 nach Absatz 2 Satz 2 erster Halbsatz ergebende Betrag auf 2214 Deutsche Mark begrenzt werden oder der Arbeitslohn des nicht unter Absatz 3 fallenden Ehegatten außer Betracht bleibt.

§ 10d. Verlustabzug.

(1) [1]Verluste, die bei der Ermittlung des Gesamtbetrags der Einkünfte nicht ausgeglichen werden, sind bis zu einem Betrag von insgesamt 10 Millionen Deutsche Mark wie Sonderausgaben vom Gesamtbetrag der Einkünfte des zweiten dem Veranlagungszeitraum vorangegangenen Veranlagungszeitraums abzuziehen; soweit ein Abzug danach nicht möglich ist, sind sie wie Sonderausgaben vom Gesamtbetrag der Einkünfte des ersten dem Veranla-

gungszeitraum vorangegangenen Veranlagungszeitraum abzuziehen. [2]Sind für die vorangegangenen Veranlagungszeiträume bereits Steuerbescheide erlassen worden, so sind sie insoweit zu ändern, als der Verlustabzug zu gewähren oder zu berichtigen ist. [3]Das gilt auch dann, wenn die Steuerbescheide unanfechtbar geworden sind; die Verjährungsfristen enden insoweit nicht, bevor die Verjährungsfrist für den Veranlagungszeitraum abgelaufen ist, in dem Verluste nicht ausgeglichen werden.

(2) Nicht ausgeglichene Verluste, die nicht nach Absatz 1 abgezogen worden sind, sind in den folgenden Veranlagungszeiträumen wie Sonderausgaben vom Gesamtbetrag der Einkünfte abzuziehen. [2]Der Abzug ist nur insoweit zulässig, als die Verluste nicht nach Absatz 1 abgezogen worden sind und in den vorangegangenen Veranlagungszeiträumen nicht nach Satz 1 abgezogen werden konnten (verbleibender Verlustabzug).

(3) [1]Der am Schluß eines Veranlagungszeitraums verbleibende Verlustabzug ist gesondert festzustellen. [2]Verbleibender Verlustabzug ist der bei der Ermittlung des Gesamtbetrags der Einkünfte nicht ausgeglichene Verlust, vermindert um die nach Absatz 1 abgezogenen und die nach Absatz 2 abziehbaren Beträge und vermehrt um den auf den Schluß des vorangegangenen Veranlagungszeitraums festgestellten verbleibenden Verlustabzug. [3]Zuständig für die Feststellung ist das für die Besteuerung des Einkommens zuständige Finanzamt. [4]Feststellungsbescheide sind zu erlassen, aufzuheben oder zu ändern, soweit sich die nach Satz 2 zu berücksichtigenden Beträge ändern und deshalb der entsprechende Steuerbescheid zu erlassen, aufzuheben oder zu ändern ist. [5]Satz 4 ist entsprechend anzuwenden, wenn der Erlaß, die Aufhebung oder die Änderung des Steuerbescheids mangels steuerlicher Auswirkung unterbleibt.

§ 10i. Vorkostenabzug bei einer nach dem Eigenheimzulagengesetz begünstigten Wohnung.

(1) Der Steuerpflichtige kann nachstehende Vorkosten wie Sonderausgaben abziehen:

1. eine Pauschale von 3500 Deutsche Mark im Jahr der Fertigstellung oder Anschaffung, wenn er für die Wohnung im Jahr der Herstellung oder Anschaffung oder in einem der zwei folgenden Jahre eine Eigenheimzulage nach dem Eigenheimzulagengesetz in Anspruch nimmt, und
2. Erhaltungsaufwendungen bis zu 22 500 Deutsche Mark, die
   a) bis zum Beginn der erstmaligen Nutzung einer Wohnung zu eigenen Wohnzwecken entstanden sind oder
   b) bis zum Ablauf des auf das Jahr der Anschaffung folgenden Kalenderjahres entstanden sind, wenn der Steuerpflichtige eine von ihm bisher als Mieter genutzte Wohnung anschafft.

Die Erhaltungsaufwendungen nach Nummer 2 müssen unmittelbar mit der Herstellung oder Anschaffung des Gebäudes oder der Eigentumswohnung zusammenhängen, dürfen nicht zu den Herstellungskosten oder Anschaffungskosten der Wohnung oder zu den Anschaffungskosten des Grund und Bodens gehören und müßten im Fall der Vermietung und Verpachtung der Wohnung als Werbungskosten abgezogen werden können. Wird eine Wohnung bis zum Beginn der erstmaligen Nutzung zu eigenen Wohnzwecken vermietet oder zu eigenen beruflichen oder eigenen betrieblichen Zwecken genutzt und sind die Erhaltungsaufwendungen Werbungskosten oder Betriebsausgaben, können sie nicht wie Sonderausgaben abgezogen werden. Bei einem Anteil an der zu eigenen Wohnzwecken genutzten Wohnung kann der Steuerpflichtige den entsprechenden Teil der Abzugsbeträge nach Satz 1 wie Sonderausgaben abziehen. Die vorstehenden Sätze gelten entsprechend bei Ausbauten und Erweiterungen an einer zu eigenen Wohnzwecken genutzten Wohnung.

Die einzelnen Einkunftsarten

▶ Land- und Forstwirtschaft (§ 2 Abs. 1 Nr. 1)

§ 13. Einkünfte aus Land- und Forstwirtschaft.

(1) Einkünfte aus Land- und Forstwirtschaft sind

1. Einkünfte aus dem Betrieb von Landwirtschaft, Forstwirtschaft, Weinbau, Gartenbau, Obstbau, Gemüsebau, Baumschulen und aus allen Betrieben, die Pflanzen und Pflanzenteile mit Hilfe der Naturkräfte gewinnen. [2]Zu diesen Einkünften gehören auch die Einkünfte aus der Tierzucht und Tierhaltung, …

▶ Gewerbebetrieb (§ 2 Abs. 1 Nr. 2)

§ 15. Einkünfte aus Gewerbebetrieb.

(1) [1]Einkünfte aus Gewerbebetrieb sind

1. Einkünfte aus gewerblichen Unternehmen. [2]Dazu gehören auch Einkünfte aus gewerblicher Bodenbewirtschaftung, z.B. aus Bergbauunternehmen und aus Betrieben zur Gewinnung von Torf, Steinen und Erden, soweit sie nicht land- oder forstwirtschaftliche Nebenbetriebe sind;

2. die Gewinnanteile der Gesellschafter einer Offenen Handelsgesellschaft, einer Kommanditgesellschaft und einer anderen Gesellschaft, bei der der Gesellschafter als Unternehmer (Mitunternehmer) anzusehen ist, und die Vergütungen, die der Gesellschafter von der Gesellschaft für seine Tätigkeit im Dienst der Gesellschaft oder für die Hingabe von Darlehen oder für die Überlassung von Wirtschaftsgütern bezogen hat.
3. die Gewinnanteile der persönlich haftenden Gesellschafter einer Kommanditgesellschaft auf Aktien, soweit sie nicht auf Anteile am Grundkapital entfallen, und die Vergütungen, die der persönlich haftende Gesellschafter von der Gesellschaft für seine Tätigkeit im Dienst der Gesellschaft oder für die Hingabe von Darlehen oder für die Überlassung von Wirtschaftsgütern bezogen hat.

(2) [1]Eine selbständige nachhaltige Betätigung, die mit der Absicht, Gewinn zu erzielen, unternommen wird und sich als Beteiligung am allgemeinen wirtschaftlichen Verkehr darstellt, ist Gewerbebetrieb, wenn die Betätigung weder als Ausübung von Land- und Forstwirtschaft noch als Ausübung eines freien Berufs noch als eine andere selbständige Arbeit anzusehen ist. [2]Eine durch die Betätigung verursachte Minderung der Steuern vom Einkommen ist kein Gewinn im Sinne des Satzes 1. [3]Ein Gewerbebetrieb liegt, wenn seine Voraussetzungen im übrigen gegeben sind, auch dann vor, wenn die Gewinnerzielungsabsicht nur ein Nebenzweck ist.

(3) Als Gewerbebetrieb gilt in vollem Umfang die mit Einkünfteerzielungsabsicht unternommene Tätigkeit.

▶ Selbständige Arbeit (§ 2 Abs. 1 Nr. 3)

§ 18.

(1) Einkünfte aus selbständiger Arbeit sind
1. Einkünfte aus freiberuflicher Tätigkeit. [2]Zu der freiberuflichen Tätigkeit gehören die selbständig ausgeübte wissenschaftliche, künstlerische, schriftstellerische, unterrichtende oder erzieherische Tätigkeit, die selbständige Berufstätigkeit der Ärzte, Zahnärzte, Tierärzte, Rechtsanwälte, Notare, Patentanwälte, Vermessungsingenieure, Ingenieure, Architekten, Handelschemiker, Wirtschaftsprüfer, Steuerberater, beratenden Volks- und Betriebswirte, vereidigten Buchprüfer (vereidigten Bücherrevisoren), Steuerbevollmächtigten, Heilpraktiker, Dentisten, Krankengymnasten, Journalisten, Bildberichterstatter, Dolmetscher, Übersetzer, Lotsen und ähnlicher Berufe.

▶ Nichtselbständige Arbeit (§ 2 Abs. 1 Nr. 4)

§ 19.

(1) [1]Zu den Einkünften aus nichtselbständiger Arbeit gehören
1. Gehälter, Löhne, Gratifikationen, Tantiemen und andere Bezüge und Vorteile, die für eine Beschäftigung im öffentlichen oder privaten Dienst gewährt werden;
2. Wartegelder, Ruhegelder, Witwen- und Waisengelder und andere Bezüge und Vorteile aus früheren Dienstleistungen.

[2]Es ist gleichgültig, ob es sich um laufende oder um einmalige Bezüge handelt und ob ein Rechtsanspruch auf sie besteht.

▶ Kapitalvermögen (§ 2 Abs. 1 Nr. 5)

§ 20.

(1) Zu den Einkünften aus Kapitalvermögen gehören
1. Gewinnanteile (Dividenden), Ausbeuten und sonstige Bezüge aus Aktien, Kuxen, Genußrechten, mit denen das Recht am Gewinn und Liquidationserlös einer Kapitalgesellschaft verbunden ist, aus Anteilen an Gesellschaften mit beschränkter Haftung, an Erwerbs- und Wirtschaftsgenossenschaften sowie an bergbautreibenden Vereinigungen, die die Rechte einer juristischen Person haben. [2]Zu den sonstigen Bezügen gehören auch verdeckte Gewinnausschüttungen. [3]Die Bezüge gehören nicht zu den Einnahmen, soweit sie aus Ausschüttungen einer unbeschränkt steuerpflichtigen Körperschaft stammen, für die Eigenkapital im Sinne des § 30 Abs. 2 Nr. 4 des Körperschaftssteuergesetzes als verwendet gilt;
2. Bezüge, die auf Grund einer Kapitalherabsetzung oder nach der Auflösung unbeschränkt steuerpflichtiger Körperschaften oder Personenvereinigungen im Sinne der Nummer 1 anfallen;
4. Einnahmen aus der Beteiligung an einem Handelsgewerbe als stiller Gesellschafter und aus partiarischen Darlehen, es sei denn, daß der Gesellschafter oder Darlehnsgeber als Mitunternehmer anzusehen ist.
5. Zinsen aus Hypotheken und Grundschulden und Renten aus Rentenschulden. [2]Bei Tilgungshypotheken und Tilgungsgrundschulden ist nur der Teil der Zahlungen anzusetzen, der als Zins auf den jeweiligen Kapitalrest entfällt;
6. außerrechnungsmäßige und rechnungsmäßige Zinsen aus den Sparanteilen, die in

den Beiträgen zu Versicherungen auf den Erlebens- oder Todesfall enthalten sind ...
7. Erträge aus sonstigen Kapitalforderungen jeder Art, ...
8. Diskontbeträge von Wechseln und Anweisungen einschließlich der Schatzwechsel.

(2) [1]Zu den Einkünften aus Kapitalvermögen gehören auch
1. besondere Entgelte oder Vorteile, die neben den in den Absätzen 1 und 2 bezeichneten Einnahmen oder an deren Stelle gewährt werden;
2. Einnahmen aus der Veräußerung
   a) von Dividendenscheinen und sonstigen Ansprüchen durch den Inhaber des Stammrechts, wenn die dazugehörigen Aktien oder sonstigen Anteile nicht mitveräußert werden. Diese Besteuerung tritt an die Stelle der Besteuerung nach Absatz 1;
   b) von Zinsscheinen und Zinsforderungen durch den Inhaber oder ehemaligen Inhaber der Schuldverschreibung, wenn die dazugehörigen Schuldverschreibungen nicht mitveräußert werden. Entsprechendes gilt für die Einlösung von Zinsscheinen und Zinsforderungen durch den ehemaligen Inhaber der Schuldverschreibung;
3. Einnahmen aus der Veräußerung von Zinsscheinen und Zinsforderungen, wenn die dazugehörigen Schuldverschreibungen mitveräußert werden und das Entgelt für die auf den Zeitraum bis zur Veräußerung der Schuldverschreibung entfallenden Zinsen des laufenden Zinszahlungszeitraums (Stückzinsen) besonders in Rechnung gestellt ist.
4. Einnahmen aus der Veräußerung oder Abtretung von
   a) abgezinsten oder aufgezinsten Schuldverschreibungen, Schuldbuchforderungen und sonstigen Kapitalforderungen ...

(2a) Einkünfte aus Kapitalvermögen im Sinne des Absatzes 1 Nr. 1 bis 3 erzielt der Anteilseigner. Anteilseigner ist derjenige, dem nach § 39 der Abgabenordnung die Anteile an dem Kapitalvermögen im Sinne des Absatzes 1 Nr. 1 im Zeitpunkt des Gewinnverteilungsbeschlusses zuzurechnen sind. Sind einem Nießbraucher oder Pfandgläubiger die Einnahmen im Sinne des Absatzes 1 Nr. 1 oder 2 zuzurechnen, gilt er als Anteilseigner.

(4) [1]Bei der Ermittlung der Einkünfte aus Kapitalvermögen ist nach Abzug der Werbungskosten ein Betrag von 6000 Deutsche Mark abzuziehen (Sparer-Freibetrag). [2]Ehegatten, die zusammen veranlagt werden, wird ein gemeinsamer Sparer-Freibetrag von 12 000 Deutsche Mark gewährt.

► Vermietung und Verpachtung (§ 2 Abs. 1 Nr. 6)

§ 21.

(1) Einkünfte aus Vermietung und Verpachtung sind
1. Einkünfte aus Vermietung und Verpachtung von unbeweglichem Vermögen, insbesondere von Grundstücken, Gebäuden, Gebäudeteilen, Schiffen, die in ein Schiffsregister eingetragen sind, und Rechten, die den Vorschriften des bürgerlichen Rechts über Grundstücke unterliegen (z.B. Erbbaurecht, Mineralgewinnungsrecht);
2. Einkünfte aus Vermietung und Verpachtung von Sachinbegriffen, insbesondere von beweglichem Betriebsvermögen;
3. Einkünfte aus zeitlich begrenzter Überlassung von Rechten, insbesondere von schriftstellerischen, künstlerischen und gewerblichen Urheberrechten, ...
4. Einkünfte aus der Veräußerung von Miet- und Pachtzinsforderungen, auch dann, wenn die Einkünfte im Veräußerungspreis von Grundstücken enthalten sind und die Miet- oder Pachtzinsen sich auf einen Zeitraum beziehen, in dem der Veräußerer noch Besitzer war.

[2]§ 15a ist sinngemäß anzuwenden.

(2) Zu den Einkünften aus Vermietung und Verpachtung gehört auch der Nutzungswert der Wohnung im eigenen Haus oder der Nutzungswert einer dem Steuerpflichtigen ganz oder teilweise unentgeltlich überlassenen Wohnung einschließlich der zugehörigen sonstigen Räume und Gärten.

► Sonstige Einkünfte (§ 2 Abs. 1 Nr. 7)

§ 22. Arten der sonstigen Einkünfte.

Sonstige Einkünfte sind
1. Einkünfte aus wiederkehrenden Bezügen, soweit sie nicht zu den in § 2 Abs. 1 Nr. 1 bis 6 bezeichneten Einkunftsarten gehören. ...
2. Einkünfte aus Spekulationsgeschäften im Sinne des § 23; ...

§ 23. Spekulationsgeschäfte.

(1) Spekulationsgeschäfte (§ 22 Nr. 2) sind
1. Veräußerungsgeschäfte, bei denen der Zeitraum zwischen Anschaffung und Veräußerung beträgt:
   a) bei Grundstücken und Rechten, die den Vorschriften des bürgerlichen Rechts über Grundstücke unterliegen (z.B. Erbbaurecht, Mineralgewinnungsrecht), nicht mehr als zwei Jahre,

8

b) bei anderen Wirtschaftsgütern, insbesondere bei Wertpapieren, nicht mehr als sechs Monate;
2. Veräußerungsgeschäfte, bei denen die Veräußerung der Wirtschaftsgüter früher erfolgt als der Erwerb.

(3) Gewinn oder Verlust aus Spekulationsgeschäften ist der Unterschied zwischen dem Veräußerungspreis einerseits und den Anschaffungs- oder Herstellungskosten und den Werbungskosten andererseits. Die Anschaffungs- oder Herstellungskosten mindern sich um Absetzungen für Abnutzung, erhöhte Absetzungen und Sonderabschreibungen, soweit sie bei der Ermittlung der Einkünfte im Sinne des § 2 Abs. 1 Satz 1 Nr. 4 bis 6 abgezogen worden sind. Gewinne aus Spekulationsgeschäften bleiben steuerfrei, wenn der aus Spekulationsgeschäften erzielte Gesamtgewinn im Kalenderjahr weniger als 1000 Deutsche Mark betragen hat. Verluste aus Spekulationsgeschäften dürfen nur bis zur Höhe des Spekulationsgewinns, den der Seuerpflichtige im gleichen Kalenderjahr erzielt hat, ausgeglichen werden; sie dürfen nicht nach § 10d abgezogen werden.

III. Veranlagung

§ 25. Veranlagungszeitraum, Steuererklärungspflicht.

(1) Die Einkommensteuer wird nach Ablauf des Kalenderjahrs (Veranlagungszeitraum) nach dem Einkommen veranlagt, das der Steuerpflichtige in diesem Veranlagungszeitraum bezogen hat, soweit nicht nach § 46 eine Veranlagung unterbleibt.

§ 26. Veranlagung von Ehegatten.

(1) [1]Ehegatten, die beide unbeschränkt einkommensteuerpflichtig im Sinne des § 1 Abs. 1 oder 2 oder des § 1a sind und nicht dauernd getrennt leben und bei denen diese Voraussetzungen zu Beginn des Veranlagungszeitraums vorgelegen haben oder im Laufe des Veranlagungszeitraums eingetreten sind, können zwischen getrennter Veranlagung (§ 26a) und Zusammenveranlagung (§ 26b) wählen;

(2) [1]Ehegatten werden getrennt veranlagt, wenn einer der Ehegatten getrennte Veranlagung wählt. [2]Ehegatten werden zusammen veranlagt, wenn beide Ehegatten die betreffende Veranlagungsart wählen.

§ 26a. Getrennte Veranlagung von Ehegatten.

(1) [1]Bei getrennter Veranlagung von Ehegatten in den in § 26 bezeichneten Fällen sind jedem Ehegatten die von ihm bezogenen Einkünfte zuzurechnen. [2]Einkünfte eines Ehegatten sind nicht allein deshalb zum Teil dem anderen Ehegatten zuzurechnen, weil dieser bei der Erzielung der Einkünfte mitgewirkt hat,

(2) [1]Sonderausgaben nach § 10 Abs. 1 Nr. 8 und außergewöhnliche Belastungen (§§ 33 bis 33c) werden in Höhe des bei einer Zusammenveranlagung der Ehegatten in Betracht kommenden Betrags bei beiden Veranlagungen jeweils zur Hälfte abgezogen, wenn die Ehegatten nicht gemeinsam eine andere Aufteilung beantragen.

§ 26b. Zusammenveranlagung von Ehegatten.
Bei der Zusammenveranlagung von Ehegatten werden die Einkünfte, die die Ehegatten erzielt haben, zusammengerechnet und soweit nichts anderes vorgeschrieben ist, die Ehegatten sodann gemeinsam als Steuerpflichtiger behandelt.

IV. Tarif

§ 31. Familienleistungsausgleich.
Die steuerliche Freistellung eines Einkommensbetrags in Höhe des Existenzminimums eines Kindes wird durch den Kinderfreibetrag nach § 32 oder durch Kindergeld nach dem X. Abschnitt bewirkt. Soweit das Kindergeld dafür nicht erforderlich ist, dient es der Förderung der Familie. Im laufenden Kalenderjahr wird Kindergeld als Steuervergütung monatlich gezahlt. Wird die gebotene steuerliche Freistellung durch das Kindergeld nicht in vollem Umfang bewirkt, ist bei der Veranlagung zur Einkommensteuer der Kinderfreibetrag abzuziehen. In diesen Fällen sind das Kindergeld oder vergleichbare Leistungen nach § 36 Abs. 2 zu verrechnen, auch soweit sie dem Steuerpflichtigen im Wege eines zivilrechtlichen Ausgleichs zustehen. Wird nach ausländischem Recht ein höheres Kindergeld als nach § 66 gezahlt, so beschränkt sich die Verrechnung auf die Höhe des inländischen Kindergeldes.

§ 32. Kinder, Kinderfreibetrag, Haushaltsfreibetrag.

(1) Kinder sind

1. im ersten Grad mit dem Steuerpflichtigen verwandte Kinder,
2. Pflegekinder (Personen, mit denen der Steuerpflichtige durch ein familienähnliches, auf längere Dauer berechnetes Band verbunden ist, sofern er sie in seinen Haushalt aufgenommen hat und das Obhuts- und Pflegeverhältnis zu den Eltern nicht mehr besteht und der Steuerpflichtige sie mindestens zu einem nicht unwesentlichen Teil auf seine Kosten unterhält).

(2) Ist ein im ersten Grad mit dem Steuerpflichtigen verwandtes Kind zugleich ein Pflegekind, so kann es nur als Pflegekind berücksichtigt werden.

(3) Ein Kind wird in dem Kalendermonat, in dem es lebend geboren wurde, und in jedem folgenden Kalendermonat, zu dessen Beginn es das 18. Lebensjahr noch nicht vollendet hat, berücksichtigt.

(4) Ein Kind, das das 18. Lebensjahr vollendet hat, wird berücksichtigt, wenn es

1. noch nicht das 21. Lebensjahr vollendet hat, arbeitslos ist und der Arbeitsvermittlung im Inland zur Verfügung steht oder
2. noch nicht das 27. Lebensjahr vollendet hat und
   a) für einen Beruf ausgebildet wird oder
   b) sich in einer Übergangszeit zwischen zwei Ausbildungsabschnitten von höchstens vier Monaten befindet oder
   c) eine Berufsausbildung mangels Ausbildungsplatzes nicht beginnen oder fortsetzen kann oder
   d) ein freiwilliges soziales Jahr im Sinne des Gesetzes zur Förderung eines freiwilligen sozialen Jahres oder ein freiwilliges ökologisches Jahr im Sinne des Gesetzes zur Förderung eines freiwilligen ökologischen Jahres leistet oder
3. wegen körperlicher, geistiger oder seelischer Behinderung außerstande ist, sich selbst zu unterhalten.

Nach Satz 1 Nr. 1 und 2 wird ein Kind nur berücksichtigt, wenn es Einkünfte und Bezüge, die zur Bestreitung ihres Unterhalts oder ihrer Berufsausbildung bestimmt oder geeignet sind, von nicht mehr als 12 360 Deutsche Mark im Kalenderjahr hat; ... Bezüge, die für besondere Ausbildungszwecke bestimmt sind, bleiben hierbei außer Ansatz; Entsprechendes gilt für Einkünfte, soweit sie für solche Zwecke verwendet werden. ...

(5) In den Fällen des Absatzes 4 Satz 1 Nr. 1 oder Nr. 2 Buchstabe a wird ein Kind,

1. das den gesetzlichen Grundwehrdienst oder Zivildienst geleistet hat, für einen der Dauer dieses Dienstes entsprechenden Zeitraum, höchstens für die Dauer des inländischen gesetzlichen Grundwehrdienstes oder Zivildienstes, oder
2. das sich freiwillig für eine Dauer von nicht mehr als drei Jahren zum Wehrdienst oder zum Polizeivollzugsdienst, der an Stelle des gesetzlichen Grundwehr- oder Zivildienstes geleistet wird, verpflichtet hat, für einen der Dauer dieses Dienstes entsprechenden Zeitraum, höchstens für die Dauer des inländischen gesetzlichen Grundwehrdienstes, bei anerkannten Kriegsdienstverweigerern für die Dauer des inländischen gesetzlichen Zivildienstes, oder
3. das eine vom gesetzlichen Grundwehrdienst oder Zivildienst befreiende Tätigkeit als Entwicklungshelfer im Sinne des § 1 Abs. 1 des Entwicklungshelfer-Gesetzes ausgeübt hat, für einen der Dauer dieser Tätigkeit entsprechenden Zeitraum, höchstens für die Dauer des inländischen gesetzlichen Grundwehrdienstes, bei anerkannten Kriegsdienstverweigerern für die Dauer des inländischen gesetzlichen Zivildienstes,

über das 21. oder 27. Lebensjahr hinaus berücksichtigt.

(6) Für jedes zu berücksichtigende Kind des Steuerpflichtigen wird ein Kinderfreibetrag von 288 Deutsche Mark für jeden Kalendermonat, in dem die Voraussetzungen vorgelegen haben, bei der Veranlagung zur Einkommensteuer vom Einkommen abgezogen. Bei Ehegatten, die nach den §§ 26, 26b zusammen zur Einkommensteuer veranlagt werden, wird ein Kinderfreibetrag von 576 Deutsche Mark monatlich abgezogen, wenn das Kind zu beiden Ehegatten in einem Kindschaftsverhältnis steht. Ein Kinderfreibetrag von 576 Deutsche Mark monatlich wird auch abgezogen, wenn

1. der andere Elternteil verstorben oder nicht unbeschränkt einkommensteuerpflichtig ist oder
2. der Steuerpflichtige allein das Kind angenommen hat oder das Kind nur zu ihm in einem Pflegekindschaftsverhältnis steht.

(7) Ein Haushaltsfreibetrag von 5616 Deutsche Mark wird bei einem Steuerpflichtigen, für den das Splitting-Verfahren (§ 32a Abs. 5 und 6) nicht anzuwenden und der auch nicht als Ehegatte (§ 26 Abs. 1) getrennt zur Einkommensteuer zu veranlagen ist, vom Einkommen abgezogen, wenn er einen Kinderfreibetrag oder Kindergeld für mindestens ein Kind erhält, das in seiner Wohnung im Inland gemeldet ist.

§ 32a. Einkommensteuertarif.[1]

(1) Die tarifliche Einkommensteuer bemißt sich nach dem zu versteuernden Einkommen. Sie beträgt vorbehaltlich der §§ 32b, 34, 34b und 34c jeweils in Deutsche Mark für zu versteuernde Einkommen

1. bis 12 365 Deutsche Mark (Grundfreibetrag): 0;
2. von 12 366 Deutsche Mark bis 58 643 Deutsche Mark: $(91{,}19 \cdot y + 2590) \cdot y$;
3. von 58 644 Deutsche Mark bis 120 041 Deutsche Mark: $(151{,}91 \cdot z + 3434) \cdot z + 13\,938$;
4. von 120 042 Deutsche Mark an: $0{,}53 \cdot x - 22\,842$;

„y" ist ein Zehntausendstel des 12 312 Deutsche Mark übersteigenden Teils des abgerundeten zu versteuernden Einkommens. „z" ist ein Zehntausendstel des 58 590 Deutsche Mark übersteigenden Teils des abgerundeten zu versteuernden Einkommens. „x" ist das abgerundete zu versteuernde Einkommen.

(2) Das zu versteuernde Einkommen ist auf den nächsten durch 54 ohne Rest teilbaren vollen Deutsche-Mark-Betrag abzurunden, wenn es nicht bereits durch 54 ohne Rest teilbar ist.

(5) [1]Bei Ehegatten, die nach den §§ 26, 26b zusammen zur Einkommensteuer veranlagt werden, beträgt die tarifliche Einkommensteuer vorbehaltlich der §§ 32b, 34 und 34b das Zweifache des Steuerbetrags, der sich für die Hälfte ihres gemeinsam zu versteuernden Einkommens nach den Absätzen 1 bis 3 ergibt (Splitting-Verfahren).

§ 32c. Tarifbegrenzung bei gewerblichen Einkünften.

(1) Sind in dem zu versteuernden Einkommen gewerbliche Einkünfte im Sinne des Absatzes 2 enthalten, deren Anteil am zu versteuernden Einkommen mindestens 100 278 Deutsche Mark beträgt, ist von der tariflichen Einkommensteuer ein Entlastungsbetrag nach Absatz 4 abzuziehen.

(2) Gewerbliche Einkünfte im Sinne dieser Vorschrift sind vorbehaltlich des Satzes 2 Gewinne oder Gewinnanteile, die nach § 7 oder § 8 Nr. 4 des Gewerbesteuergesetzes der Gewerbesteuer unterliegen. Ausgenommen sind Gewinne und Gewinnanteile, die nach § 9 Nr. 1 Satz 2 und 3, Nr. 2a, 3, 5, 7 und 8 des Gewerbesteuergesetzes zu kürzen sind; ausgenommen sind auch Kürzungsbeträge nach § 9 Nr. 2 des Gewerbesteuergesetzes, soweit sie auf Anteile am Gewinn einer ausländischen Betriebsstätte entfallen, sowie Gewinne, die einer Steuerermäßigung nach § 34 unterliegen.

(3) Der auf gewerbliche Einkünfte entfallende Anteil am zu versteuernden Einkommen (gewerblicher Anteil) bemißt sich nach dem Verhältnis der gewerblichen Einkünfte nach Absatz 2 zur Summe der Einkünfte. Übersteigen die gewerblichen Einkünfte nach Absatz 2 die Summe der Einkünfte, ist der Entlastungsbetrag nach Absatz 4 auf der Grundlage des gesamten zu versteuernden Einkommens zu ermitteln. Der gewerbliche Anteil ist auf den nächsten durch 54 ohne Rest teilbaren vollen Deutsche-Mark-Betrag abzurunden, wenn er nicht bereits durch 54 ohne Rest teilbar ist.

(4) Zur Ermittlung des Entlastungsbetrags wird zunächst für den abgerundeten gewerblichen Anteil die Einkommensteuer nach § 32a berechnet. Von diesem Steuerbetrag sind die Einkommensteuer, die nach § 32a auf ein zu versteuerndes Einkommen in Höhe von 100 224 Deutsche Mark entfällt, sowie 47 vom Hundert des abgerundeten gewerblichen Anteils, soweit er 100 224 Deutsche Mark übersteigt, abzuziehen. Der sich hieraus ergebende Entlastungsbetrag ist auf volle Deutsche Mark aufzurunden.

(5) Bei Ehegatten, die zusammen zur Einkommensteuer veranlagt werden, beträgt der Entlastungsbetrag das Zweifache des Entlastungsbetrags, der sich für die Hälfte ihres gemeinsam zu versteuernden Einkommens nach den Absätzen 1 bis 4 ergibt. Die Ehegatten sind bei der Verhältnisrechnung nach Absatz 3 gemeinsam als Steuerpflichtiger zu behandeln.

§ 33. Außergewöhnliche Belastungen.

(1) Erwachsen einem Steuerpflichtigen zwangsläufig größere Aufwendungen als der überwiegenden Mehrzahl der Steuerpflichtigen gleicher Einkommensverhältnisse, gleicher Vermögensverhältnisse und gleichen Familienstands (außergewöhnliche Belastung), so wird auf Antrag die Einkommensteuer dadurch ermäßigt, daß der Teil der Aufwendungen, der die dem Steuerpflichtigen zumutbare Belastung ... übersteigt, vom Gesamtbetrag der Einkünfte abgezogen wird.

[1] Der Tarif gilt für den Veranlagungszeitraum 1998. Für die Veranlagungszeiträume ab 1999 siehe § 52 Anwendungsvorschriften Nr. 22b.

VI. Steuererhebung

Erhebung der Einkommensteuer

§ 36. Entstehung und Tilgung der Einkommensteuer.

(1) Die Einkommensteuer entsteht, soweit in diesem Gesetz nichts anderes bestimmt ist, mit Ablauf des Veranlagungszeitraums.

(2) Wurde das Einkommen in den Fällen des § 31 um den Kinderfreibetrag vermindert, so wird in entsprechendem Umfang das gezahlte Kindergeld der Einkommensteuer hinzugerechnet; § 11 Abs. 1 findet insoweit keine Anwendung. Auf die Einkommensteuer werden angerechnet:

1. die für den Veranlagungszeitraum entrichteten Einkommensteuer-Vorauszahlungen (§ 37);
2. die durch Steuerabzug erhobene Einkommensteuer, soweit sie auf die bei der Veranlagung erfaßten Einkünfte oder auf die nach § 8b Abs. 1 des Körperschaftsgesetzes bei der Ermittlung des Einkommens außer Ansatz bleibenden Bezüge entfällt und nicht die Erstattung beantragt oder durchgeführt ist. Die durch Steuerabzug erhobene Einkommensteuer wird nicht angerechnet, wenn die in § 45a Abs. 2 oder 3 bezeichnete Bescheinigung nicht vorgelegt worden ist;
3. die Körperschaftsteuer einer unbeschränkt Körperschaftsteuerpflichtigen Körperschaft oder Personenvereinigung in Höhe von 3/7 der Einnahmen im Sinne des § 20 Abs. 1 Nr. 1 oder 2, soweit diese nicht aus Ausschüttungen stammen, für die Eigenkapital im Sinne des § 30 Abs. 2 Nr. 1 des Körperschaftsteuergesetzes als verwendet gilt.

§ 36b. Vergütung von Körperschaftsteuer.

(1) [1]Einem Anteilseigner, der Einnahmen im Sinne des § 20 Abs. 1 Nr. 1 oder 2 bezieht und im Zeitpunkt ihres Zufließens unbeschränkt einkommensteuerpflichtig ist, wird die anrechenbare Körperschaftsteuer auf Antrag vergütet, wenn anzunehmen ist, daß für ihn eine Veranlagung zur Einkommensteuer nicht in Betracht kommt oder ein Freistellungsauftrag im Sinne des § 44a Abs. 2 Satz 1 oder eine Bescheinigung im Sinne des § 44a Abs. 5 vorliegt.

§ 37. Einkommensteuer-Vorauszahlung.

(1) [1]Der Steuerpflichtige hat am 10. März, 10. Juni, 10. September, und 10. Dezember Vorauszahlungen auf die Einkommensteuer zu entrichten, die er für den laufenden Veranlagungszeitraum voraussichtlich schulden wird. [2]Die Einkommensteuer-Vorauszahlung entsteht jeweils mit Beginn des Kalendervierteljahrs, in dem die Vorauszahlung zu entrichten sind, oder, wenn die Steuerpflicht erst im Laufe des Kalendervierteljahrs begründet wird, mit Begründung der Steuerpflicht.

Steuerabzug vom Arbeitslohn (Lohnsteuer)

§ 38. Erhebung der Lohnsteuer.

(1) [1]Bei Einkünften aus nichtselbständiger Arbeit wird die Einkommensteuer durch Abzug vom Arbeitslohn erhoben (Lohnsteuer), soweit der Arbeitslohn von einem Arbeitgeber gezahlt wird, der

1. im Inland einen Wohnsitz, seinen gewöhnlichen Aufenthalt, seine Geschäftsleitung, seinen Sitz, eine Betriebsstätte oder einen ständigen Vertreter ... hat (inländischer Arbeitgeber) oder
2. einem Dritten (Entleiher) Arbeitnehmer gewerbsmäßig zur Arbeitsleistung im Inland überläßt, ohne inländischer Arbeiter zu sein (ausländischer Verleiher).

(2) [1]Der Arbeitnehmer ist Schuldner der Lohnsteuer. [2]Die Lohnsteuer entsteht in dem Zeitpunkt, in dem der Arbeitslohn dem Arbeitnehmer zufließt.

(3) [1]Der Arbeitgeber hat die Lohnsteuer für Rechnung des Arbeitnehmer bei jeder Lohnzahlung vom Arbeitslohn einzubehalten. ...

§ 38a. Höhe der Lohnsteuer.

(1) [1]Die Jahreslohnsteuer bemißt sich nach dem Arbeitslohn, den der Arbeitnehmer im Kalenderjahr bezieht (Jahresarbeitslohn). ... [3]Arbeitslohn, der nicht als laufender Arbeitslohn gezahlt wird (sonstige Bezüge), wird in dem Kalenderjahr bezogen, in dem er dem Arbeitnehmer zufließt.

(2) Die Jahreslohnsteuer wird nach dem Jahresarbeitslohn so bemessen, daß sie der Einkommensteuer entspricht, die der Arbeitnehmer schuldet, wenn er ausschließlich Einkünfte aus nichtselbständiger Arbeit erzielt.

(3) [1]Vom laufenden Arbeitslohn wird die Lohnsteuer jeweils mit dem auf den Lohnzahlungszeitraum fallenden Teilbetrag der Jahreslohnsteuer erhoben, die sich bei Umrechnung des laufenden Arbeitslohns auf einen Jahresarbeitslohn ergibt. ...

§ 38b. Lohnsteuerklassen.

[1]Für die Durchführung des Lohnsteuerabzugs werden unbeschränkt einkommensteuerpflichtige Arbeitnehmer in Steuerklassen eingereiht. [2]Dabei gilt folgendes:

1. In die Steuerklasse I gehören Arbeitnehmer, die
   a) ledig sind,
   b) verheiratet, verwitwet oder geschieden sind und bei denen die Voraussetzungen für die Steuerklasse III oder IV nicht erfüllt sind;
2. in die Steuerklasse II gehören die unter Nummer 1 bezeichneten Arbeitnehmer, wenn bei ihnen der Haushaltsfreibetrag (§ 32 Abs. 7) zu berücksichtigen ist;
3. in die Steuerklasse III gehören Arbeitnehmer,
   a) die verheiratet sind, wenn beide Ehegatten unbeschränkt einkommensteuerpflichtig sind und nicht dauernd getrennt leben und
      aa) der Ehegatte des Arbeitnehmers keinen Arbeitslohn bezieht oder
      bb) der Ehegatte des Arbeitnehmers auf Antrag beider Ehegatten in die Steuerklasse V eingereiht wird,
   b) die verwitwet sind, wenn sie und ihr verstorbener Ehegatte im Zeitpunkt seines Todes unbeschränkt einkommensteuerpflichtig waren und in diesem Zeitpunkt nicht dauernd getrennt gelebt haben, für das Kalenderjahr, das dem Kalenderjahr folgt, in dem der Ehegatte verstorben ist,
   c) deren Ehe aufgelöst worden ist, wenn
      aa) im Kalenderjahr der Auflösung der Ehe beide Ehegatten unbeschränkt einkommensteuerpflichtig waren und nicht dauernd getrennt gelebt haben und
      bb) der andere Ehegatte wieder geheiratet hat, von seinem neuen Ehegatten nicht dauernd getrennt lebt und er und sein neuer Ehegatte unbeschränkt einkommensteuerpflichtig sind,

      für das Kalenderjahr, in dem die Ehe aufgelöst worden ist;
4. in die Steuerklasse IV gehören Arbeitnehmer, die verheiratet sind, wenn beide Ehegatten unbeschränkt einkommensteuerpflichtig sind und nicht dauernd getrennt leben und der Ehegatte des Arbeitnehmers ebenfalls Arbeitslohn bezieht;
5. in die Steuerklasse V gehören die unter Nummer 4 bezeichneten Arbeitnehmer, wenn der Ehegatte des Arbeitnehmers auf Antrag beider Ehegatten in die Steuerklasse III eingereiht wird;
6. die Steuerklasse VI gilt bei Arbeitnehmern, die nebeneinander von mehreren Arbeitgebern Arbeitslohn beziehen, für die Einbehaltung der Lohnsteuer vom Arbeitslohn aus dem zweiten und weiteren Dienstverhältnis.

§ 39. Lohnsteuerkarte.

(1) [1]Die Gemeinden haben den nach § 1 Abs. 1 unbeschränkt einkommensteuerpflichtigen Arbeitnehmern für jedes Kalenderjahr unentgeltlich eine Lohnsteuerkarte nach amtlich vorgeschriebenem Muster auszustellen und zu übermitteln. [2]Steht ein Arbeitnehmer nebeneinander bei mehreren Arbeitgebern in einem Dienstverhältnis, so hat die Gemeinde eine entsprechende Anzahl Lohnsteuerkarten unentgeltlich auszustellen und zu übermitteln. [3]Wenn eine Lohnsteuerkarte verlorengegangen, unbrauchbar geworden oder zerstört worden ist, hat die Gemeinde eine Ersatz-Lohnsteuerkarte auszustellen. [4]Hierfür kann die ausstellende Gemeinde von dem Arbeitnehmer eine Gebühr bis 10 Deutsche Mark erheben; das Verwaltungskostengesetz ist anzuwenden.

(2) [1]Für die Ausstellung der Lohnsteuerkarte ist die Gemeinde örtlich zuständig, in deren Bezirk der Arbeitnehmer am 20. September des dem Kalenderjahr, für das die Lohnsteuerkarte gilt, vorangehenden Jahres oder erstmals nach diesem Stichtag seine Hauptwohnung oder in Ermangelung einer Wohnung seinen gewöhnlichen Aufenthalt hatte.

§ 39a. Freibetrag beim Lohnsteuerabzug.

(1) Auf der Lohnsteuerkarte wird als vom Arbeitslohn abzuziehender Freibetrag die Summe der folgenden Beträge eingetragen:
1. Werbungskosten, die bei den Einkünften aus nichtselbständiger Arbeit anfallen, soweit sie den Arbeitnehmer-Pauschbetrag (§ 9a Satz 1 Nr. 1 Buchstabe a übersteigen,
2. Sonderausgaben im Sinne des § 10 Abs. 1 Nr. 1, 1a bis 9 und des § 10b, soweit sie den Sonderausgaben-Pauschbetrag von 108 Deutsche Mark übersteigen,
3. der Betrag, der nach den §§ 33, 33a, 33b Abs. 6 und § 33c wegen außergewöhnlicher Belastungen zu gewähren ist,
4. die Pauschbeträge für Behinderte und Hinterbliebene (§ 33b Abs. 1 bis 5).

§ 39b. Durchführung des Lohnsteuerabzugs für unbeschränkt einkommensteuerpflichtige Arbeitnehmer.

(1) [1]Für die Durchführung des Lohnsteuerabzugs hat der unbeschränkt einkommensteuerpflichtige Arbeitnehmer seinem Arbeitgeber vor Beginn des Kalenderjahrs oder beim Eintritt in das Dienstverhältnis eine Lohnsteuerkarte vorzulegen. [2]Der Arbeitgeber hat die Lohnsteuerkarte während des Dienstverhältnisses aufzubewahren. [3]Er hat sie dem Arbeitnehmer während des Kalenderjahrs zur Vorlage beim Finanzamt oder bei der Gemeinde vorübergehend zu überlassen sowie innerhalb angemessener Frist nach Beendigung des Dienstverhältnisses herauszugeben.

§ 40a. Pauschalierung der Lohnsteuer für Teilzeitbeschäftigte.

(1) [1]Der Arbeitgeber kann unter Verzicht auf die Vorlage einer Lohnsteuerkarte bei Arbeitnehmern, die nur kurzfristig beschäftigt werden, die Lohnsteuer mit einem Pauschsteuersatz von 25 vom Hundert des Arbeitslohns erheben. [2]Eine kurzfristige Beschäftigung liegt vor, wenn der Arbeitnehmer bei dem Arbeitgeber gelegentlich, nicht regelmäßig wiederkehrend beschäftigt wird, die Dauer der Beschäftigung 18 zusammenhängende Arbeitstage nicht übersteigt und

1. der Arbeitslohn während der Beschäftigungsdauer 120 Deutsche Mark durchschnittlich je Arbeitstag nicht übersteigt oder
2. die Beschäftigung zu einem unvorhersehbaren Zeitpunkt sofort erforderlich wird.

(2) [1]Der Arbeitgeber kann unter Verzicht auf die Vorlage einer Lohnsteuerkarte bei Arbeitnehmern, die nur in geringem Umfang und gegen geringen Arbeitslohn beschäftigt werden, die Lohnsteuer mit einem Pauschsteuersatz von 20 vom Hundert des Arbeitslohns erheben. [2]Eine Beschäftigung in geringem Umfang und gegen geringen Arbeitslohn liegt vor, wenn bei monatlicher Lohnzahlung die Beschäftigungsdauer 86 Stunden und der Arbeitslohn ein Siebtel der monatlichen Bezugsgröße im Sinne des § 18 Abs. 1 Viertes Buch Sozialgesetzbuch nicht übersteigt; bei kürzeren Lohnzahlungszeiträumen darf wöchentlich die Beschäftigungsdauer 20 Stunden und der Arbeitslohn ein Dreißigstel der monatlichen Bezugsgröße nicht übersteigen.

§ 40b. Pauschalierung der Lohnsteuer bei bestimmten Zukunftssicherungsleistungen.

(1) [1]Der Arbeitgeber kann die Lohnsteuer von den Beiträgen für eine Direktversicherung des Arbeitnehmers und von den Zuwendungen an eine Pensionskasse mit einem Pauschsteuersatz von 20 vom Hundert der Beiträge und Zuwendungen erheben. [2]Die pauschale Erhebung der Lohnsteuer von Beiträgen für eine Direktversicherung ist nur zulässig, wenn die Versicherung nicht auf den Erlebensfall eines früheren als des 60. Lebensjahrs abgeschlossen und eine vorzeitige Kündigung des Versicherungsvertrags durch den Arbeitnehmer ausgeschlossen worden ist.

(2) [1]Absatz 1 gilt nicht, soweit die zu besteuernden Beiträge und Zuwendungen des Arbeitgebers für den Arbeitnehmer 3408 Deutsche Mark im Kalenderjahr übersteigen oder nicht aus seinem ersten Dienstverhältnis bezogen werden. [2]Sind mehrere Arbeitnehmer gemeinsam in einem Direktversicherungsvertrag oder in einer Pensionskasse versichert, so gilt als Beitrag oder Zuwendung für den einzelnen Arbeitnehmer der Teilbetrag, der sich bei einer Aufteilung der gesamten Beiträge oder der gesamten Zuwendungen durch die Zahl der begünstigten Arbeitnehmer ergibt, wenn dieser Teilbetrag 20 vom Hundert nicht übersteigt; hierbei sind Arbeitnehmer, für die Beiträge und Zuwendungen von mehr als 4200 Deutsche Mark im Kalenderjahr geleistet werden, nicht einzubeziehen.

§ 41a. Anmeldung und Abführung der Lohnsteuer.

(1) [1] Der Arbeitgeber hat spätestens am zehnten Tag nach Ablauf eines jeden Lohnsteuer-Anmeldungszeitraums

1. dem Finanzamt, in dessen Bezirk sich die Betriebsstätte (§ 41 Abs. 2) befindet (Betriebsstättenfinanzamt), eine Steuererklärung einzureichen, in der er die Summe der im Lohnsteuer-Anmeldungszeitraum einzubehaltenden und zu übernehmenden Lohnsteuer angibt (Lohnsteuer-Anmeldung),
2. die im Lohnsteuer-Anmeldungszeitraum insgesamt einbehaltene und übernommene Lohnsteuer an das Betriebsstättenfinanzamt abzuführen.

§ 42b. Lohnsteuer-Jahresausgleich durch den Arbeitgeber.

(1) [1]Der Arbeitgeber ist berechtigt, seinen unbeschränkt einkommensteuerpflichtigen Arbeitnehmern, die während des abgelaufenen Kalenderjahrs (Ausgleichsjahr) ständig in einem Dienstverhältnis gestanden haben, die für das Ausgleichsjahr einbehaltene Lohnsteuer insoweit zu erstatten, als sie die auf den Jahresarbeitslohn entfallende Jahreslohnsteuer übersteigt (Lohnsteuer-Jahresausgleich). [2]Er ist zur Durchführung des Lohnsteuer-Jahresausgleichs verpflichtet, wenn er am 31. Dezember des Ausgleichsjahrs mindestens zehn Arbeitnehmer beschäftigt.

Steuerabzug vom Kapitalertrag (Kapitalertragsteuer)

§ 43. Kapitalerträge mit Steuerabzug.

(1) [1]Bei den folgenden inländischen ... Kapitalerträgen wird die Einkommensteuer durch Abzug vom Kapitalertrag (Kapitalertragsteuer) erhoben:

1. Kapitalerträgen im Sinne des § 20 Abs. 1 Nr. 1 und 2 sowie Bezügen, die nach § 8b Abs. 1 des Körperschaftsteuergesetzes bei der Ermittlung des Einkommens außer Ansatz bleiben;

2. Zinsen aus Teilschuldverschreibungen, bei denen neben der festen Verzinsung ein Recht auf Umtausch in Gesellschaftsanteile (Wandelanleihen) oder eine Zusatzverzinsung, die sich nach der Höhe der Gewinnausschüttungen des Schuldners richtet (Gewinnobligationen), eingeräumt ist, und Zinsen aus Genußrechten, die nicht in § 20 Abs. 2 Nr. 1 genannt sind. ...
3. Einnahmen aus der Beteiligung an einem Handelsgewerbe als stiller Gesellschafter. ...
4. Kapitalerträgen im Sinne des § 20 Abs. 1 Nr. 6.
7. Kapitalerträgen im Sinne des § 20 Abs. 1 Nr. 7, außer bei Kapitalerträgen im Sinne der Nummer 2,
   a) wenn es sich um Zinsen aus Anleihen und Forderungen handelt, die in ein öffentliches Schuldbuch oder in ein ausländisches Register eingetragen oder über die Sammelurkunden im Sinne des § 9a des Depotgesetzes oder Teilschuldverschreibungen ausgegeben sind;
   b) wenn der Schuldner der nicht in Buchstabe a genannten Kapitalerträge ein inländisches Kreditinstitut oder ein inländisches Finanzdienstleistungsinstitut im Sinne des Gesetzes über das Kreditwesen ist. ...
8. Kapitalerträgen im Sinne des § 20 Abs. 2 Nr. 2 Buchstabe b und Nummern 3 und 4 außer bei Zinsen aus Wandelanleihen im Sinne der Nummer 2. [2]Bei der Veräußerung von Kapitalforderungen im Sinne der Nummer 7 Buchstabe b gilt Nummer 7 Buchstabe b Doppelbuchstabe aa entsprechend.

[2]Dem Steuerabzug unterliegen auch Kapitalerträge im Sinne des § 20 Abs. 2 Nr. 1, die neben den in den Nummern 1 bis 8 bezeichneten Kapitalerträgen oder an deren Stelle gewährt werden.

§ 43a. Bemessung der Kapitalertragsteuer.

(1) Die Kapitalertragsteuer beträgt

1. in den Fällen des § 43 Abs. 1 Nr. 1 bis 4:
   25 vom Hundert des Kapitalertrags, wenn der Gläubiger die Kapitalertragsteuer trägt,
   33 1/3 vom Hundert des tatsächlich ausgezahlten Betrags, wenn der Schuldner die Kapitalsteuer übernimmt;
4. in den Fällen des § 43 Abs. 1 Satz 1 Nr. 7 und 8 sowie Satz 2:
   30 vom Hundert des Kapitalertrags (Zinsabschlag), wenn der Gläubiger die Kapitalertragsteuer trägt,
   42,85 vom Hundert des tatsächlich ausgezahlten Betrags, wenn der Schuldner die Kapitalertragsteuer übernimmt;

(2) [1]Dem Steuerabzug unterliegen die vollen Kapitalerträge ohne jeden Abzug. In den Fällen des § 20 Abs. 2 Nr. 4 bemißt sich der Steuerabzug nach dem Unterschied zwischen dem Entgelt für den Erwerb und den Einnahmen aus der Veräußerung oder Einlösung der Wertpapiere und Kapitalforderungen, wenn sie von der die Kapitalerträge auszahlenden Stelle erworben oder veräußert und seitdem verwahrt oder verwaltet worden sind. Ist dies nicht der Fall, bemißt sich der Steuerabzug nach 30 vom Hundert der Einnahmen aus der Veräußerung oder Einlösung der Wertpapiere und Kapitalforderungen.

§ 44. Entrichtung der Kapitalertragsteuer in den Fällen des § 43 Abs. 1 Satz 1 Nr. 1 bis 5, 7 und 8 sowie Satz 2.

(1) [1]Schuldner der Kapitalertragsteuer ist in den Fällen des § 43 Abs. 1 Satz 1 Nr. 1 bis 5, 7 und 8 sowie Satz 2 der Gläubiger der Kapitalerträge. [2]Die Kapitalertragsteuer entsteht in dem Zeitpunkt, in dem die Kapitalerträge dem Gläubiger zufließen. [3]In diesem Zeitpunkt haben in den Fällen des § 43 Abs. 1 Satz 1 Nr. 1 bis 5 der Schuldner der Kapitalerträge und in den Fällen des § 43 Abs. 1 Satz 1 Nr. 7 und 8 sowie Satz 2 die die Kapitalerträge auszahlende Stelle den Steuerabzug für Rechnung des Gläubigers der Kapitalerträge vorzunehmen. [4]Die die Kapitalerträge auszahlende Stelle ist

1. in den Fällen des § 43 Abs. 1 Satz 1 Nr. 7 Buchstabe a und Nummer 8 sowie Satz 2
   a) das inländische Kreditinstitut oder das inländische Finanzdienstleistungsinstitut im Sinne des § 43 Abs. 1 Satz 1 Nr. 7 Buchstabe b,

§ 44a. Abstandnahme vom Steuerabzug.

(1) Bei Kapitalerträgen im Sinne des § 43 Abs. 1 Satz 1 Nr. 3, 4, 7 und 8 sowie Satz 2, die einem unbeschränkt einkommensteuerpflichtigen Gläubiger zufließen, ist der Steuerabzug nicht vorzunehmen,

1. soweit die Kapitalerträge zusammen mit den Kapitalerträgen, für die die Kapitalertragsteuer nach § 44b zu erstatten oder die Körperschaftsteuer nach den §§ 36b, 36c zu vergüten ist, einschließlich der Kapitalerträge im Sinne des § 20 Abs. 1 Nr 3 den Sparer-Freibetrag nach § 20 Abs. 4 und den Werbungskosten-Pauschbetrag nach § 9a Satz 1 Nr. 1 Buchstabe b nicht übersteigen,
2. wenn anzunehmen ist, daß für ihn eine Veranlagung zur Einkommensteuer nicht in Betracht kommt.

(2) [1]Vorraussetzung für die Abstandnahme vom Steuerabzug nach Absatz 1 ist, daß dem nach § 44 Abs. 1 zum Steuerabzug Verpflichteten

1. in den Fällen des Absatzes 1 Nr. 1 ein Freistellungsauftrag des Gläubigers der Kapitalerträge nach amtlich vorgeschriebenem Vordruck oder

8

2. in den Fällen des Absatzes 1 Nr. 2 eine Nichtveranlagungs-Bescheinigung des für den Gläubiger zuständigen Wohnsitzfinanzamts vorliegt. [2]§ 36b Abs. 2 Satz 2 bis 4 ist in den Fällen des Satzes 1 Nr. 2 entsprechend anzuwenden.

(3) Der nach § 44 Abs. 1 zum Steuerabzug Verpflichtete hat in seinen Unterlagen das Finanzamt, das die Bescheinigung erteilt hat, den Tag der Ausstellung der Bescheinigung und die in der Bescheinigung angegebene Steuer- und Listennummer zu vermerken sowie die Freistellungsaufträge aufzubewahren.

§ 44b. Erstattung der Kapitalertragsteuer.

(1) [1]Bei Kapitalerträgen im Sinne des § 43 Abs. 1 Satz 1 Nr. 1 und 2, die einem unbeschränkt einkommensteuerpflichtigen und in den Fällen des § 44a Abs. 5 auch einem beschränkt einkommensteuerpflichtigen Gläubiger zufließen, wird auf Antrag die einbehaltene und abgeführte Kapitalertragsteuer unter den Voraussetzungen des § 44a Abs. 1, 2 und 5 in dem dort bestimmten Umfang erstattet. [2]Dem Antrag auf Erstattung ist außer dem Freistellungsauftrag nach § 44a Abs. 2 Nr. 1, der Nichtveranlagungs-Bescheinigung nach § 44a Abs. 2 Nr. 2 oder der Bescheinigung nach § 44a Abs. 5 eine Steuerbescheinigung nach § 45a Abs. 3 beizufügen. [3]§ 36b Abs. 3 bis 5 und § 36c gelten sinngemäß.

(4) [1]Ist Kapitalertragsteuer einbehalten und abgeführt worden, obwohl eine Verpflichtung hierzu nicht bestand, oder hat der Gläubiger im Fall des § 44a dem nach § 44 Abs. 1 zum Steuerabzug Verpflichteten den Freistellungsauftrag oder die Nichtveranlagungs-Bescheinigung oder die Bescheinigungen nach § 44a Abs. 4 oder 5 erst in einem Zeitpunkt vorgelegt, in dem die Kapitalertragsteuer bereits abgeführt war, so ist auf Antrag des nach § 44 Abs. 1 zum Steuerabzug Verpflichteten die Steueranmeldung (§ 45a Abs. 1) insoweit zu ändern; statt dessen kann der zum Steuerabzug Verpflichtete bei der folgenden Steueranmeldung die abzuführende Kapitalertragsteuer entsprechend kürzen. [2]Erstattungsberechtigt ist der Antragsteller.

IX. Sonstige Vorschriften, Bußgeld-, Ermächtigungs- und Schlußvorschriften

§ 52. Anwendungsvorschriften.

(22b) § 32a Abs. 1 ist anzuwenden

2. für den Veranlagungszeitraum 1999 und die folgenden Veranlagungszeiträume in der folgenden Fassung:

„(1) Die tarifliche Einkommensteuer bemißt sich nach dem zu versteuernden Einkommen. Sie beträgt vorbehaltlich der §§ 32b, 34, 34b und 34c jeweils in Deutsche Mark für zu versteuernde Einkommen

1. bis 13 067 Deutsche Mark (Grundfreibetrag):
   0;
2. von 13 068 Deutsche Mark bis 66 365 Deutsche Mark:
   $(101{,}22 \cdot y + 2590) \cdot y$;
3. von 66 366 Deutsche Mark bis 120 041 Deutsche Mark:
   $(151{,}93 \cdot z + 3669) \cdot z + 16\,679$;
4. von 120 042 Deutsche Mark an:
   $0{,}53 \cdot x - 22\,844$.

„y" ist ein Zehntausendstel des 13 014 Deutsche Mark übersteigenden Teils des abgerundeten zu versteuernden Einkommens. „z" ist ein Zehntausendstel des 66 312 Deutsche Mark übersteigenden Teils des abgerundeten zu versteuernden Einkommens. „x" ist das abgerundete zu versteuernde Einkommen."

X. Kindergeld

§ 62. Anspruchsberechtigte.

(1) Für Kinder im Sinne des § 63 hat Anspruch auf Kindergeld nach diesem Gesetz, wer

1. im Inland einen Wohnsitz oder seinen gewöhnlichen Aufenthalt hat oder
2. ohne Wohnsitz oder gewöhnlichen Aufenthalt im Inland
   a) nach § 1 Abs. 2 unbeschränkt einkommensteuerpflichtig ist oder
   b) nach § 1 Abs. 3 als unbeschränkt einkommensteuerpflichtig behandelt wird.

(2) Ein Ausländer hat nur Anspruch auf Kindergeld, wenn er im Besitz einer Aufenthaltsberechtigung oder Aufenthaltserlaubnis ist.

§ 63. Kinder.

(1) Als Kinder werden berücksichtigt

1. Kinder im Sinne des § 32 Abs. 1,
2. vom Berechtigten in seinen Haushalt aufgenommene Kinder seines Ehegatten,
3. vom Berechtigten in seinen Haushalt aufgenommene Enkel.

§ 66. Höhe des Kindergeldes, Zahlungszeitraum.

(1) Das Kindergeld beträgt für das erste und zweite Kind jeweils 220 Deutsche Mark, für das dritte Kind 300 Deutsche Mark und für das vierte und jedes weitere Kind jeweils 350 Deutsche Mark monatlich.

§ 67. Antrag.

(1) Das Kindergeld ist bei der örtlich zuständigen Familienkasse schriftlich zu beantragen. Den Antrag kann außer dem Berechtigten auch stellen, wer ein berechtigtes Interesse an der Leistung des Kindergeldes hat.

§ 70. Festsetzung und Zahlung des Kindergeldes.

(1) Das Kindergeld nach § 62 wird von der Familienkasse durch Bescheid festgesetzt und ausgezahlt, soweit nichts anderes bestimmt ist.

...

§ 71. Zahlungszeitraum.

Das Kindergeld wird monatlich gezahlt.

§ 73. Zahlung des Kindergeldes an andere Arbeitnehmer.

(1) Der Arbeitgeber hat das Kindergeld

1. bei monatlichen oder längeren Lohnabrechnungszeiträumen jeweils zusammen mit dem Arbeitslohn,
2. bei kürzeren als monatlichen Lohnabrechnungszeiträumen jeweils für alle in einem Kalendermonat endenden Lohnabrechnungszeiträumen zusammen mit dem Arbeitslohn für den letzten in dem Kalendermonat endenden Lohnabrechnungszeitraum

nach der von der Familienkasse festgesetzten und bescheinigten Höhe auszuzahlen. Die Familienkasse setzt das monatlich auszuzahlende Kindergeld fest und erteilt dem Arbeitnehmer darüber eine Bescheinigung, die dem Arbeitgeber vorzulegen ist. Der Arbeitgeber hat die Bescheinigung aufzubewahren. Satz 1 gilt nicht für Arbeitnehmer, die voraussichtlich nicht länger als sechs Monate bei dem Arbeitgeber beschäftigt sind. § 72 Abs. 8 gilt entsprechend.

(2) Dem Arbeitgeber steht kein Zurückbehaltungsrecht hinsichtlich des Kindergeldes zu.

Eigenheimzulagengesetz

In der Fassung der Bekanntmachung vom 26. März 1997, mit Änderungen bis zum 22. Juli 1998

§ 1. Anspruchsberechtigter.

Unbeschränkt Steuerpflichtige im Sinne des Einkommensteuergesetzes haben Anspruch auf eine Eigenheimzulage nach Maßgabe der folgenden Vorschriften.

§ 2. Begünstigtes Objekt.

(1) Begünstigt ist die Herstellung oder Anschaffung einer Wohnung in einem im Inland belegenen eigenen Haus oder einer im Inland belegenen eigenen Eigentumswohnung. …

(2) Ausbauten und Erweiterungen an einer Wohnung in einem im Inland belegenen eigenem Haus oder einer im Inland belegenen eigenen Eigentumswohnung stehen der Herstellung einer Wohnung im Sinne des Absatzes 1 gleich.

§ 3. Förderzeitraum.

Der Anspruchsberechtigte kann die Eigenheimzulage im Jahr der Fertigstellung oder Anschaffung und in den sieben folgenden Jahren (Förderzeitraum) in Anspruch nehmen.

§ 4. Nutzung zu eigenen Wohnzwecken.

Der Anspruch besteht nur für Kalenderjahre, in denen der Anspruchsberechtigte die Wohnung zu eigenen Wohnzwecken nutzt. Eine Nutzung zu eigenen Wohnzwecken liegt auch vor, soweit eine Wohnung unentgeltlich an einen Angehörigen im Sinne des § 15 der Abgabenordnung zu Wohnzwecken überlassen wird.

§ 5. Einkunftsgrenze.

Der Anspruchsberechtigte kann die Eigenheimzulage ab dem Jahr in Anspruch nehmen (Erstjahr), in dem der Gesamtbetrag der Einkünfte nach § 2 Abs. 3 des Einkommensteuergesetzes des Erstjahrs zuzüglich des Gesamtbetrags der Einkünfte des vorangegangenen Jahrs (Vorjahr) 240 000 Deutsche Mark nicht übersteigt. Bei Ehegatten, die im Erstjahr nach § 26b des Einkommensteuergesetzes zusammenveranlagt werden oder die nicht zur Einkommensteuer veranlagt werden und die Voraussetzungen des § 26 Abs. 1 des Einkommensteuergesetzes erfüllen, tritt an die Stelle des Betrags von 240 000 Deutsche Mark der Betrag von 480 000 Deutsche Mark. …

§ 6. Objektbeschränkung.

(1) Der Anspruchsberechtigte kann die Eigenheimzulage nur für eine Wohnung oder einen Ausbau oder eine Erweiterung (Objekt) in Anspruch nehmen. Ehegatten, bei denen die Voraussetzungen des § 26 Abs. 1 des Einkommensteuergesetzes vorliegen, können die Eigenheimzulage für insgesamt zwei Objekte beanspruchen, jedoch nicht gleichzeitig für zwei in räumlichem Zusammenhang belegene Objekte, wenn bei den Ehegatten im Zeitpunkt der Fertigstellung oder Anschaffung der Objekte die Voraussetzungen des § 26 Abs. 1 des Einkommensteuergesetzes vorliegen.

(2) Sind mehrere Anspruchsberechtigte Eigentümer einer Wohnung, steht jeder Anteil an dieser Wohnung einer Wohnung gleich; Entsprechendes gilt bei dem Ausbau oder der Erweiterung der Wohnung. …

§ 7. Folgeobjekt.

Nutzt der Anspruchsberechtigte die Wohnung (Erstobjekt) nicht bis zum Ablauf des Förderzeitraums zu eigenen Wohnzwecken und kann er deshalb die Eigenheimzulage nicht mehr in Anspruch nehmen, kann er die Eigenheimzulage für ein weiteres Objekt (Folgeobjekt) beanspruchen. Das Folgeobjekt ist ein eigenständiges Objekt im Sinne des § 2. Der Förderzeitraum für das Folgeobjekt ist um die Kalenderjahre zu kürzen, in denen der Anspruchsberechtigte die Eigenheimzulage für das Erstobjekt in Anspruch hätte nehmen können; …

§ 8. Bemessungsgrundlage.

Bemessungsgrundlage für den Fördergrundbetrag nach § 9 Abs. 2 sind die Herstellungskosten oder Anschaffungskosten der Wohnung zuzüglich der Anschaffungskosten für den dazugehörenden Grund und Boden. Bei Ausbauten oder Erweiterungen nach § 2 Abs. 2 sind Bemessungsgrundlage die Herstellungskosten. Werden Teile der Wohnung nicht zu eigenen Wohnzwecken genutzt, ist die Bemessungsgrundlage um den hierauf entfallenden Teil zu kürzen.

§ 9. Höhe der Eigenheimzulage.

(1) Die Eigenheimzulage umfaßt den Fördergrundbetrag nach den Absätzen 2 bis 4 und die Kinderzulage nach Absatz 5.

(2) Der Fördergrundbetrag beträgt jährlich 5 vom Hundert der Bemessungsgrundlage, höchstens 5 000 Deutsche Mark. Bei Anschaffung der Wohnung nach Ablauf des zweiten auf das Jahr der Fertigstellung folgenden Jahres sowie bei Ausbauten und Erweiterungen nach § 2 Abs. 2 beträgt der Fördergrundbetrag jährlich 2,5 vom Hundert der Bemessungsgrundlage, höchstens 2 500 Deutsche Mark. Sind mehrere Anspruchsberechtigte Eigentümer einer Wohnung, kann der Anspruchsberechtigte den Fördergrundbetrag entsprechend seinem Mit-

eigentumsanteil in Anspruch nehmen. Der Fördergrundbetrag für die Herstellung oder Anschaffung einer Wohnung mindert sich jeweils um den Betrag, den der Anspruchsberechtigte im jeweiligen Kalenderjahr des Förderzeitraums für die Anschaffung von Genossenschaftsanteilen nach § 17 in Anspruch genommen hat.

(3) Der Fördergrundbetrag nach Absatz 2 erhöht sich jährlich um 2 vom Hundert der Bemessungsgrundlage nach Satz 3, höchstens um 500 Deutsche Mark. Dies gilt nicht bei Ausbauten und Erweiterungen nach § 2 Abs. 2. Bemessungsgrundlage sind

1. die Aufwendungen für den Einbau einer verbrennungsmotorisch oder thermisch angetriebenen Wärmepumpenanlage mit einer Leistungszahl von mindestens 1,3, einer Elektro-Wärmepumpenanlage mit einer Leistungszahl von mindestens 3,5, einer Solaranlage oder einer Anlage zur Wärmerückgewinnung einschließlich der Anbindung an das Heizsystem, wenn der Anspruchsberechtigte die Maßnahme vor Beginn der Nutzung der Wohnung zu eigenen Wohnzwecken und vor dem 1. Januar 2001 abgeschlossen hat, oder
2. die Anschaffungskosten einer Wohnung, die der Anspruchsberechtigte bis zum Ende des zweiten auf das Jahr der Fertigstellung folgenden Jahres und vor dem 1. Januar 2001 angeschafft hat, soweit sie auf die in Nummer 1 genannten Maßnahmen entfallen.

(4) Der Fördergrundbetrag nach Absatz 2 erhöht sich um jährlich 400 Deutsche Mark, wenn

1. die Wohnung in einem Gebäude belegen ist, dessen Jahres-Heizwärmebedarf den für dieses Gebäude geforderten Wert nach der Wärmeschutzverordnung vom 16. August 1994 (BGBl. I S. 2121) um mindestens 25 vom Hundert unterschreitet, und
2. der Anspruchsberechtigte die Wohnung vor dem 1. Januar 1999 fertiggestellt oder vor diesem Zeitpunkt bis zum Ende des Jahres der Fertigstellung angeschafft hat. ...

(5) Die Kinderzulage beträgt jährlich für jedes Kind, für das der Anspruchsberechtigte oder sein Ehegatte im jeweiligen Kalenderjahr des Förderzeitraums einen Kinderfreibetrag oder Kindergeld erhält, 1 500 Deutsche Mark. Voraussetzung ist, daß das Kind im Förderzeitraum zum inländischen Haushalt des Anspruchsberechtigten gehört oder gehört hat. Sind mehrere Anspruchsberechtigte Eigentümer einer Wohnung, und haben sie zugleich für ein Kind Anspruch auf die Kinderzulage, ist bei jedem die Kinderzulage zur Hälfte anzusetzen. Der Anspruchsberechtigte kann die Kinderzulage im Kalenderjahr nur für eine Wohnung in Anspruch nehmen. Der Kinderzulage steht die Steuerermäßigung nach § 34f des Einkommensteuergesetzes gleich. Absatz 2 Satz 4 ist entsprechend anzuwenden.

(6) Die Summe der Fördergrundbeträge nach Absatz 2 und der Kinderzulagen nach Absatz 5 darf die Bemessungsgrundlage nach § 8 nicht überschreiten. Sind mehrere Anspruchsberechtigte Eigentümer der Wohnung, darf die Summe der Beträge nach Satz 1 die auf den Anspruchsberechtigten entfallende Bemessungsgrundlage nicht überschreiten.

§ 10. Entstehung des Anspruchs auf Eigenheimzulage.

Der Anspruch auf Eigenheimzulage entsteht mit Beginn der Nutzung der hergestellten oder angeschafften Wohnung zu eigenen Wohnzwecken, für jedes weitere Jahr des Förderzeitraums mit Beginn des Kalenderjahres, für das eine Eigenheimzulage festzusetzen ist.

§ 11. Festsetzung der Eigenheimzulage.

(1) Die Eigenheimzulage wird für das Jahr, in dem erstmals die Voraussetzungen für die Inanspruchnahme der Eigenheimzulage vorliegen, und die folgenden Jahre des Förderzeitraums von dem für die Besteuerung des Anspruchsberechtigten nach dem Einkommen zuständigen Finanzamt festgesetzt. ...

§ 12. Antrag auf Eigenheimzulage.

(1) Der Antrag auf Eigenheimzulage ist nach amtlichem Vordruck zu stellen und eigenhändig zu unterschreiben.

(2) Der Anspruchsberechtigte ist verpflichtet, dem zuständigen Finanzamt unverzüglich eine Änderung der Verhältnisse mitzuteilen, die zu einer Minderung oder dem Wegfall der Eigenheimzulage führen.

§ 13. Auszahlung.

(1) Für das Jahr der Bekanntgabe des Bescheids und die vorangegangenen Jahre ist die Eigenheimzulage innerhalb eines Monats nach Bekanntgabe des Bescheids, für jedes weitere Jahr des Förderzeitraums am 15. März auszuzahlen. ...

§ 19. Anwendungsbereich.

(1) Dieses Gesetz ist erstmals anzuwenden, wenn der Anspruchsberechtigte im Fall der Herstellung nach dem 31. Dezember 1995 mit der Herstellung des Objekts begonnen oder im Fall der Anschaffung die Wohnung oder die Genossenschaftsanteile nach dem 31. Dezember 1995 auf Grund eines nach diesem Zeitpunkt rechtswirksam abgeschlossenen obligatorischen Vertrags oder gleichstehenden Rechtsakts angeschafft hat.

Solidaritätszuschlaggesetz 1995

Vom 23. Juni 1993, mit Änderungen bis zum 21. November 1997

§ 1. Erhebung eines Solidaritätszuschlags. Zur Einkommensteuer und zur Körperschaftsteuer wird ein Solidaritätszuschlag als Ergänzungsabgabe erhoben.

§ 2. Abgabepflicht. Abgabepflichtig sind
1. natürliche Personen, die nach § 1 des Einkommensteuergesetzes einkommensteuerpflichtig sind,
2. natürliche Personen, die nach § 2 des Außensteuergesetzes erweitert beschränkt steuerpflichtig sind,
3. Körperschaften, Personenvereinigungen und Vermögensmassen, die nach §§ 1 oder 2 des Körperschaftsteuergesetzes körperschaftsteuerpflichtig sind.

§ 3. Bemessungsgrundlage und zeitliche Anwendung.

(1) Der Solidaritätszuschlag bemißt sich vorbehaltlich der Absätze 3 bis 5
1. soweit eine Veranlagung zur Einkommensteuer oder Körperschaftsteuer vorzunehmen ist:
   nach der nach § 51a Abs. 2 des Einkommensteuergesetzes berechneten Einkommensteuer oder der festgesetzten Körperschaftsteuer für Veranlagungszeiträume ab 1998, vermindert um die anzurechnende oder vergütete Körperschaftsteuer, wenn ein positiver Betrag verbleibt; ...
3. soweit Lohnsteuer zu erheben ist:
   nach der nach § 51a Abs. 2a des Einkommensteuergesetzes berechneten Lohnsteuer für
   a) laufenden Arbeitslohn, der für einen nach dem 31. Dezember 1997 endenden Lohnzahlungszeitraum gezahlt wird,
   b) sonstige Bezüge, die nach dem 31. Dezember 1997 zufließen;
4. soweit ein Lohnsteuer-Jahresausgleich durchzuführen ist, nach der nach § 51a Abs. 2a des Einkommensteuergesetzes sich ergebenden Jahreslohnsteuer für Ausgleichsjahre ab 1998;
5. soweit Kapitalertragsteuer oder Zinsabschlag zu erheben ist außer in den Fällen des § 44d des Einkommensteuergesetzes:
   nach der ab 1. Januar 1998 zu erhebenden Kapitalertragsteuer oder dem ab diesem Zeitpunkt zu erhebenden Zinsabschlag;
6. soweit bei beschränkt Steuerpflichtigen ein Steuerabzugsbetrag nach § 50a des Einkommensteuergesetzes zu erheben ist:
   nach dem ab 1. Januar 1998 zu erhebenden Steuerabzugsbetrag.

(3) Der Solidaritätszuschlag ist von einkommensteuerpflichtigen Personen nur zu erheben, wenn die Bemessungsgrundlage nach Absatz 1 Nr. 1 und 2
1. in den Fällen des § 32a Abs. 5 oder 6 des Einkommensteuergesetzes 3 672 Deutsche Mark,
2. in anderen Fällen 1 836 Deutsche Mark

übersteigt.

(4) Beim Abzug vom laufenden Arbeitslohn ist der Solidaritätszuschlag nur zu erheben, wenn die Bemessungsgrundlage im jeweiligen Lohnzahlungszeitraum
1. bei monatlicher Lohnzahlung
   a) in der Steuerklasse III mehr als 306 Deutsche Mark
   und
   b) in den Steuerklassen I, II, IV bis VI mehr als 153 Deutsche Mark

....

beträgt.

§ 4. Zuschlagsatz. Der Solidaritätszuschlagsatz beträgt 5,5 vom Hundert der Bemessungsgrundlage. ...

8

Körperschaftsteuergesetz 1996

In der Fassung der Bekanntmachung vom 1. Januar 1996, mit Änderungen bis zum 22. Juli 1998

Steuerpflicht

§ 1. Unbeschränkte Steuerpflicht.

(1) Unbeschränkt körperschaftsteuerpflichtig sind die folgenden Körperschaften, Personenvereinigungen und Vermögensmassen, die ihre Geschäftsleitung oder ihren Sitz im Inland haben:

1. Kapitalgesellschaften (Aktiengesellschaften, Kommanditgesellschaften auf Aktien, Gesellschaften mit beschränkter Haftung, bergrechtliche Gewerkschaften);
2. Erwerbs- und Wirtschaftsgenossenschaften;
3. Versicherungsvereine auf Gegenseitigkeit;
4. sonstige juristische Personen des privaten Rechts;
5. nichtrechtsfähige Vereine, Anstalten, Stiftungen und andere Zweckvermögen des privaten Rechts;
6. Betriebe gewerblicher Art von juristischen Personen des öffentlichen Rechts.

(2) Die unbeschränkte Körperschaftsteuerpflicht erstreckt sich auf sämtliche Einkünfte.

§ 2. Beschränkte Steuerpflicht.

Beschränkt körperschaftsteuerpflichtig sind

1. Körperschaften, Personenvereinigungen und Vermögensmassen, die weder ihre Geschäftsleitung noch ihren Sitz im Inland haben, mit ihren inländischen Einkünften;
2. sonstige Körperschaften, Personenvereinigungen und Vermögensmassen, die nicht unbeschränkt steuerpflichtig sind, mit den inländischen Einkünften, von denen ein Steuerabzug vorzunehmen ist.

Einkommen

► Allgemeine Vorschriften

§ 7. Grundlagen der Besteuerung.

(1) Die Körperschaftsteuer bemißt sich nach dem zu versteuernden Einkommen ...

(3) Die Körperschaftsteuer ist eine Jahressteuer.

(4) Bei Steuerpflichtigen, die verpflichtet sind, Bücher nach den Vorschriften des Handelsgesetzbuchs zu führen, ist der Gewinn nach dem Wirtschaftsjahr zu ermitteln, für das sie regelmäßig Abschlüsse machen.

§ 8. Ermittlung des Einkommens.

(1) Was als Einkommen gilt und wie das Einkommen zu ermitteln ist, bestimmt sich nach den Vorschriften des Einkommensteuergesetzes und dieses Gesetzes.

(2) Bei Steuerpflichtigen, die nach den Vorschriften des Handelsgesetzbuchs zur Führung von Büchern verpflichtet sind, sind alle Einkünfte aus Gewerbebetrieb zu behandeln.

(3) Für die Ermittlung des Einkommens ist es ohne Bedeutung, ob das Einkommen verteilt wird. Auch verdeckte Gewinnausschüttungen sowie Ausschüttungen jeder Art auf Genußrechte, mit denen das Recht auf Beteiligung am Gewinn und am Liquidationserlös der Kapitalgesellschaft verbunden ist, mindern das Einkommen nicht.

► Sondervorschriften für die Organschaft

§ 14. Aktiengesellschaft oder Kommanditgesellschaft auf Aktien als Organgesellschaft.

Verpflichtet sich eine Aktiengesellschaft oder Kommanditgesellschaft auf Aktien mit Geschäftsleitung und Sitz im Inland (Organgesellschaft) durch einen Gewinnabführungsvertrag im Sinne des § 291 Abs. 1 des Aktiengesetzes, ihren ganzen Gewinn an ein anderes inländisches gewerbliches Unternehmen abzuführen, so ist das Einkommen der Organgesellschaft, soweit sich aus § 16 nichts anderes ergibt, dem Träger des Unternehmens (Organträger) zuzurechnen ...

Tarif; Besteuerung bei ausländischen Einkunftsteilen

§ 23. Steuersatz.

(1) Die Körperschaftsteuer beträgt 45 vom Hundert des zu versteuernden Einkommens.

(2) Die Körperschaftsteuer ermäßigt sich auf 42 vom Hundert bei Körperschaften, Personenvereinigungen und Vermögensmassen im Sinne des § 1 Abs. 1 Nr. 3 bis 6. Satz 1 gilt nicht

a) für Körperschaften und Personenvereinigungen, deren Leistungen bei den Empfängern zu den Einnahmen im Sinne des § 20 Abs. 1 Nr. 1 oder 2 des Einkommensteuergesetzes gehören,
b) für Stiftungen ...

§ 26. Besteuerung ausländischer Einkunftsteile.
(1) Bei unbeschränkt Steuerpflichtigen, die mit ausländischen Einkünften in dem Staat, aus dem die Einkünfte stammen, zu einer der deutschen Körperschaftsteuer entsprechenden Steuer herangezogen werden, ist die festgesetzte und gezahlte und keinem Ermäßigungsanspruch mehr unterliegende ausländische Steuer auf die deutsche Körperschaftsteuer anzurechnen, die auf die Einkünfte aus diesem Staat entfällt.

Anrechnungsverfahren

▶ Körperschaftsteuerbelastung des ausgeschütteten Gewinns unbeschränkt steuerpflichtiger Körperschaften und Personenvereinigungen

§ 27. Minderung oder Erhöhung der Körperschaftsteuer.
(1) Schüttet eine unbeschränkt steuerpflichtige Kapitalgesellschaft Gewinn aus, so mindert oder erhöht sich ihre Körperschaftsteuer um den Unterschiedsbetrag zwischen der bei ihr eingetretenen Belastung des Eigenkapitals (Tarifbelastung), das nach § 28 als für die Ausschüttung verwendet gilt, und der Belastung, die sich hierfür bei Anwendung eines Steuersatzes von 30 vom Hundert des Gewinns vor Abzug der Körperschaftsteuer ergibt (Ausschüttungsbelastung).
(2) Zur Tarifbelastung im Sinne des Absatzes 1 gehört nur die Belastung mit inländischer Körperschaftsteuer, soweit sie nach dem 31. Dezember 1976 entstanden ist.

§ 28. Für die Ausschüttung verwendetes Eigenkapital.
(1) Das Eigenkapital und seine Tarifbelastung sind nach den Vorschriften der §§ 29 bis 38 zu ermitteln.
(2) Gewinnausschüttungen, die auf einem den gesellschaftsrechtlichen Vorschriften entsprechenden Gewinnverteilungsbeschluß für ein abgelaufenes Wirtschaftsjahr beruhen, sind mit dem verwendbaren Eigenkapital zum Schluß des letzten vor dem Gewinnverteilungsbeschluß abgelaufenen Wirtschaftsjahrs zu verrechnen. Andere Ausschüttungen sind mit dem verwendbaren Eigenkapital zu verrechnen, das sich zum Schluß des Wirtschaftsjahrs ergibt, in dem die Ausschüttung erfolgt.

§ 29. Verwendbares Eigenkapital.
(1) Eigenkapital im Sinne dieses Kapitels ist das in der Steuerbilanz ausgewiesene Betriebsvermögen, das sich ohne Änderung der Körperschaftsteuer nach § 27 und ohne Verringerung um die im Wirtschaftsjahr erfolgten Ausschüttungen ergeben würde, die nicht auf einem den gesellschaftsrechtlichen Vorschriften entsprechenden Gewinnverteilungsbeschluß für ein abgelaufenes Wirtschaftsjahr beruhen.
(2) Das Eigenkapital ist zum Schluß jedes Wirtschaftsjahrs in das für Ausschüttungen verwendbare (verwendbares Eigenkapital) und in das übrige Eigenkapital aufzuteilen. Das verwendbare Eigenkapital ist der Teil des Eigenkapitals, der das Nennkapital übersteigt.
(3) Enthält das Nennkapital Beträge, die ihm durch Umwandlung von Rücklagen zugeführt worden sind und waren die Rücklagen aus dem Gewinn eines nach dem 31. Dezember 1976 abgelaufenen Wirtschaftsjahrs gebildet worden, so gehört auch dieser Teil des Nennkapitals zu dem verwendbaren Eigenkapital.

§ 30. Gliederung des verwendbaren Eigenkapitals.
(1) Das verwendbare Eigenkapital ist zum Schluß jedes Wirtschaftsjahrs entsprechend seiner Tarifbelastung zu gliedern. Die einzelnen Teilbeträge sind jeweils aus der Gliederung für das vorangegangene Wirtschaftsjahr abzuleiten. In der Gliederung sind vorbehaltlich des § 32 die Teilbeträge getrennt auszuweisen, die entstanden sind aus
1. Einkommensteilen, die nach dem 31. Dezember 1993 der Körperschaftsteuer ungemildert unterliegen,
2. Einkommensteilen, die nach dem 31. Dezember 1993 einer Körperschaftsteuer von 30 vom Hundert unterliegen,
3. Vermögensmehrungen, die der Körperschaftsteuer nicht unterliegen oder die das Eigenkapital der Kapitalgesellschaft in vor dem 1. Januar 1977 abgelaufenen Wirtschaftsjahren erhöht haben.

(2) Der in Absatz 1 Nr. 3 bezeichnete Teilbetrag ist zu unterteilen in
1. Eigenkapitalteile, die in nach dem 31. Dezember 1976 abgelaufenen Wirtschaftsjahren aus ausländischen Einkünften entstanden sind,
2. sonstige Vermögensmehrungen, die der Körperschaftsteuer nicht unterliegen und nicht unter Nummer 3 und 4 einzuordnen sind,
3. verwendbares Eigenkapital, das bis zum Ende des letzten vor dem 1. Januar 1977 abgelaufenen Wirtschaftsjahrs entstanden ist,
4. Einlagen der Anteilseigner, die das Eigenkapital in nach dem 31. Dezember 1976 abgelaufenen Wirtschaftsjahren erhöht haben.

Entstehung, Veranlagung, Erhebung und Vergütung der Steuer

§ 48. Entstehung der Körperschaftsteuer.

Die Körperschaftsteuer entsteht

a) für Steuerabzugsbeträge in dem Zeitpunkt, in dem die steuerpflichtigen Einkünfte zufließen;

b) für Vorauszahlungen mit Beginn des Kalenderjahrs, in dem die Vorauszahlungen zu entrichten sind, oder, wenn die Steuerpflicht erst im Laufe des Kalenderjahrs begründet wird, mit Begründung der Steuerpflicht;

c) für die veranlagte Steuer mit Ablauf des Veranlagungszeitraums, soweit nicht die Steuer nach Buchstabe a oder b schon früher entstanden ist.

§ 49. Steuererklärungspflicht, Veranlagung und Erhebung der Körperschaftsteuer.

(1) Auf die Durchführung der Besteuerung einschließlich der Anrechnung, Entrichtung und Vergütung der Körperschaftsteuer sowie die Festsetzung und Erhebung von Steuern, die nach der veranlagten Körperschaftsteuer bemessen werden (Zuschlagsteuern), sind die Vorschriften des Einkommensteuergesetzes entsprechend anzuwenden, soweit dieses Gesetz nichts anderes bestimmt.

§ 52. Vergütung des Erhöhungsbetrags.

(1) Die nach § 51 nicht anzurechnende Körperschaftsteuer wird an unbeschränkt steuerpflichtige, von der Körperschaftsteuer befreite Anteilseigner, an juristische Personen des öffentlichen Rechts und an Anteilseigner, die nach § 2 Nr. 1 beschränkt körperschaftsteuerpflichtig sind, auf Antrag vergütet, soweit sie sich nach § 27 erhöht, weil Eigenkapital im Sinne des § 30 Abs. 2 Nr. 3 als für die Ausschüttung oder für die sonstige Leistung verwendet gilt.

(2) Die Vergütung setzt voraus, daß der Antragsteller

1. die Höhe seiner Einnahmen und die ihm nach Absatz 1 zu vergütende Körperschaftsteuer durch eine Bescheinigung im Sinne des § 44 oder des § 45,
2. seine Befreiung von der Körperschaftsteuer durch eine Bescheinigung des Finanzamts,
3. den ausländischen Ort seines Sitzes und seiner Geschäftsleitung durch eine Bescheinigung der ausländischen Steuerbehörde

nachweist.

(3) Für die Vergütung ist das Bundesamt für Finanzen zuständig.

Erbschaftsteuer- und Schenkungssteuergesetz (ErbStG)

In der Fassung der Bekanntmachung vom 27. Februar 1997

Steuerpflicht

§ 9. Entstehung der Steuer. (1) Die Steuer entsteht
1. bei Erwerben von Todes wegen mit dem Tode des Erblassers, jedoch . . .
2. bei Schenkungen unter Lebenden mit dem Zeitpunkt der Ausführung der Zuwendung.

Berechnung der Steuer

§ 14. Berücksichtigung früherer Erwerbe.
(1) [1]Mehrere innerhalb von zehn Jahren von derselben Person anfallende Vermögensvorteile werden in der Weise zusammengerechnet, daß dem letzten Erwerb die früheren Erwerbe nach ihrem früheren Wert zugerechnet werden.

§ 15. Steuerklassen. (1) Nach dem persönlichen Verhältnis des Erwerbers zum Erblasser oder Schenker werden die folgenden drei Steuerklassen unterschieden:
Steuerklasse I:
1. der Ehegatte,
2. die Kinder und Stiefkinder,
3. die Abkömmlinge der in Nummer 2 genannten Kinder und Stiefkinder,
4. die Eltern und Voreltern bei Erwerbern von Todes wegen;

Steuerklasse II:
1. die Eltern und Voreltern, soweit sie nicht zur Steuerklasse I gehören,
2. die Geschwister,
3. die Abkömmlinge ersten Grades von Geschwistern,
4. die Stiefeltern,
5. die Schwiegerkinder,
6. die Schwiegereltern,
7. der geschiedene Ehegatte;

Steuerklasse III:
alle übrigen Erwerber und die Zweckzuwendungen.

§ 16. Freibeträge. (1) Steuerfrei bleibt in den Fällen des § 2 Abs. 1 Nr. 1 der Erwerb
1. des Ehegatten in Höhe von 600 000 Deutsche Mark;
2. der Kinder im Sinne der Steuerklasse I Nr. 2 und der Kinder verstorbener Kinder im Sinne der Steuerklasse I Nr. 2 in Höhe von 400 000 Deutsche Mark;
3. der übrigen Personen der Steuerklasse I in Höhe von 100 000 Deutsche Mark;
4. der Personen der Steuerklasse II in Höhe von 20 000 Deutsche Mark;
5. der Personen der Steuerklasse III in Höhe von 10 000 Deutsche Mark.

(2) An die Stelle des Freibetrags nach Absatz 1 tritt in den Fällen des § 2 Abs. 1 Nr. 3 ein Freibetrag von 2000 Deutsche Mark.

§ 17. Besonderer Versorgungsfreibetrag.
(1) [1]Neben dem Freibetrag nach § 16 Abs. 1 Nr. 1 wird dem überlebenden Ehegatten ein besonderer Versorgungsfreibetrag von 500 000 Deutsche Mark gewährt. ...

§ 19. Steuersätze. (1) Die Erbschaftsteuer wird nach folgenden Vomhundertsätzen erhoben:

Wert des steuerpflichtigen Erwerbs (§ 10) bis einschließlich ... Deutsche Mark	Vomhundertsatz in der Steuerklasse		
	I	II	III
100 000	7	12	17
500 000	11	17	23
1 000 000	15	22	29
10 000 000	19	27	35
25 000 000	23	32	41
50 000 000	27	37	47
über 50 000 000	30	40	50

Steuerfestsetzung und Erhebung

§ 33. Anzeigepflicht der Vermögensverwahrer, Vermögensverwalter und Versicherungsunternehmen. (1) [1]Wer sich geschäftsmäßig mit der Verwahrung oder Verwaltung fremden Vermögens befaßt, hat diejenigen in seinem Gewahrsam befindlichen Vermögensgegenstände und diejenigen gegen ihn gerichteten Forderungen, die beim Tod eines Erblassers zu dessen Vermögen gehörten oder über die dem Erblasser zur Zeit seines Todes die Verfügungsmacht zustand, dem für die Verwaltung der Erbschaftsteuer zuständigen Finanzamt anzuzeigen. [2]Die Anzeige ist zu erstatten:
1. in der Regel innerhalb eines Monats, seitdem der Todesfall dem Verwahrer oder Verwalter bekanntgeworden ist;
2. wenn der Erblasser zur Zeit seines Todes Angehöriger eines ausländischen Staats war und nach einer Vereinbarung mit diesem Staat der Nachlaß einem konsularischen Vertreter auszuhändigen ist: spätestens bei der Aushändigung des Nachlasses.

(2) Wer auf den Namen lautende Aktien oder Schuldverschreibungen ausgegeben hat, hat dem Finanzamt von dem Antrag, solche Wertpapiere eines Verstorbenen auf den Namen anderer umzuschreiben, vor der Umschreibung Anzeige zu erstatten.

(3) Versicherungsunternehmen haben, bevor sie Versicherungssummen oder Leibrenten einem anderen als dem Versicherungsnehmer auszahlen oder zur Verfügung stellen, hiervon dem Finanzamt Anzeige zu erstatten.

(4) Zuwiderhandlungen gegen diese Pflichten werden als Steuerordnungswidrigkeit mit Geldbuße geahndet.

Erbschaftsteuer-Durchführungsverordnung (ErbStDV)

In der Fassung der Bekanntmachung vom 19. Januar 1962,
mit Änderungen bis zum 20. Dezember 1996

Anzeigepflichten

§ 5. Anzeigepflicht der Vermögensverwahrer und der Vermögensverwalter. (1) Wer zur Anzeige über die Verwahrung oder die Verwaltung von Vermögen eines Erblassers verpflichtet ist, hat die Anzeige nach § 33 Abs. 1 des Erbschaftsteuer- und Schenkungssteuergesetzes dem nach dem Wohnsitz des Erblassers für die Verwaltung der Erbschaftsteuer zuständigen Finanzamt in der nach Muster 1 vorgesehenen Form zu erstatten.

(2) Die Anzeigepflicht besteht auch dann, wenn an dem in Verwahrung oder Verwaltung befindlichen Wirtschaftsgut außer dem Erblasser auch noch andere Personen beteiligt sind.

(3) Befinden sich am Todestag des Erblassers bei dem Anzeigepflichtigen Wirtschaftsgüter in Gewahrsam, die vom Erblasser verschlossen oder unter Mitverschluß gehalten wurden (z.B. in Schließfächern), so genügt die Mitteilung, daß ein derartiger Gewahrsam bestand.

(4) Die Anzeige darf nur unterbleiben,

1. wenn es sich um Wirtschaftsgüter handelt, über die der Erblasser nur als Vertreter, Liquidator, Verwalter, Testamentsvollstrecker oder Pfleger die Verfügungsmacht hatte, oder
2. wenn der Wert der anzuzeigenden Wirtschaftsgüter 2000 Deutsche Mark nicht übersteigt.

Sachwortverzeichnis

Zeichenerklärung

am Beispiel: Abandonrecht 6.8/ 27

6.8 = Ordnungsnummer des Gesetzes, hier GmbHG (s. dazu Systematische Übersicht)

/ 27 = Nummer des Paragraphen oder Artikel,
hier: § 27 Unbeschränkte Nachschußpflicht

A

B

E

F

G

H

I

J

K

L

M

N

O

P

Q

R

S

T

U

V

W